중국근대철학사

이 책은 Alfred Forke의 *Geschichte der Neueren Chinesischen Philosophie* (1938)를 번역한 것입니다.

연구총서 41

중국근대철학사

지은이   Alfred Forke
옮긴이   최해숙
펴낸이   오정혜
펴낸곳   예문서원

편 집   김병훈·류지현
인 쇄   ㈜ 상지사 P&B
제 책   ㈜ 상지사 P&B

초판 1쇄   2013년 12월 10일

주   소   서울시 성북구 안암동 4가 41-10 건양빌딩 4층
출판등록   1993년 1월 7일 (제307-2010-51호)
전화번호   925-5913~4 / 팩시밀리 929-2285
Homepage   http://www.yemoon.com
E-mail   yemoonsw@empas.com

ISBN 978-89-7646-306-7   93150

YEMOONSEOWON #4 Gun-yang B.D. 41-10 Anamdong 4-Ga, Seongbuk-Gu Seoul KOREA 136-074
Tel) 02-925-5913~4, Fax) 02-929-2285

값 65,000원

연구총서41

중국근대철학사

알프레드 포르케 지음 · 최해숙 옮김

예문서원

지은이의 말

중국철학에 관한 서양의 저술들을 보면 대개 고대에 대해서는 상세하고 철저하게 다루고 있는 반면에 중세와 근대에 대한 내용들은 너무 간략하다. 고대에 대해서는 충분한 자료가 중국학자들에게 제공되고 있지만, 보다 근대적인 것에 대해서는 아주 적은 자료만이 남아 있다. 서양에 소개된 근대에 관한 기록으로는 단지 주돈이, 장재, 주희와 왕수인의 저서에 대한 부분적인 번역과 약간의 다른 철학자들에 대한 간략한 언급이 있을 뿐이다. 중국학을 연구하는 사람들은 고대에 대해서는 특히 경탄하고 반대로 후대의 철학에 대해서는 소홀하였던 과거 중국인들의 선례를 따랐다. 고대 성인들의 모든 말은 매우 귀중하게 생각되어 수백 명의 주석자들이 해석하였고, 후대의 사상가들은 고대철학의 주석가로 인정받는 정도로 만족해야 했다. 그러나 오늘날에는 문화가 크게 급변하고 있으며, 이로써 중국인들은 그들의 철학자들의 가치에 눈을 뜨게 되었다.

하크만(Hackmann)은 그의 탁월한 저술 『중국철학사』에서 고대에 대해서는 약 220쪽을, 중세에 대해서는 90쪽을, 근대에 대해서는 65쪽을 할애하고 있다. 젠커(Zenker)는 고대에 340쪽, 중세에 200쪽, 근대에는 130쪽 정도를 할애하고 있다. 근대에 대한 내용이 하크만의 경우에는 고대의 1/3이 못 되게, 젠커는 1/3보다 약간 더 많이 차지하고 있음을 확인할 수 있다. 그에 비해 나의 『중국근대철학사』 독일어판은 목차와 서문, 색인을 제외한 분량이 대략 650쪽으로, 『중국고대

철학사』(564쪽)보다 더 많은 양을 차지한다.

하크만은 근세 즉 원나라와 명나라에 대해서는 왕수인에 대한 부분을 제외하고는 단 1쪽만을, 그리고 청나라에는 2쪽을 할애하였다. 이때 그는 매우 간략한 말로써 약간의 철학자의 이름과 특징을 최소한으로 기술하고 있을 뿐이다. 젠커의 경우는 원나라와 명나라의 철학에 3쪽을 할애하였고, 청나라에 대해서는 그보다 약간 더 쓰긴 하였지만 그가 기술한 장지통張志通, 고홍명辜鴻銘, 호적胡適 등에 대한 내용은 철학이라고 부를 만한 부분이 매우 적다. 또 강유위康有爲와 양계초梁啓超의 시대와 관련해서는 두 사람을 제외한 다른 철학자들에 대해서는 거의 언급하고 있지 않다.

근대철학의 학파에 대해서 서양인들이 알고 있는 게 얼마나 적은지는 백과사전인 『브록하우스』(Brockhaus)의 최근 판본을 통해서도 확인할 수 있다. 여기에 수록된 세계의 유명 철학자들에 대한 비교연대표에는 중국에 대한 내용이 거의 제외되어 있다. 이 표에 기재된 한대 이후의 중국 철학자로는 오로지 중국의 철학자라고만은 할 수 없는 중국 선종의 개조 보리달마, 그리고 왕수인과 교육자 안원顔元이 있을 뿐이다. 이는 대략 2,000년 동안에 단지 2명의 철학자가 있었다는 것을 의미한다. 반면 인도철학에 대해서는 훨씬 잘 정리되어 있다.

그런데 중국철학사를 기술하는 서양 학자들이 근대를 소홀히 여기는 것에 대해 비난을 가해서는 안 될 것이다. 그들은 단지 철학 애호가들에게 중국철학의 유명한 내용들, 그리고 근거로 삼을 만한 중국학 자료가 주어져 있다는 사실을 알리고자 했을 뿐이다. 그들이 여러 시대에 산재한 큰 구멍들을 메우고자 했더라면 필자와 마찬가지로 오랫동안 원전학습을 했어야만 할 터인데, 출판사에서는 그럴 만한 시간을 주지 못했을 것이다.

이러한 서양 철학자들에 비해 철학사를 기술하는 중국인들과 일본인들은 근대가 고대와 동등하다고 여겨서 똑같이 상세하게 다루고 있다. 하지만 내가 볼 때 근대철학은 고대철학에 비해 더욱 중요하다. 근대에 이르러서야 비로소 중국철학이 완전한 발전을 이룰 수 있었기 때문이다. 고대철학은 기반을 마련하고 새로운 철학자들을 받아들이기는 하였지만 여전히 철학을 완성하지는 못하였다. 주나라는 지혜와 현명함의 시대일 뿐이었다. 진정한 철학의 시대는 송나라와 명나라 때였다. 고대의 현자들은 대부분 진리를 직관적으로 이해하였으며, 그에 대한 증명을 시도하지 않았다. 이들은 단지 몇몇 기본개념들에만 몰두하였을 뿐, 그로부터 더 이상의 결론을 이끌어 내지는 못했다. 그러다가 근대에 들어서야 비로소 진정한 철학을 하게 되었다. 근대에 들어선 이후 가장 중요한 의문들에 대한 탐구가 시작되었으며 고대인들을 경탄시킬 만한 독창적인 해결책이 모색되었다.

송나라는 중국철학사를 기술하는 대부분의 사람들에게 철학의 두 번째 전성기로 간주되었다. 그러나 나는 이 시기를 최고의 전성기로 본다. 그리고 이제 서양문화의 도입으로 세 번째 전성기가 뒤따르게 될 것이라는 점도 배제하지 않는다. 고대를 중국철학의 봄이라고 한다면, 근대는 고대에 뿌린 씨앗이 싹터서 열매를 맺는 가을이라고 할 수도 있을 것이다. 오늘날 많은 중국인들이 송나라 철학에 대해 가하고 있는 공격은 정당하지 못하다. 정통 유학자들은 성인들이 완전한 진리를 알려주었다고 하면서 그것을 넘어서는 것들은 모두 사악한 것이라고 여긴다. 당연하게도 이러한 관점은 전적으로 비철학적이며 중국 밖에서는 지지자를 발견하기가 힘들 것이다. 하지만 현대의 학자들은 송나라 철학자들의 형이상학과 신비주의가 자연과학의 결과들과 모순되므로 무의미하다는 지적에 반대하면서, 오히려 그러한 모순 때문에 깊은 의미를 지니게 된다고 강조한다. 학자들은 설사 그것이 잘못되었다손 치더라도 가장 중요한 인생의 문제들에 대한 답변을 발견하려는 그들의 시도 자체만으로 이미 최고의 인정을 받을 만하며, 자연과학이라 하더라도 역시 그 자체의 영역을 벗어난 의문들에 대해서는 별다른 해결책을 제시해 주지 못한다는 사실을 염두에 두어야 한다고 말한다. 여하튼 중국의 근대철학은 여태까지 서양에 소개된 내용들을 압도하는 상상할 수 없이 많은 것들을 가지고 있기 때문에 전문 철학자를 통한 면밀한 연구가 반드시 필요하다. 다음은 중국의 학자들에 의해 지어진 이 시기의 중국철학에 대한 저술들의 목록이다.

『성리대전性理大全』: 명나라 영락제永樂帝(1360~1424)의 칙명에 따라 송나라

철학자들의 저술을 편찬한 것이다. 성리학설을 체계적으로 담고 있다.

『성리정의性理精義』: 『성리대전』의 개요로서 강희제康熙帝(1654～1722)의 명에 의해 발간되었다.

『리학종전理學宗傳』: 명말청초의 손기봉孫奇逢(1584～1675)이 저술한 근대철학사이다.

『송원학안宋元學案』: 송나라와 원나라의 '학술활동'을 다룬 저술로, 명말청초의 사상가 황종희黃宗羲(1610～1695)가 송원대 유학자들의 간략한 전기를 소개하고 그들의 저서와 어록을 선별하여 수록하였다. 학자들은 학파에 따라 정리되어 있는데, 대부분은 문헌학자와 주석가들이며 아주 적은 숫자의 철학자들이 있을 뿐이다.

『명유학안明儒學案』: 황종희가 지은, 명나라 유학자들의 활동을 담고 있는 저술이다.

『국조학안소지國朝學案小識』: 청나라의 학술활동에 대해 정리한 당감唐鑑의 저술이다.

『청대통사清代通史』: 소일산蕭一山이 지은 청대의 역사서로, 네 권으로 이루어져 있다.

『청대학술개론清代學術概論』: 청대 학술사의 대강을 담고 있는 양계초梁啓超(1873～1929)의 저술이다.

『중국근삼백년학술사中國近三百年學術史』: 최근 삼백 년간의 중국학술사를 기술한 양계초의 저술이다.

『중국근삼백년철학사中國近三百年哲學史』: 최근 삼백 년간의 중국철학사를 기술한 장유교蔣維喬의 저술이다.

『중국근삼백년적사개사상가中國近三百年的四個思想家』: 최근 삼백 년 내에 활동한 4인의 중국사상가를 다룬 호적胡適의 저술이다.

『오십년래중국지철학五十年來中國之哲學』: 최근 오십 년간의 중국철학에 대해 기술한 채원배蔡元培의 저술이다.

이 책의 교열작업은 알프레드 호프만(Alfred Hoffmann) 씨와 리카르트 스뢰터(Richard Schröter) 박사의 도움을 받았다. 리카르트 스뢰터 박사는 색인작업 또한 세밀하게 해 주었다. 그것에 대해 특별히 감사한다.

옮긴이의 말

20세기의 전반기에 포르케의 중국철학사 고대·중세·근대 시리즈가 출판되었다. 처음에 나는 그의 중국철학사에서 19~20세기를 주도했던 제국주의적인 이념을 보았고, 그 다음엔 그의 이 중국철학사 서술 작업 자체가 그 자신이 속한 세계와는 전혀 다른 세계에 대한 이해를 시도하는 과정이라는 것을 보았다. 비록 그의 중국철학에 대한 이해와 서술에 한계와 오류가 있다고 하더라도, 나는 자기 밖의 다른 세계를 수용하고자 하는 그의 노력에 감탄했고 또 그것을 완성해 낸 인간 지성의 무한한 가능성에 경탄했다. 그리고 이제 마지막으로 이 책을 내놓으면서 나는 비로소 그가 자기 세계의 독자들에게는 근대 중국철학에 대한 근본적인 철학적 이해를, 그리고 중국 측에는 당시의 현실을 딛고 그들 자신의 철학적 미래를 다시 한 번 열어 갈 재도약의 계기를 기대하고 있었다는 것을 본다.

포르케의 중국철학사는 그 당시까지 중국철학, 특히 근대의 중국철학을 접할 수 없었던 독일의 독자들을 위한 저술이다. 그가 이 저술을 기획할 당시의 독일에는 고대의 중국철학에 대해서는 비교적 많은 것이 알려져 있었던 반면에 중국의 중세에 대해서는 훨씬 적게 알려져 있었고, 근대철학에 대해서는 거의 알려진 것이 없었다. 따라서 그는 중국의 근대철학에 대해서는 보다 많은 것을 상세하게 기록하고자 했다. 또한 그는 상대적으로 가장 많이 알려져 있던 중국의 고대철학보다도 오히려 근대철학이 철학적으로 더 중요하다고 여겼다. 근대에 이르러 비로소 중국의 철학이 진정한 의미에서의 '철학'으로 발전하게 되었다고 보기 때문이다. 대략적으로 논하자면, 고대에는 주로 철학적인 문제들에 대한 직관적인 인식만 있었던 반면에 근대에 이르러서는 이들 문제에 대한 객관적인 인식과 증명을 시도하게 됨으로써 비로소 엄밀한 의미에서의 '철학'을 하게 되었다고 보는 것이다.

철학사는 인간의 정신사이다. 철학사에서 우리는 지난 시대 인류가 지향하고 의도했던 정신세계를 본다. 그 속에서 우리는 인간의 정신활동이 활발한, 즉 철학이 풍요로운 시대를 보는가 하면, 반대로 침체되어 철학이 빈곤한 시대 또한 보게 된다. 그래서 어떤 때에는 철학사에 철학자의 이름과 내용이 넘치기도 하지만, 다른 어떤 때에는 떠올릴 만한 그 어떤 철학자의 이름이나 내용도 없다. 우리의 시대가 그러하다. 지금 이 땅에 사는 우리는 정신이 없다.

스마트시대다. 모든 정보를 쉽게 검색할 수 있다. 그래서 우리는 더 이상 정보의 기억을 위해 시간을 낭비할 필요가 없다. 언제 필요할지도 모르는 정보들을 모두 두뇌에 저장해 두고 기억하고자 애쓰는 것보다, 어떤 정보가 필요하게 되면 바로 스마트기기에서 검색하는 것이 더 효율적일 뿐만 아니라 정보의 양에 있어서도 더욱 풍부하다.

더 이상 내 안에 어떤 것을 담아둘 필요가 없다. 내 몸에서 점차 기억이 사라진다. 기억을 담아 두고 있지 않은 나는 더 이상 성찰할 것이 없다.

요즘 정신없이 산다. 그래서 정신이 없지만, 그래도 몸은 움직인다. 공급되는 전원이 있는 한 움직이는 전자시계의 숫자판처럼, 정신 밖에 저장해 놓은 정보를 검색하는 동작은 쉬지 않는다. 이제 정신 차리고 싶다. 포르케가 중국철학의 미래에 걸었던 기대가 이제 내게, 지금 여기에서의 내게 당면한 과제로, 그리고 일종의 압박으로 다가온다.

책의 교정과 편집을 맡아 진행해 주신 예문서원의 편집부 여러분께 감사드린다.

2013년 11월 최해숙 씀

제4부 청대 ‖ 683

17세기편 · 693

제1부 송대

(960~1279)

송宋대는 중국인들이 중국의 북쪽을 정복하며 내려오는 이민족들에게 맞서 투쟁하던 시기로서, 오늘날에 이르기까지 중국인의 정신생활을 결정하고 있는 고급문화와 정치적 약세가 공존하던 시대이다. 당시 낮은 수준의 문화를 가지고 있던 정복자들은 이들의 문화 앞에 고개 숙이고 스스로 중국의 교육과 예를 수용하였다.

당唐 말기와 그로부터 이어지는 다섯 작은 왕조들의 시기인 오대五代는 경제적인 실패 위에 내부적으로는 파당 간의, 그리고 외부적으로는 적들과의 싸움이 지속되는 시기였다. 당대에 정복한 중앙아시아 지역은 다시 잃어버렸으며 서쪽으로의 통로는 북방민족들에 의해 다시 폐쇄되었다. 단지 중앙아시아와 남중국으로의 해상로만이 열려 있었다.

960년에 후주後周의 무장 조광윤趙匡胤이 아직 어린아이인 합법적 통치자를 황제로 인정하지 않던 그의 군대에 의하여 황제로 추대되었다. 바로 송의 첫 번째 황제인 태조이다. 지혜와 행동력이 뛰어났던 그는 북중국에서 요遼(907~1125)를 건립한 거란에 대항하여 싸웠다. 거란을 지칭하는 키타이(Kitai)라는 이름이 중국에 유래하게 된 것도 이때이다. 태조는 이윽고 독립해 있던 12개국 중 6국을 정복함으로써 나라를 다시 통일하였다. 이후 포악한 무력정치가 중단되고 지방의 군사정권은 시민정권으로 대체되었으며 재정이 새롭게 정돈되었다. 태조는 나라를 26지방(路)으로 나누고 개봉開封을 수도로 정하였다.

태조의 후계자 태종은 독립국으로 남아 있던 나머지 6개 국가들을 마저 통합하였다. 그러나 송은 다시 요에 대항하여 싸워야 했다. 황제는 학문과 문학에 열정을 쏟았으며, 희귀하거나 이미 잊혀 버린 책들을 수집하게 하였다. 진종眞宗(998~1023)과 인종仁宗(1023~1064)의 통치는 중국에 행복과 평화를 가져왔으나, 진종은 1004년에 요와의 전쟁에서 요에 배상금을 지불하여 평화를 삼으로써 후일 금金을 건국하는 만주의 여진족과 고려가 요의 군주를 황제로 칭하도록 만들고 말았다. 통킹(tonkin) 또한 이 무렵에 독립하였다. 진종의 뒤를 이은 인종은 관대한 군자의 성품을 지녔으며 수천의 죄수를 석방하였다. 이때 서하에 기초한 탕구트에게는 북동쪽의 섬서성에 정착하는 것이 허가되었다. 원래 이들은 중국의 지배 아래 있다가 잠시 독립국이 되었지만 이내 요와 송의 지배를 교대로 받게 되었다. 이러한 서하가 점차 강성해지면서 자신들의 군주를 황제로 칭하자, 송은 이들에게도 조공을 바침으로써 평화의 대가를 지불해야 했다.

신종神宗(1068~1086)의 즉위로 다시 활기가 넘치는 사람이 황제가 되었다. 신종은 거란과 탕구트와의 지속적인 전쟁에서 기인하는 재정의 위기를 타파하기 위해 앞선 황제들의 관대함을 뒤집고자 하였다. 개혁이 불가피했다. 왕안석王安石은 '신법新法'으로 명명된 유명한 사회주의적인 개혁을 시도하였다. 하지만 그의 개혁은 관리들의 불신임과 백성들의 반대로 성공하지 못하였다. 관리와 학자들은 보수파와 개혁파의 두 갈래로 나뉘어 격렬하게 투쟁하였다. 그리하여 한편이 권력을 잡았다가도 금방 다른 편이 그 자리를 차지하였다. 30년 동안에 이렇게 서로 다섯 번이 바뀌었고, 이로써 내부정치가 급격히 불안정해졌다. 외부적으로는 통킹과의 전쟁이 벌어졌다. 송은 남쪽지방을 침입한 통킹을 퇴치하였으나 군대의 반을 잃고 말았다. 신종은 마침내 탕구트와의 계략적인 평화에 동의할 수밖에 없었다. 그 사이에 요가 다시 압박하기 시작하였다.

철종哲宗(1086~1101)의 치하에서는 어느 정도 평화적인 관계가 유지되고 있었다. 이 무렵에는 사마광과 소식, 이정 등의 위대한 북송의 철학자들에 의하여 철학의 꽃이 피었다.

휘종徽宗(1101~1126)은 탁월한 예술가였지만 군주로서의 역량은 매우 좋지 않았다. 그는 나약하고 사치와 낭비가 심했으며 탐욕이 강하였다. 나라는 그와 그의 신하들에 의해 착취되었다. 그는 호화로운 건물을 짓게 하였으며, 송의 다른 여러 황제들과 마찬가지로 막대한 예술후원자로서 값진 작품들을 많이 수집하였다. 그의 수집품들의 일부는 이민족들에 의해 수도가 정복되면서 파괴되었고 다른 일부는 풍파에 의해 흩어졌다. 소실된 작품 중에는 비단에 그린 6,000점 이상의 화집도 있었다. 궁정에 6개의 화가아카데미를 설립한 그는 자신이 그린 하얀 매의 그림을 훈장처럼 신하들에게 선물하였다. 그는 도교를 교육하기 위해 대학을 설립하여 도교의 경전들을 가르치도록 하였다. 그리하여 도교의 사제가 양성되었는데, 이들은 후에 학술가로 임명되어 일정한 급여를 받았다. 황제는 또한 도교의 역사서를 지을 것을 명하기도 하였다.

그 사이에 금이 매우 강성해졌다. 금은 송과 연합하여 1125년에 요를 멸망시켰다. 송이 해마다 금에 조공을 지불하였음에도 불구하고 북쪽의 방대한 지역이 금에 할당되었지만, 자신의 만족만을 추구할 뿐인 휘종은 저항할 생각을 하지 않았다. 이윽고 그는 신하들에 의해 아들 흠종欽宗에게 제위를 물려주고 퇴위할 것을 강요받았다. 금이 1126년에 황하를 건너왔을 때 흠종은 적의 계략으로 가득한 조건 하에 평화를 협정할 수밖에 없었다. 그가 지불해야 할 배상금은 그가 장만할 수 있는 수준이 아니었으며, 금은 이것을 명목으로 다시 개봉으로 들어왔다. 흠종은 아주 급하게 항복하고 그의 아버지 및 신하들과 함께 포로가 되었다. 두 황제는 감옥에서 죽었다. 후에 금은 그들의 시신을 송으로 되돌려 주었으며, 이로써 북송시대는 끝이 났다.

1127년에 휘종의 막내아들 고종高宗이 신하들의 추대에 의하여 황제에 즉위하고 수도를 항주로 옮김으로써 남송시대가 시작된다. 이후로 오랜 시간 동안 서로 번갈아 가며 이기고 지는 금과의 전쟁이 이어졌다. 아직 나라가 건재함에도 불구하고 송은 양자강 북쪽의 모든 땅을 금에 양도하는 길을 택하고 만다.

후대의 통치자 중에 효종孝宗(1163~1190)은 영리한 통치자였다. 그의 치하에 주희朱熹가 살았다. 1234년에 송은 몽고의 군주 오고타이 칸과 금을 공격하기 위한 연맹을 맺었다. 금은 멸망하고 그 영토는 몽고로 돌아갔는데, 개봉 또한 몽고가 차지하고 말았다. 그러나 원래 연합 당시의 약속에 따르면 개봉은 송이 돌려받는 것으로 되어 있었다. 이것은 몽고와의 오랜 전쟁의 발단이 되었으며, 1259년에 송에게 불리한 평화협정으로 끝이 났다. 송은 이후 몽고에 조공을 바치고 그들의 우월권을 인정해야만 했다. 1271년에 몽고는 '원元'이라는 중국식 왕조 이름을 천명하였다.

1275년 공제恭帝가 4살의 어린 나이로 송의 황위에 오르자 몽고는 중국 전체를 점령할 수 있는 때가 되었다고 믿었다. 이들은 양자강을 넘어 들어와서 어린 황제와 그의 모친을 사로잡았다. 그러자 신하들은 황제의 형인 8살의 황자를 데리고 탈출하여 투쟁을 계속하였다. 그가 단종端宗이다. 그러나 저항은 계속해서 몽고로부터 도주하는 것으로만 이루어졌으며, 황제는 과로로 인해 나라의 가장 남쪽에서 죽었다. 신하들은 6살 된 황제의 동생을 황위에 추대하였으니, 바로 위왕衛王이다. 위왕은 몽고에게 쫓겨 서쪽 해안의 한 작은 섬으로 도주하였다가 광주에서 적군에게 포위되었다. 결국 황제는 신하 육수부陸秀夫의 품에 안겨 함께 바다에 빠져 죽었다. 이것이 유명한 송의 비극적인 최후이다. 송의 통치자들은 매우 지성적이었지만 외부로부터 자기 나라를 지킬 수 있는 투쟁정신이 결여되어 있었다.

정치적인 무력함 및 행정과 파당의 폐단에도 불구하고 송대는 중국의 고급문화가 꽃핀 시대였다. 송이 멸망하고 얼마 지나지 않아 중국을 알게 된 마르코 폴로(Marco Polo)는 거대한 양식의 건축과 국가기구, 유럽에는 아직 알려지지 않은 상태였던 세심한 생활스타일 등에 크게 경탄하였다. 송대에는 상업과 자영업이 꽃을 피웠고, 예술산업 특히 도자기산업이 발전하여 아름다운 광택의 도자기가 생산되었다. 그림 또한 그 발전이 극에 달하여, 중국의 페리클레스시대라고 할 수 있을 정도였다. 화가는 동시에 모두 문인이기도 했기 때문에 서정시와 철학의 연결을 통해 이상적인 풍경화가 생겨났는데, 이것은 깊은 사유의 내면성과 부드러운 감각을 통해 유럽의 미술전문가들을 매혹시켰다. 풍경화가로 이름을 떨친 사람들로는 이공린李公麟, 이성李成, 하규夏珪, 범관范寬, 마원馬遠, 곽희郭熙 등이 있다. 또한 동물·꽃·대나무 등의 묵화를 전문으로 그리는 사람들도 등장하였는데, 그들의 그림에서는 여러 가지 채색이 수묵의 농도로 대체되었다. 시에서는 소식蘇軾, 매요신梅堯臣, 구양수歐陽脩, 왕안석王安石, 황정견黃庭堅이 당唐의 위대한 시인들보다 약간 뒤에 위치해 있다. 문장은 구양수, 삼소三蘇라 일컬어지는 소순蘇洵·소식蘇軾·소철蘇轍 삼부자, 왕안석王安石, 증공曾鞏 등에 의하여 최고의 경지에 이르렀다.

학문의 육성은 수도에 설립된 대학이 담당하였다. 국자학國子學에서는 왕자들과 최고관리의 자제들을 교육하였고, 태학太學에서는 그보다 낮은 등급에 있는 관리들의 자제들을 가르쳤다. 태학에는 타지에서 온 학생 2,000여 명과 내부관리의 자녀 300여 명, 그리고 100여 명의 우등생들이 있었다. 이들은 모두 국가에 종사하게 되었으며, 그로 인해 관리들의 숫자는 날이 갈수록 늘어나게 되었다. 시험은 처음에는 해마다, 나중에는 매 2년마다, 그리고 최후에는 매 3년마다 실시되었는데, 경전의 해석과 시적인 작문이 평가의 기준이 되었다. 한편 황제가 참석하는 자리에서 정치의 현실적인 문제와 역사에 관한 구두시험이 실행되기도 하였다.

송대에는 역사기술에 있어서도 커다란 진전이 있었다. 종래에는 단지 관리로 고용된 역사기술가와 전문위원회에 의해 저술된 개별적인 왕조의 공식적인 연대기만 있을 뿐이었다. 그러나 송대에 들어서면서 드디어 보편적인 역사서가 등장하게 되는데, 이것은 가장 오래된 시대로부터 당시에 이르기까지의 중국역사를 다루고 있다. 사마광司馬光의 『자치통감資治通鑑』, 주희와 그 제자들의 『자치통감강목資治通鑑綱目』 등이 여기에 속한다. 이 사서들은 국가의 명령에 의해 저술된 것이 아니라 저자들이 사적인 학자로서 저술한 것들이다. 그 밖에, 특정한 시대 또는 사실이 특별한 역사저작이나 논문으로 다루어졌다. 그리고 방대한 분량의 고고학적이고 예술사적인 저서들도 나타났는데, 대표적인 것으로는 당시의 위대한 수집가였던 휘종의 명에 의하여 고대의 모든 종류의 주석을 베끼고 묘사한 왕보王黼의 『선화박고도록宣和博古圖錄』1) 30권이 있다. 오늘날에도 이 저서는 모든 고고학자들의 필독서이다.

송대 저술의 또 하나의 특징으로는 포괄적인 백과사전류의 등장을 들 수 있다. 범주에 따라 정리된 전체적인 중국 학문의 보고서라고 할 수 있는 『태평어람太平御覽』, 왕응린王應麟의 『옥해玉海』, 마단림馬端臨의 『문헌통고文獻通考』 등이 이 시기에 저술되었다. '태평시대의 황제에 의해 열람된'이라는 뜻의 『태평어람』 이라는 이름은 이 책이 태평시대(976~984)에 황명에 의하여 지어졌음을 암시한다. 송의 두 번째 황제인 태종 때의 연호 중의 하나가 '태평흥국'이다. 황제는 이

---

1) 徽宗의 연호인 '宣和'는 1119~1126년을 가리킨다.

책의 원고를 매일 3장씩 읽었으므로 1,000장에 달하는 전체 원고를 다 읽는데는 대략 1년이 소요되었다. 한편 송의 붕괴 직후에 나온 마단림의『문헌통고』는 중국학을 연구하는 학자들에게는 청淸대에 나온 방대한『고금도서집성』이 그자리를 대신하게 될 때까지 줄곧 가장 중요한 참고서였다.2)

　송대 철학은 전례 없이 높은 수준에 도달하였다. 한韓대에는 경전을 정리하고 편찬하며 글의 뜻을 설명하였고 당唐대에는 이것을 어원학적으로 연구하였다고 한다면, 송대에 이르러서는 그 의미와 원리를 탐구하는 데에 주력하였다. 송대 철학자들은 경전에 들어 있는 간략한 암시로부터 적극적인 유추를 통하여 결과를 이끌어 내고 여기에 그들 자신의 생각을 추가함으로써 그들만의 독자적인 철학을 발전시켰다. 고대에는 단지 윤리의 수행에만 힘썼다면, 이제는 우주와 마음에 관한 학설로 돌아서서 도덕의 근원에 대하여 명확하게 탐구하고자 하였다. 고대 유학에는 형이상학이 없었는데, 송대 철학자들은 도교와 불교의 관념을 통해 그것을 만들어 내야 하는 동기를 부여받았다. 그 결과 태극太極, 리理, 기氣, 심心, 인성人性 같은 개념들이 모든 방면에서 연구되고 명백해졌다. 사람들은 이러한 방향을 가리켜 특히 성과 리를 다루는 철학 즉 성리학이라고 일컬었다. 성리학은 북송시대에 그 기반을 갖추고 남송시대에 이론을 완비하게 되었다.3)

---

2) 宋대 역사의 비교: v. Frieß, *Abriß der Geschichte Chinas*, 208~227; H. Cordier, *Histoire Générale de la Chine*, Bd. II, 57~187; v. Rosthorn, *Geschichte Chinas*, 126~142; F. E. A. Krause, *Geschichte Ostasiens*, Bd. I, 154~167.

3) 謝无量(Hsieh Wu-liang), 『中國哲學史』(*Geschichte der chinesischen Philosophie*, 1917) 5권, 1~2; 高瀨武次郎(Takase Takejiro), 趙蘭坪 中譯, 『中國哲學史』(1925) 3권, 1~4; 渡邊秀方 (Watanabe Hidekata), 劉侃元 中譯, 『中國哲學史槪論』(*Abriß der Geschichte der chinesischen Philosophie*, 1926) 3권, 1~6 참조.

북송대에는 주돈이周敦頤, 장재張載, 정호程顥와 정이程頤가 그 대표학자였다. 주돈이는 성리의 기본관념에 대한 기반을 정립하였지만, 아직 상세하지는 못했다. 장재는 범신론적 일원론 또는 물활론적 일원론이라고 할 수 있는 체계를 이루었다. 그는 세계를 복합적인 정신으로 보았다. 정호는 관념주의적 일원론을 대변하고 있으며, 그의 동생 정이는 그와 달리 현실주의적 이원론을 주장한다. 정이의 이론은 후에 주희에 의하여 완성된다.

성리학에 근접한 학파로는 천재적이지만 환상적인 소옹邵雍의 학파와 현실적 관념론자라 할 수 있는 호굉胡宏의 학파를 들 수 있다. 이들은 오직 고대의 유학만을 고집하면서 새로운 철학에 대해서는 아무것도 알려 하지 않았던 사마광과 마찬가지로 강하게 불가지론 쪽으로 기울어져 갔다. 호문胡門과 소문蘇 門을 가리켜 사람들은 또 하나의 독창적인 학파라고 말하기도 하지만, 이들은 단지 성리학파에 동의하지만 않았을 뿐 그 철학적 내용은 성리학으로부터 크게 벗어나 있지 않다.

남송대에는 두 명의 위대한 철학자 주희朱熹와 육구연陸九淵이 살았다. 주희는 아마도 모든 중국철학자 중에서 가장 위대한 철학자라고 할 수 있을 것이다. 그는 이원적 현실주의자였으며, 그와 대립한 육구연은 일원적 관념주의자였다. 후대의 철학자들은 둘 중의 어느 한쪽으로 기울거나 둘의 학설을 통일 또는 부정하는 방식을 통해 대부분 이 두 사람과 연계되어 있었다.

서양에서는 어떤 철학자의 위치를 판단할 때 가장 중요한 형이상학적 문제에 관한 그의 입장을 주시한다. 그러나 송대 철학자들은 형이상학에 그다지 큰 의미를 두지 않았다. 공자孔子와 마찬가지로 그들 또한 윤리학을 주된 과제로 다루었으며, 윤리학의 내용에 따라 철학자의 위치와 의미가 결정되었다. 위에서와 같이 개별적인 사상가들의 철학적인 관점을 몇 가지 현대철학적인 개념으로 설명한 것은 다만 유럽 독자들의 이해를 돕기 위해서일 뿐이다. 철학자들은 그들 자신의 관점에 대하여 아는 것이 거의 없었다. 그것은 유럽의 개념들이 중국철학에는 알려져 있지 않았기 때문이다. 최근에야 비로소 중국의 학생들이 외국으로 유학하고 또 서양의 철학서들이 중국어로 번역됨으로써 중국에도 서양철학의 개념들이 상당히 알려지게 되었다. 이러한 사실은 중국 철학자들의 대립과 투쟁이 결코 관점의 차이에서 출발한 것이 아니었음을 시사한다. 이들은 어떠한 경우에도 자신들을 공상주의자, 현실주의자, 관념주의자 등으로 규정하는 것을 받아들이지는 않았을 것이다. 왜냐하면 이들 모두는 그저 훌륭한 유학자가 되고자 하고 참된 가르침을 전하고자 할 뿐이었기 때문이다. 이들은 자신만의 철학을 완성하고자 하는 욕심을 전혀 갖고 있지 않았으며 오히려 부정하였다. 위대한 성인의 말과 일치하지 않는 모든 것을 그릇된 학설로 간주하였기 때문이다. 그래서 이들은 경전의 주석에 주력하였으며, 만약에 자기에게 새로운 생각이 있다면 그것을 고대 현인의 말인 것처럼 표현함으로써 공감을 얻을 수가 있었다. 그러나 때로는 스스로 의식하지도 못하는 사이에 고대 텍스트의 의미를 바꾸는 일도 있었다.

송대에서 우리는 중국철학의 전성기를 본다. 그렇다면 이 시대는 철학의 첫 번째 전성기인 고대(周代)와 어떻게 관계하는가? 공자의 가르침을 절대적인 진리로 여기는 대부분의 중국인들은 송대에 철학이 두 번째 전성기를 맞이했다고 여긴다. 그러나 나는 송대가 철학의 최고 전성기라 할 수 있으며, 철학자로서의 주희는 공자를 넘어섰다고 여긴다. 중국철학은 송대에 비로소 완전하게 전개되기 시작하였다. 이 시기에는 고대의 철학자들이 생각할 수 없었던 최고의 문제에 대한 논의들이 시작되었다. 고대 철학자들은 철학의 기반을 닦았지만 그 이상은 아니었다. 그들의 생각은 매우 간략하였으며, 삶의 문제와 거기에서 부딪치는 어려움은 아직 알려지지 않았다. 그들 대부분은 아직 단순한 삶의 지혜를 넘어서 지 못했기에, 최후의 사물에 대한 질문은 여전히 던져지지 못한 상태였다. 순진한 신앙이 연구를 불필요하게 만들었기 때문이다.

철저하게 불교에 몰입해 있거나 서양철학에서 모든 수수께끼의 해답을 발견 할 수 있다고 믿는 여러 현대중국의 사상가들에게는 송대 철학을 과소평가하고 깔보는 일이 예사가 되었다. 이들은 송대 철학이 사람을 진리로 인도하지 못한다 고 비난한다. 그러나 어떤 철학이 순수한 진리인지 알 수 있겠는가? 어떤 철학자의 학설도 보편적인 진리로 인정되었던 적은 없다. 그리고 어디에도 구속되지 않는 보편적 진리를 갖춘 철학이 미래에 산출될 수 있을지도 매우 의심스럽게 보인다. 어떤 철학자가 중요한 생각을 하고 그 근거를 잘 정리해서 어느 정도 믿을 만한 것으로 만들었다는 사실에 만족해야 한다. 칸트, 피히테, 셸링, 헤겔, 쇼펜하우어의 철학적 진리는 증명하기가 매우 어렵다. 그럼에도 불구하고 독일 관념론시대는 독일철학의 전성기로 간주된다. 중국철학에도 전성기가 있었다고 한다면 그것은 분명 다른 시대가 아닌 송대일 것이다.

송대의 성리학을 신유학이라고 칭하는 것은 부당하지 않다. 이것은 실제로 유학을 개선한 것으로, 동중서董仲舒나 양웅揚雄 또는 왕충王充이 전하는 것보다 현저하게 철저해진 것이기 때문이다. 주희는 철학자이기 이전에 무엇보다도 경전의 주석가였다. 유럽의 중세 스콜라학자들이 성서와 연계했던 것처럼 송의 주석가들은 오경 및 사서와 연계하고 있었다. 만약에 이들이 단순한 주석가에 그친 채 그것을 더 이상 발전시키지 못했다면 끝내 유학의 도그마에 손과 발이 묶여 철학자로서의 정신적 활동을 하지 못했을 것이다. 그러나 이들은 철학적인 관점에서 자신들의 새로운 창조활동을 유학에 부가할 수 있었다. 정통주의자들은 이것을 매우 좋지 않게 평하였지만, 이것은 이들이 출발했던 유학적인 기반보다도 훨씬 더 중요하다.

북송편

(960~1126)

제1장 고대 유학의 계승

1. 호원

호원胡瑗(993~1059)은 자가 익지翼之이고 호는 안정安定이다. 그의 가족은 태주泰州 여고如皋에 살았는데, 그가 태어났을 때 그의 아버지가 해릉海陵의 관리였기 때문에 해릉 또한 그의 고향으로 알려졌다. 집안이 매우 가난하여 그는 어렸을 때부터 극도로 궁핍한 생활을 하였다.

일찍이 태산泰山에서 손복孫復(992~1057)[1]이 학습공동체를 설립하였는데, 그곳에서는 유학을 단지 순수하게 어원적으로만 공부하는 것이 아니라 학생들로 하여금 스승과 긴밀한 인간관계를 맺고 실천적인 도덕수양에 힘쓰도록 가르쳤다. 호원 또한 10년 동안 이 학교를 다니면서 손복과 함께 학생들을 가르쳤으며, 그곳에서 석개石介와도 친분을 맺게 되었다.[2] 강학 이외에 스스로의 학업에도 열심이었으나 호원은 과거시험에 여러 번 떨어졌다.

그는 또 학업에 못지않게 음악을 연구하고 종을 만드는 일에도 관심을 기울였다. 이로써 음악에 조예가 있는 사람을 찾던 황제가 그를 주목하고는 그에게 다른 사람들과 함께 의례에 쓰일 종을 만들게 하였다.

호원은 높은 학식을 인정받아 호주湖州의 한 학교의 책임자로 임명되었다.

---

1) 자는 明復, 호는 富春・泰山. 晉州 平陽 출신이며『尊王發微』를 저술하였다.(高瀨武次郎, 趙蘭坪 中譯,『中國哲學史』3권, 5)
2) Wilhelm, *Chinesische Philosophie.*

1045년에 태학이 중흥하자 그의 학교는 본보기로 채택되었으며 그는 태학박사가 되었다. 1056년에는 태자의 스승으로 임명되었다.

호원은 제자들을 자식처럼 대하였으며, 제자들은 그를 아버지처럼 믿고 따랐다. 그가 어느 한 곳을 떠나가게 되면 수백 명이 그를 따랐다. 그를 따르는 학생들의 수가 너무 증가해서 수용공간이 부족했기 때문에 부득이 다른 방들을 사용해야만 할 정도였다. 그의 학생들은 특별한 옷을 입었기 때문에 쉽게 알아볼 수 있었다. 예부의 관리의 반이 그의 제자였다. 그가 관직에서 물러나 고향으로 돌아갈 때에는 그의 제자와 관리들이 작별인사를 하기 위하여 수도의 동문 밖까지 줄지어 섰다고 한다. 그가 죽자 황제는 금전을 보내어 장례를 도왔으며 문소文昭라는 시호를 내렸다.

손복과 함께 태산에 있을 때 그들은 『춘추』를 중심으로 공부하였기 때문에 호원이 강의의 기반으로 삼은 것도 『춘추』였다. 또한 그는 『논어』, 『역경』, 『홍범』, 『중용』에 대한 주석과 해설서를 저술하였다. 그는 예전의 예를 개정하였으며, 인격의 도야를 최우선으로 가르쳤다. 그는 스승과 제자 사이의 의례에 매우 엄격하였다. 그래서 무더운 날에도 스승과 제자가 모두 항상 올바른 의관으로 교실에 자리하고 있었다. 훗날 제자 정이는 그의 학교에서 고대가 바르게 궁구되었다고 높이 칭찬하였다.

손복, 석개, 호원은 송대 초기의 중요한 철학자 3인으로 간주된다. 이들은 새로운 것을 많이 이루지는 못하였지만 고대의 성인이 남긴 가르침에 따라 살았으며 철학의 근본적인 변화를 준비하였다.[3]

---

3) 『宋史』, 권432, 「列傳」 참조. 孫奇逢, 『理學宗傳』; 謝无量, 『中國哲學史』5권, 3; 高瀨武次郎, 趙蘭坪 中譯, 『中國哲學史』3권, 4.

2. 석개

석개石介(1005~1045)는 연주兗州 봉부奉符 출신이며 자는 수도守道이다. 부모의
상을 치루는 동안에 조래산 기슭에 있는 땅을 경작했기 때문에 조래徂徠선생으로
불렸다.[4] 어떤 사람이 그에게 맛있는 음식을 보냈을 때 그는 그것을 먹고 나면
자기 밥상의 초라함을 더 잘 느끼게 되리라는 이유로 물리쳤다. 26세에는 과거에
합격하여 국자감에서 강의하였고, 친구 구양수와 함께 간원으로 임용되었다.
그는 순수한 유학을 대변하면서 자신의 직위를 이단인 불교와 도교와의 투쟁에
활용하였으며, 간신과 환관 및 궁녀들을 비판한 『당감唐鑑』을 저술하였다.[5]
이 때문에 많은 관리들이 복수를 다짐하였다. 그들은 석개를 모함하여 살해하고자
하였으나 석개는 흔들림 없이 다음과 같이 선언하였다. "이것은 명백한 나의
견해이다. 나의 용기는 맹자孟子의 용기보다 크다." 석개는 매우 열정적이었으며
많은 제자들이 있었다. 그의 제자들은 고대의 성인들을 열심히 공부하였다.

1045년에 석개는 40세의 나이로 죽었는데, 그의 적들은 그가 죽음을 가장하여
적국인 거란으로 건너갔다고 주장하면서 황제에게 관을 열고 시신을 확인하게
해 줄 것을 청하였다. 그러나 개관은 황제의 거부로 무산되었다. 석개는 그의
부인과 아들이 생계를 꾸려 갈 아무런 대책도 세우지 못할 정도로 재산을
남기지 않았기 때문에 그의 친구와 제자들은 돈을 모아서 가족들이 정착할
땅을 사 주기로 하였다. 하지만 석개의 가족들은 그가 죽은 후 21년이 지나서야
비로소 제자들의 희망에 따라 구양수의 토지에 정착할 수 있었다.

석개의 전집은 철학총서인 장백행張伯行의 『정의당전서正誼堂全書』에 『석조래
집石徂徠集』으로 들어 있다. 그 속의 「괴설怪說」 3편에서 석개는 시류만을 좇는

---

4) 『宋史』, 권432, 「列傳」.
5) 『字源』에는 范祖禹(1041~1098)가 저술하고 呂祖謙(1137~1181)이 주석한 다른 『唐鑑』
   (12책)도 언급되고 있다.

문장과 석가 및 노자의 폐해가 해소된다면 천하가 개선될 수 있다고 말하였다. 당시 공부工部의 어느 학교에서 부처와 노자와 공자의 가르침이 모두 존중받을 만한 것이라고 하고 또 공부의 어느 관청에서 부처가 복희伏羲, 신농神農, 황제黃帝, 요堯, 순舜과 같은 성인이라고 한 일이 있었다. 이에 석개는 공부의 수장에게 글을 올려[6] 그러한 동일화는 중국 내에 서역의 학설이 횡행하게 만드는 계기가 될 수 있다고 우려를 표하였다. 여태까지 중국에는 오직 한 명의 황제와 하나의 도가 있을 뿐이라는 것이다. 그에 따르면, 부처의 학설은 도리에 거슬리고 유학적인 예를 망친다. 부처는 중국에 불행을 가져왔을 뿐이다. 그렇기 때문에 부처는 당과 송의 여러 학자들에 의해 가장 격렬하게 공격받았던 것이다. 이처럼 석개는 국민의 모범이 되어야 할 고관이 부처에 대한 존경을 말해서는 안 된다고 여겼다.[7]

석개가 오류를 지적하고 미신을 제거하고자 하는 방식은 얼마간은 회의론자들을 연상시킨다. 「변혹辨惑」편에서 그는 다음과 같이 말하였다.

나는 이 세상에 세 가지 사물 즉 불사의 신선, 연금술, 부처는 절대로 존재하지 않는다고 말한다. 그런데도 세상 인간이 모두 어리석게 되어 이 세 가지가 반드시 존재한다고 여겨서, 이것을 위해서라면 목숨까지도 기꺼이 버릴 준비를 하고 있다. 나는 그러한 것들이 반드시 없다고 여기며, 그것에 대한 훌륭한 이유를 알고 있다. 실제로 이 세상을 궁구하고 받드는 사람이 단지 한 사람이라면 아무도 그 사람보다 더 숭상될 수 없고 또 그 사람보다 더 귀하게 될 수 없을 것이다. 그러면 어느 누구도 얻을 수 없는 욕구를 추구하지 않을 것이며 이룰 수 없는 의지를 취하지 않을 것이다. 만약 세상에 있는 것이라면 오직 찾지 않아서 얻지 못하는 것일 뿐이지, 그것을 찾아 구하는데도 얻지 못할 까닭이 없을 것이다. 그런데, 진시황은 신선이 되고자 하였고, 한의 무제는 황금을 만들고자 하였으며, 양의 무제는 부처

---

6) 「上劉工部書」.
7) 石介, 『石徂徠集』, 권1, 24a~b.

가 되고자 하였다. 이들은 모두 열심히 그것을 좇았지만, 진시황은 멀리 여행하다가 죽었고 양의 무제는 굶주려 죽었으며 한의 무제는 황금을 만들지 못했다. 이로 미루어 보건대 반드시 신선이 없고 부처가 없으며 황금을 만드는 방법이 없음을 알 수 있다.[8]

석개는 금욕생활을 별로 좋게 여기지 않았다. 그는 다음과 같이 말한다. 사람들은 은자隱者에게 외적인 것을 소홀히 여기며 야생의 짐승, 사슴, 노루, 새와 더불어 숨어 살 것을 기대한다. 은자는 구멍 난 남루한 옷을 걸쳐야 하며[9] 개인적인 걱정을 갖지 않기 위해 처자식도 없어야 한다. 날이 추워도 얇은 옷을 입고 굶주리면 풀을 먹는다. 이러한 은자는 유학자들 중에도 있었다. 그러나 실제로는 그렇게 해야 할 어떤 의무도 없다. 단지 어떤 특정한 위험에서 벗어나기 위해 그런 생활방식을 선택할 뿐이다. 인간의 최고의무는 가정을 이루어 대를 이어가는 것이다. 그래서 11명의 성인, 즉 복희·신농·황제·요·순·우禹·탕湯·문왕文王·무왕武王·주공周公·공자도 모두 결혼하였다. 부부가 없으면 가족과 인간사회 자체가 멸망한다.[10]

석개가 새로운 생각을 많이 한 것은 아니다. 그러나 그는 유학을 도교나 불교에서와 같은 신비주의와 환상으로부터 해방시키고자 하였다.

8) 石介, 『石徂徠集』, 권2, 48b, "吾謂, 天地間必然無者有三, 無神仙, 無黃金術, 無佛, 然此三者 舉世人皆惑之, 以爲必有, 故甘心樂死, 而求之, 然吾以爲必無者, 吾有以知之大, 凡窮天下而奉 之者一人也, 莫崇於一人, 莫貴於一人, 無求不得其欲, 無取不得其志, 天地間苟所有者, 惟不索 焉, 索之, 莫不獲也, 秦始皇之求爲仙, 漢武帝之求爲黃金, 梁武帝之求爲佛, 勤已至矣, 而秦始 皇帝遠遊死, 梁武帝餓死, 漢武帝鑄黃金不成, 推是而言, 吾知, 必無神仙也, 必無佛也, 必無黃 金術也."
9) 중국의 은자들은 犬儒學者들과 비슷했던 것으로 보인다.
10) 石介, 『石徂徠集』, 권2, 49b.

3. 구양수

구양수歐陽修(1007~1072)는 철학보다도 시에서 더 높은 평가를 받고 있다. 그는 송 최고의 시인이자 문장가로서 한유韓愈와 거의 같은 등급에 위치하였다. 여릉廬陵 출신이기 때문에 자주 여릉선생廬陵先生으로 불렸다. 자는 영숙永叔이고, 호는 육일거사六一居士 혹은 취옹醉翁이다. 취옹은 술과 사교를 좋아한다고 해서 스스로 붙인 호인 듯하다. 유명한 수필에서 그는 술 취한 지사로 자칭하면서 안휘성安徽省 저주滁州의 그림 같은 지역에 놓인 자신의 정자를 '취옹정'이라고 불렀다. 시호는 문충文忠이다.

그는 일찍 아버지를 여의어 가난했기 때문에 공부할 때에는 비싼 붓 대신 갈대로 글을 써야만 했다. 관리로서는 병부의 재상에까지 올랐다. 그는 송기宋祁와 함께 당의 역사를 새로 기술하였고, 혼자서 오대의 역사를 기술하였다. 그의 저서들 가운데 언급할 만한 것으로는『집고록集古錄』이 있다. 전서『구양문충공전집歐陽文忠公全集』에는 철학적인 저술이 그렇게 많이 수록되어 있지 않다. 개인적으로 구양수는 매우 호의적인 사람이었다. 그는 왕안석이나 소씨 형제 등 재능 있는 젊은이를 기꺼이 후원하였다.

구양수는 인간의 성性에 대한 문제에 특히 관심이 있었던 것으로 보인다. 한유가 쓴 인성에 관한 글처럼 그 또한 인성을 주제로 한 편의 글을 써서 커다란 주목을 받게 된다.[11] 그는 자기 시대의 거의 모든 학자들이 성에 대하여 논하는 것을 기이하다고 생각하였다. 삶에 중요한 것으로는 단지 여섯 가지의 다른 성이 있을 뿐인데 이에 대해서는 경전에서 이미 탐구되었으며, 성 자체에 대해서는 거의 전해지는 것이 없지만 굳이 알려고 할 필요도 없다는 것이다.

---

11) Alfred Forke, *Geschichte der mittelalterischen chinesischen Philosophie*(1934), 296쪽 참조.

성은 몸과 더불어 생겨나는 것으로 모든 인간이 지니고 있다. 군자는 자기 자신을 수양하고 남들을 다스릴 뿐이지, 성이 선한지 악한지는 탐구할 필요가 없다. 가령 성이 진실로 선하다 해도 자신을 닦지 않을 수 없고 남을 다스리지 않을 수 없으며, 가령 성이 진실로 악하다 해도 자신을 닦지 않을 수 없고 남을 다스리지 않을 수 없다.[12]

그러므로 성이 선하든 악하든 사람은 똑같이 수신을 해야만 한다. 본래의 성이 선한지 악한지는 아무런 영향을 미치지 못한다. 불교와 도교가 융성한 것을 구양수는 재앙으로 여겼는데, 그 원인은 인간이 확고한 기반을 가지지 못하며 꾸준하게 수신하지 않는 데에 있다고 하였다.

4. 사마광

위대한 역사가 사마광司馬光(1019～1086)은 철학자로도 유명하다. 그는 산서성 섬주陝州 하현夏縣 출생으로, 자는 군실君實이고 호는 속수涑水이다. 어렸을 때부터 매우 냉철하면서도 통찰력이 뛰어났다. 한 번은 친구들과 놀다가 친구 한 명이 큰 물항아리에 빠져서 익사할 지경이 되었는데, 다른 친구들은 겁을 먹고 도망갔지만 그는 침착하게 돌로 항아리를 깨뜨려 친구의 목숨을 구할 수 있었다. 이 모습은 후에 자주 그림으로 그려졌다. 어린 시절에 한 번 손에 책을 잡기만 하면 먹고 마시는 것조차 잊어버렸던 그는 후일 커다란 도서관을 소유하였는데, 책을 매우 잘 간수하여 몇 년이 지나도 새것처럼 보이게 했다. 그의 관리경력은 화려하다. 15년 동안 낙양에서 재상으로 체류할 때 백성들로부터 엄청난 인기를

---

12) 高瀨武次郞, 趙蘭坪 中譯, 『中國哲學史』 3권, 84, "性者與身俱生, 而人之所皆有也, 爲君子者, 修身治人而已, 性之善惡, 不必究也, 使性果善邪, 身不可以不修, 人不可以不治, 使性果惡邪, 身不可以不修, 人不可以不治."

누리며 '만가의 살아있는 부처(萬家生佛)로 불렸다. 퇴직한 후 그가 황제의 장례식에 참여하고자 낙양을 방문했을 때 사람들이 그를 보고자 몰려드는 통에 말이 앞으로 나아갈 수 없을 정도였다.

연대기가 너무 많아 읽기가 힘들었기 때문에 사마광은 영종英宗(1064~1068)을 위해 최초의 중국 전체의 역사서 『통지通志』8권을 편찬하였다. 신종 치하에도 그의 작업은 계속되어, 그는 매일 작업한 것을 황제에게 읽어 주었다. 황제는 1084년, 19년간의 작업 끝에 완성된 사마광의 저서에 '자치통감資治通鑑'이라는 제목을 내리고 그 서문을 지었다.

말년에 사마광은 온국공溫國公의 칭호를 부여받았다. 그가 죽자 황제는 문정文正이라는 시호를 내리면서 성대한 장례식을 치르게 하였다. 백성들은 마치 가까운 친척이 죽은 것처럼 울면서 그의 고향에서 치러진 장례식에 참석하였다. 그의 초상화를 그려 그 앞에서 제사를 지내는 사람들도 있었다.

사마광은 고귀한 품성의 소유자였으며 모든 학문에 달통한 학자였다. 그럼에도 불구하고 그가 죽은 지 8년이 지났을 때 생전에 그가 이전 황제의 개혁을 비방했다는 탄원서가 올라와 이에 대한 심의가 있었다. 사마광의 정적들은 그의 무덤을 파서 관을 부수어야 한다고 강력하게 주장하였다. 그러나 황제는 거기에 동의하지 않고, 다만 그의 직급을 내리고 무덤에 설치된 묘비를 폐기하도록 하였다. 그러자 정적 중의 한 사람은 직접 사마광을 배신자로 낙인찍는 글을 지어서 이것을 적은 판을 나라의 도처에 세우게 하였다. 하지만 1126년에 흠종은 사마광에게 모든 과거의 영광을 되돌려 줌으로써 죽은 이에 대한 오욕을 씻어 주었다.

『자치통감』 외에도 사마광은 기원전 25세기부터 기원후 10세기까지를 포괄하는 역사서 『계고록稽古錄』20권을 지었으며, 잘 알려진 사전 『유편類篇』을 저술하였다. 『설문해자說文解字』에 기초한 『유편』은 30,000글자 544부수로 정리되어 있다.

그 밖에 작은 역사적 기술들이 있고, 또 철학적인 글들도 상당수 있는데 거의가 주석들이다. 대표적인 것으로는 『효경孝經』, 『역경易經』, 『서경書經』, 『시경詩經』, 『대학大學』, 『중용中庸』, 『도덕경道德經』, 양웅의 『태현경太玄經』 및 『법언法言』, 왕통의 『문중자文中子』 등에 대한 주석들이 있다.[13] 그의 새로운 창작으로는 『잠허潛虛』 1권이 있는데, 여기서 그는 양웅이 '태현'이라고 했던 것이 곧 '태극'임을 말하고 있다.

사마광은 유학자로서 불교와 도교를 좋아하지 않았다. 그는 불교와 도교를 대표하는 사람들에 대하여 이렇게 말하였다.

그들의 은미한 언어는 나의 책보다도 못하니, 그 허황됨을 나는 믿지 못한다.[14]

사마광은 따로 「의맹론疑孟論」이라는 글을 지어 『맹자』가 한대 후기에 만들어진 위작이라는 것을 증명하고자 했을 정도로 『맹자』에 대해서는 부정적이었지만, 양웅과 왕통에 대해서는 매우 높게 평가하였다. 인성론에 있어서 그는 양웅과 매우 유사하였으며 맹자나 순자의 이론에는 부정적이었다. 그에 따르면, 맹자와 순자는 단면적이며 정상적인 것을 보지 못한다. 하늘에서 받은 성은 음양과 마찬가지로 선악의 특성을 모두 가지고 있다. 성인 또한 허물이 있고 어리석은 사람도 좋은 면이 있다. 선이 매우 많으면 성인이 되고, 악이 매우 많으면 어리석은 사람이 되는 것이다. 계속해서 그는 말한다.

고자는 말하기를, "인간의 성은 선과 불선으로 갈라져 있지 않아서 마치 물이 동쪽으로도 서쪽으로도 갈라지지 않는 것과 같다"라고 하였다.[15] 고자의 이 주장은

---

13) 보다 정확한 것은 高瀨武次郎, 趙蘭坪 中譯, 『中國哲學史』 3권, 83 참조.
14) 『宋史』, 권336, 「列傳」, 13쪽, "其微言不能出吾書, 其誕吾不信也."
15) Alfred Forke, *Geschichte der alten chinesischen Philosophie* (1927), 556쪽 참조.

잘못된 것이다. 물이 동쪽으로도 서쪽으로도 기울어지지 않은 것은 오직 땅이 평평할 때뿐이다. 지면이 동쪽이 높고 서쪽이 낮거나 서쪽이 높고 동쪽이 낮으면 물을 원하는 곳으로 흐르게 할 수 없다. 이와 마찬가지로 인간의 성이 선 또는 불선으로 기울어지지 않았다는 것은 다만 중간 등급의 사람에게 해당하는 말일 뿐이다. 고수가 순을 낳고 순이 상균을 낳았으니, 어찌 감화되어 변할 수 있는 것이겠는가?[16] 한편 맹자는 "사람은 선하지 않음이 없다"라고 하였는데, 이 또한 잘못된 말이다. 단주[17]와 상균은 어릴 때부터 요와 순을 보고 자랐지만 그들의 악은 결코 변하지 않았다. 어찌 인간의 성에 악이 없다고 하겠는가?[18]

주희는 후에 맹자에 대한 사마광의 이러한 여러 반대들에 맞서 재반론을 시도한다. 사마광의 존재론은 다음의 글에서도 표현되고 있다.

만물의 근원은 허(형이상)에 있으며, 기에서 생겨난다. 기로써 형체를 이루고, 체로써 성을 받는다. 성으로써 이름이 구분되고, 이름으로써 행위가 서게 되며,[19] 행위로써 명을 기다린다.[20] 그러므로 허는 사물의 창고이고, 기는 삶의 문이며, 체는 바탕이 갖추어진 것이고, 성은 신이 부여한 것이며, 이름은 일에 있어서의 분별이고, 행위는 사람의 의무이며, 명은 그 때가 맞는 것이다.[21]

---

16) 舜임금의 아버지와 아들은 개선이 불가할 정도로 악했다.

17) 堯임금의 탈선한 아들.

18) 黃宗羲, 『宋元學案』, 권7, 14a, "告子云, 性之無分於善不善, 猶水之無分於東西, 此告子之言失也, 水之無分於東西, 謂平地也, 使其地東高而西下, 西高而東下, 豈決所能致乎, 性之無分於善不善, 謂中人也, 瞽叟生舜, 舜生商均, 豈陶染, 所能變乎, 孟子云, 人無有不善, 此孟子之言失也, 丹朱商均自幼及長日所見者堯舜也, 不能移其惡, 豈人之性無不善乎."

19) 이름이 행위에 따라 정해질 것을 기대할 것이 아니라 반대로 해야 한다. 행위가 결과로서 말해진다고 하더라도 우선적이기 때문이다.

20) 명은 행위에 따라 정해지지만 자주 또한 그에 의존하지 않으며 시간관계에 의해 달라진다.

21) 黃宗羲, 『宋元學案』, 권8, 1a, "萬物皆祖於虛, 生於氣, 氣以成體, 體以受性, 性以辨名, 名以立行, 行以俟命, 故虛者物之府也, 氣者生之戶也, 體者質之具也, 性者神之賦也, 名者事之分也, 行者人之務也, 命者時之遇也."

여기에 허虛, 기氣, 체體, 성性, 명名, 행行, 명命 등의 생성을 설명하는 도표들이 계속해서 이어진다. 이것은 『역경』과 『태현경』을 연상시킨다. 그러나 사마광이 기술하고 있는 것은 모두 환상적이고 불명확하여 이로부터 얻을 수 있는 것이 별로 없다.

학문은 사마광의 견해에 따르면 주로 자기를 수양하기 위한 것이지 지식을 얻기 위한 것이 아니다.

배우는 사람의 근본은 치심을 구하는 데에 있다. 배운 것이 비록 많다 하더라도 마음을 다스리지 못한다면 무슨 소용이 있겠는가?[22]

사마광은 소옹, 장재, 정호, 정이 등 신유학의 형이상학자들과 우호적인 관계에 있었지만 그들의 이론을 수용하지는 않았다.

5. 왕안석

왕안석王安石(1021~1086)[23]은 유명한 정치가인 동시에 위대한 어원학자였으며 또 탁월한 시인이자 철학자이기도 하였다. 자는 개보介甫이고 호는 반산半山 또는 형공荊公인데, 그 중 형공은 1080년 형국공荊國公으로 책봉된 이래로 붙은 별호이다. 고향이 강서성 무주 임천臨川이었기 때문에 때로는 '임천선생'으로 불리기도 하였다.

어렸을 때 그는 책을 많이 읽었는데 한 번 읽은 것은 잊는 일이 없었으며 글을 쓰는 속도 또한 놀라울 정도로 빨랐다. 그의 영리함은 널리 알려졌다.

---

22) 黃宗羲, 『宋元學案』, 권7, 6a, "學者所以求治心也, 學雖多, 而心不治, 何以學爲."
23) 『宋史』, 권327, 「列傳」.

후에 학생이 되어서는 온갖 종류의 책들을 다 읽었는데, 그 중에는 학생들이 읽어야 할 것에 속하지 않는 식물학, 의학, 농학 등의 저술들도 있었다. 그는 사치를 경멸하며 매우 검소하게 생활하였다. 다만 그 무심함으로 인해 외관을 소홀히 하여, 더러운 옷을 걸치고 씻지도 않아서 불쾌감을 유발할 정도에까지 이르렀다. 이 때문에 소순蘇洵은 그를 비난하여, 예를 무시하는 사람은 그보다 더 나쁜 짓도 서슴없이 저지를 수 있다고 하였다.

왕안석은 그의 적들로부터도 일단 현인으로 간주되기는 했다. 그러나 그는 자신에 대한 확신이 지나쳐서 결코 자기 견해가 틀릴 수도 있다는 사실을 인정할 수 없었다. 그래서 그는 세상과 화합하지 못하였으며, 사람들은 그를 요상공拗相公 즉 고집 센 재상이라고 불렀다. 신종이 왕안석의 학식에 대하여 물었을 때 정호는, 왕안석은 지식과 경험을 두루 갖추고 있지만 길들일 수가 없다고 답하였다. 경전을 주석할 때도 왕안석은 이전의 모든 설명들을 경시하면서 단지 자신의 견해를 내세울 뿐이었다.

증공曾鞏은 왕안석의 재능을 높이 사서 친구 구양수에게 그를 추천하였는데, 왕안석은 이미 그의 첫 번째 저술에서부터 주목을 끌고 구양수의 찬사를 이끌어 내었다. 과거에 합격한 후에 그는 처음에 섬서성 회남의 절도판관으로 임용되어 탁월한 행정력을 발휘하였다. 이어 한림학사가 되어 황제의 신임을 받음으로써 '신법新法'으로 명명된 과격한 개혁을 시도할 수 있는 계기가 만들어졌다. 그의 개혁에는 또한 과거의 개혁이 포함되어 있었다. 한동안 학생들은 경전에 대한 왕안석의 새로운 주석을 사용해야 했으며, 『춘추』 과목은 수업이 없어졌다. 그의 개혁안이 실천적인 지식에 큰 비중을 두고 있었기 때문에 학생들은 고대의 텍스트를 버리고 역사, 지리, 농업 등에 관해 공부하기 시작하였다. 그러나 개혁은 조정 내 유력인사들의 격렬한 반대에 부딪혀 실패하고 말았다. 왕안석은 사적인 생활로 되돌아가서 자신의 모든 개혁안들이 파기되는 것을 견뎌야 했다.

왕안석의 시호는 문文이다. 1104년에 그는 공자의 사당에 함께 모셔졌으나 140년 후에 추출되고 말았다.

왕안석은 『시경』, 『서경』, 『주례周禮』의 주석을 새로 지어 세 경전에 관한 새로운 해석이라는 뜻의 '신의新義'라는 이름을 붙였다.24) 그는 특히 『주례』 안에서 자신의 개혁에 정당성을 부여하는 내용을 찾았다고 믿었기 때문에 그것을 높이 평가하였다. 나아가 그는 『역경』, 『논어論語』, 『맹자』, 『노자老子』에 대한 해설이나 주석도 출간하였다.25) 또 짧은 논문으로는 「홍범洪範」, 『좌전左傳』, 『예기禮記』, 『효경孝經』에 관한 것이 있다.26) 생애의 마지막 몇 년 동안 그는 글자의 합성과 관련된 어원학적인 저서 『자설字說』을 저술하였다. 전집 『임천집臨川集』 100권 및 『후집後集』 80권 또는 『왕개보문집王介甫文集』이 간행되었으며, 시집 『왕형공시집王荊公詩集』이 이와 별도로 출간되었다.

왕안석의 개혁정책과 그의 저술(주석)에 대해 학자들은 그것이 이전의 것들에 비해 얼마나 다르며 얼마나 잘못되었는지를 매우 날카롭게 공격하였다. 그것은 잘못된 원리와 과장을 포함하고 있으며 불교와 도교를 명백하게 애호하고 있다고 한다. 그들은 왕안석이 음양 및 나쁜 조짐과 재앙에 대하여 아무것도 논하지 않은 것을 비난하였다. 특히 그가 하늘의 분노를 두려워하지 않은 채 오직 정치만을 신뢰하고 또 조상을 본보기로 섬겨야 함을 인정하지 않았다는 점을 지적하였다.

철학적인 측면에서 볼 때 왕안석은 특히 인성론의 영역에서 간과할 수 없는 업적을 남겼다. 유향劉向과 마찬가지로 그는 성과 정이 밀접하게 연결되어 서로 상응한다고 생각하였으며, 성이 선도 될 수 있고 악도 될 수 있다고 보는 점에서는 양웅揚雄과 견해를 함께했다. 우리는 이 문제에 대한 그의 생각을 「원성原性」과

---

24) 三經新義: 『詩經新義』 30권, 『尙書新義』, 『周禮新義』.
25) 『易義』 20권, 『論語解』 10권, 『孟子解』 14권, 『老子注』 2권.
26) 『洪範傳』 4권, 『左氏解』 1권, 『禮記要義』 2권, 『孝經義』 1권.

「성정性情」편에서 찾아볼 수 있다.

성과 정은 하나이다. 세간에는 성은 선하고 정은 악하다고 말하는 사람들이 있는데, 이는 단지 성과 정의 이름만 알고 그 본질을 알지 못하는 것이다.…… 성은 정의 근본이며, 정은 성의 작용이다. 그러므로 나는 성과 정은 하나라고 말한다.27)

칠정을 악하다고 말하는 사람은 단지 이것이 자주 악으로 향하게 되는 것만 볼 뿐, 정이 모든 사람에게 성으로서 갖추어져 있다가 사물에 감응하여 움직이게 되는 것임을 알지 못하는 것이다.

움직여서 리에 합당하면 성인 또는 현인이며, 리에 합당하지 않으면 소인이다. 저들은 단지 정이 밖으로 드러나서 바깥 사물에 연루됨으로써 악으로 인도하는 것만 보고는 정이 악하며 성을 해친다고 한다. 이것은 정이 밖으로 드러나서 외부의 사물에 감응하여 선으로 인도한다는 것을 알지 못하는 것이다.
대개 군자는 성의 선함을 기르기 때문에 정 또한 선하다. 소인은 성의 악을 닦기 때문에 정 또한 악하다. 그러므로 군자가 군자 되는 까닭은 오직 정을 통해서이고, 소인이 소인 되는 까닭 또한 정 아닌 것이 없다. 저들 논의의 잘못은 성은 단지 군자에게서만 구하고 정은 소인에게서만 구하는 데 있다.……
만약에 정을 없앤다면 성이 비록 선하다 해도 어찌 스스로 밝아지겠는가? 진실로 오늘날 논하는 사람의 설과 같이 정이 없는 것이 선이라면, 이것은 마치 나무 또는 돌과 같은 사람을 숭상하는 것이다.28)

---

27) 黃宗義, 『宋元學案』, 권67, 4a, "性情一也, 世有論者曰, 性善情惡, 是徒識性情之名, 而不知性情之實也……性者情之本, 情者性之用, 故吾曰, 性情一也."

28) 黃宗義, 『宋元學案』, 권67, 4b~5a, "動而當於理則聖也賢也, 不當於理則小人也, 彼徒有見於情之發於外者, 爲外物之所累而遂入於惡也, 因曰, 情惡也, 害性者情也, 是曾不察於情之發於外而爲外物之所感而遂入於善者乎. 蓋君子養性之善, 故情亦善, 小人養性之惡, 故情亦惡, 故君子之所以爲君子, 莫非情也, 小人之所以爲小人, 莫非情也, 彼論之失者以其求性於君子, 求情於小人耳……如其廢情, 則性雖善, 何以自明哉, 誠如今論者之說, 無情者善, 則是若木石者尙矣."

유학자들이 정을 일반적으로 폄하하는 것에 대한 왕안석의 논변은 옳다. 성과 정은 그의 견해에 따르면 활과 화살처럼 밀접하게 연관되어 있다. 선과 악은 그것이 적중하느냐 그렇지 못하느냐에 비유된다.

양웅은 인간의 성에는 선과 악이 섞여 있으며, 이로부터 성 역시도 악할 수 있음을 알 수 있다고 하였다.[29] 이와 관련하여 왕안석의 다음 말을 보자.

> 태극에서 오행이 생겨나지만 오행이 곧 태극인 것은 아니다. 성이라는 것은 오상의 태극이지만 오상 자체를 성이라고 해서는 안 된다.[30]

> 성이 정을 생성하니, 정이 있게 된 연후에 선악의 형체가 갖추어진다. 그러나 성은 선악을 말할 수 없다.[31]

> 정이 있게 된 연후에 선악이 형체를 갖추게 된다고 한다면, 선악이란 곧 정이 그 이름을 갖추게 된 것을 일컫는 말일 뿐이다.[32]

이처럼 성의 표현으로서의 정이 선하거나 악하다면 사람들은 또한 그 표현의 근저에 놓인 성에 대해서도 그렇게 말할 수 있을 것이다.

---

29) 黃宗義, 『宋元學案』, 권67, 4b~5a.
30) 黃宗義, 『宋元學案』, 권67, 8b, "太極者五行之所由生, 而五行非太極也, 性者五常之太極也, 而五常不可以謂之性."
31) 黃宗義, 『宋元學案』, 권67, 8b, "性生乎情, 有情然後善惡形焉, 而性不可以善惡言也."
32) 黃宗義, 『宋元學案』, 권67, 9a, "有情然後善惡形焉, 然則善惡者情之成名而已."

제2장 신유학자: 성리학의 선구자들

1. 소옹

1) 생애와 저술

소옹邵雍(1011~1077)은 자가 요부堯夫이다. 그의 가문은 원래 대대로 하북성 범양范陽에 살았는데, 그의 증조부 때에 형장衡漳으로 이주하였다가 그의 아버지 대에 이르러 공성共城(오늘날의 하남성 輝縣)에 정착하였다.

어렸을 때부터 소옹은 학업에 욕심이 많아 열심히 책을 읽었으며, 성현의 가르침을 뒤따르고자 하는 뜻이 있었다. 비록 가난하였지만 그는 침착하고 평온하게 가난을 견뎌 내었다. 성인이 되었을 때 그는 다른 지역으로 더욱 시야를 넓히고자 하는 욕구를 느꼈다. 그는 중요한 사람들을 만나 친분을 맺고자 중국의 중부와 남쪽으로 긴 여행을 떠났다. 황하와 한수 유역을 거쳐 고대국가인 오·주·제·노·양·진 등의 옛터를 찾아 역사적인 장소들을 방문하였다. 그런 뒤 그는 다시 공성 근처의 백원百源[1])에 거주지를 정하고 직접 장작을 모아 요리하여 부모를 공양하였다. 그곳의 관리 이지재李之才가 그의 재능을 알아보고 『역경』의 비밀을 전해 주었다고 한다.

부친이 죽은 후에 소옹은 낙양으로 건너갔다. 그는 예로부터 현인과 성인이

---

1) 이 때문에 黃宗羲는 『宋元學案』에서 邵雍의 학문을 '百源學案'이라는 이름으로 다루고 있다.

끊이지 않았고 학자와 고관들이 몰려들었던 이곳을 세계의 중심으로 여겼다. 여기에서 그는 사마광, 장재, 이정 형제 등과 깊이 교유하였다. 매우 궁핍하게 살았음에도 불구하고 그는 관리가 되고자 하지 않았다. 황제가 여러 번에 걸쳐 직책을 내렸지만 그는 핑계를 대며 거절하였다. 비록 비가 새는 누추한 오두막에 거처하였지만 그는 항상 쾌활하였다. 그러던 중 그의 친구들이 그를 궁핍한 생활로부터 벗어나게 하기 위해 마당이 있는 집을 선물하였는데, 그는 이 집에서 채소를 경작하며 죽을 때까지 행복하고 만족스럽게 살았다. 그는 선물 받은 이 집에 '안락와安樂窩'라는 이름을 붙여 주고 자기 자신을 '안락선생安樂先生'이라 불렀다. 아침에는 향을 피우고 조용히 앉아 사색하였으며, 오후에는 서너 잔의 술을 마셨는데 얼마간 흥이 돋으면 곧 술잔을 놓았다. 그는 간혹 흥에 겨워 혼자 노래를 흥얼거리는 일은 있었어도 결코 취하는 법은 없었다. 봄가을에는 한 번씩 수레를 타고 시내로 나들이를 갔는데, 관리들은 그의 수레 소리를 알아듣고 마주 인사하였으며 아이와 하인들은 달려와서 "우리 선생님이 오셨다" 라고 소리쳤다. 대부분 그는 이틀을 돌아다녔다. 사람들은 소옹이 시내에서도 편안히 묵을 수 있도록 그의 집과 똑같은 집을 지어 주었는데, 그는 이 집을 '행와行窩'라고 불렀다. 한편, 외지인들이 낙양에 들를 때면 주저함 없이 먼저 이 유명한 은자를 방문하곤 했다.

사람들은 소옹을 보고는 첫눈에 그가 현인임을 알아볼 수 있었다. 그는 항상 쾌활하고 평온하였으며, 모든 손님을 미소로 맞이하였다. 그는 귀하고 천함, 가깝고 멂에 구애받지 않았다. 사람들과 대화를 나눌 때면 상대방의 장점이 잘 드러나고 단점이 잘 감추어지도록 했으며, 누가 학문적인 질문을 하면 친절히 대답하되 자신의 지식을 강요하는 일이 없었다. 그래서 군자들은 그의 덕을 높이 평가하였고 소인들 또한 그의 고귀함에 영향을 받았다. 60년 동안 그는 은자로 살았으며, 그 뒤로는 더욱 일선에서 물러섰다. 그는 늘 말하기를, 손님과의 대화는 항상 자신에게 매우 자극이 되며 이야기를 나누는 동안에는 작은 아픔이 사라진다고 하였다.

1077년 여름, 소옹이 걸린 마지막 질병은 처음에는 단지 사소한 병치레쯤으로 여겨졌다. 그러나 이것이 중하게 되자 그와 친교를 맺은 사마광과 장재, 이정 형제 등이 밤낮으로 간호하였는데, 그는 웃으면서 사마광에게 "삶과 죽음 또한 일상적인 일(常事)이다"[2]라고 하였다. 그러자 장재가 그 병이 명에 의한 것인지, 아니라면 병을 쫓아내어야 하는 것인지를 물었다.

소옹이 답하였다. "하늘의 명은 내가 알겠지만 세속에서 말하는 명에 대해서는 나는 알지 못하겠다." 이에 장재가 "선생께서 하늘의 명을 아신다니 제가 무슨 말을 하겠습니까?" 하였는데, 정이가 말하였다. "선생께서 비록 이러한 경지에 이르렀지만 보통사람들은 힘쓸 방법이 없습니다. 스스로 주장하는 바를 드러내 주시기 바랍니다." 이에 소옹이 "여기에는 주장할 만한 것이 없다"라고 하였다. 이어서 정이가 마지막 가르침을 청하니, 소옹이 두 손을 들어 보이면서 말하였다. "우리의 앞길이 좁으니 반드시 넓혀져야만 한다. 길이 좁으면 우리 자신의 몸을 맡길 곳조차 없는데 어떻게 다른 사람에게 그 길을 가라고 할 수 있겠는가?" 며칠 후 정이가 다시 방문하여 물었다. "선생의 평생 배움이 이제 아무 소용이 없게 된 것입니까?" 그러자 소옹이 답하였다. "그대는 생강이 나무 위에 열린다고 말하는데, 나 또한 다만 그대의 말을 따르겠노라."[3]

---

2) 孫奇逢, 『理學宗傳』, 권5, 3a.

3) 孫奇逢, 『理學宗傳』, 권5, 3a, "堯夫曰, 若天命, 則已知之矣, 世俗所謂命, 則不知也, 載曰, 先生知天命矣, 載尙何言, 伊川曰, 先生至此, 他人無以爲力, 願自主張, 堯夫曰無可主張者. 伊川又問, 從此永訣, 更有見先乎, 堯夫擧兩手示之曰, 面前路徑, 須令寬路, 窄則自無著身處, 況能使人行也, 一日伊川又往視之, 曰, 堯夫平生所學今日無事否合, 答曰, 你道生薑樹上生, 我亦只得依你說." 여기서 邵雍은 주로 程頤의 좁은 시야와 외골수의 성격을 꾸짖고 있다. 특히 마지막 가는 길에서는 생강이 땅속에 열림을 모른 채 오로지 나무 위에 열린다고 고집한다는 옛이야기를 예로 들며 程頤의 고집을 꼬집는다.

죽기 며칠 전에 소옹은 큰 글씨로 다음과 같은 시를 적었다.

태평한 시대에 태어나서 태평한 시대에 자랐으며,
태평한 시대에 늙다가 태평한 시대에 죽노라.
나이가 몇인가 묻는다면 67세라고 하리라.
하늘을 우러러보고 땅을 굽어보아도 호연하여 홀로 부끄러움이 없네.[4]

임종 직전 소옹은 친구들이 밖에 도착하는 소리를 듣고 아들 소백온邵伯溫을
불러 당부하기를, 지인들은 그를 낙양 가까이 묻으려 할 테지만 자신은 조상들이
있는 곳에 함께 묻히고 싶다고 하였다. 정호가 지은 소옹의 비문에는 다음과
같은 구절이 있다.

선생의 도는 순수하고 한결같아서 잡된 것이 없다. 지극한 곳에 나아갔으니 안정되
고 또 완성되었다고 할 수 있다.[5]

사후에 소옹은 강절康節이라는 시호를 받았으며, 공자의 사당에 그 위패가
수용되었다. 와타나베는 그가 공자보다 노자에 가까웠다고 말하는데, 이 지적은
매우 합당하다.[6]

소옹은 『역경』의 공부를 바탕으로 『황극경세서皇極經世書』를 저술하였는데,
이 책에는 세계경영에 관한 그의 철학적인 관점들이 녹아 있다. 원본은 12권
64편이며, 이것이 약간 축소된 형태로 『성리대전』(7~13책)에 수록되어 있다.
성리대전본에는 소옹이 도표와 문장, 숫자 등을 통해 자신의 우주론적 이념을

---

4) 孫奇逢, 『理學宗傳』, 권5, 3b, "生於太平世, 長於太平世, 老於太平世, 死於太平世. 客問年幾
   何, 六十有七歲. 俯仰天地間, 浩然無所愧."
5) 『宋史』, 권427, 「列傳」, "雍之道純一不雜, 就其所至可謂安且成."
6) 渡邊秀方, 劉侃元 中譯, 『中國哲學史槪論』3권, 13.

밝힌 앞의 50편 대신에 그의 아들 소백온과 철학자 채원정蔡元定이 요약한 2권이 들어 있다. 중국인들조차 소옹의 그림과 숫자를 이해할 수 없었기 때문에 삭제해도 무방하리라 여겼던 것 같다. 그 뒤의 14편은 '관물觀物'이라는 제목으로 소옹이 자신의 견해를 전개한 것이다. 「관물내편觀物內篇」 12편은 그가 저술하고 아들이 주석한 것이며, 「관물외편觀物外篇」 2편은 그가 학생들에게 한 말로서 주석이 없다. 이 외에 어부와 나무꾼 사이의 대화로 이루어진 『어초문대魚樵問對』라는 저술도 있었다고 한다. 소옹은 또 20권에 해당하는 분량의 시를 지었는데, 이것이 『이천격양집伊川擊壤集』이라는 이름의 시집으로 전한다. 그의 아들 소백온은 부친의 주요 저작을 출간하고자 평생 동안 온 힘을 다하였다.

2) 형이상학

소옹은 세상의 모든 것을 생겨나게 하고 모든 것이 되돌아오게 되는 최고의 세계원칙을 인정하였다. 그것이 곧 태극太極이다. 이 태극은 또한 도道이기도 하고 심心 즉 인간의 마음이기도 하다. 이들은 모두 같기 때문이다.

마음이 태극이라고 하며, 또한 도가 태극이라고도 한다.[7]

사람들은 여기에서 마음을 제일 먼저 말하고 있다는 것에 주목하였다.

소옹의 도는 곧 노자의 도이다. 이것은 단순한 추상적 법칙이나 규정으로서의 리가 아니라 사람이 설명할 수 없는 초감각적인 존재로서, 태극이라는 개념으로도 대체할 수 있다.

누가 만물을 창조할 수 있는가? 천지이다. 천지를 창조할 수 있는 것은 태극이다.

---

7) 『性理大全』, 권11, 「觀物外篇」, 1, 34a, "心爲太極, 又曰, 道爲太極."

태극을 어떻게 이름 붙일 수 있을 것이며, 어떻게 알 수 있겠는가? 그러므로 억지로 이름 붙여 태극이라고 한다.[8] 태극이라는 것은 이름이 없는 것을 일컫는다.[9]

그러므로 도가 천지의 근본이라는 것을 안다. 천지는 만물의 근본이 된다.[10]

그런데 도는 세계의 창조자일 뿐만 아니라 윤리적 도리 즉 사람이 그것에 적합하게 행동함으로써 알게 되는, 인간의 성에 내재한 선이기도 하다.

도는 곧 도이다. 도는 형체가 없지만 행하면 일에서 드러난다. 도로의 도를 예로 든다면, 평탄하여 천만 년 억만 년을 다닌다 하더라도 끝내 사람이 그 도달하는 곳을 알 수 있는 것과 같다.[11]

소옹은 노자와 양웅이 지향하던 현묘한 존재를 강조함으로써 태극을 도의 근본으로 설명한다. 그는 다음과 같이 말한다.

태극은 도의 지극함이며, 태현은 도의 현묘함이다.[12]

소옹은 도가 세계를 창조하고 사물을 생성하는 것에 대해 몰입하여 음양론자들과 연계하였지만 많은 부분에서 서로 어긋난다. 또한 그는 우주론에 침잠하였지만, 이를 통해서도 자신의 도를 보다 정확하게 묘사할 수는 없었다. 그는 우주론을

---

8) 『道德經』 1장의 "이름이 없는 것은 하늘과 땅의 시작이다"와 25장의 "나는 그 이름을 알지 못하며 그것을 도라고 한다. 할 수 없이 그에게 이름을 주어 그것을 크다고 한다"를 참조하라.

9) 『性理大全』, 권13, 17a, "誰能造萬物者, 天地也, 能造天地者, 太極也, 太極者, 其可得而名乎, 可得而知乎, 故強名之曰太極, 太極者, 其無名之謂乎."

10) 『性理大全』, 권9, 15b, "是知道爲天地之本, 天地爲萬物之本."

11) 『性理大全』, 권10, 「觀物內篇」, 9, 13b, "夫道也者道也, 道無形, 行之則見于事矣, 如道路之道坦然, 使千億萬年行之, 人知其歸者也."

12) 『性理大全』, 권12, 25a, "太極道之極也, 太玄道之玄也."

통해 물질적인 전개가 매우 합당하다는 것과 어떻게 마음으로 이러한 세계의 생성을 상상할 수 있는지를 보여 주고자 했을 것이다.

태극은 하나로서, 움직이지 않는다. 둘을 생성하니, 둘은 곧 신이다. 신은 수를 낳고, 수는 형상을 낳으며, 형상은 사물을 낳는다.[13]

태극은 움직이지 않으니, 곧 성이다. 그 발한 것은 신이 되고, 신은 수가 되고, 수는 형상이 되고, 형상은 사물이 된다. 사물은 변하여 다시 신으로 돌아간다.[14]

태극은 근원적으로 신을 초월하는 고요한 상태이다. 태극으로부터 신이 나타나며, 신에서 수가 생겨나고 수에서 형상이, 그리고 형상에서 사물 자체가 생겨난다. 수에 대하여 소옹은 피타고라스와 같이 신비한 생각을 한다. 수를 개념으로 파악하는 것이 아니라 일종의 순수한 실체로 파악하는 것이다. 이러한 수는 형상을 이루고, 형상은 물질로 채워진다.

세상의 모든 것들은 올바른 중中 또는 균형에 의존하고 있다. 이것은 『중용』 속에 나타나 있는 세계원칙이다.[15]

천지의 근본은 중에서 나온다. 그러므로 천지는 서로 어울려 변화하지만 결코 중을 벗어나지 않는다. 인간은 천지의 가운데에 있으며, 마음은 인간의 가운데에 있다. 해는 중천에 이르러 가장 성대하고, 달은 한가운데에서 가득 찬다. 그러므로 군자는 중을 귀하게 여긴다.[16]

---

13) 『性理大全』, 권12, 「觀物內篇」, 9, 20b, "太極一也, 不動, 生二, 二則神也, 神生數, 數生象, 象生器."
14) 『性理大全』, 권12, 20b, "太極不動, 性也, 發則神, 神則數, 數則象, 象則器, 器之變復歸於神也."
15) Alfred Forke, *Geschichte der alten chinesischen Philosophie* (1927), 164쪽 참조.
16) 『性理大全』, 권9, 「觀物外篇」, 1, 21b, "天地之本其起於中乎, 是以乾坤交變, 而不離乎中, 人居天地之中, 心居人之中, 日中則盛, 月中則盈, 故君子貴中也." 高瀨武次郞은 이곳을 『性理

전통적으로 중中은 마음을 의미하는 개념이기도 하다. 마음은 정신을 대신할 수도 있기 때문에, 중의 개념은 소옹으로 하여금 최고의 세계원리인 신에까지 거슬러 올라가게 하였다. 그는 다음과 같이 말한다.

선천先天의 학설은 심법에 관한 것이다. 그러므로 그림이 모두 가운데(마음)로부터 시작하니, 모든 변화와 모든 일이 마음으로부터 생겨난다.[17]

여기서 말한 '그림'이란 「선천도先天圖」 혹은 「선천팔괘도先天八卦圖」를 말하는 것으로, 복희에 의해 밝혀졌다고 전해지는 선천시대 팔괘의 순서와 방위를 나타낸 그림이다. 이것은 문왕에 의해 새롭게 설정된 후천시대 팔괘의 순서와 방위에 대응하는 것으로 이해되어 왔다.[18] 소옹은 복희에 의거하고 있지만 그의 말은 동시에 다른 개념과도 연계하고 있는 것으로 보인다. 그는 선천의 세계질서로써는 최초의 세계생성과 관련된 순수정신적인 자연현상을, 후천의 세계질서로써는 경험적인 지각으로 도달할 수 있는 좀 더 물질적이고 후기적인 변형을 묘사하고 있다.[19] 이것은 다음의 정의에서 잘 드러나고 있다.

선천의 가르침은 마음(신)에 해당하고, 후천의 가르침은 자취(외적 현상)에 해당한다. 유와 무 및 삶과 죽음을 두루 오가는 것은 도이다.[20]

大全』에서 삭제된 한 부분이었어야만 하는 「先天圓圖甲數」에 따라 인용한다.

17) 『性理大全』, 권12, 11b, "先天學心法也, 故圖皆自中起, 萬化萬事生乎心也."; 高瀨武次郎, 「先天象數圖說」.

18) Alfred Forke, *Geschichte der alten chinesischen Philosophie* (1927), 25쪽 주3) 참조.

19) Wilhelm, *Chinesische Philosophie*, 100쪽에 의하면 그가 선천으로 초월을 말하였다고 하면 너무 나아간 것일 것이다. 이것은 邵雍과 일치할 수 없다. 또한 선천이 周敦頤의 태극과 같은 것이라고 하는 高瀨武次郎의 설명 또한 일치하지 않는다.

20) 『性理大全』, 권12, 「觀物外篇」, 2, 2b, "先天之學心也, 後天之學迹也, 出入有無死生者道也."; 高瀨武次郎, 「先天方圖卦數」.

유와 무, 생성과 소멸은 도의 영역에 속하는 기본적인 특징이다. 이것은 곧 '도'가 신의 영역에 속하는 것이기 때문에 선천의 질서 안에서 해명되어야 함을 말한다.

소옹은 '중'의 개념과 함께 소옹은 『중용』으로부터 또한 '성誠'의 개념도 가져온다. 성은 주로 '완전'(Vollkommenheit)으로 이해되지만, 많은 중국학 학자들이 그랬듯이 소옹은 이것을 '성실'(Aufrichtigkeit)로 이해하였다.[21] 위에 인용한 "모든 변화와 모든 일이 마음으로부터 생겨난다"라는 구절에 이어 그는 다음과 같이 적고 있다.

> 선천의 학은 성誠을 위주로 한다. 지극한 성은 신명을 낳을 수 있고, 성하지 못하면 도에 이를 수 없다.[22]

여기에서 말하는 도는 예의원칙 즉 도리이다. 한편, 이 세상의 모든 중요한 변화 또한 도를 통하여 일어난다.

> 하늘은 도를 통하여 생겨나고, 땅은 도를 통하여 완성되며, 사물은 도를 통하여 형상을 갖추고, 사람은 도를 통하여 행동한다. 하늘, 땅, 사물, 인간은 각기 다르지만 모두가 도에 말미암는다는 점에서는 일치한다.[23]

위에서 보았던 것처럼 도는 세계원칙인 동시에 인간의 마음 혹은 정신이다. 나의 마음이 도이므로, 내가 바로 도라고 할 수 있다. 이로부터 소옹은 가능한 결론을 이끌어 낸다. 도가 완성한 모든 것은 나의 작품이다. 도가 세계를 생성하는

---

21) Alfred Forke, *Geschichte der alten chinesischen Philosophie* (1927), 165쪽 주8) 참조.
22) 『性理大全』, 권12, 11b, "先天學主乎誠. 至誠可以生神明, 不誠則不可以得道."
23) 『性理大全』, 권10, 「觀物內篇」, 9, 13b, "天由道而生, 地由道而成, 物由道而形, 人由道而行, 天地人物則異也, 其于由道一也."

데, 도는 이미 나의 마음에 있으므로 세계의 생성 또한 나의 행위이다. 나는 이것을 나의 마음으로써 생성한다. 이것을 소옹은 다음과 같이 명백하게 선언한다: "모든 변화와 모든 일은 나의 마음으로부터 생겨난다." 따라서 인간의 신은 세계의 신이며 도의 변화 중의 하나이다.

인간의 신은 곧 천지의 신이다. 인간이 자기를 속이는 것은 곧 천지를 속이는 것이 된다. 삼가지 않을 수 있겠는가?[24]

능히 하늘의 리를 따라 움직일 수 있다면 조화는 바로 나에게 있다.[25]

천지의 도는 인간에게 갖추어져 있다. 만물의 도가 이미 내 몸에 갖추어져 있고 온갖 신묘한 도가 나의 신에 갖추어져 있으니, 이로써 세상의 모든 일을 다 마칠 수 있다.[26]

만약에 도 즉 최고원리가 인간의 몸과 신을 통하여 작용하는 것이라면 세상의 일들 중에 인간의 신이 그 원인이 되지 않는 것은 아무것도 없다. 세계는 저절로 존재하는 것이 아니라 인간의 신을 통해 생성되는 것이라는 소옹의 생각은 관념주의가 확실하다. 그의 이러한 이론은 이정 형제의 제자인 사양좌謝良佐가 전해 주는 다음의 시에서 확실하게 나타난다.

만물 가운데 내 한 몸이 있고,
내 한 몸 가운데에 하나의 건곤이 있다.
조화가 나에게 갖추어져 있음을 안다면

---

24) 『性理大全』, 권12, 4a, "人之神則天地之神, 人之自欺, 所以欺天地, 可不愼哉."
25) 『性理大全』, 권12, 6b, "能循天理動者造化在我也."
26) 『性理大全』, 권13, 3a, "天地之道備於人, 萬物之道備於身, 衆妙之道備於神, 天下之能事畢矣."

어찌 하늘과 인간을 잡고 다른 근본을 세우랴?
하늘은 하나의 중으로 향하다가 본체와 작용으로 나뉘고,
인간은 마음 위에서 경륜을 일으킨다.
어찌 하늘과 인간에 두 가지 의리가 있으랴?
도는 텅 빔 속에서 움직이는 것이 아니라 인간 안에서 움직인다.[27]

이제 세계는 우리에게 일상적으로 나타나는 세계와는 전혀 다른 형상을 갖게 된다. 소옹은 어부와 나무꾼의 입을 빌려 이 문제에 대해 말한다.

나무꾼이 물었다. "무엇을 나라고 하고, 무엇을 물이라고 하는가?" 어부가 대답하였다. "내가 물을 따른다면 나 또한 물이고 물이 나를 따른다면 물 또한 나이니, 나와 물의 의미가 모두 지극해지면 이로부터 분명히 알 수 있다. 천지 또한 만물이니 어떻게 천지가 따로 있겠으며, 사물 또한 천지이니 어떻게 사물이 따로 있겠는가? 사물 또한 나이니 어떻게 사물이 따로 있겠으며, 나 또한 사물이니 어떻게 내가 따로 있겠는가? 어떤 사물이 내가 아닐 것이며, 어떤 내가 사물이 아닐 것인가? 이와 같다면 하늘과 땅을 제재할 수 있고 귀신을 부릴 수 있을 터이니, 하물며 인간과 사물에 있어서야![28]

나는 사물을 살필 수 있다. 내가 사물과 마찬가지로 존재하고 있기 때문이다. 그러나 나는 사물을 나의 자아로 볼 수는 없다. 나의 몸 역시도 내 사유의 산물에 불과하기 때문이다. 이것은 하늘과 땅 또한 마찬가지이다. 그러므로 세계와 개별 사물 그리고 나는 단지 나의 생각을 통해서만 존재할 뿐 자체적으로

---

27) 『性理大全』, 권39, 29b, "萬物之中有一身, 一身中有一乾坤, 能知造化備於我, 肯把天人別立根, 天向一中分體用, 人於心上起經綸, 天人安有兩般義, 道不虛行只在人."

28) 『性理大全』, 권13, 3b, "曰, 何謂我, 何謂物, 曰, 以我徇物, 則我亦物也, 以物徇我, 則物亦我也, 我物皆致意, 由是明, 天地亦萬物也, 何天地之有焉, 萬物亦天地也, 何萬物之有焉, 萬物亦我也, 何萬物之有焉, 我亦萬物也, 何我之有焉, 何物不我, 何我不物, 如是則可以宰天地, 可以司鬼神, 而況於人乎, 況於物乎."

존재하는 것이 아니다. 인간의 개별적인 신 자체는 단지 태극이, 즉 세계정신으로서의 도가 현상적으로 나타난 것에 불과하다.

사무량은 소옹의 철학을 유심학唯心學이라고 설명한다.[29] "의식 없이는 세계도 없다"라는 명제를 신유학적 관념주의의 기본학설로 보는 빌헬름의 생각도 같다.[30] 다케지로는 소옹의 체계가 관념론적이라는 사실은 인정하면서도, 소옹의 경우는 관념론을 설명했다기보다는 자연과 신 또는 나와 나 아닌 것의 영역을 분리함으로써 두 영역을 인정한 것이라고 말한다.[31] 와타나베는 소옹이 궁구의 과정에서 관념주의로 나아가긴 했지만 그의 주관적인 확신은 역시 현실주의라는 견해이다.[32] 그러나 내가 볼 때, 소옹에게서 범신론과 관념론의 결합이 나타난다는 것은 옳지만 그렇더라도 역시 우선적인 것은 관념론이다. 소옹은 성을 현실적이고 실질적인 것을 대하듯이, 마치 우리 눈에 보이는 것을 다루듯이 한다. 그러나 그는 이것이 근본적으로 우리의 정신 혹은 도에서 유출된 것이라는 사실을 이미 알고 있었다. 따라서 그의 철학은 피히테에게서 볼 수 있는 것과 같은 현실적 관념주의라고 말할 수 있을 것이다.

3) 우주론

(1) 세계의 생성

소옹의 우주론은 음양론에 입각한 자연철학과 유사하지만, 경험적 기반에서 유래하는 것처럼 보이는 것들마저도 실상은 매우 환상적이다. 이것은 나무꾼과 어부의 대화에서 잘 드러난다.

---

29) 謝无量, 『中國哲學史』 5권, 15.
30) Wilhelm, *Chinesische Philosophie*, 100쪽.
31) 高瀨武次郞, 趙蘭坪 中譯, 『中國哲學史』 3권, 28.
32) 渡邊秀方, 劉侃元 中譯, 『中國哲學史槪論』 3권, 18.

나무꾼이 물었다. "역에 태극이 있다[33]는 말에서 태극이란 무엇인가?" 어부가 답하였다. "무위의 근본이다.[34] 태극이 양의를 생성한다." 나무꾼이 물었다. "양의는 하늘과 땅을 이르는 것인가?" 어부가 답하였다. "양의는 하늘과 땅의 조상이니, 단지 하늘과 땅에 불과한 것이 아니다. 태극이 나뉘어 둘이 된다. 먼저 하나를 얻어서 1로 삼고 뒤에 하나를 얻어서 2로 삼으니, 이 1과 2가 양의가 된다. 양의는 사상을 낳는다." 나무꾼이 물었다. "사상이란 무엇인가?" 답하였다. "큰 형상은 음과 양 및 강剛과 유柔로 나뉜다. 음양이 있고 나서야 하늘이 생겨날 수 있고, 강유가 있고 나서야 땅이 생겨날 수 있다."[35]

양의는 흔히 음과 양으로 이해되지만, 때때로 동과 정으로 설명되기도 한다.[36] 또 사상은 일반적으로 태양과 소양, 태음과 소음으로 이해되거나 태강과 소강, 태유와 소유로 설명되기도 하지만, 소옹은 이것을 다시 하늘의 사상과 땅의 사상으로 구분하고 있다.

양이 음과 화합(交)하고 음이 양과 화합하니, 이로부터 하늘의 사상이 생겨난다. 강이 유와 화합하고 유가 강과 화합하니, 이로부터 땅의 사상이 생겨난다. 이에 팔괘가 이루어진다.[37]

하늘의 사상과 땅의 사상, 이 여덟 가지 형상은 일반적으로 말하는 팔괘가 아니라, 팔괘가 생성될 수 있게 하는 근본이다. 이로부터 팔괘가 이루어지고

---

33) Alfred Forke, *Geschichte der alten chinesischen Philosophie* (1927), 171쪽 참조.
34) 무위의 근간은 도이다.
35) 『性理大全』, 권13, 8, "吾敢問易有太極, 太極何物也, 曰, 無爲之本也, 太極生兩儀, 兩儀天地之謂乎, 曰, 兩儀天地之祖也, 非止爲天地而已也, 太極分而爲二, 先得一爲一, 後得一爲二, 一二謂兩儀, 兩儀生四象, 四象何物也, 曰, 大象謂陰陽剛柔, 有陰陽, 然後可以生天, 有剛柔, 然後可以生地."
36) 『性理大全』, 권8, 1.
37) 『性理大全』, 권11, 19a, "陽交於陰, 陰交於陽, 而生天之四象, 剛交於柔, 柔交於剛, 而生地之四象, 於是八卦成矣."

팔괘는 다시 만물의 기반으로 간주되는 『역경』의 64괘가 되는데, 소옹은 이러한 괘들을 실제적인 사물로 간주한 것으로 보인다. 다음 도표는 태극으로부터 사물이 생성되는 양식과 여덟 가지 형상의 특징을 보여 준다.

太極							
動				靜			
陽		陰		剛		柔	
太陽	少陰	少陽	太陰	太剛	少柔	少剛	太柔
(하늘의 四象)				(땅의 四象)			
日	月	星	辰	石	土	火	水
目	耳	鼻	口	氣	味	色	聲
暑	寒	晝	夜	雷	露	風	雨
元	會	運	世	歲	月	日	時38)
性	情	形	體	木	草	飛	走
皇	帝	王	霸	易	書	詩	春秋

하늘의 태양은 해이고 태음은 달이며, 땅의 태강은 불이고 태유는 물이다. 이런 식으로 이어져 가서, 하늘의 사상은 각기 일日·월月·성星·신辰, 눈·귀·코·입, 더위·추위·낮·밤 등이 되고, 땅의 사상은 각기 돌·흙·불·물, 공기·맛·색·소리, 우레·이슬·바람·비 등이 된다. 해와 달과 별이 함께 하늘의 텅 빈 곳을 채우고, 흙과 돌, 물과 불이 함께 땅의 형체를 이룬다.39)

---

38) 邵雍은 우주의 시간을 元會運世의 수로써 파악하였다. 그는 12時가 모여 1日이 되고 30日이 모여 1月이 되며 12月이 모여 1年(歲)이 되고 30年이 모여 1世가 된다고 하여, 이 '12-30-12-30…'의 순환법칙을 변화의 규범으로 삼았다. 이 법칙에 따르면 12世가 모여 1運이 되고 30運이 모여 1會가 되며 12會가 모여 1元이 된다. 年으로 환산하면 1元은 129,600, 1會는 10,800年, 1運은 360年, 1世는 30年이다.

39) 『性理大全』, 권9, 2b 이하.

낮과 밤, 더위와 추위는 하늘의 변화이고, 비와 바람, 이슬과 우레는 땅에서의 변화이다.[40)

여기까지는 비록 소옹의 설명이 정확하지는 않더라도 최소한 이해할 수는 있다. 그러나 설명이 진행되면 진행될수록 그의 주장은 더욱 무의미해지고 이해할 수 없게 된다. 그는 매우 애매한 유사함과 왜곡된 유추의 기반 위에다 세계를 건설하고 있기 때문이다. 그에 따르면 뜨거운 것은 본성을, 찬 것은 사물의 감정을 변화시키며, 낮의 밝음은 사물의 형상을, 밤의 어두움은 사물의 몸체를 변화시킨다고 한다.[41) 또한 비는 길짐승을 변화시키고 바람은 날짐승을 변화시키며, 이슬은 풀을 변화시키고 우레는 나무를 변형시킨다고 한다.[42) 이러한 설명은 실제로는 별다른 의미가 없다. 다만, 그것이 어떤 확연한 법칙성을 갖추고 있음은 사실이다.

(2) 하늘과 땅

하늘과 땅은 가장 큰 사물이지만 무한한 것은 아니다. 하늘의 크기는 음과 양을 경계로 하며 땅의 크기는 강과 유를 한계로 한다.[43)

하늘은 움직임으로써 생겨나고 땅은 고요함으로써 생겨난다. 움직임과 고요함이

---

40) 양의 주요대변자로서 해가 열을 생성하기 때문에 태음으로서의 달은 당연히 찬 것을 생성한다. 별들은 낮의 밝음을 생성하는데, 그것은 해가 이미 열을 생성하기 때문이며, 검푸른 하늘의 천정은 밤을 생성한다. 천둥은 천둥신이 북을 치는 것이다. 邵雍은 이것으로 암석의 역할을 만들었다.

41) 『性理大全』, 권9, 6~7쪽. 주석에서는 본성과 형체가 모두 양이라고 한다. 그러므로 이것은 양, 즉 열과 빛에 감응하게 되는 것이다. 감정과 신체는 음이며, 이로써 찬 것과 어둠을 통하여 음이 영향을 미친다.

42) 『性理大全』, 권9, 8쪽. 이슬의 물기는 풀과 잎에, 비바람으로 움직이는 공기는 나무에 영향을 미친다. 실제적인 과정을 고려하지 않은 채 모든 것은 음양이론에 따라 설명되었다.

43) 『性理大全』, 권9, 1a.

서로 교류하여 하늘과 땅의 도를 다한다. 움직임이 시작되면 양이 생겨나고 움직임이 극에 달하면 음이 생겨나니, 한 번 음이 되고 한 번 양이 됨이 서로 교류하여 하늘의 작용을 다한다. 고요함이 시작되면 유가 생겨나고 고요함이 극에 달하면 강이 생겨나니, 한 번 강이 되고 한 번 유가 됨이 서로 교류하여 땅의 작용을 다한다.44)

새로운 것은 동과 정 및 유와 강의 작용이다. 소옹은 이로부터 하늘과 땅 즉 세계가 생성된다고 보았다. 그는 동이나 강 같은 사물의 특성으로부터 사물 자체가 생성될 수 있지만 그들의 본질은 실체에 있다고 믿었다. 동이나 강 자체는 실재하는 것이 아니라 움직이거나 강건해짐으로써 나타나는 특성에 불과하기 때문에 여기에서는 아무것도 생겨날 수 없다는 것이다.

소옹은 다음과 같은 대화를 통해 하늘과 땅의 관계를 명확하게 한다.

나무꾼이 어부에게 물었다. "하늘은 어디에 의지하는가?" 어부가 답하였다. "땅에 의지한다." 계속해서 나무꾼이 묻고 어부가 답하였다. "그러면 땅은 어디에 붙어 있는가?" "하늘에 붙어 있다." "어떻게 하늘과 땅이 서로 의지하고 서로 붙어 있을 수 있는가?" "이들은 저절로 서로 의지하며 붙어 있다. 하늘은 형태에 의존하고, 땅은 기에 붙어 있다. 형태는 경계가 있지만, 그 기는 경계가 없다. 유와 무가 서로 낳아 주고 형태와 기가 서로 길러 주니, 한쪽이 끝나면 다른 한쪽이 시작한다. 이 시작과 끝의 사이에 하늘과 땅이 존재한다.45)

기로 채워진 공간인 하늘은 땅에 의지하고 있으며, 땅은 기에 걸려 있다.

---

44) 『性理大全』 권9, 2a, "天生于動者也, 地生于靜者也, 一動一靜, 交而天地之道盡之矣, 動之始, 則陽生焉, 動之極, 則陰生焉, 一陰一陽, 交而天之用盡之矣, 靜之始, 則柔生焉, 靜之極, 則剛生焉, 一剛一柔交而地之用盡之矣."
45) 『性理大全』, 권12, 4a, "樵者問漁者曰, 天何依, 曰, 依乎地, 地何附, 曰, 附乎天, 曰, 然則天地何依何附, 曰, 自相依附, 天依形, 地附氣, 其形也有涯, 其氣也無涯, 有無之相生, 形氣之相息, 終則有始, 終始之間天地之所存乎."

이렇게 기는 땅을 누르고, 땅은 또한 기를 누른다. 아마도 소옹은 압력과 반대압력이 평형상태를 이루어 낸다고 생각했던 것 같다. 기의 공간은 무한하다. 그러므로 우주공간도 무한하다. 그러나 하늘과 땅에는 한계가 있다. 하늘과 땅이 시작과 끝 사이에 있다는 것은 이들이 유한하며 유의 끝에 무가 뒤따름을 의미하지만, 이로부터 다시 새로운 유가 전개된다. 소옹은 우주의 주기를 1원元, 즉 129,600년으로 여긴다. 지금 우리의 시대 이전에도 이미 원이 있었으며, 또한 이후에도 다른 원이 끝없이 이어진다.[46]

우리의 우주 밖에 다시 다른 우주가 있는지에 대해, 또 그곳에 있는 사물이 우리의 것과 같은지 다른지에 대해 소옹은 답하기를, 그것은 아무도 알 수 없는 문제이기 때문에 그것에 대해 말하는 것은 아무 의미가 없다고 한다.[47]

그런데 천지는 소옹에게 만물의 총체, 즉 단순히 물질적인 의미에만 그치는 것이 아니다. 이것은 동시에 만물을 생성하는 근본으로, 만물은 천지의 마음에 따라 존재하게 된다.

천지의 마음은 만물이 생겨나는 근본이다. 천지의 정이란 곧 정상情狀을 말하니, 이것은 (「繫辭上傳」에서) 귀신의 정상[48]이라고 말할 때의 뜻과 같다.[49]

천지의 마음은 도를 통해서 세계에 자신을 드러낸다. 이러한 천지는 또한 정을 지니고 있는데, 이때의 정은 '귀신의 정상'이라 할 때와 마찬가지로 변화의 의미를 내포하고 있다. 즉 만물은 천지의 마음을 통해 생성되고 천지의 정을 통해 변화한다는 뜻이다.

---

46) 『朱子全書』, 권49, 20b.
47) 『性理大全』, 권9, 14b.
48) 『周易』, 「繫辭上傳」에 "정기가 사물이 되고 유혼이 변화를 이룬다. 그러므로 귀신의 정상을 안다"(精氣爲物, 遊魂爲變, 是故知鬼神之情狀)라는 구절이 있다.
49) 『性理大全』, 권12, 22b, "天地之心者, 生萬物之本也, 天地之情者, 情狀也, 與鬼神之情狀同."

(3) 음양

소옹은 다양한 의미를 가진 음양 개념을 매우 능숙하게 활용한다.

무극의 이전에는 음이 양을 포함하고 있었고, 형상이 있게 된 이후에는 양이 음에서 분리되었다. 음은 양의 어머니이고, 양은 음의 아버지이다.[50]

무극의 이전에는 초월적인 존재로 파악되는 무가 있었다. 그 안에는 이미 음이 있었는데, 이 음은 양을 자기 안에 가능성으로서 담고 있었다. 이미 처음부터 양을 자기 안에 포함하고 있기 때문에 음은 양의 어머니가 되고, 도가 활동하기 시작한 다음부터는 양이 동으로서 고요한 음보다 먼저이기 때문에 음의 아버지가 된다. 그래서 음과 양은 도의 본체와 작용으로 간주되기도 한다.

양은 도의 작용이며, 음은 도의 본체이다.[51]

양은 홀로 독립적으로 존재할 수 없으며, 존재하기 위해서는 그 기반이 되는 음이 필요하다. 음 또한 스스로 드러날 수 없으며, 자기를 드러내기 위해서는 활동성이 있는 양이 필요하다.

양은 지각할 수 있지만 음은 지각할 수 없고, 양은 볼 수 있지만 음은 볼 수 없다. 지각할 수 있고 볼 수 있는 것은 유가 된다. 그러므로 양의 본성은 유이고 음의 본성은 무이다. 양은 이르지 못하는 곳이 있지만 음은 이르지 못하는 곳이 없고, 양은 사라질 때도 있지만 음은 항상 머물러 있다. 이르지 못하는 곳이 없고 항상 머물러 있는 것은 실實이 된다. 그러므로 양의 본체는 허이고 음의 본체는 실이다.[52]

---

50) 『性理大全』, 권11, 20b, "無極之前陰含陽也, 有象之後陽分陰也, 陰爲陽之母, 陽爲陰之父."
51) 『性理大全』, 권11, 12b, "陽者道之用, 陰者道之體."
52) 『性理大全』, 권11, 21a, "陽能知, 而陰不能知, 陽能見, 而陰不能見也, 能知能見者爲有故, 陽

양은 유이고 음은 무이다. 그러나 이 무는 경험적인 무일 뿐, 음은 또한 감각을 초월한 유이기도 하다. 동으로서의 양은 널리 나아가지만 모든 곳에 이르지는 못하고, 음은 초월적인 유로서 움직이지 않고서도 모든 곳에 있다. 음은 항상 모든 곳에 있지만 양은 있던 곳에서 사라지기도 한다. 그러므로 음은 진실인 반면에 양은 단지 현상적인 것으로서 텅 비어 있고 진실이 아니다. 움직임으로서의 양은 본체가 없기 때문이다.

음과 양의 분리는 매우 기이한 결과로 인도한다. 유감스럽게도 소옹은 자신의 주장에 대한 증명을 시도하지 않았다. 그와 그의 후계자들은 모두 논리학 대신에 직관을 사용한다. 그의 다음 말을 보자.

하나의 기가 나뉘어 음과 양이 된다. 나뉘어 양이 더 많은 것은 하늘이 되고 음이 더 많은 것은 땅이 된다. 음과 양이 반으로 나뉘어 형태와 기질이 갖추어지고, 음과 양이 치우쳐져서 성과 정이 나누어진다. 형태와 기질이 또다시 나뉘니, 양이 많은 것은 강이 되고 음이 많은 것은 유가 된다. 성과 정이 또다시 나뉘니, 양이 많은 것은 양의 극단이고 음이 많은 것은 음의 극단이다.[53]

형태는 볼 수 있으므로 양이 되고 기질 자체는 볼 수 없으므로 음이 된다. 우리는 단지 형태만을 볼 수 있을 따름이다. 음은 일반적으로 악한 것으로 여겨진다. 따라서 인간의 성은 선하므로 양이 되고 정은 악하므로 음이 된다.

양은 성이고, 음은 정이다. 성은 신이고, 정은 귀이다.[54]

性有, 而陰性無也, 陽有所不偏, 而陰無所不偏也, 陽有去, 而陰常居也, 無不偏而常居者爲實, 故陽體虛, 而陰體實也."

53) 『性理大全』, 권11, 19b, "一氣分而爲陰陽, 判得陽之多者爲天, 判得陰之多者爲地, 是故陰陽半, 而形質具焉, 陰陽偏而性情分焉, 形質又分則多陽者爲剛也, 多陰者爲柔也性情又分, 則多陽者陽之極也, 多陰者陰之極也."

54) 『性理大全』, 권12, 19, "陽性而陰情, 性神而情鬼."

이것은 인간의 신이 죽어서 비로소 귀가 된다고 하는 일반적인 견해와 맞지 않다. 소옹에 따르면 양은 삶을 주도하고 음은 죽음을 주도한다고 한다. 그는 이렇게 말한다.

양이 오면 곧 삶이 되고, 양이 가면 곧 죽음이 된다. 천지만물의 삶과 죽음은 모두 양에 의해 주도된다. 이들은 항상 하나로 돌아간다.[55]

양과 같은 종류의 것으로는 팽창하는 즐거움이 있다. 양은 항상 앞으로 나아가기 때문이다. 음과 같은 종류의 것으로는 근심과 걱정이 있다. 음은 근심과 마찬가지로 움츠러들기 때문이다.[56]

우리는 앞에서 태극으로부터 하늘과 땅의 개별적인 부분들이 어떻게 전개되어 나가는지를 살펴보았다. 그런데 소옹은 다른 곳에서는 앞에서와는 다른 설명을 하고 있다.

양 속의 양은 해가 되고, 양 속의 음은 달이 되며, 음 속의 양은 드러난 별(星)이 되고, 음 속의 음은 보이지 않는 별(辰)이 된다. 유 속의 유는 물이 되고, 유 속의 강은 불이 되며, 강 속의 유는 흙이 되고, 강 속의 강은 돌이 된다.[57]

이와 같은 설명은 앞서 본 구상과는 전혀 다른 생의 시간대에서 나오는 것이어야만 한다.

소옹은 아마도 자주 생각을 변경했던 것 같다. 그가 편 대부분의 주장들은 그 근거가 부족하였는데, 그는 앞뒤가 잘 맞지 않는 주장에 대해서는 적극적이고

---

55) 『性理大全』, 권12, 3a, "陽來則生, 陽去則死, 天地萬物生死主于陽, 則歸之于一也."
56) 『性理大全』, 권12, 2b.
57) 『性理大全』, 권12, 18a, "陽中陽日也, 陽中陰月也, 陰中陽星也, 陰中陰辰也, 柔中柔水也, 柔中剛火也, 剛中柔土也, 剛中剛石也."

자세한 설명을 시도하였다. 그러나 이것은 논리적인 사색이라기보다는 상상과 구상에 의한 것이었다. 생각을 만화경처럼 바꾸다 보니 금방 이렇게, 또 금방 저렇게 색깔이 변하고 말았다.

불과 물의 생성은 소옹에게서 다시 세 번째 방식으로 설명된다.

불은 무에서 생겨나며, 물은 유에서 생겨난다.[58]

불은 대부분 형체가 없는 타고 있는 공기(氣)이기 때문에 무에 비교된다. 반면 물은 훨씬 더 실체적인 것(質)이기 때문에 유로 간주된다.

(4) 수

소옹은 하늘의 신묘한 작용은 계산할 수 없지만 하늘의 형상은 수數를 통해 계산할 수 있다고 보고, 이에 따라 중요한 일과 사물에다 수를 부가하였다. 그러나 수에 관한 그의 이론은 입문하지 못한 사람에게는 잘 이해가 되지 않는다. 소옹에 대한 평가에서 주희는 그의 모든 방법이 셈에서 기인한다고 하였다. 매우 영리하고 계산에 능숙한 사람이라면 다음과 같은 그의 수론을 이해할 수 있을 것이다.[59]

하늘의 수(天數)는 다섯(1, 3, 5, 7, 9)이고, 땅의 수(地數) 또한 다섯(2, 4, 6, 8, 10)이다. 둘을 합하면 10이니, 10은 수의 전체이다. 하늘의 수 다섯은 하나(1)와 그것이 변하여 된 넷(3, 5, 7, 9)으로, 넷은 체가 있으나 하나는 체가 없다. 땅의 수 다섯 또한 하나(10)와 그것이 변하여 된 넷(2, 4, 6, 8)으로, 넷은 체가 있으나 하나는 체가 없다. 하늘과 땅의 수에서, 체 있는 넷 가운데 작용하는 것은 셋이며

---

58) 『性理大全』, 권12, 1a, "火生於無, 水生於有."
59) 『性理大全』, 권13, 「附錄」, 23b.

하나는 작용이 없다.[60]

여기에서 하늘과 땅은 세계 즉 우주의 총체를 의미한다. 천수의 체 없는 하나(1)는 전체의 시작을 나타내고, 지수의 체 없는 하나(10)는 전체의 끝을 나타낸다. 이것은 단순한 수가 아니라 수의 리이며, 그 리가 체를 갖추고서 드러나는 네 개의 수 속에 숨어 있는 것이다.

일반적으로 태양의 수는 9, 태음은 6, 소양은 7, 소음은 8이라 하고, 이를 근거로 팔괘와 64괘의 숫자들을 얻어 낸다. 소옹 또한 이로부터 출발하여 곱셈을 비롯한 여러 셈법을 통해 큰 숫자에 이른다. 이것들이 무엇을 의미하며 어떻게 발견되었는지에 대해서는 철저한 연구가 있어야만 하겠지만, 설령 어떤 결과를 얻었더라도 그것이 과연 신뢰할 만한 것인지는 여전히 의심스럽다.[61] 여하튼, 다음에 나타나듯 수에 있어 소옹은 시간분배에 특별한 의미를 부여한 것으로 보인다.[62]

12시時(時辰) = 1일日
　　　30일 = 1월月
　　　　　12월 = 1년年(歲)
　　　　　　　30년 = 1세世
　　　　　　　　　12세 = 1운運
　　　　　　　　　　　30운 = 1회會
　　　　　　　　　　　　　12회 = 1원元

---

60) 『性理大全』, 권11, 1a.
61) De Harlez는 *L'École philosophique moderne de la Chine* (1890), 78쪽에 邵雍의 체계를 피타고라스 체계의 낮은 단계로서 설명해 놓았다. 나는 그가 제대로 이해하였는지 의심스럽다.
62) 朱熹는 '辰, 日, 月, 年, 世, 運, 會, 元'으로 시간분배를 하였다.(『性理大全』, 권13, 21a 참조)

이에 따르면 소옹이 우주의 주기로 여겼던 1원元은 129,600년이 된다.[63]

4) 실천철학

(1) 인간과 신

인간은 단 한 명만으로도 수백만의 사람과 같은 가치를 지닐 만큼 가치 있는 가장 고귀한 창조물이지만, 그럼에도 불구하고 개별적인 사람들 사이에는 큰 차이가 있다. 소옹은 말한다.

인간은 최고의 사물이며, 성인은 최고의 인간이다. 최고의 사물은 사물 중의 사물 이라 할 수 있을 것이며, 최고의 인간은 인간 중의 인간이라 할 수 있을 것이다.[64]

소옹은 군자와 소인을 구분하는 하나의 기준을 세워서, 태어날 때 군자는 올바른 양기로 채워진 반면에 소인은 사악한 음기로 채워졌다고 주장한다.[65] 하지만 이것은 너무 멀리 나아간 주장인 듯하다.

소옹의 견해에 따르면 인간의 정신은 기에 담겨 있고 기는 몸에 담겨 있다.

기는 신의 집이며, 몸은 기의 집이다.[66]

그러나 신의 개별적인 부분들 즉 정精·신神·혼魂·백魄의 넷은 각기 다양한 조직기관에 깃들여 있다.

---

63) 앞의 주38) 참조.
64) 『性理大全』, 권9, 12a, "人也者物之至者也, 聖也者人之至者也, 物之至者始得謂之物之物也, 人之至者始得謂之人之人也."
65) 『性理大全』, 권13, 13b, "君子稟陽正氣而生, 小人稟陰邪氣而生."
66) 『性理大全』, 권11, 33b, "氣者神之宅也, 體者氣之宅也."

심장은 신을 간직하고, 신장은 정을 간직하며, 비장은 혼을 간직하고, 쓸개는 백을 간직한다.[67)]

이들의 작용에 관하여 나무꾼과 어부의 대화에서는 다음과 같이 말한다.

나무꾼이 물었다. "사람이란 무엇을 이르는 것인가?" 어부가 답하였다. "눈, 귀, 코, 입, 심장, 쓸개, 비장, 신장의 기가 온전한 것을 사람이라 한다. 심장의 영명함은 신이고, 쓸개의 영명함은 백이며, 비장의 영명함은 혼이고, 신장의 영명함은 정이다. 심장의 신이 눈으로 드러나면 곧 보는 것이 되고, 신장의 정이 귀로 드러나면 곧 듣는 것이 되고, 비장의 혼이 코로 드러나면 곧 냄새 맡는 것이 되고, 쓸개의 백이 입으로 드러나면 곧 말하는 것이 된다. 이 여덟 가지가 모두 갖추어진 후에야 사람이라고 할 수 있다.[68)]

혼이 냄새 맡는 것밖에 할 수 없다니! 확실히 인간의 주재자로서의 신은 혼이나 백, 정에 비해 한층 더 우월한 것으로 보인다. 보통은 심장에 자리하는 것으로 여겨지는 신은 몸 안을 돌아다닐 수 있으며 때에 따라서는 쓸개나 비장, 신장에도 머물 수 있다.

신은 인간을 주재한다. 막 잠이 들려 할 때에는 비장에 있고, 잠이 들어서는 신장에 있으며, 막 깨어나려 할 때에는 간장에 있고, 완전히 깨어나면 심장에 있다.[69)]

신은 있는 곳이 없으며 없는 곳 또한 없다. 지극한 사람이 다른 사람의 마음과

---

67) 『性理大全』, 권11, 25a, "心藏神, 腎藏精, 脾藏魂, 膽藏魄."
68) 『性理大全』, 권13, 12b, "曰, 何者謂之人, 曰, 目耳鼻口, 心膽脾腎之氣全, 謂之人, 心之靈曰神, 膽之靈曰魄, 脾之靈曰魂, 腎之靈曰精, 心之神發乎目, 則謂之視, 腎之精發乎耳, 則謂之聽, 脾之魂發乎鼻, 則謂之臭, 膽之魄發乎口, 則謂之言, 八者具備, 然後謂之人."
69) 『性理大全』, 권12, 3a, "神者人之主, 將寐在脾, 熟寐在腎, 將寤在肝, 正寤在心."

통할 수 있는 것은 그 근본이 일치하기 때문이다.[70]

신은 아무 곳에나 있으면서 또한 어디에도 있지 않는 것으로서 세계정신을 의미하는 것일 수 있다. 하늘의 신은 해 안에 있다고 한다.[71]

소옹은 신의 불멸성을 어느 정도 긍정하였다.

나무꾼이 어부에게 물었다. "사람이 죽은 후에도 지각이 있다고 한다. 과연 그러한 가?" 어부가 말했다. "그렇다.…… 사람이 살아 있다는 것은 그 기가 운행하는 것을 말하고, 사람이 죽는다는 것은 그 형체가 되돌아감을 말한다. 기가 운행한다는 것은 신과 혼이 교류하는 것이고, 형체가 되돌아간다는 것은 정과 백이 남겨진다는 것이다. 신과 혼은 하늘에서 운행하고, 정과 백은 땅으로 되돌아간다.…… 인간은 귀의 형체이고, 귀는 인간의 그림자이다. 사람들은 귀에는 형체가 없고 지각이 없다고들 말하지만 나는 믿지 않는다.[72]

사람이 죽으면 그 신과 혼은 양기로서 하늘로 올라가 사라지고 시신에는 단지 정과 백만이 남는데, 형체가 사라지고 나면 이들은 귀가 된다. 이러한 귀는 형체가 없고 단지 인간의 그림자에 불과하지만 여전히 과거에 그가 속했던 인간으로서의 지각을 가지고 있다.

(2) 하늘과 땅 및 귀신과 인간

소옹은 인간과 우주 사이의 진일보한 일체화를 생각한다. 그는 천지를 거대한

---

70) 『性理大全』, 권12, 2b, "神無所在, 無所不在, 至人與他心通者, 以其本于一也."
71) 『性理大全』, 권11, 30b.
72) 『性理大全』, 권13, 12b, "樵者謂漁者曰, 人謂, 死而有知, 有諸, 曰, 有之……人之生也, 謂其氣行, 人之死也, 謂其形返, 氣行, 則神魂交, 形返, 則精魄存, 神魂行于天, 精魄返于地……人者鬼之形也, 鬼者人之影也, 人謂, 鬼無形而無知者, 吾不信也."

인간으로 표현하며 다음과 같이 말한다.

해는 심장이 되고, 달은 쓸개가 되며, 별(星)은 비장이 되고, 작은 별(辰)은 신장이 된다. 돌은 폐장이 되고, 흙은 간장이 되며, 불은 위장이 되고, 물은 방광이 된다.[73]

또한 그는 소우주인 인간과 대우주 사이의 유사함을 다음과 같이 묘사하기도 한다. 하늘의 조직인 일·월·성·신은 인간의 귀·눈·입·코에 비교되고 땅의 조직인 물·불·흙·돌은 인간의 피·기·살·뼈에 비교되었으며, 음과 양 및 유와 강은 인간의 혼백에 비교되었다.[74] 한편, 다른 곳에서는 하늘의 음과 양이 음은 악이요 양은 선이라는 인식에 따라 인간의 부패 및 정의와 같은 것으로 설정되기도 하였다.[75]

이처럼 천지와 일체화를 이루기에 인간은 상황에 따라서는 하늘을 대변할 수도 있다.

그의 마음은 하늘의 뜻을 대신할 수 있고, 그의 입은 하늘의 말을 대신할 수 있으며, 그의 손은 하늘의 작업을 대신할 수 있고, 그의 몸은 하늘의 일을 대신할 수 있다.[76]

하늘은 명을 통해 인간에게 영향을 미친다. 명은 근본적으로 도 외의 다른 것이 아니다. 명은 하늘로부터 부여된 인간의 성과 사물의 리를 규제한다.[77] 선한 도를 지닌 자들에게는 복을 내리고, 도가 없는 자들에게는 벌을 준다.[78]

---

73) 『性理大全』, 권12, 18a, "日爲心, 月爲膽, 星爲脾, 辰爲腎藏也, 石爲肺, 土爲肝, 火爲胃, 水爲膀胱府也."
74) 『性理大全』, 권9, 5b.
75) 『性理大全』, 권10, 1b.
76) 『性理大全』, 권9, 13b, "又謂其能以心代天意, 口代天言, 手代天工, 身代天事者焉."
77) 『性理大全』, 권9, 15b.
78) 『性理大全』, 권10, 9b.

그렇다고 해서 모든 것이 하늘에 달려 있기만 한 것은 아니다. 부와 귀는 인간이 자신의 힘만으로는 얻을 수 없는 것이기 때문에 하늘이 인간에게 부여해 주기를 기다려야 할 때도 있지만, 위엄과 공적은 인간 자신의 덕행을 통해서도 얼마든지 얻을 수 있다. 이것들은 단지 인간 자신에게 달린 것으로, 하늘에 의존하는 것이 아니다.[79)

귀신 또한 선한 사람에게 복을 주고 악한 사람에게 벌을 줌으로써 명의 집행자로서 함께 작용한다. 귀신은 지혜롭고 정의롭다.[80)

생각이 떠오르는 것을 귀신은 이미 알 수 있다. 그러므로 군자는 홀로 있을 때에도 신중해야 한다.[81)

선과 악을 짓는 것은 인간이지만 거기에 상응하는 화와 복을 내리는 것은 하늘이다. 따라서 귀신에게서 복을 구하는 행위는 아무 소용이 없다. 귀신이 하늘의 도와 대립하는 결정을 내릴 수는 없기 때문이다. 그렇다면 악한 사람이 복을 받고 선한 사람이 불행을 당하는 경우는 왜 그러한가? 이에 대해 소옹은 다만 우연에 의한 행·불행에 달려 있을 뿐이라고 말한다.

행과 불행은 명이고, 마땅함과 마땅하지 않음은 분分이다.[82)

바로 여기에서 명 개념의 변용이 일어난다. 여기서의 명은 의의 기준에 따르면 일어나지 않았어야 할, 우연이라고 할 만한 모든 일을 가리킨다. 인간의 행위에 상응하고 의에 합당한 것은 '분'이라고 일컬어진다.

---

79) 『性理大全』, 권9, 37a.
80) 『性理大全』, 권12, 16a.
81) 『性理大全』, 권12, 26a, "思慮一萌, 鬼神得而知之矣, 故君子不可不愼獨."
82) 『性理大全』, 권13, 7b, "幸不幸命也, 當不當分也."

소인이 복을 받게 되는 것은 분이 아니라 명이고, 소인이 불행하게 되는 것은 명이 아니라 분이다. 군자가 불행하게 되는 것은 분이 아니라 명이며, 군자가 복을 받게 되는 것은 명이 아니라 분이다.[83]

(3) 인식

학업과 관련하여 소옹은 다음과 같은 아름다운 말을 남겼다.

배우되 즐거움에 이르지 못했다면 배움이라고 할 수 없다.[84]

이 발언 외에는 학업에 관한 것이 드물고, 대신 그는 인식의 문제에 더욱더 몰두하고 있었다. 인식의 문제에 대해 그는 명심할 만한 경고를 하고 있다.

사물의 리에 대한 학문에서 혹 이해하지 못하는 부분이 있으면 그것을 억지로 이해하고자 해서는 안 된다. 억지로 이해하고자 하면 사사로움이 있게 되고, 사사로움이 있으면 사물의 리를 잃어버리고 한갓 술수로 전락하고 만다.[85]

그러나 유감스럽게도 소옹 자신부터 이 경고를 주의하지 않았으며, 그의 지나친 주관주의로 인해 매우 혼란스런 이념들이 생겨나게 되었다.
그렇다면 사물을 어떻게 관찰해야 할 것인가?

사물을 본다는 것은 눈으로써 보는 것이 아니다. 눈으로써 보는 것이 아니라 마음으로써 보는 것이다. 마음으로써 보는 것이 아니라 리로써 보는 것이다.[86]

---

83) 『性理大全』, 권13, 7b, "小人之遇福非分也, 有命也, 當禍, 分也, 非命也, 君子之遇禍非分也, 有命也, 當福, 分也, 非命也."
84) 『性理大全』, 권12, 9a, "學不至於樂, 不可謂之學."
85) 『性理大全』, 권12, 4b, "物理之學, 或有所不通, 不可以强通, 强通, 則有我, 有我, 則失理, 而入於術矣."

이렇게 하여 사람은 성을 인식하게 된다. 이에 대하여 소옹의 아들 소백온은 다음과 같이 설명한다.

눈으로써 사물을 보면 사물의 형체만 볼 뿐이고, 마음으로써 사물을 보면 사물의 정을 볼 수 있으며, 리로써 사물을 보면 사물의 성까지 모두 볼 수 있다.[87]

사물의 본성을 인식하기 위해서는 눈으로 보는 것만으로는 충분하지 않고, 그것에 대하여 깊이 생각해야 한다. 그러나 마음과 리 사이를 구분하는 것은 불필요한 듯하다. 여하튼 소백온의 말대로 사람이 마음으로써 사물의 정을 인식할 수 있는 것은 분명 아니기 때문이다.

사물을 관찰하는 데 있어서는 또 다른 관점도 찾아볼 수 있다. 소옹은 되돌아봄 즉 반관反觀에 대해 말한다. 이것은 사람이 자신의 입장에서 사물을 보는 것이 아니라 사물 자체의 입장에 서서 사물을 보는 것이다.[88]

사물로써 사물을 보면 성이 드러나고 나로써 사물을 보면 정이 드러난다. 성은 공평하고 밝으며, 정은 치우치고 어둡다.[89]

주석에서는 사물로써 사물을 보는 것 즉 반관이 리로써 사물을 보는 것과 같다고 말하고 있다. 이것은 자주 우리의 판단을 흐리게 만드는 '나' 즉 나의 사사로움을 차단해 주기 때문에 공정하고도 밝다.

여하튼 소옹은 반관을 주관적 관찰에 대립되는 객관적 관찰로 이해한다.

---

86) 『性理大全』, 권10, 32a, "夫所以謂之觀物者, 非以目觀之也, 非觀之以目, 而觀之以心也, 非觀之以心, 而觀之以理也."
87) 『性理大全』, 권10, 32a, "以目觀物, 見物之形, 以心觀物, 見物之情, 以理觀物, 盡物之性."
88) 『性理大全』, 권10, 33a.
89) 『性理大全』, 권12, 3a, "以物觀物性也, 以我觀我情也, 性公而明, 情偏而暗."

관찰자 자신을 대상으로 설정함으로써 그는 관점을 흐릴 수 있는 모든 선입견과 부정 및 개인적인 관심을 벗어 버리고자 한다. 관찰이 감정적으로 되어서는 안 된다. 소옹은 모든 정을 제거하고 선한 성으로써 연습하면 객관적인 관찰이 가능하게 된다고 여긴다. 소백온은 이러한 성을 리 즉 자아에서 완전히 벗어난 논리적 사유로 설명하고 있다.

인간은 주관적이든지 객관적이든지 간에 다른 사람의 지식적 도움 없이 혼자서 인식을 발전시켜 갈 수는 없다. 소옹은 말한다.

> 이것은 나 또한 남과 같고 남 또한 나와 같으며 나와 남이 모두 사물과 같음을 아는 것이다.[90]

모든 인간이 같은 종이라는 것에서 소옹은 인간의 인식 또한 같은 종류여야 하며 인간들 각자가 그러한 인식을 할 수 있다는 결론을 내린다. 위의 말에 이어 그는 계속해서 말한다.

> 그러므로 나는, 천하의 눈을 나의 눈으로 삼을 수 있으니 그 눈으로 보지 못할 것이 없고, 천하의 귀를 나의 귀로 삼을 수 있으니 그 귀로 듣지 못할 것이 없으며, 천하의 입을 나의 입으로 삼을 수 있으니 그 입으로 말하지 못할 것이 없고, 천하의 마음을 내 마음으로 삼을 수 있으니 그 마음으로 계획하지 못할 것이 없다.[91]

인간이 자기 자신의 지각과 의지 및 표현에 제한되어 있지 않고 천하와 함께함으로써 더욱더 멀리 나아갈 수 있다는 것은 확실하다. 이 말이 다른

---

90) 『性理大全』, 권10, 33b, "是知, 我亦人也, 人亦我也, 我與人皆物也."
91) 『性理大全』, 권10, 34a, "此所以能用天下之目, 爲己之目, 其目無所不觀矣, 用天下之耳, 爲己之耳, 其耳無所不聽矣, 用天下之口, 爲己之口, 其口無所不言矣, 用天下之心, 爲己之心, 其心無所不謀矣."

사람의 견해를 아무 검토 없이 받아들여야 한다는 뜻은 당연히 아니다. 다만 매우 많은 것들이 이미 인류의 일반적인 상식이 되어 더 이상 검토할 필요가 없으며, 사람들이 검토 자체를 행할 수조차 없는 경우 또한 아주 많다.

(4) 행위

소옹은 공자보다는 노자와 비슷하다. 그는 지나치게 꼼꼼하게 생각하는 사람이 었으며, 행동에 대한 관심은 적었다. 그에게는 의도적으로 행동하지 않는 것이 인간이 뒤따라야 할 최고의 도로 간주되었다.

리를 따르는 것은 무위이고, 억지로 하는 것은 유위이다.[92]

그럼에도 불구하고 그는 말로만 하는 것보다는 행동하는 것에 우월권을 부여하고 있다.

천하가 장차 다스려지려면 사람들이 반드시 행동을 숭상하고, 세상이 장차 어지러 워지려면 사람들이 반드시 말을 숭상한다. 행동을 숭상하면 실질을 돈독히 하는 풍조가 행해지고, 말을 숭상하면 속이고 기만하는 풍조가 행해진다. 천하가 장차 다스려지려면 사람들이 반드시 의로움을 숭상하고, 천하가 장차 어지러워지려면 사람들이 반드시 이로움을 숭상한다. 의로움을 숭상하면 겸손과 사양의 풍조가 행해지고, 이로움을 숭상하면 배척하고 빼앗는 풍조가 행해진다.[93]

이로부터 우리는 소옹이 도교적 경향을 가지고 있음에도 불구하고 유교적 윤리에서 멀어지지 않았다는 것을 알 수 있다.

---

92) 『性理大全』, 권12, 24b, "順理則無爲, 强則有爲也."
93) 『性理大全』, 권10, 5a, "夫天下將治, 則人必尙行也, 天下將亂, 則人必尙言也, 尙行, 則篤實之風行焉, 尙言, 則詭譎之風行焉, 天下將治, 則人必尙義也, 天下將亂, 則人必尙利也, 尙義, 則謙讓之風行焉, 尙利, 則攘奪之風行焉."

5) 철학자들에 대한 평가

비록 공자의 행적을 그대로 따르고자 하지는 않았지만 소옹에게 있어 공자는 위대한 성인이었다.

사람들은 공자가 토지를 소유하지 못했음을 애석해하지만 나는 홀로 그렇게 생각하지 않는다. 필부는 100이랑의 땅을 토지로 삼고 대부는 100리의 땅을 토지로 삼으며 제후는 사경四境을 토지로 삼고 천자는 구주九州를 토지로 삼지만, 공자는 만세萬世를 토지로 삼았다.[94] 그러므로 맹자가 "백성이 생겨난 이래로 공자에 견줄 만한 사람이 없었다"라고 말한 것도 역시 지나친 것이 아니다.[95]

이처럼 소옹은 자주 공자를 칭송하였고 또 자신의 사유방식과 좀 더 유사하였던 노자와 장자 역시 칭송하였지만, 부처에 대해서는 별다른 관심이 없었던 것으로 보인다. 그는 이렇게 말한다.

부처는 군신의 도와 부자의 도와 부부의 도를 모두 저버렸다. 이것이 어찌 자연의 이치이겠는가?[96]

소옹은 공맹 이래의 철학자들 가운데서는 특히 양웅揚雄과 왕통王通을 높이 평가하였다.[97] 그는 이들에 대해 각각 다음과 같이 말하였다.

---

94) 孔子의 학설은 만세를 주도한다는 의미이다. 그러나 1911년 이래로 유학의 주도권이 끊겼기 때문에 정말로 그렇게 오랫동안 지속되지는 못하였다. (역주: 아마도 저자가 지금까지 살아 있을 수 있었다면, 잠시 동안 단절되었다가 다시 살아나고 있는 孔子의 전통을 확인할 수도 있을 것이다.)

95) 『性理大全』, 권9, 36b, "人謂, 仲尼惜乎無土, 吾獨以爲不然, 匹夫以百畝爲土, 大夫以百里爲土, 諸侯以四境爲土, 天子以九州爲土, 仲尼以萬世爲土, 若然, 則孟子言, 自生民以來, 未有如孔子也, 斯亦未爲之過矣."

96) 『性理大全』, 권12, 24b, "佛氏棄君臣父子夫婦之道, 豈自然之理哉."

97) A. Forke, *Geschichte der mittelalterischen chinesischen Philosophie* (1934), 180 · 274~282 ·

양웅이 『태현경』을 저술한 것은 하늘과 땅의 마음을 본 것이라 할 수 있다.[98]

왕통은 『춘추』의 왕도에 나타나는 권도權道에 관해 논하였는데, 왕통이 아니라면 누구도 이러한 경지에는 이르지 못할 것이다.[99]

6) 소옹에 대한 평가

소옹은 동시대인들에게 현인으로 간주되었는데, 이는 특히 그의 개성 강한 인품 때문이었다. 정호는 소옹을 만나 하루 종일 이야기를 나누면서 그의 도가 곧 성왕의 도였으며 그의 지知가 다른 사람의 지를 훨씬 능가함을 알 수 있었다고 말하였다. 그는 또한 소옹이 장차 미래에 어떤 일이 일어나게 될지를 예견할 수 있었다고 말하기도 했다. 정이 역시도 소옹에 대해, 그 마음이 밝고 맑기 때문에 모든 것을 이해할 수 있었다고 평하였다.[100] 좀 더 연하의 동시대인이었던 것으로 보이는 장민張岷은 소옹의 사상이 위대하고 풍요롭다고 하면서, 그는 매우 탁월하고 중요한 저서를 남겼는데 그 기술방식이 간략하면서도 그 의미는 신묘하였다고 칭송하고 있다.[101] 또 양시楊時(1053~1135)는 소옹의 역사적인 묘사가 매우 합당함을 높이 평하면서 그에게 제자가 없는 것이 무척 애석하다고 하였다. 다만 그는 소옹이 많은 것을 말했음에도 불구하고 공자에 대한 언급이 별로 많지 않았다는 사실을 아쉬워하였다.[102] 주희에게 있어서도 역시 소옹은 위대한 천성을 타고난 특별한 부류의 사상가였다. 그에 따르면, 다른 사람들은 하늘의 의지를 단지 리라고만 인식하였으나 소옹은 계산에 의거한 특별한 술術로

289·301쪽 참조.
98) 『性理大全』, 권12, 8b, "揚雄作太玄經, 可謂見天地之心者也."
99) 『性理大全』, 권12, 10b, "王通言春秋王道之權, 非王通莫能及此."
100) 『宋史』, 권427, 「列傳」, 19b.
101) 『性理大全』, 권13, 20a.
102) 『性理大全』, 권13, 20b.

써 그것을 파악하였다고 한다.[103]

최근에 드 아를레즈와 젠커는 소옹을 상당히 낮게 평가하였다. 드 아를레즈는 소옹의 체계에서는 단지 낮은 단계의 기하학을 볼 수 있을 뿐이라고 하였고,[104] 젠커는 소옹의 철학을 『역경』에 기초한 별 의미 없는 형이상학적 해석과 모험적인 신비주의의 혼합에 불과한 것으로 간주하였다.[105] 반면 와타나베는 소옹을 포괄적인 정신의 소유자이며 위대한 사상가라고 높이 평가한다. 그에 따르면 이정과 주희는 소옹으로부터 많은 것을 이어받았으며 실제로 그의 설을 자주 인용하였다고 한다. 그는 소옹이 많은 문제들에 대해 직관적인 대답을 내놓았지만 오늘날의 우리 역시도 거기에서 그다지 나아간 것은 아니라고 옹호하고, 이어서 경험이 아닌 직관에 기인하는 소옹의 우주관을 매우 긍정적으로 평가하면서 그것이 뉴턴의 우주관과 확실한 유사성이 있다고 설명한다.[106]

철학자 소옹을 정당한 방식으로 기리고자 한다면 우리는 그에게 서양의 철학자에게 요구하는 것과 같은 것을 요구해서는 안 된다. 평가의 척도를 그를 있게 한 고유한 문화권 내에다 두어야 한다. 이러한 척도를 설정하고 나면 서양인들의 눈에 그는 중국인 가운데서도 둘도 없는 자신의 이념으로 가득 찬 천재적인 사상가로 보인다. 물론 그는 체계화의 면에서 커다란 결함을 드러내었다. 그는 적은 전제들로부터 출발하여 결과들이 사실적인 관계들과 일치하는지를 점검하지 않은 채 세계의 체계를 구성해 버렸다. 그는 모든 것을 계산하고자 했으며, 체계를 완성하기에는 불충분한 방법들을 사용하였다. 그 결과 그는 풍요로운 정신의 원천에서 많은 가치 없는 돌들을 들어 올렸다. 하지만 거기에는

---

103) 『性理大全』, 권13, 23b.

104) De Harlez, *L'École philosophique moderne de la Chine*, 78쪽.

105) Zenker, *Geschichte der chinesischen Philosophie* (1926~27), II, 237. Zenker는 아마도 De Harlez, *L'École philosophique moderne de la Chine*에서 제공하는 불충분한 자료에 의거해 서 邵雍을 이해한 듯하다.

106) 渡邊秀方, 劉侃元 中譯, 『中國哲學史槪論』 3권, 16쪽 이하.

금덩어리도 있었으니, 이것이 그를 위대한 철학자 중의 한 사람으로 만들었다. 비록 성리학의 주요 분파에는 소속되지 않은 그였지만, 그는 성리학자들에게 커다란 영향을 끼쳤다. 그리하여 그의 많은 생각들이 성리학자들에게 참조되거나 수용되어 직·간접적으로 많은 작용을 하였다. 성리학에서의 그의 위상은, 이미 그의 주요 저서가 명대 영락제의 명에 의하여 편찬된 성리학의 지침서인 『성리대전』에 실려 있다는 사실에서 명백하게 드러난다.

2. 소백온

소백온邵伯溫(1057~1137)은 소옹의 아들이자 가장 중요한 제자로서 자는 자문子文이며 낙양에서 태어났다. 일찍이 사마광이나 이정 형제와 잘 알고 지내면서 소옹과 그들의 교제를 중개하기도 하였다. 사마광이 재상이 되자 조정에 소옹을 추천하였지만 곧 그가 죽어 버렸는데, 이에 소백온이 아버지를 대신하여 관리로 임용되었다. 하지만 그는 황제가 총애하는 장돈章惇과 동관童關을 멀리한 탓에 대부분 지방에서 근무하였다. 1125년의 소요에 촉蜀으로 가족과 함께 이주하였는데, 그곳은 여전히 평화로웠다. 저서로는 『하남집河南集』, 『문견록聞見錄』, 『황극사술皇極絲述』, 『변무辨誣』, 『변혹辨惑』이 있으며, 그 밖에 『황극경세서』를 출간하면서 그 서문을 썼고 또 「격물내편」 부분에는 직접 주석을 달았다.[107]

소백온의 철학은 대부분 자기 아버지의 철학을 대변하지만, 몇 가지 관점에서는 그보다 더 나아갔다. 그는 소옹보다 더 도교적인 경향을 지니고 있었다. 여기서는 특히 그 차이를 들추어 보고자 한다.

---

107) 『宋史』, 권433, 「列傳」에 따르면 邵伯溫은 「觀物外篇」에 邵雍의 어록 또한 주석하였다고 한다. 『性理大全』에는 그러나 단지 「觀物內篇」의 주석만 수록되어 있다.

소백온에 따르면 세계는 다음과 같은 방식으로 생겨난다.

도가 하나를 생성하니, 하나는 곧 태극이다. 하나가 둘을 생성하니 둘은 양의이고, 둘이 넷을 생성하니 넷은 사상이며, 넷이 여덟을 생성하니 여덟은 팔괘이다. 여덟이 예순 넷을 생성하고, 예순 넷이 갖추어진 이후에 천지만물의 도가 모두 갖추어진다. 그러므로 천지만물은 모두 하나를 근본으로 삼는다. 하나에 근원하여 펼쳐져 나가서 만이 되고, 천하의 숫자를 다하면 다시 하나로 되돌아간다.
하나란 무엇인가? 천지의 마음이요 조화의 근원이다. 오직 인간만이 천지를 갖추고 만물을 겸하면서 태극과 그 덕을 합할 수 있다. 매일 그것을 사용하면서도 그것을 알지 못하는 사람은 백성이고, 자기 자신에게로 돌이켜서 그것을 완성하는 사람은 군자이며, 본성에 연유하고 그로부터 말미암는 이는 성인이다. 그러므로 성인은 천지를 나와 본체를 같이하는 것으로 여기고, 만물을 나와 그 몸을 함께하는 것으로 여긴다.[108]

소옹은 도와 태극을 같은 것으로 보았지만, 소백온에 따르면 도의 첫 번째 변화가 바로 태극으로서 도에 의해 비로소 태극이 생겨난다.[109] 소백온은 태극을 설명하여, "섞여서 하나의 체를 이룬 것을 태극이라 한다"[110]라고 하였다. 그런데 이 섞여 있는 것은 물질적인 것이 아니다. 그것은 미래의 모든 사물의 종자, 형태, 음양과 오행 등이 뒤섞여 있는 상태이다. 아직 그것들 사이에 어떠한 차이도 나타나지 않은 이런 상태는 세계를 형성하는 천지의 마음이다. 그러므로

---

108) 『理學宗傳』, 권5, 56b, "道生一, 一爲太極, 一生二, 二爲兩儀, 二生四, 四爲四象, 四生八, 八爲八卦, 八卦生六十四, 六十四具, 而後天地萬物之道備矣, 天地萬物, 莫不以一爲本, 原於一而衍之以爲萬, 窮天下之數而復歸于一, 一者何也, 天地之心也, 造化之源也, 備天地, 兼萬物而合德於太極者, 其唯人乎, 日用而不知者, 百姓也, 反身而誠之者, 君子也, 因性而由之者, 聖人也, 故聖人以天地爲一體, 萬物爲一身."

109) De Harlez, *L'École philosophique moderne de la Chine*, 79쪽. 邵雍의 최고의 리가 하늘과 땅이며, 邵伯溫이 비로소 周敦頤의 태극을 그 자리에 설정하였다고 하는 De Harlez의 생각은 올바르지 않다.

110) 『性理大全』, 권9, 5a, "混成一體, 謂之太極."

이것은 본질적으로 정신적인 것이지 물질적인 것이 아니다. 소백온은 그의 아버지처럼 관념주의자이다. 그 또한 세계는 인간의 마음이나 도에 의해 생성되는 것이라고 믿는다. 모든 사물은 마음의 생성물일 뿐이다. 인간의 신체조차도 마음에 의해 생성된다. 그렇기 때문에 인간은 모든 사물과 화합할 수 있으며, 또한 그런 점으로 인해 하늘과 땅과 본질적으로 동등하게 간주되기도 한다.

태극과 생성의 시간적 관계에 대하여 소백온은 다음과 같이 말한다.

태극은 천지보다 먼저 있었지만 앞서 있으려 하지 않고 천지보다 뒤에 있지만 뒤쳐져 있으려 하지 않으니, 천지가 끝이 나도 일찍이 끝난 적이 없으며 천지가 시작되어도 일찍이 시작된 적이 없다. 이것은 천지만물과 함께 조화롭게 뒤섞여 있어 일찍이 앞도 없고 뒤도 없으며 시작도 없고 끝도 없었다.

태극이 있으면 또한 양의와 사상과 팔괘로부터 천지만물에 이르기까지 모두가 확고하게 갖추어지는데, 이것은 오늘 태극이 있은 후에 내일 다시 양의가 있게 되고 그 다음 날에 각기 사상과 팔괘 등이 순차적으로 있게 된다는 말이 아니다. 비록 태극이 양의를 낳고 양의가 사상을 낳으며 사상이 팔괘를 낳는다고 말하기는 하지만, 실제로는 모든 것이 일시에 갖추어진다. 이것은 마치 형체가 있으면 또한 그 그림자가 함께 있는 것과 같다. 하나가 있으면 둘이 있고 셋이 있으며 이로써 무한함에 이르기까지 모두 그러하게 되는 것이다.

그러므로 우리는 태극이 사물이 있기 전부터 본래 이미 섞여서 이루어져 있었으며 또한 사물이 있은 뒤에도 결코 훼손된 적이 없다는 것을 알 수 있다. 옛날부터 지금에 이르기까지 이것은 결코 있지 않았던 때가 없다.[111]

---

111) 『性理大全』, 권9, 6a; 孫奇逢, 『理學宗傳』, 권5, 57a, "夫太極者, 在天地之先, 而不爲先, 在天地之後, 而不爲後, 終天地而未嘗終, 始天地而未嘗始, 與天地萬物圓融和會, 而未嘗有先後始終者也. 有太極, 則兩儀四象八卦以至於天地萬物固已備矣. 非謂, 今日有太極, 而明日方有兩儀, 後日乃有四象八卦也, 雖謂之曰, 太極生兩儀, 兩儀生四象, 四象生八卦, 其實一時具足, 如有形, 則有影, 有一, 則有二, 有三, 以至於無窮皆然, 是故知, 太極者, 有物之先本已混成, 有物之後, 未嘗虧損, 自古及今無時不存, 無時不在."

이러한 설명은 앞에서의 입장을 증명하고 있다. 태극은 현상으로서의 세계에 앞서지만, 세계는 이미 태극 안에 완전하게 들어 있다. 따라서 생성은 전혀 새로운 것의 등장이 아니라 세계의 전개 또는 이미 오래 전부터 있던 것의 변형에 불과하다.

소백온처럼 시간적인 진실을 완전히 부정한다면 사실은 더욱 간단해진다. 소옹은 과거, 현재, 미래가 단지 나의 관점 즉 현재로부터 출발하여 존재한다고 설명한다. 과거에는 현재가 미래였으며, 미래에는 현재가 과거가 되기 때문이다. 그러므로 소백온은 그의 주석에서 도의 관점에서 본다면 도에는 현재, 과거, 미래라고 하는 시간 자체가 존재하지 않는다고 하는 잘못된 결론에 도달하고 있다.112)

사물이 도에서 생겨나기 때문에, 소백온은 도를 사물로 표현할 수도 있다고 생각하였다. 사람은 사물에서 도를 인식하고 도에서 사물을 인식한다.

크고 지극히 중정中正하여 치우침이 없으며 항상 변화에 응하여 일정한 거처가 없는 것을 도라고 한다. 도로써 도를 밝히면 도가 밝아지지 않지만, 사물로써 도를 밝히면 도가 여기에 드러난다. 사물은 도의 형체이니, 도에서 나서 도에 의해 이루어진 것이다. 도가 변하여 사물이 되고, 사물이 변하여 도가 된다. 이로부터 도가 또한 사물이며 사물이 또한 도라는 것을 알 수 있다. 그 변화를 아는 이는 누구인가? 그러므로 도를 잘 살피는 사람은 반드시 사물로써 하며, 사물을 잘 살피는 사람은 반드시 도로써 한다. 도를 얻은 후에 사물을 잊는다는 말은 옳다. 그러나 반드시 사물을 멀리하고자 하면서 도를 구한다면 또한 헛되지 않은가?113)

---

112) 『性理大全』, 권9, 28a.
113) 孫奇逢, 『理學宗傳』, 권5, 56a, "大中至正應變無方之謂道, 以道明道, 道非可明, 以物明道, 道斯見矣, 物者道之形體也, 生於道, 而道之所成也, 道變而爲物, 物化而爲道, 由是知, 道亦物也, 物亦道也, 孰知其變哉. 故善觀道者必以物, 善觀物者必以道, 謂得道而忘物, 則可矣, 必欲遠物而求道, 不亦妄乎."

소백온은 하늘과 명, 성과 마음을 똑같은 것으로 여긴다. 근본적으로 모든
것이 마음의 다양한 현상 또는 작용이다. 그는 다음과 같이 말한다.

만물이 부여받는 것을 명이라고 하고, 만물이 근본으로 삼는 것을 성이라고 하며,
만물을 주재하는 것을 하늘이라 하고, 만물을 낳는 것을 마음이라 한다. 그 실상은
모두가 같다.
고대의 성인은 리를 궁구하고 성을 다함으로써 명에 이르렀고, 마음을 다하고
성을 앎으로써 하늘을 알았으며, 마음을 보존하고 성을 기름으로써 하늘을 섬겼다.
모든 것이 이것을 근본으로 한다.[114]

여기서 말하는 리는 도라고 이해할 수 있을 것이다.
소백온의 도교적인 경향은 그의 아버지보다 더 강하다. 그는 도의 무 또는
초월뿐만 아니라 마음의 무 또는 초월까지도 강조하였다.

하늘과 땅은 마음이 없는 것을 마음으로 삼는다. 하늘에 어찌 마음을 받아들일
곳이 있겠는가? 그러므로 오직 마음을 없게 한 뒤에야 하늘의 뜻을 대신할 수
있다. 하늘이 무슨 말을 하겠는가? 사계절이 저절로 운행하고 만물이 저절로 생겨
나는데, 하늘이 무슨 말을 하겠는가? 그러므로 오직 말을 없게 한 뒤에야 하늘의
말을 대신할 수 있다. 구름이 저절로 가고 비가 저절로 내리며 온갖 사물이 저절로
유행하는데, 하늘이 무슨 일을 행하겠는가? 그러므로 오직 행함이 없게 한 뒤에야
하늘의 일을 대신할 수 있다.[115]

---

114) 『性理大全』, 권9, 6a, "萬物無所不稟, 則謂之曰命, 萬物無所不本, 則謂之曰性, 萬物無所不主,
則謂之曰天, 萬物無所不生, 則謂之曰心, 其實一也, 古之聖人窮理盡性, 以至于命, 盡心知性,
以知天, 存心養性, 以事天, 皆本乎此也."
115) 『性理大全』, 권9, 13b, "天地以無心爲心, 天何所容心哉, 故唯能無心, 而後能代天意, 天何言
哉, 四時行焉, 百物生焉, 天何言哉, 故唯能無言, 而後能代天言, 雲行雨施, 品物流行, 天何爲
哉, 故唯能無爲, 而後能代天工天事焉."

인간은 각자의 마음을 채우고 있는 도 안에서 무심을 소유한다. 이것은 일반적인 의미에서의 마음이 아니라 특정한 시공간에 얽매이지 않는, 세상을 초월한 마음이다. 그러므로 그 작용 또한 초월적이다. 소백온은 이러한 생각을 계속해서 이어간다. 그는 자신의 아버지가 사물도 사람도 나도 존재하지 않는다고 한 데서 더욱더 나아간다.

그런 후에야 능히 천하의 눈을 자기의 눈으로 삼고 천하의 귀를 자기의 귀로 삼으며[116] 천하의 입을 자기의 입으로 삼고 천하의 마음을 자기의 마음으로 삼을 수 있다. 천하의 귀와 눈과 입과 마음을 합칠 수 있다면 그 듣고 보고 계획하고 말하는 것이 또한 얼마나 넓고 크고 높고 멀겠는가? 오직 천하의 듣고 보고 계획하고 말하는 것으로써 자기의 보고 듣고 계획하고 말하는 것을 삼는다면 무슨 일을 할 것인가? 다만 무위일 뿐이다. 그러므로 말하기를, 지극히 넓고 멀고 높고 큰 일을 할 수 있되 중中하여 단 하나의 행함도 없으니 어찌 지극히 신성하다고 하지 않겠느냐고 한 것이다. 이와 같다면 천하의 일을 끝마칠 수 있을 것이다. 그러므로 말하기를, 이보다 더한 것은 아직 있지 않았다고 한 것이다.[117]

천하의 눈과 귀는 당연히 없다. 이것은 단지 세계정신의 초감각적인 지각능력을 말하는 것일 뿐이다. 세계정신은 우리가 파악할 수 없는 방식으로 작용한다. 무위를 통해 행하고, 보지 않음을 통해 보며, 듣지 않음을 통해 듣는다. 사람이 그렇게 될 수 있다면 그 또한 지극한 신성함에 이르게 된다. 그것이 과연 가능한

---

116) Alfred Forke, *The chinese Sophists*(『名家』, 1896~1897), 56쪽. 천하의 눈과 천하의 귀의 개념에 대해서는 이미 나의 저서 *The chinese Sophists*의 鄧析子 및 鬼谷子 항목에 기술되어 있다. 천하의 눈과 천하의 귀와 관련된 불교의 개념에 대해서는 Stefan Balaźs의 *Sinica* VIII (1932) 참조.

117) 『性理大全』, 권10, 36a, "然後能用天下之目爲己之目, 用天下之耳爲己之耳, 用天下之口爲己之口, 用天下之心爲己之心, 能合天下之耳目心口, 其於聞見謀論不亦廣大高遠乎, 唯其用天下聞見謀論以爲聞見謀論, 則夫何爲哉, 無爲而已矣, 故曰, 能爲至廣至遠至高至大之事, 而中無一爲焉, 豈不謂至神至聖者乎, 如是則天下之能事畢矣, 故曰, 過此以往未之也."

일인가? 도교적인 생각에 의하면 그렇다. 사람은 신비적인 도와의 일치 및 내적인 관조 또는 지적인 조망을 통해 신성함에 이르게 되는 것이다.

3. 주돈이

1) 생애

주돈이周敦頤(1017~1073)는 본래 이름이 '돈실敦實'이었으나 영종英宗의 이름이 '실實'이었기 때문에 기휘하여 '돈이'로 바꾸었다. 자는 무숙茂叔이다. 그는 고향땅 도주道州 영도營道에 있는 염계濂溪라는 이름의 개천을 사랑하였다. 만년에 그는 여산廬山의 연화봉蓮花峯 기슭에 살았는데, 연화봉에서 발원하여 분강湓江으로 흐르는 작은 개천에 염계라는 이름을 붙이고 그것을 자신의 호로 삼았다.

어렸을 때 그는 염계에서 노래하고 놀며 낚시하는 것을 좋아하였다. 그는 선을 지향하는 성품을 지녔고 모든 아름다움에 심취하였으며 자연을 지극히 좋아하였다. 염계의 낭만적인 풍광은 그의 성품을 일깨우고 길러 주는 역할을 하였다. 기록에 의하면 그는 초목들 또한 사람과 마찬가지로 생명의 의지를 가지고 있다고 생각하였기 때문에 뜰에 자란 풀을 뽑지 못하게 했으며,[118] 그의 제자 정호는 짐승의 생명 또한 소중하게 여겨야 한다는 그의 가르침에 따라 즐기던 사냥을 그만두었다고 한다.[119]

주돈이는 성품이 개방적이고 온화하였으며 불쌍한 사람들에게는 넓은 아량을 베풀었다. 하지만 그의 사상은 명확하고 날카롭다. 그의 주요 관심은 학자의 학업과 수양에 있었다. 그는 14살 때에 부친을 여읜 이후로 자신을 친아들처럼

---

118) 『朱子全書』, 권42, 31b.
119) 孫奇逢, 『理學宗傳』, 권1, 3a.

보살펴 주던 숙부와 학교의 선생으로부터 유학을 배웠으며, 후에 도교와 불교의 승려에게서도 공부하였다. 그런데 그의 철학에서 도교적인 경향은 보이지만 불교의 영향은 거의 보이지 않는다.

주돈이는 교육가로서도 왕성하게 활동하였다. 그의 가장 중요한 제자는 정호와 정이 형제이다. 이들은 1046년에 그들의 아버지에 의하여 보내졌는데, 당시의 나이가 각기 13살과 14살이었다. 정호는 첫 방문에서부터 열심히 가르침을 따랐다. 왕안석 또한 매우 어렸을 때 주돈이를 방문하여 깊은 감명을 받았다. 주돈이는 새로운 사상으로 그를 일깨워 주었으며, 가르침에 도취된 왕안석은 오랫동안 먹지도 자지도 못할 정도였다.

관리로서의 주돈이는 그 의로움으로 백성들에게 많은 사랑을 받았다. 하지만 과로로 인해 건강이 심하게 악화되었고, 1068년 광통의 사법관으로 임용되었다가 열병에 걸려 일찍 죽음을 맞게 되었다. 조정에서는 그에게 원공元公이라는 시호를 내렸다.[120] 1241년에는 여남백汝南伯의 작위가 내려지고 공자의 사당에 모셔졌다. 1319년, 원元에서는 그를 도국공道國公에 봉하고 존경을 표하였다. 아름다운 계곡에 있는 그의 무덤은 태평천국운동 때 파괴되었다가 1866년 청淸 목종의 명으로 복구되었고, 광서 10년 즉 1884년에 다시 한 번 재건되었다. 그 이후로는 직계후손들에 의해 보존되고 있으며 현재도 많은 사람들이 방문하고 있다.[121]

2) 저술

주돈이는 저술가라기보다는 교육자였다. 그가 남긴 저술은 매우 적다.『주자전서周子全書』는 4권에 이르지만 그 안에서 그의 말은 30쪽을 넘지 못하며, 대부분은

---

120) 『宋史』, 권427, 「列傳」, 4b 참조. Mayers, *Reader's Manual*, Nr.73에 따르면 朱熹는 '元從'
　　 이라는 시호를 받았다고 한다.
121) 周敦頤의 생애는 Bruce, *Chu Hsi and his masters* Bd. I, 18~30쪽에 기술되어 있다.

주석과 다른 학자들이 그와 그의 학설에 대하여 쓴 것들이다. 그의 명성은 주로 「태극도설太極圖說」에서 유래한다.[122] 대략 1쪽 내외에 불과한 아주 짧은 분량의 이 글은 성리학의 시작이자 끝이라고 할 수 있다. 주희는 이로부터 자기 철학의 많은 부분을 발전시켰다. 주희를 통해 성리학파의 근간이 된 이 글은 『통서通書』에 의하여 보충되었는데, 『통서』가 좀 더 윤리적인 문제를 다루고 있는 반면에 「태극도설」은 일종의 우주론을 기술하고 있다. 두 저술은 그의 사후에 이정 형제를 중심으로 한 그의 제자들에 의해 편찬되었고, 훗날 『성리대전』과 『성리정의』에 주석과 함께 수록되었다. 거기에는 또한 산문 9편과 시 28편이 함께 실려 있다.

(1) 「태극도설」[123]

「태극도설」은 「태극도」를 기초로 하여 태극으로부터 세계가 생성되기까지의 과정을 설명한 글이다. 「태극도」는 그림에 나타나듯 다섯 단계로 이루어지며, 이러한 과정을 통해 생성이 완성된다. 그 다섯 단계는 각각 다음과 같다.

첫째, 태극이 있다.

둘째, 태극의 동정을 통해 음양이 생겨난다.

셋째, 음양의 혼합으로 오행이 생겨난다.

넷째, 오행이 교차하여 천지가 생겨나는데, 이것들은 각각 남녀로 파악된다.

다섯째, 하늘과 땅, 남자와 여자의 기가 교차함으로써 모든 사물이 생성된다.

이상의 다섯 단계에 대해 주돈이는 각각 다음과 같이 설명한다.

---

122) Giles, *Chinese Biographical Dictionary*, Nr.425에는 '說'이 '書'로 잘못 쓰여 있다.

123) 朱熹의 주석을 포함하여 중국어 텍스트는 G. von der Gabelentz가 번역하여 *Thai Kih Thu des Tscheu-tsii*(1876)로 출간하였다. 다른 번역은 De Harlez의 *L'École philosophique moderne*, 21쪽과 Bruce의 *Chu Hsi and his masters*, Bd. I, 126쪽 이하에 실려 있다.

① 무극이면서 태극이다.

② 태극이 움직여서 양을 생성한다. 움직임이 극에 이르면 고요해지고, 고요해지면 음을 생성한다.[124] 음이 극에 이르면 다시 움직인다. 한 번 움직이고 한 번 고요해지는 것이 서로 뿌리가 되어 음으로 갈라지고 양으로 갈라지니, 이로써 양의가 수립된다.[125]

③ 양이 변하고 음이 합하여 수·화·목·금·토를 생성하니, 이 다섯 기[126]가 순서대로 펼쳐져서 사계절이 운행된다. 오행은 하나의 음양이고, 음양은 하나의 태극이며, 태극은 본래 무극이다. 오행이 생겨나면 각기 그 성을 하나씩 갖는다.

④ 무극의 참됨과 음양오행의 정기가 신묘하게 합쳐져서 응결하니,[127] 하늘의 도는 남자가 되고 땅의 도는 여자가 된다.

⑤ 건과 곤 혹은 남자와 여자의 두 기가 서로 감응하며 만물을 화생시킨다.[128] 만물이 생겨나고 생겨나니, 변화가 끝이 없다.[129]

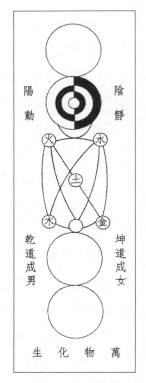

「태극도」

---

124) 태극은 움직이는 양기와 고요한 음기로 갈라지는 실체를 생성한다.

125) 음과 양은 실체의 두 양태이다.

126) 오기는 오행의 다른 이름이다. 한 해 동안 각 요소가 주도함으로써 사계절이 생겨나게 된다.

127) 태극, 음양, 오행의 상호작용으로 단단한 물질이 되어 세계 즉 천지가 생겨난다.

128) 천지는 예로부터 지상의 만물을 생성하는 부모로서 간주되었다. 이것은 朱熹가 말하는 것처럼 근원적인 생성 즉 '氣化'이다.

129) 「周子太極圖說」, "無極而太極, 太極動而生陽, 動極而靜, 靜而生陰, 靜極復動, 一動一靜, 互爲其根, 分陰分陽, 兩儀立焉, 陽變陰合, 而生水火木金土, 五氣順布, 四時行焉, 五行一陰陽也, 陰陽一太極也, 太極本無極也, 五行之生也, 各一其性, 無極之眞, 二五之精, 妙合而凝, 乾道成男, 坤道成女, 二氣交感, 化生萬物, 萬物生生, 而變化無窮焉."

여기까지가 「태극도」의 다섯 단계에 대한 주돈이의 설명이다. 이로써 우주론적 의미의 생성은 모두 끝이 난다. 그러나 「태극도설」의 설명은 계속되는데, 이어지는 다음의 내용은 이제 인간에 대한 설명들이다.

오직 인간만이 그 빼어난 기를 품부 받아 가장 신령하다. 형체가 이미 생겨나면 신이 발하여 지각능력이 갖추어지고, 오성[130]이 감응하여 움직여서 선과 악이 나뉘고 모든 일들이 나타난다.

성인은 중정과 인의로써 안정시키고 고요함을 주로 하여[131] 인극을 세운다. 그러므로 성인은 천지와 그 덕을 합하고, 일월과 그 밝음을 합하며, 사시와 그 질서를 합하고, 귀신과 그 길흉을 합한다.[132] 군자는 이를 수양하여 길하게 되고, 소인은 이를 거슬러서 흉하게 된다.

그러므로 말하기를, 하늘의 도를 세우는 것을 일러 음과 양이라고 하고, 땅의 도를 세우는 것을 일러 유와 강[133]이라고 하며, 사람의 도를 세우는 것을 일러 인과 의라고 한다. 또한 말하기를, 시작에 근원하고 끝으로 돌아가기 때문에 삶과 죽음에 관한 설을 안다.

크도다, 변화[134]여! 이것이 그 지극함이로구나.[135]

---

130) 朱熹에 따르면 五常이다.

131) 어느 정도 도교적으로 보인다.

132) 이것은 『周易』 乾卦 「文言傳」에 있는 "夫大人者! 與天地合其德, 與日月合其明, 與四時合其序" 구절의 인용이다.

133) G. von der Gabelentz는 이것을 'Mild und Streng'이라고 번역한다. 이것은 별 의미가 없다. 또한 주에서 '岡柔成質, 地道之所以立也'라고 한 것에 대해서도 그는 '강함과 부드러움을 물질은 보존하며, 이로써 땅은 규정을 세운다'는 것으로 잘못 이해하였다. 이것은 '강함과 부드러움은 물질을 형성한다. 이로써 땅의 본질이 규정된다'고 이해하여야 한다. 예로부터 강함과 부드러움은 땅의 본성으로 간주되었다.

134) '易'은 일반적으로 『易經』으로 번역되고 朱熹 또한 그렇게 설명하지만, 나는 '변화'가 낫다고 본다. 도는 태극이 주도하는 모든 변화와 변형을 보여 주기 때문이다.

135) 「周子太極圖說」, "唯人也, 得其秀而最靈, 形旣生矣, 神發知矣, 五性感動, 而善惡分, 萬事出矣, 聖人定之以中正仁義, 而主靜, 立人極焉, 故聖人與天地合其德, 日月合其明, 四時合其序, 鬼神合其吉凶, 君子修之吉, 小人悖之凶, 故曰, 立天之道, 曰陰與陽, 立地之道, 曰柔與剛, 立人之道, 曰仁與義, 又曰, 原始反終, 故知死生之說, 大哉易也, 斯其至矣."

가벨렌츠는 '무극'을 '무의 원리'로 번역하였다.[136] 그는 무극을 '원리가 없는 근원적 원리' 즉 '원천적인 것' 또는 '사물이 아닌 것'이라고 하면서, 이 글이 사람이 생각할 수 없는 무의 원리에 대해 말하는 것이라면 태극의 밖에 더 큰 무극의 원이 있어야 한다고 말한다. 그러나 나는 이러한 설명에 동의하지 않는다. 주돈이는 결코 무극과 태극을 두 가지 다른 개념으로 파악한 것이 아니다. 그는 무극과 태극을 하나의 존재의 두 가지 양상으로 파악하였다. 무극은 묘사나 그림으로 제시할 수 없는 감각을 초월한 존재, 즉 태극 이전에 그 자체로서 자기 안에 머물러 있는 상태를 말하며, 이것이 세상을 생성하기 위하여 현상으로 드러나면 비로소 태극이 된다는 것이다. 이것은 결국 도 이외의 다른 것이 아니다. 도교에서는 이러한 도를 '무'라고 표현하면서 인도사람들이 그랬듯이 초월적인 존재로 이해하였다.

주회 또한 이 개념을 같은 방식으로 이해하여 자신의 체계 속으로 받아들였다. 가벨렌츠에 의해 번역되지 않은 주석에서 주회는 주돈이가 무극이라는 표현을 어떤 특별히 놀라운 것, 소리도 냄새도 없는 것을 가리키기 위해 사용하였다고 말한다. 이러한 해석은 도교적인 도의 초월성을 표현한 것이다. 한편, 주회는 나아가 태극은 본질적으로 존재를, 무극은 원리를 가리키는 개념이라고 하면서, 무극은 형체와 모양이 없는 원리이기 때문에 공간을 차지하지 않으며 세상이 아직 생겨나기 전에도 이미 존재하였고 또 세상이 생성된 이후에도 여전히 그대로 존재한다고 말한다. 원리는 무의 영역에 속하는 것이지 존재의 영역에 속하는 것이 아니다. 주회의 생각은 다음의 두 표현에서 아주 명확하게 나타나고 있다.

---

136) G. von der Gabelentz, *Thai Kih Thu des Tscheu-tsii*, 9쪽, 주1. 이것은 북경에서 활동하던 한 예수회 선교사의 다음과 같은 말에서 유래한다. "Tcheou-tsu inquit: Ou-ki et Tai-ki, magnus terminus est eine termino, vel magnus axis sine axe." De Harlez 또한 자신의 저서에 다음과 같이 썼다. "Le principe suprême est tel parce qu'il n'a pas de principe."

이미 무극이라고 말하였기 때문에, 어떤 존재의 도리인 것처럼 억지로 찾을 수가 없다.[137]

그러므로 무극이면서 태극이라고 하였으니, 이것은 무 가운데에 최고의 리가 있다는 말이다.[138]

이렇게 무의 원리가 있다는 설명에서부터 가벨렌츠의 번역은 어긋나게 된다. 진리에 아주 가까이 있는 것은 웰스 윌리엄스이다. 그는 무극을 '세계를 꿰뚫는 우주정신'으로 파악하였다. 또 쿠브레르(Couvreur)는 그의 사전에서 이 개념을 '무의 극'이라고 설명하였다. 이것은 문법적으로는 옳지만, 무의 극이라는 개념은 절대적인 무로서 아무것도 시작하게 하지 않는다. 이것은 무의 원리라고 해야 한다. 완전히 잘못된 것은 쿠브레르가 태극을 '위대한 극'이라고 번역한 것이다.

브루스는 무극을 '무한한 것'이라고 번역하였으며, 르 갈은[139] '무제한의 것'으로 번역하였다. 물론 무극이 일반적으로 이러한 의미를 가지고 있기는 하지만, 주자학의 개념에서는 그렇지 않다. 육구연에게 보낸 편지에서 주희는, 무한하다는 의미에서 볼 때는 무극이 노자와 장자에 근사한 것처럼 보이지만 이것은 결코 주돈이의 견해라고 할 수 없다는 점을 지적하고 있다.[140]

젠커는 야콥 뵈메(Jacob Böhme)의 글을 인용하면서 '무근無根 또한 근원'[141]이라고 적고 있는데, 여기에 대해서는 반대할 것이 없다. 왜냐하면 이때의 무근은 근원의 결여가 아니라 무한하게 깊어서 파악하기 어려운 근원을 의미하기 때문이다.

---

137) 『朱子全書』, 권49, 15b, "既謂之無極, 則不可以有底道理强搜尋也."
138) 『朱子全書』, 권49, 14b, "故曰, 無極而太極, 是無之中有箇極至之理."
139) 이와 달리 Bruce, *Chu Hsi and his masters*, Bd. I, 128쪽과 Le Gall, *Le philosophe Tchou Hi*(1984), 112쪽을 비교해 보면 Le Gall이 Bruce보다 더욱 올바른 이해에 근접하였음을 알 수 있다.
140) 『朱子全書』, 권52, 50a.
141) Zenker, *Geschichte der chinesischen Philosophie*, II, 216.

아버지(神)는 무근 즉 어떤 것을 갈망하는 무의 의지, 자기계시의 욕망으로 파악되는 어떤 것을 향한 의지이다. 신 안에는 이러한 자기분열과 자기생성을 가능하게 하는 어떤 것, 규정되지 않고 내용이 없는 공개되지 않은 단순한 존재, 근원과 근거가 없는 것, 영원한 하나, 빛이 아니고 어둠도 아닌 것, 존재도 아니고 인격체도 아니며 모든 것인 동시에 아무것도 아닌 것을 의미하는 어떤 것이 있다.[142]

주돈이의 무극은 바로 이러한 독일 신비주의의 무근과 유사한 개념이다.
주돈이와 주희의 현실주의적인 사유방식과 대척점에 서 있는 유심론자 육구연은 '무극'이라는 표현이 『통서』에는 나타나지 않는다는 점을 이유로 들면서 「태극도설」이 주돈이의 저술이 아니라고 말한다. 그는 이것이 후일에 삽입된 것이거나 주돈이가 어린 시절에 잘못 적었다가 뒷날 오류를 인정하고 수정한 것이라고 주장한다. 그러나 주희는 이러한 기이한 증명에 반대하였다. 그는 육구연과의 오랜 논쟁 끝에 결국 「태극도」의 진리를 지켜 내고 체계를 완성하는 무극의 의미를 증명한다.[143]

전통적으로 주돈이는 도교의 도사인 진단陳摶의 「태극도」를 이어받았다고 전해진다. 진단은 이것을 충방种放에게 전했고, 충방은 목수穆修에게, 목수는 주돈이에게로 그림을 전했다고 한다. 일각에서는 그가 불교 승려 수애壽涯로부터 이 그림을 받았다고 주장하기도 하지만,[144] 불교에는 이런 종류의 그림이 없기 때문에 신뢰하기 힘들다. 주돈이가 진단의 그림을 가지고 있었다는 것은 가능하다. 그렇다면 이 하나의 그림이 그를 자극하여 「태극도」를 제작하게 되었겠지만, 그렇더라도 개별적 단계들의 연관성이 결여된[145] 이 그림은 그에게 별다른 영향을 미치지 못했을 것이며 이 사례로 인해 그의 명성이 훼손되는 일 또한

---

142) Hinneberg, *Kultur der Gegenwart, allem. Gesch. d. Philosophie,* 411쪽.
143) Bruce, *Chu Hsi and his masters,* Bd.I, 25쪽.
144) 謝无量, 『中國哲學史』 5권, 4.
145) Alfred Forke, *Geschichte der mittelalterischen chinesischen Philosophie* (1934), 338쪽 참조.

없을 것이다. 그가 진단의 그림에서 차용한 것은 다만 '무극'의 개념에 해당하는 '신비로운 여성의 문' 곧 '도'와 같은 것에 불과하다고 생각된다.

대부분의 중국인들은 「태극도」를 주돈이가 남긴 중대한 업적으로 간주하지만, 브루스와 마찬가지로 나는 결코 이 그림 속에서 세계창조의 비밀을 밝힌 탁월한 사상가를 발견할 수가 없다.[146] 절대적인 것으로부터 세계를 유추해 내는 것은 『예기』, 『주역』, 『열자列子』, 『회남자淮南子』 등에서, 그리고 다른 많은 사람들에 의해 이미 시도된 바 있다. 또 유사한 개념들을 우리는 이전의 여러 철학자들에게서 발견할 수 있으며, '태극' 역시도 『역전』 및 소옹의 우주론 등에서 찾아볼 수 있다. 그렇다면 도대체 어디에 주돈이의 업적이 있는 것일까? 중국적인 이해에 따르면, 그의 업적은 바로 신비적이고 환상적인 요소 없이 이전 철학자들의 우주론적인 관념들을 하나의 명확하고 이성적이며 모순 없는 체계 안에 구성해 내었다는 데에 있다. 이로써 성리학의 기반이 마련될 수 있었기 때문에 그처럼 크게 경탄하며 그를 우러러보는 것이다. 유학적인 사유는 그를 통해 비로소 하나의 새로운 경향을 띠었으며, 유학은 이제 단지 윤리학에만 머물렀던 공자와 맹자에게서는 도외시되었던 문제들에 대해서도 설명할 수 있게 되었다. 그에 앞서 도교에서도 이미 유사한 문제들을 다룬 바 있지만 도교의 환상은 고삐가 풀린 상태였다. 주돈이와 동시대인인 소옹은 그보다 더욱 뛰어났지만, 비판적인 정신이 결여되어 있었기 때문에 그 주장이 자주 사실과 맞지 않아 호응을 얻을 수 없었다.

주돈이는 본래 체계의 근본적인 윤곽만을 제공했을 뿐, 자신의 주장을 증명하지는 않았다. 그것은 아마도 가능하지 않았을 것이다. 그는 또한 자신의 생각을 더 이상 발전시키지도 않았다. 하지만 사람들은 그를 '송의 공자'라고 불렀고, 그런 호칭에 걸맞게 그의 발언은 권위가 있었다. 그가 말한 것은 진리가 되었다.

---

146) Bruce, *Chu Hsi and his masters*, Bd.I, 30쪽.

그리고 주희는 그의 뛰어난 주석으로 『맹자』를 경전으로 만들고 또 주돈이를 위대한 철학자로 만들었다.

  (2) 『통서』

  이 저서의 원래 제목은 『역통서易通書』이다.[147] 이것은 변화의 기반을 닦는 책으로,[148] 우주론적인 내용보다 마음을 통해 생겨나는 윤리적 변화에 대한 내용을 더 많이 다루고 있다. 특정한 정도에까지 이것은 「태극도」에 대한 설명과 보충을 이룬다. 그 안에서 태극은 완전함 또한 최고의 도리로서 나타난다. 그리고 성誠, 신神, 기幾는 윤리와 관계 깊은 중요한 개념으로서 저서의 맨 앞부분에서 다루어지고 있다. 성誠을 번역자들은 보통 '진리'라고 옮겼다. 그러나 이 개념은 『중용』에서 나온 것으로, 거기에서는 '완전함'을 의미하기 때문에 내게는 '진리'보다 '완전함'으로 옮기는 것이 더 낫다고 생각된다. 이 완전함은 또한 참됨이라고 말할 수도 있을 것이다.

  우주론적인 관점에서 태극은 순수하고 초월적인 존재의 원리로서 실존의 판단이며, 윤리적인 관점에서 그것은 최고의 완전함 즉 가치판단이다.

  순수하고 지극히 선한 것이다.[149]

세계원리 또는 최고의 존재에는 항상 최고의 완전함과 탁월한 특성, 최고의 선과 정의 등이 부가되며, 세상의 모든 악에 대한 책임은 악마 또는 인간에게로 돌아간다. 성誠은 오직 고요한 상태에서만 순수한 존재를 나타내고 활동이

---

147) 이 저서의 앞부분은 W. Grube가 朱熹의 주석과 함께 독일어로 번역하여 *T'ung-su des Ceu-tsi*(1882)로 출간하였다. 저서 전체는 W. Eichhorn이 같은 제목으로 번역하여 *Asia Major*(Band III, 1932), in der *China-Bibliothek*로 출간하였다.
148) 때문에 『통서』에서는 『易經』과 『易傳』이 큰 역할을 한다.
149) 『周濂溪集』, 권5, 3a, "純粹至善者也."

시작되면 곧장 그의 현상적인 존재가 드러난다. 그 참된 존재 안에서 성은 활동이 없다.

고요하면 존재하지 않고 움직이면 존재한다. 지극히 바르며 밝게 달통한다.[150]

성은 하는 것이 없다.[151]

주돈이의 이론은 그가 이미 의지하고 있는 『중용』과 연계된 『주역』의 주석에서 비켜갈 수 없었다. 그는 다음과 같이 쓰고 있다.

크도다, 하늘의 근원이여! 만물이 여기에서 시작되니, 성의 근원이구나.[152]

앞의 두 구절(大哉乾元, 萬物資始)은 『역전』 「단전象傳」의 첫 번째 문장이다. 여기서는 세계의 근원을 '하늘'로 표현함으로써 최고의 존재를 의미하고 있다. 하늘은 자기의 완전함을 모든 사물과 함께 하며, 이들은 이로써 그들의 성과 명을 부여받는다.

하늘의 도가 변화하면 모든 사물이 성과 명을 부여받으니, 성誠이 그 안에 서게 된다.[153]

이 글도 위의 글과 마찬가지로 앞의 두 구절(乾道變化, 各正性命)을 「단전」에서 인용하고 단지 마지막 구절만 주돈이 자신이 부가한 것이다.

---

150) 『周濂溪集』, 권5, 3a, "靜無, 而動有, 至正而明達也."
151) 『周濂溪集』, 권5, 10b, "誠無爲."
152) 『周濂溪集』, 권5, 2b, "大哉乾元, 萬物資始, 誠之源也."
153) 『周濂溪集』, 권5, 2b, "乾道變化, 各正性命, 誠斯立焉."

인간이 선하게 행동할 수 있는 것은 인간에게 본성으로 부여된 완전함으로부터 나오는 것이다.

> 성誠은 오상의 근본이며 모든 행위의 근원이다.[154]

> 성誠은 성인의 근본이다.[155]

> 성스럽다는 것은 성誠일 뿐이다.[156]

성인은 완전함을 구해야 할 필요가 없다. 왜냐하면 그는 이미 완전함을 본성으로 소유하고 있기 때문이다.

그러면 완전한 것은 신과 어떻게 관계하는가? 주돈이는 신에 대하여 다음과 같이 설명하고 있다.

> 은밀하게 발현하여 볼 수가 없기 때문에 모든 곳에 충만하여도 궁구할 수 없는 것을 일러 신이라고 한다.[157]

우리는 모두 정신이 무엇인지를 알지만 그것을 정의할 수는 없다. 사람들은 그것이 무엇이 아닌지를 말할 수는 있지만, 그것이 무엇인지는 말할 수 없다. 정신이 자신을 드러내는 것을 상상할 수 있지만 그것은 공간적인 것이 아니다. 그러나 중국인들에게 사유와 존재는 자주 혼동되는데, 특히 그들의 꿈의 이론에서 그러하다. 그루베에 의해 '추구'(Trieb)로 번역된 기미(幾)는 완전함(誠)과 정신(神)의 중간에 있으면서 정신을 활동하게 한다.

---

154) 『周濂溪集』, 권5, 9a, "誠五常之本, 百行之源也."
155) 『周濂溪集』, 권5, 2b, "誠者聖人之本."
156) 『周濂溪集』, 권5, 9a, "聖誠而已矣."
157) 『周濂溪集』, 권5, 11a, "發微不可見, 充周不可窮之謂神."

기미는 선과 악을 향한다.[158)

이것은 이미 『역전』에 나타난 개념이다.[159) 완전함, 정신, 기미의 관계는
다음과 같은 특성을 지닌다.

고요하여 움직이지 않는 것은 완전함(誠)이고, 감응하여 드디어 통하는 것은 정신
(神)이다. 움직이지만 아직 형태를 갖추지 못해 유와 무의 사이에 있는 것은 기미(幾)
이다. 완전한 것은 순수하기 때문에 명백하고, 정신은 감응하기 때문에 은미하며,
기미는 가장 정수하기 때문에 감추어져 있다. 완전한 것, 신적인 것, 기미에 모두
통하는 사람을 성인이라 한다.[160)

이러한 정의의 기본적인 생각은 이미 『역전』「계사상전」에 나타나 있다.

변화[161)는 생각함이 없고 행함이 없으니, 고요하여 움직이지 않다가 감응하면 드
디어 천하의 모든 일에 통한다. 천하의 지극한 정신이 아니면 누가 이와 함께할
수 있겠는가?[162)

완전함은 여기에서 도교의 도처럼 정의되면서 절대적 존재와 같은 의미로
사용된다. 기미, 욕구, 욕망, 의지 등은 리의 초월성에서 신의 현상으로 가는
과정 속에 설정되기 때문에 존재와 무 사이를 오간다.
　　정신은 움직이고 있지만, 그 운동은 현상적인 사물의 움직임과는 다르다.

---

158) 『周濂溪集』, 권5, 10b, "幾善惡."
159) Eichhorn, *Asia Major*, 26쪽 참조.
160) 『周濂溪集』, 권5, 17b~18a, "寂然不動者, 誠也, 感而遂通者, 神也, 動而未形, 有無之間者,
　　　幾也. 誠精, 故明, 神應, 故妙, 幾微, 故幽. 誠神幾曰聖人."
161) 변화는 여기에서 모든 변화를 생성하는 세계원리를 가리킨다.
162) 『周易』, 「繫辭上傳」, "易无思也, 无爲也, 寂然不動, 感而遂通, 天下之故, 非天下之至神, 其孰能
　　　與於此."

정신의 운동은 기계적인 것과 대립한다. 그러므로 이것은 다음과 같은 모순으로 드러난다.

> 사물은 움직이면 고요함이 없고, 고요하면 움직임이 없다. 정신은 그와 달리 움직이되 움직임이 없고, 고요하되 고요함이 없다. 움직이되 움직임이 없고 고요하되 고요함이 없는 것은 움직이지 않는 것도 아니고 고요하지 않은 것도 아니다. 사물은 통하지 않으니, 신이 사물을 묘하게 한다.[163]

정신이 심리적으로 움직여도 신체는 움직이지 않으며, 고요해도 그 고요함은 신체적인 것이 아니다. 움직인다거나 움직이지 않는다는 말은 심리적인 움직임과 신체적인 움직임에 대해 각각 달리 사용되므로, 정신과 신체는 서로 일치하지 않으며 또한 서로 함께하는 것이 거의 없다. 정신이 신묘한 방식으로 사물에 작용한다고 하는 것은 그 작용이 은미하게 표현되었다는 것이며, 이것은 신적인 통찰과 사물에 대한 이해를 의미한다.

완전한 것은 행동하지 않고 사유하지도 않지만 그럼에도 불구하고 모든 것을 통찰하고 모든 것을 인식한다. 완전함을 본질로 갖추고 있는 성인 또한 그러하다. 이와 같이 행동이나 사유 없이 모든 것을 관통한다는 것은 세계원리와 성인의 고유한 지적 관망으로서 유심론적인 철학자들에게 중요한 역할을 한다.

> 사유하지 않음은 근본이며 사유하여 통함은 작용이다. 기미는 저기에서 움직이며, 성은 여기에서 움직인다. 사유함이 없음에도 통하지 않음이 없다면 곧 성인이 된다.[164]

---

163) 『周濂溪集』, 권5, 33b, "動而無靜, 靜而無動, 物也. 動而無動, 靜而無靜, 神也. 動而無動, 靜而無靜, 非不動不靜也. 物則不通, 神妙萬物."
164) 『周濂溪集』, 권5, 24b, "無思本也, 思通用也, 幾動於彼, 誠動於此, 無思而無不通爲聖人."

통하지 않음이 없다는 것은 은미한 것을 통함에서 나오며, 은미한 것을 통하는 것은 사유에서 나온다.[165]

이에 따르면 사유에는 공공연히 드러난 것에 대한 인식, 은미한 것에 대한 인식, 그리고 모든 것에 대한 전지적 인식의 3단계가 있다.

주돈이는 본성적으로 타고난 성인이 아닌 사람이라 하더라도 누구나 성인이 되는 것을 배울 수 있다고 가르친다. 다만 중요한 것은, 욕구로부터 벗어나 자유롭게 되어야 한다는 점이다.[166]

『통서』의 주요부분은 윤리의 개별적인 문제들에 대한 고찰로 이루어져 있는데, 개별적인 구절들 사이에는 연관성이 별로 없다. 새로운 생각은 적고, 거론되는 내용들은 대부분 어떤 유럽인도 말하지 않을 것들이다. 주돈이는 괘에 대한 설명을 많이 하였으며, 항상 결론을 『역경』에서 얻고자 노력하였다. 또 다른 경전과 마찬가지로 『논어』도 즐겨 인용하였다. 나는 그의 많은 격언들 중에서 특별하게 보이는 몇몇 가지를 언급하고 싶다.

군자는 도에 충실한 것을 귀함으로 삼고 몸이 편안한 것을 부유함으로 여긴다. 그러므로 그는 항상 태연하여 모자라는 것이 없어서 벼슬을 하찮게 여기고 금과 옥을 먼지처럼 여기니, 그 귀중함에는 더 이상 보텔 것이 없다.[167]

성인의 도는 지극히 공정할 따름이다. 어떤 사람이 그 말이 무슨 뜻인지 물으니 이렇게 답하였다. "하늘과 땅은 지극히 공정할 따름이다."[168]

---

165) 『周濂溪集』, 권5, 24b, "無不通生於通微, 通微生於思."
166) 『周濂溪集』, 권5, 38b.
167) 『周濂溪集』, 권6, 18b, "君子以道充爲貴, 身安爲富, 故常泰無不足, 而銖視軒冕, 塵視金玉, 其重無加焉爾."
168) 『周濂溪集』, 권6, 22a, "聖人之道至公而已矣, 或曰, 何謂也, 曰, 天地至公而止矣."

주돈이는 당연히 공자를 성인의 이상으로 여겼다. 그는 이렇게 말한다.

도와 덕이 높고 두터우며 교화가 끝이 없으니, 실로 천지와 함께 (만물의 화육에) 참여하고 사계절의 운행과 같이하는 것은 오직 공자뿐이다.[169]

주돈이를 새로운 시대의 선포자로 만들었던 것은 아마도 철학적인 내용보다는 이전에는 알려지지 않았던 자료의 명확하고 체계적인 구조 즉 학문적 형태일 것이다.

4. 장재

1) 생애와 저술

장재張載(1020~1077)의 자는 자후子厚이다. 원적은 하남성 대량大梁이지만 실제로 태어난 곳은 장안長安이다.[170] 그는 매우 일찍 아버지를 여의고 어머니와 함께 섬서성 봉상鳳翔 미현郿縣 횡거橫渠에 거주하였다. 그의 호 횡거는 바로 여기에서 유래한다.[171]

어렸을 때 그는 매우 모험적이었으며 특히 전쟁에 흥미를 가지고 병서를 즐겨 읽었다. 17살에 그는 섬서성의 지방관 범중엄范仲淹(989~1052)에게 보내졌는데, 범중엄은 장재의 능력을 알아채고서 훌륭한 유학자는 전쟁에 종사하는 것이 아니라고 하면서 『중용』을 읽을 것을 권하였다.[172] 그러나 장재는 만족하지

---

169) 『周濂溪集』, 권6, 22b, "道德高厚, 敎化無窮, 實與天地參, 而四時同, 其惟孔子乎."
170) 『宋史』, 권427, 「列傳」, 14b.
171) 횡거는 섬서성에 있다. Bruce, *Chu Hsi and his masters*, Bd. I, 50쪽에서 말하는 것처럼 하남성에 있는 것이 아니다.
172) 渡邊秀方, 劉侃元 中譯, 『中國哲學史槪論』 3권, 20.

못하여 여러 해 동안 도교와 불교의 저서들을 읽었으며, 여전히 자신이 찾는 길을 발견하지 못하자 다시 육경으로 돌아오게 되었다. 특히 그는 『역경』, 『중용』, 『예기』, 『논어』, 『맹자』를 높이 평가하였다.

1056년에 장재는 대량으로 가서 교육자로 눌러앉았다. 그는 호랑이 가죽에 앉아서 『역경』을 설명하였는데,[173] 많은 학생들이 그에게 몰려들었다. 그 중에는 사마광도 있었고 주돈이에게서 온 정호와 정이도 있었다.[174] 특히 이정 형제는 주돈이의 가르침을 옹호하면서 『역경』에 대한 논쟁에 적극적으로 참여하였다. 장재는 제자들에게 이들이 『역경』을 자기보다 더 잘 이해하고 있으므로 이들을 선생으로 삼아야 한다고 말하면서 호랑이 가죽을 가지고 섬서성의 고향으로 돌아갔다고 한다.[175]

이정에 대한 여대림呂大臨의 설명에서도 장재가 이들을 스승으로 간주하였다는 내용이 거론되고 있으나, 이것은 매우 과장된 것일 터이다. 이정은 장재보다 12~13세 어렸으며, 정이 스스로 제자 여대림의 주장이 잘못되었다고 말하고 있기 때문이다. 정이는 그것을 지우라고 했지만 유감스럽게도 그렇게 되지 못했다. 이정이 장재의 견해를 수용하였다는 주장은 증명될 수 있어도 그 반대의 경우는 그렇지 못하다.[176]

고향으로 물러난 장재는 하루 종일 책과 씨름하였다. 책을 읽기 위해 몸을 굽혔다가 곧 위를 우러르며 깊이 생각하였다. 그는 밤에 일어나 초를 켜고 자신의 생각을 적었다. 그의 경작지는 겨우 연명이나 할 수 있을 정도였다.

---

173) 孫奇逢, 『理學宗傳』의 전기(권4, 1b)와 謝无量, 『中國哲學史』 5권, 17의 기록에 따르면 張載의 자리를 호랑이 가죽으로 둘러쌌다고 하지만 이것은 맞지 않다. '호랑이가죽'을 의미하는 '皐比'는 다만 『易經』을 설명하는 스승이 앉는 자리를 가리킨다. Pétillon, *Allusions*, 39쪽 참조.

174) 이들은 張載와 그다지 멀지 않은 친척이다.(外兄弟之子)

175) 『性理大全』, 권39, 24b.

176) 渡邊秀方, 劉侃元 中譯, 『中國哲學史槪論』 3권, 29 이하.

육식은 거의 하지 못하였고, 의복은 초라하였다. 그는 주周의 예를 다시 부흥시켜야 하고 천하를 통치하는 데 있어서는 구주九州의 체계를 사용해야 한다고 생각하였다. 그리하여 토지를 매입해서 제자들에게 주어 주대의 정전법井田法을 시험하고자 하였으나 실행하지는 못했다.

하북성 형주邢州의 책임자로 있을 때 장재는 매달 지역의 고령자들을 불러 모아 윤리에 대한 강연을 하고 함께 밥을 먹었다. 1068년 신종이 즉위하여 궁정으로 불렀으나, 왕안석의 개혁에 함께할 수 없다 하여 이내 형주로 돌아가고 말았다. 마지막으로 예부의 관직을 맡았다가 1077년[177]에 병으로 사직하고 귀향길에 올랐는데, 귀향 도중에 57세를 일기로 죽었다. 돈이 없었기 때문에 그의 제자들이 돈을 모아 관을 사고 무덤을 마련하였다. 시호는 명공明公이며, 후에 미백郿伯에 봉해졌다. 1241년에 공자의 사당에 모셔졌다. 그는 강건하고 진실한 성품을 지녀 정호와 매우 유사하였다.

장재의 저서로는 우선 『서명西銘』과 『동명東銘』 및 『정몽正蒙』이 있다. 『서명』과 『동명』은 각각 서쪽과 동쪽의 벽에 걸어 두고 스스로를 경계하는 글로, 장재 철학의 근본 원칙이 간략하게 담겨 있다. 『서명』은 자연철학적인 문제를 다루고 있고 『동명』은 도덕과 실천철학의 문제를 다루고 있으며, 더욱 상세한 내용은 젊은이를 위한 올바른 가르침을 담고 있는 『정몽』에서 전개된다. 그리고 경전에 대한 그의 주석들을 모은 『경학이굴經學理窟』이 그의 전서 『장횡거집張橫渠集』 속에 수록되어 있는데, 『장횡거집』에는 또한 그의 다양한 문장 및 어록의 모음이 함께 실려 있다. 『서명』은 주희에 의해 주석되었다.[178]

---

177) 孫奇逢, 『理學宗傳』, 권4, 4b. 謝无量, 高瀨武次郎, 渡邊秀方, 鍾泰(Tschung T'ai), De Harlez 도 자신의 저서에 이와 같이 '1077년'이라고 적었다. 반면 Giles는 *Chinese Biographical Dictionary*, Nr.177쪽에 '1076년'이라고 적었다. Bruce, Zenker, Hackmann, Wilhelm도 자신의 저서에 그와 같이 적었다. Mayers가 자신의 저서에 '1067년'이라고 한 것은 아마도 오자일 것이다.

178) 『西銘』과 『東銘』은 『性理大全』에 수록되었다.

2) 자연철학

(1) 허와 기, 유와 무

장재의 우주론은 태허太虛 즉 무한한 빈 공간에서 출발한다. 이러한 허虛는 그 속을 채우는 기氣와도 같다. 그는 말한다.

태허는 형체가 없으며 기의 본체이다.[179]

태허는 순수하다. 순수하기 때문에 응어리가 없으며, 응어리가 없기 때문에 신이 된다. 순수하지 못한 것은 탁하게 되고, 탁하면 응어리가 생기며, 응어리진 것은 형체가 된다.[180]

허는 참으로 비어 있는 것으로, 전적으로 순수하여 어떠한 물질도 포함하지 않는다. 그럼에도 불구하고 이것은 기 즉 신이다. 신은 허를 가득 채우지만 물질적인 것이 아니다. 이러한 신적인 기는 그러나 서로 모일 수가 있으며, 이를 통해 형체가 생겨난다. 다만 이러한 모임은 일정한 시간 동안만 지속되었다가 다시 순수한 허의 신으로 흩어진다.

태허는 기가 없을 수 없으며 기는 모이지 않을 수 없으니, 곧 만물이 된다. 만물은 흩어지지 않을 수 없으니, 곧 태허가 된다. 이러한 순환이 끊임없이 계속되는 것은 모두 그렇게 되지 않을 수 없어서 그런 것이다.[181]

모이는 것 또한 나의 몸이며, 흩어지는 것 또한 나의 몸이다. 사람이 죽더라도 완전히 소멸하는 것이 아님을 아는 자라면 함께 성에 대해 말할 만하다.[182]

---

179) 張載, 『張橫渠集』, 권2, 3a, "太虛無形, 氣之本體."
180) 張載, 『張橫渠集』, 권2, 7a, "太虛爲淸, 淸則無礙, 無礙故神, 反淸爲濁, 濁則礙, 礙則形."
181) 張載, 『張橫渠集』, 권2, 3b, "太虛不能無氣, 氣不能不聚, 而爲萬物, 萬物不能不散, 而爲太虛, 循是出入, 是皆不得已而然也."
182) 張載, 『張橫渠集』, 권2, 4a, "聚亦吾體, 散亦吾體, 知死之不亡者, 可與言性矣."

장재의 견해에 따르면 나의 몸은 천하의 사물과 동일한 법칙을 따르고 있으며, 나의 성 또한 마찬가지이다.

그러므로 천지를 채우고 있는 것이 나의 몸이 되고, 천지를 주재하는 것은 나의 성이 된다.[183]

결국 나의 몸은 세계정신이 모인 것으로서 죽고 나면 다시 그 본래의 순수한 성으로 되돌아가게 된다. 근원적인 것은 죽음이며, 삶은 단지 짧은 간주곡에 불과하다.

기는 태허에서 생겨나는 것이 아니라 항상 그와 더불어 있는 것이다. 이 둘은 하나의 같은 것으로서, 허에는 기가 없었던 적이 없기 때문이다. 그러므로 장재는 세계의 생성이라는 것을 인정하지 않는다. 마찬가지로 세계의 근원으로서의 태극 또한 그에게는 의미가 없다.

두 가지 형체의 하나의 사물, 그것을 태극이라고 한다.[184]

이때 두 가지 형체 또는 몸은 바로 허와 기이다. 둘은 함께 하나의 사물을 이루는데, 이것을 사람들은 태극이라고 표현하는 것이다. 태극은 그러므로 두 가지 속성 즉 연장과 신으로 이루어진 하나의 사물에 불과하다. 이러한 과정을 통해 장재는 결국 스피노자와 같은 결과에 이르게 되었다. 태극의 실체는 사유와 연장이라는 속성을 갖는다는 것이다.

장재는 무가 유를 생성한다고 주장하는 것은 노자의 오류에 빠지게 되는 것이라고 여겼다. 허는 무한한 것이 되고 기는 유한한 것이 되므로 이 둘이

---

183) 張載, 『張橫渠集』, 권1, 1b, 「西銘」, "故天地之塞, 吾其體, 天地之帥, 吾其性."
184) 張載, 『張橫渠集』, 권4, 2a, "一物而兩體, 其太極之謂與."

서로 달라서 갈라지게 된다는 것이다. 마찬가지로 사물이 단순히 허에서 드러나는 것이라고 하는 견해 또한 잘못된 것으로, 이것은 세계를 단지 현상으로만 받아들이는 불교의 견해와 같다고 말한다.[185] 반면 『역경』은 유와 무에 대해 말하지 않았다는 것이다.[186] 유와 무를 구분하는 철학자들에 대해 장재는 그 주장이 표면적이거나 비논리적이라고 비판하는데,[187] 그의 비난은 무엇보다도 도교와 불교를 겨냥하고 있다.

> 기가 태허에서 모였다가 다시 흩어졌다가 하는 것은 마치 얼음이 물에서 얼었다가 다시 녹았다가 하는 것과 같다. 이로부터 우리는 '태허가 곧 기'이며 '무라는 것이 있을 수 없음'을 안다.[188]

장재에 따르면 세계는 단지 신의 기가 모인 것에 불과하다.

(2) 성과 태화

태허의 주요 특성은 그 성誠이다. 이 개념은 다음과 같이 정의된다.

> 성誠하면 사물이 있고 시작과 끝이 있다. 거짓되면 그 실實이 있을 수 없는데 어떻게 시작과 끝이 있겠는가? 그러므로 성하지 않으면 사물이 없다고 말하는 것이다.[189]

성誠 즉 실實은 태허의 본질에 속하며, 세계의 실 또한 태허에서 유래한다. 장재에게 있어 실은 가상이나 현상이 아니기 때문이다. 그는 말한다.

---

185) 張載, 『張橫渠集』, 권2, 4b.
186) 張載, 『張橫渠集』, 권4, 1a.
187) 張載, 『張橫渠集』, 권2, 7a.
188) 張載, 『張橫渠集』, 권2, 6b, "氣之聚散於太虛猶氷凝釋於水, 知太虛即氣, 則無無."
189) 張載, 『張橫渠集』, 권3, 4a, "誠, 有是物, 則有終, 有始, 僞, 實不有, 何終始之有, 故曰, 不誠, 無物."

하늘과 땅의 도는 지극한 허로써 실을 삼지 않음이 없다. 인간은 모름지기 허 가운데서 나오는 실을 구해야만 하는데, 성인이야말로 허의 지극함이다.…… 무릇 형체를 가진 사물은 쉽게 무너지지만, 오직 태허만은 흔들림이 없기 때문에 지극한 실이 된다.[190)]

천하의 기는 리에 의하여 주도되며, 리는 확고한 도에 의거하여 기의 움직임을 통제한다. 장재는 이러한 리의 작용을 태화太和라고 불렀다.

천지의 기가 비록 모이고 흩어져서 백 가지로 갈라지는데, 그렇게 되는 것은 리의 작용이며, 도를 따르므로 어지럽지 않다.[191)]

태화太和는 곧 도를 말하니, 그 속에다 떠오름과 가라앉음, 오름과 내림, 움직임과 고요함 등이 서로 감응하는 본성을 머금고 있다. 이것이 생명의 기운(絪縕)을 낳으니, 서로 뒤섞여서 이기고 짐, 굽히고 펌 등의 시작이 된다. 그 처음에는 기미가 쉽고 간략하지만, 그 끝에 이르러서는 넓고 크며 견고하다. 하늘은 그 쉬움을 아는 것으로부터 시작하고, 땅은 그 간략함을 따르는 것을 본받는다. 흩어져 달라져서 형상할 수 있는 것은 기이고, 맑게 통하여 형상할 수 없는 것은 신이다. 아지랑이(野馬)나 생명의 기운 같은 것들이 아니라면 태화라고 할 수 없다.[192)]

이러한 태화 즉 지극한 조화에 의해 기 안에서의 변화 및 성장과 소멸이 나온다. 각각의 모든 운동이 다른 것과 화합을 이루고 있기 때문에, 조화의 끝은 확고하고 규칙적이다. 그러나 그의 표현방식은 조화를 어떤 순수한 물질로

---

190) 張載, 『張橫渠集』, 권10, 7a, "天地之道無非以至虛爲實, 人須於虛中求出實, 聖人虛之至……
凡有形之物即易壞, 惟太虛無動搖, 故爲至實."
191) 張載, 『張橫渠集』, 권2, 3b, "天地之氣, 雖聚散攻取百塗, 然其爲理也, 順而不妄."
192) 張載, 『張橫渠集』, 권2, 2b, "太和所謂道, 中涵浮沉升降動靜相感之性, 是生絪縕, 相盪勝負屈
伸之始, 其來也幾微易簡, 其窮也廣大堅固, 起知於易者乾乎, 效法於簡者坤乎, 散殊而可象爲
氣, 淸通而不可象爲神, 不如野馬絪縕, 不足謂之太和."

여기는 것이 아닌가 싶을 정도로 현실적이다. 그래서 정이는 장재의 허와 순수(淸) 가 물질적인 것이라고 이의를 제기하였으며, 이에 대해 주희는 허 또한 태화와 마찬가지로 기의 유행에 불과하다고 옹호하였다.

기의 변화와 작용은 세 가지 양태로 이루어진다.

> 역易은 하나의 사물이지만 천·지·인 삼재三才를 포함하고 있다. 음과 양은 기氣로 서 하늘에서의 역을 말하고, 강과 유는 질質로서 땅에서의 역을 말하며, 인과 의는 덕으로서 인간에게 있어서의 역을 말한다.[193]

음과 양은 공기와 같은 종류이다. 이것은 햇빛과 비, 바람, 번개, 천둥과 함께 하늘의 대기를 이룬다. 딱딱하고 부드러운 것으로써 물질이 표현되며, 이로부터 땅이 이루어진다. 여기에는 물, 흙, 식물, 돌, 쇠 등이 속한다. 인과 의로 대변되는 덕은 정신세계 안에서 작용하는 추진력으로, 이들은 순수하고 비물질적이다.

(3) 천지와 만물

하늘과 땅에 대한 장재의 표현은 모순으로 가득하다. 이것은 그가 고대의 견해들을 단순하게 수용한 것에서 비롯된다. 대부분의 철학자들은 하늘과 땅을 모두 신적인 존재로 받아들였으며, 이러한 견해는 경전에서 유래한다. 이에 비해 장재는 땅을 사물로, 하늘을 신으로 여긴 듯이 보인다.[194] 그러나 하늘의 신성 또한 다음과 같은 표현을 통해 다시 의문에 붙여진다.

---

193) 張載, 『張橫渠集』, 권4, 1b, "易一物而三才, 備陰陽氣也, 而謂之天, 剛柔質也, 而謂之地, 仁義 德也, 而謂之人."
194) 張載, 『張橫渠集』, 권2, 14a, "地物也, 天神也".

하늘은 귀와 눈과 마음과 생각을 통하여 사물을 지각하지 않는다. 그러나 하늘이 지각하는 이치는 귀와 눈과 마음과 생각보다 훨씬 빼어나다. 하늘은 백성을 통하여서 보고 들으며 백성을 통하여서 위엄을 밝힌다.[195]

이에 대한 증명으로 장재는 『시경』과 『서경』을 언급한다. 그런데 하늘이 스스로 지각하거나 사유할 수 없는 존재라면, 그 자체에 대한 어려움을 극복하지도 않은 채 다른 존재의 인식을 지각할 수는 없을 것이다.

나아가 장재는 다음과 같이 말한다.

하늘은 본래 의도하는 마음이 없지만 사물을 낳고 완성시키는 데 이르러서는 모든 공이 하늘에게로 돌아간다. 이것은 하늘과 땅의 인仁 때문이다.[196]

고대에 하늘과 땅은 흔히 쌍으로 나타났기 때문에 장재 또한 이 둘을 고대의 습관에 따라 연관시키고 있다. 여하튼, 하늘은 의도하는 마음이 없다는 생각은 도교적이다. 그런데도 왜 우리는 하늘이 의도하지 않았던 것 즉 순수하게 기계적으로 나온 것에 대하여 하늘에 감사해하는가? 하물며 땅은 혼이 없는 사물일 뿐이라고 한다.

하늘과 땅은 인류의 부모로 간주되는데, 이것을 장재는 다음과 같은 말로 표현하고 있다.

하늘을 일러 아버지라 하고, 땅을 일러 어머니라 한다. 나는 여기 매우 작은 존재로서, 그 사이에 혼연히 뒤섞여 있다.[197]

---

195) 張載, 『張橫渠集』, 권2, 23b, “天之知物不以耳目心思, 然知之之理過於耳目心思, 天視聽以民明威以民.”
196) 張載, 『張橫渠集』, 권6, 6b, “天本無心, 及其生成萬物, 則須歸功於天, 曰此天地之仁也.”
197) 張載, 『張橫渠集』, 권1, 1a, 「西銘」, “乾稱父, 坤稱母, 予玆藐焉, 乃混然中處.” 朱熹는 ‘乾坤’을 물질적인 존재가 아니라 정신적인 존재로 파악하였기 때문에 ‘乾坤’을 ‘天地’와

결국 인간존재는 하늘과 땅의 기가 혼합되어 생겨난 것이다.

장재는 세상의 모든 생명체를 자유롭게 움직이는 동물과 땅에 붙어 있는 식물로 나눈다. 그 중 동물은 상대적으로 하늘의 영역에 속하는데, 이들은 하늘의 기를 호흡함으로써 서로 모이고 흩어지기 때문이다. 식물에 있어서는 음과 양의 오르고 내리는 운동을 통해 기가 작용한다고 한다. 그는 아직 식물의 호흡에 대해서는 알지 못하고 있었다.

동물은 하늘에 근본을 두고 있으니 숨을 들이쉬고 내쉼으로써 점차 모였다 흩어지고, 식물은 땅에 근본을 두고 있으니 음양의 오르내림을 통하여 점차 모였다 흩어진다. 사물이 처음 생겨날 때에는 기가 날마다 왕성함으로 이르러 가며 자라지만, 사물이 자라서 왕성해지고 나면 기는 날마다 근원으로 되돌아가며 흩어진다. 이르러 가는 것을 일러 신神이라 하는 것은 그 펼침(伸)의 뜻으로써 말한 것이요, 되돌아 가는 것을 일러 귀鬼라고 하는 것은 그 돌아감(歸)의 뜻으로써 말한 것198)이다.199)

(4) 귀신

신은 단지 하나의 신일 뿐이다. 인간의 신도 역시 신이며, 개별적인 사물 안에서 작용하는 신은 세계정신 이외의 다른 것이 아니다. 그것은 공간에 얽매이지 않고 형체가 없기 때문에 어느 곳에나 있으며 무한한 빈 공간을 채우고 있다.

신은 특정한 장소가 없으며 역은 일정한 형체가 없으니, 매우 크고 또한 하나일 따름이다.200)

구분하였다.(天地其形體也, 乾坤其性情也.)
198) 잘 알려진 어원학에 따라 神=伸, 鬼=歸이다.
199) 張載, 『張橫渠集』, 권3, 1a, "動物本諸天, 以呼吸爲聚散之漸, 植物本諸地, 以陰陽升降爲聚散之漸, 物之初生, 氣日至而滋息, 物生旣盈, 氣日反而游散, 至之謂神, 以其伸也, 反之爲鬼, 以其歸也."
200) 張載, 『張橫渠集』, 권2, 25a, "神無方, 易無體, 大且一而已爾."

신이든 역이든 기의 측면에서 보면 결국은 동일한 하나이다. 이 하나가 세계정신으로 드러날 때에는 덕이라고 하고, 사물을 채우고 그들의 본질을 결정한다는 점에서는 성이라고 하며, 사물 안에서 작용하고 그들의 변화를 야기한다는 점에서는 도라고 한다.

신은 하늘의 덕이고 화는 하늘의 도이며, 덕은 그 본체이고 도는 그 작용이다. 이 모든 것은 기에서 하나가 된다.[201]

감응하는 것은 성의 신이요, 성은 감응하는 본체이다. 오직 늘어남과 줄어듦, 움직임과 고요함, 시작과 끝을 하나로 할 수 있기 때문에, 그것이 만물을 신묘하게 함을 일러 신이라고 하고 그것이 만물을 꿰뚫음을 일러 도라고 하며 그것이 만물의 본체가 됨을 일러 성이라고 한다.[202]

신은 기의 가장 순수한 형태로, 항상 기로 생성된 사물 안에 있다.

형상할 수 있는 모든 것은 존재하는 것이고, 존재하는 모든 것은 모양이 있으며, 모양 있는 모든 것은 기로 이루어져 있다. 기의 성은 본래 허와 신이다. 그러므로 신과 성은 결국 기가 본래 가지고 있는 것이다. 이것이 바로 귀신이 만물의 체가 되는 근거이니, 결코 버릴 수 없다.[203]

귀신은 세계정신의 다른 표현일 뿐이다. 이것은 음양의 두 기로 하여금 연장과 수축이 일어나게 한다.[204]

---

201) 張載, 『張橫渠集』, "神天德, 化天道, 德其體, 道其用, 一於氣而已."
202) 張載, 『張橫渠集』, 권4, 24b, "感者性之神, 性者感之體, 惟屈伸動靜終始之能一也, 故所以妙萬物而謂之神, 通萬物而謂之道, 體萬物而謂之性."
203) 張載, 『張橫渠集』, 권4, 23b, "凡可狀皆有也, 凡有皆象也, 凡象皆氣也, 氣之性本虛而神, 則神與性乃氣所固有, 此鬼神所以體物, 而不可遺也."
204) 張載, 『張橫渠集』, 권2, 25b.

귀신이라는 것은 음과 양의 훌륭한 능력이다.…… 신은 태허의 신묘한 작용을 가리키는 명목이며, 천지 사이의 모든 법과 상은 신神과 화化의 찌꺼기일 따름이다.205)

천지 사이의 모든 현상과 형태를 신의 작용 끝에 남은 찌꺼기라고 표현하는 것은 물질을 '소멸된 정신'이라 정의한 셸링의 말을 연상시킨다.

장재가 생각한 신의 개념은 어느 정도 자연의 힘을 의미하는 것이기도 했지만, 어쨌든 그는 신의 현존을 믿었다. 그럼에도 불구하고 그는 신의 출현에 대한 기록을 매우 회의적으로 대하였으며 죽음 이후에도 영혼이 지속된다는 설을 의심했던 것으로 보인다. 그에 따르면, 신은 볼 수 없는 것임에도 불구하고 많은 사람들은 신을 보았다고 주장한다. 또한 귀신은 형체를 가지고 있지 않기 때문에 하늘과 땅의 신과 유사한 존재이며, 다른 한편으로는 또한 인간과 같은 행위와 운동을 할 수 있는 존재이다. 그러나 죽은 사람의 귀신이 하늘과 인간의 능력과 일치하는 것이 어떻게 가능할 수 있는가? 만약에 사람이 죽은 후에도 의식을 가지고 있다고 여긴다면, 아들을 매우 사랑했던 죽은 엄마는 왜 다른 사람을 매개로 해서 아들에게 말을 걸거나 아들의 꿈에 나타나 그를 위로하지 않는가? 또한 사람들은 죽은 사람들이 선한 사람에게 행복을 가져오고 악한 사람에게 불행을 가져온다고 말한다. 그러나 작은 잘못을 저지른 사람이 큰 벌을 받고 큰 잘못을 저지른 사람이 큰 복을 받게 되는 것은 어찌 된 일인가? 그 밖에도, 사람들은 죽은 사람의 귀신이 복수하러 나타날 수 있다고 말한다. 그렇다면 왜 이세황제는 자신을 살해한 환관 조고를 벌하지 않았으며, 당 고종은 왜 위험한 무후에게 책임을 묻지 않았는가?

물론 사람들의 여러 주장이 완전히 틀린 것은 아니라고 생각할 수도 있을 것이다. 그러나 장재는 공자와 맹자 그리고 그들의 계승자인 순자, 양웅, 왕충,

---

205) 張載, 『張橫渠集』, 권2, 8a, "鬼神者二氣之良能也……神者太虛妙應之目, 凡天地法象皆神化之糟粕爾."

한유가 왜 죽은 사람의 귀신에 대해 기술하지 않았는지를 물으면서, 신을 믿는 사람들조차도 자신들이 스스로 신을 보았다고 말한 예는 없다는 사실을 덧붙이고 있다.[206]

장재는 인간에게서 혼과 백을 구분한다. 백은 형체를 이루며 죽을 때에도 그를 떠나지 않는 반면에, 혼은 죽음 이후에는 사라지고 해체된다.

> 살아 있는 동안에는 인간을 떠나지 않지만 죽은 후에 분리되어 흩어지는 기를 혼이라고 한다. 형질이 모여서 완성된 것으로 비록 죽는다고 하더라도 흩어지지 않는 기를 백이라고 한다.[207]

그러나 주희는 죽음 이후에는 백 또한 얼마간 몸에 머물렀다가 일정한 시간이 지나고 나면 혼과 마찬가지로 흩어진다고 생각하였다.

3) 실천철학

(1) 덕

덕은 지극히 합당한 것으로 정의되었으며 전통적으로 복이라는 개념과 연결되어 왔다. 그런데 장재에게 있어서는 마치 복의 성취가 덕의 유무에 달려 있는 것처럼 느껴진다.

> 지극히 합당한 것을 일러 덕이라고 하고, 모든 일이 순조로운 것을 덕이라고 한다. 덕은 복의 기반이며, 복은 덕의 완성이다. 덕으로 들어서지 않으면 온갖 일의 순조로움도 있을 수 없다. 그러므로 군자는 즐거이 그 길을 따른다.[208]

---

206) 張載, 『張橫渠集』, 권12, 1b.
207) 張載, 『張橫渠集』, 권3, 1a, "氣於人生而不離, 死而游散者, 謂魂, 聚成形質, 雖死而不散者, 謂魄."

그리고 덕에 이르는 것은 노력만 따른다면 누구든지 가능하다.

부귀를 얻고 못 얻고는 하늘에 달려 있지만 도와 덕에 이르는 것은 나에게 달려 있다. 구하기만 한다면 얻지 못할 까닭이 없다.[209]

덕의 기원에 대한 문제에서 장재는 자신의 철학체계에 입각하여 그것이 허로부터 생겨난 것이라고 답한다.

허가 인仁을 낳으니, 인은 리에 있으면서 리를 완성시킨다.[210]

인은 모든 덕의 근간이 되는 덕이며, 모든 다른 덕은 인을 뒤따른다. 인은 허를 채우는 기의 속성 중의 하나인데, 그 속성들 가운데에는 신神도 포함되어 있다. 신에는 또한 중요한 의미가 부가된다.

태허는 스스로 그러한(自然) 도이다. 그것이 행해지는 데에는 사유가 특히 중요하다. 그러므로 사유가 진실해야 한다고 말하는 것이다.[211]

신은 도를 담고 있으며, 도는 신을 통해 자신을 표현한다. 그리고 이로써 인을 포함한 모든 덕들이 이루어진다.

허는 인의 근원이다. 충과 서는 인과 함께 생겨난다. 예와 의는 인의 작용이다.[212]

---

208) 張載, 『張橫渠集』, 권3, 22a, "至當之謂德, 百順之謂福, 德者福之基, 福者德之致, 無入而非百順, 故君子樂得其道."
209) 張載, 『張橫渠集』, 권7, 10a, "富貴之得不得天也, 至於道德則在己, 求之而無不得者也."
210) 張載, 『張橫渠集』, 권10, 7a, "虛則生仁, 仁在理, 以成之."
211) 張載, 『張橫渠集』, "太虛者自然之道, 行之要在思, 故曰思誠."
212) 張載, 『張橫渠集』, 권10, 6b, "虛者仁之原, 忠恕者與仁俱生, 禮義者仁之用."

그러나 허와 덕 사이에는 또한 정靜이 있다.

정靜은 선의 근본이며, 허는 정의 근본이다.[213]

우리는 그러므로 허가 자기 안에 내재한 고요한 신을 통해 덕을 완성시킨다는 것을 알 수 있다.
장재는 지치지 않고 계속해서 자기 철학의 근원적 원칙인 허를 기린다.

천지는 허로써 덕을 삼으니, 지극한 선은 곧 허이다. 허는 천지의 조상이 되며, 천지는 허 속에서부터 나온다.[214]

허는 당연히 절대적인 허가 아니라 신의 기를 의미하는 것이다. 이로부터 세계가 생성된다. 따라서 허는 동시에 덕의 실행자이기도 하며, 천지 또한 정신적인 존재로서 세계의 생성에 동참한다. 우리는 장재가 허와 기를 같은 것으로 설명한다는 사실을 기억하여야 한다.
덕의 수행에 있어서는 오직 자기 자신의 힘에 의지해야지, 다른 외적인 도움을 기대해서는 안 된다.

자기 자신을 바르게 할 뿐 다른 사람에게서 구하지 않으며, 바깥으로부터 성대해지는 것을 원하지 않을 따름이다.[215]

그러나 이러한 것은 다만 덕을 닦을 때에 견지해야 하는 자세이고, 덕을 펴 나가는 경우에는 남들을 자기 자신의 형제처럼 여기고 남들의 기쁨과 슬픔을

---

213) 張載, 『張橫渠集』, 권10, 7b, "靜者善之本, 虛者靜之本."
214) 張載, 『張橫渠集』, "天地以虛爲德, 至善者虛也, 虛者天地之祖, 天地從虛中來."
215) 張載, 『張橫渠集』, 권3, 23a, "正己而不求於人, 不願乎外之盛者歟."

자기 자신의 기쁨과 슬픔과 같이 여겨야 한다.

> 온 백성이 나의 동포요, 온갖 사물이 나와 함께한다.[216]

> 타고난 바탕이 선한 것은 공적이 되기에 부족하다. 오직 악을 바로잡아 선으로
> 되고 게으름을 바로잡아 부지런하게 된 것이라야 비로소 공적이라 할 만하다.[217]

이것은 당연히 악한 경향과 욕구를 억압해야 함을 강조하는 말이다. 욕구는
대부분 부족함에서 생겨난다고 장재는 생각한다. 예를 들어, 백성들이 도둑질을
하게 되는 것은 부족함이 있기 때문이다. 만약 군주가 훌륭한 정치를 통해
백성들로 하여금 부족함을 느끼지 않도록 해 준다면 곧 백성들은 도둑질을
멈추게 될 것이다.[218]

한편 인간의 도리에는 또한 하늘이나 땅, 명산 등지에 제물을 바치고 제사를
지내는 것이 있는데 이것은 신을 공경하는 행위이다.

> 사직과 오사, 온갖 신들에게 제사지내는 것은 온갖 신들의 공적으로써 하늘의
> 덕에 감사하는 것일 따름이다. 그러므로 하늘로써 귀신을 섬기는 것은 일의 지극함
> 이요 리의 극진함이다.[219]

이것은 모든 개별적 신들에 대한 제사를 대신하여 모든 것을 자기 안에
포괄하는 하늘에 제사지낼 수 있다는 말이다. 하늘은 우주를 대변하며, 다른
신들은 단지 그것의 개별적인 부분일 뿐이다. 그러므로 하늘을 공경하는 것만으로

---

216) 張載, 『張橫渠集』, 권1, 1b, "民吾同胞, 物吾與也."
217) 張載, 『張橫渠集』, 권6, 11b, "天資美不足爲功, 惟矯惡爲善, 矯惰爲勤, 方是爲功."
218) 張載, 『張橫渠集』, 권3, 38b.
219) 張載, 『張橫渠集』, 권4, 20b, "祭社稷五祀百神者, 以百神之功報天之德爾, 故以天事鬼神, 事之
　　至也, 理之盡也."

도 충분히 온갖 신들에 대한 공경을 나타낼 수 있는 것이다.

개별적인 인간이 죽어 없어진다 하더라도 그의 신은 태허 안으로 돌아가서 세계정신으로 남아 보존된다. 그리고 개별 인간이 인격적으로 획득한 정신의 가치 즉 도, 덕, 성, 명 또한 남아 있게 된다.

도, 덕, 성, 명은 항상 존재하며 결코 죽지 않는 것들이다. 이미 그 몸이 죽어도 이것들은 항상 존재한다.[220]

이러한 정신적 가치는 불교에서 말하는 카르마의 개념에 해당하는 것으로, 장재는 이로부터 더 이상의 결과를 이끌어내지는 않았다. 그는 이로써 분명하게 영혼의 변화를 부정하는 입장을 취한 것이다.[221]

(2) 공부

공부와 관련하여 장재는 전형적인 유학자의 태도를 취하는데, 특히 마음의 수용능력을 적극적으로 받아들인다. 그에 따르면 단지 성현의 말씀과 문자만을 고집하는 것으로는 결코 공부가 깊어질 수 없다.[222]

마음으로 이해하면 구하는 의미가 저절로 밝아지므로 글자와 글자를 서로 살피고 비교할 필요가 없다. 비유하자면, 눈이 밝은 사람은 사물이 아무리 눈앞에 서로 뒤섞여 있어도 그것들을 파악하는 데 아무런 어려움이 없는 것과 같다.[223]

---

220) 張載, 『張橫渠集』, 권7, 3a, "道德性命是常在, 不死之物也, 已身則死, 此則常在."
221) 張載, 『張橫渠集』, 권4, 25b.
222) 張載, 『張橫渠集』, 권7, 4a.
223) 張載, 『張橫渠集』, 권7, 6b, "心解, 則求義自明, 不必字字相校. 譬之, 目明者, 萬物紛錯於前不足爲害."

보통의 유학자들과 마찬가지로 장재 또한 하학下學과 상달上達의 공부를 모두 중시하였다. 위로 저 하늘의 이치에 통달하는 것, 아래로 사물의 이치를 두루 밝히는 것, 어느 하나 그에게 중요하지 않은 것은 없었다.

위로 하늘의 이치에 통달하는 것은 곧 천하의 뜻을 즐기는 것이니, 하늘의 뜻을 즐기면 원망하지 않게 된다. 아래로 사물의 이치를 배우는 것은 곧 나를 다스리는 것이니, 나를 다스리면 허물이 없어진다.[224]

배우는 사람에게 장재는 학습의 단계를 세울 것을 추천한다. 그에 따르면 가장 먼저 공부해야 할 것은 경전이지 역사서가 아니다. 역사서를 공부하는 것은 산과 들에서 노닐며 쾌적함을 좇는 것보다야 이롭겠지만 그 또한 처음에는 괜찮은 듯하다가도 끝내 유익한 바가 없어서, 마음이 경전의 의리 속에서 노니는 것에는 미치지 못한다는 것이다.[225] 그러나 이러한 충고는 사실 그다지 필요한 것이 아니었다. 왜냐하면 중국의 학생들은 이미 방황하고 있지 않았기 때문이다. 이들은 오직 경전을 공부하였으며, 단지 읽기만 하는 것이 아니라 철저하게 학습하여 암송하고 그것을 행동으로 옮기고자 힘쓰고 있었다.[226] 이미 학생들은 대부분 장재의 충고를 실천하고 있었던 것이다.

장재는 스스로 20년 동안 『중용』을 읽었으며 매번 그 안에서 깊은 의미를 발견하였다고 술회하고, 또 육경[227]을 처음 접한 이래로 늘 마음의 안정을 찾기 위해 그것을 다시 읽곤 했다고 말한다. 그는 학생들이 익혀야할 유학의 경전과 각종 텍스트들에 대해 다음과 같이 설명하고 있다.

배우는 사람들은 『서경』을 신뢰할 수 있으며, 『논어』와 『맹자』 또한 그러하다.

---

224) 張載, 『張橫渠集』, 권3, 24b, "上達則樂天, 樂天則不怨, 下學則治己, 治己則無尤."
225) 張載, 『張橫渠集』, 권7, 6b.
226) 張載, 『張橫渠集』, 권7, 7b.
227) 『易經』, 『書經』, 『詩經』, 『禮記』, 『樂記』, 『春秋』.

『시경』과 『서경』에는 도리에 맞지 않는 견해가 없으니, 유학자들이 그에 대해 다양한 견해를 가지고 있다고 해서 그것이 진리를 방해하는 것은 아니다. 『중용』과 『대학』은 공자의 학파에서 생겨난 것으로서 완전히 신뢰할 수 있다. 『예기』는 유학자들에 의하여 편찬된 것인데, 마찬가지로 신뢰할 만하다. 고대 이후로 전해져 오는 유학의 텍스트들 중에 늘 일치하지는 않거나 그 의미가 의심스러운 곳이 발견되어 미혹함을 일으킨다면 잠시 동안 그대로 놓아두는 것이 상책이다. 역사서와 문집[228]은 여러 번 읽어서 수용할 수 없다고 생각되는 경우에는 덮어 둔다. 다른 사람에게 교양 있어 보이기 위해서가 아니라 자신의 인격을 이루기 위해서 공부해야 한다. 의학적인 저서들은 성인들에 의해 전래된 것이기는 하지만 지식의 주요 갈래를 이루는 것은 아니므로 설령 잘 이해하지 못한다 하더라도 그다지 해될 것은 없다. 그러나 그것들을 이해하는 것은 분명 가치가 있다. 이미 불사에 이르는 수단은 없음이 자명해진 지금, 그로써 생을 조금 더 보존하고 싶은 사람들을 도울 수 있기 때문이다.[229] 전서와 위인전은 몇 구절만 읽고 마음에 들지 않을 경우 읽지 않아도 되고 도교의 경전과 불교의 경전은 읽지 않는다 하더라도 아무 해가 되지 않지만, 육경은 밤낮으로 항상 가까이 하며 지치지 않고 공부해야 한다.

만물은 모두가 리를 지니고 있는데, 그것을 궁리하여 알지 못한다면 일생을 꿈처럼 방황하게 될 뿐이다. 석가는 리를 탐구하는 것을 알지 못하여 모든 것을 착각의 소치로 설명하는 데 그쳤다. 장자는 리를 밝힐 수 있었지만 궁극적인 곳에는 이르지 못하였기에 그 또한 모든 것을 한낱 꿈으로만 여겼으니, 그는 공자와 안연 사이의 대화에 대하여 이렇게 말하였다. "나와 너는 모두 꿈일 따름이다."[230] 이것

---

228) 이것은 시나 수필과 같은 문학적인 글을 가리킨다.
229) 張載, 『張橫渠集』, 권7, 8a~b.
230) Alfred Forke, *Geschichte der alten chinesischen Philosophie* (1927), 319쪽 주4) 참조.

은 대개 『역경』의 궁리만 같지 못하다.[231]

현실주의자로서의 장재는 당연히 불교의 관념론과 투쟁해야만 했다. 그는 불교가 세계를 단지 단순한 가상으로 설명함으로써 세계를 폄하하고 있다고 보았다.[232] 또한 그는 불교의 윤회설에 대해서도 비난하였으며, 불교도들이 천성 및 인성을 이해하지 못한다고 지적하였다.[233]

4) 학설에 대한 평가

정이는 장재의 지식이 처음에는 일관성이 없었다가 후에 다양한 사고와 경험을 통해 일관성이 생겼다고 주장하였다.[234] 하지만 장재의 원칙적인 규정은 정형적이며 정이의 이원론보다 통일적이다.

정이의 제자 윤순尹焞(1071~1142)은 장재가 큰 노력과 어려운 작업을 통해 그의 인식에 도달하게 되었음을 알았다. 윤순에 따르면 장재는 『정몽』을 저술할 때 자주 밤을 새웠다고 한다. 그의 학설은 매우 어려웠기 때문에 완성된 체계를 갖추기 위해서는 매우 큰 노력을 필요로 했다는 것이다.[235]

빌헬름은 장재를 절대적인 일원론자로 평가하였는데, 이 판단은 옳다. 그러나 장재의 학술에 대한 그 밖의 기술들은 의심의 여지가 있다. 빌헬름에 따르면 장재의 기는 모든 존재의 실재로서 자체적으로는 텅 비어 있다. 이것은 극적으로 대립하는 동과 정의 '물질적이지만 형체가 없는' 가능성이다. 하나의 물질적인,

---

231) 張載, 『張橫渠集』, 권10, 4a, "萬物皆有理, 若不知窮理, 如夢過一生, 釋氏便不窮理, 皆以爲見病所致, 莊生儘能明理, 及至窮極, 亦以爲夢, 故稱孔子與顏淵語曰, 吾與爾皆夢也, 蓋不如易之窮理也."
232) 張載, 『張橫渠集』, 권3, 14b.
233) 張載, 『張橫渠集』, 권4, 25b.
234) 『性理大全』, 권39, 22a.
235) 『性理大全』, 권39, 24b~26b.

그러나 형체가 없는 가능성이란 무엇인가? 빌헬름은 장재가 초자연적이고 근원적인 성과 경험적인 현상세계 사이의 대립을 지양한다고 보았지만,[236] 정작 장재는 그러한 두 세계의 대립을 알지 못하고 있었다. 그에게 초자연적인 것은 아무것도 없다.

젠커는 장재가 현실주의자이지 물질주의자는 아니라고 본다. 장재의 기는 죽은 물질이 아니기 때문이라는 것이다.[237] 이것은 전적으로 옳다. 장재는 물질주의적인 현실주의자가 아니다. 물질주의자는 물질을 근원적인 원칙으로 간주하면서 정신을 단지 물질의 작용으로 간주하지만, 장재는 그와는 반대로 마음을 근원적 원칙으로, 물질을 작용으로 간주하고 있었다. 다케지로는 장재의 관점에 대해 기일원氣一元이라는 훌륭한 정의를 내렸다.[238] 나는 다케지로의 정의를 좇아 장재의 철학을 기일원론으로 정의하고자 한다. 기는 곧 호흡(Pneuma)이자 영(Spiritus)이자 정신(Geist)으로, 장재의 견해에 따르면 세계를 이루는 근원이다. 마그누스(Albertus Magnus, 1193~1280)의 경우와 유사하게, 장재에게 있어서 근원적인 기는 비물질적인 정신(spiritus incorporeus)이며 세계는 물질적인 정신(spiritus corporeus)으로 나타난다. 세계는 기의 응집으로 생성되었다가 어느 정도 시간이 지나면 다시 흩어져서 완전한 순수와 허의 근원적인 상태로 돌아가게 된다.

와타나베 또한 이러한 장재 철학의 현실주의를 인정하였는데, 그는 장재가 당시의 지배적 사상이던 불교 화엄종의 자극을 받았다고 보았다.[239] 그러나 이 종파는 현실주의적인 요소가 매우 적으며, 영향이 거의 없었다고 할 수 있을 정도로 장재의 시스템과 일치하는 것이 없다. 총체적으로 그의 현실주의는 어떤 자극을 필요로 하지 않는 일반적인 자연관이다. 따라서 이것은 장재 자신의

---

236) Wilhelm, *Chinesische Philosophie*, 100.
237) Zenker, *Geschichte der chinesischen Philosophie*, II, 230.
238) 高瀨武次郎, 趙蘭坪 中譯, 『中國哲學史』 3권, 35.
239) 渡邊秀方, 劉侃元 中譯, 『中國哲學史槪論』 3권, 22.

독자적인 창작이라고 할 수 있을 것이다. 성리학의 기초자들 중에서도 장재는 가장 독립적이고 독창적인 사상가였다. 그의 체계는 소옹의 체계와 마찬가지로 주희에게 수용되지는 않았지만, 주희는 장재의 사상에서 많은 부분을 차용하여 자신의 체계를 정립하였다.

5. 정호

1) 생애와 저술

정향程珦(1006~1090)은 관료집안 출신으로 그 또한 관료였다. 그에게는 유명한 아들이 둘 있었는데, 바로 철학자 정호程顥(1032~1085)와 정이程頤(1033~1107)이다. 정호는 동생보다 1살이 많았으며 낙양에서 태어났다. 자는 백순伯淳이며 호는 명도明道이다. 그는 53세의 나이로 동생보다 22년 먼저, 그리고 그의 아버지보다도 일찍 죽었다. 우리는 앞에서 이미 그가 14살에 동생과 함께 아버지에 의해 주돈이의 학교에 보내졌다는 것을 언급했는데, 두 형제는 후에는 또 장재에게로 가서 배웠다. 이들 형제는 소옹과도 우호적으로 교류하였으며, 그의 마지막 병환을 간호하였다. 이들이 당시의 가장 유명한 철학자들과 인간적인 교류를 맺고 있었음을 알 수 있다.

정호는 진리를 발견하기 위하여 온갖 유학자들과 사상가들을 섭렵하다가 잠시 불교와 도교에도 관심을 기울이기도 했으나, 거기에서도 만족을 찾지 못하자 다시 경전으로 되돌아왔다. 그는 1057년에 25살의 나이로 진사시험에 합격하였고, 그 후 10년 동안 동생과 함께 낙양에서 제자들을 가르쳤다. 많은 제자들이 그들의 가르침을 따랐는데, 본질적으로 그리고 선생으로서도 두 형제는 매우 달랐으며 그들의 가르침 또한 많은 일치함이 있음에도 불구하고 현저하게 서로 어긋났다.

정호는 온정적이고 관대하였다. 이것은 그의 인품을 밝혔으며 그의 표정과 목소리에서 이미 나타났다. 그러면서도 위엄을 갖추고 있어서 아무도 그를 과소평가하지 못했다. 그는 모든 것을 올바른 방법으로 억지 없이 처리하고자 하였고, 그 덕은 모든 사람을 능가하였다. 그는 "이른바 완전한 인간"[240]이었다. 사람들은 그를 여러 가지로 시험했지만 어떤 결함도 찾지 못했다.

> 어떤 사람이 말하기를 "마음을 바르게 하고 인에 안주해 있는 사람은 천하에 단지 한 사람밖에 없다. 백순과 같은 사람은 이 세상 사람이라고 볼 수 없다"라고 하자 양구산이 말하였다. "확실히 그러하다."[241]

정호와 10년 이상 교제한 제자와 친구들도 그가 화내는 것을 본 적이 없었다. 그는 어떤 어려운 처지에서도 결코 이성을 잃지 않았으며,[242] 근심이 있거나 무거운 짐을 질 때에도 표정에 나타내지 않았다.[243] 그의 제자 사양좌는 그가 매번 석고상처럼 가만히 앉아 있다가도 손님을 맞이하면 금방 화기애애한 빛을 나타냈다고 한다.[244] 또한 그는 동물도 사랑하였다. 어항에 작은 물고기를 기르며 자주 바라보곤 하던 그는 그 이유를 묻는 이에게, 그것이 자신의 즐거움이며 그것을 바라보는 것이 생의 기쁨이라고 대답하였다고 한다.[245] 정호는 제자들과 어떤 문제에 대해 논의하다가 합의에 이르지 못하면 이렇게 말했다고 한다. "이것을 다시 한 번 깊이 생각해 보자."[246] 반면 정이는 형과는 반대로 곧장

---

240) 『性理大全』, 권39, 11a, "所謂完人."
241) 『性理大全』, 권39, 9a, "或曰, 中心安仁者天下一人而已, 如伯淳莫將做天下一人看龜山楊氏曰, 固是."
242) 『宋史』, 권427, 「列傳」, 8a.
243) 高瀨武次郎, 趙蘭坪 中譯, 『中國哲學史』 3권, 47.
244) 『二程外書』, 권12, 8a, "明道先生坐如泥塑人, 接人, 則渾是一團和氣."
245) 『性理大全』, 권39, 11b.

"그렇지 않다"고 직설적으로 말하곤 했다. 어느 날 정호는 홍국사[247]에서 장재와 하루 종일 토론한 일이 있었는데, 그로부터 자신과 장재의 견해가 그다지 일치하지 않는다는 것을 깨닫게 된 듯하다. 그는 『서명』을 매우 칭송하였지만, 이것은 단지 장재의 명확한 스타일 때문이었다.[248]

정호는 호현鄠縣에서 관리로 활동할 때 곳곳에 학교를 설립하고 우수한 학생들을 직접 가르쳤다. 그는 자신의 아버지와 마찬가지로 미신을 대단히 혐오하였다. 그래서 그는 백성들이 숭상하는 악어를 죽이게 하였으며,[249] 어느 절에 있는 부처상의 머리에서 광채가 나온다는 소문을 듣고 사람들이 몰려든다는 소식을 듣자 그곳 승려들에게 그 머리를 가져오게 함으로써 소동을 그치게 하였다.[250]

1069년에 정호는 저작좌랑著作佐郎으로 임용되어 건의안을 제출하였으며 황제 신종을 자주 알현할 수 있었다. 황제는 그의 대담함을 높이 평가하면서 그를 매우 친절하게 대하였다. 하지만 그가 황제에게 특별한 규정을 제안하였을 때 황제는 그것은 요순의 일로서 자신은 감당할 수가 없다고 하였고, 이에 정호는 그렇게 생각한다면 나라와 백성에게 복이 될 수 없다고 지적하였다.[251] 그 뒤에 곧 왕안석의 개혁이 시행되었다. 정호는 신법에 반대하여 조정 대신들의 의견을 모았지만 결국 지방으로 좌천되고 말았다. 지방관으로 있는 동안 그는 황하의 범람을 막는 데 기여하였으며, 해적을 체포하여 그들을 처형하는 대신 생계에 종사하게 만들었다. 하지만 그들이 개척한 새로운 항로에 대해 항의가 들어오면서 그는 해직되었다. 1085년, 철종이 즉위하여 그를 다시 불러들였지만 그만 죽고 말았다. 모든 사람이 그를 애도하였다.

---

246) 『二程外書』, 권11, 7b.
247) 『二程語錄』, 권2, 13a.
248) 『二程語錄』, 14b.
249) Bruce, *Chu Hsi and his masters*, Bd. I, 42.
250) 謝无量, 『中國哲學史』 5권, 26.
251) 謝无量, 『中國哲學史』 5권, 26.

정호의 생애에 대해 동생 정이는 이렇게 적고 있다.

그는 기품이 이미 탁월하였으며 도에 따라 수양하였다. 순금과 같이 순수하였고 옥과 같이 온화하고 빛났다. 너그러웠으나 원칙이 있었고, 화합하였지만 지나치게 휩쓸리지 않았다. 그의 충과 성은 돌과 쇠를 관통하였고, 부모와 형제에 대한 사랑은 신의 작용과 통하였다. 그의 안색은 사물을 접할 때 따스한 봄볕과 같았고, 그의 말은 모든 사람에게 때 맞춰 내리는 비처럼 윤택하게 느껴졌다.252)

정이는 또 형에 대한 만사에서는 다음과 같이 말한다.

맹자가 죽은 후에 성인의 가르침이 전해지지 못하니, 학문이 전해지지 못한 천여 년 동안 진정한 유학자가 없었다. 선생이 태어나니, 학문이 끊어지고 나서 1,400년 뒤에 오직 이 한 사람일 따름이다.253)

정호는 순공純公이라는 시호를 받고 하남백河南伯에 봉해졌다. 1241년에 공자의 사당에 모셔졌다.

이정의 저서들은 마치 한 사람의 저작인 것처럼 함께 편찬되어 『이정문집二程文集』으로 엮어졌는데, 정호 3책, 정이 9책으로 구분된다. 전서의 내용은 일반적인 것처럼 보고서, 편지, 수필, 서문, 추도사 및 약간의 철학적인 것들로 구성되어 있다. 두 형제의 철학을 우리는 『이정전서二程全書』에서 알 수 있으며, 이들의 글은 일반적으로 여기에서 인용된다. 『이정수언二程粹言』은 이들의 말 가운데

---

252) 『程氏文集』, 권11, 9a, "資稟旣異, 而修養有道, 純粹如精金, 溫潤如良玉, 寬而有制, 和而不流, 忠誠貫於金石, 孝悌通於神明, 視其色, 其接物也, 如春陽之溫, 聽其言, 其入人也, 如時雨之潤胸."

253) 孫奇逢, 『理學宗傳』, 권2, 6b, "孟軻死, 聖人之學不傳, 學不傳, 天載無眞儒, 先生生乎, 千四百年之後, 一人而已." 孟子 이래로 진정한 유학자가 없었다는 것은 당연히 심한 과장이다. 程頤는 동생으로서 형을 다소 과대평가하였을 것이다.

중요한 것들을 간추려 양시楊時가 편집한 것이다. 이 외에도 『이정유서二程遺書』와 『이정외서二程外書』 및 『이정어록二程語錄』이 있다. 이들 형제의 문학작품들은 『이정수언』과 『이정어록』에도 수록되어 있다.

『수언』은 두 형제 사이의 구분이 없이 서로의 말이 섞여 있어서 누구에게서 유래하는 것인지 알 수 없게 되어 있다. 『유서』는 처음 10권이 이정 형제 모두에 관한 것이고, 11~14권은 정호에게만 해당되며, 15~25권은 정이의 것이다. 전체 12권인 『외서』는 대부분의 말들에서 말하는 사람을 알 수 없고, 단지 몇몇 경우에만 이름이 기록되어 있을 뿐이다. 『어록』은 앞의 7권에서 두 형제의 말을, 8권은 정호, 9~15권은 정이의 말을 수록하고 있으며, 16~17권은 두 형제의 말을 보충하고 있다. 정호는 철학적인 저서를 특별히 따로 저술하지는 않았기 때문에 우리는 현재 그의 제자들이 기술한 말을 가지고 그의 철학적 견해를 살펴볼 수 있을 따름이다.

두 철학자의 학설을 서로 나누지 않은 것은 두 사람이 함께 가르쳤으며 그들의 제자가 같았기 때문이다. 이들 형제는 단지 유교 경전만 설명하고자 할 뿐이었고, 이러한 점에서 그들의 학설은 같았다. 이들은 스스로가 자신들의 선생이나 선배들을 능가하는 철학자라는 것을 전혀 의식하지 못하였으며, 그들의 제자들 또한 그것을 깨닫지 못했다. 그래서 새로운 견해는 매번 고대인의 가르침에 대한 설명으로 제시되는 데 그치면서 고대의 텍스트는 항상 중요한 것으로 남아 있었다.

두 형제가 많은 점에서 일치하였기 때문에 수록된 말이 누구의 것인지를 쉽게 결정할 수는 없지만, 두 철학자의 철학적 방향이나 표현방식이 어느 정도 판단의 기준으로 작용할 수 있다. 주희는 정이가 대단히 명확하고 분석적인 데 비해 정호는 통일성이 없어 보이는 유창한 언설을 좋아하였다고 하면서, 정호의 말은 엄밀하게 공부해야만 그의 주도적인 생각을 발견할 수 있다고 말한다. 주희에 따르면 정호의 스타일은 그다지 분석적이지 않고 매우 천재적이어서 일반인으로서는 쉽게 이해할 수 있는 것이 아니라고 한다.[254] 두 형제의 스타일을 비교해 보면, 정호는 보다 종합적이고 일원론 및 관념주의의 경향이 있는 데 비해 정이는 보다 분석적이며 이원론 및 현실주의의 경향이 있다.

2) 형이상학

(1) 리(天理)

정호는 하늘의 리에 대해 모든 것을 주도하고 모든 것의 근원인 최고의 세계원리이자 세계이성이라고 규정하고 있다.

> 어떤 사람이 "단지 태허만이 비어 있다"라고 하자 선생이 답하였다. "이 세상에 리가 아닌 것은 없다. 단지 리만이 실이다." 다시 어떤 사람이 "태허보다 큰 것은 없다"라고 하자 선생이 답하였다. "형태가 있어야만 크고 작음이 있다. 어떻게 태허를 가지고 크고 작음을 말할 수 있겠는가?"[255]

단지 리만이 참으로 존재할 뿐이며, 그 밖의 모든 것들은 생성과 소멸을 거듭하는 것으로서 지속적이지도 현실적이지도 않다. 이 말은 태허 및 태허를 채운 신의 실체를 무한한 크기로 파악했던 장재의 이론에 대해 명백한 반대의 뜻을 표명한 것이다. 단지 물질적인 사물만이 연장성을 갖고 있으며, 허와 리는 연장성이 없으므로 공간을 차지하는 것이 아니다. 그런데 허는 실체가 없기 때문에, 유일하게 현실적이면서도 연장성이 없는 리만이 세계의 근원이 될 수 있다는 것이다. 이로써 정호는 관념주의의 자유로운 길을 열었다.

---

254) 『朱子全書』, 권45, 11a; Bruce, *Chu Hsi and his masters*, Bd. I, 47.
255) 『二程粹言』, 권1, 1a, "或謂, 惟太虛爲虛, 子曰, 無非理也, 惟理爲實, 或曰, 莫大於太虛, 曰, 有形則有小大, 太虛何小大之可言."

리는 두말할 필요 없이 하늘 즉 최상의 세계원리와 동등하게 설정되었으며 신적인 존재로 파악되었다. 다음의 말에서 그것을 알 수 있다.

하늘이라는 것은 곧 리를 말한다. 신이라는 것은 신묘한 방식으로 만물에 작용하는 것을 말한다.[256]

리는 또한 하늘의 도 즉 천도天道라고 표현되며, 이것은 마음의 순수함을 간직하지 못한 인간에게는 파악되기 어렵다고 한다.

선생이 말하였다. "인간의 마음은 사적인 욕구를 가지고 있기 때문에 위태롭고 불안하다. 도의 마음은 하늘의 리로서 매우 은미하여 이해하기 어렵다. 오직 이와 같기 때문에 이것은 순수한 하나로서 귀하게 된다. 순수하고 하나인 연후에 그 중中을 잡을 수 있다. 중은 이를 수 있는 최고점을 말하는 것이다."[257]

사람이 하늘의 리에 대하여 생각하는 것은 어렵다고 할 수 있다. 정호는 이것을 순수하며 하나라고 한다. 또 다른 리가 없기 때문이다. 그리고 『중용』에서 빌려 온 개념인 '중' 즉 완전한 내적인 균형에 대하여 말하고 있다.
하늘의 리는 모든 사물을 생성하는데, 그 작용은 인간의 그것과 유사하지 않다. 인간의 작용으로는 그것에 이를 수가 없기 때문이다. 여기서 다시 무위의 개념이 설정된다.

선생이 말하였다. "하늘의 리는 끊임없이 사물을 생성하며 그침이 없다. 무위하기 때문이다. 만약에 지와 기교를 써서 행하였다면 그침이 없을 수 없었을 것이다."[258]

---

256) 『二程遺書』, 권11, 15, "天者理也, 神者妙萬物而爲言者也."
257) 『二程粹言』, 권2, 47a, "子曰, 人心私欲也, 危而不安, 道心天理也, 微而難得, 惟其如是, 所以貴於精一也, 精之, 一之, 然後能執其中, 中者極至之謂也."

모든 사물이 리에 그 현존을 감사하기 때문에 리는 또한 모든 사물에 들어 있다. 리가 모든 사물의 생성과 변화를 가능하게 한다는 점에서 그것은 또한 명이라고도 하며, 리가 인간에게 주어져 있다는 점에서 그것은 또한 성이라고도 한다. 결국 리와 명과 성은 하나의 똑같은 것이다.

하늘이 보내주는 것을 명이라고 한다. 그것을 받아서 나에게 있는 것을 성이라고 한다. 사물에서 드러나는 것을 리라고 한다. 리, 성, 명 세 가지 사이에는 다른 것이 없다. 리를 궁구하면 또한 성을 극진하게 하며, 성을 극진하게 하면 하늘의 명을 인식한다. 하늘의 명은 하늘의 도와 같은데, 그 작용의 면으로 말하여 명이라고 한다. 명은 조화를 이르는 것이다.259)

인간은 이성을 갖추고 있는 사물이다. 인간은 태어나면서부터 하늘의 리를 부여받았기에 그 존재와 성을 알 수 있다. 그러나 인간은 그 리를 잃을 수도 있기 때문에 그것을 보존하기 위해 부단히 노력해야 한다.

선생이 말하였다. "인간이 인간인 이유는 하늘의 리를 가지고 있기 때문이다. 그가 천리를 보존하지 못한다면 새와 짐승과 무엇이 다르겠는가?"260)

어떤 사람이 물었다. "군자가 보존해야 하는 것이 있다면 그것은 무엇인가?" 선생이 답하였다. "군자는 천리를 보존해야 한다. 천리는 결코 없었던 적이 없다. 그러나 뭇 사람 가운데에는 이것을 잃는 사람이 많다."261)

---

258) 『二程粹言』, 권2, 6a, "子曰, 天理生生, 相續不息, 無爲故也, 使竭智巧而爲之, 未有能不息也."
259) 『性理精義』, 권9, 2쪽, "天之付與之謂命, 稟之在我之謂性, 見於事物之謂理, 理也, 性也, 命也, 三者未嘗有異, 窮理則盡性盡性, 則知天命矣, 天命猶天道也, 以其用而言之, 則謂之命, 命者造化之謂也."
260) 『二程粹言』, 권2, 59a, "子曰, 人之所以爲人者, 以有天理也, 天理之不存則與禽獸何異矣."
261) 『二程粹言』, 권2, 59a, "或問君子存之, 何所存也, 子曰, 存天理也, 天理未嘗亡, 而庶民則亡之者衆矣."

(2) 성誠

리는 마음 또는 도의 마음으로 설명되었다. 그러나 성誠 역시 하늘의 도262)라고
한다면 리와 성 또한 같은 것이어야 한다. 성은『중용』의 세계원리로서 정신적인
것이다.『중용』에서도 역시 성을 정호가 말한 것처럼 설명하고 있다.263) 리는
성을 통해 묘사되었으며, 성은 리에 술어로서 부가되었다. 리는 완전한 정신이다.
그리고 이 완전한 정신의 특별한 덕으로서 경敬이 부가된다.

하늘의 도가 위상을 세우고 난 다음에는 그 가운데서 변화가 생겨난다. 이것은
단지 경이다. 경하여 결코 멈추지 않는다. 사물의 형성에서 결코 빠질 수 없는
것은 단지 성과 경일 뿐이다. 성이 없으면 사물도 없다.264)

그런데 정호는 도대체 누구 앞에서 하늘의 리가 경을 가져야만 하는지에
대해서는 더 이상 묻지 않은 듯하다. 그러므로 자연 안에서의 모든 변화와
변형은 리와 성에서 유래한다.265)
정호는 성이 모든 것을 포괄하며 꿰뚫기 때문에 그것을 마치 특정한 실재나
물질인 것처럼 생각하였다.

도는 하나의 근본이다. 심心이 성을 포괄한다고 하는 것은 성이 심을 포괄한다는
것만 못하며, 지극한 성으로써 하늘과 땅과 함께한다고 하는 것은 지극한 성으로써
인간과 사물을 채운다고 하는 것만 못하다.266)

---

262)『二程遺書』, 권11, 10b.
263)『二程遺書』, 권11, 3a.
264)『二程語錄』, 권8, 1b, “天道設位, 而易行乎其中, 只是敬也, 敬則無間斷, 體物而不可遺者, 誠
敬而已矣, 不誠則無物也.”
265)『二程遺書』, 권11, 2a.
266)『二程語錄』, 권8, 1a, “道一本也, 或謂以心包誠, 不若以誠包心, 以至誠參天地, 不若以至誠體
人物.”

리와 성은 서로 다른 두 가지 사물이 아니다. 성 즉 완전한 세계에 상응하는 단지 하나의 리 즉 세계원리만이 존재하기 때문이다. 완전한 하늘의 리에 동참하고 있는 완전한 인간은 그와 같은 작용을 할 수 있다.

지극한 성으로 변화와 생성을 도울 수 있는 사람이라면 생성과 변화를 되돌릴 수 있다.[267]

이것을 어떻게 이해해야 하는지 우리는 다음에 보게 된다.

(3) 심心

우리는 이미 정호가 리는 곧 신이라는 등식 또한 설정하였다는 것을 언급하였다. 리로서의 신은 비물질적이다.

신은 어떤 공간도 차지하지 않으며, 이 때문에 그 변화에는 형체가 없다. 만약에 어떤 사람이 따로 하나의 하늘을 세우고는 인간이 하늘을 포용할 수 없다고 말한다면, 하늘은 공간을 차지하는 것이 된다. 이것은 근본이 둘이 되는 것이다.[268]

신이 비물질적이기 때문에 그것은 생성작용에 있어서도 공간을 필요로 하지 않는다. 공간적인 하늘은 그러므로 있을 수가 없다. 일원론자로서의 정호는 단지 하나의 세계원리 즉 리 또는 신만을 인정한다. 또 다른 공간이 있다면 두 개의 세계원리가 있는 것이 된다. 그러므로 그는 또한 신의 기로 가득 채워진 장재의 태허 이론과도 투쟁하였다.

---

267) 『二程語錄』, 권8, 3b, "至誠可以贊化育者, 可以回造化."
268) 『二程語錄』, 권8, 3b, "神無方, 故易無體, 若如或者別立一天, 謂人不可以包天, 則有方矣, 是二本也."

비물질적인 것을 도라고 하고, 물질적인 것을 기器라고 한다. 만약에 어떤 사람이 생각하는 것처럼 맑고 빈 하나의 큰 것이 하늘의 도라고 한다면, 그것은 단지 기器에 대하여 말하는 것이지 도에 대하여 말하는 것이 아니다.[269]

그러므로 세계는 단지 정신에 불과하며 공간적인 것이 아니다.
세상에는 단지 하나의 정신, 하나의 리만이 있다. 그 이유는 다음과 같다.

사물은 형체의 크기와 순수함의 정도로 구분되지만, 신은 하나일 뿐이다.[270]

정호는 리가 세계 안에서 일어나는 모든 변화를 생성하는 것이라고 하면서, 신은 리의 다른 이름일 뿐이라고 말하고 있다. 사계절은 음과 양에 의해 생성되는 반면에 모든 운동, 변형, 변화는 신을 통해 나타난다.[271]

하늘과 땅은 단지 위치가 설정되어 있으며, 그 가운데 변화하고 운행하는 것은 신이다.[272]

그러나 신은 항상 기와 화합하고 있으며, 이들은 분리되지 않는다.

기의 밖에 신이 없고, 신의 밖에 기가 없다.[273]

선생이 말하였다. "신과 기는 서로 분리된 적이 없다. 이들은 생성됨으로써 존재하

---

269) 『二程遺書』, 권11, 1b, "形而上者謂之道, 形而下者謂之器, 若如或者以淸虛一大爲天道, 則乃以器言而非道也."
270) 『二程粹言』, 권2, 49b, "子曰, 物形有小大, 精粗之不同, 神則一而已."
271) 『二程遺書』, 권11, 4b, "所以運動變化者神也."
272) 『二程遺書』, 권11, 5a, "天地只是設位, 易行乎其中者神也."
273) 『二程遺書』, "氣外無神, 神外無氣."

는 것이 아니고 사멸함으로써 없어지는 것이 아니다. 그러나 부처는 없어지지 않고 항상 존재하는 사물이 있다고 하니, 이는 그 탯줄을 뺏고 오줌을 훔치는 일이다. 이러한 이치는 있을 수 없다."[274]

마지막 문장은 불교의 윤회설에 대한 것이다. 정호는 단지 윤회의 가능성이나 동기를 제거함으로써 다시 태어남을 막는 것은 불가능하다고 생각하였다. 신과 기는 두 가지 다른 것이 아니라 하나의 같은 것이며, 그 때문에 그들의 분리는 불가능하다.

성에 대하여 말하면서 기를 말하지 않는다면 그것은 완전하지 못하며, 기에 대하여 말하면서 성을 말하지 않는다면 그것은 명확하지 못하다. 이들을 두 가지로 보는 것은 옳지 못하다.[275]

성은 하늘의 리 또는 신에 불과하다. 그러므로 정호는 기 즉 신의 생성물로서의 기 또한 어느 정도 신적인 것으로 보았다. 그러나 그는 그것을 비물질적인 것으로서 공간에 연결되지 않은 것, 또는 허를 채우는 장재의 신의 기와 같은 것으로는 여기지 않았다. 다음 문장은 이러한 전제 하에서 이해될 수 있다.

하늘과 땅의 바른 기는 공손하게 작용하며 엄숙하고 조화롭다.[276]

어떻게 물질적인 기가 공손할 수 있는가? 기는 단지 천리의 변형에 지나지 않으며, 이것에는 '공손하게'라는 수식어가 부가되었다.

---

274) 『二程粹言』, 권2, 46a, "子曰, 神與氣未嘗相離, 不以生存, 不以死亡, 而佛言, 有一物不亡而常存, 能盜胎奪蔭, 則無是理也."
275) 『性理精義』, 권9, 3a, "論性不論氣不備, 論氣不論性不明, 二之則不是."
276) 『二程遺書』, 권11, 3a, "天地之正氣恭作, 肅肅便雍也."

(4) 관념주의

내적인 것과 외적인 것, 신과 세계 사이에는 어떤 구분도 존재하지 않는다. 단지 하나의 참, 내적인 것, 신, 리가 있기 때문이다. 만약에 내적인 것과 외적인 것 사이에 대립이 존재한다면 마음의 고요가 불가능하다는 다음의 말에서 우리는 그것을 확인할 수 있다.

안정되게 한다는 것은 움직일 때도 또한 안정되게 하고 고요할 때도 또한 안정되게 하는 것이니, 보냄도 없고 맞이함도 없으며 안도 없고 바깥도 없다. 바깥의 사물을 바깥의 것으로 여겨서 나를 이끌어다 그것을 좇는 것은 나의 성에 안팎이 생기게 하는 것이다. 또한 나의 성을 바깥에 있는 사물을 따라 바깥에 두게 되었을 때에는 무엇이 안에 남아 있을 것인가? 이것은 외물의 유혹을 끊는 데만 마음을 쏟을 뿐 성에는 안팎의 구분이 없음을 알지 못하는 것이다. 이미 안과 밖으로 두 개의 근본을 세웠으니 어떻게 갑자기 안정됨을 말할 수 있겠는가?[277]

정호의 입장에 따르면 세계는 두 가지 근본을 가지고 있는 것이 아니라 단지 홀로 실재하는 내적인 리를 가지고 있다. 외적인 사물은 실질적인 것이 아니라 단지 리의 유출로 인해 존재하는 것이다.

나와 세계 사이에는 공간적인 분리가 없으며, 나 자신이 곧 세계이다.

하늘과 인간의 사이는 단절됨이 없다.[278]

인간은 천지와 본질적으로 같다. 무엇 때문에 인간이 자신을 작게 여기는가?[279]

---

277) 『二程粹言』, 권2, 44a, "定者, 動亦定, 靜亦定, 無將迎, 無內外. 苟以外物爲外, 牽己而從之, 是以性爲有內外也, 且以己性爲隨物於外, 則當其在外時, 又何者爲在內乎. 是有意於絶外誘, 而不知性之無內外也. 既以內外爲二本, 則又烏能遽語定乎."
278) 『二程語錄』, 권8, 2b, "天人無間斷."
279) 『二程語錄』, 권8, 3b, "一物也而人特自小之何耶."

인간은 자신을 작게 여길 필요가 없으며, 하늘과 땅의 뒤에 있는 것이 아니다. 여기에는 먼저 세계와 일치되어야 할 필요가 없다. 왜냐하면 세계는 결코 나 이외의 다른 것인 적이 없었기 때문이다.

하늘과 인간은 본래 둘이 아니다. 그러므로 합하는 것을 말할 필요가 없다.[280]

내가 곧 이 세계이며, 나는 세계를 내 안에서 생성한다. 만약에 그렇지 않다면 세계는 내게서 무한하게 멀어지고 말 것이다.

어진 사람은 천지만물을 한 몸으로 보기 때문에 내가 아닌 것이 없다고 여긴다. 모든 것이 나라는 것을 안다면 미치지 못할 것이 있겠는가? 만일 나에게 있을 수 없다면, 내가 천지만물에서 멀어진 것이 어찌 다만 천만 리에 그치겠는가?[281]

사물은 보이는 것처럼, 그리고 경험으로 알게 되는 것처럼 내 밖에 있거나 나로부터 분리되어 존재하는 것이 아니다. 왜냐하면 외부세계는 존재하지 않으며, 이들을 생성하고 이들이 속해 있는 나의 마음 또는 나의 신 안에 있기 때문이다. 정호는 말한다.

만물이 모두 나에게 갖추어져 있으니, 나에게로 돌이켜서 진실되게 하는 즐거움은 아주 크다.[282]

바르고 완전한 것은 태극 즉 천리의 본질이며, 이 리가 나에게 갖추어져 있어서 만물을 생성해 낸다. 인간 또한 사물에 속한다.

---

280) 孫奇逢, 『理學宗傳』, 권2, 14a, "天人本無二不必言合."
281) 『二程粹言』, 권1, 12b, "子曰, 仁者以天地萬物爲一體, 莫非我也, 知其皆我, 何所不盡, 不能有 諸己, 則其與天地萬物, 豈特相去千萬而已哉." 黃宗羲, 『宋元學案』, 권13, 18a도 참조하라.
282) 『二程遺書』, 권11, 3b, "萬物皆備於我矣, 反身而誠樂莫大焉."

만물은 내 안에 갖추어져 있다. 인간뿐만 아니라 사물 또한 그러하다. 모든 것이 여기에서 나온다.[283]

모든 사람은 형체를 가진 사물로서 만물과 마찬가지로 나의 신에 의해 생성된다. 만물의 신은 나의 신 및 리와 동일하다. 나의 몸은 나의 신이 생성한 것이지만 또한 모든 다른 사람들이 생성한 것이기도 하다.

완전한 인간이 하늘을 도와서 사물의 생성과 변형에 참여할 수 있다는 것은 이미 설명되었다. 『중용』에 이르기를 이러한 능력은 모든 인간에게 부여된 것이라고 한다. 정호는 하늘이 인간에게서 떨어져 있어서 그 사이에 간극이 발생한다면 그러한 일이 불가능하다는 견해를 가지고 있다.

하늘과 인간의 사이에는 어떤 간격도 존재하지 않는다. 만약에 모든 공간이 메워져 있지 않다면 사물의 변화와 양육을 도울 수 없을 것이다. 굳이 변화와 양육에 대해 말하는 것은 이미 인간의 분리를 전제하고 말하는 것이다.[284]

인간은 하늘로 올라가서 하늘이 세계를 생성하는 것을 돕는 것이 아니라 마음으로 세계를 생성하는 것이다. 세계는 인간에게 달려 있다.

하늘의 위치는 위이고 땅의 위치는 아래이며 사람의 위치는 중간이다. 인간이 없으면 하늘과 땅을 드러낼 것은 아무것도 없다.[285]

이것은 세계가 자체적으로 존재하는 것이 아니라 인간의 신이 작용함으로써

---

283) 孫奇逢, 『理學宗傳』, 권2, 9b, "萬物皆備於我, 不獨人爾, 物皆然, 都自這裏出去."
284) 黃宗羲, 『宋元學案』, 권13, 27b, "天人無間. 夫不充塞, 則不能化育, 言贊化育, 已是離人而言之."
285) 『二程遺書』, 권11, 1b, "天位乎上, 地位乎下, 人位乎中, 無人則無以見天地."

존재한다는 것을 의미한다. 하늘과 땅의 위치는 단지 현상적일 뿐이며, 내가 그렇게 생각하는 것이다.

정호의 세계관은 관념주의적인데, 이것은 아마도 소옹의 영향을 받았을 것이다. 만약에 그가 소옹과 마찬가지로 마음 개념을 출발점으로 삼았더라면, 이것은 보다 더 명확하게 드러날 수 있었을 것이다. 여하튼 우리는 그의 표현에서 그의 관점이 그러하다는 것을 알 수 있다.

3) 실천철학

(1) 선과 악

세계가 하늘의 리에 의하여 생성되었고 이 천리가 완전하다고 한다면, 세계 안에 있는 모든 것이 또한 선해야 하지만 실제로는 그렇지 않다. 그러므로 우리에게는 의문이 생겨난다. 세상의 악은 어디에서 유래하는 것인가? 정호는 이 물음에 대해 부담을 느껴야만 했을 것이다. 그는 악의 근원이 될 수 있는 리를 결코 상정하지 않았지만, 모든 것은 천리에 의해 생성되는 것이기 때문에 결국 리가 악의 근원이 아니라고 할 수도 없다. 여기서 그는 악 또한 본래는 선인데 그 선에 과불급이 생김으로써 악이 된다고 설명함으로써 하나의 출구를 발견하였다. 그는 말한다.

> 천하의 선과 악은 모두 천리이다. 악하다고 하는 것은 본래 악한 것이 아니라 단지 너무 지나치거나 또는 미치지 못했다는 것이다. 양주와 묵적의 부류가 바로 이와 같다.[286]

---

286) 黃宗羲, 『宋元學案』, 권13, 16b, "天下善惡皆天理, 謂之惡者本非惡, 但或過或不及, 便如此如 楊墨之類."

그에 따르면 양주는 목표에 미치지 못했으며, 묵적은 너무 과도하게 나갔다고 한다. 하지만 이것은 만족스런 해답이 아니다. 왜냐하면 모든 악이 단지 선의 변종에 불과하더라도, 그것을 선이라고 할 수는 없기 때문이다.

(2) 인성

정호는 인간의 성에 대하여 많은 사람들이 주장하고 있는 것처럼 태어나면서부터 부분적으로는 선하고 부분적으로는 악하다는 생각을 할 수가 있다고 말한다. 그의 말은 다음과 같다.

> 타고난 것을 일러 성이라고 한다. 성은 기이고 기는 성이라고 하는 것은, 날 때부터 타고남을 말하는 것이다. 사람이 나면서 기를 품부받게 되면 리에도 선악이 생겨나지만, 이것은 본래 성에 이 두 가지가 마주한 채로 태어나게 된다는 뜻이 아니다. 어렸을 때부터 선한 사람이 있으며 어렸을 때부터 악한 사람이 있는데, 이것은 기의 품수 때문에 저절로 그렇게 된 것이다. 선은 본디 성이지만 악 또한 성이 아니라고는 할 수 없으니, 대개 타고난 것을 일러 성이라 한다.[287]

여기에서는 천리와 다르지 않은 인간의 성이 또한 기와 동등하게 설정되고 있으며, 이 기로부터 세계가 건설된다. 이것은 기를 철저히 순수하게 신적인 것으로 여기는 장재의 이해에서 벗어나지 않는데, 반면에 주희와 그의 추종자들은 기를 물질적인 것으로 여겼다. 또한 정호에 따르면 악한 성은 본래 선하다. 이것은 인간이 태어날 때 그에게 부여된 리이다. 단지 너무 적거나 너무 많이 있는 것의 차이가 있을 뿐이다. 어떻게 맑고 깨끗한 성이 더러워질 수 있는지

---

287) 『性理精義』, 권9, 1a, "生之謂性, 性即氣, 氣即性, 生之謂也. 人生氣稟理有善惡, 然不是性中元有此兩物相對而生也, 有自幼而善, 有自幼而惡, 是氣稟自然也, 善固性也, 然惡亦不可不謂之性也, 蓋生之謂性."

정호는 흐르는 물에 비유하여 보여 준다.

물이 아래로 흘러가는 것은 모두 같다. 모든 물은 흘러서 마지막까지 더러운 것 없이 바다에 이르며, 이것은 인간의 힘을 필요로 하지 않는다. 그런데 멀리 가기 전에 흐려지는 물이 있고, 또 멀리 가서 나중에 더럽게 되는 물이 있으며, 매우 흐린 물이 있고, 보다 적게 흐린 물이 있다. 이처럼 맑고 흐린 것에 비록 차이가 있더라도, 그러나 더러운 물은 물이 아니라고 할 수는 없다. 그러므로 인간도 맑게 다스리는 노력을 더하지 않을 수 없다. 매우 큰 힘으로 빠르고 용감하게 노력하면 빨리 맑아지며, 느리고 게으르게 하면 천천히 맑아지게 된다. 물이 맑아지는 것은 단지 원래의 처음의 물이 되는 것이다. 또한 사람이 맑은 물을 흐린 물로 바뀌게 해서는 안 되며, 흐린 물을 한 모퉁이에 모아두어서도 안 된다.[288]

물의 맑음은 성의 선함을 의미한다. 그러므로 선과 악이 성 가운데 두 가지로 상대하여 있다가 각기 나오게 되는 것이 아니다.[289]

정호는 인간의 성이 본래 선하다고 하는 맹자의 의견에 동의한다. 악에는 다양한 원인이 있을 수가 있다. 악은 리에 이르지 못하거나 지나치게 됨으로써 나타나기도 하지만, 사람이 감정을 나타낼 때에 정도를 지키지 못하여 나타나게 되기도 한다.

인간의 성은 곧 리이다. 이른바 리는 곧 성이다. 천하의 리는 자기 자신을 원인으로 하기 때문에 선하지 않은 것이 없다. 희노애락이 아직 나타나지 않았을 때에는 어찌 선하지 않음이 있겠는가? 또한 이들이 나타나서 절도에 맞으면 선하지 않음이

---

288) 『性理精義』, 권9, 1b, "猶水流而就下也, 皆水也, 有流而至海, 終無所汚, 此何煩人力之爲也, 有流而未遠, 固已漸濁, 有出而甚遠, 方有所濁, 有濁之多者, 有濁之少者, 淸濁雖不同, 然不可 以濁者不謂水也, 如此則人不可以不加澄治之功, 故用力敏勇, 則疾淸, 用力緩怠, 則遲淸, 及其 淸也, 則却只是元初水也, 亦不是將淸來換却濁, 亦不是取出濁來置在一隅也."

289) 『性理精義』, 권9, 1b, "水之淸, 則性善之謂也, 故不是善與惡在性中爲兩物相對, 各自出來."

없다. 선과 악을 말한다면 항상 선이 먼저 있고 그 다음에 비로소 악이 있으며, 길과 흉을 말한다면 항상 길이 먼저 있고 나서 비로소 흉이 있으며, 시와 비를 말한다면, 항상 시가 앞에 있고 나서 뒤에 비가 있는 것이다.290)

이 문장은 선이 항상 근원이 되고 악은 단지 그 선의 변종에 불과하다는 것을 말하고 있다. 만약에 본래 선한 성이 악하게 되면 그것을 조심스럽게 고쳐서 옛 상태를 회복하여야 한다고 정호는 생각한다. 이것이 가능할 수 있는 것은 본래의 성이 천리와 마찬가지로 완전한 것이기 때문이다.291)

(3) 생의 문제

인류가 지닌 문제들 중에서 보다 중요한 인생의 문제에 대하여 정호는 명과 인간의 행위, 인간과 동물의 관계, 학문과 인식의 의미를 들어 함께 설명하였다. 정호는 숙명론자가 아니었으며, 운명보다는 인간의 행위에 더 큰 비중을 두었다. 그는 다음과 같이 말하였다.

인간이 현명하거나 어리석은 것, 국가가 다스려지거나 혼란스러운 것을 운명이라고 말해서는 안 된다.292)

유학자는 단지 인간의 행동에 대하여 말해야 하지, 어떤 것이 이미 결정되어 있다고 말해서는 안 된다고 그는 생각하였다. 사람은 무기력한 상황에 처하게 되면 그것을 운명의 탓으로 돌리고자 하는데, 어떤 상황에서도 포기해서는

---

290) 『性理精義』, 권9, 4a, "性即理也, 所謂理性是也, 天下之理, 原其所自, 未有不善, 喜怒哀樂未發, 何嘗不善, 發而中節, 則無往而不善, 凡言善惡, 皆先善而後惡, 言吉凶, 皆先吉而後凶, 言是非, 皆先是而後非."
291) 『二程語錄』, 권1, 1a.
292) 『二程語錄』, 권8, 3b, "人賢不肖, 國家治亂, 不可以言命."

안 된다는 것이다. 피할 수 없는 것에 자기 스스로 대처하여야 한다. 공자는 "나는 하늘을 원망하지 않고 인간을 탓하지 않는다"[293]라고 말하였는데, 이에 대해 정호는 다음과 같은 말을 덧붙인다.

만약에 그것이 리에 맞는 것이라면 그렇게 되어야만 한다.[294]

정호에 따르면, 오행에 상응하는 하늘의 오기에 따라 모든 생물은 오성을 자기 안에 갖추고 있다. 예를 들어 식물 중에 노란 것은 토의 성을 더 가지고 있고, 흰 것은 금의 성을 더 가지고 있다.[295] 인간에게는 오성이 오상으로 완전하게 갖추어져 있고, 동물에게서는 부분적인 덕목이 나타난다.

닭이 그 병아리를 보살피는 데에서 인을 알 수 있다.[296]

동물은 인간과 매우 유사하지만, 인간처럼 발전하지 못한다. 동물의 성은 그들이 가지고 있는 그대로 머물기 때문에 동물은 공부와 가르침을 필요로 하지 않는다.[297]

인간에게는 배움이 크게 중요하다. 학문은 인간을 선으로 인도하기 때문이다. 그것을 위해서 많은 시간이 필요한 것은 아니다.

3년을 공부하였는데도 선에 이르지 못했다면, 그것은 공부를 제대로 하지 않은 것이다.[298]

---

293) 『論語』, 권14, 37쪽.
294) 孫奇逢, 『理學宗傳』, 권2, 19b.
295) 『二程外書』, 권2, 3a.
296) 『性理精義』, 권9, 5a.
297) 黃宗羲, 『宋元學案』, 권13, 20a, "觀雞雛可以觀仁."
298) 『二程外書』, 권6, 7b, "爲學三年而不至於善, 是不善學也."

정호는 인이 없이는 하늘과 땅을 알 수 없다고 한다.[299] 그 이유는 인이 세계이성인 리의 주요 특성이기 때문일 것이다. 이러한 리 또는 도는 단지 고요한 상태에서 인식될 수 있다.[300] '도는 무엇인가?'라는 질문에 대하여 정호는 오륜에서 도를 탐구해야 한다고 대답하였다.[301] 이것은 도가 최고의 윤리 즉 도리라는 것을 의미한다.

(4) 삶과 죽음

정호는 죽음에 대하여 말했는데, 이 말은 그가 매우 확신하여 더 이상 전혀 의심하지 않는 것처럼 들린다.

삶과 죽음, 존재와 무가 어디에서 오는지 모두 안다면 가슴 안이 환하여 더 이상 의심이 없을 것이다. 단지 이 리가 있을 뿐이다. 공자는 말하였다. "삶을 알지 못하면서 어떻게 죽음을 알려고 하는가?" 이 짧은 말로 그는 죽는 것이 삶과 같으며 다른 리가 없다는 것을 설명하였다.[302]

만약에 단지 하나의 세계원리 즉 천리가 있다면 우리의 정신은 그 안에 있다. 그러면 우리는 죽음을 두려워할 필요가 없다. 삶과 죽음이 모두 똑같을 것이기 때문이다. 그러나 이것은 절대로 공자의 견해가 아니며, 그의 말은 이렇게 이해할 수 있는 것이 아니다.[303]

다른 곳에서 정호는 매우 뒤로 물러선다.

---

299) 『二程粹言』, 권2, 50a.
300) 孫奇逢, 『理學宗傳』, 권2, 9b.
301) 『二程外書』, 권12, 14b.
302) 孫奇逢, 『理學宗傳』, 권2, 19a, "死生存亡皆知所從來, 胸中瑩然無疑, 止此理爾, 孔子言, 未知生, 焉知死, 略言之, 死之事即生是也, 更無別理."
303) Alfred Forke, *Geschichte der alten chinesischen Philosophie* (1927), 124쪽 주3) 참조.

한공이 선생과 함께 앉아 있다가 한숨을 쉬며 해가 지는 것을 한탄하였다. 선생이 말하였다. "항상된 이치이다. 이전에도 지금과 같았다. 무엇 때문에 그렇게 한탄하는가?" 그가 답하였다. "늙어서 죽게 될 것이다." 선생이 대답하였다. "죽지 않을 수 있다." 그가 말하였다. "어떻게 죽지 않을 수 있는가?" 선생이 말하였다. "할 수 없는 것이 죽는 것이다."[304]

어떤 사람이 삶과 죽음에 대한 (부처의) 견해를 어떻게 이해해야 하는지 물었다. 답하였다. "그는 삶을 물병에 비교하였는데, 그것은 매우 의미가 있다." 다시 부처가 삶과 죽음 및 윤회에 대하여 말한 것이 바른지를 묻자, 답하였다. "이 질문은 있다고 하는 것과 없다고 하는 것이 모두 어렵다. 스스로 그것에 대한 견해를 터득해야만 한다."[305]

귀신이 있는지 묻자 명도선생이 답하였다. "누군가 너에게 그들이 없다고 한다면 어찌 네가 그것을 믿을 수 있겠는가? 그러나 누군가 너에게 그들이 있다고 한다면 너는 가서 그들을 찾아보게 될 것이다."[306]

위의 세 가지 경우를 미루어 볼 때 정호는 말할 때 공자보다 덜 신중하게 하였던 것으로 보인다. 그리고 그는 특별한 방법으로 불사에 이를 수 있다는 것을 믿지 않았던 것으로 보인다. 삶의 기를 규제함으로써 삶을 연장하는 기술을 알고 있던 어떤 사람이 정호에게 그 원리를 이해할 수 있겠느냐고 묻자, 그는 여름에는 얇은 삼베옷을 입고 겨울에는 모피를 입으며 목마르면 마시고 배고프면 먹으면 된다고 답하였다. 그는 자신의 감정을 억누르고 마음의 격분을 진정시키는

---

304) 『二程粹言』, 권1, 19b, "韓公與子坐, 惜日之暮, 喟然而嘆, 子曰, 常理也, 古猶今也, 而何歎, 曰, 老而將去也, 子曰, 勿去可也, 曰, 奈何而勿去, 子曰, 不能則去矣."

305) 『性理精義』, 권9, 4b, "又問說生死如何, 曰, 譬如水漚, 亦有意思, 又問佛言死生輪廻果否, 曰, 此事說有說無皆難, 須自見得."

306) 『二程外書』, 권12, 7b, "問有鬼神否, 明道先生曰, 待向你道無來, 你怎生信得, 及待向你道有來, 你且去尋討看." 여기에서 口語體에 접근하고 있는 것을 관찰하였다.

것이 그 원리의 전부라고 답하였다.[307)

4) 철학자들에 대한 평가

정호는 순자와 양웅을 비교하면서, 순자는 재주가 많은 만큼 허물 또한 매우 많았으며 양웅은 재주가 적은 만큼 허물 또한 적었다고 말하였다. 그에 따르면, 순자는 매우 단면적이며 잘못된 견해들을 말하였으니, 인간의 성이 악하다는 문장에서 이미 그는 확고한 기반을 잃었다. 또 양웅은 잘못이 그보다 적다고는 하더라도 인간의 성과 도에 대하여 아무것도 이해하지 못하였다. 한대 철학자 중에서는 단지 동중서만이 성인과 현인의 생각을 올바로 이해하였지만 도에 대한 그의 견해는 명확하지 않았으며, 양웅의 시야는 그보다 훨씬 더 좁았다고 하였다.[308)

정호는 왕충을 매우 각별하게 평가하였으며, 순자와 양자를 능가한다고까지 하였다.

> 문중자[309)는 은둔한 군자이다. 당시 사람들은 자주 그의 논의를 이야기하였으며, 그것을 모아서 책을 만들었다. 그 안에는 순자와 양웅이 도달할 수 없는 많은 뛰어난 격언들이 들어 있다.[310)

정호는 불교를 부정하며 거기에서 비난거리를 많이 발견하였다. 그에 따르면 불교도들의 시야가 너무 좁기 때문에 그들의 학설은 옳지 못하다고 한다. 불교도들은 죽음을 두려워하여 단지 하늘에 관한 것에만 몰두하고 지상의 존재는 염두에

---

307) 『二程粹言』, 권1, 32a.
308) 孫奇逢, 『理學宗傳』, 권2, 17b.
309) A. Forke, *Geschichte der Mittelalterischen Chinesischen Philosophie* (1934), 274쪽 이하 참조.
310) 『孫奇逢, 』, 권2, 18a, "文中子本是一隱君子, 世人往往得其議論, 附會成書, 其間極有格言, 苟揚道不到處."

두지 않는다. 어떤 사람들은 악한 사람들에게 두려움을 안겨 줌으로써 선으로 나아가도록 하기 위하여 불교에서 지옥에 대한 설을 만들어 내었다는 생각을 가지고 있었으나, 정호는 인간이 이러한 설로써 개선되지는 않는다고 여겼다.311) 또한 그는 부처가 음양·주야·생사·고금을 이해하지 못하였으며, 그 때문에 부처는 비물질적인 것이 실제로 성인과 같다는 것을 알지 못하였다고 한다.312) 그는 부처의 가르침은 마치 그것이 진리에 가까운 듯한 면이 있어 사람들을 미혹되게 하기 때문에 오히려 더욱 위험하다고 생각하였다.

> 양주와 묵적이 야기한 피해는 신불해와 한비자의 것313)보다 심하며, 석가와 노자의 것은 양주와 묵적의 것보다도 심하다. 양주의 이기주의는 인에 대한 회의에서 일어났으며, 묵적의 보편적인 인류애는 의에 대한 회의에서 일어났다. 신불해와 한비자의 견해는 얕기 때문에 일상적이어서 쉽게 그런 것으로 인식할 수 있다. 그러므로 맹자는 단지 양주와 묵적의 오류만을 지적하였는데, 그것이 세상에서 특히 나쁜 것이었기 때문이다. 그러나 부처의 말은 리에 매우 가까운 듯하여 그 그릇됨이 양주와 묵적의 견해와는 비교될 수조차 없다. 더구나 양주와 묵적의 해는 맹자가 증명하였기 때문에 충분히 드러나 있다.314)

정호는 여태까지 거의 알려지지 않았으며, 그에 대한 견해들은 항상 완전하는 합당하지 못하였다. 와타나베는 그의 세계관을 올바르고 명확한 것으로 여기지 않았으며 그가 주돈이를 능가하지 못한다고 생각하였다. 또 주돈이의 체계는

---

311) 『二程遺書』, 권13, 1b; 『二程語錄』, 권8, 10b.

312) 『二程遺書』, 권14, 1b; 『二程語錄』, 권8, 12a.

313) Alfred Forke, *Geschichte der alten chinesischen Philosophie* (1927), 447쪽 이하 및 461쪽 이하 참조.

314) 孫奇逢,『理學宗傳』, 권2, 16a, "楊墨之害甚於申韓, 佛老之害甚於楊墨, 楊氏爲我疑於仁, 墨氏兼愛疑於義, 申韓則淺陋易見, 故孟子則闢楊墨, 爲其惑世之甚也, 佛老其言近理, 又非楊墨之比, 此所以害尤甚, 楊墨之害, 亦經孟子闢之, 所以廓如也."

정호의 견해와 거의 유사하지 않은데, 정호는 그의 강한 관념주의로 인하여 주돈이의 체계에서 멀어졌다고 한다. 그러나 나는 정호가 신비주의적인 명상을 하였다고 이끌어 내는 와타나베의 증명을 인정할 수 없다.[315] 다만 정호가 그의 철학으로 육구연과 왕수인의 선구자가 되었다는 견해에는 동의할 수 있다. 한편, 다케지로에 따르면 정호는 세계를 근원적인 기에서 파생된 것으로 보았다고 하는데,[316] 이 견해는 정호의 유일한 원칙이 기와 항상 연결되어 있는 세계정신 즉 리이기 때문에 타당하지 못하다. 그러나 정호의 철학을 일원론이라 한 견해는 옳다. 다만, 정호의 철학은 다케지로가 여기는 것처럼 물질주의적인 기일원론이 아니라 정신적인 리일원론이다.[317]

6. 정이

1) 생애

정이程頤(1033~1177)는 정호의 동생이며 그보다 단지 1년 늦게 태어났다. 이들은 '대정자大程子'와 '소정자小程子'로 구분되거나 둘이 함께 '이정자二程子'라고 불렸다. 정이의 자는 정숙正叔이다. 그는 처음에는 '광평선생廣平先生'이라고 불렸는데,

---

315) 渡邊秀方, 劉侃元 中譯, 『中國哲學史概論』 3권, 35.
316) 高瀨武次郎, 趙蘭坪 中譯, 『中國哲學史』 3권, 47.
317) Zenker, *Geschichte der chinesischen Philosophie*, II, 235. 나는 Zenker가 二程을 매우 과소평가하고 있다고 여긴다. 그에 따르면 그들의 철학은 周敦頤와 張載의 세계관들에 기초하며 朱熹에 의하여 남김없이 수용되었다고 한다. 그는 二程이 단순한 중개자이자 중간숙주에 불과하며 그들의 명성은 결국 朱熹로 인한 것이라고 한다. 그러나 이정의 체계는 周敦頤와 張載의 체계와는 완전히 다르다. 또한 朱熹가 周敦頤와 張載의 저서를 주석한 것으로 보건대 朱熹는 이미 이들의 저서를 정확하게 알고 있어서 따로 중개자를 필요로 하지 않았을 텐데, 그럼에도 그는 二程의 생각, 특히 동생의 것을 자신의 철학을 위하여 이용하였다. 아무 근거 없이 사람들이 程朱의 철학을 논하는 것이 아니다.

후에 이양(伊陽)에서 거주하면서부터는 '이천선생(伊川先生)'으로 불렸다. 죽은 후에는 '정공(正公)'이라는 시호를 받았으며, 1241년에 '이양백(伊陽伯)'[318]으로 공자의 사당에 받아들여졌다.

정이는 18세에 글쓰기를 시작하였으며 거의 전 생애를 철학에 헌신하였다. 말년에야 비로소 관직을 받았으며, 정호보다 22년을 더 오래 살았다. 그의 형에 의하여 전래되는 말보다 4~5배 많은 말이 그에게서 전래된다. 거기에 또한 그의 체계를 거의 전체적으로 받아들인 주희의 선구자로서 간주된다는 것이 그에 대한 설명으로 부가된다.

정호가 친절하고 우호적인 태도로써 모든 사람의 마음을 얻었던 반면에, 정이는 위엄 있고 합당하게 처신함으로써 그의 둘레에 벽을 쌓았다. 정이는 명확한 의사를 갖고 있었으며 성실하고 곧았으나 그의 올바름은 쉽게 엄격함과 과격함으로 변했으며, 가치와 성과에 대한 판단은 그를 거만하게 만들었다. 이로 인하여 그에게는 많은 적들이 생겨났다. 그는 한 번 옳다고 수용한 관점을 다시는 바꾸는 일이 없었으며, 그의 비판은 매우 날카롭고 대담하였다.

정호는 문 안에 들어서면 오른편으로 갔으며 그의 동반자가 그를 따랐지만, 정이는 문 안에 들어서면 높은 자리인 왼편으로 혼자 가면서 강당으로 곧장 나아갔기에 아무도 접근할 수 없었다.[319] 그는 제자들을 맞이할 때면 자주 눈을 감은 채 말없이 앉아 있었는데, 눈 오는 어느 겨울날에는 유작(游酢)과 양시(楊時)가 정이를 찾아왔다가 자신들이 이르렀음을 고하지도 못한 채 문 앞에서 오랫동안 기다린 일이 있었다. 시간이 지나 저녁이 되자 이들은 물러가도 되는지를 물었는데, 그 사이에 그들의 어깨에는 한 길이 넘는 눈이 쌓여 있었다.[320] 이처럼 엄격한 정이였지만 그가 제자들에게 요구하는 것은 그의 형보다 적었다. 정호는

---

318) 『宋史』, 권427, 「列傳」 참조.
319) 孫奇逢, 『理學宗傳』, 권3, 5b.
320) 謝无量, 『中國哲學史』 5권, 32.

그들이 채울 수 없는 최고 수준의 것을 제자들에게 요구하였으나, 정이는 형과는 달리 단지 중간의 능력을 갖춘 사람이면 누구든 이룰 수 있는 것을 요구하였다.[321]

주희는 두 형제를 서로 비교하여 그 특성을 잘 살폈다. 그는 정호가 천성적으로 재능을 타고 나서 아무 노력 없이 그의 사상이 생겨난 반면에, 정이는 오직 큰 노력을 통해서 자신의 결론에 도달하였다고 한다. 그에 따르면 정호의 사상은 폭이 넓었다면, 정이의 사상은 깊이가 있다. 정호의 생각은 아름답고 고귀하여 금방 마음을 끌게 되며, 몰두하면 할수록 더욱더 그러하다. 반면 정이의 생각은 처음에는 와 닿는 것이 적지만 깊이 생각하면 비로소 그 아름다움을 발견하게 된다. 형의 말은 그 신선함과 생동감으로 인식되지만, 그의 언어는 동생의 것보다 치밀하지 못하다. 동생의 말은 주돈이의 말과 마찬가지로 간략하고 날카로우며 논리적으로 정돈되어 있다.

정이는 흔히 맹자와 비교되었다. 주희는 그가 맹자의 큰 재능을 가지고 있지는 못하다고 생각하였다.[322] 실제로 정이는 맹자의 탁월한 논변과 맹자의 빛나는 연설에는 미칠 수 없었다. 그럼에도 불구하고 하나의 유사성은 확연하여 부정할 수 없다. 이 두 사람은 모두 엄격하고 진지하였으며 똑같이 자의식이 강하고 영웅적인 성품을 지니고 있었다. 한편, 주희는 정호를 안회와 동등하게 보는 관점에 대해서는 동조한다.

와타나베는 두 형제의 다른 점을 매우 훌륭하게 잡아냈다. 그는 정호가 봄볕과 같이 부드러웠던 반면에, 정이는 가을의 성숙함처럼 혹독하고 냉정하였다고 한다. 정호는 예에 비중을 두었으며, 정이는 지에 무게를 두었고, 정호는 직관과 심리, 정이는 분석과 논리에 치중하였다. 삶의 측면에서 본다면 형은 선종의 승려에, 동생은 율종의 승려에 비교된다.[323]

---

321) 『性理大全』, 권39, 18a.
322) 『性理大全』, 권39, 18a, 18쪽 이하.
323) 渡邊秀方, 劉侃元 中譯, 『中國哲學史槪論』 3권, 37쪽 및 45쪽 참조.

형 정호와 함께 정이는 주돈이와 장재에게서 철학을 배웠다. 이미 18세에 정이는 황제에게 국정에 필요한 것에 대한 청원을 하였다. 24세에 그는 형과 함께 박사시험에 합격하였다. 고관에 의하여 다시 추천되었지만 학문에 전적으로 몰두하고자 했기 때문에 그는 모든 관직을 거절하였다.

그러나 1085년에 10세의 어린 황제 철종이 즉위하자 정이는 사마광과 주광정朱 光庭의 추천으로 황제의 스승으로 임명되었으며, 또한 경전의 공식적인 해석자로 서 임용되었다. 당시에는 어린 황제를 대신하여 황제의 모친인 고태후가 통치하였 지만, 정이는 마치 자기 자신이 나라를 통치하는 것처럼 황제의 스승으로서의 책임감을 매우 무겁게 느꼈다. 황제가 양치물을 개미에게 쏟고 개미를 불쌍하게 여기자 그는 황제에게 다음과 같이 말하였다.

폐하는 이 마음으로 천하를 다스리셔야 할 것입니다.[324]

어느 날 황제가 버드나무 가지를 꺾자 엄격한 스승은 이렇게 꾸중하였다.

지금은 봄의 가장 아름다운 때이니 가지를 꺾어서는 안 됩니다. 이것은 생명을 사랑하여야 하는 사람의 도리에 어긋나는 일입니다.

정이는 강직함과 엄격함 때문에 궁정에 적이 많았다. 그가 투쟁을 좋아하며 간사하다고 모함하는 이가 있었는가 하면, 소식은 자신의 제자들이 훨씬 더 많은 자유를 누리고 있다고 하면서 정이의 강직함과 엄격함을 웃음거리로 만들었 다. 이로써 두 사람을 스승으로 따르는 학파 사이에 날카로운 대립이 생겨나서, 소식의 촉학蜀學과 정이의 낙학洛學이 구분되었다. 이러한 불화들로 인해 정이는 1095년 궁정에서 축출되었다. 그는 먼저 사천성 부주涪州에 머물렀다. 강을

---

324) 渡邊秀方, 劉侃元 中譯, 『中國哲學史槪論』 3권, 37쪽 및 45쪽 참조.

건널 때 풍랑이 일어 배가 거의 가라앉을 뻔한 일이 있었지만 정이는 조금도 불안해하는 기색을 보이지 않았다. 배 안의 한 노인이 그 정심함에 탄복하자 정이는, 자신의 마음에 바름과 진지함이 있기 때문에 그럴 수 있었다고 말하였다. 그러자 노인은 그러한 성품이 매우 훌륭하기는 하지만 아예 아무 마음도 없는 편이 더 낫다고 지적하였다. 정이는 그것에 대한 설명을 더 듣고자 하였지만 선종의 추종자로 보이는 그 노인은 홀연히 떠나갔다.

철종은 약한 통치자였다. 그는 그다지 많은 것을 이루지 못하고 매우 젊은 나이에 죽었다. 그가 죽고 휘종이 즉위한 후 1101년에 정이는 다시 황궁으로 불려갔지만 그 체류는 오래가지 못했다. 그는 아주 빨리 다시 개인 생활로 완전히 돌아갔으며, 1107년에 74세의 나이로 죽었다. 그의 병환이 마지막에 이르렀을 때 제자가 와서 그가 가장 중요하게 여겼던 가르침을 알려달라고 말하였다. 정이는 숨을 약하게 내쉬다가 눈을 뜨며 말하였다. "가장 중요한 설은 말로 할 수 있는 것이 아니다."[325] 그리고 그는 세상을 떠났다.

정이는 새로운 방식의 이해에 기초하여 경전에 대한 주석을 기술하였는데, 이러한 것으로는 『춘추』와 『역경』에 대한 주석이 있다. 이 중 그의 『이천역전伊川易傳』은 자주 인용되었으며 학파의 발전에 지대한 영향을 미쳤다. 그의 저술들은 『이정전서二程全書』에 수록되어 있다.

2) 철학

(1) 이원론: 도와 기

정이는 모든 사물은 대대하는 방식으로 나타나며 사물과 사물의 구조 사이에는 극단적인 대립이 있다고 가르쳤다.

---

325) 孫奇逢, 『理學宗傳』, 권3, 5b.

도는 대대하지 않는 것이 없다. 음이 있으면 양 또한 있으며, 선이 있으면 악 또한 있고, 옳은 것이 있으면 그른 것이 있다. 하나가 없으면 둘 또한 없다.[326]

이러한 대대에는 하늘과 땅, 남과 여도 있다. 이 원리에 따라 정자는 리 즉 도 또한 기와 짝하여 있는 것으로 여긴다.

정자가 말하였다. "형체가 있는 것은 모두 기이다. 형체가 없는 것은 다만 도일 따름이다.[327]

음과 양으로부터 분리된 도는 존재하지 않는다. 음과 양은 기이며 형이하의 것이고, 도는 태허이며 형이상의 것이다.[328]

아래 문장에 이어 『이정유서』에서는 다음과 같이 덧붙이고 있다.

음이 되게 하고 양이 되게 하는 까닭이 곧 도이기 때문이다.[329]

이로부터 우리는 두 가지 서로 대대하는 원리 즉 형이상의 비물질적인 '도'와 형이하의 물질적인 '기'를 가지게 된다. 사물의 생성 이후에 이 두 원리는 항상 서로 연계하고 있다. 형이상의 것은 형이하의 것에 들어 있으면서 그 안에서 작용하고, 형이하의 것은 형이상의 것을 담고 있다.

그러면 도는 어떻게 이해해야 하는가? 도는 세계이성 즉 리이다. "도의 마음은

---

326) 渡邊秀方, 劉侃元 中譯, 『中國哲學史槪論』 3권, 39; 『二程全書』, 권16, "道無無對, 有陰則有陽, 有善則有惡, 有是則有非, 無一亦無二."
327) 『性理精義』, 권10, 1a, "程子曰, 有形總是氣, 無形只是道."
328) 『性理精義』, 권10, 1a; 『二程粹言』, 권1, 13b, "離陰陽則無道, 陰陽氣也, 形而下也, 道太虛也, 形而上也."
329) 『二程遺書』, 권15, 22b, "所以陰陽者是道也." 이 부분은 주해로서 후에 원전에 첨가된 구절인데, 아마도 『易經』에 있는 "一陰一陽之謂道" 구절의 연상일 것이다.

하늘의 리이다. 그러므로 순수하고 은미하다."330) 이로써 도에는 형체가 없다는 것이 표현된다. 또한 리는 항상 기와 연결되어 있다.

선생이 말하였다. "리가 있으면 기도 있고, 기가 있으면 또한 수도 있다. 귀신은 수이다. 수는 기의 작용이다."331)

신의 리 또는 도는 수 즉 기의 본체이며, 신은 기의 작용이다.
도는 매우 탁월한 것으로서, 이러한 도의 마음은 인간의 이해를 훨씬 넘어서는 놀라운 것으로 이해된다.

도보다 큰 것이 없으며, 신보다 묘한 것이 없다.332)

도에는 순수함도 조잡함도 없으며, 말에는 탁월함도 비루함도 없다.333)

도는 인간의 이해를 넘어서는 놀라운 것이기 때문에 여기에 우리의 일반적인 개념을 적용할 수는 없다.
한편, 도는 성誠을 설명하는 중요한 용어로 사용되기도 한다.

어떤 사람이 물었다. "무엇을 성誠이라고 하며, 무엇을 도라고 하는가?" 선생이 대답하였다. "성性에서 시작하여 성誠에 대하여 말하게 되고, 리에서 시작하여 도에 대하여 말하는 것이다. 이것은 실제로 같은 것이다.334)

---

330) 『二程遺書』, 권24, 2a, "道心天理, 故精微."
331) 『二程粹言』, 권2, 5a, "子曰, 有理則有氣, 有氣則有數, 鬼神者數也, 數者氣之用也."
332) 『二程粹言』, 권1, 14a, "莫大於道, 莫妙於神."
333) 『二程遺書』, 권15, 1b, "道無精粗, 言無高下."
334) 『二程粹言』, 권1, 15a, "或問, 何謂誠, 何謂道乎. 子曰, 自性言之爲誠, 自理言之爲道, 其實一也."

이것은 그러나 단지 인간의 성性과 신, 도와 리만이 성誠임을 주장하는 것이 아니다. 제자 여대림과의 대화에서 정이는 다음과 같이 말한다.

어떤 사람이 물었다. "성誠은 오직 의意에 대해서만 말하는 것인가?" 선생이 대답하였다. "성은 실로 리이다. 어떻게 오직 의에 대한 것만으로 그것을 충분히 말할 수 있겠는가?" 여대림이 말하였다. "믿을 만하다. 실로 이 리가 있기 때문에 또한 실로 이 사물이 있으며, 실로 이 사물이 있기 때문에 또한 실로 이 작용이 있으며, 실로 이 작용이 있기 때문에 실로 이 마음이 있고, 실로 이 마음이 있기 때문에 실로 이 일이 있다. 그러므로 성은 실로 리이다."335)

여대림의 설명에 따르면, 정이에게는 단지 도와 리만이 아니라 물질적인 기 및 이것과 연관된 모든 것이 실재로 간주되었다. 형체는 현상 또는 표상이거나 마음의 환상이 아니라, 마음과 마찬가지로 참이다. 이것은 진정한 이원론이라 할 수 있다. 세계는 두 가지 실제 즉 형체와 마음으로 나뉘는데, 다만 마음에 우선권을 부여하기 때문에 마음을 먼저 언급하는 편이 나을 것이다. 무엇 때문에 도가 기에 우선하는가? 바로 도가 기를 생성하기 때문이다.

단지 참된 근원만이 스스로 기를 생성할 수 있다.336)

여기서 '참된 근원'(眞元)이란 정이가 태극을 가리키는 표현으로, 당연히 도를 의미하는 것이다.337)

---

335) 『二程粹言』, 권1, 1b, "或問誠者專意之謂乎, 子曰, 誠者實理也, 專意何足以盡之, 呂大臨曰, 信哉, 實有是理, 故實有是物, 實有是物, 故實有是用, 實有是用, 故實有是心, 實有是心, 故實有是事, 故曰, 誠者實理也."
336) 『二程遺書』, 권15, 26b, "但眞元自能生氣."
337) 謝无量, 『中國哲學史』 5권, 34 참조.

(2) 마음과 귀신, 하늘과 신

도가 세상의 모든 변화가 생겨나게 하고 모든 운동을 야기한다는 측면에서는 마음으로 표현되고 있다. 정이는 다음과 같이 말한다.

모든 운동의 시작은 천지의 마음이다.[338]

움직이는 힘들은 귀신으로 설명되었다. 사물의 생성과 소멸의 작용은 그 생성과 소멸이 있게 하는 신들의 응축과 확장을 통해 설명되는 것이다. 그에 따르면 기는 비활성의 덩어리이고, 신 또는 신들은 움직이는 힘이다. 신은 그러므로 서양의 '자연의 동력' 개념에 해당한다.

모임과 흩어짐을 관찰하면 이것으로부터 귀신의 정상이 드러난다. 만물의 시작과 끝은 이 모임과 흩어짐을 넘어서지 않는다. 귀신은 곧 조화의 작용이다.[339]

인온絪縕(元氣)이란 음과 양이 감응하는 것이다.[340]

이러한 감응은 귀신의 작용이다.

세계정신과 신의 드러남은 덕이며, 그것은 무엇보다 효孝와 제悌에서 두드러진다. 그러므로 똑같은 동정의 교류를 통해 이들을 부를 수가 있다. 귀신은 제사를 지낼 때에 감응하여 나타나게 된다.

효와 제가 지극하면 신명에 통한다. 신명과 효제는 두 가지의 다른 것이 아니기

---

338) 『朱子全書』, 권44, 7a, "伊川以動之端爲天地之心."
339) 『二程粹言』, 권2, 57a, "觀聚散則鬼神之情狀著矣, 萬物之始終不越聚散而已, 鬼神者造化之功也."
340) 『二程遺書』, 권15, 22b, "絪縕陰陽之感."

때문이다. 효와 제는 신명의 리일 뿐이다.[341]

정이는 신의 존재를 의심하지 않았을 뿐만 아니라 신에게 매우 중요한 역할을 부여하였음에도 불구하고, 신의 현현에 대해서는 회의적이었다.

어떤 사람이 이천선생에게 귀신에 대하여 말하자 선생이 물었다. "그대가 직접 보았는가?" 이천은 단지 전하여 들은 말만으로는 믿을 수 없으며, 설사 직접 보았다고 하더라도 그것은 눈에 병이 있는 것이라고 여겼다.[342]

세계이성의 주체로는 하늘 또는 상제가 간주되었다. 정이는 이들 세계원리의 형태에 관하여 흥미로운 표현을 하였다. 두 개념의 고대적인 의미와 관련하여 그는 말하였다.

『시경』과 『서경』에서 제帝라고 말하는 것은 모두 주재한다는 것을 의미하며, 천天이라고 말하는 것은 모두 포괄하여 덮고 있다는 것을 의미한다.[343]

그에 따르면 천天은 항상 천정의 하늘, 즉 물질적인 존재를 의미하는 것이다. 그러나 이것은 옳지 않다. 왜냐하면 아주 흔히 천은 하늘에 존재하는 위엄을 갖춘 정신적인 힘 즉 상제로 이해되고 있기 때문이다.[344] 그래서 정이는 다시 다음과 같이 정의한다.

어떤 사람이 천과 제의 다른 점에 대하여 물었다. 선생이 말하였다. "형체의 측면에

---

341) 『二程遺書』, 권18, 49b, "孝弟之至, 通於神明, 神明孝弟不是兩般事, 只孝弟便是神明之理."
342) 『二程外書』, 권12, 27a, "有言鬼物於伊川先生者, 先生云, 君曾親見邪, 伊川以爲, 若是人傳, 必不足信若是親見, 容是眼病."
343) 『二程粹言』, 권1, 44a, "子曰, 詩書之言, 帝皆有主宰之意者也, 言天, 皆有涵覆之意者也."
344) Alfred Forke, *Geschichte der alten chinesischen Philosophie* (1927), 40쪽 이하 참조.

서는 하늘이라고 하며, 주재하는 측면에서는 상제라고 하며, 지극히 신묘한 측면에서는 신이라고 하며, 공능의 측면에서는 귀신이라고 하며, 성정의 측면에서는 건이라고 한다. 그러나 그것은 실로 단지 하나일 뿐이다. 그 바라보는 측면에 따라 부르는 이름이 다를 뿐이다. 무릇 하늘을 한마디로 이르자면 도라고 할 것이다."[345]

포괄적인 의미에서 하늘은 도 즉 세계이성과 같은 말이다. 서양에서도 이 말은 같은 의미로 사용된다. 또 상제는 하늘에 거주하는 신적인 존재 즉 세계의 주재자이다. 그는 세상에서 신으로 작용한다. 귀신은 독립적인 존재가 아니라 단지 신적인 상제의 일부로서 간주된다.

신적인 상제는 인간의 마음과 유사하여 감정에 휩쓸리며 지성을 소유한다.

유안절이 물었다. "천둥번개를 맞아 죽는 사람이 있다면 많은 불선이 쌓여서 항상 불안해하다가 갑자기 천둥소리를 듣고 두려워서 죽은 것이 아니겠는가?" 선생이 대답하였다. "아니다. 천둥벼락을 맞은 것이다." "그렇다면 하늘이 천둥을 치게 한 것인가?" 선생이 대답하였다. "악한 행위는 악한 기이며, 환한 벼락은 천지의 분노한 기이다.[346] 서로 감응하여 만난 것이다."[347]

이것은 마치 하늘이 불쌍한 죄인을 자기 입의 화난 기운으로 죽이는 인격적인 신이라고 말하는 것처럼 들린다. 그러나 이것은 정이의 견해가 아니다. 그는 고대 텍스트의 관용어법에 대하여 다음과 같이 설명하고 있기 때문이다.

---

345)『二程粹言』, 권2, 2a, "或問天帝之異, 子曰, 以形體謂之天, 以主宰謂之帝, 以至妙謂之神, 以功用謂之鬼神, 以情性謂之乾, 其實一而已, 所自而名之者異也, 夫天專言之則道也."

346) 이에 대한 王充의 설명 참조.(Alfred Forke, *Geschichte der mittelalterischen chinesischen Philosophie*, 119쪽)

347)『二程粹言』, 권2, 1a, "劉安節問, 人有死於雷霆者, 無乃素積不善, 常歉然於其心, 忽然聞震則懼而死乎, 子曰, 非也, 雷震之也, 然則雷孰使之乎, 子曰, 夫爲不善者惡氣也, 赫然而震者天地之怒氣也, 相感而相遇故也."

지엄한 하늘이 진노한다는 것은 저 위에 사람이 있어서 매우 화를 낸다는 것이
아니라 다만 그 이치가 그와 같다는 것이다.[348]

이처럼 하늘은 인격적인 신이 아니지만, 그렇다고 해서 단순한 추상도 아니고
법·규정과 같은 단순한 개념도 아니다. 이것은 세계원리·세계이성·세계정신
이며, 또 그러한 것으로서의 정신적 사물에 주어진 모든 통치의 능력을 갖추고
있는 존재이다.

하늘은 인간처럼 지를 소유하고 있다. 왜냐하면 두 가지 다른 종류의 리가
존재하는 것이 아니기 때문이다. 그러나 하늘의 행위와 인간의 능력은 매우
다르다.[349] 하늘의 행위에는 특정한 계획이 근간에 놓여 있지 않으며, 그 때문에
계획이 성공하게 될지도 걱정하지 않는다. 특정한 의도를 가지고 있지 않은
성인 또한 그처럼 무위하다.[350] 이러한 서술은 도가적이다.

(3) 기와 음양

정이는 두 종류의 기를 형체를 이루는 실체로 수용하고 있는 것으로 보이는데,
그는 이것을 근원적인 기와 외적인 기라고 불렀다. 앞의 기는 근원적인 기로서
근원적인 도에 의하여 생성되어 만물을 완성한다. 이로부터 외적인 기 또한
생성되며, 이것은 공기와 물 및 먹을 수 있는 것들이다. 이로써 생물이 생성되며
또한 생명을 보존한다. 정이는 다음과 같이 말한다.

참된 근원의 기는 기가 유래하여 생겨나는 곳이다. 그러나 이것은 외적인 기와
서로 섞이지 않으면서 단지 외적인 기에 의해 함양될 뿐이다. 물에 사는 물고기를

---

348) 『二程遺書』, 권2, A, 15a, "且如說, 皇天震怒, 終不是有人在上震怒, 只是理如此."
349) 『二程粹言』, 권2, 3a.
350) 『二程粹言』, 권2, 6b.

예로 든다면, 물고기의 성과 명은 물에 있지 않지만 물고기는 물에 둘러싸여 양육되며 이로써 생명을 유지한다. 인간이 천지 사이의 기에 살아가는 것 또한 물고기가 물에 사는 것과 마찬가지이다. 먹고 마심으로써 양육되는 것에 이르면, 이것은 모두 외적인 기가 서서히 기르는 것이다. 호흡을 들이쉬고 내쉬는 것은 기틀이 열리고 닫히는 것이다. 내쉴 때의 기는 들이마실 때의 기가 아니다. 단지 참된 근원의 기만이 스스로 기를 생성할 수 있다.[351]

만물의 생성은 일반적인 방식으로 기술되었다. 지상의 기가 상승하고 하늘의 기가 내려오면 그 사이에서 두 기가 서로 화합하며, 이러한 화합에서 만물이 생겨난다. 하늘의 기는 동기를 부여하며, 땅의 기는 완성한다.[352] 그런데 기이하게도 중국에서는 인간의 근원은 그의 조상에서 유래한다고 하면서도 다른 모든 생물의 근원은 하늘이라고 말하지만, 인간이 부모와 조상에게서 생명을 받는다는 것은 경험적으로 모든 동물과 식물에도 똑같이 적용된다.

기는 음과 양의 두 형태로 나타난다. 이 둘은 도와 기처럼 서로 붙어 있다. 이들은 분리되지 않으며, 어떤 것도 시간적으로 다른 것보다 먼저 존재하지 않는다. 그러므로 다음과 같이 말한다.

음양의 열리고 닫힘에는 본래 앞뒤가 없으니, 오늘 음이 있고 내일 양이 있는 것이 아니다. 이것은 사람이 형체와 그림자를 가지고 있는 것과 같다. 오늘 형체가 있고 내일 그림자가 있다고 말할 수 없다. 있다면 곧 모두 있는 것이다.[353]

---

351) 『二程遺書』, 권15, 26b, "眞元之氣, 氣之所由生, 不與外氣相雜, 但以外氣涵養而已, 若魚在水, 魚之性命非是水爲之, 但必以水涵養魚, 乃得生爾, 人居天地氣中, 與魚在水無異, 至於飮食之養, 皆是外氣涵養之道, 出入之息者, 闔闢之機而已, 所出之息, 非所入之氣, 但眞元自能生氣."
352) 『性理精義』, 권10, 4a.
353) 『二程遺書』, 권15, 20b, "陰陽開闔, 本無先後, 不可道, 今日有陰, 明日有陽, 如人有形影, 蓋形影一時, 不可言, 今日有形, 明日有影, 有便齊有."

음과 양의 본질은 동과 정 및 열림과 닫힘이다.

선생이 말하였다. "정과 동은 음과 양의 근본이다."[354]

음은 고요하고, 양은 움직인다. 동과 정 및 음과 양은 시작과 끝이 없이 서로 뒤따르며 끊임없이 이어지기 때문에 하나가 다른 것을 앞선다고 말할 수 없는 것이다.

정에는 동이 있고, 동에는 정이 있다. 그러므로 동과 정은 근원이 같다고 한다.[355]

이 근원은 음과 양 안에서 작용하는 신이다. 정은 이미 동을 자기 안에 종자로서 품고 있으며, 또한 동은 정을 품고 있다. 다른 말로 하면, 동은 정 안에 가능성으로 들어 있고, 정도 마찬가지로 동 안에 들어 있다. 정은 잠재하고 있는 동이며, 동은 잠재하고 있는 정이다. 또한 양기는 열고 연장하는 것을 의미하며, 음기는 닫고 수축하는 것을 의미한다.

세계와 그 안에 있는 만물은 음과 양의 작용으로 인하여 끊임없는 변화 중에 있다. 변화는 부분적일 수도 있고 전체적인 것일 수 있다. 이전의 형상이 여전히 부분적으로 남아 있는 것을 변變이라 하고, 완전히 변모하여 예전 형상이 사라진 것처럼 보이는 것을 화化라고 한다.[356]

(4) 명

하늘의 명命이 결정되면 사람은 그것을 의롭고 정당한 것으로 받아들여야 한다. 혹 어떤 결과가 의롭고 정당한 것이 못되는 것처럼 보일 때도 있지만,

---

[354] 『二程粹言』, 권2, 4b, "子曰, 靜動者陰陽之本也."
[355] 『二程粹言』, 권1, 15a, "子曰, 靜中有動, 動中有靜, 故曰, 動靜一源."
[356] 『二程粹言』, 권1, 14a.

그렇다고 하더라도 명은 의심할 수 있는 것이 아니다. 정이는 선행의 결과가 아닌 복은 본래 명이라고 할 수 없다고 보아서 요행儌倖이라고 불렀다. 이는 장재가 도달한 결론과도 비슷하다.

장횡거가 말하기를, "행동은 같아도 보상이 같지 않은 것은 명이라고 말하기 어려우니, 우연이라고 해야 할 것이다"라고 하였다.[357]

하지만 정이는 요행 또한 미리 결정되어 있는 것이므로[358] 결국은 명이라고 할 수 있다고 말하였다. 그는 행위의 결과가 아닌 불행도 또한 명이라고 하면서, 그러므로 같은 재앙으로 수천만이 피해를 입게 되는 것은 명이 같기 때문이라고 하였다.[359]

어떤 사람이 물었다. "어떤 사람은 사형을 당해야 하는데 왕이 되었고, 다른 사람은 재상이 되어야 하는데 굶어 죽었다. 어떤 사람은 처음에 귀하다가 후에는 천하게 되었으며, 또한 어떤 사람은 처음에 천하다가 후에 귀하게 되었다. 이와 같은 것이 모두 명인가?" 선생이 대답하였다. "명 아닌 것이 없다. 이미 명이라고 말하였으니, 이러한 같지 않음이 있더라도 그것을 기이하게 여길 것은 없다."[360]

다음의 말은 이에 대한 보충된 설명이다.

맹자가 말하였다. "마음을 다하면 성을 안다. 마음은 성이다.[361] 하늘에 있는 것으

357) 『二程遺書』, 권18, 25b, "張橫渠云, 行同報異, 猶難語命, 語遇可也."
358) 『二程遺書』, 권13, 3a.
359) 『二程遺書』, 권18, 26a.
360) 『二程遺書』, 권18, 26a, "又問, 或當形而王, 或爲相而餓死, 或先貴後賤, 或先賤後貴, 此之類 皆命乎, 曰, 莫非命也, 旣曰命, 便有此不同, 不足怪也."
361) 『孟子』, 「盡心上」.

로써 말하면 명이라 하고, 인간에게 있는 것으로써 말하면 성이라 하며, 주재하는 것으로써 말하면 마음이라 한다. 실제로는 단지 하나의 도일 뿐이다."362)

정이의 견해에 따르면 인간은 명을 마음에 가지고 있다. 마음은 곧 성이므로 결국 성이 그의 명을 결정한다. 인간의 성은 하늘이 그에게 부여한 리로서, 이것에 명이 달려 있다. 그러므로 행위의 결과가 아닌 불행은 하늘에서 유래하는 기가 이르지 못한 까닭이다. 정이는 다음과 같이 설명한다.

군자는 마땅히 복을 얻어야 하겠지만, 가난하고 곤궁에 처하여 일찍 죽으며 심지어 후손조자도 없는 경우가 있다. 하늘의 뜻은 무엇인가? 현인에게 부여된 기가 두루 미치지 못함이 있는 것이다.363)

그러나 이러한 설명은 충분하지 못하다. 인간의 성품에 의존하는 것, 일찍 죽는 것, 후손이 없는 것과 같은 경우는 이로써 설명될 수도 있겠지만, 모든 불행이 인간의 의지와 관련 없는 우연이나 재앙은 아니기 때문이다.

(5) 삶과 죽음

정이의 견해에 따르면 인간 안에서 마음은 혼과 백의 두 가지 형태로 존재한다. 혼은 양기이고, 백은 음기이다. 그는 혼백의 특별한 상태로서 잠·꿈·죽음을 들어 설명하고 있다.

잠은 몸의 내부에 있는 피가 모이는 것에 원인이 있는 것으로 보인다.

---

362) 『二程遺書』, 권18, 26a, "孟子曰, 盡其心, 知其性, 心即性也, 在天爲命, 在人爲性, 論其所主爲心, 其實只是一箇道."
363) 『二程遺書』, 권15, 9a, "君子宜獲祐, 然而有貧, 悴短夭, 以至無繼者, 天意何如, 氣鍾於賢者, 固有所不周也."

인간에게 깨어 있을 때와 자고 있을 때가 있는 것은 자연에 낮과 밤, 음과 양, 동과 정, 열리고 닫힘의 이치가 있는 것과 같다. 깨어 있고 잠자는 것은 음과 양에 따라야만 한다. 잠의 본질에 대해 묻자 정자가 답하였다. "사람이 잘 때 내부로 혈기가 모이는 것은 마치 피가 간으로 다시 돌아가는 것과 같다."[364]

또 꿈에 다른 사람이 나타났다면 이것은 서로의 마음이 감응하여 통하였기 때문이다.

선생은 말하였다. "이곳에 있으면서 다른 곳에 있는 사람의 꿈을 꾼다면 이것은 마음이 감응하여 통한 것이다. 이미 죽은 사람을 꿈에서 본다면 이것은 리가 감응하여 통한 것이다. 감응하여 통한 것이 명확하면 어찌 가깝고 멂, 삶과 죽음, 현재와 과거의 차이가 있겠는가? 양정楊定[365]이 귀신이 되었다는 설이 어찌 이것 외에 다른 것을 의미할 수 있겠는가?"[366]

꿈에 보이는 사람이 더 이상 살아 있지 않다면, 그의 귀신은 꿈꾸는 사람에게 더 이상 영향을 미칠 수 없다. 그러나 그런 경우에는 그의 영혼으로 드러나는 세계의 이치가 그의 입장을 대변한다. 세계정신에는 공간과 시간 및 삶과 죽음이 존재하지 않는다.

인간이 죽을 때가 되면 혼과 백은 분리되어 그들의 근원으로 되돌아간다. 양인 혼은 하늘로 돌아가고, 음인 백은 땅으로 돌아가서 형체처럼 그곳에서 해체된다.

---

364) 『二程遺書』, 권18, 19b, "人之有寤寐, 猶天之有晝夜, 陰陽動靜闔闢之理也, 如寤寐, 須順陰陽 始得, 問人之寐何也, 曰, 人寐時, 血氣皆聚於內, 如血歸肝之類." 주석에 따르면, 잠을 잘 수 없는 사람은 간에 이상이 있는 것이라고 한다.
365) 후한 때의 무장.
366) 『二程粹言』, 권2, 6a, "子曰, 在此而夢彼, 心感通也, 已死而夢見, 理感通也, 明乎感通, 則何遠 近死生今古之別哉, 楊定鬼神之說, 其能外是乎."

혼과 백의 본질에 대하여 묻자 선생이 답하였다. "혼은 단지 양이며, 백은 단지 음이다. 혼과 기는 하늘로 돌아가고, 형체와 백은 땅으로 돌아가는 것이 맞다. 도가의 3혼과 7백에 대한 말은 잘못된 것이다."[367]

현인은 죽음을 두려워하지 않는다. 삶과 죽음이 깨질 수 없는 확고한 질서라는 것을 알기 때문이다. 그에 반하여 불가는 죽음에 대한 공포에 강하게 의지하고 있다. 불교신도들은 항상 죽음에 대하여 말하며, 어리석은 사람들은 불교를 찾아간다.[368]

또한 정이는 불사에 이를 수 있는 가능성을 부정하였다. 형체를 잘 유지함으로써 생을 연장하는 것은 가능하지만, 이것도 매우 어려운 일이다. 그러므로 현인은 그것에 연연하지 않는다. 성인이 그와 같은 일을 할 수 있는지에 대한 물음에 정이는 다음과 같이 답한다.

그것은 자연을 해치는 것이다. 조화의 기틀을 해치지 않고서는 아무도 생을 연장할 수 없기 때문이다. 성인이 그러한 것을 긍정했다면 주공과 공자가 그것을 한 지 이미 오래일 것이다.[369]

(6) 인성

인성의 본질에 대한 질문에서 정이는 성은 본래 완전히 선하다고 하는 맹자의 입장에 선다. 인간의 악은 그 근원이 기품에 있다. 기품은 리에 의존하지 않고 단지 기에만 의존하는 것이다. 이것은 다음의 말에서 유래한다.

---

367) 『二程遺書』, 권18, 19b, "問, 魂魄何也, 曰, 魂只是陽, 魄只是陰, 魂氣歸於天, 體魄歸於地, 是 也, 如道家三魂七魄之說妄爾." 갈홍은 3혼과 7백에 대하여 말하고 있다. De Groot, *Religious System*, Vol. IV, 70쪽 참조.

368) 『二程粹言』, 권1, 3b.

369) 『二程遺書』, 권18, 15b, "曰, 此是天地間一賊, 若非竊造化之機, 安能延年, 使聖人肯爲, 周孔 爲之久矣."

어떤 사람이 물었다. "인간의 성은 본래 밝은데 무엇 때문에 가려짐이 있게 되는 것인가?" 선생이 답하였다. "그것에 관해서는 철저하게 탐구해서 이해해야 한다. 맹자는 인간의 성이 선하다고 말하였으며 그것은 옳다. 비록 순자와 양웅 또한 성을 말하였지만 그들은 성에 대해 잘 알지 못하였으니, 맹자는 인간의 성을 밝힐 수 있었기 때문에 모든 유학자 중에서도 뛰어나다. 성이 순선한데도 불구하고 선하지 않음이 있는 것은 바로 재질 때문이다. 성은 곧 리이고, 리는 요순에서부터 길거리의 사람에 이르기까지 모두 똑같은 것이다. 재질은 기에 의해 부여되는데, 기에는 맑고 탁함이 있다. 맑은 기를 받은 사람은 현명하게 되고, 흐린 기를 받은 사람은 어리석게 된다.[370]

태어날 때에 인간에게 부여되는 기는 맑거나 흐리고, 바르거나 치우쳐 있다. 재질은 이러한 기에 상응하는 것이다. 조심스런 수양을 통해 개선한다면 기는 맑아지고 기질은 선하게 된다.[371]

많은 사람들이 악의 원인으로 정을 들지만 정이는 정이 성에서 나온다고 믿었으며, 그 때문에 정을 흐르는 물의 움직임에 비교하는 것에 반대하면서,[372] 정 또한 선한 성의 표현이므로 항상 선하다고 한다.

어떤 사람이 물었다. "성은 선하고, 정은 선하지 않은 것인가?" 선생이 답하였다. "정은 성이 움직인 것이다. 중요한 것은 올바른 것으로 다시 돌아가는 것일 뿐이다. 어떻게 그것을 선하지 않다고 할 수 있겠는가?"[373]

---

370) 『二程遺書』, 권18, 27a, "問, 人性本明, 因何有蔽, 曰, 此須索理會也, 孟子言, 人性善, 是也, 雖荀楊亦不知性, 孟子所以獨出諸儒者, 以能明性也, 性無不善, 而有不善者才也, 性卽是理, 理則自堯舜至於途人一也, 才稟於氣, 氣有淸濁, 稟其淸者爲賢, 稟其濁者爲愚."

371) 『二程粹言』, 권2, 42a.

372) 『二程遺書』, 권18, 26b.

373) 『二程粹言』, 권2, 42a, "或問, 性善而情不善乎, 子曰, 情者性之動也, 要歸之正而已, 亦何得以不善名之."

정에 대하여 말한 것은 욕구에 대해서도 마찬가지로 적용된다.

마음을 수양하는 가장 좋은 방법으로는 욕欲을 적게 하는 것만큼 좋은 것이 없다. 욕이 없으면 잘못 나아가지 않는다. 꼭 몰입하지 않았다 하더라도, 단지 그것을 지향하는 것만으로도 욕이 된다.374)

공자는 완전한 성인과 완전하게 어리석은 사람은 더 이상 변할 수 없다고 생각하였지만,375) 정이는 여기에 동의하지 않으면서 이러한 경우에도 변화가 가능하다고 보았다. 단지 그것은 공부를 통해 구현될 수 있으며, 꽉 막혔거나 배우고자 하지 않는 사람은 개선될 수가 없다고 한다.376)

(7) 식물과 동물

정이는 식물은 지각을 가지고 있지 않다는 것으로써 동물과 구분하였다. 그는 다음과 같이 말하였다.

동물은 지각이 있지만 식물은 없다. 그 성이 절로 다르지만 그 형체는 천지로부터 부여받는 것이니, 그 리는 하나이다.377)

똑같은 세계의 리에 의하여 식물과 동물은 생성된다. 짐승과 새들은 타고난 재능(良能)을 가지고 있기 때문에 배우지 않고서도 멋진 둥지나 보금자리를 만들 수 있다. 그러나 인간은 단지 빠는 본능만을 가지고 태어나기 때문에 모든 다른 것을 배워야 한다.378)

---

374) 『二程遺書』, 권15, 3a, "養心莫善於寡欲, 不欲則不惑, 所欲不必沈溺, 只有所向, 便是欲."
375) Alfred Forke, *Geschichte der alten chinesischen Philosophie* (1927), 125쪽 참조.
376) 『性理精義』, 권9, 3b.
377) 『二程遺書』, 권24, 5a, "動物有知, 植物無知, 其性自異, 但賦形於天地, 其理則一."

정이에 따르면, 보편적으로 짐승은 인간과 같은 본성을 타고나지는 못했지만 간혹 군주를 섬기는 벌과 개미 및 먹이의 일부를 신에게 바치는 늑대와 수달[379]처럼 천리를 가지고 있는 부류가 있다. 벌과 개미는 충의 덕을 행하며, 늑대와 수달은 예와 의식을 이해하고 있다고 볼 수 있다. 그러면 인간은 짐승과 어떻게 관계하는가? 인간은 짐승을 죽일 권리가 있는가? 이미 『열자』에서 다루어졌던 이 문제[380]를 정이는 흥미롭게 설명하고 있다.

어떤 사람이 물었다. "살생을 금지한 부처의 말은 어떠한가?" 선생이 답하였다. "유학자들은 이에 대하여 두 가지로 말한다. 일설은 하늘이 금수를 인간의 양식으로 생성하였다는 것이다. 이것은 옳지 않다. 어찌 이와 서캐가 인간의 양식이 되겠는가? 다른 일설은 금수가 인간을 섬기기 위해 살며, 때문에 이들을 죽이는 것은 비인간적이라는 것이다. 이 견해 또한 맞지 않다. 보편적으로 힘으로 이길 수 있는 것은 모두 먹을 수 있지만, 군자는 이것을 견디지 못하는 마음을 가지고 있다. 따라서 살아 있는 것이 죽는 것을 차마 볼 수 없으며, 그 소리를 듣고 차마 그 고기를 먹을 수 없다. 때문에 군자는 도살장과 부엌을 멀리한다.[381] 이전에 죽은 나의 형이 전갈을 보고 차마 죽일 수 없어서 놓아 주었으니, 그의 시에 '죽임은 인을 해침이요, 놓아 줌은 의를 해침이다'라는 두 구절이 들어 있다."[382]

---

378) 『二程遺書』, 권19, 11a.
379) 중국인들은 식사를 할 때에 신에게 제물을 바치는 자신들의 관습에 미루어 자주 먹이를 모두 먹어치우지 않고 일부를 남겨 놓는 늑대와 수달의 행동에 대하여서도 신에게 제물을 바치기 위한 것이라고 짐작하였다.
380) 『列子』, 권8, 12; Alfred Forke, *Geschichte der alten chinesischen Philosophie* (1927), 300쪽 주2) 참조.
381) 『孟子』 「梁惠王上」에 나오는, 혼종례에 쓰일 소가 끌려가는 모습을 보고 가엽게 여겨 죽이지 말라고 명했다는 齊宣王의 고사.(Alfred Forke, *Geschichte der alten chinesischen Philosophie*, 208쪽 주1 참조)
382) 『二程外書』, 권8, 2a, "問, 佛戒殺生之說如何, 曰, 儒者有兩說, 一說天生禽獸本爲人食, 此說不是, 豈有人爲蟻虱而生邪, 一說禽獸待人而生, 殺之, 則不仁, 此說亦不然, 大抵力能勝之者皆可食, 但君子有不忍之心爾, 故曰, 見其生, 不忍見其死, 聞其聲, 不忍食其肉, 是以君子遠庖廚也, 舊先兄嘗見一蝎, 不忍殺, 放去, 頌中有二句云, 殺之, 則傷仁, 放之, 則害義."

우리는 여기서 명확한 답을 얻지 못한다. 정이는 딜레마를 해결하려는 시도를 하지 않기 때문이다. 짐승을 죽이는 것이 비인간적이기는 하지만, 전갈처럼 인간을 해치는 것인 경우에는 그들을 놓아 주는 것이 의롭지 못하다. 그에 따르면 우리는 원래 우리를 해치지 않는 것들을 죽여서는 안 된다. 우리는 인성을 해치면서 강자의 권리에 따라 짐승을 죽이는 것이다.

(8) 윤리

윤리적인 문제가 정이에게서는 세계관의 문제보다 뒤로 물러선다. 그의 지향을 표현하기 위해서는 그의 말을 살펴보는 것으로 충분하다.

그는 악한 행위의 근거를 소크라테스의 방식에 따라 인간의 사고력의 부재 즉 무지에서 발견하였다.

사람이 악을 행하는 것은 생각할 줄 모른다는 것에서 나온다. 생각이 있으면 마음이 깨닫는다.[383]

인간이 특별히 추구해야 하는 덕목은 의와 경이다.

군자가 세상에서 행하는 것은 오직 의로움뿐이다. 그것이 가능하지 않으면 그만둔다. 진실하지 않으면 또한 절대로 하지 않는다.[384]

마음을 바르게 하는 데에는 경敬보다 절실하게 필요한 도는 없다.[385]

---

383) 『二程粹言』, 권2, 58b, "子曰, 爲惡之人原於不知思, 有思則心悟."
384) 『二程粹言』, 권2, 23b, "子曰, 君子有爲於天下, 惟義而已, 不可則止, 無苟爲, 亦無必爲."
385) 『二程遺書』, 권15, 11b, "切要之道無如敬, 以直內."

정이는 그의 성향에 따라 사람은 누구나 오랜 연습을 통하여 군자가 될 수 있으며, 그렇게 되면 사물이 더 이상 그를 괴롭힐 수 없고 몸은 질병을 물리칠 수 있다고 보았다. 그러나 그는 또한 사람이 더 이상 죽음의 위험에서 창백해지지 않고 질병의 고통으로 흔들리지 않기 위해서는 보다 높은 정도의 덕이 필요하다고 하였다.386) 그에 따르면 도덕적인 용기는 신체적인 용기보다 더 높이 평가되어야 한다. 이로써 군자는 자기 자신을 극복할 수 있다.387)

후에 유학자들 또한 수행하였던 명상을 정이는 마음을 수양하기 위한 훌륭한 수단으로 여기지 않았다.

어떤 사람이 말하였다. "단지 눈을 감고 조용히 앉아 있어도 마음을 수양할 수 있다." 선생이 말하였다. "어떻게 마음이 쉬고 있는데 그런 것이 가능한가? 생각하는 것은 사유하는 것이다. 생각하는 것은 쉬는 것이 될 수 없다."388)

정호와 마찬가지로 정이 또한 정좌를 즐겼다는 말이 전하지만, 이것은 단지 이들이 어떤 문제에 대하여 깊이 고민할 때에만 해당되는 것이다. 이들은 정좌로써 마음을 정화시켜 고귀하게 되거나 초자연적인 해탈을 얻고자 한 것이 전혀 아니었을 것이다. 하늘과 땅의 변화에 동참하는 성인은389) 최고의 밝은 덕을 지니고 있지만, 정이가 볼 때 도가에서 생각하는 것과 같은, 성인을 능가하는 신인神人이란 존재하지 않는다.390)

정이는 유가의 적극성과 도가의 수동성 사이의 중용을 통치자의 덕목으로

---

386) 『二程粹言』, 권1, 34a.
387) 『二程粹言』, 권1, 22a.
388) 『二程粹言』, 권2, 39a, "或曰, 惟閉目靜坐爲可以養心, 子曰, 豈其然乎, 有心於息, 慮則思, 慮不可息矣."
389) 『二程粹言』, 권2, 54b, "子曰, 聖人天地之用也."
390) 『二程粹言』, 권2, 56a.

간주하여, "덕으로 다스린 후에는 할 것이 없다"391)라고 말했다. 정치를 덕으로 활성화하고 난 이후에는 모든 것이 저절로 이루어지게 된다는 것이다.

소옹이나 다른 철학자들과 마찬가지로 정이 또한 술을 좋아하지 않았다. 그는 술 마시는 행위가 백성들로 하여금 건강을 해치고 나태하게 만들며 범죄로 인도한다고 보아서, 노인의 원기회복을 위한 경우를 제외하고는 오로지 제사에서만 술을 사용했던 옛 법을 따라 음주를 금지하거나 최소한 크게 제한할 것을 강조하였다.392)

(9) 인식과 지각

정이는 생각을 샘에 비교하여, "사람의 생각은 솟아나는 샘과 같아서 깊을수록 더욱 새롭다"393)라고 말했다. 당시에는 이미 모든 지식이 상대적이라는 생각이 있었을 것이다. 한나라의 관리에게 정이는 참된 학설도 그릇된 학설도 없다고 말하고 있기 때문이다. 그는 자신의 관점에 맞서는 것과 싸우면서 학설이 참이거나 즉 옳거나 또는 틀리다고 설명하였다.394)

정이는 타고난 지를 인정하였다. 그러나 그는 그것을 공자의 말로 자주 인용되는 것처럼 전혀 학습하지 않고 모든 것을 알 수 있는 놀라운 능력으로 이해한 것이 아니라 리와 같은 것으로 이해하였다. 이런 입장에서 그는, 공자 또한 여행하면서 방문한 각 나라의 예와 음악 및 현지 관리들의 이름을 거듭 물었으나 이것이 공자의 타고난 지를 해치지는 못했다고 본다.395)

보편적으로 사람은 리를 궁구함으로써 사물을 인식한다. 만물은 각기 특별한

---

391) 『二程外書』, 권6, 3a, "爲政以德, 然後無爲."
392) 『二程遺書』, 권17, 2a.
393) 『二程遺書』, 권24, 5a, "人思如湧泉, 浚之愈新."
394) 『二程粹言』, 권1, 3b.
395) 『二程粹言』, 권2, 19a.

리와 특별한 도를 가지고 있기 때문이다. 그리고 사물의 리에 대한 인식에서부터 출발하여 자기인식에까지 이르게 되는 것이다.396)

선생이 말하였다. "사물의 리를 궁구하는 것은 그 까닭을 궁구하는 것이다. 하늘의 높이, 땅의 깊이, 귀신의 나타나고 사라지는 것에는 반드시 그와 같이 되는 까닭이 있다. 진실로 하늘은 단지 높을 따름이고 땅은 단지 깊을 따름이며 귀신은 단지 나타났다가 사라질 따름이라고만 한다면, 이것은 단지 말에 그칠 뿐이니 오히려 무엇이 있겠는가?"397)

이러한 모든 질문에 대답할 수 있기 위해서는 최고의 세계원칙인 도 즉 천리를 알아야 한다. 이로부터 모든 다른 것들이 생겨나기 때문이다.

도를 알지 못하는 사람은 마치 술에 취한 사람과 같다.398)

모든 형체를 가진 사물들은 4가지 지각을 소유하며, 여기에는 또한 4가지 더 넓은 속성 또는 범주가 있다.

소리, 색깔, 냄새, 맛의 네 가지는 허와 실이 모두 같다. 모든 형체 있는 사물은 반드시 이 네 가지를 모두 갖추고 있다. 의미, 언어, 형상, 수에 있어서도 이것은 마찬가지이다.399)

소리, 색깔 등은 물질적인 것이 아니기 때문에 텅 비어 있지만, 동시에 그것들은

---

396) 『二程遺書』, 권18, 13b.
397) 『二程粹言』, 권2, 59b, "子曰, 窮物理者窮其所以然也, 天之高, 地之厚, 鬼神之幽顯, 必有所以 然者, 苟曰, 天惟高耳, 地惟厚耳, 鬼神惟幽顯耳, 是則辭而已, 尙何有哉."
398) 『二程遺書』, 권18, 46b, "未知道者如醉人."
399) 『二程遺書』, 권18, 13b, "聲色臭味四字, 虛實一般, 凡物有形, 必有此四者, 意言象數亦然."

추상적이고 정신적인 내용들로 가득 차 있다. 정이는 단지 윤리만이 아니라 경험적인 학문체계에 대해서도 관심을 가졌던 것으로 보인다. 이것은 그의 부류의 사람에게서 쉽게 기대할 수 있는 것이 아니었다. 그는 고대의 사람들은 사물의 성을 완전하게 탐구하고자 하였다고 주장한다. 고대인들은 사물을 맛보고 냄새 맡으며 그 색깔을 구분하였으며, 사물을 다른 사물과 섞으면 어떤 종류의 자연이 생겨나는지를 알고 있었다는 것이다.400) 그에 따르면 고대의 화학은 일반적으로 생각하는 것보다도 더 많이 발전했을 것이라고 한다. 정이는 자재의 효험과 본질을 알아서 정확한 처방을 내릴 수 있었던 고대인들과는 달리, 그 혼합이 어떻게 이루어지는지도 모른 채 단지 약 짓는 데에만 골몰하는 당시의 의사들을 비난한다.

예를 들면, 가자는 노랗고 명반은 하얗다. 이들을 합하면 합성물은 검은데, 검은색이 보이면 노랑과 흰색은 없어진다. 마찬가지로 하나에 둘을 더하면 셋이 되는데, 셋이 보이면 하나와 둘은 없어진다. 이것을 분리하여 다시 하나와 둘이 되면 셋은 사라진다. 이미 셋이 되었는데 여전히 하나와 둘을 구하거나 이미 검게 되었는데 여전히 노랑과 흰색을 구한다면, 이것은 사물의 성을 모르는 것이다.401)

(10) 학문

선비가 배우는 것은 농부가 경작하는 것과 같다. 농부가 경작하지 않으면 먹을 것이 없고, 먹을 것이 없으면 살아갈 수 없다. 선비가 배우는 것을 하루라도 그만둘 수 있겠는가?402)

---

400) 『性理精義』, 권9, 3a.
401) 『性理精義』, 권9, 2b, "假如訶子黃, 白礬白, 合之而成黑, 黑見則黃白皆亡, 又如一二合而爲三, 三見則一二亡, 離而爲一二則三亡, 既成三, 又求一與二, 既成黑, 又求黃與白, 則是不知物性."
402) 『二程遺書』, 권18, 8b, "士之於學也, 猶農夫之耕, 農夫不耕, 則無所食, 無所食, 則不得生, 士之於學也, 其可一日舍哉."

학문에 있어서는 배운 것의 정확함이 지식의 범위보다 더 중요하다. 마찬가지로 말하는 것에 있어서도 말을 멋있게 하는 것보다는 말한 것이 합당한 것이 더 중요하다.[403] 진지하고 깊이 생각하지 않고는 지각에 이를 수 없으며, 단순한 학습은 도움이 되지 않는다.

선생이 말하였다. "배우는 사람이 어떤 것을 들어도 마음에 담지 못하면 그의 행동에 나타나지 않는다. 그렇다면 그가 들은 것은 단지 다른 사람의 소리에 불과하며 그에게 아무 의미가 없는 것이다."[404]

정이는 배우는 사람의 일반적인 장애로서 생각이 너무 혼란스럽다는 것을 들었다.[405] 그것에 대하여 다음의 비유를 들었다.

배우는 사람과 함께 말하는 것은 마치 술에 취한 사람을 부축하는 것과 똑같다. 동쪽을 부축하여 일으키면 서쪽으로 쓰러지고, 서쪽을 부축하여 일으키면 다시 동쪽으로 쓰러진다. 그가 마침내 바르게 서서 길 가운데를 똑바로 가게 하는 것은 불가능하다.[406]

정이에 따르면, 고대에는 8세부터 15세까지의 어린이는 소학에 다니고 15세부터는 대학에 다녔으며, 단지 특별히 재능이 있는 어린이만 입학이 허용되고 나머지는 농부가 되었다고 한다. 또 학업은 대개 40세 무렵까지 계속된 후에야 비로소 선비의 특성이 완성된 것으로 여겨져 관리로 임용되었다고 한다. 그에

---

403) 『二程粹言』, 권1, 34a.
404) 『二程粹言』, 권1, 20b, "子曰, 學者有所聞而不著乎心, 不見乎行, 則其所聞固自他人之言耳, 於己何與焉."
405) 『二程遺書』, 권15, 5b.
406) 『二程遺書』, 권18, 6b, "與學者語, 正如扶醉人, 東邊扶起, 却倒向西邊, 西邊扶起, 却倒向東邊, 終不能得佗卓立中途."

비해 후대에는 너무 젊은 나이에 관직이나 학문 활동을 시작하게 되었다는 것이다.[407] 정이는 자기 자신도 고례를 따라 40세까지 책을 읽고 공부하였으며 50세까지는 그 의미를 검토하였고 60세까지는 그 밖의 모든 가능한 연구를 하였으며, 그 이후에 비로소 책을 썼다고 한다.[408] 이 책들은 주석과 문학적인 저술들이다.

배움에는 중용과 더불어 포괄적인 학습, 철저한 질문, 사려 깊은 생각, 명확한 구분, 진지한 행동의 다섯 가지가 있다.[409] 이 다섯 가지 가운데 어느 것도 빠져서는 안 된다. 특히 과장된 문체와 자의적인 해석 및 그릇된 가르침에 의한 혼란의 세 가지 잘못으로부터 자신을 지켜야 한다.[410]

학업의 과정으로 정이는 제일 먼저 『논어』와 『맹자』를 읽고, 이것을 완전히 소화한 다음에 비로소 오경을 학습하기를 권한다. 공자와 맹자의 말은 모든 곳에 적중하며 명심해야 할 것들로 설정되었다.[411] 그는 또한 『논어』는 쉽게 이해할 수 있는 것이 아니라고 말하였다. 전혀 어떤 감명도 받지 못하는 사람도 있고, 그 중 어느 한 부분만을 좋아하는 사람도 있고, 저서 전체를 좋아하여 마침내 황홀함에 빠질 정도로 그것에 몰두하는 사람도 있다고 한다.[412] 정이는 『중용』을 특히 높이 평가하였다. 읽은 것을 제대로 이해하는 사람이라면 평생 동안 그것이면 충분하다고 한다.[413] 『역경』의 주석 이외에 송대 철학자들이 그들 이론의 정립에 연계했던 것이 바로 이 『중용』이다.

---

407) 『二程遺書』, 권15, 27a.
408) 『二程遺書』, 권24, 4b.
409) 『中庸』, 제20장; 『二程外書』, 권6, 3b.
410) 『二程粹言』, 권1, 18b; 『二程遺書』, 권18, 6b.
411) 『二程粹言』, 권1, 41a~b.
412) 『二程粹言』, 권1, 47a.
413) 『二程遺書』, 권17, 1a.

(11) 다른 학파에 대한 평가

정이는 공자와 맹자를 고대의 위대한 현인으로 추앙하였던 반면에, 순자와 양웅은 유학의 이론에 대립하는 것으로 간주하였다. 이것은 주로 인성론에서 어긋나는 그들의 관점 때문일 것이다. 정호가 말했듯이, 순자는 커다란 재능과 큰 허물을 가지고 있고 양웅은 단지 작은 재능과 작은 허물을 가지고 있다고 한다.[414] 그는 양웅을 위인으로 여기지 않았는데, 그것은 그가 왕망王莽을 섬겼기 때문이다. 그의『태현경』은 쓸모가 없으며, 그보다『역경』이 훨씬 뛰어나다고 한다.[415] 왕충에 대해서는 그의 형과 마찬가지로 좋게 평가한다. 단지 그는 이념만 발견하였으며, 경전을 해석한 것은 매우 잘못되었다고 한다.[416]

도교에 대한 평가는 전체적으로 매우 부정적이다. 정이는 노자와 장자의 학설을 많은 사람이 특별히 애호함으로써 예의 강요에 대한 저항과 무절제함이 생겨나게 되었다고 하였다.[417] 그는 노자의 학설이 매우 뒤죽박죽이라고 생각하였으며,『음부경陰符經』[418]은 상대적으로 훨씬 낫지만 거기에서도 천도에 대해서는 궁구되지 못하였다고 한다.[419] 장자의 저서는 많은 좋은 것을 담고 있기는 하지만, 그의 지식에는 기반이 없으며 예를 알지 못한다고 평한다.[420]

정이는 불교에 대하여서 그보다 더 부정적으로 평가한다. 정이는 불교를 올바른 체계가 아니라고 생각하였는데, 그것은 불교가 단지 궁극적 문제에만 몰두하면서 일반적인 지각을 소홀하게 여기고 있기 때문이다.[421] 그에 따르면

---

414) 『二程遺書』, 권18, 57a.
415) 『二程遺書』, 권18, 57a.
416) 『二程粹言』, 권2, 13b.
417) 『二程粹言』, 권1, 31a.
418) Alfred Forke, *Geschichte der alten chinesischen Philosophie* (1927), 244쪽 이하 참조.
419) 『二程遺書』, 권15, 11a.
420) 『二程粹言』, 권2, 21a.
421) 『二程粹言』, 권1, 12a.

불교도들은 세상의 사물을 선하거나 악하거나 상관없이 모두 증오하기 때문에 사물을 잘 다루지 못한다. 가정에서 도피하여 승려가 되는 것은 가능하지만 부도덕하며, 세상에서 도주하는 것은 불교도들이 그것을 주장한다고 할지라도 절대로 가능한 것이 아니다.[422] 불교의 설은 성인의 학설과 비교될 수 없다. 따라서 전혀 상관하지 않는 것이 최상이다. 왜냐하면 불교를 받아들여 공부하면 쉽게 전염되어 스스로 불교도가 되기 때문이다. 정이는 많은 재주와 재능을 가지고 있는 사람들이 그릇된 학설에 더 깊이 빠지고 있다고 한탄하였다. 많은 학생들이 어디로 가야할지 모르기 때문에 명상에 대하여 말하며 불교에 빠지게 된다고 하였다.

부처에 대하여 정이는 좋은 인상을 받지 못하였다. 부처가 아버지를 떠나 승려로서 고독하게 산 것을 두고, 이것은 군자의 처신이 아니라고 하였다. 불교도들은 단지 이기적으로 행동하며 죽음을 두려워하고 삶을 사랑한다고 하였다.[423] 그러나 이처럼 그가 불교를 공격하였음에도 불구하고 그의 제자들 중 많은 수가 불교로 돌아섰다. 그래서 정이는 그의 형과 마찬가지로 불교의 미혹됨을 재삼 경계한다.

> 어떤 사람이 물었다. "지금 사람들이 부처를 받드는 것은 미혹된 것이 아닌가?" 선생이 답하였다. "맞다. 부처를 공경하는 자는 반드시 미혹된다. 공경하지 않는 사람은 다만 그 맹랑함을 알기 때문에 믿지 않는 것이다." 다시 부처가 마땅히 공경되어야 하는 것인지를 묻자, 선생이 답하였다. "부처 또한 이방인 중의 현인이 라는 말은 어찌 가소롭다 할 수 있겠는가? 그러나 음양이나 복서, 택일과 같은 미신의 일에 이르러서는 지금 사람들 중 믿는 자들은 반드시 미혹되고 만다. 믿지 않는 자들은 또한 이 맹랑함을 믿지 않는 것이다."[424]

---

422) 『二程遺書』, 권18, 16a.
423) 『二程遺書』, 권15, 8a.
424) 『二程遺書』, 권18, 40b, "問, 今人奉佛, 莫是惑否, 曰, 是也, 敬佛者必惑, 不敬者只是孟浪不信,

이정 형제는 철학적인 기반이 서로 매우 어긋난다. 정호는 관념주의적인 일원론자이고, 정이는 현실주의적인 이원론자이다. 정호는 육구연과 왕수인의 선구자였고, 정이는 주희의 선구자였다.[425] 정이는 아마도 북송의 가장 중요한 철학자로 간주되어야 할 것이다. 그는 소옹보다 덜 천재적이었지만, 그처럼 환상적이지는 않았으며 그와 마찬가지로 포괄적이었다. 정이의 사상은 훨씬 명확하였으며, 그 언어는 날카롭고 명백하다. 주희와 그는 매우 유사하여, 이 두 사람은 성리학파를 대표한다.[426]

又問, 佛當敬否, 曰, 佛亦是胡人之賢智者, 安可慢也, 至如陰陽卜筮擇日之事, 今人信者必惑, 不信者亦是孟浪不信."

425) 謝无量,『中國哲學史』5권, 32; 高瀨武次郎, 趙蘭坪 中譯,『中國哲學史』3권, 57; Wilhelm, *Chinesische Philosophie*, 102.

426) Zenker, *Geschichte der chinesischen Philosophie*, II, 235. 여기에서는 程頤를 Pfizmaier가 말한 법가학자 張儀(Alfred Forke, *Geschichte der alten chinesischen Philosophie*, 495쪽 이하 참조)와 혼동하고 있는 것으로 보인다.

제3장 이정의 제자들

1. 양시

양시楊時(1053~1135)의 자는 중립中立이고 호는 구산龜山이다. 그는 송대 철학자 중 가장 잘 알려진 형이상학자 중 한 사람이다. 고향은 복건성 연평부延平府 장락將樂으로, 그가 머물던 구산은 장락의 북동쪽에 있었다. 그래서 사람들은 그를 구산선생이라고 불렀다.

양시는 이정의 제자였으며 특히 정호의 총애를 받았다. 반면에 정이는 사양좌를 더 높이 평가하였다. 양시의 가장 중요한 제자는 나종언羅從彦으로, 주희의 아버지 인 주송과 스승인 이동李侗이 모두 나종언에게서 배웠다.

본질적으로 양시는 매우 단순하고 평온하며 친절하고 관대하였다. 그의 어짊과 순수함은 그의 스승인 정호와 비교될 수 있다. 정호는 그를 매우 아꼈으며 "사양좌는 참되고 진실하지만 지성에 있어서는 양시보다 못하다"[1]라고 말하였 다. 정호는 양시가 귀향하자 자신의 학설이 남쪽으로 가게 된 것을 탄식할 정도로 양시를 아꼈다. 스승의 죽음에 대한 소식은 양시에게 깊은 슬픔을 주었다. 양시는 사당의 입구에서 울었으며 스승의 위패를 세우고 모든 동료들에게 그의 죽음을 알렸다. 그로부터 한동안 그는 정이에게서 배웠다. 그는 호안국胡安國과도 교류하였으며 많은 논의를 하였지만 영향을 받지는 않았다. 양시는 멀리서부터

---

1) 『性理大全』, 권40, 5b.

제자가 찾아올 정도로 유명하였다. 그의 이름은 외국에까지 퍼져, 고려에서 사신이 올 때마다 그의 안부를 물었다는 말이 전한다.[2]

양시가 다시 관리로 임용되었을 때에는 이미 70세가 넘어 있었다. 양시는 왕안석의 개혁을 공격했을 뿐 아니라 『삼경의변三經義辯』을 지어 그의 경전 해석도 비판하였으며, 1026년에는 사망한 왕안석의 관직을 강등할 것을 주장하여 관철시키기도 하였다. 그 이후에 그는 금金과의 평화협정에 동의하지 않았기 때문에 관직에서 물러났다. 후에 문정文靖이라는 시호를 받았다. 양시의 문집은 후손에 의해 42권으로 출간되었는데,[3] 35권으로 된 판본도 있다.[4] 『정의당전서正誼堂全書』에는 6권으로 축약된 판본이 수록되어 있다.[5]

양시는 장재처럼 세계가 하나의 기로 이루어져 있다고 생각했지만, 이 기는 물질적인 것이 아니라 정신적인 것이다. 그는 다음과 같이 말한다.

천하는 하나의 기로 통한다. 사람은 천지의 중을 받아서 생겨나니, 그 차고 빔은 항상 천지의 흐름과 함께한다. 어찌 그가 강대하지 않은가? 사람이 오직 형체에 묶여 있기 때문에 그 지극한 크기를 보지 못하는 것이다. 의가 쌓여서 생겨난 것을 알지 못하기 때문에 그 지극한 굳셈을 보지 못하는 것이다. 기를 잘 기를 줄 아는 사람은 더하지도 않고 덜어 내지도 않는다.[6]

천지의 기는 조화를 이루고 균형을 이루고 있으며, 이로써 이들은 생물과 인간 또한 생성한다. 생성 이전에 인간의 기는 하늘의 기와 함께 흐르며 그와

---

2) 孫奇逢, 『理學宗傳』, 권15, 1b.
3) 渡邊秀方, 劉侃元 中譯, 『中國哲學史槪論』 3권, 49.
4) 高瀬武次郎, 趙蘭坪 中譯, 『中國哲學史』 3권, 73; 楊時, 『龜山集』, 권35.
5) 楊時, 『楊龜山集』, 권6.
6) 黃宗羲, 『宋元學案』, 권25, 11a, "夫通天下一氣也, 人受天地之中以生, 其盈虛常與天地流通, 寧非剛大乎, 人惟自梏於形體, 故不見其至大, 不知集義所生, 故不見其至剛, 善養氣者無加損焉."

똑같은 것이었다. 장재에 따르면 기와 허는 동일하다. 즉 허는 정신으로 채워지며, 사물은 응축된 정신으로 이루어진다. 장재는 나아가 인으로 정신을 생성하게 하고 의의 축적이나 성성(誠)으로부터 사물이 생겨나게 함으로써 세계정신과 사물을 구분한다.[7] 그러나 형체에 구속되어 있는 인간은 이것을 알지 못하고, 또 인간 자신이 세계정신 또는 리로서 만물의 생성에 함께 참여하였다는 사실에 함축되어 있는 자신의 크기와 강함을 모른다. 세계의 기는 리와 단지 하나일 뿐이며, 이것은 인간정신으로 나타나는 한 길러질 수 있다. 그러나 그것은 증가 또는 감소시킬 수 없는 것으로서 항상 똑같이 머문다.

양시는 이러한 장재의 이론에 그의 스승 정호의 관념주의를 연결한다. 그는 다음과 같이 말한다.

내가 자신으로 돌아가서 진실되면(誠) 천하의 사물들이 나에게 있게 된다.…… 나 자신에게 갖추어진 형체와 색깔은 사물 아닌 것이 없으며, 각각의 규칙이 있다. 눈의 색에 대한 관계, 귀의 소리에 대한 관계, 입과 코의 맛과 냄새에 관한 관계는 외부세계와 접촉함으로써 이루어지며 이것은 피할 수 없다. 거기에는 필연성이 있기 때문이다. 천하의 리가 만물을 채우며 사라질 수 없다는 것을 안다면 천하의 리를 파악할 수 있으며, 그렇다면 사물은 나와 더불어 하나이다.…… 이로 말미암아 나는 천하의 뜻을 이해하며, 모든 사물의 정상과 함께하며, 하늘과 땅의 변화를 도우며, 그렇게 하면 멀어지지 않는다.[8]…… 사람이 안을 밖과 분리하고 정신과 그 자취를 서로 갈라놓게 되면 이 모든 것을 잃게 된다.[9]

---

7) 黃宗羲, 『宋元學案』, 권25, 10b.
8) 사물의 생성과 변형은 내게서 멀리 있는 외적인 과정이 아니라 내 안에 있는 것이다. 나의 정신이 거기에 참여하기 때문이다.
9) 黃宗羲, 『宋元學案』, 권25, 11a, "反身而誠, 則舉天下之物在我矣……凡形色之具於吾身無非 物也, 而各有則焉, 目之于色, 耳之於聲, 口鼻之於臭味, 接乎外而不得遁焉者, 其必有以也, 知 其體物而不可遺, 則天下之理得矣, 天下之理得, 則物與吾一也……由是而通天下之志, 類萬物 之情, 贊天地之化, 其則不遠矣……人離內外, 判心迹, 其失是矣."

나의 마음, 나 자신은 그의 감각·형태·색채·소리·냄새·맛으로부터 외부세계를 형성하며, 이것들은 아직 그로부터 분리되어 자체적으로 존재하지 않는다. 왜냐하면 내부세계와 외부세계가 따로 있는 것이 아니라 모든 것이 내부세계이기 때문이다. 내가 부분을 이루고 있는 세계정신은 나의 내부에서 사물이 나타나도록 한다. 아주 유사한 방식으로 버클리(Berkeley) 또한 모든 형체를 가진 사물들을 단순한 현상이자 우리 정신의 표상으로 설명하면서 지각적인 감각으로 생성된다고 한다. 근대에 이르러서는 또 에른스트 마흐(Ernst Mach)가 감각일원론이라고 하는 것과 유사한 관점을 주장하였다. 세계는 나와 연관되어 분리할 수 없는 감각의 덩어리를 이루는데, 이것은 단지 나의 감각을 통해서만 이루어지는 것으로서 내부세계와 외부세계 사이의 대립, 정신과 자연 사이의 대립은 존재하지 않는다.[10)]

양시는 정신이 인식하기에 큰 어려움을 가지고 있더라도 결국은 인식할 수 있다고 믿었다. 일반적으로 그렇듯이 그는 정신, 인간의 성, 인(仁)과 도를 같은 것으로 여겼으며, 하늘의 명 또한 인간의 성 안에 나타난다고 한다.[11)] 그는 다음과 같이 말하였다.

마음은 본질적으로 명백하고 달통하여 광대하고 고요한 하나이다. 만약에 그 본체를 완전히 분명하게 이해하였다면, 비로소 그것을 말로 다할 수 있을 것이다. 그러나 사람이 마음을 완전히 파악하기 전에는 또한 그 마음을 다할 수 없다. 자연히 성을 안다면 다른 사람에게 물을 필요가 없다. 보편적으로 인(仁)이 도라는 것을 먼저 파악하고 있어야만 한다. 인을 안다면 또한 마음을 알며, 마음을 안다면 또한 성도 아는 것이다. 이 세 가지는 애초에 다름이 없었다.[12)]

---

10) Falckenberg, *Geschichte der neueren Philosophie* 참조.

11) 『性理大全』, 권29, 1b.

12) 孫奇逢, 『理學宗傳』, 권15, 15b, "心之爲物明白洞達, 廣大靜一, 若體會得了然分明, 然後可以
言盡, 未理會得心盡簡, 甚能盡其心, 自然知性, 不用問人, 大抵須先理會仁之爲道, 知仁則知心,

이와는 달리 어려운 것이 세계정신 또는 도의 인식이다. 그것이 비록 인간의 정신 안에서 드러난다고 하더라도 그것을 인식할 수 있는 상태가 저절로 갖추어지는 것은 아니다. 인간의 정신은 형체에 구속되어 흐려지기 때문이다. 따라서 그 인식을 위해서는 모든 감정과 감각을 물러서게 하고 상식적인 지식을 버릴 것을 요구한다. 이러한 요청은 도교에서 최고 존재에 이르기 위하여 요청되는 것과 유사하지만, 그만큼 엄격하지는 않다.

> 도의 마음은 은미하니 정일精─로써가 아니라면 누가 그것을 잡겠는가? 도의 마음이 은미하지만 오직 희노애락이 아직 나타나기 이전의 때에 증험해 보면 곧 그 의미가 저절로 드러나니, 그 오묘함은 말로 논할 수 없다.[13]

중국의 철학자들은 마음이 아직 활동하기 전에 완전한 고요의 상태에 있는 동안에 자기의 내면을 은미하게 볼 수 있다고 믿었다. 그러나 이러한 자기관찰은 어려운 일이며, 조심하여야 하는 모든 규정들을 두었음에도 불구하고 제대로 이루어지지 않았다.

이어서 양시는 다음과 같이 말한다.

> 지극한 도의 의미는 본디 글과 말로 다할 수 없다. 이것을 신체의 마음으로 징험하고자 한다면, 조화로운 몸가짐을 스스로 다하여 걱정 없이 한가롭고 순수하게 일치하는 가운데에 침묵하며 인식하여야 한다. 동시에 책, 말, 의미, 형상 등 모든 외적인 것들의 표현을 잊는다면 거의 완전하게 이르렀다고 할 수 있다. 이것과 대립하는 것이 읽고 듣고 암송하고 셈하는 학습이다.[14]

知心則知性, 是三者初無異也." 여기에서 口語에 매우 접근하고 있는 문체를 보게 된다.

13) 黃宗羲, 『宋元學案』, 권25, 8a, "道心之微, 非精一, 其孰能執之. 惟道心之微, 而驗之於喜怒哀樂未發之際, 則其義自見, 非言論所及也."

14) 黃宗羲, 『宋元學案』, 권25, 9a, "夫至道之歸固非筆舌能盡也, 要以身體之心驗之, 雍容自盡, 於燕閑靜一之中, 黙而識之, 兼忘於書言意象之表, 則庶乎其至矣, 反是皆口耳誦數之學也."

양시는 '태극'을 도의 중점으로 인식하여, 태극으로부터 생성이 시작된다고 보았다.[15] 그러나 "천지가 만물의 부모로서 만물을 생성하고 양육하며 자식처럼 잘 돌본다"[16]고 하는 그의 형이상학은 약간은 원시적이고 조화롭지 못하다. 이것은 『시경』과 『서경』의 시대에 나온 생각인데, 그 또한 다른 철학자들처럼 거기에서 벗어나지 못하였다.

인간의 성에 대하여, 양시는 모든 사람의 인성이 똑같지는 않다고 하더라도 맹자의 말처럼 본래 선한 것이라고 생각한다. 인성은 도에서 나온 것으로서 선할 수밖에 없는 기로 이루어진다. 다만 음과 양은 근원적으로 선하다고 하더라도 또한 악해질 수 있다. 태어나면서 기가 바르게 섞여 있으면 잘 지낼 수 있지만, 기가 제대로 섞이지 않고 정상적인 상태를 잃게 되면 병들게 되는 것이다. 정상적인 상태는 성이며, 성은 선하다.[17]

실천철학에서 양시는 특히 학업의 문제를 깊이 생각했던 것으로 보인다. 단지 덕을 얻고자 하여 영리함과 지각을 소홀하게 여기는 것은 충분하지 못하다. 영리하지 못하면 쉽게 속게 되어 덕을 실행하기에 적합하지 않기 때문이다.[18] 의심하는 것이 양시에게는 학업을 위하여 매우 올바른 방법으로 여겨졌다. 양시는 다음과 같이 말한다.

배우는 사람들은 모름지기 의심하는 것이 있어야 하고, 그로부터 도덕적으로 진전할 수 있다. 그런데 오직 열심히 노력하는 데에만 힘쓰다가 비로소 의심이 생기게 되는 것이 지금 학자들의 독서하고 공부하는 방법이다. 스스로 의심할 것이 없다고 여기는 것은 그러므로 그 학문이 서로 향상될 수가 없다.[19]

---

15) 黃宗羲, 『宋元學案』, 권25, 7a.
16) 楊時, 『楊龜山集』, 권1, 18b.
17) 孫奇逢, 『理學宗傳』, 권15, 14a.
18) 楊時, 『楊龜山集』, 권2, 5a.
19) 孫奇逢, 『理學宗傳』, 권15, 10a, "學者須有所疑, 乃能進德, 然須用力深, 方有疑, 今之士讀書

또한 양시는 학자에게서 세상의 모든 원칙과 분명한 이치를 알고자 노력할 것을 기대하였다. 그에 따르면, 학자는 리를 철저하게 깊이 생각해야 하며, 마음이 흔들리거나 어둡게 되지 않아야 한다. 그렇게 되면 천지의 마음이 항상 분명하게 그의 눈앞에 드러나게 되며, 옛사람들의 대체가 이미 나에게 있게 된다는 것이다.20)

학업의 중요한 부분은 자기 자신의 인격을 위하여 공부하는 것이다.

자기를 위한 공부는 바로 배고프고 목마르면 먹고 마시는 것과 같아서, 외적인 사물에 대하여 기뻐하는 것이 아니다. 먹고 마실 필요가 없다고 여긴다면 배고프고 목말라서 반드시 죽게 될 것이다. 사람이 배우지 않으면 본래의 마음을 잃게 되어 인간으로 여겨지기에 부족하게 된다. 그 병은 배고프고 목마른 것과 다르지 않다. 그러므로 공부는 결코 그만둘 수 없는 것이다. 그런데 고대에 잘 배웠던 사람들은 반드시 먼저 노력의 목적을 알았다.21) 머물 곳을 알고 난 후에 점차 앞으로 나아갔다. 만일 눈이 멀어 어디로 가야 하는지를 알지도 못한 채 성현의 경지에 도달하고자 한다면 많은 어려움을 겪게 될 것이다. 이러한 이치를 마땅히 조심스럽게 마음에 새겨서 잊지 말아야 할 것이다.22)

양시는 자주 불교에 반대하는 말을 한다. 그는 부처가 마음의 실재를 부정하였다고 비난하고, 또 육경이 불교에 대하여 전하는 것이 없기 때문에 그것은 올바를 수가 없다고 한다.23) 그런 가운데서도 그는 불교와 유학 사이의 일치점 또한

爲學, 蓋自以爲無可疑者, 故其學莫能相尙."

20) 『楊龜山集』, 권5, 7b, "則天地之心日陳露於目前, 而古人之大體已在我矣."

21) Legge, *The Chinese Classics* Vol.I, 356.

22) 孫奇逢, 『理學宗傳』, 권15, 17b, "夫爲己之學正猶饑渴之於飮食, 非有悅乎外也, 以爲弗飮弗食, 則饑渴之病必至於致死, 人而不學, 則失其本心, 不足以爲人, 其病蓋無異於飢渴者, 此固學之不可已也, 然古之善學者必先知所止, 知所止, 然後可以漸進, 倀倀然莫知所之, 而欲望聖賢之域, 多見其難矣, 此理宜切求之, 不可忽也."

23) 『性理精義』, 권9, 20b.

발견하였다. 그는 불교의 제9 아마라식과 맹자의 선한 성, 그리고 제8 아라야식과 선도 악도 없는 본연지성 사이의 연관성에 주목하였다.

주희는 당연히 양시의 정신적인 지향을 그대로 동조할 수 없었다. 그는 양시의 많은 것이 과장되고 많은 것이 표면적이라고 여겼다. 주희에 따르면 양시는 젊었을 때 『장자』와 『열자』를 읽고 그들의 사유방식에도 친숙해졌는데, 후에 그가 정이의 제자가 되었음에도 불구하고 그 이념들이 다시 표면적으로 나타났다는 것이다.[24] 그러나 나는 그보다는 장재와 그의 스승인 정호가 그의 사상의 뿌리가 되었다고 생각한다.

2. 사양좌

사양좌謝良佐(1060~1125)의 자는 현도顯道이다. 그는 정이의 수제자 네 명에 속한다. 상채上蔡 출신이었기 때문에 상채선생으로 불렀다. 그의 생애는 정확하게 알려져 있지 않으며 단지 근사하게 추정해 볼 수 있다. 그는 1085년에 진사가 되었으며, 1101년에 수도에서 작은 관직을 받았다. 그리고 행정관으로서 지방에서 근무하였다. 생애 마지막 즈음에 익명의 문서를 통하여 모함을 받아 감옥에 갇혔으며 관직을 박탈당하였다.[25] 실제로 그러한 죄목의 진상을 알 수 있는 구체적인 것들은 알려지지 않은 것으로 보이는데, 중국의 관리사회를 지배하였던 동경과 시기 및 모략이 그 계기가 되었던 것 같다. 시호는 문숙文肅인데, 1850년에야 비로소 공자의 사당에 받아들여졌으니 상당히 오랜 시간이 걸렸음을 알 수 있다.[26]

---

24) 『性理大全』, 권40, 14b 이하.
25) 『宋史』, 권428, 「列傳」, 1쪽.
26) Giles, *Chinese Biographical Dictionary*, Nr.738.

사양좌는 정호의 제자가 되었다가 후에 정이의 제자가 되었지만, 그는 정이보다 정호에게서 더 많은 것을 물려받았다. 정호는 그를 처음 보았을 때 다른 사람에게 말하였다.

이 수재가 널리 나아가 깨우칠 수 있다면 장차 희망을 가질 수 있을 것이다.[27]

처음에는 사양좌가 개념을 파악하는 데에 어려움이 있었고, 그 때문에 몇 가지 곤란함이 있었다. 그는 제대로 이해하지 못하면 이마에 땀이 맺혔다. 그와 함께 공부하던 양시는 모든 것을 금방 이해하였지만, 사양좌는 스승의 말에 따르면 돌과 같았다. 이 돌에 작용하기 위하여 물을 쏟는다면 많은 물방울이 필요할 것이다. 그는 매우 열심히 배워서 인용할 수 있을 정도로 좋은 기억력을 가지고 있었지만, 정호는 그가 탁월한 기억력을 가졌음에도 본 사물에 대하여 생각하는 것이 너무 적다고 하였다. 사양좌는 그것에 대하여 부끄러워하였다. 스승은 그에게 자주 조용히 앉아서 명상할 것을 명하였다. 정호가 죽은 후 그는 정이에게서 학업을 마쳤다. 정이는 제자 중 많은 이들이 불교로 돌아섰는데 양시와 사양좌는 그에게 충실하게 남았다고 말하였지만,[28] 이들에게서도 그는 자주 불교적인 경향을 확인하였다.

사양좌는 『논어』에 대한 『논어설論語說』을 저술하였고, 그의 말들은 노염魯恬과 호안국胡安國에 의해 『상채어록上蔡語錄』으로 편찬되었다. 이 글들은 주희의 비판적인 주들과 함께 『정의당전서』 안에 재수록되었다.

철학자로서의 사양좌는 형이상학적인 문제들을 많이 다루었다. 그는 합리적인 리에서 출발하여 나와 하늘이 같다는 것, 즉 인간의 마음과 세계정신이 같다는 것을 증명하고자 하였다. 증명은 다음과 같이 실행되었다.

---

27) 謝良佐, 『上蔡語錄』, 권1, 22b, "此秀才展拓得開, 將來可望."
28) 孫奇逢, 『理學宗傳』, 권15, 21a.

하늘은 리이며, 인간 또한 리이다. 리를 따르면 하늘과 하나가 된다. 하늘과 하나가 되면, 나는 내가 아니라 리이다. 리는 리가 아니라 하늘이다.[29]

이 증명이 올바르다는 것에 대한 전제는 당연히 단지 하나의 리가 있다는 것이다. 이것은 다음과 같은 말에서 확인할 수 있다.

학자는 또한 리를 궁구해야만 한다. 각각의 사물이 모두 리를 가지고 있다. 리를 궁구하면 하늘이 한 것을 알 수 있다. 하늘이 한 것을 알면 하늘과 하나가 된다. 하늘과 하나가 되면 이르러 가는 곳마다 리 아닌 것이 없다.…… 리를 반드시 각각의 사물에서 궁구해야 하는지 묻자, 이렇게 답하였다. "반드시 그 큰 것을 궁구해야 한다. 리는 단지 하나일 뿐이다. 한 곳에서 리를 궁구하였다면 가는 곳마다 모두 통하게 될 것이다."[30]

인간이 하늘과의 동일성을 생각할 수는 있지만 하늘은 그렇지 않을 것이라는 특별하지 않은 지적으로 그의 견해에 대립하고자 하는 사람이 있었다. 이러한 반대는 특히 눈에 띈다. 사양좌는 하늘을 물질적인 하늘이 아니라 천리로 이해하고 있지만, 그는 이것을 통해서가 아니라 『역경』을 인용함으로써 그 반대의견을 물리쳤다. 그는 다음과 같이 말한다.

어떤 사람이 말하였다. "의意(의도함)와 필必(집착함)과 고固(고집함)와 아我(자기중심적 생각) 가운데 어느 하나라도 있다면 천지와 더불어 서로 닮을 수 없을 것이다." 답하였다. "그러나 리에 어찌 한마디 말을 첨가할 수 있겠는가? 『역경』에서는 말하

29) 謝良佐, 『上蔡語録』, 권2, 3b, "天理也, 人亦理也, 循理則與天爲一, 與天爲一, 我非我也理也, 理非理也天也."
30) 謝良佐, 『上蔡語録』, 권2, 2a, "學者且須是窮理, 物物皆有理, 窮理則能知天之所爲, 知天之所爲, 則與天爲一, 與天爲一, 無往而非理也.……曰, 理必物物而窮之乎, 曰, 必窮其大者, 理一而已矣, 一處理窮, 觸處皆通."

기를 '천지와 더불어 서로 닮는다' 하였으니, 서로 닮음이 결코 틀리지 않다는 것은 이미 이 말에서 나온다.[31]

사양좌는 그러나 이로써 인간과 하늘의 유사함을 주장하는 데에 만족하지 않고 완전한 동일성을 주장하기에 이른다. 그는 말한다.

나를 아는 것은 하늘이다. 인간의 마음은 천지와 더불어 한 가지이니, 단지 사사로운 마음으로 인해 스스로 작아진 것일 뿐이다. 리에 맡겨서 사물을 볼 따름이라면 더불어 할 것이 무엇이겠는가, 오직 천일 따름이다. 어찌 천지와 더불어 마찬가지인 데 그치겠는가, 그 자체로 이미 천지인 것이다.[32]

사양좌는 자신의 이론을 위하여 공자를 근거로 내세운다.

유학과 불교의 차이를 묻자 답하였다. "우리 유학자들은 낮은 것에서 학습하기 시작하여 위에 이르니, 리를 궁구하는 것이 지극해지면 저절로 도를 인식하여 하늘과 하나가 된다. 그러므로 공자는 '나를 아는 것은 하늘이구나'라고 하였으니, 이것은 하늘로써 나를 삼은 것이다. 불교는 리로부터 말미암은 것이 아니어서 스스로 믿지 못하기 때문에, 반드시 남의 인정을 기다린 후에 믿는다."[33]

그러나 사양좌는 또 다른 반대에 부딪치게 된다.

물었다. "태허는 결코 다함이 없지만 마음은 그칠 때가 있다. 그런데 어찌 그 둘이

---

31) 謝良佐, 『上蔡語錄』, 권2, 3b, "或曰, 意必固我有一焉, 則與天地不相似矣, 曰, 然理上怎安得箇字, 易曰, 與天地相似, 故不違相似, 猶自是語."
32) 謝良佐, 『上蔡語錄』, 권2, 6b, "知我者其天乎. 人心與天地一般, 只爲私心自小了. 任理因物而已, 無與焉, 天而已. 豈止與天地一般, 只便是天地."
33) 謝良佐, 『上蔡語錄』, 권2, 4b, "問, 儒佛之辨, 曰, 吾儒下學而上達, 窮理之至, 自然見道與天爲一, 故孔子曰, 知我者其天乎, 以天爲我也, 佛氏不從理來, 故不自信, 必待人證明然後信."

하나로 합할 수 있겠는가?" 답하였다. "마음이 그칠 때가 있다고는 하지만 그것은 단지 그것이 작용하는 한도 내에서이다. 그것이 작용하고 있지 않다면 어떻게 그칠 수 있겠는가?"[34]

상대자는 마음과 태허가 동일하다는 것에 이의를 제기하였는데, 이것은 바로 사양좌가 주장한 바였을 것이다. 인용문에서 사양좌는 인간의 마음을 단지 리로서의 하늘 즉 세계이성과 동등하게 설정하였다. 만약에 그 대신에 여기에서 태허 즉 무한한 공간이 나타난다면, 이것은 세계정신과 같아야만 할 것이다. 이것은 장재의 이론을 받아들인 것이 분명하다. 그의 답변은 인간의 마음 또한 하늘의 마음과 마찬가지로 영원하며, 단지 말·감정·생각 등은 시간과 연계된 것이라고 말하는 것으로 보인다. 그의 마음은 천리의 그것과 똑같은 것이며 영원히 보존되지만, 단지 인간적인 것은 소멸될 수 있다. 이것을 다음의 말이 의미하는 것으로 보인다.

하늘의 리를 따르는 것이 성이다. 성은 사적인 의도를 포용하지 않는다. 잠시라도 사적인 의도가 있게 되면, 더 이상 하늘과 하나가 될 수 없다.[35]

인간의 성은 본질상 하늘과 하나이지만, 인간의 의도는 이러한 공동의 것에서 갈라진다. 간략하게 이 문장을 다음과 같이 이해할 수도 있다.

마음은 머무는 것이 있지만, 태허는 확실히 끝이 없어서 반드시 윤회하게 된다는 것을 안다.[36]

---

34) 謝良佐, 『上蔡語錄』, 권1, 21a, "問, 太虛無盡, 心有止, 安得合一, 曰, 心有止只爲用, 他若不用, 則何止."
35) 謝良佐, 『上蔡語錄』, 권2, 7a, "循天之理便是性, 不可容些私意, 纔有意, 便不能與天爲一."
36) 謝良佐, 『上蔡語錄』, 권1, 1b, "此心有止, 而太虛決知其無盡, 必爲輪迴."

세계를 채우는 마음은 항상 새로운 단계와 변화를 통하여 시작과 끝이 없이 이어지며, 인간의 마음으로 나타나는 것은 단지 짧은 시간에 불과하다.

마음의 본질을 사양좌는 '인仁'으로 표현하고 있다. 그는 다음과 같이 말한다.

마음이란 무엇인가? 인仁일 따름이다. 인이라는 것은 무엇인가? 살아 있는 것을 인이라 하고, 죽은 것을 불인不仁이라 한다. 지금 인간의 몸이 마비되면 고통과 자극을 더 이상 느끼지 못하게 되니, 그것을 불인이라 하는 것이다. 복숭아와 살구의 씨는 심어서 자라날 수 있고, 그 때문에 도인桃仁이라고 하고 행인杏仁이라고 한다. 이것은 살아 있다는 의미가 있음을 말한다. 이것으로부터 우리는 인이라는 것이 무엇인지를 알 수 있다.[37]

이어서 사양좌는 인仁이란 감각할 수 있는 것을 의미한다고 말한다.

인仁이라는 것은 '사지四肢가 불인不仁하다' 할 때의 그 인仁을 말한다. 불인하면 고통과 자극을 인식할 수 없으며, 인하면 고통과 자극을 인식할 수 있다.[38]

옛사람들은 마음이 없으면 아무것도 듣고, 보고, 맛볼 수 없다고 하였다.

보지 못하고 듣지 못하고 맛을 알지 못하는 것이 바로 불인이다.[39]

감각, 지각, 느낌 등은 마음의 본질을 추상적 의미의 인仁보다 훨씬 잘 표현하고 있다. 많은 유학자들은 '인'을 매우 복잡한 것으로 이해하였지만, 사양좌가 생각한

---

37) 孫奇逢, 『理學宗傳』, 권15, 26a, "心者何也, 仁是己, 仁者何也, 活者爲仁, 死者爲不仁, 今人身體麻痺, 不知痛癢, 謂之不仁, 桃杏之核可種而生者, 謂之桃仁杏仁, 言有生之意, 推此仁可見矣."
38) 謝良佐, 『上蔡語錄』, 권2, 1a, "仁是四肢不仁之仁, 不仁是不識痛癢, 仁是識痛癢."
39) 謝良佐, 『上蔡語錄』, 권1, 17b, "不見不聞不知味便是不仁."

'안'은 원초적인 것으로서 이로부터 비로소 외부세계의 작용에 대한 반응으로 의지와 사유가 발전되어 나온다. 그러나 이러한 사양좌의 이해는 거의 모든 유학자들에게서 부정되었다.

사양좌는 정신적인 영역에서 귀신이 존재하는 것임을 믿었다. 그는 죽은 사람의 귀신에 대하여 기이한 말을 하였다.

스스로 있고자 원한다면 곧 있게 되고 스스로 없고자 원한다면 곧 없게 되는 것임을 비로소 알겠다. 귀신이 저 허공을 가득 채우고 있다가 우리의 눈에 띄는 순간 모두 다른 존재로 되어 버리는 것은, 바로 천지의 신묘한 작용이다. 죽은 조상들의 정신은 바로 우리들 자신의 정신이다.[40]

주회는 사양좌의 말에 대한 주를 달면서, 귀신이 있다고 말하면 있게 되고 없다고 말하면 없게 된다는 설을 부정하지는 않았으나, 사람의 태도 여하에 따라 귀신의 존재 여부가 결정되는 것은 아니라고 비판하였다.[41] 호거인胡居仁 또한 세상에는 사양좌의 말처럼 사람이 말하는 것에 따라 존재 여부가 결정되는 귀신과 같은 것은 없다고 더욱 분명하게 지적하면서, 그것이 만약 정말로 있다면 사람들이 없다고 말하더라도 있을 것이며 그것이 정말로 없다면 사람들이 있다고 말하더라도 없을 것이라고 하였다.[42]

두 사람은 사양좌의 말을 사람들이 원하면 귀신이 존재하고 원하지 않으면 존재하지 않는다는 뜻으로 생각하였다. 그러나 그의 말은 귀신의 존재에 관한 것이 아니다. 그것은 마지막 문장에서 충분히 설명된다. 그는 단지 사람들이 원하면 귀신이 모습을 드러내고 원하지 않으면 드러내지 않는다는 것을 말했을

---

40) 謝良佐, 『上蔡語録』, 권1, 15b, "自家要有, 便有, 自家要無, 便無, 始得. 鬼神在虛空中辟塞滿, 觸目皆是爲他, 是天地間妙用. 祖考精神, 便是自家精神."
41) 謝良佐, 『上蔡語録』, 권1, 15b.
42) 謝良佐, 『上蔡語録』, 권1, 16a.

뿐이다. 주희와 다른 유학자들은 진실된(誠) 태도를 통해 후손들은 같은 기를 지닌 그들의 조상을 제사에 부를 수 있다고 믿었다. 이와 유사하게 사양좌는 죽은 사람에 대한 간절한 기원(주희 등에 의해 '誠'으로 표현되는)은 그 기원자들과 본질적으로 가까운 정신에 널리 영향을 미치게 된다고 보았던 것이다.

정신과 연관된 개념으로는 다양한 단어들이 있다. 사양좌는 집의 기둥을 예로 들며 말하였다.

집의 기둥을 가리켜 말한다면, 이 나무가 기둥이 될 수 있었던 것은 리이다. 굽고 곧은 것은 성이다. 굽고 곧게 된 원인은 명이다. 리, 성, 명은 하나일 뿐이다.[43)]

마음은 작용하는 장소이며, 성은 그 자연이다.[44)]

마음은 본래 하나이다. 나뉘어 갈라져 나간 것은 의意이다.[45)]

생각(思)을 제거할 수 있는지 묻자 답하였다. "어떻게 생각을 제거할 수 있겠는가? 생각은 예叡이며, 이 예가 성인을 만든다. 생각을 어찌 제거할 수 있겠는가?"[46)]

질문한 사람은 아마도 생각을 없애고 명상 또는 직관을 통한다면 지知에 더 잘 이를 수 있다고 믿었던 듯하다. 지에 대하여 사양좌는 다른 사람이 말하는 것을 믿어서는 안 되며 스스로 생각해야 한다고 가르쳤다. 사람은 리를 궁구함으로써 사물을 인식한다.

---

43) 謝良佐, 『上蔡語錄』, 권2, 5a, "因指屋柱曰, 此木可以爲柱者理也, 其曲直者性也, 所以爲曲直者命, 理性命一而已."
44) 謝良佐, 『上蔡語錄』, 권2, 6a, "心是發用處, 性是自然."
45) 謝良佐, 『上蔡語錄』, 권3, 1a, "心本一, 支離而去者乃意爾."
46) 謝良佐, 『上蔡語錄』, 권3, 1a, "問思可去否, 曰, 思如何去, 思曰睿, 睿作聖, 思豈可去."

듣고 보아서 아는 지는 참된 지가 아니다. 물과 불을 알아서 뛰어들지 않는 것은 저절로 그러한 것이다. 참된 지이기 때문이다. 참된 지는 자연스럽게 어려움 없이 행동하게 한다. 참된 지에 따라 행하면 의지가 있는 것을 항상 피할 수는 없지만, 의지가 다하는 때가 있다.[47]

어떤 사람이 물었다. "천하에는 매우 많은 일이 있는데, 어떻게 하여 올바른 것을 볼 수 있겠는가?" 답하였다. "리를 궁구하면 그것을 볼 수 있다. 일은 수없이 많지만, 리를 궁구하는 것은 한 가지이다."[48]

모든 것이 의존하고 있는 천하의 리는 단지 하나에 불과하다.

학문이 소인배적인 생각으로 인하여 변종되어서는 안 된다. 사양좌의 스승 정호는 항상 사양좌에게 현인은 독서하면서 줄이나 세고 글자나 세어서는 안 된다고 가르쳤다.[49]

사양좌는 불교의 영향을 받지 않았다고 자처했지만, 유학과 어긋나는 불교의 가르침들이 대부분 선입견에서 기인한 것이라고 보았다.[50] 그러나 불교에 대한 이런 태도와는 달리 그는 노자의 관점에 대해서는 전혀 동의하지 않았다. 노자는 도를 잃은 다음에 덕이 생기고, 덕을 잃은 다음에 인이 생기고, 인을 잃은 다음에 의가 생기고, 의를 잃은 다음에 예가 생긴다고 주장하였지만, 사양좌는 그것이 모두 틀린 주장이라고 지적하였다.[51]

---

47) 謝良佐, 『上蔡語錄』, 권2, 7b, "聞見之知, 非眞知也. 知水火自然不蹈, 眞知故也. 眞知自然行 之不難, 眞知而行, 未免有意, 意有盡時."
48) 謝良佐, 『上蔡語錄』, 권3, 4b, "或問, 天下多少事, 如何見得是處, 曰, 窮理便見得, 事不勝, 窮 理則一也."
49) 孫奇逢, 『理學宗傳』, 25, 25a.
50) 謝良佐, 『上蔡語錄』, 권2, 2b. 胡安國에게 쓴 편지에서 謝良佐는 유학자는 참선과 낮은 학설로부터 구분된다고 쓰고 있다.
51) 『道德經』, 38장.

변하지 않는 것을 일러 도의 본체라고 한다. 그것이 나의 몸에 있는 것을 일러 덕이라고 한다. 지각이 있고 아픔을 느끼는 것을 일러 인仁이라고 한다. 그 운행과 작용이 모두 합당함을 얻은 것을 일러 의라고 한다. 이것은 대개 모두 하나이다. 무엇 때문에 그리 많은 분별이 있겠는가?[52]

모든 덕은 단지 이 하나에서 나온 것으로, 그것은 바로 도 또는 리이다. 주희는 사양좌의 학설에 전적으로 동의하지는 않았다. 어렸을 때 주희는 사양좌를 매우 높이 평가하였다. 그의 저서들을 읽고 인간적으로 그에게 경탄하였으며, 그의 대화가 잊히지 않게 하기 위하여 그의 어록을 편찬하였다. 그러나 주희는 후에 그의 말 속에 매우 많은 과장이 들어 있다는 것을 발견하였다. 사양좌의 리에 대한 설명은 너무 멀리 나아갔으며, 그의 학문은 선종으로 기울어지는 성향이 강하다는 것이다. 선종으로 기운 증거로 주희는 그가 '안'을 감각으로 설명한 것을 들고 있다. 이정은 공자의 마음을 올바로 파악하였지만, 사양좌는 그것을 다시 잃었다는 것이다.[53]

여하튼 사양좌는 냉철한 사상가였다. 그는 형이상학적인 지향을 통하여 육구연의 선구자가 되었으며 또한 장재와의 접촉점도 보여 주었다.[54]

3. 여대림

여대림呂大臨(1044~1090)의 자는 여숙與叔이다. 섬서성 남전藍田 출신이었기 때문에 '남전'을 호로 삼았다. 그는 세 형제들과 함께 먼저 장재에게서 공부하였으

---

52) 謝良佐, 『上蔡語錄』, 권1, 11a, "不可易底便喚做道體, 在我身上, 便喚做德, 有如覺識痛癢, 便喚做仁, 運用處皆是當, 便喚做義, 大都只是一事, 那裏有許多分別."
53) 『性理大全』, 권40, 9b, 14b, 16a~17a.
54) 謝无量, 『中國哲學史』 5권, 42; 高瀨武次郎, 趙蘭坪 中譯, 『中國哲學史』 3권, 72.

며, 후에 이정에게서 공부하여 사선생四先生으로 불렸던 정이의 네 제자 가운데 일인이 되었다.

여대림은 과거를 위한 공부를 버리고 자기수양에 힘써서 성인에 대한 공부를 하였다. 정이는 그가 장재의 가르침으로 인해 안정됨이 있다고 하였다. 여대림은 인격도야에 힘을 기울였으며, 정이는 그의 이런 열정을 칭찬하였다. 여대림의 장인 또한 자신이 안회顔回를 사위로 삼았다고 말하였다. 그가 공자의 제자였던 안회를 본보기로 삼았기 때문이다.[55] 주희에 따르면 그의 성품은 본래 날카로웠지만 자신을 열심히 닦아서 그런 성격이 대부분 사라졌으며 이윽고 군자가 되었다고 한다.[56] 그는 특히 『예기』를 깊이 공부하였다. 고대 관리들은 정확하게 예禮의 규정에 따라 살았던 반면에 그 당시 사람들은 법을 위주로 살고 있다고 여대림은 여겼다. 그래서 그는 고대의 예를 다시 구현하고자 힘썼다. 그는 사람들이 큰 가르침을 더 이상 이해하지 못하기 때문에 노장이나 부처에게로 돌아서게 된다고 생각하였다. 그 결과 이들은 유학적 성인들의 탁월함을 의심하며 예를 과소평가하고 인륜을 소홀히 여기게 되었다는 것이다.[57] 그의 친구들은 그가 불교 서적을 읽는다고 비난하였으나, 그는 단지 불교의 학설을 알고자 하는 것일 뿐이라고 대답하였다. 그러나 약간은 불교의 체계에 물들었을 것이다. 주희가 말한 것처럼 그의 저서에서 많은 부분들이 완전히 정통적인 유학은 아닌 것처럼 보이기 때문이다.[58]

경전에 대한 그의 철저한 이해 때문에 그는 1090년에 태학박사太學博士 및 비서성정자祕書省正字로 임명되었으며 다른 직위에도 추천되었는데, 그것은 그가 고대의 사람들처럼 그 자신의 인격도야에 힘썼으며 다른 사람들이 공부하도록

---

55) 孫奇逢, 『理學宗傳』, 권15, 41b.
56) 『性理大全』, 권40, 7a.
57) 『宋史』, 권340, 「列傳」, 10쪽.
58) 『性理大全』, 권40, 7a.

도울 수도 있었기 때문이다. 그러나 얼마 지나지 않아서 46세의 나이로 죽고
말았다.[59] 주희는 그의 이른 죽음을 매우 애석해하였다.[60]

여대림은『예기』와『맹자』에 대한 방대한 저서 2종(『禮記傳』16권,『孟子講義』
14권)을 저술하였으며, 또『시경』·『대학』·『중용』에 대한 작은 저서 3종(『詩說』
1권,『大學說』1권,『中庸說』1권)을 저술하였다. 문집으로는『남전문집藍田文集』이
전한다.[61]

여대림의 세계관은 동학인 사양좌의 그것과 상당히 일치한다. 그와 마찬가지로
여대림은 인간의 마음과 세계정신의 동일성을 고찰한다. 그러나 그의 증명에서는
고대에 잘 알려졌던 중국의 형이상학적인 유산인 중中과 성誠이 여전히 중요한
역할을 한다.

어린아이의 마음은 선한 마음이며, 이것은 천지의 마음(中)과 같다.

> 고요하여 움직이지 않으며, 텅 비어서 밝고 순수하게 똑같아서 천지와 유사하고
> 신명과 하나가 된다.[62]

어린아이의 마음은 아무런 욕구도 없이 균형을 이루고 있으며 그것이 있어야
하는 그대로 있기 때문에 먼지 앉지 않은 거울처럼 맑다.

여대림은 하늘의 리와 하늘의 덕을 통해 나의 마음이 다른 사람의 마음과
같아질 수 있음을 강조하였다. 그는 이렇게 말한다.

---

59) 謝无量,『中國哲學史』5권, 45; 高瀬武次郎, 趙蘭坪 中譯,『中國哲學史』3권, 74; 渡邊秀方,
    劉侃元 中譯,『中國哲學史槪論』3권, 50.
60) 孫奇逢,『理學宗傳』, 권15, 42b.
61) 高瀬武次郎, 趙蘭坪 中譯,『中國哲學史』3권, 74; 渡邊秀方, 劉侃元 中譯,『中國哲學史槪論』
    3권, 50.
62)『性理大全』, 권32, 5a, "寂然不動, 虛明純一, 與天地相似, 與神明爲一."

진실로 사사로운 의意가 없게 되면, 나의 마음이 곧 하늘의 마음이다.[63]

마음의 상태는 흔히 중中으로 표현되는데, 마음을 중의 상태로 유지할 수 있게 하는 마음의 특징은 성誠이다.

성誠은 리의 참된 본질이며 한결같아서 바꿀 수 없는 것이다. 참된 리는 둘이 아니기에 그 본체는 잡됨이 없으며, 그 본체가 잡됨이 없기에 그 운행 또한 끊어짐이 없다. 그러므로 지극한 성誠은 결코 쉬지 않는다.[64]

그러나 중국의 사상가들이 닦고자 하는 마음의 본질은 이렇게 간단하게 결정되는 것이 아니다. 우리가 마음의 본체를 알지 못하는 것과 마찬가지로 물질의 실체 또한 우리에게 알려져 있지 않다. 어떤 힘이 있을 터이지만, 그 힘은 무엇인가?

예를 실천하는 주체로서의 마음은 도라고 한다. 여대림은 말한다.

인간은 하늘과 땅의 중을 받았으며, 이로써 선량한 마음이 생겨난다. 작용하는 것은 도가 아닌 것이 없다. 나에게 있는 측은, 수오, 사양, 시비의 마음이 모두 도이다. 저들에게 있는 군주와 신하, 아버지와 아들, 남편과 아내, 형과 아우, 여러 친구 사이의 교류 또한 도이다.[65]

사람은 세계정신의 감각으로 이것을 파악함으로써 덕을 도의 일부로 보여 줄 수 있을 것이다. 그러나 여대림의 주장에서 아버지와 아들이 서로 간에

---

63) 『性理大全』, 권32, 5b, "苟無私意, 我心即天心."
64) 『性理精義』, 권9, 38b, "誠者, 理之實然, 一而不可易者也. 實理不二, 則其體無雜, 其體不雜, 則其行無間. 故至誠無息."
65) 『性理大全』, 권34, 3a, "人受天地之中, 以生良心, 所發莫非道也, 在我者, 惻隱羞惡辭遜是非皆道也, 在彼者, 君臣父子夫婦昆弟朋友之交亦道也."

느끼는 감정 같은 것은 떠올릴 수 있다고 하더라도, 군주와 신하 사이와 같은 사회적인 관계에서는 이것이 어렵다. 또한 모든 이러한 감정들은 세계정신이 인간의 마음 안에 변용되어 있는 한도 내에서만 느낄 수 있는 것이다. 도대체 누가 누구에게 충성 또는 효도하는 태도를 가져야 하겠는가?

예를 이상으로 추구하는 여대림은 「극기명克己銘」을 좌우명으로 삼았다. 그는 이에 대하여 간략하게 말한다.

생명이 있는 모든 것들은 그 기를 함께하고 그 체를 함께하니, 어찌 어질지 않겠는가? 나는 나 자신을 기준으로 삼아 나와 다른 사물을 세운다. 사사로움은 구분하는 경계를 지으니, 이기려는 마음이 마구잡이로 생겨나 혼란스러워지고 가지런하지 않게 된다. 그러나 대인은 완전함을 보존하며 마음으로 상제의 규칙을 본다.……또한 이미 극복하였다면 아름답고 화려하게 사방팔방으로 널리 통한다. 모든 것이 나의 집 안에 있다. 이와 같다면 천하가 나의 인仁으로 돌아오지 않는다고 누가 말할 수 있겠는가?[66]

서양의 철학자들은 인간을 매우 억압하거나 신의 노예로 만드는 경향이 있지만, 중국인들은 그와는 반대로 인간을 신격화하는 방향으로 기울어졌다. 여대림이 그 좋은 예를 보여 준다. 그러나 그것은 사욕의 근절과 도덕적인 완전함을 추구함으로써 비로소 이루어질 수 있다.

인간의 정신적인 힘을 여대림은 귀신에게로 되돌리고자 하였다. 모든 존재는 가장 완전한 신神 즉 기氣와 가장 완전한 귀鬼 즉 백魄을 가지고 있다. 그러므로 각각의 인간에게 귀와 신이 있다. 귀와 신은 우주 전체를 채운다. 고요하면 이들은 외적인 작용을 통해 쉽게 감응되니, 비록 형태와 소리가 없다고 하더라도

---

66) 孫奇逢, 『理學宗傳』, 권15, 41b, "凡厥有生, 均氣同體, 胡爲不仁, 我則有己, 立己與物, 私爲町畦, 勝心橫生, 擾擾不齊, 大人存誠, 心見帝則……亦既克之, 皇皇四達, 洞然八荒, 皆在我闥, 孰曰天下不歸吾仁."

이들은 모든 것을 이해하며 자신을 속이게 두지 않는다.[67)

다른 생물은 인간과 유사하게 이루어진다.

인간의 성과 다른 사물의 성의 차이는 매우 적다. 다만 사물의 성은 막혀서 열려 있지 않기 때문에 사물의 지는 인간의 지처럼 맑지 못하며, 사물의 성은 치우쳐서 바르지 못하기 때문에 사물의 재능은 인간의 재능처럼 아름답지 못한 것이다. 그러나 사람에게는 사물의 성과 가까운 사람이 있고, 사물에게는 인간의 성과 가까운 사물이 있다. 여기에서 또한 연관된다.[68)

---

67) 『性理大全』, 권28, 1b.
68) 『性理精義』, 권9, 5a, "物之性與人異者幾希, 惟塞而不開, 故知不若人之明, 偏而不正, 故才不若人之美, 然人有近物之性者, 物有近人之性者, 亦繫乎此."

제4장 다양한 성향의 철학자들

1. 호상학파

1) 호안국

호안국胡安國(1074~1138)은 자가 강후康侯이고 호는 무이武夷이며, 복건성 숭안崇安 출신이다. 어렸을 때 정이의 친구에게 지도를 받아 열심히 공부하였으며 이정의 문인들과 우호적인 관계를 계속 유지하였다. 성인이 되기 위하여 그는 세상을 완전히 등졌다. 아버지가 죽었을 때에는 무덤가에 집을 짓고 그곳에서 계속 농사지으며 살 생각도 하였다. 호안국은 20년 동안 『춘추』를 공부하였다. 그는 『춘추』가 학관에서 제외된 것을 국가의 불행으로 여겼으므로, 『춘추』가 다시 경전이 되게 하기 위하여 많은 노력을 하였다. 1097년에 탁월한 성적으로 박사시험에 합격한 후에 문관으로 호남성에 파견되었다. 모략으로 해직되었다가 후에 다시 복직되었고, 이후 죽을 때까지 고종의 시강관으로 있으면서 다른 직책은 사양하였다. 그는 1131년에 황제에게 통치에 대한 포괄적인 제안을 하였으며[1] 그 다음해에 황제를 만났다. 또한 『춘추』를 주석하고 사마광의 역사서를 보충하였다. 15권으로 된 문집이 있다.

호안국은 매우 충실한 관리였으며, 조국이 곤궁에 처해 있는 것을 매우 고통스럽

---

1) 「時政論」 21편.

게 느끼고 기꺼이 돕고자 하였다. 부당한 처벌조차도 그의 충심을 줄이지 못하였다. 죽은 후에 문정文定이라는 시호를 받았으며, 황제는 그의 가족에게 토지를 내렸다.

호안국은 창조적인 철학자로 간주되지는 않지만, 특히 왕안석으로 인하여 혼란에 빠져 있던 송대 초기의 철학자들이 정이의 철학을 주류로 삼을 수 있도록 하는 데에 공헌하였다. 그는 공자와 맹자의 가르침이 오랫동안 잊혔다가 이정을 통하여 비로소 새롭게 활기를 찾게 되었다고 말하였다. 만약에 제자들에게 공자와 맹자를 스승으로 공경하는 것을 포기하고 정이의 가르침을 따르는 것을 금지한다면, 그것은 마치 사람이 집에 들어서면서 문을 사용하지 않고자 하는 것과 같다고 하였다. 1056년 이래로 그는 낙양에서 소옹과 이정에게서 배웠으며, 섬서성에서는 장재에게서 가르침을 받았다. 그들은 그 가르침과 덕행으로 유명하였으며 고관들의 스승으로 공경을 받았다. 왕안석과 그의 동지들은 이들을 공격하였으며 그 학설이 보급되는 것을 저지하였지만, 호안국은 그들에게 존칭을 부여하고 순자, 양웅, 한유처럼 받들어져야 한다고 주장하였다. 또한 그들의 저서들을 수집하여 새로운 판본으로 널리 보급해야 한다고 하였다. 이 제안에 대하여 많은 고관들이 황제에게 청원을 올려 호안국의 견해가 크게 잘못되었다고 비난하였다.

이정의 학맥을 이은 가장 중요한 학자들은 그와 우호적으로 교류하였다. 사양좌는 그를 한겨울에도 혼자 푸른 소나무에 비교하였으며,[2] 주희는 그를 다음과 같이 기렸다.

리를 보아서 이미 밝았으니 다스리지 못할 사물이 어디 있었겠는가?[3]

---

2) 『宋史』, 권435, 「列傳」, 11a.
3) 『性理大全』, 권6, 31a, "豈有見理已明而不能處事者."

주희에 따르면 호안국은 자기 자신에게서 발견한 것을 다른 사람에게도 미루어 갈 수 있고 옛사람에게서 배운 것을 오늘날에까지 미루어 볼 수 있다고 믿었다고 한다. 다만 그는 동중서와 전적으로 같지는 않지만 마찬가지로 고대의 성현에 완전히 이르지는 못하였다는 것이다. 또한 근본개념들에 대한 그의 이해는 매우 정밀하였으며 그의 아들 호굉은 더욱 상세하였으나, 그 중 많은 것이 여전히 잘못되었다고 한다.4)

2) 호굉

호굉胡宏(1106~1161)은 호안국의 아들로, 자는 인중仁仲이고 호는 오봉五峰이다. 처음에 그는 아버지에게서 배웠으며, 후에 이정의 제자인 양시의 지도를 받았다. 그는 처음 20년 동안 호남湖南의 형산衡山에서 고독하게 명상하며 공부하였다. 그는 아버지의 철학을 보급하였으며, 후에는 자기 자신의 철학을 보급하여 호상학파湖湘學派의 형성에 중요한 기여를 하였다. 그의 가장 유명한 제자는 장식張栻이다. 호굉은 관직을 받은 적이 없으며, 그의 부친에 대한 배려로 그에게 제공되었던 직책마저 사양하였다. 저서로『시문집』5권이 있고, 또 역사서『황왕대기皇王大紀』80권과『역경』에 대한 저서『오봉역외전五峰易外傳』1권이 있다. 특히 제자들과의 대화를 매일 기록하여 철학서『지언知言』을 남겼는데, 주희는 「호자지언부록胡子知言附錄」과 「호자지언의의胡子知言疑義」를 써서 호굉의 견해를 비판하였다.5)

호굉의 철학은 결과적으로 송대 철학자들의 형이상학적인 문제를 거의 모두 포괄하고 있는데, 몇 가지 기본개념들을 들어 그의 중요한 생각들에 대해 살펴보기로 하겠다.

---

4)『性理大全』, 권6, 31a.
5)『胡子知言附錄』,『胡子知言疑義』. 이 저서들은 모두『子書百家』에 수록되어 있다.

(1) 태극

태극은 하나이지만 보는 관점에 따라 각기 도, 명, 성, 리, 신, 천이라는 다양한 이름을 가지게 된다. 그러나 이것은 모두 같은 존재를 표현하는 다른 이름일 뿐이다.

도는 무엇을 이르는 것인가? 태극을 이르는 것이다.[6]

하늘의 명을 성이라고 한다. 성은 천하의 대본이다.[7]

호굉은 성을 사물 내부의 본질로 이해하였다. 명은 다른 어떤 것을 의미하는 것이 아니라 도와 마찬가지로 사물의 본질이며 세계의 근본이다. 이어서 그는 명이란 신으로 파악되는 리라고 한다.[8] 신은 성을 주도한다. 즉 신은 사물의 본질을 결정하며 사물을 생성한다.[9]

하늘은 도의 총명이다.[10]

(2) 도

도 개념은 호굉에게서 매우 여러 가지 의미를 가지며 다양한 색채로 언급되었다. 도는 단절되어 오는 것이 아니라 순수한 리로서 항상 어떤 주체를 필요로 하며, 사물 또한 도 없이는 결코 존재할 수 없다.

---

6) 胡宏, 『知言』, 권5, 7a, "道謂何也謂太極也."
7) 黃宗羲, 『宋元學案』, 권42, 4a, "天命之謂性性天下之大本也"
8) 胡宏, 『知言』, 권4, 3a.
9) 胡宏, 『知言』, 권6, 1a.
10) 胡宏, 『知言』, 권5, 8a, "天者道之總名也."

도는 결코 사물 없이 자체적으로 존재할 수 없으며 마찬가지로 어떤 사물도 도 없이 스스로 존재할 수 없다. 도가 사물에 있는 것은 마치 바람이 움직이고 물이 흐르는 것과 같다. 누가 이들을 분리할 수 있겠는가? 그러므로 사물과 분리하여 도를 구하는 것은 헛된 것일 뿐이다.[11]

사람은 도에서 본체와 작용을 구분할 수 있다. 본체는 인이고, 작용은 의라고 한다. 그는 다음과 같이 말한다.

도는 본체와 작용을 총칭하는 이름이다. 인은 그 본체이며, 의는 그 작용이다. 본체와 작용이 합하면, 이것이 도가 된다.[12]

그러나 이러한 구분은 그다지 성공적이지 못하다. 사람은 도의 본질을 인 즉 사랑 또는 최고의 덕에서 볼 수 있으며, 도는 무한한 사랑으로 채워진 신으로 간주될 수 있을 것이다. 하지만 무엇 때문에 이 사랑이 있어야 하며, 어떻게 그 작용이 단지 의만이 되겠는가? 무엇보다도 인과 의 사이에는 본체와 작용 사이와 같은 그런 대대적 관계가 없다.

그런데 다른 한편으로 도는 또한 천지의 영원한 균형과 조화로서 파악되었으며, 인간에게는 일상생활에서 항상 그것을 뒤따를 것이 요구되었다.

요·순·우·탕·문왕·공자의 도는 천지의 균형(中)과 조화(化)의 지극함이니, 유 有에서 취한 연후에 행하는 것이 아니다. 그러므로 만물에 두루 미치고 끝없이 통하여, 일용의 사이에 결코 떨어져 나가는 일이 없다.[13]

---

11) 『性理大全』, 권34, 4a, "道不能無物, 而自道, 物不能無道而自物, 道之有物猶風之有動, 水之有 流也, 夫孰能間之, 故離物求道者妄而已矣."
12) 胡宏, 『知言』, 권1, 8a, "道者體用之總名, 仁其體, 義其用, 合體與用, 斯爲道矣."
13) 『性理大全』, 권34, 3b, "堯舜禹湯文王仲尼之道, 天地中和之至, 非有取而後爲之者也, 是以周 乎萬物, 通乎無窮, 日用而不可離也."

도가 만물에 있는 것처럼 그것은 또한 인간의 몸에도 있으며, 일상생활의 모든 일들에도 있다.

도는 인간의 몸을 가득 채우고 천지간을 가득 채우고 있으나 형체에 구속되면 그 거대함을 보지 못하고, 도는 먹고 마시는 일, 부부간의 일과 같은 일상의 모든 일에 존재하고 있으나 일상의 흐름 속에 빠져 있으면 그 정미함을 알지 못한다.[14]

또한 도는 그 드러나는 양상에 따라 다양하게 나타난다. 도에는 하늘의 도, 땅의 도, 인간의 도가 있다.

음과 양이 형상을 이루면 하늘의 도가 드러난다. 강과 유가 바탕을 이루면 땅의 도가 드러난다. 인과 의가 덕을 이루면 인간의 도가 드러난다.[15]

이와 마찬가지로 명의 도가 있고 또 성의 도, 마음의 도가 있다. 그러나 도와 명 또는 도와 마음이 다른 것이라고 이해해서는 안 된다. 이것은 도가 명으로 또는 마음으로 나타난다는 것을 말하는 것으로, 도의 작용이 그만큼 다양하다는 것을 말하고 있다.

성誠이란 명의 도이고, 중이란 성性의 도이고, 인이란 마음의 도이다.[16]

도는 물질적인 세계와 정신적인 세계에서 운행하는 정신적인 힘이다. 이러한 도는 쉬지 않고 항상 움직인다.

---

14) 孫奇逢, 『理學宗傳』, 권16, 18a; 黃宗義, 『宋元學案』, 권42, 2a, "道充乎身, 塞乎天地, 而拘於 軀者不見其大, 存乎飮食男女之事, 而溺於流者不知其精."
15) 胡宏, 『知言』, 권1, 5a, "陰陽成象, 而天道著矣, 剛柔成質, 而地道著矣, 仁義成德, 而人道著 矣."
16) 『性理精義』, 권9, 27b, "誠者命之道乎, 中者性之道乎, 仁者心之道乎."

하늘의 도는 결코 쉬지 않으며, 그 때문에 움직이지 않은 적이 없었다.[17)

성誠, 조화, 중 등은 도의 주요 속성으로 간주될 수 있다. 도는 성誠으로써 세계를 다스린다. 호굉은 말한다.

성誠은 하늘의 도이다. 마음은 조화의 묘함을 담고 있어서 만물이 모두 상응한다. 도는 만물에 대해 은혜로써 품고 의로써 명령하며 위엄으로써 두려워하게 하고 믿음으로써 열매 맺게 한다.[18)

이것은 마치 도가 신성을 행사하는 것처럼 들린다. 마음으로서의 도는 모든 사물을 생성의 힘으로 생성하고 온정으로써 발전시키며 올바른 방식으로 주도하지만, 이들이 저항하면 위력을 보여 주어 이들의 신뢰를 얻고자 한다.

사람의 마음이 하늘의 도와 합하면 거의 성誠에 가깝게 되지만, 하늘의 도를 알지 못하면 어둠 속을 헤매는 것과 같다.[19)

하늘의 도가 개별적인 사람·가족·국가 안에서 합당하게 되면 모든 것이 바르게 성장한다. 만약에 그렇지 못하면 오랑캐가 강성해지고 동물이 포악해지며 식물이 무성해지고 나라가 황폐해진다.[20)

조화와 중용은 세상을 유지하게 하고 천체를 규칙적으로 움직이게 하는 힘이다. 인간은 이것을 또한 본보기로 삼아야 한다.

---

17) 胡宏, 『知言』, 권5, 7b, "天道無息, 故未嘗不動也."
18) 胡宏, 『知言』, 권6, 1a, "誠者天之道也, 心涵造化之妙, 則萬物畢應, 彼夫懷之以恩, 令之以義, 憚之以威, 結之以信者末矣."
19) 胡宏, 『知言』, 권4, 2b, "人心合乎天道, 則庶幾於誠乎, 不知天道, 是冥行也."
20) 胡宏, 『知言』, 권5, 7a.

인仁은 천지의 마음이다.[21]

만약에 인간이 이 인의 덕목을 실천한다면 이는 곧 천지의 작용을 본받는 것이다.[22] 호굉은 인에 매우 특별한 의미를 부여하여 다음과 같이 말한다.

거정居正(증원충)이 인을 실천하는 것에 대하여 물었다. 답하였다. "인을 하고자 하면 먼저 인의 본체를 알아야 한다." 물었다. "그 본체는 어떤 것입니까?" 답하였다. "인의 도는 매우 크면서 동시에 매우 친절하다. 이것을 아는 사람은 한 마디로 그것을 정의할 수 있지만, 모르는 사람은 비록 천만 가지 말을 해도 또한 그것을 알지 못한다. 그것을 할 수 있는 사람은 한 가지 행동만 들어도 할 수 있지만, 할 수 없는 사람은 천만 가지 일을 가리켜도 또한 할 수 없다.[23]

이러한 과장은 인을 세계정신의 본체로 여긴 데서 생겨났을 것이다. 그러나 인이 과연 본체가 될 수 있을 것이며, 인의 실천을 위해서는 먼저 그것에 대한 앎이 전제되어야만 하는가? 주희가 이러한 요청에 반대한 것은 정당하다.

(3) 명

명命은 하늘에 의하여 정해지며 변할 수 없다.[24] 이것은 성 즉 인간이 하늘로부터 받은 본성에서 기인한다. 그러므로 명은 인간의 마음에서 발현되며 그곳으로부터 작용한다.[25] 세상에는 행복에는 불행이 따르고 번영 뒤에는 멸망이 오는 등

---

21) 胡宏, 『知言』, 권1, 3a, "仁者, 天地之心也."
22) 黃宗羲, 『宋元學案』, 권42, 2b.
23) 孫奇逢, 『理學宗傳』, 권16, 17a, "居正問, 爲仁, 曰, 欲爲仁, 必先識仁之體, 曰, 其體如何, 曰, 仁之道弘大而親切, 知者可以一言盡, 不知者雖設千萬言, 亦不知也, 能者可以一事擧, 不能者雖指千萬事, 亦不能也."
24) 『性理大全』, 권31, 15b.
25) 胡宏, 『知言』, 권1, 5a.

끊임없는 변화가 있다. 거기에 재앙을 통해 인식시키고자 하는 것을 보여 주려는 하늘의 특별한 의도가 있다고 보이지는 않는다. 통치자가 자신을 돌아보고 덕으로 충만하다는 것을 안다면 아무것도 두려워할 것이 없지만, 그가 명을 맹신함으로써 자신을 돌아보지 않고 악한 성향으로 기울어 악정을 베풀면 나라가 멸망하게 된다.[26]

불변하는 명이 있다는 것에 대한 확신은 인간에게 고요와 만족을 준다고 한다. 호굉은 인간이 이러한 성을 소유한다고 주장하였지만, 그는 동시에 인간에게는 또한 정이 있기 때문에 걱정과 의심에 휩싸일 수밖에 없다는 것을 인정해야만 하였다.

어떤 사람이 왕통[27]에 대해 물으며 말하였다. "선생은 걱정과 의심이 있으십니까?" 답하였다. "하늘을 즐거워하고 명을 안다면 내가 무슨 걱정을 하겠는가? 리를 궁구하고 성을 다하였다면 내가 어떤 의심을 하겠는가? 비록 그렇다고 하더라도, 천하의 모든 사람이 걱정한다면 내가 어찌 홀로 걱정하지 않을 수 있을 것이며, 천하의 모든 사람이 의심한다면 내가 어찌 홀로 의심하지 않을 수 있을 것인가?"[28]

(4) 성

오직 유일 뿐 결코 무가 될 수 없는 것, 바로 성이로구나![29]

사물은 있을 수도 있고 없을 수도 있으니, 영원한 것은 사물 안에 있는 성性 즉 사물의 본성이다. 이것은 도 이외의 다른 것이 아니다.

---

26) 胡宏, 『知言』, 권1, 6a.
27) Alfred Forke, *Geschichte der mittelalterischen chinesischen Philosophie* (1934), 274쪽 참조.
28) 胡宏, 『知言』, 권3, 7a, "或問王通, 曰, 子有憂疑乎, 曰, 樂天知命, 吾何憂, 窮理盡性, 吾何疑, 雖然天下皆憂, 吾獨得不憂, 天下皆疑, 吾何獨得不疑."
29) 胡宏, 『知言』, 권4, 1b, "有而不能無者, 性之謂與."

만물은 성을 가지고 있다. 성인은 성을 완전하게 이해하며, 이 때문에 어떤 사물에 대해서도 꺼리어 멀리하는 일이 없다.[30]

성은 모든 사물을 생성하는 것이며, 사물은 성에 의해 주도되는 물질 또는 기로 이루어진다. 성은 또한 마음의 주도 하에 있는데, 그것은 성이 발현하는 곳이 바로 마음이기 때문이다. 호굉은 다음과 같이 말한다.

기는 성에 의해 주도되고, 성은 마음에 의해 주도된다. 마음이 순수하면 곧 성이 안정되고 기가 바르게 된다. 기가 바르면 움직여도 어긋남이 없다. 움직여서 어긋남이 생기는 것은 마음이 아직 순수하지 못한 것이다.[31]

성이 아니면 사물이 없고, 기가 아니면 형체가 없다. 성은 기의 근본이다.[32]

성의 밖에 사물이 없으며, 사물의 밖에 성이 없다. 그러므로 내가 생성되고 사물이 생성된다는 것이 가능할 것도 없고 불가능할 것도 없다.[33]

이와 똑같은 것이 이미 도에 대하여 주장되었으므로 호굉은 정당하게 말할 수 있었다. 성은 또한 단지 도의 특별한 형태에 불과하기 때문이다.

참으로 큰 것이 성이다! 만 가지 리가 갖추어져 있으니, 하늘과 땅이 이것에서 생겨났다. 세상의 유학자들이 성에 대해 제각기 말한 것은 대개 리가 하나임을 가리켜 말한 것일 뿐, 아직 그것이 천명의 전체임을 보지 못한 것이다.[34]

---

30) 黃宗羲, 『宋元學案』, 권42, 3b, "萬物皆性所有也, 聖人盡性, 故無棄物."
31) 胡宏, 『知言』, 권2, 5b, "氣主乎性, 性主乎心, 心純, 則性定而氣正. 氣正, 則動而不差. 動而有 差者, 心未純也."
32) 胡宏, 『知言』, 권3, 4a, "非性無物, 非氣無形, 性其氣之本乎."
33) 胡宏, 『知言』, 권1, 5a, "性外無物, 物外無性, 是故成己成物, 無可無不可焉."
34) 胡宏, 『知言』, 권4, 2a, "大哉性乎, 萬理具焉, 天地由此而立矣, 世儒之言性者, 類指一理而言

하늘의 명은 모든 사물에 내재하는 성과 똑같은 것이다.

호굉이 특별히 인간의 성에 대해서 말한 두 곳은 주희에 의하여 비판을 받았다. 다음은 그 중 한 곳이다.

좋아하고 싫어하는 것이 성이다. 소인은 자기를 기준으로 좋아하고 싫어하며, 군자는 도를 기준으로 좋아하고 싫어한다. 이를 살펴보면 천리와 인욕을 알 수 있다.[35]

주희는 이에 따를 경우 성에는 선과 악의 차이가 없이 단지 좋아하고 싫어하는 것만 있게 되어, 결국 선과 악의 차이를 알지 못하게 된다고 생각하였다. 군자는 도에 따라 자신의 성향을 조절하는데, 결국 이 도가 성의 바깥에 있게 되고 인간의 정이 천리의 곁에 서게 된다는 것이다. 주희에 따르면 이러한 견해는 『시경』의 문장과도 대립된다.

하늘이 이 백성을 낳으니, 사물이 있으면 곧 법칙이 있다. 백성은 자신의 떳떳한 본성을 확고하게 지키며, 찬란한 덕을 사랑한다.[36]

물론 이 구절은 호굉의 주장과 대립하는 면이 많지도 않고 또 성이 선악을 구분할 수 없다는 결론을 야기하지도 않지만, 여하튼 인간의 성이 선하다는 주희의 이론과 『시경』의 이 문장은 호굉의 견해와 잘 맞지 않다. 주희는 성이 특정한 경향을 지니고 있다는 사실에는 동의하였지만 결코 그것을 성으로 간주하지는 않았다.

인성의 본질에 대한 다음 논의 또한 주희에게 긍정적으로 수용되지 않았다.

爾, 未有見天命之全體者也."
35) 黃宗羲, 『宋元學案』, 42, 6a, "好惡性也, 小人好惡以己, 君子好惡以道, 察乎是而天理人欲可知."
36) 『詩經』, 「大雅 · 烝民」, "天生烝民, 有物有則, 民之秉彛, 好是懿德."

어떤 사람이 성에 대하여 묻자, 답하였다. "성은 천지가 있게 하는 것이다." 물었다. "그렇다면 맹자·순자·양웅은 성을 선과 악으로 설명하였는데, 그것은 틀린 것인가?" 답하였다. "성은 천지와 귀신의 심오한 것이다. 선으로도 그것을 말하기에 부족한데, 하물며 악을 다시 말하겠는가." 물었다. "무슨 말인가?" 답하였다. "나는 선친께서 '맹자의 빼어남은 성을 알기 때문'이라고 말씀하시는 것을 듣고 무슨 뜻인지 물었다. 선친께서는 '맹자가 성이 선하다는 등으로 말한 것은 단지 감탄하고 칭송하는 것이지, 악과 대대해서 말한 것이 아니다'라고 답하셨다."[37]

이전의 유학자들이 대부분 단지 악과 대립되는 상대적인 선을 장려하였던 반면에, 호굉은 성을 절대적으로 선한 것으로 인식하였다.[38] 사무량은 호굉이 만약에 성을 선하지도 않고 악하지도 않은 것이라고 설명하였다면, 그 뜻은 틀림없이 성이 선악의 가치조차 넘어선다는 것을 말하고자 함이었을 것이라고 여긴다.[39] 하지만 그러한 절대선의 개념에 대해 이미 주희는 크게 비판한 바 있다.[40] 주희의 비판은 다음과 같다. 호굉은 인간의 성을 태극·도·리와 동등하게 설정하였는데, 이것은 감각을 초월한 것으로서 사람의 이해를 멀리 넘어서는 것이다. 그러므로 사람은 자신의 성에 대하여 아무것도 말할 수 없고, 그것을 정의하려는 모든 노력은 헛된 시도에 불과하다. 도는 있는 것도 없는 것도 아니게 되고, 그 작용은 하는 것도 하지 않는 것도 아니게 되며, 그 본질은 선하지도 악하지도 않은 것이 된다. 하지만 이러한 초월적인 절대선의 개념으로는 인간의 성은 아무것도 시작할 수 없다. 성이 그와 같다면 어떤 개념으로도

---

37) 黃宗羲, 『宋元學案』, 42, 8b, "或問性, 曰, 性也者天地之所以立也, 曰, 然則孟軻氏荀卿氏揚雄氏之以善惡言性也非歟, 曰, 性也者天地鬼神之奧也, 善不足以言之, 況惡乎哉, 或又曰, 何謂也, 曰, 某聞之先君子曰, 孟子所以獨出諸儒之表者以其知性也, 某請曰, 何謂也, 先君子曰, 孟子道性善善云者, 歎美之辭, 不與惡對也."

38) 高瀬武次郎, 趙蘭坪 中譯, 『中國哲學史』 3권, 7.

39) 謝无量, 『中國哲學史』 5권, 50.

40) Bruce, *Chu Hsi and his masters*, Bd. I, 204~207.

그것을 나타낼 수가 없기 때문이다.

호굉은 성을 물에다 비유하여 심과 정情과 욕欲에 대해 설명한다.

성을 물에 비유한다면, 심은 물이 아래로 흐르는 것과 같고, 정은 물에 물결이 이는 것과 같고, 욕은 물에 거센 파도가 치는 것과 같다.[41]

소인은 욕망과 기질, 습관에 이끌려 악으로 기울어지게 된다. 성인 또한 이러한 모든 영향을 받지만, 그는 이것을 중용의 도에 따라 올바른 범위 안에 유지하는 법을 안다. 따라서 그의 행동은 선하게 된다. 그렇다면 선은 후천적으로 배운 것이 되고 악은 성에서 나온 선천적인 것이 되는데, 이러한 생각은 옳지 못하다.[42] 여하튼 그는 이어서 특히 욕의 제거를 강조한다.

인욕이 무성하면 천리가 어두워지고, 천리가 순수하고 밝으면 인욕이 사라진다.[43]

자기 자신을 수양하는 데에 있어서는 특히 욕구를 적게 하는 것이 중요하다. 행동할 때에는 우선적으로 공손하고 검소하여야 한다. 이것은 천자로부터 일반 서민에 이르기까지 모두에게 똑같이 해당된다.[44]

(5) 리

모든 존재의 삶과 죽음은 하늘의 리에 달려 있다.

사물의 삶과 죽음은 리에 놓여 있으니, 리는 만물의 곧은 덕이다. 살아 있는 동안에

---

41) 胡宏, 『知言』, 권2, 3a, "性譬諸水乎, 則心猶水之下, 情猶水之瀾, 欲猶水之波浪."
42) 孫奇逢, 『理學宗傳』, 권6, 18a.
43) 胡宏, 『知言』, 권3, 6b, "人欲盛, 則天理昏, 理素明, 則無欲矣."
44) 胡宏, 『知言』, 권1, 3b, "修身以寡欲爲要, 行己以恭儉爲先, 自天子至於庶人一也."

는 모여 있어서 볼 수 있으므로 있는 것으로 간주되고 죽어서 흩어지고 나면 더 이상 볼 수 없으므로 없는 것으로 간주되지만, 보이는 것은 단지 이 사물의 형체일 뿐이며 사물의 리는 한순간도 없었던 적이 없다.[45]

사람이 자기를 완성하려면 이 리에 맞추어야 하며 자신의 욕구를 따라서는 안 된다.

하늘의 명은 성이고, 인간의 성은 마음이다. 자기의 욕구를 행하지 않고 자기의 지를 사용하지 않은 채 다만 천리를 따른다면 그 마음을 다할 수 있다.[46]

양심이 그것을 돕는다는 것을 호굉은 고종에게 보낸 글에서 직접적으로 쓰고 있다. 그는 말한다.

양심은 한 몸을 채우고 천지와 통한다. 모든 일을 제재하며 억조의 근본을 통섭한다. 천리를 살피기 위하여 욕구를 억누르는 것보다 좋은 것이 없고, 양심을 보존하기 위하여 의지를 세우는 것보다 나은 것이 없다.[47]

(6) 마음

신체와 마음의 문제에 호굉은 매우 몰두하였던 것으로 보인다. 현실주의적인 파악에 따르면 둘은 분리되고 실제로도 다르지만, 형이상적인 이해에 따르면 둘은 똑같다. 즉 둘 다 마음이며, 몸은 실재하지 않는다. 이 대립하는 견해

---

45) 『性理大全』, 권38, 41b, "物之生死理也, 理者萬物之貞也, 生聚而可見, 則爲有, 死散而不可見, 則爲無, 見者物之形也, 物之理則未嘗有無也."
46) 胡宏, 『知言』, 권1, 3a, "天命爲性, 人性爲心, 不行己之欲, 不用己之智, 而循天之理, 所以求盡其心也."
47) 『宋史』, 권435, 「列傳」, 19a, "蓋良心充于一身, 通于天地, 宰制萬事, 統攝億兆之本也, 察天理莫如屛欲, 存良心莫如立志."

사이에서 호굉은 이리저리 흔들렸던 것으로 보이지만, 나는 그가 결국은 이들을 통합하였다고 믿는다. 호굉이 그것에 대하여 말한 것을 들어보자.

앞서 거론하였던 인仁에 대한 중원충(居正)과의 대화는 다음과 같이 이어진다.

"만물이 나와 하나가 되어 인의 본체가 될 수 있겠습니까?" "그대는 단지 여섯 척의 몸으로 어찌 만물과 하나가 될 수 있겠는가?" "몸이 만물과 하나가 될 수 없다면 마음은 그럴 수 있겠습니까?" "인간의 마음은 백 가지 병이 있어도 한 번 죽고, 천하의 사물은 한 번의 변화로 만 가지가 생겨난다. 그대가 어찌 사물과 하나가 될 수 있겠는가?" 거정은 어쩔 줄 몰라해하며 떠나갔다.[48]

만물이 나와 하나라는 중원충의 주장은 형이상의 관점을 포함한다. 왜냐하면 이것은 만물이 나의 마음이고 나의 마음의 생성물이며 나의 생각이라는 것을 의미하기 때문이다. 서양의 철학적인 표현양식을 아직 알지 못했던 중국의 관념주의자들은 이렇게 자기를 표현하고자 하였다. 인은 호굉에 따르면 리의 본체인데, 그것을 질문자는 사물에게도 해당된다고 여기고자 하였다. 그러나 호굉은 이 부분에서 완전히 현실주의적인 입장에 서서 중원충과 대립한다. 작은 인간의 몸이 세계 전체와 같을 수 있다는 것은 불가능하며, 인간과 만물이 하나가 될 수 있다고 믿는 중원충에게 사람의 몸과 마음은 만물과 같지 않다는 것을 지적한다. 인간의 마음이 죽으면 이로써 모든 삶이 끝나지만, 사물이 소멸되면 단지 변화가 일어나는 것일 뿐이며 다시 수많은 생명이 생성된다. 호굉의 불교도들에 대한 비판도 이러한 의미에서 이해할 수 있을 것이다. 그는 불교도들이 만물이 곧 그들의 마음이라고 하면서도 그들 자신에 대하여 너무 높이 평가하며

---

48) 孫奇逢, 『理學宗傳』, 권16, 17a, "曰, 萬物與我爲一, 可以爲仁之體乎, 曰, 子以六尺之軀若何而能與萬物爲一, 曰, 若身不能與萬物爲一, 心則能矣, 曰, 人心有百病, 一死, 天下之物有一變萬生, 子若何而能與之爲一, 居正悚然而去."

자신만을 수양하려 든다고 비난한다.[49]

그런데 그와는 전혀 다르게 들리는 것이 다음의 말이다.

"마음과 자취가 이미 서로 갈라진 지 오래인데 어찌 나 혼자만 이들이 둘이 아니라고 말하겠는가?" 어떤 사람이 왕통이 그것이 둘임을 말한 것에 대해 묻자 답하였다. "인仁하다면 왕통이 단지 하나임을 말했다는 것을 알 것이고, 불인하다면 그가 둘이라고 말했다고 할 것이다. 마음이 자취에서 분리되고 나면 천지와 만물이 서로 작용하지 못하니, 장차 천하의 운동이 어떻게 한결같을 수 있겠는가?[50]

마음의 자취는 마음에 의해 생성된 사물의 자취이다. 이미 오랫동안 사람들은 이들이 자립적이며 둘이라고 생각해 왔다. 그러나 인은 세계정신의 본체로 여겨지며, 인의 생성물 즉 사물 또한 같은 본체로부터 존재해야만 한다. 호굉과 같이 이러한 이론을 믿는 사람들에게는 단지 하나가 있을 뿐이며, 천하는 단지 인으로 이루어진다. 마음과 몸이 분리된다면 이들 사이에는 어떤 상호작용도 일어날 수 없을 것이며 통일적인 움직임도 일어날 수 없을 것이다. 그렇게 된다면 서양의 철학자들이 말하는 것과 같은 물질적이고 비물질적인 사물 사이의 상호작용 즉 신체적 유입은 불가능하게 될 것이라고 호굉은 보았다. 따라서 그는 대부분의 사람들이 수용한 마음과 몸의 이원론에 대립하여, 설사 그 설명이 어려울지라도 형이상적인 관점에서 모든 것 즉 물질적인 세계조차도 마음이라고 주장한다.

마지막 단계에서는 앞의 두 관점이 화합되고 있다.

---

49) 胡宏, 『知言』, 권1, 5a.
50) 胡宏, 『知言』, 권3, 7a, "又曰, 心迹之判久矣, 吾獨得不二言乎, 或問曰, 通有二言何也, 曰, 仁, 則知通之言爲一, 不仁則以通言爲二, 若心與迹判, 則是天地萬物不相管也, 而將何以一天下之動乎."

사물은 나 아닌 것이 없으며, 일은 참이 아닌 것이 없다. 모든 인간과 사물을 버리고 단지 삶과 죽음을 중요하게 여기는 저들의 폐단보다 심한 것은 없다.[51]

사물은 나의 마음이지만 동시에 또한 실제로 존재하는 물질적인 것이다. 불교도들이 생각하는 것처럼 단지 그렇게 보이기만 하는 것이 아니다. 그들은 그 때문에 세상의 일에는 전혀 관심을 가지지 않고 단지 형이상학적인 문제에만 헌신하지만, 호굉은 계속해서 불교도에 대한 비판을 이어간다.

불교에서 말하는 사대四大의 화합 또한 지극한 리가 아님이 없고, 육진六塵의 그림자 또한 그 리의 신묘한 작용이 아님이 없다. 어떤 일이 참이 아니고, 어떤 사물이 내가 아닌가? 낳고 낳음이 끝이 없으며 그침이 없고 소멸함이 없으니, 이것은 진실로 도의 그러함이다. 어찌 인간이 할 수 있는 것이 있겠는가? 그러므로 인위적으로 하고자 하면 단지 잘못된 곳으로 나아가게 된다는 것을 나는 안다.[52]

사물은 오행의 상호작용을 통하여 생성되며, 그동안 이들은 도를 통한 생성에 동참할 수 없는 인간에게 의존하지 않는다. 이 모든 것은 참되다. 즉 사물은 모두 참을 가지고 있다. 그러나 다른 한편으로 사물은 또한 나, 즉 나의 정신의 산물이다. 여기에서 현실주의와 관념주의가 혼합하고 있는 것을 보게 되는데, 이것을 관념론적 현실주의라고 부르고자 한다.

호굉이 겪었던 변화의 과정은 다음과 같이 정리될 수 있다. 처음에 그는 현실주의자였고, 나의 마음이 사물과 같다는 것을 부정하였다. 그 후에 이러한 관점의 올바름에 대하여 회의하게 되었고, 세계 전체가 단지 하나의 본체 즉

---

51) 胡宏, 『知言』, 권3, 4b, “物無非我, 事無非眞, 彼遺棄人間萬物, 惟以了死生爲大者, 其蔽孰甚焉.”
52) 胡宏, 『知言』, 권1, 3b, “四大和合無非至理, 六塵緣影無非妙用, 何事非眞, 何物非我, 生生不窮, 無斷無滅, 此道之固然, 又豈人之所能爲哉, 夫欲以人爲者, 吾知其爲邪矣.”

인의 마음으로 이루어져 있다고 생각하는 관념주의자가 되었다. 그리고 마지막에는 현실주의와 관념주의를 연결하였으며, 현실적 관념주의자 또는 관념론적 현실주의자가 되었다.

내게는 이러한 발전이 또한 호굉의 생활환경과 일치하는 것으로 보인다. 처음에 그는 현실주의자 정이의 제자였던 자기 아버지의 가르침을 받았고, 이어서 정호의 제자였던 관념주의자 양시에게서 배웠으며, 마지막에는 이 두 학설을 종합해서 자기 자신의 사상체계인 현실적 관념주의를 만들었다. 그러나 그는 자신의 견해를 아주 명확하게 전개하지는 못하였으며, 그것을 대부분 간헐적으로 읽을 수 있을 뿐이다.

호굉의 견해에 따르면 천지의 마음은 완전하며, 사람은 거기에서 선과 악 또는 옳고 그름을 말할 수 없다. 그것은 중화를 이루고 있어 결코 올바른 도를 넘어서거나 미치지 못한 적이 없다.[53] 거기에는 놀라운 창조의 힘이 구비되어 있으며, 이로써 만물을 생성하고 보존하며 통치한다.[54] 반면 인간의 마음에서는 인식능력이 특징적이다. 인간의 마음은 물이 형태를 바꾸어 나타나는 것처럼 사물을 재생산해 낸다. 그런데 마음의 지각은 참될 수도 있고 틀릴 수도 있다. 여기서 호굉은 유학의 가르침이 참된 것에 기반을 두고 있음을 강조하면서 다시 한 번 불교를 비판한다.

> 만물과 만상은 모두 형체와 그림자를 갖추고 있다. 형체는 가득 차(實) 있어서 사용할 수 있고, 그림자는 텅 비어(空) 있어서 사용할 수 없다. 유학의 가르침은 실답게 형체를 밟는 것이고, 불교의 가르침은 헛되이 그림자를 좇는 것이다.[55]

---

53) 胡宏, 『知言』, yi-yi, 4b.
54) 胡宏, 『知言』, 권6, 1a.
55) 胡宏, 『知言』, 권4, 7b, "物象有形影, 實而可用之謂形, 空而不可用之謂影, 儒者之敎踐形, 釋氏之敎逐影."

(7) 하늘

호굉은 하늘(天)을 물리적인 하늘로 이해하였지만, 이것은 또한 도 즉 최고의 정신적인 힘을 일컫는 이름이기도 하다. 인간과 하늘의 관계에 대하여서 호굉은 다음과 같이 말한다.

인간은 하늘과 땅의 정수이다. 그러므로 그 둘의 사이를 움직이며, 오행과 만물의 빼어난 기와 대립하지 않는다. 그러므로 사물은 그에 의하여 쓰이게 되며 어긋나지 않는다.[56]

하늘과 땅의 상호작용으로 생겨난 인간은 자연의 힘에 적응한다. 그러므로 사물은 그에게 도움이 되도록 사용될 수 있다.

유학자들은 이전부터 하늘을 최고의 존재로 간주하며 공경하였다. 그러므로 이들은 성인을 하늘과 동등한 존재 또는 하늘을 대신하는 통치자로 여겼다. 그처럼 공자가 공경되었다는 것을 다음의 글에서 알 수 있다.

공자는 마음의 욕구를 따랐지만 결코 허용된 규정을 넘어서지 않았으니, 가히 마음을 다하였다고 할 수 있다. 하늘은 공자이고, 공자는 하늘이다.[57]

(8) 삶과 죽음

호굉은 죽음에 대한 일반적인 견해에 동조하지 않았으며, 그의 생각은 도교적인 것에 가까웠다. 그는 말하였다.

---

56) 胡宏,『知言』, 권3, 8b, "人者天地之精也, 故行乎其中, 而莫禦五行萬物之秀氣也, 故物爲之用而莫違."
57) 胡宏,『知言』, 권2, 1a, "仲尼從心所欲不踰矩, 可謂盡心矣, 天卽孔子也, 孔子卽天也."

삶은 본래 좋아할 만한 가치가 없으니, 사람이 삶을 사랑하는 이유는 욕구 때문이다. 죽음은 본래 싫어할 만한 것이 아니니, 사람이 죽음을 싫어하는 이유는 또한 욕구 때문이다. 삶에 대해서는 '구하고자 함'이 욕구가 되고, 죽음에 대해서는 '두려워서 피하고자 함'이 욕구가 된다. 그러므로 세상에서 끊임없이 동요하고 흔들리며 욕구하지 않는 일이 없기 때문에 마음에 대한 가르침이 전해지지 않는다.[58]

마음에 대하여 더 알게 되면 죽음을 두려워하지 않을 수 있다. 우리는 호굉의 유명한 대화에서 그 이유를 알 수 있다.

어떤 사람이 물었다. "마음은 죽는가, 살아남는가?" 답하였다. "삶도 죽음도 없다." 말하였다. "그렇다면 사람이 죽으면 마음은 어디에 있는가?" 답하였다. "그대가 이미 그 죽음을 알고 있는데 어찌 마음이 어디에 있느냐고 묻는가?" 질문자가 말하였다. "무슨 말인가?" 대답하였다. "마음이 죽지 않는다고 한다면 이미 그것을 알고 있는 것인데 더 이상 왜 묻는가?" 그가 이해하지 못하였다. 인중(호굉)이 웃으며 말하였다. "그대의 폐단이 심하다. 그대는 마음을 형체처럼 보지 말고, 단지 마음으로 보아야 한다. 그러면 알 수 있을 것이다."[59]

주희는 이러한 견해가 불교도들의 윤회설과 유사하다고 하면서 이것에 반대한다. 인간이 실제로 우주와 똑같은 리를 가지고 있기는 하지만 외적으로는 다르게 드러난다는 것이다. 천지의 마음은 없어지지 않으며 오늘도 여전히 고대와 똑같지만, 인간의 마음은 그와는 달리 형체의 명을 따르며 형체와 마찬가지로 시작과 끝이 있다.

---

58) 胡宏, 『知言』, 권3, 1b, "生本無可好, 人之所以好生者以欲也, 死本無可惡, 人之所以惡死者, 亦以欲也. 生求稱其欲, 死懼失其欲. 憧憧天地之間, 莫不以欲爲事, 而心學不傳矣."

59) 孫奇逢, 『理學宗傳』, 권16, 17a; 黃宗羲, 『宋元學案』, 권13, 8b, "或問, 心有死生乎, 曰, 無死生, 曰, 然則人死, 其心安在, 曰, 子既知其死矣, 而問安在耶, 或曰, 何謂也, 曰, 夫惟不死, 是以知之, 又何問焉, 或者未達, 仁仲笑曰, 甚哉子之蔽也, 子無以形觀心, 而以心觀心, 則知之矣."

(9) 불교

유학자로서의 호굉은 불교에 대하여 매우 지속적으로 비판하였다. 그는 불교에
대해 다음과 같이 말한다.

불교는 사물과 단절하고 세속에서 도피하여 깊고 고요한 곳에 처신한다. 몰래
하늘의 기틀을 엿보아서 사물이 기器에 있지 않다고 여기니, 마침내 자신을 매우
높여서 모든 사물이 나의 마음이라고 말하고, 또 사물은 도리를 깨닫지 못하지만
나는 도리를 깨닫기 때문에 내가 홀로 모든 사물보다 우뚝하다고 말한다. 그 결과
그 작용이 전도되어 헛된 지혜가 그칠 줄을 모른다. 도리어 있는 것을 있지 않은
것으로 만들고 도의의 전체를 얻지 못하고서도 스스로 '마음을 알고 성을 본다'(識心
見性)고 일컫는다.[60]

호굉은 유학의 이념에 맞지 않은 것은 틀렸다고 여김으로써 비판을 매우
쉽게 했다. 계속해서 그는 다음과 같이 말한다.

천지의 변화와 만물이 명을 받는 이치를 밝힌 연후에는 육도윤회六道輪迴[61]의 설이
모두 치우치며 음란하고 간사한 말이라는 것을 안다.[62]

부처의 잘못은 사람의 마음을 크게 해치는 데에 있다는 것을 알아야만 한다. 성인
은 다시 태어나도 틀림없이 중화의 문명을 버리고 저 이방인의 무리와 함께하려고
는 하지 않을 것이다.[63]

---

60) 胡宏, 『知言』, 권1, 5a, "釋氏絶物遁世, 棲身沖寞, 窺見天機有不器於物者, 遂以此自大, 謂萬物
皆我心, 物不覺悟, 而我覺悟, 謂我獨高於萬物. 於是顚倒所用, 莫知所止, 反爲有適有莫, 不得
道義之全, 名爲識心見性."

61) 六道: 餓鬼道, 畜生道, 三善道, 阿修羅道, 人間道, 天上道.

62) 胡宏, 『知言』, 권3, 4b, "明乾坤變化, 萬物受命之理, 然後信, 六道輪迴之說, 俱詖滛邪遁之辭."

63) 胡宏, 『知言』, 권4, 7b, "乃知釋氏之妄大有害於人心, 聖王復起, 必不棄中華之人, 使入於夷類
也."

주희는 호굉이 훌륭한 철학자이고 사상가이지만 자주 틀리기도 했다고 설명한다. 그의 잘못된 생각으로 주희는 다음과 같은 것을 들고 있다.

첫째, 마음과 성은 본체와 작용과 같다고 하였다.

둘째, 성에 대해서는 선과 악을 모른다고 하였다.

셋째, 마음은 살고 죽는 것이 아니라고 하였다.

넷째, 천리와 인욕은 본체는 같지만 작용이 다른 것이라고 하였다.

다섯째, 인이 무엇인지 알기 위해서는 먼저 그 실체를 알아야 한다고 하였다.

하지만 주희의 비판은 그다지 깊이 있는 것이 아니며, 내용보다는 대부분 표현에 해당하는 것이다. 그는 유학적인 도그마를 저촉할 수 없는 진리로 보았기 때문에, 그러한 것으로써 호굉의 주장에 반대했어야만 했다.

브루스(Bruce)는 주희에게는 경탄해 마지않았지만 호굉에 대해서는 비논리적이고 모순이 가득하며 사이비철학적인 표현이 곳곳에 섞여 있다고 평하였는데, 나는 브루스가 호굉을 과소평가하고 있다고 여긴다.[64] 비록 호굉의 표현방식에 규정적이지 못한 면이 있고 또 그가 개념의 차이를 자주 간과하기도 했지만, 그렇더라도 그는 북송대 후기의 중요한 철학자 중의 한 명으로서 매우 창의적이고 훌륭한 사상을 가지고 있었다.

3) 호인

호인胡寅(1093~1151)은 자가 명중明仲이고 호는 치당致堂이다. 원래는 호안국의 조카였으나 어려서 입양되어 그의 장자가 되었다.[65] 어렸을 때 그는 매우 제어하기 힘든 소년이었는데, 양아버지 호안국은 그를 많은 나무가 있는 빈 방에 가두었다. 소년은 그로부터 성숙해졌다. 마음의 다른 방향을 알려주기 위하여 아버지는

---

64) Bruce, *Chu Hsi and his masters*, Bd. I, 204.
65) 『宋史』, 권435, 「列傳」, 12b~18b.

많은 책을 방에 두게 하였다. 약 일 년이 지나는 사이에 소년은 이것을 모두 읽었다.

과거에 합격한 후에 호인은 관리로 등용되었다. 관리로 있으면서 양시에게서 배웠으며 스승의 관념주의적인 방향을 수용하게 되었다. 오랫동안 그는 고종의 치하에서 고관을 지냈다.

호인의 저서로는 역사서『독사관견讀史管見』과『논어』의 해설서인『논어상설論語詳說』, 30편의『배연집裴然集』등이 있는데, 동생 호굉은 그의 저서들을 모두 불태우고자 했을 정도로 나쁘게 여겼다. 둘 사이는 아마도 학문적인 견해 차이 때문에 그다지 화목하지 못하였던 것으로 보인다. 이들은 간혹 서로 토론을 갖기도 했으나 호굉은 논의에서 호인을 훨씬 능가하였으며 모든 상대를 넘어섰다.[66]

호인은 성품이 매우 맑았으며, 현실적인 기반에 서 있었기 때문에 불교에 강하게 반발하였다. 그의 생각은 특히 리理와 의義의 기본개념에 머물렀다. 그는 하늘은 땅과 같은 형체가 없으므로 하나의 물질적인 공간이 될 수 없다고 보았다. 고대인들은 하늘이 기울어진 지붕 형태를 갖추고 있다고 하였지만[67] 그것은 잘못되었으며, 장자는 하늘의 색이 푸르다고[68] 했지만 하늘에는 색깔도 소리도 냄새도 없다는 것이다. 그래서 그는 "해, 달, 별은 산, 강, 나무가 땅에 있듯이 하늘에 걸려 있는 것이 아니다. 그 움직임은 대기의 기계작용에 의해서 자연적으로 생겨난다. 형체를 수단으로 하는 연결은 파괴되어야 하는 것이 분명하기 때문에 이러한 것은 있을 수 없다"[69]라고 하였다.

호인에 따르면 인간의 마음에는 옳은 생각과 그른 생각이 있다. 그는 말한다.

---

66) 『性理大全』, 권40, 37b.
67) Alfred Forke, *World Conception of the Chinese* (London, 1925), 13쪽 참조.
68) Alfred Forke, *World Conception of the Chinese*, 51쪽 참조.
69) 『性理大全』, 권26, 12b.

인간의 마음에 집착하는 것이 있으면 끝내 그것을 잊을 수 없다. 마음에 그 생각을 보존함이 극에 달하면 마치 실제로 보는 것 같은 황홀한 상태가 생긴다. 한의 무제가 이부인[70]을 보고, 당의 명황제가 노자를 본 것이 모두 이러한 종류이다. 매우 간절하게 감정을 품어서 의지를 분명하게 주도할 수 없었기 때문에 그 욕구에 따라서 보게 된 것이다. 그러나 실제로는 고요하여 아무것도 없으니, 단지 헛되이 보는 것일 뿐이다. 그러므로 군자는 마음을 수양하여 바름을 얻는 것에 중점을 둔다. 바르면 이와 같은 것이 없다. 바름을 얻으면 보는 것 또한 바르다.[71]

유학과 불교의 화합이 가능하다고 생각하는 사람들이 항상 있었다. 이러한 사람들에게 호인은 "얼음과 타는 석탄을 같은 그릇에 담을 수 있는가?"라고 질책하였다.

불교가 들어오기 전에도 이미 홀로 숨어 은둔자로 사는 사람들이 있었는데, 그들은 자신들의 생각이 유학보다 낫다고 여겼다. 또 불교는 참된 가르침을 포기한 많은 사람들을 현혹시켰다. 어떻게 그 많은 유학자들이 불교로 전향하게 되는 일이 생겨났는지에 대한 질문에, 호인은 공부가 기대에 못 미쳐 실망한 학자들과 정신력이 이미 나태해져서 불교도의 과장된 말에 빠져드는 사람들이 있었다고 답하였다. 이들은 편한 길을 가다가 갑자기 앞뒤로 높은 산과 깊은 강을 만난 방랑자와 같아서 즐겨 낮은 길을 택한다. 또한 이들은 여관에서 자기 집의 편안함을 찾았다고 믿는 여행자와 같다.[72]

불교의 도는 공空을 최고로 여기고 실재를 환영으로 간주한다. 이 도를 배운 사람은 잘 분변해야 마땅하다. 지금 해와 달이 하늘에서 운행하고 산과 강이 땅에서 드러

---

70) 王充, 『論衡』, 권1, 97. 도사가 漢武帝의 앞에 나타나게 하였던 죽은 애첩.
71) 黃宗羲, 『宋元學案』, 권41, 17a, "人心有所著者不能忘之, 于心存想既極, 則恍惚微茫之中, 眞若有所見者, 漢武帝見李夫人, 唐明皇見李老君, 皆此類耳, 懷感專切, 用志不分, 故隨其所欲而見焉, 其實則寂然無一物, 乃妄見也, 故君子養心, 貴于得正, 正則無此矣, 得正則所見亦正."
72) 黃宗羲, 『宋元學案』, 권41, 17a.

나며 인간과 사물이 천지의 가운데에 흩어져 다른데, 비록 만 명의 부처가 동시에 태어난다 해도 덜어낼 수도 없고 갈아서 소멸시킬 수도 없다. 해가 낮에 뜨고 달이 밤에 나오며 산이 멈추어 있고 강이 흘러가며 인간이 태어나고 동물이 자라나는 것, 이것은 천지가 생긴 이래로 오늘날에 이르기까지 바꿀 수 없는 법칙으로 만물은 이것을 기뻐하지 않은 적이 없었다. 이 사물이 비록 붕괴되어도 저 사물이 저절로 생성되며, 내 몸이 비록 죽더라도 인간의 몸은 또한 존속한다. 모두 공이었던 적은 결코 없다.[73]

성인의 학설은 마음을 근본으로 여기며 부처도 또한 그렇지만 방법이 같지 않다. 성인은 사람이 그 마음을 바르게 해야 한다고 가르친다. 마음의 밝은 것을 일러 리와 의라고 하니, 리를 궁구하고 의를 순수하게 하면 마음은 본체와 작용이 완전하게 된다. 그러나 부처는 인간에게, 마음이 곧 법이며 천지는 일어났다 소멸하는 것이며 인간의 세상은 환영이라고 가르친다.[74]

2. 소씨 삼부자

1) 소순

소순蘇洵(1009~1066)은 자가 명윤明允이고 호는 노천老泉이다. 사천성 미산眉山에서 태어났다. 그는 두 아들 소식 및 소철과 함께 삼소三蘇로 알려져 있다. 그는 27살이 되어 비로소 공부에 대한 의욕을 가졌지만 모든 시험에서 낙방하였다.

---

73) 黃宗羲, 『宋元學案』, 권41, 6a, "佛之道以空爲至, 以有爲幻, 此學道者所當辨也, 今日月運乎天, 山川著乎地, 人物散殊于天地之中, 雖萬佛並生, 亦不能消除磨滅而使無也, 日晝而月夜, 山止而川流, 人生而物育, 自有天地以來至今, 而不可易, 未嘗不樂也, 此物雖壞, 而彼物自成, 我身雖死, 而人身猶在, 未嘗皆空也."
74) 黃宗羲, 『宋元學案』, 권41, 7b, "聖學以心爲本, 佛氏亦然, 而不同也, 聖人敎人正其心, 心所同然者謂理也, 義也, 窮理而精義, 則心之體用全矣, 佛氏敎人以心爲法, 起滅天地, 而夢幻人世."

이후 그는 자신의 모든 글을 불태우고 경전과 성현을 공부하기로 결심하였다. 그리하여 독학으로 매우 뛰어난 문장가가 되었다. 1055년에 그는 두 아들과 함께 수도로 갔는데, 그곳에서 구양수는 그의 저술 22편과 함께 그를 황제에게 추천하였다. 그의 문장은 학자와 고관들이 본보기로 삼을 정도로 탁월하였다. 이에 한기韓琦의 제안으로 그는 황제의 도서관에 임용되었다.

소순이 죽자 궁정에서는 그의 장례비용을 보냈는데, 아들 소식은 돈을 사양하며 시호를 청하였다. 그에게는 광록시경光祿寺卿이라는 직위가 부여되었으며, 그의 시신은 국가의 비용으로 배편을 통해 사천지방으로 옮겨졌다.

소순의 저서들은 처음에 『가우집嘉祐集』75)이라는 제목으로 15권이 발간되었다가, 후에 『노천문집老泉文集』 20권으로 재편되었다. 그 내용은 국가행정을 위한 매우 실천적인 제안을 담고 있으며, 병술에 대한 것도 많다. 철학적인 문제에 있어서는 특히 문화의 발생에 관한 문제가 소순의 관심을 끌었던 것으로 보인다.

고대에는 사람들이 계급과 나이에 따른 차별을 알지 못했다고 소순은 쓰고 있다. 이들은 쟁기질도 양잠도 하지 않고 자유롭게 살았다. 시간이 흐르면서 사회가 혼란해지자 성인은 군주와 신하, 상하와 장유 사이의 구분을 도입하였고, 항상 윗사람이 아랫사람을 통솔하도록 가르쳤으며, 식량을 얻기 위하여 농사짓는 법을 가르치고, 의복을 장만하기 위하여 양잠하는 법을 가르쳤다. 일반대중에게 원초적인 생활방식의 단점을 알려 줌으로써 예를 시행하게 할 수 있었다. 따라서 사람들은 자유로운 생활을 자발적으로 포기하였으며, 생활수준을 개선하기 위하여 새로운 체계에 적응하도록 노력하였다. 또한 다시 이전의 혼란한 상태로 돌아가지 않게 하기 위하여 성인은 그들에게 『역경』을 주었고, 이로써 백성의 공경을 받게 되었다.76)

---

75) 嘉祐는 연호＝1056~1065년.
76) 『三蘇文選』, 권1, 1.

만약에 인간에게 계급의 구분이 없었다면 서로 죽이게 될 것이며, 농사와 양잠을 하지 않았더라면 단지 새와 짐승의 고기를 먹고 그들의 털과 가죽을 걸치고 짐승들과 지속적으로 싸우고 있었을 것이다. 계급의 구분과 농사의 보급은 성인에 의해 도입된 예에서 유래한다.77)

성인은 백성들에게 군주·아버지·형 앞에 공경의 예를 갖추게 할 것을 가르쳤고, 윗사람들에게는 그 자신이 모범을 보임으로써 더 이상 아랫사람과 똑같이 머물지 않도록 동기를 제공하였다.78) 예의 보존을 위해 성인은 음악을 사용하였다. 음악을 들으면 예를 실천하고자 하는 마음이 생겨난다. 그래서 중국에서는 항상 예가 단독으로 쓰이지 않고 악樂과 함께 일컬어져 왔다.79)

소순은 국가의 통치를 매우 어려운 것으로 보았다. 그는 본래 현인도 그것을 할 수 없고 단지 성인만이 할 수 있는 것이라고 여겼다.

> 많이 아는 사람이 있고, 적게 아는 사람이 있으며, 아무것도 알지 못하는 사람이 있다. 성인은 큰 지知를 가지고 있으며, 이로써 한 국가를 통치할 수 있다. 현인은 지로써 자기 자신을 도울 수는 있지만 지가 없는 어리석은 사람을 돕기에는 부족하며, 그를 도우려다가 오히려 자기를 도울 수 있는 능력까지도 잃을 수 있다. 현인은 국가를 통치할 수 없지만, 그보다 아래 등급의 행정구역은 통치할 수 있다.80)

소순의 다른 말들 중에서는 벼락을 맞아 죽는 것이 하늘의 벌이라고 하는 백성들의 믿음에 관한 것이 언급할 만한 가치가 있다. 당시 사람들은 부모를 공경하지 않고 귀신을 소홀히 여기면 벼락을 맞아 죽는다고 믿었는데, 이에 대해 소순은 그런 일이 일어날 수는 있지만 악인이 너무 많기 때문에 벼락이

---

77) 黃宗羲, 『宋元學案』, 권99, 2b.
78) 『三蘇文選』, 권1, 5.
79) 黃宗羲, 『宋元學案』, 권99, 6a.
80) 蘇洵, 『嘉祐集』, 권8, 7쪽.

모든 악인을 맞힌다는 것은 불가능하며, 다만 벼락에 대한 공포 때문에 놀라게 할 수는 있다고 말한다.[81]

2) 소식

소식蘇軾(1036~1101)은 자가 자첨子瞻이고 호는 동파東坡이다. 당대의 이백李白에 비견될 만한 송대의 가장 중요한 시인이며 매우 탁월한 문장가이다. 또한 주희로 하여금 소식의 학설이 성리학과 일치하지 않기 때문에 그 옳지 않음을 입증하는 일이 필요하다고 생각하게 만들 정도로 철학자로서도 일가를 이루었다. 정이와 소식의 대립에 대해서는 앞에서 언급한 바 있다.

소식은 아버지 소순, 동생 소철과 함께 삼소三蘇라고 불렸으며, 여동생 소소매蘇小妹 또한 문장으로 유명하였다. 소식은 대소大蘇, 소순은 노소老蘇, 소철은 소소小蘇로 호칭된다. 소식은 읽고 쓰는 것은 어머니에게서 배우고 아버지에게서 정교한 문체를 익혔다. 그의 아버지가 직책에 얽매여 오랫동안 부재하였기 때문에 그의 어머니가 자식들을 데리고 고금의 시를 읽어 주었던 것이다. 그는 글쓰기가 구름이 움직이고 물이 흐르는 것처럼 쉽다고 말하였다. 그는 첫 번째 교육을 도가의 도사에게서 받았는데, 그 도사의 수많은 문하생 중에서 가장 우수하였다. 뒷날 소식은 이 무렵 『장자』를 구해 읽은 후의 느낌을 술회하며, "이전에는 나의 생각을 말로 나타낼 수 없었는데, 이 책을 보고 난 뒤로 내 마음을 발견하게 되었다"라고 하였다.

소식은 19살에 결혼하였으며 20살에 과거에 장원급제하였다. 아버지의 친구인 구양수가 그 시험의 감독관이었다. 한기韓琦와 다른 사람들은 그때부터 그에게 장래가 있다고 여겼다. 그는 단정하고 빛나는 용모를 지녔으며 "백 세대 동안에 겨우 몇 명 나올까 말까 한 문필가"[82]였다. 인종仁宗(1023~1064)은 정치의 책문에

---

81) 蘇洵, 『嘉祐集』, 권8, 7쪽.

대한 소식과 소철의 답문을 읽고 나서, 이제 자신은 아들과 손자를 위한 두 명의 재상을 거두게 되었다고 기뻐하였다.

구양수는 소식을 영종에게 추천하였는데, 황제 또한 그의 저술에 큰 관심을 가지고 그를 1069년에 관직에 임용하였다. 그는 사마광과 함께 왕안석의 개혁을 공격하였고, 이로 인해 왕안석의 동조자들로부터 괴롭힘을 당하였다. 그의 시를 비웃었던 시험관들은 그에 대한 상소를 올렸으며, 그는 통치에 대한 글 때문에 감옥에 갇혔다가 후에 유배되었다. 신종은 그를 다시 불러오고자 하였으나 정적들의 방해로 실패하고, 후에 철종이 즉위하면서 비로소 그를 불러들였다. 철종은 1086년에 즉위하면서 소식의 명예를 모두 회복시켜 주었으며 그에게 여러 관직을 부여하였다. 그는 예부상서를 거쳐 항주의 지방관이 되어 그곳의 정화를 위하여 많은 일을 하였다. 또한 태후도 그의 저서를 경탄하면서 그에게 특별한 총애를 표하였다.

1094년에 소식은 또 다시 그를 모함하는 적들을 만났다. 그는 이전의 황제에게 무례하게 말하였다는 것으로 고발되어 처음에는 혜주로, 다시 해남도로 유배되었다. 해남도는 당시에 거의 알려져 있지 않았으며 단지 소수의 토착민들이 살고 있었다. 그는 1097년에서 1100년까지 그곳에서 살면서 중국과 단절되어 있던 섬의 토착민들에게 문명을 보급시켰다. 그곳의 열대기후는 그에게 여러 시적인 감응을 주기도 하였지만, 그의 건강을 크게 해치기도 하였다. 1101년에 그는 휘종의 은혜로 고위직에 임명되었지만 오는 도중에 해남도에서 걸린 병으로 몸져누웠으며 상주常州에서 죽었다.[83]

1127년에 고종은 소식에게 문충文忠이라는 시호를 내리고 그의 손자를 예부상

---

82) 『宋史』, 권338, 「列傳」, 17b.

83) J. N. Jordan, "Su Tung-p'o in Hainan"(*China Review*, Vol. XII, 31~41). 여기에 蘇軾의 생애 묘사가 들어 있다. Zenker, *Geschichte der chinesischen Philosophie*, II, 273쪽에는 王安石에 의하여 귀양지가 옮겨졌던 蘇軾이 두 번째 귀양에서 풀려난 후에 해남도에서 죽었다고 쓰여 있지만, 이것은 맞지 않다.

서로 임명하였다. 고종은 소식을 최고의 문학자로 여겼으며, 꾸준하게 소식의
저서를 읽고 또한 편찬을 명하였다. 소식은 1235년에 공자의 사당에 모셔졌다가
1845년에 축출되고 말았다.

소순은 『역경』의 주석을 짓다가 완성하지 못한 채 죽었는데, 소식은 부친의
유명에 따라 그것을 완성하여 『소씨역해蘇氏易解』라는 제목으로 출간하였다.
소식은 또 『논어』에 대한 『논어설論語說』을 저술하였으며, 『노자』에 대한 주해서
『도덕경해道德經解』를 지어 도교와 불교가 같은 근원을 가지고 있다는 생각을
펼쳤다.[84) 문집 『동파전집東坡全集』은 115권에 이르며 수많은 다양한 판본들이
있다. 42권의 시는 특별히 따로 편찬되었으며 다양한 주석들이 있다. 또 그의
짧은 글들을 담고 있는 『동파지림東坡志林』[85)이 아들에 의하여 출간되었으며,
백과전서식 저술인 『물류상감지物類相感志』[86)가 전한다. 전서에서 추려진 것으로
『경진동파문집사략經進東坡文集事略』이 있다.

소식은 이미 근본개념에서 정이 및 주희와 일치하지 않으며, 이 때문에 그들에게
서 비판을 받았다. 도에 대하여 그는 다음과 같이 말한다.

성인은 도에 대하여 말하는 것이 매우 어렵다는 것을 알았다. 그래서 성인은 음과
양을 빌려서 "한 번 음이 되고 한 번 양이 되는 것을 도라고 한다"라고 하였다.
한 번 음이 되고 한 번 양이 된다는 것은, 음과 양이 아직 교합하지 않았을 때에는
사물 또한 아직 생성되지 않은 상태였다는 것을 말한다. 도에 대한 설명 중에
이보다 더 정밀한 것은 없다. 음과 양이 한 번 교합하여 사물이 생겨나는데, 제일
먼저 물(水)이 생겨난다. 물은 유와 무의 사이에 있다. 이것은 처음에 무에서 분리되
어 존재하게 된다. 노자는 그것을 알았다. 그러므로 그는 최고의 선은 물과 같다고
하였고,[87) 또한 물이 도에 매우 근접하다고 말하였다. 성인의 덕이 비록 도를 말할

84) Wylie, *Notes on Chinese Literature*, 173.
85) Wylie, *Notes on Chinese Literature*, 131.
86) Wylie, *Notes on Chinese Literature*, 133.

수는 있었다고 하더라도, 성인 또한 그것을 하나의 사물로 간주하지는 않았다. 그것은 마치 물이 항상 형체를 가지고 있지는 않은 것과 같다. 물은 최고의 선이며 도에 매우 근접하지만, 도 자체는 아니다. 저 물이 아직 생겨나지 않았을 때와 같은 것은 음양이 아직 교합하지 않아서 확연하게 일물도 없는 것이고, 무라고도 유라고도 말할 수 없는 이것은 참된 도에 거의 가까운 것이다.[88]

이것에 반대하여 주희는 말한다. 음과 양은 도의 완전한 본질을 결정하는 것이 아니다. 도는 도대체 무엇인가? 소식은 그것을 몰랐기 때문에 노장의 이론을 빌려 이 개념에 가까이 가고자 하였다. 주희에 따르면 도는 음과 양이 아니라 그것을 다스리는 비물질적인 리이다. 나아가 소식은 말한다.

음과 양이 교합하여 사물이 생겨나며, 도와 사물이 접하여 선이 생겨난다. 사물이 생성되면 음과 양은 숨고, 선이 이루어지면 도는 보이지 않는다.[89]

도는 선善을 생성하지만, 도 자체가 선이라는 것은 아니다. 주희의 견해는 도가 결코 사물과 분리되지 않으며 오히려 모든 것이 그것으로 채워져 있다는 것이다. 도의 밖에는 어떤 사물도 없으며, 따라서 선을 생성하기 위해 사물로 나타날 수는 없는 것이다.

성과 도의 차이에 대한 질문에 소식은 도를 소리에, 그리고 성을 소리를 듣는 것에 비교하면서, 무엇이 앞서는지 그리고 이들이 두 가지 사물인지 하나의

---

87) 『道德經』, 8장.

88) 黃宗羲, 『宋元學案』, 권99, 18a, "聖人知道之難言也, 故借陰陽以言之曰, 一陰一陽之謂道, 一陰一陽者陰陽未交而物未生之謂也, 喩道之似莫密於此者矣, 陰陽一交而生物, 其始爲水, 水者無有之際也, 始離於無而入於有矣, 老子識之, 故其言曰, 上善若水, 又曰, 水幾於道, 聖人之德雖可以名, 而不囿於一物, 若水之無常形此善之上者幾於道矣, 而非道也, 若夫水之未生, 陰陽之未交廓然無一物, 而不可謂之無有, 此眞道之似也."

89) 黃宗羲, 『宋元學案』, 권99, 18b, "陰陽交而生物, 道與物接而生善, 物生而陰陽隱, 善立而道不見矣."

사물인지 말하기 어렵다고 한다. 그러나 주희는 이러한 비교가 작위적이며 명확하지 않다고 여겼다.

성은 도처럼 인식하기가 어렵다고 한다. 소식은 말한다.

고대의 군자는 성을 알기 어렵다는 점을 걱정하였기에, 성이란 알 수 있는 것이라고 말하였다. 알 수 있는 것이 성이라고 말할 때의 성은 모두 성 그 자체가 아니라 성과 유사한 것이다.[90]

이것은 당연히 주희에게 만족할 만한 설명이 되지 못했다. 주희는 모든 것을 알 수 있다고 믿었으며, 군자는 마음의 점검을 통해서 자신의 성을 완전하게 인식할 수 있다고 대답하였다. 주희는 인식하는 것은 그저 성과 유사하기만 한 것이 아니라 바로 성 자체라고 하였다. 성과 유사한 것은 없다는 것이다. 소식의 회의적인 관점은 보다 철학적일 수는 있겠지만, 그 근거가 너무 빈약하다고 하겠다.

소식은 인성의 선과 악의 관계로써 문제를 해결하고자 하였다.

군자는 매일 그 선함을 닦음으로써 그 불선을 감소시키지만, 불선은 매일 감소한다 하더라도 완전히 제거되지는 않는다. 소인은 매일 그 불선을 기름으로써 그 선함을 감소시키지만, 선은 매일 감소된다 하더라도 완전히 사라지지는 않는다. 요와 순 같은 성인도 그 불선을 완전히 없앨 수는 없으며, 걸과 주 같은 악인도 그 선함을 완전히 없앨 수는 없다. 이것은 곧 성이 존재함을 뜻한다. 또한 말한다. 성의 소재를 거의 알 수 있을 듯하지만, 끝내 그 성이 어디에 있는지는 말할 수 없다.[91]

---

90) 黃宗羲, 『宋元學案』, 권99, 15b, "古之君子患性之難見也, 故以可見者言性, 以可見者言性皆性之似也."

91) 黃宗羲, 『宋元學案』, 권99, 16a, "君子日修其善, 以消其不善, 不善者日消, 有不可得而消者焉, 小人日修其不善, 以消其善, 善者日消, 有不可得而消者焉, 夫不可得而消者, 堯舜不能加焉, 桀紂不能逃焉, 是則性之所在也, 又曰, 性之所在庶幾知之, 而性卒不可得而言也."

주희는 소식이 진리의 표현에 있어서, 즉 인성의 근원적인 선에 대하여 자신의 견해에 근접하였다고 생각하였다. 소식은 군자에게서 최상의 근원적인 선을 생각하지만 악한 사람에게서도 전적으로 제거되지 않는 선한 마음의 감응을 생각하는 것처럼 보인다는 것이다. 그러나 그는 성과 선이 어디에서 유래하는지는 끝내 알지 못하였다고 한다.

소식의 회의적인 추구는 다음의 말에서 최고점에 이르렀다.

성인은 성이 우리의 마음에 보존되어 있는 것처럼 여겼기 때문에, 마치 이 마음에 있는 것처럼 여겼다. 이것은 거짓의 시작이다. 거기에서부터 더 나아가 그 지극한 것을 미루어 거짓으로 명이라고 하였다.[92]

그러므로 소식은 마음 또는 정신의 실존을 부정한다. 주희는 이러한 관점이 완전히 불교적이며 중국에서 최고의 권위를 지니고 있는 『역경』, 『시경』, 『서경』, 『중용』, 『맹자』에 모순되는 것이라고 여겼다. 성이 없으면 인간이 아무 근본 없이 태어나게 된다는 것이다.

소식은 성을 기질과 구분한다. 현인과 어리석은 사람은 모두 같은 성을 가지고 있지만, 매우 다른 기질을 가지고 있다. 사람이 식물을 심으면 그것은 비와 이슬과 바람으로 양육되며 성장한다. 이것은 모든 식물에게 공통적인 성이다. 식물이 자란 후에는 매우 딱딱한 나무가 되어 마차의 중심축으로 사용되기도 하고 혹은 매우 부드러워서 바퀴로 사용되기도 하며, 또는 매우 길게 자라서 기둥으로 사용되기도 하고 혹은 짧아서 대들보로 사용되기도 한다. 이것은 성에 달려 있는 것이 아니라 사물의 특별한 기질에 의한 것이다. 그럼에도 사람들이 타고난 성과 기질을 서로 분리하지 않고자 하기 때문에 이로부터

---

92) 黃宗義, 『宋元學案』, 권99, 16b, "聖人以爲猶有性者存乎吾心, 則是猶有是心也, 有是心也, 僞之始也, 於是又推其至者而假之曰命."

혼란이 생겨나게 된다. 공자가 다양한 등급의 인간에 대하여 말한 것은 단지 기질의 차이를 가리켜 말한 것이지 본성을 가리켜 말한 것이 아니다. 기질은 소식에 따르면 개인이 고유하게 품수한 것으로서, 성의 일반적인 본질에 대립하는 것으로 간주되었다.

선과 악은 성의 특성을 표현하는 것이 아니라 칠정을 선 또는 악으로 주도하는 방식을 나타내는 것이다.

이러한 관점에서 본다면 선과 악은, 성이 능히 할 수 있는 것이지 성이 능히 지닐 수 있는 것이 아니다.[93]

그러므로 성에 대하여 말하면서 어떻게 그것을 선 또는 악으로 설명할 수 있겠는가? 선과 악은 성에 내재하고 있는 특성이 아니라 오히려 그 행동방식을 표현하는 것이다. 그러나 이것만으로는 상당히 똑같은 결과가 나온다. 왜냐하면 일반적으로는 선하게 행동하는 사람을 선하다 하고, 악하게 행동하는 사람을 악하다고 하기 때문이다. 소식의 견해에 따르면 근본적으로 인간의 성은 선하지도 악하지도 않기 때문에 선악의 분별이 없는데, 이것은 이미 고자와 양웅이 말한 바 있다는 것이다.

선과 악은 덕이 있고 없는 행동에 대한 표현이며, 덕은 하늘에 의해 인간의 마음에 심어진 것이라고 유학자들은 가르쳤다. 소식은 성인은 어떤 것이 선이고 악인지를 규정하며, 실제로 선한 것은 다수가 동조하는 것이라고 한다. 그러므로 이것은 상대적인 개념이지 절대적인 개념이 아니다. 그는 다음과 같이 말한다.

태곳적에는 본래 선악의 논의가 없었으니, 성인은 천하 사람들이 모두 편안히 여기는 것을 선이라고 하였고 단지 한 사람만이 즐거워하는 것을 악이라고 하였다.

---

93) 『東坡文集事略』, 권8, 5쪽, "由此觀之, 則夫善惡者性之所能之, 而非性之所能有也."

천하 사람들은 진실로 그 즐거운 바를 행할 따름이었다. 하지만 성인이 말한, 단지 한 사람만이 즐거워하는 것은 천하 사람이 모두 편안히 여기는 것보다 못하다는 것을 어떻게 알 것인가? 이것이 바로 선악의 구별이 생기게 된 까닭이다. 그러나 후대의 몇몇 철학자들은 선악의 구별을 성인의 사사로운 주장으로 만들고 말았으니, 이미 성인의 본뜻으로부터 크게 멀어진 것이 아닌가?[94]

이미 윤문자尹文子[95]가 이와 유사한 발언을 남긴 적이 있는데, 소식이 이 잘 알려지지 않은 철학자에 대해 알고 있었던 것인지, 아니면 이 새로운 이론을 그 스스로 세운 것인지는 알 수가 없다.

인간의 성에서 지성과 의지의 전개는 큰 의미를 지닌다. 그것에 대하여 소식은 인간에 대한 인식에서 발생하는, 오늘날에도 마음에 새길 만한 말을 남겼다. 그에 따르면, 세상에는 재능이 많은 사람들이 많지만 그것만으로 어떤 것이 있게 될 수 있는 것은 아니다. 어떤 것이 있기 위해서는 그것을 있게 하는 사람이 존재해야만 한다. 중요한 정치적인 현장에서 재능이 있는 사람들은 상황을 완전히 이해하지만, 그럼에도 불구하고 이들은 행동에서 어긋나며 단지 사소한 것들만을 실행할 수 있을 뿐이다. 그들에게는 큰일을 이룰 수 있는 에너지가 없다. 에너지가 있는 사람은 커다란 장애 앞에서도 물러서지 않고, 커다란 혼란 속에서도 의지를 잃지 않으며, 커다란 성공에도 도취되지 않는다. 이들은 큰 힘을 가지고 있으며, 이로써 일반 대중을 높이 능가한다. 이들은 높은 지위를 차지하거나 온 세상을 그들의 마음대로 할 수 있는 커다란 영향력을 필요로 하지 않는다. 진秦의 영토를 사방으로 확장시킬 수 있는 왕성한 에너지를 가졌던 사람은 상앙과 백가[96]이다. 아무도 그들에게 저항하지 못하였으며, 백성들

---

94) 『東坡文集事略』, 권8, 5a, "夫太古之初, 本非有善惡之論, 唯天下之所同安者, 聖人指以爲善, 而一人之所獨樂者, 則名以爲惡. 天下之人, 固將即其所樂而行之. 孰知夫聖人唯其一人之獨樂 不能勝天下之所同安, 是以有善惡之辨. 而諸子之意, 將以善惡爲聖人之私說, 不已踈乎."

95) Alfred Forke, *Geschichte der alten chinesischen Philosophie* (1927), 426쪽 주2) 참조.

은 자진하여 그들에게 복종하였다.[97]

소식이 성의 다른 개념들을 부정한 것은 아니다. 다만 그는 성과 명의 연관성에 대하여 아는 것이 없었다. 그는 다음과 같이 정의하였다.

> 명령이란 무엇인가? 군주의 명령을 영令이라 하고, 하늘의 명령을 명命이라 한다. 성性의 지극함은 명이 아니지만, 그것을 이름할 방법이 없어서 다만 의탁하여 명이라 할 따름이다.[98]

> 생사와 수명은 명 아닌 것이 없다. 일찍이 나를 떠난 적이 없지만 내가 그것을 깨닫지 못하고 있을 뿐이다. 성인의 성 또한 그것이 지극해지면 깨달아서 알 수가 없으니, 그래서 이것을 명으로 여기는 것이다. 또한 말하였다. 명과 성에는 하늘과 사람 사이의 구분이 없으니, 스스로 그것이 있음을 깨달아 알지 못하는 것을 일러 명이라고 한다.[99]

주희는 그것에 반대하였다. 소식이 말하는 명은 어떤 것도 하게 할 수가 없는 불가능한 개념이라는 것이다. 주희는 "동파는 그릇된 것에 집착하여 다른 사람들까지도 어리석게 만들었다. 내가 알지 못하는 명이 어떻게 내 안에 있을 수 있으며, 또한 내가 어떻게 그럼에도 불구하고 현인이 될 수 있겠는가?"라고 하였는데, 여기에서 주희에게도 오류가 있는 듯하다. 어떤 사람도 자기 안에

---

96) 白起는 秦의 유명한 장수로 商鞅의 동시대인이다.(Giles, *Chinese Biographical Dictionary*, Nr.1653; 『東坡文集事略』, 권44, 1~2쪽, 「劉侍讀에게 보낸 편지」)

97) Alfred Forke, *Geschichte der alten chinesischen Philosophie* (1927), 450~461쪽 참조. 기이하게도 蘇軾은 여기에서 인정하고 있는 듯한 태도를 보이다가도 다른 곳(461쪽)에서는 비판하고 있다.

98) 黃宗羲, 『宋元學案』, 권99, 16b, "命令也, 君之命曰令, 天之令曰命, 性之至者非命也, 無以名之而寄之命耳."

99) 黃宗羲, 『宋元學案』, 권99, 17a, "死生壽夭無非命者, 未嘗去我也, 而我未嘗覺知焉, 聖人之於性也, 至焉則亦不自覺知而已矣, 此以爲命也, 又曰, 命之與性非有天人之辨也, 於其不自覺知, 則謂之命."

있는 성을 지각할 수 없으며, 또한 명이 실질적으로 신체 안에 있어야 한다는 것은 더욱더 불가능한 생각이기 때문이다.

소식의 음양에 대한 논의는 전적으로 추상적으로 보인다.

음양이란 과연 무엇인가? 비록 이루離婁나 사광師曠처럼 눈 밝고 귀 밝은 이라 하더라도 그와 유사한 것을 보거나 들을 수 없다. 음양이 서로 교합한 연후에 사물이 생겨나고, 사물이 생겨난 다음에 형상이 있다. 상이 서고 나면 음양은 숨는다. 볼 수 있는 것은 모두 사물이지 음양이 아니다. 그러나 음양이 있지 않다고 말할 수 있겠는가? 지극히 어리석은 사람이라도 그럴 수 없다는 것을 안다. 사물이 어찌 저절로 생겨나겠는가? 그러므로 사물을 낳는 것을 가리켜 바로 음양이라고 말하거나, 그와 유사한 것도 보지 못했다고 해서 바로 음양이 없다고 말하는 것은 모두 잘못된 것이다.[100]

음양은 결코 그 순수한 형체를 보여 준 일이 없다. 우리가 세상에서 지각하는 모든 것은 음양의 변형으로 이루어진 사물이기 때문이다. 단지 세상이 생성되기 이전의 혼돈 안에는 아마도 지각할 수 있는 것이 있었을 것이다. 이러한 실체를 생각한다면 결국 모든 중국 철학자들의 주장과 마찬가지이므로, 이러한 주장에 반대할 수 없는 것이라면 소식의 견해에 반대하는 주희의 주장은 올바르지 못한 것으로 보인다.

소식은 귀신의 개념을 다음과 같은 방식으로 구분한다.

정기精氣는 백魄이 되고, 백은 귀가 된다. 지기志氣는 혼魂이 되고, 혼은 신이 된다.[101]

---

100) 黃宗羲, 『宋元學案』, 권99, 17b, "陰陽果何物哉. 雖有婁曠之聰明, 未有能得其髣髴者也. 陰陽交然後生物, 物生然後有象, 象立而陰陽隱. 凡可見者, 皆物也非陰陽也. 然謂陰陽爲無有可乎, 雖至愚知其不然也. 物何自生哉. 是故, 指生物而謂之陰陽, 與不見陰陽之髣髴而謂之無有, 皆惑也."
101) 『朱子全書』, 권51, 39b, "精氣爲魄, 魄爲鬼, 志氣爲魂, 魂爲神."

일반 사람들의 의지(志)는 먹고 마시는 것과 남녀 사이의 일 등 일반적으로 생을 보존하는 자질을 넘어서지 못한다. 만약에 이러한 자질이 넉넉하다면 그 기는 강하고, 그 자질이 제한되어 있으면 그 기가 미약하다. 그러므로 기가 의지를 이겨서 백이 된다. 성인과 현인은 그렇지 않다. 의지로 기를 한결같게 한다. 순수하고 밝은 것이 그 몸에 있다. 의지와 기는 신과 같으니,…… 그러므로 의지가 기를 이겨서 혼이 된다. 대중은 죽어서 귀가 되고, 성인은 죽어서 신이 된다.102)

주희는 또한 이 견해에 대해서도 반대의견을 편다. 죽을 때는 현인과 어리석은 사람 사이에 차이가 없다는 것이다. 이 점에서는 분명 그에게 동의해야 한다. 그러나 나머지에 있어서는 그의 의견도 소식의 견해와 마찬가지로 실제와 상응하는 것이 거의 없다.

소식은 공자의 숭배자이긴 하지만 눈이 멀지는 않았다. 공자 또한 결함이 있다고 그는 말한다. 그에 따르면, 진지한 공부는 단지 공경하는 것만으로는 부족하고, 경탄하는 사람의 결함 또한 인식해야 한다. 공자는 귀신의 본질을 이해하지 못하였다. 귀신은 늘 제사에 함께하지만, 공자는 단순히 귀신이 마치 거기에 있는 것처럼 제사지내야 한다고 가르쳤다.103)

소식의 오류는 고통이 단지 정에서 나오는 것이며 성에서 생겨나는 것이 아니라고 생각한 것이다. 만약에 인과 의, 예와 악이 정의 유출일 뿐 성이 아니라고 주장한다면, 이것은 성인의 가르침에 어긋나는 것이다. 또 다른 그의 오류는 노자의 설을 『역경』의 설로 믿은 것이다.104) 그러나 주희는 『소씨역해』에 나타난 『역경』에 관한 설명을 모두 부정하였다.

---

102) 『朱子全書』, 권51, 39b, "衆人之志不出於飮食男女之間, 與凡養生之資, 其資厚者其氣强, 其資約者其氣微, 故氣勝志而爲魄, 聖賢則不然, 以志一氣, 淸明在躬, 志氣如神……故志勝氣而爲魂, 衆人之死爲鬼, 而聖人爲神."

103) Alfred Forke, *Geschichte der alten chinesischen Philosophie* (1927), 124쪽 참조.

104) 『東坡文集事略』, 권8, 7b 이하.

주희는 소식의 학설이 선불교적인 요소를 가지고 있으며, 말년에는 더욱더 불교로 기울어져 갔다고 비난하였다.[105] 더욱 특징적인 것은 소식의 불가지론이다. '마치 ~와 같은'이라는 난해한 형식을 통해서 그는 공자조차도 능가하는 불가지론의 태도를 보였다.

3) 소철

소철蘇轍(1039~1112)은 자가 자유子由이고 호는 영빈穎濱이다. 그는 형 소식과 함께 과거에 합격하였다. 본질적으로 두 형제는 매우 다르다. 소철은 매우 단순하고 순수하였으며 사람들이 자신에 대해 기록하는 것을 원하지 않을 정도로 겸손하였다. 그는 말이 없었으며 원하는 것도 적었다. 그러나 그는 자신의 재능을 숨길 수가 없었다. 형의 열정적이고 개인적인 성향은 그에게 맞지 않았다. 소철 자신의 성향은 명백하고 간략하며 진지한 것이었다.

관리로서의 소철은 왕안석의 개혁에 반대하였다가 어려움에 빠졌다. 그 때문에 지방관으로 좌천되었으며, 1072년에는 형과 함께 강서성으로 유배되었다. 철종의 부름을 받고 그는 우사간右司諫, 상서우승尙書右丞을 거쳐 문하시랑門下侍郞으로 임명되었지만 10년 후에 다시 해직되었다. 뒤에 그는 하남성 허주許州의 영강 가에 거처를 정하였다. 그의 호 영빈은 여기에서 유래한다. 그는 도교를 지향하여 사람들과의 교류를 끊은 채 거의 은둔하여 살았으며, 하루 종일 말없이 앉아서 깊이 명상하는 일이 잦았다. 시호는 문정文定이다.[106]

소철은 시인으로서 유명하였는데, 저술로는 『시경』과 『서경』 및 『춘추』에 대한 주석들, 고대사를 정리한 『고사古史』,[107] 2권의 작은 역사서인 『용천약지龍川

---

105) 黃宗義, 『宋元學案』, 권99, 21쪽.
106) 『宋史』, 권339, 「列傳」 참조.
107) Wylie, *Notes on Chinese Literature*, 23쪽. 이것은 Wylie가 말하는 것처럼 『史記』보다 포괄적인 것이 아니라 4책의 60편에 불과한 훨씬 간략한 책이다.

略志』와『용천별지龍川別志』,[108] 『도덕경』 주해서인『노자해老子解』 등이 있다. 특히『노자해』에는 그의 철학적인 견해가 많이 들어 있는데, 주희는 그것에 대하여 많은 비판을 가하였다. 비판 대상은 특히 기본개념인 도에 관한 것으로, 당연히 주희는 도를 완전히 유학적으로 파악하고 있었다.『송원학안』(권99,「蘇氏蜀學略」)에는 소철의 각 문장에 대한 주희의 반박이 실려 있는데, 소철의 주장과 그에 대한 주희의 반박을 추려서 옮겨 보면 다음과 같다.

○ 소철: 공자는 인과 의, 예와 악으로 천하를 다스렸는데, 노자는 이러한 것을 단절하고 물리쳤다. 어떤 사람들은 그것이 서로 다른 가르침이라고 여기지만,『역』에서는 "형이상의 것을 도라고 하고 형이하의 것을 기器라고 한다"라고 하였다.
○ 주희: 소철은 말을 이해하지 못한다. 도와 기는 이름이 다르지만 항상 합하여 함께 있다. 공자의 가르침에는 최고의 도가 있으며 결함이 없다.

○ 소철: 공자는 후세를 매우 염려하여 사람들에게 기를 보여 주었지만 도는 숨겼다.
○ 주희: 공자는 제자들에게 아무것도 숨기지 않았다. 다만 도를 표현할 방법이 없었을 뿐이다. 도는 또한 모든 물질적인 것들 속에 들어 있지만, 소철이 말하는 도는 모든 물질적인 것을 벗어나는 것이다.

○ 소철: 중간 이하의 사람에게 기器만을 지키게 하면, 도에 어두운 행동을 하지 않아서 군자가 되기를 잃지 않을 것이다.
○ 주희: 이 말은 도가 사람을 어둡게 만들어 군자 되기를 기약할 수 없게끔 할 수도 있다는 뜻이 되는데, 그렇다면 도가 세상에 있는 것이 오히려 재앙이 아닌가?

○ 소철: 반면에 중간 이상의 사람들은 스스로 높은 이치에 통달하게 된다.
○ 주희: 성인이 말한 통달은 형이상과 형이하를 두루 포섭하여 하나로 관철하는 것인데, 소철이 말하는 통달은 물질적인 것을 버리고 정신적으로 높은 경지에 이르고자 하는 것이다.

---

108) Wylie, *Notes on Chinese Literature*, 156쪽.

○ 소철: 노자가 그렇게 하지 않은 것은 도를 밝히는 데 뜻을 두고 사람의 마음을
    깨우치는 것을 시급하게 생각하였기 때문이다.
○ 주희: 그것은 노자의 무위설에 어긋난다.

○ 소철: 그러므로 노자가 사람들에게 도를 보여 주고 기를 작게 여기게 한 것은,
    공부하는 사람들에게 형이하의 것에 대한 지식은 도를 가리게 된다는 것을 알게
    하여 인의와 예악을 버리고 도를 밝힐 수 있도록 하고자 함이었다.
○ 주희: 도는 인의예악의 총명이요 인의예악은 도의 체용이다. 그렇기에 성인은 인과
    의를 닦고 예와 악을 정리함으로써 도를 완전히 밝히고자 하였던 것이다. 따라서
    도를 밝히기 위해 인의와 예악을 소홀히 한다는 것은, 수레를 끌 짐승을 얻기
    위해 우마牛馬를 버린다는 말과 같다. 어찌 잘못된 것이 아닌가?

  유학자에게 도는 단지 최고의 도리일 뿐 별로 중요하지 않다. 그들은 개별적인
덕에 대한 논의에 더 몰두하기 때문이다. 노자는 그와는 달리 도를 가장 중요하게
여긴다. 제자들이 다가가야 할 초월적인 존재가 도이기 때문이다. 공자는 감각을
초월한 사물에 관심을 두지 않았으며, 그 때문에 그는 초월적인 도의 존재를
알지 못하였다.

○ 소철: 하늘의 도는 말로 표현할 수 없다. 말로 할 수 있는 것은 단지 비유에 불과하
    다. 통달한 사람은 비유를 통해 도의 진실을 이해하지만, 어두운 사람은 비교에
    집착함으로써 거짓에 빠지게 된다.
○ 주희: 인간관계의 총체가 결국은 도이다. 소철은 도가 결코 형이하적인 것과 분리
    될 수 없다는 것을 모른 채 그저 신비롭고 허황된 것에서 구할 뿐이다.

○ 소철: 노자의 말에 따라 도에 도달한 사람의 수는 적지 않다. 그와는 달리 공자에게
    서 도를 찾았던 사람들은 따를 것이 없음을 고민하였다.
○ 주희: 이 주장은 틀렸다. 소철은 결코 철저하게 유학에 몰두한 적이 없었던 것으로
    보인다. 그는 도와 기에 관한 자신의 잘못된 이론으로 인해 도에 이르는 길을

스스로 허물고 말았다.

○소철: 두 성인의 가르침이 다른 것은 부득이하게 그렇게 된 것이다.
○주희: 공자와 노자를 똑같은 성인이라 칭하는 것이 가능한 것인가? 세상 사람들은
사마천이 황제와 노자를 앞세우고 육경을 뒤에 두었다고 하여 비웃었지만, 실제로
그는 공자를 높여 세가의 항목에 두었고 노자를 낮추어 한비자와 같은 항목의
열전에 두었다. 어찌 정밀한 의미가 있지 않겠는가? 소철에게서는 이런 현명함을
찾아보기 어렵다.

○소철: 다만 여기(공자)는 온전하고 저기(노자)는 생략되어 있을 뿐이다.
○주희: 여기가 있고 또 저기가 있다면 천하에는 두 개의 도가 있게 될 것이다.

소철은 도교와 유학의 융합을 추구하였던 것으로 보인다. 유학자로서의 주희는
당연히 노자가 성인임을 인정할 수 없었다. 여기서 사마천을 비판한 것은 사마천
자신에게 해당되는 것이 아니라 『사기』의 일부를 저술하였으며 도가를 유가보다
높게 여겼던 그의 아버지 사마담司馬談에게 해당되는 것이다. 사마천은 오히려
공자를 매우 공경하여 특별히 그를 제왕의 전기를 다룬 「세가世家」의 항목에서
다룰 정도였다.109)

3. 그 밖의 철학자들

1) 자화자

일설에 의하면 자화자子華子의 이름은 정본程本이라고 한다. 그는 안영과 공자의
시대에 진晉에 살았다. 공자는 담郯에서 그를 만난 뒤 현명한 학자라고 평했다고

---

109) Chavannes, *Les Mémoires historiques de Se-ma Ts'ien*, Vol. I *Introduction*, 49쪽 참조.

한다. 조간자趙簡子는 그를 임용하고자 했다가 거절당하자[110] 병사로 하여금 그를 쫓아내게 하였고, 그는 제齊로 도피하여 오랫동안 안영晏嬰에게 의탁하였다. 조간자가 기원전 458년에 죽자[111] 자화자는 다시 진으로 돌아갔으며 그곳에서 죽었다.

자화자는 『정자程子』라는 제목의 저서를 저술하였다고 하는데, 이것은 후에 『자화자』라고 불리게 되었다. 이 저서는 『한서漢書』의 목록에서 언급되지 않고 있으므로 한대 이전에 이미 소실되었던 것으로 보이고, 오늘날 전하는 동일한 제목의 저서는 송대에 위작된 것일 가능성이 크다.[112] 송조의 누군가에 의해 쓰였을[113] 이 책은 당시의 도교에 대한 인식을 주제로 삼고 있다. 텍스트에 부가된 유갱생劉更生의 서문 또한 위작일 것이다. 『한서』의 편찬자 유흠이 자신의 아버지가 서문을 쓴 책을 몰랐다는 것은 있을 수 없기 때문이다. 이것이 진본이 아니라는 것을 또 공자가 하늘로 표현되고 인류의 본보기로 설정되고 있다는 사실에서도 드러난다.[114] 공자는 생전에 이러한 권위를 누리지 못했기 때문이다. 도교의 형이상학과 자연철학은 이미 발전단계에 있는 것으로 보이지만, 여기에 노자와 고대의 도가 학자들은 아직 도달하지 못했었다.

『자화자』는 10편 2권의 작은 저서로서 자화자와 당시 사람들 사이의 문답으로 이루어져 있다. 많은 곳에서 정치가 안영이 등장하며, 질문은 주로 정치실천에 관한 것이지만 또한 순수철학적인 문제도 설명되고 있다. 순수철학적인 내용이 담긴 편들은 제7 「집중執中」, 제8 「대도大道」, 제10 「신기神氣」 편이다.

형이상학적으로 자화자는 3가지 기본개념 허虛, 평平, 도道를 설명하고 있다.

---

110) 『子華子』, 권1, 6쪽.
111) 『左前』에 따르면 475년이다.
112) Wieger, *Taoisme*, "Bibliographie", 1160.
113) Wylie, *Notes on Chinese Literature*, 125.
114) 『子華子』, 권1, 13a.

한 번 텅 비고 한 번 평평해지면 도가 저절로 생겨나며, 한 번 평평하고 한 번 텅 비게 되면 도가 저절로 거처한다.115)

이것은 마치 허와 평이 도보다 먼저인 것처럼 들리지만, 아무것도 없으면 어떻게 평평하다고 말할 수 있겠는가? 이 두 개념은 다음과 같이 설명되었다.

오직 비어 있어야 도를 모이게 할 수 있으며, 단지 평평해야 도를 실을 수 있다. 막히는 곳이 없고 거스르는 곳이 없는 것이 허의 지극함이다. 왼편으로 해도 왼편으로 기울지 않고 오른편으로 해도 오른편으로 기울지 않으며 좋아함도 만들지 않고 싫어함도 만들지 않는 것, 마치 저울대에 매달린 것과 같은 공평함이 평의 지극함이다.116)

큰 도는 형체가 없고, 수가 없고, 이름이 없고, 신체가 없다. 신체가 없기 때문에 생사가 있을 수 없고, 이름이 없기 때문에 유무가 있을 수 없고, 수가 없기 때문에 높고 낮음이 있을 수 없고, 형체가 없기 때문에 이루어짐이나 이지러짐도 있을 수 없다.117)

단지 개별적인 사물만이 소멸된다. 도는 밖으로는 무한히 확장될 수 있으며, 안으로는 어떤 빈틈도 존재하지 않는다. 만물은 도를 그 속에 지니고 있어서, 우리가 보는 모든 곳에서 그 똑같은 은밀한 것이 드러난다.118)

생성에 대하여 자화자는 수많은 생각을 가지고 있어서 서로 일치시키기가 쉽지 않다.

---

115) 『子華子』, 권2, 5a, "一虛一平而道自生, 一平一虛而道自居."
116) 『子華子』, 권2, 5a, "惟虛爲能集道, 惟平爲能載道, 無所於閼, 無所於忤, 虛之至也, 左不偏於左, 右不偏於右, 無作好也, 無作惡也, 如懸衡者然, 平之至也."
117) 『子華子』, 권2, 5b, "大道無形, 無數, 無名, 無體, 以無體故無有生死, 以無名故無有有無, 以無數故無有隆庳, 以無形故無有成虧."
118) 『子華子』, 권2, 7a.

자화자는 말하였다. 오직 도는 정해진 형체가 없다. 허에서 모여서 하나의 기가 되며, 이것은 흩어지고 퍼져서 만물을 생성한다. 우주는 도를 싣고 있기 때문에 계속되는 것이다.[119]

자화자는 말하였다. 큰 도는 근원이 있다. 이 근원은 매우 참된 것이며, 이것을 공동空洞이라고 한다. 공동은 존재가 없으며, 이것이 삼원三元을 생성한다. 삼원은 현묘함 속에 함께 서게 된다.[120]

무엇을 삼원이라고 이해할 수 있는가? 카오스의 가운데에서 큰 시작이 일어난다. 그 안에서 삼원이 생성된다. 이것은 시작의 기, 근원의 기, 은밀한 기이다. 3기는 음과 양으로 나뉜다.[121] 그러나 이 구분은 매우 합당하지 못하다. 애초에 시작과 근원은 똑같은 것이며, 또한 대체 무엇 때문에 이후의 기가 이전의 기보다 더 은밀하겠는가?

숫자 3에 자화자는 매우 호감을 가지고 있었다. 우리는 하늘의 순수한 기 역시도 세 가지 리듬 또는 충동으로 흘러나오는 것을 알게 된다. 첫 번째는 생겨나고, 두 번째로 발전하며, 세 번째로 완성한다. 이것은 식물에 있어서도 마찬가지여서 첫 번째로 싹이 터 나오고, 두 번째로 기둥 또는 줄기가 생성되며, 세 번째로 완전한 전개가 이루어지는데, 이것은 성장하게 하는 마음을 통하여 그렇게 된다.[122] 그러나 다음의 은밀한 말이 무엇을 의미하는지는 이해하기가 어렵다.[123]

---

119) 『子華子』, 권1, 5a, "子華子曰, 惟道無定形, 虛凝爲一氣, 散布爲萬物, 宇宙也者所以載道而傳焉者也."
120) 『子華子』, 권2, 6b, "子華子曰, 大道有源, 其源甚眞, 名曰空洞, 空洞無有, 是生三元, 三元之功, 同立於玄."
121) 『子華子』, 권1, 1a, "夫混茫之中是名太初, 實生三氣, 上氣曰始, 中氣曰元, 下氣曰玄."
122) 『子華子』, 권2, 4b.
123) 『子華子』, 권1, 2a, "夫道一也, 我與道而爲三矣."

도는 하나이다. 나와 도는 셋이 된다.[124]

자화자는 '평'을 우주적인 것으로 본 동시에 윤리적인 도리로도 파악하였다. 그것은 또한 직접 도와 똑같은 것으로 이해되기도 한다. 고대의 군자들은 무엇보다도 자신을 악에서 보호하고 마음을 순수하게 보존함으로써 도에 따라 행동하였던 것으로 보인다. 이것은 하늘과 땅도 마찬가지이다. 하늘과 땅은 서로 저촉됨이 없이 고요함으로써, 음과 양은 서로 균형을 깨지 않고 화합함으로써 도를 따랐다. 5가지 색깔은 하늘과 땅이 나뉘기 전에도 유출되어 있었지만, 하늘과 땅이 나뉘고 나면 이제 서로 경계가 확연해진다. 소인은 욕구를 따라가며, 이로써 균형에서 벗어나게 된다. 소인은 자기 자신과 국가를 위험에 빠지게 하며, 후회는 대부분 너무 늦게 온다.[125]

우주론의 두 번째 발전단계에서는 인간의 신에 대한 감정이입이 많이 발견된다. 자화자는 다음과 같이 말한다.

마음의 집은 어디인가? 도의 마음은 하늘에 있고, 하늘의 마음은 상제에 있으며, 상제의 마음은 인간에 있다.[126]

도・하늘・상제는 곧 순수물질적인 것인데, 이것은 금방 정신적인 존재로 나타난다.

자화자가 말하였다. 근원은 태초의 중기이다. 하늘의 상제는 그것을 통하여 끊임없이 운행하며, 황후인 땅은 이것을 통하여 끝없이 널리 퍼지며, 인간은 이 근원을

---

124) 子華子는 아마도 나와 도 이외에 다시 도의 본질을 결정하는 하나를 더한 것으로 보인다.
125) 『子華子』, 권2, 4.
126) 『子華子』, 권2, 6a, "心烏乎而宅, 道心天也, 天心帝也, 帝心人也."

가지고 모든 **뼈** 있는 생물을 통솔한다.[127]

하늘은 상제로, 땅은 황후로 표현되었지만, 이것은 단지 물리적인 관계에 관한 말이다. 다른 곳에서 우리는 하늘과 땅이 그들이 생성하는 사물을 사랑하며 그들의 사물에 대한 감정이 인간에 대한 것과 다르지 않다고 하는 것을 읽게 된다.[128] 마찬가지로 상제 또한 정신적인 특성을 가진다. 그곳에서는 다음과 같이 말한다.

> 혼륜渾淪과 홍몽鴻濛은 도가 으뜸이 되는 까닭이다. 널리 덮어 포함하는 것은 하늘이 크게 되는 까닭이다. 밝게 밝히고 나타나 융화하는 것은 상제가 공적을 이루는 까닭이다.[129]

여기에서 우리는 도가 영원한 것이 아니라 오히려 혼돈에서 생겨나는 것임을 보게 된다.

우주론과 음양과 오행 및 그들의 관계에 대한 이론에 대하여 자화자의 말은 주목할 만하다. 그는 오행에 각기 특정한 형태를 부여한다. 물은 평평하고, 불은 뾰족하고, 흙은 둥글고 나무는 굽거나 바르며, 쇠는 사각이다.[130] 오행은 그의 견해에 따르면 음양과 함께 형체를 완성한다. 음양은 다시 태양太陽과 소양少陽, 태음太陰과 소음少陰의 사상四象으로 드러난다. 양 중의 양(태양)은 불이고, 음 중의 음(태음)은 물이며, 양 중의 음(소음)은 나무이고, 음 중의 양(소양)은 쇠이다. 흙은 두 기의 중간에 있으며, 음 안에서는 음이 되고 양 안에서는

---

127) 『子華子』, 권1, 10a, "子華子曰, 元太初之中氣也, 天帝得之, 運乎無窮, 后土得之, 溥博無疆, 人之有元, 百骸統焉."
128) 『子華子』, 권1, 14b.
129) 『子華子』, 권2, 6a, "渾淪鴻濛道之所以爲宗也, 徧覆包涵天之所爲大也, 昭明顯融帝之所以爲功也."
130) 『子華子』, 권2, 13a.

양이 된다. 흙이 없으면 어떤 사물도 생겨날 수가 없다.[131) 북쪽의 음에서 한기가 생성되며 여기에서 물이 나오고, 남쪽의 양에서 열기가 나오며 이로부터 불이 생겨난다. 동쪽에서 양이 흩어지고 바람이 일어나서 쇠가 나오고, 서쪽에서 음이 흩어지고 비가 내려서 나무가 나온다. 중간에서 음과 양이 화합하고 습기를 생성하며 이로부터 흙이 된다.[132)

인간 신체의 내부조직에 대해서도 다양하게 설명되었다. 그에 따르면 심장은 불이고 리離괘이며 색은 빨강이고 형체는 거꾸로 놓인 연꽃모양이다. 비슷하게 간, 폐 등에 대해서도 설명되었다. 취장은 사유를, 생식기는 종자를, 심장은 마음을, 간은 혼을, 폐는 기를 담고 있다.[133)

2) 왕빈

왕빈王蘋(1082~1153)은 자가 신백信伯이고 호는 진택震澤이다. 복건성 복주 복청福淸 출신으로 정이의 제자였는데, 그를 정이의 후기 모든 제자들 가운데 으뜸으로 평했던 양시楊時보다도 어렸다. 그러나 그의 견해는 정이가 아니라 정호와 더 일치하였으니, 이것으로 양시가 그를 좋아한 것을 또한 설명할 수 있을 것이다. 그의 입지는 정호와 육구연 사이가 된다. 그의 학설은 정호와 육구연을 잇는 가교적 위치에 있다.[134)

왕빈은 매우 순수한 성품을 지녔으며 항상 평정의 상태를 유지하였다. 그는 매우 많은 현실경험을 하였으나 스스로 밖으로 보이는 것을 추구하고자 않았기 때문에 세상에 알려진 것이 적다. 그는 호안국과 다른 사람들을 통해 황제에게 추천되어 황제의 도서관에 임용되었는데, 황제를 알현하게 되었을 때 왕빈은

---

131) 『子華子』, 권2, 11b.
132) 『子華子』, 권2, 11b.
133) 『子華子』, 권2, 12b.
134) 高瀨武次郎, 趙蘭坪 中譯, 『中國哲學史』 3권, 78.

인간의 마음에 대하여 다음과 같이 말하였다.

인간의 마음은 아주 커서 끝이 없습니다. 모든 선이 모두 구비되어 있습니다. 왕성한 덕과 위대한 업적은 모두 여기에서 나옵니다. 요, 순, 우, 탕, 문왕, 무왕의 도를 가지고자 한다면 이 마음을 확충하셔야 합니다.[135]

옛말에 이르기를, 백성들을 따르고자 한다면 하늘의 마음에 합치하라고 했습니다. 백성들의 뜻이 함께하는 곳에는 진실로 최고의 공평한 리가 있습니다.[136]

왕빈은 일흔이 넘는 생애를 살았지만 단지 제자를 가르쳤을 뿐 한 권의 책도 저술하지 않았다. 그는 『논어』에 대한 『논어집해論語集解』도 완성하지 못한 채 죽었다.

왕빈이 정호의 관념주의를 그대로 따른 것은 아니다. 정호에게 다음과 같이 질문하고 있기 때문이다.

물었다. "어떻게 만물이 완전하게 내 안에 있습니까?" 선생은 표정을 바르게 하고 대답하였다. "사물은 모두 내 안에 있다. 내가 사물에 대해 말하는 바로 그 순간에 나는 이미 나 자신을 보고 있는 것이다."[137]

정호에 따르면 만물이 나의 마음에 들어 있다는 것이다. 왕빈은 그것에 동조하지만, 그는 이 질문의 진지함을 인식하기만 하였을 뿐 그것에 대하여 전적으로 명확하게 이해하지는 않았던 것으로 보인다.

---

135) 孫奇逢, 『理學宗傳』, 권15, 46a, "人心廣大無垠, 萬善皆備, 盛德大業由此而成, 故欲傳堯舜禹湯文武之道, 擴充是心焉."
136) 黃宗羲, 『宋元學案』, 권29, 1b, "古語謂, 謀從衆則合天心, 以衆之所同, 固有至公之理."
137) 黃宗羲, 『宋元學案』, 권29, 5a, "問, 如何是萬物皆備于我, 先生正容曰, 萬物皆備于我, 某于言下有省."

공부할 때 왕빈은 모든 옹졸함과 편협함에 대립하였다.

물었다. "인은 사람의 마음이다. 그러나 또한 '마음을 인으로써 보존한다'고 한다. 이것을 어떻게 이해해야 하는가?" 답하였다. "책을 볼 때에 글자의 의미에 집착하여서는 안 된다. 인으로써 마음을 보존한다는 것은 단지 인을 체득한다는 것을 말하는 것이다."[138]

이해할 수 없는 것이 있으면 잠시 벗어나서 지나쳐 가야 한다. 생각하여 고통을 받아서는 안 된다. 고통을 받으면 더욱 멀어지게 된다.[139]

3) 나종언

나종언羅從彦(1072~1135)의 자는 중소仲素이며, 그는 스승 양시와 제자 이동李侗과 마찬가지로 복건성 남검南劍 출신이다. 그러므로 이들은 남검의 3선생으로 불렸다. 문헌에 따르면 강서성의 수도 남창南昌이 그의 고향이었다고 한다.[140] 아마도 그는 그곳에서 오래 살았을 것이다. 그는 호가 예장豫章이었는데, 예장은 남창의 옛 이름이다. 시호는 문질文質이다.

어렸을 때 나종언은 학문에 거의 관심을 두지 않았으며 40세가 되어서야 비로소 그의 고향사람 양시가 정이의 학설을 공부하였다는 말을 듣고 그를 찾아가 제자가 되었다. 처음 스승과 만난 사흘 동안 그는 흥분하여 등에 땀을 흘렸으며 "내가 여기까지 오지 않았더라면 인생을 헛되이 살았을 것이다"라고 말하였다.

천 명이 넘는 양시의 제자 중에서 나종언은 가장 중요한 제자로 간주된다.

---

138) 黃宗羲,『宋元學案』, 4a, "問, 仁人心也, 而又曰, 以仁存心, 何也, 曰, 觀書不可梏于文義, 以仁存心, 但言能體仁耳."
139) 黃宗羲,『宋元學案』, 3b, "若未有見, 且暫放過, 思不可苦, 苦則愈遠."
140) 『宋史』, 권428, 「列傳」.

평소에 양시는 오직 나종언만이 도에 대하여 말할 수 있다고 칭찬하였다. 정이가 『역경』을 가장 잘 아는 사람이라는 말을 듣고 나종언은 땅을 판 돈으로 정이의 강의를 들으러 낙양으로 갔다.[141] 그리고 후에 다시 양시에게 돌아와서 20년을 더 공부하였다.

3년 동안 나종언은 광동성 혜주 나부산羅浮山에 집을 짓고 살았다. 거기에서 그는 자신의 감각을 닫고 천하의 리를 궁구하고자 명상하였다. 그는 '정이 생겨나기 전'과 '생각으로 인해 도가 어두워졌을 때'의 마음의 상태를 관찰하였다. 그는 또한 그곳에서 제자들을 가르쳤는데, 이동은 스승과 마찬가지로 명상이 공부와 자기수양을 위해 좋다고 생각하였다. 고요하게 앉아 있는 것이 선불교가 아니냐는 질문에 나종언은 이러한 방법은 이정에게서 나온 것으로, 양시가 그 가르침을 받아서 자신에게 전해 준 것이라고 답하였다.[142]

그러나 주희는 나종언과 사양좌가 칭송하였던 명상을 어느 정도 해가 되는 것이라고 생각하였다. 그는 "기는 곧 움직이고 곧 고요해진다. 배우는 사람은 단지 진지함과 집중을 통하여 내적인 것을 바르게 하고 의를 외적으로 실행하여야만 한다. 사람은 도를 행하고 명상하기 위하여 고요한 장소를 고를 필요가 없다. 그러므로 정이천은 단지 집중할 것을 말했을 뿐 고요가 필요하다고는 하지 않았으며, 이것이 올바른 말이다"[143]라고 하였다.

1132년에 비로소 나종언은 작은 관리직을 받았다. 그는 주희의 스승 이동과 주희의 아버지 주송의 스승으로 알려져 있다.

나종언은 『춘추』, 『시경』, 『논어』, 『맹자』, 『중용』에 대한 해설서를 짓고 문집으로 『예장문집豫章文集』 16권을 남겼다. 유명한 저술로는 『성송존요록聖宋遵堯錄』[144]이 있는데, 여기에서 그는 송 황제의 불행은 그들 조상이 도를 버린

---

141) 『宋史』, 권428, 「列傳」, 13a.
142) 孫奇逢, 『理學宗傳』, 권16, 5a.
143) 『性理大全』, 권40, 21b.

결과라고 지적하고 있다. 그는 철학적인 것을 저술하지 않았다. 인격의 도야를 중요하게 여김으로써 글보다 행동의 본보기를 통하여 영향을 미치고자 하였기 때문이다. 사람들은 그를 진지하고 단호하며 단순하고 항상 만족하여 불행이 아무것도 앗아갈 수 없는 사람이라고 하였다.

복과 도리에 관하여 그는 좋은 이야기를 하였다.

군주가 밝은 것은 군주의 복이며, 신하가 충성스러운 것은 신하의 복이다. 군주가 밝고 신하가 충성스러우면 조정의 정치가 안정된다. 이것을 복이라고 해야 하지 않겠는가? 아버지가 자애로운 건 아버지의 복이고, 자식이 효성스러운 건 자식의 복이다. 아버지가 자애롭고 자식이 효성스러우면 가정에 도가 융성하게 된다. 이것을 복이라고 해야 하지 않겠는가? 세속적인 사람이 부귀를 복이라고 여기는 것은 천한 것이다.[145]

그러므로 복은 부귀에 있는 것이 아니라 도리의 실천에 있는 것이다.

왕도王道와 패도覇道의 정치와 관련하여 그는 다음과 같이 말한다.

왕도는 백성을 부유하게 하고, 패도는 국가를 부유하게 한다. 백성을 부유하게 한 것은 하·상·주 삼대이고, 국가를 부유하게 한 것은 제齊나라와 진晉나라이다. 한의 문제는 왕도를 행하여 백성을 부유하게 만들고자 하였으나, 경계함이 엄격하지 못하여 백성들이 도리어 사치스럽게 되었다. 한의 무제는 패도를 행하여 국가를 부유하게 만들고자 하였으나, 소비에 절제가 없어 국가의 재정이 고갈되었다.[146]

---

144) 『聖宋遵堯錄』.(Giles, *Chinese Biographical Dictionary*, Nr.1394)
145) 黃宗羲, 『宋元學案』, 권39, 2b, "君明君之福, 臣忠臣之福, 君明臣忠, 則朝廷治安, 得不謂之福乎, 父慈父之福, 子孝子之福, 父慈子孝, 則家道隆盛, 得不謂之福乎, 俗人以富貴爲福, 陋哉."
146) 黃宗羲, 『宋元學案』, 권39, 2b, "王者富民, 覇者富國, 富民三代之世是也, 富國齊晉是也, 至漢文帝行王者之道, 欲富民, 而告戒不嚴, 民反至於奢, 武帝行覇者之道, 欲富國, 而費用無節, 用乃至於耗."

인성에 대하여 나종언은 인간이 하는 것에 따라 성이 이루어지는 거라고 보았다. 선한 것을 보면 선으로 기울고, 악한 것을 보면 나쁘게 된다는 것이다. 그 자신의 성품에 대한 반영을 다음의 문장에서 볼 수 있다.

성인은 욕구가 없고, 군자는 욕구가 적으며, 일반 사람은 욕구가 많다.[147]

4) 이동

이동李侗(1093~1163)은 복건성 검포현劍浦縣에서 태어났으며 자가 원중愿中이고 호는 연평延平이다. 연보에 따르면 그는 70세까지 살았다.[148]

젊은 시절의 이동은 매우 활기차고 열정적이었다. 그는 술과 빠른 말을 좋아하였다. 그러나 그는 후에 조용하게 되었으며 더 이상 흥분하고 격분하지 않았다. 이것은 그가 실천철학적인 연습을 통해 감정을 조절하게 되고 사물에 지배당하지 않게 되었기 때문이다. 그는 천천히 그리고 적당한 보폭으로 걸었다. 방문할 때는 호기심으로 주변을 돌아보지 않았고, 차를 마신 후에는 일어나서 벽에 걸린 글을 차례로 읽은 뒤에 다시 앉아 자신이 가지고 온 것이 있으면 그것을 내놓았다. 그의 생활은 매우 규칙적이었다. 그는 지나치게 힘쓰는 일을 하지 않았다. 그의 집은 매우 작고 방은 좁았는데, 모든 것이 정해진 자리에 있었고 매우 세심하게 정리되어 있었다. 그에게는 또한 작은 공부방도 있었는데, 학생들이 늘어나서 방을 하나 더 만들어야 했다.[149]

이동은 관직을 받고자 하지 않았으며 과거도 보지 않았다. 그는 40세에 이미 세상에서 물러나서 산에 땅을 일구고 서민처럼 단순하게 살았다. 그는 생계가

---

147) 黃宗羲, 『宋元學案』, 권39, 3b, "聖人無欲, 君子寡欲, 衆人多欲."
148) 高瀨武次郎, 趙蘭坪 中譯, 『中國哲學史』 3권, 79쪽에서는 1088~1163년이라고 잘못 쓰고 서 70세라고 계산하고 있다.
149) 『李延平集』, 권3, 14; 『性理大全』, 권40, 26a.

매우 빠듯하였지만 항상 밝고 만족하였으며, 그에게 생필품이 부족할 때도 마찬가지였다. 그럼에도 불구하고 그는 가난한 친척을 도울 수 있었다. 그는 농부들과 우호적으로 교류하였으며 함께 먹고 마시고 농담을 하였다.[150] 관리들은 고독한 그를 학교에 초청하였으며 그에게 학생들을 보냈다.

이동의 스승은 고향사람인 나종언이다. 이동은 양시의 제자인 나종언이 이정의 학설인 하락지학河洛之學을 알고 있다는 것을 듣고 그에게 먼저 서면으로 연락한 후 찾아갔다. 나종언은 여러 해 동안 『춘추』, 『중용』, 『논어』, 『맹자』 등을 가르쳤다. 이들 경서와 함께 이동은 특히 『좌전』을 열심히 읽었으며 제자들에게 이 책들을 추천하였다. 그는 책을 저술하지 않고 또 시문도 짓지 않았으며, 단지 제자들이 내적인 성찰을 유지하고 인격을 도야하도록 가르쳤다. 제자들의 질문에 그는 피곤해하지 않고 답하였으며 각자의 특별한 재능에 맞게 달리 가르쳤다.

오늘날 이동에 관하여 알려진 거의 모든 것은 24세에 그를 찾아왔던 위대한 제자 주희에게서 비롯된다. 이동은 주희의 아버지의 친구였다. 주희는 스승과 나누었던 대화와 편지를 엮어 『연평답문』을 편찬하였는데, 주희의 제자들은 거기에 또한 이동에 관한 주희의 말, 추도문, 전기에 속하는 자료를 부록으로 첨가하였다.[151] 후에 이동의 후손이 조상의 저술 몇 편을 첨가하였으며, 이것은 전부 『연평문집』으로 출간되었다.

형이상학적인 문제에 이동이 이바지한 것은 많지 않다. 그의 철학은 철저하게 실천적이었기 때문이다. 『역경』의 반복적인 학습과 『중용』을 통하여 그는 운행하여 양을 생성하는 태극이 곧 리이며, 리가 기질에 의해 흐려지기 이전의 순수한 상태의 인간 마음과 동등하게 설정될 수 있다는 결론에 이르렀다. 그의 말은 그러나 완전히 이해할 수가 없다. 다음은 주희의 질문이다.

---

150) 『宋史』, 권428, 「列傳」, 16a.
151) 『延平答問』, 권1; 『四庫全書』, 권92, 「附錄」, 권1.

태극이 움직여서 양을 생성하는 이치에 대하여, 선생님께서는 일찍이 "이것은 단지 리의 작용이다. 이미 작용하면 그것을 더 이상 보지 못한다"라고 하셨습니다. 그러나 이미 "움직여서 양을 생성한다"고 하였으니, 이것이 복復괘의 일양이 생기는 것으로부터 천지의 마음을 본다고 하는 것과 무엇이 다른지 의심스럽습니다. 제 생각에는, "태극이 움직여서 양을 생성한다"라는 말은 곧 천지의 희노애락이 드러나는 곳이니, 여기에서 천지의 마음을 볼 수 있습니다. "두 기가 서로 감응하여 만물을 화생한다"라는 말은 곧 사람과 사물의 희노애락이 드러나는 곳이니, 여기에서 사람과 사물의 마음을 볼 수 있습니다. 두 구절을 이와 같이 이해하는 것은 어떨는지요?152)

이동에 따르면 하늘의 리는 단지 이것이 작용하여 양기를 생성하고 있는 동안에만 인식할 수 있다. 그러나 주희는 천지의 리와 만물의 리가 모두 같다고 생각하고 있었기 때문에, 사람의 마음이 감정의 표현으로 드러나는 것처럼 세계정신이 양기의 생성으로 자신의 감정을 표현한다고 볼 수 있으므로 사람이 세계정신을 인식하는 것이 가능하다고 믿었다. 그는 둘을 다르게 여기지 않고, 오히려 인간의 마음을 하늘의 마음과 동등하게 설정하려고 한 것이다. 이에 대해 이동은 다음과 같이 답한다.

태극이 움직여서 양을 낳는 것은 지극한 리의 근원이다. 다만 그 동정하고 합벽하는 것은 만물의 시작과 끝에까지 이르지만, 이것 또한 단지 이 리가 하나로 관통하고 있는 것이다. 두 기가 서로 감응하여 만물을 화생하는 때에 이르러서도 또한 사람과 사물에 나아가 미루어 보면 단지 이 리가 있을 뿐이다. 『중용』에서 희노애락의 미발과 이발을 말한 것도 또한 사람의 몸에 나아가 미루어 보면 그 대본달도大

---

152) 『李延平集』, 권2, 14a, "問, 太極動而生陽, 先生嘗曰, 此只是理做已發看不得. 熹疑, 既言動而生陽, 即與復卦, 一陽生而見天地之心, 何異. 竊恐, 動而生陽, 即天地之喜怒哀樂發處於此, 即見天地之心, 二氣交感化生萬物, 即人物之喜怒哀樂發處於此, 即見人物之心, 如此做兩節看, 不知得否."

本達道에 이르러서는 단지 이 리가 있을 뿐이다. 만약에 이 리를 사람의 몸에 미루어 찾으면서 미발과 이발의 곳에서 찾지 않는다면 무엇에 연유하여 그것을 알 수 있겠는가? 그러나 대개 '하늘과 땅의 본원'과 '인간과 사물에서 미루어 찾은 것'은 끝내 다르지 않을 수 없다. 이것이 '태극이 움직여서 양을 낳는 것'을 두고 바로 '희노애락이 이미 발한 것'이라고 말하기 어려운 이유이다. 하늘과 땅에 있는 것은 다만 이 리일 뿐이니, 「태극도설」의 두 구절을 그와 같이 이해하고자 한다면 매우 잘못된 것이 아닐까 싶다.153)

이로 볼 때 이동은 하늘과 인간이 똑같은 마음을 소유한다는 견해에 반대하였던 것으로 보인다.

음과 양은 이동의 생각에 따르면 모든 것 안에서 극단적으로 대립한다. 양의 본성은 뜨겁고 그 수는 홀수이며 본체는 딱딱하고 기는 불타며 형체는 둥글다. 빛나고 흔들리며 움직이고 흐르는 모든 것은 양에 속한다. 음의 본성은 물기가 있고 그 수는 짝수이며 본체는 부드럽고 기는 차며 형체는 사각이다.154) 어둡고 사라지며 고요하고 닫히는 모든 것은 음에 속한다.155)

이동에 따르면 마음은 은미한 것과 드러난 것을 모두 꿰뚫으며 존재와 무를 이해할 수 있다.156) 그러나 인식은 일종의 움직임으로, 움직임은 마음에 좋지 않다. 그 이유는 다음과 같다.

텅 비어 하나이면서 고요하다. 마음이 채워지면 사물이 그것을 타게 되고, 사물이

---

153) 『李延平集』, 권2, 14a, "先生曰, 太極動而生陽, 至理之源只是動靜闔闢, 至於終萬物, 始萬物, 亦只是此理一貫也, 到得二氣交感化生萬物時, 又就人物上推, 亦只是此理, 中庸以喜怒哀樂未發已發言之, 又就人身上推, 尋至於見得大本達道處, 又滾同只是此理, 此理就人身上推尋, 若不於未發已發處看, 即緣何知之, 蓋就天地之本源與人物上推來, 不得不異, 此所以於動而生陽難以爲喜怒哀樂已發言之, 在天地只是理也, 今欲作兩節看, 切恐差了."

154) 양은 하늘이 둥글기 때문에 둥글고, 음은 땅이 사각이기 때문에 사각이다.

155) 『李延平集』, 권3, 12a.

156) 黃宗羲, 『宋元學案』, 권39, 20b, "心者貫幽明, 通有無."

타면 마음이 움직이게 된다. 마음이 움직이게 되면 기가 그것을 타고, 기가 타면 마음이 미혹하게 된다. 마음이 미혹되면 하나일 수 없으니, 희노애락이 모두 중절하지 못하게 된다.157)

이어서 이동은, 사람의 마음에 있는 생각은 대부분 악하지만 또한 쉽게 억제할 수 있다고 말한다.158) 이것에 주희는 동의하면서도 생각이 정말로 위험하게 되는 일은 드물며, 악한 생각은 끊임없이 잇달아 생겨나기 때문에 억제하기가 쉽지 않다고 여겼다.

이동은 사람이 도로써 마음을 수양하는 것은 음식으로 배고픔을 달래고 옷으로 추위를 막는 것과 같다고 한다. 도는 인간관계에서 생겨나는 모든 덕의 합에 불과하다. 그것을 놀랍고 은밀한 것으로 생각하는 사람은 이로써 사람들에게 감명을 줄 수는 있겠지만 실제로 그것을 이용할 수는 없다.159) 이러한 의미의 도는 순수하게 유학적인 개념이다.

이동은 세상에는 아버지와 스승과 군주의 세 가지 근본이 있다고 하면서, 사람이라면 반드시 성현의 저서를 공부해야 하는데 학생에게 의문이 생길 경우 유학자가 아닌 선생들은 그러한 의문을 옆으로 치워 둔 채 올바른 답을 가르쳐 주지 않는다고 하였다.160) 현란하고 모험적인 사상은 많은 사람들의 눈을 부시게 할 수는 있지만, 그런 것에 헌신하는 사람은 마치 배고픈 사람에게 일상의 음식 대신 그 사람을 죽음에 이르게 할 기이하고 이상한 음식을 먹이는 사람과 같이 행동한다고 한다.161) 이동은 또한 말한다.

---

157) 『性理大全』, 권32, 5b, "虛一而靜. 心方實, 則物乘之, 物乘之, 則動. 心方動, 則氣乘之, 氣乘之, 則惑. 惑斯不一矣, 則喜怒哀樂皆不中節矣."
158) 『李延平集』, 권3, 1b.
159) 『性理大全』, 권34, 4b.
160) 『李延平集』, 권1, 1b.
161) 『李延平集』, 권1, 2a.

의리를 사색하다 혼란하고 막힌 곳에 이르면, 반드시 모두 쓸어 버려서 가슴 안을 완전히 비게 해야 한다. 그러다가 문득 한 번 들어 일으키면 맞아떨어지는 곳이 있음을 자각하게 될 것이다.[162]

그러나 이동이 생각한 최고의 인식수단은 논리적이고 추론적인 사유를 통한 일반적인 연구방식이 아니라 명상이었다. 그는 제자들에게 마음으로 돌아감으로써 만물의 근원을 이해하는 것을 배우라고 가르쳤다. 그는『중용』을 모든 성인의 가르침에 이를 수 있는 문이라고 여겼다. 거기에서 가장 중요한 것은 마음이 감응되기 전의 마음의 중에 대하여 말하고 있는 곳이다.[163] 그 밖에 그는 맹자가 강조한 '야기夜氣의 함양'에 대한 가르침을 연계한다. 고요한 밤에는 욕구와 악한 생각이 멈춘다. 마음은 그때에 가장 순수하고 맑게 작용하므로, 이때의 함양공부가 가장 중요하다는 것이다. 물론 고요한 생각과 조용한 정좌를 통해 낮에도 그와 같은 상태를 구할 수가 있다. 이러한 명상방식은 도가와 선종의 참선과 어느 정도 유사하며 실제로 그 영향을 받기도 했겠지만,[164] 거기에는 그들과 같은 신비주의가 결여되어 있다. 이동은 명상에 대하여 다음과 같이 말하였다.

대개 의심스런 것이 있으면 반드시 조용하게 정좌하여 본체를 궁구해야 한다. 그러면 인륜이 반드시 밝아지고 하늘의 리가 반드시 분명하게 될 것이다. 매일 거기에 힘을 쏟게 되면 단서를 발견하여 노력할 곳을 알게 될 것이다.[165]

---

162)『李延平集』, 권3, 12b, "思索義理, 到紛亂窒塞處, 須是一切掃去, 放教胸中空蕩蕩地了, 却舉起一看, 便自覺得有下落處."
163) 孫奇逢, 『理學宗傳』, 권16, 7a.
164) 高瀨武次郎, 趙蘭坪 中譯, 『中國哲學史』3권, 79
165)『李延平集』, 권1, 5b, "大率有疑處, 須靜坐體究, 人倫必明, 天理必察, 於日用處著力, 可見端緒在勉之爾."

여하튼 이동이 생각하는 명상은 도교의 명상수련이나 불교의 참선수행에 비해 훨씬 활동적인 것이었다.

송대 이후로 마음을 설명할 때에는 '정좌', '미발의 중', '야기의 함양' 등의 표현이 빈번하게 사용되었다. 이미 정호가 먼저 이러한 명상의 기술을 가르쳤으며, 양시와 나종언의 학파에서 지속적으로 교육되었다. 나종언은 자주 제자 이동과 함께 하루 종일 아무 말도 없이 마주 앉아 있고는 했다. 그는 정이 생겨나기 이전의 고요한 상태에서 마음을 보라고 제자에게 가르쳤다. 이동 또한 주희로 하여금 자주 하루 종일 곧게 정좌하게 하였다고 한다. 이동의 마음은 밝았고, 조금도 무기력한 조짐을 보이지 않았다. 리가 마음에 드러나기 때문에, 그는 명상으로 세상의 근원을 인식할 수 있었다. 또한 그것을 파악한 뒤에는 그로부터 생겨난 만물을 이해할 수 있었다.[166] 정좌를 어떻게 이해하고자 했는지를 그는 다음의 말로 설명한다.

일반적으로 마음에 큰 동요가 있으면 어떻게 거기에서 도리가 나오는 것을 볼 수 있겠는가? 반드시 고요해야 그것이 나오는 것을 볼 수 있을 것이다. 이른바 정좌는 단지 마음에 방해되는 일이 없게 하는 것이다. 그러면 도리가 비로소 나온 다. 도리가 이미 나오면 마음이 더욱 밝고 고요하게 된다.[167]

마음이 완전히 고요하고 정에서 자유롭게 되면 참된 성으로 나타난다. 이러한 상태에서는 마음의 기를 인식하는 것이 가능하다고 한다. 이로써 동시에 세상의 근원인 리 또한 인식한다. 그러한 상태의 마음의 주요 특성은 중이다. 중을 잡아서 유지하면 모든 행동을 적절하게 할 수 있으며, 모든 것에서 올바른

---

166) 『性理大全』, 권40, 24a, 25b.
167) 『李延平集』, 권3, 2a, "蓋心下熱鬧, 如何看得道理出, 須靜, 方看得出, 所謂靜坐, 只是打疊得心下, 無事, 則道理始出, 道理旣出, 心下愈明靜矣." 이 말은 대부분 고급스런 구두어이다.

척도를 유지할 수 있다. 마음의 완전한 고요와 정화, 즉 모든 감응과 욕구로부터의 자유는 이러한 종류의 인식을 위한 전제이다.

학문하는 도는 많은 말에 있는 것이 아니라 단지 침묵하고 앉아서 마음을 맑게 하고 천리를 체인하는 것에 있다. 만약에 소견이 참이라면 비록 작은 사욕이 생겨 도 또한 물러나 받아들인다. 매우 오랫동안 여기에 힘쓰면 점차 밝아질 수 있으며 학문을 할 수 있는 능력을 갖게 될 것이다.[168]

---

168) 黃宗羲, 『宋元學案』, 권39, 20a, "學問之道, 不在多言, 但默坐澄心, 體認天理, 若眞有見, 雖一 毫私欲之發, 亦退聽矣, 久久用力于此, 庶幾漸明, 講學始有力耳."

남송편

(1127~1279)

제1장 성리학자들

1. 주희

1) 생애

주희朱熹(1130~1200)는 자가 원회元晦·중회仲晦이고 호는 회암晦庵이며 연평의 우계尤溪에서 태어났다. 그의 선조들은 대대로 안휘성 신안新安에서 살았다. 시호는 문공文公이고 다시 휘국공徽國公에 추봉되었다.

주희의 부친은 주송朱松이다. 주송의 호는 위재韋齋이며, 주희의 출생지 복건성 우계현의 관직에 있었다. 주희는 4살 때 부친이 그에게 하늘을 보여 주자 하늘에는 무엇이 있는지 물었다. 그는 이미 5~6세 때에 하늘의 존재와 본질에 대한 질문에 매우 몰두했었다고 한다. 다른 어린이들이 모래에서 놀 때 그는 자주 홀로 떨어져서 손가락으로 모래 위에 팔괘를 그렸다. 그는 『맹자』에서 성인도 단지 한 명의 인간에 불과하다는 것을 읽고는 자신 또한 성인이 되고자 하였으나 후에 그것이 결코 쉬운 일이 아님을 알게 되었다.

주희는 부친으로부터 첫 번째 교육을 받았다. 부자는 함께 『효경』을 읽었다. 주송은 3년간 아들을 가르쳤지만 1143년에 일찍 죽었다. 임종하면서 그는 아들에게 세 명의 친구를 스승으로 소개하였는데, 적계籍溪의 호헌胡憲(原仲), 백수白水의 유면지劉勉之(致中), 병산屏山의 유자휘劉子翬(彦中)이다. 유면지의 딸은 후에 주희의 부인이 되었다. 그는 『논어』로 공부를 시작하였으며 그 뒤에 『맹자』를 읽었다.

먼저 그는 문장을 순서대로 읽었으며, 같은 사상이 모든 책을 통해 전달되고 있다는 것을 알게 된 후에 깊은 이해에 이르게 되었다. 그의 스승 두 명에게 불교적인 성향이 있었기에 그는 불교와 도교 또한 접할 수 있었는데, 이것은 형이상학에 대한 그의 관심을 일깨우고 상상력을 자극하였으며 그의 관점을 매우 확장시켜 주었다. 이미 18세에 과거에 급제하였으며, 24세에는 부친의 동학이었던 이동의 제자가 되었다.

이동은 주희의 생각에 큰 변화를 가져왔다. 주희는 스승 이동이 모든 논의에 있어서 항상 확고한 관점을 지니고 있었던 반면에 자신은 확고한 원칙이 없이 이리저리 방황하고 있다는 것과 스승의 견해는 자신보다 체계가 있고 깊다는 것을 알게 되었다.[1] 이동은 불교의 학설이 틀렸음을 주희에게 설명하였고, 세밀한 검토 끝에 주희는 불교가 실제로는 어떠한 진실된 내용도 담고 있지 않다는 인식에 이르게 되어 불교로부터 거리를 두고 이후 경전 공부에 성심을 다하게 되었다.[2]

주희가 최초로 이동을 방문하였을 때, 주희는 진리에 대하여 끝없이 이야기를 계속하였다. 이동이 말하였다.

너는 공허한 이론들에 대해서만 많이 알고, 눈앞의 사물에 대해서는 전혀 알지 못하는구나. 도는 숨겨진 것, 은밀한 것이 아니다. 네가 매일 그것에 힘쓰고 진지하게 추구하기만 한다면 배워서 알 수 있게 될 것이다.[3]

스승의 엄격한 방식을 통하여 주희의 학구열은 올바른 궤도를 찾게 되었다. 그러나 그는 스승의 엄격한 명상수행은 따르지 않았다. 그는 고민이나 어려움이

---

1) 『李延平集』, 권3, 1b.
2) 『李延平集』, 권3, 7a.
3) 『李延平集』, 권3, 6b.

있으면 홀로 있으면서 고요한 가운데에서 매번 깨달음을 얻었고[4] 마음에 대해서도 깊이 연구하였지만, 명상에 그리 큰 의미를 두지 않았기 때문에 스승처럼 철저하지는 않았다.[5]

실생활에서 주희는 매우 검소하였다. 몸에 걸친 모든 의복에 만족하였으며, 굶주림을 면하기 위해서만 음식을 먹었고, 집은 폭풍우를 막아 줄 수만 있으면 그만이었다. 다른 사람들이 견딜 수 없는 곳에서도 그는 편안함을 느꼈으며, 동시에 삶을 기쁘게 향유하는 것을 결코 잊지 않았다. 경관이 좋은 지역에 가서 시를 읊거나 경전을 읽었고, 철학자 또는 역사가의 글을 낭독하는 것을 좋아하였다. 거기에는 술도 따랐다. 시인들 중에서는 추연驟衍, 도잠陶潛, 두보杜甫를 특히 좋아하였다.[6]

주희는 모든 일에서 예의 규정을 지켰다. 날이 밝기 전에 일어나 조상과 옛 성현들을 숭배하기 위하여 예복을 입고 관모를 쓰고 사당에 들어갔다. 그러고 나서 집무실로 돌아갔다. 탁자마다 정해진 자리가 있었으며 책과 기구들은 잘 정리되어 있었다. 식사할 때 그의 식탁에는 국과 반찬들이 올바른 자리에 놓였으며 수저 또한 제자리에 놓였다. 피곤해서 잠시 눈을 붙일 때에도 그는 항상 바른 자세를 유지하였다. 일정한 간격으로 천천히 걸었으며, 한밤중에 잠에서 깨어나면 종종 그대로 일어나 아침까지 바르게 앉아 있곤 했다. 어찌 보면 지나치다 할 수 있을 정도로 세심하게 예를 따르는 이러한 모습들은 그의 스승 이동이나 공자에게서도 찾아볼 수 있다.

주희는 모든 제사에서 최선을 다하여 진지하고 성실하게 임하였다. 제사에서 소홀한 것이 있게 되면 하루 종일 달가워하지 않았으며, 규정에 어긋나는 일이 일어나지 않으면 매우 흡족해했다. 장례식에서는 애도를 분명하게 표현하였으며

---

4) 謝无量, 『中國哲學史』 5권, 53.

5) 高瀬武次郎, 趙蘭坪 中譯, 『中國哲學史』 3권, 79.

6) 『性理大全』, 권41, 5b쪽과 16a쪽. 黃榦(1152~1221)은 朱熹의 제자이자 사위이다.

모든 음식과 의복의 규정들을 아주 세심한 것까지 정확하게 주시하였다. 손님들을 극진한 예의와 진심으로 맞이하였으며 먼 친척에게도 친절하였다. 마을의 모든 사람들을 존중하는 태도로 대하였다. 경조사에 대하여 경축하거나 조의를 표하는 것을 절대로 잊지 않았으며 항상 관대하고 부드러웠다.

주희는 독서 중에 이해하지 못하는 구절이 나오면 종종 밤새 잠을 이루지 못하였으며 며칠 동안이나 그것에 몰두하였다. 몸이 아플 때에도 밤늦도록 경전과 고대와 근대의 제도에 대하여 이야기하고 제자들의 질문에 답하였으며, 질병으로 한 번 일정을 변경한 것을 매우 애석하게 여겼다. 그는 폭넓은 지식을 지녀 천문학 · 지리학 · 의학 · 병법 등에 대해서도 이해가 깊었다.[7]

주희는 친구들 중에서 특히 장식張栻 및 여조겸呂祖謙과 친하였다. 두 사람은 거의 비슷한 시기에 죽어 주희를 매우 슬프게 만들었다. 그는 여조겸과 함께 『근사록近思錄』을 편찬하였으며, 여조겸의 영향을 받고 주돈이와 이정 형제, 장재의 주요 저술에 대한 주석서를 내었다.

주희의 생애에 있었던 주요한 사건을 정리해 보겠다.

1152년에 그는 천주泉州 동안현同安縣의 주부로 임용되었다. 그는 그곳에서 보다 엄격한 제도를 도입하고 도서관의 기반을 닦았으며 학교를 재정비하였다. 후에 그곳에는 그를 기념하는 사당이 세워졌다. 그곳에서 돌아오면서 1154년에 그는 처음으로 수백 리 떨어진 곳에 살고 있던 이동을 방문하였다. 1158년부터 1163년까지 주희는 그를 때때로 방문하였으며, 매번 오랫동안 머물렀다. 여러 번 궁정에 출두할 것을 요청받았지만 따르지 않았는데, 1163년에는 더 이상 거절할 수가 없어서 황제를 만나게 되었다. 하지만 황제에게 도교와 불교에 대하여 경고한 그의 세 가지 제안은 받아들여지지 않았다. 주희는 관직을 원하지 않았기 때문에 고향으로 돌아갔으며, 고향에서 1163년부터 1178년까지 저술로

---

7) 『性理大全』, 권41, 5a쪽 이하.

세월을 보낼 수 있었다.

주희는 1179년에 친구들의 권유에 따라 관직을 받아들여서 1183년까지 남강군南康郡의 지사를 지냈다. 그는 그곳에서 많은 개혁을 실행하였으며 세금을 경감하고 어린이들에게 도덕을 가르쳤다. 기아에 허덕이는 백성들에게 곡식을 나누어 주었다. 황제에게 재정의 폐해를 비판하고 관리들을 고발하는 서신을 보냈으나 황제는 이에 대해 매우 분노하였다.

남강의 근처에는 '백록동'이라는, 안쪽이 담으로 둘러싸인 동굴이 있었다. 당唐대에 어떤 은자가 흰 사슴과 함께 살았다는 곳이다. 은자는 거기에 경전을 지도하는 학교도 설립하였다고 하는데, 이것은 후에 붕괴되었다. 주희는 황제의 승인을 받은 후에 친구들의 도움을 받아 이 옛 학교를 복원하였으며 스스로 4~5일간 강의도 하였다. 학교에는 수백 명의 학생들이 모여들었다. 이로써 이 학교는 전국에서 가장 유명한 학교 중의 하나가 되었으며, 후일 주희의 숭배자들에게는 성지가 되었다. 그곳에는 공자의 사당이 지어졌으며 후에 그 곁에 주희의 사당도 설립되었다. 주희는 그곳에 주돈이와 도잠 그리고 그 후인들을 위한 기념관을 건립하게 하였다.

주희는 그의 탁월한 업적 때문에 기아가 덮친 절동지방의 재정책임자로 임명되었다. 그가 제안한 혁신적인 7가지 사창법이 승인을 받았으며, 여기에 이어 소흥주 관할 현에 임용되었다. 1189년에는 장주에 같은 임무로 파견되었다.

1194년에 광종이 서거하고 영종이 즉위하자 주희는 젊은 황제의 스승으로 임명되었다. 주희는 매우 강력한 권력을 가진 황제의 인척을 경계해서 그를 몰아내고자 하였다. 그러자 이 권력자는 주희를 추방하고 모든 권력을 박탈하도록 호소하였다. 주희는 그의 상황을 매우 위험하게 여긴 제자들의 만류에 그를 탄핵하지 않았다. 제자들은 점을 쳐서 점괘에 따라 결정하도록 그를 설득하였는데, 그 답이 좋지 않자 주희는 그의 생각을 물렸다.

주희의 학설이 모든 곳에서 환영을 받았던 것은 아니다. 그는 많은 적들에 대하여 자신의 학설을 방어해야만 했다. 특히 임률林栗이라는 사람은 『역경』과 『서명』이 서로 일치하지 않는 것에 대하여 주희와 논쟁하였다. 또한 임률은 주희를 무고하였다. 주희가 단지 장재와 정이의 학설만 받아들이고 이들만을 올바른 것으로 여기며, 도처에서 제자들을 받아들여 마치 공자와 맹자처럼 여행을 하며 높은 관직을 요구하면서도 주어진 관직은 또 받아들이지 않는다는 것이다. 그러나 이러한 비난은 아무 효과가 없었으며 오히려 고발자 자신이 처벌을 받게 되었다.[8]

또 호굉의 보호를 받는 황제의 한 인척이 주희와 대립하여 그와 그의 학파 전체를 근절시켜야 할 이단으로 몰아세웠다. 그는 선조들을 표절했다는 등, 정치적인 부분을 포함한 여러 죄목으로 주희를 고발하였다. 주희의 개혁안은 사람들의 비난을 받고 있는데, 그는 은밀한 모임의 대표로서 정신적인 질환을 앓고 있으며 두 여승을 유혹하여 자신의 첩으로 삼았다는 것이다. 감찰관 심계조沈繼祖는 주희에게 부가된 10가지 죄목을 발견하였고, 그 결과 주희는 1197년에 불미스럽게 해고되었다. 그러나 주희의 적들은 여전히 그를 공격하며 극형에 처해 죽일 것을 주장하였다. 주희는 도주하지 않았다. 그 당시 흔히 그랬던 것처럼 적국이 있는 북방으로 넘어가지 않고, 그는 조용히 결정을 기다렸다. 이윽고 그는 수백 명의 제자 및 친구들과 함께 고향으로 돌아가서 학업에 전념할 수 있게 되었다. 그는 거기에 죽림정사竹林精舍를 건립하여 학생들을 가르쳤다. 1199년에 그의 모든 명예는 다시 회복되었지만, 악화된 건강 때문에 그는 더 이상 관직을 받지 않았다.

죽음에 앞서 주희는 매우 고통스러워하였으며 글씨를 잘 읽을 수 없을 정도로 눈의 질환에 시달렸다. 그럼에도 불구하고 그는 여전히 강의를 계속하였으며

---

8) 謝无量, 『中國哲學史』 5권, 56.

「태극도」와 『서명』을 설명하였다. 죽을 때에는 채침蔡沈과 다른 제자들이 그의 임종을 지켜보았다. 여전히 쓸 말이 남아 있었기에 사람들이 그의 손에 붓을 들려 주고 종이를 잡아 주었지만, 더 이상 쓸 수가 없어 침상에 몸을 눕혔다가 곧 숨을 거두고 말았다. 수천 명의 사람들이 무덤까지 따랐는데, 그의 적들은 이 모습을 보고 최고 이단자의 마지막을 함께하기 위해 온 나라의 이단자들이 다 모였다고 묘사하였다. 주희에게는 3남 5녀가 있었다.[9]

2) 저술

저술가로서의 주희는 무엇보다도 경전과 철학서들의 주석자이며 편찬자이다. 그의 저술은 다음과 같다.

『상채어록上蔡語錄』(1159): 사양좌의 어록.

『연평답문延平答問』(1163): 이동과의 문답서.

『논어요의論語要義』(1163): 『논어』의 가장 중요한 가르침을 정리한 책.

『논어훈몽구의論語訓蒙口義』(亡失): 어린이들을 위한 『논어』의 강의서.

『곤학공문편困學恐聞篇』(1163, 亡失): 소논문 모음집.

『이정유서二程遺書』(1168): 이정이 남긴 저술들을 엮은 책.

『논맹정의論孟精義』(1172): 『논어』와 『맹자』의 핵심 내용을 설명한 책.

『자치통감강목資治通鑑綱目』(1172): 사마광의 『자치통감』을 연대기의 형식으로 다시 쓰고 주석한 책.

『팔조명신언행록八朝名臣言行錄』(1172): 송대 8조의 명신들의 언행을 기록한 책.

『서명해의西銘解義』(1173): 『서명』 주석서.

---

9) 朱熹의 생애에 대해서 다루고 있는 것은 다음과 같다:
Le Gall, *Le philosophe Tchou Hi*(Chang Hai, 1894), 8~14.
Bruce, *Chu Hsi and his Masters*(London, 1923), 56~96.
Biographie im *Sung-schi*, Kap. 429, 1~21.
『性理大全』, 권41, 1~18쪽.

『태극도설해太極圖說解』(1173): 「태극도설」 주석서.

『통서해通書解』(1173): 『통서』 주석서.

『이정외서二程外書』(1173): 이정의 저술에 대한 보충.

『고금가제례古今家祭禮』(1173): 가례 가운데 고금의 제례를 담은 책.

『근사록近思錄』(1176): 신유학에 따른 생활 및 학문의 지침서.

『시집전詩集傳』(1177): 『시경』 주석서.

『주역본의周易本義』(1177): 『주역』 주해서.

『논맹집주혹문論孟集註或問』(1177): 『논어』와 『맹자』에 대한 집주 및 문답서.

『역학계몽易學啓蒙』(1184~1188): 입문자들을 위한 『역』 해설서.

『효경간오孝經刊誤』(1184~1188): 고문을 위주로 『효경』의 내용을 분류한 책.

『소학小學』(1184~1188): 소년들에게 유학의 기본을 가르치기 위한 책.

이 밖에 주희가 직접 저술한 책은 아니지만 구두로 가르치고 편지를 왕래하는 가운데 그 자신의 철학을 전개해 간 중요한 자료들이 있다. 그 중 제자들과의 대화는 1230년에 『주자어류朱子語類』라는 이름으로 출간되었으며, 또 그의 서간문들은 그의 각종 문장들을 집록한 『주자문집朱子文集』 속에 포함되었다. 청의 강희제康熙帝는 1713년에 이 두 종의 책을 포함한 주희의 저술들을 두루 모아 『주자대전朱子大全』을 출간하게 하였다. 이 저서가 우리에게 주희의 철학을 알려주는 주요 원전이다.

3) 형이상학

(1) 리와 기

리理와 기氣는 주희의 철학을 구성하는 두 가지 근원이다. 서양의 철학자들 사이에서 기는 기(Fluidum), 실체(Substanz), 물질(Materie) 등으로 번역되며 거의 논쟁의 여지가 없이 받아들여지고 있지만, 리의 의미에 대해서는 매우 다양하게 파악되고 있다.[10] 내게는 서양철학의 '이성(Vernunft)[11] 개념이 주희의 '리'를 가장 잘 설명하는 것으로 보인다. 다른 번역들은 충분히 포괄적이지 못하며 매우 다양한 의미의 개념을 단지 단면적으로 번역할 뿐이다.

두 개념은 거의 항상 함께 나타난다. 이들의 본질과 대립에 대하여 주희는 다음과 같이 기술한다.

하늘과 땅 사이에 리가 있고 기가 있다. 리는 형이상의 도이며 사물을 생성하는 근본이다. 기는 형이하의 그릇이며 사물을 생성하는 도구이다. 그러므로 인간과 다른 사물이 생성될 때에 반드시 이 리를 받은 연후에 그들의 본성이 있게 되며, 반드시 이 기를 받은 연후에 그들의 형체가 있게 된다.[12]

---

10) McClatchie(*Confucian Cosmogony*, Shanghai, 1984)는 Fate로 번역하였으며, Bruce는 Low로, Le Gall은 Forme, 그와 연계하여 Zenker는 Form, 즉 형태 또는 Formales Prinzip 즉 형태의 원리로 번역하였다. 이러한 아리스토텔레스적인 파악은 중국인과는 매우 거리가 멀다. Zenker의 언어적인 설명은 혼란을 야기한다. '理'는 결코 형식이나 운명 또는 법칙의 의미를 갖지 않는다. Hackmann은 세계이법, 세계의지로, Wilhelm은 이법으로 理를 설명하였다. 理는 사물을 생성하고 지배하는 물질적인 원리와 구분되는 합리적인 원리로서 朱熹의 근원으로 소급되는 북송의 철학자들에게 이해되었다. Brube와 Grube도 이와 같이 이해하였다.

11) 역주: 'Vernunft'는 일반적으로 '객관적 실재의 총체성을 파악하는 인간의 선천적인 정신능력'을 의미하며, 우리는 이것을 '이성'으로 번역한다. 그러나 우리는 인간에 대하여서만 '이성'을 말하지 않고 신에게도 이성이 있다고 한다. 그렇다면 신의 이성은 세계를 창조할 때에 이미 세계와 그 안에 존재하게 될 모든 것의 존재와 본질을 파악하고 있는 신의 능력이라고 하겠다. 이러한 의미에서의 신과 인간의 '이성'의 본질은 실재의 총체성을 파악하는 것, 즉 신이 세계를 생성하기 이전에 세계와 그 안에 존재하는 모든 사물들에게 부여할 것으로 결정한 세계와 사물의 존재와 본질을 파악하는 능력을 의미한다면, 또한 이 능력이 가능태로서의 능력이 아니라 현실태로서의 능력을 의미한다면, 신의 이성이 파악하는 것은 바로 세계와 그 안에 존재하는 모든 사물의 존재와 본질 외에 다른 것이 아니라고 할 것이다. 이런 의미에서 Forke가 '理'를 'Vernunft'라고 번역한 의도를 한편으로 이해할 수도 있을 것이다. 그러나 엄격한 의미에서 '理'는 '정신적인 능력'을 의미한다기보다는 신의 정신적인 능력, 즉 신의 이성에 의하여 파악된, 그리고 인간의 정신적인 능력, 즉 인간의 이성을 통하여 파악될 수 있는 '이미 실재하는 세계와 사물의 존재와 본질'을 의미한다고 할 것이다. 따라서 포르케가 '理'를 'Vernunft'로 옮기고 있는 곳에서, 역자는 'Vernunft'를 '이성'이라고 하지 않고, 다시 본래의 '理'로 옮겼다.

여기에서 리와 기는 두 가지 세계원리 또는 존재의 근원에 대하여 말하고 있는 것이지, 단지 공허한 개념들을 말하고 있는 것이 아니라는 것을 알 수 있다. 리와 기 중에 어떤 것이 먼저인지를 묻는 질문에 주희는 논리적으로 비물질적인 리가 그로부터 비로소 생겨나는 물질적인 기에 우선해야 한다고 답한다.

물었다. "리가 먼저 있습니까, 아니면 기가 먼저 있습니까?" 답하였다. "리가 결코 기와 분리된 적이 없지만, 리는 형이상의 것이고 기는 형이하의 것이다. 형이상과 형이하를 말한다면 어찌 선과 후가 없겠는가? 리는 형체가 없고, 기는 조잡하여 순수하지 못하다."13)

형체가 없는 모든 것은 리 또는 도이다.14) 그러나 리가 항상 똑같은 리를 의미하는 것은 아니다. 때로는 리가 다른 의미를 갖는다.

물었다. "마른 나무에도 리가 있습니까?" 답하였다. "사물이 있으면, 거기에는 또한 리가 있다. 하늘이 일찍이 붓을 만들지는 않았지만, 사람이 토끼털로 붓을 만들었다. 붓이 있으면 또한 그것의 리가 있다."15)

붓은 자연적인 사물이 아니므로 하늘이 아니라 인간이 만든 것이다. 그러므로 이것은 하늘의 리에 따라 생겨난 것이 아니라, 인간이 자신의 생각을 기반으로

---

12) 『朱子全書』, 권49, 5b, "天地之間, 有理有氣, 理也者, 形而上之道也, 生物之本也, 氣也者, 形而下之器也, 生物之具也, 是以人物之生, 必稟此理, 然後有性, 必稟此氣, 然後有形."

13) 『朱子全書』, 권49, 1a, "問, 先有理, 抑先有氣. 曰理未嘗離乎氣, 然理形而上者, 氣形而下者, 自形而上下言, 豈無先後, 理無形, 氣便粗有渣滓."

14) 『朱子全書』, 권46, 18a.

15) 『朱子全書』, 권42, 30a, "問枯槁有理否, 曰, 才有物, 便有理, 天不曾生簡筆, 人把免毫來做筆, 才有筆, 便有理."

목적을 위하여 만들어낸 것이며, 이로써 그 목적을 구현한 것이다. 리는 그러므로 여기에서는 이치로서의 리가 아니라 인간의 의도 내지는 목적을 의미한다.

보다 명확하게 이해하기 위하여 우리는 주희가 거의 항상 연결시키는 리와 기를 우선 분리하여 다루면서 거기에 부가되는 다양한 특성들을 이끌어 내고자 한다. 그리고 나중에 원전을 통한 이해를 시도할 것이다.

리는 단지 하나의 세계이성이지만, 동시에 이 리는 각각의 인간과 각각의 사물 속에 모두 부여되어 있다. 리는 인간이 존재하기 전에 이미 존재하였으며, 인간이 멸종하게 되더라도 계속 존재한다. 리는 순수하고 텅 빈 지각할 수 없는 무한한 세계를 형성한다. 도교에서 차용된 이런 표현은 리에 초감각적이고 초월적인 존재가 부가된다는 것을 나타낸다. 리는 하늘과 땅의 본성이다. 즉 리는 세계 내적인 핵심을 이루며 내적인 본질을 제시한다. 리는 하늘 또는 신성의 실체이다. 리가 동과 정을 포괄하기 때문에, 세계의 모든 운동이 생겨나는 것이다. 이로써 밤과 낮이 생겨나고 하늘·해·달·별의 규칙적인 운동이 생겨난다. 오상은 또한 리로부터 생성되어 리 안에 포함되기 때문에, 리는 예의 총괄개념이다. 다만 리가 항상 전부 완전하게 나타나는 것은 아니다. 리 또한 사람이나 사물에 있어서는 제한되고 단면적일 수 있다.

기는 서로 뭉치거나 흩어질 수 있다. 기가 한 번 흩어지고 나면 그러나 다시 똑같은 형태로 모이지는 않는다. 기는 오행을 형성하며 응취함으로써 형체를 이루기 때문에, 기는 모든 사물을 생성하는 씨앗이다. 기는 맑음과 탁함, 순수함과 잡박함 등의 성질을 지니며, 이것은 사물의 형성에 영향을 미친다. 기는 형체나 정신의 지배를 받을 수 있으며, 그러면 순수형체의 기 또는 정신의 기로서 나타난다. 이것은 리가 단지 하나에 불과하지만 수많은 형태를 취하게 되는 것과 같다.

주희는 직접 다음과 같이 말한다.

먼저 하늘의 리가 있고 또한 기가 있다. 기가 쌓여 물질이 되면 성이 갖추어진다.[16]

기는 순수한 공기 또는 바람과 같은 것으로 신과 매우 유사하다. 기가 응취함으로써 비로소 오행이 생겨나며 마침내 물질과 형체가 생겨난다.

기는 금·목·수·화를 이루며, 리는 인·의·예·지를 이룬다.[17]

이천의 다음 말이 옳다. "리는 하나이지만 나뉘어 다르게 된다." 천지만물을 합하여 말한다면 단지 하나의 리가 있을 뿐이다. 그러나 인간에게 이르면, 또한 각자가 스스로 하나의 리를 가지고 있다.[18]

물었다. "이 리가 이미 있고 난 다음에 이 기가 있습니다. 그러면 인간이 아직 있기 전에 이 리는 어디에 있었습니까?" 답하였다. "리는 여기에도 있다. 마치 바닷물과 같다. 한 숟가락을 떠내거나 한 잔을 떠내거나 한 주발을 떠내어도, 이것은 모두 똑같은 바닷물이다. 단지 저것은 집의 주인이고 나는 손님과 같을 뿐이다. 저 리는 대개 아주 오래되었지만 나는 그것을 오래 가질 수 없을 뿐이다."[19]

기의 운동은 리에 따르며, 기가 응취하면 리 또한 거기에 있다.

기는 응취하고 조작할 수 있지만 리는 정의情意가 없고 계획이나 의도가 없으며 조작할 수 없다. 단지 이 기가 응취하는 곳이 있으면 리가 또한 그 안에 있다.[20]

---

16) 『朱子全書』, 권49, 1a, "先有箇天理了, 却有氣, 氣積爲質, 而性具焉."
17) 『朱子全書』, 권49, 1b, "氣則爲金木水火, 理則爲仁義禮智."
18) 『朱子全書』, 권49, 1b, "伊川說得好, 曰, 理一, 分殊, 合天地萬物而言, 只是一箇理, 及在人, 則又各自有一箇理."
19) 『朱子全書』, 권49, 2a, "問有是理而後有是氣, 未有人時, 此理何在, 曰, 也只在這裏, 如一海水, 或取得一杓, 或取得一擔, 或取得一椀, 都是這海水, 但是他爲主, 我爲客, 他較長久, 我得之不久耳."
20) 『朱子全書』, 권49, 2b, "蓋氣則能凝結造作, 理却無情意, 無計度, 無造作, 只此氣凝聚處, 理便在其中."

여기에서 리는 도교의 무위를 통해 설명되었다. 주희는 그의 견해를 후에 바꾸었을 것이다. 이후의 견해에서 리가 태극으로서 정 또한 가진다는 것, 그리고 리가 명으로 작용하며 신으로 그 의지를 표현한다는 것을 볼 수 있기 때문이다. 리는 유기체와 생물을 직접적으로 생성하는 것이 아니라, 단지 리가 내재하는 기를 도구로 사용함으로써 사물을 생성한다. 사물을 생성하는 것은 기이지만, 이것을 주재하는 것은 리이다.

리는 순수하고 텅 빈 넓은 세계이다. 형체와 자취가 없으며 또한 어떤 것을 조작하지도 않는다.[21]

리에는 동정이 있으며, 따라서 기에도 동정이 있다. 리에 동정이 없다면, 기에 어찌 스스로 동정이 있겠는가?[22]

당초에는 원래 하나의 사물도 없고 다만 이 리가 있었다. 이 리가 있은 후에 움직여서 양을 생성하고 고요하여 음을 생성하였다.…… 하늘과 땅이 있게 된 후에 그것은 사물과 사건 안으로 흘러 돌아가고 있다. 하루는 하루의 운행이 있고, 한 달은 한 달의 운행이 있고, 한 해는 한 해의 운행이 있다. 다만 이러한 사물과 사건은 흘러서 가는 것이다.[23]

그렇다면 하늘은 곧 리이다.[24]

리는 하늘의 본체이다.[25]

---

21) 『朱子全書』, 권49, 3a, "若理, 則只是箇潔淨空闊底世界, 無形迹, 他却不會造作."
22) 『朱子全書』, 권49, 8b, "理有動靜, 故氣有動靜, 若理無動靜, 則氣何自而有動靜乎."
23) 『朱子全書』, 권49, 9b, "當初元無一物, 只有此理, 有此理, 便會動而生陽, 靜而生陰,……自有天地, 便是這物事在這裏流轉, 一日有一日之運, 一月有一月之運, 一歲有一歲之運, 只是這箇物事滾將去."
24) 『朱子全書』, 권42, 1a, "則天卽理也."
25) 『朱子全書』, 권42, 1a, "理者, 天之體."

그러므로 하늘과 땅의 성을 논하는 것은 단지 리만 가리켜 말하는 것이다.26)

여기에서 하늘은 당연히 물질적인 하늘이 아니며, 하늘과 땅은 세계로 이해되는 것이 아니라 신 또는 세계정신으로 이해되는 것이다.

기가 다르다는 것은 그 자체에 순수함과 잡박함의 차이가 있는 것이며, 리가 다르다는 것은 단지 그 리가 치우쳐 있는가 온전하게 있는가의 차이일 뿐이다.27)

기가 모이면 형체가 이루어진다.28)

가기가 물었다. "아주 널리 사물을 퍼뜨리고 돌아가서 한 번 사라졌다가 다시 돌아오는 리도 있습니까?" 대답하였다. "한 번 가면 사라질 뿐이다. 어찌 흩어졌다가 다시 모이는 기가 있겠는가?29)

물이 그릇에서 증발되면 거기에 새로운 물을 부을 수는 있지만 증발한 것이 다시 돌아오지는 않는다.

기는 하나이다. 마음을 주도하는 것은 지기이고 신체를 주도하는 것은 혈기이다.30)

세계의 생성 이래로 리와 기는 아주 밀접하게 연결되어 있어서 하나로 여길 수 있을 정도이다.

---

26) 『朱子全書』, 권42, 4b, "故論天地之性, 則專指理言."
27) 『朱子全書』, 권49, 7a, "氣之異者, 粹駁之不齊, 理之異者, 偏全之或異"
28) 『朱子全書』, 권49, 5b, "氣聚成形."
29) 『朱子全書』, 권49, 3b, "可機問, 大鈞播物, 還是一去便休, 也還有去而復來之理, 曰, 一去便休耳, 豈有散而復聚之氣."
30) 『朱子全書』, 권45, 18a, "氣一也, 主於心者, 則爲志氣, 主於形體者, 即爲血氣."

천하에 리 없는 기가 없으며, 또한 기 없는 리가 없다.[31]

이들은 서로 분리되어 존재할 수가 없다. 하나가 있으면 다른 하나도 있다. 그러나 논리적 의미의 시간상으로는 리가 기를 앞선다. 리는 세상이 생겨나기 전에도, 그리고 아직 기가 존재하지 않았을 때에도 이미 있었으며, 리가 비로소 기를 생성하기 때문이다. 그러므로 다음과 같이 말한다.

리와 기는 본래 선후를 말할 수 없지만, 반드시 근원을 거슬러 올라가고자 한다면 리가 먼저 있다고 말해야 한다. 그러나 리는 따로 존재하는 것이 아니라 이 기 안에 들어 있다. 이 기가 없으면 이 리 또한 기댈 곳이 없다.[32]

리가 있고 난 후에 기가 생겨난다.[33]

리가 있으면 기도 있다. 다만 리가 근본이다.[34]

경이롭게 간주될 수밖에 없는 이 리와 기의 화합에서 리는 항상 주도권을 행사한다.[35]

리와 기의 공동작용으로 인간은 3가지 마음의 능력을 갖추게 된다. 이미 앞에서 지기志氣에 대하여 말한 바 있는데, 유사한 방식으로 지각과 정情이 생겨난다. 이들은 기의 표현이며 리에 의해 야기된다. 세계이성의 한 부분인 사람의 이성의 작용 하에 뇌가 기능하는 것을 사유와 감각이라고 말할 수

---

31) 『朱子全書』, 권49, 1a, "天下未有無理之氣, 亦未有無氣之理."
32) 『朱子全書』, 권49, 1b, "理氣本無先後之可言, 然必欲推其所從來, 則須說先有是理, 然理又非別爲一物, 即存乎是氣之中, 無是氣, 則是理亦無掛搭處."
33) 『朱子全書』, 권49, 1a, "有是理, 後生是氣." 이것은 또한 "리는 이어서 기를 생성한다"고 도 할 수 있을 것이다.
34) 『朱子全書』, 권49, 1b, "有是理, 便有是氣, 但理是本."
35) 『朱子全書』, 권49, 7a.

있을 것이다. 이러한 이해에 따르면 리는 순수하게 정신적인 것이 아니라 정신적인 동시에 물질적인 것이며, 기는 단순히 물질적인 것이 아니라 정신적인 형상 또한 갖출 수 있는 것이다. 주희는 다음과 같이 가르친다.

기가 응취하면 형체가 생겨나며, 리가 기와 합하면 지각할 수 있게 된다. 이것은 불이 기름을 얻으면 광채가 밝아지는 것과 같다. 지각되는 것은 마음의 리이며, 지각할 수 있는 것은 기의 영명함이다.[36]

불은 광채 및 지각과 비교되었으며, 기름은 리와 비교되었다. 기는 리의 작용을 지각할 수 있는 능력을 가지고 있다. 이어서 말하였다.

이른바 정신과 혼백은 지각을 가지고 있다. 이것은 모두 기가 하는 것이다. 그러므로 기가 모이면 거기에 있고, 기가 흩어지면 없다. 그러나 리는 애초에 모이고 흩어지는 것에 따라서 있다가 없어지는 것이 아니다.[37]

단지 기가 모여 있는 그 동안에만 마음은 활동하고 지각할 수 있고 죽음으로써 기가 흩어지면 모두 멈춘다. 그러나 리는 기의 변화에 영향을 받는 것이 아니다.

(2) 태극

리는 다른 모든 것들이 생겨나게 하는 최고의 도로서 태극太極이라고도 한다.

태극은 단지 하나의 리이다.[38]

---

36) 『朱子全書』, 권49, 5a, "氣聚成形, 理與氣合, 便聲知覺, 如火得脂膏, 便有許多光燄, 蓋所覺者, 心之理也, 能覺者, 氣之靈也."
37) 『朱子全書』, 권49, 8a, "所謂精神魂魄有知有覺者, 皆氣之所爲也, 故聚則有, 散則無, 若理, 則初不爲聚散而有無也."
38) 『朱子全書』, 권49, 8b, "太極只是一箇理字."

이 이름은 존재의 근원에 대한 질문에서 도달할 수 있는 가장 큰 것, 그래서 그것을 넘어서는 것이 없는 것을 다른 방식으로 설명하는 것이다.

이것은 단지 하나의 리일 뿐이다. 그것이 아주 지극하다는 의미에서 그 이름을 '태극'이라고 한다.[39]

태극은 또한 집의 용마루와 같다. 집에서 그보다 더 높은 곳은 없다. 태극이라는 표현은 또한 이것이 추축이라는 것, 즉 그것을 중심으로 모든 것이 돌아간다는 것을 말하기 위하여 선택되었다. 태극은 모든 것을 생성하는 하늘과 땅의 근본이기 때문이다.[40]

태극은 단지 천지만물의 리일 뿐이다. 천지에 대하여 말하면 천지 가운데에 태극이 있고, 만물에 대하여 말하면 만물이 각기 태극을 가지고 있다. 천지가 아직 있기 전에 반드시 리가 먼저 있었다.[41]

단지 하나의 리와 단지 하나의 태극이 있을 뿐이지만, 각각의 사물은 또한 고유의 태극을 자기 안에 가지고 있다. 그렇다면 태극이 각각의 사물에 나뉘어 들어가는 것인지를 묻자 주희는, 각각의 사물이 지닌 고유의 태극 또한 완전한 것이어서 그것은 마치 달이 모든 물에 온전하게 비치는 것과 같다고 답한다.[42]

태극은 정해진 방위가 없고 형체가 없고 놓아둘 수 있는 장소가 없다. 미발의 때로써 그것을 말한다면, 미발은 다만 이 고요함일 뿐이며 동과 정, 음과 양은

---

39) 『朱子全書』, 권49, 9b, “只是一箇理而已, 因其極至, 故名曰太極.”
40) 극단의 끝, 용마루, 추축은 모두 ‘極’자의 의미이다.
41) 『朱子全書』, 권49, 8b, “太極只是天地萬物之理, 在天地言, 則天地中有太極, 在萬物言, 則萬物中各有太極, 未有天地之先, 畢竟是先有此理.”
42) 『朱子全書』, 권49, 10b.

모두 형이하의 것이다. 그러나 동 또한 태극의 동이며, 정 또한 태극의 정이다. 단지 동정 자체가 태극인 것은 아니다.[43]

동은 태극 자체가 아니고 단지 태극의 작용일 뿐이다. 정은 태극 자체가 아니고 단지 태극의 본체일 뿐이다.[44]

도에 대해서도 텅 비고 고요한 것이 도의 본체라고 말하며, 도는 단지 비물질성과 초월성을 표현하는 것이라고 한다. 주희는 태극을 부채와 비교할 수 있다고 한다.

부채에 비유하면, 단지 하나의 부채가 있을 뿐이다. 움직여서 흔들면 작용하는 것이며, 내려놓으면 본체가 있을 뿐이다. 이것은 다만 하나의 도리가 있는 것이다. 흔들어 움직이게 될 때도 역시 그 하나의 도리는 있다.[45]

리와 태극은 천구를 규칙적으로 운행하게 한다. 그 운행을 끊임없이 계속하게 하는 태극이 없다면 하늘과 땅은 무너질 것이다.[46] 주희의 견해에 따르면, 하늘의 운행이 한순간이라도 멈춘다면 단지 운행함으로써 허공에 떠 있는 지구는 우주공간으로 추락하게 된다.[47]

많은 사람들이 태극을 정신으로 파악하는 경향이 있다. 그러나 주희의 견해는

---

43) 『朱子全書』, 권49, 11a, "太極無方所, 無形體, 無地位可頓放. 若以發時言之, 未發却只是靜, 動靜陰陽, 皆只是形而下者, 然動亦太極之動, 靜亦太極之靜, 但動靜非太極耳."

44) 『朱子全書』, 권49, 11b, "動不是太極, 但動者太極之用耳, 靜不是太極, 但靜者太極之體耳." Le Gall은 Le philosophe Tchou Hi, 104쪽에서 '用'을 'acte'로, 그리고 '體'를 'possibilité'로 번역하였는데, 이것은 옳은 번역이라고 할 수 없다.

45) 『朱子全書』, 권49, 12b, "譬如扇子, 只是一箇扇子, 動搖便是用, 放下便是體, 才放下時, 便只是這一箇道理, 及搖動時, 亦只是這一箇道理."

46) 『朱子全書』, 권49, 9b.

47) 『朱子全書』, 권49, 19a.

이와 다르다. 그는 다음과 같이 말한다.

지금 사람들은 태극을 논하면서 그 사물적 특성을 신이라고 일컫곤 한다. 그러나
또한 하늘과 땅이 아직 갈라지기 전에 원기가 합하여 하나가 되었다는 것으로써
말하면, 나는 그것이 맞지 않다고 여긴다.[48]

원기에서는 아직 신과 기가 갈라지지 않았으므로 그 당시에 태극은 신이면서
기였다. 단지 리가 비로소 기를 생성하기 때문에, 그 이전의 리는 순수한 신일
수 있었다. 여하튼 세계의 리 즉 천리는 인간의 능력 밖에 있는 생성능력으로
기를 생성하고 통제하는 것인 한, 인간의 정신을 훨씬 능가한다. 리는 인간의
정신이 소멸해도 남아 있는 정신의 성보다도 높은 형태이다.

음양과 태극의 관계에서 주희는, 태극은 음양 안에 있고 음양은 태극 안에
있다고 말한다. 음양을 초월한 하나의 비물질적인 것이 따로 있어서 그 안에
태극이 있다고 여긴다면 틀렸다는 것이다.[49]

그러므로 역에 태극이 있다고 하였느니, 단지 태극은 음양의 가운데에 있을 뿐이지
그 바깥에 있지 않다.[50]

태극과 음양은 리와 기처럼 긴밀하게 연결되어 있다.

리가 인의예지라고 할 수 있는 덕의 총체개념으로 간주되듯이, 태극은 희노애락
의 정을 자기 안에 잠재적으로 내포한다.

---

48) 『朱子全書』, 권49, 17b, "今論太極, 而曰其物謂之神, 又以天地未分, 元氣合而爲一者言之, 亦
恐未安也."
49) 『朱子全書』, 권49, 16b.
50) 『朱子全書』, 권49, 17b, "故曰易有太極, 則是太極乃在陰陽之中, 而非在陰陽之外."

희노애락이 아직 나타나기 전에 태극이 있으며, 희노애락이 나타난 후에도 태극은 여전히 있다. 이미 나타나는 때에 유행하고 아직 나타나기 전에는 숨어 있어도 이것은 단지 하나의 똑같은 태극이다.[51]

이것에 따르면 리 즉 태극은 감각의 정과 함께 도덕적인 정도 가지고 있기 때문에, 일반적으로 말하고 있는 것처럼 리가 단지 형식적인 도라는 말로는 제대로 설명되지 않는다.

태극은 불교의 '성'과 같이 공허한 것 즉 단순한 개념이 아니지만, 또한 일반적인 존재개념과도 같지 않다.

리로써 말하면 존재한다고 말할 수가 없고, 사물로써 말하면 없다고 말할 수가 없다.[52]

태극은 다른 사물들과 똑같은 방식으로 존재하지는 않지만, 그렇다고 해서 단순한 하나의 개념 또는 형식적인 원리인 것은 아니다. 태극 또한 하나의 사물이며, 실제로 존재하지 않을 수가 없다. 다만 태극의 존재는 현상적인 존재와 비존재를 훨씬 넘어서는 초월적인 존재를 의미한다. 이것이 주희의 생각이라는 것은 다음의 문장에서 알 수 있다.

태극은 단지 극에 이른 것이다. 더 이상 갈 곳이 없다. 가장 높고 가장 신묘하며 가장 순수하고 가장 신령스러운 것이다. 그것은 갈 곳이 없다. 염계는 사람들이 태극이 형체가 있다고 하는 것을 두려워하였기 때문에 "무극이면서 태극"이라고 했던 것이다. 이것은 무의 가운데에 지극한 리가 있다는 뜻이다.[53]

---

51) 『朱子全書』, 권49, 12b, "喜怒哀樂未發, 也有箇太極, 喜怒哀樂已發, 也有箇太極, 只是一箇太極, 流行於已發之際, 斂藏於未發之時."
52) 『朱子全書』, 권49, 14a, "以理言之, 則不可謂之有, 以物言之, 則不可謂之無."

무 안에 있는 지극한 리는 파악할 수 없고 상상할 수 없는 초월적인 것이다. 그러므로 가장 높고 가장 신묘하다는 등의 표현들을 사용한 것이다. 유사한 방식으로 또 다른 표현이 사용되었다.

태극은 단지 극도로 좋은 지극히 선한 도리이다. 각각의 사람이 하나의 태극을 가지고 있으며, 각각의 사물이 하나의 태극을 가지고 있다. 주자周子가 말한 태극은 하늘과 땅 그리고 사람과 사물의 모든 선하고 지극히 좋은, 그리고 개별적인 사물 안에서 드러나는 매우 선하고 지극히 좋은 덕행이다.[54]

(3) 상제

고대의 경전에서는 하늘과 상제가 인격체처럼 파악되었으며, 하늘과 땅의 마음도 유사하게 다루어졌다. 그러나 주희의 체계에는 인격적인 신을 위한 공간이 없다. 훌륭한 유학자였던 그는 당연히 고대의 원전들을 충분히 검토해야만 하였다. 그리고 그는 신 또는 상제를 리와 동등하게 설정하는 방식으로 이 문제를 해결하였다.

경전에서는 선한 사람에게는 상을 내리고 악한 사람에게는 벌을 내린다고 하였는데 그렇게 하는 주체가 상제인지 리인지를 묻자, 주희는 그 모든 것은 리가 그렇게 하는 것이라고 대답한다.[55]

---

53) 『朱子全書』, 권49, 14a, "太極只是極至, 更無去處了, 至高至妙, 至精至神, 是沒去處, 濂溪恐人道太極有形, 故曰無極而太極, 是無之中, 有簡極至之理."

54) 『朱子全書』, 권49, 11b, "太極只是箇極好至善底道理, 人人有一太極, 物物有一太極, 周子所謂太極, 是天地人物萬善至好底表德."
Zenker, *Geschichte der chinesischen Philosophie*, II, 259쪽은 朱熹가 초월적인 도를 인정하지 않는다고 주장한다. 실제적인 것에 머물기 위해서 朱熹가 태극 즉 자연적인 존재를 周敦頤의 체계에서 조용히 붓으로 그었으며 그 반쪽에만 머물렀다고 한다. 그러나 이 말은 완전히 틀린 말이다.

55) 『朱子全書』, 권49, 4a.

주재한다는 것은 리를 위주로 삼는다는 것이다.56)

푸르고 푸른 것을 하늘이라고 한다. 이것은 회전하여 움직이며 모든 방향으로 유행하여 끊임이 없다. 지금 하늘에 죄와 악에 대하여 판결을 내리는 사람이 있다고 하면 안 되지만, 그러나 주재하는 것이 절대로 없다고 말할 수도 없다. 이것을 사람은 잘 알아야 한다.57)

물었다. "명이 고르지 못하다는 것은, 아마도 명을 부여하는 존재가 이와 같이 참으로 있다는 것이 아니라, 다만 두 기가 뒤얽혀 있는 것이 가지런하지 못하여 그 정도에 따라서 고르지 못하게 된 것이니, 모두 인간의 힘으로 할 수 있는 것이 아니기 때문에 하늘에 명이라고 말하게 된 것이 아닙니까?" 답하였다. "다만 커다란 근원 가운데서 흘러나오는 모습이 그와 비슷할 뿐이지, 명을 부여하는 존재가 이와 같이 참으로 있는 것은 아니다. 어떻게 누군가가 저 위에 있어서 명을 부여하는 것이겠는가? 예를 들면 상제의 엄청난 분노58)에 대하여 『시경』과 『서경』에서는 우리 위에 그러한 인격적인 존재가 있는 듯이 말하고 있다. 그러나 그것은 단지 리일 뿐이다. 천하에 리보다 높은 것은 없기 때문에 리를 상제라고 한 것이다. '하늘의 상제께서 백성들에게 떳떳함을 내리셨다'(惟皇上帝, 降衷于下民)라고 하였을 때, 이 '내리셨다'는 말 속에는 '주재한다'는 의미가 있다."59)

상제 즉 하늘의 주재자와 매우 흡사하게 주희는 하늘과 땅의 마음에 대해서도 이렇게 말하고 있다.

---

56) 『朱子全書』, 권49, 25a, "帝是理爲主."
57) 『朱子全書』, 권49, 25a, "蒼蒼之謂天, 運轉周流不已, 便是那箇, 而今說天有箇人, 在那裏批判罪惡, 固不可, 說道全無主之者, 又不可, 這裏要人見得."
58) Alfred Forke, *Geschichte der alten chinesischen Philosophie* (1927), 41쪽 참조.
59) 『朱子全書』, 권43, 34b, "問命之不齊, 恐不是眞有爲之賦予如此, 只是二氣錯綜參差, 隨其所值, 因各不齊, 皆非人力所與, 故謂之天所命否, 曰, 只是從大原中流出來, 模樣似恁地, 不是眞有爲之賦予者, 那得箇人在上面, 分付這箇, 詩書所說, 便似有箇人在上恁地, 如帝乃震怒之類, 然這箇亦只是理如此, 天下莫尊於理, 故以帝名之, 惟皇上帝, 降衷于下民, 降, 便有主宰意."

물었다. "천지의 마음은 영명한 것입니까, 아니면 막연하여 무위하는 것입니까?" 답하였다. "천지의 마음이 영명하지 않다고 할 수는 없지만, 단지 이것은 사람의 마음과 똑같은 방식으로 생각하지 않는다. 그러므로 이천이 말하기를, '천지는 마음이 없이 변화를 이루며, 성인은 마음이 있어도 무위하다'라고 하였다."[60]

정이의 말은 매우 도교적으로 들린다. 주희는 하늘의 마음이 있다고 여기지만, 하늘이 생각하는 것은 인간이 생각하는 것과는 달라야 한다고 말한다. 하늘은 마음이 없다고 말할 수 없을 것이다. 마음이 없다면 혼란스럽지 않게 많은 종류의 사물들을 생성할 수 없을 것이기 때문이다.

그러므로 천지가 사물을 생성하는 것으로써 마음을 삼는다고 하는 것이다.[61]

천지의 마음 즉 세계정신은 리와 동일하며, 마음과 리 사이에는 아무런 차이가 없다.

물었다. "천지의 마음과 천지의 리에서, 리는 도리이며 마음은 주재하는 것이라는 의미가 있습니까?" 답하였다. "마음은 본래 주재한다는 의미가 있지만, 이른바 주재하는 것은 리이다. 마음의 밖에 따로 리가 있고 또 리의 밖에 따로 마음이 있는 것이 아니다." 또 물었다. "이 '마음'과 '상제'는 비슷한 것이 아닙니까?" 답하였다. "'사람'이라는 것이 '하늘'과 유사하고, '마음'이라는 것이 '상제'와 유사하다."[62]

---

60) 『朱子全書』, 권49, 22b, "問天地之心亦靈否, 還只是漠然無爲, 曰, 天地之心, 不可道是不靈, 但不如人恁地思慮, 伊川曰, 天地無心而成化, 聖人有心而無爲."
61) 『朱子全書』, 권49, 23b, "所以謂天地以生物爲心."
62) 『朱子全書』, 권29, 23a, "問天地之心, 天地之理, 理是道理, 心是主宰底意否, 曰, 心固是主宰底意,, 然所謂主宰者, 即是理也, 不是心外別有箇理, 理外別有箇心. 又問, 此心字與帝字相似否, 曰, 人字似天字, 心字似帝字."

결과적으로 상제, 천지의 마음, 천지의 리는 같은 것이 된다.

일반적으로 '건곤乾坤'은 '천지天地'와 동의어로 사용되는데, 주희는 '건곤'으로 써 정신적 존재로서의 하늘과 땅을 표현하고, 그 형체로서의 하늘과 땅은 '천자라고 말하고자 하였다. 그러므로 건곤은 천지의 본성 즉 천지의 마음의 내적인 본질과 감정을 표현한다고 한다.[63] 그러나 주희는 실제로는 이러한 구분을 하지 않았으며, 하늘을 때로는 대기공간으로, 때로는 세계정신으로 이해하였다.

리와 같은 의미로서의 하늘[64]의 활동으로는 생물을 생성하는 것뿐 아니라 명을 통하여 사물의 운명을 결정하는 것도 있다.

리는 하늘의 본체이고, 명은 리의 작용이다.[65]

또한 명은 주재자의 의지를 밝히는 것으로서 마치 군주의 명령과 같다.

하늘의 명은 군주의 명령과 같다.[66]

군주는 당연히 상제 즉 하늘의 주재자이다. 이러한 작용은 태극의 운동에 들어 있다.

태극에 동과 정이 있는 것은 하늘의 명이 유행하는 것이다.[67]

기로 말미암아 인간은 생겨나게 되며, 이로써 기는 또한 인간에게 분배된다.[68]

---

63) 『朱子全書』, 권49, 26a.
64) 『朱子全書』, 권42, 1a.
65) 『朱子全書』, 권42, 1b, "理者, 天之體, 命者, 理之用."
66) 『朱子全書』, 권42, 1b, "天命, 如君之命令."
67) 『朱子全書』, 권49, 10a, "太極之有動靜, 是天命之流行也."
68) 『朱子全書』, 권43, 26b.

인간의 삶과 죽음, 단명과 장수는 기에 의존하는 것이다.69) 그러나 주희는 우연에 또한 특별한 의미를 부가한다.

다시 물었다. "그렇다면 천지가 성인이나 현인을 태어나게 하는 것은 의도적인 것이 아니라 우연한 것일 뿐입니까?" 답하였다. "하늘과 땅이 어떻게 '내가 지금 특정한 곳에 성인 또는 현인이 출생하게 하려고 한다'고 말하겠는가? 이것은 그 기와 수가 그 속에 서로 모이고 드러나서 성인이나 현인이 태어나게 되는 것이다. 다만 그 태어남이 마치 하늘에 의도가 있는 듯이 보일 뿐이다."70)

이러한 이해는 앞에서 보았듯이 천지가 생성에 있어서 특정한 의도를 따르는 것이 아니라고 주장한 정이의 견해와 일치하는 반면에, 천지의 작용이 만물의 생성에 있다고 하는 주희 자신의 말과는 모순이 있는 것처럼 보인다.

4) 자연철학

(1) 생성과 소멸

기가 태극 즉 리에 의하여 생성된 직후에는 혼돈이 주도한다. 그 안에서 기는 음양이 아직 분리되지 않은 하나의 혼란한 원기 덩어리이다.

혼돈이 아직 나뉘지 않았을 때 음양의 기는 섞여 있어서 어두웠다. 그 나뉨에 이르러서는, 그 중간에 강한 광채가 나면서 두 기가 비로소 존립하게 되었다.71)

---

69) 『朱子全書』, 권43, 29a.
70) 『朱子全書』, 권43, 30b, "又問如此, 則天地生聖賢, 又只是偶然, 不是有意矣, 曰, 天地那裏說 我特地要生箇聖賢出來, 也只是氣數到那裏, 恰相湊著, 所以生出聖賢, 及至生出, 則若天之有 意焉耳."
71) 『朱子全書』, 권49, 20a, "方渾淪未判, 陰陽之氣, 混合幽暗, 及其既分, 中閒放得開闊光朗, 而 兩儀始立."

광채는 두 기가 서로 분리되기 시작할 때 비로소 비친다. 그때까지는 깊은 어둠이 있을 뿐이다.

오행 중에서 먼저 생성되는 것은 물과 불이다. 주희는 말한다.

처음에 하늘과 땅이 아직 혼돈의 상태에서 아직 구분되지 않았을 때에는 생각건대 단지 물과 불만이 있었을 것이다.[72]

물의 침전물에서 흙이 생겨나고, 불에서 바람, 천둥과 번개, 해와 별이 생겨난다. 산은 파도처럼 보인다. 산은 처음에는 부드러웠다. 언제 산이 견고하게 되었는지 사람들은 모른다. 이러한 견해에 따르면 흙은 아직 구분이 생기기 전에는 물에 녹아 있었을 것이라고 한다. 주희는 산이 물로부터 생겨났다고 여김으로써 암석수성론을 대변한다.

세계의 생성에 대하여 주희는 다음과 같이 생각하였다.

하늘과 땅은 처음에는 단지 음과 양의 기였다. 이 하나의 기는 마치 연자방아와 같이 갈아들며 돌아간다. 회전이 매우 빠르게 되면 많은 찌꺼기가 생겨나는데, 중앙에 있는 것들은 벗어날 수 없기 때문에 뭉쳐서 가운데에 땅이 만들어진다. 기의 순수한 부분은 하늘이 되고 해와 달 및 별과 대기가 된다. 이들은 단지 바깥에 있으면서 끊임없이 돌면서 회전한다. 땅은 한가운데 있으면서 움직이지 않는 것이지,[73] 아래에 있는 것이 아니다.[74]

주희는 어디에서 운행이 생겨나는지에 대해서는 말하지 않았지만, 아마도

---

72) 『朱子全書』, 권49, 19b, "天地始初混沌未分時, 想只有水火二者."
73) 땅은 하늘 아래에 있는 것이 아니라 우주의 중앙에 있다.
74) 『朱子全書』, 권49, 19a, "天地初間, 只是陰陽之氣, 這一箇氣運行, 磨來磨去, 磨得急了, 便拶許多渣滓, 裏面無處出, 便結成箇地在中央, 氣之淸者, 便爲天, 爲日月爲星辰, 只在外常周環運轉, 地便在中央不動, 不是在下."

그 운동의 원인은 태극에 있을 것이다.

우주는 영원하지 않다. 인류가 미래에 완전히 멸종하게 된다면 세상에 혼란이 생겨날 것이다. 모든 것이 충돌하고 다시 혼돈이 생겨나며 이로부터 새로운 우주가 발전될 것이다.[75] 주희는 소옹의 원회운세라는 우주주기를 받아들인다. 지금의 우주 이전에 이미 다른 우주가 있었고 그 이전에 다시 하나의 다른 우주가 있었으며, 이렇게 끝없이 이어진다. 각각의 주기는 새로운 생성으로 시작한다. 주희는 우주에 혼란이 있었다는 것은 높은 산 바위틈에서 조개가 발견된 것에서 알 수 있다고 한다. 조개는 바다생물이기 때문에 그곳이 이전에는 바다였다는 것이다. 가장 낮았던 곳이 가장 위로 돌아갔으며, 부드러운 것은 단단하게 되고 단단한 것은 부드럽게 되었다.[76]

(2) 하늘과 땅

중국에서는 고대로부터 전통적으로 하늘과 땅이 음양으로부터 형성되었다고 생각하였는데,[77] 주희 또한 이러한 고대의 견해에 동의하였다. 하늘은 기로 이루어져 있지만, 이 기는 회전하고 있으며 그 상층은 견고하다. 이러한 이론을 주희는 도가로부터 수용하였다. 그는 말한다.

물었다. "하늘은 형체와 재질을 가지고 있습니까?"[78] 답하였다. "그것은 단지 회전하는 바람일 뿐이다. 아랫부분은 부드럽고 윗부분은 견고하다. 도가에서는 그것을 강한 바람이라고 한다. 사람은 늘 하늘에 아홉 겹이 있다고 하며 아홉 곳을 나누어 이름을 붙였다.[79] 그러나 이것은 틀렸다. 다만 회전에 아홉 가지가 있다. 아래의

---

75) 『朱子全書』, 권49, 20a.
76) 『朱子全書』, 권49, 20b.
77) 『朱子全書』, 권49, 21b.
78) 하늘이 고정된 공간이라는 것이 일반적인 견해였다.
79) Alfred Forke, *World Conception of the Chinese*, 136쪽 참조.

기는 상대적으로 흐리고 어두우며, 그와는 달리 위쪽의 가장 높은 곳은 지극히 맑고 지극히 밝다."80)

『이소경離騷經』에는 이미 구층으로 된 하늘의 개념이 있다. 이것은 또한 같은 중심의 원으로 파악되었기 때문에 고대 그리스인들의 천체와도 비교될 수 있을 것이다.81)

상앙商鞅과 마찬가지로 주희는 하늘과 땅이 서로 지지하고 있다고 보았다.82) 하늘과 땅의 밖에는 더 이상 천체가 없지만, 기는 더 나아간다. 기는 또한 밖으로 견고하고 매우 두꺼운 외곽을 가지고 있다고 한다.

하늘은 기로서 땅의 형체에 의지하고, 땅은 형체로서 하늘의 기에 붙어 있다. 하늘은 땅을 포괄하며, 땅은 하늘 가운데에 있는 하나의 사물일 뿐이다.83)

(3) 음과 양

음과 양은 본래 하나의 기의 다른 작용일 뿐이라고 한다.

음과 양은 단지 하나의 기이다. 음기가 유행하면 양이 되고, 양기가 응축하여 모이면 음이 된다. 이들은 실제로 서로 대립하는 두 가지 사물이 아니다. 그 이치는 매우 분명하다. 주자周子가 이미 「태극도」에서 이것을 말하였다.84)

---

80) 『朱子全書』, 권49, 19b, "問天有形質否, 曰, 只是箇旋風, 下較上堅, 道家謂之剛風, 人常說天有九重, 分九處爲號, 非也, 只是旋有九耳, 但下面氣較濁而暗, 上面至高處, 則至淸至明耳."
81) Alfred Forke, *World Conception of the Chinese*, 50쪽 참조.
82) 『朱子全書』, 권49, 21b.
83) 『朱子全書』, 권49, 25a, "天以氣而依地之形, 地以形而附天之氣, 天包乎地, 地特天中之一物爾."
84) 『朱子全書』, 권49, 34a, "陰陽只是一氣, 陰氣流行即爲陽, 陽氣凝聚即爲陰, 非直有二物相對也, 此理甚明, 周先生於太極圖中已言之矣."

이에 따르면 양은 유행하고 팽창하는 때의 기이고, 음은 모이고 응축할 때의 기이다.

음과 양의 성장과 소멸은 매우 점진적이다. 하나가 성장하면 다른 하나는 감소한다. 한 곳에서의 성장은 항상 다른 곳에서의 감소를 동반한다.[85] 전체의 양은 항상 변하지 않고 동일하다. 음과 양은 항상 대립하며,[86] 서로 투쟁하고 극복한다.[87] 이들의 변화를 통해서 계절이 생겨난다. 봄과 여름은 움직이며 양에 속한다. 가을과 겨울은 고요하며 음에 속한다. 낮은 움직이며 양이고, 밤은 고요하며 음이다.[88]

두 기의 성장과 소멸은 하늘의 방향과 관계가 있으며, 그곳에 이들이 있다. 양은 북쪽에서 생겨나 동쪽에서 성장하고 남쪽에서 완전하게 발전하여 서쪽에서 소멸한다. 음은 남쪽에서 생겨나 서쪽에서 성장하고 북쪽에서 완전하게 발전하여 동쪽에서 소멸한다.[89] 이렇듯 두 기는 강해지면 약해지고 약해지면 다시 강해지면서 지평선의 주변을 돌고, 이로써 사계절이 생겨난다.

전의적 의미에서는 음과 양의 두 개념들은 대립하는 극을 표현하기 위하여 사용된다. 예를 들면 왼쪽과 위쪽은 양으로, 오른쪽과 아래쪽은 음으로 간주되며, 여기서는 더 이상 본체로 여겨지지 않는다. 높이 들어 올린 손은 양이고, 아래로 내린 손은 음이다.[90]

음과 양은 대립하지만, 음에는 음과 함께 양 또한 포함되어 있으며 양 또한 마찬가지이다. 양은 남성적이고 음은 여성적이지만, 남성도 음을 소유하고 여성도 양을 소유한다. 인간 신체의 기는 양에 속하지만 음과 양을 포함한다. 피는

---

85) 『朱子全書』, 권49, 29b 이하.
86) 『朱子全書』, 권49, 34a.
87) 『朱子全書』, 권49, 30b.
88) 『朱子全書』, 권49, 33b.
89) 『朱子全書』, 권49, 35b.
90) 『朱子全書』, 권49, 33b.

음에 속하지만 또한 음과 양을 포함한다.[91]

주희는 개별적이고 항상 정반대로 대립하는 두 기의 특성을 두 가지 대립적인 비유를 들어 설명하였다.

양은 생성하고 상승하고 견고하고 밝으며, 음은 해치고 죽이고 부드럽고 어둡다. 양은 공평하고 의로우니 군자의 도이며, 음은 사욕과 이익을 생각하니 소인의 도이다.[92]

주희의 음양론에서도 심리와 윤리의 문제 및 존재적인 것과 논리적인 것들이 혼란스럽게 섞여 있다. 중국철학은 아직 이러한 다양한 영역들이 명확하게 분리되는 데까지는 이르지 못했다.

(4) 오행

기 중에서 가장 순수한 것 즉 신이 제일 먼저 분리된다. 이것은 오행 즉 금·목·수·화·토를 생성한다.

기의 가장 순수하고 뛰어난 것이 신이다. 금·목·수·화·토가 신이 되는 것이 아니라, 금·목·수·화·토가 되게 하는 근거가 바로 신이다. 인간에게 있어서는 리가 되니, 리는 인의예지신이 이루어지게 하는 근거이다.[93]

여기에서는 그러므로, 다른 곳에서는 신과 동등하게 설정되지 않았던 리가 적어도 인간에게 있어서는 신과 같다고 한다.

---

91) 『朱子全書』, 권49, 33a.
92) 『朱子全書』, 권49, 35b.
93) 『朱子全書』, 권49, 41a, "氣之精英者爲神, 金木水火土非神, 所以爲金木水火土者是神, 在人則 爲理, 所以爲仁義禮智信者是也."

음과 양의 결합으로 제일 먼저 물(水)과 불(火)이 생성된다. 이 둘은 기로서 고정된 물질이 아니다. 이들의 본체는 여전히 텅 비어 있고, 형태는 여전히 확고하게 결정되지 않았다. 그 뒤로 나무(木)와 쇠(金) 즉 단단한 형체가 있는 것이 생성된다. 천지가 생성될 때에 물에서 분리된 다음에 존재하게 되는 흙(土) 또한 단단하다. 물과 불은 다른 것 없이 음과 양에서 생성되며, 나무와 쇠는 그 생성에 음과 양 이외에도 흙을 필요로 한다.[94]

제일 먼저 가볍고 순수한 요소들이 생성되고, 후에 무겁고 탁한 것들이 생겨난다. 하늘은 우선적으로 물을 생성하며, 그 다음에 흙과 불을 생성한다. 흙이 쇠나 나무보다 무거운 것으로 간주된 것 같다. 그러므로 그 생성의 순서는 물, 불, 나무, 쇠, 흙의 순이다.

① 하늘은 물을 생성한다.

② 땅은 불을 생성한다.

③ 하늘이 나무를 생성한다.

④ 땅이 쇠를 생성한다.[95]

물과 나무는 하늘이 생성하였기 때문에 양이고, 불과 쇠는 땅에서 생겨났기 때문에 음이다.[96]

오행의 개별적인 요소들 또한 음양과 같이 한 해가 가는 동안에 성장하고 소멸한다. 각각의 계절은 오행 중의 하나에 의해 주도된다. 그에 따라 한 해는 나무, 불, 흙, 쇠, 물의 순서에 따라 주도된다.[97]

최초의 인간과 동물의 생성은 음양과 오행의 가장 순수한 부분들이 결합함으로써 이루어졌다. 이것은 일종의 자연발생이었으며, 불교에서는 이것을 화생化生이

---

94) 『朱子全書』, 권49, 42a.

95) 『朱子全書』, 권49, 42b.

96) 『朱子全書』, 권49, 43b.

97) 『朱子全書』, 권49, 43b.

라고 한다. 주희의 견해에 따르면 이것은 인간과 동물에게 오늘날에도 여전히 일어나고 있는 것이다.[98] 자연발생은 단지 첫 번째의 생성에만 국한되는 것이 아니다. 다만 후에는 정精을 통한 성적 생식이 그것을 대신하게 된다.[99]

5) 심론

(1) 마음

주희는 마음을 '기의 정상精爽'이라고 정의한다.[100]

마음을 설명하기 위하여 말하였다. "한마디로 결론을 내린다면 삶일 뿐이다."[101]

그러므로 마음은 리가 아니라 기와 같은 것이며, 마음의 본질적인 특징은 삶에 있다고 여겼다. 다시 그 성격을 규정하면서 주희는 말한다.

이 마음은 지극히 영명하여 털끝이나 풀 한 줄기 같은 세밀한 곳도 스며들며, 또 그 지각은 광대하여 온 우주가 모두 여기에 담겨 있다. 또한 먼 옛날로부터 지금에 이르기까지의 몇 천만 년의 시간이 이 생각이 막 일어나는 순간 그 속에 이르러 오고, 앞으로 오게 될 몇 천만 년의 시간이 이 생각이 막 일어나는 순간 그 속에 이르러 온다. 이 마음은 신명하여 헤아릴 수가 없고 지극히 허령하니, 이보다 앞서는 것이 없다.[102]

---

98) 『朱子全書』, 권49, 20a.
99) 『朱子全書』, 권49, 26a.
100) 『朱子全書』, 권44, 2a, "心者, 氣之精爽."
101) 『朱子全書』, 권44, 2a, "發明心字曰, 一言以蔽之, 曰生而已."
102) 『朱子全書』, 권44, 8a, "此心至靈, 細入豪芒纖芥之間, 便知便覺, 六合之大, 莫不在此, 又如古初去今, 是幾千萬年, 若此念纔發, 便到那裏, 下面方來, 又不知是幾千萬年, 若此念才發, 便也到那裏, 這箇神明不測, 至虛至靈, 是甚次第."

주희는 여기에서 생각과 존재를 혼동하고 있는 것처럼 보인다. 사람의 마음은 실제로 아주 작은 공간까지 이를 수는 없으며, 마찬가지로 과거나 아직 있지도 않은 먼 미래까지 이를 수도 없다. 단지 이 모든 것은 생각일 뿐이며, 마음은 마음이 있는 곳에 머무는 것이다. 마지막 문장에서는 주희가 마음을 순수하게 비물질적인 것으로 여기는 것처럼 보인다.

마음은 태극의 주재를 받지만, 표현은 음양으로서 드러난다.

마음의 리는 태극이며, 마음의 동정은 음양이다.[103]

이로부터 마음이 전적으로 비물질적인 것은 아니지만, 또한 전적으로 물질적인 것도 아니라는 것을 알 수 있다. 리 즉 태극은 마음 안에서 기와 결합하며, 기는 음양으로 나타나기 때문이다. 서양에서는 몸과 마음을 절대적으로 대립하는 것으로 여기지만, 주희는 그렇지 않다. 그는 말한다.

오직 마음은 대적할 것이 없다.[104]

마음과 몸은 음과 양이 대대하는 것처럼 대립하지 않는데, 마음 자체가 몸의 일부이기도 하기 때문이다.

주희는 마음을 정신적인 사건들이 일어나는 곳, 즉 인식에 의해 많은 사물들을 자기 안에 수용하거나 포괄할 수 있는 텅 빈 공간으로 보았다.[105]

이 마음은 본래 허령하다. 모든 리가 그 안에 갖추어져 있어서 각각의 일과 각각의

---

103) 『朱子全書』, 권44, 1b, "心之理, 是太極, 心之動靜, 是陰陽."
104) 『朱子全書』, 권44, 1b, "惟心無對."
105) 『朱子全書』, 권44, 1b.

사물을 모두 당연하게 안다.106)

주희가 지각을 순수하게 마음의 영명함으로 설명하지 않고 마음과 기의 공동작용으로 생성된 것이라고 하였다고 하더라도, 이것은 마음의 본질에 대한 그의 이해와 어긋나지 않는다.

물었다. "지각은 마음의 영명함이 본래 이와 같은 것입니까, 아니면 기가 하는 것입니까?" 대답하였다. "이것은 오로지 기인 것이 아니라, 먼저 지각의 리가 존재한다. 리는 지각이 없지만, 리와 기가 합하게 되면 곧 지각할 수 있다."107)

이것에 의하면 리는 지각하지 않는다. 지각은 리가 살아 있는 기와 결합함으로써 비로소 생겨난다.

사유를 주희는 기의 작용이라고 말하지 않고 간략하게 마음의 작용이라고 말하지만, 여하튼 마음은 기의 작용 또한 받아들이게 된다. 그는 말한다.

나는 마음이 생각하는 것은 본체가 작용하는 것과 같다고 생각한다. 그러므로 마음은 미래를 알 수 있고 과거의 것을 가지고 있으며, 모든 방향으로 모든 것을 꿰뚫기 때문에 하나의 사물도 해당되지 않는 것이 없다.108)

사유 이외에 마음은 다른 작용들도 가지고 있다. 주희는 의意, 정情, 지志를 구분한다.

---

106) 『朱子全書』, 권44, 5a, "此心本來虛靈, 萬理具備, 事事物物, 皆所當知."
107) 『朱子全書』, 권44, 2a, "問, 知覺是心之靈固如此, 抑氣之爲耶, 曰, 不專是氣, 是先有知覺之理, 理未知覺, 理與氣合, 便能知覺."
108) 『朱子全書』, 권45, 20b, "某謂心之有思, 乃體之有用, 所以知來藏往, 周流貫徹, 而無一物之不該也."

마음은 한 몸을 주재하는 것이다. 의는 마음이 작용하는 것이고, 정은 마음이 움직이는 것이다. 지는 마음이 가는 것이니, 정이나 의에 비해 더욱 중요하다. 기는 나의 혈기를 이루고 몸을 채우는 것이니, 다른 것과 비교하면 형체가 있어서 상대적으로 조잡하다.[109]

마음은 리와 같다고 하는 성보다 쉽게 지각할 수 있으며 기보다 생동적이다.[110] 마음의 덕은 인仁이다. 세계정신은 인으로써 생명을 받게 되는 모든 사물과 인간을 생성하며, 인간의 삶의 도리가 또한 인이다.

인은 천지가 만물을 생성하는 마음이다. 인간이 품부받아 천지의 마음을 접하게 되면 곧 삶을 얻을 수 있다. 그러므로 측은지심은 인간에게는 삶의 도리가 된다.[111]

마음은 자신만 움직이는 것이 아니라 몸 또한 움직인다. 몸의 운동은 마음에 의해 생겨난다. 주희는 그러므로 물질의 유행을 절대로 의심하지 않았다.

주희에 따르면, 마음은 영원한 것이 아니라 일정한 시간이 지나면 소멸되는 것이다. 다만 그 시간이 다양하게 다를 수 있다. 폭력으로 인해 원치 않는 죽음을 맞이한 사람은 귀신 또는 악귀가 된다는 설이 있고, 또 삶을 연장하고자 하는 도가와 불교에서는 마음이 금방 사라지지 않는다고 본다. 그러나 죽은 사람이 귀신이 되고, 귀신이 다시 인간이 된다는 불교의 견해는 혼란스럽다.[112] 이런 논리로 주희는 영혼이 변한다는 학설을 배척하였다.

마음이 흩어진다는 것은 완전한 무가 된다는 뜻이 아니다.[113] 마음이 흩어진다

---

109) 『朱子全書』, 권45, 17a, "心者一身之主宰. 意者心之所發, 情者心之所動, 志者心之所之. 比於情意尤重, 氣者, 即吾之血氣而充乎體者也, 比於他則有形器而較粗者也."

110) 『朱子全書』, 권44, 4a.

111) 『朱子全書』, 권44, 13b, "天地生物之心是仁, 人之稟賦, 接得此天地之心, 方能有生, 故惻隱之心, 在人亦爲生道也."

112) 『朱子全書』, 권51, 19b.

는 것은 그것을 구성했던 부분들로 해체된다는 것에 불과하다.

물었다. "인간이 죽을 때 그의 지각도 흩어지는 것이 아닙니까?" 답하였다. "흩어지는 것이 아니라 완전히 다하는 것이다. 기가 다하면 지각 또한 다하게 된다."[114]

죽은 사람은 가서 돌아오지 않고 변하지 않는 것은 다만 이 리뿐이라고 하지만, 이때의 리는 하나의 사물로서 영원히 있으면서 불변하는 것이 아니다.[115]

만물은 변화하며 지속적으로 존재하는 것이 아니다. 인간의 마음 또한 사라지며 단지 그 안에 있는 리만이 보존된다.

주희는 마음에 대한 다른 철학자들의 견해를 비판하였다. 그는 양자나 묵자의 견해보다는 차라리 불교의 마음 이론이 훨씬 더 좋다고 주장하였으며,[116] 호상학의 이론에 대해서는 매우 과격하게 비판하였다.

호문정공(호안국)은 말하였다. "마음의 본체는 생겨나지도 않고 사라지지도 않는다. 생겨나고 사라지는 것은 마음의 작용이다. 능히 잡아서 보존할 수만 있다면 비록 하루에 백 번 생겨나고 백 번 사라지더라도 마음은 항상 똑같이 머물게 된다." 이것은 훌륭한 말이다. 그러나 독자는 알아야 한다. 생겨나지도 않고 사라지지도 않는다는 것은 결코 한 덩어리 움직이지 않는 죽은 물체처럼 지각이 없다는 뜻이 아니며, 또한 백 번 생겨나고 사라지는 사이에 별도로 한 사물이 있어서 생겨나지도 않고 사라지지도 않는다는 뜻이 아니다.[117]

---

113) 『朱子全書』, 권51, 24b.
114) 『朱子全書』, 권51, 30b, "問, 人死時, 這知覺便散否, 曰, 不是散, 是盡了, 氣盡則知覺亦盡."
115) 『朱子全書』, 권51, 34a, "死者去而不來, 其不變者只是理, 非有一物常在而不變也."
116) 『朱子全書』, 권44, 4b.
117) 『朱子全書』, 권44, 23a, "胡文定公所謂, 不起不滅心之體, 方起方滅心之用, 能常操而存, 則雖一日之閒百起百滅, 而心固自若者. 自是好語, 但讀者當知, 所謂不起不滅者, 非是塊然不動無所知覺也, 又非百起百滅之中別有一物不起不滅也."

내 생각에 마음은 죽지도 살지도 않는다는 이론118)은 석가의 윤회설에 가깝다. 천지가 사물을 생성하고 인간이 그 뛰어난 것을 받아서 가장 영명하다. 우리가 마음이라고 하는 것은 허령하고 지각하는 본성으로, 이것은 마치 눈과 귀의 보고 듣는 것과 같다. 천지에 있어서는 고금을 꿰뚫으며 생성도 붕괴도 없지만, 인간과 사물에 있어서는 형기에 따라 시작과 마침이 있다.119)

그 리는 하나이지만 나뉘면 다르다는 것을 알면, 또한 어찌 반드시 이 마음이 죽지도 살지도 않는다는 말로써 배우는 자들을 놀라게 하겠는가?120)

(2) 귀신

주희는 귀신의 존재를 믿었지만, 그가 말하는 귀신 개념은 단지 과거의 용례에서 이름만 빌려 온 것일 뿐 거의 자연의 능력으로 이해되고 있다. 귀신은 음양의 성장과 감소 즉 기의 확장과 응결 이외의 다른 것이 아니다. 자연 안에서의 모든 변화는 기의 작용이며, 그 때문에 귀신은 바람·비·천둥의 신으로 숭배되었다.121)

'신'은 '펼침'을 의미하고, '귀'는 '굽힘'을 의미한다. 바람·비·천둥·번개가 처음에 일어날 때는 신이다. 그리고 바람이 멎고 비가 지나가고 천둥이 그치고 번개가 진정되는 때는 귀이다.122)

---

118) 胡安國이 마음에 대해 이처럼 주장하는 것을 朱熹 또한 말했지만, 그는 단지 리에 대해서만 그것을 말할 뿐이었다.
119) 『朱子全書』, 권44, 31a, "某按心無死生, 則幾於釋氏輪廻之說矣, 天地生物, 人得其秀而最靈, 所謂心者, 乃夫虛靈知覺之性, 猶耳目之有見聞耳, 在天地, 則通古今而無成壞, 在人物, 則隨形氣而有始終."
120) 『朱子全書』, 권44, 31a, "知其理一而分殊, 則亦何必爲是心無死生之說, 以駭學者之聽乎."
121) 『朱子全書』, 권51, 7a.
122) 『朱子全書』, 권51, 2b, "神, 伸也, 鬼屈也, 如風雨雷電初發時, 神也, 及至風止雨過, 雷住電息, 則鬼也."

바람·비·번개·천둥이 생기는 것은 확장하는 기 즉 양이고 신이다. 이들이 중지하고 사라지고 멎는 것은 응축하는 기 즉 음이고 귀이다.

그러나 귀신은 단지 기로만 이루어진 것이 아니라 기 안에 포함된 신령함과 그 안에서 작용하는 리로 이루어진다.

물었다. "귀신 또한 단지 이 기가 아닙니까?" 답하였다. "이것은 기 안에 있는 신령함과도 서로 유사하다."[123]

밝음과 삶은 양의 원리에 속하고 어둠과 죽음은 음의 원리에 속하기 때문에, 낮과 살아 있는 동안에 나타나는 것을 신이라고 하고 밤과 죽은 후에 나타나는 것을 귀라고 한다.[124] 주희는 선한 신과 악한 신이 있으며, 선한 신에게는 기원하고 보호를 요청할 수 있고 악한 신에게서는 보호되어야만 한다는 토속적인 생각을 반복한다.[125] 그는 또한 『주역』에서는 하늘이 신으로, 땅이 지신으로, 달은 귀로 나타나고 있다고 한다.[126] 하늘과 땅은 보편적인 신이지만, 하늘과 땅에는 또한 수많은 개별적인 신들이 깃들어 있다. 하늘의 신에는 해·달·별의 신이 있고, 땅의 신에는 산·강·나무·식물 등의 신이 있으며, 귀신은 죽은 사람들의 신이다.[127] 주희는 신선이 존재할 가능성을 인정하지만 거기에 이르기는 매우 어렵다고 한다.[128] 사람은 자신의 생을 연장할 수는 있지만 결국은 죽는다.[129]

그러나 많은 유학자들이 귀신의 실재를 믿지 않았다. 주희의 친구 장식張栻

---

123) 『朱子全書』, 권51, 3a, "問, 鬼神便只是此氣否, 曰, 又是這氣裏面神靈相似."
124) 『朱子全書』, 권51, 3a.
125) 『朱子全書』, 권51, 3b.
126) 『朱子全書』, 권51, 8a.
127) 『朱子全書』, 권51, 41b.
128) 『朱子全書』, 권43, 31a.
129) 『朱子全書』, 권51, 25.

또한 귀신을 부정하였으며,[130] 공자도 이미 회의를 나타낸 적이 있었다. 따라서 주희는 공자와 대립되는 자신의 견해를 약화시킬 수밖에 없었다.

귀신에 대한 이치는 성인이 대체로 말하기 어려웠다. 이러한 존재가 진실로 있다고 하는 것도 본디 불가하며, 이러한 존재가 진실로 있는 것이 아니라고 하는 것 또한 불가하다.[131] 이러한 문제에 대하여 명확하게 알 수 없다면 또한 그것을 빼놓는 것도 괜찮다.[132]

(3) 정신과 혼백

서양에서 신체의 정신적인 과정을 총칭하여 정신 또는 영혼이라는 표현을 사용하는 반면에, 중국의 사상가들과 주희는 그것을 귀와 신으로 나타내면서 다소의 차이는 있지만 혼과 백으로 생리적인 과정을 표현한다. 거기에다가 악귀의 개념을 덧붙이면 다섯 가지 종류의 귀신이 있다.

주희는 다양한 신의 종류를 다음과 같은 방식으로 구분한다.

두 기로써 말한다면, 음의 영명한 것이 귀이고 양의 영명한 것이 신이다. 하나의 기로써 말한다면, 이르러 가서 펼쳐지는 것은 신이 되고 돌이켜서 되돌아오는 것은 귀가 된다. 하나의 기라는 것은 곧 음양운행의 기이다······ 공기를 들이쉬거나 내쉬는 것과 같은 종류는 혼이니, 혼은 신이며 양에 속한다. 눈·귀·코·입과 같은 종류는 백이니, 백은 귀이며 음에 속한다. 정기精氣가 사물이 되고, 정과 기가 합쳐져서 생성이 나타나는 것이다. 떠도는 혼이 변하면 기가 흩어져서 죽고 백 또한 내려간다.[133]

---

130) 『朱子全書』, 권51, 5a.
131) 그 까닭에 대해서는 Alfred Forke, *Geschichte der alten chinesischen Philosophie* (1927), 124 쪽 주4) 참조.
132) 『朱子全書』, 권51, 18b, "鬼神之理, 聖人蓋難言之, 謂眞有一物, 固不可, 謂非眞有一物, 亦不可, 若未能曉然見得, 且闕之可也."

여기에서 '백은 생명을 생성하는 정신적인 힘인 동시에 지각능력이기 때문에 자체적으로는 정신적인 면이 결여된 지각조직과 연결되어 있다.

입과 코의 호흡은 혼이며, 눈과 귀의 총명함은 백이다.[134)

온기는 혼이고 냉기는 백이다. 혼은 기의 신이고 백은 정의 신이다. 생각하고 계산할 줄 아는 것은 혼이며 지난 것을 기억할 수 있는 것은 백이다.[135)

이것에 따르면 혼은 일반적으로 기에 붙어 있는 온기이며, 동시에 사유하고 이해하고 인식하는 것이기 때문에 오성이다. 그와는 달리 백은 살아 있는 실체를 꿰뚫는 냉기이며 동시에 지각능력과 기억을 가지고 있다.

주희는 다양한 형태의 정신의 존재양상에 대하여 규정하며 다음과 같은 결과에 도달하였다.

혼과 백에 대하여 묻자 답하였다. "기와 질은 가득 차 있고, 혼과 백은 반은 비어 있고 반은 차 있으며, 신과 귀는 비어 있는 부분이 많고 차 있는 부분이 적다."[136)

기와 질은 물질적인 것이어서 이들로 인해 인간의 몸이 있다. 혼과 백은 물질과 비물질의 중간에 있으며, 이들은 같은 양의 물질적인 부분과 비물질적인

---

133) 『朱子全書』, 권51, 5b, "以二氣言, 則鬼者陰之靈也, 神者陽之靈也, 以一氣言, 則至而伸者爲神, 反而歸者爲鬼, 一氣, 即陰陽運行之氣,……如氣之呼吸者爲魂, 魂即神也, 而屬乎陽, 耳目鼻口之類爲魄, 魄即鬼也, 而屬乎陰, 精氣爲物, 精與氣合而生者也, 遊魂爲變, 則氣散而死, 其魄降矣."

134) 『朱子全書』, 권52, 22b, "先儒言口鼻之噓吸爲魂, 耳目之聰明爲魄."

135) 『朱子全書』, 권52, 23a, "煖氣, 便是魂, 冷氣, 便是魄, 魂, 便是氣之神, 魄, 便是精之神, 會思量計度底, 便是魂, 會記當去底, 便是魄."

136) 『朱子全書』, 권52, 22b, "問魂魄, 曰, 氣質, 是實底, 魂魄, 是半虛半實底, 鬼神, 是虛分數多, 實分數少底."

부분으로 이루어져 있다. 신과 귀는 물질적이라기보다는 좀 더 비물질적이다. 완전히 비물질적인 것은 단지 리뿐이다. 그러므로 리, 귀신, 혼백, 기질의 순서로 순수하게 정신적인 것에서 순수하게 물질적인 것으로 이루어져 있다는 것을 알 수 있다.

혼과 백의 소멸은 상세하게 다루어졌다.

인간은 단지 많은 기를 가지고 있지만 기는 반드시 다하는 때가 있다. 기가 다하면 혼은 하늘로 돌아가고 백은 땅으로 돌아가서 죽는다. 사람이 장차 죽을 때가 되면 따뜻한 기가 위로 올라가는데 이를 일러 혼이 올라간다고 하고, 아래의 형체는 점차 식어 가는데 이를 일러 백이 내려간다고 한다.[137]

주희는 『예기禮記』「제의祭儀」편을 인용하여 죽을 때에 혼이 빛나면서 향기를 풍기며 위로 올라간다고 하면서,[138] 이것을 불타는 장작의 연기가 위로 올라가는 것에 비유한다.[139] 그러나 흩어진 혼의 기는 다시 모이지 않는다.[140]

혼기가 흩어지는 것은 그러나 후손에게 영향을 미칠 수 있을 없을 정도로 완전한 무가 됨을 의미하는 것이 아니다.[141] 주희의 이러한 견해는 죽은 조상의 현현을 전제로 해서 이루어지는 조상숭배의 전통을 의식한 양보라고 할 것이다. 그러나 그는 다시 매우 회의적으로 말한다.

아주 먼 세대의 선조라면, 그 기가 여전히 있는지 없는지를 알 수가 없다.[142]

---

137) 『朱子全書』, 권52, 19a, "人只有許多氣, 須有箇盡時, 盡則魂氣歸於天, 形魄歸於地而死矣, 人將死時, 熱氣上出, 所謂魂升也, 下體漸冷, 所謂魄降也."
138) 『朱子全書』, 권52, 21b, "祭義云, 其氣發揚於上, 爲昭明, 焄蒿悽愴." 『禮記』 참조.
139) 『朱子全書』, 권52, 22a.
140) 『朱子全書』, 권52, 11b, "然已散者不復聚."
141) 『朱子全書』, 권52, 11b.
142) 『朱子全書』, 권52, 11b, "先祖世次遠者, 氣之有無不可知."

순수하게 신체적인 정기는 주희에 의하면 여성과 남성의 기가 화합하여 하나의 존재를 생성할 때에 생겨난다.

(4) 인성

사물의 본질을 의미하는 성, 특히 인간의 본성은 주희에게 단순한 추상개념이 아니라 존재개념이며, 성은 마음과 가장 밀접한 관계에 있다. 우리는 그것을 다음에서 알 수 있다.

성은 비록 비었어도 모두 실제의 리이다. 마음은 비록 사물이지만 비어 있으며, 그러므로 모든 리를 포함할 수 있다.[143]

성은 본래 무이지만 곧 실제의 리이며, 마음에는 형상과 그림자가 있는 것 같지만 그 본체는 비어 있다.[144]

성은 마음이 가지고 있는 리이며, 마음은 그 리가 모이는 곳이다.[145]

성은 마음의 리이며, 정은 마음의 움직임이다.[146]

성은 리이다. 마음에 있어서는 성이라고 하고, 일에 있어서는 리라고 한다.[147]

단지 인간만이 아니라 사물이 모두 그들의 생성과 존재 및 소멸을 결정하는 고유의 성을 가지고 있다.

---

143) 『朱子全書』, 권45, 2a, "性雖虛, 都是實理, 心雖是一物, 却虛, 故能包含萬理."
144) 『朱子全書』, 권45, 2a, "性本是無, 却是實理, 心似乎有影象, 然其體却虛."
145) 『朱子全書』, 권45, 2a, "性便是心之所有之理, 心便是理之所會之地."
146) 『朱子全書』, 권43, 37b, "性者心之理, 情者心之動."
147) 『朱子全書』, 권42, 6a, "性即理也, 在心喚作性, 在事喚作理."

물었다. "말라죽은 초목에도 성이 있다는 것은 무슨 말입니까?" 답하였다. "그것이 생겨나는 때부터 그 리를 가지고 있다는 것이다. 그러므로 '세상에 성이 없는 사물은 없다'고 하는 것이다." 그리고 계단을 가다가 말하였다. "계단의 돌에는 돌의 리가 있다" 그 후 의자에 앉아서 말하였다. "이 대나무의자에는 대나무의자의 리가 있다. 말라죽은 초목에는 삶의 의지가 없다고 할 수도 있을 것이다. 그러나 그것에 삶의 리가 없다고 해서는 안 될 것이다. 썩은 나무는 쓸모가 없어서 단지 아궁이에 넣어서 땔감으로나 쓸 수 있는데, 그것은 삶의 의지가 없기 때문이다. 그러나 특정한 종류의 나무를 태우면 그 나무의 기가 또한 각기 다르다. 그것의 리가 원래 그렇기 때문이다."[148]

만물에서의 성이 삶의 리이며,[149] 이 리에 사물의 현존이 달려 있다. 그 밖에 인간에게는 또한 마음의 리와 도덕의 리가 있다.

성은 참된 리이며, 인·의·예·지가 모두 거기에 갖추어져 있다.[150]

맹자가 말했듯이 인간의 성은 항상 선하다. 성은 어떠한 것도 그것을 넘어서지 못하는 지극한 리이기 때문이다. 그러나 인간이 태어날 때에는 두 기 즉 음과 양이 함께 작용하며, 음양은 선과 악을 포함하고 있다. 이에 주희는 장재와 이정이 전개한 기질의 성에 대한 학설을 수용하는 한편,[151] 성에서 선과 악 및 참과 거짓을 구분할 수 없다고 한 호상학파의 견해를 배척하였다.[152]

---

148) 『朱子全書』, 권42, 29b, "問枯槁之物亦有性, 是如何, 曰, 是他合下有此理, 故云, 天下無性外之物, 因行階, 云階磚便有磚之理, 因坐, 云竹椅便有竹椅之理, 枯槁之物, 謂之無生意, 則可, 謂之無生理, 則不可, 如朽木無所用, 止可付之爨竈, 是無生意矣, 然燒甚麼木, 則是甚麼氣, 亦各不同, 這是理元如此"

149) 『朱子全書』, 권42, 6a.

150) 『朱子全書』, 권42, 6b, "性是實理, 仁義禮智皆具."

151) 『朱子全書』, 권43, 5b.

152) 『朱子全書』, 권42, 11b.

(5) 동물과 식물

인간 이외의 생물의 마음에 관한 주희의 견해는 확실하게 규정할 수가 없다. 그는 인간보다 아주 작은 짐승과 새, 심지어 식물과 썩은 사물일지라도 의식과 감각을 가지고 있다고 말한다. 식물이 잘 자라면 꽃이 피지만 밟아 버리면 죽는다는 것으로부터 식물도 감각이 있다는 결론을 내린다. 여기에서 주희는 주돈이를 인용한다.

주무숙은 창가의 풀을 뽑지 않는 이유를 묻자 이렇게 말하였다. "저들의 생각 또한 나와 같을 것이다." 이것은 그 풀에도 지각이 있다는 뜻이다.[153]

그러나 그는 또 다른 곳에서는 인간과 동물만이 의식이 있다고 말하기도 한다. 인간과 동물은 피와 의식을 가지고 있지만 식물은 이 둘이 없고 삶의 기만 가지고 있으며, 마른 식물에서는 이것마저 사라지고 다만 형태와 물체 및 냄새와 맛만 남게 된다는 것이다.[154] 동물은 그 밖에도 윤리적 도리를 가지고 있지만 그 정도가 인간보다 훨씬 약하다고 한다.[155]

이러한 모순은 주희의 문집에 때때로 나타나는데, 주희가 오랜 학습기간 동안 자신의 견해를 바꾸었을 가능성도 있고, 또 제자들이 주희의 표현을 전달하는 과정에서 오류를 범했을 가능성도 있다. 식물과 무생물에도 의식이 있다는 표현은 『주자어류』에 있는 반면에, 이를 부정하는 견해는 여방숙에게 보낸 편지(「答余方叔」)에서 유래하기 때문에 더 신빙성이 있다. 그럼에도 불구하고 주희의 견해가 변했을 가능성은 여전히 남아 있다.

---

153) 『朱子全書』, 권42, 31b, "周茂叔窗前草不除去, 云, 與自家意思一般, 便是有知覺."
154) 『朱子全書』, 권42, 34a.
155) 『朱子全書』, 권42, 29a.

6) 윤리

(1) 도

주희는 오상에 근거하는 예법 또한 도라고 불렀다. 이것은 도에 대한 유학적인 어법이다. 주희에 따르면 '도道'는 모두가 갈 수 있는 큰 길을 의미하고, '리理'는 거기에 속하는 많은 작은 길들을 의미한다.[156] 도는 보다 큰 길이고 리는 보다 작은 길로서 모두 길을 의미하는 개념이다.

사람들은 도가 매우 높고 멀리 떨어져 있으며 현묘하고 놀라워서 배울 수 없다고 여긴다. 그러나 도는 인간의 일상적인 생활의 당연한 도리이며 사해 안의 모든 구역에 있는 수많은 사람들이 당연히 가야 하는 길을 일컫는 것이다. 이것은 도교와 불교의 학자들이 말하는 도처럼 텅 비고 적막하여 아무것도 없어서 인간과 아무 상관도 없는 것이 아니다.[157]

도는 인간에게 가야 할 길을 보여 준다. 도는 덕의 총체이다. 주희는 최고의 초월적인 세계원칙으로서의 도가적인 도의 개념을 부정하고 있는 듯하다. 그러나 다른 곳에서 그는 도를 단지 도덕적인 원리가 아니라 감각을 초월한 존재로 파악하고 있으며, 또한 도를 리와 같은 의미로 사용하였다.

주희는 『역경』을 인용하여 다음과 같이 말한다.

형이상의 것을 도라고 하고 형이하의 것을 기라고 한다. 도는 도리이다. 모든 일과 사물에는 도리가 있다. 기는 형체의 모양이다. 각각의 일과 사물은 또한 모두 각기 형체적인 모양을 가지고 있다. 각각의 도에는 기가 있고 각각의 기에는 도가 있으

---

156) 『朱子全書』, 권48, 1b.
157) 『朱子全書』, 권46, 6a, "以道爲高遠玄妙而不可學耶, 則道之得名, 正以人生日用當然之理, 猶四海九州百千萬人當行之路爾, 非若老佛之所謂道者, 空虛寂滅而無與於人也."

니, 모든 사물은 각각의 법칙이 있어야만 한다.158)

여기에서는 도덕법칙이 아니라 물질에 대립하는 이성적 원리로서의 세계이성에 관해 설명되고 있다. 주희는 나아가 『중용』의 말로 도에 대하여 말한다.

만물을 생성하며 양육하여 하늘에 이르기까지 높이 오른다.159)

그리고 이어서 도가 '예의 삼백 가지 근본원칙과 삼천 가지 세부규정'(經禮三百, 曲禮三千)을 포괄한다고 하는데, 이것은 도가 예의 총칭을 의미한다는 뜻이다. 윤리학과 형이상학은 『중용』에서 혼합되어 있으며, 주희 또한 도의 이 두 가지 의미를 날카롭게 구분하지 않았다.

주희는 도가의 학설에 나타난 것과 같은 초월적인 도를 비판하였지만, 다음의 말로써 또한 다시 인정하였다.

도의 영적인 힘을 얻어서 사람이 된다. 그것은 하늘의 네 극 사이에서 근원적이며 텅 비어 고요하니, 이름을 지을 수 없을 듯하다.160)

그것을 자사子思는 '중中'이라고 하고, 맹자는 '선善'이라고 하고, 공자는 '인仁'이라고 하였다.161) 소씨 부자는 도를 말로 설명할 수 없다고 하였고, 노자는 개념을 어둡게 하지 않기 위하여 개별적인 덕으로 말할 수 없다고 하였다. 주희는 이 점에 대하여 말하지 않았지만,162) 그가 도의 초월성에 대해 말할 때에는

---

158) 『朱子全書』, 권46, 4a, "形而上者謂之道, 形而下者謂之器, 道是道理事事物物皆有箇道理, 器是形迹, 事事物物, 亦皆有箇形迹, 有道須有器, 有器須有道, 物必有則."
159) 『朱子全書』, 권46, 5b, "言發育萬物峻極於天."; Chin. Classics, Vol. I, 422쪽.
160) 『朱子全書』, 권46, 8a, "得其靈而爲人, 而於四者之際, 淵然而虛靜, 若不可以名言者."
161) 『朱子全書』, 권46, 8a.
162) 『朱子全書』, 권46, 12a.

절대적인 것을 표현하기 위하여 차라리 설명을 생략해 버렸다. 이로써 볼 때 그는 노자가 말로 접근할 수 없다고 한 것과 같은 도가적 표현을 사용하고 있다고 할 수 있다.

(2) 덕

모든 덕은 가장 크고 중요한 덕인 인仁으로 귀결될 수 있다. 인은 일상적으로 사람들이 생각하는 것을 훨씬 넘어서며, 주희의 설명에 의하면 세계창조의 원리이다. 그는 말한다.

인은 하늘과 땅이 사물을 생성하는 마음이다.[163]

인이 무엇을 의미하는지 알고자 한다면, 이것은 모든 것을 포괄하며 다른 것이 섞이지 않은 부드럽고 조화로운 기라고 할 것이다. 그 기는 하늘과 땅의 봄의 기이며, 그 리는 하늘과 땅의 사물을 생성하는 마음이다.[164]

인간은 태어나면서 제일 먼저 인을 부여받을 뿐이다. 이것은 마음의 완전한 본체를 구성한다. 이것은 후에 비로소 인·의·예·지의 네 가지 덕으로 나뉜다. 인은 삶의 의지이며, 사람은 이것을 통해 살게 된다.[165]

듣는 것이 귀의 덕이고 보는 것이 눈의 덕인 것처럼[166] 인은 마음의 덕이라고 한다. 그러므로 인은 인간에게 자연스러운 것이며 감각처럼 타고나는 것이다.

---

163) 『朱子全書』, 권47, 30b, "某所謂仁者天地生物之心."
164) 『朱子全書』, 권47, 1b, "要識仁之意思, 是一箇渾然温和之氣, 其氣則天地陽春之氣, 其理則天地生物之心."
165) 『朱子全書』, 권47, 1a, 5a.
166) 『朱子全書』, 권47, 5a.

인은 사랑의 도리이며, 공평함은 인의 도리이다. 그러므로 공평한 사람은 어질고, 어진 사람은 사랑한다.[167]

사회적인 감각이 있는 사람은 이웃에게 어질며 또한 사랑으로써 인을 베푼다. 주희에게 윤리적으로 새로운 것은 거의 없으며, 대체로 그는 유학적인 도덕 및 정통적인 학설의 핵심 부분을 설명하고 발전시키는 것으로 만족하였다.

7) 육구연과의 관계

앞에서 주희의 비판적인 관점에 대하여 언급하였듯이, 주희는 이전의 거의 모든 주요 철학자들과 논쟁하였다. 그 자신의 철학은 북송대의 성리학에 의지하고 있다. 그는 그것을 끊임없이 인용하였으며 대부분의 경우에 동의하였다. 그러나 그와는 달리 호상학파, 소씨 일가, 사양좌 등의 견해에는 대립하였다. 그와 같은 시대의 가장 중요한 철학자는 육구연이었다. 그에 대하여 주희는 호의적이었지만, 그의 견해에는 동조하지 않았다. 주희는 현실주의자로서 육구연의 관념주의적인 세계관에 동조할 수가 없었다.

여조겸呂祖謙의 주선으로 1175년에 신주信州에서 두 철학자의 만남이 있었다. 이들은 그곳의 아호사鵝湖寺에서 논쟁하였으나 의견의 일치를 볼 수 없었다. 1181년 주희는 자신의 백록동서원에서 제자들에게 강연하도록 육구연을 남강으로 초대하였다. 육구연의 강연을 듣고 청강생들은 눈물을 흘렸으며, 주희는 그 내용을 적어서 돌에 새기도록 하였다.

둘 사이의 대립은 그들 제자들과의 대화와 그들 사이에 왕래한 편지에 분명하게 나타난다. 이상하게도 주희는 상대자의 기본적인 학설 즉 관념주의를 공격하지는 않고, 단지 개별적인 것들을 비판하는 것에 그친다. 너무 새로운 것이어서 완전히

---

167) 『朱子全書』, 권47, 6b, "仁, 是愛底道理, 公, 是仁底道理, 故公則仁, 仁則愛."

파악하지 못했기 때문일 수도 있다. 어쨌든 주희는 육구연이 책은 읽지 않고 단지 자기 자신의 생각에만 빠져 있다고 비난한다.[168) 또한 친구 장식에게 보내는 편지에서는 육구연에 대한 높은 존경심을 말하면서도 그의 명상과 내적인 직관에 대한 견해를 비판하였다.[169) 그는 육구연이 공부를 과소평가함으로써 선종에 가까워지고 있다고 보았다.

육구연은 단지 하나의 세계정신만을 인정한다. 주희도 역시 인간의 마음에 어느 정도의 주체성이 있다고 하지만, 인간의 마음이 세계정신과 완전히 동일한 것은 아니라고 한다.[170) 육구연은 음과 양을 비물질적인 것으로 여겨서 도와 같은 것으로 간주하며 태극에 대해서는 전혀 알고자 하지 않는다. 이것에 대해서도 주희는 그와 대립한다.[171)

격렬한 논쟁은 바로 「태극도설」의 '태극이무극太極而無極'에 대한 해석으로 인해 생겨났다. 육구연은 이 말이 의미를 갖는다면 그것은 리가 없다는 것을 의미하는 것이라고 파악하였다. 그와는 달리 주희는 주돈이가 참으로 생성하는 리가 존재하지 않고 단지 절대적인 텅 빔만이 있다는 의미에서 무극을 무로 생각했을 리가 없다고 설명하였다.[172) 이처럼 잘못 이해할까 염려하였기 때문에 주돈이는 매번 태극이 존재한다고 하는 말을 긍정하였고, 또 마찬가지로 그 반대되는 주장도 긍정하였다는 것이다.[173)

주염계가 태극을 무극이라고 한 것은 바로 그것이 장소를 차지하지 않으며 형상을 가지고 있지 않기 때문이다. 그러나 이것은 사물이 아직 있기 전에도 이미 존재하

---

168) 『朱子全書』, 권60, 4b, 7b.
169) Bruce, *Chu Hsi and his masters*, Bd. I, 75.
170) 『朱子全書』, 권60, 2b.
171) 『朱子全書』, 권52, 48a.
172) 『朱子全書』, 권52, 50a.
173) 『朱子全書』, 권52, 49b.

였고 또 사물이 생겨난 후에도 없었던 적이 없었으며, 음양의 밖에 있는 것이지만 또한 음양의 한가운데서 움직이지 않은 적이 없었다. 전체를 관통하여 없는 곳이 없지만, 또한 그 처음에 소리·냄새·그림자·반향이 없다고 말할 수는 있다.[174]

이것은 곧 태극이 초감각적, 초월적이라는 것이다.

8) 평가

주희의 제자이자 사위인 황간黃幹은 주희의 성품에 관해서는 매우 훌륭한 말을 남겼지만, 창의적인 철학자로서의 주희의 의미에 대해서는 알지 못했던 것으로 보인다. 그런 것에 대한 언급은 보이지 않고, 다만 정통 학설의 해석자로서만 장인을 장황하게 칭송하고 있기 때문이다.[175] 주희도 자신을 전혀 철학자로 생각하지 않았으며 경전의 전달자이기만을 바랐을 것이다. 그가 단지 주석을 다는 것에서 학문적으로 훨씬 더 나아가고 있다는 것을 그 자신도 거의 의식하지 못했을 것이기 때문이다. 그 당시 사람들의 의식에서는 그가 위대한 사상가나 독창적인 인물이 될 수 없었을 것이다. 당시에는 정통적인 것이 아닌 것은 비난받아야 할 것으로 여겨졌기 때문이다. 대부분의 중국의 철학자들은 본래 '철학자'라고 하는 것에 대해 반대하였다. 그것의 의미는 독자적인 사유를 허용하지 않는 유가적 정통의 맥이 끊어진 다음에야 비로소 인정될 수 있었다. 따라서 옛 성현들이 참된 진리를 밝혔다는 것을 의심하지 않았던 중국 사상가들은 자신이 철학자임을 인식하지 못한 채 단지 자신이 성현의 진리를 설명하여 널리 보급함으로써 좀 더 그것을 확고하게 할 수 있다고 믿었다.

---

174) 『朱子全書』, 권52, 48b, "周子所以謂之無極, 正以其無方所, 無形狀, 以爲在無物之前, 而未嘗不立於有物之後, 以爲在陰陽之外, 而未嘗不行乎陰陽之中, 以爲通貫全體, 無乎不在, 則又初無聲臭影響之可言也."
175) 『性理大全』, 권41, 8b 이하.

주희의 다른 제자 진순陳淳은 스승이 고대 학설을 완성하고 최고의 진리를 계시하였다고 믿었다. 그는 말한다.

이전 시대에 시작되었지만 끝까지 설명되지 않았던 모든 것을 그가 지금 모두 함께 모았으며 완성하였다. 그리고 이전에 사람들이 논쟁하였지만 의심스럽고 명확하지 않았던 모든 것을 그가 명확하여 믿을 수 있게 만들었다. 큰 도와 깊은 의미들이 손바닥을 보는 것처럼 매우 분명하게 되었다.[176] 그는 수백 년 그리고 수천 년 동안의 오류를 쓸어버렸으며 학자들이 의심할 수 없는 학설을 세웠다.[177]

위요옹魏了翁은 주희가 맹자와 동등하다고 여겼다. 그는 말한다.

한유는 맹자의 저서가 공자의 것보다 못하지 않다고 하였는데, 나는 주자의 저서가 맹자의 것보다 못하지 않다고 생각한다.[178]

마이어스에 따르면 주희는 송대 철학자들의 학설을 해석한 가장 중요한 신유학자이다. 그의 명성은 형이상학적인 사변에서 유래하며, 이로써 그는 공자와 맹자의 학설을 보충하였다. 매우 포괄적인 그의 철학은 여러 왕조에서 가장 뛰어난 것으로 인정받았으며 국가철학으로 지향되었다. 수백 년 동안 그의 경전 해석은 정통으로 인정된 기초가 되었다. 그러나 청대 후기의 150년간은 심한 비판과 공격을 받았다.[179]

마르틴은 주희가 송대 철학자들 중에서 가장 잘 알려진 철학자라는 것을 인정하였지만, 그가 이러한 명성을 얻게 된 것은 철학자로서의 천재성보다는

---

176) 『論語』, 권3, 11.
177) 『性理大全』, 권41, 16a.
178) 『性理大全』, 권41, 18b.
179) Mayers, *Reader's Manual*, Nr.79.

경전 해석의 탁월성 때문이었다고 믿었다. 많은 것을 생각했다는 점에 있어서는 다른 송대 철학자들이 그를 능가할 수도 있겠지만, 그는 판단능력이 매우 놀라워서 마치 비판의 화신처럼 보인다고 하였다.[180]

자일스는 주희에 대해 유명한 주석가라고만 말했을 뿐 그의 철학적 의미에 대해서는 아는 것이 없었다.[181] 그루베 또한 해석자와 주석가 및 원전비판가로서의 그의 활동에 의미가 있다고 생각하였다.[182]

주희의 철학에 대한 설명을 매우 훌륭하게 해 낸 예수회의 르 갈은, 그러나 그를 "훌륭한 낭독자이자 혐오스런 철학자"[183]라고 하였다. 왜 그를 그렇게 혐오했던 것일까? 르 갈에 따르면 주희는 고대의 경전을 전적으로 물질주의적인 방식으로 설명하였기 때문이다. 그런 가운데서도 르 갈은 주희의 장점으로서 명석하고 명백한 스타일, 뚜렷하고 변화무쌍한 표현방식, 탁월한 교훈과 관계에 알맞은 자주적인 비판 등을 들고 있다.[184]

주희에 대한 영국 번역가 퍼시 브루스(J. Percy Bruce)의 판단은 전혀 다르게 들린다. 그는 주희가 완전한 인간성과 뛰어난 지성을 지닌 위인이라고 한다. 그의 탁월한 정신은 당대의 사람들과 후계자들에게 인정받았다고 한다. 주희는 살았던 곳마다 학교를 설립하였으며, 이로써 나라 전체에 수천 명의 제자를 남겼다고 한다.

브루스의 설명에 따르면, 주희는 탁월한 변론 능력을 지니고 있었다. 그의 증명은 명백하고 날카롭고 설득력이 있었다. 그의 변론이 선험적인 원리에서 출발하였다는 점은 그를 방해하지 못했다. 전제들은 틀릴 수도 있었지만 증명하는

---

180) W.A.P. Martin, *Cartesian Philosophy before Descartes* (*Journ. Peking Orient. Soc.*, 1889, 130 쪽.)

181) Giles, *Chinese Biographical Dictionary*, Nr.446.

182) Grube, "Chin. Philosophy", *Kultur d. Gegenwart, Allg. Gesch. d. Philosophie*, 97쪽.

183) Le Gall, *Le philosophe Tchou Hi*, 1쪽.

184) Le Gall, *Le philosophe Tchou Hi*, 10쪽.

방식은 바른 것이었다. 모든 질문에 대한 답이 그에게 준비되어 있었다. 자신의 권위에도 불구하고 그는 진지하고 겸손하였다. 진실한 사상가로서 현실에 머물렀으며, 모든 궤변을 멀리하고 진리를 위한 진리를 모색하였다. 그는 단지 낯선 것에 대한 증명뿐만 아니라 자기가 한 증명도 비판하였으며, 오류를 기꺼이 고백하였고 어려움을 숨기고자 하지 않았다. 만사에 그는 매우 철저하였다. 단순한 언어적 이해에 가치를 두지 않고 반복되는 독서를 통해 연관성을 가지고 텍스트의 의미를 파악하고자 하였다. 상대의 단점에 대해 비판적인 안목을 가지고 있었지만 상대의 관점에 설 줄도 알았다. 이런 철저한 방법으로 그는 명백한 스타일에 이를 수가 있었다. 그는 상상력이 그다지 풍부하지는 않지만 맹자와 같은 매력이 있었으며, 항상 냉정함과 명석함을 유지하면서 명백하고 날카롭게 말하였다. 그의 말은 아주 단순하고 자연스러워서 억지가 없었으며, 그의 기술방식은 매우 잘 다듬어져서 쉽게 이해될 수 있었다. 동시에 그는 성품이 냉정하지도 않았으며 동정심이 없는 사람도 아니었다. 그는 친구들과 어려움에 처한 사람들을 따뜻한 성품으로 대하였다. 그가 아무 이유도 없이 거의 고대의 성현들만큼이나 존경받았던 것은 아니다. 700년 동안 그의 정신은 중국을 통치하였으며, 근대중국에 이르러 왕수인이 나온 이후에야 비로소 그쪽으로 기울어져 갔다.[185]

다케지로는 주희를 매우 인정하는 말을 하였다. 그는 주희가 이전의 모든 학자들의 사상을 정리하였으며 이로써 통합적인 자료를 얻었다고 한다. 그의 철학은 공자, 자사, 맹자, 그리고 북송대의 철학자로 거슬러 올라갔다. 유학이 그의 기반이었지만, 그는 당시의 도가와 불교의 서적에서도 유용한 모든 것을 주저 없이 취하였다. 그는 자주 가벼운 비유들을 들어 설명하였으며, 선유들이 아직 다루지 않았던 것들을 명백하게 만들었다. 주희는 송대의 가장 위대한

---

185) Bruce, *Chu Hsi and his masters*, Bd. I, 92쪽.

학자이며 최고의 유학자였다.186)

　주희에 대하여 가장 경탄한 사람은 와타나베이다. 그는 심지어 주희가 공자를 능가하며 단지 아리스토텔레스 또는 칸트 정도만이 그와 비교될 수 있다고 하였다. 주희는 궁극적 물음에 대한 열쇠를 발견하였고 경전을 새롭게 정리하였으며 인·의·예·지·리·기·태극 등 모든 기본개념을 명확하게 설명함으로써 칸트의 『순수이성비판』의 작업을 밀쳐낼 만큼 위대한 업적을 달성하였다. 방법과 철학적 방향에서 주희는 칸트와 같지 않지만, 같은 상황이었다면 그 또한 같은 것을 달성할 수 있었을 것이다. 학자의 전형으로서 그 둘은 매우 유사하며, 후대에 미친 영향 또한 똑같이 막대하다. 칸트 없는 서양의 현대철학이 존재하지 않을 것처럼, 주희 없는 동양의 근대철학도 존재하지 않았을 것이다. 북송대 철학자들은 대부분 현상계 뒤에 있는 참된 존재를 전제하였는데, 주희는 그것을 부정하였으며 또한 인간의 마음을 모든 것의 근원으로 설정하는 불교나 심학의 견해에도 동조하지 않았다. 주희의 지식은 매우 광범위하였으며 깊고 다양하였다. 공자 이후에 주희만큼 일본의 교육·국가론·철학에 영향을 미친 철학자는 없다.187)

　주희의 철학에 대해 하크만은 비슷한 특징을 지닌 두 가지 원리의 이원론이지만 일원론의 경향을 함께 가지고 있는 것이라고 보았으며, 완결된 체계적인 서술방식은 불교의 영향을 받은 것이라고 간주하였다. 중국사상은 불교사상을 통하여 비로소 자라나고 성숙된 것으로서 중국철학 자체에서는 그러한 성장이 거의 발견되지 않으며, 체계적인 서술은 주희 자신에 의한 것이 아니라 청나라 정권 하의 전서편집자들에 의해 이루어졌다고 한다. 그러나 과연 그러한지는 깊이 생각해 보아야 할 것이다. 다만 하크만은, 불교가 저승을 단지 마음의 현상으로

---

186) 高瀬武次郎, 趙蘭坪 中譯, 『中國哲學史』 3권, 93쪽.
187) 渡邊秀方, 劉侃元 中譯, 『中國哲學史槪論』 3권, 62쪽.

파악하는 데 반하여 주희는 저승의 현실성을 고집하였기 때문에 불교와 주희 사이에 벽이 존재한다는 것에 동의한다.[188]

젠커는 유학사상계에서 가장 중요한 인물로 공자·맹자와 같은 반열에다 주희를 두면서도, 특정한 의미에서는 주돈이가 보다 근원적이고 보다 완결되었으며 더 중요하다고 할 수 있을 것이라고 말한다. 주희는 원천성보다는 자신의 권위를 증명하는 것에 더 큰 비중을 두었다는 것이다. 주희의 저작은 이질적인 글들의 모자이크와 같다고 그는 말한다. 또한 젠커에 따르면, 주희는 아리스토텔레스, 토마스 아퀴나스, 라이프니츠와 같은 박식가였으며 그들과 마찬가지로 매우 소박하고 엄청나게 부지런하였다. 그리고 그의 세계관은 페히너(Gustav Theodor Fechner)에게서 볼 수 있는 것과 같은 범심론이라고 한다.[189]

빌헬름은 주희가 가장 체계적인 사람이었으며 어떤 면에서는 아리스토텔레스와 비교될 수 있다고 한다. 그는 학자이자 철학자로서 성실하고 곧은 성격을 지녔으며 박학다식했다고 한다.[190]

나는 와타나베의 의견에 완전히 동의하며, 단지 송대의 가장 위대한 철학자일 뿐만 아니라 공자나 노자 또는 왕수인보다도 더 위대한, 중국에서 가장 위대한 철학자가 바로 주희라고 생각한다.

많은 중국인과 아마도 또한 많은 유럽인들이 공자를 일종의 초인으로 보는 것에 익숙해져 있는 듯하다. 그러나 나는, 삿된 이단으로 보일지도 모르겠지만, 여태까지 국가적인 성인으로 존경을 받았던 공자는 단지 현자일 뿐 위대한 철학자는 아니었다고 생각한다. 그는 고대의 윤리를 전달하고 경전의 형태로 만들었을 뿐, 그 자신이 스스로 원한 그대로 전혀 새로운 것을 창조하지 않았다. 그의 사상은 여전히 원초적이었고 어떤 의문도 풀지 못했으며 모든 사람이

---

188) Hackmann, *Chinesische Philosophie*, 331·346·349쪽.
189) Zenker, *Geschichte der chinesischen Philosophie*, II, 240·247·251쪽.
190) Wilhelm, *Chinesische Philosophie*, 104쪽.

이견 없이 이해할 수 있는 정도의 실천적인 인생철학에만 몰두하였다. 가장 중요한 철학의 영역인 형이상학, 자연철학, 인간학, 심리학과 같이 주희가 섭렵했던 영역들이 그에게는 낯선 것이었다.

창조적인 면에 있어서는 노자가 주희를 능가할 수도 있을 것이다. 그러나 노자는 철학자라기보다는 시인이다. 그의 영감, 은밀한 언어 및 모순은 감성적이라고 할 수는 있지만 이성을 사로잡는 것은 아니다. 그는 자기의 명석한 주장을 전혀 증명하지 않거나 또는 단지 매우 불충분하게 증명했을 뿐이다. 그의 사상을 담고 있는 시구와 같은 구절도 단지 무엇인가를 느낄 수 있게 하는 것이지 증명할 수 있게 하는 것이 아니다. 그는 형이상학의 기본개념을 만들어 냈지만 윤리학을 비롯한 다른 모든 학문을 경시하였다.

왕수인의 경우, 많은 사람들이 그를 주희와 대립시켜 보고 있다. 그러나 왕수인의 관점은 주희의 사상이 담고 있는 풍요로움에 비한다면 매우 협소하다. 주희는 선유들이나 고대에는 아직 알지 못했던 많은 문제들을 놓고 고심하였다. 그는 자기의 주장을 증명하고자 하였으며, 거기에 찬성과 반대의 의견을 매우 세심하게 덧붙였다. 사람들은 철학자에게 자기 생각이 진리라는 것을 증명해 줄 것을 요구한다. 독창적인 생각을 하는 것은 그 정당성을 증명하는 것보다 더 어려운 일이 아니다. 주희로 하여금 엉성한 가정을 설정할 수 없게 만든 것은 바로 그의 비판적인 감각이었다. 그에 비해 원천적인 면에서 그를 능가하는 철학자들조차도 대부분은 그렇게 할 수 없었다.

주희는 당시의 총체적인 지식을 섭렵하였으며, 그 때문에 아리스토텔레스·토마스 아퀴나스·라이프니츠와 비교하기가 매우 좋다. 아마도 가장 근접한 것은 아퀴나스일 것 같다. 둘은 모두 그들이 피할 수 없었던 확고한 전통의 지배 아래 있었다. 아퀴나스는 교회와 아리스토텔레스의 학설의 지배 아래 있었고, 주희는 유학적인 전통과 진리규정의 지배 아래 있었다. 현대의 철학자들이 즐기는 자유로운 정신적 작업이 그들에게는 가능하지 않았다. 전래된 자료의 높은 권위는 이 두 철학자로 하여금 낯선 정신유산을 해석하고 주석하는 데에 주력하게 함으로써 그들 자신의 사상을 전개할 수 없게 하였다. 이들은 고대의 지혜를 옹호하는 것을 가치 있게 여겼다. 그럼에도 불구하고 이들이 고유의 철학을 전개할 수 있었다는 것은, 바로 이들의 탁월함을 보여 주는 증거이다. 시대적인 한계에도 불구하고 주희는 모든 중국의 사상가들 중에서 현대의 '철학자' 개념에 가장 유사하게 와 닿는다. 그의 정신은 총체적인 환경을 포괄하며, 단지 지혜로운 시적인 언어에만 몰두한 것이 아니라 가치 있게 인식되는 모든 것에 대하여 진실로 철학하였다.

주희는 세계의 실재성에 대하여 결코 회의한 적이 없다. 그는 세계를 정신의 현상으로 간주하지 않은 현실주의자이다. 물질이 근원적으로 리로부터 생겨났다는 것이 이것을 바꾸지는 못한다. 왜냐하면 단지 리뿐만 아니라 기가 함께 있어 항상 두 가지 원리가 생성된 세계 안에서 더불어 작용하기 때문이다. 이것은 신체와 정신을 신으로 되돌렸음에도 불구하고 데카르트가 또한 이원론자로 간주되는 것과 같다.

2. 채원정

주희의 친구이자 동료인 채원정蔡元定(1135~1198)은 자가 계통季通[191]이며 복건성 건양建陽 출신이다. 어렸을 때 서산의 정상에 올랐으며, 후에 그 산 위에 집을 짓고 호를 서산西山으로 하였다.

채원정은 이미 8살에 벌써 시를 지을 수 있었다. 그의 아버지는 북송의 소옹·장

---

191) Zenker, *Geschichte der chinesischen Philosophie*, II, 270쪽에서는 그를 '蔡直卿'이라고 하였는데, 直卿은 朱熹의 사위인 黃幹의 자이다. 착각한 듯하다.

재·이정의 철학을 정통으로 여기고 이를 아들에게 가르쳤으며, 후에 자신의 제자들도 그리로 인도하였다. 채원정은 주희의 명성을 듣고 그의 제자가 되고자 하였다. 그러나 주희는 그의 박학함에 놀라 그를 제자가 아닌 친구로 대하였고, 어려운 문제가 있으면 기꺼이 그와 논의하였다. 채원정은 주희를 처음 방문하였을 때 곧바로 며칠 동안 함께 머물렀다. 채원정이 주희와 여행을 하였을 때에는 돌아오는 길에 주희의 집에 들러 학설을 논하며 헤어질 줄을 몰랐다. 채원정은 평상에 기대어 주희와 경전의 깊은 뜻에 대하여 밤늦도록 이야기를 나누었다. 두 사람은 특히 『역경』,「하도」,「낙서」, 소옹의 『황극경세서』와 「선천도先天圖」 등 역과 관련된 많은 이야기를 나누었다.[192] 채원정은 매우 많은 책을 읽고 다양한 세계경험이 있었으며 근원적인 이치를 깊이 이해하고 있었다. 다른 사람들이 드물게 사용되는 양식의 깊은 의미를 파악하지 못할 때, 채원정은 그것을 단번에 파악하였다. 그러므로 주희도 다른 제자들은 들으러 오지 않았던 가장 어려운 자연과 천도에 관한 설을 그와 논하였다. 그는 채원정에 대하여 다음과 같이 말하였다.

다른 사람에게는 쉬운 책도 읽기가 어려운 법인데, 계통은 오히려 어려운 책도 쉽게 읽는다.[193]

다음의 말은 그들의 대화에 관한 것을 알려준다.

단지 리를 깊이 꿰뚫은 사람이어야 조화의 미묘함을 알 수 있다. 나는 계통과 말하면서 피곤함을 느낀 적이 없다.[194]

---

192) 『性理大全』, 42권, 12b, "河圖, 洛書, 皇極經世, 先天圖."
193) 『宋史』, 권434, 「列傳」, 6a, "人讀易書難, 季通讀書易."
194) 『宋史』, 권434, 「列傳」, 6a, "造化微妙, 惟深於理者能識之, 吾與季通言, 而不厭也."

채원정이 죽었을 때 주희는 추도문을 작성하였다. 그의 지식은 매우 포괄적이어서 수학・음악・천문학・지리학・병법을 두루 알고 있었다고 한다.

주희는 채원정과의 대화 이후에 비로소 사서・『역경』・『시경』・『자치통감강목』에 관한 주석서의 텍스트를 확정하였다. 주희의 『역학계몽易學啓蒙』도 처음에는 채원정에 의해 기획된 것이었다.

채원정의 저작으로는 고급수학에 대한 『대연상설大衍詳說』, 『성리대전』에 수록된 『율려신서律呂新書』, 음악에 관한 『연악원변燕樂原辨』, 소옹의 저서에 관한 『황극경세지요皇極經世指要』・『태현잠허지요太玄潛虛指要』, 「홍범」의 주석서 『홍범해洪範解』 및 주희가 서문을 쓴 『팔진도설八陣圖說』이라는 병법서가 있다. 철학서는 저술하지는 않았던 것으로 보인다.

채원정은 관리가 되고자 하는 마음이 없었다. 그에게는 높은 작위가 추천되고 관직이 부여되었지만 그는 그것을 사양하였다. 그는 평생을 서산의 집에서 머물고자 하였으나 그렇게 할 수 없었다. 영종의 총애를 받던 한탁주韓侂冑가 모든 위학僞學을 금지시킨 후에 감찰어사 심계조沈繼祖가 즉시 주희와 그의 동료 채원정을 위학의 보급자로 고발하였기 때문이다. 채원정은 그 고발에 대하여 "본성을 고귀하게 여기는 것을 그릇된 학설로 간주하는 것이 어찌 잘못이 아니겠는가?" 하고 반론을 제기했지만 결국 1197년에 호남성 도주道州로 유배되었다. 주희는 수백 명의 제자들과 함께 그에게 송별연을 열어 주었다. 많은 사람들이 눈물을 흘렸지만 채원정은 평정을 잃지 않았으며 주희는 그것을 칭송하였다. 아들 채침蔡沈과 함께 걸어서 3,000리 떨어진 도주로 가는 동안에 그의 발은 자주 부르텄다. 도주에 이르자 그의 가르침을 받고자 도처에서 사람들이 찾아왔으며, 심지어 지방의 관리들도 그를 찾아왔다.

채원정은 유배된 곳에서 한 해 뒤에 죽음을 맞이했다. 어느 날 그는 아들에게 조용히 있고 싶으니까 손님들을 물리라고 하고는 그로부터 사흘 후에 사망하였다.195) 아들은 그의 시신을 고향으로 모시고 돌아왔다. 후에 그는 문절文節이라는 시호를 받았다.

채원정은 인간의 본성과 하늘의 도에 대해 가르쳤다. 그는 뿌리에서 가지로, 원천에서 흐르는 물로 나아가고자 했다.196) 그는 제자들에게 다음과 같이 충고하였다.

혼자 있을 때에는 그림자에 부끄럽지 않게 하고, 혼자 잠자리에 들 때에는 침상에 부끄럽지 않게 하라.197)

가정에서 그는 자식과 손자들에게 효孝·제悌·충忠·신信의 본보기였다. 그의 세 아들은 농사를 지었으며 관직에 오르지 않았다. 채원정과 그의 온 가족은 장광손張綱孫이 다음과 같이 말할 정도로 주희의 충직한 친구였다.

채씨 일문은 부자와 조손이 모두 주자의 학설로 성을 쌓았다.198)

3. 황간

황간黃幹(1152~1221)은 자가 직경直卿이고 호는 면재勉齋이다. 복주福州 민현閩縣 출신이며 주희의 제자가 되었다. 황간이 주희를 찾아갔을 때, 주희가 여행 중이었기 때문에 황간은 두 달 동안 여관에서 주희가 돌아오기를 기다렸다. 주희는 그의 주요 성품이라고 할 수 있는 끈기·진지함·열정을 칭찬하였다. 주희와

---

195) 『宋史』, 권434, 「列傳」, 6a.
196) 孫奇逢, 『理學宗傳』, 권17, 1b.
197) 謝无量, 『中國哲學史』 5권, 64, "獨行不愧影, 獨寢不愧衾."
198) 高瀨武次郎, 趙蘭坪 中譯, 『中國哲學史』 3권, 103, "蔡氏父子兄弟祖孫皆爲朱學干城."

더불어 그는 자주 밤에 자지 않고 허리끈도 풀지 않은 채로 열심히 공부하였으며 피곤할 때에는 단지 의자에 기대어 쉬면서 아침까지 깨어 있었다. 주희는 그를 사위로 삼았다. 죽림정사에서 강연할 때에 주희는 자주 황간에게 자신을 대신하게 하였다. 주희는 그에 대하여 말하였다.

> 남헌(장식)이 죽은 이후에 나의 도는 더욱 고독해졌고 친구를 얻는 것 또한 어렵다. 다만 충분히 모든 것을 가리켜 헤아릴 수 있는 사람은 황직경이다. 그는 영리하고 이해심이 넓으며 모든 행동이 단정하고 순박하며 돈독하다. 나는 직경이 도를 경시하지 않게 되기를 바란다.[199]

죽기 전에 주희는 황간에게 모든 도서와 문집들을 건네주고 자신의 학설을 전달하였다. 황간은 성실하게 자신의 과제를 완수하였으며, 스승이 죽었을 때 이미 늙고 병들었음에도 불구하고 결코 피곤해하지 않았다. 그에게는 많은 제자들이 있었는데, 그는 지치지 않고 그들을 가르쳤다.[200]

주희의 『역경』 주석 중 일부는 황간이 저술한 것이다. 그는 주희의 예에 관한 저서들 중 장례와 제물에 대한 부분을 기획하였으며, 또한 경전에 대한 해석을 저술하였다. 그의 저술은 『면재집勉齋集』으로 편집되었다.

황간이 철학에서 특히 관심을 두었던 것은 형이상학과 심리학의 기본개념이었던 것으로 보인다. 그는 이것들을 스승의 견해에 따라 기술하였으며, 이로써 몇몇 개념은 더욱 명확하게 되었다. 그는 말한다.

> 하늘의 도는 리이고, 음양과 오행은 기이다. 합하여 말한다면 기는 곧 리이니, "한 번 음이 되고 한 번 양이 되는 것을 일러 도라고 한다"라는 말이 바로 이것이다.

---

199) 孫奇逢, 『理學宗傳』, 권17, 9a, "文公嘗曰南軒云亡, 吾道益孤, 朋友亦難得, 十分可指擬者黃直卿, 明睿端莊, 造詣純篤, 斯道有望於直卿者不輕."

200) 『宋史』, 권430, 「列傳」, 1쪽.

분리하여 말한다면 리는 저절로 리이고 기는 저절로 기이니, 형이상과 형이하로 말하는 것이 바로 이것이다. 리는 흔적이 없지만 기는 형체가 있고, 리는 다함이 없지만 기는 다함이 있으며, 리는 근본이 하나이지만 기는 만 가지 양상을 가지고 있다. 그러므로 리가 당연히 기에 우선한다고 말하는 것이다. 그것을 깊이 생각해 본다면 통하지 않는 것이 없을 것이다.[201]

황간은 리와 기가 개념상으로는 두 가지 다른 것이지만 사실상은 하나의 같은 것이라고 봄으로써 주희의 이원론을 극복하고자 하였다. 그러므로 그는 『역경』 「계사전」에서의 음양이 곧 도를 의미하는 것이라고 이해하였다. 반면에 주희는 『역경』 「계사전」에서의 도를 음양의 교체를 야기하고 이끄는 최고의 리라는 의미로 이해하였다. 두 가지 설명은 모두 가능하다.

리의 특성에 관한 설명을 통해서 황간은 리를 다시 정의한다.

만약에 허령지각이 리라고 말한다면, 본래 허령지각과 리가 두 가지 다른 것이라고 말할 수 없을 것이며, 또한 허령지각 상에서 많은 도리를 볼 수 있다고 말해서도 안 될 것이다.[202]

리는 또한 하늘의 도 또는 세상의 도라고 표현되었으며, 리의 본질과 작용은 본체와 작용의 개념을 통해 분명하게 드러난다. 그 이유에 대해 그는 다음과 같이 설명하고 있다.

도는 천하에 있어서는 하나의 본체이고 하나의 작용일 뿐이다. 본체는 하나의

---

201) 『性理大全』, 권26, 4a(『性理精義』, Kap 2a), "天道是理, 陰陽五行是氣, 合而言之, 氣即是理, 一陰一陽之謂道也, 分而言之, 理自爲理, 氣自爲氣, 形而上下是也. 理無迹而氣有形, 理無際而氣有限, 理一本而氣萬殊, 故言, 理之當先乎氣, 深思之, 則無不通也."
202) 『性理大全』, 권32, 25b, "說虛靈知覺便是理, 固不可說虛靈知覺與理是兩項, 亦不可須當說虛靈知覺上見得許多道."

근본이지만 그 작용은 만 가지로 다르니, 하나의 근본이란 것은 하늘이 명한 성이며 만 가지로 다르게 되는 것은 그 성을 따르는 도이다. 천명의 성은 큰 덕의 교화이며, 성을 따르는 도는 작은 덕의 흐름이다. 오직 그 큰 덕의 교화는 크기를 다할 수가 없어서 크다고 하고, 오직 그 작은 덕의 흐름은 그 작은 것을 설명할 수가 없기 때문에 작다고 한다. 크기를 다할 수가 없다고 말하는 것은 만물의 통체가 하나의 태극이라는 것이다.…… 만물의 통체가 하나의 태극이라는 것은 이 세상에 성 밖에 사물이 없다는 것이다. 하나의 사물이 각기 하나의 태극을 갖추고 있다는 것은 이 성이 있지 않는 곳이 없다는 것이다.…… 만약에 성의 관점에서 본다면 만물이 모두 단지 하나의 양상일 뿐이고, 도의 관점에서 본다면 하나하나의 사물은 각기 그 하나의 양상을 갖추고 있다. 오직 하나의 양상일 뿐이기 때문에 단지 이 마음을 보존하기만 하면 만사만물의 리가 완전하게 갖추어지지 않음이 없고, 각기 그 하나의 양상을 갖추고 있기 때문에 사물의 리를 궁구하여 지를 극진하게 하면 만사만물의 리가 하나로 관통할 수 있게 된다.[203)]

천하의 리 또는 도는 하나이며 항상 똑같은 것이기 때문에, 이것은 하나의 근본으로 표현된다. 도는 커다란 덕으로 작용하고 만물에 똑같이 존재하는 본체로서 태극이다. 이로부터 무한하게 많은 작은 덕이 나오며, 이것은 큰 덕의 작용으로서 사물의 다양성이 생겨나게 한다. 각 사물은 각기 고유의 태극을 지니고 있는데 이것은 큰 덕의 반영으로, 이런 면에서 만물은 하나의 동일한 덕을 갖추고 있는 것이다. 세계원리로서의 리는 하늘로부터 부여된 인간의 성에 완전하게 들어 있다. 여기에서 다시 기에 대해서는 전혀 거론되지 않기 때문에, 그에게 일원론적 경향이 있음을 확인할 수 있다.

---

203) 黃宗羲, 『宋元學案』, 권63, 10a, "道之在天下一體一用而已, 體則一本, 用則萬殊, 一本者天命之性, 萬殊者率性之道, 天命之性即大德之敦化, 率性之道即小德之川流, 惟其大德之敦化所以語大莫能載, 惟其小德之川流, 所以語小莫能破, 語大莫能載, 是萬物統體一太極也,……萬物統體一太極, 此天下無性外之物也, 一物各具一太極, 此性無不在也,……自性觀之, 萬物只是一樣, 自道觀之, 一物各是一樣, 惟其只是一樣, 故但存此心, 而萬事萬物之理無不完具, 惟其各是一樣, 故須窮理致知, 而萬事萬物之理方始貫通."

황간은 또 음양과 오행을 통한 인간의 생성 및 리와 마음의 작용을 매우 상세하게 묘사하고 있다. 나무는 양이고 쇠는 음이며, 보는 것은 양이고 듣는 것은 음이다. 눈·귀·입·코·몸은 오행과 음양의 네 가지 형상에 상응한다.[204] 나무의 마음은 인仁이고, 쇠의 마음은 의義이며, 불의 마음은 예禮이고, 물의 마음은 지智이다. 사람은 태어나면서 음양과 오행으로 채워지며, 그의 성은 오상을 소유하게 된다.[205] 이것은 그러므로, 주희가 가르쳤던 것처럼, 리가 아니라 오행에서 나온 것이지만 또한 다시 오행 안에 리가 들어 있기 때문에 리라고 할 수도 있을 것이다.

인간의 생성을 황간은 다음과 같이 생각한다.

인간이 생겨날 때에는 단지 정精과 기氣가 있을 뿐이다. 정은 머리·뼈·살·피를 형성하고, 기는 호흡 및 따뜻하고 찬 것을 생성한다. 인간은 만물 중에 가장 영명하여, 결코 나무나 돌과 같은 것이 아니다. 그러므로 정과 기가 모두 신神을 가지고 있다. 정의 신은 혼이 되고, 기의 신은 백이 된다. 눈과 귀가 보고 들을 수 있는 것은 혼이 하는 것이며, 마음이 생각할 수 있는 것은 백이 하는 것이다. 백이 혼과 합하면 음과 양의 신이 되니, 리가 실로 그 안에 갖추어져 있다. 그러므로 이것은 고요한 상태에서는 인·의·예·지의 성이 되고, 움직이면 측은·수오·공경·시비의 정情이 된다.[206] 모든 것이 여기에서 나온다. 사람은 반드시 이처럼 네 가지 구분되는 작용을 보아야 그 본체를 알아서 참됨을 드러낼 수 있을 것이다.[207]

---

204) 黃宗羲, 『宋元學案』, 권63, 13b.
205) 孫奇逢, 『理學宗傳』, 권17, 13b.
206) 『孟子』, 「公孫丑上」 참조.
207) 『性理大全』, 권28, 20a, "夫人之生, 惟精與氣, 爲毛骨肉血者精也, 爲呼吸冷熱者氣也, 然人爲萬物之靈, 非木石, 故其精其氣莫不各有神焉, 精之神謂之魄, 氣之神謂之魂, 耳目之所以能視聽者, 魄爲之也, 此心之所以能思慮者, 魂爲之也, 合魄與魂乃陰陽之神, 而理實具乎其中, 惟其魂魄之中有理具焉, 是以靜則爲仁義禮智之性, 動則爲惻隱羞惡恭敬是非之情, 胥此焉出也, 人須如此分作四節看, 方體認得著實."

인간의 정精은 형체를 형성하며, 하늘의 기는 그에게 호흡과 온기로서 표현되는 생명을 부여한다. 그러나 정과 기는 순수하게 물질적인 것이 아니라, 그 안에는 또한 신神이 들어 있다. 정의 신은 혼이 되고, 기의 신은 백이 된다. 지각은 혼에 의해 가능하며, 마음에 자리하고 있는 사유는 백에 의해 생겨난다. 신은 천도를 자기 안에 담고 있으며, 이 신이 의존하는 세계의 리가 움직이면 모든 감정과 감각이 생겨나게 된다. 고요한 상태의 리 안에서 덕이 갖추어지게 되기 때문이다. 그러므로 혼은 지각하고, 백은 사유하며, 리는 예를 보호하며 신보다 더 높이 있다.

혼은 날로 증가하지만, 백은 받은 그대로 머문다. 백은 달빛과 같은 광채를 가지고 있지만, 혼은 그렇지 않다. 즉 혼의 빛은 내부에 숨어 있다. 호흡은 백을 통해 나오며, 지각은 혼을 통해 나온다. 인간이 지각하면 혼 내부의 빛을 통해 마음에 인식된다. 혼은 받아들이고 고요하며, 백은 활동적이다.[208]

정精은 혈기와 같은 것이고 기는 온기와 같은 것이며, 이 둘이 함께함으로써 사물이 생겨난다.

사람이 모태에 있으면 두 가지가 있다. 하나는 뼈·살·피부·몸으로서 이것은 정精과 피에 의해 생겨나고, 다른 하나는 호흡활동으로서 이것은 따뜻한 기를 통해 생겨난다. 그러나 정精·피·따뜻한 기는 허령지각을 그 안에 가지고 있다. 허령지각은 텅 비어 이리저리 떠도는 것이 아니라 그 내면에는 또한 매우 많은 도리가 갖추어져 있다. 그러므로 나무의 신을 인이라고 할 때, 이것이 바로 허령지각이다. 인간이 나무의 기를 받으면 그 허령지각으로 인해 인의 리가 갖추어진다. 나무는 기이고, 피와 신은 백과 혼이며, 인은 도리이다. 이와 같이 본다면 맞을 것이다.[209]

---

208) 『性理大全』, 권25, 21a.
209) 『性理大全』, 권28, 21b, "如人在胞胎中, 只是這兩個物, 骨肉肌體是精血一路做出, 會呼吸活動是煖氣一路做出, 然而精血煖氣則自有個虛靈知覺在裏面, 精血之虛靈知覺便是魄, 煖氣之虛靈知覺便是魂, 這虛靈知覺又不是一個虛浮底物, 裏面却又具許多道理, 故木神曰仁, 是虛靈知覺,

피 또한 정精으로 간주되며, 활동하게 하는 기는 혼과 따뜻한 기로 생각되었다. 그 안에는 허령지각 즉 혼과 백이 들어 있다. 우리는 지각과 함께하는 별도의 혼에 대해 알지 못한다. 지각은 신의 광채라고 한다. 오행 중의 하나인 나무에도 하나의 허령지각이 있어서 하나의 리 즉 인을 안에 갖추고 있다. 사람들은 이에 따라 정점에 이르게 된다. 기, 신, 리의 순서로 각 낮은 단계는 하나 높은 단계를 자기 안에 담고 있다. 리는 신 안에 있는 형체 안에 들어 있으며, 형체는 신과 신 안에 있는 리를 갖추고 있으며, 신은 리를 갖추고 기 안에 들어 있다는 것이다.

인성의 선에 대한 물음의 답변에서 황간은 장재가 처음 구분했다고 하는 천명의 성과 기질의 성을 날카롭게 구분한다. 본성이 기질 속에 떨어져 드러나는 기질의 성은 궁극적으로 한 사람이 선한지 악한지를 구분하는 기준이 된다. 기질은 밝거나 어둡고, 온전하거나 치우쳐 있다. 거기에 성이 연계하여 그것과 같아진다. 만약에 나무의 기가 많고 쇠의 기가 적게 성과 연결되면, 그 사람에게는 인이 많고 의가 적게 된다. 그와 반대로 쇠의 기가 주도적이게 되면 의가 많지만 인은 적게 된다.

지극히 선한 리는 기에서 명을 듣는다. 이로부터 선과 악이 갈라진다.[210]

악한 것 또한 기질의 성에서 유래한다.

만약에 양의 밝음이 이기면 덕성이 작용하며, 만약에 음의 탁함이 압도적이면 사물에 대한 욕심이 나아간다.[211]

人受木之氣, 其虛靈知覺則具仁之理, 木便是氣, 血神便即是魂魄, 仁便是個道理, 如此看方是."
210) 『性理大全』, 권31, 3a, "至善之理聽命於氣, 善惡由之而判矣."
211) 『性理大全』, 권31, 4a, "陽明勝則德性用, 陰濁則物欲行."

하늘이 장차 인간에게 성을 부여하면 기 또한 인간에게 부여된다. 기는 단지 성이
니, 성이 기 속에 막 들어가는 순간 선과 악, 맑음과 흐림, 바름과 치우침이 나타나게
된다. 맑거나 탁하고 바르거나 치우치는 것은 비록 기의 특성이지만, 그 드러남은
성 또한 마찬가지이다. 이것을 연못의 물에 비유하면 다음과 같다. 연못의 물은
본래 맑아서 모래와 돌 위를 흘러가게 되면 그 맑음을 그대로 유지하지만 탁한
진흙 위를 흘러가게 되면 맑았던 물이 흐려지게 되는데, 그러나 이를 두고 물
자체가 흐려진 것이라고는 말할 수 없다.[212]

이렇듯 인간에게 부여된 천성은 근원적으로 순수하고 맑다. 그것의 탁함은
세상의 더러움과 접촉한 후에 비로소 생겨나는 것이다.

형체와 정신의 관계는 다음의 말로 간략하게 요약된다.

이 신체는 다만 형과 기 그리고 신과 리로 구성된다. 리는 신보다 순수하며, 신은
기보다 순수하고, 기는 형보다 순수하며, 형은 하나로 고정되어 있다. 기는 호흡할
수 있고 따뜻하거나 차게 될 수 있으며, 신은 지각이 있어서 움직이고 작용할
수 있으며, 리는 지각과 운용이 생겨나게 하는 많은 도리이다.[213]

마음은 성과 정보다 강하다.

마음이 성과 정을 주재할 수 있는 것은 그것이 허령지각하기 때문이다. 이 마음의
리가 밝아서 어둡지 않은 것 또한 그것이 허령지각하기 때문이다.[214]

---

212) 『性理大全』, 권31, 4b, "天將箇性與人, 便夾了氣與人, 氣裸這性, 性纏入氣裏面去, 便有善有
　　惡, 有淸有濁, 有偏有正, 淸濁偏正雖氣之, 然著他夾了, 則性亦如此, 譬如一泓之水本淸流在
　　沙石上去, 其淸自若, 流在濁泥中去, 這淸底也濁了, 不可以濁底爲不是水."
213) 『性理大全』, 권34, 27b(『性理精義』, 권9, 24b), "此身只是形氣神理, 理精於神, 神精於氣, 氣
　　精於形, 形則一定, 氣能呼吸, 能冷暖, 神則有知覺, 能運用, 理則知覺運用上許多道理."
214) 『性理大全』, 권32, 26a, "心之能爲性情之主宰者以其虛靈知覺也, 此心之理炯然不昧亦以其虛
　　靈知覺也."

마음은 형체가 없지만, 그럼에도 불구하고 하나의 신체와 하나의 특정한 장소에 연결되어 있다.

사람은 오직 하나의 마음이 있으며, 이것은 허령지각한 것이다. 마음은 돌아가 있을 곳이 없으면 안 되기 때문에 혈육의 심장이 있다. 또한 혈육의 심장은 돌아가 있을 곳이 없으면 안 되기 때문에 이 신체가 있는 것이다. 신체는 가릴 것이 없으면 안 되기 때문에 털과 옷이 필요하며, 의탁할 곳이 없으면 안 되기 때문에 지붕이 있는 집을 필요로 한다. 그러나 그 주인은 단지 마음에 있을 뿐이다. 그런데 지금 사람은 도리어 집과 몸과 의복을 열심히 지나가는 사람들에게서 찾을 뿐이지, 마음에서 모든 것을 이해하고자 하지 않는다.[215]

하늘은 이 마음으로 만물을 완성하고, 사람은 이 마음으로 만사를 완성한다.[216]

마음은 모든 일을 완성하는 추진력이다. 사후에 죽은 사람의 백은 금방 사라지지 않는다. 그러므로 자손들의 기도와 제물이 그를 부를 수 있다. 후에 없어지기는 하지만 아주 사라지는 것이 아니라 세계정신의 일부로서 존재하기 때문에, 제사 때에는 『중용』에서 가르치는 것처럼 후손의 마음과 함께한다. 황간은 오늘날의 학자들이 보고 듣는 것만을 믿고 모든 은밀하고 이해하기 어려운 것들에 대하여 의심하는 것이 애석하다고 한다.[217] 이것은 죽은 후에 백이 세계정신의 일부로서 계속해서 존재한다는 것을 믿지 않는 회의적인 유학자들에게 하는 말이다.

---

215) 『性理大全』, 권32, 26a, "人惟有一心, 虛靈知覺者是也, 心不可無歸藏, 故有血肉之心, 血肉之心不可無歸藏, 故有此身體, 身體不可無所蔽, 故須裘葛, 不可無所寄, 故須棟宇其主則在心而已, 今人於屋宇身體衣服反切切求過人而心上却全不理會."
216) 黃宗羲, 『宋元學案』, 권63, 14b, "天以是心而成萬物人以是心而成萬事."
217) 黃宗羲, 『宋元學案』, 권63, 15b.

4. 진순

진순陳淳(1159~1223)은 자가 안경安卿이며 호는 북계北溪로서 주희의 중요한 제자 중의 한 명이다. 복건성 장주 용계龍溪에서 태어났다. 그는 깊은 효심과 관대함으로 사람들의 칭송을 들었다. 어머니가 병들어 눕자 그는 눈물로 하늘에 호소하며 자신이 대신 아프게 해 달라고 빌었다. 또한 그는 동생의 결혼을 치러 주고 먼 인척의 장사를 지내 주었으며 집이 없는 사람에게 거주지를 마련해 주었지만 자신의 선행을 감추었다. 그러므로 나라 전체가 그를 우러러보았으며 귀천을 막론하고 그를 존경하였다.

진순은 『근사록近思錄』을 읽고 주희를 따르게 되었다고 한다. 『근사록』을 처음 접한 후에 그는 이전에 공부하던 많은 책들을 모두 던져 버리고 단지 이 책만을 공부하여 주희의 제자가 되었다고 전해진다. 주희는 진순에게 큰 희망을 걸었으며, 자신의 학설이 남쪽에서 진순을 대변자로 갖게 된 것이 기쁘다고 자주 말하였다. 죽기 전 석 달 동안에도 주희는 진순에게 학설의 작은 문제들에 관해 적어 편지를 보냈다. 학설의 대강은 이미 진순이 파악하고 있었기 때문이다. 진순은 주희의 학설을 보급하고 육구연과 맞서 싸우는 것을 사명으로 여겼다.

1216년에 엄릉嚴陵의 현관이 현청에서 강연해 달라고 진순을 초대하였다. 평소 육구연이 선禪에 관한 설을 중심으로 철학하고 단지 궁극적인 문제에만 몰두하면서 정확한 연구를 거부하는 것을 매우 유감스럽게 생각하였던 그는 여기에서 완전히 주희의 관점에 입각하여 학설을 펴 나갔다. 진순은 철학사전인 『성리자의性理字義』를 지어 '성리性理'라는 표현을 책명으로 사용한 최초의 학자이다. 그러면 이 표현은 무엇을 의미하는가? 글자 그대로 번역하면 '인성의 리' 또는 '인성의 철학'을 의미하며, 넓은 의미에서는 송대 철학자들에 의하여 전개된 '철학 자체'를 의미한다. 성리학파의 주요 저작인 『성리대전性理大全』과 『주자전서

朱子全書』에서 '성리'는 인간의 성과 마음에 관한 학설을 의미하고, '리기理氣'는 리와 기에 관한 학설 즉 형이상학과 형이하학(서양의 자연철학, 즉 세계와 우주에 관한 학문)을 의미한다. '성리'는 또 '자연철학'으로 번역되기도 하고, '성'은 인성이 아니라 세계로서의 자연으로 이해되기도 한다.[218] 여하튼 '성리'는 송대의 가장 보편적인 철학을 가리킨다.

『성리자의』는 진순 사후에 제자 왕준王儁에 의하여 비로소 간행되었다. 그 안에는 사서四書의 철학개념들이 26부분으로 다루어지고 있다. 각 개별적인 단어는 근원적인 의미와 파생적인 의미에 따라 용례 및 인용문과 함께 설명되었다.[219] 이 저서 외에도 진순은 『논어』・『맹자』・『대학』・『중용』에 대한 주석을 저술하였으며, 『시경』・『예기』 및 다른 저서들을 해설하였다. 그와의 대화는 제자들에 의해 수집되어 『균용뇌구금산소문筠容瀨口金山所聞』이라는 제목으로 출판되었다. 진순의 아들은 부친의 전서를 50권으로 출간하였다.[220]

1) 태극과 리

진순은 태극에 대하여 다음과 같이 말하였다.

태극은 단지 리일 뿐이며 리는 본래 원과 같으니, 태극의 본체는 혼륜하다. 리로써

---

218) De Harlez는 性理에 대하여 "L'école philosophique moderne de la Chine ou Systéme de La natura"라고 하였다. 이 말은 세계를 물질적인 기반에서 기술한 Holbach의 저서를 떠올리게 한다. Grube의 번역 'Vernunftordnung der Natur'("Chin. Philosophie" in *Kultur der Gegenwart*, 96쪽) 또한 性理가 세계의 'Vernunftordnung'로서 이해되도록 한다. 비교적 명확한 것은 Zenker, Geschichte der chinesischen Philosophie, II, 213쪽에서 性理가 자연 즉 우주의 최종적인 원칙에 대한 연구를 의미한다고 한 것이다. Zenker는 性理를 'Weltvernunft'로 번역할 수 있을 거라고 했다. 그러나 이러한 의미를 가진 단어가 중국어에는 존재하지 않으므로 Zenker의 번역도 아주 정확한 것이라고 볼 수는 없을 것이다.

219) 『四庫全書』, 권92.

220) 高瀨武次郎, 趙蘭坪 中譯, 『中國哲學史』 3권, 104.

말하면, 말단이 다시 근본이 되고 근본이 다시 말단이 되니, 한 번 모이고 한 번 흩어지는 가운데 태극은 그 지극함을 다하지 않음이 없다. 만고의 이전에서부터 만고의 이후에 이르기까지 시작도 없고 끝도 없으니, 이것이 혼륜한 태극의 완전한 본체이다. 그 텅 비고 고요하여 아무 조짐도 없는 것으로부터 말미암아 모든 천지만물이 나오게 되는데, 천지만물이 이미 이로부터 나오는 데 이르러서는 또한 다시 텅 비고 고요하여 아무 조짐도 없으니, 이것이 혼륜한 무극의 신묘한 작용이다. 성인의 마음은 혼륜한 태극의 완전한 본체여서, 그 만변만화하는 것이 모두 태극이 유행하는 작용 아님이 없다. 학문의 공부는 모름지기 만사만물 속을 꿰뚫어 흐르는 혼륜한 대본을 따르고 또 그 혼륜한 대본 속에 흩어져 있는 만사만물로의 가능성을 따라서, 그 둘 사이에 조금도 막힘이 없도록 해야 한다. 그런 후에야 실로 혼륜하고 지극한 것이 나에게 있음을 알아서 그 커다란 작용에 어긋남이 없게 될 것이다.[221]

리는 원과 비교된다. 그 움직임이 똑같이 돌아오기 때문이다. 그것은 시작도 없고 끝도 없다. 세계가 카오스로부터 생성되게 하고, 다시 같은 것으로 돌아가게 한다. 태극은 물질적인 것이 아니기 때문에 실체가 없다. 그 실체는 카오스이고 우주(Kosmos)이다. 이것은 늘어나지도 줄어들지도 않고 성장하지도 사라지지도 않지만, 그러나 사물의 모든 변화를 추진하는 힘이다. 성인의 마음에는 리가 온전하게 들어 있으니, 그 마음이 세계를 탐구하면 만물에 대한 생각에 수많은 변화가 생겨나게 한다. 이러한 생각의 총체는 태극이고, 개별적인 생각은 만사만물이다. 이렇게 태극과 성인의 마음이 같다고 함으로써 진순은 그와 대적하고

---

221) 『宋史』, 권430, 「列傳」, 12b, "故其言太極曰, 太極只是理, 理本圓, 故太極之體渾淪, 以理言, 則自末而本, 自本而末, 一聚一散, 而太極無所不極其至, 自萬古之前與萬古之後無端無始, 此渾淪太極之全體也, 自其沖漠無朕而天地萬物皆由是出, 及天地萬物既由是出, 又復沖漠無朕, 此渾淪無極之妙也, 聖人一心渾淪太極之全體, 而酬酢萬變, 無非太極流行之用, 學問工夫須從萬事萬物中貫過湊成一渾淪大本, 又於渾淪大本中散爲萬事萬物, 使無少窒礙, 然後實體得渾淪至極者在我, 而大用不差矣."

있는 육구연의 근본사상에 가까이 가게 되지만, 그는 여기에서 더 이상 나아가지 않는다.

그는 만물이 생겨나기 이전에 하나의 텅 빈 기가 있었다고 한다. 그리고 그 기에는 리가 함께한다.

반드시 주재하는 것이 있어야 하는데, 그것을 리라고 한다. 리는 그 가운데에서 중심이 된다. 그러므로 큰 변화의 유행과 생성이 그친 적이 없었다.…… 그러나 리는 기의 바깥에 있지 않다. 만약에 확실하게 음양오행보다 앞서 있고 또한 음양오행 속에 있다고 말한다면, 리와 기는 두 가지 다른 것이 되고 만다.[222]

주희의 이원론이 여기에서 특히 두드러지게 나타난다. 이어서 더 살펴보면 다음과 같다.

태극이 가장 지극한 것이 되는 까닭은 이것이 최고의 리, 최고의 중, 최고의 바름, 최고의 순수함, 최고의 뛰어남, 최고의 신령함, 최고의 신묘함을 말하기 때문이다. 이것은 더 이상 아무것도 더할 것이 없이 완전하다. 그러므로 이것을 굳이 '극'이라고 하는 것이다.[223]

태극은 초월적이기 때문에 도와 마찬가지로 인식될 수 없고 표현될 수 없다. 그 이름은 단지 억지로 붙인 것에 불과하다.

이어서 그는 태극은 탑의 꼭대기 또는 북극과 같은 극이며, 그 주변을 하늘이 별과 함께 회전한다고 한다. 태초 이래로 이 합리적인 리를 통해서 하늘이

---

222) 『性理大全』, 권26, 4b, "必有主宰之者曰理是也, 理在其中爲之樞紐, 故大化流行, 生生未嘗止息.……理不外乎氣, 若說截然, 在陰陽五行之先, 及在陰陽五行之中, 便成理與氣爲二物矣."
223) 『性理大全』, 권26, 7b, "太極之所以爲極至者言此理至, 中至正至, 精至粹至, 神至妙至矣, 盡矣, 不可以復加矣, 故强名曰極."

회전하고 땅이 고요하게 놓여 있으며 인간과 동물이 이로부터 끊임없이 생성되고 있다. 이것은 세계와 모든 생성물을 주재한다. 모든 개별적인 리는 바퀴의 살과 마찬가지로 가장 보편적인 리 가운데서 함께 굴러간다. 이것이 나뉘면 비로소 하늘과 땅 및 인간과 만물이 생겨난다. 이 모든 것은 완전한 균형과 조화를 이루고 있어 지나치거나 모자람이 없다.[224]

천지와 만물이 아직 있기 이전에 먼저 리가 있었다. 그러나 이 리는 텅 빈 허공중에 매달려 있는 것이 아니다. 천지와 만물의 리가 있는 바로 그 순간에 곧 천지와 만물의 기가 있게 되고, 천지와 만물의 기가 있는 바로 그 순간에 곧 이 리가 천지와 만물 속에 온전하게 있게 되는 것이다.[225]

진순은 리를 알 수 없는 것으로 간주함에도 불구하고, 진정한 유학적인 방식으로 살펴보면 리와 인이 같은 것이라고 한다.

인은 단지 하늘의 리가 사물을 생성하는 완전한 본체일 뿐이다.…… 오직 마음이 순수해야 하늘의 리가 공평하며, 일호의 사사로운 욕구마저 없애면 마침내 그 이름에 합당하게 될 수 있다. 만약에 한 곳이라도 병이나 통증이 있고 한 가지 일이라도 모자라거나 빠진 것이 있고 한 가지 생각이라도 틈이나 단절이 있으면 사적인 의지가 작용하여 삶의 리가 멈추게 된다. 그러면 무뎌지고 마비되어 인하지 못하게 된다.[226]

---

224) 『性理大全』, 권26, 8a.
225) 『性理大全』, 권26, 8b, "未有天地萬物, 先有是理, 然此理不是懸空在那裏. 纔有天地萬物之理, 便有天地萬物之氣, 纔有天地萬物之氣, 則此理便全在天地萬物之中."
226) 『宋史』, 권430, 「列傳」, 13a, "言仁曰, 仁只是天理生生之全體,……惟此心純是天理之公, 而絶無一毫人欲之私, 乃可以當其名, 若一處有病痛, 一事有欠闕, 一念有間斷, 則私意行, 而生理息, 即頑痺不仁矣."

진순에 따르면 인간의 마음은 하늘의 리와 같을 수는 없다. 왜냐하면 자기 욕구에 대한 생각조차 없는 사람은 성인 중에도 없기 때문이다.

2) 도와 덕

진순은 도 개념을 리와 같은 것으로 사용하고 있다. 그러나 일반적으로는 그것을 도리로 이해하고 있다. 리는 태극 즉 우주의 리로서 나타난다고 한다.

도는 하늘과 땅 사이를 유행하며 없는 곳이 없다. 도가 없는 사물이 없으며, 도가 이지러지거나 결여된 곳이 없다.[227]

도는 사물의 밖에 텅 빈 곳에 있는 것이 아니다. 실제로 도는 사물에서 분리되지 않는다. 사물에서 분리된다면 도라고 하는 것이 아니다.[228]

이처럼 도는 사물과 함께한다. 또한 도는 대부분의 유학자들이 파악하고 있듯이 예의 이상을 의미하는 것이다.

도는 단지 인간사의 리이다.[229]

군주와 신하 사이의 의를 예로 들자면, 의가 바로 도이고 군주와 신하는 바로 기器이다. 만약에 도리로서의 의를 알고자 한다면 반드시 군주와 신하에게 나아가서 관찰해야 한다. 군주와 신하를 벗어나서 따로 이른바 의라고 하는 것이 있을 수 없다.[230]

---

227) 『性理大全』, 권34, 16a, "道流行乎天地之間, 無所不在, 無物不有, 無一處欠缺."
228) 『性理大全』, 권34, 17b, "道非是外事物有箇虛空底, 其實道不離乎物, 離物則無所謂道."
229) 『性理大全』, 권34, 15b, "道只是人事之理."
230) 『性理大全』, 권34, 17b, "且如君臣有義, 義底是道, 君臣是器, 若要看義底道理, 須就君臣上看, 不成脫了君臣之外別有所謂義."

그러므로 도는 결코 추상적인 개념이 아니다. 이로써 도는 정신적인 교류작용 내지는 두 인간 사이를 흐르는 정신적인 흐름으로 파악된다.

진순은 도가 음양과 같다고 하는 생각에 반대하였다. 그에 따르면, 『역경』에서는 한 번 음이 되게 하고 한 번 양이 되게 하는 것을 도라고 하였다. 거기에서 음과 양은 하나의 기로서 물질적이고, 도는 그와는 달리 음과 양의 리로서 비물질적이다. 이러한 모든 변화의 첫 번째 원인에 대해서는 이미 공자가 지적하고 있다. 그러나 대부분의 성현이 도를 단지 도라고 말하는 데 그치니, 은밀하게 선禪의 경향을 지닌 유학자들이 음양을 도라고 주장하기에 이르렀다. 이것은 기가 도라는 것을 의미하게 될 것이다. 그러나 비물질적인 것이 물질적으로 될 수는 없기 때문에, 그것은 당연히 불가능하다.[231]

덕德은 도의 유출로 간주된다. 도는 진순에 따르면 하늘과 땅 사이의 자연의 리이며, 덕은 인간과 그의 마음에의 수용을 통한 도의 실행이다. 그러나 도와 덕은 두 가지로 분리할 수 있는 것이 아니다. 도는 우주적이며, 덕은 내가 내 마음에서 고유한 것으로 느끼는 것이다. 『대학』에서 말하는 명덕은 하늘의 밝게 빛나는 리로부터 인간이 태어나면서 부여받은 덕이다. 명덕에는 부모에 대한 사랑, 형에 대한 존경 및 다른 개별적인 덕들이 속한다. 이 덕을 하늘의 도로부터 받기 때문에 하늘의 덕이라고도 한다. 덕은 하늘의 도에서 나와서 사물에게 부여된 하늘의 리이다. 근원적으로 그것은 순수하며 어떤 인간적인 것을 통해서도 변할 수 없다.[232] 진순은 하늘이 많은 고대의 성현에 의하여 리로서 파악되었다고 한다. 또한 물질적인 하늘도 본래 형체를 지닌 어떤 것이 아니라 단지 쌓여 있는 공기일 뿐이라고 한다.[233]

---

231) 『性理大全』, 권34, 16a.
232) 『性理大全』, 권34, 33b 이하.
233) 『性理大全』, 권34, 15a.

3) 성과 명

인간과 생물은 모두 음양과 오행으로 이루어져 있지만, 이것이 똑같이 분배된 것은 아니다. 맑은 정도가 다르고 양적인 차이가 있기 때문에 본질적인 차이가 생겨난다. 인간은 기를 완전하게 부여받았으며, 다른 사물들은 기를 단지 불완전하게 부여받았다. 그러므로 기는 인간에게서는 자유롭게 흐르지만 다른 사물에게서는 많은 막힘이 있게 된다.[234]

그러나 인간은 단지 기 즉 물질로만 구성된 것이 아니라 태어나면서 하늘의 리 또한 받게 되는데, 리는 곧 인간의 본성을 이룬다.

성은 리이다. 그러면 대체 무엇 때문에 그것을 리라고 하지 않고 성이라고 하는가? 리는 하늘과 땅 사이의 인간과 사물에게 공동의 리를 보편적으로 일컫는 것인 반면에 성은 내 안에 있는 리인 것이다. 단지 이 도리를 나는 하늘로부터 받아서 내가 가지고 있다고 여기기 때문에 그것을 성이라고 한다. '성性'이라는 글자는 '생生'과 '심心'으로 이루어져 있으며, 이것은 인간이 태어나면서부터 마음에 리를 갖추고 있다는 것을 의미한다. 그러므로 '성'이라고 이름붙인 것이다. 이것은 크게 인·의·예·지의 네 가지로 나뉜다.[235]

리 즉 세계의 리가 내게 고유한 리를 이루는 한도 내에서 그 리를 성이라고 하며, 이것은 모든 유학의 덕을 갖춘 하늘의 덕과 같은 의미를 지닌다.

인간을 구성하는 기와 리에는 또한 인간의 명이 연결된다. 하늘의 명은 하늘로부터 유출된 도로서, 이것은 생성물에 부여된다. 그것을 주재하는 것은 리(道)이고 그것을 이행하는 것은 기이며, 이 둘은 항상 하나이다. 행과 불행, 부와 빈,

---

234) 『性理大全』, 권29, 28a.
235) 『性理大全』, 권29, 2b, "性卽理也, 何以不謂之理, 而謂之性, 蓋理是汎言天地間人物公共之理, 性是在我之理, 只這道理受於天而爲我所有, 故謂之性性字從生從心, 是人生來具是理於心, 方名之曰性, 其大目只是仁義禮智, 四者而已."

귀와 천, 단명과 장수는 보다 크거나 작은 기의 양에 의해 결정된다. 도덕적인 특성, 지혜와 어리석음은 기의 순수함의 정도에 달려 있다.

명은 명령이다. 하늘은 말하지 않는데 어떻게 명하는가? 단지 큰 변화와 유행을 통하여 명한다. 기가 저 사물에 이르면 저 사물이 생성되며, 기가 이 사물에 이르면 또한 이 사물이 생성되는데, 이것은 저들 모두에게 나누어 명령하는 것과 같다.[236)

약간은 기이하게 들리는 마지막 구절은 기가 하늘의 명령에 따라 각기 다른 사물을 생성하는 작용이 명이라는 의미일 것이다.

4) 귀신과 혼백

세상을 구성하고 세상을 가득 채운 기는 계속해서 운동한다. 기는 계속하여 늘어나고 또 줄어든다. 이러한 운동은 정신의 기운을 생성하는데, 늘어나는 기운을 신이라고 하고 줄어드는 기운을 귀라고 한다.

하늘은 양이고 신이며, 땅은 음이고 귀이다. 봄과 여름의 기는 늘어나며 그 때문에 신이고, 가을과 겨울의 기는 줄어들며 그 때문에 귀이다. 낮·해·빛· 바람·비는 신이고, 밤·달·어둠·고요함은 귀이다. 아침과 한 달의 앞의 반은 성장하는 시간이며 밀물은 신에 속하고, 저녁과 한 달의 뒤의 반은 시들어가는 시간이며 썰물은 귀에 속한다.[237) 꽃·식물·새·짐승의 생성과 같은 하늘과 땅의 모든 변화는 신과 귀에 의하여 작용한다.[238)

신과 귀는 사람에게서 혼魂과 백魄으로 나타난다.

---

236) 『性理大全』, 권29, 4a, "命猶令也, 天無言做, 如何命, 只是大化流行, 氣到這物, 便生這物, 氣到那物, 又生那物, 便是分付命令他一般."
237) 『性理大全』, 권29, 5b.
238) 『性理大全』, 권28, 6b.

혼과 기는 본래 하늘에 근본하기 때문에 위로 올라간다. 신체와 백은 땅에 근본하기 때문에 아래로 내려간다.[239]

혼은 양기에서 생겨나며 운동과 행위를 조종한다. 귀는 음에서 나오며, 그 작용은 고요함을 주도하는 것이다. 혼에는 백이 들어 있고, 백에는 혼이 들어 있다. 일상적으로 실행되는 모든 격렬한 움직임·자극·친절함·지각·생각·계획은 혼의 활동이다. 정리하고 돌아가며 진정하고 따르며 머물고 결정하고 기억하는 것은 백이 하는 것이다. 인간이 생겨날 때에 제일 먼저 기에 감응하는 신체가 생겨나고, 백은 신체가 생성된 후에 비로소 생겨난다.

남자에게서는 혼이 백을 통제하고, 여자에게서는 백이 혼을 통제한다. 무겁고 두터운 기를 받은 것은 백이 혼을 이기고, 가볍고 맑은 것을 받은 것은 혼이 백을 이긴다.[240]

진순은 순수한 신체의 힘에 대해 알지 못하였기에 모든 것을 정신적이고 심리적인 것으로 간주하였다. 모든 기계적인 힘의 의미가 심리적인 것으로 해석되었다. 중국에서는 아직 물리학이 존재하지 않았기 때문이다.

5) 음양

귀신과 혼백은 음양에 상응한다. 진순은 음양과 이로부터 생겨나는 오행에 대하여 일반적으로 지배적이던 견해를 천명하였으며, 특히 인간의 신체에서 이것의 의미를 증명하려고 노력하였다.

---

239) 『性理大全』, 권28, 22b, "鬼魂氣本乎天故騰上, 體魄本乎地故降下."
240) 黃宗羲, 『宋元學案』, 권68, 8b, "男乾道則魂統魄, 女坤道則魄統魂, 稟重厚者, 則魄勝魂, 賦輕浮者, 則魂勝魄."

양의 성은 단단하고 음의 성은 부드러우며, 불의 성은 뜨겁고 물의 성은 촉촉하며 쇠의 성은 차고 나무의 성은 따뜻하며 땅의 성은 느리고 무겁다고 그는 말한다. 음양과 오행의 혼합으로 자연의 다양함이 생겨난다. 인간의 매우 딱딱하고 거친 것은 양기에서 나오며, 부드럽고 너그러운 것은 음으로부터 온다. 폭력·분노·잔인함은 양기가 거친 것을 의미하며 음흉함·음험함은 음기가 조악한 것을 의미한다. 양기와 마찬가지로 음기에도 좋은 특성과 나쁜 특성이 함께 들어 있다.[241]

양은 혼이 되고, 음은 백이 된다. 혼은 양의 영명함이고 기의 탁월함이며, 백은 음의 영명함이고 신체의 순수함이다.[242]

인간의 신은 그러므로 완전히 비물질적인 것도 아니고 완전히 물질적인 것도 아니다. 이것은 정신적인 것과 신체적인 것의 혼합이다.

진순은 『예기禮記』「예운禮運」을 인용하여 이렇게 말한다.

「예운」에서는 "인간은 음과 양이 만나고 신과 귀가 모인 것이다" 하였으니, 이 말이 또한 친절하다. 이것은 진실로 일개 유학자들이 할 수 있는 말이 아니라 성현이 남긴 말이다. 대개 인간은 음과 양의 두 기를 받은 다음에야 태어나게 되며, 그의 몸은 음과 양이 아닌 것이 없다. 기는 양이고 피는 음이며, 맥은 양이고 몸은 음이다. 머리는 양이고 발은 음이며, 상체는 양이고 하체는 음이다. 입이 말하고 침묵하는 것, 눈이 깨고 자는 것, 코가 호흡하는 것, 손과 발이 굽히고 뻗는 것 모두 음과 양이다. 이러한 구분은 단지 인간에게만 있는 것이 아니라 만물이 모두 그러한 것이다.[243]

---

241) 『性理大全』, 권31, 5a.
242) 『性理大全』, 권28, 22a, "陽爲魂, 陰爲魄, 魂者陽之靈而氣之英, 魄者陰之靈而體之精."
243) 『性理大全』, 권28, 21b, "禮運言, 人者陰陽之交, 鬼神之會, 說得亦親切, 此眞聖賢之遺言, 非

신체에서 모든 움직이고 늘어나고 위에 있는 것은 양이며 모든 움직이지 않고 수축되어 있고 아래에 있는 것은 음이라는 이러한 구분은 단지 형식적인 것에 불과하다. 거기에서 실제는 전혀 고려되지 않았다. 만약에 신체가 음이라면, 머리와 상체는 양이 될 수 없다. 음과 양은 이론적으로 단지 두 가지 본질적인 대립 개념뿐만이 아니라 현실적인 것에 상응할 필요가 없는 모든 종류의 대립적인 개념들을 표현한다.

6) 몸과 마음

몸과 마음의 관계에 대하여 진순은 매우 철저하고 깊이 있게 생각하였으며, 그것에 대하여 매우 주목할 만한 관찰을 하였다. 그는 말한다.

마음은 한 몸의 주재자이다. 인간이 사지를 운동하여 손이 잡고 발이 걸으며, 배고 프면 먹을 것을 생각하고 목마르면 마실 것을 생각하며, 여름에 삼베옷을 생각하고 겨울엔 털옷을 생각하는 것은, 모두 이 마음이 주재하는 것이다. 그러나 지금 마음 이 병든 사람이 있으면 그 마음은 나쁜 기운으로 채워져서 더 이상 마음에 주재하 는 것이 없게 된다. 그러므로 그런 사람은 매일 먹고 마시고 움직이는 일상의 정도를 잃고 정상적인 사람과 달리 리와 의를 상실한 채로 있게 되니, 단지 헛되이 기가 맥박과 호흡 중에 오가며 끊이지 않는 것일 뿐이다.

대개 사람은 하늘과 땅의 리를 얻어 성으로 삼고, 하늘과 땅의 기를 얻어 몸으로 삼는다. 리와 기가 합하면 마음이 형성되어 허령지각이 있게 되는데, 이는 몸을 주재하게 하는 곳이다. 그러나 허령지각은 리를 따라서 발한 것이 있고 기를 따라 서 발한 것이 있으니, 이것은 각기 다르다.[244]

漢儒所能道也, 蓋人受陰陽二氣而生, 此身莫非陰陽, 如氣陽血陰, 脉陽體陰, 頭陽足陰, 上體爲 陽, 下體爲陰, 至於口之語默, 目之寤寐, 鼻息之呼吸, 手足之屈伸, 皆是陰陽, 分屬不特人如此, 凡萬物皆然."

244) 『性理大全』, 권32, 26b, "心者一身之主宰也, 人之四肢運動, 手持足履與夫飢思食, 渴思飲, 夏 思葛, 冬思裘, 皆是此心爲之主宰, 如今心恙底人, 只是此心爲邪氣所乘, 內無主宰, 所以日用飲

마음은 리와 기에서 생겨난다. 진순은 마음을 생성하는 것 중의 하나인 기가 물질적인 것임에도 불구하고 마음은 비어 있으며 비물질적인 것이라고 한다. 마음은 리와 기에 의해 움직이며 자신의 충동을 받아들인다. 마음이 정상인 한 인간은 윤리적인 도리를 지킨다. 그러나 마음이 병든 상황에서는 리의 작용을 더 이상 수용하지 못한 채 단지 기 즉 물질의 충동만을 따르게 된다. 마음이 몸에 대한 주재를 상실하게 되면 바로 그 순간 몸에 의해 주재를 받게 되는 것이다.

진순은 마음이 리를 포괄하는 것이며 리에 의해 채워진 것이라고 여겼다. 그의 말은 다음과 같다.

마음은 다만 그릇과 같으니, 그 안에 저장하고 있는 사물은 성이다. 소강절은 "마음은 성의 성곽이다"라고 말하였는데, 그 말이 비록 거칠지만 그 의미는 완전히 맞는 것이다. 성곽은 마음이고, 성곽의 안에 있는 많은 인가에서 나는 연기는 마음에 갖추어진 리와 같다. 갖추어져 있는 리는 곧 성이다. 저곳에 갖추어진 것은 마음의 본체이다. 리가 마음에 갖추어지면 많은 놀라운 작용이 있게 된다. 지각이 리에서 나오는 것을 따르면 인·의·예·지의 마음 즉 도심과 같다. 그와 달리 지각이 형체의 기에서 나오는 것을 따르면 이것은 인심이며 쉽게 리와 서로 어긋나게 된다. 인간은 오직 하나의 마음이 있으며 두 개의 지각이 있는 것이 아닌데, 단지 지각하는 것의 근원이 같지 않은 것이다.[245]

食動作失其常度, 與平人異, 理義都喪了, 只空有箇氣往來於脈息之間未絶耳, 大抵人得天地之理爲性, 得天地之氣爲體, 理與氣合, 方成箇心, 有箇虛靈知覺, 便是身之所以爲主宰處, 然這虛靈知覺, 有從理而發者, 有從氣而發者, 又各不同也."

245) 『性理大全』, 권32, 27a, "心只似箇器一般, 裏面貯底物便是性, 康節謂, 心者性之郭郭, 說雖粗, 而意極切, 蓋郭郭者心也, 郭郭中許多人煙, 便是心中所具之理相似所具之理, 便是性即這所具的便是心之本體, 理具於心, 便有許多妙用, 知覺從理上發來, 便是仁義禮智之心, 便是道心, 若知覺從形氣上發來, 便是人心, 便易與理相違, 人只有一箇心, 非有兩箇知覺, 只是所以爲知覺者不同."

인간의 마음에 표현된 하늘의 리인 도심은 자주 감각·감정·느낌 등 기에서 기인하는 인간의 마음 즉 인심과 대립하게 된다.246)

진순은 또한 마음에 대해서도 본체와 작용의 범주를 적용하고 있다.

마음은 본체가 있고 작용이 있다. 모든 리를 갖추고 있는 것은 본체이고, 모든 일에 대응하는 것은 작용이다. 고요하여 움직이지 않는 것은 본체이고, 감응하여 통하는 것은 작용이다. 본체는 성으로서 고요한 것을 말하고, 작용은 정으로서 움직이는 것을 말한다.247)

이어서 진순은, 마음은 살아 있는 것으로서 단지 고요하기만 한 것이 아니라고 한다. 마음의 움직임은 기의 도움으로 구현된다. 마음의 생존은 전적으로 기에 의존하고, 마음의 활발함은 리와 기 두 가지에 달려 있다. 마음은 금방 여기에 있다가 또 금방 저기에 있지만, 이것은 마음의 본체가 형체를 떠남을 의미하는 것이 아니라 단지 생각이 변함을 의미할 뿐이다.248)

신비적으로 들리는 것은 진순이 마음이 있는 곳 즉 심장에 대하여 말하는 부분이다.

심장은 비록 방촌의 크기에 지나지 않지만 여기에서 모든 변화가 생겨나니, 이것이 바로 근원이다. 그러므로 자사는 "아직 발하지 않았을 때의 중中은 천하의 대본이고, 발하고 난 후의 화和는 천하의 달도이다"라고 말하였다.249)

---

246) 이것은 「마태복음」 26장 41절의 "마음은 간절하지만 몸이 말을 듣지 않는다"는 구절을 연상시킨다.
247) 『性理大全』, 권32, 27b, "心有體有用, 具衆理者其體, 應萬事者其用, 寂然不動者其體, 感而遂通者其用, 體即所謂性以其靜者言也, 用即所謂情以其動者言也."
248) 『性理大全』, 권32, 28a.
249) 『性理大全』, 권32, 28b, "心雖不過方寸大, 然萬化皆從此出, 正是原頭處, 故子思以未發之中爲天下之大本, 已發之和爲天下之達道."

이것은 천하가 사람의 심장에서 자라난다는 것을 의미하는가? 그렇다면 여기에서 육구연의 순수관념주의를 엿볼 수도 있을 것이다.

인간의 마음에 관한 진순의 생각은 이해하기 쉽지만, 그만큼 그가 말하는 마음은 신체로부터 더욱 멀어진다. 이것은 대우주와 소우주 사이의 유사성을 발견하고자 하는 중국인들의 무미건조한 추구에서 유래한다. 그들에 따르면, 인간의 형상은 하늘과 땅의 형상에 상응한다. 머리는 둥글고 위에 있어 하늘의 둥근 천정과 같고, 발은 네모나고(?) 아래에 있어 땅의 사방과 같다. 북극은 하늘의 중간에 있지만 북쪽으로 기울어졌으며, 인간의 가르마는 머리의 가운데에 있지만 약간 뒤쪽을 향한다. 해와 달은 하늘의 남쪽으로만 움직이며, 사람의 두 눈은 앞으로만 향한다. 바다의 소금물은 남쪽으로 흘러가며, 사람은 앞쪽의 아래로만(!) 소변을 본다. 이로부터 인간이 하늘의 기를 완전한 방식으로 가지고 있다는 것을 알 수 있다. 반면에 다른 존재는 하늘의 기를 불완전하게 받아서, 동물과 새는 머리를 위쪽이 아닌 앞쪽에 두고 있으며 식물은 머리(뿌리)를 아래에 둔 채 발(가지와 잎)을 위쪽으로 향한다.[250]

7) 정과 의지

정과 성은 서로 대대하니, 정은 성의 움직임이다. 마음속에 있으면서 아직 발하여 움직이지 않은 것이 성이고, 사물에 접촉해서 드러나 발하여 나온 것이 정이다. 고요하여 움직이지 않는 것은 성이고, 감응하여 통하는 것은 정이다. 움직이는 것은 성에서 나온 것이지 다른 것이 아니다. 정의 큰 강목은 희·노·애·구·애·오·욕의 일곱이다. 『중용』에서 말한 희·노·애·락의 네 가지와 맹자가 말한 측은·수오·사양·시비의 사단도 대개 모두가 정일 따름이다.[251]

---

250) 『性理大全』, 권29, 28a.
251) 『性理大全』, 권33, 11a, "情與性相對, 情者性之動也, 在心裏面未發動底是性, 事物觸著, 便發動出來底是情, 寂然不動是性, 感而遂通是情, 這動底只是就性中發出來, 不是別物, 其大目則

진순은 생각은 마음에서 생겨난 것이며, 사람이 무언가 깊이 생각하는 것은 움직임의 과정이라고 한다. 즉 정은 성의 움직임이며, 생각하는 것은 마음의 생산물이라는 것이다. 마음과 비교하면 생각은 포괄하는 것이 훨씬 적다. 이것은 마음의 본체에서 생겨나며, 이로써 마음과 구분되는 것이다.

지志는 다음과 같이 정의된다.

지志[252]는 마음이 가는 것이니, 곧 향함이 있는 것이다. 마음이 정면을 향해 오로지 그곳으로 나아가는 것을 말한다. 예를 들어, 도에 뜻(志)을 두었으면 이 마음은 오로지 도를 향해 나아가고, 학문에 뜻을 두었으면 이 마음은 오로지 학문을 향해 나아간다. 곧장 나아가서 그 사물을 구하려는 것이 바로 지이다. 만약에 도중에 멈추거나 옮기려는 뜻이 있다면 그것은 지라고 할 수 없다.[253]

8) 삶과 죽음

진순은 삶과 죽음에 여러 가지 원칙이 있을 수 없으며 삶과 마찬가지로 죽음에도 동일한 리가 적용되어야만 하기 때문에, 삶으로부터 죽음을 이해할 수 있다고 생각하였다. 그는 말한다.

"무극의 참됨과 음양오행의 정미함이 신묘하게 화합해서 응결하여…… 만물을 화생한다"라고 하였으니, 이것이 바로 생성이 시작되는 근거이다. 사람은 지극히 정미한 기를 얻어서 태어나고, 기가 소진되면 죽는다. 지극히 참된 리를 품부받아서 존재하고, 나의 일을 따라서 사라진다. 죽음을 편하게 여기고 부끄러움이 없으

為喜怒哀懼愛惡欲七者, 中庸只說喜怒哀樂四箇, 孟子又指惻隱羞惡辭讓是非四端而言, 大抵都是情."
252) 志는 마음의 지향성이라는 의미로, 心과 之가 합해진 고대의 문자에서 유래한다.
253) 『性理大全』, 권33, 13b, "志者心之所之猶向也, 謂心之正面全向那裏去, 如志於道, 是心全向於道, 志於學, 是心全向於學, 一直去求討要必得那箇物事, 便是志, 若中間有作輟或退轉底意, 便不得謂之志."

니, 시작과 끝, 삶과 죽음이 이와 같을 뿐이다.

아직 생겨나지 않았을 때부터 리와 기는 하늘과 땅 사이의 공공의 사물로서 내가 받은 것이 아니었으며, 이미 응축하여 생겨난 후에는 비로소 나의 소유가 되었다. 만물이 신묘하게 화생하는 데서부터 기가 다하여 죽는 데까지, 여기에는 리가 또한 따른다. 한 번 부여받아 크게 화생하면 또한 내가 홀로 지닐 수 있는 것은 아니지만, 그것은 항상 존재하여 어둡고 막막한 사이에서 소멸되지 않는다.[254]

이 설명에 따르면, 사람의 인생은 단지 세계에서 일어나는 변화의 한 단계에 불과하다. 이 단계가 지나가면 더 이상 남아 있는 것이 없으며, 인간은 자신의 몸처럼 마음도 간직하지 못한다. 몸과 마음은 태극과 기에서 생겨난 것이며 그에 대한 권한은 단지 살아 있는 동안에만 소유할 수 있다. 짧은 기간 동안 구분되었던 것들은 죽은 후에 다시 모두 본래의 상태로 돌아간다.

9) 불가와 도가

진순은 자기 스승처럼 현실주의자이며 모든 신비주의를 막으려고 노력하였다. 그러므로 그는 불가와 도가의 신비주의적인 경향을 비판하였다. 특히 그는 불교의 윤회설에 반대하였다. 윤회설에 따르면 나는 이미 태어나기 이전에 존재하였으며 죽음을 통해서도 없어지지 않고 새로운 것으로 다시 태어나게 되지만, 이러한 불멸성은 세계의 생성과 소멸을 주재하는 리에 어긋난다는 것이다. 마찬가지로 그는 극락과 지옥의 존재에 대해서도 반대하였다. 불교에 따르면 극락이나 지옥은 현실적이지도 비현실적이지도 않은 것[255]이지만, 진순

---

254) 黃宗羲, 『宋元學案』, 권68, 9a, "無極之眞二五之精, 妙合而凝,……化生萬物, 此所以生之始也, 人得是至精之氣而生, 氣盡則死, 得是至眞之理所賦其存也, 順吾事則其没也, 安死而無愧, 始終生死如此而己, 自未生之前, 是理氣爲天地間公共之物, 非我所得與, 旣凝而生之後, 始爲我所主而有, 萬化之妙及氣盡而死, 則理亦隨之, 一付之大化, 又非我所能專有, 而常存, 不滅於冥漠之間也."

은 각각의 사물은 있거나 또는 없어야만 한다고 말한다. 그는 불교에서 행복과 처벌에서의 자유를 위하여 기원하는 것은 신들을 매수하려는 매우 비도덕적인 행위라고 여겼다.

진순은 많은 유학자들이 높고 먼 것 또는 현묘하다고 하는 것에 대한 생각에서 잘못을 범하고 있다고 생각하였다. 실제로는 일상적으로 가까이 있는 것을 높고 멀고 현묘하다고 함으로써 쉽게 불교와 도가의 공空과 무無에 빠지게 된다는 것이다.

> 우리 유학자들이 높고 멀다고 하는 것은, 실제로는 가장 일상적이고 가까운 인간적
> 인 관계 바깥에 있는 것이 아니며, 하늘과 땅 및 만물의 표면에서 다하는 것이
> 아니다. 현묘하다고 하는 것은 실제로는 늘 일상의 생활에서 떨어져 있지 않으니,
> 그것을 텅 빔과 무 또는 끝없는 것에서 구해서는 안 된다.256)

10) 수행

유학자들이 고요하게 앉아서 수행하는 것은 도가와 불가에서 하는 것과 매우 유사하지만 같은 것은 아니다. 그 둘은 서로 구분된다. 도가에서는 잠자면서 정精을 자극하여 신체를 약하게 함으로써 생의 기운이 격렬하게 표출된다고 믿었다. 그러므로 밤낮으로 정좌하여 마음을 고요하게 하고, 이로써 마음이 고요함에 젖어서 정령과 연결되어 생명이 연장되기를 바랐다. 불교에서는 잠이 들면 마음이 잘못된 길로 빠지게 된다고 생각하여 밤낮으로 생각을 비우고 모든 걱정을 쫓아 버림으로써 불멸의 영혼을 보존하고자 하였으며, 허물과

---

255) 이것은 中觀學派(Madhyamika)의 견해이다. Alfred Forke, *Geschichte der mittelalterischen chinesischen Philosophie*(1934), 191쪽 참조.

256) 黃宗羲, 『宋元學案』, 권68, 12a, "吾儒所謂高遠, 實不外乎人事卑近, 非窮諸天地萬物之表, 所謂玄妙, 實不離乎日用常行, 非求諸空無不可涯之中."

잘못을 범하여 윤회에 허덕이는 것을 벗어나고자 참선을 행하였다. 그러나 불교와 도교의 그러한 생각들은 모두 이기주의이며 음양의 도와 인간의 성에 어긋나는 것이다.

진순에 따르면, 유학자들은 정신을 집중하여 생각을 정리하고 마음의 근본원칙을 가다듬기 위하여 수행한다. 이들은 사물에 지배되기를 원하지 않는다. 북송의 유학자들은 공부를 더 잘하기 위하여 조용하게 앉아 있는 것을 좋아하였는데, 하루 종일 그러는 것이 아니라 단지 더 이상 생각이 다른 데로 흐르지 않고 집중할 수 있을 정도가 되면 곧바로 자신의 일을 하였다. 정호가 그러하였다. 그러나 육구연의 강서학파는 먼저 책을 읽지도 않고 사물을 궁구하지도 않은 채로 오직 하루 종일 말하지 않고 앉아서 마음을 정화할 것을 주장할 뿐이다. 그리하여 그들은 결국 불교에 빠지게 되었다. 아직 올바른 학설을 알지 못하는 시작의 단계에서부터 오로지 그렇게만 했기 때문이다.[257]

5. 진덕수

진덕수眞德秀(1178~1235)는 자가 경원景元 · 경희景希 · 희원希元이고 호는 서산西山이다. 복건성 포성浦城 출신이며 정이와 주희의 학설을 전파하였다. 그는 네 살에 아버지를 여의고 어머니로부터 직접 가르침을 받았다. 이 영리한 소년에게 관심을 보인 고향의 어떤 어른이 그를 자신의 아들과 함께 교육시켰고, 후에 사위로 삼았다. 진덕수는 크고 위풍당당하였으며 넓은 이마에 혈색이 좋아서 모든 사람들이 그의 앞날이 밝다고 예언하곤 하였다.

진덕수는 1199년에 진사가 되었으며 1208년에 황제의 학술원에 초청되었다.

---

257) 黃宗羲, 『宋元學案』, 권68, 14a.

1225년 이종理宗이 즉위하자 그는 대량의 청원서들을 제출함으로써 한탁주韓侂胄에게서 비롯된 리학금령을 철회시키고 유학이 다시 자유롭게 가르쳐질 수 있게 하였다. 시호는 문충文忠이다.[258]

진덕수의 저작 중에서 가장 중요한 것은 1229년에 저술된 『대학』 주석서 『대학연의大學衍義』 43권이다. 거기에 그는 텍스트에 대한 역사적인 사례들을 적고 있다.[259] 또 61권으로 이루어진 방대한 저작 『독서기讀書記』는 과거에 가장 칭송받았던 재상들에 대하여 다루고 있다. 나아가 그는 사서에 대한 주석모음 집 『사서집편四書集編』과 수필집 『문장정종文章正宗』을 저술하였다. 『정경政經』 1권은 통치에 관해 다루고 있으며, 『심경心經』 1권은 마음의 특성에 대한 성현들의 견해가 자신의 견해와 함께 수록되어 있다.[260] 문집으로 『진서산집眞西山集』이 있다.[261]

진덕수는 주희와 마찬가지로 각각의 사물이 특별한 리를 가지고 있으며, 이 모든 리가 같은 원천에서 나온다고 가르쳤다.

만물의 하나의 근원은 태극이다. 태극은 모든 리가 하나로 통합된 이름이다.[262]

태극은 만물을 생성하며, 따라서 더 이상 더할 것이 없는 지극한 리이다. 무극 또한 단지 형태가 없고 형상이 없다는 것을 가리킬 뿐으로, 마찬가지로 지극한 리를 의미한다.

음과 양 이후에는 형체의 기가 빛난다. 음과 양이 움직이기 전에는 단지 리만

---

258) 『宋史』, 권437, 「列傳」.
259) Wylie, *Notes on Chinese Literature*, 69쪽.
260) 『四庫全書』, 권92.
261) Giles, *Chinese Biographical Dictionary*, Nr.208.
262) 『性理大全』, 권26, 7a, "所謂萬物一原者太極也, 太極者乃萬理統會之名."

있었다. 어찌 이름으로 부를 수 있는 사물이 있겠는가? 즉 나의 한 마음을 보면, 아직 희노애락이 발생하기 전에는 혼연한 하나의 성일 뿐이다. 여기에는 형태와 형상이 없는 가운데 모든 리가 다 갖추어져 있다. 어찌 이른바 '무극이면서 태극'이 아니겠는가?263)

그러므로 진덕수는 무극으로서의 태극이 기와 그로부터 형성된 형체가 있기 전에 이미 존재한다고 이해한다. 그는 이러한 의미에서의 태극을 감정·감각·생각이 생겨나기 이전 즉 아직 활동하기 이전의 마음 자체와 비교한다. 리가 실제로 있기 이전에 이미 가능성의 상태로 있었다는 것과 그것을 알지 못하는 것에 대한 좋은 비교이다.

진덕수는 각각의 형체가 있는 사물을 기器라고 하며, 각 사물의 무형의 리를 도道라고 한다. 램프와 초는 빛이 작용하게 하는 기이고, 그것을 작용하게 하는 것은 리이다. 이러한 구분은 또한 하늘과 사람에게도 있다. 하늘과 땅은 물질적이지만 그 안에는 비물질적인 리 즉 그들의 성과 정이 살아 있다. 하늘과 땅이 정신적인 성을 의미할 때는 건乾과 곤坤이라고 한다. 건은 강하고 지속적이며, 곤은 순종하여 배우자인 하늘을 따른다. 인간의 몸은 형이하의 기이고 마음은 형이상의 리이다.264)

하늘과 땅은 보편적인 정신 이외에도 개별적으로 하늘의 신 즉 천신天神과 땅의 신 즉 지기地示가 있다. 천신에는 해·달·별의 신이 있고 지기에는 산·강·나무의 신이 있다. 진덕수는 당대의 사람들이 조상 및 볼 수 없는 존재만을 신으로 여긴다고 한탄한다. 산꼭대기와 흐르는 물 또한 신이며, 해가 빛나고 비가 내리고 바람이 불고 천둥이 치는 것 또한 신의 표현이기 때문이다. 죽은

---

263) 黃宗羲, 『宋元學案』, 권81, 10a, "自陰陽以下, 則麗乎形氣矣, 陰陽未動之前只是此理, 豈有物之可名耶, 即吾一心而觀之方喜怒哀樂之未發也, 渾然一性而已, 無形無象之中萬理畢具, 豈非所謂無極而太極乎."
264) 『性理大全』, 권34, 18b.

사람의 신은 일반적으로 그 모습을 드러내지 않는다.265)

사람과 만물은 태극으로 채워져 있으며, 태극은 그들의 성을 형성한다. 태극은 인간성의 본체로서 진덕수에게는 오상으로 간주되었다. 오상은 오륜 즉 군주와 신하 사이의 의리, 아버지와 아들 사이의 친함, 남편과 부인 사이의 분별, 연장자와 연하자 사이의 질서, 친구와 친구 사이의 믿음으로 나타난다. 근본적으로 오상과 오륜은 하나의 같은 것인데,266) 이것은 마음과 생각과 감정이 같은 것과 같다.

성선론에 대하여 진덕수는 다음과 같이 말하고 있다.

성이 기에서 분리될 수 없는 것은 물이 땅에서 분리될 수 없는 것과 같다. 성은 비록 기와 섞이지 않지만 기에 빠지면 악하게 되지 않을 수 없고, 물은 비록 땅과 섞이지 않지만 땅 위를 흐르면 탁해지지 않을 수 없다. 그러나 맑은 것이 먼저이고 탁한 것은 나중이며, 선한 것이 우선이고 악한 것은 나중이다. 먼저 선한 것은 본연의 성이고, 뒤의 악한 것은 형체가 생긴 뒤에 있게 되는 것이다.267)

리를 인식하고자 한다면 마음에 주재하는 것이 있어야만 한다. 이것은 단지 마음이 깨어 있어야만 할 수 있다. 그렇지 않으면 형체를 따르는 사욕과 사악한 생각이 리를 혼란스럽게 하기 때문이다. 마음이 모든 사물의 리를 인식하려면, 그러한 것으로서의 리를 정확하게 관찰할 수 있어야만 한다. 깨어 있음을 통하여 정신은 이러한 작업을 강화할 수 있다. 그렇지 않으면 마음은 리가 없는 텅 빈 그릇에 불과하다. 사물과의 관계에서 마음은 참선하는 방식을 따라서는 안 된다. 따라서 마음은 깨어 있음 외에도 모든 방면을 포괄하는 공부, 근원적인

---

265) 『性理大全』, 권28, 6b; 黃宗羲, 『宋元學案』, 권81, 5쪽.
266) 『性理大全』, 권29, 15a.
267) 『性理大全』, 권31, 10a; 孫奇逢, 『理學宗傳』, 권18, 7b, "性之不能離乎氣, 猶水之不能離乎土 也, 性雖不雜乎氣, 而氣汨之, 則不能不惡矣, 水雖不雜乎土, 而土汨之, 則不能不濁矣, 然淸者 其先, 而濁者其後也, 善者其先, 而惡者其後也, 先善者本然之性也, 後惡者形而後有也."

깊은 생각 및 날카로운 구분을 필요로 한다. 마음은 천성적으로 순수하며 밝고 텅 비어 있으며 고요하다.[268)

어떻게 천하의 만물과 인간이 생성되는지, 어떻게 인간에게 도덕적인 의미가 전달되는지에 대해 진덕수는 생동감 있게 기술한다.

천하의 아주 작은 사물에 이르기까지 모두 각기 마음을 가지고 있다. 생겨나는 것은 모두 이것을 따라 나온다. 그것을 받은 처음에는 모두 하늘의 마음을 마음으로 삼으니, 그러므로 그 마음은 생겨나게 하지 못할 것이 없다. 하나의 사물이 있으면 하나의 마음이 있다. 마음 가운데서 생에의 의지가 나오며, 또한 무한하게 사물을 완성한다. 이것은 마치 연꽃의 열매 안에 있는 작은 연꽃과도 같다. 이것은 엄연히 한 뿌리의 연꽃이다. 다른 사물 또한 이와 같지 않은 것이 없다. 그러므로 상채선생은 인을 논하면서 복숭아씨나 살구씨와 비교하였다. 이것은 그 안에 생에의 의지가 있어서, 그것을 심으면 곧 자라나기 때문이다.
오직 사람만이 천지의 중을 받아서 태어나기 때문에 천지의 리를 완전하게 갖추고 있다. 따라서 사람의 마음 또한 사물 중에서 가장 뛰어나다. 그러므로 그 생에의 의지를 온축한 것이 드러나게 되면, 그것이 드러나는 바로 그 순간 가까이는 자기 부모를 사랑하고 미루어 백성을 사랑하며 또 미루어 사물을 사랑하게 되니, 사해에 이르도록 미치지 못하는 곳이 없다. 이로써 백 세대에 이르도록 이롭게 하는 것도 또한 이로부터 미루어서 가는 것이다. 이러한 인을 행하는 마음은 그 크기가 천지의 마음과 같기 때문이다.[269)

---

268) 黃宗羲, 『宋元學案』, 권81, 3a.
269) 黃宗羲, 『宋元學案』, 권81, 6a, "凡天下至微之物皆有箇心, 發生皆從此出, 緣是稟受之初, 皆得天地發生之心以爲心, 故其心無不能發生者, 一物有一心, 自心中發出生意, 又成無限物, 且如蓮實之中有所謂么荷者, 便儼然如一根之荷, 他物亦莫不如是, 故上蔡先生論仁, 以桃仁杏仁比之, 謂其中有生意, 纔種便生故也, 惟人受天地之中以生, 全具天地之理, 故其爲心, 又最靈于物, 故其所蘊生意, 纔發出, 便近而親親, 推而仁民, 又推而愛物, 無所不可以至于覆冒四海, 惠利百世, 亦自此而推之耳, 此人心之大所以與天地同量也."

생명을 주는 천하의 리는 생성의 순간 완전히 생성물에로 침투하여 제일 먼저 마음을 형성한다. 마음은 생의 의지로 채워지며, 생의 의지는 살아 있는 몸을 낳는다. 씨앗에 이미 미래의 존재가 형성되어 있는 것은 마치 연꽃의 씨에 이미 미래의 작은 연꽃이 들어 있는 것과 같다. 인仁은 만물을 생성하는 마음의 본질을 결정하는 것이기 때문에, 인간은 태어나면서 인을 부여받는다. 인은 인간이 천성적으로 자기 부모와 친척에 대한 사랑뿐만 아니라 모든 인류와 다른 모든 사물에 대해서 느끼는 사랑도 의미한다.

6. 진식

진식陳埴의 자는 기지器之이고 호는 잠실潛室이며 온주溫州 영가永嘉 출신이다. 그의 생애는 정확하게 알려져 있지 않다. 그는 어렸을 때 섭적葉適(1150~1223)에게서 배웠으며, 후에 다시 주희의 제자가 되었다. 그는 이정과 주희의 학설을 따랐다. 1208년부터 1225년까지의 가정嘉定시대에 과거에 합격한 것으로 미루어 생애의 대부분을 13세기에 보냈을 것으로 보인다. 진식은 그의 형 및 아우와 함께 과거를 보았다. 그의 동네에 계피나무가 많았기 때문에 그의 주거지를 '삼계방森桂坊'이라고 하였다. '계피나무가지를 꺾는다'(折桂)는 것에는 과거에 합격한다는 의미가 있다.

진식의 제자들은 수백 명에 이르렀을 것으로 추정된다. 『예기』「학기」편에는 "질문을 잘하는 자는 마치 견고한 나무를 치듯이 하고, 질문에 잘 대답하는 자는 마치 종을 치듯이 한다"(善問者如攻堅木, 善待問者如撞鐘)라는 구절이 있다. 좋은 질문자는 잔가지를 먼저 친 후 큰 줄기에 이르듯이 하고, 좋은 응답자는 힘껏 치면 종이 큰 소리로 응하고 살살 치면 작은 소리로 응하듯이 한다는 뜻이다.

진식은 항상 이 말을 인용하면서 질문하는 태도를 강조하였고, 제자들과의 문답집에도 『목종집木鐘集』이라는 이름을 붙였다. 이 외에도 그는 『우공변禹貢辨』과 『홍범해洪範解』를 저술하였다.[270]

진식은 고전과 송대 철학자들의 저작에 나타난 주요 문제를 설명하는 것을 좋아하였다. 인성은 그의 생각에 따르면 태극의 완전한 본체이다. 이 본체는 본래 이름을 붙이거나 묘사할 수 있는 것이 아니지만 모든 리를 포괄하고 있다. 그 중 가장 중요한 것은 인·의·예·지의 넷이다. 성과 동일한 태극의 본체는 소리도 없고 냄새도 없으며 형체나 모양도 없는데, 그렇다면 도대체 어떻게 이렇게 많은 특성이 거기에 있다는 것을 알 수 있는 것일까? 바로 태극의 표현을 통해서 알 수 있다. 측은지심을 통해 그 본체인 인을 알 수 있고, 수오지심을 통해 그 본체인 의를 알 수 있는 것이다. 이것은 마치 잎과 가지를 통해 기둥과 뿌리를 찾아낼 수 있는 것과 같다.[271]

일반적으로 인성은 명과 구분되지 않는다. 그러나 진식은 성은 하늘의 덕이고 명은 하늘의 리라고 정의한다.[272] 또한 다음과 같이 말함으로써 성을 심리적인 성과 신체적인 성으로 구분한다.

선유들은 그 발출하여 나오는 곳에 따라 의리의 성이 있고 기질의 성이 있다고 분별하였다. 인·의·예·지는 의리의 성이고, 지각과 운동은 기질의 성이다.[273]

두 가지는 서로 나란히 있다. 진식이 지각을 기질에 속하는 것으로 파악하였다는 것은 주목할 만하다.

---

270) 黃宗羲, 『宋元學案』, 권65, 1b에 간략한 전기가 담겨 있다.
271) 黃宗羲, 『宋元學案』, 권65, 1b, 2쪽.
272) 『性理大全』, 권31, 21a, "性皆天德, 命皆天理."
273) 『性理大全』, 권31, 8b, "先儒分別出來, 謂有義理之性, 有氣質之性, 仁義禮智者義理之性也, 知覺運動者氣質之性也."

그러므로 의리의 성은 혈기의 안에서 움직이고 있고, 혈기의 성은 의리의 본체를 받아서 있는 것이다.274)

진식은 마음이 한편의 성과 다른 한편의 정 사이에 위치한다고 한다. 그는 다음과 같이 설명한다.

물었다. "정명도가 말하기를 '사람에게서는 성이 되는데, 그것이 신체를 주재하는 측면을 일러 마음이라 하고, 마음이 생각으로 드러난 것을 일러 정이라고 한다'라고 하였는데, 이와 같다면 성은 마음과 정의 근본입니다. 그런데 장횡거는 마음이 성과 정을 통괄한다고 여겼는데, 이것은 무슨 뜻입니까?"
진잠실이 답하였다. "마음은 성과 정 사이에 있다. 안으로 향한 것은 성이며, 바깥으로 향한 것은 정이다. 마음은 이 둘의 사이에 있으며 이들을 통괄한다. 그러므로 성인과 현인의 공부가 단지 마음의 안에 있었던 것이다. 단지 이 하나를 들어서 명백하게 되면 두 가지를 함께 얻게 된다. 장횡거의 이 말은 공이 크다."275)

기질의 성은 악 또한 함유하고 있다. 진식은 기질의 성이 아니면 어디에서 악이 올 수 있겠느냐고 묻는다.276) 그에 따르면 리와 기는 서로 투쟁하고 있다. 리가 이기면 행동이 선하고, 기질이 이기면 행동이 악하다. 태극 즉 리는 모든 덕의 근원이며, 악은 기질에 붙어 있다.

물었다. "덕이 기를 이기지 못하면 성과 명이 기에 있게 되고, 덕이 그 기를 이기면 성과 명이 덕에 있게 되는 것입니까?" 답하였다. "의리가 기품을 이기지 못하면

---

274) 『性理大全』, 권31, 9a, "故有義理以行乎血氣之中, 有血氣以受義理之體."
275) 『性理大全』, 권33, 12a, "問, 明道云, 在人爲性, 主於身爲心, 心發於思慮謂之情, 如此則性乃心情之本而橫渠則以爲, 心統性情如何, 潛室陳氏曰, 心居性情之間, 向裏即是性, 向外即是情, 心居二者之間而統之, 所以聖賢工夫只在心裏, 著到一擧而兼得之, 橫渠此語大有功."
276) 『性理大全』, 권33, 9b.

성과 명은 모두 기품을 따라가며, 이로써 많은 것이 선하지 못하게 된다. 그와 반대로 의리가 기품을 이기면 성과 명은 모두 의리를 향한 것에서 나오게 되며, 이로써 선하게 된다. 덕은 의리의 성이고, 기는 혈기의 성이다. 학문의 도는 다른 것이 아니라 의리로써 혈기를 이기고자 하는 것에 지나지 않는다."277)

만물의 조화와 생성은 일반적으로 하늘과 땅 및 그 안에서 작용하는 신에 의하여 이루어진다. 진식은 이것이 자연의 힘을 드러내는 신과 귀를 통하여 생겨난다고 한다.

생성과 변화에 대하여 묻자, 답하였다. "천지가 만물을 생성하고 변화시켜서 만물이 천지 사이에 나타나게 되는 것은 모두 조화의 흔적이다. 누가 그것을 했겠는가? 귀신이다. 조화의 자취라는 것은 곧 그 조화가 나타나 볼 수 있게 되었다는 것을 말한다. 지금 한 마리 새, 한 마리 짐승, 한 송이 꽃, 한 그루 나무, 한 떨기 꽃의 무리는 조각가나 화가가 완성한 것이 아니다. 그런데 갑자기 인간에게 나타났다. 이것을 누가 한 것인가? 바로 조화의 흔적이며 귀신이 한 것이다."278)

진식은 음과 양이 서로를 생성하는 것이라고 한다. 양이 음을 생성하며 음이 양을 생성하는 것은, 마치 낮이 밤을 생성하고 밤이 다시 낮을 생성하는 것과 같다는 것이다. 실제로는 하나의 기가 있을 뿐이지만, 음과 양으로 나뉘어 각기 이름을 달리 갖게 된 것이다.279)

진식은 앞선 시대의 유학자들에 대하여 다음과 같이 평가한다.

---

277) 孫奇逢, 『理學宗傳』, 권18, 21a, "問, 德不勝氣, 性命於氣, 德勝其氣, 性命於德, 義理不勝氣稟, 則性與命皆隨氣稟中去, 所以多不善, 若義理勝氣稟, 則性與命皆向義理中來, 所以爲善, 德謂義理之性, 氣謂血氣之性, 學問之道無他, 不過欲以義理勝血氣."

278) 孫奇逢, 『理學宗傳』, 권18, 23a, "問造化, 曰, 天地造化萬物, 萬物露生於天地之間者皆造化之迹也, 是孰爲之耶, 鬼神也, 造化之迹猶言造化之可見者, 於今一禽一獸一花一木鍾英孕秀, 有雕斲繪畵所不能就者, 倏忽見於人間, 是孰爲之耶, 即造化之迹鬼神也."

279) 孫奇逢, 『理學宗傳』, 권18, 26a.

한대 이래로 유학자라고 불리는 사람들은 단지 '글은 도를 실어야 한다'고만 외치면서 오직 경전과 역사서 등을 파고들어 도를 발견하고자 하였는데, 그 폐단은 바로 옛 문자들을 파헤치기만 할 뿐 정작 근원적인 뜻을 이해하지 못하는 데 있었다. 그러나 그것(文以載道)을 주장하는 것은 쉽지만 실제로 그렇게 할 수 있는 자가 몇이나 되겠는가? 그러므로 반드시 주자周子나 정자程子, 소자邵子와 같이 가슴이 쇄락해져서 밝은 바람과 비갠 뒤의 달과 같이 탁 트이게 된다면 곧 천리가 유행하는 것을 볼 수 있을 것이다.[280]

---

280) 黃宗羲,『宋元學案』, 권65, 8a, "自漢以來號爲儒者, 只說文以載道, 只將詩書子史喚作道, 其弊正是鑽破故紙, 原不曾領會得. 然此事說之亦易, 參得者幾人. 必如周程邵子胷次灑落, 如光風霽月, 則見天理流行也."

제2장 심학자들

1. 육구연

1) 생애

육구연陸九淵(1139~1193)은 자가 자정子靜이고 호는 상산象山이다. 그는 여섯 형제 중의 막내로서 강서성 금계金谿에서 태어났다. 어릴 때부터 그는 글을 일찍 익히는 재능을 보였으며 어른처럼 신중히 행동하였다. 자주 깊은 생각에 잠겨서 먹고 자는 것을 잊고는 했다. 그의 행동은 다른 아이들과 달랐으며, 아이들은 그를 존중하였다. 서너 살 때에 그는 아버지에게 세상의 끝이 무엇인지 물었는데, 아버지는 대답하지 않고 웃기만 하였다.[1]

육구연은 매우 일찍부터 정이의 학설에서 한계점을 느꼈다고 한다. 후일 그는 어떤 이에게 정이의 글을 읽었을 때 마치 몸이 아프듯이 괴로웠다고 토로하였다.

어떻게 정이천의 말이 공자와 맹자의 말과 일치하지 않게 되었는가? 최근에 나는 그의 말에서 많은 잘못을 발견하였다. 내가 처음 『논어』를 읽었을 때, 나는 정이천의 말이 반대로 가고 있다는 것을 바로 알았다.[2]

---

1) 『宋史』, 권438, 「列傳」, 9b; 孫奇逢, 『理學宗傳』, 권7, 1쪽.
2) 『宋史』, 권438, 「列傳」, 9b.

육구연은 29세에 우씨 부인과 결혼하였으며 34세에는 과거에 합격하였다. 주희의 친구인 여조겸이 그때의 시험관이었다. 육구연의 답안지는 여조겸에게 깊은 인상을 남겼다. 여조겸은 이 답안지가 육구연의 것이 틀림없다는 것을 금방 알았다. 시험에 합격한 후에 육구연은 황제의 학술강연에 초청되었으며 수도에 거주지를 정했다. 그는 정호의 가르침을 보급하는 것을 특별한 과제로 삼았다.[3]

육구연은 1192년에 호북성 형문荊門의 판사로 임용되었다. 그의 관리로서의 업적은 공자와 마찬가지로 칭송되었다. 그는 현명한 판결을 많이 내렸는데, 그것은 그가 지방관과 관리들의 성격을 정확하게 알고 있었으며 많은 경우에 직관적으로 진리를 찾아내었기 때문이다. 강도와 도둑은 거의 완전히 없어졌다. 그는 부당한 경우에는 고발을 취소하도록 노력하였으며, 고소장을 찢어 버림으로써 고발을 취소하는 일도 잦았다. 부하 관리들도 법률을 어기는 것을 두려워하였다. 육구연은 또한 예산보다 훨씬 적은 비용으로 성곽을 새로 건설하였으며, 기우제를 지내 비가 내리도록 하기도 했다. 부임한 지 1년 만에 형문의 치안은 백성들이 재판을 거의 하지 않을 정도로 개선되었다.[4] 그러나 그해 겨울에 육구연은 폐렴[5]으로 죽었다. 그는 자신의 죽음을 예견하고 관리들과 업무에 관한 이야기를 마친 후 목욕재계하고 정좌한 채로 죽음을 맞이하였다.

육구연은 생전에 많은 제자를 두었다. 제자들은 방문 앞이 전부 신발로 가득 찰 정도로 그의 강의에 몰려왔다. 그는 고정된 방식이 없이 제자들의 특성에 맞추어 가르쳤다. 분위기를 통하여 허물을 제거하도록 이끌기도 하였고, 마음으로만 느끼고 명확하게 알지 못하던 것에 대해서는 직접 설명해 주기도 하였다. 그는 제자들의 은밀한 생각과 감추어진 잘못을 알아맞힘으로써 제자들에게

---

3) 孫奇逢, 『理學宗傳』, 권7, 1b~2a.
4) 『宋史』, 권438, 「列傳」, 9b; 孫奇逢, 『理學宗傳』, 권7, 2a, 3b.
5) 渡邊秀方, 劉侃元 中譯, 『中國哲學史槪論』 3권, 91.

깊은 인상을 심어 주었다. 그의 제자는 주희의 제자보다는 적었지만 그래도 많은 사람들이 그에게 경탄하였다. 천 명이 넘는 사람들이 그의 장례식에 참석하였다. 그에게는 문안文安이라는 시호가 내려졌다. 그가 죽고 난 후 주희의 제자들은 육구연의 단점을 공격하면서 그의 학설을 이단으로 간주하였다.[6]

육구연이 남긴 저서들은 『상산전집象山全集』 36권으로 출간되었다.

2) 학설

육구연의 서간과 어록의 주요 내용은 경전에 대한 해석과 유학적인 도덕의 실천에 대한 것들이다. 이것은 서양철학에 있어서는 관심 밖의 것이지만, 유학자들에게 그것은 마땅한 주요 관심사였다. 육구연 자신의 철학은 그 뒤로 매우 물러서고, 이후로도 그다지 변화된 모습을 보여 주지는 않는다. 그는 마치 자신의 철학적 라이벌이 주희인 것처럼 생각하였는데, 이것은 모든 지성주의를 혐오하는 자신의 철학적 본질과도 일치한다.

(1) 공간과 시간

육구연의 형이상학에서 핵심적인 것은 주희와 전적으로 어긋나는 '세계' 또는 '공간과 시간'에 대한 이해이다.

상하사방의 모든 공간을 '우宇'라 하고, 옛날부터 지금에 이르기까지의 모든 시간을 '주宙'라 한다. 우주는 나의 마음이며, 나의 마음은 우주이다. 만약에 천만세 이전에 성인이 태어나더라도 같은 마음과 같은 리를 지녔을 것이고, 천만세 이후에 성인이 태어나더라도 역시 같은 마음과 같은 리를 지녔을 것이며, 또 세상 어느 곳에 성인이 태어나더라도 역시 같은 마음과 같은 리를 지녔을 것이다.[7]

---

6) 孫奇逢, 『理學宗傳』, 권7, 6a.

공간과 시간은 나의 마음이다. 공간과 시간은 그 자체로서는 실재하지 않으며, 칸트가 말한 것처럼 내 마음의 생성물이다. 그것은 곧 나의 생각 또는 상상에 의해 생겨난 것이다. 이 문장은 그러나 증명된 것은 아니고, 단지 마음의 본질에 대한 이어지는 가설에 의하여 뒷받침될 뿐이었다. 세상에는 오직 하나의 마음과 하나의 라가 있을 뿐이다. 나의 마음은 나 이전에 고대 성인들이 가졌던 마음이며 이후의 미래 성인이 가지게 될 마음이다. 이 마음에 세계가 의존하고 있으며, 세계는 물질적인 것이 아니라 마음에 의한 생성물이다.

육구연은 이러한 생각을 이미 13살 때에 옛 서적에서 그가 공감할 수 없었던 공간과 시간에 대한 일반적인 정의를 읽고 나서 말하였다고 한다.[8]

세상에서 일어나는 모든 것은 육구연에 따르면 실제로 세상에서 일어나는 것이 아니라 세계의 마음 또는 리와 다르지 않은 내 마음에서 일어나는 것이다.

우주 안의 일들은 나 자신의 내적인 일이며, 나 자신의 내적인 일은 우주의 내적인 일이다.[9]

뒤의 구절은 단지 생각을 더 인상 깊게 하려는 수사학적인 형식에 불과하다. 마음 내부의 일이 우주 안의 일이라는 것은 절대로 그런 일들이 물질적이라는 것을 의미하는 것이 아니다. 그렇게 되면 이로써 세계 자체의 존재를 부정하게 되기 때문이다.

육구연은 자신의 이론을 고전의 인용으로 증명하고자 하였다. 그는 다음과 같이 말한다.

---

7) 陸九淵, 『象山全集』, 권22, 8b, "四方上下曰宇, 往古來今曰宙, 宇宙便是吾心, 吾心即是宇宙, 千萬世之前有聖人出焉, 同此心同此理也, 千萬世之後有聖人出焉, 同此心, 同此理也, 東南西北海有聖人出焉, 同此心同此理也."

8) 渡邊秀方, 劉侃元 中譯, 『中國哲學史槪論』 3권, 90. 나는 중국어 원전을 찾지 못하였다.

9) 陸九淵, 『象山全集』, 권22, 9a, "宇宙內事是己分內事, 己分內事是宇宙內事."

『맹자』에서 하늘을 아는 것에 대하여 말할 때는 반드시 "성을 알면 곧 하늘을 안다"고 말하였고, 하늘을 섬기는 것에 대하여 말할 때는 반드시 "성을 기르는 것이 곧 하늘을 섬기는 것"이라고 말했다. 『중용』에서는 "천지의 화육을 돕는 것은 반드시 그 성을 다하는 데 근본을 둔다"라고 하였다. 인간의 형체와 천지 사이는 지극히 멀지만, 『맹자』와 『중용』에서 말한 것이 어찌 터무니없는 말로써 천하를 속이려는 것이겠는가? 진실로 나의 성의 바깥에 남아 있는 리가 존재하지 않으니 능히 그 성을 다할 수 있는 사람은 비록 스스로 그 천지와 달라지고자 하더라도 그럴 수 없다.[10]

육구연은 인간의 성 또는 마음이 천지와 같다고 이해하였다. 그는 성과 천지가 같은 것이기 때문에 맹자가 성으로부터 하늘을 이해한다고 하였으며, 같은 이유로 내가 하늘을 인식할 수 있는 것이라고 보았다. 또한 나의 성을 수양하는 것이 바로 하늘을 숭상하는 것이라고 보았다. 그러나 맹자는 육구연처럼 생각했던 것이 아니다. 그는 단지 사람이 자신의 마음을 인식함으로써 하늘의 마음도 인식한다는 것을 말하고자 했을 뿐이다. 사람의 마음과 하늘의 마음이 유사하기 때문이다. 사람은 자기수양을 통해 하늘을 섬기는데, 그것은 이것이 하늘이 원하는 바에 상응하는 것이기 때문이다. 『중용』에서 말한 인간이 하늘과 땅의 조화에 함께 참여한다는 것으로부터 육구연과 같이 인간과 하늘의 동일성을 유도하는 것 또한 성립될 수 없다.

육구연은 인간이 스스로 원하지 않는 이상 우주와 인간 자신이 결코 따로 분리될 수 없다고 보았다.

---

10) 陸九淵, 『象山全集』, 권30, 3b, "孟子, 言知天必曰, 知其性則知天矣, 言事天必曰, 養其性所以事天也, 中庸言, 贊天地之化育, 而必本之能盡其性, 人之形體與天地甚藐, 而孟子中庸則云然者, 豈固爲是闊誕, 以欺天下哉, 誠以吾一性之外無餘理, 能盡其性者, 雖欲自異於天地, 有不可得也."

우주는 인간에게서 구분되어 멀어진 적이 없다. 오직 인간 자신이 우주에서 구분되어 멀어지는 것이다.[11]

바깥세상이 인간과 다르다고 인간이 말하더라도 실제로 인간으로부터의 분리는 일어날 수 없다. 외부세계가 인간의 마음으로부터 생성되었다는 것은 분명하지만, 결코 한 번도 자립적으로 실재한 적이 없기 때문에 인간에게서 독립한 적은 없다.

무수히 많은 개별적인 사물을 가진 전체 우주는 작은 인간의 마음에 자리하며, 이 마음에 자리함으로써 형체가 아닌 정신적인 사물로서 존재한다.

선생이 말하였다. "만물은 빽빽하게 방촌의 사이를 채우고 있다. 이 가득한 마음이 발하여 나오면 우주를 가득 채운 것은 이 리가 아님이 없다."[12]

그러나 실제로 만물은 생겨나는 것이 전혀 아니라 단지 형체적인 것으로서 거기에 있던 것이다. 그것이 사람에게 우주 전체를 채우며 시간상으로 계속해서 발전하는 것처럼 보일 뿐이다.

(2) 리와 마음

하늘이 나와 같게 되는 까닭은 이 마음이다. 사람은 모두 이 마음을 가지고 있으며, 마음은 모두 이 리를 갖추고 있다. 마음이 곧 리이다.[13]

---

11) 陸九淵, 『象山全集』, 권34, 9a, "宇宙不曾限隔人, 人自限隔宇宙."
12) 陸九淵, 『象山全集』, 권34, 38b, "先生言, 萬物森然於方寸之間. 滿心而發, 充塞宇宙無非此理."
13) 陸九淵, 『象山全集』, 권11, 10a, "天之所以與我者即此心也, 人皆有是心, 心皆具是理, 心即理也."

나의 마음은 세계를 주재하는 리이다. 형체를 통해서가 아니라 단지 마음을 통해 나는 하늘 및 모든 사물과 연결된다. 왜냐하면 모든 것이 같은 마음으로 충만해 있기 때문이다. 이들은 모두 마음의 형상이며 또한 나와 마찬가지로 각기 개체이다.

우주는 하나의 리로 채워져 있다. 학자가 배우는 까닭은 이 리를 밝히고자 하는 것이다. 이 리의 크기가 어찌 한량이 있겠는가?[14]

이것을 마치 우주가 하나의 형체를 갖춘 존재라는 뜻으로 이해해서는 안 된다. 여기에서의 우주란 유행하여 움직이는 공간적인 크기가 아니라 정신적인 것으로서 세계 전체를 자기 안에 포괄하는 것이다.

리는 천하의 공공된 리이며, 마음은 천하의 똑같은 마음이다.[15]

다양한 마음은 단지 그렇게 보이는 것뿐이며, 마음의 본체는 항상 하나의 세계정신이다. 그 광채를 비추는 것은 마음이다. 그는 다음과 같이 말한다.

마음은 단지 하나의 마음이며, 그것은 내 마음이고 내 친구의 마음이다. 위로 수백 년 수천 년 전의 성인과 현인의 마음이며, 아래로 수백 년 수천 년 뒤에 다시 성인 또는 현인이 나타난다면 그 마음 또한 단지 이와 같을 뿐이다. 마음의 본체는 매우 크다. 만약에 내 마음을 다 할 수 있다면 하늘과 같게 될 것이다.[16]

---

14) 陸九淵, 『象山全集』, 권12, 7b, "塞宇宙一理耳, 學者之所以學, 欲明此理耳, 此理之大, 豈有限量."
15) 陸九淵, 『象山全集』, 권15, 6a, "理乃天下之公理, 心乃天下之同心."
16) 陸九淵, 『象山全集』, 권35, 18a, "心只是一箇心, 某之心, 吾友之心, 上而千百載聖賢之心, 下而千百載復有一聖賢, 其心亦只如此, 心之體甚大, 若能盡我之心, 便與天同."

하늘과 땅처럼 리는 사욕이 없다고 한다. 인간도 그들과 같기 때문에 마찬가지로 이기주의를 자진해서 포기해야 한다.

이 리는 우주 사이에서 일찍이 감추어진 적이 없다. 천지가 천지가 된 까닭은 바로 이 리에 순응하여 사사로움이 없었기 때문이다. 인간은 하늘 및 땅과 나란히 서서 함께 삼극을 이룬다. 어떻게 스스로 사사롭게 되어 이 리를 따르지 않을 수 있겠는가?[17]

천지와 귀신은 리와 대립할 수 없으며 인간도 마찬가지이다. 그것을 안다면 자신과 다른 사람 사이에 어떤 구별도 더 이상 해서는 안 되며, 다른 사람이 가지고 있는 선을 마치 자신이 가지고 있는 것처럼 여겨야 한다.[18]
이러한 리를 인식하는 것은 인간에게 다른 어떤 영리함을 필요로 하지 않는다. 만일 자기 자신의 지식으로 계산하고자 하면 오류에 빠지게 되어 리를 발견할 수 없다. 이러한 불필요한 시도를 포기하면 비로소 리가 아주 명백하게 나타나며, 단순한 사람도 아무 지식 없이 인식할 수 있게 된다.[19]

도리는 단지 눈앞에 있는 도리이다. 비록 성인의 경지에 이르렀다 하더라도 또한 단지 눈앞의 도리일 뿐이다.[20]

사람은 자신의 눈앞에 있는 리의 작용에서 리를 인식하며, 리는 성인과 현인의 변화 중에서도 나타난다.

---

17) 陸九淵, 『象山全集』, 권11, 1a, "此理在宇宙未甞有所隱遁, 天地之所以爲天地者, 順此理而無私焉耳, 人與天地並立, 而爲三極, 安得自私而不順此理哉."
18) 陸九淵, 『象山全集』, 권11, 6b.
19) 陸九淵, 『象山全集』, 권11, 2a.
20) 陸九淵, 『象山全集』, 권34, 1a, "道理只是眼前道理, 雖見到聖人田地, 亦只是眼前道理."

천·지·인의 재능은 같다. 사람이 어찌 가벼울 수 있겠는가? '인人'이라는 글자가 또한 어찌 가벼울 수 있겠는가?[21]

천하의 삼극 즉 천·지·인은 그 의미가 똑같다. 천지와 비교하여 인이 무능력해 보이지만 실제로 그의 능력은 다른 둘의 능력보다 작지 않다. 왜냐하면 이 셋의 근저에는 똑같이 객관화되는 본질인 하나의 같은 리가 있으며, 이것이 어떤 형태로 나타난다고 하더라도 똑같이 하나의 같은 것이기 때문이다.

리는 육구연에 의하여 도라고도 명명되었다. 단지 하나의 도가 있을 뿐이며, 인간이 그것에 대항하여 할 수 있는 것은 아무것도 없다.

도는 천하에 있다. 거기에는 더하는 것도 불가하고 덜어내는 것도 불가하고, 그것 을 취하는 것도 불가하고 버리는 것도 불가하다. 사람은 반드시 이것을 스스로 이해해야만 한다.[22]

도는 세상이 비로소 생성함으로써 존재하는 이 세상의 사물이 아니다. 그러므로 인간은 긍정적이든 부정적이든 그것에 대해 어떠한 영향도 끼칠 수 없다.

인간의 정신은 천 가지 만 가지로 나타나지만, 도는 단지 하나일 뿐이다.[23]

그러나 많은 사람들이 도의 탁월함에도 불구하고 도를 인식하지 못하며, 도를 찾으려 하면서도 그것에 다가가는 데에 성공하지 못한다.

---

21) 陸九淵, 『象山全集』, 권35, 42a, "天地人之才等耳, 人豈可輕, 人字又豈可輕."
22) 陸九淵, 『象山全集』, 권35, 5a, "道在天下, 加之不可, 損之不可, 取之不可, 捨之不可, 要人自理會."
23) 陸九淵, 『象山全集』, 권35, 26b, "人精神千種萬般, 夫道一而已矣."

도는 크지만 인간이 스스로 그것을 작게 하며, 도는 공평하지만 인간이 스스로 그것을 사사롭게 하며, 도는 광대하지만 인간이 스스로 그것을 협소하게 한다.24)

(3) 인간의 마음

육구연은 특별히 인간의 마음에 대하여 관심이 많았다.

다른 모든 물체들은 형체를 가지고 있지만, 오직 마음만은 형체가 없다. 그렇지만 어떤 이유로 인간을 다스리고 제재함이 이와 같이 지극한 것인가?25)

어떻게 비물질적인 것이 물질적인 것을 주재할 수 있는가 하는 것은 논증하기 어려운 문제이다. 그런데 육구연은 더 이상 이 문제에 대한 해결을 시도하지 않았다.

인간의 마음은 지극히 영명하며, 리는 지극히 밝다. 인간은 모두 이 마음을 가지고 있으며, 마음은 모두 이 리를 갖추고 있다.26)

직접적으로 인간의 마음이 리라고 할 수 있을 것이다. 이 리는 또한 도심 또는 천리라고도 하지만, 그것은 결국 인간의 마음과 다른 것이 아니다. 마음의 생각은 혈기에 상응한다.

사특하거나 바르고 순수하거나 잡된 것은 생각이며, 맑거나 흐리고 강하거나 약한 것은 혈기이다.27)

---

24) 陸九淵, 『象山全集』, 권35, 23b, "道大, 人自小之, 道公, 人自私之, 道廣, 人自狹之."
25) 陸九淵, 『象山全集』, 권35, 24a, "其他體盡有形, 惟心無形, 然何故能攝制人如此之甚."
26) 陸九淵, 『象山全集』, 권22, 9a, "人心至靈, 此理至明, 人皆有是心, 心皆具是理."
27) 陸九淵, 『象山全集』, 권22, 9b, "邪正純雜係念慮, 清濁強弱係血氣."

사람의 몸에 피·살·뼈가 있듯이 마음에는 생각이 있으며, 거기에 속하는 것으로 감정과 느낌이 있다. 인간 마음 안에 있는 의리는 하늘에 의하여 부여된 것이다. 즉 의리는 인간의 마음에 있는 하늘의 리로서, 인간 안에 있는 신적인 것이다. 도와 리는 얼마간은 외적인 사물로 인해 어두워질 수 있지만 아예 전부 없어질 수는 없다.[28] 사람이 도와 리를 인식할 수 있는 것은 원래 인간 안에 있는 것이기 때문이다. 또한 도와 리는 모든 질서와 예법 등으로 세계 안의 어디에나 있다.[29]

하늘이 준 것은 순박하고 고요하다. 만약에 많은 것들에 의해 미혹되지 않고 어리석은 말에 가려지지 않는다면, 그가 나아가는 것을 누가 막겠는가? 이 마음의 영명함과 이 리의 분명함이 어찌 밖에서 생기겠는가? 그 근본과 말단을 밝히고 앞과 뒤를 아는 것은 비록 배워서 가능하다 하더라도, 본연의 리는 그 사이에서 어찌 더해지거나 덜어내어질 수 있겠는가?[30]

인간의 마음 안의 리는 변하지 않기 때문에 학식이나 덕행을 통해 증가할 수 없고 무지나 악행으로 줄어들 수도 없다.

리의 일부로서 선량한 마음 즉 '양심良心'이 있다. 이것은 사람이 사적인 쾌락에 빠졌다고 하더라도 결코 사라지지 않고, 찾기만 하면 다시 거기에 있다. 양심은 항상 인간의 안에 있기 때문이다.[31] 이와 비슷한 것이 타고난 선의 능력 즉 '양능良能'과 배우지 않고도 아는 타고난 지 즉 '양지良知'이다.[32]

---

28) 陸九淵, 『象山全集』, 권32, 6b.

29) 陸九淵, 『象山全集』, 권32, 8a.

30) 陸九淵, 『象山全集』, 권7, 8b, "天資淳靜, 若不惑于多岐, 不蔽于浮說, 則其進孰禦焉, 此心之靈, 此理之明, 豈外鑠哉, 明其本末, 知所先後, 雖由于學及其明也, 乃理之固有何加損于其間哉."

31) 陸九淵, 『象山全集』, 권32, 7a.

32) 高瀨武次郎, 趙蘭坪 中譯, 『中國哲學史』 3권, 113.

인간을 악으로 이끄는 개인적인 욕구 때문에 대부분의 사람들은 하늘의 마음과 인간의 마음이 다르다고 생각한다. 그러나 육구연의 입장은 다르다. 그에 따르면, 종래에 하늘의 리와 인간의 욕구에 대한 문제는 올바른 방식으로 다루어지지 못했다. 만일 하늘이 리를 가지고 있는 반면에 인간은 욕구를 가지고 있다고 주장한다면, 천리와 인욕 사이에는 어떠한 일치도 있을 수 없다. 그는 먼저 「악기」편의 다음 구절을 전제로서 인용한다.

인간이 태어나서 고요한 것은 하늘의 성이다. 사물에 감응하여 움직이는 것은 성의 욕구이다. 사물이 나타나면 사람은 그것을 알게 되고, 알게 된 후에는 좋고 싫은 것이 생겨난다. 좋고 싫은 것을 안으로 절제하지 못하여, 밖으로 아는 것에 이끌려서 자기 자신에게 돌아올 수 없으면 하늘의 리는 사라진다.[33]

고요를 하늘의 리라고 여긴다면, 리에는 운동이 없다는 것인가? 사람들은 『서경』에서 "인심은 오직 위태롭고 도심은 오직 은미하다"라고 한 것을 인간의 마음은 인간적인 욕구이고 도의 마음은 하늘의 리라는 것으로 설명하였으며, 그로부터 인심과 도심이 같은 마음이 아니라는 결론을 내렸다. 그러나 인간은 두 마음을 가지고 있는가? 오히려 위태롭다는 것은 인간의 마음이 그릇된 생각으로 잘못된 길로 들어설 수 있다는 것을 의미하는 것이 아닐까? 은미하여 지각할 수 없다는 것은 마음이 소리가 없고 냄새도 없고 형태도 신체도 없다는 것을 의미하는 것은 아닌가? 장재는 하늘의 도와 땅의 도를 구분하였는데, 하늘과 인간은 이로써 서로 갈라지고 말았다.[34]

육구연의 견해에 따르면 인간의 마음은 욕구 혹은 그 밖의 다른 결함들에도

---

33) 『禮記』, 「樂記」, "人生而靜, 天之性也. 感物而動, 性之害也. 物至而應, 知之動也. 知與物接, 而好憎生焉. 好憎成形, 而智怵於外. 不能反己, 而天理滅矣."
34) 陸九淵, 『象山全集』, 권43, 1b.

불구하고 하늘의 마음 즉 도의 마음과 동일하다. 인심의 결함은 근원적으로 순수한 하늘의 성이 어긋났거나 또는 지나가는 혼탁함일 뿐이어서, 본성에는 어떤 변화도 일어나지 않는다. 인간의 허물은 하늘 또는 도의 마음의 근원에 대립하는 어떤 것도 할 수가 없다.

(4) 윤리

윤리에서 육구연은 전적으로 유가적인 입장에 선다. 맹자와 유사하게 그는 다음과 같이 가르친다.

인간은 천지의 중을 받아서 태어났다. 그의 마음은 본래 선하지 않음이 없다.[35]

그러나 노자가 이미 말했던 것처럼 반대되는 것들은 서로 생성하기 때문에,[36] 인성의 선은 단지 처음에만 주어져 있다. 그러므로 육구연은 말한다.

선이 있는 곳에 반드시 악도 있으니, 참으로 손을 돌이켜 뒤집는 것과 같다. 그러나 선은 자신의 본연이며, 악은 반대로 뒤집어져야 비로소 생겨난다.[37]

그러므로 선은 근원적인 것이며 악은 그 반대에 불과하다. 악은 선에서 벗어남으로써 비로소 생겨나는 것인데, 세상에는 선과 악이 나란히 존재할 수밖에 없다. 인간이 하늘과 땅 사이에서 태어나면 그 품수한 기를 가리는 것이 있어 맑거나 흐리게 되고, 결국 인간의 마음은 현명하거나 어리석게 되고 또 행동하는 방식은 선하거나 악하게 된다.[38] 악에 대적하려면 강한 의지가 필요한데, 이것은 인식을

---

35) 陸九淵, 『象山全集』, 권11, 15b, "蓋人受天地之中以生, 其本心無有不善."
36) 『道德經』, 제2장 참조.
37) 陸九淵, 『象山全集』, 권34, 7b, "有善必有惡, 眞如反覆手然, 善却自本然, 惡却是反了方有."

통한 지식이 생긴 후에야 비로소 얻을 수 있다.

인간에게는 큰 의지를 지니는 것이 매우 중요하다. 일상적으로 사람은 외적인 소리·색·부귀에 빠져서 양심의 선한 성이 모두 가리어 어둡게 된다. 그런데 지금 사람이 어찌 그로부터 풀려나서 의지를 가질 수 있겠는가? 반드시 먼저 인식을 통한 지식을 얻은 후에야 가능하다.[39]

육구연은 모든 윤리적 도리를 충분히 완성할 수 있다고 할 수 있는 효와 제를 높이 평가함으로써 진정한 유학자로서의 면모를 나타낸다.

상산에 머물 때에 많은 제자들이 왔다. 그는 말하였다. "너희의 귀는 저절로 밝고 눈 또한 저절로 밝다. 아버지를 섬김으로써 저절로 효도를 할 수 있고, 형을 섬김으로써 저절로 공손할 수 있다. 본래 빠지거나 모자라는 것이 없으니 다른 것에서 구할 필요가 없다. 이 모든 것이 스스로 서는 데에 달렸을 뿐이다."[40]

이것과 연관하여 제자로 간주되는 사람이 다음과 같이 설명하였다.

선생은 말세에 태어나 제자들과 대화하는 데에 많은 힘을 쏟았고 그들 때문에 많은 어려움을 겪었다. 만약에 선생이 이전 시대에 났더라면 단지 집에서 효도하고 밖에서 아우노릇하기만 하면 그뿐, 애초에 많은 일들이 필요치 않았을 것이다.[41]

---

38) 陸九淵, 『象山全集』, 권6, 8b.
39) 黃宗羲, 『宋元學案』, 권58, 6b, "人要有大志, 常人汨没於聲色富貴間, 良心善性都蒙蔽了, 今人如何便解有志, 須有智識始得."
40) 陸九淵, 『象山全集』, 권34, 6b, "居象山多告學者, 云, 汝耳自聰, 目自明, 事父自能孝, 事兄自能弟, 本無欠闕, 不必他求, 在乎自立而已."
41) 陸九淵, 『象山全集』, 권34, 6b, "生於末世, 故與學者言, 費許多氣力, 蓋爲他有許多病痛, 若在上世, 只是與他說, 入則孝, 出則弟, 初無許多事."

육구연은 비록 하늘을 리로써 이해할 수 있다고 말하지만, 그의 발언은 자주 그가 세계정신 또는 인격적인 신에 대해 말하고 있는 것처럼 들린다. 그에 따르면, 하늘과 땅은 백성과 신을 돌봄으로써 그들과 동등하게 천하를 다스릴 성인을 기다린다. 성인이 하늘과 땅이 바라는 바를 이루게 되면 그의 나라는 복을 받게 되고, 만약에 그와 반대로 행하면 그를 경고하기 위해 불행을 내려 준다. 그러므로 육구연은 이렇게 충고한다.

아무 일도 없을 때에도 "삼가고 조심하여 상제를 밝게 섬기는 것"을 잊어서는 안 된다.[42]

"삼가고 조심하여 상제를 밝게 섬긴다"는 것은 『서경』의 '대월상제對越上帝'에서 유래한 말이다. 그런데 여기에서 육구연이 상제에 대하여 말하고 있는 것은, 마치 해가 지지 않음을 알고 있음에도 불구하고 지는 해에 대하여 말하는 것과 같다. 육구연은 단지 사람이 리를 공경하고 그것에서 유래하는 명을 따라야만 한다는 것을 말하고자 했을 뿐이다.

(5) 학문

학업, 연구, 지식에 있어서 육구연은 주희의 가르침과는 다른 입장에 선다. 그는 배우는 자들에게 핵심과 관건을 잘 파악할 것을 요구한다.

배움에 뛰어난 사람은 관문이나 나루터를 지키는 사람과 같아서, 의심스러운 나그네가 지나가는 것을 허락해서는 안 된다.[43]

---

42) 陸九淵, 『象山全集』, 권35, 31b, "無事時不可忘, 小心翼翼, 昭事上帝."
43) 陸九淵, 『象山全集』, 권35, 2b, "善學者如關津, 不可胡亂放人過."

천 개의 허는 하나의 실만 못하다. 내가 평생 공부한 것은 다름이 아니라 단지 하나의 실일 뿐이다.[44]

육구연은 공부가 사람을 목적으로 인도하지 못하는 이유로서 다음의 네 가지를 들었다. 첫째, 많은 사람들이 올바른 길을 알지만 욕구가 저지하기 때문에 그 길을 가지 못한다. 둘째, 공부하는 일이 어렵게 보이기 때문에 접근하고자 시도하지 않는다. 셋째, 길을 찾지만 발견할 수가 없다. 넷째, 길을 알지도 못하면서 발견했다고 여긴다.[45]

자신의 학문에 관하여 육구연은 다음과 같이 설명한다.

나의 학문이 여타의 사람들과 다른 것은, 단지 나에게는 제멋대로 끼워 맞춘 말들이 없다는 점이다. 비록 천만 마디 말이라 하더라도 그것들은 모두 깨우친 끝에 나온 말이지, 내가 임의로 더한 글자는 하나도 없다. 최근에 어떤 이가 나에 대해 말하기를 "먼저 그 큰 것(마음)을 확립하라는 한 구절을 제외하고 나면 쓸 만한 것이 전혀 없다" 하였는데, 내가 그것을 듣고는 "참으로 그렇다"고 하였다.[46]

실제로 육구연은 결코 선배들의 견해에 아무것도 더하지 않은 채로 그것을 자기 말인 양 하는 사람이 아니었다. 또 설사 그렇다고 하더라도, 중국인들에게 그것은 전혀 비난받을 만한 일이 되지 못했다. 그가 비난의 대상이 되었던 것은 오히려 관념주의를 아주 명확하게 드러내는 그의 창조적인 정신이었다. 일각에서 말하듯이 그가 단지 공자와 맹자의 생각을 반복하기만 했다는 평가 또한 맞지 않다. 공맹의 주장에 근거한다고 말하는 곳에서도 그는 그 주장들의

---

44) 孫奇逢, 『理學宗傳』, 권7, 9a, "千虛不博一實, 吾平生學問無他, 只是一實."
45) 孫奇逢, 『理學宗傳』, 권7, 9b.
46) 孫奇逢, 『理學宗傳』, 권7, 10b, "吾之學問與諸處異者, 只是在我全無杜撰. 雖千言萬語, 只是覺得他底, 在我不曾添一些. 近有議吾者云, 除了先立乎其大者一句, 全無伎倆, 吾聞之曰誠然."

의미를 여러 가지로 변경하였기에, 그의 설명은 매우 작위적이고 본래의 의미에 부합되지 않는 면이 많았다. 그는 또한 다른 사람들의 생각에 대해서도 단지 그의 이론에 맞는 것만 받아들이고 다른 것들은 옆으로 밀쳐 두었다.[47] 그는 단순한 계승자이고자 하지 않았으며, 다른 곳에서 말하고 있는 것처럼 자기 자신의 고유한 가치에 대하여 잘 알고 있었다.

> 자기 자신을 바로 세우고 자신을 존중하기 위해서는, 다른 사람의 걸음을 좇거나 다른 사람의 언어를 배우지 않아야 할 것이다.[48]

어떤 사람이 그에게 출간을 청하였을 때 그는 이렇게 대답하였다.

> 육경이 나를 주해하고, 내가 육경을 주해한다.[49]

> 내가 배워서 참으로 도를 알게 된다면 도리어 육경이 나의 각주가 될 것이다.[50]

육구연 또한 경전을 설명하였지만, 동시에 그는 학업을 통해 얻은 자기 학설의 정당성을 경전의 힘을 빌려 증명하고자 하였다.

육구연은 지식을 단지 유학적인 도덕으로 이해하였기 때문에 그것이 매우 간략하고 단순하다고 생각하였다.[51]

> 어떤 사람이 물었다. "선생의 학문은 어디에서부터 시작합니까?" 답하였다. "자기 자신을 철저하게 돌아보아서 허물을 고치고 선을 행하는 것일 뿐이다."[52]

---

47) 渡邊秀方, 劉侃元 中譯, 『中國哲學史槪論』 3권, 94.
48) 孫奇逢, 『理學宗傳』, 권7, 18a, "自立自重, 不可隨人脚根, 學人言語."
49) 『宋史』, 권434, 「列傳」, 11a, "六經註我, 我註六經."
50) 『宋史』, 권434, 「列傳」, 11a, "學苟知道, 六經皆我註脚."
51) 孫奇逢, 『理學宗傳』, 권7, 5b.

진정한 학문이나 연구에 육구연은 단지 매우 적은 비중을 두었으며, 이것은 당대의 첫 번째 학자라고 할 수 있는 주희와는 반대되는 점이었을 것이다. 그래서 주희는 제자들에게, 육구연은 많은 학생들에게 도덕수업만을 권장하고 있을 뿐 학문적인 강의는 상당히 허술하다고 평하였다. 주희의 경우에는 이것이 정반대였다. 그러나 육구연은 도덕적인 인성의 가치를 배우기 전에 학문하는 것은 아무 의미가 없다는 입장을 한결같이 유지하였다.[53] 같은 시대를 살고 있는 다른 사람들의 견해에 반대하는 그의 발언들 속에서 흥미로운 표현들을 발견할 수 있다.

궁정에 이르고자 하는 여러 공들은 격물에 대하여 말하기를 좋아한다. 또한 마치 사람을 주재하는 것이 위에 있는 듯이 여겨 다른 것에 나아가서 이해하고자 한다. 무엇 때문에 반드시 격물을 따로 말해야만 하겠는가?[54]

오늘날의 사람들은 소리·색·냄새·맛을 천하게 여기고 부귀와 이익, 영예를 향해 나아가며 또한 문학과 예술을 추구한다. 또 한 무리의 사람들은 이런 모든 것에 대해 이해하지 않고 단지 학문에 대해서만 얘기한다. 나는 이 모든 것을 한마디로 요약해서 '이기려는 마음'이라고 할 것이다.[55]

학업의 목적은 그러므로 마음을 학식으로 채우는 것이 아니라 마음을 고귀하게 만드는 것이다.

---

52) 陸九淵, 『象山全集』, 권34, 7b, "或問, 先生之學當來自何處入, 曰, 不過切己自反, 改過遷善."
53) 陸九淵, 『象山全集』, 권34, 8a.
54) 孫奇逢, 『理學宗傳』, 권7, 11a, "諸公上殿, 多好說格物, 且如人主在上, 便可就他身上理會, 何必別言格物."
55) 孫奇逢, 『理學宗傳』, 권7, 11b, "今世人淺之, 爲聲色臭味, 進之, 爲富貴利達, 又進之, 爲文章技藝, 又有一般人, 都不理會, 却談學問, 吾摠以一言斷之曰勝心."

3) 주희와의 대립

육구연은 고대의 철학자들 중에서 특히 맹자를 좋아하였으며 그를 자주 인용하였다. 맹자 이후의 중요한 유학자로는 그의 견해에 따르면 순자·양웅·왕충·한유가 있지만,[56] 이들 대부분에 대해서는 비판을 가하였다. 양웅은 중에 대하여 즐겨 말하였으나 그것을 올바로 인식하지 못하였으며, 왕충의 저서는 양웅의 생각과 많은 점에서 일치한다고 한다.[57] 또 양웅과 한유는 도를 알지 못하였으면서도 자신들의 통찰력에 일반적인 사람들은 이를 수 없다고 했다고 비난하였다.[58] 정호의 학설은 육구연과 깊은 연관성이 있다. 육구연은 아마도 정호의 관념주의적인 사상의 영향을 받았을 것이다. 그와는 반대로 육구연은 정호의 동생 정이의 현실주의에 대해서는 매우 부정적이었으며, 정이가 성인의 학설을 폄하하고 잘못된 이론을 펼쳤다고 비난하였다.[59]

불교와 도가를 육구연은 별로 중요하게 여기지 않았다. 불교도들은 그들의 도에 기초하여 그 도움으로 삶과 죽음에서 벗어나고자 하지만, 이것은 이기주의에 불과하다. 또한 그들은 바람도 없이 파도가 일어나고 깨끗한 바닥에서 먼지구름이 솟아나듯이 갑자기 참선의 도가 나타났다고 한다.[60] 그러나 도가의 은자들과 불교도 및 다른 괴팍한 학자들은 전부 세상에서 벗어났으며, 그들에게 부여된 본성을 거부하고 있다. 그것은 결코 옳지 않으며, 사람은 자기 자신의 행복을 찾아 누리고 불행을 견디고 극복하며 살아야 한다.[61]

육구연과 주희는 우호적인 관계를 계속 유지하였지만, 두 철학자는 확고한 소신을 가지고 다른 길을 갔으며 그들은 상대방의 견해가 근본적으로 잘못된

---

56) 陸九淵, 『象山全集』, 권24, 3b.
57) 陸九淵, 『象山全集』, 권35, 4b.
58) 陸九淵, 『象山全集』, 권4, 17a.
59) 孫奇逢, 『理學宗傳』, 권7, 5b.
60) 陸九淵, 『象山全集』, 권34, 7b.
61) 陸九淵, 『象山全集』, 권12, 2b.

것이라고 여겼다.[62] 주희는 한 편지에서 육구연이 지나치게 자기를 확신하고 있으며 이로써 잘못된 길로 들어섰다고 하였으며,[63] 육구연 또한 주희가 매우 독선적이라고 생각하였다. 결국 한 사람이 어떤 주장을 하면 다른 사람은 그 반대를 주장하고, 한 사람이 오늘 이것을 주장하면 다음 날에 상대는 그 반대를 주장한다는 말이 나올 정도였다.[64] 육구연은 이 대결을 매우 고통스럽게 여겼다. 그는 주희의 꺾이지 않는 고집을 안타까워하였다.

어느 날 저녁 달빛 아래를 산책하다가 무거운 한숨을 내쉬었다. 그와 동행하던 포민도가 탄식하는 원인을 묻자 육상산이 대답하였다. "주원회는 태산교악과도 같이 높지만 애석하게도 학문의 바른 길을 발견하지 못하였다. 정신을 잘못 소비하고 있으니, 끝내 성공하지 못할 것이다." 포민도가 말하였다. "형세가 이미 이와 같으니 각자가 책을 써서 후세의 사람들이 스스로 선택하게 하는 것이 좋지 않겠습니까?" 육상산은 갑자기 정색을 하고 꾸짖어 말하였다. "민도야, 민도야, 이러한 상황에서는 길게 가지 못한다."[65]

두 철학자는 서신을 통해 서로를 설득하고자 하였다. 그러나 이것이 육구연을 만족시킬 수는 없었다. 서신을 주고받은 후 육구연은 이렇게 말한다.

회옹의 편지는 견해가 흐리멍덩하고 매우 비합리적이다. 반면 나의 편지를 보면 명백하고 분명하여 리를 밝히지 못한 곳이 없다. 그것은 바로 천하의 올바른 리요, 실다운 리요, 항상된 리요, 공공의 리이다. 이른바 "내 몸에 근본하고 뭇 백성들에게

---

62) 孫奇逢, 『理學宗傳』, 권7, 5a.
63) 渡邊秀方, 劉侃元 中譯, 『中國哲學史槪論』 3권, 91.
64) 『性理大全』, 권42, 8a.
65) 陸九淵, 『象山全集』, 권34, 25b, "一夕步月, 喟然而嘆, 包敏道侍問曰, 先生何嘆, 曰朱元晦泰山喬嶽, 可惜學不見道, 枉費精神, 遂自擔閣奈何, 包曰, 勢既如此, 莫若各自著書, 以待天下後世之自擇, 忽正色厲聲曰, 敏道敏道, 恁地沒長進."

서 징험하였으니, 삼왕의 시대에 미루어 살펴보더라도 잘못됨이 없고 천지에 건립하더라도 어그러짐이 없으며 귀신에게 물어보더라도 의심스러운 바가 없고 백세 뒤의 성인을 기다려 질정하더라도 미혹됨이 없다"라는 말이 이것이다.[66]

천하에 올바른 리가 둘이 있을 수 없다. 이 리를 이해하면, 천지가 이와 다를 수 없고, 귀신이 이것과 다를 수 없으며, 아주 오랜 옛 성인과 현인도 이것과 다를 수 없다. 그러나 이 리를 이해하지 못하면, 사적인 단서가 있게 되어 이단이 된다. 어찌 부처와 노자에 그치겠는가?[67]

이것은 부처와 노자뿐만 아니라 자연철학에 기초한 주희의 체계에도 해당된다. 육구연의 유일하고 참된 세계관을 주희는 이해하지 못했기 때문이다.

육구연과 주희 사이의 세계관의 차이 즉 관념주의와 현실주의의 차이는 다음의 대화에서 매우 잘 나타난다.

어떤 사람이 말하였다. "선생의 학문은 도덕성명에 관한 형이상의 것이다. 회옹의 학문은 명물도수에 관한 형이하의 것이다. 배우는 사람은 마땅히 두 선생의 학문을 겸해야 한다." 선생이 답하였다. "그대는 회옹에 대하여 그렇게 말하지만, 회옹은 승복하지 않을 것이다. 회옹은 스스로의 학문이 형이상과 형이하를 하나로 관통한다고 말한다. 그러나 그는 도를 이해하는 것이 밝지 못하여 끝내 하나로 관통할 수 없을 것이다. 나는 일찍이 회옹에게 보낸 편지에서 말하기를 '측량하고 모사하는 일은 다만 유사함을 본뜨고 빌리는 것이니, 그 잔가지로 말하자면 스스로 믿을 만하겠지만 큰 줄기에 이르러서는 스스로를 속이기에 족할 것이다' 하였다. 이는 회옹의 단점을 제대로 지적한 말이다."[68]

---

66) 陸九淵, 『象山全集』, 권15, 3b, "看晦翁書但見糊塗, 沒理會. 觀吾書, 坦然明白, 無所明之理, 乃天下之正理實理常理公理, 所謂, 本諸身, 徵諸庶民, 考諸三王而不謬, 建諸天地而不悖, 質諸鬼神而無疑, 百世以俟聖人而不惑者也."

67) 陸九淵, 『象山全集』, 권15, 4a, "天下正理不容有二, 若明此理, 天地不能異此, 鬼神不能異此, 千古聖人不能異此, 若不明此理, 私有端緒, 即是異端, 何止佛老哉."

주희는 세계를 마치 원본을 따라 베낀 그림처럼 기술한다. 전체적인 서술방식은 정교하다. 모든 개별성은 일치하는 듯이 보이지만, 정확하게 보게 되면 원본과 사본 사이에 큰 차이가 있다는 것을 발견할 수 있다. 다른 곳에서 육구연은 또한 주희의 결함이 그가 마음으로 배우지 않는 데에 있기 때문에 특히 치유하기가 어렵다고 말하였다.69)

두 사람 사이의 주요 쟁점은 앞에서 이미 보았던 것처럼 무극無極에 있다. 육구연은 태극에 대하여 알고자 하지 않았으며 무극에 대해서는 더더욱 알고자 하지 않았다. 그는 이 개념을 리가 있지 않다는 의미로만 이해하였기 때문에 그것을 두고 논쟁하였다. 그가 태극에 대하여 논하고 있는 『역경』의 주석에서는 무극이 나타나지 않는다. 육구연에 따르면, 주희는 그의 편지에서 무극이 '무형의 태극'(無形太極) 즉 형이상의 것이라고 하였지만, 무극을 이렇게 설명할 수는 없다. 이 개념은 『도덕경』 1장의 '이름이 없는 것'(無名)에서 유래한 것으로, 주돈이가 그것을 도가의 진단陳摶에게서 전수받은 것이다.70)

육구연의 비판은 계속된다. 주희는 태극을 올바로 이해하지 못하였으니, 그렇지 않다면 무극을 더하지 않았을 것이다. 무에 대한 논의는 노자에게로 거슬러 올라가는데, 올바른 중中은 리로서 그 자체로 이미 충분하다. 마찬가지로 음과 양을 단지 기器로만 보고 도로 여기지 않는 것은 잘못되었다. 음과 양은 비물질적인 것으로, 그 위에 다시 태극이 있는 것이 아니다. 만일 주희가 태극을 만물보다 먼저 존재하며 음과 양의 밖에 있는 은밀한 것으로서 존재와 비존재에 속하는 것이 아니라 형체가 없고 공간도 없으며 모든 지각과는 차이가 있는

---

68) 陸九淵, 『象山全集』, 권34, 33b, "或謂, 先生之學是道德性命, 形而上者, 晦翁之學是名物度數, 形而下者, 學者當兼二先生之學. 先生云, 足下如此說晦翁, 晦翁未伏. 晦翁之學, 自謂一貫, 但其見道不明, 終不足以一貫耳. 吾嘗與晦翁書云, 揣量模寫之工, 依倣假借之似, 其條畫足以自信, 其節目足以自安. 此言切中晦翁之膏肓."

69) 陸九淵, 『象山全集』, 권35, 47a, "說晦翁云, 莫敎心, 病最難醫."

70) 陸九淵, 『象山全集』, 권2, 10b.(陸九淵이 朱熹에게 보낸 첫 번째 편지)

세계 밖에 현존하는 것이라고 설명하였다면, 이러한 설명방식은 선禪과 거의 일치한다고 한다.[71]

육구연과 주회 사이의 대립은 극복하려는 시도가 여러 번 있었음에도 불구하고 그들의 학파에서는 이후 대립이 더욱 심화되었다.

4) 평가

사무량에 따르면, 육구연은 이미 소년시절에 세계가 자기 마음이라는 인식에 도달하였다고 한다. 그리고 후에 그는 '마음은 리'라고 하는 명제를 발전시켰다. 이것은 그의 철학적 기반이 되었다. 리는 세계를 채우고 모든 사물을 정돈하며 도덕을 기초한다.[72] 그의 철학은 주회의 철학과 다음의 관점에서 주로 차이가 난다. 주회는 학문의 중점을 학업·생각·논의에 두었던 반면에 육구연은 실천도덕에 두었으며 그의 학설은 쉽고 간단하다. 주회는 사물에서 리를 발견하고자 하였고 육구연은 마음을 세계원칙인 리로써 설명하였다. 주회는 연구를 신뢰하였고 육구연은 직접적인 지각을 믿었으며, 주회는 특히 귀납적인 방법을, 육구연은 연역적인 방법을 신뢰하였다.[73]

다케지로에 따르면 육구연은 그의 제자들에게 마음을 통과하는 현상들이 우주의 현상이며 세계현상은 마음에 있는 현상으로부터 생성된다고 가르쳤다. 태극 즉 리는 언제 어디서나 똑같으며 내 마음에 있다. 인간은 세계의 핵심이며 내 마음은 세계의 마음이지만, 마음은 단지 리일 뿐이기 때문에 물질적인 것으로 이해해서는 안 된다. 주회는 리를 사물에서 찾았으며, 육구연은 그것을 마음에서 발견하였다. 육구연은 유심론자이다. 육구연과 왕수인의 철학은 마음의 철학

---

71) 陸九淵, 『象山全集』, 권2, 16b 이하.(陸九淵이 朱熹에게 보낸 두 번째 편지)
72) 謝无量, 『中國哲學史』 5권, 69.
73) 陸九淵, 『象山全集』, 권5, 72.

즉 심학心學으로 일컬어졌다. 주희는 귀납적으로 나아간 반면에 육구연은 연역적이며 직접적인 지각과 갑작스런 해탈을 믿었으며 이 중 많은 것이 선禪을 설명하는 데에도 사용되었다. 육구연은 예와 의례로 시작하였으며 학업이 그것을 뒤따르게 하였다. 주희는 지식에서 출발하여 덕으로 인도하고자 하였다. 육구연은 학업과 예법에 몰두하는 것을 중요하게 여기지 않았으며, 이를 통해 인간의 능력이 훼손된다고 여겼다. 지식은 밖이 아니라 안에서 나와야 하며, 따라서 이것은 옛사람들의 서적에서가 아니라 행위에서 발견되어야 한다. 주희는 옛사람들의 마음을 그들의 서적에서 인식하며 어려서부터 수신하는 것에서 학문의 출발을 하고자 하였다.74)

와타나베에 따르면, 육구연은 세상의 모든 현상들이 마음의 현상이며 나의 마음과 분리해서는 아무것도 현존할 수 없다고 보았다. 단지 마음만이 현실성을 갖는다. 이로써 절대관념주의 즉 절대적 유심론이 생겨났다. 성인과 일반사람들의 마음은 같다. 성인은 마음을 완전하게 활용하지만 일반적인 사람은 그렇지 못하다. 선과 악은 마음에 있다. 사물은 밖에 있는 것이 아니라 내 마음 안에 있다. 따라서 사물을 인식하기 위해서는 자기 마음을 공부해야 한다.75)

젠커는 위의 세 사람이 설명한 견해에서 모순이 나타나기 때문에 육구연이 진정한 관념주의자였는지, 또는 그가 송 특유의 정체성을 대변하는 것이 아닌지 의심스럽다고 한다. 또 형상적인 세계를 관념적인 것으로 파악하는 것은 중국인의 특성이 아닌 것처럼 보인다고 한다.76) 그러나 이러한 관점은 육구연이 세계의 형체와 현실성을 부정하기 때문에 타당성을 가질 수 없다. 그에게 있어서 사물은 연장과 형체를 가지고 있지 않으며 시간적으로 존재하지 않는다. 이들은 모두

---

74) 高瀬武次郞, 趙蘭坪 中譯, 『中國哲學史』 3권, 110, 114~115.

75) 渡邊秀方, 劉侃元 中譯, 『中國哲學史槪論』 3권, 91~92.

76) Zenker, *Geschichte der chinesischen Philosophie* II, 279. 나의 다음 논문도 참조. "Anfänge des Idealismus in der chinesischen Philosophie", in *O. Franke-Festschfift* (*Asia Major* Vol.IX, 1933, 141~154).

사람의 작은 마음 안에 자리하고 있으며 마음의 생성물이다. 사람의 마음은 동시에 세계의 마음이며 과거·현재·미래에 항상 동일하다.

빌헬름은 이정 형제 중 형의 연역적인 성향이 육구연에게서 표현되었다고 생각한다. 육구연은 비록 방법은 달랐지만 칸트를 연상시키는 순수관념주의의 체계를 세웠다. 칸트가 비판적이었다면 육구연은 직관적이었다. 주희가 후천적인 경험의 편에 섰다면, 육구연은 선험적인 관념의 편에 섰으며 과거의 서적들이 내적인 체험을 최대한으로 증명할 수 있다고 믿었다. 이러한 대립은 수백 년 지속된 논쟁의 출발점이 되었다.[77)]

위의 설명들은 올바르고 또한 상당히 자세한 육구연의 모습을 제공하며 더 이상 많은 것이 첨가되어야 할 필요가 없다. 정호의 발전되지 못한 관념주의를 육구연은 완전히 명백하게 전개하였다. 송대 말기에 그는 정호의 가장 중요한 대변자였으며 주희의 가장 큰 상대자였다. 주희는 이원론적인 현실주의, 육구연은 일원론적인 관념주의를 대변한다.

2. 양간

양간(楊簡(1141~1226)의 자는 경중敬仲이며 호는 자호慈湖이다. 절강성 자계慈溪에서 태어났다. 그는 아버지에게서 스스로 성찰하는 법을 배웠으며, 27살에 『대학』을 이해하였다. 처음에 양간은 마음속의 의문을 풀지 못하면 고대의 서적에서 답을 찾았는데, 그러던 어느 가을밤에 금식한 후 조용히 침대에 앉아 있다가 갑자기 천지와 만물이 하나가 되는 것을 보았다.

1172년에 육구연은 양간이 관리직을 맡고 있었던 부양을 지나가게 되었는데,

---

77) Wilhelm, *Chinesische Philosophie*, 107~108.

이때 둘은 서로 친분을 맺었다. 양간은 육구연을 보름 동안 그곳에 머물게 하였다. 육구연이 떠나기 전에 양간은 그에게 마음의 본질에 관하여 여러 번 물었다. 육구연이 인과 의라고 먼저 대답하고 난 다음에 다시 그것을 바른 것과 바르지 못한 것에 대한 인식이라고 정의하였을 때 갑자기 양간은 깨닫게 되었으며 다음과 같이 말하였다.

이 마음은 맑고 청명광대하니, 시작과 끝이 없으며 통하지 않는 곳이 없다.[78]

양간이 육구연에게 그것이 전부냐고 다시 묻자, 육구연은 무엇이 더 있을 수 있느냐고 반문하였다. 양간은 팔을 들어 올리고 엎드렸으며 날이 밝자 의복을 갖추고 육구연이 떠난 북쪽을 향해 스승에 대한 예를 표하였다.

1174년에 양간은 어머니의 장례를 지냈으며 관직에서 물러났다. 후에 그는 주희의 추천으로 낙평樂平의 지사로 임용되었다. 그곳에서 퇴임하기 전에 그는 인간의 성에 대한 강연을 하였다. 그의 견해에 따르면 현인과 성왕들이 가졌던 선량한 양심을 모든 사람이 가지고 있으며, 이것은 동시에 하늘과 땅, 해와 달, 귀와 신의 마음이다. 1194년에 그는 국자감 박사가 되었다.

양간은 영종寧宗을 자주 알현하였다. 알현할 때에 그는 황제에게 마음이 커다란 도라는 것을 믿는지, 그렇다면 사람이 그것을 어떻게 사용해야 할 것인지를 물었다. 황제는 사람은 공부를 통해 마음을 정해야 한다고 대답하였고, 이에 대한 문답이 이어졌다.

"마음을 정하기 위한 공부는 필요하지 않습니다. 사람이 단지 의도(意)를 가지지 않는다면 저절로 마음이 고요해지고 안정되어 밝고 명백하게 될 것입니다." 황제가 말하였다. "그러면 매일 단지 의도를 가지지 않는 것으로 충분한가?" 선생이

---

78) 孫奇逢, 『理學宗傳』, 권26, 9b, "此心, 澄然清明廣大, 無始末, 無所不通."

경탄하며 말하였다. "탁월하십니다, 탁월하십니다. 의도하지 않으면 옳고 그름, 어짊과 어질지 않음에 대한 구별이 저절로 명백하게 될 것입니다!"[79]

이날 황제와의 담화는 두 시간 이상 걸렸다. 황제는 담화 후 양간이 나가는 모습을 오랫동안 지켜보았다.

양간은 1225년에 이종理宗에 의하여 대서기관으로 임명받았으나 곧 죽음을 맞이하였으며 문원文元이라는 시호를 받았다. 1270년에 양간의 집에 학교가 설립되었으며 양간의 호를 따라 '자호서원慈湖書院'이라고 불렸다.

육구연의 제자들 중 많은 사람들이 책을 읽지도 연구하지도 않고 단지 명상만 하였으며 그로써 깨달음을 얻을 수 있다고 믿었다. 이들은 공자의 말과 부처의 학설에 의지하면서 「태극도」나 『근사록』과 같은 성리학적 저술들을 거부하였다. 양간 또한 그러하였다. 그는 다음과 같이 말했다.

문인과 선비의 말은 단지 교언일 뿐이라고 할 수 있다.[80]

육구연의 사후에 주희의 추종자들은 그와 그의 학파를 공격하였는데, 양간은 육구연을 대변하였으며 그의 학설을 다시 활성화하였다.[81]

양간은 『갑고甲藁』·『을고乙藁』·『계폐啓蔽』·『기역己易』 등의 저술을 남겼는데,[82] 이 가운데 『기역』은 인간 자신의 변화를 기반으로 하는 그의 철학을 담고 있다.

---

79) 孫奇逢, 『理學宗傳』, 권26, 11b, "曰, 定無用學, 但不起意, 自然靜定澄明. 上曰, 日用但勿起意 而已. 先生贊, 至善至善, 不起意, 則是非賢否自明."
80) 黃宗羲, 『宋元學案』, 권74, 15a, "慈湖謂, 文士之言止可謂之巧言."
81) 黃宗羲, 『宋元學案』, 권74, 15a.
82) 『宋史』, 권407, 「列傳」, 14b 이하.

1) 나

양간의 학문은 세계의 변화와 자기 자신에 대한 연구에서 출발한다. 『기역』에는 다음과 같은 내용이 담겨 있다.

변화하는 것(易)은 자기이며 다른 것이 아니다.…… 변화를 천지가 변화하는 것이라고 여기고, 변화를 자기의 변화와 변형이라고 여기지 않는 것은 옳지 않다. 천지는 나의 천지이며 변화는 나의 변화이지, 다른 사물의 것이 아니다.[83]

세계는 나 자신이며, 세계 안에서 일어나는 모든 변화는 내 안의 변화이다. 천지는 나에게서 독립적으로 존재하지 않기 때문에 나의 몸보다 덜하지 않게 나에게 속한다. 내가 세계를 생성하였으며 세계를 변형하기 때문이다. 이것은 특별한 발견이며 양간의 다음과 같은 말은 합당하다.

사람이 생성된 이래로 나의 완전함을 인식할 수 있었던 사람은 아직 아무도 없었다. 사람들은 저 위로 검푸른 색깔과 맑고 밝음을 본다. 처음으로 말할 수 있었던 사람은 그것을 하늘이라고 하였다. 또한 아래로 사람은 내려앉아서 널리 두터운 것을 보고 그것을 땅이라고 한다. 맑고 밝은 것은 내가 맑고 밝은 것이고, 널리 두터운 것은 내가 널리 두터운 것인데, 사람이 스스로 알지 못하는 것이다. 사람이 스스로 알지 못하기 때문에 그것을 상대하여 가리켜서, 그것이 하늘이고 그것이 땅이라고 말하는 것이다. 이것은 마치 나 스스로 나의 손과 발인 것을 알지 못하고 저것은 손 또는 발이라고 하거나, 또는 내가 나 자신의 귀·눈·코·입인 것을 알지 못하고 그것은 귀·눈·코·입이라고 하는 것과 같다. 이것이 오류가 아니겠는가?[84]

---

83) 黃宗羲, 『宋元學案』, 권74, 2b, "易者己也, 非有他也,……以易爲天地之變化, 不以易爲己之變化不可也, 天地我之天地, 變化我之變化, 非他物也."
84) 黃宗羲, 『宋元學案』, 권74, 3a, "自生民以來未有能識吾之全者, 惟覩夫蒼蒼而清明而在上, 始

하늘의 특성인 빛과 광채 및 땅의 특성인 넓이와 두께는 모두 나의 특성이다. 저 하늘 또는 저 땅과 같은 대상이 실재하지 않고, 단지 모든 것은 주체인 나의 자아이다. 나의 손과 발, 눈과 귀가 나에게 속하는 것처럼 천지 즉 세계 전체 또한 나에게 속하는 것이기 때문이다.

나라고 여기는 것을 단지 혈기와 형체에 불과한 것이라고 말해서는 안 된다. 나의 성은 깨끗하고 맑고 밝아서 일개 사물이 아니다. 나의 성은 밝으며 경계가 없고 정해진 양이 없다. 하늘은 나의 성 가운데의 형상이며, 땅은 나의 성 가운데의 형체이다. 그러므로 하늘의 형상이 이루어지고 땅의 형체가 이루어지는 것이 모두 내가 한 것이라고 말하는 것이다.[85]

나 자신은 단순한 형체의 존재가 아니며 단지 하나의 사물이 아니다. 나의 성은 마음이며, 마음은 세계를 자기 안에 포괄하여 모든 것을 생성하게 한다.

하늘은 나이며, 하늘은 변화(易)이다. 땅은 하늘 가운데에 형체가 있는 것이다. 나의 혈기와 형체 및 뼈는 맑고 흐린 음과 양의 기가 합하여 이루어진 것이다. 나는 하늘과 땅과 사람이 셋이라는 것을 본 적이 없다. 셋은 단지 형체이다. 하나는 성이니, 또한 도라고도 하고 역이라고도 한다. 일컫는 말은 같지 않지만 실제로는 하나의 본체일 뿐이다.[86]

能言者名之曰天, 又覩夫隤然而博厚而在下又名之曰地, 淸明者吾之淸明博厚者吾之博厚, 而人不自知也, 人不自知而相與指, 名曰, 彼天也, 彼地也, 如不自知其爲我之手足, 而曰彼手也, 彼足也, 如不自知其爲己之耳目鼻口, 而曰彼耳目也, 彼鼻口也, 是無惑乎."

85) 黃宗羲, 『宋元學案』, 권74, 3a, "夫所以爲我者毋曰血氣形貌而已也, 吾性澄然淸明而非物, 吾性洞然, 無際而非量, 天者吾性中之象, 地者吾性中之形, 故曰, 在天成象, 在地成形, 皆我之所爲也."

86) 黃宗羲, 『宋元學案』, 권74, 3b, "天即己也, 天即易也, 地者天中之有形者也, 吾之血氣形骸乃淸濁陰陽之氣合而成之者也, 吾未見夫天與地與人之有三也, 三者形也, 一者性也, 亦曰道也, 又曰易也, 名言不同, 而其實一體也."

그러나 어떻게 내가 가볍고 무거운 물질로 이루어진 나 자신의 몸을 생성할 수 있는가? 그것은 단순히 내가 영원한 세계의 마음 또는 항상 변화하고 있는 도와 같다고 하는 것만으로 가능하게 된다. 보편적으로 수용된 셋 즉 하늘·땅·인간은 단지 현상적인 구분일 뿐이다. 실제로 존재하는 것은 단지 하나=도=나뿐이기 때문이다.

하늘과 땅 사이의 모든 사물과 모든 변화와 모든 리를 나로 여기지 않고 단지 귀·눈·코·입·팔·다리만을 나로 여긴다면, 나의 전체는 쪼개어져서 갈래갈래 찢어질 것이다. 이것은 혈기에 매여서 스스로 사적으로 되는 것이다. 나의 몸은 단지 6척 내지 7척에 지나지 않는다. 우물 안에 앉아서 하늘을 보면 하늘의 크기를 알지 못하고, 혈기에 들어 있는 자기를 보면 자기의 광대함을 알지 못한다.[87]

세계가 나로부터 어떻게 생성되는지를 양간은 다음과 같이 보여 준다.

나의 밝음으로써 해와 달이 임하게 하고, 나의 변화로써 사계절이 통하게 하고, 나의 흩어짐으로써 맑음과 탁함의 둘 사이에서 만물이 달라지게 하고, 나의 보는 것으로 눈을 삼고, 나의 듣는 것으로 귀를 삼고, 나의 먹는 것으로 입을 삼고, 나의 잡는 것으로써 손을 삼고, 나의 가는 것으로써 다리를 삼고, 나의 생각하는 것으로써 마음을 삼는다.[88]

사물은 사람에게 보이는 것과 같은 실재가 아니다. 사물은 사람이 사물에서

---

87) 黃宗羲, 『宋元學案』, 권74, 5a, "不以天地萬物萬化萬理爲己, 而惟執耳目鼻口四肢爲己, 是剖吾之全體, 而裂取分寸之膚也, 是梏於血氣, 而自私也, 自小也, 非吾之軀止於六尺七尺而已也, 坐井而觀天, 不知天之大也, 坐血氣而觀己, 不知己之廣也."

88) 黃宗羲, 『宋元學案』, 권74, 5b, "以吾之照臨爲日月, 以吾之變通爲四時, 以吾之散殊於淸濁之兩間者爲萬物, 以吾之視爲目, 以吾之聽爲耳, 以吾之噬爲口, 以吾之握爲手, 以吾之行爲足, 以吾之思慮爲心."

지각하는 것을 자체의 특성으로 가지고 있지 않다. 나를 몰아세우는 큰 대립은 존재하지 않는다. 사물은 자체적으로 존재하는 것이 아니라 단지 내 마음에 있는 과정 즉 내 안에 있는 현상일 뿐이다.

> 가깝고 먼 것은 같은 것이며, 크고 작은 것은 두 가지 다른 것이 아니다. 방문 안이 가까운 것 같지만 실제로는 멀고, 작아 보이는 것이 실제로는 크다.…… 동해에 풀어 놓으면 동쪽이 기준이 되고, 서해에 풀어 놓으면 서쪽이 기준이 된다.[89]

> 하늘과 땅도 크지 않고, 아주 가는 터럭도 작지 않다. 낮은 밝은 것이 아니며, 밤은 어두운 것이 아니다. 과거는 옛것이 아니고, 이때는 지금이 아니며, 뒷날은 미래가 아니다. 하늘로 솟아오르는 솔개는 솔개가 아니며, 연못에서 노는 물고기는 물고기가 아니다. 천하가 해와 달에 의해 비추어지지만, 그것이 나로부터 오는 것임을 알지 못한다.…… 낮과 밤은 나 자신의 마음속으로부터 운행하는 것이지만, 그것을 다른 사물로 여겨 "천지의 규모와 같다"느니 "만물을 발육한다"느니 말한다. 그릇된 논의가 아닌가?[90]

나 자신 즉 나는 나의 마음이다. 나의 내적인 본질은 내 안에 숨겨져 있다. 나는 감정과 같은 나의 표현을 알고 느끼며 그것이 무엇인지를 정확하게 파악할 수 있지만, 나의 본질은 설명할 수 없다.[91] 이러한 인식에도 불구하고 양간은 나의 본질과 작용에 대한 기술을 다음과 같이 시도한다.

나의 본래의 마음은 묘한 것이 아니라 매우 단순하고 쉬운 것이다. 그것은 줄지도

---

89) 黃宗羲, 『宋元學案』, 권74, 11b, "遠近一物也, 小大無二體也, 閨門之內若近而實遠也, 若小而實大也,……放之東海之東而準也, 放之西海之西而準也."

90) 黃宗羲, 『宋元學案』, 권74, 11a, "天地非大也, 毫髮非小也, 晝非明也, 夜非晦也, 往非古也, 此非今也, 他日非後也, 鳶飛戾天非鳶也, 魚躍于淵非魚也, 天下被日月之明照, 而不知其自我也,……日夜行乎吾己之中, 而以爲他物也, 其曰範圍天地, 發育萬物也, 非過論也."

91) 黃宗羲, 『宋元學案』, 권74, 11a.

늘어나지도 않으며 만들지도 행동하지도 않는다. 단지 감응하면 따라서 통하며 곧게 움직인다. 이것은 자연에서 나온다.[92]

이와 비슷하게 도가에서도 도를 인식할 수 없고 말할 수 없는 것으로 설명하였다. 양간은 이어서 말한다.

어느 날 이 마음이 본체가 없고 맑고 밝아서 한계가 없으며 본래 천지와 똑같다는 것을 깨달았다. 그 규모는 커서 안팎이 없고, 그 발육함은 무한하여 경계가 없다.[93]

이 마음은 모든 인간에게 똑같이 갖추어져 있다. 마음의 주요 특성은 비어 있음, 깨끗함, 맑음, 밝음, 무한한 크기, 꿰뚫음과 생성력[94] 등 세계정신이 가지고 있는 특성과 똑같은 것이다.

나와 나의 마음은 양간 학설의 근간으로 보인다. 여기서 양간은 양주의 위아설爲我說을 경계하는 가운데 의意의 차단을 역설한다. 그는 다음과 같이 말한다.

나를 위주로 한다(爲我)는 것은 무엇인가? 이때의 나는 또한 나를 향한 의도(意)가 있는 것이다. 의도가 생기면 내(대상으로서의 나)가 확립되고, 의도가 생기지 않으면 나 또한 서지 않는다. 어려서 젖을 먹는 것도 내가 먹는 것이고, 자라서 밥을 먹는 것도 내가 먹는 것이며…… 책을 읽는 것도 내가 읽는 것이고, 벼슬살이하는 것도 내가 벼슬살이하는 것이다.…… 아직 의념이 생겨나지 않아 알지 못할 때에는 텅 비고 고요하여 숭상하는 바도 없고 확립된 바도 없으니, 나를 위주로 할 일이 무엇인가?…… 배우는 이들이 만일 움직임과 나아감을 좋아하고 작위하는 것을

---

92) 孫奇逢,『理學宗傳』, 권26, 18b, “吾之本心無他妙也, 甚簡也, 甚易也, 不損不益, 不作不爲, 感而遂通, 以直而動, 出乎自然者是也.”

93) 黃宗羲,『宋元學案』, 권74, 14a, “一日覺之, 此心無體, 淸明無際, 本與天地同, 範圍無內外, 發育無疆界.”

94) 孫奇逢,『理學宗傳』, 권26, 15b 이하.

좋아한다면, 그들은 결국 의념(意)에 빠지거나 기필함(必)에 빠지든가, 아니면 집착함에 빠지거나 사적인 나(我)에 빠지게 될 것이다.[95]

이 설명에 따르면, 내가 나를 의식하는 순간 나는 참된 나가 될 수 없다. 실제로는 내가 전혀 없기 때문이다. 그것은 단지 도 또는 세계정신의 현상에 불과하다. 각각의 개별적인 마음은 도가 발현한 것이다. 왜냐하면 단지 하나의 마음이 있으며, 세계를 생성하는 나의 모든 표현들은 결국은 도에서 나오는 것이기 때문이다. 나는 도가 하늘·땅·인간을 꿰뚫는다는 것과 그 밖에는 아무것도 없다는 것을 안다. 다른 모든 사물과 사건들 또한 도이다.[96] 모든 사람은 성현과 똑같은 도의 마음으로 채워져 있다. 이들은 같은 감정과 느낌을 가지고 있기 때문이다. 나는 천지와 같다.[97]*

2) 양지

무엇 때문에 양간이 모든 사유와 탐구에 반대하며 직관적인 성향을 지니게 되었는지는 전체적인 관점에서 이해할 수 있다. 경험적 사실들은 이론화되는 과정에서는 필연적으로 모순을 드러내게 된다. 그러므로 그는 모든 부정적인 감각기관들을 멀리하였다. 그런 것을 걱정하지 않고 자기 학설이 진리라는 것에 대한 확고한 믿음으로 만족하였다. 그에게는 마음의 본체와 의도 그리고 지각 사이의 커다란 차이를 두드러지게 하는 것으로 모든 것이 충분하였다.

---

95) 孫奇逢, 『理學宗傳』, 권26, 19b, "何爲我, 我亦意之我, 意生, 故我立, 意不生, 我亦不立, 自幼
而乳, 曰我乳, 長而食, 曰我食,……讀書, 我讀書, 仕宦, 我仕宦,……不知方意念未作時, 洞焉寂
焉, 無尙不立, 何者爲我……學者喜動喜進喜作喜有, 不墮于意則墮于必, 不墮于固則墮于我."
공자는 '絶四(毋意·毋必·毋固·毋我)라고 하여 意(의도)와 必(반드시 어떤 목적을 이
루려 함)과 固(집착함)와 我(사적인 나)의 넷을 끊어 버릴 것을 크게 강조하였다.
96) 孫奇逢, 『理學宗傳』, 권26, 17a.
97) 孫奇逢, 『理學宗傳』, 권26, 18a.

신체조직들은 지각하고 움직이지만 사람은 이 모든 움직임의 원인을 알지 못한다고 그는 말한다. 마음을 볼 수는 있지만, 그 안에서 의도하는 것이 무엇인지는 알지 못한다.

볼 수 있는 것은 큰 것도 있고 작은 것도 있으며 이것도 있고 저것도 있으며 가로도 있고 세로도 있으며 높은 것도 있고 낮은 것도 있어서 하나가 될 수 없다. 볼 수 없는 것은 그와는 달리 크지 않고 작지 않으며 이것이나 저것이 아니고 가로나 세로도 아니며 높거나 낮지도 않아서 둘이 될 수 없다.[98]

볼 수 없는 것은 마음으로서 하나이지만, 현상은 다양하고 서로 다르다. 마음은 보고 듣고 냄새 맡고 맛보고 생각하는 가운데 들어 있지만, 그러한 과정 자체는 아니다. 이것은 부정적인 것과 긍정적인 것에, 생각하는 것과 생각하지 않는 것에, 깨어 있을 때와 잠잘 때, 삶과 죽음에, 낮과 밤에, 하늘과 땅에, 움직임과 고요함에, 고대와 현대에, 앞과 뒤의 모든 것 안에 있다.[99]

배우는 사람은 당연히 천하의 모든 시대 모든 사람의 마음이 다 이와 같다는 것을 알아야 한다. 배우는 사람은 마땅히 자신을 믿어야 하고 자신을 버리지도 의심하지도 말아야 한다. 문득 의도와 생각이 생겨나면 하늘과 땅만큼의 커다란 차이가 있게 되어 알지 못하는 사이에 합하지도 못하고 떼어낼 수도 없게 된다. 마음을 바르게 하여 나아가면 모든 선이 저절로 구비되고 모든 그릇된 것이 저절로 사라지니, 비록 생각하지 않아도 환하여 숨기는 것이 없게 된다.[100]

---

98) 孫奇逢, 『理學宗傳』, 권26, 14a, "其可見者有大有小, 有彼有此有縱有橫, 有高有下, 不可得而一, 其不可見者不大不小, 不彼不此, 不縱不橫, 不高不下, 不可得而二."
99) 孫奇逢, 『理學宗傳』, 권26, 14a.
100) 孫奇逢, 『理學宗傳』, 권26, 18a, "學者當知, 夫擧天下萬世之人, 心皆如此也. 學者當自信, 毋自棄, 毋自疑. 意慮倏起, 天地懸隔, 不識不知, 匪合匪離, 直心而往, 自備萬善, 自絶百非, 雖無思爲, 昭明弗遺."

인간의 마음이 참으로 세계정신이라면 사람들은 모든 것을 이미 알 것이기 때문에 실제로 더 이상 배울 필요가 없다. 그러나 실제로 그러한가? 비록 양간은 생각을 비우라고 주장하지만, 그는 생각하는 것에 대하여 매우 과소평가하고 있다. 어쨌든 그의 주장에 따르면, 생각은 셀 수 없고 비창조적이지만 마음은 하나이다. 마음은 바르고 모든 것을 꿰뚫으며, 생각은 삐뚤어지고 박혀서 멈춘다. 그러므로 공자는 생각에 대하여 알고자 하지 않았다. 아무 생각이 없어야 마음이 맑다. 마음은 전달을 필요로 하지 않으며 전달될 수도 없다. 왜냐하면 모든 전달은 생각에서 나오기 때문이다. 그러므로 성인도 배우는 사람이 그릇된 생각으로 나아갈 것을[101] 걱정하여 망설였다.

지성의 밝은 빛을 회피하였던 많은 사상가들과 마찬가지로 양간도 내적인 직관을 도피처로 삼았다. 정상적인 생각을 믿을 수 없게 된 다음에 그는 신비로운 생각을 칭송하였다.

참된 나를 따르면 배우지 않고도 행하는 양능良能과 생각하지 않고도 아는 양지良知가 저절로 나에게 주어져 있다. 인·의·예·지의 성 또한 저절로 나에게 주어져 있으니, 모든 선이 저절로 갖추어지고 모든 잘못됨이 저절로 제거된다.[102]

생각을 통한 지知는 결코 최고의 지가 될 수 없다.

도를 아는 것을 지라고 한다. 그러한 지는 생각으로써 이를 수 있는 것이 아니다. 이윤伊尹은 그것을 깨달음이라고 하였고, 공자는 지라고 하였다. 그것은 가만히 저절로 알게 되는 것으로, 결코 생각할 수 없고 말로 할 수도 없다.[103]

---

101) 孫奇逢, 『理學宗傳』, 권26, 19a.
102) 孫奇逢, 『理學宗傳』, 권26, 15a, "誠遂己, 則不學之良能, 不慮之良知, 我所自有也, 仁義禮智, 我所自有也, 萬善自備也, 百非自絶也."
103) 孫奇逢, 『理學宗傳』, 권26, 18b, "知道之謂知, 知非心思之所及, 伊尹謂之覺, 孔子謂之知, 及

사람들은 양간이 스승 육구연의 학설로부터 더 나아가 오히려 망가뜨렸다고 비난하였지만, 그것은 옳지 않은 듯하다. 두 사람의 견해는 거의 서로 어긋나지 않기 때문이다. 사무량과 다케지로는 그의 체계를 극단적인 유심론이라고 평하였으며,104) 이 평가는 타당하다.

3. 위요옹

위요옹魏了翁(1178~1237)은 자가 화보華父이고 호는 학산鶴山이다. 본래 고高씨였지만 위魏씨 집안에 입양되었으며 고향은 사천성 포강蒲江이다. 그는 형과 함께 학교에 다녔으며 공부에 매우 탁월하였다. 동네에서는 그를 신동이라고 불렀다. 14살에 그는 한유에 대한 논문을 작성하였다. 21살에 박사가 되었고 24살에 국자감에 임용되었으며 25살에 학사관이 되었다. 아버지가 죽은 후에 그는 모든 관직에서 물러나 백학산白鶴山에 집을 짓고 살았다.

1225년, 때에 맞지 않는 천둥이 치자 황제는 자신의 허물 때문인 것으로 여겨 불안하게 생각하였다. 이때 위요옹은 황제에게 마음에 대한 학설을 전달하며 마음에 의와 리가 있다고 말하였다.

> 그 때문에 이것을 하늘이라고 합니다. 이 마음의 밖에 따로 이른바 천지신명이 있는 것이 아닙니다.105)

이 말은 위요옹의 철학적인 입장의 특성을 표현한다.

之默而識之, 不可思, 不可言也."
104) 謝无量,『中國哲學史』5권, 73; 高瀬武次郎, 趙蘭坪 中譯,『中國哲學史』3권, 17.
105)『宋史』, 권437,「列傳」, 20a, "是之謂天, 非此心之外別有所謂天地神明也."

1232년에 그는 예부상서에 임용되었으며 죽은 후에는 문정文靖이라는 시호를 받았다.

위요옹은 주희의 제자들과 친하였는데 특히 진덕수眞德秀와는 항상 함께 일컬어지고는 하였다. 두 사람은 자주 붙어 다녔던 것으로 보인다. 위요옹은 주자학파를 옹호하였으며 주돈이·정자·장재·주희의 견해를 대변하기도 하였다.106) 그러므로 그는 자주 주희의 추종자로 소개되곤 한다.107) 그러나 그의 철학적인 견해는 육구연과 양간의 것에 매우 근접하고 있다. 그것은 그가 결정적 유심론을 매우 극단적인 표현으로 주장하기 때문이다.108)

위요옹의 저술로는 100권으로 이루어진 『구경요의九經要義』, 『역경』에 대한 저술인『주역요의周易要義』와『역거우易舉隅』, 주나라의 정전제에 관한『주례정전도설周禮井田圖說』, 두 권의 역사서『고금고古今考』와『경사잡초經史雜抄』가 있고, 그 외에『사우아언師友雅言』이 있다. 문집으로『학산집學山集』이 전한다.

위요옹의 관념주의는 다음의 말에서 매우 분명하게 나타난다.

옛사람들은 천지와 함께 자리하여 만물을 양육하는 것을 자기의 직분으로 삼았다. 하늘과 땅 또한 내가 만든 것이요, 오행과 오기 또한 나의 생각에 의해 절목이 생기고 펼쳐진 것이다. 그러나 후대 사람들이 인간은 저절로 인간이고 하늘은 저절로 하늘이라 한정한 뒤로 인간은 인간의 직분을 잃어버리게 되었다.109)

옛사람들이 실제로 인간이 세계의 창조자이며 세계의 창조가 바로 인간의 직분이라고 생각하지는 않았겠지만, 극단적인 관념론자들은 인간 자신이 그럴

---

106) 『性理大全』, 권42, 15b.
107) 謝无量, 『中國哲學史』 5권, 79; 高瀬武次郎, 趙蘭坪 中譯, 『中國哲學史』 3권, 126.
108) 謝无量, 『中國哲學史』 5권, 79; 高瀬武次郎, 趙蘭坪 中譯, 『中國哲學史』 3권, 126.
109) 黃宗羲, 『宋元學案』, 권80, 4b, "古人位天地, 育萬物, 把做己職事, 天地是我去做, 五行五氣都在我一念節宣之, 後世人自人, 天自天, 人失其人之職."

수 있다고 여겼다. 그러므로 세계라는 거대한 미술작품이 생겨난 것은 당연히
고대의 성인들이 그렇게 만들었기 때문일 거라고 기대하였다. 그에 따르면
천하의 물질은 단지 인간 사유 내의 관념적인 것일 뿐만 아니라 현실적인
것까지도 포함하고 있다.

위요옹은 황제에게 다음과 같은 글을 올린 바 있다.

신이 듣기로 마음은 인간의 태극이며, 인간의 마음은 또한 천지의 태극이라고
합니다. 이로써 음양을 주재하고 이로써 만물에 명을 내리니, 아무것도 이를 어기
지 못합니다. 그러므로 하늘의 신명은 봄·여름·가을·겨울과 바람·비·서리·
안개가 되고 땅의 신기는 바람과 번개가 유행하게 하고 만물이 생겨나게 합니다.
그것이 인간에게서는 청명함으로써 몸에 있게 되니, 지기志氣는 마치 신과 같습니
다.…… 사람 마음의 영명함은 곧 인극을 높이는 근거가 됩니다. 인극이 서고 나면
하늘과 땅이 그 자리에 있게 됩니다.…… 폐하께서는 마음의 밖에 따로 천지신명이
라고 하는 것이 있다고 여기십니까, 아니면 천지신명이 이 마음을 초월하지 않는다
고 여기십니까?[110]

위의 마지막 구절에 대한 위요옹의 답변은 쉽게 짐작할 수 있다. 마음은
당연히 인간의 마음으로, 이것이 바로 태극이다. 이로부터 전 세계가 생겨나며,
따라서 천지의 태극도 이로부터 생겨난다. 결국 마음은 곧 천지의 마음이며
세계정신이라고 할 수 있다.

사람의 마음은 가장 먼 과거와 미래를 꿰뚫는다. 위요옹은 단지 경험한 것을
통해서 고대에 대한 상상을 할 수 있는 것에 대하여 그것이 마치 정신이 참으로

---

110) 黃宗羲, 『宋元學案』, 권80, 19a~19b, "臣聞, 心者人之太極, 而人心, 又爲天地之太極, 以主兩
儀, 以命萬物, 不越諸此, 故天之神明春秋冬夏, 風雨霜露, 地載神氣, 爲風霆流形, 庶物露生, 其
于人也, 則淸明在躬, 志氣如神,……而人心之靈, 則所以奠人極, 人極立而天地位焉.……陛下
謂, 此心之外別有所謂天地神明者乎, 抑天地神明不越乎此心也."

아득한 과거의 시간을 거슬러 올라가 그로부터 지식을 받아들이는 것이라고 생각했던 것으로 보인다. 그는 다음과 같이 말한다.

천지는 헤아릴 수 없이 크고 고금은 헤아릴 수 없이 오래지만, 인간은 7척의 몸과 방촌의 심장으로 천지의 사이에 서서 형기가 구속되어 고작 100년을 살 수 있을 뿐이다. 그러나 인간은 100세대 전의 태곳적으로 거슬러 가서 요순과 삼왕의 시대에 있었던 일을 살필 수 있으니, 그 마음을 따라 태고로 이르러 가는 것이 마치 그 시절을 함께 살고 그 자리에 함께 서서 고대의 성현과 더불어 노닐듯이 한다. 시초와 거북은 사물을 모방할 수 없지만, 이 마음의 움직임이 점서占筮로 드러난다. 귀신은 보고 들을 수 없지만, 이 마음의 정성됨이 제사에서 드러난다…… 그러므로 마음은 신명의 집으로서, 하늘과 땅을 포괄하고 과거와 현재를 드나들며 인간과 사물을 하나로 하고 밝음과 어두움을 관통한다.[111]

인간의 마음과 세계정신이 같다는 사실에서 위요옹은 이 둘이 시비의 판단에서 항상 일치한다는 결론을 내린다. 하늘은 그 때문에 사람에게 자신을 이해시킬 필요가 없다.

마음의 신명은 하늘이다. 이 마음이 불안한 것은 하늘의 리로써도 불가한 것이다. 하늘이 어찌 자질구레하게 사람과 시비를 헤아려 비교하겠는가?[112]

위요옹은 호흡과 같은 생리작용 및 보고 듣는 것과 같은 지각작용을 모두 귀신의 작용이라고 말한다. 이것을 어떻게 이해해야 할 것인가? 위요옹은 귀신이

---

111) 黃宗羲, 『宋元學案』, 권80, 17b, "天地不可量也, 古今不可度也, 人以七尺之軀, 方寸之心立乎兩間, 形氣所拘僅百年耳. 然而由百世之上, 以及諸太古久遠, 二帝三王之事, 隨其心之所之, 如生乎其時, 立乎其位, 與之相周旋也. 蓍龜不可方物也, 而是心之動, 見乎卜筮, 鬼神不可見聞也, 而是心之誠, 行乎祭享……然則心者神明之舍, 所以範圍天地, 出入古今, 錯綜人物, 貫通幽明."
112) 黃宗羲, 『宋元學案』, 권80, 18b, "心之神明則天也, 此心之所不安, 則天理之所不可, 天豈屑屑然與人商較是非耶."

라는 존재를 내 마음의 작용으로 생각하고 있다.

인간 안에서 양의 혼은 신이 되고 음의 백은 귀가 된다. 두 기가 합하여 있는 동안에는 혼이 모으고 백이 응축하여 살아 있다. 분리되면 혼은 위로 올라가 신이 되고 백은 내려가서 귀가 된다.113)

사람의 잘못은 욕구와 욕정에 따라 다양하게 생겨나기 때문에 대부분의 윤리학자들은 욕구에 대한 투쟁을 요청하였으며, 심지어 많은 이들이 욕구를 완전히 압박할 것을 청하였다. 이러한 과격한 방식에 위요옹은 반대한다.

성인과 현인은 욕구를 적게 가져야 한다고 말하였지만 욕구가 없어야 한다고 말하지는 않았다. 이른바 인에 대한 욕구, 확고히 서고자 하는 욕구, 달통하고자 하는 욕구, 선에 대한 욕구는 인간이 도를 추구하고자 하는 것과 다르지 않다.114)

4. 원섭

원섭袁燮(1144~1224)의 자는 화숙和叔이고 호는 혈재絜齋이며 은현鄞縣 출신이다. 그는 인간의 마음에 관하여 육구연의 학설과 연계하여 비슷하게 말하였지만, 마음에 대한 형이상학적인 궤변을 늘어놓기보다는 명상을 통하여 마음을 수양하는 것에 더 비중을 두었다. 원섭의 이런 성향은 아주 어려서부터 징조를 보였다. 그가 젖먹이였을 때 유모가 그의 앞에 물그릇을 놓아두었는데, 그는 그것을

---

113) 『性理大全』, 권28, 8a; 黃宗羲, 『宋元學案』, 권80, 8b, "在人則陽魂爲神, 陰魄爲鬼, 二氣合, 則魂聚魄凝而生, 離則魂外爲神, 魄降爲鬼."
114) 黃宗羲, 『宋元學案』, 권80, 12a, "聖賢之論言寡欲矣, 未嘗言無欲也, 所謂欲仁欲立欲達欲善, 莫非使人即欲以求諸道."

하루 종일 쳐다보았으며 밤에도 마치 최면에 걸린 듯 그 앞에 그대로 앉아 있었다고 한다.[115]

원섭은 1195년에 비로소 과거에 합격하였다. 그는 학술원에 초빙되었으며 강음江陰의 관리가 되었다. 그러나 위학을 했다고 하여 주회 및 그의 추종자들과 마찬가지로 해직되었다. 후에 그는 국자감의 교수이며 도서관장으로 다시 임용되었으며 마지막으로는 예부의 관직을 맡았다. 그는 성품이 신중하고 충직했다고 한다. 그가 육구연과 연계하였을 때에도 여전히 현실에 가치를 두고 있었으며 언어는 명백하고 활달하며 보다 덜 환상적이었다.

원섭이 죽자 양간이 그의 비문을 썼다. 시호는 정헌正獻이다. 『모시경연강의毛詩經筵講義』 1권을 비롯하여 다양한 내용의 저술을 남겼다.

원섭은 "도는 멀리 있지 않다. 사람의 본심이 도이다"[116]라고 하였는데, 이 말은 육구연이나 양간을 연상시킨다. 그러나 그에게 중요한 것은 세계를 생성하는 마음의 헛된 능력이 아니라 자기 마음의 수양과 완성이었다.

무릇 몸 밖의 사물에 대해서는 적게 추구하고 쉽게 만족해야 한다. 오직 나만이 천지와 나란히 넓고 크고 높고 밝은 것은 내가 진실로 이 마음을 가지고 있음이니, 이것을 아침저녁으로 갈고 닦아서 반드시 옛사람을 좇아 함께하고자 해야 한다. 어떤 사람들은 예사로이 성인 또한 일개 사람일 뿐이라고 말하지만, 나는 감히 그렇게는 말하지 못하겠다.[117]

사람이 하늘과 땅 사이에 태어나서 초연하게 사물 중에서 홀로 귀한 까닭은 그의 마음 때문이다. 마음은 인간의 큰 근본이다. 이 마음을 보존하면 비록 천한 지위에

---

115) 『宋史』, 권400, 「列傳」, 8a, "乳媼置槃水其前, 玩視終日, 夜臥常醒然."
116) 黃宗羲, 『宋元學案』, 권75, 2b, "道不遠, 人本心卽道."
117) 黃宗羲, 『宋元學案』, 권75, 3b, "凡身外之物皆可以寡求而易足, 惟此身, 與天地並廣大高明. 我固有之, 朝夕磨礪, 必欲追古人而與俱. 若徒僑於凡庸而曰, 是亦人爾, 則吾所不敢也."

있더라도 고귀하게 될 수 있고, 보존하지 못하면 비록 높은 지위에 있더라도 천하게 될 수 있다.[118]

마음은 크다. 천지와 더불어 같은 근본을 가지고 있다. 순수한 생각으로 그것을 얻고, 하는 일을 조심하여 그것을 지키면, 천지와 서로 같아진다.[119]

따라서 사람은 꾸준하게 자기를 수양해야 하며, 이로써 마음은 본연의 크기에 이른다. 그 본연의 성은 근원적으로 선하지만, 인간이 욕구를 따르고자 할 때에는 악이 부가될 수도 있다. 욕구를 따르면 인간은 자신의 능력을 상실하게 된다.

인간의 마음은 지극히 신령스럽지만 욕구에 의해 가려지면 신령스럽지 못하다.[120]

곧바른 것은 하늘의 덕이다. 인간은 이것에 의해 생겨난다. 본심의 선량함은 바르지 않은 적이 없었다. 돌아서 굽고 휘어서 얽매여 많은 일들을 견디지 못하는 것은 본연이 아니다.[121]

이렇게 굽고 휜 것을 인간은 자기를 수양함으로써 제거해야 하며, 그것을 위해서 명상이 필요하다.

---

118) 黃宗羲, 『宋元學案』, 권75, 2b, "人生天地間, 所以超然獨貴於物者, 以是心爾, 心者人之大本也, 此心存, 則雖賤而可貴, 不存, 則雖貴而可賤."
119) 黃宗羲, 『宋元學案』, 권75, 2b, "大哉心乎, 與天地一本, 精思以得之, 就業以守之, 則與天地相似."
120) 黃宗羲, 『宋元學案』, 권75, 3a, "人心至神, 翳之以欲則不神矣."
121) 黃宗羲, 『宋元學案』, 권75, 3a, "直者天德, 人所以生也, 本心之良未嘗不直, 回曲繚繞不勝其多端者非本然也."

제3장 그 밖의 철학자들

1. 장식

장식張栻(1133~1180)은 자가 경부敬夫・낙재樂齋이고 호는 남헌南軒이다. 그는 주희의 절친한 친구였지만 주희의 견해에 동조하지는 않았다. 고향은 사천성 면죽縣竹이며, 그의 아버지는 유명한 정치인이자 장군인 장준張浚이다. 장준은 그 공로를 인정받아 후에 위국공魏國公에 봉해졌다. 장식은 호굉의 문하에서 공부하였다.

1164년에 장식은 아버지를 호남성에 있는 형산衡山 기슭에 묻고 삼 년간 시묘하였다. 주희는 1167년에 형산에 있는 그를 방문하였는데, 그와 사흘 밤낮을 『중용』에 대하여 논하였으나 어떤 일치점도 찾지 못하였다고 한다. 장식은 관리로서 자주 황제를 만날 기회가 있었다. 그는 황제에게 올리는 상소에서 이민족 침략자인 금과의 화친을 반대하며 항전할 것을 주장하였다. 그의 마지막 관직은 호북성 강릉부의 지방관이었다. 저술로는 『계사논어해癸巳論語解』,『맹자상설孟子詳說』,『맹자설孟子說』,『역설易說』,『희안록希顔綠』이 있다. 그의 막내동생이 그의 글들을 모아 문집 『남헌집南軒集』을 펴내었다.

장식의 세계관은 다음의 글에서 잘 드러난다.

천하의 리는 공평하며 내가 사적으로 얻을 수 있는 것이 아니다. 그러므로 인의 도는 크고 명의 리는 은미한 것이다. 불교도들은 수많은 변화가 모두 내 마음의 작품이고 모든 것이 나의 마음에서 생겨난다고 여기는데, 이것은 태극의 본연의 전체를 도리어 개인을 위한 사적인 것으로 삼아 천명이 통하지 못하게 만든 것이다. 그러므로 불교도들이 말하는 마음이라는 것은 단지 인심에 그칠 뿐 도심을 알지 못하는 것이다.[1]

천하의 리는 모든 사물에 공동이며 이것은 어떤 개별적인 존재를 특별히 어떤 것을 따로 행하는 것이 아니다. 장식에게 사욕은 천하의 리의 작용에서 특별히 허용될 수 있는 것이 아닌 것으로 보인다. 장식은 세계가 인간의 마음에 의해 생성된다는 불교의 견해를 부정한다.

장식은 여느 유학자들과 마찬가지로 인간의 마음은 하늘과 땅의 중에서 생성된다고 하는데, 그것이 어떻게 가능한지는 이해하기가 어렵다. 아마도 이것은 단지 마음을 생성하는 힘이 중을 이룬다는 것과 올바른 방식으로 합해진다는 것을 의미할 것이다.

인간이 천지와 균형을 이루게 되면 그는 이를 통해 생성되며 마음을 부여받는다. 하늘의 명을 성이라고 한다. 정미하여 지각할 수 없고 심오하여 말로 표현할 수 없는 것, 그 작용이 매우 놀라운 것이 마음이다.[2]

본연의 리는 항상 선하며 모든 인간과 동물에게 동일하다. 그와는 달리 개인의 성품을 형성하는 기질은 인간과 동물이 달라서, 상대적으로 밝고 어두움과 풍요롭고 모자람의 차이가 있다. 인간은 천지의 가장 탁월한 정수와 오행의 가장 좋은 것을 받았다. 개별적으로 부여받은 기질은 공부를 통해 변화시킬

---

1) 黃宗羲, 『宋元學案』, 권50, 12b, "公天下之理非有我之得私, 此仁之道所以爲大, 而命之理所以爲微也, 若釋氏之見, 則以爲萬法皆吾心所造, 皆自吾心生者, 是昧夫太極本然之全體, 而反爲自利自私, 天命不流通也, 故其所謂心者是亦人心而已, 而非識道心者也."

2) 『性理大全』, 권32, 25b, "人受天地之中以生, 有是心也, 天命之謂性, 精微深奧, 非言所可窮極, 而妙其蘊者心也."

수 있으므로 더 강해지거나 약해질 수 있다. 그런데 사람은 본래의 선한 성을 회복할 수 있지만 동물은 할 수 없다. 왜냐하면 그들의 성품은 편벽되어 고칠 수 없기 때문이다.

인간 본연의 성 즉 리는 변화하지 않으며 아무것도 더해질 수 없다.[3] 선과 악은 욕구가 생기면 비로소 나타나게 된다.

> 태극은 선하지 않음이 없기 때문에 성 또한 선하지 않음이 없다. 사람의 욕구는 처음에 어떤 대상도 가지고 있지 않다. 전傳에 이르기를 "인간이 태어날 때에 고요한 것은 하늘의 성이라고 한다. 사물에 감응하여 움직이는 것은 성의 욕구이다"라고 하였다. 사물이 이르러 오면 지가 생기고, 지가 생기면 좋고 싫음이 나타난다. 그런 연후에 흘러가서 악이 되는 것이니, 그것은 본래 성에 있던 것이 아니다.[4]

태어날 때의 이른바 고요함은 또한 하늘의 성 즉 태극과 같다. 이러한 상태에서는 아직 선과 악이 없다. 선과 악은 외부의 작용에 감응하여 욕구가 생겨나야 비로소 나타나게 된다. 허용된 것을 지향하는 것은 선이고, 다른 것은 악이다. 사물과의 감응에서 또한 선과 악을 구분하는 지가 비로소 생겨난다. 이것을 알려면 먼저 선악과를 먹었어야만 한다.[5]

인심의 싹틈과 군자의 신독愼獨에 대해 장식은 다음과 같이 설명하고 있다.

> "볼 수 없고 들을 수 없다"는 것은 이 마음이 있는 곳이 눈과 귀로는 볼 수 없고

---

3) 『性理大全』, 권31, 1a.
4) 『性理大全』, 권31, 1b, "太極無不善, 故性亦無不善, 人欲初無體也, 傳曰, 人生而靜, 天之性也, 感物而動, 性之欲也, 直至物至知, 知, 好惡形焉, 然後有流而爲惡者, 非性所本有也."
5) 무지의 상태에 있는 동안에는 인간이 악에 대하여 어떤 책임도 지지 않을 수 있다. 무언가 책임을 지려면 그것에 대해 먼저 알아야 하기 때문이다. 잘 알려진 성경 구절에서도 이를 읽을 수 있다. 『성경』, 「창세기」, 2. 17, "그러나 선과 악을 인식하게 하는 나무에서 너는 먹지 말아야 한다. 그것을 먹으면 네가 죽게 될 것이기 때문이다."

들을 수 없음을 가리킨다. 눈으로도 보지 못하고 귀로도 듣지 못하기 때문에 '은미하다'고 한다. 그러나 "이 은미한 것보다 더 잘 드러나는 것이 없다" 하였으니, 선악의 기미가 조금이라도 싹트면 곧 내 마음의 영명함 때문에 결코 스스로 속이거나 감출 수 없게 된다. 이것은 '드러남'의 지극함이다. 내 마음의 영명함은 내가 홀로 아는 것이지 다른 사람과 함께할 수 있는 것이 아니다. 그래서 '신독'의 '독'獨을 말하였으니, 이것은 군자가 매우 엄격하게 지켜야 하는 것이다. 대략 그 요지를 정리한다면, '볼 수 없고 들을 수 없다'는 것을 '마음'으로 해석하고 '은미함'을 '선악의 기미'로 해석하며 '홀로 있을 때 삼감'(愼獨)을 이 두 가지를 합하는 것으로 해석하면 될 것이다. 나의 견해가 장황한 것은 아니지 않은가?6)

장식은 마음이 신체를 떠날 수 있으며 이것이 단지 비유로만 말하는 것이 아니라는 생각을 가진 사람들의 의견에 반대한다. 그는 말한다.

마음은 본래 들어오고 나가는 것이 아니다. 마음이 들어오고 나간다고 하는 사람은 마음을 알지 못한 것이다.…… 마음의 본체는 진실로 들어오고 나가지 않는다.7)

특히 주목할 만한 것은 하늘에 관한 그의 견해이다.

어느 날 황제에게 업무를 보고하는 중에 황제가 하늘에 대하여 물었다. 선생이 답하였다. "푸르고 푸른 저 사물을 하늘이라고 여겨서는 안 됩니다. 마땅히 일상생활 속에서 항상 하늘을 찾아야만 합니다. 한 생각이라도 올바르기만 하면 곧 하늘

---

6) 黃宗羲, 『宋元學案』, 권50, 15a, "不睹不聞者, 指此心之所存, 非耳目之可見聞也. 目所不睹可謂隱矣, 耳所不聞可謂微矣. 然莫見莫顯者, 以善惡之幾一毫萌焉, 即吾心之靈, 有不可自欺而不可以揜者, 此其所以爲見顯之至者也. 以吾心之靈, 獨知之而人所不與, 故言獨, 此君子之所致嚴者. 蓋操之之要也, 今以不睹不聞爲方寸之地, 隱微爲善惡之幾, 而又以獨爲合是二者, 以吾之所見乎. 此者言之不支離乎." 주희에게 보낸 이 편지글은 『중용』 제1장 "君子, 戒慎乎其所不睹, 恐懼乎其所不聞. 莫見乎隱, 莫顯乎微, 故君子愼其獨也"에 대한 해석이다.

7) 黃宗羲, 『宋元學案』, 16a; 孫奇逢, 『理學宗傳』, 권16, 22b, "心本無出入, 言心體本如此謂心有出入者不識心者也,……而心體則實無出入也."

의 상제는 거울을 보듯이 밝게 보고 직접 모습을 드러내듯이 함께합니다. 한 생각이라도 올바르지 못하다면 곧 상제의 진노가 내리게 됩니다."[8]

여기에서 우리는 유학자들에게서 가끔 발견되는, 고대 경전에 나타나는 유신론적 성향을 확인할 수 있다. 또한 다음에서는 하늘과 땅을 아버지와 어머니처럼 섬겨야 한다는 생각이 나타난다.

천지는 부모가 아닌가, 부모는 천지가 아닌가? 부모 섬기기를 하늘을 섬기는 도로써 하지 않는 사람은 효자라고 할 수 없고, 하늘 섬기기를 부모를 섬기는 도로써 하지 않는 사람은 어질다고 할 수 없다. 인간은 전적으로 하늘에서 나서 하늘로 돌아가니, 부모를 섬기는 도는 하늘을 섬기는 데서 나온다.[9]

공부에서 장식은 두 가지 잘못을 특별히 경계해야 한다고 믿었다. 당시에 어떤 학자들은 고상한 철학 즉 형이상학에만 관심이 가지고 기초적인 지식을 소홀히 하였으며, 다른 학자들은 형이상학이 없어도 공부가 완전할 수 있다고 믿었다. 이 두 무리의 잘못에 대해 장식은 다음과 같이 지적한다.

참된 리를 버리고 빈 말에 빠져서 아래서부터 배우는 것을 소홀히 하고 단지 항상보다 높이 도달하는 것에 대하여 말하며, 형이하의 것을 모두 쓸어버린 채 스스로 형기形器의 껍데기에 있을 뿐이라고 여긴다. 이들의 병통은 아마도 세밀하지 못한 데 있는 것 같다. 이것은 바로 이른바 부처를 배척한다고 하면서도 바로 그 가운데로 빠지고 있다는 것을 알지 못하는 것이다.[10]

---

8) 黃宗羲, 『宋元學案』, 권50, 26a, "一日奏事, 上問天. 先生曰, 不可以蒼蒼者便爲天, 當求諸視聽言動之間, 一念纔是, 便是上帝鑒觀, 上帝臨汝, 簡在帝心, 一念纔不是, 便是上帝震怒."
9) 黃宗羲, 『宋元學案』, 권50, 17b, "天地其父母乎, 父母其天地乎. 故不以事天之道事親者, 不得爲孝子, 不以事親之道事天者, 不得爲仁. 人全而生之, 全而歸之, 事親之道所以事天."
10) 黃宗羲, 『宋元學案』, 권50, 22a, "舍實理而騖虛說, 忽下學而驟言上達, 掃去形而下者, 而自以爲在形器之表, 此病恐不細, 正某所謂雖闢釋氏, 而不知正墮其中者也."

일부의 사특한 유학자들이 해로움을 보고서는 드디어 "유학은 배울 것이 못된다"라고 말하니, 가당키나 한 말인가?[11]

특히 후자에 해당하는, 형이상학을 연구할 필요가 없다고 생각하는 학자들은 마치 사레들리지 않기 위하여 먹는 것을 포기하려는 사람들과 같다.

장식은 학자들이 선대 철학자의 말을 이해하는 것이 항상 쉽지는 않다는 것에 동의한다. 이정을 예로 들면, 그들은 학자들이 깊이 들어갈수록 의미를 파악하기가 더 어렵게 되는 성과 명에 관한 많은 저서들을 남겼다고 한다. 따라서 학자들은 말의 의미에 중점을 두어서는 안 되며, 오랫동안 그것에 대하여 깊이 생각해야 비로소 그것을 이해할 수 있게 된다는 것이다.[12]

2. 진량

진량陳亮(1143~1194)의 자는 동보同甫이고 호는 용천龍川이다. 고향은 절강성 영강永康이다. 진량은 주희와 친구가 되었으며 서로 철학적 견해가 판이함에도 불구하고 많은 편지를 주고받았다. 진량은 특히 군사, 예, 백성의 복지에 관하여 이야기하기를 좋아하였다. 1163년에 금과 평화협정을 맺자 많은 사람들은 전쟁이 끝남을 기뻐하였지만, 진량은 황제에게 굴욕적인 화의에 반대하는 상소를 올렸다. 이것이 아무 영향을 미치지 못하자 그는 물러나서 공부하며 책을 저술하고 많은 제자들을 길렀다. 1179년에 다시 올린 글은 황제의 마음에 들었고, 황제는 그를 임용하고자 하였으나 권신들의 반대로 무산되었다. 자유분방한 표현 때문에 그는 많은 사람들과 충돌하였으며, 그 때문에 여러 번 감옥에 갔다. 광종光宗

---

11) 黃宗羲, 『宋元學案』, 권50, 18b, "是因盜儒爲害者, 而遂謂儒之不可爲, 可乎."
12) 黃宗羲, 『宋元學案』, 권50, 22b.

치하인 1193년에 진사에 합격하여 판관에 임명되었지만 이듬해에 54세의 나이로 부임하기 전에 죽었다.[13] 저술로는 『삼국기년三國紀年』과 『진용천문초陳龍川文鈔』 및 30권의 『용천문집龍川文集』이 있다.

진량은 단지 정치와 현실에만 몰두하였다. 역사를 공부해서 종족의 성장과 쇠퇴의 원인을 인식하고자 하였다. 그는 형이상학을 아무 소용이 없는 헛소리로 여겼다. 그는 그것을 이해하지 못하였으며 또한 이해하고자 하지도 않았다. 인간의 성과 명에 대하여 말하는 사람을 만날 때마다 그는 매번 '쓰레기'(灰埃)라며 비웃었다. 진량은 이정 형제와 주희의 철학을 격하게 비판하고 왕통王通[14]을 높이 평가하였는데, 그 이유는 왕통이 맹자를 따라 공자의 학설을 가장 충실하게 보존하였다고 보았기 때문이다. 이러한 철학적 입장의 공유자들은 절강학파 또는 영가永嘉학파라는 이름으로 불렸다. 영가는 진량과 유사한 성향을 보인 섭적葉適의 고향이다.

주희는 영가학파가 특히 왕통을 신봉하는 것은 공자가 이들에게 너무 높기 때문이라고 말하였다. 태산이 있음에도 오르고자 하지 않고 낮은 언덕에 오르는 데 만족하고 만다는 것이다. 나아가 그는 영가학파가 머리도 꼬리도 없다고 하였다. 이는 존재론, 형이상학 등 학문적인 기반을 전혀 가지고 있지 않은 데 대한 지적이다.

진량은 성리학을 일구어 낸 북송대의 선배 유학자들을 힐난하였다. 진량에 의하면, 그들은 단지 하늘의 리와 인간의 욕구만 알 뿐 정치적 판단에 따른 시간과 상황, 경제와 사회의 변화 등을 고려하지 않지만, 하늘의 리와 인간의 욕구가 서로 나란히 실재할 수 있듯이 왕도와 패도 또한 상황에 따라 유려하게 적용되어야만 한다.[15] 진량은 전설적인 삼왕이 항상 하늘의 리에 합당한 의리에

---

13) 黃宗羲, 『宋元學案』, 권56, 1 이하; 渡邊秀方, 劉侃元 中譯, 『中國哲學史槪論』 3권, 100.

14) Alfred Forke, *Geschichte der mittelalterischen chinesischen Philosophie* (1934), 274쪽 참조.

15) 渡邊秀方, 劉侃元 中譯, 『中國哲學史槪論』 3권, 101.

따라 행동하였던 것이 아니며, 한漢과 당唐이 단지 그들의 욕구와 그들의 이익에 따라서만 건립된 것도 아니라고 여겼다. 모든 시대에 때로는 선한 그리고 때로는 악한 욕구가 통치자의 행위를 움직였다는 것이다.

당시 학자들의 학문하는 자세에 대한 진량의 견해는 주희에게 보내는 편지에서 매우 분명하게 나타나고 있다.

현세의 학자들은 마음을 희롱하여 형체가 없으면서도 탁월하고 참되게 알 수 있는 것이라고 말한다. 그러나 마음을 얕게 깨달은 이들은 다만 마른 나무나 타 버린 재처럼 되어 꽉 막히게 될 것이며, 설사 깊이 깨달은 이들이라 하더라도 어찌 『중용』에서 말한 '문장과 조리를 치밀하게 도리'를 알 것인가? 그저 마음의 흐름에 내맡긴 채 그칠 곳을 모르고 휩쓸려 다니면서도 오히려 스스로 그것을 얻었다고 자랑하고 있으니, 어찌 애처롭지 않은가?16)

또한 그는 동시대의 사람들에 대해 충성심이 결핍되어 있고 정치적으로 무관심하다고 비난하였다. 오랑캐들이 중국을 침입하여 북쪽을 전부 점령하였을 때에도 그들은 단지 도와 리 및 인성에 대해 떠들기만 할 뿐 집과 궁정을 지킬 생각은 하지 않았기 때문이다.

3. 여조겸

여조겸呂祖謙(1137~1181)은 자가 백공伯恭이고 호는 동래東萊이다. 주희 및 장식과 절친한 사이였으며 절강성 무주婺州 출신이다.17) 어릴 때는 마음이 매우

---

16) 黃宗羲, 『宋元學案』, 권56, 9b, "世之學者, 玩心, 於無形之表, 以爲卓然而有見. 此其得之淺者, 不過如枯木死灰, 得之深者, 亦安知所謂文理密察之道. 泛乎中流, 無所底止, 猶自謂其有得, 豈不可哀."
17) 『宋史』, 권434, 「列傳」, 2a; 孫奇逢, 『理學宗傳』, 권16, 24a; 謝无量, 『中國哲學史』 5권, 74.

좁았지만 『논어』의 구절을 읽으며 변했다고 한다. 그의 관심은 철학보다 역사에 있었으며 성품은 평온하고 대담하였다. 처음에 그는 태학박사太學博士로 임용되었으며, 후에 역사가가 되었다. 역사가로서 그는 송의 역사에 관한 책을 저술하였다. 주요 저서로 『황조문감皇朝文鑑』150권과 『대사기大事記』12권이 있고, 그 밖에도 다른 역사서들과 경전에 대한 설명들이 있다. 문집으로는 40권으로 된 『동래집東來集』이 전한다.

1175년에 여조겸은 주희를 방문하였으며 열흘간 머물렀다. 둘은 북송대 철학자들의 저서를 읽었다. 학생들의 학업을 쉽게 하기 위하여 이들은 그로부터 공동으로 『근사록』14권 632항목에 대한 설명을 편집하였다. 여조겸은 또한 주희와 육구연이 아호에서 만날 수 있도록 중재하였다.

여조겸의 견해는 주희와 단지 부분적으로만 일치하였다. 그는 주희와 육구연 사이의 조화를 추구하였으나, 그의 견해는 주희보다 정호와 육구연에게 더 치우쳐 있었다. 주희는 친구의 업적을 매우 좋게 평가하지는 않았다. 그는 여조겸의 방대한 역사서들은 평이하게 작업되었으며 그 안에 있는 견해들도 탁월하다고는 할 수 없다고 하였다. 또 그는 여조겸이 고전에 대해 많이 이해하지 못하였기 때문에 훌륭한 문헌학자가 될 수 없었으며 표현방식을 선택하는 데에 있어서 때때로 조심스럽지는 못한 면이 있다고 하였다.[18]

두 사람은 사마천에 대하여 활기차게 논쟁하였다. 여조겸은 그를 한漢의 가장 중요한 저술가로 여겼지만, 주희는 사마천의 지식이 얕아서 표면적이고 경솔하다는 『고사古史』의 저자 소철의 견해에 동조하였다. 여조겸은 이러한 견해에 격분하여 주희와 논쟁하였다.[19]

여조겸은 죽은 후에 성成이라는 시호를 받았는데, 이것은 후에 충량忠亮으로

---

18) 『性理大全』, 권42, 1쪽.
19) 『性理大全』, 권42, 2a.

고쳐졌다. 주희는 친구의 죽음을 매우 한탄하였으며 추모사를 썼다.

여조겸은 형이상학에 많은 것을 기대하지 않았으며 역사가로서 실천철학에 더 많은 관심을 가졌다. 그는 인간 본성의 능력에 대하여 확고한 믿음을 가졌던 것으로 보인다. 이것은 다음의 말에서 확인할 수 있다.

나의 성은 본래 천지의 성과 같고 나의 몸은 본래 천지의 몸과 같다. 다만 사람들이 스스로 귀함을 알지 못하고 관직과 부귀를 우러러 볼 뿐이다.[20]

이것은 마치 육구연의 말처럼 들리기도 한다. 여조겸은 또 주희가 큰 비중을 두었던 '격물格物'에 대하여 이렇게 말한다.

초목과 같은 미물도 재료로서의 쓰임이 각기 다르니, 이런 모든 것들이 사물의 리이다. 그 초목이 재료가 될 수 있는 근거로서의 리를 궁구한다는 것은, 애초에 내 마음에 들어 있던 리를 갑자기 알게 되는 것이다. 이를 일러 격물이라 한다.[21]

이러한 '격물' 해석 또한 주희보다는 육구연의 쪽에 더 가깝게 여겨진다.

여조겸은 많은 사람들이 선행을 가리켜 덕이라고 하는 것에 대해 불만을 토로하였다. 덕이라는 것은 단지 사람이 내면에 가지고 있는 선천적인 양심일 뿐이며, 그것이 행위를 통해 외부로 표현되는 것에 불과하기 때문이다.

지극한 덕은 도를 근본으로 하며, 지극한 덕은 매우 순수하다.[22]

---

20) 黃宗羲, 『宋元學案』, 권51, 4a, "吾之性本與天地同其性, 吾之體本與天地同其體, 不知自貴, 乃 慕爵禄."
21) 孫奇逢, 『理學宗傳』, 권16, 26a, "草木之微用之別, 皆物之理也, 求其所以爲草木器用之理, 吾心存焉, 忽然識之, 此爲格物."
22) 『性理大全』, 권34, 17a, "至德以道爲本, 至德者精粹."

공부에 대하여 여조겸은 몇 가지 좋은 생각을 표현하였다.

후학들이 학문을 하는 데 있어서는, 머리가 좋고 기억력이 좋을 것을 근심할 것이 아니라 오직 사색하지 못하고 깊이 탐구하지 못할까 근심해야 한다.[23]

사람들은 이삼십 년 성인의 글을 공부하고도 어떤 일을 접하게 되면 하루아침에 길거리의 여느 사람들과 다를 바 없게 된다. 그런데 간혹 경륜 높은 어른의 말을 한 번만 듣고도 그 가르침을 평생토록 지켜 가는 사람이 있다. 이것이 어찌 경륜 높은 어른의 말이 육경보다 뛰어나서 그런 것이겠는가? 다만 독서의 인연이 아직 그 쓰임을 만들어 내지 못한 까닭일 뿐이다.[24]

'지'는 길을 아는 것과 같고 '행'은 그 길을 걸어가는 것과 같다. 만약에 그저 '지'만 으로 충분하다고만 한다면, 이것은 단박에 깨달아 곧바로 여래지로 들어간다고 하는 불교의 주장과 같은 것이 된다.[25]

행하고서도 목적을 이루지 못한 자는 그 원인을 자기 자신에게서 찾아야 한다. 감히 다른 사람을 탓해서는 안 된다.[26]

여조겸은 역사가의 중요성에 대해 높이 평가하여 그들이야말로 만세의 정의와 불의를 알려주는 저울이라고 하지만[27] 그러면서도 그들이 고대의 성현들보다는 아래에 있다고 하였다. 그는 다음과 같이 말한다.

---

23) 孫奇逢, 『理學宗傳』, 권16, 17a, "後生學問, 聰明强記不足畏, 惟思索學問尋究者爲可畏耳."
24) 黃宗羲, 『宋元學案』, 권51, 11a, "人二三年讀聖人書, 一旦遇事, 便與閭巷人無異, 或有一聽老成人之語, 便能終身服膺. 豈老成之言過於六經哉, 只緣讀書不作有用看故也."
25) 黃宗羲, 『宋元學案』, 권51, 22b, "知猶識路, 行猶進步, 若謂但知便可, 則釋氏一超直入如來地之語也."
26) 黃宗羲, 『宋元學案』, 권51, 21b, "行有不得者, 反求諸己而已. 不敢他咎也."
27) 孫奇逢, 『理學宗傳』, 권16, 27a, "史官者萬歲是非之權衡也."

고요한 것이 움직이는 것보다 많아야 하고, 실천하는 것이 작용을 밝히는 것보다 많아야 하며, 함양하는 것이 강설하는 것보다 많아야 하고, 경전을 읽는 것이 역사서를 읽는 것보다 많아야 한다. 공부는 이와 같이 된 다음에는 오래 갈 수 있고 크게 될 수 있다.[28]

4. 섭적

섭적葉適(1150~1223)은 자가 정칙正則·청일淸逸이고 호는 수심水心·영가永嘉이며 절강성 영가永嘉 출신으로서 영가학파를 대표한다. 1178년에 진사가 된 후 수도와 지방에서 많은 고위관직을 수행했다. 성품이 곧고 매우 실천적이었으며 많은 실제경험과 기술지식을 지니고 있었다.

섭적이 절강성의 판사로 임용되었을 때 그에게 정치를 배우기 위하여 많은 학자들이 그를 뒤따랐다.[29] 그는 주희가 임률林栗에 의해 고발당하자 그를 변호하면서 황제에게 변론을 제출하였고, 그 자신 또한 정이와 주희에 대한 헛된 모함에 얽혀 함께 고발되었다가 석방되기도 했다. 1194년에 섭적은 광종을 폐위하고 영종의 즉위를 도모하는 역모에 가담하였다. 1206년과 그 다음해에는 군사를 지휘하여 금의 침입을 물리쳤는데, 이때 그는 양자강과 회하의 계곡에 군대를 배치한 후 도주해 온 주민들을 주거지로 돌아가게 하였다. 1223년에 73세의 나이로 죽었다.[30] 시호는 충정忠定이다. 주요 저서로는 그의 철학을 담고 있는 『습학기언習學記言』 50권과 문집 『수심문집水心文集』 28권 및 『별집別集』 16권이 있다.

---

28) 黃宗羲, 『宋元學案』, 권51, 19a, "靜多於動, 踐履多於發用, 涵養多於講說, 讀經多於讀史, 工夫如此, 然後能可久可大."
29) 『宋史』, 권434, 「列傳」.
30) 『宋史』, 권434, 「列傳」, 25a.

섭적은 모든 형이상학을 실천적인 가치가 없는 공론이며 헛소리라고 비난하였다. 그는 학자가 고대의 원전을 믿지 못하고 자신의 부족한 생각으로 새로운 규정을 정립하고자 하는 것을 커다란 불행으로 여겼다. 그러므로 섭적은 주희와 관계가 좋았음에도 불구하고 주희와 그의 추종자들을 매섭게 비판하였다. 섭적은 고대 원전에 대한 평가에서 매우 비판적이었으며 많은 것의 진위를 의심하였다. 특히 송대 철학자들이 이론적으로 의지하고 있는 경전의 고대 텍스트의 해석에 반대할 때에 그의 반론은 매우 철저하였다. 서양에서는 이론 자체가 좋은 것이기만 하다면 고대의 원전에 그다지 얽매일 필요가 없었다. 그러나 정통 유학자들은 어떤 이론이 고대 현인의 말과 대립하는 경우에는 그것을 와해시키고자 모든 노력을 다하였다.

섭적은 관중管仲이『관자管子』를 저술하고, 자사子思가『중용中庸』을, 그리고 좌구명左丘明이『국어國語』를 저술했다는 것을 의심하였다. 증자나 자사, 맹자, 순자 등은 공자의 참된 학설을 전한 것이 아니라는 것이다. 섭적은 특히 '태극' 개념에 반대한다. 공자는 그것을 알지 못하였으며, 허와 무의 시조인 노자나 많은 새로운 표현을 사용하였던 장자와 열자조차도 그것을 몰랐다고 그는 말한다. 그에 따르면 이 개념은『역경』의 주석인「계사전」에서 처음으로 나타나는데, 이것을 공자가 저술하지 않았음에도 불구하고 사람들은 공자가 쓴 것으로 잘못 전하고 있다고 하였다. 또한 섭적은, 공자는 지에 있어서 내외를 구분하지 않았다고 말한다. 불행히도 순자로부터 그 구분이 시작되었지만 그는 예에 지나치게 치중하여『시경』과『서경』을 소홀히 여겼고, 또 양웅이 지를 여러 과정으로 구분한 것도 틀렸다는 것이다. 이어서 섭적은 말한다.

근래 세간의 학자들의 편향과 태만은 매우 심하여, 지가 다만 자기 내부에서 나와야지 밖으로부터 들어오는 것이어서는 안 된다고 하고31), 매번 오직 한 생각만으로 성인이나 현인이 될 수 있다고 한다. 그들은 이 마음 안의 잡초를 스스로 좋은 곡식이라고 부르고 있을 뿐이라는 것을 알지 못한다.[32]

또한 학자들은 경전의 말씀에 만족해야 한다. 무엇 때문에 무극·동정·남녀 등에 관해 이야기하며, 무엇 때문에 머리를 혼란스럽게 하는가? 이 모든 불행은 『역경』의 주석에서 시작되며 이로써 경전의 의미가 어두워졌다.[33]

『역경』을 주석한 사람은 성인을 본원으로 삼아서 세상에 가르침을 펴고, 또한 '태극'이라는 표현으로 후학들을 놀라게 하였다. 후학들은 북을 치며 다투듯 그것을 좇다가 그 돌아갈 곳을 잃어버렸으니, 도에서 나날이 멀어질 뿐이다.[34]

천지와 음양의 은밀한 리는, 공허한 말과 어설픈 추측들이 가장 큰 우환이다.[35]

다른 유학자들과 마찬가지로 섭적 또한 도가와 불교에 반대한다. 『예기』와 『사기』에서 전하고 있는 공자의 노자 방문을 그는 도가에서 지어낸 일이라고 여긴다. 그렇게 함으로써 그들 스승의 말에 더 큰 무게를 두고자 했다는 것이다.[36] 또 노자의 저서는 전적으로 형이상학적이며 그 원칙이 지나치게 소략하고, 그의 후계자인 열자와 장자는 "하늘을 분노하게 하고 인간을 어리석게 만드는" 매우 환상적이며 무절제한 학설을 세웠다고 한다.[37]

---

31) 이것은 陸九淵의 '良知'에 대한 지적이다.
32) 黃宗羲, 『宋元學案』, 권54, 49b, "近世之學則又偏墮太甚, 謂獨自內出, 不由外入, 往往以爲一念之功聖賢可招而致, 不知此心之稂莠未可遽以嘉禾自名也."
33) 黃宗羲, 『宋元學案』, 권54, 24b.
34) 黃宗羲, 『宋元學案』, 권54, 18b, "傳易者將以本原聖人, 扶立世敎, 而亦爲太極以駭異後學, 後學鼓而從之, 失其會歸, 而道日以離矣."
35) 黃宗羲, 『宋元學案』, 권54, 46a, "天地陰陽之密理, 最患于以空言窺測."
36) Alfred Forke, *Geschichte der alten chinesischen Philosophie* (1927), 251쪽 참조.
37) 黃宗羲, 『宋元學案』, 권54, 32.

섭적의 평가에 의하면 노자의 형이상학적인 사변은 대부분 잘못되었으며 학설 자체에 모순이 가득하다. 노자는 도에 대한 설명으로 가득 찬 것에서 텅 빔을, 존재에서 무를, 부드러운 것에서 강한 것을, 약한 것에서 강한 것을 만들었다. 그러나 요순이나 삼왕과 같은 성인들은 그러한 것을 가르치지 않았다. 그러므로 섭적은 도가의 세계관을 부정하고 그 대신에 자신의 세계관을 전달하고 자 하였다. 특히 불교에 대한 그의 반감은 더욱 심하였다.

아! 이것을 전하게 한 것이 노담이었다면 이단의 학설을 통해 왕도를 어지럽힌 죄는 사형으로도 충분한 벌이 되지 못할 것이다. 만일 노담이 전하게 한 것이 아니라 처사와 은둔자들이 왕도가 쇠퇴하던 때에 거짓으로 기이한 말과 상고할 수 없는 말을 한 것이었다면 학자들이 더 이상 그것에 주의를 기울이지 않아도 될 것이다. 무엇 때문에 머리 숙이고 들으려고 애쓰는가?[38]

도가는 마음이 깨끗하여 욕심이 없는 것으로 인간을 다스리고자 하며, 요긴하고 간략한 것이 지루하고 복잡한 것보다 낫다고 주장한다. 한대 초기에 이 방법을 사용하였는데, 비록 중국이 야만의 상태로 빠져들기는 하였지만 완전한 멸망에 이르지는 않았다. 불교의 무리는 괴멸을 그들의 종지로 삼으니, 그 가르침을 행하면 반드시 망하게 된다. 그들이 비록 망함에 이르더라도 후회할 줄 모르는 것은 그 주장이 본래 그러하기 때문이다. 양梁의 무제武帝는 어리석어서 스스로 불교도 가 되어 그 몸을 망치고 말았고, 후대에 또한 당唐의 헌종憲宗과 의종懿宗이 나와서 부처를 숭상하는 일은 복됨과 이익을 더할 수 있다고 외쳤으니, 슬프다![39]

---

38) 黃宗羲, 『宋元學案』, 권54, 34a, "嗚呼, 使其爲藏史之老耼, 則執異學, 以亂王道, 罪不勝誅矣, 使其非耼, 而處士山人乘王道衰闕之際, 妄作而不可逃奇言而無所考, 學者放而絕之可也, 奈何 俛首以聽."

39) 黃宗羲, 『宋元學案』, 권54, 49a, "道家澹泊主於治人, 其說以要省勝支離, 漢初嘗用之, 雖化中 國爲夷, 未至于亡也. 浮屠本以壞滅爲旨, 行其道必亡, 雖亡不悔, 蓋本說然也. 自梁武不曉用之, 當身而失, 唐憲懿又出其下, 直謂崇事可增福利, 悲哉."

중국의 학문이 오랑캐에 의해 변해서는 안 된다. 이미 변하고 따르게 되면 그 도 또한 떨어져서 거꾸로 뒤집혀 유전하게 되어 스스로 알던 것을 다시는 회복하지 못하게 될 것이다.[40]

섭적의 시대에 십익에서 불교와의 일치점을 찾으면서 유교와 불교가 서로 다르지 않다고 주장하는 이들이 많았는데, 그는 북송대의 신유학자들이 그러한 주장을 타파하고 유학을 불교 특히 선종의 설과 변별될 수 있게 한 공은 매우 크지만 그것이 유학 본연의 도를 밝힌 것은 아니라고 보았다.

불교가 후에 나타나 그 변형으로 선종이 되었는데, 선종의 말에 기뻐한 사람들은 그 가르침이 공자와 다르지 않다고 여겼다. 이들은 또한 「십익十翼」에서 자신들과의 유사점을 찾아 항상 '유학과 불교'를 병칭하였다. 우리 왕조의 태평한 시기에 선종이 대단히 성행하자, 뛰어난 선비들 가운데 우리 유가의 설이 저들보다 더 낫다는 것을 밝히려는 사람들이 있었으니 곧 주염계와 장횡거, 이정선생 등이 나타난 것이다. 이들은 사람들이 도가와 불교에 빠져든 지가 너무 오래되었다고 탄식하면서 "우리의 도는 진실로 우리만의 고유한 것"이라고 말하고, 이에 무극과 태극, 동과 정, 남과 여, 태화, 삼천양지, 형기, 모임과 흩어짐, 음양, 감응하여 통합, 안으로 바를 것이 있을 뿐 밖으로 단정하게 할 것은 없음 등의 설을 폈지만, 이것은 모두 요순의 도에 들어가기에는 부족하니 십익에 근본하고 있을 뿐이다. 이들은 우리 고유의 도는 저들 불교도들의 도와는 같지 않다고 여겨서, 자사와 맹자의 새롭고 기이한 논의를 통해 후학을 깨우치고 가르치는 데 이르러서는 모두들 특별히 그것을 밝힘으로써 불교의 날카로운 주장을 누르고 우리의 고유한 설이 이와 같은 것임을 보이고자 하였다. 그러나 십익이 공자가 지은 것이 아님을 알지 못하여 도의 본래의 계통에 도리어 어두워졌으니, 이적의 학설이 본래 중국의 것과 다르다는 것을 알지 못한 채 다만 새롭고 기이한 논의로써 저들의 설을 무너뜨리고

---

40) 黃宗羲, 『宋元學案』, 권54, 44b, "中國之學, 自不當變於夷. 旣變而從之, 又以其道貶之, 顚倒 流轉, 不復自知."

자 한 것이다. 자사와 맹자의 잘못이 드디어 드러났다. 범육范育은 『정몽正蒙』의
서문에서 이 책이 육경에 들어 있지 않다고 하였다. 성인이 말하지 않았던 것으로
석가 및 노자와 논변하고자 한다면 어찌 병을 약으로 여기고 도둑과 강도에게
보호벽을 만들어 주는 것이 아니겠는가? 아! 도가 실로 맹자에서 끊겼구나! 그것이
실로 여기에서부터 다시 이어졌는가? 공자는 배워서 항상 그것을 익힌다고[41] 말하
였지만, 실은 그 익힘이 이루어지지 않은 것이다.[42]

불교가 중국철학에서 발효균으로 작용하였다는 것은 의심할 바 없이 맞다.
그러나 성리학을 단지 외래 학설에 대한 방어로만 파악할 수는 없다. 중국인의
사고 자체에 이미 형이상학과 자연학의 생성에 대한 욕구가 있었기 때문이다.
다만 고대 유학에서는 그것이 약한 징후로만 있었을 뿐이다. 따라서 섭적 시대의
중국인들은 새로운 이념에 대하여 아무것도 알지 못했던 공자를 넘어섰다.
하지만 송대 철학자들은 성인이 완전한 진리를 소유하고 있지 않았다는 것에
동의할 수 없었다. 따라서 그들은 그들 자신의 생각을 십익이나 『중용』, 『논어』
등을 통해 공자에게로 되돌리고자 하였다. 서양에서는 스승이 어떤 것을 아직
알지 못했다는 것이 그 가치를 잃게 하지 않는다. 오히려 그들의 시조가 참된
철학자이며 단순히 남의 말을 제 것인 양 말하는 사람이 아님을 나타내는
징표로 생각한다. 그러나 정통적인 유학자의 관점은 다르다. 공자 또는 그와

---

41) 『論語』, 권1, 1쪽.
42) 黃宗羲, 『宋元學案』, 권54, 10b, "佛學後出, 其變爲禪, 喜其說者以爲與孔子不異, 亦挽十翼以
自況, 故又號爲儒釋, 本朝承平時, 禪說尤熾, 豪傑之士有欲修明吾說以勝之者, 而周張二程出
焉, 自謂出入於佛老甚久矣, 而曰, 吾道固有之矣, 故無極太極, 動靜, 男女, 太和, 參兩, 形氣,
聚散, 絪縕, 感通, 有直内無方外, 不足以入堯舜之道, 皆本於十翼. 以爲此吾所有之道, 非彼之
道也, 及其啟教後學於子思孟子之新說奇論, 皆特發明之, 大抵欲抑浮屠之鋒銳, 而示吾所有之
道者此, 然不悟十翼非孔子作, 則道之本統尙晦, 不知夷狄之學本與中國異, 而徒以新說奇論闢
之, 則子思孟子之失遂彰, 范育序正蒙謂, 此書以六經所未載, 聖人所不言者, 與浮屠老子辯, 豈
非以病爲藥, 而與寇盜設郭郭助之捍禦乎, 嗚呼, 道果止于孟子而遂絕邪, 其果至是而復傳邪,
孔子曰, 學而時習之, 然則不習而已矣."

동등한 고대 성인의 비준이 없이는 진리도 없다.

섭적은 특별히 비판적인 사람이었지만 그의 비판은 본래 건설적이지가 않다. 거의 모든 중국철학이 그의 제물이 되었지만 그는 고대의 현인과 공자 앞에서는 비판을 멈추고 그들에게로 돌아가고자 하였다. 공자의 저서 이외에 그는 특히 『서경』과 『주역』에 가치를 두었으며, 송대 철학은 헛된 속임수로 여겼다. 그는 중과 화를 통한 마음의 설명으로 만족하고, 자사와 맹자가 설명한 마음의 학설을 이미 잘못된 것으로 여겼다.[43]

섭적은 다른 과격한 사상가들과 같았다. 자기비판을 통하여 전체 학문을 제거한 다음에, 신뢰를 그 탈출구로 삼았다. 그러나 공자와 그 이전의 성인이 한 말은 그에게 신성불가침한 것이었으며, 그는 그것을 비판하려는 생각은 하지 않았다. 그는 탁월한 비판가이면서 동시에 과격한 보수반동주의자였다.

5. 채침

채침蔡沈(1167~1230)은 자는 중묵仲黙이고 호는 구봉九峯·무이武夷이며 채원정의 아들이다. 아버지와 마찬가지로 주희의 제자였으며, 주희의 임종을 지켰다. 그는 형과 함께 농사를 지었으며 한 번도 관리가 되지 않았다.

1197년에 채침은 아버지가 호남으로 가는 유배에 동행하였다. 산과 강을 넘는 여행은 매우 피곤하였다. 그들은 자주 한파를 겪었으며 또한 숙소를 찾지 못했다. 그는 모든 것을 묵묵히 견디며 아버지와 도중에 철학적인 문제에 대한 이야기를 나누었다. 그는 아버지가 그 다음해에 죽자 수천 리 떨어진 고향 복건성 건양建陽으로 운구하여 돌아왔다. 그는 과거를 위한 학업을 중단하였으며

---

43) 渡邊秀方, 劉侃元 中譯, 『中國哲學史槪論』 3권, 102.

단지 성현을 스승으로 삼고 오랫동안 물러나 산에서 살았다.

어렸을 때 그는 주희의 제자가 되었으며 자주 그의 여행에 동행하였다. 주희는 마지막 몇 년 동안 『서경』의 주석을 완성하고자 애썼으나 끝내지 못했고, 채침에게 그것을 넘겨주었다. 이에 따라 채침은 『서경집전書經集傳』이라는 주석을 편찬하였다. 채침은 이와 비슷한 과업을 아버지에게서도 물려받았다. 채원정은 채침에 대하여 자신의 책을 완성할 사람이라고 말하였다. 채원정은 훌륭한 수학자로, 소옹의 『황극경세서皇極經世書』에 대해 설명하였으며 「홍범洪範」에 대한 해설도 출간하였다. 그러나 「홍범」의 산술에 대하여 더 이상 기술할 수 없게 되자 그것을 아들에게 위임하였다. 채침은 수년 동안 이것에 전념하여 드디어 「홍범황제내편洪範皇帝內篇」을 완성하였다. 이것은 『성리대전』에 실려 있다. 그 안에서 발전된 수학은 채침이 송대 철학에 공헌한 것이다.

우주론에서 채침은 스승 주희를 따른다. 그는 이렇게 말한다.

> 리는 지극히 신비하다. 기가 아직 형체가 없고 사물이 아직 생겨나지 않았을 때에도 리는 갖추어지지 않음이 없었으며, 기가 이미 형성되고 사물이 이미 생겨난 다음에도 리는 없는 곳이 없다. 혼연한 하나로 있을 때에도 남음이 없으며, 사물에 각기 그 명으로 주어졌을 때에도 부족함이 없다. 형태와 그림자가 없고 소리와 냄새가 없지만 만 가지 변화를 주도하며 만물을 신비하게 한다. 사람은 그것이 신이 됨을 알지만 그것이 신이 되는 까닭은 알지 못한다.[44]

리는 생성보다 먼저 존재하지만, 그의 존재를 아는 것은 없다. 이것은 어떤 정신적인 것이기 때문에 감각으로 지각할 수 없고 또한 측정할 수도 없다. 단지 숫자로 제시할 수 있을 뿐이다. 인간은 단지 그것이 있다는 것, 그리고

---

44) 孫奇逢, 『理學宗傳』, 권17, 7b; 黃宗義, 『宋元學案』, 권67, 10a, "理其至妙矣乎. 氣之未形, 物之未生, 理無不具焉, 氣之旣形, 物之旣生, 理無不在焉. 渾然一體, 而不見其有餘, 物各賦命, 而不見其不足. 無形影可度也, 無聲臭可聞也. 主萬化, 妙萬物, 人知其神而不知其所以神."

그것이 신이라는 것을 안다.

리가 시작하는 곳과 수가 생겨나는 곳은, 은미하고 은미하여 그 작음은 형체조차 없고 밝고 밝아서 그 큼은 끝이 없다. 은미한 것은 밝은 것의 근원이며, 작은 것은 큰 것의 근본이다.[45]

태극은 처음에는 아주 작아서 형체가 없었지만, 이 작은 것에서 큰 것이 생겨나고 볼 수 없는 것에서 볼 수 있는 것이 생겨났다. 볼 수 있는 것과 무한하게 큰 것은 태극에서 생겨난 세계이다. 왜냐하면 태극은 항상 볼 수 없고 형체가 없는 것으로 머물며, 태극은 단지 신이기 때문이다. 채침은 그것을 밝고 빈 것으로 묘사한다. 즉 이것은 비물질적인 반면에 사물은 어둡게 막혀 있다.

사물은 막혀 있고, 리는 비어 있다. 어두운 것은 막혀 있고, 밝은 것은 비어 있다. 만물은 비어 있고 밝은 데로부터 생겨나서 막히고 어두운 것에서 죽고, 만사는 비어 있고 밝은 데에서 선하고 막히고 어두운 것에서 악하다. 비어 있고 밝은 것은 곧 신이며, 신은 곧 성聖이며, 성은 곧 수數의 형통함이다. 막히고 어두운 것은 어두움이며, 어두움은 곧 미혹됨이며, 미혹됨은 곧 수의 막힘이다.[46]

모든 선은 밝은 태극에 속하며, 모든 악은 어두운 기질에 속한다. 태극은 현명하고 선하며 생명을 부여하고, 기질은 어리석고 악하며 죽음을 불러온다. 리는 음양·오행·사물에 존재와 형태를 부여한다. 리는 무형이면서 모든 형태의 본체가 된다.

---

45) 黃宗羲, 『宋元學案』, 권67, 8a, "理之所始, 數之所起, 微乎微乎, 其小無形, 昭乎昭乎, 其大無垠. 微者昭之原, 小者大之根."
46) 黃宗羲, 『宋元學案』, 권67, 9a, "物窒而理虛, 暗窒而明虛. 萬物生於虛明, 而死於窒暗也, 萬事善於虛明, 而惡於窒暗也. 虛明則神, 神則聖, 聖者數之通也, 窒暗則惑, 惑則愚, 愚者數之塞也."

형체나 기의 근원인 태극은 진실로 그들보다 앞서서 있으니, 태극은 중中하지 않음이 없다. 기는 간혹 치우침이 있으니, 형체 또한 치우침이 있다. 중한 것은 선하지 않음이 없고, 치우친 것은 선하지 않음이 있다. 기의 선함이 열 가운데 다섯이라면 형체의 선함은 열 가운데 셋이다. 또한 이 다섯과 셋의 사이에도 지극함과 지극하지 못함이 있다.[47]

모든 악과 결함은 태극의 중이 무형 또는 유형의 기에 의해 방해된 것이다. 변형과 변화는 밝음과 어둠 및 연장과 수축을 통해 일어난다. 하늘·따뜻함·낮은 밝고 늘어나는 것이며, 땅·추위·밤은 어둡고 수축하는 것이다.[48]

잘 알려진 기본개념들과 함께 수數가 나타나지만, 이것을 다른 철학자들은 특별히 관찰하지 않고 다만 리로부터 이미 시작하였다고 한다. 그러나 채침은 지는 수의 인식이며, 어리석음은 수에 대한 무지라고 정의한다. 그렇다면 수는 무엇을 의미하는가? 채침은 이렇게 대답한다.

수는 곧 천지가 시작하는 원인이고 인간과 사물이 생겨나는 원인이며 만사의 득실이 나타나는 원인이다. 수의 본체는 형체에서 드러나고, 수의 작용은 리에서 나타난다. 신을 궁구하고 변화를 아는 것이 바로 수가 아니겠는가?[49]

그에 따르면 수는 태극이 사물 안에서 작용하는 것과 유사한 근원적인 본체가 된다. 이것은 두 개의 근원적인 본체가 존재하는 것으로 생각될 수도 있다. 그러나 이렇게 이해하는 것이 채침의 견해와 어긋난다는 것을 그가 수와 사물의 본질이 같다고 설명하는 다른 곳에서 확인할 수 있다.

---

47) 黃宗羲, 『宋元學案』, 권67, 10a, “形氣之元極實先焉, 極無不中也, 氣或偏矣, 形又偏矣, 中無不善, 偏不善矣, 氣之善者十之五, 形之善者十之三, 三五之中又有至焉, 有不至焉.”
48) 黃宗羲, 『宋元學案』, 권67, 7b.
49) 孫奇逢, 『理學宗傳』, 권17, 5b, “夫天地之所以肇, 人物之所以生, 萬事之所以得失, 莫非數也, 數之體著於形, 數之用妙於理, 非窮神知化者曷足以語此.”

수를 따라 내려가면 사물이 시작하는 곳을 알게 되고, 수를 거슬러 가면 사물이 끝나는 곳을 알게 된다.[50] 수와 사물의 본체가 둘이 아니며 시작과 끝이 둘이 아니다.…… 수를 알면 사물을 알고, 시작을 알면 끝을 안다. 수와 사물은 그치지 않고 계속해서 이어진다. 무엇이 시작이고 무엇이 끝이겠는가?[51]

채침은 수를 셀 수 있는 사물과 숫자로 표시된 그룹 및 사물의 순서로 이해한다. 모든 수는 1에서 생겨났다.

어둡고 무한한 사이에 조짐보다 먼저 수의 근원이 있었다. 양태와 형상이 있게 되었을 때 하나는 나뉘어 둘이 되었다. 이것이 수의 나뉨이다. 이어 해·달·별들이 위에 달려 있고 높은 산, 강과 호수가 아래에 널려 있게 되었다. 이것이 수의 드러남 이다. 그리하여 사계절이 서로 바뀌어 운행하고 오기가 질서 있게 통하여 흐른다.[52]

이어서 오륜이 설명되고, 또 하늘과 땅이 각기 아홉 곳으로 나뉘며 그 밖의 것들 또한 모두 9로 나뉘게 되는 것에 대하여 설명된다.

혼돈의 때에는 단지 하나의 태극만이 있었다. 이 하나로부터 둘 즉 음과 양이 생겨났다. 음양은 사상으로 나뉘고, 이어서 사계절·오기·오행 등이 생겨나 며, 이렇게 이어져서 다양한 사물의 그룹과 다른 수들이 생겨났다.

하나가 아니면 둘이 생성될 수 없고, 둘이 아니면 하나가 지극해질 수 없다. 둘은 알 수 있지만 하나는 알기가 어렵고, 둘은 볼 수 있지만 하나는 보기가 어렵다.

---

50) 수는 사물에 붙어 있으며 그들의 실재를 위하여 필수적이다. 그것을 앗아가면 사물 은 소멸하게 된다. 그러나 수는 단지 근원적인 하나 즉 태극으로부터 사물이 분리됨 을 표현하는 것에 지나지 않는다.

51) 黃宗羲, 『宋元學案』, 권67, 15a, "順數則知物之所始, 逆數則知物之所終, 數與物非二體也, 始 與終非二致也,……知數即知物也, 知始即知終也, 數與物無窮, 其誰始而誰終."

52) 孫奇逢, 『理學宗傳』, 권17, 7b, "溟溟之間, 兆眹之先, 數之原也, 有儀有象, 判一而兩, 數之分 也, 日月星辰垂於上, 山嶽川澤奠于下, 數之著也, 四時迭運而不窮, 五氣以序而流通."

알 수 있고 볼 수 있는 것은 형체이고, 알기 어렵고 보기 어려운 것은 은미함이다.[53]

이 말은 하나와 둘의 개념에 대하여 말하는 것이 아니라, 단지 순수하게 존재론적으로 말하는 것이다. 하나는 리이며 신이며 비물질적인 것이기 때문에 감각으로 지각할 수 없다. 하나는 단지 하늘과 땅, 해와 달, 덥고 차가움 등의 표현을 통해 우리가 지각하는 둘 즉 두 가지 양태를 거꾸로 추론해 냄으로써 인식할 수 있을 뿐이다.

수는 인간에 의존하지 않고 사물과 함께 생겨난다. 왜냐하면 사물이 있는 만큼 수가 있기 때문이다. 그러나 그것은 또한 인간이 마음에서 만들어 낸 것이기도 하다. 그러므로 채침은 말한다.

수는 인간에 의해 생겨나며, 수는 인간에 의해 완성된다. 만물은 모두 나에게 갖추어져 있으니, 인간이 스스로 그것을 취하는 것이다.[54]

채침에 따르면, 단지 평균 이상의 사람만이 수를 다룰 수 있다. 성현은 수를 리에 따라 생성하며, 그 도움을 받아 리를 알고자 하는 인류를 가르친다.[55]

사물에는 각기 그 법칙이 있으니, 수는 세상의 모든 사물의 규칙을 포괄한다. 일에는 각기 그 이치가 있으니, 수는 세상의 모든 일들의 모든 이치를 포괄한다.[56]

수를 알지 못하는 사람은 그러므로 선 또한 알지 못한다.

---

53) 孫奇逢, 『理學宗傳』, 권17, 7b, "非一則不能成兩, 非兩則不能致一, 兩者可知, 而一者難知也, 兩者可見, 而一者難見也, 可知可見者體乎, 難知難見者微乎."
54) 黃宗羲, 『宋元學案』, 권67, 17a, "數由人興, 數由人成, 萬物皆備於我, 咸自取之也."
55) 黃宗羲, 『宋元學案』, 권67, 17a.
56) 黃宗羲, 『宋元學案』, 권67, 17a, "物有其則, 數者盡天下之物則也, 事有其理, 數者盡天下之事理也."

고요함에서는 수의 항상됨을 살피니, 이로써 천하에 통하지 않는 근원이 없다. 움직임에서는 수의 변화함에 이르니, 이로써 천하에 잡지 못할 기미가 없다.[57)

그러므로 수가 인식에 도달하기 위한 아주 특별한 보조수단이라는 것을 알 수 있다. 수학자·천문학자·물리학자·화학자도 그들이 발견한 것을 계산하지만, 단지 수만으로 충분한 것은 아니다. 채침이 생각하는 것처럼 거기에는 이론에 이르는 아이디어가 있어야하며, 이것이 가장 중요한 것이다.

이어서 그는 말한다.

사람은 형체의 수는 알아도 기의 수는 알지 못하고, 또 기의 수를 알아도 리의 수는 알지 못한다. 리의 수를 아는 사람은 매우 적다.[58)

오늘날의 사람들은 중국인들이 아직 알지 못했던 기 즉 분자·원자·전자의 수에 대해서는 잘 알지만 리의 수를 대지는 못한다. 만약에 수가 없다면, 세계정신의 실재가 하나라고 생각할 경우 그 본질의 개별성에 대한 생각은 하지 못할 것이며, 그러한 개별성이 도대체 있는지 없는지 알 수 없을 것이다.

수는 인간의 덕과 윤리의 서열을 결정하고, 이러한 서열이 없으면 덕이 없어진다고 채침은 생각한다.[59) 중국인들은 특정한 수의 덕을 받아들였으며, 덕은 특정한 순서에 따라 나열되었다. 그러나 실제의 덕은 이러한 설정에 영향 받지 않았다.

수의 특성과 본질에 대하여 채침은 많은 것을 생각하고 표현하였지만, 항상 그 자체만으로 이해될 수 있는 것은 아니다.

---

57) 黃宗羲, 『宋元學案』, 권67, 17a, "故靜, 則察乎數之常, 而天下之故無不通, 動, 則達乎數之變, 而天下之幾無不獲."
58) 黃宗羲, 『宋元學案』, 권67, 8a, "人知形之數, 而不知氣之數, 人知氣之數, 而不知理之數, 知理之數則幾矣."
59) 黃宗羲, 『宋元學案』, 권67, 12a.

1은 수의 시작이며, 9는 수의 끝이다. 1은 변하지 않으며, 9는 변화를 다한 것이다. 3·5·7은 변하며 홀수가 된 것이고, 2·4·6·8은 변하며 짝수가 된 것이다. 짝수로 변하면 결코 홀수가 될 수 없고, 홀수로 변한 것은 이로써 사물에 해당될 수가 없다. 홀수와 짝수가 서로 관계하여 적거나 많게 서로 넣을 수 있는 것은 단지 9개의 수이다.[60]

수 9는 중요한 역할을 한다. 수는 이로써 끝이 나는 것이다. 10은 1의 변화이고, 100은 10의 변화이며, 1,000은 100의 변화이다.[61]

9는 생성의 수이고, 10은 완성의 수이다.[62]

1은 9의 근원이고, 9는 81의 조상이다.[63]

수는 1에서 시작하여 9→81→6561($81^2=9^4$)의 순서로 나아간다. 81은 작은 완성이며, 6561은 큰 완성이다. 고대로부터 현재에 이르기까지 세계의 모든 변화는 큰 수에 들어있다고 한다.[64]

간단한 수와 음양의 사이에서 채침은 다음의 관계를 발견한다.

1수의 주기는 한 해의 운행이며, 9수의 중첩은 여덟 절기의 나뉨이다. 1의 1은 양의 시작이고, 5의 5는 음의 싹틈이다. 3의 3은 양의 한가운데이고, 7의 7은 음의 한가운데이다. 2의 2는 양이 자라나는 것이고, 4의 4는 양이 장대한 것이며, 5는

---

60) 黃宗羲, 『宋元學案』, 권67, 15a, "一者數之始也, 九者數之終也. 一者不變, 而九者盡變也. 三五七者, 變而少者也, 二四六八者, 變而偶者也. 變之偶者, 不能以及乎奇, 變之少者, 不能以該乎物, 奇偶相參, 多寡相函, 其惟九數乎."

61) 黃宗羲, 『宋元學案』, 권67, 16b.

62) 黃宗羲, 『宋元學案』, 권67, 16b, "九者生數也, 十者成數也."

63) 黃宗羲, 『宋元學案』, 권67, 14b, "一者九之祖也, 九者八十一之宗也."

64) 黃宗羲, 『宋元學案』, 권67, 15a.

양이 극성한 것이다. 6의 6은 음이 자라나는 것이고, 8의 8은 음이 장대한 것이며, 9는 음이 극성한 것이다.[65)

이러한 음양의 성장은 다음과 같이 수의 상징을 통해 나타난다.

양	음
1·1= 생성	5·5= 생성
2·2= 성장	6·6= 성장
3·3= 중간	7·7= 중간
4·4= 장성	8·8= 장성
5 = 극	9 = 극

또한 수는 오행과 인체의 장기 및 각각의 덕과도 연결되어 있다.

1은 수水이고 신장이며 그 덕은 지이다. 2는 화火이고 심장이며 그 덕은 예이다. 3은 목木이고 간이며 그 덕은 인이다. 4는 금金이고 허파이며 그 덕은 의이다. 5는 이土이고 비장이며 그 덕은 신이다.[66)

결과적으로 채침은 점술에 사용할 수 있는 것으로 수보다 더 시작하기 좋은 것을 알지 못했다. 그는 저서의 마지막에 81개의 표를 그렸다. 각각의 표는 주제어와 함께 10단위 즉 20·30·40 등이 빠진 11에서 99까지의 숫자가 적혀 있다. 이 표들은 점술을 하기 위한 것으로 보인다. 각각의 주제어에는 9와 행과 불행을 나타내는 판에 박힌 말들이 1에서 9까지 9줄의 숫자들과 연결되어 있다.

---

65) 黃宗羲, 『宋元學案』, 권67, 14b, "一數之周, 一歲之運也, 九數之重, 八節之分也, 一一陽之始也, 五五陰之萌也, 三三陽之中也, 七七陰之中也, 二二者陽之長, 四四者陽之壯, 五則陽極矣, 六六者陰之長, 八八者陰之壯, 九則陰極矣."

66) 黃宗羲, 『宋元學案』, 권67, 14b, "一爲水而腎, 其德智也, 二爲火而心, 其德禮也, 三爲木而肝, 其德仁也, 四爲金而肺, 其德義也, 五爲土而脾, 其德信也."

이러한 숫자들의 순서는 괘를 대신하는 것으로 보인다.

채침의 사변들은 어느 정도 피타고라스학파를 연상하게 한다. 채침은 학문을 위한 숫자의 의미를 알았지만 그것을 과대평가하였으며, 스스로도 그것을 이성적으로 사용하지 못했다.

6. 유인

유인劉因(1249~1293)은 자가 몽길夢吉이고 호는 정수靜修이며 웅주 용성容城 사람이다. 그의 선조들은 대대로 유학자이자 관리였다. 그가 태어날 때 그의 아버지는 신이 말을 타고 와서 사내아이를 건네주며 잘 키우라고 하는 꿈을 꾸었다고 한다. 이로부터 그는 이름을 인駰이라 하고 자를 몽기夢驥라 하게 되었는데, 후에 이것들을 인因과 몽길夢吉로 바꾸었다.

유인은 아주 어려서부터 이미 글을 쓰고 시를 지을 수 있었던 천재라고 한다. 그는 처음 스승과 경전에 대한 주석을 두루 공부할 때 현인의 가르침이 이것으로 끝이 될 수 없다고 생각하였는데, 여러 공부를 섭렵하던 끝에 주돈이·정자·장재·소옹·주희·여대림의 저서들을 접하게 되자 금방 그 의미를 이해하고는 다음과 같이 말하였다.

> 나는 마땅히 이와 같이 생각한다.…… 강절은 지극히 크고, 염계는 지극히 정미하며, 정자는 지극히 올바르다. 주자는 그 크기를 다하고 그 순수함을 극진하게 하여 올바름을 관통하였다.[67]

---

67) 『元史』, 권171, 1b, "我固謂當有是也,……邵至大也, 周至精也, 程至正也, 朱子極其大, 盡其精, 而貫之以正也."

이에 따르면 그는 주희를 최고로 평가하였던 것으로 보이지만, 그의 글들은 소옹과 육구연의 관념주의에 더 가깝다.

아버지의 사후에 유인은 계모를 효성으로 섬겼으며, 이것이 그를 유명하게 만들었다. 그는 교육자로 활동하였으며 제자들 중에 여럿이 고관이 되었다. 깊이 은둔하여 살면서 자신의 집을 '정수靜修'라고 이름하고 이것을 호로 삼았다. 1282년에 그는 직책을 받았으나 병든 어머니를 간호하기 위하여 곧 다시 그만두었다. 1291년에 새로운 관직을 받았으나 병 때문에 사양하였으며, 몽고 치하에서는 관리가 되고자 하지도 않았다.[68] 그는 1293년에 44세의 나이로 죽었으며[69] 시호는 문정文靖이다. 저술로는 사서에 대한 주석서『사서정요四書精要』를 비롯하여 경전에 관한 여러 주석서들을 있으며, 그의 문집과 어록이 제자와 벗들에 의해 출간되었다.

그의 글들 중에 몇 편의 짧은 철학적인 에세이들이 있다. 그 중 하나가「희성해希聖解」인데, 성인이 되려는 희망을 적는다는 제목의 이 글은 우의적인 내용을 담고 있다. 거기에는 그와 궁극적 문제에 대하여 담화하는 세 명의 성인이 등장한다. 한 명이 그에게 말한다.

천지 사이에는 다만 하나의 리가 있을 뿐이다. 이 리를 자기 안에 품고서 만물과 만사가 생겨나지만, 결국에는 합해져서 다시 하나의 리가 된다. 천지가 곧 사람이요 사람이 곧 천지이며, 성현이 곧 나요 내가 곧 성현이다. 인간은 완전하고 자유롭게 통하여 한결같지만 다른 사물이 얻은 것은 치우치고 막혀 있다. 치우치고 막힌 것은 본래 옮길 수 없으나 완전하고 자유롭게 통하는 것은 진실로 자유롭게 통한다. 어디를 이르지 못하겠는가?[70]

68) 黃宗羲, 『宋元學案』, 권91, 3b.
69) 『元史』, 권171, 4a.
70) 孫奇逢, 『理學宗傳』, 권19, 6a, "天地之間理一而已, 爰執厥中散爲萬事, 終焉而合, 復爲一理, 天地人也, 人天地也, 聖賢我也, 我聖賢也, 人之所鍾乃全而通, 物之所得乃偏而塞, 偏而塞者固

세상에는 단지 하나의 리가 있을 뿐이다. 인간은 그것과 동일하며, 그 때문에 리에서 생겨난 세계와 같다. 또한 세계의 리에 포함되어 있는 과거와 미래의 모든 성현과도 같다. 그러나 이것은 동물에게는 해당되지 않는다. 왜냐하면 이들의 마음은 치우치거나 막혀 있으며, 그 때문에 리로써 완전하게 통할 수 없기 때문이다. 이것은 그러나 다음의 말을 통해 단지 성인에게만 해당되는 것으로 제한된다. 단지 탁월한 성인만이 하늘과 같다고 말하기 때문이다. 그는 이어서 말한다.

성인은 하늘이 되기를 추구하니, 이르면 곧 하늘이요 이르지 못하더라도 큰 성인은 될 수 있다. 현인은 성인이 되기를 추구하니, 목적한 바로부터 더 나아가면 하늘이 되고 이르지 못하더라도 큰 현인은 될 수 있다. 선비는 현인이 되기를 추구하니, 더 나아가면 성인이 되고 이르면 곧 현인이며 이르지 못하더라도 영명한 이름만은 보존할 수 있다. 바로 이것이 성인이 성인 되고 현인이 현인 되는 까닭이다.[71]

不可移, 全而通者苟能通之, 何所不至矣."
71) 孫奇逢, 『理學宗傳』, 권19, 6a, "聖希乎天, 至則天, 不至則大聖, 賢希乎聖, 過則天, 不至則大賢, 士希乎賢, 過則聖, 至則賢, 不至則猶不失乎令名, 此聖之所以爲聖, 賢之所以爲賢也."

제2부 원대

(1279~1368)

몽고왕조는 100년에 조금 못 미치는 기간 동안 중국을 통치하였다. 그러나 이미 1115년 이래로 만주의 금金이 북중국을 통치했으므로, 실제로 중국이 이민족의 지배를 받은 기간은 1115년부터 1368년까지의 253년 동안이다. 몽골제국을 이어 원元을 연 쿠빌라이(忽必烈)칸 즉 세조世祖(재위 1271~1294)는 위대한 장수인 동시에 현명한 통치자였다. 송宋을 붕괴시킨 후 그는 아시아의 다른 모든 종족들을 정복하고자 하였다. 이미 고려는 귀위크(貴由)칸 즉 정종定宗(1241~1248)의 시절에 몽고의 지배를 인정하고 있었다. 일본이 몽고의 사신을 살해하자 세조는 1274년에 15,000명의 군사와 300척의 배로 출정하였으나 일본 정벌에 실패하였다. 1281년에 100,000명의 군사와 900척의 배로 재차 출정하였으나 태풍 때문에 또다시 실패하였다. 남쪽에서는 베트남이 어려운 전쟁 후에 정복되었으며 버마와 태국은 조공을 바쳤다. 말라바·수마트라·자바는 몽고 함대에 의하여 정복되고 난 다음에야 비로소 세조의 통치를 인정하였다.

세조는 1280년에 돌론노르(上都)에서 그가 황제로 등극한 북경으로 수도를 옮겼다. 나라 전체에 새로운 도로와 파발을 위한 정거장이 설비되었다. 이때부터 비로소 동양과 서양 간의 교류가 가능해졌다. 서양에서 육로 또는 해로로 상인들이 왔으며 페르시아와 인도와의 해상교류도 새롭게 활기를 띠었다. 황제는 중국의 배 12척과 200명의 선원을 실론까지 보냈다. 복건성의 천주泉州와 복주에서는 아랍과 페르시아 및 인도 상인과의 상거래가 허가되었다. 이븐 바투타(Ibn Batuta)와 마르코 폴로(Marco Polo)는 자신들의 입장에서 중국을 알게 되었던 첫 번째 사람들이자 극동에서 유럽까지 무역품을 운반한 첫 번째 고객이었다. 세조는 외국인들로 하여금 자신을 섬기게 하였으며 그들을 능력에 따라 활용하였다. 그는 자신의 궁정에 페르시아와 아랍의 학자들과 병사 그리고 이탈리아와 프랑스의 화가 및 기술자를 데리고 있었다. 이 무렵에는 서양의 수학·천문학·화약무기가 중국에 도입되었고, 아랍의 천문학자들이 시간계산을 조정하기 위하여 고용되었다. 황제는 도시의 외벽에 용이 조각된 호화스런 기구들과 함께 오늘날까지도 존속하고 있는 북경천문대를 건립하였다.

몽고는 고유의 문화를 가지고 있지 않았기 때문에 세조는 중국의 관청을 그대로 둔 채로 단지 가장 중요한 지위만을 몽고인이 차지하는 몇 가지 개혁을 시도하였다. 재정과 교육은 중국의 것 그대로였다. 나라의 북쪽을 남쪽과 보다 긴밀하게 연결하기 위하여 황제는 이미 있는 구간을 활용하여 북경에서 항주에 이르는 수로를 건설하였다. 군인과 관리의 급여를 쌀로 주었기 때문에 이것은 특히 곡식의 운반에 활용되었다.

황제는 불교를 열성적으로 장려하였으나 도교에 대해서는 우호적이지 않아, 1282년에는 도가 서적을 불태우게 하였다. 그 밖에 그는 이슬람교나 기독교 같은 다른 신앙에 대하여 매우 인내심이 있었다. 그는 첫 번째 가톨릭 선교사들이 북경에서 선교하는 것을 허락하였다. 반면 중국의 높은 학식을 중요하게 여기지 않았던 그는 공자를 성인에서 현인으로 폄하함으로써 학자들의 원망을 샀다.

세조의 후계자 성종成宗(재위 1294~1307)은 중국의 문헌에 관한 기초적인 지식을 지니고 있었으며 공자를 다시 성인의 반열에 올려 존경을 표하고 항상 백성의 안정을 생각함으로써 선정을 베풀었다. 무종武宗(재위 1307~1311)은 중국의 현인들을 존경하였으며 공자에게 '대성지성문선왕大成至聖文宣王'이라는 칭호를 내렸다. 그는 백성의 교화를 장려하려는 의도로 중국의 저서들을 몽고어로 번역하게 하였다.

원대 후기에는 다양한 상황이 한꺼번에 일어났으며, 이것은 원조元朝를 일찍 멸망하게 하였다. 중국인들은 외래정복자를 증오해서 항거를 계속하였다. 또한 잦은 전쟁은 많은 비용을 필요로 했고, 한정 없는 지출은 세금의 인상을 가져오게 만들었다. 인플레이션은 생활필수품의 인상을 야기하였고 백성의 안녕을 해쳤다. 마지막 황제인 순제順帝(재위 1333~1368)는 라마교 사제들을 매우 총애하여 그들의 모든 세금을 면제해 주었다. 라마교 사제들이 백성을 착취해도 처벌받지 않았으므로 백성들의 원성은 날로 커졌다. 거기에다가 홍수와 흉작이 이어졌다. 황하의 경로가 변함으로써 다른 지역까지도 많은 피해가 일어나게 되었다. 황제 가문의 왕위쟁탈전은 재정의 회복과 관리들의 화합을 불가능하게 하였는데, 이 또한 백성들의 분노를 샀다. 도처에서 폭동이 일어났으며 다른 황제를 추대하는 역모가 일어났다. 원의 몽고인들은 중국인을 불신하였는데, 몽고인으로만 이루어진 군대는 이제 그다지 강하지 못했다. 순제는 반군에 패하여 몽고로 도주하였고, 폭동을 주도한 승리자는 명의 첫 번째 황제가 되었다.

학문과 문학을 하는 사람들은 몽고인 치하에서도 중국인이었다. 송의 문화는 계속 이어졌으며, 심지어 원의 통치 하에서 비로소 소설과 희곡이라는 새로운 두 송이 꽃을 피우기도 하였다. 중국의 가장 유명한 소설 『삼국지연의三國志演義』와 『수호전水滸傳』이 원대에 만들어졌으며, 희곡은 원대에 이르러 전성기에 도달하였다. 명대에 출간된 『원인백종곡元人百種曲』은 원대의 희곡 백 편을 모아 편찬된 희곡집이다.

원대에 이르러서야 비로소 송대 철학이 이전에 금의 통치 하에 있던 북중국으로 전파되었다. 그것을 보급하는 데에는 특히 조복趙復과 요추姚樞 두 사람의 공이 컸다. 조복은 1200년에 태어났으며 1235년에 몽고의 포로로 황제의 궁에 이르게 되었다. 그를 포로로 잡은 몽고인들은 매우 친절하게 대하며 그의 필사본들을 받아들였다. 이로써 주돈이 · 장재 · 이정의 글들이 몽고의 수도에 이르게 되었다. 후에 조복은 학교를 열었으며 많은 주석과 철학적인 저서들을 집필하였다. 요추(1204~1280)는 1233년에 몽고의 개봉부 정복으로 포로가 되었으며 태종太宗(재위 1229~1241)의 총애를 받았다. 조복에게서 성리학을 배운 요추는 그의 고향 하남에 서원을 지어 경전을 인쇄하고 학업을 장려하였으며, 또 태극서원太極書院을 열어 이정과 주희朱熹의 저서들을 가르쳤다. 원의 수도에는 주돈이를 위한 사당이 건설되었으며, 거기에서는 장재, 이정, 양간揚簡, 유작游酢 및 주희에게 제사를 올렸다.

원대 철학은 송대 철학의 연장에 불과하다. 원대에도 여전히 주희와 육구연이 철학의 태두로 연구되었으며, 대부분의 학설은 이 두 체계 사이를 중재하고자 하는 내용들이었다. 원대의 중요한 사상가로는 단지 주희의 현실주의를 일원론으로 더욱 발전시킨 오징吳澄 한 사람이 있을 뿐이다.

1. 허형

　허형許衡(1209~1281)은 자가 중평仲平이고 호는 노재魯齋로 주자학을 추종하였다. 고향은 하남의 하내河內 회경부懷慶府였으나,[1] 그의 가족은 전쟁의 황폐함으로 인해 조상 대대로 살아온 고향을 떠나 산동성 조래산徂徠山을 피난처로 삼았다. 허형은 자라면서 지식에 대한 갈증을 드러냈지만 그의 집안은 책조차 살 수 없을 정도로 가난하였다. 때문에 그는 다른 사람에게 책을 빌려서 낮에는 읽고 밤에는 베꼈으며 그 내용에 대하여 깊이 생각하였다. 그의 질문은 스승들을 자주 곤궁에 처하게 하였으며, 그 때문에 그는 스승을 세 번 바꾸어야 했다. 사람들은 그가 큰 인물이 될 것이라고 예견하였다.

　허형은 어렸을 때부터 예와 의를 지키는 데에 엄격하였다. 어느 더운 날 그의 친구들이 길가의 배나무에서 열매를 따려고 했는데, 허형이 함께하기를 거부하였다. 한 친구가 이유를 묻자 그는 배가 자기 것이 아니라고 답하였다. 이에 친구들은 폭동이 난무하고 있으니 그 배는 주인이 없는 것이라고 하였다. 그러자 그는 말하였다.

　배나무에는 주인이 없다지만, 내 마음에도 주인이 없는가?[2]

　허형은 유성柳城 출신인 요추에게서 송대 철학을 소개받았으며 정자와 주희의

---

1) 孫奇逢, 『理學宗傳』, 권19, 20b는 그곳을 '懷孟'이라고 한다.
2) 『元史』, 권158, 7a, "曰, 梨無主, 吾心獨無主乎."

저서들도 알게 되었다. 그는 경전·도가·불교·철학·역사를 열심히 공부하였으며 예악·자연학·의학·주술·천문학·병법·법학·국민경제·관개를 공부하였다. 그러므로 그를 박식가라고 할 수 있을 것이다.[3]

허형은 가난하였기 때문에 직접 농사를 지었다. 기장이 있으면 기장을 먹었고, 먹을 게 없으면 밀가울로도 만족하였다. 그럼에도 불구하고 그는 항상 흡족해하였으며 사람들은 자주 그의 노래를 들을 수 있었다. 그는 돈이 있으면 친척과 가난한 학생들에게 나누어 주고 자기 자신을 위해서는 쓰지 않았다. 마당에 떨어진 익은 열매를 아이들이 주워 가도 그는 나무라지 않았다. 그는 군자가 생업으로 삼기에는 농사가 최상이고 상업에 종사하는 것은 좀 낮은 직분이기는 하지만 예에 따라 하기를 잊지 않는다면 괜찮다고 하면서, 그와는 달리 재물을 쌓기 위하여 가르치는 직업 또는 관리의 경력을 가지고자 하는 것은 옛사람의 도에서 멀어지는 것이라고 보았다.

스승으로서의 허형은 매우 성공적인 활동을 하였다. 그는 그의 제자들에게 사서를 읽힌 다음에 오경을 읽게 하였다. 그는 정이程頤의 『이천역전伊川易傳』과 주희의 『사서집주史書集注』를 공부한 후 고향으로 돌아와서, 이전에 배운 것들은 아무 쓸모가 없으며 이제 비로소 올바른 학습의 길을 찾았다고 말하였다. 그의 말에 제자들은 이전의 교재들을 불태우고 사서를 읽기 시작하였다고 한다. 그는 더위와 추위를 가리지 않고 아침부터 밤까지 열심히 독서하였다.[4] 그는 매우 정확한 것을 추구하였으며 소홀함이 학문적 성취를 그르친다고 생각하였기 때문에 제자들에게도 세심할 것을 요청하였다. 배우는 학생들에게는 삶을 올바로 사는 것을 배우는 것이 가장 중요하다고 하였는데, 그렇지 않으면 학업이 진척될 수 없기 때문이다. 가장 어려운 상황에서도 그는 예를 어기지 않았으며 좋은

---

3) Zenker, *Geschichte der chinesischen Philosophie*, II, 280.
4) 『性理大全』, 권42, 17a.

말이나 선행에 관하여 듣는 것을 자기 이익에 관하여 듣는 것보다 더 기뻐하였다. 모두가 그를 신뢰하였으며, 제자들은 그의 가르침을 결코 잊지 않았다. 군인들이나 껄끄러운 사람들조차도 그의 견해를 받아들였으며, 그의 가르침을 단지 전해들은 사람들조차도 그의 편이 되었다.[5] 모든 사람이 허형의 존재를 매우 칭송하였다. 그는 나라 전체가 이정과 주희의 글을 공부하게 하고 황제까지도 유학에 관심을 기울이게 하였다. 1260년에 세조가 남쪽 지방을 시찰하다가 허형에 대한 이야기를 듣고 상도의 궁정으로 그를 초청한 일이 있었다.

황제가 그에게 무엇을 공부하였는지 물었다. 그가 "공자입니다"라고 답하였다. 이어서 황제가 어떤 것을 보았는지 물었다. 그가 "실질이 없는 헛된 명성과 거짓된 것들이 황제의 귀를 어지럽히고 있음을 보았습니다"라고 대답하였다. 황제가 무엇에 능한지를 물었다. 그가 "열심히 농사짓고 아이들을 교육하는 데 능합니다"라고 대답하였다. 황제가 그에게 과거에 대해서 어떻게 생각하느냐 물었다. 그가 "과거로는 아무것도 할 수 없다고 생각합니다"라고 답하였다.[6] 그러자 황제가 "경은 현실에 힘쓴다고 하면서 과거가 헛된 거짓이라고 한다. 과연 그것을 어떻게 이해해야 될지 모르겠다"라고 말하였다.[7]

그리고 곧 허형은 국자감國子監에 임용되었으며 1268년에는 책력의 조정을 위하여 천문대에 임용되었다. 그는 새로운 역법을 만들어 낼 목적으로『수시력授時歷』이라는 책력을 저술하였다.

1271년 황제는 허형을 태자태보太子太保의 자리에 임명하여 태자의 교육을

---

5) 孫奇逢,『理學宗傳』, 권19, 23b.
6) 과거에서는 언어의 형식 중에서 단지 특정한 지식의 형식만이 사용되었다. 대부분의 응시자들은 과거를 통하여 그저 외운 것을 증명하기만 할 뿐, 자신의 고유한 능력을 증명해 내지는 못하였다. 그러므로 許衡이 과거에 대하여 이와 같이 말한 것은 올바른 판단이라고 할 수 있다.
7)『黃宗羲,『宋元學案』, 권90, 6a, "問所學, 曰孔子, 問所見, 曰虛名無實, 誤達聖聽, 問所能, 曰勤力農務, 教授童蒙, 問科舉何如, 曰不能, 上曰, 卿言務實, 科舉虛誕, 朕所不取."

맡겼다. 허형은 자신의 제자들을 자식과 같이 사랑하였으며 그들의 나이가 어림에도 불구하고 성인과 같이 대하였다. 한가한 때에 제자들은 의식·활쏘기·화살던지기·글쓰기·셈하기를 연습해야 했다. 어린 제자들은 특히 절하기·무릎 꿇기·악기 연주하기·바르게 걷기·올바른 대답하기 등을 익혔다. 허형은 독서강학을 할 때에 많은 설명을 하지 않고 제자들로 하여금 스스로 답을 찾아보도록 가르쳤다.[8]

허형은 1281년에 72세의 나이로 죽었다.[9] 죽기 전에 그는 조상에게 마지막 제사를 드리기 위하여 일어났다. 이때 그는 아들에게 말하였다.

나는 살아서 너무 헛된 명성을 가지고 관직에서 벗어날 수가 없었다. 내가 죽으면 기념비를 세우지 말고 후손들이 장소를 알 수 있도록 단지 무덤에 '허형의 묘'라고만 써라. 그것으로 족하다.[10]

허형의 시호는 문정文正이다. 그가 죽은 날에 매우 심한 소나기가 내렸으며 많은 나무들이 쓰러졌다. 허형은 생전에 명성이 컸고 매우 훌륭한 인품으로 모두에게 스승으로 여겨졌다. 그가 죽었다는 소식에 모든 사람이 슬퍼하였고 멀리서도 학자들이 그의 무덤에 애도하기 위하여 찾아왔다.

허형은 풍수지리·천문학·음악·관습·고문·연대기·역사에 관하여 저술하였고, 세조는 그에게 몽고왕조의 연보를 편찬하게 했다. 허형은 또 중국의 저서들을 몽고어로 번역하거나 직접 몽고문자로 된 책을 저술하기도 했다고 전한다.[11] 저서로는 『허노재선생심법許魯齋先生心法』 1권 및 『허노재전집許魯齋全書』 7권과 『노재유서魯齋遺書』가 있다.[12]

---

8) 孫奇逢, 『理學宗傳』, 권21~22.

9) 『元史』, 권158, 20b.

10) 孫奇逢, 『理學宗傳』, 23b.

11) Zenker, *Geschichte der chinesischen Philosophie*, II, 280.

허형은 이정과 주희의 추종자였지만 이들보다 실생활에 더 중점을 두었으며 이론철학보다 실천철학을 중요시하였다. 그의 철학은 주희처럼 리에서 시작한다.

어떤 사람이 물었다. "마음이 성이고 하늘이며 리와 같다는 것이 어떤 뜻인가?" 허노재가 대답하였다. "그것은 이들이 하나로써 꿰뚫어진다는 것이다." 다시 물었다. "리는 하늘에서 나오고, 하늘은 리에서 나온다는 것은 어떤가?" 대답하였다. "하늘은 리이다. 있으면 같은 시간에 있다. 본래 선과 후가 없는 것이다."[13]

리는 근본적인 원인으로 모든 것 즉 세계와 인간의 마음과 성의 근저에 놓여 있는 것이다.

형이상학적인 문제 중에서 허형은 명命의 문제에 몰두하였던 것으로 보인다. 허형은 필연법칙으로서의 명과 당위법칙으로서의 의를 대립시켰다.

그렇게 되게 하는 것은 근원이며, 그렇게 해야 하는 것은 말류이다. 그렇게 되게 하는 것은 명이고 그렇게 해야 하는 것은 의이다. 매 한 가지 일과 매 한 가지 사물에는 그렇게 되게 하는 법칙과 그렇게 해야 하는 법칙이 있다.[14]

그러므로 모든 일에는 명이 있다. 이것은 과거에 이미 결정되었으며 미래에 대한 정언적 명령이다. 발생하는 사건의 흐름은 원천으로서의 명에 의존하지만, 의는 스스로 흐름을 주도하고자 한다.

인간은 명을 스스로 정할 수는 없지만 자신의 행동을 스스로 결정할 수는 있다. 인간은 의 또는 불의를 행할 수 있다. 허형은 다음과 같이 말한다.

---

12) 高瀨武次郎, 趙蘭坪 中譯, 『中國哲學史』 3권, 132쪽 참조.
13) 『性理大全』, 권34, 29a, "或問, 心也性也天也一理也, 何如, 魯齋許氏曰, 便是一以貫之, 又問, 理出於天, 天出於理, 曰, 天卽理也, 有則一時有, 本無先後."
14) 黃宗羲, 『宋元學案』, 권90, 4a, "所以然者是本原也, 所當然者是末流也, 所以然者是命也, 所當然者是義也, 每一事每一物須有所以然與所當然."

대개 사물은 두 가지로 구분되는데, 자기 자신에게서 유래하는 것이 있고, 자기 자신에게서 유래하지 않는 것이 있다. 자기 자신에게서 유래하는 것에는 의가 있고, 자기 자신에게서 유래하지 않는 것에는 명이 있다. 그러므로 의와 명으로 돌아갈 뿐이다.[15]

허형은 명에는 올바른 명과 올바르지 않은 명이 있으며, 올바르지 않은 명은 올바른 명과 마찬가지로 하늘이 내리는 것이기는 하지만 여기에는 인간의 과실로 인해 자초한 면 또한 있다고 여겼다. 그는 말한다.

가난하고 천한 것, 부유하고 귀한 것, 삶과 죽음, 단명과 장수, 행복과 불행은 기에 주어지며 모두 하늘을 근본으로 한다. 여기에는 정해진 직분이 있어 인간이 추구할 수 없다. 그 중에는 올바른 명이 있고 올바르지 않은 명이 있다. 그 도를 다하고 위험한 돌담 아래에 서 있지 않는다면, 수신함으로써 그것을 기다린다. 그러나 행복과 불행, 축복과 재앙, 삶과 죽음, 단명과 장수가 오게 되면 당연히 순응하여 받아야 한다. 이른바 하지 않아도 이르는 것이 모두 올바른 명이다. 이것은 하늘이 한 것에 연루된 것이다. 바른 명이 아닌 것은 위험한 일을 하는 것, 뜻밖의 행운, 의와 예가 아닌 일을 하는 것, 불행과 재앙을 당해 결박되어 죽는 것이다. 여기에도 역시 명이 따르기는 하지만 사람이 자초한 것이다.[16]

사람이 자초한 명은 올바른 명이 아니다. 이러한 전제로부터 허형은 명에 대한 인간의 태도가 어떠해야 하는지에 대하여 말한다.

---

15) 黃宗羲, 『宋元學案』, 권90, 4b, "凡事物之際有兩件, 有由自己底, 有不由自己底, 由自己底有義在, 不由自己底有命在, 歸於義命而已."

16) 『性理大全』, 권31, 21a; 『性理精義』, 권9, 14a, "貧賤富貴死生壽短禍福稟於氣, 皆本乎天也, 是一定之分, 不可求也, 其中有正命, 有非正命者, 盡其道而不立乎巖牆之下, 脩身以待之, 然此亦有吉凶禍福死生修短來, 當以順受, 所謂莫之致而至者皆正命也, 乃係乎天之所爲也, 非正命者行險徼幸, 行非禮義之事, 致於禍害桎梏死者, 命亦隨焉, 人之自召也."

하늘과 땅 사이에 반드시 크게 드러나야 하는 것은 마음이다. 기질에 구속되어서는 안 되며, 자기 하나에 국한되어 가난하고 천한 것을 근심하고 걱정하는 것에 지나치게 빠져서는 안 된다. 높은 직위에 올랐다고 교만해서는 안 된다. 천하에 국가가 존재한 이래로 얼마나 많은 성인과 현인이 이런 지위에 있었는지 알기 때문이다. 천하에서 평범한 사람이 되는 것은 부끄러워할 필요가 없다. 오랜 옛날에 뜻 있는 사람들과 어진 사람들이 얼마나 많이 물러나 숨었는지 알기 때문이다. 가난하고 천한 것에 만족하는 사람은 없으며 스스로 얻은 것이 아니다. 어찌 기뻐하거나 근심할 것이 있겠는가?[17]

허형은 개인의 수양이 중요하며 군자가 되어야 한다고 하였지만 생각을 없애야 한다는 등의 신비적인 탐닉은 꺼렸던 것으로 보인다. 어떤 사람이 그에게 생각이 너무 많으면 어떻게 해야 하는지 묻자 허형은, 사람이 무언가를 궁구하기 위해서는 수많은 생각이 따를 수밖에 없다고 답하였다. 다만 그 생각이 욕구에 관한 것이라면 잘라 내어야 한다는 것이다.

인간의 마음은 허령하므로 마른 나무나 타고 남은 재와 같이 생각하지 못하는 리를 갖춘 것이 아니다. 중요한 것은 그 생각이 정밀해야 한다는 것이다.[18]

허형은 유학을 가르치는 교사 이상이었으며, 선배들이 보여 주었던 길을 조금 벗어난 자신의 철학과 그가 이론보다 중요하게 여겼던 인품을 통해 더 큰 영향을 미쳤다.

---

17) 黃宗羲, 『宋元學案』, 권90, 4a, "天地間須大著心, 不可拘於氣質, 局於一己, 貧賤憂戚, 不可過爲隕, 稷貴爲公相, 不可驕, 當知有天地國家以來多少聖賢在此位, 賤爲匹夫, 不必耻, 當知古昔志士仁人多少屈伏, 甘於貧賤者無入而不自得也, 何欣戚之有."
18) 黃宗羲, 『宋元學案』, 권90, 3a, "人心虛靈, 無枯木死灰不思之理, 要當精於可思慮處."

2. 오징

오징吳澄(1249~1333)은 원대의 가장 중요한 사상가로, 자는 유청幼淸·백청伯淸이고 호는 임천臨川·초려草廬이다. 고향은 강서 무주撫州의 숭인崇仁이다.

오징은 어려서 학구열이 높아 자주 밤을 새워 책을 읽었다. 오징의 어머니는 아들이 지나치게 공부하는 것을 염려하여 불을 꺼버리고는 하였는데, 이에 오징은 어머니가 잠들 때까지 기다렸다가 불을 켜고 책을 읽었다. 오징은 시험에서 그의 또래를 능가하는 실력을 보여 주었고, 20살에 거인擧人이 되었다. 그러나 진사시험에서는 낙방하고 말았는데, 국가에서 인정받지 못했다는 것이 그의 새로운 오경 주석 작업을 막지는 못했다. 이것은 심지어 국자감에서 공부해야 할 책으로 지정되었으며 이로써 그는 세조의 주목을 받게 되었다. 지방의 덕망이 있는 사람들을 수도로 보내라는 상부의 명령에 오징도 추천되었지만 그는 어머니의 나이를 고려하여 임용을 거절하였다.

1295년에 그는 한림翰林으로 임명되어 다시 고향으로 돌아갔다. 그 뒤에 그는 강서지역의 교육을 담당하게 되었으나 지병으로 단지 3달 동안 임무를 수행하였다. 이 직위로 그는 수도에서 활기찬 교수활동을 하였다. 낮에는 학생들을 순서대로 가르쳤으며 저녁에는 그를 찾아오는 개인에게 어려운 부분을 밤늦게까지 설명하였다. 1312년에 그는 강의를 경전·도덕·문학·정치학의 네 분야로 나누었다.[19]

오징은 제자들에게 주희의 위대한 학문적 업적에 대한 이야기를 하였으며 또한 이것이 덕성에서 나와야 한다고 하였다. 덕성은 육구연이 가장 중요하게 여겼던 것이다. 몇몇 사람은 이로써 오징이 육구연의 추종자이며, 그가 주희를 대표하였던 허형을 비난하였다고 한다. 이런 경우가 아니더라도 그는 주희보다는

---

19) 經學, 行實, 文藝, 治事.

육구연 쪽으로 많이 기울어져 있다. 오징은 건乾괘의 네 가지 특성인 원元·형亨·이利·정貞에서 출발하여 중세에는 공자가 근원적인 원을, 안회와 증자가 관통하는 형을, 자사가 풍요로운 이를, 맹자가 말이 분명한 정을 대표한다고 말하였다.[20] 또한 근세에는 주돈이가 원을, 정자와 장재가 형을, 주희가 이를 대표하며 정에 해당하는 사람은 없다고 하였다. 그러면서 그것을 목표로 삼을 사람이 없느냐고 물었는데, 아마도 그런 사람으로 자기 자신을 생각했던 듯하다.

오징은 명망이 있는 스승이었다. 거리와 상관없이 모든 지방에서 학자와 관리들이 그의 강의를 들으러 왔다. 그가 고향의 산에 머물면 그곳에도 천 명이 넘는 사람들이 모여들었다.

오징은 1321년에 한림학사로 임명되었다가 1324년에 영종英宗이 죽은 후 고향으로 돌아갔다. 1333년에 오징이 84살의 나이로 죽었을 때[21] 유성이 북동쪽에서 그의 집 쪽으로 떨어졌다. 오징은 문정文正이라는 시호를 받았으며 임천군공臨川郡公이라는 작위를 받았다. 1443년에 공자의 사당에 수용되었다.

오징은 『의례儀禮』·『대대례大戴禮』·『소대례小戴禮』를 주석하고 『오경찬언五經纂言』과 『효경장구孝經章句』를 저술하였으며, 『도덕경』, 『장자』, 『태현경』도 주석하였다.[22] 또 학문의 입문자를 돕기 위한 각 1편의 「학기學基」와 「학통學統」을 지었으며, 문집으로 『오문정공집吳文正公集』이 있다. 그의 철학은 특히 『초려정어草廬精語』에 들어 있다.

오징은 태극과 기를 하나의 개념으로 이해함으로써 주희의 이원론을 넘어 일원론에 이르고자 하였다.

---

20) 이것은 엄격한 기준이 없는 매우 인위적인 시대구분이다.
21) 黃宗羲, 『宋元學案』, 권90, 8a; 謝无量, 『中國哲學史』 5권, 84쪽에는 1248~1333년이라고 적혀 있고 Giles는 자신의 책에 1247~1331년이라고 적었다.
22) Wylie, *Notes on Chinese Literature*, 173쪽 참조.

태극과 기는 두 개의 사물이 아니다. 단지 태극은 기를 주재할 뿐이다. 별도로 하나의 사물로서 있는 것이 아니라 기 가운데에서 주재하는 것이다.[23]

주회 또한 태극을 물질적인 것으로 보지는 않았지만 본질적으로 기와 달라서 약간은 초월적인 것이라고 여겼다. 반면 오징은 태극과 기의 차이는 단지 개념적인 것이지 사실적인 것이 아니라고 본다. 그 근거는 다음과 같다.

이전의 유학자들은 도가 또한 기이고, 기가 또한 도라고 하였다. 도와 기는 비록 형이상과 형이하의 구분이 있지만, 하나로 합하여 그 사이가 없으며 애초에 서로 분리된 적이 없었기 때문이다.[24]

리는 기 안에 있어서 본래 서로 분리되지 않는다. 노자는 먼저 리가 있고 그 다음에 기가 있다고 여겼는데, 이에 대해 장자張子는 유를 무로부터 생성된 것으로 보았다고 비난하였고, 주자는 유와 무를 두 가지 다른 것으로 보았다고 비난하였다. 이것은 모두 노자의 '무'자를 '리'자로써 말하고 '유'자를 '기'자로써 말한 것이다.[25]

이어서 오징은 주회가 태극에서 체와 용 즉 본체와 작용을 구분한 것을 비판하였다. 그는 다음과 같이 주장하였다.

태극은 본래 본체와 작용의 구분이 없다. 그것이 유행하고 변화하는 것은 모두 기의 틀이 열리고 닫혀서 고요한 때가 있고 움직이는 때가 있는 것이다. 고요한 때에는 태극이 그 가운데에 있는데, 이를 보고 그 고요함을 태극의 본체에서 기인

---

23) 黃宗羲, 『宋元學案』, 권92, 5b, "太極與此氣非有兩物, 只是主宰此氣者, 便是非別有一物, 在氣中而主宰之也."
24) 黃宗羲, 『宋元學案』, 권92, 6b, "先儒云, 道亦器, 器亦道是道器雖有形而上形而下之分, 然合一無間, 未始相離也."
25) 黃宗羲, 『宋元學案』, 권92, 6b, "理在氣中, 元不相離, 老子以爲先有理, 而後有氣, 橫渠張子誑其有生於無之非, 晦庵先生誑其有無爲二之非, 其無字是說理字, 有字是說氣字."

한 것으로 여긴 것이다. 움직일 때에도 또한 태극이 그 안에 있는데, 이를 보고 그 움직임을 태극의 작용에서 기인한 것으로 여긴 것이다. 그러나 태극은 텅 비고 고요하며 아무 조짐이 없고 소리도 냄새도 맛도 없어서 그러지 않은 때가 없다. 고요하고 움직임에 사이가 없는데 또한 어찌 본체와 작용의 구분이 있겠는가?[26]

태극은 본래 동과 정 및 체와 용이 없다. 그런데도 태극을 말하면서 움직임과 작용 및 고요함과 본체가 그 속에 있다고 하니, 양의 움직임을 보고 그 움직임 속의 리를 가리켜 태극의 작용으로 여긴 것이며, 음의 고요함을 보고 그 고요함 속의 리를 가리켜 태극의 본체로 여긴 것이다. 태극은 실로 체용의 구분이 없다.[27]

오징은 태극에 원元·형亨·이利·정貞의 사덕四德을 부가했는데, 이것은 아마도 『역경』에 대한 존경 때문이었을 것이다. 그러나 이것은 태극에 대한 인식을 오히려 더 불명확하게 만들었다.

오징의 일원론은 기를 그 안에 들어 있는 모든 힘들과 더불어 하나로 파악함으로써 이루어진다. 주희가 태극이 기에 시간적으로 우선하면서 기를 생성한다고 한 반면에, 오징은 태극과 기를 똑같이 영원한 것으로 간주한 듯하다. 혼돈의 상태에 이미 기가 있었으며, 그 안에 또한 태극이 있었다는 것이다. 단지 아직 그 작용이 일어나지 않았고 세계의 형성도 아직 시작되지 않았을 뿐이다.

사물이 생겨나기 전에 혼돈이 있었다. 태초에 혼돈이 그와 같았던 것은 태극이 한 것이다. 사물이 생겨난 후에는 하늘과 땅 및 인간과 다른 사물들이 있었다.

---

26) 『性理大全』, 권26, 9a, "太極本無體用之分, 其流行變化者皆氣機之闔闢, 有靜時有動時, 當其靜也, 太極在其中, 以其靜也, 因以爲太極之體, 及其動也, 太極亦在其中, 以其動也, 因以爲太極之用, 太極之沖漠無眹聲臭泯然者, 無時而不然, 不以動靜而有間, 而亦何體用之分哉."

27) 黃宗羲, 『宋元學案』, 권92, 6a, "太極本無動靜體用也, 然言太極則該動用靜體在其中, 因陽之動而指其動中之理, 爲太極之用耳, 因陰之靜而指其靜中之理, 爲太極之體耳, 太極實無體用之分也."

이와 같은 것 또한 태극이 한 것이다. 생성이 끝난 후에 사람이 죽고 사물도 다하게 된다. 하늘과 땅은 다시 합하여 혼돈이 된다. 이것 또한 태극이 하는 것이다. 태극은 늘 그와 같이 처음부터 끝까지 한결같다. 늘어나는 것도 줄어드는 것도 없다. 나누어지는 것도 합하는 것도 없다. 그러므로 아직 나누어지기 이전과 이미 나누어진 것으로 태극을 말하는 것은 도를 알지 못하는 것이다.[28]

세계가 혼돈을 뒤따르고, 세계는 다시 혼돈에 빠진다. 이로부터 다시 새로운 세계가 생겨나고, 또 다시 이렇게 끝없이 이어진다. 태극은 영원불변하며 항상 똑같이 머문다. 기도 또한 마찬가지로 영원하지만 지속적으로 변화하며, 기 안에 있는 태극에 의해 항상 새로운 형태를 갖게 된다. 혼돈의 상태에서 세계로, 그리고 퇴화를 통해 다시 혼돈으로 돌아가는 것이다.

음과 양에 대하여 오징은 주희와 매우 유사하게 말한다.

천지가 아직 존재하기 이전의 때부터 천지가 존재한 이후에 이르기까지 단지 음과 양의 두 개의 기가 있을 뿐이다. 본래는 단지 하나의 기이지만, 구분하여 말하면 음과 양이라고 하며, 또한 음과 양 가운데서 더 자세하게 구분하면 오행이 된다. 오행은 음양이고, 음양은 하나의 기이다. 기가 이처럼 할 수 있는 것은 어떻게 가능한가? 리가 그것을 주재하기 때문이다. 리는 따로 존재하는 하나의 사물이 아니라 단지 기 가운데서 기를 주재하는 것이다. 그러므로 리 밖에 기가 없고, 또한 기 밖에 리가 없다.[29]

---

28) 『性理大全』, 권26, 9b, "開物之前渾沌, 太始混元之如此者太極爲之也, 開物之後有天地有人物, 如此者太極爲之也, 閉物之後人銷物盡, 天地又合爲混沌者亦太極爲之也, 太極常常如此, 始終一般, 無增無減, 無分無合, 故以未判已判言太極者不知道之言也."

29) 黃宗羲, 『宋元學案』, 권92, 3a, "自未有天地之前至旣有天地之後只是陰陽二氣而已. 本只是一氣, 分而言之, 則曰陰陽, 又就陰陽中細分之, 則爲五行, 五氣卽二氣, 二氣卽一氣, 氣之所以能如此者何也, 以理爲之主宰也, 理者非別有一物, 在氣中只是爲氣之主宰者, 卽是無理外之氣, 亦無氣外之理."

오징은 위에서 언급한 『역경』의 네 가지 술어들을 사계절의 운행에서 태극이 기를 주재하는 것에서도 적용한다.

원과 형은 성誠이 통하는 것이니, 봄의 생성과 여름의 성장의 때에 양이 움직이는 것이다. 여기에서 태극의 작용을 볼 수 있다. 이와 정은 성이 회복되는 것이니, 가을의 거둠과 겨울의 간직함의 때에 음이 고요한 것이다. 여기에서 태극의 본체를 볼 수 있다. 이것은 조화의 본체와 작용이자 움직임과 고요함이다.[30]

양은 근원적으로 가득 채워져 있으며, 음은 텅 비어 있다고 한다. 양은 기이고 음은 본질이며, 양은 형상을 이루고 음은 형체를 이룬다. 양은 활동을 주도하고 음은 형체를 주도한다. 마치 양이 본래 비어 있고 음은 가득 찬 것처럼 보일 수 있지만, 실제로는 그런 것이 아니다. 또한 하늘의 쌓인 공기는 빈 것처럼 보이면서도 큰 힘을 가지고 있다.[31]

인간은 태어나면서 아버지로부터 기를 받으며, 이것은 맑거나 흐리다. 또한 어머니로부터 기질을 받으며, 이것은 선하거나 악하다. 기가 지극히 맑으면 기질은 매우 뛰어나며, 따라서 위대한 성인이 태어난다. 그러나 인간의 신체에서 기질이 가장 중요한 요소인 것은 아니다.

나에게 몸이 있는 까닭이 어찌 오장육부와 사지백해 때문이겠는가? 몸은 몸이 아니라 그것을 주재하는 것은 마음이며, 마음은 마음이 아니라 그곳에 갖추어진 것은 성이며, 성은 성이 아니라 그 근원은 하늘이다. 하늘이 하늘인 까닭은 내가 몸을 가지고 있는 까닭이다. 그렇다면 내 몸은 사람이 아니라 하늘이다.[32]

---

30) 黃宗羲, 『宋元學案』, 권92, 5b, "元亨誠之通者春生夏長之時, 陽之動也, 於此而見太極之用焉, 利貞誠之復者秋收冬藏之時, 陰之靜也, 於此而見太極之體焉, 此造化之體用動靜也."

31) 『性理大全』, 권27, 19b.

32) 黃宗羲, 『宋元學案』, 권92, 7a, "我之所以爲身豈五臟六腑四肢百骸之謂哉, 身非身也, 其所主者心也, 心非心也, 其所以具者性也, 性非性也, 其所原者天也, 天之所以爲天, 我之所以爲身也,

이것은 완전히 육구연의 말처럼 들린다. 그러나 오징은 여기에서 육구연처럼 널리 나아가는 결과를 이끌어 내지 못했다. 오징은 단지 인간과 하늘 안에 살고 있는 태극 또는 리를 통해서 인간은 인간이고 하늘은 하늘이라는 것, 즉 이 둘이 같은 근원에서 나온 다른 양태라는 것을 말했을 뿐이다.

오징은 인간의 성을 본질적으로 선하다고 여긴다. 선과 악을 논할 때에 맹자는 단지 성을 말했고 순자와 양웅은 단지 기질을 말했다고 그는 말한다. 성을 황하에 비교한다면, 그 근원은 순수하고 맑지만 후에 비로소 노랗게 된 것이라고 말할 수 있다. 물은 항상 그 깨끗함을 유지하지만 거기에 섞인 흙 때문에 노랗게 보이는 것이다.[33]

지는 항상 덕행과 합해 있어야 한다. 지 혼자서는 아무 목적이 없다. 현자와 성인의 말을 공부하는 것은 리를 인식하고 마음을 보존하는 것에 있다. 그렇게 하지 않으면 경전을 암송하는 것이 쓸모없는 소리에 불과하다.[34] 학생들은 먼저 덕행을 추구하는 마음을 정하고 난 다음에 경전을 읽고 암송하는 것을 지향하여야 한다.

만약에 단지 오경을 구해야 한다고 말하면서 나의 마음을 돌이키지 않는다면, 이것은 마치 상자를 사고 그 안의 진주를 버리는 것과 같다.[35]

특히 인간을 불의의 잘못된 길로 나아가게 하는 것은 인간의 욕구와 감정이다. 그러므로 오징은 이것과 투쟁하기 위해서 인간은 하늘의 리가 주재하는 근원으로 돌아가야 한다고 강조한다.

然則我之身非人也, 天也."

33) 『性理大全』, 권31, 10b, 13b.

34) 黃宗羲, 『宋元學案』, 권92, 12a.

35) 黃宗羲, 『宋元學案』, 권92, 6a, "若曰徒求之五經而不反之吾心, 是買櫝而棄珠也."

천리가 주재하면 강하고 인욕을 따르면 약하다. 마음이 강하면 모든 세상의 이익과 손해, 복과 불행, 부와 귀, 빈과 천이 그것을 바꾸게 하기에 부족하다. 마음이 약하면 외부 사물의 아주 작은 것이라도 그것을 움직이게 하는 데에 충분하다.[36]

사랑·증오·근심·즐거움·기쁨·분노·슬픔·두려움·걱정·욕구의 열 가지 정을 단속해서 인·의·예·지의 네 가지 성으로 돌아가게 하면, 이것은 성이 정의 근원이 되어 더 이상 정이 성을 부리지 못하게 하는 것이다.[37]

자기수양은 매일 자기 자신을 반성하여 잘못을 개선하는 것이다. 오징은 매일 자신의 잘못을 개선한 사람의 본보기로 조변趙抃(994~1070)[38]과 사마광을 들고 있다.

이전에 조청헌은 그가 낮에 한 것을 밤에 반드시 하늘에 고하였고, 사마문정공은 평생 동안 그가 한 것을 모두 사람들에게 말할 수가 있었다. 매일 새롭게 되고자 했으므로 매일 반성하였다. 그 일에 대하여 하늘에 고할 수 있고 사람들에게 말할 수 있는 것은 옳다고 여겼으며, 하늘에 고할 수 없고 사람들에게 말할 수 없는 것은 틀렸다고 여겨서 빨리 고쳤다. 어제 잘못한 것을 오늘 다시 반복하지 않았다. 나날이 자기를 반성하고 나날이 개선하는 것을 일러 나날이 새롭게 하고 또 새롭게 하는 것이라고 한다.[39]

오징은 주희와 육구연의 학설이 일치한다는 관점을 대표한다. 그에 따르면

---

36) 黃宗羲, 『宋元學案』, 권92, 7b, "主於天理則堅, 徇於人欲則柔, 堅者凡世間利害禍福貧富貴賤 擧不足以移易其心, 柔則外物之誘僅如毫毛, 而心已爲之動矣."
37) 黃宗羲, 『宋元學案』, 권92, 9a, "約愛惡哀樂喜怒憂懼悲欲十者之情, 而歸之於禮義智仁四端之 性, 所以性其情而不使情其性也."
38) 시호는 淸憲이며, 예의 엄격함으로 유명하다.
39) 黃宗羲, 『宋元學案』, 권92, "昔趙淸憲公日中所爲夜必告天, 司馬文正公平生所爲皆可語人, 如 欲自新乎, 每日省之, 事之可以告天, 可以語人者爲是, 其不可告天, 不可語人者爲非, 非則速改, 昨日之非今日不復爲也, 日日而省之, 日日而改之, 是之謂日日新, 又日新."

두 사람의 제자들에 이르러 두 갈래가 되어 서로 헐뜯게 되었으며, 그 결과 이제 사람들이 무엇을 믿어야 할지 모르게 되었다는 것이다. 주희와 육구연의 학설 사이에는 큰 차이가 존재함에도 불구하고 오징이 두 학설이 하나라고 하였던 것은 오징에게는 윤리가 주요 문제였기 때문이다. 윤리학의 범주 안에서는 주희와 육구연의 거리가 그다지 멀지 않다. 주희와 육구연의 학설은 형이상학의 측면에서 대립되었으며, 서로 그것을 알았기 때문에 논쟁을 하였다. 오징 자신은 형이상학적인 문제를 매우 철저하게 탐구하였음에도 불구하고 형이상학을 윤리학의 곁가지로만 간주하였다.

오징은 성리학을 진실로 철학적으로 탐구하였던 대표적인 성리학자이다. 그는 대부분의 이전 시대의 철학자들처럼 단지 정신적으로 풍요로운 철학에 만족하는 데 그치지 않았다. 철학적인 개념은 그에 의해 변증법적으로 발전되었으며, 그의 언어는 간단하고 명백하여 수사학적인 겉치레가 거의 없었다.

3. 진원

진원陳苑(1256~1330)은 자가 입대立大이고 호는 정명靜明이다. 강서성 상요上饒에서 태어났다. 어린 시절에 그는 유학을 공부하였지만 큰 진전을 보지 못하였고, 후에 잠시 연금술로 전향하였으나 거기에서도 만족하지 못했다. 그러다가 육구연의 저서를 구해서 읽고 경탄하게 되어, 이내 육구연의 제자, 이를테면 양간의 저서까지 구해 읽었다. 그와는 달리 주희의 학설은 그의 마음에 들지 않았으며 그 때문에 그것을 날카롭게 비판하였다.[40] 고대의 원전에 대한 주희의 설명이 틀렸다고 하며 그것에 대하여 알고자 하지 않았다.

---

40) 黃宗羲, 『宋元學案』, 권83, 1b.

과거가 주희에 대한 이해를 근간으로 출제되었기 때문에 사람들은 진원을 꾸짖어 그를 육구연에게서 떼어 내고자 하였다. 이에 진원은 오히려 죽는 편이 낫다고 선언하였으며 자신의 학설을 지키는 것을 의무로 삼고 사람들의 비판을 두려워하지 않았다. 보다 보편적이었던 주희의 학설에 그는 절대로 동의하지 않았으며, 육구연의 학설을 좇는 강서학파의 주요 인물이 되었다.[41] 진원은 곧고 강한 성격의 소유자이며 어떤 어려움 앞에서도 물러서지 않는 근성을 가지고 있었다.

진원의 저서들이 모두 분실되었기 때문에 그의 철학이 어떠했는지 구체적으로는 알 길이 없다. 그는 『역경』, 『서경』, 『시경』, 『춘추』, 『논어』, 『효경』에 대한 해설을 저술했다고 한다.[42]

4. 정옥

정옥鄭玉(?~1357)의 자는 자미子美이고 호는 사산師山이며 안휘성 휘주徽州 흡현歙縣 출신이다. 1354년에 그는 한림원에 임용되었으나 거절하였다. 1357년에 건립 이전의 명明의 부대가 휘주지역에 쳐들어왔는데, 정옥은 그들의 신하가 되는 것을 거절하고 감옥에 갇혀 갖은 고초를 겪었다. 친구와 친척들이 그의 고통을 덜어 주기 위해 생필품을 가져다주었다. 그럼에도 불구하고 그는 생을 마감하고자 결심하였다. 그의 부인이 그가 죽으면 자신도 따를 것이라고 말하자, 정옥은 그러면 걱정 없이 죽을 수 있겠노라고 답하였다. 다음날 그는 관복을 입고 황제가 있는 북쪽을 향하여 두 번 절한 후 목매어 죽었다.[43] 그의 다음

---

41) 謝无量, 『中國哲學史』 5권, 87.
42) 高瀨武次郎, 趙蘭坪 中譯, 『中國哲學史』 3권, 140.
43) 『元史』, 권196의 전기 참조.

말에서 엄정한 양심을 엿볼 수 있다.

> 천지 사이의 군자에게 있어서는 오직 그 출처가 가장 중요한 일이다. 그 출처의
> 절개를 보면 사람이 현명한지 아닌지 알 수 있다. 그러나 그 출처에는 항상 재앙과
> 환난이 함께하여 피할 수 없으니, 군자는 다만 하늘의 소리를 들을 뿐이다.[44]

정옥은 『주역찬주周易纂註』와 그의 대표작으로 꼽히는 『춘추경전궐의春秋經傳
闕疑』 45권을 저술하였다. 그의 문집은 『사산집師山集』 8권으로 엮였으며, 거기에
는 다시 「유언遺言」 5권과 「부록附錄」 1권이 부가되었다.

정옥은 주희의 학파와 육구연의 학파를 중개하고자 하였다. 두 학파 모두
가치 있다고 여겼기 때문이다. 그는 자신의 집에 많은 제자들이 찾아와서 공간이
부족해지자 제자들을 위한 집을 따로 지었는데, 이 집을 사람들은 사산학교라고
불렀다. 비록 그 자신의 견해는 주희 쪽으로 약간 더 기우는 경향을 보였지만,
정옥은 공부하는 사람이 두 철학자 중에서 한쪽으로 기울어져서 다른 쪽을
비방하는 것은 매우 잘못된 일이라고 여겼다. 그에 따르면, 주희와 육구연은
각기 다른 성과 다른 방법을 가지고 있지만 결과적으로는 같은 것을 추구한다.
육구연은 천재적이고 빨랐으며, 주희는 진지하고 느리며 깊이 파고들었다. 둘은
똑같이 주공과 공자를 존경하였고 노자와 석가에 반대하였다. 그럼에도 그들의
후계자들은 그들에게서 일치점보다는 차이점을 보고 있다. 주희는 진지하게
학문을 가르쳤으며, 육구연의 말은 위대한 천재성을 보여 주며 매우 독특하다.
두 사람 모두 당연히 잘못된 것도 있다. 여러 사람이 육구연이 말한 것은 불교도들이
말한 것처럼 과장되고 비었다고 지적한다. 또한 주희는 꼼꼼하고 융통성이
없는 유학자들의 일반적인 허물을 가지고 있다.[45]

---

44) 黃宗羲, 『宋元學案』, 권94, 4a, "士君子在天地間唯出處爲一大事, 故觀其出處之節, 而人之賢
否可知, 雖然出處之際禍患之來常有不可避者, 君子亦曰聽其在天者而已."

참된 도의 근본원리인 리와 기는 정옥에 따르면 「태극도설」과 『서명』에 잘 설명되어 있다. 그는 여기에 이어서 다음과 같이 말하는데, 이 말은 육구연의 성향을 강하게 띠고 있다.

하늘과 땅을 채우고 있는 것은 나의 몸이며, 하늘과 땅을 가르치는 것은 나의 성이다.[46)]

세계와 인간을 정옥은 끊임없는 변화 가운데서 파악한다.

천지가 하나의 역易이고 고금이 하나의 역이며 나의 몸이 또한 하나의 역이다. 하늘과 몸으로써 논하자면, 마음은 역의 태극이고 혈기는 역의 음양이며 사지는 역의 사상이다.[47)]

정옥은 도를 최고의 윤리적인 도리로 이해한다.

선생이 일찍이 제자들에게 말하였다. "도의 아름다움은 말이나 글자 사이에 있는 것이 아니라 주어진 성 안에 갖추어져 있다. 도는 높고 빈, 넓고 먼 곳에 있는 것이 아니라 일상적으로 작용하고 행하는 가운데에 운행하는 것이다. 이것으로써 리를 궁구하고, 이것으로써 몸을 깨끗하게 하며, 이것으로써 백성을 다스리고, 이것으로써 후세를 깨우친 것이 많다면, 옛사람 앞에서 부끄러워할 것이 없다."[48)]

---

45) 黃宗羲, 『宋元學案』, 권94, 3a~4a.

46) 黃宗羲, 『宋元學案』, 권94, 5a, "天地之塞吾其體, 天地之師吾其性."

47) 黃宗羲, 『宋元學案』, 권94, 3b, "天地一易也, 古今一易也, 吾身亦一易也, 以天身而論之, 心者易之太極也, 血氣者易之陰陽也, 四體者易之四象也."

48) 黃宗羲, 『宋元學案』, 권94, 5a, "先生嘗謂學者曰, 斯道之懿不在言語文字之間, 而具於性分之內, 不在高虛廣遠之際, 而行乎日用常行之中, 以此窮理, 以此淑身, 以此治民, 以此覺後庶乎, 無愧於古之人矣."

5. 조해

조해趙偕는 자가 자영子永·충혜忠惠이고 호는 보봉寶峯이며 절강성 자계慈谿 사람이다. 구체적인 생몰연대는 알려져 있지 않다. 그의 저술은 제자들에 의해 『보운당집寶雲堂集』 2권으로 편집되었다. 『보운당집寶雲堂集』은 『문화집文華集』이라고도 부른다.

조해는 양간의 책을 읽고 탄복하였으며, 이로써 그의 세계관에서 가장 중요한 '명상'을 행하게 되었다. 그의 신조는 다음과 같았다.

만물은 존재하다가 사라진다. 오직 도심에는 삶과 죽음이 없다.[49]

조해는 삼왕三王의 통치방법이 그 당대에도 가능하며 모든 학파의 견해가 통일될 수 있을 것이라고 확신하였다. 단지 요순의 도와 지금 백성들의 성향을 이해한다면 삼왕의 통치가 가능하게 된다고 하였다.[50]

조해는 명상하기 위하여 욕구에서 해방되어야 하는 것을 중요하게 여겼다. 사람은 가능한 한 모든 사물을 필요로 해서는 안 되는데, 그것은 다음의 이유 때문이다.

사람이 고집하는 것이 없으면 반드시 저절로 편안해지지만, 편안함에 뜻을 두게 되면 더 이상 편안하지 못하다. 사람이 움직임과 고요함이 없으면 저절로 한가롭게 되지만, 한가함에 뜻을 두게 되면 더 이상 한가롭지 못하다.[51]

---

49) 黃宗羲, 『宋元學案』, 권93, 3b, "萬物有存亡, 道心無生死."
50) 黃宗羲, 『宋元學案』, 권93, 3b.
51) 黃宗羲, 『宋元學案』, 권93, 3b, "人無固, 必自然安, 有意于安, 便不安, 人無動靜, 自然閒, 有意于閒, 便不閒."

부귀에 오르는 사다리는 자기의 몸과 마음에 이익이 되지 않는다.[52]

명상의 주된 목표는 마음을 맑고 비게 하는 것이다. 그것을 위해서는 진지한
태도와 마음의 정화가 절대적으로 필요하다. 조해의 명상은 유학자들, 예를
들어 이동李侗이 수행하던 방법보다 형식적으로 선불교에 더 유사하다.[53] 명상을
위한 가장 좋은 시간은 잠자리에 들 때와 일어날 때이다. 올바른 길에서 벗어나는
것이 두렵다면 마음을 제어하기 위하여 잠자리에 들 때와 일어날 때 조용히
앉아 있어야 한다. 욕망이 가라앉지 않으면 곧 잠자리에 들어서는 안 된다.
그런 상태로는 잠을 잘 이룰 수가 없다. 조용히 집중함으로써 변화한 다음에는
움직이지 않게 해야 하며, 마음을 진정하기 위하여 명상을 계속해야 한다. 그렇게
하지 않으면 도달한 행복의 순수함과 탁월함을 다시 잃게 된다.[54]

---

52) 黃宗羲, 『宋元學案』, 권93, 2b, "是富貴之梯非身心之益也."
53) 高瀨武次郞, 趙蘭坪 中譯, 『中國哲學史』 3권, 138.
54) 黃宗羲, 『宋元學案』, 권93, 3b.

제3부 명대

(1368~1644)

명明의 정치적 운명은 매우 변화무쌍하였다. 정치적으로 크게 성공하여 왕조를 건립하였지만 곧 파란이 뒤따랐고, 이윽고 쇠퇴와 붕괴의 시기가 이어졌다. 명은 문화의 격조가 매우 높았으며 예술 영역에서 명실공히 탁월하였고 학문적으로도 많은 업적을 남겼다.

명조明朝는 백련교도들이 일으킨 홍건적의 난에서 주도적인 역할을 한 주원장朱元璋에 의하여 건립되었다. 주원장은 몽고의 속박으로부터 국가적인 주도권을 회복하였다. 주원장은 태조太祖(洪武, 재위 1368~1399)로 즉위하였으며 통치자로서 충실하였다. 태조는 소박하고 검소한 생활을 하였으며 불교신자로서 신체를 절단하는 잔인한 처벌을 금지하였다. 또한 수십만 명의 작업자들을 동원하여 댐과 운하를 건설하였다. 이로써 백성들의 복지가 좋아지고 그들의 수도 금방 증가하였다. 중국의 해안을 방화하고 약탈하던 왜구倭寇를 막기 위하여 황제는 특별히 해안 경비를 서게 하였다. 1374년에 명의 해군 사령관이 왜구의 함대를 오키나와 섬에서 붙잡아 오기도 하였다. 안남은 명에 조공을 보냈으나, 후에 새로운 왕조가 건립되자 더 이상 중국에 의존하지 않았다. 고려를 대신한 조선은 명의 통치권을 인정하였다.

태조가 죽자 이미 병사한 황태자를 대신하여 16세의 어린 황태손 주윤문朱允炆이 혜제惠帝(建文, 재위 1398~1402)로 즉위하였다. 그러나 곧 주체朱棣가 정당한 통치계승자였던 그의 조카 혜제를 제거하고 성조成祖(永樂, 재위 1402~1424)로 즉위하였다. 성조는 자신을 황제로 인정하지 않는 관리들을 그의 가족과 함께 처참하게 처형하였으나, 명조에서 가장 중요하고 열정적인 통치자였다. 성조는 국가의 평화를 위하여 군사력을 강화하였다. 베트남은 명에 통합되었다. 달라이라마는 북경으로 초대되었으며 그곳에서 환영받았다. 1403년에 환관 정화鄭和의 주도하에 60척의 군함을 남쪽으로 보냈다. 이로써 오키나와, 말라카와 캄보디아, 보르네오, 자바, 수마트라와 시암은 조공의 의무를 지게 되었다. 1408년에 명의 배는 실론에까지 이르렀으며, 그곳을 50년간 명의 지배하에 두었다. 1419년에 왜구들이 해안을 습격하다가 크게 손해를 입고 퇴각하였다. 1430년에 명의 배는 적해에까지 이르렀다. 1441년에는 이집트 술탄의 사신이 중국 궁정에 도달하였다.

성조의 학문에 대한 관심은 특히 2,160명의 학자들이 공동으로 작업하였던 22,877권의 거대한 백과사전 『영락대전永樂大全』의 편찬을 통해 증명되었다. 인쇄가 너무 비쌌기 때문에 『영락대전』은 세 부의 필사본만이 만들어졌다. 그 중의 두 부는 궁전의 화재로 소실되었으며, 마지막 한 부는 의화단운동 때에 유럽의 군대에 의하여 현재 전 세계에 흩어져 남아 있는 몇 권을 제외하고는 모두 파괴되었다. 1415년에 성조는 송대 철학을 집대성한 『성리대전』을 출판하게 하였으며, 이것은 철학연구를 촉진하는 데에 매우 크게 공헌하였다.

성조가 축조한 건축물에는 거대한 성 및 많은 사원을 비롯하여 오늘날에도 그 명성이 여전한 북경의 자금성紫禁城이 있다. 명의 황제 중 13인의 무덤이 있는 명십삼릉明十三陵 또한 성조의 지시로 터를 닦고 건축되기 시작한 것이다. 성벽은 몽고의 침략을 대비할 수 있도록 벽돌로 쌓았으며 봉우리와 탑을 설치하였다. 이전의 성벽은 원래 단지 흙 또는 돌로 만들어진 성벽에 불과하였는데, 그로써 비로소 진정한 성벽의 형태를 갖추게 되었다. 성조에 의해 남경에 설치된 유명한 도자기 탑과 사원은 태평천국운동 때 파괴되었다.

15세기에 명은 선종宣宗(宣德, 재위 1425~1435) 치하의 훌륭한 통치에 기뻐하였다. 효종孝宗(弘治, 재위 1487~1505) 또한 최고의 군주 중의 하나였으며 그의 통치 아래

나라는 번영하였다. 그의 후계자 무종武宗(正德, 재위 1506~1521)은 모험을 좋아하였다. 특히 그는 외국어에 관심을 가졌으며 만주어, 산스크리트어, 아랍어를 이해하였다고 한다. 무종은 모든 정치를 환관에게 완전히 맡겼는데, 환관들은 관리로부터 비싼 세금을 짜냈고 관리들은 백성들에게 무자비하게 요구하였으므로 백성들이 매우 버거운 세금에 시달리게 되었다. 군대에는 기강이 없었다. 무종은 남쪽으로 행군하다가 양자강에 빠졌는데 물에서 건져지기는 하였지만 그 뒤에 금방 죽었다.

세종世宗(嘉靖, 재위 1522~1566) 대에 왕조의 붕괴가 시작되었다. 타타르족이 북경을 침입하여 삼일 동안 약탈을 자행하였다. 이후 명의 도시들은 성으로 둘러싸이게 되었다. 왜구들은 다시 해안을 침략하였고 몇몇 해안 도시를 점령하였다. 군사폭동도 자주 일어났다. 세종은 사당의 의식과 향연에 거대한 금액을 소비하였으며 도교의 도사를 예부 재상으로 임용하였다. 그는 불로장생의 단약을 제조하는 데 주력하다가 죽었다. 목종穆宗(隆慶, 재위 1567~1573) 또한 사치벽과 낭비로 널리 알려졌다.

신종神宗(萬曆, 재위 1573~1620) 치하에서는 어느 정도 정돈된 상태가 유지되었다. 그의 통치기간에 일본의 도요토미 히데요시가 조선을 침략하였으며, 조선은 명에 파병을 요청하였다. 일본은 히데요시의 죽음으로 퇴각할 때까지 오랫동안 싸웠다. 많은 황제들이 어린 나이로 즉위하였으며, 그때 나라는 환관과 승려들에 의하여 통치되었다. 예를 들어 희종熹宗(天啓, 재위 1621~1628) 대에는 그의 유모와 환관들이 통치하였다.

몽고인들의 차단 때문에 명은 서양으로의 상로에서 단절되어 있었다. 그러다가 1516년에 첫 번째로 포르투갈의 배들이 나타났고, 그 뒤로 금방 스페인,

네덜란드, 영국의 배들이 뒤따랐다. 이로써 유럽과의 직접적인 해상무역이 시작되었다. 16세기 말경에는 첫 번째 예수회 선교사들이 명에 왔으며, 그들은 금방 천문학자와 수학자로서 궁정에서 높은 직위에 이르렀다. 그들을 통해 명나라 사람들은 유럽의 천문학과 수학을 배웠다. 최고위층에도 많은 교류가 있었으며, 마치 명이 기독교를 수용한 것처럼 보였다.

최후의 황제 의종毅宗(崇禎, 재위 1628~1644)은 훌륭한 정치적 의지를 가지고 있었지만 명의 몰락을 저지하기에는 이미 너무 늦은 상황이었다. 사회적인 변동 및 혁명을 더 이상 막을 수 없었으며 동시에 청淸이 명을 침략하였다. 수많은 전쟁으로 재정은 고갈되었고, 백성들은 무거운 세금과 탄압에 착취되었다. 1628년에 다시 흉작이 들자 도처에서 폭동이 일어났다. 이자성李自成을 비롯한 세 명의 주동자가 등장하여 각기 권력을 잡고자 하였는데, 그들 중 하나가 청에 도움을 청하였다. 이자성에 의해 성이 함락되자 모두에게 버려진 마지막 황제 의종은 북경의 탄광에서 생을 마감하였다. 그러나 통치권은 바랬던 것처럼 정복자에게로 돌아가지 않았고, 청이 나라를 차지하고 말았다.

명대에는 중국인의 생활이 확고한 형태를 가지고 있었는데 그것이 오늘날까지도 이어지고 있다. 특히 명대에는 의복에 대한 규정이 관직에 따라 정해져 있었다. 중앙과 지방관청의 행정이 새로 정해졌으며 이것들은 후에 청에 그대로 수용되었다.

명은 예술적으로 건축과 그림에서 탁월한 성취를 이루었다. 북경의 자금성과 사원 및 각종 건축물에서 명십삼릉에 이르기까지 모든 작품이 근대적인 건축양식의 위대한 업적에 속하며 현대의 외국인들에게는 흥미로운 관광거리가 되었다. 궁전과 사원은 대부분 그림이 그려진 목조건물이다. 이 건물들은 마치 자연스럽게 거기에서 생겨나온 것처럼 보일 정도로 경치에 완전하게 잘 들어맞는다. 이들의 넓게 펼쳐진 장대한 크기와 개별적인 건물들의 매우 잘 짜인 정연함은 도시에 중세적인 인상을 준다. 장엄한 방어벽, 보루, 탑으로 이루어진 중국 도시들의 그림처럼 아름다운 성벽은 거의 모두 명대에 건축되었다. 이것들은 이전에 왜구와 몽고, 만주의 침입을 방어하기 위하여 점토로 만들어졌던 것을 재건축한 것이다. 거리의 풍경을 아름답게 장식하는 대부분의 색칠된 나무와 돌로 조각된 기념사를 새긴 기둥 또한 명에서 유래한다. 명십삼릉으로 들어가는 길에는 인간과 동물 모양의 거대한 석상들이 세워져 있다.

명대의 그림은 송대의 것보다 현실적으로 묘사되었다. 명대 그림의 정교하고 장엄한 기교는 보는 이로 하여금 경탄을 자아낸다. 그림의 표현에서 명의 황제들이 호사스러움을 선호하였다는 것을 알 수 있다. 묵화가 주도적이던 송에 비해 명은 색채화를 선호하였다. 이 시기에 장식을 목적으로 수 미터에 이르는 프레스코 기법의 벽화가 만들어졌다. 세부적으로 꼼꼼한 작업처리 방식의 예술적인 성향들이 나타났다. 타의 추종을 불허하는 도자기와 청동기술의 수작들이 이때에 생겨났다. 유명한 청백자기가 명에서 유래하였다.

명의 아름다운 문학 갈래로는 무엇보다도 희곡과 소설이 있을 것이다. 이 두 가지 문학 갈래의 근원은 원元대와 송대로 거슬러 올라간다. 명대에 유행한 네 편의 유명한 소설이 있는데, 이것들은 각기 다른 특성을 지니고 있다. 중국에는 거의 결여되어 있는 서사시를 대신하는 역사영웅소설 『삼국지연의三國志演義』, 모험을 다룬 피카레스크소설 『수호전水滸傳』, 신화적인 소설 『서유기西遊記』, 시민적인 윤리소설 『금병매金瓶梅』가 그것이다. 명대에는 소설전집도 생겨났는데, 그들 중 대부분은, 예를 들어 『금고기관今古奇觀』과 같은 것은 서구의 최고

소설과 견줄 수 있다.

명대에는 철학적으로 활발한 생활이 주도적이었다. 송대 철학이 계속 영향을 미쳤다. 송대 철학의 근본원칙을 고수하고 있지는 않다고 하더라도 개념형성의 미세함은 여전히 숙고되었다. 개별적인 부분들은 확장되었으며, 새로 형성된 개념들은 더 많이 설명되었다. 송대 철학과 명대 철학의 관계는 마치 주대 철학과 한대 철학의 관계와 같다. 주희는 명실공히 주요철학자로 간주되었으며, 명대 초기에는 그의 추종자들이 많았다. 그러나 그의 이원론에 대립하여 일원론이 등장하였다. 일원론은 실체 안에 있는 리 즉 세계가 단지 하나의 마음으로 이루어져 있다고 하여 하나의 유일한 세계원칙만을 인정하였다. 이들 중 현실주의자로는 나흠순羅欽順과 양동명楊東明이 있고, 심론에 몰두한 사람으로 조단曹端과 황도주黃道周가 있다. 또한 고반룡高攀龍과 같이 단지 하나의 기가 존재하며 마음과 물질이 똑같다고 여긴 철학자들도 있다. 이들은 장재와 마찬가지로 태허를 마음의 기로 채웠다. 왕수인王守仁의 선행자로는 마음과 현상이 같다고 하였던 일원론자이며 유심론자로 간주되는 호거인胡居仁과, 특히 명상에 중점을 두었던 과격한 관념주의자 진헌장陳獻章이 있다.

왕수인의 등장과 함께 명대 후기가 시작된다. 그는 주희 이후 근대의 가장 중요한 사상가이며 일원론적 철학자이지만 근본적으로는 여전히 유심론자이다. 직관적인 인식과 타고난 지로 그는 세상을 들어 올릴 수 있다고 믿었다. 명대 후기에는 그의 추종자들이 주희의 추종자들보다 많았다. 그때부터 이편에는 정이와 주희가 있고 저편에는 육구연과 왕수인이 있다고 말하게 되었다. 주희의 현실주의에 대립하여 왕수인의 관념주의가 마주하게 된 것이다.

명대의 많은 철학자들이 고대유학에서 전래되는 생활의 지혜에 만족하였으며 더 이상 새로운 사변에 대하여 알고자 하지 않았다. 그런 중에도 간혹 오여필吳與弼처럼 염세주의적이고 회의주의적인 성향을 드러내거나, 완전히 명상에로 나아가 다른 것에는 아무런 관심도 두지 않는 사람들도 나왔다. 어떤 이들은 도교에 빠져들었고, 어떤 이들은 자연철학자가 되었다.

제1장 명대 초기의 두 유학자

1. 유기

유기劉基(1311~1375)는 자가 백온伯溫이고 호는 욱리자郁離子이며 절강성 청전青田 출신이다. 어렸을 때 유기의 스승은 유기의 아버지에게 아들이 큰 제후의 기둥이 될 것이라고 하였다. 그는 원元대 말기에 과거에 합격하였으며 특히 역법에 몰두하였다. 명 태조의 새 왕조 건립을 도왔다. 태조는 그에게 통치의 방안을 제시하는 문서를 작성하게 하였으며, 제갈량의 능력이 있다고 하여 그를 군사로 삼았다.

유기는 모사로서 태조의 권력투쟁을 도왔다. 한 예로 1363년 그는 황제에게 배의 깃발을 바꿀 것을 충고하였는데, 곧 이전의 깃발을 꽂은 배가 포탄에 격파되는 일이 있었다.[1] 유기는 태조로부터 매우 큰 신임을 받았으나, 후에 총애를 잃게 되어 새롭게 황제의 총애를 받게 된 신하에 의해 살해되었다. 그는 1375년에 64세의 나이로 죽었다. 시호는 문성文成이다.

유기는 매우 활동적이면서 지적이었고, 송렴宋濂(1310~1381)과 함께 그 당시 최고의 문인으로 간주되었다. 그는 시인으로서도 탁월하였다. 저술로는 『이부집履瓿集』, 『여미공집犂眉公集』, 『성의백집誠意伯集』 등이 있다.[2] 『욱리자』[3]라는

---

1) 『明史』, 권128, 6a.
2) 鍾泰, 『中國哲學史』(Geschichte der chinesischen Philosophie, 1929), 권2, 78.
3) 같은 이름의 저서가 『子書百家』 중에 들어 있다.

소책자를 포함하고 있는 『성의백집』은 총 20권에 이른다.

유기는 그의 철학적 성향에 따라 경험주의자 및 회의론자라고 할 수 있을 것이다. 그는 송의 형이상학에서는 어떤 기록도 취하지 않았다. 전래하는 허구에는 만족하지 않았으며 항상 사물의 궁구에 몰두하였다. 그는 사물의 궁구와 지의 목적에 대한 사례를 들며, 인간은 상황에 따라서는 그것이 제공하는 특정한 조짐을 구체화시키는 도구가 되어야 한다고 여겼다.

> 나는 천지가 호흡하는 것을 밀물과 썰물에서 보고, 행복과 불행의 바탕이 정해지는 것을 꿈속의 조짐에서 보며, 같은 소리가 서로 응하는 것을 거문고의 현에서 보고, 같은 기가 서로 구하는 것을 쇠와 자석에서 보며, 귀신이 변화하는 것을 천둥과 번개에서 본다.…… 천추天樞의 공평함을 나는 지남철의 바늘에서 본다.[4]

만약에 사람이 현실의 상황을 보고 그 근원을 탐구하지 않는다면 눈과 귀의 원초적인 지각에 머무를 뿐 끝내 인간이나 하늘을 알 수가 없다.

자연현상이 일어나는 과정을 유기는 자연적인 원인으로 설명하고자 하였다. 그러므로 그는 천둥과 번개를 『회남자淮南子』와 비슷하게 설명한다.[5] 양기는 음에 포함되어 있다. 강한 압력의 결과로 나오게 되면, 소리는 천둥이고 습기는 번개이다. 이것은 마치 대포에서 불이 나오는 것과 같다.[6] 번개가 누군가를 치게 되면, 유기는 그것을 하늘의 주재자가 그 사람을 고의적으로 겨냥한 것이 아니라 그의 죽음은 우연에 불과하다고 생각하였다. 대부분의 경우에 천둥과 번개는 나무 또는 돌을 때린다. 그렇다면 이들 나무나 돌이 또한 신이 벌할

---

4) 『郁李子』, 6a, "天地之呼吸, 吾於潮汐見之, 禍福之素定, 吾於夢寐之先兆見之, 同聲之相應, 吾於琴之絃見之, 同氣之相求, 吾於鐵與磁石見之, 鬼神之變化, 吾於雷電見之,……天樞之中, 吾於子午之針見之."

5) Alfred Forke, *Geschichte der mittelalterischen chinesischen Philosophie* (1934), 30쪽 참조.

6) 원전을 구할 수 없기 때문에 여기서는 鍾泰, 『中國哲學史』, 권2, 79, "猶火之出礮"를 인용한다. 이것으로 14세기 중반에 화포를 쏘았다는 것을 알 수 있다.

만한 죄를 지었기 때문에 그런 것이겠는가?

이러한 사유방법에 따라 유기는 인간의 명에 대해서도 하늘이 영향을 미칠 수 있는 것이 아니라고 평가한다.

하늘은 재앙과 복을 인간에게 내려 보낼 수 없다. 재앙과 복은 기가 하는 것이다. 비유하자면, 버섯은 습기를 얻어서 생겨나고 햇볕에 죽으며, 천궁은 차가운 데서 생겨나고 차가운 데서 죽는다. 이것은 기에 삶과 죽음을 결정하는 마음이 있는 것이 아니다. 그 기를 얻었기에 생겨나고 얻지 못하였기에 죽는 것일 따름이다.[7]

인간이 기를 받아서 형체를 이루는 것은 마치 잔에 술을 붓는 것과 같다. 그가 죽게 되면 이것은 다시 기로 돌아간다. 마치 잔의 물이 쏟아져서 바다로 돌아가는 것과 같다. 어찌 그대로 얻어서 귀신이 될 수 있겠는가?[8]

그러나 유기가 귀신이 없다고 생각한 것은 아니다. 다른 곳에서 다음과 같이 말하고 있기 때문이다.

귀신은 있을 수도 있고 없을 수도 있는 것이다. 자식이 효성스럽고 정성을 다하면 그 귀신이 이로써 감응되어 생겨나고, 그렇지 않은 경우에는 비어 있다. 사당에서 사람의 귀신이 흠향하는 것은 효성과 정성이 지극한 결과이다.[9]

신은 죽어서 다시 그가 생겨났던 원기로 돌아가면서 자기를 잃게 된다. 그의 개성과 의식은 사라진다. 그러나 조상에게 제사지내면서 정성을 다하는 자식의

---

7) 鍾泰, 『中國哲學史』, 권2, 79, "天之不能降禍福於人, 禍福者氣爲之, 比之朝菌得濕而生, 晞陽而死, 藦草得寒而生, 見暑而死, 非氣有心於生死之也, 生於其所相得, 而死於其所不相得也."
8) 鍾泰, 『中國哲學史』, 권2, 80, "人之受氣以爲形, 猶酌酒於盃, 及其死而復於氣也, 猶傾其盃水而歸諸海, 惡得專之以爲鬼."
9) 鍾泰, 『中國哲學史』, 권2, 80, "鬼可以有, 可以無者也, 子孝而致其誠, 則其鬼由感而生, 否則虛矣, 故廟則人鬼享, 孝誠之所致也."

작용으로 그는 다시 삶으로 깨어나며, 원기에서 분리되어 제사에 나타난다. 이것은 대략 사양좌謝良佐의 생각과 같다. 사양좌는 사람이 원하면 귀신이 거기에 있지만 원하지 않으면 없다고 말하였다. 효성의 작용에 대한 유기의 이해는 철저하게 유학적이다.

유기의 회의론은 잘 알려진 두 가지 모순에 대해 다루고 있는 다음의 대화에서 잘 나타난다.

초남공楚南公이 소요자운蕭寥子雲에게 물었다. "하늘이 끝이 있으면, 그 끝의 밖은 또한 어떤 사물인가? 그리고 하늘이 끝이 없으면, 모든 형체가 있는 것은 반드시 끝이 있어야만 한다는 이치와 형세가 있는 것인가?"

소요자운은 말하였다. "천지사방의 밖을 성인은 말하지 않았다."

초남공이 웃으며 말하였다. "그것은 성인이 알 수 없었기 때문이다. 무엇 때문에 말하지 않았겠는가? 성인은 하늘의 운행을 역법의 바탕으로 삼고, 하늘의 형상을 그것을 담은 그릇으로 체험하였으며, 하늘의 수를 계산하여 궁구하였고, 하늘의 리를 역으로써 탐구하였다. 성인은 모든 귀로 듣는 것, 눈으로 보는 것, 마음으로 생각하여 미칠 수 있는 것을 찾아내어 사소한 것도 숨겨져 있게 두지 않았다. 다만 하늘이 숨기는 것에 대해서는 알 수 없었던 것이다. 이것이 바로 그것이다. 그런데 지금 또한 알지 못했다고 하지 않고 말하지 않았다고만 한다면, 이것은 이기려는 마음이 얼마나 심한 것인가?"[10]

도자盜子[11]가 묻고 욱리자郁離子가 답하였다. "하늘의 도가 선한 것을 좋아하고

---

10) 『郁李子』, 4a, "楚南公問於蕭寥子雲曰, 天有極乎, 極之外又何物也, 天無極乎, 凡有形必有極, 理也, 勢也, 蕭寥子雲曰, 六合之外, 聖人不言, 楚南公笑曰, 是聖人所不能知耳, 而奚以不言也, 故天之行, 聖人以歷紀之, 天之象, 聖人以器驗之, 天之數, 聖人以算窮之, 天之理, 聖人以易究之, 凡耳之所可聽, 目之所可視, 心思之所可及者, 聖人搜之, 不使有毫忽之藏, 而天之所閟, 人無術以知之者, 惟此, 今又不曰不知, 而曰不言, 是何好勝之甚也." 『列子』에도 이와 유사한 대화가 있다. Alfred Forke, *Geschichte der alten chinesischen Philosophie*, 295쪽 참조.

11) '盜子'는 임의로 설정된 이름일 것이다. 이 사람은 사람들이 하늘에 대하여 하고 있는

악한 것을 싫어한다는 것이 참인가?" "그렇다." "그렇다면 세상의 생물 중에 선한 것이 많고 악한 것이 적어야 할 것이다. 그런데 지금 이 세상의 새들 중에 까마귀와 솔개가 많고 봉황이 적다. 이것은 봉황이 악하고 까마귀와 솔개가 선하다는 것인가? 달리는 짐승 중에도 이리와 승냥이가 많고 기린이 적다. 어찌 이리와 승냥이가 선하고 기린이 악한가? 세상의 식물 중에도 가시나무는 많고 벼와 기장은 적다. 어찌 벼와 기장이 악하고 가시나무가 선한가? 이 세상 사람들 가운데에는 간사한 도둑이 많고 어질고 의로운 이가 적다. 어찌 어질고 의로운 이가 악하고 간사한 도둑이 선하겠는가? 사람이 악이라고 하는 것을 하늘은 선으로 여기고, 사람이 선이라고 하는 것을 하늘은 악으로 여기는 것인가? 아니면 하늘이 사물에 명을 내려 제재하지 못하고 다만 사물 스스로 선악이 되는 것을 따르는 것인가? 그렇다면 장차 선은 거짓이 되고 악은 두려운 것이 되어 하늘 또한 사사로이 뱉거나 삼킴이 있게 되지 않겠는가? 예로부터 지금까지 혼란스런 날이 늘 많고 다스려지는 날이 늘 적었다. 군자와 소인이 싸우면 소인이 이기는 적이 늘 많고 군자가 이기는 적이 늘 적다. 어찌 하늘의 도가 선을 좋아하고 악을 싫어하는 데도 이처럼 어그러지는가?" 욱리자가 대답하지 못하였다. 도자는 물러나서 그 제자에게 말하였다. "심하다. 군자가 사사로이 하늘을 말하니, 이제 말이 나보다 궁하다."[12]

거의 모든 철학자들과 마찬가지로 유기는 국가의 통치와 행정에 대하여 많은 것을 저술하였으며, 그의 실천적인 경험은 특히 그가 그것을 할 수 있게 하였다. 그의 말 중에는 큰 통찰력을 보여 주면서 오늘날에도 여전히 좌우명으로 삼을 만한 것이 있다. 그것은 다음과 같다.

생각을 **빼앗기** 때문이다.

12) 『郁離子』, 3b, "盜子問於郁離子曰, 天道好善而惡惡, 然乎, 曰然, 曰然則天下之生善者宜多而惡者宜少矣, 今天下之飛者烏鳶多而鳳凰少, 豈鳳凰惡而烏鳶善乎, 天下之走者豺狼多而麒麟少, 豈麒麟惡而豺狼善乎, 天下之植者荊棘多而稻粱少, 豈稻粱惡而荊棘善乎, 天下之火食而堅立者, 姦宄多而仁義少, 豈仁義惡而姦宄善乎, 將人之所謂惡者天以爲善乎, 人之所謂善者天以爲惡乎, 抑天不能制物之命而聽從其自善惡乎, 將善者可欺, 惡者可畏, 而天亦有所吐茹乎, 自古至今亂日常多而治日常少, 君子與小人爭, 則小人之勝常多而君子之勝常少, 何天道之好善惡惡而若是戾乎, 郁離子不對, 盜子退, 謂其徒曰, 甚矣, 君子之私於天也, 而今也, 辭窮於予矣."

욱리자가 말하였다. "싸움을 잘하는 사람은 그 적을 줄이며, 싸움을 잘하지 못하는 사람은 적을 증가시킨다."13)

철학사의 저자들 중에서는 유일하게 종태鍾泰만이 유기에 대해 언급하고 있다. 따라서 그에 관해서는 알려진 것이 적지만, 어쨌든 철학자로서의 그는 왕충王充과 범진范縝과 유사한 유형의 회의론자였던 것으로 보인다.

2. 방효유

방효유方孝孺(1357~1402)는 자가 희직希直・희고希古이고 호는 정학正學・손지遜志이며 절강성 영해寧海에서 태어났다. 그는 어려서 글쓰기에 매우 능하여 '작은 한유'(小韓子)라고 불렸다. 1373년에는 아버지의 처형장에 동행하여 그 시신을 수습하여 돌아오기도 하였다. 20살에 그는 수도에 갔으며 송렴宋濂의 제자가 되었다. 송렴은 사람들에게 "많은 사람들이 나의 학교에 오지만 방효유와 같은 사람은 없다"라고 말하였다.

방효유는 태조에게 추천되었는데 태조는 그를 매우 흡족해하였다. 1390년에 태조는 그를 태자의 스승으로 임명하였으며 사천에 있는 제후국까지 동반하였다. 1398년 즉위한 어린 혜제는 방효유를 고문으로 모시고 공부가 막힐 때면 자주 그에게 답변을 구하였으며, 그로 하여금 황제를 대신하여 고관들의 청원에 답하게 하였다. 다양한 공문서들도 주로 방효유가 작성하였다.

그러나 황제의 삼촌 연왕燕王이 반란을 일으켰고, 궁정이 함락되어 혜제가 불에 타 숨졌다.14) 연왕은 성조成祖로 즉위한 후 자신의 공적을 기리는 저술에

---

13) 『郁李子』, 3b, "郁離子曰, 善戰者省敵, 不善戰者益敵."
14) 『明史』, 권4, 8에 의하면 연왕의 병사들이 궁전에 들어갔을 때 그 안에서 화재가 발생

방효유를 쓰고자 마음먹고 그를 궁전으로 불렀다. 방효유가 입궁하자 성조는 주공周公과 성왕成王의 고사15)를 들어 그의 상심한 마음을 위로하였다. 이에 방효유가 자신의 성왕이 어디에 있는지를 물었고, 성조는 그가 화재로 인하여 죽었다고 답하였다. 방효유가 그렇다면 어찌하여 그의 아들을 황제로 추앙하지 않았는지 묻자 성조가 나라는 나이 든 군주를 필요로 한다고 답하였다. 방효유가 그러면 왜 그의 동생을 황제로 삼지 않느냐고 묻자 성조가 그것은 가족의 일이라고 답하였다. 그리고 성조는 방효유에게 붓과 필기구를 전달하며 백성들에게 선전하기 위한 조서를 써주기를 청하였다. 이에 방효유는 붓을 땅에 집어던지고 "죽어야 한다면 죽겠지만 조서는 쓸 수 없다"라고 울부짖으면서 성조를 저주하였다. 성조는 크게 노하여 방효유를 처참하게 죽일 것을 명하였다.16) 방효유는 초연하게 죽음을 맞이하였으며, 마지막으로 다음과 같은 시를 지었다.

하늘이 난리를 내렸으니 그 누가 이유를 알겠는가.
간신이 모략으로 나라를 농락하니 충신이 대노하여 피눈물을 흘린다.
내가 군주를 위해 죽고자 하니 무엇을 더 원하겠는가?
아 슬프다! 내 허물이 아니다.17)

했다. 화염 속에서 황제가 어디에서 죽었는지는 알 수 없었고 황제비의 시신은 찾을 수 있었다. 그런데 이를 두고 몇몇이 황제가 화마를 벗어나 국외로 도주하였다고 주장했다. 1440년 광서에 운남에서 왔다는 한 승려가 있었는데 사람들은 그가 혜제가 아닌지 의심하였다. 감옥에 가두고 추궁하니 그는 자신의 이름이 楊行祥이며 나이도 이미 90세가 넘었고 鈞州 출신이라고 주장하였다. 그는 4달 후 감옥에서 죽고 말았다. 이 일과 관련된 12명의 공범자들은 요동으로 추방되었다. 후에 운남과 사천 지방에 황제가 불교의 승려가 되어서 자주 나타났다고 하는 소문이 돌았다. Cordier, *Histoire Générale de la Chine*, III, 23쪽에도 황제가 승려가 되어 궁전에서 도주하였다고 기술되어 있다.

15) 조카 成王을 왕위에 앉히고 사심 없이 보필했던 주나라 周公의 고사.
16) 『明史』, 권141, 7a, "死即死耳, 詔不可草." 『方正學集』에 수록된 전기는 이것과 정확하게 일치하지 않는다.
17) 『明史』, 권141, 7a, "天降亂離兮, 孰知其由, 奸臣得計兮, 謀國用猶, 忠臣發憤兮, 血淚交流, 以此殉君兮, 抑又何求, 嗚呼哀哉兮, 庶不我尤."

성조는 방효유뿐만이 아니라 그의 가족과 친구, 제자 등 주변 인물까지 연좌하여 모두 847명을 처형했다. 당시 방효유의 동생과 두 제자가 함께 처형되었으며, 그의 부인과 두 아들은 자살하였고 두 딸도 강에 몸을 던졌다.[18] 뒷날 방효유는 문정文正이라는 시호를 받았으며 1863년에 공자의 사당에 배향되었다. 그는 자신의 철학을 통해서보다 그의 영웅적인 행동을 통하여 강직한 충신의 본보기로서 영향을 미쳤다. 채청蔡淸(1453~1508)은 방효유와 같은 사람은 천 년에 한 번 나타난다고 말하였다.

방효유의 전서는 『손지재집遜志齋集』 24권으로 출판되었는데, 이것들은 성조의 명에 의하여 불탔으며 숨기면 사형을 받았다. 그럼에도 불구하고 제자 한 명이 그 일부를 베껴서 『방정학집方正學集』[19]으로 보존하였다.

철학에 있어 방효유는 실천적인 문제와 정치에 국한하여 관심을 두었으며 형이상학적인 문제는 거의 다루지 않았다. 그는 하늘의 것보다 지상의 것이 더 쉽게 이해될 수 있으므로 학문을 할 때에 하늘의 것에 가까이 가기 이전에 땅의 것으로부터 시작해야 한다고 하였다. 그럼에도 그는 주희의 학설에 대해서는 성현의 학설로 여기고 있다고 말하였다.

선생이 죽고 나서 200년 후에는 모든 학자들이 그 말씀을 확신하였으며 아무도 그에게 이르지 못하였다.[20]

방효유는 고대에는 국가의 통치에 있어서 특히 통치·교육·윤리·음악·형벌 이 다섯 가지를 중요하게 여겼는데 후대에 와서는 다만 형벌만이 남아

---

18) 이 처참함은 明의 가장 중요한 통치자 중의 하나로 간주되는 成祖(永樂帝)의 명성에 어두운 그림자를 남긴다.

19) 張伯行, 『正誼堂全書』에 들어 있다.

20) 方孝孺, 『方正學集』, 권2, 19a.

있을 뿐이라고 하였다.[21] 그리하여 그는 『주례周禮』를 기초로 그 결함을 보충하고 시대의 상황을 고려하여 통치하고자 하였다. 물론 그가 무조건적으로 고대를 따르고자 한 것은 아니다. 그는 전통에 대해서도 회의와 비판이 필요하다고 여겼다. 다만 전통을 모두 파괴해서는 안 된다는 것이다.

방효유는 스승 송렴과는 다르게 도교와 불교의 학설을 부정하였다. 그는 만물이 음양오행을 통하여 생성된다는 세계관을 가지고 있었다. 만물의 생성에는 특별하게 어떤 의지가 전제되어 있지 않으며, 또한 신체의 형성도 법칙이 아니라 우연에 의하여 이루어지기 때문에 윤회사상을 통하여 설명될 수 없다고 하였다. 죽은 사람에게 미래의 형상이 있어야 한다면 자연의 힘에 제한이 발생하기 때문이다.[22]

고대에는 군자가 되지 못하는 것을 염려했을 뿐, 삶과 죽음을 마음에 두지 않았다. 그저 부끄러움이 없도록 도를 닦으면 족하였다. 나에게 부여된 하늘의 완전함을 나는 능히 온전하게 하여 어그러지지 않게 할 수 있다. 나는 그것을 미루어서 더 밝히고 길러서 더 이루어 완전하고 명확하게 개발해야 한다. 수양을 통해 완전하게 전개하며, 널리 시행하여 천하의 후세를 윤택하게 하고 사람의 도에 부끄러움이 없게 되면, 비록 불행하여 하늘에서 어긋나고 사람과 등지고 질병이나 환난으로 죽는다고 하여도 어찌 군자가 되는 것을 해치겠는가?[23]

방효유와 같은 영웅은 운명에 꺾이지 않는다. 그것은 바로 명을 알아서 그것을 편안히 따를 뿐 헛되이 뜻을 펴려 애쓰지 않기 때문이다. 만일 진리로써 부귀에

---

21) 黃宗羲, 『明儒學案』, 권43, 3b.
22) 鍾泰, 『中國哲學史』, 권2, 81~82.
23) 鍾泰, 『中國哲學史』, 권2, 81, "古君子所以汲汲若不及者, 未嘗以生死入其心, 惟脩其可以無媿之道焉耳, 天之全以賦我者, 吾能全之而弗虧, 推之俾明, 養之俾成, 擴而施之, 澤於天下後世, 於人之道無所愧, 雖不幸而乖於天, 迕於人, 死於疾病患難, 何害其爲君子哉."

이를 수 있었다면 공자와 맹자는 왕이 되었어야 했을 것이며, 모든 군자가 존중받았다면 모든 성현이 성공했었을 것이다.

군자는 도를 믿고 명에 편안하다.[24]

선비는 명을 알지 못하면 안 된다. 인간은 그 뜻을 두는 것에 다함이 없음에도 결국 한계에 부딪히게 되니, 이것이 바로 명이다.[25]

명이 인간이 도모하는 것과 일치하지 않은 지가 오래되었다. 거기에 안주하기 때문에 항상 여유가 있으며, 그것을 거스르면 항상 부족하다.[26]

방효유의 철학에서 공부는 핵심을 이룬다. 그는 공부에 큰 비중을 두었다. 그는 무지한 사람은 동물과 구분되지 않으며, 배움이 없는 인생은 가치가 없는 것이라고 보았다.

사람이 혹 먹지 않을 수는 있겠지만 배우지 않는 것은 안 된다. 먹지 않으면 죽으며, 죽으면 끝이다. 그러나 배우지 않고 산다면 금수가 되어도 알지 못한다. 금수가 되느니 차라리 죽겠다.[27]

자식을 사랑하면서 가르치지 않으면, 그것은 사랑하지 않는 것과 같다. 만약에 가르쳐도 선으로 하지 않았다면, 그것은 가르치지 않은 것과 같다. 만약에 훌륭한 말을 했어도 실천할 수 없다면, 비록 선이라도 도움이 되지 않는다.[28]

---

24) 黃宗羲, 『明儒學案』, 권43, 8b, "君子信道而安命."
25) 黃宗羲, 『明儒學案』, 권43, 7b, "士不可以不知命, 人之所志無窮而所得有涯者, 命也."
26) 黃宗羲, 『明儒學案』, 권43, 7b, "命不與人謀也久矣, 安之故常有餘, 違之故常不足."
27) 黃宗羲, 『明儒學案』, 권43, 8a, "人或可以不食, 而不可以不學也, 不食則死, 死則已, 不學而生則入於禽獸而不知也, 與其禽獸也寧死."
28) 黃宗羲, 『明儒學案』, 권43, 8b, "愛其子而不教, 猶爲不愛也, 教而不以善, 猶爲不教也, 有善言而不能行, 雖善無益也."

배움이라는 것은 성인이 하늘을 돕는 것이다. 하늘이 그 윤리를 만들었으니, 배우지 않으면 도탑게 할 수가 없다. 인간에게는 항상 벼리가 있으니, 배우지 않으면 따를 수가 없다.[29]

학자의 학업과정에 대하여 방효유는 다음과 같이 말한다.

인간의 성은 태어나면서부터 오상을 갖추고 있지만, 단지 성인만이 이것을 아무 도움 없이 올바로 사용할 수 있다. 일반적인 사람은 그것을 알기 위하여 먼저 공부를 해야 한다. 공부에서 가장 중요한 것은 사서와 오경인데, 이것을 공부하는 데에는 일정한 순서가 있다. 그 순서에 따라 공부해야지, 서둘러 다음 것을 공부하거나 동시에 함께 공부해서는 안 된다. 제일 먼저 정연한 기반을 닦기 위해『대학』을 배우고, 그 다음에 실행력을 높이기 위하여『맹자』를 배우며, 그 뒤에 이것을 조이고 고르게 하는『논어』를 배우고, 마지막에 그 처음을 보여 주는『중용』을 배워야 한다. 그것을 마친 후에 이어서 오경을 배운다. 철학자들의 저서들을 통하여 시야가 확장되고 비판적인 사유가 장려되며, 역사서에서는 도덕적인 원칙의 올바름에 대한 증명을 찾을 수 있으니, 낮에는 읽고 밤에는 읽은 것을 깊이 생각한다. 그 뒤에 인격의 도야를 통하여 자신을 수양하며 나라의 관직을 수행하기 위한 덕과 필요한 능력을 획득한다. 이와 같이 한다면 관리로서 너그럽게 처신할 수 있고 이름이 널리 퍼지게 되며 후세에도 그 이름을 남기게 된다. 현인의 가르침과 고대와 근대의 통치술을 공부할 수 있고, 이것을 구두 또는 문서로 다른 사람들에게 전달할 수도 있다. 이것은 공부를 통해 도달할 수 있는 가장 지극한 것이다.[30]

방효유는 또한 예악을 강조하였으며 의로움과 이익을 분별을 중요하게 여겼다.

---

29) 黃宗羲,『明儒學案』, 권43, 3a, "學者聖人所以助乎天也, 天設其倫, 非學莫能敦, 人有恒紀, 非學莫能序."
30) 方孝孺,『方正學集』, 권2, 15a~b.

몸을 기르는 데는 먹고 마시는 것보다 중요한 것이 없으며, 마음을 기르는 데는 예와 악보다 중요한 것이 없다. 사람이 하루 동안 먹고 마시는 것은 빼먹는 일이 없는데, 어찌하여 유독 예와 악은 포기하겠는가? 천한 것을 존중하고 낮은 것을 고귀하게 여기는 것보다 더 큰 잘못은 없다.31)

의를 좋아하기를 마치 음식을 좋아하듯이 하고, 이익을 두려워하기를 마치 독사를 두려워하듯이 하며, 관직에 임하기를 마치 내 집에 거처하듯이 하고, 백성을 사랑하기를 마치 내 몸을 사랑하듯이 하는 것, 이것이 곧 바르고 은혜롭고 공변된 것이 아닌가?32)

사람은 사사로운 이익을 좇는 대신 남의 이익을 만들어 주어야 한다. 만약에 올바른 방식으로 노력하여 그것을 이루어 내었다면 여러 배의 보상을 받게 될 것이다. 방효유는 다음과 같이 말하였다.

한 해의 수고로움이 수십 년을 이롭게 하고 십 년의 수고로움이 수백 년을 이롭게 하는 것은 군자가 하는 것이다. 군자의 이익은 남을 이롭게 하고, 소인의 이익은 자산을 이롭게 한다.33)

---

31) 黃宗羲, 『明儒學案』, 권43, 3b, "養身莫先於飮食, 養心莫要於禮樂, 人未嘗一日舍飮食, 何獨禮樂而棄之, 尊所賤, 卑所貴, 失莫甚焉."

32) 黃宗羲, 『明儒學案』, 권43, 4b, "好義如飮食, 畏利如蛇虺, 居官如居家, 愛民如愛身者, 其惟貞惠公乎."

33) 黃宗羲, 『明儒學案』, 권43, 4a, "一年之勞爲數十年之利, 十年之勞爲數百年之利者, 君子爲之, 君子之爲利, 利人, 小人之爲利利己."

제2장 주자학의 계승

1. 오여필

오여필吳與弼(1391~1469)은 자가 자전子傳이고 호는 강재康齋이며 강서성 무주撫 州 숭인崇仁 사람이다. 그는 19살에 주희의 『이락연원록伊洛淵源綠』과 정호의 저서들을 밤낮으로 공부하며 기뻐하였다. 그는 이들의 학설이 모두 옳다면, 그 자신도 현인이나 성인이 될 수 있다고 생각하였다. 과거에 합격한 후에도 그는 매우 빈곤하여 작은 오두막에 살며 경전을 읽고 인격을 도야하였다. 그는 직접 제자들과 농사를 지었다. 농부와 같이 거친 옷을 입었으며, 비가 오면 대나무모자와 갈대로 만든 비옷을 입고 일했다. 이들은 공동으로 농사를 지어 거친 쌀과 야채, 콩을 먹었다. 그는 강의를 통해 약간의 수입을 얻었는데, 주로 농사를 지으며 제자들과 문답하였다. 한 번은 곡식을 수확하다가 낫에 손가락을 베이고서도 제자들에게 "어찌 사물이 사람을 이기게 할 수 있겠는가?" 하고는 멈추지 않고 계속 일한 적도 있었다.[1]

오여필의 제자 중에는 유명한 진헌장陳獻章도 있었다. 그러나 진헌장은 단지 반년 동안만 오여필의 곁에 머물렀을 뿐이다. 오여필은 진헌장을 매우 혹독하게 다루었다. 그는 진헌장에게 아무것도 알려주지 않은 채로 농사만 짓게 하였는데, 아마도 진헌장의 인내력을 길러주기 위함이었던 것 같다. 진헌장은 스승이

---

1) 孫奇逢, 『理學宗傳』, 권20, 19a; 謝无量, 『中國哲學史』 6권, 2b.

글을 쓰면 곁에서 먹이나 갈고 손님이 오면 차를 내어 갈 뿐이었다.[2] 오여필은 어느 날 아침 자신이 이미 곡식을 체에 치고 있는 동안에도 진헌장이 일어나지 않자, 그렇게 게으르면서 어떻게 후에 맹자나 정이의 가르침에 들어가고자 하느냐고 소리쳐 나무라기도 하였다.[3]

오여필은 이미 68세가 되었을 때 황제에게 천거되었다. 황제가 그에게 고위직을 주고자 하였으나 그는 자신의 나이를 핑계 삼아 관직을 거절하였다. 그럼에도 불구하고 황제는 그에게 선물을 하사하였으며, 관직이 없는 그에게 매달 두 섬의 쌀을 보내 주었다.[4]

오여필은 본인의 철학을 실제 삶 속에서 실천하기 위해 매우 진지하고 윤리적인 노력을 하였다. 그의 도는 하늘의 리를 마음에 보존하며 욕구를 없애는 것이었다. 그가 도달하고자 하였던 생활의 모범은 이동李侗이었다. 그는 아직 철저하게 철학적인 사변에 헌신하지는 않았던 고대의 소박한 성현들과 매우 유사하였다. 그는 천문학·병법·자연학·점술 같은 것에 대해서는 열심히 공부하되 깊이 이야기하려 하지 않았고, 성인의 학설에 너무 많은 주석을 달면 학문을 하는 데 있어서 오히려 해롭다고 여겼기 때문에 아무것도 저술하지 않고 다만 성인의 도에 따라 살고자 하였다.[5]

오여필의 기록을 살펴보면 그의 말을 관통하는 비관적이고 염세적인 관점을 엿볼 수 있다. 그러나 그는 그것을 출판하지 못하게 하였으며, 자신의 암울한 면을 극복하고자 하였다. 그는 다음과 같은 기록을 남겼다.

---

2) 孫奇逢, 『理學宗傳』, 권20, 21a.
3) 黃宗羲, 『明儒學案』, 권1, 1b.
4) 『明史』, 권282, 20a.
5) 吳與弼이 두 명의 철학자 陳獻章과 胡居仁의 스승이었기 때문에 渡邊秀方, 劉侃元 中譯, 『中國哲學史槪論』 3권, 113쪽에서는 그를 명대 철학의 어머니라고 한다. 그러나 오여필의 철학적 견해는 그 자신의 삶의 궤도를 벗어나지 못한다. 그에게 있어 철학은 공자를 비롯한 고대 사상가들과 마찬가지로 삶의 지혜에 국한되었기 때문이다.

수도에 머물 때 나는 밤낮으로 독서하며 한가롭게 지내지 않았지만, 정신은 무탈하였다. 그러나 후에 10여 년간 질병이 잇달아서 예전처럼 정진할 수 없었으며 아프고 두려운 것을 이기지 못하여 할 수 있는 것이 없었다. 게다가 가난해서 필요한 의약품을 마련할 수도 없었다. 그러므로 단지 관대하게 포용하며 기를 강하게 하여 어지럽지 않게 할 뿐이었다. 정신의 수양을 사랑하기를 젊어서나 늙어서나 똑같이 노력하였다. 아, 삶에서 젊어서 기가 왕성한 날은 얼마나 적은가! 하릴없이 세월만 보내는 것에 지나지 않는다면 진실로 애석하게 될 것이다.[6]

7월 12일 밤에 나는 침상에서 감당하지 못할 가계의 곤궁함에 대하여 생각하였다. 이리저리 생각해도 방법이 없었다. 으슥하도록 일어나지 못하다가, 오랜 후에 비로소 터득하였다. 대체로 역시 특별한 묘법이 있는 것이 아니라, 단지 자기에게 주어진 것을 절약하여 사용하며 가난을 편안하게 받아들여야 할 뿐이다. 내가 비록 추위 또는 배고픔으로 죽게 된다고 하더라도 초심을 감히 바꾸지 않겠노라고 맹세하였다. 그리고 기뻐하며 일어났다. 만일 어떤 것에 정통하기를 바란다면 반드시 그러한 과정을 거쳐야만 한다는 것을 또한 깨달았다.[7]

오여필은 그러므로 사람이 심한 궁지에 몰려 아주 가난하더라도 그것을 고통스럽게 여기고 그러한 신세를 한탄하는 것이 아무 소용이 없다고 충고한다. 사람은 비록 가진 것이 적다고 하더라도 현명하게 그에게 주어진 것으로 검소한 생활을 할 수 있어야만 한다. 단지 그러한 방식으로 어려움은 극복할 수 있다. 대장부다워야 하며 운명에 굴복해서는 안 된다.

---

6) 黃宗羲, 『明儒學案』, 권1, 8a, "在京時晝夜讀書不閑, 而精神無恙, 後十餘年疾病相因, 少能如昔精進, 不勝痛悼, 然無如之何, 兼貧乏無藥調護, 只得放寬懷抱, 毋使剛氣得撓, 愛養精神, 以圖少長, 噫, 世之年壯氣盛者豈少, 不過悠悠度日, 誠可惜哉."
7) 黃宗羲, 『明儒學案』, 권1, 13b, "七月十二夜枕上思家計窘甚, 不堪其處, 反覆思之, 不得其方, 日晏未起, 久方得之, 蓋亦別無巧法, 只隨分節用, 安貧而已, 誓雖寒餓死, 不敢易初心也, 於是欣然而起, 又悟若要熟也, 須從這裏過."

남자는 모름지기 세상에 훌륭하게 똑바로 서야 한다.8)

사람은 모름지기 가난·곤궁·환난에 몸을 두고 살더라도 그 거칠고 사나운 것을 다스려 심성을 순수하게 해야 한다. 그러면 위로는 하늘을 원망하지 않고 아래로는 사람들을 탓하지 않으며 사물과 나를 모두 잊고 단지 리가 있음을 알 뿐이다.9)

사람이 곤궁과 환난에 빠지면 그의 처지를 극복하고자 노력하여야만 한다. 삶의 권태는 오직 학업에 더욱 정진함으로써 이겨낼 수 있다.10) 오여필은 항상 공부를 통해 위로와 용기를 얻었다.

마음은 활동하는 사물이다. 함양이 잘 되지 못하면 흔들림을 피할 수 없다. 오직 책 앞에 편안하게 머물며 외부의 사물이 이기게 되지 않기를 바랄 뿐이다.11)

『근사록』을 읽었을 때 나는 정신이 수렴되고 몸과 마음이 단속되는 것을 깨달았다. 겸연함이 있어서 조금의 방자한 생각도 감히 하지 못하였고, 두려움이 있어서 이전의 생각을 분발하였다.12)

내가 밤에 주자의 문집을 읽다가 여러 번 기름이 떨어졌다. 가난한 부인이 장작을 지펴서 불빛을 비추어 주었는데, 외우고 읽기에 충분하였다.13)

---

8) 黃宗羲, 『明儒學案』, 권1, 14b, "男兒須挺然生世間."
9) 黃宗羲, 『明儒學案』, 권1, 12a, "人須於貧賤患難上立得脚住, 克治麤暴, 使心性純然, 上不怨天, 下不尤人, 物我兩忘, 惟知有理而已."
10) 黃宗羲, 『明儒學案』, 권1, 13b.
11) 黃宗羲, 『明儒學案』, 권1, 12b, "心是活物, 涵養不熟, 不免搖動, 只常常安頓在書上, 庶不爲外物所勝."
12) 黃宗羲, 『明儒學案』, 권1, 8b, "觀近思錄, 覺得精神收斂, 身心檢束, 有歉然不敢少恣之意, 有悚然奮扮向前之意."
13) 黃宗羲, 『明儒學案』, 권1, 12b, "夜觀晦菴文集, 累夜乏油, 貧婦燒薪爲光, 誦讀甚好."

제자들에게『맹자』를 설명하다가 마지막 장에서 매우 감격하였다. 잠자기 전에 침상에서 명도선생의 행장을 또 읊조렸는데, 한참이 지난 후 완고하고 우둔한 자질에 두려워하며 조심스럽게 다시 일어나 앉았다.[14)

오여필에게 공부의 목적은 지가 아닌 덕에 도달하는 것이었다. 그는 다음과 같이 말한다.

천천히 생각해 보면 도달할 수 있는 것은 덕뿐이다. 그 밖에는 사람이 알아야 할 것이 없다. 내가 무엇 때문에 그런 것을 구하겠는가? 나의 덕을 두텁게 하고자 할 뿐이다. 마음이 이렇게 정해지면 거기에 있는 기가 맑다.[15)

자기성찰과 자기수양은 덕으로 나아가게 한다. 사람이 묵묵히 자신의 길을 가면 자기를 성찰하고 근본적인 덕을 깊이 생각할 수 있는 좋은 기회가 된다. 그러면 그의 마음이 함양된다. 분노하게 되면 쉽게 기울어지게 되기 때문에 다른 사람을 비난하기 쉬운데 그것은 부당하다. 사람은 남을 비난하기 전에 먼저 자신이 다른 사람이 기대하는 것을 이룰 수 있는 상태에 있었는지를 물어야만 한다. 그럴 수 있으려면 스스로 성현의 학설을 공부하였다고 말할 수 있어야만 한다. 본인이 성현의 학설을 전혀 배우지 않았거나 또는 단지 적게 배웠다면 다른 사람에 대하여서도 다만 그러할 뿐이라고 생각할 수 있어야 한다. 자신이 한 번도 할 수 없었던 것을 다른 사람에게 기대하며 비난하는 것은 매우 부당하다. 자기 자신에게는 최대한을 요구하며 다른 사람에게는 단지 최소한을 기대하여야 한다. 그러면 모든 싸움과 다툼에서 벗어날 수 있으며

---

14) 黃宗羲,『明儒學案』, 권1, 12b, "爲諸生授孟子, 卒章不勝感激, 臨寢猶諷詠明道先生行狀, 久之 頑鈍之資爲之惕然興起."
15) 黃宗羲,『明儒學案』, 권1, 6a, "徐思可以方致者德而已, 此外非所知也, 吾何求哉, 求厚吾德耳, 心於是乎定, 氣於是乎淸."

윤리적 도리를 지킬 수 있게 된다.[16)

  자신을 성찰하기 위해서는 밤낮으로 충분하게 수양하여야 하므로 다른 사람까지 돌아볼 시간 여유가 나지 않는다. 또한 다른 사람을 개선하고자 하는 것은 자기 자신의 인격도야에 그다지 도움이 되지 않는다. 백성을 새로운 길로 인도하고자 한다면, 먼저 자기 자신의 성품을 확고하게 닦아야만 한다.[17)

2. 설선

  설선薛瑄(1389~1464)은 자가 덕온德溫이고 호는 경헌敬軒・하분河汾・동하東河이다. 산서성 하동의 하진河津[18)에서 태어났다.[19) 그의 아버지는 한림원의 연구원이었으며 아들 또한 관직에 들어서기를 바랐다. 설선은 두 명의 스승에게서 배웠으며 먹고 자는 것을 잊을 정도로 학업에 정진하였다. 그는 성리학의 모든 도서를 장만하였으며, 『성리대전』 전체를 필사하였는데 밤에도 이 작업을 계속하였다. 과거에 합격한 후에 그는 산동에서 아버지처럼 연구원이 되었으며 그곳에서 주희의 학설을 보급하였다. 후에 그는 예부의 장관이 되었는데, 한 번은 그가 궁정에 불려갔을 때 황제가 예에 맞지 않는 겉옷을 걸치고 있는 것을 보고는 잠자코 황제 앞에 나서지 않았다. 황제가 그것을 알아채고 의복을 바꿔 입자 그는 그제야 황제를 뵈었다. 그는 8년 동안 관직이 없었지만 이 기간에 많은 제자들이 있었다.

  설선은 국가권력을 주도하던 환관에 대한 재판에서 예의를 제대로 갖추지

---

16) 黃宗羲, 『明儒學案』, 권1, 1b.
17) 黃宗羲, 『明儒學案』, 권1, 5a.
18) 『明史』, 권282, 7b. 黃宗羲의 『明儒學案』에는 河津이 아닌 玉田으로 기술되어 있다.
19) 黃宗羲, 『明有學案』, 권7, 2b.

않았다는 이유로 그 환관에게 큰 원한을 샀다. 그 환관은 설선을 뇌물수수로 무고하여 그가 사형 판결을 받게 하였다. 설선의 세 아들이 진정서를 제출하였으나 모두 기각되었고, 다행히도 고관들의 중재로 형이 감형되어 사형을 면할 수 있었다. 사형을 앞둔 감옥에서도 설선은 닥쳐 온 죽음을 두려워하지 않고 『역경』을 공부하였으며, 사면 후에 다시 임용되었다.

설선은 1464년에 76세의 나이로 죽었다. 문청文淸이라는 시호를 받았으며 공자의 사당에 배향되었다. 생전에 그가 경전과 송대의 성리서들을 읽으며 주석을 단 내용들을 엮은 『독서록讀書錄』은 그의 사후 관학의 공식교과서의 하나가 되었다. 이 책은 『독서록』 11권과 그 후속권인 『속록續錄』 12권으로 구성되어 있다.[20] 또한 설선은 시험관으로서의 관직활동에 대하여 기록한 『종정명언從政名言』 2권을 남겼으며, 그의 말은 제자들에 의해 『도론道論』 3권으로 수집되었다. 문집으로 『설경헌집薛敬軒集』 10권[21])이 있다.

1) 리기론

(1) 태극, 리, 명, 성

설선은 말한다.

지금 하늘·땅·만물을 사람은 모두 안다. 그러나 하늘·땅·만물이 되는 까닭은 사람이 이해하고 알지 못한다. 그것을 알고자 한다면 이것은 이른바 성·도·리·명·성·제·신·귀·태극이라고 할 것이다. 그 극진함은 하나일 뿐이다.[22]

---

20) 張伯行, 『正誼堂全書』는 두 부분을 통합하고 반복되는 것을 삭제하였다. 이 판본에서는 『讀書錄』이 8권으로 이루어져 있다.
21) 張伯行, 『正誼堂全書』에 들어 있다.
22) 薛瑄, 『讀書錄』, 권5, 1b, "今天地萬物人皆知之, 而所以爲天地萬物, 則人莫得而知之也, 如欲知之, 是所謂誠歟道歟理歟命歟性歟帝歟神歟鬼歟太極歟, 其極一而已矣."

세계의 리는 많은 작용을 하며, 이것에 따라 다양한 이름을 가지고 있다. 이것을 존재론적으로 정의하는 일반적인 이름이 '태극'이다. 설선은 그것에 대하여 다음과 같이 말한다.

태극은 가운데가 비어서 아무것도 없는 하나의 영역이다. 이 리가 있지만 참으로 형체가 없다.[23]

형체는 없으나 리가 있는 것을 일러 무극이면서 태극이라고 한다. 리는 있으나 형체가 없는 것을 일러 태극은 본래 무극이라고 한다. 형체가 비록 없지만 리는 있고 리가 비록 있지만 형체가 없으니, 이것은 순수하게 리로써 말한 것이다. 그러므로 유와 무가 하나가 된다. 노자는 무가 유를 낳는다고 하였으니, 이것은 무로써 리를 말하고 기로써 유를 말한 것이다. 그의 말은 무형의 리가 유형의 기를 낳는다는 뜻으로, 유와 무를 양단으로 갈라서 둘로 만드는 것이다.[24]

주돈이에 의해 펼쳐지고 주희에 의해 확정된 무극이태극론이 날카롭게 표현되고 있다. 설선은 노자의 말에 대해 무를 리로 삼고 유를 기로 삼은 것이라고 비판하였지만, 그가 말한 리와 노자가 말한 도는 근본적으로 같다.

'리'의 이름을 알지 못하면 리를 알 수 없다. 모름지기 리가 본래 이름이 없다는 것을 알아야만 한다.[25]

리를 알기 위해서는 리라는 이름을 알고 있어야만 한다. 그러나 리라는 말은

---

23) 黃宗羲, 『明儒學案』, 권7, 6b, "太極一圈中虛無物, 蓋有此理, 而實無形也."
24) 黃宗羲, 『明儒學案』, 권7, 5b, "無形而有理, 所謂無極而太極, 有理而無形, 所謂太極本無極, 形雖無而理則有, 理雖有而理則無, 此純以理言, 故曰, 有無爲一, 老氏謂無能生有, 則無以理言, 有以氣言, 以無形之理生有形之氣, 截有無爲兩段, 故曰, 有無爲二."
25) 黃宗羲, 『明儒學案』, 권7, 10a, "不識理名, 難識理, 須知識理本無名."

라라고 불리는 것의 초월성을 인식하기에는 충분하지 못하다. 이것은 우리에게 자신의 내적인 본질에 대해서는 아무것도 알려주지 않는 도와 마찬가지로 단지 응급수단에 불과하다.

성과 명은 하나의 리이니, 선만 있고 악이 없음이 분명하다.[26]

왜냐하면 리는 이미 『중용』에서 설명되고 있는 것처럼 천하의 지극한 도로서 완전하기 때문이다.[27]

(2) 태극과 개별적인 리

태극은 큰 덕으로서 총체적인 우주 안에서 작용한다. 또한 이것은 우주 안에 존재하는 개별적인 사물들의 존재를 생성하며 그들과 함께한다.

보편적 본체의 하나의 태극은 만 가지 다양함의 하나의 근본이고, 만물이 각기 갖춘 하나의 태극은 하나의 근원의 만 가지 다양함이다. 보편적 본체로서의 태극은 큰 덕의 두터운 변화요, 개별적 사물에 있는 태극은 작은 덕의 흐름이다.[28]

세상에는 단지 하나의 리가 있지만, 천지만물은 또한 각기 고유한 리를 가지고 있다. 하늘은 하나의 리를 가지고 있지만, 바람·구름·번개·비와 같은 그의 현상에는 또한 각기 하나의 고유한 리가 있다. 마찬가지로 땅의 리가 있고, 또한 산·강·나무·식물에는 각기 고유한 리가 있다. 인간 또한 하나의 리를 가지고 있지만, 아버지와 아들·남편과 부인 등의 관계에도 또한 각기 고유한

---

26) 黃宗羲, 『明儒學案』, 권7, 16a, "性命一理也. 有善而無惡也, 明矣."
27) 薛瑄, 『讀書錄』, 권3, 1a.
28) 黃宗羲, 『明儒學案』, 권7, 4a, "統體一太極即萬殊之一本, 各具一太極, 即一本之萬殊, 統體者即大德之敦化, 各具者即小德之川流."

리가 있다. 인간의 신체에 해당하는 리가 또한 하나이지만, 개별적인 조직 또한 각기 하나의 고유한 리가 있다. 이것은 각 식물에 있어서도 마찬가지이다. 고유한 리는 줄기·가지·꽃에도 있다.[29] 모든 이러한 리는 실재하는 것으로서 단지 개념만 존재하는 것이 아니다. 효와 부부간의 사랑과 같은 덕 또한 단지 형식적인 윤리로서만 존재하는 것이 아니라 해당되는 각자의 마음 안에서 실제로 작용하는 덕으로 파악되어야만 한다.

리를 궁구한다는 것은 사람과 사물의 리를 궁구한다는 것을 의미한다. 인간의 리는 안으로 도덕적 자질을 부여하는 성이고, 사물의 리는 물·불·나무·쇠·흙의 성이다. 따라서 만물과 만사는 각기 당연히 상응해야 하는 리를 가지고 있다. 모든 리를 궁구하지 않는 것이 없어서 최소한의 의심도 남지 않는 것이 이른바 리를 궁구하는 것이다.[30]

인간의 리를 궁구하는 것은 반드시 인·의·예·지의 성을 다하는 것이고, 사물과 일의 리를 궁구하는 것은 반드시 만물과 만사가 각기 그에 합당한 바를 얻도록 하는 것이다. 이것이 이른바 성을 다한다는 것이다. 리와 성은 모두 하늘의 명에 있는 원·형·이·정이다. 리를 궁구하고 성을 다하는 것과 하늘의 명한 것은 아주 작은 차이조차 없다. 이것이 이른바 지극한 명이다. 리라고 하고 성이라고 하고 명이라고 해도 이것과 저것의 차이는 없다. 궁구한다고 하고 다한다고 하고 이른다고 하는 것은 앞뒤의 순서가 생략된 것이다. 이것은 이전의 학자들이 한 말이고, 나는 단지 이것을 기록한 것에 불과하다.[31]

---

29) 薛瑄, 『讀書錄』, 권3, 4a.
30) 薛瑄, 『讀書錄』, 권1, 11b, "窮理者窮人物之理也, 人之理則有降衷秉彛之性, 物之理則有水火木金土之性, 以至萬物萬事皆有當然之理, 於衆理莫不窮究其極, 而無一毫之疑, 所謂窮理也."
31) 薛瑄, 『讀書錄』, 권1, 12a, "窮得人之理, 必須盡仁義禮知之性, 窮得事物之理, 必須使事物各得其宜, 所謂盡性也, 理也性也皆天命之元亨利貞也, 窮理盡性與天命無一毫之間, 所謂至命也, 曰理曰性曰命, 雖無彼此之殊, 曰窮曰盡曰至, 則畧有先後之序矣, 此先儒之成說, 愚竊述之."

설선이 나무의 뿌리에 대하여 설명한 것은 리의 개념을 이해하는 데에 매우 유익하다.

나무의 뿌리를 보면 모름지기 생각해야 한다. 아직 뿌리가 있기 전의 아무 조짐도 없는 때에도 나무뿌리의 리가 이미 갖추어져 있다가, 기의 기틀이 움직여서 생겨나기 시작하면 리 또한 그것을 따르는 것이다. 나무의 뿌리는 이렇게 생겨난다.[32]

여기서 리는 아리스토텔레스의 형태에 상응하며, 기는 당연히 실체에 해당된다.

(3) 인성

인간의 성 즉 인간의 내적인 본질은 태극 이외의 다른 것이 아니다. 성은 인간의 마음에만 있는 것이 아니라 또한 인간의 신체조직들 즉 눈, 귀 등과 팔과 다리의 동작에도 자리하고 있다. 천지만물의 리는 또한 그들의 성과 동일하다. 그러므로 설선은 말한다.

천하에 성 밖에 있는 사물이 없으니, 성은 없는 곳이 없다.[33]

성은 천하의 도이며, 이것은 모든 것을 꿰뚫고 모든 것을 채운다. 그리고 마음은 이 성을 담고 있다. 따라서 다음과 같이 말하게 된다.

마음에는 아무것도 없지만, 그 크기는 지극히 광대하여 한계가 없다.[34]

---

32) 薛瑄, 『讀書錄』, 권4, 22b, "即樹根觀之, 須思. 未有根之先而冲漠無朕之中, 樹根之理已具, 逮夫氣機一動, 資始資生, 而理亦隨之. 樹之根由是生焉."
33) 薛瑄, 『讀書錄』, 권5, 5b, "天下無性外之物, 而性無不在."
34) 黃宗羲, 『明儒學案』, 권7, 4b, "心中無一物, 其大浩然無涯."

이것은 현상적으로 존재하는 것이 아니라 초월적으로 존재하는 성 즉 천하의 도로서 공간 및 시간과 연결된 것이 아니다.

자기인식은 인간이 자기 자신의 성과 저 위의 하늘을 인식하는 것이다. 성은 리이며, 하늘은 리가 오는 곳이다.[35] 고대의 이해에 의하면 인간의 성, 성품, 그의 본질은 하늘이 인간에게 부여하는 것이지만 성은 단지 인간뿐만 아니라 다른 만물에게도 마찬가지로 부여된다. 왜냐하면 리는 만물에 들어 있기 때문이다. 사물은 리에 의해 존재하다가 주재하는 리의 작용이 멈추면 없어진다.

(4) 리와 기

현실적인 세계에는 리가 항상 기와 함께 주어져 있는데, 그것은 세계가 형체와 마음으로 구성되기 때문이다.

천지만물은 함께 하나의 리와 기를 이룬다.[36]

천지만물의 형체는 모두 비어 있지만, 리는 가득 차 있다.[37]

마지막 문장은 완전하게 맞지는 않는 것으로 보인다. 왜냐하면 리는 비물질적이며 비어 있고, 형체는 가득 채워져 있으며 현실적이기 때문이다. 그러나 여기에서는 영원하고 소멸되지 않는 세계원칙의 현실성이 가득 참으로, 그리고 단지 하루살이처럼 덧없는 사물의 현실성이 비어 있음으로 표현되었다. 사물은 단지 제한된 시간 동안 존재하다가 다시 사라져서 소멸되는 반면에, 리는 영원히 불변하며 머문다.

---

35) 黃宗羲, 『明儒學案』, 권7, 6a.
36) 薛瑄, 『讀書錄』, 권4, 15a, "天地萬物渾是一團理氣."
37) 薛瑄, 『讀書錄』, 권4, 15a, "天地萬物形體皆虛, 而理則實."

모든 크고 작은 형체를 가진 사물들은 지극히 은미하고 신묘한 리와 기의 가운데서 생겨나서 형체가 완성되면 드러난다.[38]

기는 만 가지로 다양하게 변화하며, 리는 일정하여 변하지 않는다.[39]

도는 만고 이래로 변하지 않으며, 기의 변화는 매일 새롭다.[40]

만물은 시작과 끝이 있지만, 오직 도는 시작과 끝이 없다.[41]

도와 기가 연결되어 있는 방식을 설선은 비유를 통해 밝히고자 하였다.

리는 햇빛과 같고 기는 날아가는 새와 같으니, 리가 기의 기틀을 타고 움직이는 것은 마치 햇빛이 새의 등을 타고 함께 날아가는 것과 같다. 새가 날아가면 햇빛은 새의 등을 떠나지 않지만, 실제로는 새와 함께 가는 것도 아니고 둘 사이에 분절이 있는 것도 아니다. 마찬가지로 기가 움직이면 리가 비록 잠시라도 떨어지는 적이 없지만, 실제로는 기와 함께 가서 다하는 것도 아니고 소멸의 때가 있는 것도 아니다. 기에는 취산이 있지만 리에는 취산이 없음을 여기에서 알 수 있다.[42]

리는 해와 달의 빛과 같아서, 크고 작은 사물이 각기 그 빛의 일부를 얻는다. 사물이 있으면 곧 빛은 사물에 머물고, 사물이 다하면 곧 빛은 빛으로 남는다.[43]

---

38) 薛瑄, 『讀書錄』, 권4, 15a, "凡大小有形之物皆自理氣至微至妙中生出來, 以至於成形而著."
39) 薛瑄, 『讀書錄』, 권4, 15b, "氣則萬變不齊, 理則一定不易."
40) 薛瑄, 『讀書錄』, 권3, 5a, "道則萬古不易, 氣化則日新."
41) 薛瑄, 『讀書錄』, 권3, 5a, "萬物皆有始終, 惟道無始終."
42) 黃宗羲, 『明儒學案』, 권7, 11b, "理如日光, 氣如飛鳥, 理乘氣機而動, 如日光載鳥背而飛. 鳥飛而日光雖不離其背, 實未嘗與之俱往而有間斷之處. 亦猶氣動而理雖未嘗與之暫離, 實未嘗與之俱盡而有滅息之時. 氣有聚散, 理無聚散, 於此可見."
43) 黃宗羲, 『明儒學案』, 권7, 12a, "理如日月之光, 小大之物各得其光之一分, 物在, 則光在物, 物盡, 則光在光."

여기에서 다시 이원론이 명확하게 드러난다. 영원하고 소멸되지 않는 리는 소멸되는 기보다 높다고 하겠지만, 기는 또한 리에 의해 주재됨에도 불구하고 또한 일정 기간 리보다 강하다. 어리석음과 지각, 선과 악은 기에서 나오며, 리가 이들을 항상 주도할 수 있는 것이 아니다. 심지어 완전히 기에 의해 가려지는 때도 있다. 사람은 함양과 수신으로써 이러한 기의 결함을 제거하고자 하지만, 이것은 오랫동안 큰 노력을 필요로 한다.[44)

2) 음양오행과 사물

기는 본래 단지 하나일 뿐이다. 이 기에는 음과 양이 있다. 한 해의 운행에서 음과 양은 서로 상대를 생성한다.

수는 음이고 양에서 생겨난다. 화는 양이고 음에서 생겨난다.[45)

양기는 위에서 아래로 내려가면서 점차 따뜻해지며 완전히 도달한 다음에는 뜨겁다. 음기는 위에서 아래로 내려가면서 점차 서늘해지며 완전히 도달한 다음에는 차갑다.[46)

이러한 말은 당연히 어떤 관찰을 근거로 하지 않는다. 무엇 때문에 하나의 기는 아래로 가면서 뜨거워져야 하며, 다른 기는 차게 식어야 하는가? 단지 기 중에서 하나는 뜨거운 화, 다른 하나는 차가운 수가 고찰되었다는 것 외에는 별다른 이유가 없다.

---

44) 薛瑄, 『讀書錄』, 권5, 4a.
45) 薛瑄, 『讀書錄』, 권4, 15b, "水陰也, 生於陽, 火陽也, 生於陰."
46) 薛瑄, 『讀書錄』, 권4, 16b, "陽氣自上而下漸達則溫, 必達則熱, 陰氣自上而下漸達則凉, 必達則寒."

이것이 실질적인 연구가 아니라 단지 상징에서 나왔다는 것은 다음의 말을 통해 잘 알 수 있다.

물은 사물을 비출 수 있으며, 그러므로 지가 거기에 속한다. 쇠는 사물을 자를 수가 있으며, 따라서 의가 거기에 속한다. 나무는 생성의 의지가 있으며, 그 때문에 인이 거기에 속한다. 불은 아름다움과 광채를 지니며, 따라서 예가 거기에 속한다. 흙은 물질의 실체이며, 이 때문에 신이 거기에 속한다.[47]

사물은 기의 응축으로 생성되는 것이다. 이 기가 흩어지면 다시 사라진다.

구름이 짙어지면 비가 생성된다. 기가 짙어지면 사물이 생성된다.[48]

하나의 기가 유행하는 하나의 근본이다. 사물이 드러나게 되면 각기 형태를 갖추고 각기 색깔이 있어서 구분되어 다르게 된다.[49]

3) 세계의 무한과 영원

사물은 공간 및 시간적으로 한계가 있다. 이들은 정해진 형태를 가지고 있으며, 특정한 시간 동안 존속하다가 흩어지고 다른 사물들이 생겨난다. 이와는 다른 것이 만물의 총체 즉 우주이다. 우주는 공간적으로도 시간적으로도 무한하다. 형체를 둘러싸고 있는 대기는 무한하지만, 형체에는 한계가 있다. 그러므로 하늘은 무한하게 크고, 땅은 하늘의 가운데에 있는 터럭처럼 작다.[50]

---

47) 薛瑄, 『讀書錄』, 권4, 16b, "水能鑑物, 故智屬之, 金能斷物, 故義屬之, 木有生意, 故仁屬之, 火則文明, 故禮屬之, 土則質實, 故信屬之."
48) 薛瑄, 『讀書錄』, 권4, 20a, "雲濃則成雨, 氣濃則生物."
49) 薛瑄, 『讀書錄』, 권4, 15b, "一氣流行一本也, 著物則各形各色而分殊矣."
50) 薛瑄, 『讀書錄』, 권4, 17b.

세계와 세계는 끊임없는 순서에 따라 시작과 끝이 없이 이어진다. 각각의 세계는 일정한 시간 동안 지속되는 일정한 기의 형체이다. 각 세계의 끝은 또 다른 새로운 세계의 시작이다.

만약에 태극이 기보다 먼저 있었다고 한다면 이것은 기와 단절이 있는 것으로, 태극을 허공중에 매달린 하나의 별도의 사물로 삼아서 기를 생성할 수 있는 것으로 보는 것이다. 이것이 어찌 동정의 끝이 없고 음양의 시작이 없음을 말하는 것이 될 수 있겠는가? 이로써 우리는 이전 세계가 끝날 때든 지금 세계가 시작될 때든 기는 비록 동정의 다름은 있을지라도 결코 한순간도 단절된 적이 없으며 태극은 항상 그 안에서 유행을 주재하였다는 것을 알 수 있다.[51]

이것은 주희의 주장과 같다. 주희는 비록 리가 먼저 있고 기가 나중에 있다고 말하기는 했지만, 그것은 어디까지나 논리적으로 말한 것일 뿐이고 실제상으로나 시간상으로 볼 때 리와 기는 잠시도 떨어질 수 없는 것으로서 선후를 말할 수 없다고 강조하였다. 설선 또한 마찬가지로 유행하는 기와 그것을 주재하는 태극 즉 리가 한순간도 단절된 적이 없었음을 강조한다. 다만 그 기의 유행은 영원한 변화 속에 있다. 여기에서 세계의 창조에서 소멸까지의 시간은 하나의 우주시간이 되고, 존재는 우주시간의 리듬 안에서 존재는 변화한다.

4) 신, 심, 혼

설선의 마음에 대한 표현은 그다지 명확하지는 못하다. 그는 일단 마음에 대해 다음과 같이 정의하고 있다.

---

51) 薛瑄, 『讀書錄』, 권4, 18a, "若以太極在氣先, 則是氣有斷絶, 而太極別爲一懸空之物, 而能生夫氣矣, 是豈動靜無端, 陰陽無始之謂乎, 以是知, 前天地之終今天地之始, 氣雖有動靜之殊, 實未嘗有一息之斷絶, 而太極乃所以主宰流行乎其中也."

마음은 기의 영명함이며 리의 관건이다.[52]

여기서 마음은 리와 마찬가지로 기 안에 자리하고 있으며 기의 핵심으로서 그의 가장 중요한 부분이다. 그러나 다음 문장을 보자.

마음에 구비되어 있는 리가 태극이다.[53]

여기에서 문제는 전환된다. 태극 또는 리는 마음에 들어 있으며 마치 마음의 일부처럼 보이고 있는 것이다.

설선은 인간에게서 비로소 '마음'이라는 이름이 나타나며, 하늘에 있어서는 모든 것이 여전히 리일 뿐이라고 한다.[54] 그러나 그럼에도 불구하고 그는 자주 하늘의 마음 또는 천지의 마음을 거론한다. 예를 들어 설선은 인간의 마음이 천지의 마음과 연결되어 있다고 하였다.[55] 특별히 인간의 마음에 대하여 그는 다음과 같이 말한다.

귀신은 천지에 있어서의 음양의 영이고, 혼백은 인간의 몸에 있어서의 음양의 영이다.[56]

설선은 또한 신과 귀의 두 가지 불사의 근원이 존재한다는 것을 인정하는 듯하다. 그는 다음과 같이 말하고 있다.

---

52) 薛瑄, 『讀書錄』, 권5, 7a, "心者氣之靈而理之樞也."
53) 薛瑄, 『讀書錄』, 권5, 7a, "心所具之理爲太極."
54) 薛瑄, 『讀書錄』, 권5, 7a.
55) 薛瑄, 『讀書錄』, 권5, 7a.
56) 薛瑄, 『讀書錄』, 권4, 21a, "鬼神者天地陰陽之靈, 魂魄者人身陰陽之靈."

음과 양이 합해지면, 백이 응축되고 혼이 모아져서 생성되는 것이 있다. 음과 양이 다시 갈라지면, 혼은 올라가서 신이 되고 백은 내려가서 귀가 된다.[57]

설선의 학설 중에 특이한 것은 동물과 식물의 마음에 관한 것이다. 그는 짐승, 새, 물고기는 의식을 가지고 있지만 식물은 가지고 있지 않다고 말한다. 또한 곤충에게도 혼이 있다고 한다. 예를 들어 개미는 힘을 합하여 구멍으로 하나의 대상을 끌고 가기 때문에 그들에게 지가 없다고 할 수 없다는 것이다.[58] 그런데 식물에게 마음이 없다고 하는 주장에 대해서는 설선은 찬동하지 않았다. 그는 다음과 같은 생각을 하였다.

식물을 자세히 들여다보면 또한 역시 마음이 있어서 다만 주재하는 것처럼 보인다. 이것이 잎을 돋게 하고 꽃을 피우게 하고 열매를 맺게 한다면 그것이 곧 식물의 마음이다.[59]

이것이 만일 식물에게도 최소한 무의식적인 마음이 있다는 말이라면 인정할 수 있을지도 모르겠지만, 설선에게는 그것만으로는 충분하지 못한 듯 여겨진다. 그는 또 오이와 참외가 대나무막대에 의지하여 타고 올라갈 때에, 그 근저에는 어떤 의지가 있는 것으로 보이며, 그러한 의지는 바로 마음에서 나온 것이라고 하였다.[60] 그러나 이처럼 기어오르는 식물이 참으로 특정한 목표와 의지를 가지고서 움직이는 것이라고 한다면, 그들에게는 의식적인 마음 또한 있다고 해야 할 것이다.

---

57) 薛瑄, 『讀書錄』, 권4, 16a, "陰陽合則魄凝, 魂聚而有生, 陰陽判則魂升爲神, 魄降爲鬼."
58) 薛瑄, 『讀書錄』, 권5, 6a.
59) 黃宗羲, 『明儒學案』, 권7, 12a, "細看植物, 亦似有心, 但主宰乎, 是使之展葉開花結實者, 即其心也."
60) 薛瑄, 『讀書錄』, 권5, 6a.

5) 학업

설선은 윤리적인 것과 학문적인 것을 동시에 공부의 목적으로 삼았다. 그는 공부함으로써 한편으로는 자신의 마음을 밝히고자 하였으며, 다른 한편으로는 자신의 마음이 하늘의 리와 도덕적으로 일치하고자 하였다.[61]

설선은 성현이 학설을 통하여 인간이 도리를 깨닫고 욕구를 억누를 수 있게 하고자 하였다고 한다.[62] 사람은 마음을 다스리기 위하여 독서를 하며, 이것은 마치 질병을 쫓아내려고 약을 먹는 것과 같다.

마음이 매번 헛된 생각을 할 때마다 경전의 글과 성현의 말로써 제재한다.[63]

설선은 이러한 다양한 목적에 따라 형이하의 공부와 형이상의 공부를 구분하였다. 형이하의 공부는 행동강령 및 오륜의 가르침에 관한 것이며, 형이상의 공부는 하늘의 리와 명, 인간의 성, 기와 오행 등의 문제를 탐구하는 것이다.[64]

설선은 성현의 저서들이 모두 하나로 통한다고 보았다. 『대학』의 명덕明德, 『중용』의 성誠, 『논어』의 인仁, 『맹자』의 성선性善, 그 밖의 다른 경전이나 성현의 말이 모두 하나의 리로 통하고 이 리가 수많은 개별적인 리를 포괄하고 있으며, 그렇지 않은 책들은 단면적이고 잘못되었다는 것이다.[65]

설선에 따르면, 성현은 이단의 학설을 혐오하였는데, 그것은 사람의 감각을 어리석게 하고 능력을 없애며 그 밖의 많은 나쁜 결과들을 초래하게 되기 때문이다. 이단에는 도가와 불교도 또한 포함되었는데, 설선은 그 학설을 비판하였

---

61) 薛瑄, 『讀書錄』, 권5, 10a.
62) 薛瑄, 『讀書錄』, 권5, 10a.
63) 黃宗羲, 『明儒學案』, 권7, 16a, "心每有妄發, 以經書聖賢之言制之."
64) 黃宗羲, 『明儒學案』, 권7, 10b.
65) 薛瑄, 『讀書錄』, 권3, 7b.

다. 흔히 말하는 것처럼 이 세 종파가 똑같이 가치가 있다면, 이것은 이들이 사물의 생성에 세 가지 다른 근원을 제공한다는 것이다. 세 종파가 각각 그 문제에 대하여 다르게 답하고 있기 때문이다.66)

설선이 특별히 반대하였던 이단의 학설은 인위적인 수단을 통하여 신선이 될 수 있다고 하는 것이었다.

정자는 말하였다. "신선은 세상 안에 있는 도둑이다. 그가 조화의 기틀을 훔치지 않는다면 도대체 어떻게 생명을 연장할 수 있겠는가?" 나는 신선이 비록 생명을 연장하는 조화의 기틀을 도둑질하였다고 하더라도 오랫동안 흩어지지 않을 수는 없다고 생각한다. 그렇지 않다면 고대 이래로 신선이라는 이름을 얻은 사람이 많은데, 어떻게 백 년 또는 천 년 동안 이 세상에서 한 사람도 볼 수 없겠는가?67)

사물의 시작과 끝은 음양의 조화로 나타나는 자연의 리이다. 신선이라고 하는 사람은 반드시 이러한 음양을 통한 조화의 리를 초월함으로써 항상 존재하고 자 한다. 그러나 틀림없이 그러한 리는 없다.68)

6) 명상과 하늘 숭배

성을 다하고자 하는 사람에게 중요한 것은 마음공부와 하늘을 섬기는 것이다. 이를 실현하는 과정에서 설선은 특히 최고의 도에 집중하는 것 마음의 순수함과 비움, 모든 잡념을 없애는 것 등에 중점을 두었고, 신비적인 침잠이나 무아경

---

66) 薛瑄, 『讀書錄』, 권4, 12a.
67) 薛瑄, 『讀書錄』, 권4, 12b, "程子曰, 仙者天地間一賊, 若非竊造化之機, 安能延年邪, 愚謂仙者 雖竊造化之機以延年, 亦未有久而不散者, 不然自古以仙得名者多矣, 何千百年不見一人在世 邪."
68) 薛瑄, 『讀書錄』, 권4, 12b, "萬物始終乃陰陽造化自然之理, 神仙者必欲超出陰陽造化之理以常 存, 必無此理."

등과 같은 심신을 초월하는 상태에 대해서는 말하지 않았다. 그는 다음과 같이 말한다.

말을 적게 하고 항상 침묵하는 것이 가장 신묘하다.[69]

공경하면 마음이 비어 아무것도 없게 된다.[70]

만약에 가슴 안에 아무것도 없으면 특별히 관대하여 평온하고 즐겁고 기쁜 것을 깨닫는다.[71]

마음이 비게 되면 안과 밖의 기가 합하여 하나가 되는 형상이 있게 된다.[72]

물이 맑으면 가는 터럭도 볼 수 있고, 마음이 맑으면 하늘의 리를 볼 수 있다.[73]

마음을 비우고 리에 대하여 깊게 생각하는 것은, 마음과 리가 함께 하나를 이루게 하는 것이다.[74] 비록 조용히 앉아 있더라도 많은 생각을 하고 있다면, 이러한 상태로 진리를 발견하는 것은 불가능하다.

오직 성인의 마음만이 자연스럽게 참으로 한결같이 비어 있고 고요하여 아주 작은 잡념 하나도 없다.[75]

---

69) 黃宗羲, 『明儒學案』, 권7, 6b, "少言沉默最妙."
70) 黃宗羲, 『明儒學案』, 권7, 6b, "敬則中虛無物."
71) 黃宗羲, 『明儒學案』, 권7, 7b, "若胸中無物, 殊覺寬平快樂."
72) 黃宗羲, 『明儒學案』, 권7, 7b, "心虛, 則內外合一之氣象."
73) 黃宗羲, 『明儒學案』, 권7, 7b, "水清則見毫毛, 心清則見天理."
74) 黃宗羲, 『明儒學案』, 권7, 9b.
75) 黃宗羲, 『明儒學案』, 권7, 14b, "惟聖人之心自然眞一虛靜, 無一毫之雜念."

인간은 또한 잠을 자거나 별일 없이 움직이거나 혼란스러운 생각을 하고 있을 때조차 끊임없이 그의 마음을 지켜야 한다.[76]

인간의 성이 선한 것은 태극의 큰 덕이고, 악이 생기는 것은 음양의 찌꺼기이다. 삼가고 집중함으로써 찌꺼기가 녹아 없어지면 태극의 큰 덕과 같아질 수 있지만, 필요한 정도의 신중한 노력이 없으면 소인배의 사사로운 마음이 생겨나기 때문에 결코 작은 욕심 하나도 극복할 수 없다.

설선은 군자가 단지 선한 것을 행하고 마음으로 그것을 성찰할 뿐만 아니라 또한 하늘을 섬겨야 한다고 한다. 그가 이해하는 하늘은 무엇인가? 그는 형상으로서의 하늘과 본래의 하늘을 구분한다. 그러므로 그에게 하늘은 기 즉 대기로서의 하늘과 그 안에서 작용하는 리로서의 하늘 두 가지가 있다. 둘은 하나를 이루기 때문에 서로 분리되지 않는다.[77] 하늘은 하나의 형상으로 드러난 정신적인 존재이며, 신은 그 근본이 된다.

신은 하늘과 땅의 근본이며, 변화는 하늘과 땅의 작용이다. 반드시 먼저 신을 궁구한 후에 비로소 변화를 알 수 있다.[78]

세상의 모든 변화는 하늘의 신 또는 리와 다르지 않은 세계정신에 의하여 이루어진다. 이 신은 인간의 마음과 같은 것이다.

측은하게 여기고 사랑하며 선량한 인간의 마음은 천지가 윤택하게 사물을 생성하는 마음이다.[79]

---

76) 黃宗羲, 『明儒學案』, 권7, 10b.
77) 薛瑄, 『讀書錄』, 권4, 17a.
78) 薛瑄, 『讀書錄』, 권3, 2b, "神者天地之本, 化者天地之用, 必窮神而後知化."
79) 黃宗羲, 『明儒學案』, 권7, 9a, "人惻然慈良之心卽天地藹然生物之心."

따라서 하늘 또는 신의 마음을 사람은 공경해야 한다. 인간은 자기의 마음을 완전히 하늘의 리와 일치시킴으로써 하늘을 섬긴다.

이로써 하늘을 섬기며, 하늘의 마음이 그것을 기뻐한다.[80]

설선은 현명한 통치자는 하늘을 섬기기를 부모 공경하듯이 하여, 하늘이 노하면 그 화를 풀게 하고자 노력한다고 하였다.[81] 이것은 하늘을 단지 비인격적인 리로만 여겼던 주희와 어긋나는 지점이라 할 수 있다.

3. 호거인

호거인胡居仁(1434～1484)의 자는 숙심叔心이고 호는 경재敬齋이다. 그는 강서성 요주饒州 여간餘干에서 태어났다.[82] 그는 오여필에게서 배웠고 매계산梅谿山에 집을 짓고 그곳에서 공부하였으며 평생 과거를 보지 않았다. 시호는 문경文敬이며 공자의 사당에 배향되었다.

호거인은 경제적으로 풍족하지 못한 삶을 살았지만 떨어진 옷도 꿰매어 입는 검소한 삶에 만족하였다. 그는 다음과 같이 말하였다.

인과 의로 자신을 윤택하게 하였다면 띠풀로 집을 장식하였더라도 충분하다.[83]

---

80) 薛瑄, 『讀書錄』, 권5, 16a, "則事天而天心悅矣."
81) 薛瑄, 『讀書錄』, 권5, 16b.
82) 『明史』, 권282의 전기 참조. Giles는 그의 고향을 福建省 梅谿라고 하였으며 1485년을 그가 죽은 해로 여긴다.
83) 黃宗羲, 『明儒學案』, 권2, 1b, "以仁義潤身, 以芽籤潤屋, 足矣."

호거인은 견문을 넓히기 위하여 복건과 절강 지역을 여행하였으며, 그곳에서 많은 학자들을 알게 된 후 포양호를 건너서 돌아왔다. 그는 모든 책을 매우 비판적으로 읽었으며 만물을 매우 세밀하게 연구하였다. 강의는 매우 정확하였으며 제자들에게 매일 학습한 것에 대한 벌과를 부여하였다. 그는 매우 엄격하고 성실하였으며 원칙에서 어긋나지 않았다. 그러나 그는 다른 중국의 사상가들처럼 윤리에만 완전히 몰두한 것이 아니라 또한 최고의 철학적인 의문에 대해서도 궁구하였다.

호거인의 저술로는 철학서 『거업록居業錄』과 문집 『호경재문집胡敬齋文集』이 『정의당전서正誼堂全書』에 수록되어 전해진다. 『거업록』의 서문을 쓴 양렴楊廉은 호거인의 『거업록』과 설선의 『독서록』이 명대에서 가장 중요한 철학서라고 하였다. 이 두 책은 실제로 명대 초기의 철학을 대표하는 저술이다.

1) 태극과 기

태극의 허는 절대적인 허가 아니다. 태극이 물질적인 기로 채워져 있지는 않지만 그 안에는 만 개의 리가 들어 있기 때문이다. 그와 같이 인간의 마음도 완전히 비어 있지는 않다. 마음에는 덕이 들어 있기 때문이다. 호거인의 견해에 따르면 도가와 불교에서는 태극을 절대적인 허와 무로 간주하였으며 이로써 모든 리를 제거해 버리고 말았다.[84]

주희와 마찬가지로 호거인은 태극을 리와 같은 것으로 보았다. 그리고 리와 기는 결코 떨어질 수 없다.

리가 있으면 반드시 기도 있다. 리는 기가 행해지는 까닭이고, 기는 리가 행해지는 자리이다.[85]

---

84) 黃宗羲, 『明儒學案』, 권2, 15a; 胡居仁, 『居業錄』, 권7, 1b.

리는 기의 주인이며, 기는 리의 도구이다. 둘은 본래 서로 분리되지 않는다. 그러므로 둘이라고 말한다면 옳지 못하다.[86]

그러므로 리와 기는 하나이다. 이러한 리기의 동일성에 기반을 두고 그는 기와 리의 관련성을 설명하였다.

리는 기에서 분리되지 않는다. 기가 맑고 밝은 것은 리 또한 밝고, 기가 흐리고 탁한 것은 리 또한 흐리다. 기가 강하고 큰 것은 맡은 바를 이어받아서 도리를 일으킬 수 있고, 기가 약하고 작은 것은 맡은 것을 받을 수가 없으며, 기가 거친 것은 비록 이어받더라도 오히려 도리에서 멀어지고 도리를 해친다.[87]

이에 따르면 리는 더 이상 기를 주재하지 못하고, 오히려 기가 자신의 영향력을 통해 리를 변화시키며 주재한다. 리는 기에 의해 흐려졌다가도 다시 맑고 깨끗해진다. 근본적으로 이 둘은 같은 것이기 때문에 모든 것에서 일치해야만 한다. 천지인의 삼재에 있어 리와 기는 각각 다음과 같이 드러난다.

하늘의 도를 세우는 것을 음과 양이라고 하니, 음양은 기이며 리가 그 속에 있다. 땅의 도를 세우는 것을 강과 유라고 하니, 강유는 질이며 기를 바탕으로 리를 이룬다. 인간의 도를 세우는 것을 인과 의라고 하니, 인의는 리이며 기질 속에 갖추어져 있다. 이 세 가지는 나뉘어 달라진 것이지만 그 리는 하나이다.[88]

---

85) 胡居仁, 『居業錄』, 권8, 29a, "有理必有氣, 理所以爲氣, 氣乃理之所爲."
86) 胡居仁, 『居業錄』, 권8, 41a, "理是氣之主, 氣是理之具, 二者原不相離, 故曰二之則不是."
87) 胡居仁, 『居業錄』, 권8, 22b, "理不離乎氣, 氣淸明者, 理亦明, 氣昏濁者, 理亦昏, 氣剛大者, 承載任荷得道理起, 氣弱小者, 便承荷不得, 氣麤者雖能承載, 反隔蔽了道理."
88) 黃宗羲, 『明儒學案』, 권2, 11a, "立天之道曰陰與陽, 陰陽氣也, 理在其中, 立地之道曰柔與剛, 剛柔質也, 因氣以成理, 立人之道曰仁與義, 仁義理也, 具於氣質之內, 三者分殊, 而理一."

도는 여기에서 세계원칙을 의미하는 것이 아니라 고유의 양식·본질·실체를 의미하며, 하늘은 물질적인 하늘로 이해해야 한다. 하늘의 대기는 음과 양의 공기와 물과 같은 종류의 기이다. 땅은 부드럽거나 강한 물질이며, 인간의 본질은 리와 같은 것으로 설정되는 그의 덕이다.

2) 무와 공

비존재와 무에 대한 호거인의 설명들은 결국 도가와 불교의 형이상학을 강하게 비판하는 것들이다. 그러나 이것은 공연한 싸움을 벌인 것이었다. 도가의 무는 단지 초월적인 존재이며 불교의 공은 단지 현상적인 세계에 해당하는 것이었지만, 이러한 철학적인 개념들이 중국에서는 아직 익숙하지 않았다. 호거인 은 다음과 같이 말하였다.

노자가 이미 무를 말하였지만, 그는 또한 아득하고 어두운 가운데에 순수함이 있고 섞여서 혼탁한 가운데에 사물이 있다는 말도 하였다. 그렇다면 무라는 것은 실제로 무일 수가 없다. 부처가 이미 공을 말하였지만, 그는 또한 참된 성이 천지의 사이에 있어서 살지도 않고 죽지도 않으며 윤회를 초탈한다는 말도 하였다. 그렇다 면 이 공이라는 것 또한 공일 수가 없다. 따라서 이러한 노자와 석가의 학설은 전도되고 어긋난 것이니, 이들이 공과 허에 대해 말하고 유와 무에 대해 말한 것은 모두 믿을 수가 없다. 반면 우리 유학자들은, 유를 말하면 참으로 유이고 무를 말하면 참으로 무이며, 실을 말하면 참으로 실이고 허를 말하면 참으로 허이 다. 대개 도를 이해함이 밝아서 잘못된 말이 없다. 노자는 기의 허를 가리켜 도라고 하였고 부처는 기의 영명함을 가리켜 성이라고 하였으니, 그러므로 그 설에 잘못되 고 막힌 곳이 많다. 만일 리로써 논한다면, 이 리가 유행하여 그침이 없고 이 성이 품부되어 안정되니 어찌 공을 말하고 무를 말할 수 있겠는가? 만일 기로써 논한다 면, 기에는 모임과 흩어짐, 텅 빔과 가득 참의 차이가 있으니, 모이면 유가 되고 흩어지면 무가 된다. 그러나 저 리는 모일 때에도 모임의 리가 있고 흩어질 때에도 흩어짐의 리가 있어서 결코 무라고 말할 수 없다. 또한 기는 형체가 있으면 실이 되고 형체가 없으면 허가 되지만, 저 리는 결코 실하지 않음이 없다.[89]

물었다. "노자는 유가 무에서 생겨난다고 하고, 부처는 죽어서 참으로 돌아간다고 말한다. 무슨 의미인가?" 답하였다. "이것은 바로 그들이 리를 알지 못하고 단지 리에 근사한 기에 대해서만 말하고 있는 것이다. 노자는 이 신체가 어떻게 생성되는지 알지 못했기에 무의 가운데서 생성된다고 한 것이고, 부처는 이 신체가 어떻게 죽는지를 알지 못했기에 죽음을 통해 진리로 되돌아갈 뿐 살아 있는 것은 진리가 되지 못한다고 한 것이다." 물었다. "부처는 참된 성은 생겨나지도 소멸되지도 않는다고 말하였다. 이것의 의미는 어떠한가?" 답하였다. "부처는 지각과 운동을 성으로 여긴 것인데, 이것은 실상 기의 영명함일 뿐이다. 그들은 이 사물에 몸담은 채로 윤회의 흐름에 빠지지 않고자 애쓰고 있는 것이다."[90]

3) 리와 마음

마음과 리는 함께 연계되어 있으며 서로 작용한다. 이들은 같은 상태에 있다. 그러므로 리는 일반적으로 말하는 것처럼 불변하는 것이 아니다. 마음을 잃게 되면 리 또한 사라진다. 리가 밝으면 마음 또한 그러하다.[91]

---

89) 黃宗羲, 『明儒學案』, 권2, 12b, "老氏既說無, 又說杳杳冥冥, 其中有精, 混混沌沌, 其中有物, 則是所謂無者不能無矣, 釋氏既曰空, 又說有個眞性在天地間, 不生不滅, 超脫輪廻, 則是所謂空者不能空矣, 此老釋之學所以顚倒錯謬, 說空說虛, 說無說有, 皆不可信, 若吾儒說有則眞有, 說無則眞無, 說實則眞實, 說虛則眞虛, 蓋其見道明白精切, 無許多邪遁之辭. 老氏指氣之虛者爲道, 釋氏指氣之靈者爲性, 故言多邪遁. 以理論之, 此理流行不息, 此性稟賦有定, 豈可說空說無. 以氣論之, 則有聚散虛實之不同, 聚則爲有, 散則爲無, 若理則聚有聚之理, 散有散之理, 亦不可言無也, 氣之有形體者爲實, 無形體者爲虛, 若理則無不實也."

90) 黃宗羲, 『明儒學案』, 권2, 12b, "問老氏言有生於無佛氏言死而歸眞, 何也, 曰此正以其不識理, 只將氣之近理者言也, 老氏不識此身如何生, 言自無中而生, 佛氏不識此身如何死, 言死而歸眞, 是以生爲不眞矣, 問佛氏說眞性不生不滅, 其意如何, 曰釋氏以知覺運動爲性, 是氣之靈處, 故又要把住此物以免輪廻."

91) 胡居仁, 『居業錄』, 권1, 2b.

리는 형체가 없지만 마음에 갖추어져 있고, 마음은 이 리를 갖추고 있지만 자취가 없다. 그러므로 그것을 허라고는 할 수 있지만 무라고 해서는 안 되며 공이라고 해서도 안 된다. 공은 곧 무이다. 마음이 허가 아니라면 온갖 리를 담아내는 것은 불가능하다. 그러므로 마음의 본체는 본래 허라고 말한다.[92]

하나의 리는 모든 리를 포괄한다. 그러므로 하나의 리를 포괄하는 마음에는 또한 만 개의 리가 들어 있다. 사람은 단지 그것을 수련해야 하며, 그로써 그것을 알게 된다.[93]

이 마음이 되게 하는 것은 리이며, 이 리를 갖추고 있는 것은 마음이다. 그러므로 리가 거기에 있으면 마음은 편안하며, 마음이 존재하면 이 리 또한 존재한다.[94]

마음은 본래 리와 하나이다. 마음은 비록 허하지만 리는 곧 실이다. 마음의 속에는 아무 사물도 없고, 단지 이 리가 완전하게 갖추어져 있을 뿐이다.[95]

그러므로 마음은 리와 똑같은 것이다. 여기서 마음은 껍데기이고 리가 핵심이라고 말할 수도 있다. 같은 존재의 내적인 것이 리이고, 외적인 것이 마음이다. 그렇더라도 외적인 껍데기가 사라지면 핵심 또한 없어지고, 핵심이 없어지면 껍데기 또한 그와 운명을 함께한다.

사람들은 고요한 상태의 사람에게는 마음도 리도 없다고 말한다. 이것은 서양에서 현실성이론이라고 부르는 것이다. 그것에 대하여 호거인은 마음과

---

92) 胡居仁, 『居業錄』, 권1, 1b, "理無形而具於心, 心具是理而無迹, 故可謂之虛, 不可謂之無, 不可謂之空, 空則無矣, 心不虛, 不能涵具衆理, 所以心體本虛也."

93) 胡居仁, 『居業錄』, 권1, 1b.

94) 胡居仁, 『居業錄』, 권1, 2a, "所以爲是心者理也, 所以具是理者心也, 故理是處, 心即安, 心存, 此理即在."

95) 胡居仁, 『居業錄』, 권1, 2a, "心與理本一, 心雖虛, 理則實, 心中無他物, 只有此理全具在內."

라는 인간이 태어날 때 이미 성 안에 갖추어져 있으며, 또한 이들이 아직 움직이기 전에 이미 고요한 존재를 가지고 있다고 말한다. 그는 고요할 때에 이미 존재가 있으며 지각능력을 갖추고 있다고 한 정자의 말을 인용하고 있다.[96]

호거인은 마음에 형체가 없다고 이해하였음에도 불구하고 또한 마음을 신체와 유사하게 상상할 수 있다고 여기는 것처럼 보인다. 그는 마음의 본체는 본래 완전하지만 흐린 기를 통하여 막히고 나쁜 습관을 통하여 부분으로 나뉘게 된다고 하였다. 또한 이른바 수행과 덕을 닦음으로써 그 본체를 다시 완전하게 복구할 수 있다고 하였다.[97]

호거인은 신체는 단지 짧은 거리와 짧은 시간만을 움직일 수 있는데 그것은 신체가 물질에 구속되어 있기 때문이며, 마음은 그와 달리 만 리를 갈 수 있고 만 년을 날아갈 수 있는데 그것은 마음이 귀신과 연결되어 있기 때문이라고 하였다.[98] 이 말은 마치 마음이 살아서 날아간다고 하는 것으로 이해된다.

4) 안과 밖, 마음과 현상

호거인은 안과 밖 및 마음과 현상이 동일한 것이라고 설명하였는데, 이것은 태극과 기를 같은 것으로 설명한 데서 이어지는 당연한 결과이다. 그의 설명은 매우 명백하여 의문의 여지를 남기지 않는다.

안과 밖을 분리하고 마음과 흔적을 나누면, 근본이 둘이 된다. 그러나 마음은 모든 리를 갖추고 있으며 모든 리는 모두 마음에 갖추어져 있기 때문에, 마음과 리는 하나이다. 그러므로 천하의 사물과 행동의 리가 비록 바깥에 있어도 통솔하는 것은 나의 한 마음에 있으며, 일에 대응하고 물체와 접촉하는 자취가 비록 바깥에

---

96) 胡居仁,『居業錄』, 권1, 1a.
97) 胡居仁,『居業錄』 권1, 2b.
98) 胡居仁,『居業錄』 권1, 2b.

있어도 실로 내 마음이 발하여 드러난 것이다. 그러므로 성인은 하나의 마음의 리로써 천하의 일에 대응하므로 안과 밖이 일치하고 마음과 자취가 둘이 아니다.99)

이단의 학설에 따르면 허와 무는 내용이 없고 고요하다. 이 리가 이미 먼저 내부에서 절단되었는데, 무엇으로써 세상의 일에 대응하겠는가? 오직 내적인 것에 전념하고 외적인 것을 소홀히 하며, 모든 현상을 고찰하지 않고 오직 마음에서만 구하며, 사물의 리를 가려 버리고 오직 마음의 허령한 것을 근본으로 삼고자 한다. 이것은 안과 밖을 나누고 마음과 현상을 두 개의 근본으로 삼는 것이다. 내가 일찍이 생각한 것에 의하면, 안과 밖 및 마음과 자취는 두 개의 다른 것이 될 수 없다. 공이면 안과 밖이 모두 공이고 실이면 안과 밖이 모두 실이며, 유이면 안과 밖이 모두 유이고 무이면 안과 밖이 모두 무이다. 옳다면 마음과 현상이 모두 옳고, 그르다면 안과 밖이 모두 그르다. 바르다면 마음과 현상이 모두 바르고, 삿되다면 마음과 현상이 모두 삿되다. 본래 둘이었던 적이 없다.100)

호거인은 일원론자이며 동일철학자(Identitätsphilosoph)이다. 그는 태극과 기, 리와 마음, 마음과 몸 및 마음과 현상을 모두 서로 같은 것이라고 보고 있다. 적어도 이러한 한도 내에서라면 그에게서도 관념주의의 경향이 나타난다고 말할 수 있을 것이다.101)

---

99) 胡居仁, 『居業錄』, 권1, 2b, "離內外, 判心迹, 此二本也. 蓋心具衆理, 衆理悉具於心, 心與理一也, 故天下事物之理雖在外, 統之吾一心, 應事接物之迹雖在外, 實吾心之所發見, 故聖人以一心之理應天下之事, 內外一致, 心迹無二."

100) 胡居仁, 『居業錄』, 권1, 2b, "異端虛無空寂, 此理先絶於內, 以何者而應天下之事哉, 由其專事乎內而遺其外, 不考諸迹而專求諸心, 厭棄事物之理, 專欲本心之虛靈, 是分內外, 心迹爲二本矣, 愚嘗思之, 內外心迹終二他不得, 空則內外俱空, 實則內外俱實, 有則內外皆有, 無則內外皆無, 是則心迹皆是, 非則心迹皆非, 正則心迹皆正, 邪則心迹皆邪, 固未嘗二也."

101) 胡居仁의 철학이 吳與弼과 薛瑄의 철학과 마찬가지로 순수하게 실천적이었다고 말할 수는 없을 것이다.(渡邊秀方, 劉侃元 中譯, 『中國哲學史槪論』 3권, 118) 이것은 단지 吳與弼에게만 해당하는 것이다. 渡邊秀方에 따르면 이 세 명은 程顥 및 陸九淵과는 7할이, 그리고 程頤 및 朱熹와는 3할이 일치한다고 한다.

5) 생득지와 획득지, 그리고 학업

호거인에 따르면 지에는 선천적으로 타고난 지와 후천적으로 획득된 지의 두 종류가 있다. 타고난 지와 타고난 능력은 하늘로부터 유래하며 완전히 자연스럽게 작용하는 특성이지만, 그럼에도 불구하고 수양되어야 하며 그렇지 않으면 굽어진다.[102] 타고난 지혜를 통하여 사람은 진리와 오류를 날카롭게 구분해야만 한다. 하늘로부터 유래하는 타고난 지는 항상 참이다.[103] 경험을 통하여 획득한 지는 타고난 지로부터 나오는 것인데,[104] 성인에 못 미치는 일반적인 사람에게 있어서는 경험을 통한 지의 획득 즉 학업이 매우 중요하다. 호거인은 학업에 대하여 다음과 같이 말하고 있다. "사서와 육경의 학설과 도가 이미 모두 내 안에 들어 있는데, 성인들은 이것을 스스로 알았으나 나는 이것을 얻기 위하여 먼저 그들의 책을 읽어야만 한다. 내가 모든 도리를 나에게 적용하지 않으면 이것들은 빈껍데기와 같이 아무 소용이 없게 된다."[105] "공부는 주자의 『근사록』과 사서로부터 시작하는 것이 가장 좋다."[106]

호거인은 또 육구연에 대해서는, 비록 큰 재능과 열정을 소유하였지만 너무 멀리 나아가 명상에 빠지고 허에 매몰되어 버렸다고 비판한다. 그 때문에 모든 사실을 수집하고 정확하게 궁구하고자 했던 엄격한 탐구자 정이에 대해서도 반감을 가질 수밖에 없었으며, 생애 마지막의 유언조차도 옆길로 빠지고 말았다는 것이다. 더욱이 육구연의 제자 양간에게는 그런 폐단이 스승에게서보다 더 심하다는 것이 그의 생각이었다. 호거인이 볼 때 이들은 진정한 유학자가 결코 아니었다.[107] 그는 스스로 마음에서 현상의 세계가 생성되게 하였음에도 불구하

---

102) 胡居仁, 『居業錄』, 권8, 21b.
103) 胡居仁, 『居業錄』, 권2, 16a.
104) 胡居仁, 『居業錄』, 권8, 31b.
105) 胡居仁, 『居業錄』, 권2, 6b.
106) 胡居仁, 『居業錄』, 권2, 7a.
107) 胡居仁, 『居業錄』, 권3, 12a.

고 육구연 일파의 관념주의에 대립하여 저항하였다.

이미 앞에서 보았던 것처럼 호거인은 도가와 불교의 유심론에 대하여 강하게 비판하였다. 그는 부자 사이 혹은 군신 사이의 인륜을 인정하지 않는 양주와 묵적의 폐단보다 도덕과 사물을 없애버리는 도가와 불교의 폐단이 훨씬 더 심각하다고 말하였다. 그에 따르면 노자는 도와 덕을 허·무·현묘한 것으로 해석함으로써 그것을 파괴하였고, 부처는 마음의 성이 고요하며 공이고 무라고 가르침으로써 그것을 없애버렸다는 것이다.[108]

6) 마음의 수양, 집중과 명상

도덕적으로 선하게 살기 위해서 사람은 마음을 수양해야 한다. 마음의 수양은 마음 안에 들어 있는 도리의 탐구와 밀접하게 연결되어 있다. 마음을 수양함으로써 천리를 명백하게 알고 모든 규정을 분명하게 인식하게 되면 인간의 마음은 만족하게 된다.[109]

유학자는 하나의 도리를 수양하고, 도가와 불교는 단지 하나의 정신을 수양한다. 유학자는 한 몸의 바른 기를 수양하기 때문에 천지와 더불어 단절됨이 없다. 불교와 도가는 단지 한 몸의 사적인 기를 수양하기 때문에 하늘을 거역하고 리와 등지게 된다.[110]

하늘과 땅 사이의 바른 기를 반드시 수양해야 한다. 이것을 수양하여 단지 반드시 곧게 해야만 하며, 곧아야 단지 의로운 것이다.[111]

---

108) 胡居仁, 『居業錄』, 권7, 1a.
109) 胡居仁, 『居業錄』, 권1, 4.
110) 黃宗羲, 『明儒學案』, 권2, 4b, "儒者養得一個道理, 釋老只養得一個精神, 儒者養得一身之正氣, 故與天地無間, 釋老養得一身之私氣, 故逆天背理."
111) 胡居仁, 『居業錄』, 권8, 22b, "天地間正氣須養, 養只要直, 直只是義."

의와 도의 기가 합하면 비로소 호연지기가 된다. 이것은 하늘과 땅 사이의 바른 기이다. 도가와 불교에서 수양하는 것은 한 몸의 사사로운 기이다.[112]

일반적으로 기가 자주 흐려져서 충분한 재능을 갖지 못한다고 하지만, 호거인은 이것에 동의하지 않았으며 다만 사람들이 도리에 이르는 방법을 알지 못한다고 여겼다. 그러므로 호거인은 도리를 명백하게 인식하게 되면 그 능력 또한 성장한다고 생각하였다. 그러나 그는 또한 사람은 항상 그의 기를 수양하고 마음을 보존해야 하며, 그러기 위해서는 공부가 필요하다고도 하였다.[113] 호거인은 마음의 수양에 대해 다음과 같이 말하였는데, 그가 마음의 수양을 통해 신체의 보존 또한 가능해진다고 여겼음을 알 수 있다.

사람은 흔히 마음이 고요한 상태에 있는 동안에 마음의 본체를 인식하려고 노력하지만 그것은 불가능하다. 고대인들은 단지 마음을 수양하고자 하여 꼭 잡고 보존하고자 하였지만 마음의 본질을 알려고는 하지 않았다. 왜냐하면 이로써 단지 마음에 불안과 혼란만 생기기 때문이다. 마음의 자기인식이 올바른지 아닌지를 결정할 수 있는 판관은 없다. 그런데 지금 많은 사람들이 고요에 이르기 위하여 모든 생각을 멀리하고 싶어 한다. 고대의 현인들은 단지 모든 잘못되고 나쁜 생각들을 멀리하고자 하는 것만 생각하였다. 이들은 고요를 구하지 않았지만 가지고 있었다. 고대에는 또한 일반적으로 덕이 증가하였는데, 그것은 사람들이 마음을 안정되게 하고 보존하여 신체적인 붕괴를 불러오지 않았기 때문이다. 오늘날 재능으로 가득 찬 사람들이 고대와는 달리 신체의 붕괴에 이르는 이유는 마음을 지속적으로 수양하지 않았기 때문이다."[114]

---

112) 胡居仁,『居業錄』, 권8, 22b, "配義與道之氣方是浩然之氣, 是天地間正氣, 老佛所養一身之私氣." 도가와 불교에서는 늘 모든 것을 잘못하는 반면에 유학자들은 항상 올바르게 한다는 것은 기이하다.

113) 孫奇逢,『理學宗傳』, 권20, 25a.

114) 黃宗羲,『明儒學案』, 권2, 13b~12a.

호거인에 따르면, 사람은 책을 읽고 다른 사람과 논의하며 깊이 생각하고 행동하는 가운데 궁극적인 리를 발견할 수 있다. 대부분의 리는 책에서 드러나는데, 리가 가장 빨리 드러나는 것은 논의를 통해서이고, 깊은 생각을 통해서는 심오한 리가, 실천을 통해서는 현실적인 리가 드러난다.[115]

마음의 수양에는 집중이 필요하지만, 코끝이나 구슬을 보라고 가르치는 도가나 불교와 같이 사물에 의지하여 그것에 집착하게 되어서는 안 된다.[116] 호거인은 올바른 집중으로서의 경敬에 대해 다음과 같이 말한다.

경敬은 정과 동을 겸한다. 고요하게 앉아서 단정하고 위엄 있는 것이 경이고, 일을 따라 점검하여 극도로 삼가는 것이 또한 경이다. 경은 안과 밖을 겸한다. 용모가 장엄하고 바른 것이 경이고, 마음이 맑고 순수하여 한결같은 것이 또한 경이다.[117]

인간의 마음은 한 번이라도 놓치게 되면 도리를 잃게 되고, 한 번이라도 거두어들이면 도리가 또한 있게 된다.[118]

주돈이는 정을 중요하게 여겼고, 많은 학자들은 정좌를 통해 정의 상태를 체험하고자 하였다. 정은 본체로 간주되며, 동은 작용으로 간주된다. 본체가 바르면 그 작용 또한 저절로 바르다. 그러므로 고요할 때 마음의 본체를 보존하여 혼란하지 않게 되면 모든 움직임이 올바를 수 있다.[119]

호거인은 선불교의 참선법에 대해 다음과 같이 비판한다. 선불교를 믿는 사람들은 마음을 붙잡고자 한다. 그들은 마음을 보존하고자 하여 마치 하나의

---

115) 黃宗羲, 『明儒學案』, 권2, 3b.
116) 黃宗羲, 『明儒學案』, 권2, 7a.
117) 黃宗羲, 『明儒學案』, 권2, 12a, "敬該動靜, 靜坐端嚴敬也, 隨事檢點致謹亦敬也, 敬兼內外, 容貌莊正敬也, 心地湛然純一敬也."
118) 黃宗羲, 『明儒學案』, 권2, 4a, "人心一放, 道理便失, 一收, 道理便在."
119) 黃宗羲, 『明儒學案』, 권2, 3b.

대상처럼 마음을 지키기도 하고, 혹은 모든 생각을 지워서 마음을 텅 비고 고요하게 만들어 외부세계와 아무 관련도 없게 하고자 한다.[120] 그러나 이러한 방법들은 모두 잘못되었다.

선종에는 마음을 보존하는 두세 가지 방법이 있다. 하나는 무심을 중요하게 여겨서 그 마음을 텅 비게 하는 것이고, 다른 하나는 마음을 구속하고 제어하는 것이며, 또 다른 하나는 마음을 매우 밝게 보는 것이다. 유학에서는 안을 보존하여 올바르고 경건하게 하고 외적으로는 의리를 다하여 마음을 보존한다. 그러므로 유학자는 마음을 보존하여 모든 리를 **빽빽**하게 모두 구비하지만, 선종은 마음을 보존하더라도 적연하고 소멸되어 리가 없다. 유학자는 마음을 보존하여 주인이 있게 되지만, 선종에서는 마음을 보존하더라도 주인이 없다. 유학자의 마음은 보존되어 활동하며, 이단학파의 마음은 보존되지만 죽었다. 그렇다면 선종은 옳은 것이 아니다. 마음을 보존할 수는 있지만 결국 그 마음을 비게 하고 그 마음을 죽이며 그 마음을 제재하고 그 마음을 희롱한다.[121]

---

120) 黃宗羲, 『明儒學案』, 권2, 8b.
121) 黃宗羲, 『明儒學案』, 권2, 14b, "禪家存心, 有兩三樣, 一是要無心, 空其心, 一是羈制其心, 一是照觀其心, 儒家則內存誠敬, 外盡義理, 而心存, 故儒者心存, 萬理森然具備, 禪家存心而寂滅無理, 儒者心存而有主, 禪家心存而無主, 儒家心存而活, 異教心存而死, 然則禪家非是, 能存其心, 乃是空其心, 死其心, 制其心, 作弄其心也."

제3장 기일원론자

1. 섭자기

섭자기葉子奇는 자가 세걸世傑이고 호는 정재靜齋·초목자草木子이며 절강성 용천龍泉 괄창括蒼 출신이다. 명대 초기까지 살았는데, 정확한 생몰연대는 알려져 있지 않다. 그는 파릉巴陵의 관리로 있다가 1378년에 제사에서 중대한 과실을 범하여 감옥에 갇히게 되었다. 그는 갑자기 죽어서 초목처럼 사라지게 될 것을 안타까워하여 '초목자'로 자호하였으며, 이름을 남기고자 4권 8편의 『초목자』를 지었다. 앞부분의 내용은 비교적 철학적이고, 뒷부분은 역사적이다.[1] 이 책에서 그는 천지 및 인간과 사물의 리에 대해 철저하게 파고들었으며 개념들을 날카롭게 구분하였다. 다케지로에 따르면 그는 유불선의 사유를 통합한 절충론자이다.[2] 그는 철학자들 중에서 특히 소옹과 장재를 높이 평가하였는데, 이것은 아마도 성현의 학문은 정靜을 근본으로 한다고 한 그의 발언과도 관련이 있을 것이다. 『초목자』 외에 『태현본현太玄本玄』과 문집 『정재집靜齋集』이 전한다.

섭자기는 자연철학에서 태극을 물로 간주한다. 이것은 어느 정도 탈레스를 연상시키지만, 그가 말하는 물은 순수한 물이 아니라 흙과 다른 침전물이 섞여 있는 것이다. 그의 말은 다음과 같다.

---

1) 高瀬武次郎, 趙蘭坪 中譯, 『中國哲學史』 3권, 142쪽.
2) 高瀬武次郎, 趙蘭坪 中譯, 『中國哲學史』 3권, 144; Wylie, *Notes on Chinese Literature*, 134 는 그를 'Miscellaneous writers'(잡가)로 분류하고 있다.

하늘은 본래 하나의 기일 뿐이다. 장자가 아득한 기운이라고 한 것이 이것이다. 그 앞선 것을 헤아려 본다면 물보다 앞선 것이 없으며, 물에는 더럽고 혼탁한 것이 있다. 오랜 세월이 지난 다음에 이것은 쌓여서 흙이 된다. 물과 흙이 흔들리고 움직여서 점점 더 응취되어 물은 가라앉고 땅이 나타난다. 그 뒤에 산과 강이 이루어진다. 그러므로 산의 형체는 물결의 형세를 갖추고 있다. 그리고 흙의 단단한 것은 돌이 되고 쇠가 생겨난다. 흙의 부드러운 것은 나무를 생성하고, 그로부터 불이 생성된다. 이렇게 오행이 이미 갖추어지면 그로부터 만물이 생겨난다. 만물은 변화하여 생성하며 변화는 끝이 없다.[3]

여기에 따르면 최초의 근원적인 실체는 물이다. 물에서 흙이 생겨나고, 흙에서 쇠와 나무가 생겨나며, 나무에서 불이 생겨난다. 오행 가운데 물은 음으로, 불은 양으로 파악되었으며, 나머지는 모두 음과 양의 합으로 설명되었다.

섭자기의 견해에 따르면 인간과 하늘 사이에는 밀접한 연관성이 있다. 나의 마음이 올바르게 이해하면 세계정신 또한 올바르게 되며, 나의 기가 정상이면 세계의 기 또한 정상이 된다.

2. 나흠순

나흠순羅欽順(1465~1547)은 자가 윤승允升이고 호는 정암整庵이며 일원론자로 알려져 있다. 고향은 강서성 태화泰和이다. 1493년 과거에 합격한 후 한림원과 국자감에 임용된 것을 시작으로 관직이 예부상서에까지 이르렀다. 그는 1527년에

---

3) 高瀨武次郎, 趙蘭坪 中譯, 『中國哲學史』 3권, 143, "天始惟一氣爾, 莊子所謂溟涬是也, 計其所先莫先於水, 水中滓濁, 歷歲旣久, 積而成土, 水土震蕩, 漸加凝聚, 水落土出, 遂成山川, 故山形有波浪之勢焉, 於是土之剛者成石, 而金生焉, 土之柔者生木, 而火生焉, 五行旣具, 廼生萬物, 萬物化生, 而變化無窮焉."

정치에 불만을 느껴 은퇴하였다. 그는 혼자 있을 때조차도 복장과 태도에서 위엄을 갖추었으며, 책을 읽을 때에도 눕거나 하는 일 없이 항상 바르게 앉았다. 그의 생활방식은 매우 검소하였다. 하루에 두 끼만 먹었고 잔치에서 음악을 연주하지 못하게 하였다. 그의 집은 정자도 없는 소박한 건물이었다.[4] 그가 82세의 나이로 죽자, 황제는 명을 내려 특별한 장례식을 치르게 하였으며 태자태보 太子太保의 직책을 하사하였다. 시호는 문장文莊이며 1724년에 공자의 사당에 수용되었다.

나흠순은 40세 무렵에 들어 비로소 진지하게 학문에 파고들기 시작하였다. 그리고 20여 년을 계속 연구한 후에야 자기 자신을 신뢰하게 되었다. 송대와 그 이후의 유학을 공부하면서 그에게 많은 회의가 생겼으며, 그는 출판을 염두에 두지 않고 자신의 생각을 특별한 순서 없이 대부분 매우 간단한 방식으로 기술하였다. 그리고 후에 그는 이 기록을 가지고 친구들과 논의하였다. 이로부터 그의 철학서 『곤지기困知記』가 생겨났다. 156편의 첫 번째 부분은 1528년에 저술되었으며, 113편의 부가된 두 번째 부분은 1531년에 이어졌다. 그의 저서는 간략한 형태로 『정의당전서正誼堂全書』에 실려 있다.

나흠순은 처음에는 불교에 심취하였다. 그는 불교 승려와 이야기를 나누면서 감응을 받았으며 이야기한 것에 대하여 자주 밤새도록 생각하곤 하였다.[5] 그러나 곧 불교의 단점을 인식하고 돌아서서 유학을 공부하였지만, 정이와 주희의 이원론은 그를 만족시키지 못하였다. 그는 왕수인과 서신을 교환하며 인식의 방법에 대하여 논의하였다. 나흠순의 문집 또한 『정의당전서』에 『나정암집존고羅整庵集存稿』라는 제목으로 실려 있는데, 거기에는 왕수인에게 보낸 편지 2편도 포함되어 있다. 이 편지에서 왕수인은 자신의 『대학』 수정설을 밝히고 또 주희가

---

4) 黃宗羲, 『明儒學案』, 권47, 1a; 『明史』, 권282, 151쪽 이하.
5) 『四庫全書』, 권93, 14b.

만년에 들어 관점의 변화를 일으켰는데 그것이 자기의 설과 다르지 않다는 견해를 적었다. 그러나 나흠순은 동의하지 않았다.

1) 리와 기

나흠순은 세계를 채우고 있는 단 하나의 기만을 인정한다. 이것은 움직이고 고요하며, 오고 가며, 열리고 닫히며, 올라가고 내려가며 순환하여 끊임없이 운행한다. 이것은 기온과 계절을 생성하며, 사물과 인간을 생성하고, 예의 규정과 수많은 관례를 생성한다. 비록 수없이 이리저리 이어져 있어도 혼란스럽지 않다. 그것이 어떻게 가능한지는 모르지만 실로 그러하다. 그 혼란스럽지 않은 법칙이 바로 리이다. 리는 기에 붙어 있거나 기에 의해 움직이게 되는 다른 사물이 아니다. 몇몇 사람들은 음과 양의 변화가 『역경』에 나타나는 것처럼 태극의 존재양식에 의하여 주도된다고 생각한다. 이것은 맞지 않다. 이로써 기와 리를 두 가지 다른 원리로 파악한 주희의 견해는 부정되었다.[6] 나흠순은 주희가 항상 리와 기의 이원론을 고집하였다고 하였는데,[7] 이에 대해서는 많은 측면에서 논쟁이 이루어졌다.[8]

리는 기의 리이며, 리는 기 안에 들어 있으면서 기의 본질이 된다. 그러므로 리는 기에서 분리되지 않는다. 또한 기의 움직임에서 리를 인식할 수 있다.[9] 나흠순은 물질에 속하면서 그 안에서 작용하는 힘을 리라고 파악하였다.

리는 반드시 기에 나아가서 인식해야 하지만, 기를 리라고 여기는 것은 옳지 않다.

6) 黃宗羲, 『明儒學案』, 권47, 20b.
7) 黃宗羲, 『明儒學案』, 권47, 12a.
8) 渡邊秀方, 劉侃元 中譯, 『中國哲學史槪論』 3권, 137; 高瀨武次郞, 趙蘭坪 中譯, 『中國哲學史』 3권, 172.
9) 黃宗羲, 『明儒學案』, 권47, 20b.

그곳에서 차이는 터럭만큼도 허용되지 않으며, 이것은 말하기가 매우 어렵다. 사람에게서 잘 살펴보고 말없이 인식하는 것이 중요하다. 단지 기에 나아가서 리를 인식한다는 것과 기를 리라고 인식한다는 두 가지 말 사이에는 분명한 차이가 있다. 만약에 이것을 꿰뚫어 보지 못한다면, 많은 설명이 쓸모가 없다.[10]

리와 기의 합을 나흠순은 다음과 같은 방식으로 이해한다.

음과 양을 말하면 태극이 그 가운데에 있고, 태극을 말하면 음과 양이 그 가운데에 있다. 이것은 하나이면서 둘이고 둘이면서 하나인 것이다.[11]

그러므로 나흠순은 리와 기를 완전하게 꿰뚫음으로써 리와 기를 하나의 존재로 융합한다. 그는 이어서 다음과 같이 말한다.

무릇 만물은 반드시 둘이지만 후에 합해진다. 태극과 음양이 실로 두 가지 다른 사물이라면, 합해지기 이전에는 각기 어디에 있었겠는가?[12]

태극은 신을 생성하지만 스스로는 신이 아니며, 마찬가지로 음과 양은 사물을 생성하지만 이들 자신이 사물인 것은 아니다. 나흠순은 말한다.

신령한 변화는 하늘과 땅의 묘한 작용이다. 하늘과 땅 사이에서 음양이 아니면 변화가 없고, 태극이 아니면 신령한 것이 또한 없을 것이다. 그러나 그로부터 태극

---

10) 羅欽順, 『困知記』, 권2, 1b; 孫奇逢, 『理學宗傳』, 권22, 21b, "理須就氣上認取, 然認氣爲理便不是, 此處間不容髮, 最爲難言, 要在人善觀而黙識之, 只就氣認理與認氣爲理, 兩言明有分別, 若於此看不透, 多說亦無用也."
11) 羅欽順, 『困知記』, 권1, 5b, "言陰陽, 則太極在其中矣, 言太極, 則陰陽在其中矣, 一而二, 二而一者也."
12) 渡邊秀方, 劉侃元 中譯, 『中國哲學史槪論』3권, 137, "凡物必兩而後以合, 太極與陰陽果爲二物, 則未合之先, 各安在邪." 나는 본문을 『困知記』에서 찾지 못하여 재인용하였다.

이 신이 되고 또한 음양이 사물이 된다고 하는 것도 안 된다. 변화는 음양에 의해 일어나지만, 음양이 곧 변화인 것은 아니다. 신령한 것은 태극이 하는 것이지만, 태극이 곧 신인 것은 아니다.[13]

2) 마음과 성

나흠순의 마음과 성에 관한 학설은 일원론과 일치되기가 쉽지 않다. 나흠순은 마음과 성에 대하여 둘이 하나를 이루지만 서로 섞이지 않는 두 가지 다른 사물이라고 한다.[14] 성의 개념은 중국철학에서 큰 역할을 한다. 자주 마음보다 훨씬 높은 것으로서 일종의 초월적인 마음이 된다고 할 정도이다. 하늘의 기는 인간에게서는 마음이며, 하늘의 리는 인간에게서는 성이라고 한다. 기를 통하여 인간은 태어나며, 기는 인간의 마음이다. 마음의 운동·감정·감각·선악의 판단·덕은 성이다. 하늘의 성은 이미 태어나면서 주어져 있으며, 의식은 태어난 후에 비로소 생겨난다. 의식은 마음이며 성이 아니다. 성은 태어나기 이전의 고요함이며, 마음은 사물을 통한 움직임과 감응이다. 성은 리이며, 마음은 개인이 사적으로 가지고 있는 것이다. 그러므로 성은 마음 이전에 존재하는 것이 명백하며, 이로써 마음을 주재한다.[15]

허령과 지각은 마음의 신묘함이다. 정미함과 순일함은 성의 참된 본질이다.[16]

인간의 성은 단지 리뿐만 아니라 도심과도 동등한 것으로 설명되었다.

---

13) 羅欽順, 『困知記』, 권1, 5a, "神化者天地之妙用也, 天地間非陰陽不化, 非太極不神, 然遂以太極爲神, 以陰陽爲化, 則不可, 夫化乃陰陽之所爲, 而陰陽非化也, 神乃太極之所爲, 而太極非神也."
14) 黃宗羲, 『明儒學案』, 권47, 4b.
15) 黃宗羲, 『明儒學案』, 권47, 2a.
16) 黃宗羲, 『明儒學案』, 권47, 5b, "虛靈知覺心之妙也, 精微純一性之眞也."

도심은 고요하여 움직이지 않는 것이다. 그 본체는 지극히 순수하여 볼 수 없으며, 그 때문에 은미하다. 인심은 감응하면 따라서 통하는 것이다.[17)]

다른 곳에서는 그러나 성과 리 또는 도심과 인심의 차이가 완전히 사라지고 마치 도심은 심 자체로서 고요하거나 움직이는 모든 인간의 마음인 것처럼 보인다. 그에 따르면 성은 본래 본체로서 마음의 핵심이며 내적인 본질이다.[18)] 그의 말은 다음과 같다.

인심과 도심의 구분에는 단지 근소한 차이가 있을 뿐이다. 도심은 마음이며 인심 또한 마음이다. 하나의 마음을 두 가지로 부르는 것이다. 이것은 성인이 억지로 구분하여 나눈 것이 아니다. 그 본체는 고요하고 정확하며 항상 똑같지만, 작용은 변화하여 헤아려지지 않는다. 반드시 마음은 이 두 가지 관점으로 봐야 구분이 명확해지며, 이것이 바로 마음을 다하는 학문이다.[19)]

인간에게서 하늘에서와 같은 리가 적용된다는 것을 나흠순은 명의 계시를 통해서 증명할 수 있다고 믿었다. 그는 다음과 같이 주장한다.

하늘의 도는 저절로 그러하지 않음이 없으며, 인간의 도는 모두 마땅히 그러한 것이다. 마땅히 그러한 것은 모두 저절로 그러한 것을 어긋나지 않는다. 무엇을 통해 그 어긋날 수 없음을 알 수 있는가? 그것을 따르면 길하고, 그것을 어긋나면 흉하다. 그러므로 하늘과 인간이 하나의 리를 가지고 있다고 하는 것이다.[20)]

---

17) 黃宗羲, 『明儒學案』, 권47, 5a, "道心寂然不動者也, 至精之體不可見, 故微, 人心感而遂通者也."
18) 黃宗羲, 『明儒學案』, 권47, 2a 참조.
19) 羅欽順, 『困知記』, 권4, 1b, "人心道心之辨只在毫釐之間, 道心此心也, 人心亦此心也, 一心而二名非聖人强分別也體之靜正有常而用之變化不測也須兩下見得分明方是盡心之學."
20) 羅欽順, 『困知記』, 권1, 8a, "天之道莫非自然, 人之道皆是當然, 凡其所當然者皆其自然之不可違者也, 何以見其不可違, 順之則吉, 違之則凶, 是之謂天人一理."

직관적인 지 또한 나흠순은 하늘의 리로 여긴다.[21] 도 또는 진리를 인식하는 사람은 만물에서 이것을 본다. 리는 마음의 앞에 밝게 펼쳐져 있다. 리는 밖에서부터 오는 것이 아니고 안에서부터 오는 것도 아니다. 리는 마음에서 빠질 수 없는 확고한 진리이다. 리는 불가에서 생각하는 고요하고 텅 빈 형상과는 완전하게 다른 것이다.[22]

마음이 있으면 반드시 의지가 있다. 마음이 주관하는 것은 생각이다. 이것은 모두 하늘이 명하여 저절로 그러한 것이지 사람이 그렇게 한 것이 아니다.[23]

이것은 인간이 스스로 생각한다는 것을 의미하는 것이 아니라, 세계정신이 인간을 통해서 생각한다는 뜻 외의 다른 것으로는 이해될 수가 없다.
인간의 마음이 세계정신과 거의 동일한 것과는 달리, 인간의 몸은 또한 세상의 모든 다른 사물들과 똑같은 하나의 사물에 불과하다. 나흠순은 말한다.

내가 이 몸을 가지고 있는 것과 만물이 사물이 되는 것이 어찌 천지에서 나오는 것이 아니겠는가? 그 리는 본디 모두 천지의 리이다. 나로부터 본다면 사물이 본디 사물이지만, 리의 관점에서 본다면 나 또한 사물이다.[24]

3) 다른 철학자들에 대한 비판

나흠순은 이전의 유학자들, 특히 이원론 또는 순수관념주의로 치달았던 이들의 견해를 비판하였다. 그는 정이가 하늘을 비물질적인 것으로 이해하였으며, 하늘의

---

21) 黃宗羲, 『明儒學案』, 권47, 45a.
22) 羅欽順, 『困知記』, 권3, 4a.
23) 羅欽順, 『困知記』, 권4, 4a, "有心必有意, 心之官則思, 是皆出於天命之自然, 非人之所爲也."
24) 黃宗羲, 『明儒學案』, 권47, 41a, "吾之有此身與夫萬物之爲萬物, 孰非出於乾坤, 其理固皆乾坤之理也, 自我而觀, 物固物也, 以理觀之, 我亦物也."

본체가 변화이고 그 리가 도이며 그 작용이 마음이고 그 명을 인간에게서는 성이라고 말하였다고 지적한다. 정이는 하나의 개념을 수많은 다른 것으로 갈랐기 때문에, 이로써 분명하지 못하게 되었다고 한다. 학자들이 그것을 이해하지 못하는 것은 정이가 수많은 말을 통해 이들을 혼란시키고 모든 것을 하나의 근본원칙으로 되돌리지 않았기 때문이라고 한다.[25)

　　나흠순은 장재의 학설에 대부분 동의하였지만, 인간이 소멸되지 않는다고 한 장재의 이론에 대해서는 해석을 달리하였다. 그는 우선 『정몽』의 말을 다음과 같이 인용하고 있다.

　　『정몽』에서는 말한다. "모이는 것 또한 나의 몸이며, 흩어지는 것 또한 나의 몸이다. 사람이 죽더라도 완전히 소멸하는 것이 아님을 아는 자라면 함께 성에 대해 말할 만하다." 이어서 또 말하였다. "떠도는 기가 어지럽게 흩어져 있다가 합하여 물질을 이루니, 만 가지로 다른 사람과 사물을 낳는다. 그 음과 양의 양단이 순환하여 그치지 않으니, 하늘과 땅의 큰 의로움을 세운다."[26)

　　주희는 이러한 장재의 사상이 자칫 불가의 윤회사상으로 흘러가게 될지도 모른다고 경고한 바 있는데, 이에 대하여 나흠순은 다음과 같이 『정몽』의 사상을 합당하게 만들었다.

　　인간과 사물은 삶이 있고 죽음이 있으며, 하늘과 땅은 만고 이래로 한결같다. 기가 모이면 생겨나서 형체가 있게 되니 유有가 된다. 이 사물이 있으면 곧 이 리가 있다. 기가 흩어지면 죽어서 마지막에는 무無로 돌아간다. 이 사물이 없으면 이 리도 없다. 어찌 이른바 죽어도 사라지지 않는다고 하는 것이 있겠는가? 만약에

---

25) 孫奇逢, 『理學宗傳』, 권22, 20b.
26) 孫奇逢, 『理學宗傳』, 권22, 20b, "正蒙云, 聚亦吾體, 散亦吾體, 知死之不亡者可與言性矣, 又云, 游氣紛擾, 合而成質者, 生人物之萬殊, 其陰陽兩端循環不已者立天地之大義."

그와는 달리 하늘과 땅의 운행이 만고 이래로 한결같다면 또한 어찌 삶과 죽음, 존재하는 것과 없어지는 것이 있겠는가? 한 그루 나무에 비교한다면, 인간과 사물은 그 꽃과 잎이고, 하늘과 땅은 그 뿌리와 기둥이다. 꽃이 지고 나뭇잎이 마르면 흩날려 떨어지지만 뿌리와 기둥의 생의 의지는 본래 그대로이다. 흩날려 떨어지는 것이 어찌 그것을 간섭할 수 있겠는가? 이를 일러 사라지지 않는다고 할 수도 있지 않겠는가?[27)

나흠순의 관점에서 본다면 장재의 견해는 철저하게 옳다. 인간이 다만 기의 특별한 형체라면, 이 형체는 사라질 수 있겠지만 기는 여전히 남아서 다른 형체를 취할 수 있다. 그러므로 장재의 위 견해는 당연히 개인의 불사를 말하는 것이 아니다.

나흠순은 주희의 이원론만 비판한 것이 아니라 또한 주희가 기를 리보다 강한 것으로 여겼다고 비난한다. 「태극도」의 설명에서 무극의 리에 대한 주희의 설명은 옳지만, 주희의 주장처럼 리와 기가 항상 두 가지 사물이라고 한다면 어떻게 태극이 음양과 화합할 수 있겠는가? 또한 주희는 기가 자주 리보다 강하며, 그 때문에 리가 기를 주도할 수 없는 경우가 많다고 주장하는데, 그렇다면 어떻게 태극이 만물을 생성하는 근원이며 덕일 수 있겠는가?[28)

나흠순은 양간楊簡의 과격한 관념주의에 대하여 선종의 학설이라며 날카롭게 비판하였다. 그는 양간이 육구연보다도 더 나쁘며 심지어 본인의 학설과 맞지 않은 경우에는 공자의 가르침까지도 다르게 설명하였다고 한다.[29) 그에게는 육구연, 양간, 진헌장, 왕수인이 모두 불교도로 간주되었다. 그는 불교에 대해

---

27) 孫奇逢, 『理學宗傳』, 권22, 21a, "夫人物則有生有死, 天地則萬古如一, 氣聚而生, 形而爲有, 有此物, 即有此理, 氣散而死, 終歸於無, 無此物, 即無此理, 安得所謂死而不亡者邪, 若夫天地之運, 萬古如一, 又何死生存亡之有, 譬之一樹, 人物乃其花葉, 天地其根幹也, 花謝葉枯, 則脫落而飄零矣, 其根幹之生意固自若也, 而飄零者何交涉? 謂之不亡可乎?"
28) 孫奇逢, 『理學宗傳』, 권22, 20a.
29) 羅欽順, 『困知記』, 권4, 1b.

송대 학자들보다 더 잘 알고 있었다. 양간에 따르면 하늘은 단지 내 마음 안의 하나의 형상에 불과하며 땅은 내 마음 안의 하나의 형체이다. 그는 하늘의 형상과 땅의 형체가 모두 나로부터 생성되었다고 한다. 또한 양간은 모든 특성의 현실성을 부정하면서, 하늘은 크지 않고 터럭은 작지 않으며 낮은 밝지 않고 밤은 어둡지 않다고 말한다. 나흠순은 양간의 이러한 학설에 대하여 땅·산·강이 나의 신묘한 마음의 생성물이라고 주장하는 『능엄경楞嚴經』과, 부처가 세계는 세계가 아니라 단지 그렇게 일컬어지는 것뿐이라고 말하였다고 하는 『금강경金剛經』의 관점에서 비롯된 불교의 것이라고 한다.30)

　나흠순은 또한 주희의 추종자였던 명대 설선薛瑄의 이원론에 어떤 잘못된 점이 있는지를 보여 준다. 그에 따르면, 설선은 『독서록』에서 리와 기 사이에는 경계가 전혀 존재하지 않으며, 따라서 기가 도이고 또한 도가 기器라고 하였는데 이것은 옳다. 그러나 설선이 기에 대해 단지 함께 모이고 흩어지는 것이라고 설명한 것은 매우 의심스럽다. 만약에 어떤 하나는 이러한 특성을 가지고 있고 다른 하나는 이러한 특성을 가지고 있지 않다면, 둘 사이에는 이미 날카로운 구분이 존재하고 있기 때문에 더 이상 기와 리가 똑같다고 설명할 수는 없다. 따라서 그 잘못은 설선이 기와 리를 두 개의 다른 사물로 보는 데서 기인한다. 나흠순은 말한다.

　나는 기가 모인 것이 모임의 리이며, 기가 흩어진 것이 흩어짐의 리라고 생각한다. 오직 그 모이고 흩어짐이 있는 것이 곧 이른바 리이다. 조화의 소멸과 성장, 사물의 마침과 시작을 미루어 보면 모두 그렇지 않은 것이 없다. 이와 같이 말한다면 저절로 분명하여 어려움이 없다. 비록 둘 사이의 간극을 메우고자 하지만 성공하지 못했다고 해서 어찌 군자가 알지도 못하는 말이나 하겠는가?31)

---

30) 黃宗羲, 『明儒學案』, 권47, 22b.
31) 孫奇逢, 『理學宗傳』, 권22, 24b, "嘗竊以爲氣之聚便是聚之理, 氣之散便是散之理, 惟其有聚有

나흠순은 이원론자 및 관념주의자의 견해와는 다른 자기 자신의 견해를 다음과 같이 훌륭하게 전개하였다.

나는 일찍이 인간 마음의 본체가 곧 하늘의 본체라고 생각하였다. 본래 하나의 사물이면서도 나를 주재하는 것이 마음이라고 말한다면, 이는 억지소리가 아니라 참된 견해이다. 이 마음이 영통하다고 이르는 자들은 하늘·땅·인간·사물이 모두 나의 성 속에 들어 있음을 통찰한다고 하지만, 이 마음이 천지를 포함한다면 곧 마음은 크고 천지는 하늘과 땅은 작게 되어 하늘과 땅에 공간적인 한계가 있게 된다. 본래 그것이 하나가 되게 하고자 했지만 도리어 두 가지 사물로 만들어 버렸으니, 도를 안다고 할 수 있겠는가?[32]

인간의 마음이 우주 전체를 자기 안에 포괄하고 있다면 우주의 경계가 있게 되어 도리어 인간의 마음과 세계가 서로 다른 둘이 된다. 이것을 나흠순은 불가능하다고 여긴다. 나아가 그는 말한다.

"역에는 태극이 있으니, 이것이 양의를 낳는다"라는 것은 순수한 본체로서의 태극을 말한 것이고, "건도가 변화하니 각각의 사물이 성명을 바르게 한다"라는 것은 사물마다 각기 갖추고 있는 하나의 태극을 말한 것이다. 태극이 되는 까닭은 하나이지만, 나뉘어 달라지는 것이다. 오직 나뉘어 달라지기 때문에 그 작용 또한 다르다. 만일 천지와 인간과 사물의 변화가 모두 내 마음의 변화라고 말한다면 만물을 발육하는 것도 내 마음이다. 이것은 나뉘어 다름을 알지 못하는 것이니, 이미 나뉘어 다름을 알지 못하는데 어찌 리가 하나임을 말할 수 있겠는가?[33]

散, 是乃所謂理也, 推之造化之消長, 事物之終始, 莫不皆然, 如此言之, 自是分明, 並無窒礙, 雖欲尋其縫隙了不可得矣, 不識知言之君子以爲何如."

32) 羅欽順, 『困知記』, 권4, 3a, "愚嘗謂, 人心之體即天之體, 本來一物, 但其主於我者謂之心, 非臆說也, 乃實見也, 若謂其心通者, 洞見天地人物皆在吾性量之中, 而此心可以範圍天地, 則是心大而天地小矣, 是以天地爲有限量矣, 本欲其一, 反成二物, 謂之知道可乎."

33) 羅欽順, 『困知記』, 권4, 3a, "易有太極是生兩儀, 乃統體之太極, 乾道變化各正性命, 則物物各

여기에서 나흠순은 세계와 만물의 변화가 나의 마음이 만들어 낸 것이라고 하는 관념주의자들의 주장에 대립한다. 하나의 태극은 주희의 견해에 의거하는 그의 견해에 따르면 수많은 개별적인 리로 나뉜다. 각 사물은 각자의 리를 가지고 있으며, 이 리는 그 사물의 모든 변화를 야기하고 주도한다. 우주의 생성과 변화는 그러므로 개별적인 사물 안에 있는 리에서 나오는 것이지 단지 인간의 형체 안에서만 작용하는 인간의 마음에서 나오는 것이 아니다. 모든 이러한 개별적인 리의 총체가 바로 최초의 태극이다. 이것은 단지 하나의 나뉘어 달라진 리에 불과한 인간의 마음으로 되돌려질 수 있는 것이 아니다.

마지막으로 나흠순은 다음과 같이 말한다.

대개 만물을 발육하는 것은 본래 조화의 공이다. 무엇에 인간이 쓰일 수 있겠는가? 다만 인간이 함께할 수 있는 것은 아니어도 그 리는 곧 내 마음의 리이다. 그러므로 『중용』에서는 성인의 큰 도를 찬탄하면서 하늘과 인간이 둘이 아님을 앞머리에서 밝게 말하였다. 이것은 이단의 설에 가린 사람이 알 수 있는 바가 아니다. 더욱이 천지의 변화는 영원한데 스스로 그것을 사람 마음의 변화에 따라 함께 생겨나는 것으로 여기니, 이는 함께 생겨나서 함께 소멸하는 것을 가리켜 항상 있어서 소멸됨이 없다고 말하는 것이다. 이러한 리는 없다. 양간의 잘못은 몇 척의 작은 체구로 사사로이 조화를 자기의 사물로 여긴 것이다. 어찌 헤아릴 줄 모르는가?[34]

나흠순은 철저한 사상가이며 그의 철학적인 비판은 매우 탁월하였다. 그의 관점은 일원론적이지만, 그는 육구연과 양간과 같은 관념주의적인 일원론자와도

具一太極矣. 其所以爲太極則一而分則殊, 惟其分殊故其用亦別. 若謂天地人物之變化皆吾心之變化, 而以發育萬物歸于吾心, 是不知有分之殊矣, 旣不知分之殊, 又惡可語夫理之一哉."

34) 羅欽順, 『困知記』, 권4, 3a, "蓋發育萬物, 自是造化之功, 用人何與焉. 雖非人所能與, 其理卽吾心之理. 故中庸贊大哉聖人之道, 而首以是爲言明天人之無二也, 此豈蔽於異說者之所能識邪, 況天地之變化萬古, 自如人心之變化, 與生俱生, 則亦與生俱盡, 謂其常住不滅, 無是理也. 慈湖誤矣. 藐然數尺之軀, 乃欲私造化以爲己物, 何其不知量哉."

달랐고 또 만물을 정신적인 기의 모임으로 간주하는 장재와 같은 기 중심의 일원론자도 아니었다. 그는 현실적인 일원론자이다. 그와 주희의 차이점은 단지 그가 리와 기를 하나로 본다는 것뿐이다. 그에 따르면, 만물은 물질적이고 현실적이지만 그 물질은 비물질적인 리와 하나의 존재를 이룬다. 둘 사이는 뗄 수 없게 하나로 연결되어 있다. 따라서 이들은 함께 태어나고 함께 변화하다가 함께 사라진다.

3. 오정한

오정한吳廷翰에 대해서는 알려진 것이 적다. 1521년에 진사시험에 합격하였다는 기록[35])으로 미루어 보아 그가 16세기 초의 사람임을 알 수 있다. 그의 자는 숭백崇伯이며 호는 소원蘇原이다. 그는 자신의 서재를 '길재吉齋'라고 불렀고, 이에 따라 그의 주요 저작은 『길재만록吉齋漫錄』이라는 이름으로 불리게 되었다. 이 책에서 그는 고대와 근대의 철학을 비판하면서 자신의 견해를 적고 있지만, 그의 견해에는 새로운 것이 별로 없다.[36) 그는 또한 『옹기甕記』와 『독기櫝記』도 저술하였다. 그의 관심 영역은 매우 넓으며 자연철학과 윤리학을 포괄한다. 그의 학설은 정호의 철학에 의지하지만 또한 왕수인의 철학과도 연계된다. 그는 주희의 이원론을 비판하지만 또한 육구연과 왕수인의 철학도 비판한다. 여하튼 그는 일원론자이다.

오정한의 기록에서 다음과 같은 것을 읽을 수 있다.

---

35) 高瀨武次郞, 趙蘭坪 中譯, 『中國哲學史』 3권, 174.
36) 내가 吳廷翰의 저서를 구하지 못하였기 때문에 모든 설명에서 高瀨武次郞에 완전히 의지하고 있다.

하나의 음과 하나의 양, 이것을 도라고 한다. 그렇다면 왜 그것을 도라고 하는가? 기는 도이고, 도는 기이다. 세상의 처음에는 단지 원기뿐이었다. 도라고 하는 것은 별도로 하나의 사물로서 있는 것이 아니라 그 사이에 함께 생겨난 것이다. 기는 혼륜하여 천지만물의 선조가 된다. 지존하여 위로 아무것도 없고, 지극하여 더할 것이 없다. 그러므로 그것을 태극이라고 한다. 이것이 나뉘게 되면 가볍고 맑은 것은 모든 방향으로 흩어지고, 무겁고 탁한 것은 서로 모여 응결한다. 그러므로 이것을 음과 양이라고 한다. 음과 양이 이미 분리되고 나면 양의와 사상과 오행, 사계절의 운행 및 온갖 변화와 사물이 모두 이로부터 생겨난다. 그러므로 이것을 도라고 한다. 태극은 이 기의 지극함을 말하는 것이고, 음과 양은 이 기에 있는 동과 정으로써 말하는 것이니, 둘이 있는 것이 아니다.[37]

또한 그 변형과 변화가 있는 것을 역이라고 한다. "낳고 낳음이 끝이 없는 것을 일러 역이라 한다"는 말이 바로 이것이다.…… 물었다. "그렇다면 무엇으로써 리와 기의 차이가 있게 되는가?" 말하였다. "기가 리라는 이름을 얻은 것이다. 이것은 변형과 변화를 역이라고 하는 것과 같다.…… 기의 밖에 따로 리가 있는 것이 아니다. 이전의 유학자들은 음과 양을 기로 여기고 도를 리라고 여겼다. 이것은 '하나의 음과 하나의 양을 도라고 한다'라는 문장의 의미를 버리고 다른 곳에서 답을 찾는 잘못을 범한 것이다."[38]

오정한의 학설은 대진戴震의 그것과 유사한 면이 많다. 따라서 그는 대진의 선구자로 간주될 수 있을 것이다.

---

37) 高瀨武次郎, 趙蘭坪 中譯,『中國哲學史』3권, 175, "一陰一陽之謂道, 然則何以謂道, 曰氣卽道, 道卽氣, 天地之初, 一元氣耳, 所謂道者, 非別爲一物, 並出其間也, 氣之混淪, 爲天地萬物之祖, 至尊無上, 至極無加, 則謂之太極, 及其分也, 輕淸者敷施而散, 重濁者翕聚凝結, 故謂之陰陽, 陰陽旣分, 兩儀四象, 五行四時, 萬化萬事, 皆自此出, 故謂之道, 太極者, 以此氣之至極言, 陰陽者, 以此氣之有動靜言, 非有二者也."

38) 高瀨武次郎, 趙蘭坪 中譯,『中國哲學史』3권, 175, "而又以其變易, 則謂之易, 生生者之謂易者也,……曰然則何以有理氣之別, 曰理者, 氣得其理之名也, 亦猶變易之謂易,……氣之外非別有理, 先儒以陰陽爲氣, 以道爲理, 是去一陰一陽之謂道之義, 而求之於他之過也."

4. 왕문록

왕문록王文祿은 절강성 해염海鹽 사람이다. 자는 세렴世廉이고, 호는 해기자海沂子이다. 그는 16세기 초에 살았다. 그의 생애는 정확하게 알려져 있지 않다. 그의 저서에 있는 1516년에 13살이었다는 기록[39]으로 미루어 그가 1503년에 태어났음을 알 수 있다. 그는 1531년에 거인擧人이 되었으며,[40] 1534년에는 진사시험을 보러 북경으로 갔다.[41] 1549년의 행적에 대한 기록도 남아 있으므로 그가 이때까지도 생존해 있었음을 알 수 있다.

왕문록은 『태식경』에 대한 주석 『태식경소胎息經疏』[42]와 『염구廉矩』[43] 1권을 저술하였다. 『염구』는 『효경孝經』의 형태를 모방하였으며, 그와 마찬가지로 18편을 이루고 있다. 『해기자』라고 하는 5권으로 이루어진 그의 대표작은 『자서백가子書百家』 제85권에 그대로 수록되어 있다. 여기에서 그는 특히 존재론과 자연철학을 궁구하였다. 그러나 그가 성에 대하여 알고 있는 것은 매우 적고 환상적인 생각들로 가득하다. 그는 송대와 명대의 철학자들의 권위는 인정하지 않았으며 단지 고대철학자들의 권위만 인정하였다.

생성에 대하여 왕문록은 다음과 같이 말하였다.

> 원기는 매우 밝으며 순수한 양이다. 그 정수가 모여서 해가 되고 신의 운행으로 하늘이 된다. 오고 감, 연장과 수축, 동과 정으로 추위와 더위가 생겨나며, 추위와 더위가 서로 교체하여 사계절이 생겨난다.[44]

---

39) 王文祿, 『海沂子』, 권5, 2b.
40) 『四庫全書』, 권96, 15a, "擧人."
41) 王文祿, 『海沂子』, 권4, 1b.
42) 원전과 함께 주석은 Balfour에 의하여 번역되었으며 『子書百家』, 101권에 들어 있다.
43) 『四庫全書』, 권96, 15a.
44) 王文祿, 『海沂子』, 권4, 1b, "元氣至明而純陽也, 精萃爲日, 神運爲天, 往來屈伸動靜爲寒暑, 寒暑之交爲四時."

원기에서 세계생성으로, 그리고 세계의 생성에서 다시 원기로 되돌아가는 과정에서 또한 사계절이 구분된다. 리는 변하지 않으며, 혼돈과 세계생성은 결코 멈추지 않는다.

원기는 엷게 사라지는 기이며, 생성의 기는 서로 모이고 증가하며 모든 것을 채우는 기이다. 둘은 깨어나고 잠자는 것처럼 서로 번갈아 교대한다. 삶은 깨어남 이고, 소멸은 참된 근원으로의 돌아감이다.[45]

하늘은 순수한 기의 흐름으로 이루어진 것이며, 땅은 탁한 먼지가 쌓여 이루어진 것이다. 거대한 기가 세계를 떠받치고 있다.

하늘과 땅은 둘이지만 법도는 하나이며, 해와 달은 둘이지만 광채는 하나이며, 음과 양은 둘이지만 기는 하나이다. 하늘은 땅을 거느리며, 해는 달을 거느리고, 양은 음을 거느린다.[46]

왕문록은 일원론의 경향을 가지고 있으며 마치 기를 유일한 세계원칙으로 인정하고 있는 것처럼 보인다. 그러나 그것과 모순되는 것이 다음의 글이다.

성을 명백하게 인식하지 못하면 참으로 천지와 유사하다고 어찌 말할 수 있겠는가? 그러므로 성은 천지의 근원이며, 성을 안다면 천지와 함계하는 것이다.[47]

이것은 무엇을 의미하는가? 원기와 함께 다시 두 번째의 세계원칙으로 성이 있다는 것, 또는 단지 성이 세계에 대한 주체적인 생각의 근원이 된다는 것을

---

45) 王文祿, 『海沂子』, 권4, 1a.
46) 王文祿, 『海沂子』, 권4, 1a, "天地二, 儀一也, 日月二, 曜一也, 陰陽二, 氣一也, 天統地, 日統月, 陽統陰."
47) 王文祿, 『海沂子』, 권5, 3b, "非灼見性, 眞與天地相似, 曷能哉, 是故性者天地之原也, 見性則參天地矣."

말하고자 하는 것인가?

왕문록은 하늘을 반구가 아닌 기로 보았기 때문에 하늘은 색깔이 없다고 한다. 따라서 그는 어디에서 하늘의 푸른색이 생겨난 것인지를 고민하게 된다.

하늘의 색깔은 왜 푸른가? 『외전』에서는 이것이 곤륜산의 정상에 있는 보석에서 나오는 광채라고 한다. 혹은 높고 비어 있으면 공간이 멀고 햇빛을 덮기 때문에 그것이 푸르다고 한다. 혹은 하늘과 땅의 가운데에 햇빛이 환하게 비치어 빛나며 모든 색깔이 모여 있어서 저절로 푸르게 된다고 한다. 『전』에서는 한밤중의 검은 색이 본래의 색이라고 한다. 해기자가 말하였다. "기의 색이 이와 같기 때문에 하늘의 색 또한 이와 같은 것이다. 푸른색은 햇빛이 그렇게 한 것이다. 해가 진 다음에도 푸른 것이 있는가?"[48]

왕문록은 곤륜산에 수미산須彌山의 역할을 부여한다. 그에 따르면 곤륜산이 세계의 중심이며 그 아래로 바다가 있다. 산 위에는 아뇩달지阿耨達也라는 연못이 있어 사자, 코끼리, 소, 말의 주둥이를 통해 네 방향으로 흐른다. 지상에는 남쪽의 염부제閻浮提, 동쪽의 불우건弗于建, 북쪽의 울단월鬱單越, 서쪽의 구타니瞿陀尼 등 사천하가 있다. 곤륜산은 인간의 배꼽과 같으며, 사천하는 사지四肢와 같다.[49]

왕문록은 또한 하늘에 대한 놀라운 기록도 남겼다. 1488년에 섬서지역에서 하늘의 문이 열려 사람과 말들을 놀라게 하였다. 왕문록의 할아버지는 한밤중에 배 위에서 이 소란한 현상을 관찰하였는데, 그것은 천둥과 비슷한 소리를 동반하였고 사방에서 형형색색의 번개가 쳤다. 10리가 넘는 이 구멍으로 하늘 안이 훤히 보였으며, 잠시 후 다시 닫혔다. 이러한 하늘의 열림과 그에 수반된 여러

---

48) 王文祿, 『海沂子』, 권4, 1b, "天色靑何也, 外傳曰, 崑崙山巓寶光之耀, 或曰, 高虛則空遠, 掩映 故靑也, 或曰, 乾坤中日光照曜, 諸色攢簇, 自然靑也, 傳曰, 夜半黑淬之色眞色也, 海沂子曰, 氣 之色如是, 天之色亦如是, 靑色者日光使之, 日沒而靑何也."
49) 王文祿, 『海沂子』, 권4, 2b, "閻浮提, 弗于建, 鬱單越, 瞿陀尼."

현상들을 왕문록은 양기로써 설명하고 있다.[50]

그러나 왕문록에게 하늘은 물질적인 것일 뿐만 아니라 정신적인 존재이기도 하다. 그는 다음과 같이 말한다.

참된 재인이 세상을 다스리는 것은 하늘의 명이다. 하늘의 명에 복종하는 것은 감응하는 것과 같다. 하늘은 군주가 감응하게 하니, 그러므로 마음으로 통한다.[51]

왕문록은 불교를 우호적으로 대한다. 그는 다음과 같이 말한다.

석가는 서쪽의 천축에서 태어나서 자비를 근본으로 삼았다. 공자는 동쪽의 노나라에서 태어나 인을 우선으로 여겼다. 시대와 지역은 서로 멀지만 인과 자비는 같다. 이로부터 성이 하나라는 것을 알 수 있다. 초목자(섭자기)가 말하였다. "석가는 대지의 음에서 살았으며, 그 때문에 성을 공이라고 하여 귀신을 밝혔다. 공자는 대지의 양에 살았으며, 그 때문에 성을 실이라고 하여 인간을 밝혔다."[52]

5. 양동명

양동명楊東明(1548~1624)은 호가 진암晉庵이며 하남성 우성虞城 사람이다. 그는 1580년에 진사가 되었으며 여러 관직을 거쳐 형부상서가 되었다.[53] 그는 또한 학교를 설립하였는데, 그곳에는 100명이 넘는 학생이 있었다. 철학자로서의

---

50) 王文祿, 『海沂子』, 권4, 4a.

51) 王文祿, 『海沂子』, 권1, 1a, "海沂子曰, 眞才之持世也, 天命之也, 屈天之命也, 若感之也, 啓君之感也天也, 是故心通焉."

52) 王文祿, 『海沂子』, 권5, 2b, "釋氏生西竺, 以慈爲本, 孔子生東魯, 以仁爲先, 世與地相遠, 而仁慈同, 可見性一也. 草木子曰, 釋氏居大地之陰, 故言性以空而明鬼, 孔子居大地之陽, 故言性以實而明人."

53) 孫奇逢, 『理學宗傳』, 권23, 58b; 高瀨武次郎, 趙蘭坪 中譯, 『中國哲學史』 3권, 169.

그는 물질주의적인 일원론자이다. 그는 특히 말년에 송대 철학자들의 이원론과 그로부터 비롯된 오류를 비난하였다. 이러한 맥락에서 그는 『성리변의性理辨疑』와 『홍학문답興學問答』, 『논성억언論性臆言』, 『산거공과山居功課』 등을 저술하였다. 고반룡高攀龍이 마음은 선하지도 악하지도 않다고 한 왕수인의 주장을 심하게 공격하였을 때, 양동명은 왕수인을 옹호하였다.[54] 일원론에 대한 그의 생각이 잘 드러난 『논성억언』은 철학적으로 중요한 내용을 담고 있다.

『논성억언』에서 양동명은 다음과 같이 말한다.

우주를 채우고 있는 것은 단지 혼륜한 원기이다. 이것은 천지를 생성하고 인간과 사물을 생성한다. 만 가지로 다른 것은 모두 이 기가 한 것이다. 이 기는 영명하고 신묘하여 스스로 조리가 있으며, 그 때문에 리라고 한다. 대개 기는 물 또는 불과 같고 리는 그 차고 뜨거운 성이며, 기는 생강이나 계피와 같고 리는 그 쓰고 매운 성이다. 모두 섞여서 하나의 사물이기 때문에 아주 작은 분별도 없다.[55]

한편으로는 기를 말하고 다른 한편으로는 리를 말하지만, 기와 리가 어찌 다른 길을 가겠는가? 대개 기는 리의 기질이며, 리는 기의 영명함이다. 비교하자면 마치 청동거울에서 밝음이 나오는 것과 같다. 청동을 말할 때가 있고 밝음을 말할 때가 있지만, 이 둘을 함께 말할 수 없기 때문이다. 그러나 청동은 밝음을 생성하고, 밝음은 청동에 근본을 두고 있다. 누가 이것을 분리하여 둘이라고 할 수 있겠는가? 인간의 성을 크게 비교하면 또한 이와 같다. 만약에 "오직 리의理義의 성만 말한다면 선만 있고 악이 없으며, 오직 기질의 성만 말한다면 선도 있고 악도 있으니, 이것은 사람이 두 가지 성을 가지고 있는 것이다"라고 말한다면, 이것은 지극히 당연한 논의가 될 수 없다.[56]

---

54) 謝无量, 『中國哲學史』 6권, 18b.
55) 孫奇逢, 『理學宗傳』, 권23, 59b, "盈宇宙間只是一塊渾淪元氣, 生天生地生人物, 萬殊都是此氣爲之, 而此氣靈妙, 自有條理, 便謂之理, 蓋氣猶水火, 而理則其寒熱之性, 氣猶薑桂, 而理則其辛辣之性, 渾是一物, 毫無分別."

양동명은 기와 리를 하나로 보는 것과 마찬가지로 인간의 성에 대해서도 물질적인 성과 심리적인 성이 각기 존재함을 인정하지 않는다. 그는 단지 물질적인 동시에 심리적인 하나의 성만을 인정한다.

"기질지성이라는 네 글자로 송대 유학자들은 나의 성의 참된 본체를 마침내 올바로 얻었다. 다만 이전의 학자들이 아직 말하지 않은 것을 보충하기만 한 것이 아니다. 대개 하늘과 땅 사이를 가득 채우고 있는 것은 모두 기질이니, 천지 또한 기질이다. 오행은 또한 음양이고, 음양은 또한 태극이다. 태극은 진실로 또한 기이니, 다만 아직 질質에 섞이지 않았을 뿐이다." "그렇다면 의리의 성은 무엇으로 이해해야 하는가?" 답하였다. "기질은 의리의 형체이며 의리는 기질의 성정이다. 하나를 거론하면 둘이 저절로 갖추어진다. 그러므로 함께 거론할 필요가 없다."[57]

양동명의 견해에 따르면 기 또는 기질은 근원적인 것으로써 리 또는 마음이 아니다. 마음은 형체에서 생겨나며, 형체의 특성 또는 작용이기 때문에 형체를 생성할 수가 없다. 그럼에도 주회는 리가 본래 기를 생성하였다고 가르쳤다. 양동명은 다음과 같이 말한다.

그러나 두 가지가 비록 나란히 이름이 있다고 하더라도, 또한 형체가 주재하는 것이다. 그런데 지금 의리의 성이 기질에서 나온다고 하면 옳지만 기질의 성이 의리에서 나온다고 하면 옳지 않으며, 기질의 성과 의리의 성이 합병하여 나온다고

---

56) 孫奇逢, 『理學宗傳』, 권23, 60b~61a, "夫一邊言氣, 一邊言理, 氣與理豈分道而馳哉? 蓋氣者理之質也, 理者氣之靈也, 譬猶銅鏡生明, 有時言銅, 有時言明, 不得不兩稱之也. 然銅生乎明, 明本乎銅, 孰能分而為二哉? 人性之大較如此, 如曰專言理義之性, 則有善無惡, 專言氣質之性, 則有善有惡, 是人有二性矣, 非至當之論也."

57) 孫奇逢, 『理學宗傳』, 권23, 61a, "氣質之性四字, 宋儒此論適得吾性之眞體, 非但補前輩之所未發也. 蓋盈天地間皆氣質也, 即天地亦氣質也, 五行亦陰陽也, 陰陽亦太極也, 太極固亦氣也, 特未落於質耳. 然則何以為義理之性. 曰, 氣質者義理之體段, 義理者氣質之性情, 舉一而二者自備, 不必兼舉也."

하면 논리가 통하지 않는다. 이것은 식초와 같다. 식초에서 산이 나온다고 하면 옳지만 식초가 산에서 나온다고 하면 옳지 않으며, 식초와 산이 합하여 함께 나온다고 하면 논리가 통하지 않는다. 또한 기질을 성의 이름으로 삼을 수 있다는 것은 그것이 의리가 될 수 있음을 말하는 것이다. 기질이 의리가 될 수 없다면 단지 한 덩어리의 물체에 불과할 것이니, 어떻게 성으로 불릴 수 있었겠는가?[58]

---

58) 孫奇逢, 『理學宗傳』, 권23, 61a, "然二者名雖並立, 而體有專主. 今謂義理之性出於氣質, 則可, 謂氣質之性出於義理, 則不可, 謂氣質之性與義理之性合併而來, 則不通之論也. 猶夫醋然, 謂酸出於醋, 則可, 謂醋出於酸, 則不可, 謂醋與酸合併而來, 則不通之論也. 且氣質可以性名也, 謂其能爲義理, 氣質而不能爲義理, 則亦塊然之物耳, 惡得以性稱之."

제4장 심일원론자

1. 조단

조단曹端(1376~1434)은 자가 정부正夫이고 호는 월천月川이며 하남의 민지澠池현 출신이다. 그는 이미 5살에 처음 황하의 그림과 노의 역사서를 보고 지도를 따라 그렸으며 부친에게 그 의미를 물었다고 한다. 그는 「태극도」, 『통서』, 『서명』을 접한 뒤 그 안에 진리가 들어 있다고 확신하여 열심히 그 책들을 공부하였다. 그는 또한 원대 사응방謝應芳의 『변혹편辨惑編』에 매료되었다. 이 책은 민간의 미신을 15종류로 분류하여 논파하고 있는데,[1] 조단은 윤회·운명·마술·부적·길일 등을 믿지 않았다.

도가와 불가의 학설도 조단에게는 미신으로 간주되었다. 그는 석가와 노자를 존경하는 자신의 부친을 위하여 「야행촉夜行燭」이라는 글을 써 부친을 설득하기도 하였다. 또 불교에서 시행하는 금육을 막고자 하였으며, 공인되지 않은 신을 섬기는 사당의 폐쇄를 건의하여 특정한 신을 섬기는 사당만 남게 하고, 마을에 사직단을 세워 백성들이 풍작을 기원할 수 있게 하였다. 후에 조단은 또한 인정되지 않은 사원을 찾아가는 동료 관리들과 제자들과도 대립하였다. 사람들이 조단에게 온 세상이 다 그렇게 하고 있는데 그것을 잘못된 것으로 여겨 비난한다면

---

1) Wylie, *Notes on Chinese Literature*, 70쪽; Giles, *Chinese Biographical Dictionary*, Nr. 746 참조.

오히려 웃음거리가 될 것이라고 말하자, 그는 그러한 예를 행하는 까닭은 배우지 못했기 때문이라고 답하였다. 다시 유학적인 저서들을 읽고 유교윤리를 아는 사람들 또한 그런 관습을 따른다고 지적하자, 조단은 그들이 도덕규정에 어긋나는 행위를 비난받을 일로 여기지 않고 또 미신적인 관습에서 벗어나기를 감행하지 않는다면 글을 읽지 못하는 사람들과 마찬가지로 가장 어리석은 등급의 사람이라 하지 않을 수 없다고 답하였다.[2]

조단은 부모에 대한 효성이 매우 지극하였으며, 부모가 돌아가신 후에는 매우 엄격하게 장례를 지냈다. 그는 부모를 매장한 후 무덤 옆에 초가집을 짓고 흙덩이를 베개로 삼아 볏짚 위에서 잠을 자며 6년을 살았다.[3]

조단은 1409년에 진사시험에 합격하였으며 그 뒤에 곧 산서성 곽주霍州에 학정學正으로 임용되어 10년간 머물렀다. 그가 포주蒲州로 전임되었을 때 곽주의 제자들은 그를 계속 곽주에 머물게 해 달라고 청원하였다. 이에 그는 자신이 오기를 간절히 청한 포주 학생들의 염원에도 불구하고 곽주에 계속 머물렀다. 그는 곽주에서 다시 10여 년을 더 머물렀으며 1434년에 58세의 나이로 죽었다.[4] 그는 모범적인 모습으로 곽주에 지대한 영향을 주었다. 그곳의 주민들은 그의 가르침을 통하여 개선되었으며 많은 사람들이 그로 인해 재판을 중단하였다. 그가 죽자 주민들은 그에게 존경을 표하여 시장을 닫고 그의 죽음을 애도하였다. 조단이 생전에 매우 가난하였기 때문에 그의 시신을 고향까지 운반할 비용을 마련하지 못하였다. 그는 우선 곽주에 매장되었으며, 후에 아들들에 의해 고향으로 이장되었다. 제자들의 청원으로 정수靖修라는 시호를 받았다.

조단은 『효경』, 사서, 『역경』에 관한 해설서를 저술하였으며, 특히 성리철학에 대한 저술 『태극도설술해太極圖說述解』, 『통서서명석문通書西銘釋文』, 『리학요람理

---

2) 黃宗羲, 『明儒學案』, 권44, 1.
3) 孫奇逢, 『理學宗傳』, 권20, 1a.
4) 『明史』, 권282, 18a.

學要覽』1권, 『성리론性理論』1권, 『성리문집性理文集』 및 『유가종통·보존의록儒家宗統譜存疑錄』을 저술하였다. 그의 문답은 제자들에 의하여 『월천어록月川語錄』으로 수집되었지만 완전하지는 않다.[5] 그는 주희의 추종자이며 명대 초기에 송대 철학(理學)을 한 대표적인 학자로 통한다.

조단의 철학은 '태극'에서 출발하였으며 그것에 관한 연구에 매우 몰두하였다. 그는 말하였다.

성인의 도에 이르고자 공부한다면, 반드시 태극에 근간을 세우고 따라야 한다.[6]

「태극도」에 관한 설명에서 그는 '태극'의 개념이 시간의 경과에 따라 어떻게 변화하였는지를 보여 준다. 그의 설명은 다음과 같다.

공자를 따라 태극을 궁구하고자 하였던 사람들은 모두 태극을 기라고 여겼다. 장자莊子는 도가 태극을 앞선다고 하였다. 궁극적인 것은 혼돈의 상태에 대한 이름이며, 그 안에 하늘과 땅 및 인간의 기와 형태가 이미 들어 있지만 아직 나누어지지 않았다고 하여 도가 어머니로서 근원보다 앞선다고 보았다. 그러나 장자는 도와 태극이 같다는 것을 알지 못한 것이다. 여기에서 작용하는 것을 일러 도라고 하고, 근원에 이르러 가서는 그 순수하고 섞이지 않음을 일러 태극이라고 한다. 이것은 하나로서 결코 두 가지 리가 없다. 『열자』의 혼돈과, 『한서』에서 말한 하늘과 땅과 인간의 셋으로 이루어진 하나가 이것이다. 주돈이가 나타남으로써 비로소 수천 년 이래로 아무도 알지 못했던 비밀, 즉 태극이 기가 아니라 리라는 것을 밝혔다. 이것은 말이나 그림으로 설명될 수 없으며 단지 마음으로만 파악된다. 이정 형제는 「태극도」에 관하여 아무에게도 말하지 않았다. 후에 주돈이의 첫 문장에 "무극으로부터 태극이 생겨났다"(自無極而爲太極)

---

5) 『四庫全書』, 권95, 34b.
6) 黃宗羲, 『明儒學案』, 권44, 3a, "學欲至乎聖人之道, 須從太極上立根脚."

라는 설명이 덧붙여졌다. 그러나 이것은 노장에서 말하는 "무로부터 유가 생겨났다"는 주장과 다를 바 없다. 이때까지 사람들은 리가 음양으로부터 떨어지지 않을 뿐만 아니라 함께하지도 않는다는 주돈이의 표현이 무엇을 의미하는지 알지 못하였다. 주희가 비로소 그것을 이해하였으며, 그것을 경전으로 추앙하고 설명하였다. 그러나 『주자어록』의 설명은 여전히 완전하지는 못하며 「태극도」에 대한 주석과도 일치하지 않는다. 이것은 대화라는 형식에 따른 한계로 보인다. 유감스럽게도 신유학자들은 말에 집착하여 주석을 간과하거나 전혀 다른 설명으로 여기는 경향이 있다.

조단은 주희의 견해가 본래 어떤 것인지를 밝히지는 않았지만 주희가 리와 기를 사람과 말에 비유한 것에 대하여 비난하였다. 조단은 이 비유에서 사람이 스스로는 움직이지 못하고 단지 말의 행위에 의해 얹혀 가는 것이라면 그 사람은 죽어 있는 사물일 것이며, 그에 비유되는 리는 생성의 근원이며 주도자로서 간주될 수 없다고 한다. 반대로 말의 행위가 단지 사람에 의해서만 생겨날 수 있는 것이라면 그 말은 죽어 있는 사물일 것이며, 그에 비교되는 기 또한 한 덩이 죽어 있는 사물과 마찬가지라고 한다. 조단은 리 또는 기가 죽어 있다고 하는 이러한 딜레마에서 어떤 결과를 이끌어 냈을까? 그는 이로써 주희의 이원론을 반대하고 그것을 일원론으로 변형하고자 하였다. 조단에 따르면 리와 기는 같은 것이다. 이것은 『명유학안明儒學案』의 저자인 황종희黃宗羲가 정확하게 지적하였던 것과 같다.

대개 하나의 사물이지만 이름이 둘이며, 두 가지 사물이 아니라 하나의 본체이다.[7]

이러한 생각은 조단의 다른 말들과도 일치한다. 그는 태극에 대하여 자주

---

7) 黃宗羲, 『明儒學案』, 권44, 2b, "蓋一物而兩名非兩物而一體也."

말하였지만 기에 대해서는 거의 말하지 않았다.[8]

조단은 태극에 대하여 다음과 같이 정의하였다.

하늘과 땅 사이의 형체·형상·소리·기·공간을 지닌 모든 것들은 크기가 한정되어 있다. 오직 리만이 형체와 형상이 없어 볼 수 없고 소리가 없어 들을 수 없으며 가리킬 수 있는 공간이 없다. 그러나 이것은 실제로 하늘과 땅을 완전하게 가득 채우고 있으며 과거와 현재를 꿰뚫는다. 무엇이 이것보다 더 클 수 있겠는가? 그러므로 주돈이는 말하였다. "무극이 곧 태극이다."[9]

태극은 참된 존재이고 세계이성이며, 인간에게 있어서는 성이 된다. 조단은 다음과 같이 말한다.

천하에 성 밖에는 아무것도 없다. 성은 없는 곳이 없다. 성은 리이다. 리의 다른 이름을 태극이라고 하고, 지극한 성이라고 하며, 지극한 선이라고 하고, 큰 덕이라고 하며, 큰 중이라고 한다. 이름들은 다르지만 그 도는 하나이다.[10]

도는 태극의 다른 이름일 뿐이다. 이것은 비물질적인 것이지만 성인에 의하여 형상화된다.

도는 볼 수 있는 형체가 없지만, 성인의 한 몸은 혼연한 이 도이다. 그러므로 형체가 없는 도가 모두 성인의 몸에서 드러난다.[11]

---

8) 鍾泰, 『中國哲學史』, 권2, 84에서는 曹端이 이원론자이며, 리와 기는 서로 분리된다고 보았다고 말한다.

9) 黃宗羲, 『明儒學案』, 권44, 3a, "天地間凡有形象聲氣方所者皆不甚大, 惟理則無形象之可見, 無聲氣之可聞, 無方所之可指, 而實充塞天地, 貫徹古今, 大孰加焉, 故周子言, 無極而太極."

10) 『明史』, 권282, 18a, "天下無性外之物, 而性無不在焉, 性即理也, 理之別名曰太極, 曰至誠, 曰至善, 曰太德, 曰大中, 名不同而道則一."

11) 黃宗羲, 『明儒學案』, 권44, 5b, "道無形體可見, 而聖人一身渾然此道, 故無形體之道皆於聖人

조단은 단지 유교만이 리와 일치한다고 여겨 도가와 불가를 이단으로 부정한다. 그는 주희의 말에 의거해서 다음과 같이 말한다.

천하 사람들로 하여금 모두 하늘의 명을 통해 부여된 것이 성임을 알게 한다면 부처의 공이 성이 아님을 알게 될 것이며, 모두가 성을 따르는 것이 도임을 알게 한다면 노자의 무가 도가 아님을 알게 될 것이다. 그들이 귀신의 정성을 안다면 지나치고 허황된 제사는 정성이 아님을 알게 될 것이다.[12]

삶의 태도에 대하여 조단은 다른 성리학자들과 마찬가지로 인욕의 억제, 고요함의 보존, 천리에의 순종 등을 강조하고 있다.

욕심이 없으면 자기 존재를 깨닫게 된다.[13]

학자는 반드시 '고요'의 의미를 분명하게 인식해야 한다. 움직이지 않는 것이 고요가 아니라, 헛되이 움직이지 않아야 비로소 고요한 것이다. 그러므로 욕구가 없으면 고요하게 된다고 한다. 여기에 이르면 고요한 것은 본디 고요하며, 움직이는 것 또한 고요하다.[14]

사람이 하늘의 명을 거스르지 않고 순응하며 거부하지 않고 받아들일 수 있다면, 그는 삶과 죽음 및 부귀에 요긴한 것을 가지고 있는 것이다.[15]

　　身上形見出來."

12) 孫奇逢, 『理學宗傳』, 권20, 6b, "使天下皆知天命之性, 則知佛氏之空者非性矣, 皆知率性之道, 則知老氏之無者非道矣, 皆知鬼神之誠, 則知後世淫祀之幻妄者非誠矣."

13) 孫奇逢, 『理學宗傳』, 권20, 4a; 黃宗羲, 『明儒學案』, 권44, 4b, "無欲便覺自在."

14) 孫奇逢, 『理學宗傳』, 권20, 3b; 黃宗羲, 『明儒學案』, 권44, 4a, "學者須要識得靜字分曉, 不是不動便是靜, 不妄動方是靜, 故曰, 無欲而靜, 到此地位, 靜固靜也, 動亦靜也."

15) 孫奇逢, 『理學宗傳』, 권20, 4b; 黃宗羲, 『明儒學案』, 권44, 5a, "人能於天命順而不咈, 受而不拒, 便是處死生富貴之要."

삶과 죽음의 길에서 중요한 것은 오직 리를 따르고 욕구를 쫓는 것에 달려 있다.[16]

조단에 따르면 유일한 참된 가르침은 유학이다. 유학은 단순히 공부를 통하여 지식의 소유에 이를 수 있는 학문이 아닌데, 그 이유는 다음과 같다.

모든 일이 마음의 공부에 있으며, 이를 통해 공자의 큰 문으로 들어갈 수 있다.[17]

조단은 유학의 사서四書는 육경六經을 해설한 것이라고 하였다. 그는 『논어』는 인仁을 다루고 있으며 『대학』은 격물格物과 치지致知를, 『중용』은 성誠을, 『맹자』는 인仁과 의義를 다루고 있다고 한다. 그는 사서가 항상 평정 및 균형을 이루고자 하는 황제와 제왕에게 가장 뛰어난 가르침이라고 한다.[18]

그러나 다음에 인용된 사서에 대한 조단의 견해는 이단의 것으로 보인다.

육경과 사서는 성인의 찌꺼기이다. 처음에는 도를 찾기 위하여 그것에 의지해야 하지만, 마지막에는 진리를 찾기 위하여 그것을 버려야만 한다.[19]

조단의 글에 주석을 단 이는 이 구절에 대하여, 각자가 도와 진리를 자기 마음에 가지고 있기 때문에 조단은 단지 사람이 조심스럽게 책을 덮어야 한다는 것을 말하고자 하였을 뿐이라고 한다. 그러나 조단은 이 구절에서 유학자들에게 경전이 찌꺼기 즉 진리를 발견하기 위해서는 먼저 버려야 하는 가치 없는 것이라고 강조하고 있다. 혹시 이 말로 인해 조단은 공자의 사당에 배향되는 길이 막혀 버린 것이 아닐까? 조단의 이 말은 그 표현이 유사하지만 매우 다른

---

16) 黃宗羲, 『明儒學案』, 권44, 4a, "生死路頭惟在順理與從欲."
17) 黃宗羲, 『明儒學案』, 권44, 3a, "事事都於心上做工夫, 是入孔門底大路."
18) 孫奇逢, 『理學宗傳』, 권20, 5a.
19) 黃宗羲, 『明儒學案』, 권44, 6b, "六經四書聖人之糟粕也, 始當靠之以尋道, 終當棄之以尋眞."

의미를 지닌 육구연의 발언을 연상시킨다.

마음공부에 있어 조단은 성誠과 경敬의 자세를 매우 중시하였다. 그는 다음과 같이 말한다.

한 번 성誠하면 만 가지 거짓됨을 없앨 수 있고, 한 번 경敬하면 만 가지 사특함을 경계할 수 있다.[20]

2. 진헌장

진헌장陳獻章(1428~1500)은 자가 공보公甫이고 호는 백사白沙・석재石齋이다. 광동성 신회新會의 백사에서 태어났다. 그는 빛나는 눈과 훤칠한 키의 아름다운 사람이었으며, 오른쪽 눈꺼풀에 북두칠성과 같은 모양의 진기한 일곱 개의 검은 점을 가지고 있었다고 한다. 그의 아버지는 그가 태어나기 한 달 전에 죽었다. 그는 어머니에 대한 효심이 지극하여서 밖에 나갔다가도 자신을 그리워할 어머니를 생각하여 곧 집으로 돌아가고는 하였다.[21] 또한 그는 불교도인 어머니가 병석에 누워 그에게 부처에게 빌 것을 명하자, 그 자신은 불교도가 아니지만 어머니를 위하여 그렇게 하기도 하였다.[22]

진헌장은 1447년에 과거에 합격하였지만 다음해에 진사시험에서 떨어졌다. 그는 다시는 과거에 응시하지 않았으며, '춘양대春陽臺'라는 집을 짓고 살면서 여러 해 동안 아무도 보지 않고 단지 학업과 명상에만 몰두하였다. 잠시 동안 그는 오여필에게서 수학하였다. 이름이 널리 알려지자 사람들이 그를 한림으로

---

20) 黃宗羲, 『明儒學案』, 권44, 3b, "一誠足以消萬僞, 一敬足以儆千邪."
21) 『明史』, 권283, 2b.
22) 孫奇逢, 『理學宗傳』, 권20, 27a.

추천하였는데, 그는 사양하고 고향에 머물며 제자를 양성하였다. 죽은 후에 문공文恭이라는 시호를 받았으며 공자의 사당에 배향되었다.

진헌장의 철학적인 저술은 출간되지 않았다. 그의 어록은 제자 장동백張東白에 의하여 출간되었으며, 문집은 『백사전집白沙全集』으로 출간되었다. 고시의 형식을 따른 그의 시들은 특별히 높이 평가되어 제자 담약수湛若水에 의해 『백사자고시교해白沙子古詩教解』로 엮어져 주석과 함께 따로 출간되었다.

진헌장은 극단적인 관념주의를 가르쳤으며[23] 육구연과 같은 주장을 하였다. 그는 다음과 같이 말한다.

하루 종일 쉬지 않고 다만 이 리를 수습할 따름이다. 이 리는 간섭하는 것이 매우 커서, 안과 밖이 없고 시작과 끝이 없으며 이르지 못하는 곳이 없고 한순간도 운행하지 않은 적이 없다. 이것과 일치하면 천지를 내가 세우고 모든 변화가 나로부터 나오며 우주가 나에게 있다. 이것을 손에 넣을 수만 있다면 다시 무슨 일이 있겠는가? 고금의 시간과 상하사방의 공간이 일제히 꿰뚫어 연결된다. 어느 때, 어느 곳에서든 채워지지 않음이 없다.[24]

진헌장은 인간 스스로를 세계원칙으로 설정하여 내가 세계를 생성하고 지속적으로 변화하게 한다고 주장하였다. 나의 마음은 도처에 있으며 시간이 시작된 이래로 계속해서 있었고 영원히 지속될 것이다. 그렇다면 인간은 자연의 힘에 의해 제거될 수 있는 작고 나약한 사물이 아니라, 오히려 인간에 대하여 모든 다른 사물이 무로 가라앉게 되는 가장 뛰어난 존재이다.

---

23) 渡邊秀方, 劉侃元 中譯, 『中國哲學史概論』 3권, 120.
24) 黃宗羲, 『明儒學案』, 권5, 8a, "終日乾乾只是收拾此理而已, 此理干涉至大, 無內外, 無終始, 無一處不到, 無一息不運, 會此, 則天地我立, 萬化我出, 而宇宙在我矣, 得此欛柄入手, 更有何事, 往古來今, 四方上下都一齊穿紐, 一齊收拾, 隨時隨處無不是這個充塞."

인간은 하나의 깨달음을 다툰다. 깨달음에 이르는 순간, 나는 크고 사물은 작으며, 사물은 다함이 있지만 나는 다함이 없다. 다함이 없는 것은 티끌 속에도 들어가고 우주를 가득 채우며 한순간에도 있고 영원 속에도 있으며 삶을 사랑할 줄도 모르고 죽음을 싫어할 줄도 모른다.[25]

세계원칙은 또한 도라고도 한다. 도에서 나올 수 있는 모든 것이 또한 나에게 똑같이 적용된다. 나는 도와 마찬가지로 영원하고 불변하며, 내가 생성한 세계를 통해 나에게 더해지거나 나에게서 훼손될 수 있는 것이 아무것도 없다.

천지의 입장에서 도를 본다면 도는 천지의 근본이 되고, 도의 입장에서 천지를 본다면 천지는 마치 창고 속의 곡식 한 톨이나 바닷물 속의 물 한 잔과 같다. 그러므로 지극히 큰 것은 도뿐이다. 군자가 그것을 얻으면, 천지의 시작이 나의 시작이지만 나의 도는 이를 통해 증가되는 것이 없고, 천지의 끝이 나의 끝이지만 나의 도는 이를 통해 훼손되는 것이 없다. 천지의 크기는 또한 내가 피할 수 있는 것이 아니지만, 나는 이를 통해 증가도 감소도 하지 않는다. 천지 사이의 만물이 이미 나에게 돌아가지만, 그들도 나를 증가시키거나 감소시킬 수 없다. 천하의 사물이 모두 나에게 있지만, 나를 증가시키거나 감소시키기에는 부족하다.[26]

진헌장은 사물이 모두 내 안에 있다는 것에 대한 예로서 새가 날고자 하는 욕구와 물고기가 뛰놀고자 하는 욕구가 내 안에 들어 있다고 말한다.[27]

명상은 진헌장의 학설에서 체계상 제일 우선한다. 그에게 있어서 공부는

---

25) 孫奇逢, 『理學宗傳』, 권20, 30a, "人爭一個覺, 纔覺便我大而物小, 物盡而我無盡, 夫無盡者微塵六合, 瞬息千古, 生不知愛, 死不知惡."

26) 孫奇逢, 『理學宗傳』, 권20, 31a, "以天地而視道, 則道爲天地之本, 以道視天地, 則天地者太倉之一粟, 滄海之一勺耳, 故至大者道而已, 而君子得之, 則天地之始吾之始也, 而吾之道無所增, 天地之終吾之終也, 而吾之道無所損, 天地之大且不我逃, 而我不增損, 則擧天地間物既歸于我, 而不足增損於我矣, 天下之物盡在我, 而不足以增損我."

27) 孫奇逢, 『理學宗傳』, 권20, 33a.

세계관을 이해하게 함으로써 인격도야에 함께 작용하는 것이다.

마음은 관대하고 평안해야 하며, 식견은 탁월해야 하며, 규모는 광활하고 심오해야
하며, 실천은 독실해야 한다. 이 네 가지를 모두 할 수 있어야 배움이라고 말할
수 있을 것이다.[28]

학자는 단지 책에서만 찾을 것이 아니라 내 마음에서 찾아야 한다. 정과 동 및
유와 무의 기미를 살피고 내 안에 있는 것을 수양하여 보고 듣는 것이 나를 어지럽
히지 못하게 한다. 눈과 귀의 어긋난 작용을 없애고 허령불측한 신을 온전하게
하면 한 번 펼침에 그것을 모두 얻을 수 있으니, 얻지 못하는 것은 책에서 구했기
때문이요 얻은 것은 나로부터 구했기 때문이다.[29]

학업에 너무 시달리면 도를 보는 것이 가능하지 않다. 그러므로 독서와 너른 학식
은 명상만 못하다.[30]

진헌장의 신비적인 방향을 특징짓는 것은 경험과 지각조직에 대한 불신이다.
고요의 상태는 그에게 특히 중요하다.

배우는 사람은, 고요함을 주로 하여 움직임의 근본으로 삼으며 작용을 살펴서
그 본체가 있는 곳을 본다.[31]

---

28) 黃宗羲, 『明儒學案』, 권5, 8b, "心地要寬平, 識見要超卓, 規模要濶遠, 踐履要篤實, 能此四者
可以言學矣."
29) 黃宗羲, 『明儒學案』, 권5, 16b, "學者苟不但求之書而求之吾心, 察於動靜有無之機, 致養其在
我者, 而勿以聞見亂之, 去耳目支離之用, 全虛圓不測之神, 一開卷盡得之矣, 非得之書也, 得自
我者也."
30) 黃宗羲, 『明儒學案』, 권5, 8a, "學勞攘則無由見道, 故觀書博識不如靜坐."
31) 黃宗羲, 『明儒學案』, 권5, 13a, "善學者主於靜, 以觀動之所本, 察於用, 以觀體之所存."

의심은 깨달음의 계기이다. 한 번 깨달으면 한 번 멀리 나아간다.[32)]

의심은 도에 나아가는 새싹이다.[33)]

또한 진헌장은 단지 사사로운 욕구만을 좇고 군자가 되고자 노력하지 않는 인간에 대하여 다음과 같이 형상적으로 보여 준다.

인간은 일곱 척 크기의 신체에 불과하니, 이 마음과 이 리가 없다면 귀할 것도 없다. 한 사발의 피와 한 덩어리의 뼈가 뒤섞여 있을 뿐이다. 배고프면 먹고 목마르면 마시며, 옷을 차려입고 욕구를 좇는다. 가난하고 천하면 부유함과 귀함을 생각하고, 부유하고 귀하면 권력과 세력을 탐한다. 분노하면 싸우고, 걱정하면 슬퍼한다. 곤궁에 처하면 훔치며, 기쁘면 음탕함을 즐긴다. 매사에 한결같이 혈기만을 믿으니, 늙어서 죽은 후에 그를 짐승이라고 할 수 있을 것이다.[34)]

진헌장이 어떻게 자신을 명상으로 이끌었는지에 대해 제자 장동백은 서문에서 다음과 같이 말하고 있다.

스승은 집에서 진리를 발견할 수 없었을 때 이전의 모든 습관을 버렸다. 그는 노래하면서 숲을 다니거나 혼자서 외딴 섬에서 휘파람을 불었다. 개천이나 해안가에서 노를 저으며 낚시하고 눈과 귀의 지각들을 경시하였으며 마음의 인식을 포기하였다. 그가 마침내 고요에서 크게 경험하고 그가 찾던 것을 찾았을 때까지 계속하였다. 그는 이 방법을 20년 동안 사용하였으며, 마침내 그것에 대해 크게 깨달았

---

32) 黃宗羲, 『明儒學案』, 권5, 10a, "疑者覺悟之機也, 一番覺悟, 一番長進."
33) 黃宗羲, 『明儒學案』, 권5, 13a, "疑者進道之萌芽也."
34) 黃宗羲, 『明儒學案』, 권5, 16b, "人具七尺之軀, 除了此心此理便無可貴, 渾是一包膿血裹一大塊骨頭, 饑能食, 渴能飲, 能著衣服, 能行淫欲, 貧賤而思富貴, 富貴而貪權勢, 忿而爭, 憂而悲, 窮則濫, 樂則淫, 凡百所爲一信血氣, 老死而後已, 則命之曰禽獸可也."

다. 이것은 선禪과 무관하다. 여러 사람들이 그가 선禪을 가르친다고 비난하였고, 호거인은 그를 불교도라고 부르며 비아냥거렸다.[35)

진헌장 또한 자신의 깨달음에 대하여 말하였다. 그의 스승 오여필은 그를 옛 현인들의 저서로 이끌었지만 거기에서 그는 참된 가르침을 찾지 못하였다. 뒤에 그는 집으로 돌아와서 여러 해 동안 스스로 책에서 도를 찾고자 노력하였다. 먹고 자는 것을 잊을 정도로 공부했음에도 불구하고 그는 찾고자 하는 것을 찾지 못하였다. 결국 깨달음은 자기 자신으로부터 왔다. 그는 다음과 같이 말한다.

예전에 나는 이 마음과 이 리가 일치하는 곳을 찾을 수 없었다. 이에 리의 번잡함을 버리고 내 몸의 간략함에서 찾게 되었다. 오랫동안 정좌한 뒤에 나는 이 마음의 본체가 은연중에 드러나서 항상 사물에 있는 듯함을 볼 수 있었다. 일상생활 가운데에 사물이 응대해 와서 내가 하고자 하는 바를 따르는 것이, 마치 말이 재갈과 고삐에 의해 내 마음대로 부려지는 것과 같았다. 사물의 리를 체인하여 성인의 가르침에 비추어 보니, 각기 그 근본과 내력이 있는 것이 마치 물에 근원이 있는 것과 같았다. 이에 나는 크게 자신감을 얻어서 말하였다. "성인의 공덕을 만드는 것도 모두 내 몸에 있구나!"[36)

진헌장은 정좌를 가르쳐 제자들을 불교의 가르침으로 이끌었다는 비난을 받았다. 이에 그는 공자의 가르침 가운데 가장 중한 것이 무욕이며, 이것에 도달하기 위하여 사람은 고요와 비움 및 올바른 행동을 필요로 하는데, 이것을 학교에서 가르친 것이라고 설명하였다. 그는 정좌와 불교의 참선이 몇 가지

---

35) 黃宗羲, 『明儒學案』, 권5, 3a.
36) 黃宗羲, 『明儒學案』, 권5, 3a, "吾此心與此理未有湊泊脗合處也, 於是舍彼之繁, 求吾之約, 惟在靜坐久之, 然後見吾此心之體隱然呈露, 常若有物, 日間種種應酬, 隨吾所欲如馬之御銜勒也, 體認物理, 稽諸聖訓, 各有頭緒來歷如水之有源委也, 於是渙然自信, 曰作聖之功其在此乎."

유사한 점이 있는 것은 사실이라고 인정한다. 불교도들은 참선할 때 고요하게 열정을 없애고 앉아서 숨을 고르고 관조할 것을 가르치는데, 그가 정좌를 할 때에도 역시 이것을 한다는 것이다.[37] 그러나 그에 따르면 둘 사이에는 여전히 근본적인 차이가 있으며, 거기에서 비롯하여 참선과 정좌는 하늘만큼이나 커다란 차이를 가질 수밖에 없다고 한다.[38]

진헌장은 정좌를 통한 수양의 선구자로 주돈이를 들었다. 또한 그는 정이가 깊은 생각에 빠져드는 제자들에게 매번 자신의 가르침을 잘 이해하였다고 칭찬하였다고 말했다. 정이의 제자들은 이 방법을 유지하였는데, 특히 나종언과 이동에게서 그러한 면모를 볼 수 있다는 것이다. 그는 또 주희가 사람들로 하여금 참선에 빠지지 않도록 하기 위해 단지 격물치지만을 말하고 고요에 대해서는 거의 말하지 않았지만, 그런 중에도 개별 사람들은 모두 자기 자신을 잘 간직해야만 하며 고요는 도에 이르는 통로를 만들어 줄 수 있다고 말했다고 한다. 주희는 특히 천성적으로 매우 잘 흥분하는 사람에 대해서는 정좌가 마치 고통에 대한 진통제와 같다고까지 말했다는 것이다.[39]

그런데 다음에 인용된 진헌장의 견해를 보면, 정좌는 세계창조에 동참하기 위한 전제인 것처럼 보이기도 한다.

> 학문이라는 것은 '스스로 그러함'을 종지로 삼고 '나를 잊음'을 대본으로 삼으며 '욕망을 없앰'을 지극함으로 삼아야 한다. 그런 후에 천지를 보면, 해가 밝고 달이 어두운 것, 산이 솟아 있고 물이 흐르는 것, 사시가 운행하고 만물이 화생하는 근거가 모두 나의 지극한 곳에 있지 않음이 없다.[40]

---

37) 黃宗羲, 『明儒學案』, 권5, 5a.

38) 黃宗羲, 『明儒學案』, 권5, 9b.

39) 黃宗羲, 『明儒學案』, 권5, 7a.

40) 孫奇逢, 『理學宗傳』, 권20, 31a, "學以自然爲宗, 以忘己爲大, 以無欲爲至, 其觀於天地, 日月晦明, 山川流峙, 四序所以運行, 萬物所以化生, 無非在我之極."

만물의 화생, 사시의 운행 등으로 표현되는 세계의 생성과 끊임없는 변화에 참여하려면, 사람은 정좌를 통해 인위를 버리고 스스로를 망각하여 통달한 상태에 있어야 한다.

종태鍾泰는 진헌장을 왕수인의 선구자라고 하였다.[41] 또 다케지로는 진헌장이 왕수인에 이르지는 못하였지만 유사한 면을 지니고 있으며, 불교와는 단지 외적인 유사성만이 있을 정도라고 하였다.[42]

3. 담약수

진헌장에게서 큰 영향을 받아서 과격한 관념주의적 성향을 보인 제자로는 광동성 증성 출신의 담약수湛若水(1466~1560)가 있다. 담약수는 자가 원명元明이고 호는 감천甘泉이다. 그는 1492년에 거인이 된 이후에 1505년에 비로소 진사에 차석으로 급제하였으며 이후 한림원에 임명되었다. 그는 한림원편수로 있을 때 이부에서 가르치고 있었던 왕수인에 대하여 들었다.[43] 후에 담약수는 왕수인과 우호적인 서신들을 교환하였다. 왕수인과 마찬가지로 담약수는 관리로서의 권위를 갖추고 있었다. 그는 예부시랑으로서 유학의 장려를 위하여 수많은 상소를 썼다. 그는 1522년에 첫 번째로 궁정에 임명되었다. 뒤이어 그는 예부상서·이부상서·병부상서를 역임하였다. 담약수는 94세의 나이로 죽었는데, 그가 죽을 때 큰 유성이 떨어졌다고 한다.

담약수는 가는 곳마다 학교를 설립하였고 거의 매일 제자들을 직접 가르쳤다. 그의 제자들은 나라 전체에 퍼져 있었으며 많은 학자들이 그의 수업을 들었다.

---

41) 鍾泰, 『中國哲學史』, 권2, 88.
42) 高瀬武次郎, 趙蘭坪 中譯, 『中國哲學史』 3권, 150.
43) 『明史』, 권283, 6a.

그는 가르칠 때에 항상 바르게 앉아서 먼저 말을 시작하기 전에 자신의 마음을 살폈다.[44] 봄이면 그는 스스로 들에 나가서 농사를 지었다. 가난한 사람들이 죽었을 때에는 묏자리를 사 주었다. 그 밖에도 그는 제사에 필요한 작물을 경작하기 위하여 토지를 매입하였고, 사사로이 설립된 사원들을 폐쇄하고 승려와 비구니들을 일상으로 돌아가도록 하였다. 그에 대한 존경으로 많은 사람들이 후에 자식을 담湛이라고 불렀다.

담약수는 스승 진헌장의 저서를 출간하였으며 그를 위한 사당과 학교를 지었다. 그 자신의 저서 또한 매우 방대하여 수백 권에 이른다. 경전의 주석 이외에도 그는 『준도록遵道錄』 8권을 저술하여 정호를 옹호하였고, 『양자절충楊子折衷』 6권을 지어 육구연의 제자 양간을 비판하였으며, 『초어樵語』, 『감천신론甘泉新論』(1권), 『감천명론甘泉明論』(10권), 『격물통格物通』(100권), 『심성도설心性圖說』 등을 저술하였다. 『심성도설』은 마음과 성을 그림으로 설명한 것이다. 거기에서 그는 세계 또는 우주를 나타내는 큰 원 안에 감정과 덕을 포함하는 작은 원으로 마음을 표현하고 있다.[45] 그는 「태극도」를 본보기로 삼았다. 문집으로는 『감천집甘泉集』이 전한다.[46]

왕수인의 학설과 담약수의 학설은 전자가 직관적인 지의 수양에 중점을 둔 반면에 후자가 천리를 인식하는 데에 중점을 두었다는 점에서 차이가 난다. 담약수의 제자들은 직관지 대신에 천리를 강조하였으며, 천리의 인식을 직관지의 생성과 동등하게 설정하였다. 그와는 달리 왕수인은 천리의 인식은 어느 정도 외적인 것이며 같은 결과로 인도하지 않는다고 주장하였다. 또 왕수인은 그의 격물설에서 '격格'이란 '바르게 한다'는 의미이고 '물物'이란 '생각과 같다고 하여 '격물'의 뜻을 '생각을 바로 세움'으로 풀이하였지만, 담약수는 '격물'이라는

---

44) 孫奇逢, 『理學宗傳』, 권20, 36b.
45) 黃宗羲, 『明儒學案』, 권37, 3b에 실려 있다.
46) 鍾泰, 『中國哲學史』, 권2, 98.

것은 학업과 비판이 없이 마음공부로만 성립될 수 있는 것이 아니라고 비판하였다.[47) 그러나 이와 같은 논쟁들에도 불구하고 두 철학자는 오랫동안 서신을 교류하며 친교를 다졌다.[48)

담약수는 천리가 모든 사람에게 있다고 가르쳤다. 그것을 인식하지 못하는 사람은 먼저 그의 마음을 수행해야 하며, 이로써 천리를 밝혀서 모든 장애와 어두움으로부터 자유로워져야 한다고 한다. 그러면 그 사람은 비로소 자신을 보존하게 되며, 이로써 모든 인간이 요순이 될 수 있다는 것이다.[49)

사람이 도를 인식하고자 한다면, 그는 오직 하늘의 리를 궁구하는 데에만 철저해야 한다. 일반적으로 생에서 사랑하고 평가해야 하는 모든 것을 버려야만 한다. 단지 이익에 대한 기호를 포기해야 할 뿐만 아니라 또한 명예에 대한 욕구도 제거해야 하며, 단지 사사로운 욕구를 포기해야 할 뿐만 아니라 또한 사사로운 견해도 버려야 한다. 그러면 비로소 인식에 이를 수 있다.[50)

천리야말로 일대 핵심처이다. 모든 성현들이 평생토록 매진한 것은 다만 이 일대사일 뿐, 그 밖의 다른 일은 없다. 뜻을 세운다는 것은 다만 여기에다 뜻을 두는 것일 뿐이니, 이 공부를 체인하여 천리를 구하는 것이요 오염된 마음(習心)을 없애어 천리를 해치는 것을 제거하는 것이다. 마음은 단지 하나의 좋은 마음이어서 본래 천리가 완전하고 완전하니, 밖에서 구하기를 기다리지 않는다. 그저 사람이 뜻을 세웠는가, 그렇지 못한가를 살필 뿐이다.[51)

---

47) 黃宗羲, 『明儒學案』, 권37, 1b.
48) 謝无量, 『中國哲學史』 6권, 13a.
49) 黃宗羲, 『明儒學案』, 권37, 18b.
50) 孫奇逢, 『理學宗傳』, 권20, 38b, "欲知道者請于體認天理上用功凡平生一切好樂一齊掃盡非但去好利之心盡去好名之心非但去私欲之心盡去私見之心乃可人也."
51) 黃宗羲, 『明儒學案』, 권20, 16a, "天理是一大頭腦, 千聖千賢共此頭腦, 終日終身只是此一大事, 更無別事. 立志者, 志乎此而已, 體認是工夫以求得乎此者, 煎銷習心以去其害此者. 心只是一個好心, 本來天理完完全全, 不待外求, 顧人立志與否耳."

사람은 마음이 평정을 이루고 의지를 올바르게 세우고 있으면 자기 앞의 천리를 명백하게 보게 된다. 천리는 형태와 형체가 없으며 단지 허와 밝음이며 마음으로 이해된다.[52]

천리 또는 세계정신은 내 고유의 마음이며, 그것을 표현하기 위해 일반적으로 '마음'이라는 표현을 사용한다.

마음에는 하나의 사물도 없으므로 호연하며, 하나의 사물이 없어서 형체가 아니므로 없으므로 호연하다. 그러므로 하나의 사물이 없다는 것과 하나의 사물이 없어서 형체가 없다는 것을 아는 사람이라면 함께 성에 대해 말할 수 있다.[53]

나는 항상 사물이 없는 이전 상태의 내 마음을 본다. 이것은 밝게 비어 있으며, 환하여 영명하다. 비어 있음은 마음이 생겨나는 까닭이며, 영명함은 마음이 신이 되는 까닭이다. 나는 항상 사물이 있고 난 후의 나의 마음을 본다. 이것은 통하지 않아서 막혀 있으며 컴컴하여 어둡다. 막힘은 마음이 죽게 되는 까닭이며, 어두움은 마음을 사물이 되는 까닭이다. 비어 있음과 영명함은 밖에서부터 나오는 것이 아니라 그 본체이고, 막힘과 어두움은 안에서부터 나가는 것이 아니라 오히려 그것을 가리고자 하는 것이다.[54]

마음의 본체는 이에 따르면 순수하게 정신적이다. 욕구와 정을 통해 마음은 어두워지고 혼란하게 되며 가려진다. 정과 욕구는 방해·막힘·가림으로 인도하며, 이로부터 마음이 물질적인 사물로 생겨난다. 장재는 물질을 순수하게 기계적인

---

52) 黃宗羲, 『明儒學案』, 권20, 19b.

53) 孫奇逢, 『理學宗傳』, 권20, 38a, "心無一物, 則浩然, 無一物不體, 則浩然, 是故知無一物與無一物不體者, 斯可與語性矣."

54) 黃宗羲, 『明儒學案』, 권37, 4a, "吾常觀吾心於無物之先矣, 洞然而虛, 昭然而靈, 虛者心之所以生也, 靈者心之所以神也, 吾常觀吾心於有物之後矣, 窒然而塞, 憒然而昏, 塞者心之所以死也, 昏者心之所以物也, 其虛焉靈焉非由外來也, 其本體也, 其塞焉昏焉非由内往也, 欲蔽之也."

방식으로 신기의 응축을 통하여 생겨난다고 했지만, 담약수는 사물이 순수하게 정신적인 과정에서 생겨나게 된다고 설명하였다.

일반적으로 많은 사람들이 구분하는 것처럼 인간의 마음과 성 사이의 차이를 담약수는 고려하지 않았다. 그는 다음과 같이 말하였다.

성은 마음이 생존하는 리이다. 마음과 성은 둘이 아니다.[55]

성은 천지와 만물의 하나의 본체이다. 전체 우주는 같은 기로 이루어져 있으며, 그 기는 마음이다.[56]

그러므로 우주 전체가 실제로는 물질로 이루어진 것이 아니라 마음 즉 천리, 세계정신으로 이루어져 있으며, 천리는 동시에 사람의 마음이다. 담약수는 본래 인식론적인 관념주의자보다 더 과격한 유심론자이다. 그는 사유로서의 세계에 대해서는 아예 알려고 하지 않기 때문이다.

담약수는 인간의 마음을 작은 공간과 큰 공간으로 구분하는데, 이것은 서양의 대우주와 소우주의 개념과 유사하다.

작은 공간이란 무엇인가? 마음이 꿰뚫지 못하는 곳이 없음을 말한다. 큰 공간이란 무엇인가? 마음이 모든 것을 덮어 버림을 말한다. 덮음과 꿰뚫음은 실로 다른 것이 아니다. 그러므로 심은 천지만물의 밖을 덮으면서 동시에 그 안을 꿰뚫는다. 안과 밖이 서로 다른 것이 아니기에 천지는 안팎이 없고 마음 또한 안팎이 없다. 극언하면 이와 같을 따름이다. 그러므로 본심을 안으로 삼고 마음이 빚어낸 천지만물을 밖으로 삼는 것은 심을 작게 만든 잘못이 심하지 않은가?[57]

---

55) 黃宗羲, 『明儒學案』, 권37, 2b, "性也者心之生理也, 心性非二也."
56) 黃宗羲, 『明儒學案』, 권37, 2b, "性者天地萬物一體者也, 渾然宇宙其氣同也, 心也."
57) 黃宗羲, 『明儒學案』, 권37, 2b, "曰, 何以小圈, 曰心, 無所不貫也, 何以大圈, 曰心, 無所不包

이에 따르면 세계는 우리의 마음이며, 그러므로 마음은 우리에게 보이는 것처럼 그렇게 작은 것이 아니고 세계는 그다지 큰 것이 아니다. 여기서 대우주와 소우주 사이의 외형적인 크기의 차이는 지양되었다.

담약수의 확신에 따르면 세상에는 단지 하나의 마음이 있으며 결코 또 다른 마음이 있었던 적이 없고, 또한 결코 다른 마음이 있을 수 없다. 각각의 인간은 모두 마음을 가지고 있으며, 이것은 세계정신과 같다.

길거리를 다니는 보통사람의 마음이 우의 마음이고, 우의 마음이 또한 요순의 마음이다. 모두 이 하나의 마음일 뿐 두 마음이 없으니, 대개 천지는 하나일 따름이다. 『예기』에서 이르기를 사람은 곧 천지의 마음이라 하였으니, 천지와 고금과 우주 안에서는 다만 이 하나의 마음을 함께할 뿐이다. 어찌 둘이 있을 수 있겠는가? 지금 막 배우는 사람과 성인이 모두 이 마음을 가지고 있으며 모두 이 하나의 천리를 가지고 있다. 비록 강제로 없애고자 해도 또한 그럴 수 없다.[58]

담약수의 관점은 제자 충沖에 의하여 간략하게 설명되었다. 그에 따르면, 천리는 항상 드러나지만 인간이 밖으로 향하게 되면 천리를 인식할 수 없다. 따라서 인간은 자기 자신에게로 돌아가야 한다. 그는 다음과 같이 말한다.

천지의 마음이 나의 마음이다. 낳고 낳아서 그침이 없는 그 사이에 사사로운 의도가 조금도 섞이지 않다면, 이것은 내가 없는 것이며, 천지만물이 모두 일체임을 알 수 있다. 얼마나 광대하고 고명한가![59]

也, 包與貫實非二也, 故心也者包乎天地萬物之外, 而貫夫天地萬物之中者也, 中外非二也, 天地無内外, 心亦無内外, 極言之耳矣. 故謂内爲本心, 而外天地萬物以爲心者, 小之爲心也甚矣."

58) 黃宗羲, 『明儒學案』, 권37, 18b, "故途之人之心即禹之心, 禹之心即堯舜之心. 總是一心, 更無二心, 蓋天地一而已矣, 記云人者天地之心也, 天地古今宇宙内只同此一個心, 豈有二乎, 初學之與聖人同此心, 同此一個天理, 雖欲强無之, 又不得有."

59) 黃宗羲, 『明儒學案』, 권37, 25a, "天地之心, 即我之心. 生生不已, 便無一毫私意衆雜其間, 此便是無我, 便見於天地萬物共是一體, 何等廣大高明."

담약수는 제자의 모든 말에 동조하였다.

담약수와 왕수인 사이의 세계관 차이는 담약수가 왕수인에게 보낸 한 편지에서 나타난다. 거기에는 다음과 같이 쓰여 있다.

격물의 뜻에서, 그대가 '물'자를 '마음'으로 풀이한 것은 다만 사람들이 마음을 버린 채 바깥에서 구할까 염려했기 때문일 것이다. 그러나 생각하건대, 사람의 마음은 이미 천지만물과 일체이다. 마음이 사물을 남김없이 체인하여 심체의 광대함을 깨닫게 된다면 사물 또한 마음 바깥에 있을 수 없다. 그러므로 격물은 바깥에 있는 것이 아니다. 격물하고 치지하는 것 또한 마음 바깥에 있는 것이 아니다. 아, 물을 마음으로 삼는 뜻에 집착한다면 오히려 마음 바깥에 사물이 있게 되는 잘못을 면하지 못할까 두렵다.[60]

담약수가 이해하는 왕수인의 견해에 따르면, 사물은 마음의 의지를 통해 생성되므로 곧 사물은 사람의 의지이다. 이를 통해 사물은 마음과 자체적으로 다른 것이라는 일종의 이원론이 생겨난다. 의지와 상상이 만든 사물은 마음에서 나오는 것으로서 사물 자체가 아니기 때문이다. 그러므로 담약수는 의지를 중요하게 여기지 않으며, 사물을 마음의 본체 또는 마음의 기로 간주한다. 다음 담약수의 말이 그와 모순되지 않음을 알 수 있다.

사물은 나의 직관적인 지이며 특별한 능력이다. 밖에서 찾을 필요가 없다.[61]

직관적인 인식 즉 양지良知는 담약수의 제자들조차 그것을 단순히 천리 또는

---

60) 黃宗羲, 『明儒學案』, 권37, 4b, "格物之義, 以物爲心意之所着, 兄意只恐人舍心求之於外, 故有是說. 不肯則以爲人心與天地萬物爲體, 心體物而不遺, 認得心體廣大, 則物不能外矣, 故格物非在外也, 格之致之, 心又非在外也. 於物若以爲心意之著見, 恐不免有外物之疾."
61) 黃宗羲, 『明儒學案』, 권37, 14b, "物也乃吾之良知良能也, 不假外求也."

세계정신과 그것을 동등하게 설정하였던 것처럼 특별한 사유의 과정이 아니라 마음의 상태이며 능력이다.

인간과 동물 그리고 만물과 함께 세상이 멸망한다고 해도 마음은 영원히 보존된다. 왜냐하면 이것은 단지 시간적으로 한정된 그리고 다시 다른 것을 통해 대체되는 기와 같은 형태의 마음이기 때문이다.[62]

직관적인 인식은 담약수에게서 그다지 중요한 것이 아니었기 때문에 그는 왕수인에 비해 훨씬 더 학업을 중요하게 여겼다. 담약수는 그럼에도 불구하고 사람이 독서로 인해 자유로운 사야가 막혀서는 안 된다고 경고한다. 그런 경우에는 최고의 리가 인식될 수 없기 때문이다. 그는 다음과 같이 말하였다.

지혜로운 사람들은 마음을 지나치게 사용하고 어리석은 사람들은 마음을 아예 사용하지 않는다. 지나치게 사용하거나 아예 사용하지 않으면 그 마음이 도와 함께할 수 없다. 그러므로 반드시 마음을 사용하면서도 사용하지 않는 계기가 있으니, 오직 천지자연의 본체에 맡겨서 잊지도 않고 조장하지도 않게 된 연후에야 오직 이 도가 크고 완전하게 될 수 있다.[63]

담약수는 윤리에서 수오지심羞惡之心이 모든 덕의 기반이라고 하는 견해를 가지고 있었다. 그에 따르면 사람은 혼자 있을 때조차도 귀신 앞에서 부끄러워하지 않을 수 있도록 처신해야만 한다. 수오지심의 자기심화를 통해서 사람은 덕을 갖추게 된다. 그러한 마음으로 부모를 대하면 효도할 수 있고 군주에게는 충성할 수 있다. 수오지심이 없으면 인의예지도 있을 수 없다.[64]

---

62) 黃宗羲, 『明儒學案』, 권37, 5b.
63) 孫奇逢, 『理學宗傳』, 권20, 39a, "賢智過用其心者也, 愚不肖不用其心者也, 過用與不用其心之不足與道, 故必有用而不用之機, 賭天地自然之體, 勿忘勿助, 然後可以獨得斯道之大全矣."
64) 孫奇逢, 『理學宗傳』, 권20, 38a.

4. 호직

호직胡直(1517~1585)은 자가 정보正甫이고 호는 여산廬山이다. 강서성 태화泰和에서 성장하였다. 그는 어렸을 때 옛 문헌을 즐겨 읽었으며 25살 때 구양덕歐陽德의 제자가 되었다. 호직은 악을 매우 중오하였는데, 구양덕은 악이라는 것도 본래는 선으로서 다만 그 선이 손실된 후에 본래적인 것을 회복하지 못한 것이라고 가르쳤다. 29살 때 호직은 나홍선羅洪先에게 배웠으며, 그를 통하여 정좌하는 법을 익혔다. 호직은 1556년에 진사가 되었으며, 이후 호광湖廣에서 학교장이 되었다가 복건성의 안찰사로 관직생활을 마쳤다.[65]

호직의 저서에는 『형제衡齊』·『형려정사장고衡廬精舍藏稿』·『곤학기困學記』가 있다.[66] 그는 제자들에게 마음의 수양에 이르는 것만 가르치고 우주의 인식에 이르는 것은 가르치지 않았다. 이것은 그가 육구연과 유사한 과격한 관념주의자였으며, 비록 왕수인의 학설 및 그 전개방식에 동의하지는 않았다고 하더라도 그와 근사한 학설을 지니고 있었기 때문인 것으로 보인다. 호직은 철학적인 기술방식에 대하여 대부분의 중국 사람들보다 잘 알고 있었다. 그는 이론을 논리적으로 기초하며 현실적으로 사유하는 유학자들, 즉 반대파의 견해에 대응하는 방법을 알고 있었다. 그의 사유는 세계원칙이 사물 또는 인간의 마음에 들어 있는지, 또 세계는 객관적 실존을 가진 것인지 아니면 마음에 의해 생성된 것인지에 관한 문제에 큰 비중을 두고 있다.

그는 현실주의자들의 견해에 반대하여 다음과 같이 썼다.

세간의 유학자들은 만 가지 리를 실재로 삼아서, 천지는 실제로 천지이고 만물은 실제로 만물이며 군신과 부자 또한 모두 그러하다고 본다. 그것이 오직 실재인

---

65) 黃宗羲, 『明儒學案』, 권22, 1~2쪽.
66) 鍾泰, 『中國哲學史』, 권2, 107.

이상, 천하는 결코 환상일 수 없다는 것이다. 그들은 만약 리를 마음에서 구한다면 장차 천지만물이 모두 환상이 되어 버릴 것이라고 하면서, 무가 어찌 유가 될 수 있으며 부자와 군신이 또한 어찌 있을 수 있겠느냐고 말한다.……

호자가 말하였다. "대저 만물의 참됨이 어찌 사물에 그 단서를 가지고 있겠는가? 참된 리라고 부를 수 있는 것은 단지 참된 마음뿐이다. 맹자는 만물이 모두 나에게 갖추어져 있다고 하고, 이를 이어서 내 몸에 돌이켜서 진실된 것보다 더 큰 즐거움이 없다고 하였다.67) 만약에 참된 리가 모두 사물 안에 있다면, 만물이 어찌 나와 함께할 수 있겠는가? 또한 어찌 나에게 돌이켜서 진실되게 할 수 있겠는가? 인간의 마음이 오직 참되므로 곧 천지가 참된 천지가 되고 만물이 참된 만물이 되는 것이다. 부자 사이의 사랑과 군신 사이의 의리가 마음에서 벗어날 수 없는 것이 모두 참다운 리이다. 만약 사람의 마음이 한 번 거짓되면 그는 또한 부자와 군신을 단지 헛된 것으로 볼 것이니 어찌 부자와 군신이 참된 리로 될 수 있겠으며, 천지와 만물을 꿈과 같은 것으로 볼 것이니 어찌 천지와 만물이 참된 리로 될 수 있겠는가? 진실되지 못하면 사물도 없다(不誠無物)는 말이 바로 이것이다. 그런데도 세간의 유학자들은 스스로 본래의 실다운 마음을 환영으로 간주하여68) 도리어 이리저리 살피며 사물에서 리를 구하고 바깥을 참으로 삼는다. 이른바 환영으로써 환영을 구하는 것이니, 그 환영은 끝내 궁극에 이를 수 없다."69)

---

67) 맹자가 말한 사물은 현실적인 대상이 아니라 그 개념 또는 표상으로 이해되어야 한다. 호적의 관념주의는 오히려 맹자에게는 완전히 낯선 것이었다.

68) 그러나 유학자들은 이렇게 하지 않는다. 관념주의자들은 세계를 어느 정도 실재하지 않는 것으로 여기지만 현실주의자들은 절대로 마음을 환영으로 보지 않는다. 호적은 단지 그 자신이 만들어 낸 허상의 상대와 싸우고 있는 것이다.

69) 黃宗羲, 『明儒學案』, 권22, 3a, "世儒立敎, 以萬理爲實, 天地實天地, 萬物實萬物, 君臣父子皆然, 唯其實而後天下不以幻視, 若惟求理於心, 則將幻天地萬物, 於無何有矣, 又何有於父子君臣哉.……胡子曰, 夫萬物之實豈端在物哉, 其謂實理卽實心是也, 孟子曰, 萬物皆備於我, 卽繼之曰, 反身而誠樂莫大焉, 若實理皆在於物, 則萬物奚與於我, 又奚能反身以求誠哉, 何則, 人心惟誠, 則其視天地也實天地, 視萬物也實萬物, 父子之親君臣之義不可解於心者, 皆實理也, 若人心一僞, 彼且視父子君臣浮浮然也, 烏覩父子君臣之爲實理哉, 彼其視天地萬物夢夢然也, 烏覩天地萬物之爲實理哉, 故曰不誠無物者此也, 世儒自幻視其本實之心, 而反瞿瞿焉, 索物以求理, 認外以爲實, 所謂以幻求幻, 其幻不可究竟矣."

나아가 호직은 정이를 비난하는데, 그 논리에 그다지 설득력이 있지는 않다. 단순히 정이의 주장들을 자신의 명제에 대립시키는 데 그치고 있기 때문이다.

정숙자는 "성인은 하늘을 근본으로 하고 부처는 마음을 근본으로 한다"라고 하였다. 하늘을 근본으로 하는 사람은 도의 커다란 근원이 하늘에서 나온다고 여긴다. 그러므로 하늘의 차례, 하늘의 질서, 하늘의 명, 하늘의 처벌, 하늘의 작용, 하늘의 관리가 모두 하늘에 의해 저절로 정해진다. 인간의 마음이 더하거나 덜 수 있는 것이 아니다. 성인은 그것을 근본으로 삼는다. 그러므로 만물의 리를 구하고자 하는 사람은 장차 하늘에서 나온 것에서 정해진 것을 구해야 할 것이다. 인간의 마음이 사사로이 간여할 수 없다. 그런데 저 부처는 모든 세계를 오직 마음으로 파악하여, 산과 강 및 대지를 모두 신묘하게 밝은 마음속에서 나온 것으로 본다. 이것은 오직 마음의 법이 천지를 생성하고 소멸시키는 것으로서 모든 세계와 산과 강 및 대지는 유와 무가 되기에 부족하다고 여기는 것이니, 본래 마음의 잘못이 아닌가?……

호자가 답하였다. "……하늘이 명한 성이 본래 사람의 마음에 있게 된 지 오래이다. 성인이 단지 하늘에 근본하며 인간의 마음을 버렸다면 또한 무엇이 근본이 되겠는가? 마음 바깥에 따로 하늘이 있는 것이 아니다.…… 만약에 정숙자가 말한 것처럼 하늘이 사물을 생성함에 리가 있지 않은 적이 없었다고 한다면, 인간의 마음에는 다만 리가 없다는 것인가?"[70]

호직은 정이의 견해가 옳다면 경전에 있는 모든 말들이 마음에서 벗어나야만 하며 덕과 지가 마음에 그 근원을 둔다고 하는 맹자의 주장도 틀린 것이 된다고

---

70) 黃宗羲, 『明儒學案』, 권22, 3b~4a, "程叔子言, 聖人本天, 釋氏本心, 本天者以爲道之大原出於天, 故天叙天秩天命天討天工天官咸自天定之, 非人心所得增損者也, 聖人本之, 故其求諸物理者將求出於天者以爲定也, 而人心之私不與焉, 彼釋氏三界惟心, 山河大地皆妙明心中物, 是獨以心法起滅乎天地, 視三界山河大地不足爲有無, 非本心者之誤歟……胡子曰……天命之性固已在人心久矣, 聖人本天舍人心, 又孰爲本哉, 非心之外別有天也……審如叔子之言, 則天之生物莫不有理, 而人心獨無理乎." 그러나 程頤는 마음에 리가 없다고 주장하지 않는다.

생각하였다. 또 하늘에 있는 리를 발견하고자 하는 시도는 특별한 노력을 필요로 하지만 결국에는 어떠한 결론에도 이르지 못할 것이라고 말한다. 탐구를 하면 할수록 더 멀리 하늘은 물러나게 된다는 것이다.[71] 그러나 경전이 현실적인 세계관과 일치하지 않는다고 한 호직의 결론은 올바르지 않다. 이것들은 현실에 세워진 것이지 관념적인 것 위에 건설된 것이 아니기 때문이다.

호직의 입장은 다음의 진술 속에 잘 요약되어 있다.

나는 천지만물이 내 마음의 본체라는 것을 밝게 보고는, 크게 한숨 쉬며 탄식하여 말하였다. "나는 마침내 천지만물이 바깥에 있는 것이 아님을 알겠다."[72]

이러한 생각은 후에 '연비어약' 등의 비유를 통해 다시 설명된다. 모든 관념주의 자들은 시인이며, 세계관은 철학적인 시에 나타난다. 호직은 말하였다.

솔개가 하늘로 날아오를 때 사람으로부터 보면 솔개는 위에 있지만, 사람들은 이것이 사람의 지각과 능력을 통해 위를 살핀 것임을 알지 못한다. 물고기가 물속에서 뛰놀 때 사람으로부터 보면 물고기가 아래에 있지만, 사람들은 이것이 사람의 지각과 능력을 통해 아래를 살핀 것임을 알지 못한다. 크도다, 살핌이여, 인심의 신묘한 리에 깃든 밝음과 참됨이 가려질 수 없구나! 그러므로 살핌이 없으면 리 또한 없다.……

나는 이것을 비유로 설명하고자 한다. 아직 밝은 해가 뜨기 전에는 어둡고 황량하며 천지만물이 아직 존재하지 않았다. 이미 밝은 해가 비치자 거기에는 천지만물이 줄지어 있게 되었다. 그런데 이 빛나는 해의 본체는 하늘에 있지만 그 빛과 기는 천지만물 사이에 흩어져 있으며, 인간이 그 빛과 기를 잡는 것이다. 그러므로 한 종지의 물에도 하나의 밝은 해가 있고, 한 항아리의 물에도 하나의 밝은 해가

---

71) 黃宗羲, 『明儒學案』, 권22, 4b.
72) 黃宗羲, 『明儒學案』, 권22, 13a, "洞見天地萬物皆吾心體, 喟然歎曰, 予乃知天地萬物非外也."

있으며, 하나의 연못에도 하나의 밝은 해가 있으니, 강이나 바다에는 수없이 많은 밝은 해가 있는 것이다. 그러나 해를 좇다 죽은 과보夸父에게 골짜기의 해를 찾아오라 명한다면, 그가 어찌 밝은 해의 본체가 거기에 있지 않다는 것을 알겠는가? 그대는 밝은 해의 본체가 있는 곳을 알고 있으니, 곧 리가 말미암는 곳을 아는 것이다. 그러므로 하늘은 내 마음이 높다고 여기기 때문에 덮을 수 있고, 땅은 내 마음이 두텁다고 여기기 때문에 실을 수 있으며, 해와 달은 내 마음이 밝다고 여기기 때문에 비출 수 있고, 별은 내 마음이 줄지어 있다고 여기기 때문에 찬란할 수 있는 것이다. 비와 이슬도 내 마음이 젖은 것이고, 우레와 바람도 내 마음이 엷은 것이며, 사계절도 내 마음이 운행하는 것이고, 귀신도 내 마음이 어두운 것이다. 강하가 흐르고 산악이 치솟고 금수와 초목이 번식하는 것, 불이 뜨겁고 물이 습하고 나무에 문채가 있고 돌에 맥이 있는 것도 모두 내 마음이 한 것이 아닌가? 땅강아지·개미·호랑이·이리·기러기·물수리·비둘기도 모두 내 마음에 있는 것이 아닌가? 하나의 몸에 있는 다른 구멍들, 백 가지 사물의 다른 작용이 내 마음이 아닌 것이 있는가? 그러므로 밝은 해는 천지만물을 생성하는 근원이며, 내 마음은 일월과 더불어 천지만물을 생성하는 근원이다. 오직 살핌이 중요할 뿐이다. 이것이 아니면, 또한 어둡고 거칠고 어지러워져서 일월과 천지와 만물이 사라진다. 일월과 천지와 만물이 사라지면 또한 어떻게 리라는 것을 볼 수 있겠는가? 그러므로 나는 말한다. 살핌이 없으면 리 또한 없다.[73]

---

73) 鍾泰, 『中國哲學史』, 권2, 104, "今夫鳶飛戾天, 自人視之, 鳶在上也, 而不知斯人與知與能者之上察也. 魚躍于淵, 自人視之, 魚在下也, 而不知斯人與知與能者之下察也. 大哉察乎, 其諸人心神理之昭誠之不可掩夫. 是故察之外無理也……吾請譬之, 方其未有皎日也黝墨荒忽, 未始有天地萬物也, 已而日照之, 則天地萬物列矣, 然是皎日也, 其體在天, 而其光與氣散於天地物之間, 人之執其光挹其氣者, 一盤盂, 一皎日也, 一甕盎, 一皎日也, 一淵谷, 一皎日也, 一江漢, 一河海, 有萬皎日焉, 今如有夸父焉, 逐日於谷, 彼亦惡知皎日之體不在是也, 子知皎日之體之所在, 則知理之所繇也. 是故天者, 吾心爲之高而覆也, 地者, 吾心爲之厚而載也, 日月, 吾心爲之明而照也, 星辰, 吾心爲之列而燦也, 雨露者, 吾心之潤, 雷風者, 吾心之薄, 四時者, 吾心之行, 鬼神者, 吾心之幽也, 江河山嶽鳥獸草木之流峙繁植也, 火炎水潤木文石脉, 疇非吾心也. 螻蟻虎狼鴻鴈雎鳩, 疇非吾心也. 一身而異竅, 百物而殊用, 疇非吾心也. 是故皦日者, 所以造天地萬物者也, 吾心者, 所以造日月與天地萬物者也, 其惟察乎. 匪是, 則亦黝墨荒忽, 而日月天地萬物熄矣, 日月天地萬物熄, 又惡覩夫所謂理哉, 予故曰, 察之外無理也."

마음이 사물을 생성하며 리는 지각과 같다는 호직의 견해는 불교의 학설과 완전히 일치한다. 호직 또한 이러한 일치를 인정하지만, 그는 또한 불교와 구분되는 차이를 지적한다. 호직은 불교가 사실상 세계가 마음의 바깥에 있지 않다는 것을 알지만 사물에 대하여 반대하며 단지 삶에서 자유롭고자 하여 인간의 도리를 경시한다고 한다. 그는 불교의 관념주의는 비현실성에서 끝나는 반면에, 유학자들은 그들이 존재하고 있는 세계를 벗어나지 않는다고 하였다.[74]

5. 황도주

황도주黃道周(1585~1646)는 자가 유평幼平·이약螭若이고 호는 석재石齋이다. 복건성 장포漳浦[75]에서 태어났다. 그가 어렸을 때 외떨어진 섬에 있는 돌집에 오랫동안 살았기 때문에 제자들은 그를 석재선생이라고 불렀다.[76] 그의 관리경력은 매우 변화가 많았는데, 이것은 의사표현이 매우 강직하고 엄격하여 감등과 유배가 잦았기 때문이다. 그는 9,000명의 병사와 청淸의 군대에 대항하여 전장에 나갔으나 안회성 무원婺源에서 패하여 사로잡혔으며 남경으로 끌려갔다. 그곳에서 그는 먼저 외떨어진 집에 갇혔으며 14일간의 단식투쟁을 통해 목숨을 끊으려고 하였으나 죽지 않았다. 목매달아 죽으려는 시도 또한 실패하였으며, 마침내 그는 명의 다른 충신들과 함께 공개처형되었다.[77]

황도주는 특히 『역경』을 공부하여 그에 대한 『역상정의易象正義』와 『삼역통기三易洞璣』를 저술하였고, 나아가 『태함경太函經』, 『홍범명의洪範明義』, 『춘추규春秋

---

74) 鍾泰, 『中國哲學史』, 권2, 105~106.
75) 『明史』와 Giles, *Chinese Biographical Dictionary*가 이러하다. 黃宗義, 『明儒學案』은 출생지로 福建省 鎭海衛를 적고 있다.
76) 『明史』, 권255, 30b.
77) 『明史』, 권255, 30a; 鍾泰, 『中國哲學史』, 권2, 114.

揆」, 『석재집石齋集』을 출간하였다.[78] 그의 가장 중요한 철학적 저술은 『용단문업 榕壇問業』[79] 18권이다. 이것은 1634년부터 이듬해까지 광서성 북산北山의 지산芝山 에 있는 학교에서 그가 가르친 내용들을 수록하고 있으며, 성·명·지·선에 대한 내용이 주로 담겨 있다.[80] 그의 학설은 유종주劉宗周의 그것과 비교된다. 그는 관념적인 일원론자로서 이원론에 반대하였다. 황도주는 또한 천문학과 수학에 열중하였는데, 사람들은 그가 미래를 내다보고 정치적인 사건을 예측할 수 있다고 믿었다. 그가 죽은 후에 발견된 유문들 속의 한 필사본에는 자신이 1646년에 61세의 나이로 죽게 될 것이라고 적혀 있었다고 한다.

황도주의 일원론적인 견해는 다음과 같다.

몸과 마음은 원래 두 개의 사물이 아니다.[81]

천하는 단지 하나의 사물이며 두 개의 사물이 아니다. 해와 달, 사계절, 귀신, 하늘과 땅 또한 단지 하나의 사물이며 두 개의 사물이 아니다.[82]

주희의 이원론에 따르면 제일 먼저 오직 태극이 태허에 있어서 물질을 생성한다. 이에 대해 어떤 이가 물었다.

이 몸이 태허의 공 가운데에 있다고 한다면 어떻게 자기 자신이 천지의 변화를 탐구하고 설명할 수 있겠는가? 또한 각각의 일과 각각의 물에서 개개의 태극을 찾아야만 한다면, 비록 혀가 헤지고 이가 빠져도 모든 한자를 다 배울 수 없을

---

78) 鍾泰, 『中國哲學史』, 권2, 114.
79) 『四庫全書』, 권13, 27a.
80) 『四庫全書』, 권13, 27b.
81) 黃宗羲, 『明儒學案』, 권56, 23a, "身心原無兩物."
82) 黃宗羲, 『明儒學案』, 권56, 29a, "天下只是一物, 更無兩物, 日月四時鬼神天地亦只是一物, 更無兩物."

것이다. 어떻게 모든 것을 일관하는 경지에 이를 수 있겠는가?[83]

질문자는 어떻게 무에서 인간이 생겨나고 다시 소멸될 수 있는지를 생각할 수가 없다. 그리고 이 문제를 해결하기 위해서는 그 자신이 이미 세계의 생성 이전에 거기에 있었다고 생각해야 한다고 한다. 질문자는 만약에 이원론에서 생각하는 것처럼 각 사물이 각기 특별한 태극을 가지고 있다고 한다면 사람은 결국 모든 태극들을 인식하는 데에 결코 이르지 못할 것이라고 생각한 것이다. 황도주는 이 질문에 대하여 다음과 같이 답한다.

무극과 태극을 잘 살펴보면 결국에는 공과 허로 떨어진다. 무엇에 의지하여 천지와 일월이 전도되지 않을 수 있겠는가? 모름지기 두 개의 극이 단지 하나의 조리이며, 이것이 천지를 당기고 유지하며 일월을 돌아가게 한다는 것을 믿어야 한다. 보는 것은 이것이 보는 것이며, 밝은 것은 이것이 밝은 것이다. 다른 것에 나아가 형체와 형상을 드러내고자 하고 소리와 냄새를 자세하게 인식할 필요가 없다.[84]

황도주가 하나의 세계원칙을 순수하게 정신적인 것으로 파악하였다는 것을 다음의 말에서 알 수 있다.

우리 사람은 본래 순수하고 은미한 것에서 나온 것이지 뒤섞이고 탁한 것에서 나온 것이 아니다. 본래 뒤섞이고 탁한 것에서 나왔다면 한 조각 혈육에 불과한 것에 어찌 이목의 총명함이 있겠는가? 본래 순수하고 은미한 것에서 나왔다면 태어나고 죽는 것은 자연에 맡기고 궁리와 독서에 힘써야 할 것이다.[85]

---

83) 黃宗羲, 『明儒學案』, 권56, 11a, "如此體會猶在太虛空際, 如何探討自家消息. 如要事事物物求個太極, 雖舌敝齒落, 做不得學識漢子, 如何會到一貫田地."
84) 黃宗羲, 『明儒學案』, 권56, 11a, "賢看兩極, 果落空虛, 天地日月何由不能傾倒, 須信兩極只是一條, 控持天地, 轆轤日月, 觀是此觀, 明是此明, 不須就他, 顯求形象, 細認聲香."
85) 黃宗羲, 『明儒學案』, 권56, 13b, "吾人本來, 是本精微而來, 不是本混沌而來, 如本混沌而來,

공부하면서 사람은 먼저 원문을 이해해야 하며, 그 후에는 용감한 사람이
되어야만 한다. 모든 사람은 각기 성인과 현인이 될 수 있는 자질을 갖추고
있다. 모두 생각할 수 있으며, 학습을 통해 사유하는 능력을 키움으로써 선한
자질을 완성할 수 있다. 공부하는 것은 우물을 파는 것과 같아서, 좋은 물을
발견하기가 쉽지 않다.[86]

황도주는 인간의 성과 정신 사이를 날카롭게 구분하며, 하늘과 해의 관계가
인간의 성과 정신의 관계와 같다고 주장한다. 바람·비·구름·천둥은 해 곁의
사물이며, 이것들은 스스로 존재하지 않는다. 생각·앎·사물·고통들은 정신
곁의 사물이며, 이것들 또한 스스로 존재하지 않는다. 정신은 그러므로 그것의
표현과 구분된다.[87]

의지·인식·감정·욕구는 만물에 연관된 정령이지 성에 있는 영명한 밝음이 아
니라는 것을 반드시 깨달아야만 한다.[88]

인간이 정신과 신체를 가지고 있는 것과 마찬가지로 명은 또한 리와 기로
이루어져 있다고 한다. 리와 기는 함께 인간에게 부여되며, 그 후에 이로부터
인간의 명이 전개된다. 인간이 명에 순응하면 잘 지낼 수 있지만, 인간이 명에
순응하지 않으면 잘 지낼 수 없다.[89] 황도주는 명을 측정하고 무게를 잴 수
있는 실체라고 여기는 많은 철학자들의 견해에 반대한다. 또한 거기에서 감각을
초월한 것을 본다. 그는 다음과 같이 말한다.

只是一塊血肉, 豈有聰明官竅, 如本精微而來, 任是死去生還, 也要窮理讀書."
86) 黃宗羲, 『明儒學案』, 권56, 18a.
87) 黃宗羲, 『明儒學案』, 권56, 23b.
88) 黃宗羲, 『明儒學案』, 권56, 23a, "要曉得, 意識情欲俱是物上精魄, 不是性地靈光也."
89) 黃宗羲, 『明儒學案』, 권56, 19b.

명 가운데에는 하나의 사물도 없으니, 본래 스스로 충분하다. 애초에 텅 빔과 번성함이 없다고 말할 수 있다. 텅 빔과 번성함이 없기 때문에 또한 얻고 잃음이 없으며, 얻고 잃음이 없기 때문에 또한 기억할 것도 망각할 것도 없다. 단지 청허하고 담박하면 명과 더불어 친교하게 되고, 헤아리고 경영하면 재화와 더불어 친교하게 될 뿐이다. 세상 사람들이 모두 득실의 한 방면으로만 명을 말하는 것은 번성함이 있고 기억함이 있는 것이니, 기수가 있어 인간사에 차이가 발생한다. 철인들이 모두 청허의 한 방면으로만 명을 말하는 것은 번성함이 없고 기억함이 없는 것이니, 득실과 시비에 대한 염려가 없다. 해가 지면 달이 뜨는 것, 추위가 가면 더위가 오는 것, 밝음이 옮겨 가서 한 해가 이루어지는 것, 이것이 곧 하늘의 명이 드러나는 것이다.[90]

---

90) 黃宗羲,『明儒學案』, 권56, 18b, "命中不著一物, 本來自足. 初無空殖可言, 無空殖故無得失, 無得失故無億無忘. 只是淸虛淡薄則與命較親, 卜度經營則與貨較親耳. 世人言命都在得失一邊, 所以有殖有億, 有氣數人事之差, 哲人言命在淸虛一邊, 所以無殖無億, 無得失當否之慮. 日往月來, 寒往暑來, 明推崴成, 此即見天之命."

제5장 양명학파

1. 왕수인

1) 생애와 저술

왕수인王守仁(1472~1528)은 자가 백안伯安이고 호는 양명陽明이다. 그는 주희 이후의 가장 위대한 철학자이며 명대의 가장 중요한 철학자이다. 그의 조상은 대대로 관리와 학자를 하였으며 절강성 여요餘姚의 월성越城에서 살았다. 왕수인은 후에 월성 양명동에 집을 짓고 살면서 스스로를 양명자라 불렀고, 사람들도 그를 양명선생이라 불렀다.[1]

왕수인의 아버지 왕화王華는 진사시험에서 장원급제하였고 후에 벼슬이 이부 상서에까지 이르렀다. 어린 시절 왕수인은 비록 말문은 늦게 트였지만 기억력이 탁월하여 할아버지가 읽어 준 책의 내용을 곧잘 외웠다. 10살에는 주어진 주제에 대한 시를 지을 수 있었으며, 14살에는 승마와 활쏘기를 배웠다. 어린 나이에도 불구하고 그는 사람들에게 적에 대항하여 어떻게 방어해야 하는지를 물었다고 하며, 어려운 시대적 상황에 대하여 황제에게 상소를 올리고자 했다가 아버지에 의하여 저지당한 일도 있었다.

왕수인은 16세에 결혼하였지만 이것이 그의 학업을 방해하지는 않았다. 그는

---

1) 王守仁의 생애에 대한 설명에서 나는 T. H. Henke, *The Philosophy of Wang Yang-ming* (1916)에 번역된 전서의 전기를 따른다.

많은 양의 종이를 소모하며 열심히 글을 썼다. 그는 17세 때 주희의 격물론에 대하여 토의하였다.[2] 이후 여러 해 동안 불교와 도가의 학설에 몰두하였지만 거기에서 만족을 얻지 못하였다. 불교와 도가의 사원에서 이루어지는 수행을 배우기 위해 그는 양자강 중류에 있는 구화산을 찾기도 하였다.[3]

왕수인은 21세에 진사시험에 낙방하였다. 이듬해에 두 번째 시도를 하였지만 그때에도 성공하지 못하였다. 그 후 1497년에 그는 국경지방의 전장을 찾아서 병법을 공부하였고, 북경에서 한 해를 보냈다. 1499년에 진사시험에 합격하였으며 공부주사에 임용되어 죽은 고관의 무덤을 건설하였는데, 거기에서 그는 노동자들을 병사로 훈련시켰다. 죽은 사람의 가족들은 그의 검을 왕수인에게 감사의 선물로 주었다.

1501년에 왕수인은 지방관으로 임용되었으며, 관직을 수행하다가 늙은 아버지를 봉양하기 위하여 사직하였다. 이후 그는 도교를 완전히 버리고 친구 담약수와 함께 유학 공부에 전념하였다. 담약수가 진헌장의 제자였기 때문에 왕수인 또한 진헌장의 학파와 관계를 맺게 되었다.

왕수인은 1506년에 무고를 당한 관리들을 옹호하다가 당대의 권력자였던 간신 유근劉僅의 원한을 사게 되었다. 유근이 꾸민 흉모로 인하여 왕수인은 곤장 40대를 맞고 감옥에 갇혔다가 귀주貴州의 역승驛丞으로 좌천당하였다. 유근은 왕수인이 추방되어 가는 도중에 그를 살해하려 하였으나 실패하였다. 왕수인은 귀주에서 열병에 자주 걸렸으며 자주 죽음의 위기에 처하였지만 모두 극복하였다. 그는 부임하는 동안에 토착민들을 가르쳤는데, 이에 사람들은 감사의 뜻으로 그에게 집을 지어 주었다.

귀주에서 왕수인은 성인이 만약 자신과 같은 상황에 처한다면 과연 어떻게

---

2) 『明史』, 권195, 10b.
3) Hackmann, *Chinesiche Philosophie*, 258.

처신할 것인지에 대하여 깊이 생각하였다. 어느 날 밤 그에게 커다란 깨달음이 왔다. 그는 『대학』의 격물 조목에 대하여 이해하게 되었다고 믿고 매우 흥분하여 소리쳤다. "성인의 도는 나의 성에 구비되어 있다. 사물에서 리를 찾고자 하는 것은 잘못되었다." 그는 자리에서 일어나 방안을 오가며 기쁘게 춤을 추었다. 그 후 그는 오경을 철저하게 공부하였으며, 오경의 여러 곳에서 자신의 견해를 증명하는 곳을 발견하였다. 그리고 오경을 주해함으로써 그것을 증명하고자 하였다.

1509년에 왕수인은 귀주의 학교에 초빙되었다가 그 이듬해에 북경에서 관직을 받았고, 1513년에는 예부상서로 임명되었다. 그 당시에 그는 제자들과 비로소 직관적인 인식에 대하여 말하고 있었다. 1516년에 그는 강서의 지사가 되어 강도와 도적을 소탕하였다. 1519년에는 반란을 일으킨 영왕 주신호朱宸濠의 군대를 토벌하고 남창에서 그를 사로잡았다.

왕수인은 이러한 군사적인 승리들에 힘입어 정적들의 모함에도 불구하고 1552년에 병부상서로 임명되었다. 또한 두 번의 사양을 하였음에도 불구하고 세종世宗은 그를 신건백新建伯으로 봉하였다. 그의 급여는 일 년에 천 섬의 쌀로 정해졌다. 부인을 포함하여 그의 조상 3대가 시호를 받았으며, 그의 후손에게도 작위가 주어졌다.

그러나 왕수인의 학설은 이단으로 고발되었다. 진사시험의 시제로 왕수인의 학설에 대적하기 위한 것이 주어졌으며, 왕수인의 제자들은 과거에 급제하지 못하게 되었다. 왕수인은 이에 대하여, 자신의 학설이 이러한 방식으로 나라 전체에 알려졌으니 만약에 정말로 그릇된 것이라면 누군가 나타나 그것을 증명하게 되지 않겠느냐고 하였다. 그의 학파는 양명학파, 여요餘姚학파, 요강姚江학파 등으로 불렸다. 처음 왕수인에게는 소수의 제자들만이 고향에 있었지만 후에 그 수가 매우 증가하였다. 그리하여 명대 말경에는 그의 제자들이 나라 전체에 퍼졌으며 다양한 분파가 생겨났다. 어떤 분파에서는 급작스런 깨달음만을 중요하게 생각하여 개인의 교육을 돌보지 않았다. 다른 분파에서는 단지 정좌에만 몰두하였다. 또 다른 분파에서는 예를 완전히 무시하여 후대 사람들로부터 커다란 질책을 받았다. 심지어 육농기陸隴其(1630~1693)는 명의 멸망이 모두 왕수인의 학설 때문이라고 비난하였다. 『명유학안』에서는 양명학파를 지역에 따라 요강姚江·절중浙中·강우江右·남중南中·초중楚中·월粵·민閩의 일곱 학파로 구분하고 있다.4) 후기양명학파는 점차 선종의 성향이 강해졌다.

1527년에 왕수인은 광동·광서·강서·호남·호북 다섯 지역의 제독으로 임명되었으며, 군대를 이끌고 광서지역 주민의 반란을 진압하였다. 이듬해인 1528년에 고향으로 돌아오던 중 병사하였다. 죽기 전에 한 제자가 마지막 말을 청하자, 그는 "이미 내 마음이 밝고 환한데 다시 무엇을 말하겠는가?"라는 말을 남기고는 바로 숨졌다. 그의 관은 배에 실려 고향으로 옮겨졌다.

왕수인의 사후에 그에 대한 조정의 평은 매우 다양하였다. 정적들은 왕수인이 죽은 사람을 비난하고 옛사람들을 본보기로 삼지 않았으며 그릇된 의견을 조성하고 치지에 대한 주희의 학설을 잘못 판단하였다고 비난하였다. 특히 그가 자신의 학설이 올바른 견해와 맞지 않다는 것을 알았기 때문에 주희가 말년에 견해를 변경하였다고 주장함으로써 자신의 학설을 정당화하려 했다고 공격하였다. 정적들은 비록 군사적인 업적 때문에 왕수인에게 작위를 내리는 것은 가하지만 그의 잘못된 학설만은 금지되어야 한다고 하였다. 황제는 이러한 제안에 동의하였다.5) 반면에 황관黃綰은 왕수인을 변호하는 글을 썼다. 그 글에서 황관은 반란을 제압한 왕수인의 군사적인 업적을 추앙하였으며, 또 그의 위대한 학문을 칭찬하였다. 황관은 우선 왕수인이 양지의 전개를 보여 주었는데, 그의 학설은 맹자에게서

---

4) 謝无量, 『中國哲學史』 6권, 17a.
5) 『明史』, 권195, 11a.

유래하므로 이단이 아니라고 하였다. 두 번째로는 그가 백성을 사랑하였다고 하였으며, 세 번째로는 그가 지와 행의 합일을 주장하였다고 하였다.

왕수인은 본인의 희망에 따라 절강성 소흥에 묻혔다. 수천이 넘는 그의 제자들이 그의 죽음을 애도하러 왔다. 1567년에 목종에 의하여 비로소 문성文成이라는 시호를 받았으며, 1584년에는 공자의 사당에 배향되었다.

왕수인은 오경에 대한 주석 『오경억설五經臆說』을 저술하였으며, 주희가 변경한 『대학』의 옛 모습을 복원한 『대학고본방석大學古本旁釋』을 저술하였다. 문집은 『왕문성공전서王文成公全書』 38권으로 출간되었는데, 처음 3권은 제자들에 의해 편집된 『전습록傳習錄』 상·중·하이다. 여기에는 왕수인과 제자들이 나눈 철학적인 대화들이 수록되어 있다. 이 제자들은 왕수인과 10년 동안 함께했던 가장 중요한 제자로서 서애徐愛·육징陸澄·설간薛侃·진구천陳九川·황직黃直·황민숙黃敏叔·황성증黃省曾 등이다. 상해上海의 상무인서관商務印書館에서 영인 출간한 『사부총간四部叢刊』에는 『왕문성공전서』의 선집인 『양명선생집요陽明先生集要』가 수록되어 있다.[6]

2) 마음과 리

왕수인은 최고의 세계원칙인 리에 대해 고민한 끝에 이것을 인간의 마음과 동등하게 설정하였다.

> 선생이 말하였다. "마음은 리이다. 천하에 다시 마음 바깥의 사물이 있거나 마음 바깥의 리가 있겠는가?"[7]

---

6) Henke는 그 중 앞의 4권을 번역하였다. 이 요약된 판본이 내 설명의 기반이 되고 있으며 나는 몇 가지만 원래의 판본에서 추가하였다.
7) 王守仁, 『陽明先生集要』, 권1, 3a, "先生曰, 心卽理也, 天下又有心外之事, 心外之理乎."

인간의 마음은 세계원칙이며 천하를 자기 안에 포괄한다. 사물은 우리의
마음 바깥에 있지 않으며 리는 마음에서 분리되지 않는다.

성은 하나일 뿐이다. 그 형체를 말할 때는 하늘이라 하고, 주재의 측면에서는 상제
라고 하며, 유행의 측면에서는 명이라고 하고, 인간에게 부여된 측면에서는 성이라
고 하며, 신체를 주재하는 측면에서는 마음이라고 한다.[8]

리는 사물의 내적인 본질이다. 인간이 리를 통해 실존하는 것처럼 사물도
리를 통해 실재한다. 이것은 근본적으로 비물질적이며 형체가 없다. 이 본질은
하늘이라고도 불리고 상제라고도 불리고 명이나 성, 혹은 마음으로도 불리지만
결국은 하나이다. 그 소재나 양태에 따라 이름만 달리할 뿐이다.

몸을 주재하는 것은 마음이고, 마음이 작용하는 것은 의意이다. 의의 본체는 지知이
고, 의가 머무는 곳은 사물이다. 의가 부모를 봉양하는 데에 미치면 부모를 봉양하
는 것이 하나의 사물이며, 의가 군주를 섬기는 데 있으면 군주를 섬기는 것이
하나의 사물이며, 의지가 백성을 사랑하고 사물을 아끼는 데 있으면 백성을 사랑하
고 사물을 아끼는 것이 하나의 사물이며, 의가 듣고 보고 말하고 행동하는 것에
있으면 듣고 보고 말하고 행동하는 것이 하나의 사물이다. 이것이 내가 마음 바깥
에 리가 없고 마음 바깥에 사물이 없다고 말하는 까닭이다.[9]

여기에서 그는 의지·도리·감각·지각·행위 등을 모두 사물이라고 하였다.

---

8) 王守仁, 『陽明先生集要』, 권1, 22b, "性一而已. 自其形體也謂之天, 主宰也謂之帝, 流行也謂
之命, 賦於人也謂之性, 主於身也謂之心."
9) 王守仁, 『陽明先生集要』, 권1, 8b, "身之主宰便是心, 心之所發便是意, 意之本體便是知, 意之
所在便是物, 如意在於事親, 即事親便是一物, 意在於事君, 即事君便是一物, 意在於仁民愛物,
即仁民愛物便是一物, 意在於視聽言動, 即視聽言動便是一物, 所以某說, 無心外之理, 無心外
之物."

이것은 실제로 사물 그 자체를 말하는 것이 아니라 사물과의 관계를 일컫는 것이다. 그러므로 마음 바깥에는 사물이 없다고 하는 결론이 또한 나오게 되는 것이다. 왕수인이 말하는 사물은 단지 보고 듣고 말하고 행동하는 등의 마음의 과정을 가리키는 것이지 이러한 과정에 의해 떠올려지는 사물, 즉 마음에서 재생산된 사물 자체를 가리키는 것이 아니다.

오직 몸과 마음과 의意와 지知와 사물이 하나임을 아는 것이 중요하다.10)

즉 모든 것이 천하의 리이다. 이것은 동일철학의 관점이다. 왕수인은 이를 증명하고 반론에 대응하고자 한다.

구천이 의문이 나서 물었다. "사물은 바깥에 있는데 어떻게 몸과 마음과 의와 지와 더불어 하나가 될 수 있습니까?" 선생이 답하였다. "귀·눈·입·코·사지는 몸이다. 그러나 마음이 아니면 어떻게 보고 듣고 말하고 움직일 수 있겠는가? 마음이 보고 듣고 말하고 움직이고자 하지만, 귀·눈·입·코·사지가 없으면 또한 할 수 없다. 그러므로 마음이 없으면 몸이 없고, 몸이 없으면 마음도 없다. 단지 그것이 채우고 있는 곳만을 가리켜 말한다면 신체라고 말하며, 그 주재하는 것을 가리켜 말한다면 마음이라고 한다. 마음이 발동하는 곳을 가리켜 의라고 하고, 의의 영명한 곳을 가리켜 지라고 하며, 의가 간섭하고 있는 것을 가리켜 사물이라고 한다. 이것은 단지 하나의 일이다. 의는 허공에 매달려 있는 것이 아니라 반드시 사물과 연관되어 있다.11)

---

10) 王守仁, 『陽明先生集要』, 권2, 2a, "只要知, 身心意知物是一件."
11) 王守仁, 『陽明先生集要』, 권2, 2a, "九川疑曰, 物在外, 如何與身心意知是一件, 先生曰, 耳目口鼻四肢身也, 非心安能視聽言動, 心欲視聽言動, 無耳目口鼻四肢, 亦不能故無心則無身, 無身則無心, 但指其充塞處言之, 謂之身, 指其主宰處言之, 謂之心, 指心之發動處, 謂之意, 指意之靈明處, 謂之知, 指意之涉著處, 謂之物, 只是一件, 意未有懸空的, 必著事物."

이로부터 마음이 없이 살아 있는 존재가 없으며, 신체 없는 마음이 없고, 만물은 마음을 가지고 있다는 결론이 나온다. 사물은 그러나 단순히 마음과의 연관관계에만 머무는 것이 아니다. 일반적인 견해에 따르면 사물은 물질로 이루어져 있다. 그러나 그것에 대하여 왕수인은 알고자 하지 않는 것으로 보인다. 그는 다음과 같이 말한다.

눈은 본체가 없으니, 만물의 색을 본체로 삼는다. 귀는 본체가 없으니, 만물의 소리를 본체로 삼는다. 코는 본체가 없으니, 만물의 냄새를 본체로 삼는다. 입은 본체가 없으니, 만물의 맛을 본체로 삼는다. 마음은 본체가 없으니, 천지만물이 감응해 올 때의 옳고 그름을 본체로 삼는다.[12)]

색, 소리, 냄새, 지각 및 사물과의 감응을 통한 지각으로부터 마음은 자기 세계를 구성한다. 사물의 실체는 마음에 어떤 작용도 하지 않는다.

왕수인은 마음과 신체, 정신과 세계에 같은 방식으로 근저에 놓여 있는 하나의 실체를 생각한다. 그는 마음 내부와 사물의 안에서 감응하는 어떤 것을 본체로 이해한 듯이 보인다.

물었다. "인간의 마음은 사물과 본체가 같다고 하셨는데, 내 몸이 원래 혈기가 흐르는 것이라는 점에서는 같다고 할 수 있겠지만, 다른 사람과는 이미 그 몸이 다르고 금수와 초목과는 더욱 다릅니다. 어떻게 같은 본체라고 할 수 있습니까?" 선생이 말하였다. "그대는 단지 감응의 기틀에서만 보고 있는데, 어찌 금수와 초목만 그렇겠는가? 비록 천지라고 해도 나와 같은 본체를 가지고 있으며, 귀신 또한 나와 같은 본체를 가지고 있다." 더 설명해 주기를 청하자, 선생이 말하였다. "그대는 천지의 사이에 있는 것 중에서 무엇이 천지의 마음이라고 생각하는가?" 답하였

---

12) 王守仁, 『陽明先生集要』, 권2, 16a, "又曰, 目無體, 以萬物之色爲體, 耳無體, 以萬物之聲爲體, 鼻無體, 以萬物之臭爲體, 口無體, 以萬物之味爲體, 心無體, 以天地萬物感應之是非爲體."

다. "나는 일찍이 인간이 천지의 마음이라고 들었습니다." 물었다. "인간은 또한 무엇을 마음으로 삼는가?" 답하였다. "다만 하나의 영명함일 뿐입니다." "그렇다면 천지를 채우고 있는 그 사이에는 다만 저 영명함만이 있을 뿐임을 알 수 있다. 인간이 단지 그 신체에 구속되어 스스로 천지와 간격을 두는 것이다. 나의 영명함은 천지와 귀신을 주재한다. 나의 영명함이 없다면 누가 위로 하늘이 높음을 볼 것이며, 나의 영명함이 없다면 누가 아래로 땅이 깊음을 볼 것이며, 나의 영명함이 없다면 누가 귀신이 보내는 길흉과 재상을 분별할 것인가? 천지와 귀신과 만물은 나의 영명함을 떠나서는 있을 수 없으며, 나의 영명함도 천지와 귀신과 만물을 떠나서는 있을 수 없다. 이와 같다면 곧 하나의 기가 흘러서 통하는 것이니, 어떻게 다른 것과의 사이에 간격이 있겠는가?"13)

마음과 사물의 사이를 꿰뚫어 흐르며 동일한 방식으로 그들의 존재를 결정하는 기를 눈앞에 두게 되면, 우리는 흔히 왕수인의 관념주의적 세계관을 증명하는 것으로서 자주 인용되는 다음의 구절을 이해할 수 있게 된다.

선생이 남진을 유람할 때, 한 한생이 바위 사이의 꽃나무를 가리키며 물었다. "세상에는 마음 바깥에 있는 사물이 없다고 하셨는데, 이 꽃나무처럼 깊은 산속에서 스스로 피고 스스로 지는 것은 나의 마음과 무슨 상관이 있습니까?" 선생이 말하였다. "그대가 아직 이 꽃을 보지 않았을 때 이 꽃과 그대의 마음은 모두 고요한 상태에 있다가, 그대가 와서 이 꽃을 볼 때 이 꽃은 일거에 밝게 드러난다. 이로부터 이 꽃이 그대의 마음 바깥에 있지 않다는 것을 알 수 있다."14)

---

13) 王守仁, 『陽明先生集要』, 권2, 24a, "問, 人心與物同體, 如吾身原是血氣流通的, 所以謂之同體, 若於人便異體了, 禽獸草木益遠矣, 而何謂之同體. 先生曰, 爾只在感應之幾上看, 豈但禽獸草木, 雖天地也與我同體的, 鬼神也與我同體的. 請問. 先生曰, 爾看這箇天地中間, 甚麼是天地的心. 對曰, 嘗聞人是天地的心. 曰, 人又甚麼敎做心. 對曰, 只是一箇靈明. 可知充天塞地中間只有這箇靈明, 人只爲形體自間隔了. 我的靈明便是天地鬼神的主宰, 天沒有我的靈明, 誰去仰他高, 地沒有我的靈明, 誰去俯他深, 鬼神沒有我的靈明, 誰去辯他吉凶災祥, 天地鬼神萬物離却我的靈明, 便沒有天地鬼神萬物了, 我的靈明離却天地鬼神萬物, 亦沒有我的靈明, 如此便是一氣流通的, 如何與他間隔得."

이것은 일반적으로 사물 자체가 우리의 마음에 의해 생성되는 것이며 우리가 마음을 사물에 두지 않으면 이들은 더 이상 존재하지 않는 것으로서, 사물은 단지 우리의 생각에 불과하다는 것을 말하는 것으로 이해되었다. 이것은 마음의 고요의 상태를 어떻게 이해할 것인지에 관한 것이다. 중국의 일반적인 견해에 따르면 마음은 본래 고요한 상태에서는 생각하거나 느끼지 않고 활동하지 않음으로써 그 본체가 완전하게 드러나는 상태, 마치 잠자고 있는 것과 같은 무의식의 상태가 된다. 이러한 무의식의 상태에서 꽃나무는 또한 그가 그것을 지각하지 않았을 때에도 이미 마음과 관계하고 있는 것이다. 그것은 완전하게 사라지는 것이 아니기 때문에 그것의 본체는 흐린 마음의 본체처럼 계속 존재하지만 생각되거나 의식되지 않는다. 인간의 마음이 그것을 아직 지각하지 않았다고 하더라도, 그것은 이미 세계정신 즉 세계원리를 통하여 존재하고 있다.

꽃나무에 대하여 말하고 있는 것은 세계에도 똑같이 해당된다.

계속해서 물었다. "천지와 귀신과 만물은 수천 년 동안 내내 존재하고 있습니다. 나의 지가 더 이상 존재하지 않는다고 해서 어떻게 이들이 사라질 수 있겠습니까?" 답하였다. "죽은 사람들을 생각해 보라. 그들의 마음이 사라졌는데, 그들의 천지와 그들의 사물이 어떻게 존재하는가?"[15)

마지막 물음의 답은 다음과 같아야만 한다. 죽은 사람의 세계는 그들에 의해 더 이상 지각되지 않는다. 이것은 그들의 고요함으로 돌아간다. 그러나 이것은 세계의 리와 지금 살아 있는 사람들의 의식에는 여전히 존재한다.

---

14) 王守仁, 『陽明先生集要』, 권2, 16a, "先生遊南鎭, 一友指岩中花樹問曰, 天下無心外之物, 如此花樹在深山中, 自開自落, 於我心亦何相關, 先生曰, 爾未看此花時, 此花與爾心同歸於寂, 爾來看此花時, 則此花顔色, 一時明白起來, 便知此花不在你的心外."

15) 王守仁, 『陽明先生集要』, 권2, 25a, "又問, 天地鬼神萬物, 千古見在, 何沒了我的靈明, 便俱無了. 曰今看死的人, 他這些精靈游散了, 他的天地萬物尙在何處."

왕수인이 한 말로 미루어 보아 그는 동일철학자이지만 근본적으로 그의 생각은 또한 관념주의적이다. 그에게 있어서 사물들은 정신적인 것이며, 물질적인 형상이 아니다. 그는 마음이 그의 지각·감각·생각과 연관하여 사물을 어떻게 생성하는지를 보여 주지만, 어떻게 사물로부터 마음이 생겨나는지는 보여 주지 않는다. 결코 그는 마음을 물질적인 것으로 설정하지 않는다. 그는 말한다.

항상 생각이 있는 곳에는 사물 또한 존재해야만 한다. 우리가 특정한 생각을 가지고 있으면 거기에는 또한 특정한 사물이 있으며, 이러한 생각이 없으면 사물 또한 거기에 없다. 사물은 생각의 작용이 아닌가?[16]

만약 우리가 왕수인이 세계를 단지 세계정신의 생각으로 이루어진 것이라고 여겼다고 본다면, 왕수인의 생각을 올바로 이해한 것이라고 할 수 있을 것이다.

3) 격물과 학업

주희가 제시하는 것과 같은 사물의 탐구는 왕수인의 견해에 따르면 가능하지가 않다. 성인이 되기 위하여 세상의 모든 것을 탐구해야만 한다면, 아무도 그러한 상태에 이를 수가 없다. "나는 이것을 친구 전錢과 함께 한 번 시도해 보았다"라고 왕수인은 말한다.

나는 그에게 정자 앞에 있는 대나무의 리를 궁구하게 하였다. 삼일 밤낮으로 그가 완전히 지칠 때까지 그것에 몰두하였으나 목표했던 결과를 얻지 못한 채 병이 들었다. 그리고 나서 내가 다시 칠일 동안 그것을 시도했지만 마찬가지로 성공하지 못하였다. 우리는 낙심하여 우리에게는 성인이 사물을 궁구하는 것과 같은 힘이

---

16) 王守仁, 『陽明先生集要』, 권3, 57b, "凡意之所在, 無有無物者, 有是意, 即有是物, 無是意, 即無是物矣, 物非意之用乎."

결여되어 있기 때문에 결코 그러한 지혜에 이를 수 없을 것이라고 생각하였다. 그러다가 삼년 동안 이방인의 땅에 머물 때에, 나는 세상의 만물을 궁구할 수 있는 사람은 결코 존재하지 않는다는 것과 궁구가 단지 자기 자신과 자신의 마음에만 미친다는 것을 알게 되었다.[17]

왕수인은 그러므로 주희가 노력했던 것과 같은 자연의 궁구를 부정하며 단지 자기 자신을 궁구하고자 한다. 그는 자연을 궁구하는 것은 불가능하다고 여기는데, 그의 그런 생각은 그다지 놀라운 일은 아니다. 왜냐하면 모든 것을 궁구하는 데에 필요한 방법을 가지고 있지 못했기 때문이다. 그는 단순한 관찰을 통하여 대나무에 대한 많은 것을 배울 수 있다고 여겼지만, 연역적인 과정은 그에게 낯설었으며 호감이 가지 않았다. 그 당시의 학자들에 대하여서 왕수인은 그들이 외적인 사물을 궁구하는 일에 지나치게 헌신하고 있으며, 풍부한 학식은 높이 평가하면서 근본원칙에 대해서는 너무 경시하고 있다고 비난하였다.[18] 생각과 궁구는 다만 사람이 마음에 가지고 있는 하늘의 리에만 미쳐야만 하며, 제멋대로 철학해서는 안 된다고 하였다.[19]

왕수인은 경전에 의거하여 두 가지 종류의 지를 구분하였다. 책을 통한 지와 외적인 경험을 통한 지가 바로 그것이다.[20] 그는 공부에 진전이 없으면 자기 마음의 본질로 되돌아가야 한다고 하였다. 이것은 곧 도심이다. 이것을 이해하면 이것으로부터 출발할 수 있다.[21]

그는 또 말한다. 후대의 학자들은 낮은 지와 높은 지를 구분하였다. 후자는 추상적이며 감각으로 지각할 수 없는 사물을 포괄한다. 성현이 가르쳤던 것은

---

17) 王守仁, 『陽明先生集要』, 권2, 20b.
18) 王守仁, 『陽明先生集要』, 권3, 48a.
19) 王守仁, 『陽明先生集要』, 권3, 34b.
20) 王守仁, 『陽明先生集要』, 권3, 62b.
21) 王守仁, 『陽明先生集要』, 권1, 21b.

모두 낮은 지에 속한다. 모든 높은 지는 명백하게 낮은 지에 이미 들어 있다. 학생들은 낮은 지로 시작해서 점차 높은 지로 나아가야 한다.[22]

성현은 마음에 정이 섞이지 않고 순수하여 완전히 하늘의 리에 의해 주도되는 사람으로 간주된다. 성인들 사이에는 마치 금이 다양한 순도를 가지고 있는 것처럼 질적인 차이가 있다. 여기서 왕수인이 본받을 수 있는 많은 것이 알려져 있지 않은 요와 순을 공자보다 더 높이 평가하고 있다는 점은 주목할 만하다.[23]

좁은 관점에서만 리를 인식하는 사람들은 그것을 벗어나서는 더 이상의 리가 없다고 믿는다. 이에 대해 왕수인은 말한다.

마음은 도이며, 도는 하늘이다. 자기 마음을 알면 도를 알고 하늘을 안다.[24]

자기 마음의 본체를 인식하는 것에서 출발해야지, 인식을 바깥에서 구해서는 안 된다.[25]

행동으로 나아가지 않는 순수하게 이론적인 지식, 지식을 위한 지식을 왕수인은 매우 낮게 평가한다. 그는 이렇게 말한다.

알면서 행동하지 않는 사람은 없다. 알면서 행동하지 않는 것은 아직 알지 못하는 것이다.[26]

연습하지 않으면 많은 사물을 이해하지 못한다. 어떤 일에 대하여 단순히

---

22) 王守仁, 『陽明先生集要』, 권1, 19a.
23) 王守仁, 『陽明先生集要』, 권1, 44a.
24) 王守仁, 『陽明先生集要』, 권1, 30a, "心卽道, 道卽天, 知心則, 知道知天."
25) 王守仁, 『陽明先生集要』, 권1, 30a, "湏從自已心上體認, 不假外求, 始得."
26) 王守仁, 『陽明先生集要』, 권1, 5a, "未有知而不行者, 知而不行, 只是未知."

영리하게 말하는 것으로는 충분하지 못하다. 그는 지와 행의 분리가 사욕에 의하여 생겨나는 것이라고 말한다.

지는 행동하기 위한 의지이며, 행동은 지를 공부하는 것이다.[27]

왕수인은 자신이 지와 행이 하나를 이룬다고 말하는 것은 단지 행동이 없는 말에 대항하기 위한 수단이라고 말한다.

4) 양지

일반적인 지에 대하여 왕수인은 별로 관심을 가지고 있지 않았다. 그의 모든 관심은 타고난 직관지 즉 양지良知에 있었다. 양지는 그의 학설의 처음이자 마지막이며, 그의 학설 안에서 마치 하르트만의 무의식적인 지와 같은 역할을 한다. 거의 모든 문제가 그것과 관계되고 그것으로부터 설명된다.

양지는 보고 듣는 것으로 말미암아 생기는 것이 아니지만, 보고 듣는 것은 모두 양지의 작용 아닌 것이 없다. 그러므로 양지는 보고 듣는 것에 구속되지 않지만 또한 보고 듣는 것을 떠나지도 않는다.[28]

양지는 생각하지 않고 배우지 않아도 안다.[29] 이것은 타고난 것으로서 인간의 마음에 근원하고 있다. 그리고 이러한 타고난 지의 본질로서는 추상적인 지(虛靈)와 밝은 지각(明覺)이 설정되었다.

---

27) 王守仁, 『陽明先生集要』, 권1, 6a, "知是行的主意, 行是知的工夫."
28) 王守仁, 『陽明先生集要』, 권3, 42a, "良知不由見聞而有, 而見聞莫非良知之用, 故良知不滯於 見聞, 而亦不離於見聞."
29) 王守仁, 『陽明先生集要』, 권3, 46a.

마음은 신체를 주재한다. 마음의 허령명각虛靈明覺은 이른바 본연의 양지이다. 그 허령명각한 양지가 감응하여 움직인 것이 의意이다. 지가 있은 이후에 의가 있으니, 지가 없으면 의 또한 없다. 그렇다면 지는 의의 본체가 아닌가?30)

양지의 밖에는 지가 없고, 지를 다하는 것 외에는 학문이 없다. 양지의 밖에서 구하는 지는 그릇되고 틀린 지이니, 바깥의 사물에서 지를 다하고자 하는 학문은 이단의 학문이다.31)

이로써 왕수인은 모든 자연적인 지와 모든 논리적인 생각을 통해 작업된 지식에 대하여 이단이라는 판결을 내렸다. 최소한 왕수인에 의하여 생각된 한도 내에서의 양지는 대부분의 철학자들에 의해 허구로 간주되었다.

양지는 왕수인의 견해에 따르면 마음의 본체를 결정하는 것이며 마음의 실체가 되는 것이어야 한다. 그는 다음과 같이 말한다.

지는 마음의 본체이다. 마음은 저절로 지의 능력을 소유한다. 아버지를 보면 저절로 효를 알게 되고, 형을 보면 저절로 공손할 줄 알게 된다. 이것은 양지이며 바깥에서 구할 수 있는 것이 아니다.32)

왕수인은 일반적인 사람에게 있어서는 양지가 사욕에 빠진 생각으로 가려져 있으므로 먼저 이러한 생각을 제거하고 도리로 되돌아감으로써 다시 그것을 회복해야 한다고 하였다.

---

30) 王守仁,『陽明先生集要』, 권3, 57b, "心者身之主也, 而心之虛靈明覺, 即所謂本然之良知也. 其虛靈明覺之良知, 應感而動者謂之意. 有知而後有意, 無知則無意矣. 知非意之體乎."
31) 王守仁,『陽明先生集要』, 권4, 82b, "良知之外更無知, 致知之外更無學. 外良知以求知者, 邪妄之知矣, 外致知以爲學者, 異端之學矣."
32) 王守仁,『陽明先生集要』, 권1, 9a, "知是心之本體, 心自然會知, 見父自然知孝, 見兄自然知弟,……此便是良知, 不假外求."

왕수인의 제자 황성증黃省曾은 양지에 대하여 써서 올려 스승의 의견을 구하였는데, 그 내용은 다음과 같다.

달리 신을 따른다고 할 필요가 없는 것은 이 양지가 바로 신이기 때문이고, 달리 하늘을 따른다고 할 필요가 없는 것은 이 양지가 바로 하늘이기 때문이며, 달리 상제를 따른다고 할 필요가 없는 것은 이 양지가 바로 상제이기 때문입니다. 양지는 본래 중을 이루지 않음이 없고 본래 공평하지 않음이 없습니다. 종일토록 작용하지만 그것이 움직이는 것을 보지 못하며, 종일토록 한가롭지만 그것이 고요한 것을 보지 못합니다. 이것은 진실로 천지의 영명한 본체이며 우리 인간의 놀라운 작용입니다.[33]

왕수인은 제자의 모든 말에 동의하였다. 황성증은 양지를 그 단어의 본래 뜻보다 더욱 넓은 의미로 설명하였다. 그에 따르면 양지는 세계원칙 즉 최고의 리이다. 이것은 또한 왕수인의 말에서도 볼 수 있다.

도를 갖춘 선비만이 참으로 양지의 밝은 영각靈覺이 원융하고 통철하게 널리 태허와 한 몸을 이룬다는 것을 안다. 태허 속에는 온갖 사물들이 있지만 어떤 사물도 태허의 장애가 될 수 없다. 대개 나의 양지의 본체는 본래 총명예지하며, 본래 온유관대하며, 본래 굳건하고 의연하며, 본래 장엄하고 중정하여 문리가 치밀하며, 본래 넓고 깊어서 때에 맞게 대처하며, 본래 부귀를 흠모하지 않고 가난과 천함을 걱정하지 않으며, 본래 득실과 성패에 기뻐하거나 근심하지 않고 사랑과 증오를 추구하거나 싫어하지 않는다.[34]

---

33) 王守仁, 『陽明先生集要』, 권3, 28b, "無他如神, 此即爲神, 無他希天, 此即爲天, 無他順帝, 此即爲帝. 本無不中, 本無不公, 終日酬酢, 不見其有動, 終日閒居, 不見其有靜, 眞乾坤之靈體, 吾人之妙用也."

34) 王守仁, 『陽明先生集要』, 권3, 78b, "夫惟有道之士, 眞有以見其良知之昭明靈覺, 圓融洞徹, 廓然與太虛而同體, 太虛之中, 何物不有, 而無一物能爲太虛之障碍, 蓋吾良知之體, 本自聰明睿知, 本自寬裕溫柔, 本自發强剛毅, 本自齋莊中正文理密察, 本自溥博淵泉而時出之, 本無富

양지는 모든 지각의 기반일 뿐만 아니라 또한 모든 덕의 기반이기도 하다. 이어서 그는 양지가 동도 정도 가지지 않는다고 말한다.[35] 이것은 도와 마찬가지로 또한 양지도 초월적이라는 뜻이다. 정情이 생겨나기 전에 이것은 중의 상태에 있다.

미발의 중은 곧 양지이다. 이것은 앞과 뒤, 안과 밖이 없이 혼연히 일체를 이룬다.[36]

밤의 고요한 기에서 생겨나는 양지는 바로 마음의 본체이며, 이것은 사물에의 욕구와 섞이지 않았다.[37]

양지는 세계가 들어 있는 태허처럼 비어 있다. 심지어 양지의 허령함 즉 초월성은 태허와 같으며, 태허에 있는 것은 또한 지에도 있다.

양지의 허는 곧 하늘의 태허이며, 양지의 무는 곧 태허의 무형이다. 해·달·바람· 천둥·산·물·인간·사물 등, 모양과 형색을 지닌 모든 것은 태허의 무형 속에 있다가 작용하고 유행하지만, 하늘에 어떤 장애가 된 적도 없다. 성인은 단지 그 양지의 작용을 따를 뿐이다. 천지만물이 모두 내 양지의 작용과 유행 속에 있다면 어찌 일찍이 양지의 바깥에 하나의 사물이 있어 장애를 일으키겠는가?[38]

양지의 허는 우주와 그 안에 속하는 만물의 허와 같은 것이며, 우주는 신묘한 방법으로 양지에서 성장하며 그 허를 채운다.

　　貴之可慕, 本無貧賤之可憂, 本無得喪之可欣戚, 愛憎之可取舍.”

35) 王守仁, 『陽明先生集要』, 권2, 28a.

36) 王守仁, 『陽明先生集要』, 권3, 13a, “未發之中, 即良知也, 無前後内外, 而渾然一體者也.”

37) 王守仁, 『王文成公全書』, 권3, 25a, “又曰, 良知在夜氣發的方是本體, 以其無物欲之雜也.”

38) 王守仁, 『陽明先生集要』, 권2, 15a, “良知之虛, 便是天之太虛, 良知之無, 便是太虛之無形. 日月風雷山川民物, 凡有貌象形色, 皆在太虛無形中發用流行, 未嘗作得天的障碍. 聖人只是順其良知之發用. 天地萬物俱在我良知的發用流行中, 何嘗又有一物起於良知之外, 能作得障碍.”

선생이 말하였다. "양지는 조화의 정령이다. 이러한 정령으로 하늘을 생성하고 땅을 생성하며 귀신을 완성한다. 모든 것이 여기에서 나온다. 참으로 이것은 사물과 대적하지 않는다."[39]

양지를 소유하는 것보다 더 큰 복과 온전함을 보장할 수 있는 것은 없다.[40] 또한 양지는 단약이나 연금술과도 비교된다.

선생이 말하였다. "만약에 사람이 이 양지라는 비결을 알게 된다면 모든 잘못된 생각들이 지가 그것을 주목하자마자 사라지게 될 것이다. 이것은 참으로 한 알의 단약과도 같고 쇠를 단련하여 금을 만드는 것과도 같다.[41]

지의 가장 중요한 작용은 그르칠 수 없는 확실함으로 선과 악을 구분하며 인간을 주재하는 것이다. 그러한 한도 내에서 그것은 양심과 상응된다. 이것은 왕수인에게 다음과 같은 경고를 제공한다.

그대의 한 점 양지[42]가 바로 그대 자신의 준칙이 된다. 그대의 의념이 드러나기만 하면 양지는 그것이 올바르면 그 올바름을 알고 그것이 그릇되면 그 그릇됨을 아니, 양지를 속일 수 있는 것은 아무것도 없다. 그대가 양지를 속이지 않고 모든 행위에서 그것에 실천해서 선은 곧 보존하고 악은 곧 제거한다면 그 속에서 얼마나 편안하고 합당하며 쾌락하겠는가! 이것이 격물의 참된 비결이며 치지의 진실한 공부이다. 이 참된 방법을 따르지 않고 어떻게 격물을 이룰 수 있겠는가?[43]

---

39) 王守仁, 『王文成公全書』, 권3, 22b, "先生曰, 良知是造化的精靈, 這些精靈生天生地, 成鬼成帝, 皆從此出, 眞是與物無對."

40) 王守仁, 『王文成公全書』, 권3, 22b.

41) 王守仁, 『王文成公全書』, 권3, 6a, "先生曰, 人若知這良知訣竅, 隨他多少邪思枉念, 這裏一覺, 都自消融, 眞箇是靈丹一粒黙鐵成金."

42) 스콜라철학자들의 'Scintilla conscientiae'(양심의 불꽃).

43) 王守仁, 『陽明先生集要』, 권2, 4b, "爾那一點良知, 是爾自家底準則. 爾意念著處, 他是便知是,

왕수인은 양심을 인간 안에 거주하는 성인과 비교하며, 이것을 제자 하양승夏良
勝과의 재미있는 대화에서 보여 준다.

"인간은 누구나 가슴 속에 한 명의 성인이 있다. 단지 그 자신이 그것을 믿지 못하거
나 스스로 숨기고 있을 뿐이다." 그러고는 우중于中(하양승)을 바라보며 말하였다.
"그대의 가슴 속에 참으로 성인이 있다." 우중이 일어나 감당할 수 없다고 하였다.
선생이 말하였다. "그대는 그를 가지고 있는데 무엇 때문에 밀어내려고 하는가?"
우중이 다시 감당할 수 없다고 하였다. 선생이 말하였다. "모든 사람이 다 가지고
있으니, 하물며 우중에게 있어서야! 무엇 때문에 그렇게 겸손한가? 겸손해 해서는
안 된다." 그러자 우중이 마침내 웃으며 받아들였다. 다시 선생은 말하였다. "사람
에게 있는 양지는 어떠한 방법으로도 없앨 수 없다. 비록 도둑이라 하더라도 도둑
질이 부당함을 알고 있으며, 남이 도둑이라 부르면 부끄러워한다."[44]

더 나아가서 양지는 이보다 큰 것으로 증명된다. 왜냐하면 인간만이 아니라
동물과 식물 심지어 무생물조차도 양지를 소유하고 있기 때문이다. 이것은
존재하는 모든 것을 이루어지게 하는 세계원칙 이외의 다른 것이 아니다.

주본사朱本思(朱得之)가 물었다. "인간은 허령함(마음)이 있기 때문에 양지를 가질
수 있겠지만, 식물이나 나무, 기와와 돌 같은 사물도 양지를 가진다고 할 수 있습니
까?" 선생이 말하였다. "인간의 양지가 곧 식물, 나무, 기와와 돌의 양지이다. 이것들
이 인간의 양지를 가지지 못했다면 식물, 나무, 기와와 돌이 될 수 없었을 것이다.
이것은 단지 이러한 대상들만 그러한 것이 아니다. 천지 또한 마찬가지로 이러한

非便知非, 更瞞他一些不得. 爾只不要欺他, 實實落落依著他做去, 善便存, 惡便去, 他這裏何等
穩當快樂. 此便是格物的眞訣, 致知的實功, 若不靠著這些眞機, 如何去格物."

44) 王守仁, 『王文成公全書』, 권3, 5a, "曰, 人胷中各有箇聖人, 只自信不及, 都自埋倒了, 因顧于中
曰, 爾胷中原是聖人, 于中起不敢當, 先生曰, 此是爾自家有的, 如何要推, 于中又曰不敢, 先生
曰, 衆人皆有之, 況在于中, 却何故謙起來, 謙亦不得, 于中乃笑受, 又論良知在人, 隨你如何不
能泯滅, 雖盜賊亦自知不當爲盜, 喚他做賊, 他還忸怩."

인간의 능력을 가지고 있지 않았더라면 천지가 될 수 없었을 것이다. 천지만물은 본래 인간과 하나의 같은 본체를 이룬다. 그것이 널리 발현되어 최고로 정미한 곳이 사람 마음 안의 한 점 영명함이다. 바람, 비, 이슬, 천둥, 해, 달, 별, 새, 짐승, 식물, 나무, 산, 강, 흙과 돌은 본래 인간과 같은 존재이다. 곡식과 동물과 다른 사물들이 인간을 양육할 수 있고 다양한 종류의 약재들이 인간의 병을 치료할 수 있는 것은, 단지 이들이 모두 같은 기로 채워져 있기 때문에 서로 통할 수 있는 것이다."45)

만약 양지에 대해 명확하게 이해하였다면 더 이상 명상할 필요가 없다. 한때 왕수인은 자주 명상을 추천하였지만 만족스런 결과를 얻을 수는 없었다. 많은 사람들이 명상을 통해 게으르게 되고 모든 행동을 증오하거나 또는 신비주의에 빠져 버렸다. 그러므로 그는 양지의 획득으로 충분하다는 결론에 이르게 되었다. 거기에 이르기만 하면 고요에서 깊이 생각할 수 있고 그 안에서 수행할 수 있다고 본 것이다.46) 유군량劉君亮이 산에서 명상하고자 했을 때, 왕수인은 단지 고요에서 수신하고자 하는 것이라면 반대할 이유가 없겠지만 세상에 권태를 느껴서 그러하다면 그것은 단지 거만함일 뿐이라고 하였다.47) 마음을 진정시키기 위해 고요하게 앉아서 생각을 막는 것은 무의미하다. 그러면 사람은 허에서 오가며 마치 죽은 나무나 타고난 재와 같이 되기 때문이다. 사람은 스스로 점검하여 사욕을 극복하고 하늘의 리에 대해 깊이 생각해야만 한다.48)

---

45) 王守仁, 『陽明先生集要』, 권2, 15b, "朱本思問人有虛靈, 方有良知, 若草木瓦石之類, 亦有良知否, 先生曰, 人的良知, 就是草木瓦石的良知, 若草木瓦石無人的良知, 不可以爲草木瓦石矣, 豈惟草木瓦石爲然, 天地無人的良知, 亦不可爲天地矣, 蓋天地萬物與人原是一體, 其發竅之最精處是人心一點靈明, 風雨露雷, 日月星辰, 禽獸草木, 山川土石, 與人原只一體, 故五穀禽獸之類, 皆可以養人, 藥石之類, 皆可以療疾, 只爲同此一氣, 故能相通耳."

46) 王守仁, 『王文成公全書』, 권3, 23a.

47) 王守仁, 『王文成公全書』, 권3, 21a.

48) 王守仁, 『陽明先生集要』, 권1, 23a.

5) 선과 악

왕수인은 선과 악의 개념을 명백하게 설정함으로써 윤리학에 크게 공헌하였다. 그는 세상에 자체적으로 선하거나 악한 것은 없다는 것을 증명하였다. 그에 따르면 선과 악은 실재판단이 아니라 인간의 가치판단이며, 인간은 그의 관심에 상응하는 것을 선이라고 하고 그에게 거스르는 것을 악이라고 한다.

설간이 꽃 사이의 잡초를 제거하다가 문득 말하였다. "세상에서 선을 배양하고 악을 제거하는 것이 왜 그렇게 어렵습니까?" 선생이 답하였다. "아직 배양하지도 않았고 또 제거하지도 못했을 뿐이다." 잠시 후에 다시 말하였다. "선악을 이 일과 같이 보는 것은 형기에 구속되어 생각을 일으킨 것이니 잘못될 수 있다." 설간이 이해하지 못하자 계속해서 설명하였다. "천지의 삶의 의지는 꽃과 잡초에 있어서도 똑같은 것이다. 어찌 선과 악의 구분이 있겠는가? 너는 꽃을 보고자 하기 때문에 꽃을 선하다고 하고 풀을 악하다고 여기지만, 만약 풀을 이용하고자 했다면 오히려 풀을 선하다고 했을 것이다. 이러한 선악의 개념은 네 마음의 호오가 낳은 것이니, 잘못된 것임을 알 수 있다." "그렇다면 선도 없고 악도 없는 것입니까?" "선도 없고 악도 없는 것은 리의 고요함 때문이고, 선도 있고 악도 있는 것은 기의 움직임 때문이다. 기에 의한 움직임이 없으면 선도 없고 악도 없으니, 이를 일러 지극한 선이라고 한다."…… "그렇다면 선과 악이 전부 사물에 있는 것이 아닙니다." "단지 너의 마음에 있다. 마음이 리에 순응하면 선이 되고, 기를 좇아 움직이면 악이 된다." "결국 사물에는 선악이 없는 것이군요." "마음에 있음이 이와 같으니, 사물에 있어서도 또한 그러하다."[49]

---

49) 王守仁, 『陽明先生集要』, 권1, 41a, "侃去花間草, 因曰, 天地間何善難培, 惡難去? 先生曰, 未培未去耳. 少間曰, 此事看善惡, 皆從軀殼處起念, 便會錯. 侃未達. 曰, 天地生意, 花草一般, 何曾有善惡之分, 子欲觀花, 則以花爲善, 以草爲惡. 如欲用草時, 復以草爲善矣. 此等善惡皆由汝心好惡所生, 故知是錯. 曰, 然則無善無惡乎? 曰, 無善無惡者理之靜, 有善有惡者氣之動, 不動於氣卽無善無惡, 是謂至善.……曰, 然則善惡全不在物. 曰, 只在汝心, 循理便是善, 動氣便是惡. 曰, 畢竟物無善惡. 曰, 在心如此, 在物亦然."

왕수인에 따르면 악은 기 또는 물질에 부가되었으며, 특히 기의 운동을 통해 드러난다고 한다. 그러나 인간이 행동하지 않는 동안 아무 악도 지을 수 없다는 것은 물론 맞지만 동시에 그는 어떤 선한 것도 완성할 수 없다.

하늘의 리는 선과 악의 근원이다. 둘은 모두 천리로부터 생겨난다. 악은 근원적인 성을 넘어서거나 이르지 못하면 생겨나며, 그러므로 이것은 선을 지나치거나 선에 모자라는 것 즉 선의 과불급으로 파악된다.

왕수인은 이전의 유학자들이 인간의 성을 본체의 관점, 활동의 관점, 근원의 관점, 악이 생성되는 관점 등 다양한 관점에서 관찰하고 판단하였다고 한다.[50] 그 가운데 맹자는 근원의 관점에서 인간의 성을 논하였고 순자는 악이 생성되는 관점에서 인간의 성을 논하였기 때문에 그들의 말이 전적으로 틀린 것은 아니라고 본다. 그는 성에 대하여 다음과 같이 말한다.

성의 본체는 원래 선도 없고 악도 없지만, 그것이 드러나서 작용하면 선할 수도 선하지 않을 수도 있다.[51]

선도 없고 악도 없는 것, 이것은 마음의 본체이다. 선이 있고 악이 있는 것, 이것은 의意의 움직임이다. 선을 알고 악을 아는 것, 이것은 양지이다. 선을 행하고 악을 제거하는 것, 이것은 격물이다.[52]

6) 육구연, 주희, 다른 철학자들과의 관계

왕수인은 자신과 견해가 다른 철학자들에 대하여 비교적 치우침이 없이

---

50) 王守仁, 『陽明先生集要』, 권2, 29a.
51) 王守仁, 『陽明先生集要』, 권2, 29a, "性之本體, 原是無善無惡的, 發用上, 也原是可以爲善, 可以爲不善的."
52) 王守仁, 『陽明先生集要』, 권2, 32a, "無善無惡, 是心之體, 有善有惡, 是意之動, 知善知惡, 是良知, 爲善去惡, 是格物."

공정하게 판단하였다. 심지어 그는 비방 받기 일쑤였던 장의張儀와 소진蘇秦[53]에 대해서도 올바르게 평가하였다. 그는 장의와 소진의 지가 성인의 지였다고 하면서 이들에 대하여 다음과 같이 말하였다. "장의와 소진은 명확하게 인간의 정을 알았으며 그들의 방법은 후인의 모범이 되었다. 또한 그들은 양지의 놀라운 힘도 알고 있었다. 다만 그것을 제대로 사용하지 못했을 뿐이다."[54]

왕수인은 과거의 철학자들 가운데 왕통王通에 자주 몰두하였다.[55] 그는 왕통에 대하여 현자였지만 매우 위대하지는 않았다고 하였으며, 왕통이 경전에 첨가한 내용에 대해서는 흔히 지적되는 것과는 달리 그다지 나쁘지 않다고 하였다. 그는 왕통의 저서들이 그의 제자들에 의해 수집될 때 많은 것들이 잘못되었지만 왕통의 사상을 인식할 수 있을 정도는 된다고 하였다.[56]

왕수인의 제자들은 육구연과 주희에 대하여 날카롭게 비판하고자 하였으나, 왕수인은 차라리 자기 자신의 잘못을 발견하고 개선하는 것이 두 철학자들의 허물을 찾는 것보다 낫다고 주의를 주었다.[57] 왕수인은 두 철학자의 학설이 서로 어긋나지만, 이들이 공자의 추종자들이라는 점에서는 동일하다고 하였다.[58] 그는 또한 두 철학자에게서 매우 많은 혜택을 보고 있다는 것에 동의하였다. 주희의 학문은 나라에 해와 달과 같이 비치고 있으며, 육구연은 부당하게 비방되고 있다고 한다. 왕수인은 육구연이 다만 자기 학설을 표현하였을 뿐인데 맹목적인 비난을 받고 있다고 한다.[59] 그는 육구연이 주희와 정호보다 정밀하지 못하다면서 육구연을 비난하는 제자에게 옹호의 말을 한다.[60]

---

53) Alfred Forke, *Geschichte der alten chinesischen Philosophie* (1927), 490·495쪽 참조.
54) 王守仁, 『陽明先生集要』, 권2, 19a.
55) Alfred Forke, *Geschichte der mittelalterischen chinesischen Philosophie* (1934), 275쪽 참조.
56) 王守仁, 『陽明先生集要』, 권4, 19a.
57) 王守仁, 『陽明先生集要』, 권3, 37a.
58) 王守仁, 『陽明先生集要』, 권4, 40쪽.
59) 王守仁, 『陽明先生集要』, 권4, 41쪽.
60) 王守仁, 『王文成公全書』, 권3, 4b.

왕수인은 주희에 대하여 본인과 학설이 자주 일치하지는 않지만 서로 다른 방법을 가지고 있을 뿐이지 목적은 같다고 하였다.[61] 다만 그는 『대학』에 장을 첨가하고 주석한 주희의 새로운 판본을 부정하고 『대학』의 고본을 복원하였다. 고본이 완전하지 못하고 잘못 전래되어 그것을 보충하였다고 하는 주희의 견해를 인정하지 않은 것이다.[62]

왕수인은 주희가 그의 학문이 성숙하기 전 이른 시기에 너무 많은 글을 썼다고 보았다. 그에 따르면 주희는 나이가 든 다음에 자신이 이전에 썼던 것을 후회하였지만 그것을 고치기에 남은 삶이 짧았으므로 많은 잘못을 더 이상 고칠 수가 없었다고 한다.[63] 왕수인은 마치 주희가 노년에 젊은 시절의 자기 학설을 전부 바꿈으로써 만년의 설이 자신의 설과 일치하게 된 것처럼 쓰고 있다.[64] 왕수인은 여러 면에서 이러한 부정확한 사실들을 전제로 하고 있었다. 그러면서 주희가 단지 몇 가지 관점에서, 특히 경전의 해석에서 잘못을 저질렀지만 그의 말들이 정통에서 벗어난 것은 아니라고 말한다.[65]

왕수인은 자신의 학설에 대하여 거세게 반발하는 다양한 사람들에 대하여 지적한다. 그는 사람들이 자신을 우습게 만들고 자신의 견해 때문에 자신을 미친 사람으로 여긴다고 말한다. 그러나 사람들이 그렇게 비난하여도 자신이 할 일을 하는 것을 막지는 못할 것이라고 하였다.[66]

세상 사람들이 내가 병들고 미쳐서 마음을 잃었다고 해도 불가할 것은 없다. 세상 사람의 마음이 모두 나의 마음이다. 세상 사람들이 이미 미쳐 있다면 내가 어떻게

---

61) 王守仁, 『陽明先生集要』, 권1, 38b.
62) 王守仁, 『陽明先生集要』, 권4, 24a.
63) 王守仁, 『陽明先生集要』, 권1, 41a.
64) 王守仁, 『陽明先生集要』, 권4, 103 이하; Henke, The Philosophy of Wang Yang-ming, 493쪽.
65) 『朱子全書』, 권55, 4a, 8b.
66) 王守仁, 『陽明先生集要』, 권4, 64a.

미치지 않을 수 있겠는가? 또한 세상 사람들이 마음을 잃고 있다면 내가 어떻게 마음을 잃지 않을 수 있겠는가?[67]

왕수인의 이 말은 매우 신랄하지만, 건강한 인간이성에 이렇게 심하게 대립하는 학설에 대해 많은 사람이 잘못된 것으로 여겼다는 것이 크게 놀라운 일이라고는 생각되지 않는다.

7) 왕수인에 대한 평가

사무량은 왕수인이 육구연에게서 '인간의 마음이 리'라는 명제를 수용했다고 평하였다. 왕수인의 학설은 다음과 같은 세 가지 주요 주제로 요약될 수 있다.

① 마음은 리이다.

② 지와 행동은 일치해야 한다.

③ 양지는 모든 존재의 근거이다.

여기에 다시 네 가지 명제가 부가된다. 이것은 왕수인이 만년에 제자들에게 전한 네 구절의 가르침(四句敎)이다.

① 선도 없고 악도 없는 것이 마음의 본체이다.(無善無惡心之體)

② 선이 있고 악이 있는 것이 마음의 움직임이다.(有善有惡心之動)

③ 선을 알고 악을 아는 것이 양지이다.(知善知惡是良知)

④ 선을 행하고 악을 제거하는 것이 격물이다.(爲善去惡是格物)

다케지로는 이 문장들을 통해 왕수인이 명성을 얻었으며 그 시대의 가장 중요한 인물이 되었다고 평하였다.[68]

와타나베는 '마음이 리'라고 하는 문장이 육구연에게서 유래하지만 왕수인은

---

67) 王守仁, 『陽明先生集要』, 권4, 64b, "今之人雖謂僕爲病狂喪心之人, 亦無不可矣. 天下之人, 皆吾之心也. 天下之人猶有病狂者矣, 吾安得而非病狂乎? 猶有喪心者矣, 吾安得而非喪心乎?"

68) 高瀨武次郎, 趙蘭坪 中譯, 『中國哲學史』 3권, 166.

이것이 또한 공자와 맹자의 참된 학설이라는 것을 증명하였다고 한다. "세상의 모든 것이 내 마음이며, 그 밖에는 아무것도 없다. 따라서 주자학에서 말하는 사물공부는 죽은 지이다." 왕수인의 이 학설은 완전한 관념주의이다. 꽃나무에 대한 대화와 관련하여 헨케 또한 순수한 관념주의를 거론하며, 그것에 따라 소우주가 대우주와 마찬가지로 생성되었다고 하였다.[69] 하크만은 왕수인이 외적 세계의 참으로 보이는 것이 실은 마음의 생성이라고 하는 서양의 인식론적 관념주의의 관점을 가볍게 언급한다고 하면서, 그러나 또한 신체적인 것이 정신적인 것이며 정신과 사물이 같은 방식으로 주어져 있다고도 주장한다고 보았다.[70] 나 자신은 왕수인을 관념주의적인 철학자로 여긴다.[71]

젠커에 따르면 왕수인에게 현상세계는 정신세계보다 중요하지 않으며 최소한의 현실가치도 지니지 않는다고 한다.[72] 그는 왕수인의 철학을 동일철학이라고 표현하는 업적을 남겼다. 그러나 왕수인은 단지 언어적으로나 형식적으로만 동일철학자일 뿐이다. 왜냐하면 그의 철학은 관념주의에 걸쳐 있기 때문이다. 그의 사물은 마음에서 나오는 것이며, 그의 마음은 결코 물질적인 것이 될 수 없다. 마음은 신체를 감각과 의지로 생성하지만, 우리는 결코 마음이 신체에서 생겨난다는 말을 듣지 못한다. 사물은 단지 사유의 작용이며, 전 세계가 인간의 마음과 동일한 세계정신의 의지로 이루어진다. 그리고 여기에 양지의 주요한 역할이 주어진다.

왕수인은 주회와 마찬가지로 근본적으로 유가의 주석가이며 스콜라 철학자이다. 스스로 유학자이고자 했기 때문에 그는 고대의 텍스트들을 많이 읽었다. 그러나 그가 더 중요하게 여긴 것은 자기 자신의 새로운 생각이었다. 따라서

---

69) Henke, "A study of the life and philosophy of Wang Yang Ming", *Journal of the North-China Branch of the Royal Asiatic Society* XLIV(Shanghai, 1913), 57쪽.
70) Hackmann, *Chinesische Philosophie*, 364~465쪽.
71) Alfred Forke, *Die Gedankenwelt des chinesischen Kulterkreises* (1927), 62쪽.
72) Zenker, *Geschichte der chinesischen Philosophie*, II, 286쪽 이하.

전통에 시간을 들였다는 점에서 그가 자기 의지를 거스르는 철학자임을 알수 있다. 그는 단지 자신의 생각을 고대 원전에서 이끌어 낼 수 있다고 믿는경우에만 자신을 옳다고 여겼다. 윤리와 수신은 그의 주요 테마였으며, 형이상학에는 단지 제한된 관심만을 가지고 있었다. 그는 형이상학에 대해서는 그다지많은 말을 하지 않은 반면에, 자기를 수양하는 단계에 대해서는 지치지 않고방대하게 말하였다. 주희와 비교하면 그의 관점은 상당히 좁으며, 거의 자기수양과양지 및 이와 연관된 문제에 국한되어 있다. 그는 사변적인 능력이 부족하지않았음에도 그것을 완전하게 활용하지 않았는데, 이것은 주희의 연구에서 확장되었던 치지의 영역 가운데 일부분만 가치가 있다고 여겼기 때문이다. 그러나이러한 모든 점들에도 불구하고 그는 주희 이후 중국 근대의 가장 중요한사상가이다.

2. 왕간

왕간王艮(1483~1540)은 자가 여지汝止이고 호는 심재心齋이다. 강소성 태주泰州안풍장安豊場에서 태어났다.[73] 그의 본래 이름은 '은銀'이었지만 스승인 왕수인의뜻에 따라 후에 '간艮'으로 개명하였다.[74] 그의 아버지는 가난한 염상鹽商이었다.효심이 지극한 그는 추운 겨울에도 아버지를 대신하여 일을 나가고는 하였다.그는 7살에 마을의 학교에 입학하였는데, 아버지가 산동에서 장사를 시작하는바람에 학업을 끝까지 마치지 못하였다. 그러나 늘 『효경』・『논어』・『대학』을팔에 끼고 다니며 공부하였고, 낯선 사람을 만나면 책을 읽다가 생겨난 의문점을

---

73) 黃宗羲, 『明儒學案』, 권32, 1a; 謝无量, 『中國哲學史』 6권, 18a; 高瀨武次郎, 趙蘭坪 中譯, 『中國哲學史』 3권, 167은 江蘇省 揚州가 그의 고향이라고 한다.
74) 『明史』, 권283, 13a.

물어 상대방을 곤혹스럽게 하였다. 그의 아버지는 그가 상인이나 의사가 되기를 바랐지만 그는 거기에 적합하지 않았다. 그는 학자가 되고자 하였다. 산동에서 공자의 사당을 방문한 그는 "이것이 성인이다. 공부해서 여기에 이르러야 하지 않겠는가?" 하고는 이후로 완전히 공부에 전념하였다.

왕간은 요임금의 말과 행동을 따르기 위해서는 또한 그처럼 옷을 입어야만 한다고 생각하여 『예기』의 규정에 따라 옷을 지어 입고 다녔다. 그러던 중 왕수인이 강서의 제독으로 부임해 왔고, 이후 양지의 학설이 양자강 남쪽으로 널리 퍼지게 되었다. 왕간 또한 그의 명성을 듣고는 옛 의관을 정제하고 왕수인을 찾아가서 정문에서 상아패를 들고 예를 갖추었다. 그 당시에 왕간은 이미 38살이었다. 왕간은 왕수인을 만나고 돌아와 그에게 들은 것을 곱씹어 진지하게 회의하였으며, 자신의 의심을 걷어내기 위해 다음날 다시 왕수인을 찾아가서 더 자세한 설명을 해 주길 청하였다. 왕수인은 후에 왕간에 대하여 드물게도 완고하고 집요하며 고집이 센 적수였다고 회상하였다. 왕간은 왕수인이 절강성으로 돌아갈 때 그를 동행하였다.

왕간은 왕수인을 스승으로 삼고 금방 그의 체계를 익혔다. 그는 왕문좌파王門左派인 태주학파泰州學派의 시조가 되었으며, 왕기王畿와 더불어 양명문하의 이왕二王으로 알려졌다. 왕간은 자신이 직접 만든 작은 마차를 타고 북경으로 올라가면서 도처에서 스승의 가르침을 학자들에게 알렸다. 그가 연설할 때에는 수백 명이 그를 둘러쌌다. 그는 왕수인의 중요하고 영향력 있는 제자들 중에서도 으뜸가는 제자였다.

왕간은 특이한 복장과 연설방식 때문에 이상한 사람으로 여겨졌다. 그는 말과 행동이 매우 기이하였기 때문에 많은 사람들이 그를 정상이 아니라고 여겼다. 그의 동학들은 이에 대하여 회계會稽에 있는 스승을 찾아가 직언을 구할 것을 권하였다. 왕간이 찾아오자 왕수인은 그가 스스로 깨닫기를 바라고 그의 앞에 3일 동안 나타나지 않았다. 이에 왕간은 길에 무릎을 꿇고 앉아서 사죄하였으며, 그제야 왕수인은 그를 다시 받아들여 주었다. 스승의 죽음 후에 그는 깊이 애도하였으며 스스로 학교를 열었다. 그는 1540년 12월 8일에 죽었다. 저서로 『심재전집心齋全集』과 『심재어록心齋語錄』이 전한다.75) 어록은 아마도 제자들에 의하여 수집되었을 것이다.

왕간은 스승의 학설에 새로운 것을 거의 첨가하지 않았다. 그는 형이상학적인 문제에 적게 몰두하였으며 『대학』에 따른 수신이 그의 사유의 중심이 되었다. 개인과 가족과 국가를 그는 하나의 연관된 조직이며 동시에 하나의 존재로 본다. 그는 개인이 근본이 되며, 이로부터 조직이 성장한다고 한다. 그는 다음과 같이 말하였다.

사물에는 근본과 말단이 있다. 그러므로 사물이 이르러 오면 그 근본을 알 수 있다. 근본을 알면 지가 지극해지고, 지가 지극해지면 그칠 곳을 안다.76)

그러므로 몸은 천지만물의 근본이 되고 천지만물은 말단이 된다······ 내 몸과 천하와 국가는 모두 하나의 사물이다. 오직 하나의 사물이지만 근본과 말단이 있다. 격格은 헤아린다는 뜻이니, 근본과 말단의 사이를 잘 헤아려 "근본이 어지러운데 말단이 다스려지는 경우는 없다"라는 말뜻을 아는 것이다. 이것이 격물이다.77)

가족과 국가를 헤아리는 척도는 개인이다. 척도 자체가 잘못되었다면 헤아림의 결과가 올바르게 나올 리는 결코 없다.78) 왕수인처럼 왕간은 지를 단지 마음과

---

75) 『四庫全書』, 권96에 따르면 王艮은 또한 『心齋約言』을 저술하였다. 이것은 아마도 『心齋語錄』의 다른 이름일 것이다.

76) 黃宗羲, 『明儒學案』, 권32, 5a, "物有本末, 故物格而後知本也. 知本, 知之至也. 知至, 知止也."

77) 黃宗羲, 『明儒學案』, 권32, 5a, "是故, 身也者, 天地萬物之本也, 天地萬物, 末也······身與天下國家一物也. 惟一物而有本末之謂. 格絜度也. 絜度於本末之間, 而知本亂而末治者否矣, 此格物也."

윤리적인 인품에 도달하기 위한 지로서 이해한다. 다른 모든 지들은 그에게 의미가 없다. 그럼에도 불구하고 이러한 제한된 지를 그는 『대학』에서 사물의 궁구를 일컫는 것과 같은 '격물格物'이라고 말하고 있다. 왕간은 이어서 다음과 같이 말한다.

격물과 지지知至는 근본을 아는 것이요, 성의와 정심과 수신은 근본을 세우는 것이다. 근본과 말단이 하나로 관통되어 있으니, 그러므로 남을 사랑하고 남을 다스리고 남을 예의로 대하는 것이 모두 격물이다.…… 격물 이후에야 나에게로 돌이킬 줄 알게 되니, 나에게로 돌이키는 것도 격물의 공부이다. 돌이킨다는 것은 무엇인가? 나를 바르게 하는 것이다. 그 사랑하는 것과 다스리는 것과 공경하는 것으로 돌아가는 것이 바로 나를 바르게 하는 것이다. 내 몸이 바르게 되고 나면 천하가 나에게로 돌아오게 될 것이니, 이것은 나를 바르게 함으로써 사물이 바르게 되는 것이다. 그런 연후에 내 몸이 편안할 수 있다.[79]

인간을 사랑하고 신뢰를 얻고 통치할 수 있기를 바란다면 먼저 스스로 인간을 사랑해야만 한다.

사람은 남을 사랑하는 사람을 항상 사랑하며, 사람은 남을 신뢰하는 사람을 항상 신뢰한다. 이것이 감응의 도이다.[80]

사유의 올바른 방식을 위한 또 다른 규칙들도 있다.

---

78) 黃宗羲, 『明儒學案』, 권32, 5b.
79) 黃宗羲, 『明儒學案』, 권32, 6a, "物格知至知本也, 誠意正心修身立本也. 本末一貫, 是故愛人治人禮人也, 格物也,……格物然後知反己, 反己是格物的工夫. 反之如何, 正己而已矣. 反其仁治敬, 正己也. 其身正而天下歸之, 此正己而物正也, 然後身安也."
80) 黃宗羲, 『明儒學案』, 권32, 9b, "夫愛仁者人恒愛之, 信人者人恒信之, 此感應之道也."

"왕자경王子敬의 근간의 공부가 어떠합니까?" 왕간이 답하였다. "좋은 생각이 움직이면 그것을 보충하고, 나쁜 생각이 움직이면 그것을 제거할 뿐이다." 물었다. "만일 선한 생각도 악한 생각도 움직이지 않는다면 어찌됩니까?" 답하였다. "그것이 바로 중이고 성이다. 계신공구가 모두 이것이다. 항상 이 중에 있기만 한다면 선한 생각이 움직여도 스스로 알고 악한 생각이 움직여도 스스로 알아서, 선한 생각은 스스로 보충하고 악한 생각은 스스로 제거한다. 이와 같은 것이 신독이니, 이것은 그 큰 근본을 세움을 아는 것이다."[81]

만약에 근원적인 선한 성을 보존하고 마음이 중에 있으면 사람은 무엇이 선하고 악한지를 알아서 자신의 생각을 설정할 수가 있다. 그러나 모든 사유와 궁구보다 훨씬 더 중요한 것은 직관적인 지, 양지이다. 왕간은 이것을 초월적인 태극과 같은 것으로 설정한다. 그에 따르면 내면의 밝음은 감각과 사유의 자리를 대신하며 『중용』에서 이미 표현되고 있는 것처럼 인간이 세계창조에 참여할 수 있게 한다.[82]

단지 마음이 어떤 지향하는 것이 있으면 욕구가 되고, 견해를 가지고 있으면 망령됨이 된다. 이미 어떤 지향도 없고 견해도 없는 것은 무극이고 태극이다. 양지이 한 점은 완전히 명백하고 완전히 정당하여 아무런 안배와 사색도 필요로 하지 않는다. 성인의 정신이 천지를 도와서 세상을 다스리고 변화할 수 있는 것은 모두 여기에 근거를 두고 있다.[83]

---

81) 黃宗羲, 『明儒學案』, 권32, 10b, "子謂王子敬近日工夫如何. 對曰, 善念動則充之, 妄念動去之. 問, 善念不動, 惡念不動, 又如何. 對曰, 此却是中, 却是性, 戒愼恐懼此而已矣. 常是此中, 則善念動自知, 妄念動自知, 善念自充, 妄念自去. 如此愼獨, 便是知立大本."

82) Alfred Forke, *Geschichte der alten chinesischen Philosophie* (1927), 261쪽 주451) 참조.

83) 黃宗羲, 『明儒學案』, 권32, 11a, "只心有所向, 便是欲, 有所見, 便是妄. 既無所向, 又無所見, 便是無極而太極. 良知一點, 分分明明, 停停當當, 不用安排思索. 聖神之所以經綸變化而位育參贊者, 皆本諸此也."

왕간은 위대한 성인인 공자의 학설에 대하여 매우 쉽고 어떤 노력도 없이 배울 수 있는 것이라고 한다. 그는 공자의 도가 무한한 기쁨을 가져다주지만, 하나의 도를 이해하는 데에 많은 노력을 필요로 하는 것은 성인의 도가 아니므로 언더라도 기뻐할 수가 없다고 하였다.[84]

3. 서애

서애徐愛(1487~1517)는 자가 왈인曰仁이고 호는 횡산橫山이다. 절강성 여요餘姚 마언馬堰 출신으로, 후에 왕수인의 매제가 되었다.[85] 왕수인은 그를 자신의 안회라고 불렀다.

서애는 1508년에 진사시험에 합격한 후 지방의 지사로 임용되었고, 1512년에 공부의 관리로서 남경으로 갔다. 그는 그곳에서 왕수인을 만나 같은 배를 타고 절강성을 여행하였다. 도중에 왕수인이『대학』을 설명하였는데, 서애는 그 설명에 매우 매료되었다. 왕수인이 1514년에 예부상서였을 때 서애는 병부의 관리였다. 서애는 어느 날 남쪽으로 여행하던 중에 신묘한 꿈을 꾸었다고 한다. 꿈에서는 고타마라고 하는 사람이 나타나 그의 등을 쓰다듬으며 "너의 덕은 안자顔子(顔回)와 같지만 또한 그가 살았던 만큼만 살게 될 것이다"[86]라고 하였다. 실제로 서애는 병을 얻어 왕수인과 작별하여 고향으로 돌아간 후 1517년에 겨우 30세의 나이로 생을 마감하였다.[87] 왕수인은 부고를 받고 슬피 울었으며, 강연에서 두고두고

---

84) 黃宗羲,『明儒學案』, 권32, 7b.

85)『明史』, 권283, 11b, "女弟夫也." 黃宗羲『明儒學案』, 권11, 1a에서는 徐愛를 '內兄弟'라고 한다. 이것은 부인의 형제를 의미한다. 高瀨武次郎, 趙蘭坪 中譯,『中國哲學史』3권, 166 에서도 마찬가지이다.

86) 孫奇逢,『理學宗傳』, 권21, 2a. 顔回는 孔子의 애제자로 32살에 죽었다.

87) 孫奇逢,『理學宗傳』, 권21, 1a, 2a; 高瀨武次郎, 趙蘭坪 中譯,『中國哲學史』3권, 167쪽..

서애를 언급하였다. 한 번은 왕수인이 강의를 마친 후 문득 "왈인이 구천에서 이 말을 들을 수 있다면!"[88] 하고 탄식하더니, 제자들을 이끌고 그의 무덤으로 가서 제사지내며 그의 무덤에 말을 건넸다고 한다.

서애는 스승의 『어록』을 편찬하는 작업에 함께 참여하였다. 그는 그다지 많은 글을 쓰지는 않았다. 그는 처음에 스승의 학설을 매우 어렵게 느꼈다. 왕수인의 학설은 다른 유학자들의 것과 어긋나는 점이 많았기 때문이다. 그러나 왕수인의 학설을 파악한 다음에는 이것이 유일하게 올바른 유학의 전통이며 다른 모든 견해들은 어긋난다고 생각하였다. 서애는 왕수인에게 믿음직한 사람이어서, 자주 왕수인과 다른 제자들의 사이를 중재하였다. 제자들은 서애에게서 어려운 가르침에 대한 설명을 들었으며, 그에게 의문점을 직접 묻기도 하였다. 예컨대 왕수인의 양지이론은 처음에는 제자들에게조차 믿음을 주지 못했다가 서애에 의하여 점차 수용될 수 있었던 것이다.

서애는 처음 왕수인의 학설을 알게 되었을 때에 그를 따르고자 하였으나 큰 의심이 들었다고 하였다. 그러나 감히 스승의 가르침이 틀렸다고는 말하지 못하여 다만 철저하게 그것에 대해 깊이 생각할 뿐이었고, 그러다 보니 점차로 이해하게 되었다고 한다. 스승의 학설을 마침내 깨닫게 되자 서애는 매우 기뻐하며 다음과 같이 말하였다.

이것이 도의 본체이며, 이것이 마음이며, 이것이 배움이다. 인간의 성은 본래 선하다. 사악함은 바깥 사물이 감촉해 오는 것이니, 그것을 감촉하는 것도 그것을 버리는 것도 한 생각에 달려 있다. 이것은 어려운 일이 아니며 많은 기술을 필요로 하지 않는다. 스스로 타고난 성의 부드러움을 믿어서 큰 악을 하지 않을 수 있다면, 곧 종신토록 이와 같이 될 수 있을 것이다.[89]

---

88) 『明史』, 권283, 11b, "安得起曰仁九泉聞斯言乎."
89) 黃宗羲, 『明儒學案』, 권11, 4a, "此道體也, 此心也, 此學也. 人性本善也, 而邪惡者客感也, 感

그러나 후에 서애는 다시 사사로운 욕구에 가려 어두워져서 모든 힘을 다해 그것을 제거해야만 했다고 술회한다.

나는 이어서 나무에서 뿌리와 줄기를 구분하고, 개천에서 원천과 지류를 구분하는 것처럼 스승의 가르침에 따라 마음에서 본체와 작용을 구분해야만 했다.[90]

물었다. "지선을 단지 마음에서 구한다면, 저는 세계의 지극한 리를 모두 다하지 못할 것 같습니다." 선생이 답하였다. "마음이 리이다. 세상 어디에 마음 바깥에 일이 있고, 마음 바깥에 다시 리가 있겠는가?"[91]

서애가 말하였다. 마음은 거울과 같아서, 성인의 마음은 맑은 거울과 같고, 보통사람의 마음은 흐린 거울과 같다. 그런데 오늘날 세간의 격물에 대한 말들은 거울에 비치는 사물로써 말하는 것과 같다. 거울에 비치는 것에만 힘을 쓴다면 거울이 오히려 흐려져도 알지 못한다. 어디에 비칠 수 있겠는가? 선생의 격물은 마치 거울을 닦아 깨끗하게 만드는 것과 같다. 닦는 것에 힘쓰면 거울이 맑아진 후에는 일찍이 비치는 것을 가렸던 것이 없게 된다.[92]

선생의 말씀은 마치 물이 차고 불이 뜨거운 것과 같다. 단연코 백세 이후의 성인을 기다려 질정하더라도 미혹됨이 없을 것이다.[93]

之在於一念, 去之在於一念. 無難事, 無多術, 且自恃稟性柔, 未能爲大惡, 則以爲如是可以終身矣."

90) 黃宗羲, 『明儒學案』, 권11, 2a.
91) 孫奇逢, 『理學宗傳』, 권21, 2b, "問至善只求諸心, 恐於天下事理有不能盡, 陽明曰, 心即理也, 天下又有心外之事, 心外之理乎."
92) 孫奇逢, 『理學宗傳』, 권21, 2b, "愛曰, 心猶鏡也, 聖人心如明鏡, 常人心如昏鏡, 近世格物之說如以鏡照物, 照上用功, 不知鏡尙昏, 在何能照, 先生之格物如磨鏡而使之明, 磨上用功, 明了後亦未嘗廢照."
93) 孫奇逢, 『理學宗傳』, 권21, 2b, "又曰, 先生之說, 若水之寒, 火之熱, 斷斷乎百世以俟聖人而不惑者也."

4. 추수익

추수익鄒守益(1491~1562)은 자가 겸지謙之이고 호는 동곽東廓이며 강서성 안복安
福 출신이다. 그는 16살에 이미 거인擧人이 되었으며,[94] 20세에 진사시험에 장원으
로 합격하였다. 한림원에서 관직생활을 시작하여 후에 국자좨주로 승진하였으나,
막힘없이 상소를 올린 것이 탈이 되어 안휘성 광덕주廣德州에 판사로 좌천되었다.
은퇴 후 20년 동안 벼슬을 살지 않고 생을 마감하였다.[95]

1519년에 추수익은 왕수인에게 부친의 묘비에 쓸 글을 청하러 갔다. 애초에
왕수인의 제자가 될 생각은 전혀 없었으나, 왕수인과의 대화를 통해 그에게
매료된 추수익은 한 달 넘게 그 곁에 머문 끝에 제자가 되었다. 왕수인은 추수익이
자신의 질문을 올바로 이해한다고 칭찬하고는 하였다. 추수익은 왕수인에게
정이와 주희의 『대학』 및 『중용』 설명이 올바른 것인지 항상 의심하고 있었다고
말하였다. 그는 1524년에 광덕주에서도 왕수인을 방문하였다.

추수익은 판사로서 미신을 섬기는 사원을 폐쇄한 후 그곳을 학교로 활용하였으
며, 그곳에서 스스로 동학들과 함께 강의하였고 예를 개선하고자 노력하였다.
최후의 병에 걸렸을 때에도 그는 죽기 얼마 전까지도 친척들을 가르쳤다. 그는
아들의 부축으로 의관을 차려입고 바로 앉아서 죽음을 맞이하였다. 1567년에
그는 문장文莊이라는 시호를 받았다.

추수익은 왕수인이 죽은 후 그 문록文錄의 정리를 맡고 또 연보의 제작을
총괄하였다. 그 자신의 어록은 『동곽어록東廓語錄』으로 출간되었으며, 그가 쓴
철학적인 편지들이 정선되어 『동곽논학서東廓論學書』로 출간되었다.

추수익은 태극 또는 마음의 본체를 지각될 수 있는 것으로 여겼던 것으로
보인다. 그의 말은 다음과 같다.

---

94) 孫奇逢, 『理學宗傳』, 권21, 14a.
95) 『明史』, 권283, 9b.

생성과 소멸이 나오는 것에 대한 생각을 여태까지 사물에 나아가서 체인하고자 하였지만, 본체는 유행하는 것이 아니다. 내 마음의 본체는 순수하고 밝으며 영명하게 지각하는 능력이다. 해와 달의 항상 비추는 광채와 같이 무한하며, 강과 시내가 항상 흐르는 것처럼 깊다. 간혹 막히고 가려져서 멈추는 곳이 있지만, 장애를 제거하여 흐르게 하면 다시 그 본체를 볼 수 있다.[96]

인식을 어렵게 하는 장애물은 욕구와 정이다.

스승과 마찬가지로 추수익은 감각적인 것과 감각을 초월한 것, 신체와 마음의 동일성을 강조하며 두 영역의 일반적인 분리는 잘못된 것이라고 믿었다.

도와 기器의 분별에 대해 묻자 답했다. "온 세계를 가득 채운 것이 모두 형상과 색이다. 그 볼 수 없고 들을 수 없어서 소리와 냄새를 넘어 있는 곳에 나아간 것을 가리켜 도라 하고, 볼 수 있고 들을 수 있어서 모든 사물의 형체가 되는 것을 가리켜 기라 한다. 이것은 두 가지 다른 사물이 아니다. 그런데 지금 사람들은 도리어 형체가 없는 것을 도라고 여기고 형체가 있는 것을 기라고 여겨서 근본개념을 결렬시켜 버리고 있다.[97]

이것은 아마도 물질적인 것과 비물질적인 것 모두를 포괄하며 두 부분으로 나눌 수 없는 태극이라고 이해할 수 있을 것이다. 이것에 대한 증명으로 추수익은 인간의 정을 가리켜 물질적인 동시에 비물질적인 것이라고 한다.

희노애락은 형상과 색이다. 아직 생겨나기 이전의 혼연하여 듣거나 볼 수 없는

---

96) 黃宗羲, 『明儒學案』, 권16, 4b, "向來起滅之意, 尙是就事上體認, 非本體流行, 吾心本體精明靈覺, 浩浩乎日月之常照, 淵淵乎江河之常流, 其有所障蔽, 有所滯礙, 掃而決之, 復見本體."

97) 黃宗羲, 『明儒學案』, 권16, 15a, "問道器之別. 曰, 盈天地皆形色也. 就其不可覩不可聞, 超然聲臭處, 指爲道, 就其可覩可聞, 體物不遺, 指爲器, 非二物也. 今人却以無形爲道, 有形爲器, 便是裂了宗旨."

측면을 가리켜 중이라고 하며, 생겨나서 절도에 맞게 환히 드러나 볼 수 있는 측면을 가리켜 화라고 한다. 그런데 지금 사람들은 희노애락이 없는 것을 중이라고 여기고, 희노애락이 있는 것을 화라고 생각한다. 어찌 이것이 합할 수 있겠는가? 사람이 만약에 희노애락이 없다면 정이 없다는 것이다. 이것은 마른 나무나 타고 남은 재와 다를 것이 없다.[98]

희노애락의 정은 단지 형상적인 것으로만 파악해서는 안 되는 것이다. 정이 아직 생겨나지 않았을 때는 순수하게 정신적인 것으로서 지각될 수 없지만, 사람이 웃고 울고 이맛살을 찌푸리는 등과 같은 신체적인 현상으로 드러나게 되면 이들은 인식된다. 만약에 추수익의 상대자들이 참으로 정이 아예 없는 것을 중이라고 여기고 정이 있는 것을 화라고 여겼다면 그는 그것에 정당하게 반대할 수 있었다. 왜냐하면 정은 아직 드러나지 않아서 감각할 수 없었을 때도 없는 것이 아니기 때문이다. 정의 발생에 대한 설명과 중과 화의 개념들은 『중용』에서 유래하며 이것은 심성론적 연구의 기반이 되었다.

추수익은 또한 모든 물질적인 것과 정신적인 것을 같은 것으로 보았다.

하늘의 성과 기질의 성은 결코 두 가지 다른 것이 아니다. 인간의 이 몸은 모두 기질이 작용한 것이다. 눈이 보고, 귀가 듣고, 입이 말하고, 손과 발이 잡고 가는 것은 모두 기질이지만, 하늘의 성은 이것을 따라 유행한다.[99]

기질의 성은 하늘의 성과 함께 생겨난다. 그러므로 단지 하늘의 성만 말하고 기질의 성을 간과해서는 안 된다. 후대의 유학자들은 그릇된 방식으로 둘을

---

98) 黃宗羲, 『明儒學案』, 권16, 15a, "喜怒哀樂即形色也, 就其未發, 渾然不可視聞, 指爲中, 就其 發而中節, 燦然可視聞, 指爲和, 今人却以無喜怒哀樂爲中, 有喜怒哀樂爲和, 如何得合, 人若無 喜怒哀樂, 則無情, 除非是槁木死灰."

99) 黃宗羲, 『明儒學案』, 권16, 15b, "天性與氣質更無二件, 人此身都是氣質用事, 目之能視, 耳之 能聽, 口之能言, 手足之能持行, 皆是氣質, 天性從此處流行."

마치 두 가지 다른 사물처럼 보고서 기질의 성을 소홀히 여긴다고 그는 보았다. 기질지성을 제거하면 천성 또한 있을 곳이 없다.

추수익은 인성의 선을 확고하게 믿었다.

물었다. "성은 본래 선하다. 그러나 악 또한 성이 아니라고 할 수는 없지 않은가?" 답하였다. "눈으로 말하자면, 밝은 것은 본래 눈이지만 어두운 것 또한 눈이라고는 할 수가 없다. 당연히 그 어두운 것은 눈의 본체가 아니다."[100]

'성性'자는 '심心'과 '생生'으로 이루어져 있다. 이 마음의 생리는 정미하고 밝으며 참되고 순수하니, 이것은 작용하고 자라나게 하는 빼어난 근본이다.[101]

여기에는 무엇보다도 예와 의의 규정이 속한다.

타고난 양지는 당연히 추수익의 학설에서도 중심적인 위치를 차지한다. 그는 양지를 밤낮으로 활동하며 하늘과 함께 움직이고 함께 유행하는 초월적인 덕이라고 표현한다.[102] 시비에 대한 인식과 덕은 이 지의 작용이다. 사람은 항상 양지의 보호 아래에 있어야만 하며, 마음이 중과 화에 이르도록 해야만 한다. 이것은 근원적인 성을 순수하고 맑게 보존하는 것 또는 다시 그러한 상태로 되돌아가는 것이다. 외부로부터는 어떠한 명확한 도움도 있을 수 없다. 너무 골몰하여 파헤치고 노력하는 것은 단지 어두움으로 인도할 뿐이다.[103]

선을 실천하고 악을 고치는 것은 양지를 다하는 조목이다. 진실로 계신공구戒愼恐懼할 수 있으면 항상 정미하고 항상 밝아서 물욕에 장애를 받지 않으니, 이것이

---

100) 黃宗羲, 『明儒學案』, 권16, 11a, "問性固善也, 惡亦不可不謂之性, 曰, 以目言之明固目也, 昏亦不可不謂之目, 當其昏也, 非目之本體矣."
101) 黃宗羲, 『明儒學案』, 권16, 11a, "性字從心從生, 這心之生理精明眞純, 是發育峻極的根本."
102) 黃宗羲, 『明儒學案』, 권16, 15b.
103) 黃宗羲, 『明儒學案』, 권16, 4b.

선이다. 그 밖에 실천할 것이 무엇이 있겠는가? 이것은 결코 그릇됨이 없으니, 고칠 것도 없다.104)

선과 악을 마음의 양지에 따라 판단하지 않고 행동에 따라 판단하는 사람의 지는 보다 낮은 단계에 속한다.

성인의 가르침 중에서 가장 중요한 것 중의 하나로서 추수익은 경敬을 드는데, 그는 그것으로써 스스로 교육하는 것을 중요하게 생각하였다.

경은 세속의 때가 섞이지 않은 양지의 순수하고 맑음이다.105)

사람이 되고자 하는 사람은 인을 자기의 주업으로 삼아야만 한다. 그러면 그는 위로 하늘을 이고 아래로 땅을 밟으며 삼재의 극을 세울 수 있다. 그렇지 않으면 그는 측은하고 부끄럽게 여기는 마음이 없어서 금수와 가깝게 된다.106)

이익과 손해는 추수익의 견해에 따르면 의와 불의에 상응한다고 한다. 의를 위해 삶을 희생하는 것과 덕을 실천하다가 죽는 것은 손해가 아니다.107) 또한 추수익은 성인은 원래 어떤 특별한 재능과 능력, 어떤 탁월한 업적을 필요로 하지 않지만, 대중은 이러한 특성을 성인에게서 기대한다고 하였다.108)

마지막으로 그의 학설에서 주목할 만한 것은 최근의 심리학에서 주목되고 있는 이중의 조직을 통한 하나의 단순한 지각현상에 대한 지적이다. 추수익은

---

104) 黃宗羲, 『明儒學案』, 권16, 6b, "遷善改過即致良知之條目也, 果能戒愼恐懼, 常精常明, 不爲物欲所障蔽, 則即此是善, 更何所遷, 即此非過, 更無所改."
105) 黃宗羲, 『明儒學案』, 권16, 6b, "敬也者良知之精明, 而不雜以私欲也."
106) 孫奇逢, 『理學宗傳』, 권21, 18b, "人要做人, 便須仁以爲己任, 方可頂天履地, 立三才之極, 否則無惻隱羞惡之心, 便近於禽獸."
107) 黃宗羲, 『明儒學案』, 권16, 8a.
108) 黃宗羲, 『明儒學案』, 권16, 8a.

그것에 대하여 다음과 같이 말하였다.

눈은 이중으로 보지 않지만 밝게 보고, 귀는 이중으로 듣지 않지만 잘 듣는다.[109]

만일 각각의 눈과 각각의 귀가 따로 지각한다면 지각은 오히려 분명하지 못하게 될 것이다.

5. 전덕홍

전덕홍錢德洪(1496~1574)은 자가 홍보洪甫이고 호는 서산緒山이다.[110] 그는 왕수인의 주요 제자로서 스승과 마찬가지로 절강성 여요餘姚에서 태어났다. 1532년에 그는 왕기王畿와 함께 진사시험에 합격하여 교사가 되었다. 후에 병부의 관리가 되어 원외라는 직위에 있었는데 황제의 총신을 탄핵하였다가 그의 무고로 감옥에 갇혔으며, 그가 죽은 후에야 비로소 석방될 수 있었다.

전덕홍은 처음에는 주희의 학설을 공부하였으나 『근사록』을 읽으면서 그에게 의심을 품게 되었으며, 왕수인이 절강으로 왔을 때에 그의 제자가 되었다. 왕수인은 그에게 요순에게 이미 알려졌으며 『중용』에서 묘사하고 있다고 하는 양지를 알려주었다. 전덕홍의 아버지는 그가 왕수인을 스승으로 삼음으로써 과거시험을 합격하는 데 어려움이 따를 것이라고 우려하였다. 이에 전덕홍은 아버지에게 자신은 왕수인을 통하여 비로소 눈을 열게 되었으므로 아무 걱정이 없다고 답하였다.[111]

---

109) 孫奇逢, 『理學宗傳』, 권21, 17a, "目不兩視而明, 耳不兩聽而聰."
110) 『明史』, 권283, 10b. 본래의 이름은 '寬'이고 '德洪'은 자였는데, 후에 이름으로 사용하였다.
111) 孫奇逢, 『理學宗傳』, 권21, 4쪽 이하.

전덕홍과 왕기는 왕수인이 모함을 받고 절강으로 돌아왔을 때 그와 연계한 최초의 사람들이다. 후에 많은 사람들이 왕수인에게 찾아와 배우길 청하였을 때, 왕수인은 자신의 학설을 새로이 배우게 하기 위하여 먼저 전덕홍과 왕기를 자신의 최초의 두 제자로 소개하였다.

왕수인이 죽자 전덕홍은 상복을 입고 스승의 무덤가에 집을 지었다. 후에 그는 왕기와 함께 양명학파 중의 하나인 절강학파를 이끌어 30년 동안 제자들을 가르쳤다. 전덕홍의 저서들은 『서산회어緖山會語』 25권으로 편집되어 그의 아들에 의하여 출간되었다. 『서산회어』 4권에는 그의 어록이 담겨 있다.112)

전덕홍의 생각은 양지와 인간의 정신 또는 마음을 오간다. 그의 견해에 따르면 세상에는 단지 하나의 놀라운 정신적인 존재가 있을 뿐이다. 이것이 사물을 생성하고 변형하면, 그 총체적인 실체를 신 또는 귀라고 하며, 이것이 인간의 신체에 나타난 것을 양지라고 한다. 이러한 능력은 그러므로 어느 정도 정신적인 것이다. 이것은 볼 수 없을 정도로 정미한 동시에, 자신을 숨길 수 없을 정도로 공공연하다. 이것은 살아 있는 덕으로 위아래로 확장하며 그 빛은 꺼지지 않는다. 이것은 잡고자 해도 잡히지 않으며, 묘사될 수 없고 명백하게 정의될 수도 없다. 이 양지는 인간에게 특히 경고자(良心)로서 인식된다. 생각들은 마음의 충동하는 힘이다. 심은 이들을 주도하고 진정시키며, 그것을 위해 특정한 규칙들이 있다. 우주의 생성, 사계절 및 해와 달의 운행이 모두 이 주재자에 의해 정돈될 수 있다. 따라서 인간의 마음뿐만 아니라 전 우주가 그의 지배 아래에 놓인다.113)

하늘과 땅 사이의 전체 공간을 채우고 있는 것은 단지 이 지知뿐이다. 하늘은 단지 이 지의 허와 밝음이며, 땅은 이 지가 응취한 것이고, 귀와 신은 그의 묘한 작용이며, 사계절과 해와 달은 이 지의 유행이며, 인간과 만물은 단지 이 지의 모임과 흩어짐

---

112) 『四庫全書』, 권96, 13b.
113) 黃宗羲, 『明儒學案』, 권11, 8a.

이고, 인간은 단지 이 지의 정수이다. 이 지는 운행하며, 만고 이래로 정해진 본체를 가지고 있다. 그러므로 이것을 태극이라고 한다. 본래 소리와 냄새를 통하여 지각할 수 없기 때문에 이것을 무극이라고 한다.114)

양지는 곧 도이다. 신체적이고 정신적인 모든 사물이 이것으로 이루어진다. 이것은 확고하게 정해진 영원한 하나의 본체를 가지고 있다. 그 때문에 전덕홍은 이것을 태극이라고 하며, 주희가 태극을 리라고 하였던 것처럼 그것이 초월적이기 때문에 무극이라고 한다.

양지는 만물을 포괄한다. 이것은 하늘의 명이며 어디에나 퍼져 있다. 어떤 작은 공간에도 침투할 수 있으며, 힘차게 퍼지면 가장 큰 공간까지도 포괄한다. 이것은 허이다. 눈에서는 시력이고, 귀에서는 청력이며, 입에는 의이고, 몸에서는 예이며, 마음에서는 변화를 생성하는 생각이다. 이것은 배울 필요가 없고 궁구할 필요가 없이 저절로 명백한 하늘의 규정이며, 동시에 윤리의 근본 도리이다.

이것은 모든 조화의 참된 기틀이며 성인의 덕의 바른 위치이다.115)

실제로는 양지와 천리가 두 개의 다른 개념이 아니다. 마음이 영명하고 허령하여 밝게 살피는 것으로써 말하면 그것을 지라고 하며, 마음이 문리에 따라 조리 있고 분석하는 것으로써 말하면 그것을 리라고 한다.116)

양지는 궁구와 사유로써 알 수 있는 것이 아니라 자기 마음을 살핌으로써

---

114) 黃宗羲, 『明儒學案』, 권11, 8b, "充塞天地間只有此知, 天只此知之虛明, 地只此知之凝聚, 鬼神只此知之妙用, 四時日月只此知之流行, 人與萬物只此知之合散, 而人只此知之精粹也, 知此運行, 萬古有定體, 故曰太極, 原無聲臭可即, 故曰無極."

115) 孫奇逢, 『理學宗傳』, 권21, 10a, "此造化之眞機, 聖德之正位也."

116) 黃宗羲, 『明儒學案』, 권11, 16a, "良知天理原非二義, 以心之靈虛昭察而言, 謂之知以, 心之文理條析而言, 謂之理."

얼을 수 있다. 이 지는 선한 지이며, 하늘의 리와 함께하기 때문에 하늘의 지 즉 자연의 지라고 한다.

양지는 보고 듣는 것에서 나오는 것이 아니라 보고 듣는 것 없이 인식하게 되는 것이다. 이것은 잘못된 생각으로도 제거될 수 없는 뛰어난 통찰이기 때문에, 참된 지를 인식하게 되면 그릇된 지가 사라지게 된다.[117]

지는 사물을 주재하며 시비의 원칙이다.[118]

전덕홍의 제자들이 공허한 지의 이론에 빠졌다고 하는 비판이 있었다. 이에 대하여 전덕홍은 양지의 본체를 이해할 수 있는 궁구를 통해 그쪽으로 기울어져 간 것이라고 하면서, 이러한 인식능력은 가지와 잎으로 퍼져 나가는 식물의 생의 욕구만큼 확실하다고 한다.[119]

전덕홍은 인간의 정신과 마음의 본체는 고요하여 움직이지 않는 것이고, 생각은 단지 그의 활동일 뿐이라고 한다. 그는 다음과 같이 말한다.

이 마음은 시작이 없는 가운데에서 나오며, 본래 이것은 머물러 있는 것이다. 비록 수천 가지 생각과 근심이 있어도 그것은 단지 하늘의 기틀일 뿐이다. 자연스럽게 만 가지로 감응하지만 원래 그 본체는 항상 고요하다.[120]

인간의 욕구를 통해 마음은 본래의 고요와 탁월한 성품을 잃게 된다. 그것을 다시 회복하려고 한다면 쓸데없는 마음의 활동을 버려야만 한다.

---

117) 黃宗羲, 『明儒學案』, 권11, 12a.
118) 黃宗羲, 『明儒學案』, 권11, 15b, "知則主宰乎事物, 是非之則也."
119) 黃宗羲, 『明儒學案』, 권11, 16a.
120) 黃宗羲, 『明儒學案』, 권11, 9b, "此心從無始中來, 原是止的, 雖千思百慮, 只是天機, 自然萬感萬應, 原來本體常寂."

태허 속에는 사물이 있지 않음이 없지만 또한 어떠한 사물도 거주하지 않는다. 만약에 거주함이 있다면 그것은 태허의 장애가 될 것이다. 인간의 마음에는 감응하지 않음이 없지만 어떠한 시간도 머무름이 없다. 만약에 머무름이 있다면 그것은 태허의 장애가 될 것이다. 그러므로 분노와 즐거움, 두려움과 근심이 하나라도 드러나게 된다면 마음은 바른 상태를 보존할 수 없다. 그러므로 마음을 바르게 하는 일은 뜻을 정성스럽게 하는 데 있지, 다른 데서 구할 것이 아니다. 마땅히 본체가 밝아서 꿰뚫어야 마음이 최고의 선에 머물게 되는 것이다.121)

태허는 마음의 허 또는 태극의 허이며, 그 안에는 모든 사물과 모든 감각이 들어 있다. 사물이나 감각이 하나 또는 단시간이라도 마음에 머물게 되면, 이것은 태허를 가로막게 된다. 마음의 과정에서 이것은 특정한 방식으로 일어나게 되는데, 그것은 우리가 모든 감각과 생각을 동시에 가질 수 없으므로 이들이 서로 뒤따르게 되기 때문이다. 그러나 이것이 또한 사물에 있어서도 합당한가? 이 점에 대하여 전덕홍은 그러하다고 동의한다. 왜냐하면 그에게 마음과 신체는 같은 것이기 때문이다. 감각을 통해서 마음은 그 본체에 들어 있는 중에서 나오게 되며, 다시 거기로 되돌아가야만 한다. 이것은 모든 사물에 의하여 흩어질 수 있는 것은 아니지만, 그럼에도 불구하고 모든 사욕에서 해방되어야 하는 것이다.122)

마음의 깨달음은 정신의 꿰뚫음이며, 인간 안에 있는 본체에서 나오는 놀라운 지각이다. 학자가 그것을 매우 기이한 정신적인 것이며 깊고 은밀한 것이며 숨겨진 충동이며 숨어 있는 허무한 것이라고 주장한다면, 그는 이러한 말로

---

121) 黃宗羲, 『明儒學案』, 권11, 9b, "太虛之中無物不有, 而無一物之住, 其有住, 則即爲太虛之礙矣, 人心感應, 無時不有, 而無一時之住, 其有住, 則即爲虛靈之障矣, 故忿懥好樂, 恐懼憂患一著於有, 心即不得其正矣, 故正心之功不在他求, 只在誠意之中體, 當本體明徹, 止於至善而已矣."

122) 孫奇逢, 『理學宗傳』, 권21, 11b.

사람을 혼란스럽게 하며 참된 본성을 인식하지 못하게 하는 것이다. 학자는 양지라는 말을 들으면 금방 깊이 생각하여 골몰하지 않고 파악해야 한다. 그렇게 할 수 있다면 그는 참된 깨달음을 가지고 있는 것이다.[123]

왕수인은 세계원칙으로서의 마음의 본체는 선함도 없고 악함도 없다고 가르쳤다. 스승의 가르침을 이은 전덕홍은 왕수인의 그러한 명제를 다음의 말로써 증명하고자 하였다.

인간 마음의 본체는 한결같다. 그것을 가리켜 선하다고 하는 것은 옳다. 그것이 지극히 선하여 악이 없다고 하는 것 또한 옳다. 또한 이것이 선하지도 않고 악하지도 않다고 하는 것 또한 옳다. 선하다고 하고 지극히 선하다고 하는 것은 사람이 모두 믿어서 의심이 없는 것이다. 그러나 이것이 선하지도 않고 악하지도 않다는 주장은 무엇을 의미하는가? 지극히 선한 존재는 당연히 악을 본래 가지고 있지 않지만 선 또한 있을 수가 없다. 지극히 선한 것의 본체는 허령하여, 마치 눈이 밝고 귀가 잘 듣는 것처럼 작용한다. 허령한 본체에 먼저 선이 있을 수가 없는 것은, 마치 밝은 것에 먼저 색이 있지 않고 잘 듣는 것에 먼저 소리가 있지 않은 것과 같다. 눈에는 한 가지 색이 없기 때문에 만물의 색을 다할 수 있고, 귀에는 한 가지 소리가 없기 때문에 만물의 소리를 다할 수 있으며 마음에는 하나의 선이 없기 때문에 세상에 있는 만물의 선을 다할 수 있는 것이다. 그런데 지금 지극한 선에 대하여 논하는 사람들은 마침내 만물과 행동 가운데에서 그것을 찾으며, 먼저 이른바 정해진 리를 구하는 사람들은 이것을 사물에 대응하며 사물을 주재하는 규칙으로 여긴다. 그렇다면 허령한 것의 안에 먼저 선이 들어 있어야만 한다. 만약에 허령한 것의 안에 먼저 선이 있다면, 이것은 또한 이 귀가 아직 듣기 전에 먼저 소리를 가지고 있어야 하고 눈이 또한 아직 보지 않았을 때에 먼저 색을 가지고 있어야 하는 것이다. 이것은 보고 듣는 작용을 불가능하게 하고 또한 허령한 본체도 막아 버려서 더 이상 지극한 선이라고 할 수 없다.[124]

---

123) 黃宗羲, 『明儒學案』, 권11, 11b.
124) 黃宗羲, 『明儒學案』, 권11, 18a, "人之心體一也, 指名曰善可也, 曰至善無惡亦可也, 曰無善無

전덕홍이 감옥에 있을 때 왕기에게 부친 한 편지에는 그의 세계관이 간략하게 요약되어 있다.

생사의 참된 경지를 밟고서 내 몸과 세상이 모두 공허한데, 홀로 한 생각이 번득이는 속에 머물러 있었다. 그러던 중 밝게 빛나는 한밤중에 홀연히 깨우치니, 높은 하늘이 나를 위하여 이러한 법과 상을 베풀어서, 나에게 본래의 참된 성에는 조금의 장애도 있어서는 안 된다는 것을 보여 주었음을 알게 되었다.[125]

이것은 순수한 관념주의이다. 전덕홍의 말에 따르면 세계는 아무 본체가 없는 가상에 불과하며 실재는 단지 정신적으로만 존재하는 것이다. 세계정신은 나의 참된 인식을 위하여 참된 것으로 간주되어서는 안 되는 현상계를 설정해 두고 있다.

전덕홍은 정좌에 그다지 커다란 비중을 두지 않았다. 사람이 고요한 장소에서 정좌를 한다고 하더라도 마음은 수백 가지 생각으로 괴로울 수 있으니 걱정에서 벗어날 수 없다고 그는 생각하였다. 그러나 그것이 방해가 되는 것은 아닌데, 왜냐하면 마음의 내적 본질에 따르면 마음은 불변하기 때문이다. 지를 목표로 하는 공부는 마음을 근원적인 상태로 돌아가게 하는 목적으로 하는 것이다.[126]

惡亦可也, 曰善曰至善, 人皆信而無疑矣, 又爲無善無惡之說者何也, 至善之體惡固非其所有, 善亦不得而有也, 至善之體虛靈也, 猶目之明, 耳之聽也, 虛靈之體不可先有乎善, 猶明之不可先有乎色, 聽之不可先有乎聲也, 目無一色, 故能盡萬物之色, 耳無一聲, 故能盡萬物之聲, 心無一善, 故能盡天下萬事之善. 今之論至善者乃索之於事事物物之中, 先求其所謂定理者以爲應事宰物之則, 是虛靈之內先有乎善也, 虛靈之內先有乎善, 是耳未聽, 而先有乎聲, 目未視而先有乎色也, 塞其聰明之用, 而窒其虛靈之體, 非至善之謂矣."

125) 黃宗羲, 『明儒學案』, 권11, 17a, "親蹈生死眞境, 身世盡空, 獨留一念熒魂. 耿耿中夜, 豁然若省, 乃知上天爲我設此法象, 示我以本來眞性不容絲髮掛帶."

126) 黃宗羲, 『明儒學案』, 권11, 16b.

6. 왕기

왕기王畿(1498~1583)는 자가 여중汝中이고 호는 용계龍溪이다. 그는 절강성 산음山陰에서 태어났다. 그는 왕수인이 죽은 후에 양명학파의 우두머리가 되었다. 그와 왕수인 사이의 관계는 마치 양간과 육구연 사이의 관계와 유사하였다.[127] 친구 전덕홍과 함께 그는 스승이 죽고 난 후에 비로소 진사시험을 치렀다. 그는 관리로서 시험관에까지 이르렀다. 스승이 죽자 그는 전덕홍이 그러하였듯이 깊이 애도하여 부친상을 당한 것과 같이 상복을 입고 무덤가에서 삼년상을 치렀다. 왕수인은 생전에 그와 전덕홍에게 새로운 학생들의 입문과정을 교육하게 하였다. 새로운 학생들은 자신들을 친절하게 대해 주는 왕기를 매우 좋아하였다. 그는 논쟁에 매우 적극적으로 임하였으며 뛰어났다. 일부 사람들은 왕기가 잘못된 학설을 가지고 있다고 비난하였다. 이들은 왕기의 학설이 불교적이라고 하였다. 그러나 비난을 불러일으켰던 왕기의 도발적인 주장들은 후에 왕기가 아닌 그 제자의 것으로 밝혀졌다.[128] 왕기는 40년 동안 고향에서 교육하였으며, 80세가 넘어서도 지치지 않고 온 나라를 돌아다니면서 강연하였다. 남경과 북경 및 오·초·민·월 지방의 수많은 양명학자들이 그를 학파의 우두머리로 인정하고 본보기로 삼았다.[129] 왕기는 산동성 회성會城의 새로 설립한 학교에 스승의 그림을 걸게 하였다.[130]

왕기의 저서로는 22권에 이르는 『왕용계전서王龍溪全書』[131]가 있다.

---

127) 渡邊秀方, 劉侃元 中譯, 『中國哲學史槪論』 3권, 133에서는 그가 기술의 능력과 사유의 깊이에서 楊簡을 훨씬 능가하였으며, 그의 말들은 깊이가 있고 심오하며 매우 적절해서 배우는 사람이 입문하기에 합당하다고 적고 있다.
128) 『明史』, 권283, 13a.
129) 黃宗羲, 『明儒學案』, 권12, 1b.
130) 孫奇逢, 『理學宗傳』, 권26, 24b.
131) 渡邊秀方, 劉侃元 中譯, 『中國哲學史槪論』 3권, 133쪽.

1) 관념주의

왕기는 성인의 학설이 무에서 유로 발전하였다는 대담한 주장을 하였다. 그는 안회의 학설이 내부의 무에서 외적인 유에 이르렀으며, 반대로 자공과 자장의 학설은 외적인 유에서 출발하였다고 한다. 유가 무보다 쉽게 이해될 수 있기 때문에 자공과 자장은 많은 제자들을 가지게 되었지만 안회의 학설은 잊히게 되었다는 것이다. 그러나 이것은 왕기만의 순수한 상상이다. 공자와 그의 제자들은 형이상학적인 문제에 몰두하지 않았으며, 또한 자신의 고유한 생각을 표현하지 않았기 때문이다.[132] 왕기는 단지 그들을 증인으로 삼아서 자신의 이념을 제기하고 싶었을 것이다. 여기에서 그는 마음의 무를 도교에서의 초월적인 유와 유사하게 파악하고 있는 것으로 보인다.

마음은 유도 아니고 무도 아니며, 현상은 실재도 아니고 환상도 아니다. 잠시라도 유와 무 또는 실재와 환상에 집착하게 되면, 그것은 잘못된 견해에 떨어져서 구슬을 희롱하는 잘못을 범하게 된다. 어느 한 곳에도 집착하지 않고 어느 한 곳도 떠나지 않는 것, 이를 일러 현동縣同이라 한다.[133]

마음은 물질적이지 않기 때문에 현상적인 실재도 아니지만, 또한 존재하기 때문에 무 또한 아니다. 그 존재는 이것도 저것도 아니며, 오직 특별한 존재 즉 초월적인 존재이다. 이러한 존재를 사물 역시 가지고 있다. 불교에서는 이것을 단지 현상일 뿐이라고 말하지만, 이것은 실재적인 것도 단순한 환상도 아니다. 왜냐하면 그 안에 초월적인 마음이 들어 있기 때문이다.[134]

---

132) 黃宗義, 『明儒學案』, 권12, 12a. Alfred Forke, *Geschichte der alten chinesischen Philosophie*, 225쪽 이하 참조.

133) 孫奇逢, 『理學宗傳』, 권26, 24a, "心非有非無, 相非實非幻, 纔著有無實幻, 便落斷常辟之弄丸. 不著一處不離一處, 是謂懸同."

134) 『理學宗傳』의 저자 孫奇逢은 이 학설이 禪敎로 비판받는 것에 대해 놀랄 필요가 없다고 주의시키고 있다.

마음은 세상을 생성하는 것이다. 왕기는 다음과 같이 말하였다.

만약에 사물이 의지에서 생겨난다는 것을 안다면, 격물은 바로 의지를 바르게 하는 것일 뿐이다.[135]

이것은 사물이 단지 마음에 의하여 상상된다는 것을 의미하는 것이 아니라, 마음에 의하여 비로소 생성된다는 것을 의미한다. 그는 다음과 같이 말한다.

만물은 나에게 갖추어져 있는 것이지 의도되는 것이 아니다.[136]

왕기는 이것이 어떻게 가능한지에 대해 다음과 같이 설명한다.

내 눈이 색을 접하면 저절로 파랑과 노랑을 구분할 수 있다. 이것은 만물의 색이 눈에 갖추어져 있기 때문이다. 내 귀가 소리를 들으면 저절로 맑고 탁한 소리를 구분할 수 있다. 이것은 만물의 소리가 내 귀에 갖추어져 있기 때문이다. 내 마음의 양지는 아버지를 보면 저절로 효도하는 것을 알게 되고, 형을 보면 저절로 공손할 줄 알게 되며, 위로 군주를 만나면 저절로 공경함을 알게 되고, 우물에 빠지게 되는 어린이를 보면 저절로 측은해할 줄 알게 되며, 제사의 희생으로 끌려가는 소를 보면 저절로 죽음을 두려워할 줄 알게 된다. 이것을 미루어 나아가면 오상이 되며, 확장시켜 나아가면 백 가지 행동에 이르게 된다. 만물의 변화는 그 끝이 없지만 대응할 수 없는 것이 없는 것은, 모든 이러한 변화가 나의 양지에 구비되어 있기 때문이다. 눈이 오색을 구비할 수 있고 귀가 오성을 구비할 수 있으며 양지가 만물의 변화를 구비할 수 있는 것은 모두 이들이 비어 있기 때문이다. 완전히 비어 있게 한다면, 저절로 물욕과의 사이가 없게 될 것이다. 나의 양지는 저절로 만물과 서로 흘러서 통하게 되며, 막혀서 멈추는 곳이 없다.[137]

---

135) 黃宗羲, 『明儒學案』, 권12, 28b, "若知物生於意, 格物正是誠意."
136) 黃宗羲, 『明儒學案』, 권12, 7a, "萬物皆備於我, 非意之也."

왕기는 여기에 덧붙여 자신의 이론을 믿지 않는 유학자들의 견해에 대하여 언급한다. 왕기의 말에 따르자면 그들은, 사람이 본래 빨간 색을 가지고 있지 않았다면 눈이 이 색을 구분할 수 없을 것이며 궁음과 우음을 듣지 못했다면 귀가 이 음을 지각할 수 없을 것이라고 생각하여, 색과 소리의 구분은 객관적인 상관관계를 필요로 한다고 믿었다. 그러나 왕기는 객관적인 상관관계는 결여될 수 있다고 믿는다. 그는 다음과 같이 말한다.

하늘의 기틀은 안배되는 것이 없다. 고요가 있고 감응이 있으면 곧 안배된다.[138]

우주는 땅이나 하늘을 필요로 하지 않는다. 세계의 생성은 마음의 고요와 감응만으로도 충분하다. 이런 순수한 관념주의적 세계관은 충분히 반대자들에 의하여 불교 또는 선종으로 비난받을 만했을 것이다. 스승 왕수인에게서 나타나는 동일철학의 현실적인 요소들이 왕기에게서는 드러나지 않는다.

2) 마음

왕기는 마음의 내적 본질을 고요라고 하고 밝음을 마음의 활동으로 본다. 인과 의, 수치와 부끄러움은 마음의 타고난 특성들이다. 이것들은 상황이 생기면 배우지 않아도 저절로 드러난다.[139] 마음의 주요한 특성은 또한 허이다. 허가 없으면 마음에 감정·생각·상상이 생겨날 수 없다.

---

137) 黃宗羲, 『明儒學案』, 권12, 7a, "吾之目遇色, 自能辨青黃, 是萬物之色備於目也, 吾之耳遇聲, 自能辨淸濁, 是萬物之聲備於耳也, 吾心之良知遇父, 自能知孝, 遇兄, 自能知弟, 遇君上, 自能知敬, 遇孺子入井, 自能知怵惕, 遇堂下之牛, 自然知觳觫, 推之爲五常, 擴之爲百行, 萬物之變不可勝窮, 無不有以應之, 是萬物之變備於吾之良知也, 夫目之能備五色, 耳之能備五聲, 良知之能備萬物之變, 以其虛也, 致虛則自無物欲之間, 吾之良知自與萬物相爲流通, 而無所凝滯."
138) 黃宗羲, 『明儒學案』, 권12, 7b, "天機無安排, 有寂有感即是安排."
139) 黃宗羲, 『明儒學案』, 권12, 5b.

인간의 마음은 비어 있어야만 한다. 단지 비어 있어야 도를 모을 수 있다. 항상 가슴 가운데를 비워서 작은 장애도 없게 하는 것이 바로 올바른 공부이다.[140]

마음에 대한 인식과 더불어 왕기에게서 또 하나 주목되는 것은 기에 대한 인식이다. 그는 기를 주희의 물질적인 원리로 이해할 수 없다고 하는데, 그것은 그가 물질적인 사물의 존재를 마음과 함께 인정하지 않기 때문이다. 기氣라는 표현에는 또한 힘·에너지·생기·정·분노와 같은 다른 의미도 있다. 왕기의 정의는 이러한 것을 암시한다.

인간은 정신과 기를 통하여 인간이 되는 것이다. 정신은 기를 주재하며, 기는 정신이 유행하게 한다. 정신은 성이 되고, 기는 명이 된다.[141]

이에 따르면 기는 어느 정도 정신적인 부류로서, 생기 또는 삶의 기운이라고 할 수 있다. 기를 수단으로 삼아 마음이 유행하게 된다. 명이 기로써 이루어지기 때문에, 여하튼 기는 물질적인 것이 아니다.

인간의 성에 대하여 그는 다음과 같이 생각하였다.

성은 리가 응취한 것이고, 마음은 이 응취한 것을 주재하는 것이며, 의意는 이 주재하는 것이 드러나 움직인 것이다. 지는 이 밝게 깨닫는 마음의 본체이며, 사물은 감응하여 드러나는 마음의 작용이다. 세상에는 성 바깥에 리가 없으니, 어떻게 다시 성 바깥에 사물이 있겠는가?[142]

140) 黃宗羲, 『明儒學案』, 권12, 9a, “人心要虛, 惟虛集道, 常使胷中豁豁無些子積滯, 方是學.”
141) 黃宗羲, 『明儒學案』, 권12, 23b, “人之所以爲人神與氣而已矣, 神爲氣之主宰, 氣爲神之流行, 神爲性氣爲命.”
142) 黃宗羲, 『明儒學案』, 권12, 39b, “性則理之凝聚, 心則而凝聚之主宰, 意則主宰之發動, 知則而其明覺之體, 而物則感應之用也, 天下無性外之理, 豈復有性外之物乎.”

이러한 설명에 따르면 단지 하나의 세계원칙 즉 마음이 있으며, 외부세계를 주재하는 다른 물질적인 리도 없다. 인간의 마음 바깥에는 어떤 사물도 없다. 사물은 단지 마음의 감응일 뿐이며, 따라서 정신적인 과정일 뿐이다.

3) 양지

스승 왕수인처럼 왕기 또한 세상의 모든 것이 마음 또는 양지에서 나온다고 한다. 그는 양지의 본질을 다양한 방식으로 명백하게 설명하고자 한다.

지는 마음의 본체이다. 이른바 시비의 마음은 사람이 모두 가지고 있다.[143]

양지는 정신의 밝은 덕이며 고요하다.[144]

양지를 주재하는 것은 이른바 신이며, 양지의 유행은 이른바 기이다. 그 기틀은 한 생각의 은미함에서 나오는 것이 아니다.[145]

양지는 하늘의 스스로 그러한 신령함이다. 항상 하늘의 기틀을 따라서 운행하고 변화한다.[146]

양지의 본체는 본래 움직임도 없고 고요함도 없지만, 또한 본래 변동하여 모든 곳에 유행한다. 이것이 학문에서 가장 중요한 것이다.[147]

---

143) 黃宗羲, 『明儒學案』, 권12, 10a, "知者心之本體, 所謂是非之心, 人皆有之."
144) 黃宗羲, 『明儒學案』, 권12, 39b, "良知卽是神明之德, 卽是寂."
145) 黃宗羲, 『明儒學案』, 권12, 18a, "良知之主宰卽所謂神, 良知之流行卽所謂氣, 其機不出於一念之微."
146) 黃宗羲, 『明儒學案』, 권12, 9b, "良知是天然之靈竅, 時時從天機運轉變化."
147) 黃宗羲, 『明儒學案』, 권12, 11b, "良知本體原是無動無靜, 原是變動周流, 此便是學問頭腦."

본체는 마치 허공중의 새의 흔적과 같고 물속에 비친 달의 그림자와 같다는 것을 받아들여야만 한다. 있는 것 같고 없는 것 같으며 잠긴 것 같고 떠 있는 것 같아서, 그것을 비교하고 논의하면 모순적인 것이 나온다. 이것은 앞으로 나아가며 동시에 뒤로 돌아간다. 신의 기틀은 묘하게 대응한다. 그의 본체는 본래 빈 것이어야만 한다. 어디에 따라 그것을 인식할 것인가? 여기에서 다른 것을 깨달아 들어오는 것이 있게 되면, 바야흐로 이것이 형상이 없는 가운데의 진면목이며 힘 들일 것 없는 가운데의 큰 힘이라는 것이 드러난다.[148]

움직이지도 않고 고요하지도 않으며 있지도 않고 없지도 않은 것은 초월적인 것이다. 이처럼 각각의 특성은 대립적인 것을 통해 다시 지양된다. 이것은 단지 감각을 초월해 있는 양지의 존재는 설명될 수 없다는 것을 보여 준다.

왕기는 주희와 그의 상대주의에 대하여 다음과 같은 말을 남겼다.

주문공은 천하만물의 각지고 둥긂, 가볍고 무거움, 길고 짧음에는 모두 정해진 리가 있으며, 반드시 외부의 사물이 이른 후에 안의 지가 이른다고 하였다. 그러나 우리 스승은 만물의 리는 하나의 양지에 지나지 않으며, 규정과 척도가 나에게 있어서 천하의 각지고 둥근 것이 그 작용을 넘어설 수 없다고 하였다. 나의 이 척도가 없으면 가볍고 무거움, 길고 짧음의 리 또한 있을 수 없다.[149]

왕기는 내 마음 바깥에 있는 형상이나 중량은 마음과 무관하게 세상에 자체적으로 존재할 수 없다고 보았다. 이들은 객관적인 존재를 가지고 있지 않은 사물로서 나에 의하여 비로소 설정된다.

---

148) 黃宗羲, 『明儒學案』, 권12, 11b, "當下本體如空中鳥跡, 水中月影, 若有若無, 若沉若浮, 擬議即乖, 趨向轉背, 神機妙應, 當體本空, 從何處識, 他於此得個悟入, 方是無形象中眞面目, 不著纖毫力中大著力處也."
149) 黃宗羲, 『明儒學案』, 권12, 28a, "文公謂天下之物方圓輕重長短皆有定理, 必外之物格, 而後內之知至, 先師則謂事物之理皆不外於一念之良知, 規矩在我, 而天下方圓不可勝用, 無權度, 則無輕重長短之理矣."

양지에서 덕이 나온다는 것은 곧바로 이해할 수 있는 것은 아니다. 이에 대해 왕기는 다음과 같이 말한다.

양지는 인간 신체의 신령한 기이다.…… 지가 신체를 가득 채운 것이 인이고, 지가 결단하고 제재하는 것이 의이며, 지가 조절하고 치장하는 것이 예이다.[150]

왕기 또한 그의 스승 왕수인과 같이 양지로 인하여 모든 인간의 안에는 각기 성인이 들어 있다고 말한다.[151]

한 점 양지의 텅 비고 밝음이 성인이 되는 기틀이다. 항상 이 한 점 텅 비고 밝은 것을 보호하고 돌보아서 잠시라도 꺼지는 일이 없도록 해야 한다.[152]

양지의 조화 능력에 대하여 왕기는 다음과 같은 말을 하였다.

양지는 생성과 변화의 정령이다. 우리 인간은 마땅히 생성과 변화를 공부해야만 한다. 생성은 무에서 나와서 유로 드러나며, 변화는 유에서 시작하여 무로 돌아간다. 나의 정령은 천지만물을 생성하지만, 천지만물은 다시 무로 돌아간다. 생성하지 않는 때가 없고 변화하지 않는 때가 또한 없다.…… 이와 같다면 생성과 변화는 나에게 달려 있는 것이다.[153]

---

150) 黃宗羲, 『明儒學案』, 권12, 11a, "良知是人身靈氣,……故知之充滿處即是仁, 知之斷制處即是義, 知之節文處即是禮."
151) 孫奇逢, 『理學宗傳』, 권26, 28a.
152) 黃宗羲, 『明儒學案』, 권12, 11a, "良知一點虛明便是入聖之機, 時時保任此一點虛明, 不爲旦晝梏亡."
153) 黃宗羲, 『明儒學案』, 권12, 11a, "良知是造化之精靈, 吾人當以造化爲學, 造者自無而顯於有, 化者自有而歸於無, 吾之精靈生天生地生萬物, 而天地萬物復歸於無, 無時不造, 無時不化,…… 如此則造化在吾手."

왕기는 마음이 생각을 시작함으로써 양지가 어둡게 되지만 본래의 순수함을 잃는 일이 없다고 한다. 이것은 어떤 생각에도 의존하지 않는 신령한 통찰이다. 이러한 자를 왕기는 '독지獨知'라고 표현한다. 이 독지가 바로 천리이지만, 그렇다고 해서 천리가 독지 속에 들어 있다고 말해서는 안 된다. 그렇게 하면 천리와 독지가 서로 다른 사물이 되어 버리기 때문이다. 이 둘은 같은 것이다.[154]

양지가 곧 독지이며, 독지가 곧 천리이다. 독지의 본체는 본래 소리도 없고 냄새도 없으며, 본래 알 수 없는 바가 아니며, 본래 정체된 곳도 없고 골라서 택할 수 있는 것도 아니며, 본래 위아래를 꿰뚫는다. 독지는 곧 본연의 체이니, 신독이 바로 그 공부이다. 다만 이것이 미발 때의 선천공부인 것은 맞지만, 만약에 양지를 후천의 공부에 속하게 한다면 온전한 본체가 힘을 얻지 못하게 될 것이니, "모름지기 선천의 공부는 반드시 근본해야 할 것이 있다"라고 하면서도 도리어 머리 위에 다시 머리를 얹어두는 꼴이다. 이 얼마나 미혹된 것인가?[155]

왕기는 명대에 비로소 리학의 기반이 형성되었다는 관점을 대표한다. 그는 진헌장을 거쳐 왕수인에 이르러 비로소 리학이 완전하게 되었다고 주장한다.[156]

4) 선과 악

왕수인은 마음의 지가 선하지도 악하지도 않으며 그로부터 세 가지 결과가 나온다는 학설을 정립하였다. 전덕홍은 이를 통해 사유지설四有之說[157]을 이끌어 내었는데, 왕기는 전덕홍의 설을 부정하면서 다음과 같이 주장하였다.

---

154) 黃宗羲, 『明儒學案』, 권12, 29a.
155) 黃宗羲, 『明儒學案』, 권12, 28b, "良知即是獨知, 獨知即是天理, 獨知之體本是無聲無臭, 本是無所知識, 本是無所粘帶揀擇, 本是徹上徹下, 獨知便是本體, 愼獨便是功夫, 只此便是未發先天之學, 若謂良知只屬後天, 未能全體得力, 須見得先天, 方有張本, 却是頭上安頭, 斯亦惑矣."
156) 黃宗羲, 『明儒學案』, 권12, 28b.
157) 실제로는 뒤의 셋은 유에 관한 것이고 첫 번째는 무에 관한 것이다.

마음과 의와 지와 사물은 단지 하나의 일이다. 마음이 선도 없고 악도 없는 것임을 깨닫게 되면, 의 또한 선도 없고 악도 없는 의가 되고, 지 또한 선도 없고 악도 없는 지가 되며, 사물 또한 선도 없고 악도 없는 사물이 된다.[158]

왕기는 그러므로 세상에는 객관적으로 선하거나 악한 것이 아무것도 없으며, 선과 악은 단지 주관적인 인간의 가치판단일 뿐이라고 주장한다. 그는 전덕홍의 사유지설四有之說은 다만 사무지설四無之說일 뿐이라고 하였다.

왕기와 전덕홍은 왕수인이 작위를 받고 떠나기 직전에 스승을 찾아 판결을 청하였고, 왕수인은 절강성의 천천교天泉橋에서 다음과 같은 가르침을 내렸다. 이 유명한 일화는 『전습록』과 『왕용계전서』에 실려 있다.

두 사람이 각기 말한 네 구절은 나의 학설에 모두 들어 있다. 사무지설은 지의 최고 단계를 위한 근간이며, 사유지설은 낮은 단계를 위한 바탕이다. 최고 단계는 사물의 본질을 단번의 갑작스런 깨달음을 통해 인식할 수 있고, 낮은 단계는 이러한 지를 아직 이해할 수 없으므로 선을 행하고 악을 제거함으로써 점차적으로 거기에 나아가야 한다.…… 왕기의 견해는 자질이 빼어난 사람들을 위한 가르침이고, 전덕홍의 견해는 그에 미치지 못하는 사람들을 위한 가르침이다. 왕기의 견해는 내가 오랫동안 말하려 했던 것이지만, 나는 사람들이 제대로 이해하지도 못하면서 공연히 높은 단계만을 추구하게 될까 두려워하여 침묵했던 것이다.[159]

왕기는 또한 그의 스승처럼 마음이 본래 완전히 선하다고 하면서, 다시 마음의 여러 단계를 설정하여 악은 두 번째 단계에서 비로소 생겨난다고 한다.

---

158) 鍾泰, 『中國哲學史』, 권2, 101, "心意知物只是一事, 若悟得心是無善無惡之心, 則意卽是無善無惡之意, 知卽是無善無惡之知, 物卽是無善無惡之物."
159) 鍾泰, 『中國哲學史』, 권2, 101.

우리 인간의 모든 세속적인 감정, 기호, 욕구는 모두 의意로부터 생겨난다. 마음은 본래 완전히 선하다. 그것이 의에 의하여 움직이면 비로소 선하지 않은 것이 나타난다. 만약 선천의 심체에 기초한다면 비록 의의 움직임이 있더라도 스스로 선하지 않음이 없어서, 세상의 감정·기호·욕구를 용납하지 않을 것이며 치지의 공부도 간략해질 것이다. 반대로 후천의 의에 기초한다면 세상의 감정·기호·욕구가 뒤섞임을 막을 수 없게 되고 치지의 공부도 번쇄해질 것이다. 안회가 한 것은 선천의 학문이고, 자사가 한 것은 후천의 학문이다.[160]

5) 행과 불행

왕기는 행과 불행이 선행과 악행의 결과이자 그 증거라고 하는 보편적인 견해를 신봉한다. 그는 행과 불행, 선행과 악행의 사이에 자연스러운 상호작용이 일어난다고 한다. 그는 이것에 성현과 일반인의 차이가 없으며, 다만 성현과 일반인은 행과 불행에 대하여 다른 견해를 가지고 있다고 한다. 그에 따르면 일반인은 부와 장수를 행복으로 여기고 가난과 일찍 죽는 것을 불행으로 여긴다. 반대로 성인은 좋은 생각을 행복으로 여기며 나쁜 생각을 불행으로 여긴다. 그러므로 왕기는 성인에게는 일찍 죽은 안회와 스스로 삶을 버린 의인이 행복하게 보이고 부와 장수를 누리는 도적이 불행하게 보인다고 한다.[161] 왕기는 당연히 성현처럼 행복이 외적인 것에 있는 것이 아니라 선하고 의로운 신념에 있다는 것을 확신한다. 부귀가 아니라 스스로 생을 마친다고 하더라도 덕을 잃지 않는 것이 복이며, 복은 중국에서 그 자체가 선으로 간주된다.

---

160) 黃宗羲, 『明儒學案』, 권12, 4b, "吾人一切世情嗜欲皆從意生, 心本至善, 動於意, 始有不善, 若能在先天心體上立根, 則意所動, 自無不善, 世情嗜欲自無所容, 致知功夫自然易簡省力, 若在後天動意上立根, 未免有世情嗜欲之雜, 致知功夫轉覺繁難, 顔子先天之學也, 原憲後天之學也." 선천과 후천의 공부는 주자학파에서 주장하는 미발과 이발의 공부를 말한다.
161) 孫奇逢, 『理學宗傳』, 권26, 32b.

6) 명상

왕기는 공부한 성과가 만족스럽지 못하였기 때문에 명상에 이르렀다고 한다. 그는 말없이 정좌하였지만 처음에는 성공을 거두지 못하였는데, 그것은 많은 의意들을 제거할 수 없었기 때문이다. 그러다가 갑자기 마음이 더 이상 움직이지 않는다는 것을 알게 되었다. 이삼일 동안 그는 거의 마비된 것과 같았다. 그의 생각은 멈추었다. 그는 가슴에서 뭔가 보이지 않는 것이 오르는 것 같았다. 점차 밝은 광채가 퍼졌으며, 그는 큰 행복을 느꼈다. 내적으로는 광채가 있는 반면에 외적으로는 완전한 허에 이르렀다. 내와 외가 일치하였으며 허로 둘러싸였던 것이 하나의 공간이 되었다.

왕기는 그러나 그의 스승처럼 명상에 큰 비중을 두지는 않았다. 그에 따르면, 옛사람들은 아직 명상에 대하여 아무것도 알지 못하였으며, 단지 은미함과 성, 용맹정진과 본성의 회복만을 말하였다. 사람들은 외적인 사물을 접하더라도 결코 자기의 욕구에 따르지 않았는데, 이것은 명상과 마찬가지로 좋은 것이다. 반면에 무욕을 목표로 설정하여 닫힌 문 뒤에서 고요하게 정좌하는 것만을 고집하는 사람은 오히려 쉽게 옆길로 빠져서 불교와 도가의 허무로 추락하게 되며 삶에 있어서는 악하게 된다. 이러한 위험에 대해서는 이미 왕수인이 누차 지적한 바 있다.[162]

7) 호흡법

왕기는 일반적으로 명상의 일부 또는 전단계로 간주되는 호흡법에 보다 큰 비중을 두었다. 그는 호흡법을 네 종류로 구분한다. 그 중에서 바른 호흡법은 단지 네 번째 호흡법 한 가지로, 다른 호흡법은 조절되지 않는 반면에 이것은

---

162) 黃宗羲, 『明儒學案』, 권12, 5a.

조절될 수 있다. 첫 번째 호흡법(風)은 코로 호흡하는 것으로서 소리가 있다. 두 번째 호흡법(喘)은 호흡에 장애가 있기는 하지만 소음이 없다. 세 번째 호흡법(氣)은 소음과 장애가 없지만 약간 거칠다. 네 번째의 올바른 호흡법(息)은 아무것도 의식하지 않은 채 공기를 들이쉬고 마시는 것이다. 여기에서 마음은 조화롭게 작용하며 기분은 기쁨으로 충만하다.

명상을 연습하고자 한다면 숨을 조절하는 것으로 시작해야만 한다. 이를 통하여 마음은 지지할 것을 얻으며, 마음과 기는 서로 상대를 보존한다.

호흡이 조절되면 마음이 안정되고, 마음이 안정되면 호흡이 더 잘 조절된다. 참된 호흡은 그 오고 가거나 들이쉬고 내쉬는 기틀이 천지의 생성과 변화의 작용을 빼앗을 수 있으니, 마음과 호흡이 서로 의지한다. 이를 일러 호흡이 그 뿌리로 돌아간다고 하고, 천명의 싹이라 하는 것이다. 잠깐이라도 은미한 밝음이 있으면 항상 깨어 있으면서도 항상 고요할 수 있으니, 삼교의 종지를 모두 포괄한다. 우리 유학자들이 말하는 연식법燕息法이나 불교도들이 말하는 반식법反息法, 도교에서 말하는 종식법踵息法은 조화와 생멸의 현묘한 기틀이다. 이로써 학설이 생겨나고 이로써 생이 보호되니, 이것은 위아래를 하나로 꿰뚫는 도이다.163)

왕기는 침잠 또는 착란의 상태에서나 나타날 수 있을 법한 신비적이고 미술적인 과정을 올바른 호흡법으로 삼았다. 그는 호흡을 통하여 사람이 세계생성의 능력을 지니게 된다고까지 말하고 있다. 각 호흡은 모든 존재의 근원에까지 이를 수 있으며, 인간의 호흡은 세계정신의 호흡과 동일하다. 그러므로 그는 다음과 같이 말한다.

---

163) 黃宗羲, 『明儒學案』, 권12, 24a, "息調則心定, 心定則息愈調. 眞息往來呼吸之機, 自能奪天地之造化, 心息相依, 是謂息息歸根, 命之蒂也. 一念微明常惺常寂, 範圍三教之宗, 吾儒謂之燕息, 佛氏謂之反息, 老氏謂之踵息, 造化闔闢之玄機也, 以此徵學, 亦以此衛生了, 此便是徹上徹下之道."

인仁은 생의 리이며, 호흡은 그 낳고 변화하는 근원의 리로서 일찍이 기와 더불어 떨어진 적이 없었다. 인간과 우주의 호흡은 같은 본체를 함께한다.[164]

7. 나홍선

나홍선羅洪先(1504~1564)은 자가 달부達夫이고 호는 염암念菴이다. 그는 강서성 길수吉水에서 출생하였다.[165] 그는 14살에 『전습록傳習錄』을 읽은 뒤 먹고 자는 것을 잊을 정도로 매료되어 왕수인의 제자가 되고자 떠나려 했지만 아버지의 반대로 뜻을 이루지 못하였다. 그는 먼저 고향의 선생에게 배우다가 이후에 왕수인에게 갔으며, 그곳에서 왕기와 전덕홍을 만나 그들과 연계하였다. 그는 역사・지도이해・지리・의례・음악・자연학・수학・천문학・수리학・정치학・병법 등 다양한 영역의 포괄적인 지식을 습득하였다.

나홍선의 집은 매우 가난하였다. 그래서 그는 생계를 위하여 날씨를 가리지 않고 나가서 짐을 날랐으며 말 타고 활 쏘는 일들도 하였다.[166] 1529년에 진사시험에 장원으로 합격하여 한림원에 임용되었으나, 그리 높은 관직에는 오르지 못한 것으로 보인다. 그는 평소 손님을 맞이할 때 예를 다하여 평판이 좋았다. 관복을 입고 손님을 맞이하였으며, 스스로 방석을 내놓고 상을 들어 술을 권하였다. 그는 자주 명상에 몰두하였다. 호랑이가 출몰한다는 소문이 도는 곳에다 석련石蓮이라는 바위굴을 짓고 명상한 적도 있었는데, 3년 동안 그곳을 떠나지 않았다고 한다.[167] 너무 검소한 탓에 그가 죽었을 때에는 장례를 치를 돈조차

---

164) 黃宗羲, 『明儒學案』, 권12, 41a, "先生曰, 仁是生理, 息卽其生化之元理, 與氣未嘗離也. 人之息與天地之息, 原是一體."

165) 『明史』, 권283, 18a,

166) 『明史』, 「傳記」, 17b.

167) 『明史』, 「傳記」, 18a.

남아 있지 않았다. 시호는 문공文恭이다.

나홍선은 왕수인의 전기를 썼으며, 18권에 이르는 전서를 남겼다.[168] 이것들은
보통의 경우와 마찬가지로 편지, 설명글, 서문, 후기 등이나 경전이나 철학자에
대한 해설 등을 담고 있으며, 특히 양명학파에 대한 정의 및 친우들 사이의
논의도 싣고 있다. 그의 관심은 마음공부를 위한 수행에 있었다. 그는 형이상학적
인 문제들의 가치를 인정하지 않았다.

왕수인의 동일철학의 관점은 왕기나 전덕홍보다 나홍선에게서 훨씬 더 날카롭
게 표현되었다. 이는 그가 사물의 객관적 실재를 인정했기 때문이다. 나홍선에게서
는 사물의 객관적인 실재가 단순한 생각의 형상 또는 반응인 것처럼 심하게
위축된 형태로 나타나지는 않았다. 그는 다음과 같이 말한다.

> 사물은 지의 감응이고 지는 의의 영명함이니, 지가 사물에 감응한 뒤에 의가 있게
> 된다. 의는 마음의 움직임이고, 마음은 몸의 주재이며, 몸은 천하국가의 근본이
> 다.…… 사물이 없는 지가 없고, 지가 없는 의가 없고, 의가 없는 마음이 없고,
> 마음이 없는 몸이 없고, 개인(몸)이 없는 가정·국가·천하는 없다.[169]

스스로 모든 영역에 대한 포괄적인 지식을 지녔음에도 불구하고 나홍선은
불확실성을 띨 수밖에 없는 후천적인 지식 자체는 진리와 거짓 사이를 구분하는
능력보다 덜 중요하다는 통찰에 이른 것으로 보인다. 그는 다음과 같이 말한다.

> 오늘날의 학자들은 마음의 본체가 아직 회복되지 않았으므로 반드시 널리 공부하
> 여 마음을 확충한 뒤에야 폐단이 없이 거의 두루 갖추어진다고 여긴다. 그러나

---

168) 鍾泰, 『中國哲學史』, 권2, 103.
169) 黃宗羲, 『明儒學案』, 권18, 47a, "物者知之感也, 知者意之靈也, 知感於物而後有意. 意者心之
動也, 心者身之主也, 身者天下國家之本也.……無無物之知, 無無知之意, 無無意之心, 無無心
之身, 無無身之家之國之天下."

이것은 다만 헤아리고 상상하는 것을 두려워하여 나를 이끌어다 사물을 따르게 하는 것이다. 이것이 어찌 텅 빈 가운데 편안하게 거처하고 그칠 줄을 아는 것이겠으며, 어찌 고요한 가운데 움직이지 않고 감응하여 통하는 것이겠는가? 거울로 비유하자면 먼지를 제거하고 나면 밝음이 저절로 회복되는 것이지, 거울 모양의 아름답거나 추함에 따라 빛의 부족함이 있게 된다는 말을 나는 아직 들어보지 못했다. 그러므로 옳고 그름을 아는 영명함을 도구로 삼아야지, 지식이 넓은지 좁은지를 옳고 그름으로 삼아서는 안 된다.[170)

나홍선은 유일한 리인 양지를 출발점으로 삼아, 양지가 없이는 감각과 도리도 있을 수 없다고 말한다. 그에 따르면 양지는 아름다운 상을 보면 그것을 아름답다고 여기고 나쁜 냄새를 맡으면 그것을 역하게 느낀다. 양지는 생각하거나 유추하는 것이 아니라 중의 상태에서 저절로 나오는 것이다. 세상의 도를 인식하기 위하여 신체조직이 꼭 필요한 것은 아니다.[171)

마음이 고요하게 비어 있는 동안에는 양지도 고요하여 활동하지 않고 있다.[172) 왕기는 양지가 완전한 천성으로서 그것을 얻기 위한 최소한의 노력도 필요로 하지 않는다고 생각하였지만, 나홍선은 양지가 그와 같이 완전하게 갖추어져 있는 것은 아니므로 그 획득을 위한 후천전인 노력이 있어야 한다고 보았다.[173)

나홍선의 가장 주요한 제자는 호직이다.

---

170) 黃宗羲, 『明儒學案』, 권18, 5a, "今之學者, 以本體未復必須博學以充之, 然後無蔽似周備矣. 只恐捉摸想像, 牽己而從之, 豈虛中安止之道, 豈寂然不動感而遂通者乎. 譬之鑑然, 去塵則明自復, 未聞有定妍媸之形以補照之不及者也. 故以是非之靈明爲把柄, 而不以所知之廣狹爲是非."
171) 黃宗羲, 『明儒學案』, 권18, 6b.
172) 『明史』, 권283, 17b.
173) 『明史』, 권283, 45b.

제6장 동림서원의 철학자들

1. 고헌성

고헌성顧憲成(1550~1612)의 자는 숙시叔時이고 호는 경양涇陽이다. 무석無錫 출신으로, 사형제 중 셋째로 태어났다. 9세 때 그는 이름이 오히려 족쇄가 될 수 있으므로 금기로 삼아야 한다는 한유의 글을 읽은 후 자기 아버지의 이름인 '학學'자를 피하려고 했으나 매번 그 글자를 접하게 되어 안타까워했다. 이에 그의 아버지는 글자 하나에 얽매인다면 공부에 방해가 될 것이라 하면서, 한韓의 옛 군주가 아들에게 충忠이라는 이름을 지어 준 의미를 되새기라고 했다. 14세부터 15세까지 그는 장기張淇에게서 배웠으며, 이후에는 설응기薛應旂에게서 배웠다. 1580년에 진사시험에 합격하였고, 1608년에 이부낭중으로 위촉되었다. 이후 세도들을 비판하였다가 관직에서 쫓겨나게 되자 동림서원東林書院에서 강학하며 학자와 관리들의 정치모임인 동림당을 이끌었다. 1629년에 이부 우시랑에 추증되었으며, 단문端文이라는 시호가 내려졌다.

철학적으로 고헌성은 왕수인에 근접하지만 인간의 성이 선하지도 악하지도 않다고 하는 견해에는 격렬하게 반대하였으며, 세상의 부패가 이러한 학설의 보급으로 인하여 시작된다고 믿었다.[1] 그가 남긴 저서들은 그의 3대손에 의하여 37권의 유서遺書와 연보 1권의 부록으로 편집되었다. 유서에는 『소심재차기小心齋

---

1) 黃宗羲, 『明儒學案』, 권58, 5a.

箚記』가 수록되어 있는데, 그 내용은 대부분 철학적인 것들이다.[2]

고헌성은 성을 태극이라고 보고 있다. 그는 다양한 학파의 철학자들이 모두 태극에 관한 고유한 견해를 가지고 있는데 그 견해가 매우 단면적이라고 하면서, 그 이유는 음양과 오행을 태극 고유의 것인 듯이 이해했기 때문이라고 한다.[3] 그는 성이 본래 인간 마음의 본질이며 하늘 또는 세계의 본질이라고 한다. 그러므로 그는 다음과 같이 말한다.

마음이 마음일 수 있다는 것은 살과 피로 이루어진 것이 아님을 말한다. 마음에 응해 오면 반드시 근본되는 곳이 있으니, 바로 성이다. 성을 버리고서 마음을 말한다면 그 궁구함이 반드시 감정이나 의식으로 떨어져서 거칠기만 하고 정미하지 못하게 된다. 하늘이 하늘일 수 있다는 것은 어둡고 아득한 것이 아님을 말한다. 하늘에 응해 오면 반드시 부착할 곳이 있으니, 바로 성이다. 성을 버리고서 하늘을 말한다면 그 궁구함이 반드시 사람에게 마땅한 것을 바깥에서 구하게 되어 텅 비기만 하고 실답지 못하게 된다.[4]

인용문에서 성은 무의식적인 지, 즉 양지와 동등하게 설정되어 있다. 그러므로 고헌성은 또한 다음과 같이 말한다.

배우지 않고도 할 수 있고 생각하지 않고도 알 수 있다는 것은 바로 성에 대한 말이다. 만일 어린아이가 배우지 않고도 할 수 있는 것을 들어 말한다면 이로부터 미루어 성인이 힘쓰지 않고도 중절하는 것을 말할 수 있고, 어린아이가 생각하지

---

2) 顧憲成의 다른 저서들로는 『涇皐藏稿』, 『大學通考』, 『還經錄』, 『證性編』, 『夢語』, 『寐言』 등이 있다. 鍾泰, 『中國哲學史』, 권2, 110쪽 참조.

3) 黃宗羲, 『明儒學案』, 권58, 8b.

4) 黃宗羲, 『明儒學案』, 권58, 23b, "心之所以爲心, 非血肉之謂也, 應有個根柢處, 性是已. 舍性言心, 其究也, 必且墮在情識之內, 粗而不精. 天之所以爲天, 非窈寞之謂也, 應有個著落處, 性是已. 舍性言天, 其究也, 必且求諸當人之外, 虛而不實."

않고도 아는 것을 들어 말한다면 이로부터 미루어 성인이 생각하지 않고도 얻는 것을 말할 수 있다.[5]

　고헌성은 어린아이의 타고난 지와 능력으로부터 곧바로 성인의 뛰어난 업적으로 나아간다. 이것은 또한 수고로운 생각을 통해서가 아니라 인위적인 노력 없이 직관적으로 도달하게 되는 것이다. 어린아이의 무의식적인 행위와 위대한 성인의 행위 사이에는 원칙적으로 아무런 차이가 없다. 양자는 선과 악을 구분하는 능력이다. 왕수인은 이 지가 자체적으로는 선하지도 악하지도 않다고 주장하였는데, 이것은 고헌성의 견해로는 이해할 수 없는 것이었다.[6]

　불교도들은 지각능력을 성이라고 여겼다. 이것 역시 고헌성은 잘못되었다고 여기며 성은 단지 리일 뿐이라고 강조한다.

　우리 유학자들은 리를 성으로 여기지만 불교도들은 지각을 성으로 간주한다. 리에 관하여 말한다면 같지 않은 것이 없어서, 인간에서부터 짐승과 새, 나무와 식물, 기와와 돌에 이르기까지 모두 똑같다. 둘로 나누고자 해도 나눌 수 없다. 그러나 지각에 관하여 말한다면 다름이 있다. 기와와 돌 또한 지각이 없는 것은 아니겠지만 식물과 나무의 지각과는 다르고, 식물과 나무 또한 지각이 없는 것은 아니겠지만 짐승과 새의 지각과는 다르며, 짐승과 새 또한 지각이 없는 것은 아니겠지만 인간의 지각과는 다르다. 비록 하나로 합하고자 해도 합할 수 없다. 장차 다름이 없는 것을 성으로 삼겠는가, 다름이 있는 것을 성으로 삼겠는가?[7]

---

5) 黃宗羲, 『明儒學案』, 권58, 13a, “不學不慮所謂性也, 說者以爲由孩提之不學而能, 便可到聖人之不勉而中, 由孩提之不慮而知, 便可到聖人之不思而得.”
6) 黃宗羲, 『明儒學案』, 권58, 15b~16a.
7) 黃宗羲, 『明儒學案』, 권58, 17b, “吾儒以理爲性, 釋氏以覺爲性, 語理則無不同, 自人而禽獸而草木而瓦石一也, 雖欲二之, 而不可得也, 語覺則自有不同矣, 是故瓦石未嘗無覺, 然而定異乎草木之覺, 草木未嘗無覺, 然而定異乎禽獸之覺, 禽獸未嘗無覺, 然而定異乎人之覺, 雖欲一之而不可得也, 今將以無不同者爲性乎, 以有不同者爲性乎.”

식물은 조직을 갖추고 이로써 숨을 쉬고 주변의 빛, 온기, 습기를 받아들인다. 그러나 이것을 지각이라고 할 수 없다. 왜냐하면 이들은 과정을 의식하지 못하기 때문이다. 더욱 심한 것은 무생물인 기와와 돌의 경우이다. 뜨거운 것과 찬 것, 습기와 건조함, 기계적인 다른 힘들과 같은 외적인 영향이 내적인 변화를 이루지만, 그들은 이에 대해 알지 못한다. 고헌성의 견해에 따르면 그러나 각 돌 또한 리로 채워져 있기 때문에 직관적·무의식적으로 지각한다.

고헌성은 성을 선하다고 할 수 있다고 한다. 이것은 모든 덕에 대한 일반적인 기술인데, 각각의 덕에는 또한 고유한 이름을 줄 수 있으므로 덕이 비어 있고 빛나며 순수하고 고요하다고 할 수 있다는 것이다.[8] 왕수인이 선하지도 악하지도 않은 것을 성의 특성이라고 했던 것을 고헌성은 왕수인이 말한 것처럼 단순하게 설명할 수가 없었다.[9] 선하지도 않고 악하지도 않다는 왕수인의 견해는 마치 고자의 견해와 같게 된다.[10] 이것을 부정하는 것은 바꾸어 말하면 마치 겸애 즉 보편적인 인간애가 덕의 기반이라고 주장하는 사람이 자기의 주장은 묵자의 견해와는 다르다고 말하는 것과 같다.[11]

일반적으로는 마음이 아직 활동하기 전인 본래의 상태에서만 성이 완전하게 선하다고 설명되었던 반면에, 고헌성은 선에 대하여 전혀 다른 정의를 내렸다. 선은 지극하게 채워진 것이며 동시에 가장 비어 있는 것 또는 가장 높은 것을 의미해야 한다고 그는 말한다.

희노애락이 아직 드러나기 전의 상태를 중이라 한다고 말할 때, 이것은 희노애락이 비어 있는 것이지 선이 비어 있는 것이 아니다. 높은 하늘의 일은 소리도 없고 냄새도 없다고 할 때, 이것은 소리와 냄새가 비어 있는 것이지 선이 비어 있는

---

8) 黃宗羲, 『明儒學案』, 권58, 21b.
9) 黃宗羲, 『明儒學案』, 권58, 9a.
10) Alfred Forke, *Geschichte der alten chinesischen Philosophie* (1927), 773쪽 주2190) 참조.
11) 黃宗羲, 『明儒學案』, 권58, 22a.

것이 아니다. 선은 안으로 희노애락에 빠지지 않고 밖으로 소리와 냄새에 빠지지 않아서, 본래 지극히 가득하면서도 또한 지극히 비어 있다. 그것을 따라 비우고자 하는 것은 집 위에 다시 집을 짓고 침상 위에 다시 침상을 얹는 격이다.[12]

고헌성의 시대에는 왕수인이 많은 면에서 심하게 공격받았던 것으로 보인다. 그런데 고헌성은 왕수인 또한 주희에 대해 자신의 공격자들과 유사한 행동을 보였다고 암시함으로써 왕수인의 비판자들에게 면죄부를 부여하고 그 공격을 간접적으로 정당화하고자 하였다. 그는 이렇게 말한다.

맹아강이 내게 물었다. "당인경은 어떤 사람인가?" 내가 답하였다. "군자이다." 아 강이 다시 물었다. "무엇 때문에 그는 왕양명을 그렇게 심하게 공격하는가?" 내가 답하였다. "주자는 육상산을 고자로 여기고 왕양명은 주자를 양주와 묵적으로 보 아서 모두 심한 말을 썼다. 어찌 단지 당인경만 지나치다 하겠는가?"[13]

2. 고반룡

고반룡高攀龍(1562~1626)은 자가 존지存之이고 호는 경일景逸이다. 강소성 상주 常州 무석無錫에서 태어났다. 어릴 때에 그는 특히 주자학의 서적을 공부하였으며, 어떤 관리가 정이와 주희가 송의 예를 부패하게 하였다고 왕에게 청원하였을 때에 그들을 변호하였다. 무석은 송대의 철학자 양시가 동림서원東林書院을 설립하였던 곳이다. 동림서원은 후에 붕괴되었다가 불교사원으로 바뀌어 있었는

---

12) 黃宗羲, 『明儒學案』, 권58, 21a, "喜怒哀樂之未發謂之中, 是所空者喜怒哀樂也, 非善也. 上天 之載無聲無臭, 是所空者聲臭也, 非善也. 夫善者, 內之不落喜怒哀樂, 外之不落聲臭, 本至實亦 本至空也, 又欲從而空之, 將無架屋上之屋, 疊牀下之牀也."
13) 黃宗羲, 『明儒學案』, 권58, 9a, "我疆問曰, 唐仁卿何如人也, 余曰, 君子也, 我疆曰, 何以排王 文成之甚, 余曰, 朱子以象山爲告子, 文成以朱子爲楊墨, 皆甚辭也, 何但仁卿已而過."

데, 고반룡은 스승 고헌성과 함께 건물을 고치고 다시 학교를 설립하여 학생들을 가르쳤다.[14) 가까운 곳, 먼 곳을 가리지 않고 매번 대략 수백 명에 이르는 청강생들이 몰려왔다.[15)

고반룡은 1621년에 광록사승으로 임용되었고, 1624년에는 좌도어사직을 받았다. 그러자 그를 시샘하는 많은 관리들이 생겨났으며 이것이 그에게 화를 몰고 왔다. 사람들이 모함으로 그를 감등시켰으며, 황제는 심지어 그의 학교를 부수고 그에 대하여 체포령을 내렸다. 체포령이 내려진 날, 그는 아침에 양시의 사당에 갔다가 자신이 체포될 것이라는 소식을 듣고 두 제자 및 동생을 데리고 옛날 그들이 함께 술을 마셨던 연못가로 돌아와 웃으면서 말했다. "나는 항상 죽음을 돌아가는 것으로 여겼다. 이제 참으로 거기에 이르게 되었다." 그리고 그는 집으로 들어가 그의 부인에게 평소와 같이 말하면서 두 장의 작별편지를 써서 부치게 하였다. 사람들이 후에 문을 열고 등불을 밝혔을 때 고반룡은 완전한 예복을 갖추고 연못에 빠져 숨진 상태였다. 고반룡이 황제에게 남긴 편지에는 고관이 욕을 당하는 것은 국가가 욕을 당하는 것과 같으니, 자신은 굴원의 뒤를 따르겠다고 적혀 있었다.[16) 저서로는 『유서遺書』, 『주역이간周易易簡』, 『춘추공의春秋孔義』 등이 있다.

고반룡은 죽은 지 2년 후인 1628년에 복권되었다. 새 황제 의종毅宗은 그를 병부상서로 추증하고 특별한 장례를 거행하게 하였으며 충헌忠憲이라는 시호를 내렸다. 같은 해에 그의 제자들은 동림서원을 다시 건립하였다.

고반룡의 세계관은 양시楊時의 것과 가장 가깝다.[17) 양시와 마찬가지로 그 또한 세계 전체가 하나의 유일한 기로 채워져 있다고 여긴 장재와 같은 부류의

---

14) 鍾泰, 『中國哲學史』, 권2, 110.
15) 黃宗羲, 『明儒學案』, 권58, 28쪽.
16) 『明史』, 권243, 18b.
17) 黃宗羲, 『明儒學案』, 권58, 33a.

일원론자였다. 고반룡에 따르면 마음과 물질은 단지 같은 기의 양태에 불과하다. 순수하고 비물질적인 기는 마음이고, 거칠고 물질적인 기는 형체이다. 그는 특히 양시에게 매료되었던 것으로 보인다. 그는 학교에서 양시의 학설을 가르쳤으며 양시의 사당을 자주 방문하였다.

유일한 세계의 기와 관련하여 고반룡은 말한다.

천지간에는 혼연한 하나의 기가 있을 뿐이다. 장자張子의 이른바 "허공이 곧 기"라는 말이 바로 이것이다. 이것은 지극히 허령하면서도 조리가 분명하다. 그 지극한 허령함은 인간에게서 마음이 되며, 그 조리가 분명함은 인간에게서 성이 된다. 기는 맑게 하면 맑아져서 곧 리에 속하게 되고, 뒤섞으면 탁해져서 곧 욕구에 속하게 된다. 리가 있으면 마음속에서 주재하지만, 욕구에 구속되면 바깥으로 내달려 없어진다. 어떻게 기를 맑아지게 할 수 있겠는가? 하나는 천도의 자연을 기르는 것으로서 고요한 밤에 순수한 기(夜氣)를 보존하는 것이고, 다른 하나는 인도의 당연을 기르는 것으로서 내달린 마음을 잡아서 보존하는 것이다.[18]

여기서의 리는 주회에게서와 같이 최고의 세계원칙으로서 모든 것에 우선하는 것이 아니라 인간 안에 있는 기를 맑게 함으로써 비로소 생겨나는 조리이다. 고반룡은 사람의 마음을 기로 간주한다. 그는 다음과 같이 말한다.

기의 정미하고 영명한 것을 일러 마음이라 하고 마음을 가득 채운 것을 일러 기라 하니, 마음과 기는 두 가지가 아니다. 마음이 바르면 기가 맑고 기가 맑으면 마음이 바르니, 역시 두 가지가 아니다. 기를 기르는 공부는 의지를 유지하는 데에 있다. 의지를 유지하면 사물에 구속되지 않고 하루 종일 늘 쉴 수 있다. 쉰다는 것은

---

18) 黃宗羲, 『明儒學案』, 권58, 67b, "天地間渾然一氣而已, 張子所謂虛空即氣是也. 此是至虛至靈, 有條有理的. 以其至虛至靈, 在人即爲心, 以其有條有理, 在人即爲性. 澄之則淸, 便爲理, 淆之則濁, 便爲欲. 理是存主於中, 欲是梏亡於外, 如何能澄之使淸? 一是天道自然之養, 夜氣是也, 一是人道當然之養, 操存是也."

머물러서 쉰다는 뜻이다. 만 가지 어지러운 생각들이 모두 멈추어 쉬게 되면 가슴에는 더 이상 어떤 작은 생각도 없다. 이것을 일러 쉬는 것이라고 한다.[19]

우리는 여기에서 고반룡의 주된 학설인 정좌에 대하여 접할 수 있다. 고반룡은 기의 본래 순수한 부분인 마음에만 관심이 있었으며, 그로부터 이루어지는 사물의 생성에는 전혀 관심을 두지 않았다. 장재는 사물을 마음의 기가 모인 것으로 이해하였는데, 이러한 이해에 고반룡은 반대하였다. 그는 장재의 설에 찬동한 나흠순의 주장을 다음과 같이 반박하였다.

나정암(나흠순)은 "기가 모이면 모임의 리가 있고 기가 흩어지면 흩어짐의 리가 있으니, 기가 흩어지거나 모이면 리 또한 그 속에 있다"라고 하였는데, 이에 대해 선생이 말하였다. "본래의 근원에 대하여 말하자면, 리는 흩어지거나 모임이 없고 기 또한 흩어지고 모임이 없다. 예를 들어 인간의 신체는 하나의 사물이 되며, 사물은 붕괴되는 것이다. 그러나 이것은 단지 만 가지로 다른 것의 측면에서 논하는 것이다. 근본의 측면에 어찌 모이고 흩어짐이 있겠는가? 기와 리는 단지 기가 형이하의 것이고 리가 형이상의 것임을 말하는 것일 뿐이지 모이고 흩어짐을 말할 수 있는 것이 아니다.[20]

마음은 여기에서 리로 표현되었으며, 기는 만물의 근원으로서 결코 없어지지 않고 단지 변형될 뿐이다. 이와 똑같은 것이 또한 더욱 높은 방식의 마음에도 해당된다. 고반룡은 말하였다.

---

19) 黃宗羲, 『明儒學案』, 권58, 68a, "氣之精靈爲心, 心之充塞爲氣, 非有二也, 心正則氣淸, 氣淸則心正, 亦非有二也, 養氣工夫在持志, 持其志, 便不梏於物, 是終日常息也, 息者止息也, 萬念營營一齊止息, 胸中不著絲毫, 是之謂息."
20) 黃宗羲, 『明儒學案』, 권58, 69b, "整菴云, 氣聚有聚之理, 氣散有散之理, 氣散氣聚而理在其中. 先生曰, 以本原論之, 理無聚散, 氣亦無聚散. 如人身爲一物, 物便有壞, 只在萬殊上論, 本上如何有聚散. 氣與理只有形上形下之分, 更無聚散可言."

마음은 태허이다. 본래 삶과 죽음이 없다.[21]

고반룡의 학설에는 태극의 개념이 필요하지 않다. 고반룡은 태극을 단지 무욕하고 참된 마음의 본체로 이해한다. 한마디로 말하자면 그는 태극을 마음 즉 순수한 기로 이해한다.

태극은 리가 이를 수 있는 최고의 지극한 곳이다. 이것이 사람의 마음 안에 있으면 순수하여 욕구가 없으며, 이것은 곧 그의 본체이다. 이전의 유학자들은 마음이 곧 태극이라고 설명하였다. 이 말은 반드시 잘 이해해야만 한다. 무욕의 마음은 참된 마음이며, 참된 마음이 이 태극이다. 만약에 단지 그것이 형체가 없고 방향이 없고 한계가 없다는 것만 본다면, 이것은 잘못된 견해이다.[22]

형체가 없고 방향이 없고 한계가 없는 존재라고 하는 태극의 정의는 충분하지 못하며, 거기에 순수한 마음이라는 것이 부가되어야만 한다. 마음에 대해서는 또한 그것이 사물을 생성하기 때문에 선하다는 설명이 덧붙여지고,[23] 이런 점에서 마음은 천리와도 같다고 말한다.

사람 마음의 밝은 것은 단지 하늘의 리이다.[24]

고반룡은 하늘을 또한 명으로 생각하며 어느 정도 인간적인 것으로 이해하였다. 그는 하늘에 대하여 다음과 같이 말하였다.

---

21) 黃宗羲, 『明儒學案』, 권58, 32b, "心如太極, 本無生死."
22) 黃宗羲, 『明儒學案』, 권58, 60a, "太極者理之極至處也, 其在人心湛然無欲, 即其體也, 先儒云心即太極, 此語須善會, 無欲之心乃眞心, 眞心斯太極矣, 若但見其無形無方無際而已, 是見也, 有所見便是妄."
23) 黃宗羲, 『明儒學案』, 권58, 48b.
24) 黃宗羲, 『明儒學案』, 권58, 37a, "人心明只是天理."

천天은 단지 천일 뿐이다. 그것이 인간의 신체에 떨어졌을 때는 명命이라고 한다. 그러므로 '명'자는 곧 '천'자와 같다.[25]

이러한 고반룡의 견해에 반론을 제기한 사람이 있었다. 고반룡과 그의 문답은 다음과 같다.

"지금 사람들이 하늘이라고 하는 것은 단지 저 위의 푸른 것을 가리킬 뿐, 구천九天이 위에 있고 구지九地가 아래에 있음을 알지 못한다." "내 몸 하나에서부터 온 우주에 이르기까지 안과 밖의 모든 것을 일러 하늘이라 한다. 내가 좋은 생각을 가지고 움직인다면 하늘은 반드시 그것을 알며, 내가 사악한 생각을 가지고 움직여도 역시 하늘은 반드시 그것을 안다. 그러나 하늘은 또한 특별히 노력하는 것이 아니다. 선을 알게 되면 좋은 일로써 갚고, 악을 알게 되면 나쁜 일로써 갚을 뿐이다. 무릇 감응이라는 것은 마치 형상과 그림자와 같아서, 선을 감촉하면 선한 일로써 응답하고 불선을 감촉하면 불선한 일로써 응답하니, 저절로 감촉하고 저절로 응대할 뿐이다." 물었다. "저절로 감촉하고 저절로 응대한다면 무엇 때문에 하늘을 생각하고, 또 무엇 때문에 하늘이 반드시 그것을 안다고 하는 것인가?" 답하였다. "저절로 감촉하고 저절로 응대하는 것은 하늘이 하는 일이지만, 이것은 사물이 하는 일과 다른 것이 아니다. 만약에 감촉하는 것이 따로 있고 다시 이에 대해 응대하는 것이 있다고 한다면, 이것은 감촉하는 것과 응대하는 것이 둘이 되고 만다. 오직 둘이 아니어야만 어긋나지 않을 수 있다."[26]

반대자는 만약에 명이 즉각적으로 작용한다면 사람이 하늘을 필요로 하지

---

25) 黃宗羲, 『明儒學案』, 권58, 69a, "天只是天, 一落人身, 故喚做命, 命字即天字也."

26) 黃宗羲, 『明儒學案』, 권58, 41b, "今人所謂天, 以爲蒼蒼在上者雲爾, 不知九天而上, 九地而下, 自吾之皮毛骨髓, 以及六合內外, 皆天也. 然則吾動一善念而天必知之, 動一不善念而天必知之, 而天又非屑屑焉, 知其善而報之善, 知其不善而報之不善也. 凡感應者, 如形影然, 一善感而善應隨之, 一不善感而不善應隨之, 自感自應也. 夫曰自感自應, 何以爲之天? 何以爲天必知之也? 曰, 自感自應, 所以爲天也, 所以爲其物不貳也. 若曰有感之者, 又有應之者, 是二之矣. 惟不二, 所以不爽也."

않을 수 있다고 여겼지만, 고반룡은 그것에 대하여 만약에 행위의 감각이 반응으로서의 명, 즉 행불행을 야기하는 것이라면 이는 하늘과 사물이 둘이 되어 사람의 마음이 하늘과 같아질 수 없다고 답하였다. 단지 하나가 존재하며, 이것은 세계정신과 같은 것을 의미하는 하늘이다. 감각과 반응은 모두 그 안에서의 일인 것이다. 하늘은 그러므로 그것을 알고 있으며, 사람은 그것에 따라 명을 의식적으로 행해야만 한다.

인격의 수양에 대하여 고반룡은 매우 특별한 관심을 보였다. 이것은 공부와 정좌로 나뉜다. 공부를 시작하기 전에 이미 많은 나쁜 습관이 굳어 있으므로 성현의 책을 통해 소인의 감각을 변화시키고 마음을 순수하게 해야 한다. 그렇게 열심히 공부한 후에 말없이 정좌하면, 더러운 것과 악한 것이 떨어져 나가서 올바른 마음이 굳건하게 되며, 기 또한 그것이 마땅히 존재해야 하는 대로 존재하게 된다.[27] 이때가 되면 사서를 비롯하여 주돈이·장재·정자·주희의 저서 등 많은 성현의 책을 읽는다 하더라도 공부에 도움이 되지 않는데, 그것을 통하여 오히려 불확실하게 되기 때문이다.[28]

자기 자신의 마음에 돌아와 머무는 것이 특히 중요하다.

자기 자신에게로 되돌려 구함을 알게 되면 곧바로 참으로 격물할 수 있다.[29]

리를 궁구하는 것도 격물이고 근본을 아는 것도 격물이다. 리를 궁구한다는 것은 하나의 근본에서 만 가지로 다르게 된 그 리를 궁구하는 것이며, 근본을 안다는 것은 만 가지로 다른 리의 궁극인 그 하나를 아는 것이다.[30]

---

27) 黃宗羲, 『明儒學案』, 권58, 32a.
28) 黃宗羲, 『明儒學案』, 권58, 53a.
29) 黃宗羲, 『明儒學案』, 권58, 34a, "纔知反求諸身, 是眞能格物者也."
30) 黃宗羲, 『明儒學案』, 권58, 34a, "窮理者格物也, 知本者格物也, 窮理, 一本而萬殊, 知本, 萬殊而一本."

공부가 없으면 사욕이 되어 바깥의 사물에 이끌리고, 공부가 있으면 의념이 되어 마음에 구속된다. 그러므로 반드시 물격物格과 지지知至는 성의誠意와 정심正心 이후에야 말할 수 있다.[31]

순수한 상태의 마음을 알고자 한다면 가능한 한 통찰을 방해하는 생각들로부터 자유로워져야만 한다.

흔히 사람들이 마음이라고 부르는 것은 단지 생각일 뿐이다. 사람의 마음은 밤낮으로 생각에 매여 있으며, 그 때문에 본체가 보이지 않는다. 모든 것을 놓아 버리고 마음을 생각으로부터 떠나게 하면 그 본래의 성을 볼 수 있다. 그러나 버리려는 생각 또한 생각이다. 어떻게 마음이 생각을 떠나게 할 수 있는가? 잡념을 놓아 버리는 것, 단지 이 한 생각일 뿐이다. 이것을 하나를 주로 함(主一)이라고 한다. 오래도록 익히다 보면 저절로 한순간에 환하게 될 수 있다.[32]

고반룡이 하였던 것과 같은 정좌의 방법은 북송대의 신유학자들에게서 크게 유행하였던 방법이다. 고반룡은 옛사람들이 어떠한 방식으로 인격을 수양하였으며 자신이 어떻게 깨우칠 수 있었는지를 설명하고 있다.

고반룡은 반나절은 공부하고 반나절은 정좌하였다. 공부할 때는 특히 이정과 주희의 저서를 읽었으며, 정좌할 때는 자신의 마음을 완전한 고요의 상태로 유지한 채로 그 속에서 천리를 생각하였다. 밤에도 그는 그만두지 않았다. 매우 피곤할 때면 잠시 눈을 붙였다가 깨어나면 다시 정좌를 계속하였다. 마음의 기는 이를 통하여 순수하고 맑아졌다. 그는 또한 경관이 아름다운 곳을 여행하면서

---

31) 黃宗羲, 『明儒學案』, 권58, 34a, "無工夫則爲私欲牽引於外, 有工夫則爲意念束縛於中. 故須物格知至, 誠正乃可言也."

32) 黃宗羲, 『明儒學案』, 권58, 41a, "凡人之所謂心者念耳, 人心日夜繫縛在念上, 故本體不現, 一切放下, 令心與念離, 便可見性, 放下之念亦念也, 如何得心與念離, 放退襟念只是一念, 所謂主一也, 習之久, 自當一旦豁然."

그곳에서 고요를 발견하고 자연을 즐겼다. 그는 여행을 통해 고통스러운 생각들이 갑자기 사라지는 것이 마치 무거운 짐을 내려놓는 것만 같았고 또 번갯불이 환히 몸을 관통하는 것만 같았다고 술회하였다.

마치 번갯불이 한 번 번쩍여서 몸을 비추어 밝게 통하는 것과 같았다. 드디어 크게 변화하고 융합하여 떨어짐이 없으니, 하늘과 사람, 안과 밖 사이에 더 이상 간극이 없었다. 여기에 이르자 온 우주가 곧 이 마음이고 이 마음이 곧 온 우주여서 방촌에 불과한 이 마음이 또한 그 본래 자리는 신령하고 밝다는 것이 드러났다. 이러한 점에서라면 마음은 본래 방소가 없다고도 말할 수 있을 것이다.[33]

다만 고반룡은 이와 같은 깨달음에 이르기 위해서는 먼저 20년 이상의 집적된 공부가 있어야만 한다고 여겼다. 정좌는 고반룡에 따르면 마음을 일깨우는 것이며 의意를 차단하는 것이다. 이로써 마음은 자연스러운 방식으로 집중하고 어떤 것을 생성하고자 하지 않으며 성공하려는 생각을 하지 않고 정해진 장소를 고집하지 않는다. 시작이 어려운 것은 올바른 방법을 알지 못하기 때문이다. 그 때문에 먼저 성현의 중요한 말을 들어야 하는 것이다.

정좌를 위해서는 금식이나 목욕 등과 같은 특별한 준비가 필요하지 않다. 그저 자연스럽게 말없이 정좌하는 것만으로도 충분하다. 그러면 욕구가 생겨나지 않고 천리가 그의 참된 성으로 드러난다. 따라서 오직 성에 집중해야 할 뿐, 억지로 무언가를 제거할 필요가 없다. 성에 집중하다 보면 사악한 생각들이 저절로 사라지고 탁한 기가 맑아져서, 사람은 다시 완전히 순수한 본래의 성을 회복할 수 있다.

---

33) 黃宗羲, 『明儒學案』, 권58, 31a, "又如電光一閃透體通明, 遂與大化融合無際, 更無天人內外之隔, 至此見六合皆心, 腔子是其區宇, 方寸亦其本位, 神而明之, 總無方所可言也."

3. 유종주

유종주劉宗周(1578~1645)는 자가 기동起東이고 호는 염대念臺·즙산蕺山이다. 비록 그 자신이 직접 동림학파의 일원으로 활동한 것은 아니었지만, 동림서원에서 고반룡의 강의를 듣기도 하고 또 동림당의 명사였던 황존소黃尊素의 아들 황종희를 제자로 들이는 등 그는 정치적으로나 사상적으로나 동림학파와 밀접한 관련을 맺고 있다.

유종주는 부친이 죽고 5개월 후에 절강성 산음山陰에서 태어났다. 그의 가족은 매우 가난하였기 때문에 그는 다른 가정에서 양육되었다가 병든 할아버지를 수발하기 위하여 집으로 돌아왔다. 그는 매우 병약하였지만 가난하였기 때문에 건강을 돌볼 수가 없었다. 그럼에도 불구하고 모든 어려움을 견디고 1601년에 진사시험에 합격하였다.

유종주는 동림서원에서 고반룡의 강의를 들은 후부터 그의 방법을 수용하여 항상 반나절은 공부하고 반나절은 정좌하였다. 동료들과 함께 그는 고향 기산에 학교를 설립하였으며, 이름을 증인서원證人書院이라고 하였다. 천 명에 이르는 학생들이 공부하러 그곳으로 왔다. 유종주는 매우 소박하게 살았으며 복장은 매우 검소하였다.

유종주는 관리로서 금방 높은 자리로 승진하였으나 그에 대한 잘못된 보고와 곧잘 초빙을 거절하는 성격 탓에 해고와 복직을 반복하곤 했다. 그러나 그런 가운데서도 1629년에 북경의 부윤이 되었고, 후에 공부 좌시랑의 자리에까지 이르렀다. 명의 마지막 황제는 청에 의하여 심하게 압박을 받을 때에 그에게 자주 고문을 청하였다.[34]

명이 멸망하자 유종주는 자결하기로 마음먹고 배에서 뛰어내렸지만 선원들에

---

34) 黃宗羲, 『明儒學案』, 권62, 3a 이하.

의하여 구출되었다. 이에 그는 음식을 더 이상 먹지 않았으며, 23일 후에 죽었다고 한다. 처음 10일 동안은 차만 마시다가 이후에는 그것마저 멈추었는데, 숨이 끊길 때까지 제자들과 앉아서 일상적인 대화를 나누었다고 한다. 그가 죽자 그의 제자 중 한 명은 목을 매달아 죽었으며 다른 한 명은 다리에서 투신하여 죽었다. 사람들은 유종주를 정의선생正義先生이라 불렀다.35)

유종주는 제자들을 위해 특별히 인간의 도리에 대해 적은『인보人譜』1권을 저술하였다. 그 안에는「태극도설」을 모방하여 인간의 도리를 그림으로 나타낸「인극도설人極圖說」이 있는데, 여기에 다음의 문장이 들어 있다.

선하지 않으면서 지극히 선한 것이 마음의 본체이다.36)

유종주의 다른 저서들로는『성학종요聖學宗要』1권과『학언學言』3권,『고역초의古易鈔義』등이 있으며, 또 41권에 이르는 전집『유자전서劉子全書』가 있다.

유종주는 스승 고반룡과 똑같은 관점, 즉 장재나 양시와 같은 일원론을 주장하였다. 그에 따르면 태허는 기로 채워져 있다. 모든 것은 마음이며, 사물은 마음의 기를 하나로 집중함으로써 생겨난다. 이것은 영원하며, 다른 사람들이 생각하는 것처럼 허에서 생겨난 것이 아니다.

어떤 사람은 허가 기를 생성하였다고 하지만, 허가 곧 기이니 어찌 생성이 있을 수 있겠는가? 이른바 아직 기가 생기기 이전의 맨 처음으로 거슬러 올라간다 하더라도 또한 가서 기가 되지 않는 것은 없다. 그 기의 굽힘에 따라 무가 유로 되는 것이니 유가 처음부터 유인 것은 아니며, 그 기의 펼침에 따라 유가 무로 되는 것이니 무가 처음부터 무인 것은 아니다. 유도 아니고 무도 아닌 그 사이에 있으면

---

35)『明史』, 권255, 18b.
36) 渡邊秀方, 劉侃元 中譯,『中國哲學史槪論』3권, 143, "無善而至善者, 心之體也."

서 또한 유가 되기도 하고 무가 되기도 하는 것, 이것을 일러 태허라고 하고 높여서
태극이라고 부른다.[37)

기의 굴절을 통하여 사물이 생겨나고 이 굴절을 통하여 현상적인 무가 현상적인
유로 넘어간다. 또 기의 연장을 통하여 사물이 다시 해체되어 현상적인 유는
현상적인 무로 넘어간다. 본래는 유도 무도 존재하지 않았다. 단지 하나의 형이상
학적인 존재인 태극 또는 기가 존재할 뿐이다. 그러나 이것은 태허의 관점에서가
아니라 현상적인 관점에서 관찰한 것이다.[38)

유종주는 원래 신체와 마음, 신과 세계, 인간과 사물이 같은 것이라고 하였으며,
심지어 물질적인 사물과 비물질적인 사물 사이의 차이도 인정하지 않으려 하였다.
그의 말은 다음과 같다.

하늘과 땅 사이를 가득 채운 것이 모두 성이다. 성은 하나의 명이며, 명은 하나의
하늘이다. 하늘이 곧 마음이고 리이고 사물이어서 혼연히 하나가 되어 높고 낮음,
정밀하고 거칢의 구분이 없는 것, 이를 일러 중용의 도라고 한다. 그런데 도에
대해 말하는 후대 학자들은 망령된 생각으로 이른바 형이상학의 것을 도라 하면서
허와 무에서 구한다. 이미 유를 버린 채 무로 들어가고 또 무를 버린 채 유로
들어가니, 유와 무가 함께 버려지고 선과 악이 모두 설 곳이 없다. 그 궁구함은
성의 씨앗을 단멸시킨 것이면서도 오히려 성을 본다고 말하니, 어찌된 일인가?[39)

---

37) 黃宗羲, 『明儒學案』, 권62, 18a, "或曰虛生氣, 夫虛即氣也, 何生之有. 吾遡之未始有氣之先,
   亦無往而非氣也. 當其屈也, 自無而之有, 有而未始有, 及其伸也, 自有而之無, 無而未始無也.
   非有非無之間而即有即無, 是謂太虛, 又表而尊之曰太極."
38) 유종주는 여기에서 왕수인의 동일원칙에 매우 다가선다.
39) 黃宗羲, 『明儒學案』, 권62, 25b, "盈天地間皆性也, 性一命也, 命一天也. 天即心即理即事即物,
   而渾然一致, 無有乎上下精粗之岐, 所以謂中庸之道也, 後之言道者妄意, 所謂形而上者而求之
   虛無, 既遁有而入無, 又遁無而入有, 有無兩遣, 善惡不立. 其究也, 歸之斷滅性種, 而猶謂之見
   性, 何哉."

유종주에 따르면 세계는 실제로 단지 하나의 원리로 채워져 있을 뿐 나도 없고 사물도 없다. 인간과 사물은 거대한 형체, 우주의 독립적이지 못한 부분들이며 각기 자기의 명을 나누어 받는다.

내가 서면 또한 사물도 구비되며, 사물이 서면 나 또한 구비된다.[40]

만물은 만물이 아니고 나 또한 내가 아니며, 모두 함께 일체를 이룬다.[41]

사물은 단지 나에 의하여 일컬어지는 것으로, 나를 통해 환경에서 분별되어 단지 현상적으로 하나의 특별한 존재가 될 뿐이다.[42]

마음과 사물의 관계에 대하여 유종주는 다음과 같이 말한다.

"그렇다면 사물이 마음에서 분리되는 때가 있는가?" "그런 때는 없다." "사물은 마음의 바깥에 있는 것인가?" "단지 마음이 있을 뿐 그 바깥은 없다."[43]

사물은 마음에서 분리될 수 없는데, 그것은 주희가 생각하는 것처럼 마음 또는 리가 사물 안에서 작용하고 있기 때문이거나 또는 왕수인이 생각하는 것처럼 사물이 우리의 표상이기 때문이 아니라, 단지 사물이 마음으로 이루어진 것이기 때문이다.

기는 허나 무에서 생겨나는 것도 아니고, 또한 주희의 주장처럼 도 또는 리에 의하여 생성되는 것도 아니다. 애초에 기가 있었고, 그 기에 따라 수數가 생겨나고 형체가 생겨나고 이름이 생겨나며 종국에는 사물이 생겨나는 것이다.

---

40) 黃宗羲, 『明儒學案』, 권62, 63b, "我立而物備, 物立而我備."
41) 黃宗羲, 『明儒學案』, 권62, 46b, "萬物非萬物, 我非我, 渾成一體."
42) 黃宗羲, 『明儒學案』, 권62, 46b.
43) 黃宗羲, 『明儒學案』, 권62, 13a, "然則物有時而離心乎, 曰無時, 非物心在外乎, 曰惟心無外."

혼륜의 기에서 개별적인 덩어리가 분리되어 특정한 크기의 가지가 생기면, 이것은 수가 된다. 이 덩어리들이 일정한 형체를 갖추게 되면 각기 일컬어질 수 있게 되며, 이렇게 사물이 생겨났다. 사물이 존재한 후에 사물의 성이 생겨나고, 그 후에 비로소 도가 나타나게 되었다. 도가 기보다 먼저 이미 거기에 있었으며 이것을 생성하였다고 하는 일반적인 견해에 대해 유종주는, 그런 경우에는 도가 다른 것들을 생성할 수 있는 일개 사물이 될 수밖에 없다고 지적함으로써 반대하였다.[44]

유종주는 이어서 다음과 같이 말한다.

리는 기의 리이며 결코 기보다 먼저 있지도 기의 바깥에 있지도 않다. 이것을 안다면 또한 도심이 인심의 본심이며 또한 의리의 성이 기질의 성의 본성임을 알 수 있다. 천고 이래의 모든 지리支離한 주장들을 몰아내고 학자들로 하여금 도로 나아가는 길에 종사할 수 있게 한다면, 높은 곳을 공부해도 허무의 학문으로 떨어지지 않고 낮은 곳을 공부해도 상수의 학문에 빠지지 않게 되어 도의 학술이 비로소 하나로 돌아갈 수 있을 것이다.[45]

유종주는 여러 곳에서 인간 마음의 본질에 대하여 언급하였다.

인간의 마음은 하나의 기일 뿐이지만 그 중심은 지극히 정미하다. 거친 것이 한두 개라도 막 들어오는 순간, 중심의 기반은 별안간 흩어지고 만다.[46]

본래 마음은 맑고 맑아서, 아무 생각이나 아무 행위가 없이도 천하의 주인이 된다.

44) 黃宗羲,『明儒學案』, 권62, 17b.

45) 孫奇逢,『理學宗傳』, 권25, 16b; 黃宗羲,『明儒學案』, 권62, 18b, "理即是氣之理, 斷然不在氣先, 不在氣之外. 知此則, 知道心即人心之本心, 義理之性即氣質之本性. 千古支離之說可以盡掃, 而學者從事於入道之路, 高之不隨於虛無, 卑之不淪於象數, 道術始歸於一乎."

46) 黃宗羲,『明儒學案』, 권62, 26b, "人心一氣而已矣, 而樞紐至微. 纔入粗一二, 則樞紐之地, 霍然散矣."

여기에서 한 발이라도 더 나아가면 곧 인위적인 안배가 있는 것이다.[47]

마음이 감찰관이라고 하는 것은 양지를 일컫는 말인데, 그 권한이 매우 크다.[48]

마음은 사물을 본체로 삼으니, 마음이 사물을 떠나면 지 또한 없다. 그런데 지금 사물을 떠나서 지에 이르고자 한다면, 이는 장자張子가 말한 거울을 뒤집어 놓고 비치는 것을 찾는 것이다.[49]

세계정신과 인간의 마음은 개념상으로는 구분되지만 실제로는 동일하다. 인간의 마음에서 일어나는 일은 동시에 우주에서 일어나는 일이다.

단지 하나의 마음이 있을 뿐이니, 하늘에서는 성誠이라고 하여 인간의 근본이 되고, 인간에게서는 명明이라고 하여 하늘의 근본이 된다. 그러므로 사람은 하늘을 근본으로 하고 하늘 또한 인간을 근본으로 한다.[50]

하늘은 하나일 뿐인데, 스스로 주재한다는 측면에서 상제라고 부른다. 마음은 하나일 뿐인데, 스스로 주재한다는 측면에서 의意라고 한다.[51]

인간의 마음은 또한 아무것도 자체적으로 홀로 가지고 있는 것이 없는데, 이것은 그가 세계정신에 의하여 관통되고 있기 때문이다. 이것을 달리 표현한다면, 세계를 가득 채우고 있는 도가 인간의 마음에 의하여 주도되는 것이라고도 말할 수 있을 것이다.[52]

---

47) 黃宗羲, 『明儒學案』, 권62, 26b, "本心湛然無思無爲, 爲天下主. 過此一步, 便爲安排."
48) 黃宗羲, 『明儒學案』, 권62, 26a, "心是鑒察官, 謂之良知, 最有權."
49) 黃宗羲, 『明儒學案』, 권62, 13a, "心以物爲體, 離物無知. 今欲離物以求知, 是張子所謂反鏡索照也."
50) 黃宗羲, 『明儒學案』, 권62, 18a, "一心也, 而在天謂之誠, 人之本也, 在人謂之明, 天之本也, 故人本天, 天亦本人."
51) 黃宗羲, 『明儒學案』, 권62, 29b, "天一也, 自其主宰而言, 謂之帝, 心一也, 自其主宰而言, 謂之意."

마음에는 어떤 일도 없지만, 이것은 힘차게 천지와 함께 흐른다.[53]

인간의 마음은 방촌에 불과하지만 텅 비고 두루 통하여 태허의 상을 담고 있다. 이것은 비어 있기 때문에 영명하며, 영명하기 때문에 지각한다. 지각에는 주로 하는 바가 있으니, 이를 일러 의意라 한다. 이 마음은 천명의 본체로서, 성과 도와 가르침이 모두 이로부터 나온다.[54]

마음의 본질은 인간의 성에서 표현된다. 성은 곧 리로서 인의예지의 덕을 소유하며, 이것이 기 또는 마음과 화합함으로써 마음은 성과 대립하지 않을 수 있는 희노애락의 정을 소유한다.[55]

유종주는 불교에서는 마음을 단지 지각으로만 이해한다고 지적하면서 마음에 대한 불교의 이해를 비난한다. 그는 불교에서 이해하는 의는 의가 아니고 지는 지가 아니며 사물 또한 사물이 아니라고 하면서, 오직 유학의 마음을 통해서만 사물이 올바로 이해될 수 있다고 말한다. 또한 그는 육구연에게서는 마음이 이미 정리되어 있었지만 그의 제자 양간은 선불교의 이해를 받아들였다고 비판한다.[56] 그의 관점은 다음과 같다.

불교에서 말하는 마음은 참된 마음이 아니니, 달리 방법이 없어서 천지만물을 마음으로 삼은 것이다. 불교에서 말하는 사물은 참된 사물이 아니니, 달리 방법이 없어서 마음을 천지만물로 삼은 것이다. 이것은 바로 거울 속의 꽃과 같다. 작용을 구하려고 해도 참된 작용이 없고, 본체를 구하려고 해도 이미 본체가 아니다.[57]

---

52) 孫奇逢, 『理學宗傳』, 권25, 16a, "盈天地間皆道也, 而歸管於人心爲最眞."

53) 黃宗羲, 『明儒學案』, 권62, 45b, "心中無一事, 浩然與天地同流."

54) 孫奇逢, 『理學宗傳』, 권25, 16b, "人心徑寸耳, 而空中, 四達有太虛之象. 虛故生靈, 靈生覺, 覺有主, 是曰意. 此天命之體, 而性道教所從出也."

55) 黃宗羲, 『明儒學案』, 권62, 37b.

56) 黃宗羲, 『明儒學案』, 권62, 11a.

57) 黃宗羲, 『明儒學案』, 권62, 45b, "佛氏心無其心, 不得不以天地萬物爲心, 物無其物, 不得不以心爲天地萬物. 正如鏡中花, 用無其用, 體非其體."

인격의 수양에서 유종주는 신독愼獨을 중요하게 여겼다. 신독은 『중용』에서 혼자 있을 때에도 항상 깨어 있으면서 삼가고 반성해야 한다는 것을 의미한다. 그러나 유종주는 그와는 달리 그것을 '유일한 것, 고유한 것' 즉 '태극'으로 이해하였다. 그는 말한다.

무극이면서 태극인 것, 이것이 신독의 본체이다.[58]

그러므로 사람은 감각을 초월한 것, 형이상의 것에 몰두해야 한다. 거기에는 당연히 정좌가 속하며, 그 때문에 유종주는 『중용』과 철학자 이동에게 의지하였다. 『중용』에서는 정이 생겨나기 전의 마음의 상태를 회복하는 것을 논하는데, 그는 여기에서 자신의 마음과 태극도 이해될 수 있다고 여겼다.

왕수인은 경전의 학습을 중시하지 않았고 명상 또한 그다지 중요하게 여기지 않았다.[59] 이에 비해 주희는 제자들에게 반나절은 정좌하고 반나절은 공부할 것을 권하였으며, 이것은 또한 유종주와 그의 스승 고반룡이 고수했던 규칙이기도 하다. 유종주는 정좌를 통하여 공부에 큰 힘을 얻게 된다고 보았다. 단지 자신의 마음만을 수양할 것이 아니라 경전 또한 열심히 공부해야 한다. 경전에는 성현의 가르침이 담겨 있기 때문이다. 그는 고요할 때의 공부와, 마음의 움직임이 막 일어날 때 그 기미를 아는 공부가 특히 중요하다고 여겼다.

천리의 한 점 은미하고 신묘한 곳을 깨닫는 공부는 의意가 아직 일어나지 않았을 때와 의가 막 일어날 때의 사이에 있다.[60]

고요한 가운데서 마음이 움직이는 실마리를 길러 낸다. 그 실마리가 바로 의이니, 의가 일어날 때 신독할 수 있으면 곧 하늘과 통한다.[61]

---

58) 鍾泰, 『中國哲學史』, 권2, 114, "無極而太極, 獨之體也."
59) 黃宗羲, 『明儒學案』, 권62, 90b.
60) 黃宗羲, 『明儒學案』, 권62, 45a, "天理一點微妙處提醒工夫, 在有意無意之間."

유종주는 자신의 기본적인 관점과 같지 않다고 하더라도 주희 이전의 유학을 매우 존중하였다. 또 높은 능력을 가진 사람은 육구연의 설에 맞고 낮은 능력을 가진 사람은 주희의 설에 연계된다는 주장을 물리치고, 오직 유능한 사람만이 주희를 이해할 수 있으며 그러기 위해서는 성실하게 공부해야 한다고 했다.[62] 그에 따르면 이정의 제자들은 거의 모두 선종의 영향을 받았으며 단지 적거나 많은 차이가 있을 뿐이다. 그는 심지어 주희조차도 한동안 그것에 매료되었다가 후에 다시 그것으로부터 자유롭게 되었다고 하였다.[63] '선종'이라는 표현은 마치 고대에 양주와 묵적이 이단의 동의어로 사용되었던 것처럼 근대의 중국 철학자들에 의하여 같은 방식으로 사용되었다.

사무량은 유종주가 왕수인을 추종하는 동시에 이정과 주희의 체계도 고려하였다고 한다.[64] 그러나 내게는 그의 세계관이 그 스승 고반룡과 마찬가지로 양시의 이론과 훨씬 더 일치하고 궁극적으로는 송의 장재와 일치하며, 왕수인과는 단지 근소한 점에서 일치하고 있을 뿐인 것으로 보인다. 와타나베는 유종주의 주요 장점으로 날카로운 사유와 진실에의 감각을 들면서 그를 왕수인 이후 명대 말기의 가장 위대한 사상가로 보았다.[65]

---

61) 黃宗羲, 『明儒學案』, 권62, 45b, "靜中養出端倪, 端倪即意, 即獨即天."
62) 黃宗羲, 『明儒學案』, 권62, 48b.
63) 黃宗羲, 『明儒學案』, 권62, 50a.
64) 謝无量, 『中國哲學史』 6권, 19a.
65) 渡邊秀方, 劉侃元 中譯, 『中國哲學史槪論』 3권, 37b.

제7장 도가

1. 지유자

『지유자至游子』는 『자서백가』의 제110권을 이루고 있다. 이 책의 저자에 대해서는 이설이 많다. 우선 송대에 지유자至游子라는 호를 지닌 도학자 증조曾慥가 있었다고 하지만, 이 사람이 저자라기에는 내적인 요소들이 맞지 않으므로 단지 그 이름을 사용한 것뿐이라고 여겨진다. 또 1566년에 「지유자」의 서문을 쓴 강동江東의 요여순姚汝循이 이 책의 저자라는 설도 있다. 그러나 요여순은 서문에서 자신은 저자의 이름을 알지 못하며 단지 이전에 못 보던 책을 사본으로 입수하였을 뿐이라고 하였다.[1] 이 저서는 도교의 원리를 후대의 방식으로 환상과 신비로 가득 차게 기술하고 있다. 많은 내용이 불교에서 차용되었으며[2] 기이하게 지어진 이름의 많은 성인들이 등장한다.

사물은 지유자에 따르면 그것에 대립하는 것에서 생겨났으며, 모든 것의 근원은 도이다.

유는 무를 어미로 삼고, 무는 허를 어미로 삼으며, 허는 도를 어미로 삼는다.[3]

---

1) 『四庫全書』, 권147, 41a; Wylie, *Notes on Chinese Literature*, 176쪽.
2) Wylie는 그가 사용하는 상투어조차도 매우 불교적이라고 하지만, '三昧'라는 표현 외에 나는 다른 불교적인 표현을 발견하지 못했다.
3) 『至游子』, 권1, 21a, "有以無爲母, 無以虛爲母, 虛以道爲母."

원래 신은 없다. 허가 극에 이르면 신이 저절로 생겨난다. 본래 기는 없다. 신이 운행하면 기가 저절로 변화한다. 기는 본래 성질이 없다. 기가 모임으로써 형체가 생겨난다. 형체는 본래 정情이 없다. 움직여서 작용함으로써 성이 훼손된다. 나를 생겨나게 하는 것은 도이고, 나를 소멸시키는 것은 정이다.[4]

신에서 기와 형체가 생성된다고 하더라도 신은 또한 형체에 의존한다.

신은 형체를 생성하는 것이며, 형체는 신을 완성하는 것이다.[5]

신이 없이는 형체가 스스로 있을 수 없고, 형체 없이는 신 또한 홀로 완성되지 못한다. 신은 단지 형체와의 화합을 통해서만 완성될 수 있다. 둘은 서로 의지하며 서로 화합해야만 한다.[6]

태상太上(太上老君 혹은 太天上帝)은 허와 무의 신이며, 천지는 음과 양의 신이며, 인간과 벌레는 피와 살의 신이다. 같은 것은 신이며, 다른 것은 형체이다. 형체는 영명하지 않지만 기는 영명하다.[7]

『자유자』에는 황제黃帝 즉 헌원씨軒轅氏와 자최자子崔子에 의탁한 문답이 실려 있다. 그 문답 중의 일부를 옮겨 보면 다음과 같다.

헌원이 물었다. "어떻게 땅이 수많은 생물을 생성하는가?" 자최자가 답하였다. "땅은 노랗고 오행 중에서 가운데에 위치한다. 이것은 해와 달, 음과 양의 영향을 받아들인다. 땅은 각 계절 가운데 18일을 주도하며, 따라서 한 해에 72일을 주도한

---

4) 『至游子』, 권1, 23a, "本無神也, 虛極而神自生, 本無氣也, 神運而氣自化, 氣本無質, 凝委而成形, 形本無情, 動用而虧性, 生我者道也, 滅我者情也."
5) 『至游子』, 권1, 21a, "神者生形者也, 形者成神者也."
6) 『至游子』, 권1, 21a.
7) 『至游子』, 권1, 6a, "太上者虛無之神也, 天地者陰陽之神也, 人蟲者血肉之神也, 其同者神, 其異者形, 是故形不靈, 而氣靈."

다. 이 기간 동안에 땅은 가장 큰 힘에 이르며 사물을 생성한다." "사람이 생겨나는
것은 어떠한가?" "사람 또한 하나의 기를 생성하는 음과 양의 공동작용으로 이루어
진다. 사내아이는 먼저 왼쪽 신장이 생성되고, 여자아이는 오른쪽 신장이 먼저
생성되며, 그 후에 모든 다른 사물에서 지에 해당하는 신 또는 성이 생성된다."[8]

또한 소우주는 많은 점에서 대우주에 따라 이루어졌다고 한다. 다음 말 역시도
황제의 물음에 대한 자최자의 답변이다.

하늘과 땅의 큰 극에 상응하는 것이 사람에게 있어서는 두 신장 사이에 있는 황정黃
庭이며, 하늘에 해당하는 신체 부위는 사람의 심장이며, 땅에 해당하는 신체 부위는
신장이다. 하늘에서 땅까지의 거리는 84,000리이고 심장과 신장 사이의 거리는
8.4치이다. 하늘의 기가 하늘과 땅 사이를 오가며 움직이는 것처럼 심장과 신장
사이에서도 그러하다.[9]

그러면 인간은 도에 대해 어떻게 행동해야 하는가? 지유자는 말한다.

나는 도의 길에 있다. 내가 나와 사물을 잊으면 이들은 하나가 된다. 이 하나가
또한 흩어져서 무로 돌아간다. 그러면 나는 완전한 밝음에 이른다. 나의 형체는
더 이상 형태를 가지지 않으며, 나의 신은 의지가 없게 된다. 그러면 나의 성은
도의 소유에 이르며, 아무것도 나에게서 벗어날 수 없다. 하늘은 만물에게 형체를
주고, 도는 성을 준다.[10]

지유자는 또한 다음과 같이 말하고 있는데, 이 설명은 불교의 삼매三昧(Samadhi)에
대한 것과 같다.

---

8) 『至游子』, 권2, 4a.
9) 『至游子』, 권2, 27b, 29b.
10) 『至游子』, 권1, 3a.

마음은 한 몸의 주인이며 신의 장수이다. 고요하면 지혜를 생성하며, 움직이면 어두워진다. 도를 공부하는 시작은 자기 마음을 거두는 데에 있으며, 공간에서 떨어져 허와 무로 들어가면 도와 합하게 된다. 만약에 마음을 잡아서 공에 거주하면 또한 장소가 아니므로 장소가 없다고 한다. 그와는 달리 있는 곳에 거주하면 마음은 수고롭게 되고 기는 쇠약해져서 병이 생기게 된다.[11]

죽음과 거기에서 벗어날 가능성에 대한 지유자의 설명은 다음과 같다. 하루 24시간 동안에 인간의 성은 한 번 전체적으로 변화하며, 성에 의존하는 기는 부분적으로 흩어진다. 양은 음의 일부를 자기에게 가져가고, 음은 양의 일부를 가져간다. 이렇게 해서 형체는 소멸되고, 마침내 인간은 죽는다. 그러나 외적인 영향을 멀리하고 내적인 것을 흘러나가게 하지 않으면서, 기를 강하게 하고 신체의 아홉 구멍을 고요하게 하며 오장육부의 장애를 제거하고 오행이 자유롭게 서로 생성하게 하면 사람은 죽음에서 벗어날 수 있다.[12] 특별한 기질이나 공부를 통해서 신선이 되는 것은 가능하다. 은미한 허에 대한 기원, 욕구의 제거, 고요함의 수양, 무위의 수행, 음덕의 실행, 인·의·예·지·신 등 모든 신체와 정신의 수양이 그 길로 인도한다.[13]

지속적으로 살기 위해서는 신체와 정신을 온전하게 유지해야만 한다. 신체는 신이 거주하는 곳이다. 이것이 파괴되면 신이 머물 곳이 없다. 마음을 기르고 신체를 기르지 않으면 그 집을 허무는 것이며, 그렇게 되면 집 밖에서 머물러야 한다.[14] 신체의 수양을 통하여 모든 음을 사라지게 하고 완전한 양만 남아 있게 할 수 있다. 이러한 신체를 얻은 인간은 금석을 뚫고 지나가며 해와 달이

---

11) 『至游子』, 권1, 8a, "心者一身之主, 神之帥也, 靜而生慧矣, 動則生昏矣, 學道之初在於收心, 離境入於虛無, 則合於道焉, 若夫執心住空, 亦非所謂無所也, 住於有所, 則心勞而氣廢, 疾以生矣."
12) 『至游子』, 권2, 4a.
13) 『至游子』, 권1, 23b.
14) 『至游子』, 권1, 11b.

비쳐도 그림자가 없이 영원히 산다.[15)

신은 자유자에게서 빠지지 않는다. 그에 따르면 하나의 신체에는 36,000의
신이 들어 있다고 한다.[16)

첫 권의 마지막에서 자유자는 60편의 도교적 내용의 시를 소개하면서, 이것이
조원자朝元子에게서 유래된 것이라고 밝힌다.

2. 여곤

여곤呂坤(1536~1618)은 자가 숙간叔簡이고 호는 신오新吾이다. 그는 하남 영릉寧
陵 출신이다. 그는 글의 의미를 잘 이해하지 못하여 공부에 큰 어려움을 겪었으나,
좌절하지 않고 지속적으로 공부를 계속하였다.[17) 처음에는 책을 미루어 두고
좌선을 통하여 마음을 밝혔다. 그러다가 경전의 의미를 곰곰이 생각하였으며,
그것을 이해할 때까지 멈추지 않았다. 그는 이런 방식으로 책을 꿰뚫었으며,
마침내 책의 의미를 이해할 수 있었다.[18) 그는 특별한 스승이 없었으며 어떤
학파에도 속하지 않았는데, 15세에 성리학에 대한 책을 접한 후로 그것에 매우
만족하였다. 1574년에 진사시험에 합격하였으며[19) 양원 지현이 되었다. 이후
산서의 안찰사를 지내고, 마지막으로 형부 좌시랑을 지냈다.

여곤은 산서의 안찰사로 있을 때에 자신에게 큰 화를 입힐 뻔한 저서『규범도설
閨範圖說』4권을 저술하였다. 이 책의 제1권에는 경전에서 인용한 글과 부인에

---

15) 『至游子』, 권1, 20a.
16) 『至游子』, 권1, 22a.
17) 孫奇逢, 『理學宗傳』, 권23, 1a.
18) 鍾泰, 『中國哲學史』, 권2, 107.
19) 『明史』, 권226의 전기(11a)와 Giles, *Chinese Biographical Dictionary*가 그러하다. 반면에
    黃宗羲, 『明儒學案』, 권54, 9b와 鍾泰, 『中國哲學史』, 권2, 107은 1571년이라고 한다.

대한 경계가 담겨 있다. 이어서 그는 처녀, 부인, 어머니들이 본받을 만한 행동들을 설명하면서 그에 대한 그림을 제시하였다.[20] 어떤 간신이 이것을 구하여 소설과 그림책을 매우 좋아하는 황제 신종神宗에게 바쳤고, 신종은 이 책을 정귀비鄭貴妃에게 선물하였다. 정귀비는 스스로 12명의 유명한 부인들에 대한 내용을 첨가하고 직접 서문을 써서 이 책을 조카에게 새로운 판본으로 인쇄하게 하였다. 그러자 검열관 대사형戴士衡이 이 책은 여곤이 궁내의 여인들과 연결되고자 하는 매우 사악한 의도를 가지고 궁중으로 들어가게끔 만든 것이라고 고발하였다. 그리고 또 다른 모함자가 책의 후기를 지어, 여곤은 이 책을 통해 황비를 자기편으로 만들고자 하는 뜻이 있었다고 적었다. 황비가 여곤을 궁중으로 불러들여, 그가 정귀비와 애정관계를 가졌다고 추궁하였다. 여곤은 모든 것이 자신을 모함하기 위하여 만들어진 계략이라고 밝혔다. 황제는 그를 모함한 사람을 처벌하였으며, 이 일은 이로써 마무리되었다.[21]

그 이후에 여곤은 다시 한 번 같은 검열관에 의하여 자연현상에 대한 위험한 계획과 잘못된 안내로 무고한 사람을 죽였다고 모함 받았지만, 황제는 그 또한 인정하지 않았다. 1826년에 여곤은 공자의 사당에 수용되었다.

『규범도설』 외에도 여곤은 정치적인 내용의 『실정록實政錄』 7권을 저술하였고, 철학적인 저서로 1592년에 출간된 6권의 『신음어呻吟語』를 지었다.[22]

여곤은 형이상학적인 문제에도 관심을 가졌지만 극히 제한적이었고, 왕수인처럼 마음공부를 강조하고 또 정좌를 좋아하였다. 또한 그는 어느 정도 도교적인 성향을 지니고 있었으며, 언어는 냉소적이고 회의적이었다. 그가 제자와 나눈 매우 특징적인 대화가 전해지고 있는데, 여기에서 그가 이론철학을 매우 무의미하

---

20) 『四庫全書』, 권132, 1b.

21) 『明史』, 권226, 17a; 黃宗羲, 『明儒學案』, 권54, 9b.

22) 『四庫全書』, 권96, 26a. 그 밖의 저서로는 『四禮翼』, 『四禮質疑』, 『去僞齋文集』 등이 있다. 鍾泰, 『中國哲學史』, 권2, 107쪽 참조.

게 여겼다는 것을 알 수 있다. 그는 다음과 같이 말하였다.

문인 한 사람이 내게 네 가지 문제를 궁구하여 무극과 태극 및 리와 기가 같은지 다른지, 성과 명의 순수함과 조잡함, 성이 선한 것인지 아닌지에 대하여 물었다. 나는 답하였다. "이러한 문제에 대해 나 또한 이전 유학자들의 견해를 가져와서 나 자신의 잘못된 견해를 살펴 서로 명백하게 할 수 있겠지만, 이것이 오늘 그대가 급히 힘써야 할 것은 아니다. 성과 명을 깨닫고 하늘과 인간을 환하게 통달한다고 하더라도 다만 성리에 대한 저서를 더할 수 있을 뿐이다. 그래서 어떤 사람이 말하기를 '한 단락의 언어를 관아에서 강학하는 중에도 한 마루에 이르는 문서들이 생겨난다'라고 한 것이다. 그런데 후세의 저 진리를 탐구한다는 사람들은 저것을 믿고 이것을 비난하며 이것을 취하고 저것을 피하니, 백세 뒤에는 천장까지 온 방안이 가득하여 소가 끌어도 감당하지 못하게 된다. 하나의 말이 이렇게까지 된 것이다. 이것을 국가의 존망, 백성의 삶과 죽음, 심신의 옳고 그름보다 더 중요한 것으로 볼 수 있는 것인지 모른다. 나는 단지 매우 일상적인 방식을 가지고 있을 뿐이다. 그대는 단지 마음을 보존하는 것을 잡아서 행동을 제재하고 일을 처리하고 사물을 접하여 가정을 가지런히 하고 국가를 다스리며 천하를 평화롭게 하면 된다. 근본원칙과 모든 개별적인 예절은 각각의 사물과 마음에 놓여 있다. 그대가 모두 이루었다고 믿는다면 그때 다시 강설의 문제에 부딪쳐도 늦지 않다." 물었다. "그러면 리와 기, 성과 명에 대해서는 전혀 말하지 않아야 하는 것입니까?" 답하였다. "리와 기, 성과 명이 명백하게 현상으로 드러나는 곳은 이러한 개별적인 것을 제외한 총체적인 것이 아니다."[23]

---

23) 黃宗羲, 『明儒學案』, 권54, 12b, "一門人向予數四窮問, 無極太極及理氣同異, 性命精粗, 性善是否. 予曰, 此等語, 予亦能勦先儒之說及一己之謬見, 以相發明, 然非汝今日急務, 假若了悟性命, 洞達天人也, 只於性理書上添了. 某氏曰, 一段言語, 講學衙門中, 多了一宗卷案. 後世窮理之人信彼駁此, 服此關彼, 百世後汗牛充棟. 都是這椿話說, 不知於國家之存亡, 萬姓之生死, 身心之邪正, 見在得濟否. 我只有個粗法子, 汝只把存心, 制行處事接物, 齊家治國平天下, 大本小節都事事心下, 信得過了, 再講這話不遲, 曰, 理氣性命終不可談耶, 曰, 這便是理氣性命顯設處, 除了撒數没總數."

여곤의 관점은 매우 단순하다. 그에게 도는 고대로부터 세상을 주도하는 보편적인 리이며, 거기에 모든 사람이 참여하고 있다. 천지는 파괴될 수 없는 리에 의하여 주도된다. 이것은 기의 근원이며, 기를 통하여 후에 생성과 변화가 나오게 된다. 천지는 소멸되고 다시 혼돈이 뒤따르지만, 이 혼돈에서부터 원기를 통해 또다시 새로운 세계가 생겨난다.[24)]

어떤 사람이 물었다. "그대의 도는 어떤 것인가?" 답하였다. "배고프면 먹고, 목마르면 마시고, 피곤하면 자고, 깨면 일어나며, 겨울에는 난로 옆에서 몸을 따뜻하게 하고, 여름에는 부채를 사용하며, 기쁘면 노래하고, 슬프면 운다. 이와 같을 뿐이다." 물었다. "그 같은 도를 누가 할 수 없겠는가?" 여곤이 말하였다. "나는 종신토록 할 수 없었던 것이 있다."[25)]

이 말의 의미는 인위적으로 너무 많이 규제함으로써 억지로 하지 말고 사람이 자기의 성에 상응하여 살아야 한다는 것으로 보인다. 이것은 도교에서 추구하는 삶의 방식이다. 합당한 무위를 권하는 다음의 말 또한 거기에 일치한다.

하고자 의도하지 말고 행동하라는 것은 성현의 근원이다. 배우는 사람이 학교에 가면 최고의 원칙으로 이것을 설정하여야 한다. 그런데 지금 사람들은 두 번째 또는 세 번째 원칙을 그 위에 놓고 말하며, 단지 칭찬과 꾸지람, 이익과 손해를 따지는 마음에서 벗어나지 못한다. 입을 열면 단지 이 같은 것을 말할 뿐이다.[26)]

사람은 일을 지나치게 해서는 결코 안 된다. 하지만 그렇다고 해서 자기를

---

24) 黃宗羲, 『明儒學案』, 권54, 10b.
25) 黃宗羲, 『明儒學案』, 권54, 11b, "或問, 子之道何如, 曰, 饑食, 渴飲, 倦眠, 醒起, 冬爐, 夏扇, 喜歌, 悲哭, 如此而已矣, 曰, 如此之道其誰不能, 曰, 我有終身不能者在."
26) 黃宗羲, 『明儒學案』, 권54, 12b, "無所爲而爲五字是聖學根源, 學者入門念頭就要在這上做, 今人說話, 第二三句便落在有所爲上, 只爲毀譽利害心脫不去, 開口便是如此."

완성하기 위한 노력이 없다면 그 또한 안 될 말이다.

부인이나 자녀, 종복과 더불어 말하고 행동할 때에도 신중하고, 먹고 쉬고 일어나고 거하는 사이에 몸과 마음을 단속하는 것, 이 공부가 매우 치밀하다.[27]

인간의 성에 대하여 여곤은 기질의 성을 도덕적인 성에서 구분한다.

선과 악이 섞여 있는 것은 기질의 성이다. 선은 있고 악은 없는 것은 상제가 내려준 마음의 성이다. 학문의 도는 바로 기질의 성을 변화시켜서 내가 받은 마음의 성을 완전하게 회복하는 것이다.[28]

인간이 타고난 기질은 좋은 면과 악한 면을 모두 가지고 있다. 학문의 도는 다름이 아니라 단지 자기의 선한 면을 배양하고 자기의 악한 면을 바르게 개선하면 되는 것이다.[29]

상제 또는 하늘에서 나오는 것은 모두 선하기 때문에 악에 대한 책임은 인간에게 있다. 여곤은 욕구 자체를 악으로 간주하지 않고 단지 하늘에 대립하는 인간적인 욕구만을 악이라고 여긴다.

하늘의 욕구가 있고 인간의 욕구가 있다. 바람에 노래하고 달빛에 산책하며 꽃을 보고 버드나무를 따라 노니는 것은 하늘의 욕구이다. 하늘의 욕구는 없을 수 없으니, 없으면 적막해진다. 그러나 인간의 욕구는 있어서는 안 되는 것으로, 있으면

---

27) 黃宗羲, 『明儒學案』, 권54, 15a, "愼言動於妻子僕隷之間, 檢身心於食息起居之際, 這個工夫便密了."

28) 孫奇逢, 『理學宗傳』, 권23, 11a, "有善有惡者雜於氣質之性, 有善無惡者上帝降衷之性, 學問之道正要變化那氣質之性, 完復吾降衷之性."

29) 黃宗羲, 『明儒學案』, 권54, 13b, "人生氣質都有箇有好處, 都有箇不好處, 學問之道無他, 只是培養那自家好處, 救正那自家不好處, 便了."

거칠게 된다. 하늘의 욕구는 인간의 욕구를 올바르게 만들어 주고, 인간의 욕구는 하늘의 욕구를 해친다.[30]

여곤에 따르면, 인간이 처음으로 악을 행하면 힘들어하고 극복하기 어려워한다. 그러나 두 번째에는 이미 극복하기가 덜 힘들어지고, 후에는 아무 어려움이 없을 수 있다. 그리고 마침내 더 이상 악에 동요하지 않으며 심지어 만족하게 된다. 그러면 선한 마음이 죽는다.[31]

공부에 대하여 여곤은 유학적인 주장을 한다. 내 마음에서 배우려는 욕구가 일어나면 공부는 외적인 사물로 확장되어 간다고 말한다. 그렇게 마음과 도 사이에 조화가 이루어진다.

옛것을 공부하는 데에 게으르고 다른 사람에게 묻는 것을 부끄러워하며 총명함이 자기 자신에게서 나온다고 생각하는 것은 불쌍하고 우스운 일이다. 나는 그것을 여전히 배운다고 할 수 있는지 모르겠다.[32]

인간의 능력은 그다지 심하게 다르지 않다. 그것은 단지 배우는 것을 좋아하는지 아닌지 그리고 거기에 마음을 쓰는지 아닌지에 달려 있다.[33]

여곤의 특징으로 우리는 그의 커다란 통찰력을 보여 주는 다음 말을 언급하지 않을 수 없다.

---

30) 黃宗羲, 『明儒學案』, 권54, 18b, "有天欲, 有人欲, 吟風弄月傍花隨柳, 此天欲也, 天欲不可無, 無則寂, 人欲不可有, 有則穢, 天欲即好的人欲, 人欲即不好的天欲."
31) 黃宗羲, 『明儒學案』, 권54, 18b, "良心."
32) 孫奇逢, 『理學宗傳』, 권23, 12a, "若怠於攷古, 恥於問人, 聰明自己出, 可憐可笑, 不知怎麼叫做學者."
33) 孫奇逢, 『理學宗傳』, 권23, 12b, "人才不甚相遠, 只看好學不好學, 用心不用心耳."

사람이 스스로 항상 옳지는 못하며 다른 사람들이 항상 부당하지는 않다는 것을 알게 된다면 그는 이미 커다란 진전을 한 것이다. 그리고 또 다른 사람이 본받아야 할 많은 것을 가지고 있으며 스스로 많은 잘못을 가지고 있다는 것을 안다면 더 큰 진전을 한 것이다.[34]

3. 장원신

장원신莊元臣은 자가 충보忠甫이며 강소성 오강吳江 송릉松陵 출신이다. 그의 생애에 대해서는 명대에 살았다는 것 외에는 알려진 것이 없는 것으로 보인다. 장원신은 스스로를 숙저자叔苴子라고 칭하면서 같은 이름의 책을 저술하였다. 이 책의 서문에서 그는 고대에는 농부들이 더 이상 일할 것이 없는 9월에는 다음해에 종자로 사용하기 위하여 삼씨를 주웠다고 한다. 그 또한 같은 일을 하였다. 한가한 시간에 그는 손에서 책을 놓고 정좌하거나 누워 있거나 돌아다니면서 세계의 현상들을 깊이 생각하였고, 이것을 후대 사람들이 유용하게 쓸 수 있도록 저술로 남겼다. 다만 그는 여유 있게 글을 쓸 수 있는 시간이 없었기 때문에 자신의 생각을 체계적으로 정리하지 못하고 의미가 와 닿는 대로 기술하였다. 이로부터 「내편」 6권과 「외편」 2권이 이루어졌다. 「내편」은 도・덕・성・명 및 그와 유사한 종류의 문제에 대한 이론적인 고찰을 담고 있고, 「외편」은 보다 실제적인 문제들을 다루고 있다. 저자는 붕지주인鵬池主人이라고 적혀 있는데, 아마도 자호인 듯하다. 『숙저자』는 『자서백가』 중 「잡가」 84권과 85권을 이루고 있다.

장원신은 매우 다양한 영역의 철학을 다루고 있으며, 마치 모든 문제에 대한

---

34) 黃宗羲, 『明儒學案』, 권54, 18a, "常看得自家未必是, 他人未必非, 便有長進, 再看得他人皆有可取, 吾身只是過多, 便有長進."

답을 알고 있는 것 같은 인상을 준다. 자연에 대하여 그는 매우 기이한 견해를 가지고 있는데, 이것은 그가 자연법칙을 전혀 알지 못했기 때문이다. 여하튼 그는 여러 가지 납득할 만한 의견들을 가지고 있었다. 그의 사상은 도교에 근접하다. 그는 송대 철학자들을 안중에 두지도 않았던 것으로 보인다.

1) 형이상학

장원신에 따르면 태극은 도이다. 신은 도의 일부이며 신에서 실체가 생겨난다.

도는 하나의 허이다. 허에서 분리되면 신이라고 한다. 신이 모인 것을 기라고 하고, 기가 결집한 것을 정精이라고 하며, 정이 견고해진 것을 형체라고 한다.35)

도는 궁구나 노력을 필요로 하지 않는다. 이것은 저절로 온다.

마음이 잠을 원하지 않는 사람은 잠잘 수 없으며, 마음이 잠을 원하는 사람 또한 잠자지 못한다. 오직 잠을 잊은 사람만이 잠잘 수 있다. 마음이 도를 구하지 않는 사람은 도에 이르지 못하며, 마음이 도를 구하는 사람 또한 도에 이르지 못한다. 오직 도를 잊은 사람만이 도를 모을 수 있다. 그러므로 말한다. 세상에 무엇을 생각하고 무엇을 걱정하겠는가?36)

도와 함께 하늘 또는 생성하는 상제가 있지만 따로 큰 의미가 없다. 왜냐하면 그는 인간을 주재하지도 운명을 결정하지도 않기 때문이다.

---

35) 『叔苴子』, B. 2A, 12b, "道一虛也, 分于虛謂之神, 神之凝謂之氣, 氣之結謂之精, 精之堅謂之形."
36) 『叔苴子』, B. 1A, 1a, "心不求睡者不得睡, 心求睡者亦不得睡, 惟忘睡者睡斯美矣, 心不求道者不得道, 心求道者亦不得道, 惟忘道者道斯集矣, 故曰, 天下何思何慮."

인간은 하늘에 있지만, 하늘이 실제로 인간을 주재할 수는 없다. 형체는 몸에 있지만, 몸이 실제로 형체를 주재할 수는 없다.[37]

나무를 쪼개어 수레를 만들고 나면, 수레의 손잡이는 편안하고 바퀴는 수고롭지만 장인은 무심하다. 쇠를 녹여서 기구를 만들고 나면, 종은 두들겨지고 술잔은 높이 받들어지지만 주물하는 사람은 무심하다. 천지가 인간을 생성하는데, 누구는 고귀하고 누구는 미천하며 누구는 현명하고 누구는 어리석으며 누구는 장수하고 누구는 요절한다. 이것은 우연을 통하여 일어나는 것으로, 저절로 같고 또는 저절로 다르다. 반드시 주재하는 것이 사물을 생성하는 마음이라고 말한다면, 수레를 만드는 장인이나 주물을 하는 사람보다도 사사롭다고 할 것이다.[38]

하늘은 절대로 어떤 의도도 가지고 있지 않으며,[39] 그러므로 그는 단지 그가 유래하는 도와 같다. 도는 계획하지 않고 의도함이 없이 단지 자연스럽게 사물을 운행하게 한다.

2) 자연철학

장원신에 따르면, 세계는 하나의 기로 채워져 있다. 순수하고 강한 것은 불이 되고, 순수하고 약한 것은 물이 되며, 흐리고 무거운 것은 흙이 되고, 흐리고 가벼운 것은 나무가 되며, 흐리고 뭉친 것은 쇠가 된다. 오행은 그러므로 순수함과 강도의 차이를 통하여 생겨난다. 오행은 부분적으로는 무형이고 부분적으로는 유형이다. 형체가 없는 것은 흐르며, 형체를 이룬 것은 물질이 된다.

---

37) 『叔苴子』, B. 1A, 12a, "人者天之有, 而天實不能以主人, 猶形者身之有, 而身實不能以主形."
38) 『叔苴子』, B. 1A, 1a, "破木而成車, 爲軾則安, 爲輪則勞, 工人無心也. 範金而成器, 鐘則來擊, 樽則來捧, 冶人無心也. 天地生人, 孰貴孰賤, 孰賢孰愚, 孰壽孰夭, 任運而成, 自同自異, 必曰, 宰之是造物之心, 私於工冶也."
39) 『叔苴子』, B. 1A, 12b.

형체가 없는 오행에서 인간이 생성된다. 인간은 공기를 호흡하며 불로 따뜻하게 하고 바람 또는 씻고 마시는 물로 차게 하며 땅 위에서 휴식한다. 형체가 있는 오행으로 인간은 생명을 연장한다. 인간은 자신을 보존하기 위하여 발견하는 모든 물질을 이용한다.[40]

세계의 기는 하나이지만, 이 기는 자연 안에서 다르게 작용한다. 전나무와 소나무는 이로써 강하고 지속적으로 되며, 복숭아와 식물은 아름답게 물들고 즙을 함유하며, 계피나무는 향기를 풍기고 가시덤불은 가시를 세운다. 그러므로 기는 또한 성인의 도처럼 그것을 받아들이는 사람에 따라 다르게 전개되며 서로 매우 어긋난다. 노자를 장자가 따랐고, 한비자를 상앙이 따랐으며, 공자를 자하・순자・이사가 따랐다.[41]

하늘의 음과 양의 정수에서 해와 달이 생겨나고, 인간의 음과 양의 정수에서 혼과 백이 생겨난다. 하늘의 오행의 정수에서 오성五星이 생기고, 인간의 오행의 정수에서 오장五臟이 생긴다. 음양은 오행의 부모이고, 오행은 만물의 부모이다.[42]

3) 인간학

장원신은 형체는 마음에 의존하는 반면에, 마음은 형체에 전혀 의존하지 않는다고 가르쳤다. 그는 말한다.

형체는 생성되기 위하여 나를 기다리지만, 나는 형체를 기다리지 않고도 생겨난다. 형체는 나를 잃으면 죽지만, 나는 형체를 잃어도 여전히 나일 뿐이다.[43]

---

40) 『叔苴子』, B. 2A, 2a.
41) 『叔苴子』, B. 1A, 10a.
42) 『叔苴子』, B. 2A, 6b.
43) 『叔苴子』, B. 1A, 1, 1a, "形待我以生, 我不待形而生也, 形失我則死, 我失形猶是我耳."

이것은 마치 나의 마음이 형체에 의존하지 않고 태어나기 이전에 이미 있었으며 또한 죽은 후에도 계속 살아 있다는 것처럼 들린다.

인간의 형체는 정精·기氣·신神으로 이루어지며, 이것들은 우주에서 유래한다. 정은 물이며, 기는 공기이고, 신은 땅이다.[44] 오장은 마음이 휴식하는 방이며, 그 밖의 다섯 조직은 마치 문이나 창문과 같고, 신체와 뼈는 도시의 견고한 성곽과 같다. 마음이 고요하기 위해서는 이것들을 항상 잘 정돈해야 하며, 그러면 오래 살게 된다.[45]

혼은 양이고 순수하며 밝다. 백은 음이며 흐리고 어둡다. 혼은 욕구를 절제하고 생각과 걱정을 제한함으로써 길러지며, 백은 감정과 지각에 몰두함으로써 길러진다. 혼은 심장에 있으며 눈으로 간다. 그러므로 지각은 그의 영역이다. 백은 간에 거처하며 신장으로 간다. 꿈이 그의 영역이다.[46]

마치 새가 인간 앞에서 두려워하고 늑대가 피에 대한 욕구를 타고나는 것처럼 인간은 선한 성과 악한 성을 타고난다. 인간의 성은 수행을 통하여 비로소 얻게 되는 것이 아니다.[47] 악한 사람 또한 선한 면을 가지고 있으며, 선한 사람 또한 악한 면을 가지고 있다.[48]

4) 삶과 죽음

장원신은 도교의 수행법과 유사한 삶을 연장하기 위한 다양한 방법을 묘사하고 있다. 여기에는 특히 정精과 기의 조절에 관한 것이 있다. 호흡을 주도하는 사람은 숨을 들이쉬고 내쉬는 것을 수행한다. 호흡을 조용하게 지속하고자

---

44) 『叔苴子』, B. 4A, 6a.
45) 『叔苴子』, B. 2A, 9b.
46) 『叔苴子』, B. 2A, 11b.
47) 『叔苴子』, B. 1A, 2a.
48) 『叔苴子』, B. 5A, 5a.

염려하며, 그것이 깨지는 것을 방지함으로써 혼과 마음을 강하게 하고 백과 기를 약하게 한다. 호흡은 상황에 따라 알아챌 수 없을 정도로 매우 약할 수 있지만, 호흡을 잘하지 못하는 사람의 경우에는 들을 수 있을 정도로 크게 숨 쉬며 이를 통하여 마음이 매우 약하게 된다. 노자의 계곡의 신에 관한 말이 그에 대한 증명으로 인용되었다.[49]

제일 먼저 백이 생겨나고, 백과 연계하여 혼이 생겨난다. 죽을 때는 혼이 먼저 사라지며, 후에 백이 뒤따른다. 장원신은 그에 대한 예로 살아 있는 동안에 이미 혼과 백이 분리되기도 한다는 것, 죽은 후에도 혼과 백이 함께한다는 것, 옛 혼이 새로운 마음을 얻어 다시 살아났다는 것과 도교에서 마음과 기가 연결되어 마음이 다시 살아났다는 것 등을 든다.[50] 그는 이런 종류의 기적적인 일들의 진실성을 전혀 의심하지 않았던 것으로 보인다.

장원신은 사람이 특별한 신체, 기질, 마음을 수련함으로써 항상 더 높은 단계로 발전하여 상승할 수 있으며 마침내 도와 일치할 수 있다고 확신하였다. 완전한 인간은 이것을 구현한다. 일반적으로 사람은 살다가 갑자기 죽는다. 그러나 참된 사람은 항상 살아 있으며 죽지 않는다. 성인이 살지도 죽지도 않는 것은 그의 삶이 본래 삶이 아니고 그의 죽음이 본래 죽음이 아니기 때문이다.[51] 그러므로 본래 단지 일반적인 사람들만이 죽음을 맞이하게 되며, 그보다 높은 단계의 참된 사람은 불사한다고 한다. 그리고 그보다 높은 단계의 성인은 도와 마찬가지로 영원하며, 삶과 죽음에 의하여 전혀 저촉되지 않는다.

죽은 후에 혼은 위로 올라가게 되지만 하늘에 이르지는 못한다. 혼은 냄새 맡고 제물에 기뻐하며 임신부의 몸에 이르러 그곳에서 다시 변화할 수도 있다.

---

49) 『叔苴子』, B. 6A, 5b. 계곡의 신에 대해서는 후기 도교의 이해와는 완전히 다르게 파악 되었다. Alfred Forke, *Geschichte der alten chinesischen Philosophie*, 265쪽 주2) 참조.

50) 『叔苴子』, B. 2A, 12a.

51) 『叔苴子』, B. 2A, 12b.

백은 지하로 떨어지는 것이 아니라 무덤에서 멀어지지 못하며 시신에 붙어서 관에 들어 있다. 백은 무덤을 찾아오는 후손의 제물을 즐긴다. 시신이 사라지면 백은 다시 무로 돌아간다. 백은 아버지의 정精과 어머니의 피에서 생겨난다. 살아 있는 동안에 혼과 백은 하나를 이루고 있지만 죽은 후에는 분리된다. 그러나 다시 태어난 혼과 아직 사라지지 않은 백 사이의 관계가 남아 있는 경우도 종종 있다. 장원신은 그것에 대하여 기이한 예를 든다.

> 옛날에 황정견黃庭堅52)이 가슴에 통증이 있었다. 밤에 젊은 처녀가 꿈에 나타나서 그에게 말하였다. "나는 그대의 예전 몸인데, 지금 어떤 장소에 묻혀 있다. 개미들이 내 허리뼈에 구멍을 내고 있기 때문에 그대가 통증을 느끼는 것이다. 나를 구해 주면 그대는 낫게 될 것이다." 황정견은 그녀의 말대로 하였고 그 효험이 나타났다. 변하여 산과 계곡을 떠돌던 혼이 황정견으로 재생하였으며, 꿈에 나타났던 젊은 처녀는 그의 이전 생에서의 백이었다.53)

사람이 가지고 있는 질병은 상황에 따라서는 이전 생의 신체에 연결되었던 백의 고통에서 생겨날 수도 있다고 장원신은 생각하였다. 그는 혼의 윤회를 사실로 받아들였던 것으로 보인다. 그러나 그는 이것을 불교에서처럼 징벌의 기준으로 삼은 것이 아니라 심리적인 것으로 이해하였다.

5) 인식과 지식

자신의 도가적 설정에 상응하여 장원신은 실제 그의 연구가 거의 유추와 경험에서 기인하는 상징주의에 의지하고 있음에도 불구하고 도를 통한 해탈을

---

52) 黃庭堅(1050~1110)은 북송대의 위대한 문인정치가로서 불교적인 경향이 있었다.
53) 『叔苴子』, B. 6A 5b, "昔黃山谷病脇, 有女子見夢曰, 妾是公前身, 今葬某所, 蟻穴腰骨, 故公常患脇, 若改封之, 常愈, 山谷如其言, 果驗, 夫其化爲山谷者遊魂之變也, 而見夢之女卽生前之魄, 與骨肉歸復於土者也."

경험적 지식보다 훨씬 더 높게 평가하였다. 그에 따르면, 신체기관들이 인식에 항상 필요한 것은 아니다. 매미는 입으로 소리 내지 않고, 물고기는 귀가 없어도 듣고, 뱀은 다리가 없어도 간다. 그러므로 완전한 인간은 귀로 듣고 눈으로 보는 것에 의지하지 않고 오직 도 즉 자신의 내적인 관조만을 믿는다.

감정과 인식이 다하면 비로소 삶이 밝아진다. 성인은 밝음을 온전히 하고, 대중은 인식을 온전히 한다. 밝음을 온전히 하는 사람은 마치 텅 빈 거울과 같아서, 사물이 가까이 오면 그것을 비춘다. 인식을 온전히 하는 사람은 어둠 속에서 사물을 더듬는 것과 같아서, 비록 얻었다고 해도 진실이 아니다. 인식은 마치 밝음의 그늘과 같다. 이 그늘이 제거되지 않으면 밝음이 관통하지 못한다. 대중 또한 잠시 삶의 밝음을 가지지만, 이것은 마치 번갯불이 번쩍이는 것과 같아서 지속될 수 없다.[54]

장원신에 따르면 성인의 지는 마치 해와 같고 현자의 지는 달과 같으며 일반 학자의 지는 불빛과 같고 대중의 지는 어두운 방과 같다. 햇빛은 모든 것을 비추고 꿰뚫으며, 달빛은 모든 것을 비추지만 꿰뚫지는 못한다.[55]

일반적인 인식은 상대적이고 순수하게 주관적이어서 신뢰할 만한 것이 못 된다. 그는 다음과 같이 말한다.

사물은 정미함과 거침, 아름다움과 추함이 없다. 다만 마음의 변화와 함께할 뿐이다. 마음이 안에서 바뀌면 사물의 정상도 밖에서 변화하니, 정미하지 않음도 없고 거칠지 않음도 없으며 아름답지 않음도 없고 추하지 않음도 없다.[56]

---

54) 『叔苴子』, B. 1A, 11a, "情識盡則明生, 聖人純乎明, 衆人純乎識, 純明者如懸鏡於虛, 物至則 照, 純識者如摸物於暗, 雖得非眞, 識者明之翳也, 翳不去則明不徹, 衆人亦有乍生之明, 如電光 閃爍, 不可爲恒耳."

55) 『叔苴子』, B. 2A, 4b.

56) 『叔苴子』, B. 1A, 12b, "物無精粗無美惡, 與意變與心化, 心意革於中則物情易於外, 無不精也, 無不粗也, 無不美也, 無不惡也."

사람은 낮에는 환하게 보이고 밤에는 어둡게 보이지만 올빼미는 그와 반대이다. 따라서 눈의 어둠과 밝음이 때에 의존하는 것은 아니다. 길고 짧은 것은 단지 마음에 달려 있을 뿐이다. 하나의 사물이 어떤 사람에게는 아름답게 보이고 다른 사람에게는 추하게 보이므로, 아름다움 또한 객관적인 실재를 갖는 것이 아니다. 이것은 냄새, 맛, 소리 등 모든 감각적인 지각에 있어서 그러하다. 어떤 것을 귀하다고 하거나 가치 없다고 하는 가치판단도 마찬가지이다. 모든 예와 관습은 주관적인 산물일 뿐 자체적으로 선한 것이 아니다.[57]

장원신은 한 인간이 그가 사는 공간 속에 제한된다는 것과 이를 통해 그의 인식이 한계가 있게 된다는 것을 다음과 같이 지적한다.

동이로 연못을 만들고 돌로 섬을 만들면, 물고기가 그 안을 돌면서 매일 수천 리를 뒤로 하며 헤엄치지만 그 동이를 벗어나지는 못한다. 거처하는 곳의 형세가 제한되어 있기 때문이다. 인간의 지혜와 인식 또한 한계가 있다. 혹은 견문의 한계가 있고, 혹은 공간의 한계가 있고, 혹은 교류의 한계가 있다. 생을 마칠 때까지 열심히 노력하여도 그 힘이 견고하지 못했던 것도 아니고 마음이 고통스럽지 않았던 것도 아니지만 끝내 그 동이의 시야에서 벗어날 수 없을 뿐이다. 슬프다![58]

장원신은 또 형이상학적인 견해에 관한 특별한 생각을 가지고 있었다. 그는 화가가 개와 말은 그리기 어려운데 귀신과 요마는 쉽게 그릴 수 있다고 말하였다. 그 이유는 전자에 대해서는 알지만 후자는 알지 못하기 때문이라고 한다. 형이상학은 신의 그림과 유사하다. 아무도 그것을 제대로 알지 못한다. 학자들이 하늘과 인간, 성과 명과 리에 대하여 기술한 것은 많지만 거칠기만 하다. 그것은 아무도

---

57) 『叔苴子』, B. 1A, 12b.
58) 『叔苴子』, B. 2B, 3b, "以盆爲沼, 以石爲島, 魚環游之, 日行數千里, 而終不離盆盎之外者, 所處之勢囿之也, 人之智識亦有所囿, 或囿于聞見, 或囿于方隅, 或囿于交與, 雖終歲勤習, 力非不堅, 心非不苦, 終不離盆盎之見耳, 悲夫."

그것들에 대해 제대로 알 수 없었기 때문이다.[59)]

6) 문학

장원신은 고대의 저술가들에 대해서만 높이 평가할 뿐 송대의 철학자들에 대해서는 아무런 언급도 하지 않았다. 그의 견해에 따르면 고대에는 다음과 같은 세 부류의 저술이 있었다.

첫째, 국가에 크게 공헌하고 그것에 대하여 말한 부류이다. 여기에는 『주례』 · 『의례』 · 관자 · 연자 · 상자 · 순자 · 오자가 속한다.[60)] 둘째, 큰 능력과 덕을 갖춘 삶을 살았지만 국가와의 관계 때문에 실천할 수 없어서 사상을 저술하여 후세에 학술로 남긴 사람들이 있다. 이러한 부류에는 공자 · 맹자 · 묵자 · 노자 · 귀곡자가 속한다. 셋째, 시대를 통치할 수 있는 도를 알고 있었지만 실천을 위한 충분한 힘을 지니지 못했던 부류로, 장자 · 열자 · 포박자와 같은 사람들이다. 그러나 이들의 지는 모두 같으며, 이들의 말은 삶에 유용하게 사용되었다.[61)]

장원신은 철학자의 학설이 국가에 기여한 바에 따라 그들을 평가하였다. 이러한 관점에 따라 첫 번째 위치에 법가와 병법가가 오는 것이 독특하다.

7) 정치

장원신은 상위계층과 하위계층 사이를 구분하여, 통치가 잘 이루어지는 시대에는 아랫사람이 윗사람을 따르고 혼란한 시대에는 윗사람이 아랫사람을 따르며 질서와 혼란이 교체되는 시기에는 위와 아래가 서로 투쟁하면서 균형을 유지한다

---

59) 『叔苴子』, B. 2B, 7a.
60) 장원신이 張儀와 商鞅까지도 인정하고 군사적인 저자들도 고려하는 것은 주목할 만하다. 고대에는 전쟁이 각 국가에 철학적 인식보다도 중요했을 것이다.
61) 『叔苴子』, B. 2B, 7b.

고 말한다.62) 그에 따르면 백성은 10등급으로 나뉜다. ①농부, ②관리, ③상인, ④수공업자, ⑤군인, ⑥저술가와 노예, ⑦불교와 도교의 승려, ⑧유랑인, ⑨부녀자, ⑩노인과 어린이의 순이다. 설정의 기준은 생산성이다. 그 때문에 농부가 심지어 관리보다도 앞서며, 상인은 일반적인 것보다 훨씬 높이 평가되었다. 관청의 저술가들은 돈에 대한 욕심 때문에 노예와 같은 단계에 놓인 것으로 보이며, 승려들은 비생산성 때문에 노예와 유랑인 사이에 놓인 듯하다. 노동력이 거의 없는 부녀자·어린이·노인은 맨 마지막에 온다.

장원신은 열 등급 가운데 아홉 등급이 토지를 경작하지 않고 단지 10분의 1에 해당하는 농부의 생산물에 의지하여 산다고 한다. 농부는 성인들에 의해서도 높이 평가되었는데, 그것은 농부가 자연적인 방식으로 부를 생산하는 반면에 다른 사람들은 단지 다른 사람들을 착취함으로써 부를 생산하기 때문이다.63) 농부는 천지가 스스로 생성하는 산물을 생산할 수 있고, 수공업자는 자연이 제공하지 않은 재료를 사용하며, 상인들은 자연이 나누지 않은 것들을 나눈다. 이 세 등급은 그러나 관리에 의한 제재를 필요로 하기 때문에, 농부·수공업자·상인·관리의 네 등급이 가장 중하다.64)

장원신은 중국의 학자들이 근대에 이르기까지 이해하지 못하였던 진시황의 위대함에 대하여 올바른 판단을 내리고 있었다. 이로 미루어 그가 국가의 성립과정을 선입견 없이 관찰한다는 것을 알 수 있다.

세간의 유학자들은 진에 대한 공격에 경쟁적으로 열심이며 그의 업적이 사라지지 않는다는 것을 알지 못한다. 지금 천하의 군현제가 진의 것이고, 장성長城이 진의 것이며, 자서字書가 진의 것이고, 조정의 의식이 진의 것이다. 그의 법을 사용하면서

---

62) 『叔苴子』, B. 2B, 11b.

63) 『叔苴子』, B. 1B, 1b.

64) 『叔苴子』, B. 1B, 4a.

도 그의 잘못을 공격한다. 그리고 그 근본을 잊는다.…… 이것으로 본다면 진황과 이사가 종묘와 사당에서 제사를 받는 것은 폐할 수 없다.[65]

8) 생의 지침

도교에서 그런 것처럼 장원신은 세간의 명예욕을 비판한다. 약간은 풍자적으로 보이는 그의 설명은 다음과 같다.

어떤 사람을 말 또는 소라고 부르면 그 사람은 반드시 안색을 바꾸고 분노하게 된다. 그러나 말 또는 소를 사람이라고 부르면 말과 소는 아무 상관하지 않으며 기뻐하지 않는다. 사람은 이름을 좋아하고 말과 소는 그것을 잊었기 때문이다. 말과 소는 또한 성현이라는 명예로운 이름을 준다고 하더라도 한 무더기 풀을 던져 주는 것만도 못하게 여긴다. 성현이라는 이름에는 기뻐하지 않고 한 무더기 풀에 기뻐하는 것은, 이것은 실질적인 것이기 때문이다. 허유許攸는 "이름은 실질의 객이다. 내가 장차 객이 되어야겠는가?"라고 하였다. 그는 천자라고 불리고자 하지 않았으며, 말과 소 또한 성현이라는 이름을 듣고자 하지 않는다.[66]

장원신의 학설은 철학과 종교, 신비주의와 냉정한 공리주의, 비판과 가벼운 신앙의 혼합이다. 이런 성향을 보여 주는 그의 어록들이 많이 전하는데, 하나의 예로 그가 나무로 만든 신의 조각은 기원하는 사람을 도와주기 때문에 이러한 조각을 경배하는 것은 매우 추천할 만하다고 주장한 것을 들 수 있다.[67]

---

65) 『叔苴子』, B. 1B, 7a, "世儒交口攻秦, 而不知秦之功不可沒也, 今天下郡縣之制秦也, 長城秦也, 字書秦也, 朝儀秦也, 用其法而攻其惡, 其本忘矣,……由此觀之, 秦皇李斯廟食未可廢也."

66) 『叔苴子』, B. 4A, 3a, "呼人爲馬牛, 人必艴然怒, 呼馬牛爲人馬牛漠然而無喜, 人好名, 而馬牛忘名也, 且卽號以聖賢之嘉名以爲不如束芻之投也, 夫名以聖賢則不樂, 與以束芻則樂, 實在焉耳, 許由曰, 名者實之賓, 吾將爲賓乎, 許由之不猷稱爲天子猶馬牛之不猷稱聖賢也."

67) 『叔苴子』, B. 4A, 9a.

4. 『태식경』

『태식경胎息經』은 호흡법에 관한 저술로서 『도덕경』의 제6장을 확장하고 변형한 것인데, 여성적인 원리에 의하여 세계가 생성되었다는 내용이 담겨 있다.[68] 이 아주 짧은 저술은 인간의 내부에서 생명이 생성되는 것에 대하여 다루고 있다. 거기에 호흡, 마음, 신의 관계에 대한 고찰이 이어진다. 이 저서에 따르면 삶은 살아 있는 호흡 즉 기를 통하여 생성되며, 기는 태극으로 간주되고, 태극에서 세계가 생겨난다. 저자의 이름과 저술된 시기는 알려져 있지 않다. 아마도 이 텍스트는 자신을 유진선생幼眞先生이라고 칭한 주석자에게서 유래할 것이다.[69] 후에 왕문록王文祿도 이 저서에 주석을 달았는데[70] 그의 주석이 유진선생의 것보다 더 뛰어나다고 알려져 있다. 이 두 편의 주석은 『자서백가』 109권에 들어 있다. 『태식경』의 원전을 인용하고 그에 대한 두 편의 주석을 살펴보면 다음과 같다.

① "태아는 기 가운데에서 결집한 후에 형성된다."[71]
　　<유진> 기 또는 호흡은 하체에 모이는 기이며 신비한 여성적인 것은 음부이다.
　　<왕문록> 기는 유일한 태허이며 허의 신이다.

② "기가 태중에 있으면 숨쉬기 시작한다."[72]
　　<유진> 신은 기의 아들이며, 기는 신의 어미이다. 둘은 마치 형체와 그림자처럼 서로 긴밀하게 관계한다. 기는 원기이다.

---

68) Wylie, *Notes on Chinese Literature*, 178.
69) 『四庫全書』, 권147, 25b.
70) 王文祿의 주석은 그의 저서와 함께 T. H. Balfour, *Taoist Texts*, 63쪽으로 번역되었다.
71) 『胎息經』, "胎自伏氣中結."
72) 『胎息經』, "氣從有胎中息."

③ "기가 신체 안에 들어가면 삶이 되고, 신이 형체에서 분리되면 죽음이 된다."[73]
　　<왕문록> 신은 기의 영명한 부분이며, 기는 신체를 생성한다.

④ "신과 기를 알면 장수할 수 있다. 허와 무를 지킴으로써 신과 기를 기른다."[74]
　　<유진> 통찰은 오직 생각을 멈춤으로써만 가능하다. 마음을 비우고 기와 백을 길러서 욕구를 따르지 않고 단지 조용하고 평온하게 살아야 목숨을 오래도록 보존할 수 있다.
　　<왕문록> 신과 기는 하나이다. 이들은 허와 무에서 나오며 완전하게 꿰뚫어 늘어나지도 줄어들지도 않는다. 그러므로 노자는 말한다. "계곡의 신은 죽지 않는다." 사람이 보지 않고 듣지 않고 이해하지 않고 알지 않을 수 있다면, 허와 무를 고수함으로써 신과 기를 기르고 있는 것이다. 그렇지 않고 사물을 실제로 인식하고자 힘쓴다면 길을 잃고 스스로 삶을 재촉하게 된다.

⑤ "신이 가면 기 또한 가고, 신이 멈추면 기 또한 멈춘다."[75]
　　<왕문록> 신은 의와 동일하다. 의가 기를 주재한다.

⑥ "오래 살고자 한다면 신과 기가 함께 흘러야 한다."[76]

⑦ "마음이 생각에 의해 움직이지 않으면 오고감이 없고 드나듦이 없어서 저절로 항상 머물게 된다."[77]
　　<왕문록> 사람은 생각하지 않는 태아의 상태로 다시 돌아가야 한다. 의를 약하게 하고 허와 무로 돌아가서 생각을 버린다면 오래 살 수 있다.

---

73) 『胎息經』, "氣入身來爲之生, 神去離形爲之死."
74) 『胎息經』, "知神氣可長生, 固守虛無以養神氣."
75) 『胎息經』, "神行卽氣行, 神住卽氣住."
76) 『胎息經』, "若欲長生, 神氣相注."
77) 『胎息經』, "心不動念, 無來無去, 不出不入, 自然常住."

⑧ "부지런히 이것을 행하는 것이 바로 참된 도의 길이다."78)

<왕문록> 36번 아래로 삼킨다. 한 번을 삼키는 것을 먼저 한다. 내쉬는 것은 작게 하며, 들이쉬는 것은 매우 길게 한다. 앉고 누울 때에도 그렇게 하며, 다닐 때에도 평탄하게 한다. 시끄러운 소리를 경계하고 나쁜 냄새를 멀리한다. 태식이라고 하는 것은 차용된 이름이며, 실제로는 내단이라고 한다. 이것은 단지 병을 고치는 데 그치는 것이 아니라 확실하게 생명을 연장시켜 준다. 오랫동안 익히고 익히면 신선의 반열에 이름을 올릴 수 있다.79)

이 소책자는 신체와 신으로 이루어진 사람이 고대 도교로부터 이미 알고 있는 것과 같은 이러한 방식의 연습을 통하여 질병을 막고 장수하면서 죽지 않고 지속적으로 살 수 있는 방법을 알려 준다.

---

78) 『胎息經』, "勤而行之是眞道路."
79) "三十六咽, 一咽爲先, 吐唯細細, 納唯綿綿, 坐臥亦爾, 行亦坦然, 戒於喧雜, 忌以腥羶, 假名胎息, 實曰內丹, 非只治病, 決定延年, 久久行之, 名列上仙."

제4부 청대

(1644~1912)

만주왕조가 지배한 청淸대 초기에 중국은 가장 강력한 권력을 장악하고 있었으며 천하에서 가장 큰 영향력을 행사하고 있었다. 그러나 그것은 대략 18세기 초까지만 지속되었고, 그 뒤에 중국은 유럽과 일본으로부터의 지속적인 굴욕을 견디며 무기력한 세월을 보내야 하였다. 이것은 옛 중국의 문화가 타국의 개입을 방어하고 독립을 주장하기 위한 권력수단을 제공할 수 없다는 것을 보여 주었다. 이로써 마침내 왕조는 붕괴되고 제국으로서 이천 년 이상 존속하였던 왕국은 파멸에 이르게 되었다. 사람들은 대신에 서방의 제도와 문화를 받아들이고, 이로써 중국이 멸망에서 구원될 수 있기를 바랐다.

청나라의 처음 4명의 황제는 유덕하고 지혜로운 통치자였으며 국가에 많은 영화를 가져왔다. 각기 60년 동안 통치하였던 가장 위대한 2인의 황제 강희제康熙帝와 건륭제乾隆帝는 중국의 큰 행운이었다.

오랜 전쟁을 통해 한인 장군들과 여러 명明왕들의 격렬한 저항을 진압하고 청나라의 통치기반을 닦은 순치제順治帝(1644~1661)는 뛰어난 이해력과 큰 담력을 지닌 통치자였다. 만주인들은 유능한 군인들이었지만 고유한 문화를 가지고 있지 않았다. 그러므로 황제는 명나라의 국가체제와 문화이념을 그대로 수용하고 만주인과 한인이 동등하게 참여하는 내각을 구성하였다. 만주인들은 상대적으로 무관으로 많이 임용되었으며 한인들은 문관으로 많이 임용되었다. 순치제는 또한 예수회 학자들, 특히 쾰른의 아담 샬(Adam Schall)을 총애하여 그가 궁정에서 천문학을 연구할 수 있도록 하였다.

강희제康熙帝(1662~1722)는 중국역사에서 특징 있는 인품을 지닌 사람으로, 루드비히 14세(Ludwig XIV)와 견줄 수 있을 만한 중국의 가장 빛나는 통치자였다. 그는 기품 있고 고귀하였으며, 신하들에게 부드럽고 관대하면서도 전쟁에서는 용감하였다. 현명한 통치자인 동시에 문학과 예술의 장려자였다.

강희제는 8살에 통치자가 되었지만 한동안 나이 어린 그를 대신하여 어머니와 할머니가 섭정을 하였고, 14살 때부터 직접 통치하였다. 첫 통치행위의 하나가 선교사의 억압을 금하는 칙령을 내린 것이었다. 또한 그는 예수회 선교사들을 호의적으로 돌보아 주었으며 베르비스트(Ferdinand Veriest)를 천문대에 임용하였다. 1692년에 강희제는 기독교를 허용하는 칙령을 반포하였다. 이로써 기독교문화가 들어오는 것이 허용되었으며 북경의 북당北堂에 가톨릭성당의 건축이 허가되었다. 강희제는 국경을 안팎으로 확정하였으며, 그의 눈부신 통치는 중국인들로 하여금 이방의 지배인들과 화합할 수 있게 하였다. 1689년에 청은 최초의 국제적인 계약인 러시아 피터대제와의 네르친스크조약을 체결하였으며, 이를 통하여 시베리아지역의 국경이 확정되었다. 이것은 청인들의 외교적인 승리였다. 제정 러시아가 최후의 40년 동안 이루어 가던 정복의 길을 포기해야 했기 때문이다. 1697년에는 또한 유목민이 건설하였던 외몽고의 군주 갈단과의 전쟁을 통하여 몽고의 흑룡강과 타르바가타이까지가 정복되었다. 코코노르 주변의 탕구트족은 항복하였다. 황제의 아들은 1720년에 티베트를 복속시켰다. 이로써 티베트는 청에 의무적으로 조공을 하게 되었다. 안남은 새로운 왕조를 인정하고 새로이 종속되었다.

강희제는 학자들을 우대하고 학문을 장려하였다. 그는 수백 명의 학자들로 구성된 위원회를 통하여 중요한 전서를 편집하여 출간하였다. 1710년에 이루어진 방대한 사전 『강희자전康熙字典』은 42,000자에 이르는 한자의 뜻을 풀이하고 있는데, 이는 어원학적으로 중요한 업적이다. 1711년에는 중국어의 운율사전인 『패문운부佩文韻府』가 나왔다. 중국은 또한 강희제에게 다른 어떤 민족도 가지고 있지 못한 전체 1,628권의 엄청난 문헌백과사전인 『고금도서집성古今圖書集成』에 대하여 감사해야 한다. 이 방대한 저작은 1725년에 비로소 마감되었다. 강희제는 또 주희의 모든 저술을 하나의 체계로 정리한 『주자전서朱子全書』를 발간하게 하였다. 저술은 아니지만 강희제는 16조의 칙령을 내려 지방관의 생활수칙을 제시한 바 있다. 이 칙서를 확장하여 1724년에 옹정제는 백성들의 교화를 위한 『성유광훈聖諭廣訓』을 완성하였고, 이것을 오랫동안 한 달에 두 번씩 지방관리로 하여금 백성들 앞에서 읽게 하였다.

강희제는 예수회 선교사들에게 나라 전체를 측량하고 지도를 제작하게 하였다. 예수회선교사들은 또한 청동 대포를 만들었으며 광학기구들의 제조와 시계의 생산을 주도하였다. 그들에 의하여 또한 기술적이고 기계적인 공장들이 설립되었다. 그림과 예술, 도자기생산도 강희제의 장려 아래 활기를 띠었다. 강희제는 예수회 건축가들에게 명하여 북경 외곽에 원명원이라는 어느 정도 베르사유를 연상시키는 호화궁전을 건설하였다. 이것은 1860년에 프랑스와 영국 군대의 반달리즘에 의해 파괴되었다.

옹정제雍正帝(1723~1736)는 매우 열정적이고 정의로운 성격의 소유자였지만 그의 부친만큼 관대하지는 않았다. 그는 약간 편협하였지만 강인한 성품을 가지고 있었다. 그는 청을 외세의 영향에서 벗어나게 하고자 하였으며, 그 때문에 기독교를 몰아내고자 하였다. 그는 행정적인 문제에 매우 몰두하여 국가조직을 만들었다. 세금은 명대보다 훨씬 줄어들었고, 매우 반대중적이었던 인두세는 완전히 폐지되었다.

건륭제乾隆帝(1736~1796)는 청을 권력의 정상으로 이끌었으며 내부 아시아의 정복을 마감하였다. 청은 먼저 다양한 전쟁으로 투르키스탄에 대한 지배권을 확정하였다. 이후 버마를 공격하여 조공을 받았으며, 안남에서의 왕위쟁탈전을 조정하여 청의 통치권을 인정받았다. 네팔의 산악지대에 사는 구르카족은 청의 군대에 쫓겨 히말라야를 넘어 인디아까지 갔으며, 거기에서 청에게 전쟁배상금을 지불하였다. 이러한 끊임없는 전쟁에도 불구하고 건륭제 덕택에 청의 재정적인 형편은 매우 좋았다. 여러 해 동안 토지세를 올리지 않았음에도 불구하고 국가에는 충분한 잉여자금이 있었다. 그의 정치는 매우 훌륭하였다고 해야만 할 것이다. 전쟁의 여파 속에서도 청의 지방들은 전쟁으로 피해를 입지 않고 그대로 보존되었다. 건륭제는 기독교에 대하여서는 무관심하였지만 예수회 선교사들을 학자로서 인정하였다. 건륭제의 통치능력은 그의 할아버지인 강희제에 견주어도 모자람이 없었지만, 건륭제의 성품은 강희제와 완전히 같다고 할 수 없을 것이다. 그는 그보다 덜 고상하고 기품이 못 미쳤다. 그는 본질적으로 전사라기보다는 문학가였지만 뛰어난 전사들이 그에게 종사하였으며, 이들은 승리하지 못하는 경우에는 옛 관습에 따라 처형되었다.

건륭제는 궁중의 서고에 있는 모든 책들을 모아 중국역사상 가장 방대한 규모의 문헌사업인『사고전서四庫全書』의 편찬을 지시하였다. 1749년에는 고대 황실의 청동 유물을 그림과 함께 설명한『서청고감西淸古鑑』이 간행되었고, 1739년에는 전문적인 의학서 오겸吳謙의『의종금감醫宗金鑑』이 출간되었다. 황제는 또한 청조의 형법서인『대청율례大淸律例』를 출간하게 하였다.

건륭제의 문학적인 재능은 국가의 가장 뛰어난 문학가로 일컬어질 정도로 뛰어났다. 따라서 그는 예술과 학문에 활기찬 관심을 보였다. 그의 시는 한림학술원에 보관되어 있는데, 이것들은 34,000편에 이른다. 황제는 스스로 많은 글들을 지어 사원이나 공헌이 있는 사람들에게 주었고, 여행 중에는 자주 그 자신이 주제를 설정하여 시회를 개최하였다. 건륭제는 사치벽이 있었으며 예술을 장려하였다. 그는 스스로 그림을 그렸으며, 궁정에 이탈리아의 화가를 두고 있었지만 유럽의 그림보다는 중국적인 그림을 선호하였다. 예술은 그의 통치 아래에서 최고 수준에 도달하였다. 도자기, 나전칠기, 판각, 비단공예와 양탄자가 방대한 양으로 생산되었으며 외국으로 수출되었다. 청의 예술품들은 로코코스타일의 생성에 기여하였다. 라이프니츠, 볼프, 볼테르와 같은 유럽의 지도자적인 인물들이 청에 경탄하였다.

건륭제의 후계자 가경제嘉慶帝(1796~1821) 대에 이미 청조는 기울어지기 시작하였다. 만주인 황제들은 이미 오래 전에 한족화되어 한족의 교육을 받고 원래의 투사적인 모습을 잃었다. 홍수와 기아, 관리들의 횡포, 왕조에 대항하는 비밀단체의 준동, 유럽인들과의 불행한 전쟁 등은 청조의 붕괴를 막지 못할 지경으로 이끌었다.

도광제道光帝(1821~1851)는 통찰력이 있었으며 통치를 잘하고자 하는 의지도 갖추었지만 성품이 나약하였다. 청은 영국과의 아편전쟁에서 패배한 후 1842년에 남경조약을 맺어 일부의 항구를 외국의 상인들에게 개방해야만 하였다. 이로써 동아시아와 유럽 사이의 관계에서 하나의 전향점이 이루어졌다.

함풍제咸豊帝(1851~1862)는 매우 사치스럽고 나약하였으며 만주의 황자들에게 통치권의 일부를 할양하였다. 그의 지배 아래에서 태평천국의 난(1851~1864)이 일어났는데 만약에 증국번曾國藩과 이홍장李鴻章 같은 사람들의 충심이 없었다면 왕조의 붕괴로 이어졌을 것이다. 1858년에 영국과 프랑스의 연합군은 대고포대大沽砲臺(Taku-Forts)를 점령하고 이어서 북경에까지 쳐들어왔다. 황제는 열하성으로 도주하였다. 천진조약을 통하여 더 많은 항구들이 개방되었으며 외국의 사신들이 북경에 주둔하게 되었다.

함풍제 이후에는 왕조의 부계혈통이 힘을 상실하고, 궁정은 여성 통치자에 의해 지배되었다. 미성년의 어린이들이 제위에 올랐는데 동치제同治帝(1861~1875)는 5살에 즉위하였다. 그의 어머니 서태후는 냉철한 의지력을 지닌 통치자였다. 그녀는 매우 높은 교육을 받았으며 예술적으로도 재능을 가지고 있었다. 그녀는 청을 통치하기 위한 것이라면, 즉 자신의 지배권을 유지하기 위한 것이라면 도덕적 가치를 염두에 두지 않았다. 그녀는 외국의 권력에 대하여서는 주도권을 사용할 수 없었지만 자신의 신하들은 지배할 수 있었다. 동치제의 뒤를 이어 즉위한 광서제光緖帝(1875~1908)는 3살 때 제위에 올랐는데 후에 서태후로부터 독립하고자 했다가 폐위되고 죽을 때까지 유폐되었다. 서태후는 곁에 어떤 권력자도 남겨두지 않았다. 그런 연유로 그녀의 사후에 어린아이가 후계자로 오르게 되었고, 이것이 왕조의 비극적인 운명을 결정지었다.

청은 1884년에 프랑스와의 전쟁에서 안남을 잃었다. 1894년에는 일본과의 전쟁에서 완전히 무력한 모습을 보인 끝에 조선과 대만도 잃었다. 이로써 일본이 청 대신에 아시아에서 가장 강대한 국가가 되었다. 유럽의 강국들이 청을 자기들의 권력 아래에 두고 영토권에 대하여 간섭하기 시작하면서 정치의 변화가 생겨났다. 조선에 대한 이해관계 때문에 벌어진 러일전쟁(1904~1905)에서 청은 완전히 배제되었다.[1]

청대는 고급문화의 시기였다. 이 시기에는 특히 어원학자와 문학자들이 각광을 받았으며, 음성학·고문서학·고고학·문헌비판·문학사·예술사가 발전하였다. 또 근대적인 소설이 발전하였으며, 공예품에 있어서는 탁월한 업적을

---

1) 나는 이러한 기술의 기반으로 v. Fries, *Krause und Schuler*를 활용하였다.

이루었다. 그러나 철학에서는 송과 명에 비하여 별다른 업적을 이루지 못하였다. 중국철학을 파도에 비교한다면, 그것은 주대에 파도의 꼭대기에 선다. 이후 한대를 거치면서 파도가 내려오다가 당대에 들어 제일 아래에 이른다. 송대에 다시 파도는 정점에 달하고, 명대를 거치면서 다시 내려오다가 청대에 이르러 가장 낮은 곳에 도착한다. 이 파도는 청대 말기에 다시 올라가게 된다.

17세기 청대 초기의 철학적인 생산은 매우 활기찼다. 비록 이때에 새롭고 중요한 학설이 많이 나오지는 않았지만 그 학문적 분위기는 명대와 유사하였다. 그러나 18세기에는 철학적인 생산이 거의 완전히 이루어지지 않았다. 이 시대의 철학자로는 청대의 가장 위대한 사상가인 대진戴震과 회의론자인 홍양길洪亮吉 정도를 들 수 있을 뿐이다. 19세기에는 본격적인 철학적 썰물이 일어났다고 볼 수 있다. 이때의 주요한 철학자로 꼽히는 증국번曾國藩과 유월兪樾은 최고 수준의 철학자로 간주하기에는 부족함이 있다. 청대의 철학은 그 말기에 강유위康有爲의 학파를 통하여 비로소 다시 활기를 되찾게 된다.

17세기에는 대부분의 철학자들이 여전히 주자학파였고 몇몇은 양명학파였으며 혹은 이 두 학파를 중개하였다. 관념적 일원론자 유종주劉宗周 또한 몇몇 추종자들을 지니고 있었다. 그러나 고염무顧炎武는 반대로 송대 철학과 명대 철학을 잘못된 학설로 판단하고 부정하였다. 그는 형이상학을 포기하고 고대의 유학으로 거슬러 올라가고자 하였다. 18세기의 대진 또한 송대 철학자들을 잘못된 유학자라 하고 그들의 학설을 물질적인 일원론으로 대체하였다. 19세기의 강유위도 같은 과제에 부딪쳤다. 그는 유럽의 관념과 그의 공산주의적인 이상을 공양학公羊學의 도움으로 의미를 바꾸어 보다 높은 수준의 유학을 성립시키고자 하였다.

청대의 철학에서 새로운 것은 강력한 교육체계가 등장한 것이다. 육세의陸世儀, 장이상張履祥, 장이기張爾岐 등과, 무엇보다도 안원顔元과 이공李塨의 안이학파가 그러한 흐름을 대변한다. 또 손기봉孫奇逢은 철학사에 관한 최초의 책이라고 할 수 있는『리학종전理學宗傳』을 저술하였으며, 황종희黃宗羲는 철학사를 체계적으로 정리한『송원학안宋元學案』과 『명유학안明儒學案』을 편찬하였다. 이 책들에는 철학자들의 개념이 광범위하게 파악되어 있는데, 그러나 그 안에서 다루어진 학자들의 대부분은 서양의 이해에 따르면 주석자와 원전비판자에 불과하다. 즉 어원학자일 뿐 철학자가 아닌 경우가 많다. 종교철학에 대한 관심은 강유위와 양계초梁啓超에 이르러 비로소 일깨워졌으며, 이후 등장한 하증우夏曾佑를 비로소 종교철학자라고 부를 수 있을 것이다. 저평가되어 왔던 불교는 18세기 이후로 매우 중요하게 인식되었다. 왕진汪縉, 나유고羅有高, 팽소승彭紹升은 유학적인 불교도였는데, 이들은 유학과 불교를 화합시켰다. 근대에 강유위와 그의 추종자들도 이러한 작업을 시도하였다. 청대 철학의 마지막 특별한 변화로는 반군국주의와 공산주의의 등장을 들어야만 할 것이다.

이렇게 의심할 바 없이 청대 철학은 시대의 성격에 상응하여 학문적인 면에서의 확장을 이룩해 왔지만 거기에는 송대 철학에서와 같은 창조적인 경향이 거의 발견되지 않는다.

17세기편

(1644~1700)

제1장 범신론자

1. 손기봉

1) 생애와 저서

손기봉孫奇逢(1584~1675)은 하북성 용성 사람이다.[1] 자는 계태啓泰이고 호는
종원鍾元·징군徵君이다. 그의 학문은 매우 일찍 성숙하여 13세에 이미 첫 번째
과거에, 그리고 16세에 두 번째 과거에 합격하였다. 집안이 가난하여 그는 공부를
마친 후에 저녁으로 가끔 약간의 콩국을 먹을 수 있을 뿐이었지만 충분히
만족하였다.[2] 그는 영웅적인 성품을 지니고 있었다. 12세 때 학교에서 스승이
그에게 적군에 포위되어 더 이상 식량도 없고 희망도 없는 상태에서 무엇을
하겠느냐고 물은 적이 있었다. 이에 그는 죽게 되더라도 자신의 직분을 지킬
뿐이라고 답하였다.[3] 그는 후에 실제로 이 원칙에 따라 행동하였다.

손기봉의 가족들 사이에는 항상 고요와 평화로운 화합이 있었다. 그의 부친이
세상을 뜨자 그와 형제들은 6년 동안 무덤을 지킴으로써 집안이 빈곤하게 되었다.
매일 아침 그는 가족의 사당을 찾아 인사하였으며 고요히 금식하였다. 그는
결코 게으름을 피우는 일이 없이 하루 종일 일하였다.[4]

---

1) 蕭一山, 『淸代通史』, 권1, 821(蔣維喬의 전기); 孫奇逢, 『夏峯集』, 「序文」; 蔣維喬, 『中國近
   三百年哲學史』, 36쪽.
2) 蕭一山, 『淸代通史』, 권1, 820.
3) 孫奇逢, 『夏峯集』, 「序文」, 1쪽.

1636년에 손기봉의 고향 용성容城이 이자성李自成의 반란군에게 공격을 받았다. 그는 수백 명의 제자에게 무기 사용법을 교육시키고 앞장서서 도시를 방어하였다. 성곽의 무너진 부분은 빠르게 보충되었다. 주변의 큰 도시들이 패배하였던 반면에 이 도시는 함락되지 않았다. 이 용감한 방어에 대한 보고서가 황제에게 올라갔으며 황제는 그에게 명예직을 내렸다. 그러나 그는 모든 하사받은 관직을 거절하였는데, 이것은 실정을 되풀이하고 있는 황제의 밑에서는 관리로 일할 생각이 없었기 때문이다.[5] 후에 청조의 부름에도 그는 마찬가지로 응하지 않았다. 황제의 명에 따라 그는 제자들과 함께 하북성 이주易州에 있는 오공산五公山에 갔으며, 1638년에 그곳에서도 방어에 성공하였다.

1650년에 손기봉은 주거지를 하남성 휘현輝縣의 소문蘇門으로 옮겼으며, 1652년에 은인이 선물한 하봉夏峯의 땅에 정착하여 경작하며 죽을 때까지 살았다. 여기에서 그는 하봉이라는 호를 얻었다. 그는 겸산당兼山堂이라는 학교를 건립하여 제자들을 가르쳤으며, 그들도 경작을 하게 하였다. 그곳을 지나치는 고관들은 반드시 그를 방문하였고, 백성들은 그를 현인으로 공경하였다. 그가 85세가 되었을 때 5대가 함께 모여 생일잔치를 벌였는데, 수백 명의 사람들이 가까이에서 또 멀리에서 인사차 찾아왔다.

죽기 전 며칠 동안 그는 식사조차 할 수 없었지만 의관을 갖추고 바르게 앉아서 제자 및 자손들과 계속 이야기를 나누었다.[6] 철학자 탕빈湯斌과 경개耿介는 그의 직접적인 제자들이다. 손기봉의 생애를 저술한 위예개魏裔介는 단지 그와 우호적으로 편지를 왕래했을 뿐 개인적으로 잘 아는 사이는 아니었다. 1828년에 손기봉은 공자의 사당에 수용되었다.

---

4) 『淸士列傳』, 권66, 2a.
5) 孫奇逢, 『夏峯集』, 「序文」, 5쪽. 백성들은 이 때문에 그를 '徵君'이라고 불렀으며, 이것은 그의 호가 되었다.(高瀬武次郎, 趙蘭坪 中譯, 『中國哲學史』 3권, 206)
6) 孫奇逢, 『夏峯集』, 「序文」, 7~8쪽.

손기봉은 『역경』과 『서경』을 주석하였으며 사서의 본뜻을 천명한 『사서근지四書近指』를 저술하였다. 『사서근지』는 큰 권위를 누렸으며 장지동張之洞은 이것을 학생들에게 교재로 추천하였다. 그의 또 다른 두 권의 저서 『기보인물고畿輔人物考』와 『중주인물고中州人物考』는 특정한 지역의 사람과 사물에 대하여 다루고 있다. 그의 저서 중 큰 의미를 갖는 것은 『리학종전理學宗傳』 26권인데, 이 책은 아마도 근대중국철학사에 관한 첫 번째 저술일 것이다. 이것은 중요한 원전으로서 현재에도 빈번하게 인용되고 있다. 이 책의 앞부분에는 손기봉이 볼 때 가장 중요하다고 생각되는 송대와 명대의 철학자 11명에 관한 내용이 담겨 있으며, 뒷부분에는 상대적으로 덜 중요한 한대와 명대의 철학자들에 관한 내용이 담겨 있다. 손기봉은 이 구상을 세 번 변경하였으며, 30년이 넘게 그것을 작업하였다고 한다.7) 손기봉 자신의 철학은 『하봉집夏峯集』8) 16권에서 읽을 수 있다.

손기봉의 학문은 육구연, 왕수인, 유종주의 학문에서 출발하였지만 주자학과도 충돌하지 않았다. 그 때문에 손기봉의 학문은 관념주의적인 방향과 현실주의적인 방향을 절충한 것으로 간주되기도 하였다. 그의 주요 목적은 도리를 매일 행함으로써 수신하는 것이었는데, 그는 그것을 위해서는 하늘의 리를 먼저 인식해야만 한다고 보았다. 그의 학설은 북쪽으로 매우 널리 보급되었다. 관리 및 일반 사람들에게도 그는 똑같이 영향을 미쳤다. 제자들이 질문을 할 때면 그는 그들의 능력에 따라서 답변해 주곤 하였다.9)

2) 신과 세계

손기봉의 철학적인 관점은 다음의 말에서 잘 드러난다.

---

7) 蕭一山, 『淸代通史』, 권1, 822.
8) 내가 사용한 판본은 국립도서관의 1834년의 것이다.
9) 『淸士列傳』, 권66, 1b~2a.

물었다. "리와 기는 하나인가, 둘인가?" 답하였다. "혼돈의 처음에는 단지 하나의 기가 있을 뿐이다. 주재하는 것은 리이고, 운행하는 것은 기이다. 이것을 가리켜 둘이라고 하는 것도 옳지 않지만 또한 섞어서 하나라고 할 수도 없다."[10]

신과 세계는 매우 밀접하게 연결되어 있어서 두 가지 사물이라고 할 수 없지만 이들은 또한 하나의 같은 것도 아니다. 그러므로 개념적으로 이들은 물질적인 리와 비물질적인 리로 서로 분리된다. 손기봉은 이원론자가 아니고자 하였지만 그는 또한 일원론자도 아니었다. 그럼 그는 어느 쪽인가? 그는 범신론자 이다. 왜냐하면 그는 전 세계가 신 또는 도로 채워져 있고 신 또는 도에 의해 주재된다고 보았기 때문이다. 각 사물은 동시에 신이고, 신은 항상 사물과 밀접하게 연결되어 있다.

도는 있지 않은 곳이 없고 있지 않았던 때도 없다. 도는 무한한 크기이며 무한하게 지속적으로 존재한다. 그러므로 도 밖에는 아무것도 없다.[11] 요·순·공자의 마음이 오늘날에도 살아 있는 것은 도의 영원함에 의해 가능한 것이다. 도는 항상 균형을 이루고 있지만, 도의 현상은 끊임없이 변화한다.[12]

물었다. "도는 어디에 있는가?" 답하였다. "도는 눈앞에 있다." 물었다. "눈앞에 있는 어떤 것이 도인가?" 답하였다. "각 사물과 각 행위에 모두 도가 아닌 것이 없다. 백성은 매일 그것을 사용하지만 알지 못할 뿐이다. 실제로 깨닫는다면 하나의 사물이나 하나의 행위도 도가 아닌 것이 없다."[13]

---

10) 孫奇逢, 『夏峯集』, 권1, 5a, "問理與氣是一是二, 曰渾沌之初一氣而已, 其主宰處爲理, 其運旋處爲氣, 指爲二不可, 渾爲一不可."
11) 孫奇逢, 『夏峯集』, 권1, 23b.
12) 孫奇逢, 『夏峯集』, 권1, 24b.
13) 孫奇逢, 『夏峯集』, 권1, 20b, "問道在何處, 曰道在眼前, 曰眼前何者是道, 曰任擧一物一事莫非道也, 百姓日用而不知耳, 果覺得無一物一事非道."

도리는 단지 눈앞에 있다. 눈앞에 마주한 사람, 마주한 사물, 고요한 상태의 내 속에 모두 도가 있다. 바로 이것이 이른바 "도라는 것은 한순간도 떠날 수 없다"라 는 말이다. 사람의 성을 다하고 사물의 성을 다할 수 있는 것은 모두 눈앞의 일에 달려 있다. 눈앞을 버리고 멀리서 구하면서 또한 도를 알지 못한다고 비난한다.[14)

도는 눈앞의 모든 곳 즉 모든 사람과 사물, 심지어 내 속에도 있다는 것이다. 도는 또한 태극과 같다. 손기봉은 이렇게 말한다.

물었다. "태극은 천명 및 심성과 어떻게 구분되는가?" 답하였다. "태극은 최고의 지극한 리다. 이것은 천명과 심성의 앞에 있어도 앞이라고 여겨지지 않고 뒤에 있어도 뒤라고 여겨지지 않는다. 천지만물과 하나로 화합해 있어서 시작도 끝도 없고 나누어지지도 합해지지도 않는다고 할 수 있다. 옛날부터 지금까지 있지 않았던 때가 없으며 있지 않았던 일이 없는 것, 이것은 태극일 뿐이다."[15)

태극 또는 도는 없는 때가 없이 항상 있었다. 마음과 본성의 핵심인 명은 다른 것이 아니다. 시간적인 판단이 태극에는 아무 의미가 없다. 태극이 명보다 앞선다고 할 수 있지만 또한 뒤따른다고도 할 수 있다. 태극은 이전에도 있었고 지금도 있으며 앞으로도 있을 것이기 때문이다.

도는 영원하지만 생성된 사물에는 시작과 끝이 있다.

도는 항상 있어서 결코 사라지지 않으며, 천지는 사물을 낳고 낳는 기틀이 된다.[16)

---

14) 孫奇逢, 『夏峯集』, 권1, 21a, "道理只在眼前, 眼前有相對之人, 相對之物, 靜對之我, 正所謂道 也者不可須臾離也, 能盡人性盡物性, 皆是眼前事, 舍眼前而求諸遠, 且難不知道者也."

15) 孫奇逢, 『夏峯集』, 권1, 43a, "問, 太極與天命心性, 作何分解. 曰, 太極者極至之理也, 在天命 心性之先, 而不爲先, 在天命心性之後, 而不爲後. 與天地萬物圓融和會, 無終始離合之可言. 自 古及今, 無時不存, 無事不在, 此爲太極而已矣."

16) 孫奇逢, 『夏峯集』, 권2, 38a, "常存不滅者道也, 天地生生之機也."

천지 사이의 기는 모이고 흩어지며, 사물은 이를 통하여 생성되고 소멸된다. 흩어졌다가 다시 모이는 기가 없다면 소멸되었다가 다시 이루어지는 리도 없다.[17]

그러나 사람이 영원히 살 수 있다는 생각은 착각일 뿐이다. 단지 위대한 사람들의 마음만이 수천 년 동안 보존될 수 있으며, 일반적인 사람들은 나이가 들면 심적인 기운을 잃게 된다. 이런 상태라면 무엇을 위해 사람이 더 살아야 하겠는가?[18]

3) 인간의 마음

인간 또는 인간의 마음은 세계정신이다. 이것은 널리 확장해 펼쳐지고 나아가는 특징을 가지고 있다.

사람은 천지의 마음이다. 사람이 사람됨을 잃으면 어떻게 천지가 맑고 평안하겠는가? 그러므로 천지를 바로 서게 하는 것은 마음이요, 백성을 낳고 천명을 바로 세우는 것은 성현의 일이다. 밝은 왕이 나타나지 않고 성인이 이미 멀어졌음에도 요·순·공자의 마음은 지금 여기에 있으니, 이것은 사람의 마음이 아니라 하늘의 마음이다.[19]

성인이 하늘의 마음을 가슴에 가지고 있다는 생각은 이미 고대의 철학자 문자[20]와 왕충[21]에 의해서도 표현되었지만, 그들은 이를 하늘의 마음에서 나온

---

17) 孫奇逢, 『夏峯集』, 권2, 8b, "天地間氣有聚散, 物因而有成敗, 無散而復聚之氣, 則無敗而復成之理."
18) 孫奇逢, 『夏峯集』, 권2, 2a.
19) 孫奇逢, 『夏峯集』, 권1, 4b~5a, "人者天地之心也, 人失其爲人, 而天地何以淸寧, 故爲天地立心, 爲生民立命者聖賢之事也, 明王不作, 聖人已遠, 而堯舜孔子之心至今在此, 非人也天也."
20) Alfred Forke, *Geschichte der alten chinesischen Philosophie* (1927), 499쪽 주1225) 참조.
21) 『論衡』, 권1, 129.

예법을 구현한다는 의미에서 매우 상징적으로 이해하였다. 그러나 손기봉은 인간의 정신과 하늘의 정신과의 동일성을 표현하고 있다. 하늘과 땅이 밝고 평안하게 되면 인간정신에 의하여 세계정신이 작용된다. 하늘의 힘이 드러나고 백성의 명이 결정되는 것은 성현을 통해서만 가능하다. 시간적으로 성인이 존재하지 않는 때가 있다는 것은 상관이 없다. 왜냐하면 고대 성인의 정신은 영원한 시간 동안 계속해서 언제나 작용하고 있기 때문이다.

인간은 신체를 자기로 여기면서 정신이 참된 자기라는 것을 알지 못한다. 정신은 매일 신체의 구멍을 통하여 흐르며 세상의 사물과 서로 교류하고 있으면서도 인간이 그것을 볼 수 없는 것은, 신체와 사물에서 분리되지 않는 귀와 신 때문이다. 이 정신을 수양하면 완전하게 본래대로 모든 것을 채울 수 있고, 그러면 삶으로써 존재하지 않고 죽음으로써 사라지지 않는다. 나의 정신과 천지의 신은 마땅히 다른 것으로 여겨서는 안 된다.[22]

인간들은 자기 자신의 정신을 알지 못하며 정신이 삶과 죽음에 의존하는 것이 아니라 세계정신과 같다는 것을 알지 못한다. 다만 인간의 정신이 세계정신과 같기 위해서는 이러한 연관성에 대한 인식이 전제되어야 한다. 이것이 없으면 나의 정신은 초목처럼 소멸될 뿐이다.

내 안의 한 점 성과 마음은 하늘과 땅, 과거와 현재의 위대한 주재자이다. 단지 깨달았는가, 깨닫지 못했는가의 차이가 있을 뿐이다. 깨달으면 하늘의 고명함이 내 성의 고명함이며, 하늘이 고명함으로 만물을 덮는 것은 내 성이 사물을 덮는 것이다. 땅의 넓고 두터움은 내 성의 넓이와 두께이며, 땅이 그 넓이와 두께로

---

22) 孫奇逢, 『夏峯集』, 권1, 45a, "人知軀竅之爲己, 而不知精神乃眞己也. 精神日流轉于軀竅之中, 與天下之事物相酬酢, 而人不可見卽體物不遺之鬼神也. 能養得此精神完固充周, 便是不以生而存, 死而亡, 吾之神與天地之神, 當不作殊觀."

만물을 지는 것은 내 성이 사물을 지는 것이다. 과거에 이것은 천년을 헤아리고, 후로 이것은 천년을 헤아린다. 사람이 현명하거나 어리석고 세상이 다스려지거나 혼란하여도 이 모든 것은 하늘과 땅, 인간과 사물일 뿐이다. 나의 성에서 이것을 집어낼 필요가 없으며, 나의 성에서 밖으로 이것들을 밀어내리려고 해도 그것은 불가능하다. 오직 깨닫지 못한다면 살아도 삶을 모르고 죽어도 죽음을 모른 채 초목과 같이 썩고 금수와 같이 꿈틀거리게 된다. 어찌 슬프지 않은가?[23]

이것은 사람이 자기 정신을 깨달아 완전하게 전개함으로써 정신이 굽어 있게 두지 않는 것에 달려 있다. 왜냐하면 단지 그러한 깨달음을 통해서만 인간은 세계를 생성하고 주재할 수 있기 때문이다.

예전 사람들은 말하였다. "천지의 성이 곧 나의 성이다. 어찌 죽음으로써 갑자기 모든 것이 끝날 리가 있겠는가?" 이 말 역시 틀린 것이 아니다. 그러나 오직 하늘이 나에게 이 성을 주었다는 것을 내가 참으로 완전하게 다할 수 있을 때라야 형체가 비록 없어져도 이 한결같은 정신과 리 및 기가 저절로 항상 우주 안에 존재할 수 있다. 만약에 다할 수 없으면 당연히 살아있는 때에 이미 정신의 리가 사라진다. 아침에 도를 들으면 저녁에 죽을 수 있다는 말은 그것을 듣지 못했을 때는 살아 있는 것이 아니라는 것을 뜻한다. 썩어 없어지는 풀과 무엇이 다른가?[24]

하늘의 리는 사람의 마음 안에서 살아 움직이는 있는 멈출 수 없는 원칙이다.

---

23) 孫奇逢, 『夏峯集』, 권1, 45b, "吾人一點性靈爲天地古今大主宰, 只爭悟不悟耳, 悟則天之高明吾性之高明, 天高明之覆物吾性之覆物也, 地之博厚吾性之博厚也, 地博厚之戴物吾性之戴物也, 前乎此者幾千年, 後乎此者幾千年, 人賢愚世治亂, 總此天地民物耳, 無庸納之吾性之中, 欲推之于吾性之外, 不可得也. 唯不悟, 則生不知生, 死不知死, 餘草木同朽, 與禽獸同蠢, 豈不可哀."

24) 孫奇逢, 『夏峯集』, 권2, 14a, "昔人謂天地之性卽我之性, 豈有死而遽亡之理, 此說亦未爲非, 但不知天與我以性, 我果能盡, 則形雖亡, 而此一段精氣神理當自常存于宇宙間, 若不能盡, 則當生時而神理已亡矣, 朝聞石可, 謂不聞則罔生耳, 與腐草何異."

성인은 그 리를 작용하게 하지만 보통사람들은 잃어버리고, 타락한 사람은 그것을 없애 버린다.[25]

4) 인간의 몸

인간의 정신과 같이 또한 신체도 보이는 것보다 훨씬 크다. 이것은 그가 과거·현재·미래의 세계를 포괄하기 때문이다.

시간의 경과, 사물의 생성, 과거와 현재, 하늘과 땅, 모든 것은 호흡 안에 존재하며 나의 완전한 신체이다.[26]

내가 세계정신이면 나의 몸은 일반적으로 여겨지는 것보다 훨씬 커야만 한다. 즉 나의 몸이 세계여야만 한다.

인간이 무엇 때문에 그렇게 몸을 중요하게 여기는가? 그것은 과거 천년을 몸으로 이어받았으며 미래의 천년을 몸으로써 이어가게 되기 때문이다. 그러므로 그것을 가볍게 여겨서야 되겠는가? 몸을 경시하지 않기 위해서는 배우는 것보다 더 큰 것이 없다. 배움을 통해 나의 몸은 천지 및 모든 사물과 하나를 이루어 통할 수 있고 천년을 위아래로 모두 하나의 기 가운데서 호흡하게 할 수 있다. 배우지 않으면 몸은 또한 사물에 굴복하게 될 뿐이다. 무엇으로써 나를 낳은 천지부모에게 우러러 답할 수 있겠는가?[27]

나의 마음은 세계를 생성하며, 그러므로 세계를 보는 것은 나에게서 출발한다.

---

25) 孫奇逢, 『夏峯集』, 권2, 14b.
26) 孫奇逢, 『夏峯集』, 권1, 20b, "時行物生, 古今天地, 皆呼吸于一氣之中, 方是吾之全體."
27) 孫奇逢, 『夏峯集』, 권1, 8b, "人孰爲重身, 爲重前有千古, 以身爲承, 後有千古, 以身爲乘, 而可輕視之乎, 不輕視其身, 則莫大於學, 學可令吾身通天地萬物爲一體, 千古上下皆聯屬於呼吸一氣之中, 故學者聖人所以助乎天也, 不學則身亦夷於物耳, 何以仰答天地父母之生我."

그러므로 나는 많은 사물 중의 단순한 한 사물에 그치는 것이 아니다.

천지를 보고자 한다면 만물에서 보아야 할 따름이다. 만물은 천지가 완성한 것이기 때문이다. 만물을 보고자 한다면 나에게서 보아야 할 따름이다. 나는 이미 만물을 갖추고 있기 때문이다. 사람이 단지 나를 알지 못한다면 끝끝내 천지도 알지 못하고 만물도 알지 못하여 나 또한 다만 만물 중의 한 사물에 머물고 말 것이다.[28]

인仁 또는 덕은 그러므로 궁극적으로 마음이 인간으로 하여금 천지만물과 하나가 될 수 있도록 작용하는 것이다.[29]

5) 정좌

최고의 진리를 파악하기 위해 사람은 자기 마음으로 돌아와 머물러야 하며 정좌를 해야만 한다. 어떤 제자가 손기봉에게 정좌하면서 가슴 속이 혼란스러운 생각들로 채워져 있다면 무엇을 해야만 하는지 물었다. 이에 그는 천리를 인식하고자 해야 하며 그것을 저해하는 모든 생각을 버리고 욕구에 의해 혼란스러워지도록 두어서는 안 된다고 답하였다.[30] 이어서 어떻게 그것을 해야 하는지에 대해 다음과 같이 설명하였다.

나의 마음이 우연히 한 때 깊은 고요에 빠지게 되면 그것은 한 때 텅 비어 밝아진다. 이때는 선하지 않은 것이 없으며 생각은 순수하게 천리로 완전히 채워진다. 그러나 선한 생각이 처음에 생겨나게 되면 아직 매우 약하여 겨우 알아챌 수 있을 정도이며 또한 이리저리 정처 없이 흐른다. 급히 배양하여 확충해서 확고하게 붙잡아

---

28) 孫奇逢, 『夏峯集』, 권1, 31a, "欲觀天地, 觀之于萬物而已, 萬物所以成天地也, 欲觀萬物, 觀之于我而已, 我備萬物也, 人只因不識我, 遂不識天地, 不識萬物, 則我止爲萬物中之一物耳."

29) 孫奇逢, 『夏峯集』, 권1, 21a.

30) 孫奇逢, 『夏峯集』, 권1, 15b.

두어 감각에 의하여 동요하고 움직이게 되는 것을 허용하지 않아야 한다. 공부가 여기에 이르면 그것을 잡고서 더 이상 쓰지 않게 되어 덕이 완성된다. 이처럼 할 수 없어서 힘을 쓰게 되면 한 가지 생각이 들뜨고 뒤섞여서 번거롭고 조잡한 것이 생겨나고 거기에 또한 혼란과 방황이 더해지게 되니, 이와 같이 되어 자기통제를 잃고 나면 장차 이르지 못할 곳이 어디겠는가?[31]

2. 조어중

조어중趙御衆은 자가 관부寬夫이고 호는 척옹惕翁이다. 하북성 난주灤州 출신이며 손기봉의 주요 제자 중 한 사람인데, 정확한 생애에 대한 기록은 남아 있지 않은 것으로 보인다. 그는 『전신록傳信錄』 25권, 『기봉수어奇逢粹語』, 『하봉답문夏峰答問』 5권 등 스승이 남긴 저서를 출간하였다. 또한 스승의 견해와 일치하는 한도 내에서 자신의 견해를 『불조록弗揩錄』으로 편집했으며, 그 밖에 『곤향록困享錄』을 지었다. 문집은 『산효당집山曉堂集』이다.[32]

조어중 사상의 특색은 그가 철학의 주요 목적을 고유한 마음에 대한 존경과 그것의 보존에 두었다는 데에 있다.[33] 이런 특색은 약간 희귀한 것이지만 그가 스승과 마찬가지로 범신론자라는 것을 받아들인다면 이해하기가 쉽다. 조어중은 자신의 마음 안에서 자기가 존경해야 하는 세계정신을 인식한다.

조어중에 따르면 인간은 자신의 마음을 하늘처럼 섬겨야만 한다. 그렇게 한다면 인간은 자기 마음에 순수한 광채를 부여하게 되며, 그와 더불어 모든

---

31) 孫奇逢, 『夏峯集』, 권2, 42a, "吾心偶得一時之沈靜, 便生一時之虛明, 此際全無不善, 念頭純是一團天理, 但善念初發幾希微耶, 游移莫定, 急宜培養, 而壙充之, 務令固執, 莫使感遇搖撼得動, 工夫到此, 把持勿用, 而德成矣, 不能如此用力, 一念浮雜, 便生煩躁, 苟且亂動昏迷縱肆, 將何所不至."

32) 『淸士列傳』, 권66, 3a.

33) 高瀨武次郎, 趙蘭坪 中譯, 『中國哲學史』 3권, 223.

것에 대적할 수 있다. 모든 외적인 변화에 정신이 흔들리지 않고 확고하게 머물러서 자신의 하나를 보존하고, 모든 욕구를 제어하여 마음이 어떤 것에도 매이지 않게 해야 한다. 그렇게 되면 도에 이를 수 있다.[34]

마음을 기르고 힘을 키우는 것이 가장 중요한 일이며, 성현의 도를 공부하는 것은 그보다 중요한 것이 아니다.

학자는 성인과 현인의 말에 대한 이해를 구해서는 안 된다. 중요한 것은 자기의 마음을 알고 자기의 일을 밝히는 것이다. 만약에 문자에 의존하게 된다면 지나치는 일들이 아득해져서 모든 것이 친절하지 못하게 되어 자기를 속이고 다른 사람 또한 속이게 된다.[35]

세상의 모든 어려움은 단지 마음이 가려져 있기 때문이다. 마음의 상태가 순수하고 깨끗하면 분발하여 바로 설 수 있을 뿐만 아니라 도리가 고르게 드러나서 모든 방향으로 두루 통하게 된다.[36]

대개 반드시 성인이 되려는 의지를 지녔을 때 중요한 것은, 스스로 널리 공부할(博學) 수 있고 스스로 자세히 물을(審問) 수 있으며 스스로 신중히 생각하고(愼思) 밝게 분변하며(明辨) 독실하게 행할(篤行) 수 있다는 것을 분별하여 아는 것이다. 나아가는 것은 자기가 스스로 나아가는 것이며, 물러가는 것은 자기가 스스로 물러가는 것이다. 다른 사람이 그에게 힘을 보태어 줄 수는 없다. 좋은 벗을 얻는 것이 소중하다는 것은 단지 잘못된 길을 가고 있을 때 지적해 줌으로써 바른 길을 가도록 도와줄 수 있다는 것이다.[37]

---

34) 高瀬武次郎, 趙蘭坪 中譯, 『中國哲學史』 3권, 224.
35) 高瀬武次郎, 趙蘭坪 中譯, 『中國哲學史』 3권, 225, "學者莫求解聖賢語, 要認自己心, 明白自己事, 依文能解, 過事芒然, 總是不親切, 自誑誑人."
36) 高瀬武次郎, 趙蘭坪 中譯, 『中國哲學史』 3권, 226, "千難萬難, 只是打疊此心, 若心地潔淨, 不但發憤植立, 所謂道理平鋪箸, 足便四通八達."
37) 高瀬武次郎, 趙蘭坪 中譯, 『中國哲學史』 3권, 226, "凡人只要辨個必爲聖人之志, 自能博學,

이런 때에 있으면 이런 일을 할 때 한 점 참된 마음이 세계 전체와 모든 시간을 대면한다. 순수하고 의로운 신의 경지에 들어가 참으로 결함이나 부족함이 없는 경지에 이른다.[38]

이것은 신비설이다. 조어중의 관점은 강하게 관념주의에 물들었으며 그가 이룰 수 없는 것을 마음이 할 수 있다고 믿는 경향이 있었다.

自能審問, 自能愼思明辨篤行之, 進是自己進, 退自己退, 他人預力不得, 所貴乎得良友者, 資指迷之益耳."

38) 高瀨武次郎, 趙蘭坪 中譯, 『中國哲學史』 3권, 226, "在此時, 作此事, 一點眞心, 對天下萬世, 精義入神, 是眞到圓滿處."

제2장 교체기의 두 거인: 황종희와 고염무

1. 황종희

황종희黃宗羲(1610~1695)의 자는 태충太冲이고 호는 여주黎洲·남뢰南雷이다. 그는 절강성 여요餘姚에서 출생하여 명대 말기에서 청대 초기에 이르기까지 살다가 86세의 나이에 죽었으며 역사적·수학적·철학적으로 중요한 저서들을 저술하였다. 그의 아버지는 충직한 관리였는데, 간신의 모함을 받아 감옥에서 옥사하였다. 황종희는 19살에 부친의 살해자를 때려죽이고 복수하기 위하여 옷 속에 망치를 품고 수도로 갔다. 그러나 그 자는 그 사이에 이미 처형되었다. 황종희는 동생 및 친척들과 함께 감옥 앞에서 부친의 혼령에 제사지낸 뒤 고향으로 돌아갔다.[1]

황종희는 부친의 유명에 따라 유종주에게서 심학을 공부하였으며 스승의 저술을 설명함으로써 그의 후계자가 되었다. 황종희는 한밤중까지 공부하였으며, 겨울에 날씨가 추울 때에는 이불을 덮고 발을 난로에 녹이며 등잔불이 꺼질 때까지 공부하였다. 여름에는 밖에 작은 불을 피워 모기를 쫓고 앉아서 공부하였다.[2] 그러나 황종희는 유종주의 사상에만 구속되지 않았다. 그는 중국철학에 대한 최초창기의 역사저술가 중의 한 명으로서 심학과 더불어 포괄적으로 철학을

---

1) 渡邊秀方, 劉侃元 中譯, 『中國哲學史槪論』 3권, 158; 鍾泰, 『中國哲學史』, 권2, 128.
2) 高瀨武次郎, 趙蘭坪 中譯, 『中國哲學史』 3권, 200.

연구하였다. 그러므로 비교하자면 그의 저술은 송대의 소옹邵雍·정자程子 및 명대의 일원론자 황도주黃道周의 것과 가깝다.

명明이 붕괴된 후에 황종희는 남명南明의 노왕魯王을 위하여 의용군을 조직하고 투쟁하였으며, 사절단과 함께 일본으로 가서 청淸에 대항하는 원군을 청하였지만 성공하지 못하였다. 중국으로 돌아와서 그는 이름을 감춘 채 살다가 다른 지방으로 도주함으로써 이슬이슬하게 위기를 면하였던 듯하다. 청의 강희제가 그를 회유하고자 수차례 관직을 내렸지만 그는 거듭 사양하였다. 명을 멸망시킨 정복자를 섬기고자 하지 않았기 때문이다. 그러자 황제가 다시 명의 역사에 관한 저술을 해 줄 것을 청하였는데, 그는 이 또한 거절하였다. 그러나 황제의 요청은 계속되었고, 이렇게 해서 명의 역사자료집인 『명사안明史案』244권과 명의 문헌을 모은 『명문해明文解』482권, 명의 지리서 『사명산지四明山志』 9권이 출간되었다.3) 또한 황종희는 소책자 『일본걸사기日本乞師紀』4) 1권을 남겨 그의 일본 여행과 그곳에서의 활동에 대하여 기록하였다. 그의 수학적인 저술은 대부분 매우 간략한데, 원(『圓解』)과 원의 분할(『割圜八綫解』), 삼각법(『勾股矩測解原』), 기하학적인 문제(『授時法假如』, 『西洋法假如』, 『回回法假如』) 등에 대하여 중국·유럽·아랍의 방식에 따라 다루고 있다.

황종희의 가장 중요한 저술은 철학적인 것이다. 특히 철학사를 저술한 『송원학안宋元學案』100권과 『명유학안明儒學案』62권은 그의 가장 중요한 저술이라고 할 수 있다. 이 책에서 계속해서 인용하고 있는 『송원학안』과 『명유학안』은 근대철학사의 원전자료로서 중요한 의미가 있다. 잘 알려지지 않은 철학자들의 저서를 모두 개별적으로 통찰하는 것은 매우 많은 시간을 요구하게 될 것이기 때문에 황종희의 철저한 예비작업이 없었다면 근대철학사를 저술하기가 매우

---

3) 唐鑑, 『國朝學案小識』, 권12, 1b.
4) 高瀬武次郎, 趙蘭坪 中譯, 『中國哲學史』 3권, 200.

어려웠을 것이다. 이 밖에 그의 철학적 저서에는 이정의 학설을 제시한 『이정학안 二程學案』 2권, 대동사회에 대하여 다룬 『대통법변大統法辨』 4권, 일종의 국가철학 서인 『명이대방록明夷大訪錄』 등이 있다. 아울러 『문집文集』 11권과 『남뢰문약南雷 文約』 4권이 전한다.

황종희는 탁월한 연구자였으며 매우 생산적인 학자였다. 그는 사람이 풍부한 자료와 깊은 생각이 없이는 진리를 발견할 수 없다는 것을 보여 주었다. 그는 근거 없는 많은 주장과 과장들이 이전 시대의 지식에 대한 연관성을 수용하지 못했기 때문에 나온다고 생각하고, 이러한 결함들은 방대한 저술을 통하여 보완될 수 있다고 믿었다.[5]

황종희는 명대 철학자들을 그다지 중요하게 여기지 않았다. 그들의 말이 대부분 텅 빈 지푸라기에 지나지 않는다고 한다.[6] 그럼에도 불구하고 황종희는 주로 그들에게 의지하여 자기 자신의 철학적 견해를 구축하였다. 또한 그는 공부하는 사람에게 제일 먼저 필요한 것은 목숨보다 소중한 경전을 철저하게 아는 것이라고 주장한다. 그러나 그러한 후에라도 그다지 쉽게 그것에 대하여 말할 수 있는 것은 아니라고 하였다. 경전을 충분히 읽지 않은 사람은 시간의 흐름에 따른 도의 변화를 이해할 수가 없고, 또 충분하게 공부하였다고 하더라도 자기 자신의 마음을 궁구하지 않는다면 마찬가지로 올바른 유학자가 될 수 없다고 한다.

황종희는 철학에서 가장 중요한 것이 마음의 본질을 설명하는 것이라고 여겼다. 이 점에서 그는 그의 스승 유종주와 그다지 다르지 않다. 그는 세상의 모든 것이 마음이고 그것에서 유래한다고 생각하였다.

---

5) 唐鑑, 『國朝學案小識』, 권12, 1.
6) 謝无量, 『中國哲學史』 6권, 24.

천지를 채우고 있는 것은 모두 마음이다. 변화는 헤아릴 수가 없고 무한하게 다르지 않을 수가 없다. 마음은 본체가 없다. 공부하여 이르는 곳이 그 본체이다. 그러므로 리를 궁구하는 것은 이 마음이 무한하게 다른 것을 궁구하는 것이지 만물이 각기 다른 것을 궁구하는 것이 아니다.[7]

이전 유학자들의 어록이 사람마다 모두 다른 것은 단지 내 마음의 본체가 변화하고 운동하는 것이 결코 멈춤이 없음을 나타낸 것이다. 만약에 고정된 것을 고집하여 구분하게 되면 끝내 아무것도 얻는 것이 없다.[8]

황종희는 서로 다른 견해들 사이에 차이가 발생하는 원인을 세계정신의 사유가 끊임없이 흐르고 있어서 결코 고정되지 않기 때문이라는 것으로써 설명할 수 있다고 믿었다. 철학자들은 각기 다양한 시대의 개별적인 사상을 가지고 있는 사람이면서 동시에 결코 전체일 수는 없다. 황종희가 높이 평가하는 철학사에서는 이러한 생각이 최소한도로 요약되었다.

황종희의 철학적 견해 중에서 고유한 것은 『명이대방록』에서 전개되는 그의 정치적인 입장이다. 그에 따르면 백성의 복지가 국가의 주요목적이다. 군주는 백성의 지도자이지만, 만일 백성을 소홀히 하고 자신의 욕구만을 돌보면 모두로부터 버림받게 되며 그의 지위 또한 박탈될 수 있다. 군주의 의무와 책임은 매우 막대하다. 그러므로 고대에는 많은 현인들이 그러한 지위를 거절하거나 오랜 거부 후에 비로소 받아들였으며, 받아들였다 하더라도 이내 그 자리에서 물러나 버렸다. 반면에 삼왕三王 이후의 군주들은 국가를 자신의 사적인 소유물로 여겨 단지 착취할 뿐이었다. 이에 대하여 그는 다음과 같이 말하고 있다.

---

7) 謝无量,『中國哲學史』6권, 24, "盈天地皆心也, 變化不測, 不能不萬殊, 心無本體, 工夫所至, 卽其本體, 故窮理者, 窮此心之萬殊, 非窮萬物之萬殊."
8) 謝无量,『中國哲學史』6권, 24, "夫先儒之語錄, 人人不同, 只是印我之心體, 變動不居. 若執定成局, 終是受用不得."

옛날에는 천하를 주인으로 삼고, 군주는 손님으로 여겼다. 군주가 세상에서 이루고 실시한 모든 것은 천하를 위한 것이었다. 그런데 지금은 군주가 주인으로 간주되고, 천하는 단지 손님으로 간주된다. 천하에 편안하게 살 수 있는 땅이 없는 것은 모두 군주가 그렇게 하기 때문에 그럴 수가 없는 것이다. 천하의 간과 두뇌를 독살하고 천하의 자녀를 갈라져 흩어지게 함으로써 단지 자기 한 사람의 산업을 증대하고자 하니, 어찌 참혹하지 않은가? 그러고는 오히려 "나는 자손을 위하여 나라를 세웠다"라고 말한다. 그리고 이미 그렇게 하고 나서는, 천하의 골수를 때려서 상하게 하고 천하의 자녀를 갈라져 흩어지게 함으로써 단지 자기 한 사람의 자신의 음탕한 쾌락을 즐기는 것을 당연한 것으로 여긴다. 그리하여 그는 또 말한다. "나는 나라를 세워서 크게 번영하게 하였다." 그렇다면 천하의 큰 재앙은 오직 군주인 것이다. 군주가 없었더라면 사람은 각기 개인의 사사로움을 얻고 각기 자기 이익을 얻을 수 있었을 것이다. 아! 무엇 때문에 군주의 도를 만들어서 이렇게 된 것인가? 옛날에는 천하의 사람이 군주를 좋아하고 받들어 마치 아버지처럼 여기고 하늘처럼 여겼으며, 참으로 잘못을 저지르지 않았다. 그런데 지금 천하의 사람은 그 군주를 원망하고 증오하며 도적이나 원수와 같이 여겨서 그를 독재자라고 부른다.[9]

황종희는 고대의 통치자들이 백성을 위하여 모든 일을 하였던 진정한 통치자였으며, 후대의 통치자들은 단지 자기 자신과 가족만을 생각한다고 하였다. 또한 최악의 시대는 진秦대와 원元대였다고 하였다.

황종희의 이론은 잘 알려진 맹자의 반군국주의적인 표현과 사회주의적인

---

9) 渡邊秀方, 劉侃元 中譯,『中國哲學史槪論』3권, 161; 鍾泰,『中國哲學史』, 권2, 130, "古者以天下爲主, 君爲客, 凡君之所畢世而經營者, 爲天下也, 今也以君爲主, 天下爲客, 凡天下之無地而得安寧者, 皆爲君也, 是以其未得之也, 屠毒天下之肝腦, 離散天下之子女, 以博我一人之産業, 曾不慘然, 曰, 我固爲子孫創業也, 其得之也, 敲剝天下之骨髓, 離散天下之子女, 以奉我一人之淫樂, 視爲當然, 曰, 此我産業之花息也, 然則爲天下之大害者, 君而已矣, 向使無君, 人各得自私也, 人各得自利也, 嗚呼, 豈設君之道, 固如是乎, 古者天下之人, 愛戴其君, 比之如父, 擬之如天, 誠不爲過也, 今也天下之人, 怨惡其君, 視之如寇讐, 名之爲獨夫."

제2장 교체기의 두 거인: 황종희와 고염무   711

언급에 기반을 두고 있다.[10] 그에게 있어서 백성은 정부의 근간으로 간주되는데, 다만 백성은 정부를 스스로 이끌 수가 없기 때문에 군주를 선택하여 통치를 맡기는 것이다. 그러므로 군주는 그러한 맡은 바 임무를 수행하는 사람에 불과하다. 황종희의 이러한 생각이 민주주의적인 원리와 매우 근사했기 때문에 1911년에 혁명가들은 이 책을 수천 부 인쇄하여 배포하고 이러한 사상을 바탕으로 청에 대항하는 투쟁에서 승리하고자 하였다.

황종희의 극단적으로 거친 반군국주의적인 관점은 이해하기 어려우며 그의 행동과도 일치하지 않는다. 그는 남명南明을 위하여 싸웠으며, 무너진 명조를 일으키기 위하여 자신의 목숨을 걸었다. 그런데 그가 맞서 싸운 청조의 황제 강희제는 고대의 이상적인 통치자들과도 견줄 수 있는 근대의 매우 탁월하고 고귀한 통치자였으며, 그의 치하에서 황종희는 30년도 넘게 살았다. 뿐만 아니라 강희제는 황종희가 만주인에 대한 적대감을 품고 있음에도 불구하고 그를 매우 관대하게 대우하였으며, 여러 차례에 걸쳐 국가의 관직을 맡아 줄 것을 청하기도 하였다. 심지어 그가 그러한 제의들을 거절했음에도 불구하고 황제는 황종희로 하여금 저서들을 출간하게 하였다. 따라서 황종희의 관점은 애국주의적이라고밖에 달리 설명될 수 없을 것이다. 그는 매우 열정적인 사람이었다. 모든 열정을 다 바쳐 헌신하고 있는 명의 복건이 불가능하다는 것을 알게 되었을 때, 정복자에 대한 그의 증오는 황제에 대한 증오로 바뀌었을 것이다. 또한 그의 국가론은 처음부터 학문적인 의도로 저술된 것이 아니라 단지 정치적인 선동을 위한 책자로 계획되었을 것이다. 그리고 이것은 그 당시에는 성공하지 못하고 200년이 지난 후에야 그 목적을 달성하였다.

---

10) Alfred Forke, *Geschichte der alten chinesischen Philosophie* (1927), 316쪽 참조.

2. 고염무

고염무顧炎武(1613~1682)는 자가 영인寧人이고 호는 정림亭林이다. 그는 직계
선조들이 살았던 강소성 곤산崑山 화포촌花浦村에서 태어났다. 본래 이름은 강絳이
고 자는 충청忠淸이었는데, 명이 멸망한 후에 이름과 자를 염무와 영인으로
바꾸었다. 염무는 후에 그가 살았던 고을의 이름이다.[11] 태어난 직후에 그는
죽은 숙부의 양자가 되었다. 그의 숙부가 결혼을 앞두고 죽었기 때문에 숙부의
정혼녀는 결혼도 하기 전에 과부가 되어 시부모와 함께 살고 있었다. 그녀는
양어머니로서 고염무에게 매우 큰 영향을 미쳤다. 그녀는 명의 멸망을 걱정하며
아들에게 두 왕조를 섬기지 말 것을 유명으로 남긴 후 60세의 나이로 굶어서
자살하였다. 고염무는 그녀의 유언을 충실하게 지켰다.

고염무는 수두염으로 오른쪽 눈을 실명하였다.[12] 이것은 그가 이중의 동공을
가지고 있었다는 말과 연관이 있을 것이다. 이중의 동공은 지혜의 표시라고
할 수 있는 것이었다.[13] 그의 동공의 안쪽은 희고 가장자리는 검었다. 그러나
이런 결함이 그가 한 번에 10줄씩 독서하는 것을 방해하지는 못하였다.[14] 그가
11살 때 그의 할아버지는 2년 동안 그로 하여금 『자치통감資治通鑑』을 통독하게
하였고, 또 그에게 천문학·지리학·병법·농사와 같은 실질적인 학문을 공부하
게 하였다. 성인이 되었을 때에도 그는 결코 책과 멀어지지 않았다. 여행할
때에도 마차 두 대에 책을 싣고 다녔다. 화음華陰을 통과할 때에는 안장에 앉아서
경전의 주석을 읽었다. 명대 말기에 그는 여러 번 헛되이 과거에 응시하였다가

---

11) 顧炎武는 또 자신을 스스로 '蔣山傭'이라고 칭하였다.(高瀬武次郎, 趙蘭坪 中譯, 『中國哲
  學史』 3권, 183)
12) Helmut Wilhelm, *Gu Ting Lin der Ethiker*, Inaugural-Dissertation, 1932(Teildruck 1. Kapitel:
  Lebensgeschichte), 6쪽.
13) 順帝 또한 이중의 동공을 가지고 있었다. 王充, 『論衡』, 권1, 304 참조.
14) 『淸士列傳』, 권68, 1a.

포기하고 한동안 산에서 은거하였다. 1644년에 그는 명의 비밀결사대에 가담하여 무장투쟁을 벌였다. 어머니의 상을 지내야 했기 때문에 비록 마음으로는 명조에 대한 충심을 확고하게 가지고 있었음에도 불구하고 임용은 거절하였다. 청조 치하에서도 그는 명황제의 무덤을 찾아가서 제사를 지냈다.

명이 멸망한 후에 그는 20년 이상 긴 여행을 하였으며 특히 저술 자료들을 수집하기 위하여 중국 북서쪽을 여행하였다. 그는 풍속, 오랜 역사적인 기념물, 비문 등을 탐구하였으며 중요한 학자들과 교류하고자 하였으나, 그렇다고 민중 사이에서 발견한 교훈을 소홀히 대하지도 않았다. 그는 모든 것에 대하여 물었으며, 만약에 사람들의 설명이 서로 일치하지 않는 경우에는 서책의 도움을 받아 비로소 확정하였다.[15] 그는 강희제 시대에 비로소 진사가 되었지만 명대의 역사를 공동으로 저술하라는 무리한 요구는 물리쳤다. 황제는 그를 교수로 임용하고자 하였고 고관들은 그에게 관직을 받아들일 것을 청하였지만, 그는 다음과 같은 말로 거절하였다. "나를 죽음으로 몰지 말라. 칼과 동아줄이 이미 준비되어 있다."

고염무는 농부로서 농사와 목축으로 생활비를 벌었고 장사에도 매우 능하였기 때문에 항상 부유하게 살았다. 고향에서의 음모와 박해를 피하기 위하여 그는 거주지를 북쪽지방으로 옮겼다. 1677년에 그는 섬서 화음에 눌러앉았다. 그는 그곳에서 주희의 학설을 보급하기 위한 학교를 설립하여 자신을 주자학파의 학자로 널리 알렸다.

고염무는 철학자라기보다는 보편적인 학자이고 비판가이다. 이것은 그의 많은 저술에서 알 수 있다. 그는 경전을 비판적으로 소개하였으며 청대 고증학의 기초자로 여겨진다.[16] 저서로는 음성학을 다룬 『음학오서音學五書』 38권, 원전비

---

15) 『淸士列傳』, 권68, 1a.

16) 청대 원전비판가로서 잘 알려진 사람들로는 王念孫, 王引之, 阮元, 兪樾, 孫詒讓, 章炳麟, 閻若璩, 劉逢祿, 魏源 등이 있다. 閻若璩는 『書經』이 위작임을 증명하고자 했고 魏源은

판적 성격의 『석경고石經考』, 구경의 잘못된 글자를 다룬 『구경오자九經誤字』, 『좌전』에 대한 주석, 『이십일사연표二十一史年表』, 역대 왕조의 왕과 황제들이 거주하였던 수도를 다룬 『역대제왕택경기歷代帝王宅京記』, 통치의 규정에 대해 다룬 『경세편經世篇』 등이 있다. 또한 탁월한 역사지리학 저서로 『천하군국이병서天下郡國利病書』 120권이 있는데, 여기에는 3지역의 연대표가 부가되어 있다. 『금석문자기金石文字記』에서는 300편 이상의 비문을 비판적으로 밝혀내었고, 『산동고고록山東考古錄』에서는 산동지방의 고대에 대해 다루고 있으며, 『경동고고록京東考古錄』에서는 북경의 동쪽지방의 고대에 대하여 다루었다. 철학적 저술로는 하학의 지침서가 되는 『하학지남下學指南』이 있다. 그 밖에 문집으로 『정림문집亭林文集』이 있다. 그는 비가悲歌·조사弔辭·찬사·서문·추도사 등과 같은 전형적인 문장을 높이 평가하지 않았다. 단지 스스로 말하고자 하는 것이 있을 경우에만 저술하였으며, 공허한 연설 같은 것을 하지 않았다. 그는 매우 착실한 기록으로서 대표작이라 할 수 있는 『일지록日知錄』 32권을 남겼는데, 이 책은 그가 읽은 문헌의 주목할 만한 것을 30년 동안 매일 기록한 것이다.

고염무는 철학적 저술을 많이 남기지 않았다. 이는 이미 송대와 명대에 철학적인 문제들에 대한 탐구는 완성되었다고 생각하였기 때문이다. 또한 그는 경전의 학설이 그 자체로 완결된 철학이라고 확신하고 있었다. 그는 만약에 최초의 것을 버리고 철학에 대하여 말한다면 잘못된 견해에 빠져 선종으로 흐르게 된다고 하였다.[17] 사람들이 말하는 리학理學이라는 것도 실상은 불교이며 철학은

『書經』이 서문을 포함해서 모두 진본이 아니라고 하였으며, 劉逢祿은 劉歆이 『左傳』을 위작하였다고 하였다. 또 소의신은 劉歆이 『역리』의 위작자라고 하였다. 康有爲는 이런 모든 견해들을 종합하여 고본과 신본 사이를 날카롭게 구분하였으며, 동한의 모든 고대 원전을 劉歆의 위작으로 간주하였다. 거의 모든 진의 고본들이 비판적으로 출간되었으며, 또한 비유학적인 철학자들도 새로이 발굴되었다. 청대는 중국 고대 학문의 르네상스로서, 이 시기에 고대의 모든 것이 수집되고 새롭게 궁구되었다.

17) 『淸士列傳』, 권68, 1a.

오경에 의거하고 있는 것이 아니라 다양한 철학자들의 말에 의거하고 있을 뿐이라고 하여, 후대 유학자들의 말만 믿고 『논어』를 경시하는 사람은 어떤 확고한 기반도 더 이상 갖지 못하게 된다고 지적한다.[18] 그는 주희에게 기울어졌음에도 불구하고 고대 유학자들이 이미 완전한 지혜를 구비하고 있었기 때문에 리학은 완전히 제외될 수 있다고 믿었다. 더 이상은 단지 해가 될 수 있을 뿐이다. 그는 고대와 근대에 다른 형이상학이 있다고는 생각할 수 없다고 한다. 경전의 도가 곧 형이상학이기 때문에, 이것을 버리고 형이상학을 말하면 잘못된 도가 생겨나게 된다는 것이다.

고염무는 주희가 만년에 자신의 모든 견해를 파기하였다고 하는 왕수인의 주장에 반박하고, 또 육구연과 주희가 원칙적으로 일치한다고 하는 의견에도 반대하였다. 이것은 이미 왕수인에게 보낸 편지에서 나흠순이 논박했던 것이다. 고염무에 따르면 양자는 시간의 경과에 따라 서로로부터 더욱 멀어졌다. 육구연은 허와 정으로 마음을 수양하고자 한 데 비해, 주희는 경을 통해 마음을 수양하고 철저한 공부를 통해 지를 얻고자 하였으며 또한 생에서 필요한 것을 얻을 수 있기 위해 신체의 힘을 배양하고자 하였다.[19] 따라서 고염무 자신의 견해와 유사한 것은 육구연의 내적인 관조가 아닌 주희의 공부 방식이라는 것이다. 그는 다음과 같이 말한다.

사람이 배우면서 매일 진보하지 못하면 매일 퇴보한다. 친구 없이 혼자서 공부한다면 고독하여 앞으로 나아가기 힘들고, 오래 한곳에 머물면 스스로 깨닫지 못한 채 습관에 쉽게 익숙해진다. 불행히 외딴 곳에 거처하며 말이나 수레의 도움을 받지 못하더라도 오히려 더욱 널리 공부하고 자세히 물으며 옛사람의 가르침과 함께하여 시비가 있는 곳을 알아낸다면 아마도 10중 5, 6은 알 수 있을 것이다.

---

18) 顧炎武, 『亭林文集』, 권3, 18a.
19) 唐鑑, 『國朝學案小識』, 권3, 10a.

그러지 못하고 문밖을 나서지도 않고 책도 읽지 않는다면 그는 단지 벽 속에 박힌 학자일 뿐이다. 비록 자고와 원헌의 지혜를 소유하고 있다 하더라도 결국 천하에 아무런 도움도 되지 못할 것이다.[20]

고염무는 새로이 생성해야 한다는 것과 단지 모방해서는 안 된다는 원칙을 정하였다. 그는 끊임없는 모방이 그 시대의 질환이라고 여겼다. 그는 먼저 각각의 문제에 가능한 한 많은 증명자료를 확보하고 그로부터 자신의 결론을 이끌어 내는 귀납적인 방법을 사용하였다. 또한 그는 종교적인 힘을 포괄하는 대상을 깊이 통찰할 때에는 학문적인 비판으로 다가가서는 안 된다고 한다. 그것을 비판적으로 궁구한다면 성스러운 기반이 흔들리게 된다는 것이다.

고염무는 윤리에서 특히 중요한 것으로 수치심을 들고 있다. 그에 따르면 인간은 나쁜 의관과 나쁜 음식 때문에는 부끄러워할 필요가 없지만 낮은 양심 때문에는 부끄러워해야 한다. 또한 그는 부끄러움이 없으면 사람에게 기반이 없는 것이며, 고대를 존숭하지 않고 단지 경험에만 가치를 두는 사람은 공허하게 된다고 하였다.[21] 이런 말들에서 고고학자이면서 동시에 유학자인 그의 면모를 접할 수 있다.

고염무는 형이상학에 지나치게 매달리지 않았으며 본래 이것을 넘치는 것으로 여겼다. 그는 주로 인간 마음의 본질 문제에 관심을 가졌던 것으로 보인다. 그는 마음을 세계의 기에서 생성된 것으로 보았다.

천지 사이를 가득 채우고 있는 것은 기이고, 기가 왕성한 것이 신이다. 신이라는 것은 천지의 기이고 인간의 마음이다. 그러므로 이르기를 "보아도 보이지 않고

---

20) 顧炎武, 『亭林文集』, 권4, 16a, "人之爲學不日進, 則日退. 獨學無友, 則孤陋而難成, 久處一方, 則習染而不自覺. 不幸而在窮僻之城, 無車馬之資, 猶當博學審問古人與稽, 以求其是非之所在, 庶幾可得十之五六. 若旣不出戶又不讀書, 則是面墻之士, 雖子羔原憲之賢, 終無濟於天下."
21) 顧炎武, 『亭林文集』, 권3, 2a.

들어도 들리지 않는다"라고 말하는 것이다.[22]

이것은 어느 정도 장재를 연상시킨다. 또한 노자가 도의 인식불가능성에 대하여 말한 것을 고염무는 여기에서 사람이 직접적으로 자각할 수 없는 마음에 대하여 주장하고 있다.

삶과 죽음을 고염무는 유와 무가 서로 변화하는 과정으로 파악한다.

순수한 기가 사물이 되는 것은 무에서 유로 가는 것이다. 떠도는 혼이 변화하는 것은 유에서 무로 가는 것이다.[23]

혼은 죽음으로써 소멸되어 출생 이전에 있었던 무의 상태로 되돌아간다. 이때 마음의 기는 다시 흩어지며, 그렇게 되면 고대 문헌에서 말하는 것처럼 도처에 이를 수 있게 된다는 것이다.[24]

고염무는 모두 하늘에서 유래하는 것이기는 하지만 인간의 성과 기질을 구분한다. 그의 말은 다음과 같다.

인간은 본래 악하게 되는 재질을 가지고 있지만, 이것은 성이 아니다. 성은 하늘이 명한 것이며, 재질 또한 하늘이 내려준 것이다.[25]

고염무는 후대에 이르러 성과 하늘의 도를 말하는 사람들이 모르는 사이에 선종에 빠졌다고 한다. 그에 따르면 공자도 이러한 것에 대해서는 직접 말하지

---

22) 『日知錄』, 권1, 21a, "盈天地之間者氣也, 氣之盛者爲神, 神者天地之氣而人之心也, 故曰, 視之 而弗見, 聽之而弗聞."
23) 『日知錄』, 권1, 20a, "精氣爲物, 自無而之有也, 游魂爲變, 自有而之無也."
24) 『日知錄』, 권1, 20b.
25) 『日知錄』, 권7, 25b, "人固有爲不善之才, 而非其性也, 性者天命之, 才者亦天降之."

않고 다만 비유적으로만 말했다고 한다.26) 『서경』에서는 순과 요가 바른 중을 확고하게 잡을 것을 경고하는데,27) 새로운 사람들은 그것을 확장하여 인심과 도심을 따지거나 도심이라는 표현에 집착하여 마음이 곧 도라고 하였으며 이로써 불교에 빠지게 되었다는 것이다.28)

고염무에 따르면, 인간의 마음 자체는 리가 아니지만 리는 또한 마음을 채우고 있으며, 마음은 리에 근원하여 사물을 궁구할 수 있다.

생각하건대 마음의 학설은 따로 전할 필요가 없다. 천지 사이를 두루 유행하고 옛날과 지금을 꿰뚫어서 같지 않음이 없는 것은 리이다. 리는 나의 마음에 갖추어져 있으며 사물에서 드러난다. 마음은 리를 주재로 삼아 사물의 시비를 명백하게 분별하는 것이다. 사람의 현명함과 어리석음, 일의 득실, 천하의 다스려짐과 혼란함이 모두 여기에서 판가름된다. 이것이 바로 인심(危)과 도심(微)의 사이를 잘 살펴서 오직 정일(精一)하라고 한, 성인과 성인이 서로 전해 온 집중(執中)의 방법이다. 한 가지 일이라도 리에 맞지 않는 일이 없게 한다면 지나치거나 미치지 못하는 치우침이 없어 중(中)을 잡을 수 있을 것이다.29)

인간의 마음은 또한 인간의 성과 같다. 그러나 마음은 성을 포괄하는 것이고 성은 마음의 특성을 의미한다. 나는 내 마음의 특성과 표현을 인식할 수 있지만 마음 자체를 인식할 수는 없다. 마음은 나 자신이기 때문이다. 이에 대해 고염무는 다음과 같이 말한다.

---

26) 『日知錄』, 권7, 6a.

27) 『尙書』, 「大禹謨」, "人心惟危, 道心惟微, 惟精惟一, 允執厥中."

28) 『日知錄』, 권18, 16a.

29) 『日知錄』, 권18, 17a, "愚按心不待傳也. 流行天地間貫徹古今, 而無不同者, 理也. 理具於吾心, 而驗於事物. 心者, 所以統宗此理而別白其是非. 人之賢否, 事之得失, 天下之治亂, 皆於此乎判. 此聖人所以致察於危微精一之間, 而相傳以執中之道. 使無一事之不合於理, 而無有過不及之偏者也."

심학은 마음을 학문으로 삼는 것이고, 마음을 학문으로 삼는 것은 곧 마음을 성으로 삼는 것이다. 마음이 성을 갖출 수는 있지만, 마음이 곧 성이라고 말할 수는 없다. 그러므로 놓아 버린 마음을 구한다고 하면 옳지만 마음을 구한다고 하면 옳지 않다. 마음에서 구한다고 해야 옳다. 내가 볼 때 요즈음 심학의 병은 마음을 구하려는 데 있다. 마음이 과연 그처럼 구해질 수 있는 것이라고 한다면 반드시 나와 더불어 하나가 될 수는 없을 것이다.[30]

고염무는 순수 철학보다 현실적인 지식을 훨씬 더 높이 평가하였다. 그러므로 그는 역사, 지리, 고고학 및 문학적인 철학을 공부하였다.

---

30) 『日知錄』, 권18, 18b, "心學者以心爲學也, 以心爲學是以心爲性也. 心能具性, 而不能使心卽性也. 是故求放心則是, 求心則非, 求於心則是. 我所病乎心學者, 爲其求心也. 心果待求, 必非與我同類"

제3장 주희의 추종자: 왕부지와 육농기

1. 왕부지

왕부지王夫之(1619~1692)는 자가 이농而農이며 호는 강재薑齋·선산船山이다. 그의 철학은 정이와 주희의 현실주의에 기초하여 매우 회의적으로 출발한다. 그는 건강한 인간이성을 소유하였으며, 관념주의에 대해서는 강한 거부감을 가지고 있었다. 그의 고향은 호남 형양衡陽이다. 그는 하늘과 인간의 일과 고대와 근대, 도와 덕과 성과 명의 근원에 대한 것을 공부하였다. 40년이 넘게 그는 가난하게 살았지만 모든 고난을 덕에서 어긋남이 없이 견뎠다.[1]

장헌충張獻忠이 군대를 일으켜 형주衡州를 정복하고 그곳의 관리들을 임용할 때 왕부지도 임용하고자 하였지만, 그는 폭동자를 섬기는 것을 거절하고 남쪽의 산으로 도주하였다. 그러나 그의 아버지가 장헌충에게 잡혀 인질이 되었으므로 왕부지는 아버지를 대신하기 위하여 돌아왔다. 그러자 장헌충은 둘을 모두 석방하였다. 한동안 그는 남명南明의 계왕桂王을 섬겼으며 그의 궁내대신이 되었다. 이후 계왕이 물러나자 왕부지는 청군에 쫓겨 아버지와 함께 형양 상서湘西 근처의 석선산石船山으로 갔다. 그곳에다 토담집을 지어 '관생거觀生居'라는 이름을 붙이고 아버지와 함께 고독하게 살면서 저술에 열중하였다. 지역의 관청에서는 그를 초청하기도 하고 먹을 것과 입을 것을 선물로 보내기도 했지만 그는

---

[1] 黃宗羲, 『宋元學案』, 권3, 26쪽.

모두 거절하였다. 이 산에서 왕부지는 '선산선생'이라는 호를 얻었다. 그는 스스로 '명나라 유신 왕모의 묘'(明遺臣王某之墓)라는 묘비명을 지었다.2)

왕부지는 경전에 대한 많은 저서들과 노자, 장자, 여불위, 회남자 및 굴원의 비가 등을 주석하였으며, 불교의 학설에 대한 저서와 『근사록석近思錄釋』을 지었다. 또 그가 각별하게 생각한 장재의 『정몽』을 주석하여 『장자정몽주張子正蒙註』 9권을 지었다. 그가 남긴 저서들은 1842년에 비로소 『선산유서船山遺書』로 출간되었으며, 문집인 『강재문집薑齋文集』은 『사부총간四部叢刊』에 수록되어 있다. 그러나 여기에는 철학적인 내용이 매우 적고, 형이상학과 자연철학적인 문제에 대한 그의 학설은 『사해俟解』와 『사문록思問錄』에서 확인할 수 있다.

왕부지는 한대 철학자들의 학설을 관문으로 삼아 학문을 시작하였다. 반면 북송대의 다섯 선생들에 대해서는 그들이 지식의 마치 집안 강당의 내부 장식과도 같다고 하였다.3) 특히 소옹에 대해서는 그 말이 자주 환상적이고 의미가 없다고 하여 많은 것을 배제하였다. 또 주희에 대해서는 설사 성인이 다시 나타난다 하더라도 주희의 말을 바꿀 수는 없을 것이라고 하면서, 장자와 불교에 맞서 지의 획득에 대한 주희의 견해를 방어하였다. 그는 불교와 도가가 성과 명의 개념을 변조하여 인간을 어리석게 만들었다고 하였다.4)

왕부지는 왕수인과 육구연을 증오하였다. 특히 육구연에 대해서는 다음과 같이 말하였다.

자질로는 충신忠信이 아름답고, 덕으로는 배우기를 좋아하는 것이 최상이다. 배우기를 그만두고 마음이 허에서 노닌다는 것을 나는 이해하지 못하겠다. 천하를 이끌어 충신을 버리도록 한 것은 육구연의 미친 소리 때문이다.5)

2) 鍾泰, 『中國哲學史』, 권2, 141.
3) 『淸士列傳』, 권66, 18b.
4) 唐鑑, 『國朝學案小識』, 권3, 27~28.
5) 蕭一山, 『淸代通史』, 권1, 831, "質以忠信爲美, 德以好學爲極. 絶學而遊心於虛, 吾不知之矣.

이성의 자리를 직관과 상상이 대신하는 것을 왕부지는 충신忠信의 덕을 버리고 참된 학문을 제거하는 것으로 보았다. 이러한 관점으로부터 그는 오행의 상생상극의 이론이 헛된 논의에 불과하다는 결론에 이르렀고, 이를 오행의 개별적인 요소들에서 증명하였다.6) 마찬가지로 그는 하늘과 땅과 인간이 순차적으로 생겨났다고 하는 소옹 식의 상수학적 발생론에 대해서도 반박하였는데 다음에서 드러나듯 그 주장을 확인할 길이 없다는 이유 때문으로 보인다.

하늘은 열린 자子의 때 이전에는 하늘이 없었고 땅이 열린 축丑의 때 이전에는 땅이 없었으며 사람이 나온 인寅의 때 이전에는 사람이 없었다고 말한다면, 나는 옛말을 통해 그러함을 들은 적이 없으므로 이 말이 맞는지 아닌지 알 수가 없다. 또한 유酉의 때에는 사람이 없었고 술戌의 때에는 땅이 없었으며 해亥의 때에는 하늘이 없었다고 말한다면, 나는 무한한 눈과 귀가 없어 그것이 참인지 거짓인지 징험할 수가 없다. 이러한 말이 어떻게 징험될 수 있는지는 알 수 없다. 과거를 고찰하는 것은 들을 수 있는 것의 진실에 의지할 뿐이고, 미래를 아는 것은 보이지 않는 기미에 의지할 뿐이다.7)

그러나 십이간지의 첫 세 글자 자子·축丑·인寅은 단지 하늘·땅·인간이 이 순서대로 생겨났다는 것을 의미하는 것에 불과하다. 이 주장에 대립하여 이의를 제기할 수 있는 것은 아무것도 없다. 이것은 왕부지가 아직 알지 못했던 전체적인 생성의 법칙에도 상응하며, 이것에 대한 증명은 전통 또는 고유한 지각이 전혀 필요하지 않다. 한편, 유酉에는 아직 사람이 없고 술戌에는 아직

導天下以棄其忠信, 陸子靜倡之也."

6) 蕭一山, 『淸代通史』, 권1, 835.

7) 蕭一山, 『淸代通史』, 권1, 836, "謂天開於子, 子之前無天, 地闢於丑, 丑之前無地, 人生於寅, 寅之前無人, 吾無此邃古之傳聞, 不能徵其然否也, 謂酉而無人, 戌而無地, 亥而無天, 吾無無窮之耳目不能徵其虛實也, 吾無以徵之, 不知爲此說者之何以徵也, 如是其確也, 考古者以可聞之實而已, 知來者以先見之幾而已."

땅이 없으며 해亥에는 아직 하늘이 없다고 하는 것에 대하여 말한다면, 이것은 단지 자子를 통하여 하늘이 결정되기 이전에는 사람도 땅도 하늘도 없었다는 것을 말하는 것일 뿐이다.

인식의 측면에서 왕부지는 사람이 자기 견해의 올바름을 과도하게 신뢰해서는 안 된다고 한다. 오류의 가능성도 함께 예측해야만 하며, 상황에 따라서는 자기 의견을 변경할 준비가 되어 있어야만 한다. 그의 말은 다음과 같다.

천하사물의 리는 무궁하다. 이미 정미하지만 또한 그 정미한 것은 항상 때에 맞게 변화하여 그 바름을 잃지 않는다. 단지 내 몸에 있는 것을 믿고 고집한다면 어떻게 합당한 것을 얻었다고 할 수 있겠는가? 더구나 내 몸에 있는 것을 믿는다는 것은 단지 기에 물든 것에서 연유하거나 어떤 한 선생의 말을 고수하면서도 점차 그것을 내 마음으로 여기는 것이 아닌가.[8]

매우 날카롭게 왕부지는 모든 실제적인 것을 추상화하여 존재의 근원을 보고자 하는 신비주의적인 방법에 반대한다. 그는 다음과 같이 말한다.

오늘날에는 만물을 단절한 채 고요함으로부터 시작하게 한다. 이와 같다면 천하의 모든 악을 제거해도 다시 천하의 선을 취하지 못한다. 뜻이 타락하고 의가 생겨나며 몸을 바깥으로 삼고서도 오히려 밝고 또 밝다고 하니, 이것은 하나의 맑고 투명한 경지를 내 마음에 만들어 두고서 편안함을 훔치는 것이다. 만물을 해석하여 사물의 처음을 구하고자 하지만 끝내 얻을 수 없고, 의념을 헤아려서 내 마음의 근거를 구하고자 하지만 끝내 얻을 수 없다. 이에 본래의 유를 버리고 본래는 무인 것이 유인 것처럼 되었다고 의심해서, 무거운 것을 버려 가볍게 되고 구속됨

---

8) 蕭一山, 『淸代通史』, 권1, 836, "天下之物理無窮, 已精而又有其精者, 隨時以變而皆不失於正, 但信諸己而卽執之, 云何得當, 況其所爲信諸己者, 又或因習氣, 或守一先生之言, 而漸漬以爲己心乎."

을 버려 넓어졌다고 하고, 장차 무형의 허에서 한 몸이 되었다고 하면서 스스로 크다고 자랑한다.9)

왕부지는 그와 같은 앎은 참된 지가 아니라 식식(識)에 머무는 것이며, 또한 장자와 석가가 말하는 지에 그친다고 지적한다.

절대적인 고요는 없고 단지 동의 결과로서의 정이 있을 뿐이며, 그 뒤에는 다시 동이 따른다. 절대적인 고요에서는 어떤 의미에서도 동이 다시 생성될 수가 없다. 마찬가지로 단지 존재가 있을 뿐이지 실제로 무는 존재하지 않는다.

눈으로 보지 못한다고 해서 색이 없는 것은 아니고, 귀로 듣지 못한다고 해서 소리가 없는 것은 아니며, 말로 설명하지 못한다고 해서 의미가 없는 것은 아니다. 그러므로 말한다. 안다는 것은 그것을 아는 것이고, 알지 못한다는 것은 그것을 알지 못하는 것이다. 알지는 못하는 어떤 사물이 존재하고 있다는 것을 안다면, 이는 이미 그 사물이 있음을 아는 것이니, 이것은 아는 것이다. 이로 말미암아 말하자면, 보는 것이 다했다는 것은 색의 빛남을 보지 못하는 것일 뿐이고, 듣는 것이 다했다는 것은 소리의 울림을 듣지 못하는 것일 뿐이며, 말하는 것이 다했다는 것은 의미의 이루어짐을 표현하지 못하는 것일 뿐이다.10)

사물의 특성들은 우리의 지각에 의존하는 것이 아니며, 우리가 지각을 통하여 그것을 알지 못하더라도 이미 존재한다. 왕부지는 세계가 우리의 상상이라고 하는 관념주의의 유명한 명제를 이로써 반박하였다.

---

9) 鍾泰, 『中國哲學史』, 권2, 141, "今使絶物而始靜焉, 舍天下之惡, 而不取天下之善, 墮其志, 息其意, 外其身, 於是而洞洞焉, 晃晃焉, 若有一澄澈之境置吾心, 而偸以安, 又使解析萬物, 求物之始而不可得, 窮測意念, 求吾心之所據而不可得, 於是棄其本有, 疑其本無則有如, 去重而輕, 去拘而曠, 將無形之虛同體, 而可以自矜其大."

10) 鍾泰, 『中國哲學史』, 권2, 142, "目所不見, 非無色也, 耳所不聞, 非無聲也, 言所不通, 非無義也, 故曰, 知之爲知之, 不知爲不知, 知有其不知者存, 則旣知有之矣, 是知也, 因此而求之者, 盡其所見, 則不見之色章, 盡其所聞, 則不聞之聲筈, 盡其所言, 則不言之義立."

무의 실재는 결코 인정될 수 없다. 이것은 단지 어떤 한 존재의 부정을 의미하는 관계개념일 뿐이다. 존재와 그 반대는 동시에 현존할 수가 없다. 그 근거는 다음과 같다.

무를 주장하는 사람들은 유의 주장에 부딪히면 그것을 깨뜨리고자 하여, 비록 유라고 말하지만 실제로는 그러한 유는 존재하지 않는다고 주장한다. 그러나 세상에 과연 무엇을 가리켜 무라고 할 수 있을 것인가? 거북에게 털이 없다고 말한다면, 이것은 개를 기준으로 말한 것이지 거북을 기준으로 말한 것이 아니다. 토끼에게 뿔이 없다고 말한다면, 이것은 사슴을 기준으로 말한 것이지 토끼를 기준으로 말한 것이 아니다. 말이라는 것은 반드시 그 대상이 성립된 이후에야 표현으로 나타날 수 있는 것이다. 지금 말하는 사람 앞에 대상으로 성립된 것이 하나도 없다면 상하사방·고금존망을 탐구해 보더라도 끝내 궁구할 수 없을 것이다.[11]

세상은 개별적인 것이 사라지고 새로운 것으로 대체됨으로써 실제로는 끊임없는 흐름 속에 있다. 다만 그것이 인간에게는 확고하여 변하지 않는 유로서 나타나는 것일 뿐이다. 그러나 실제로는 형체는 지속적으로 남아 있는 반면에 그 성질은 계속해서 바뀌고 있다.

성질은 매일 바뀌지만 형태는 한결같고, 영원한 기器는 없지만 영원한 도는 있다. 개천 또는 강의 물은 오늘도 옛날과 같지만, 오늘의 물은 옛날의 물이 아니다. 등잔불은 오늘처럼 어제도 밝았지만, 어제의 불은 오늘의 불이 아니다……. 손톱과 머리카락은 매일 자라고 옛것이 사라진다는 것을 사람들은 알고 있다. 그러나 근육도 매일 자라고 옛것은 사라진다는 것을 사람들은 알지 못한다. 사람들은

---

11) 鍾泰, 『中國哲學史』, 권2, 142, "言無者, 激於言有者而破除之也, 就言有者之所謂有而謂無其有也, 天下果何者而可謂之無哉, 言龜無毛, 言犬也, 非言龜也, 言兎無角, 言鹿也, 非言兎也, 言者必有所立, 而後其說成, 今使言者立一無於前, 博求之上下四維, 古今存亡, 而不可得窮焉."

눈에 보이는 형체는 변함이 없지만 성질은 이미 변하였다는 것은 알지 못한다.[12]

"모든 것은 흘러간다"는 그리스의 격언은 "인간의 몸은 살아 있는 동안에 계속 죽고 다시 태어난다"라고 왕부지 식으로 다시 이야기할 수 있을 것이다. 왕부지 시대의 사람들에게 이것은 새로운 생각이었다.

2. 육농기

육농기陸隴其(1630~1692)는 자가 가서稼書이며, 호는 평호平湖·당호當湖이다. 절강성 평호平湖 출신인데, 이곳을 본래 당호라고 하였기 때문에 '당호선생'이라고 불렀다. 그는 젊을 때 술을 좋아하여 즐겨 과음하였다. 그러나 동생이 술을 지나치게 과음하자 본보기가 되어 주기 위하여 술을 끊었다. 육농기의 노력에도 불구하고 그의 동생은 바로 죽었지만, 그는 더 이상 술을 마시지 않았으며 말하고 행동하는 것을 항상 절도 있게 하였다.[13]

육농기는 진사시험에 합격한 후 1675년에 강소성 가정嘉定현에 임용되었지만, 그 지역에서 일어났던 강도습격사건 때문에 다시 해직되었다.[14] 1683년에 그는 직예 영수靈壽현의 관직을 받았다. 그곳에서 머물던 시절에 그는 강의를 하고 『송양강의松陽講義』 12권을 저술하였다. 1690년에 그는 사천지방의 감찰어사가 되었다. 그는 강직한 성품 때문에 상관에게 그가 겪은 모든 것을 말했고, 여러 번 지적받고 고발된 연후에 그 직책을 그만두었다. 마지막 생애를 그는 묘강泖江

---

12) 鍾泰, 『中國哲學史』, 권2, 144, "質日代而形如一, 無恒器而有恒道也, 江河之水, 今猶古也, 而非今水之卽古水, 燈燭之光, 昨如今也, 而非昨火之卽今火……瓜髮之日生而舊者消也, 人所知也, 肌肉之日生而舊者消也, 人所未知也, 人見形之不變, 而不知其質之已遷."

13) 唐鑑, 『國朝學案小識』, 권1, 9a.

14) 蕭一山, 『淸代通史』, 권1, 842.

근처의 화정華亭에 물러나 지냈다. 강희제는 그를 강소의 학교장으로 임용하고자 하였는데, 그때는 이미 그가 죽은 이후였다. 이에 강희제는 그의 죽음을 애도하며 말하였다. "나의 정부에는 그와 같은 사람이 많지 못하다." 그리고 그에게 제물을 바치게 하였다.15) 1724년에 육농기는 공자의 사당에 수용되었으며 1736년에는 청헌淸獻이라는 시호와 명패를 받았다. 이 일은 처음에 어려움이 있었다. 예관에서 5등급의 관리에게 시호를 내리는 것은 예가 아니라고 답했기 때문이다. 그 후 육농기의 관직을 승급함으로써 그에게 시호를 부여할 수 있었다.16)

육농기는 많은 저술을 하였다. 중요한 저술들로는 『송양강의松陽講義』, 『곤면록困勉錄』, 『사서청의四書請義』, 『독서지의讀書志疑』, 『문학록問學錄』, 『학술변學術辨』 등이 있고, 또 영수현의 지역연대기인 『영수현지靈壽縣志』가 있다. 그의 전서 『삼어당집三魚堂集』 18책은 그가 거처한 당호에 따라 일컬어졌다. 전서의 글들은 『정의당전서正誼堂全書』에 『육가서집陸稼書集』 2책으로 실려 있다.17)

육농기는 주희를 높이 평가하였고 왕수인을 비판하였다. 그는 심지어 왕수인의 학설에 명을 붕괴시킨 책임이 있다고 하였다. 그는 왕수인의 학설이 예와 의무에 관한 가르침을 제거함으로써 모든 연대를 해체하고 비밀스런 조직이나 강도조직을 이루게 한 끝없는 책임이 있다고 하였다.18) 그와 달리 주희에 대해서는 다음과 같이 높이 평하였다.

주자의 학문은 공자와 맹자의 문이다. 공자와 맹자를 공부하고자 하면서 주자로부터 출발하지 않는다면 문을 거치지 않고 집안으로 들어가려는 것이다.19)

---

15) 高瀨武次郎, 趙蘭坪 中譯, 『中國哲學史』 3권, 188.

16) 『淸士列傳』, 권8, 10a.

17) 『讀禮志疑』 6권은 『禮記』에 대한 주석이고, 『讀朱隨筆』 4권은 朱熹에 대한 기록이며, 『問學錄』 4권과 『松陽鈔存』 1권에서는 여러 저자들에 대한 문제를 다루고 있다.

18) 蕭一山, 『淸代通史』, 권1, 843.

19) 『陸稼書集』, 권1, 21a, "夫朱子之學孔孟之門戶也, 學孔孟而不出朱子, 是入室而不出戶也."

주자의 견해가 바로 성인의 견해이다. 주자의 견해가 아니라면 또한 성인의 견해도 아니다.[20]

육농기는 왕수인의 학설이 나라에 불행을 불러왔다고 하였다.[21] 그에 따르면 명이 멸망한 것은 혁명이 일어나서가 아니라 왕수인 학설의 부패가 폭동을 이끌었기 때문이다. 왕수인과 그의 추종자들은 공자와 맹자를 따르고 인과 의를 수양하고자 한 것처럼 보이지만, 실제로 이들은 그것을 하지 않았다.[22] 육농기는 왕수인이 유학자이고자 하였으나 실제로는 불교도였다고 하면서, 유학자와 불교도의 차이는 인간의 성과 마음에 대한 그들의 견해에서 잘 나타난다고 하였다.

지금 인간이 생겨남에 있어, 기가 모여서 형체를 이루고 또한 기의 순수하고 뛰어난 것이 모여서 마음이 되니, 이 마음은 비록 신명하여 헤아릴 수 없고 변화가 무한하지만 역시 기일 뿐이다. 그 가운데에 구비되어 있는 리가 곧 성이다.[23]

육농기에 따르면, 위와 같은 견해가 바로 정이나 소옹, 주희의 올바른 견해이다. 불교에서는 의식을 성이라고 여기고 그것의 표현을 마음이라고 하지만, 불교에서 성이라고 하는 것은 유학의 마음에 불과하고 불교에서 마음이라고 하는 것은 유학의 의意에 불과하다. 그럼에도 불교도들은 잘못된 사고에 근거하여 결국에는 모든 도덕을 제거하고 만다. 왕수인은 성이 선하지도 악하지도 않다고 말하였는데, 이 또한 의식을 말한 것이다. 그는 직관지를 최고의 선 즉 천리와 동일시하였지만,

---

20) 蕭一山, 『淸代通史』, 권1, 843, "朱子之意卽聖人之意, 非朱子之意, 卽非聖人之意."
21) 『陸稼書集』, 권1, 16b.
22) 『陸稼書集』, 권1, 14b.
23) 『陸稼書集』, 권1, 15a, "今夫人之生也, 氣聚而成形, 而氣之精英又聚而爲心, 是心也神明不測, 變化無方, 要亦氣也, 其中所具之理則性也."

이러한 그의 양지설은 유교적이 아니라 불교적이다.[24] 아울러 왕수인은 마치 불교도와도 같이, 신체는 죽지만 의식은 죽지 않는다고 하며 전 세계를 상상으로 간주하여 단지 의식만이 참이라고 말한다.[25]

육농기는 주희를 잘 이해했지만 주희보다는 더 일원론에 가까웠으며, 기 또는 실체를 인정하였지만 그것보다는 태극 즉 리에 훨씬 더 치중하였다.

태극은 모든 리의 총칭이다. 하늘에 있어서는 명이라 하고 인간에게 있어서는 성이라 하니, 하늘에 있어서는 원형이정이 되고 인간에게 있어서는 인의예지가 된다. 각각의 조리가 있되 문란하지 않은 것을 일러 리라고 하고, 사람들이 함께 말미암는 바가 되는 것을 일러 도라고 하며, 치우치지 않아서 과불급이 없는 것을 일러 중이라고 하고, 오직 참되어 거짓됨이 없는 것을 일러 성誠이라고 하며, 그 순수하고 정미한 것을 일러 지선이라고 하고, 가장 지극하여 더할 것이 없는 것을 일러 태극이라고 한다. 모두 이름만 다를 뿐 그 실질은 같다.[26]

배우는 사람이 진실로 자기의 의지를 태극에 두고서 오직 일상에서 꾸준하게 보존하고 꾸준하게 성찰하여 하나의 생각도 이 리를 넘어서지 않게 하고 하나의 일도 이 리에 거스르지 않게 하며 한 마디 말과 하나의 행동도 리를 넘어서지 않게 한다면, 이 태극을 보존할 수 있을 것이다.[27]

고요하여 움직이지 않는 것도 곧 태극의 음이 고요한 것이며, 감응하여 드디어 통하는 것도 곧 태극의 양이 움직이는 것이다. 감응하였다가 다시 고요해지고

---

24) 蕭一山, 『淸代通史』, 권1, 843.

25) 唐鑑, 『國朝學案小識』, 권1, 4a.

26) 『陸稼書集』, 권1, 1b, "夫太極者萬理之總名也, 在天則爲命, 在人則爲性, 在天則爲元亨利貞, 在人則爲仁義禮智, 以其有條而不紊, 則謂之理, 以其爲人所共由, 則謂之道, 以其不偏不倚, 無過不及, 則謂之中, 以其眞實無妄, 則謂之誠, 以其純粹而精, 則謂之至善, 以其至極而無以加, 則謂之太極, 名異而實同也."

27) 『陸稼書集』, 권1, 1b, "學者誠有志乎太極, 惟於日用之間, 時時存養, 時時省察, 不使一念之越乎理, 不使一事之悖乎理, 不使一言一動之踰乎理, 斯太極存焉矣."

고요해졌다가 다시 감응하는 것은 태극의 동정이 끝이 없는 것이며 태극의 음양이 시작이 없는 것이다.[28]

적연한 가운데에 감응하여 통하는 리가 이미 갖추어져 있으며, 감응하여 통하는 사이에 적연한 본체가 항상 존재하고 있다. 이것은 곧 태극의 본체와 작용의 근원이 하나여서 볼 수 있는 것과 볼 수 없는 것 사이에 아무런 간극이 없다는 뜻이다.[29]

사물은 매우 다양한 방식으로 존재하지만 리는 항상 하나의 똑같은 것이다. 리가 분리되어 오상, 오륜, 오행이 생겨나고, 태극의 음양에서 오행이 나온다.[30] 그리고 나의 생각과 행동은 모두 그것에 의존한다.

태극의 전체는 이미 나의 신체에 완전하게 갖추어져 있다.[31]

---

28) 『陸稼書集』, 권1, 1b, "其寂然不動, 是卽太極之陰靜也, 感而遂通, 是卽太極之陽動也, 感而復寂, 寂而復感, 是卽太極之動靜無端, 陰陽無始也."
29) 『陸稼書集』, 권1, 1b, "寂然之中而感通之理已具, 感通之際而寂然之體常存, 是卽太極之體用一原, 顯微無閒也."
30) 『陸稼書集』, 권1, 2a.
31) 『陸稼書集』, 권1, 2b, "太極之全體已備於吾身矣."

제4장 왕수인의 추종자: 당견

당견唐甄(1630~1704)은 사천 달현達縣에서 태어났으며 본명은 대도大陶이다. 자는 주만鑄萬이고 호는 포정圃亭이다. 1657년에 그는 산서 장자長子의 지현에 임용되었으나 그 자리에서 간과한 허물 때문에 해직되었으며 후에 더 이상 관리가 되지 않았다. 그는 백성들에게 양잠을 가르치고 팔십만 그루의 뽕나무를 심게 하여 그 삶을 윤택하게 하였다.[1] 그러나 그 자신은 풀잎으로 연명하고 상한 면으로 옷을 지어야 할 정도로 곤궁하였다. 하지만 그럴수록 더욱 열심히 공부하고 저술하였으며, 이로써 군자는 나쁜 때를 공부하며 지내야 한다고 말할 수 있었다. 그는 곤궁과 생사는 외적인 것이고 사소한 것이라고 말하면서 그것을 넘어서는 내적인 것과 가치 있는 것을 잊어서는 안 된다고 하였다.[2] 그는 『시경』과 『춘추』에 대한 주석을 저술하였다. 또한 지혜와 통치에 대하여 다룬 97편의 대작을 출간하였는데, 처음에는 이것을 『형서衡書』라고 했다가 후에 『잠서潛書』로 바꾸었다.

당견은 왕수인의 학설을 통해 맹자의 학설에 이르렀지만, 불교 또한 수용하였다. 당견의 말 중에는 다음과 같은 것이 있다.

노자는 삶을 수양하였고, 석가는 죽음을 밝혔으며, 공자는 세계를 다스렸다.[3]

---

1) 『清士列傳』, 권70, 43a.
2) 『清士列傳』, 권70, 43a.
3) 鍾泰, 『中國哲學史』, 권2, 147, "老養生, 釋明死, 儒治世."

당견은 다른 왕수인의 제자들처럼 불교에 대한 언급을 비밀스럽게 하지 않았는데, 그것은 그가 불교를 유학자에게는 맞지 않는 것으로 여겼음에도 불구하고 불교를 신봉하였기 때문이다. 그는 다음과 같이 말하였다.

나는 살아서는 동쪽 성인의 제자가 되고 죽어서는 서쪽 성인의 뒤를 따를 것이다.[4]

그러나 당견의 불사에 대한 믿음은 불교와 완전히 일치하지 않았다. 그는 단지 부분적인 불사만을 인정하였다. 그에 따르면 식물·동물·인간은 그들 종족이 번식하는 한 죽지 않으며, 그러한 한도 내에서만 세상과 마찬가지로 지속적으로 존재한다. 반면 세계는 혼돈과 우주의 시대가 서로 교대함으로써 영원하다.

사람이 어찌 죽는가? 젊음이 어찌 늙음에 이르며 늙음은 죽음에 이르게 되는가? 이것은 마치 바람이 지나가는 것과 같으며, 성인과 일반인이 똑같다. 그러나 성인이 대중과 다른 것은 그 형체가 가도 무형의 것은 가지 않는 것이다. 형체를 따르는 것은 가고, 무형으로 세워진 것은 가지 않는다. 고금·왕래·생사가 없다는 것은 지극하게 되었다는 것을 의미한다.[5]

한편, 우리는 당견의 독창적인 견해들 속에서 그의 공산주의적인 경향과 반군국주의적인 신조를 엿볼 수 있다. 이런 면은 궁핍한 생활상에서 유래하는 그의 생존투쟁과 연계된 것으로 추측할 수 있을 것이다. 그는 천지의 리 즉 정해진 도리에 따르면 군주와 신하 등 모든 사람의 사이에 각자가 자신의

---

4) 鍾泰, 『中國哲學史』, 권2, 148, "甄也, 生爲東方聖人之徒, 死從西方聖人之後矣."
5) 鍾泰, 『中國哲學史』, 권2, 148, "人之逝焉, 少焉而老至, 老矣而死至, 如過風然, 此聖人與衆人同者也, 聖人之所以異於衆人者, 有形則逝, 無形則不逝, 順於形者逝, 立乎無形者不逝, 無古今, 無往來, 無死生, 其所爲至矣乎."

생을 유지하기 위한 것을 할당받는 동등함이 존재한다고 믿었다. 그럼에도 불구하고 실제로는 그렇지 못한 이유는 단지 다음과 같다고 하였다.

이쪽은 후하고 저쪽은 박하며, 이쪽은 즐겁고 저쪽은 근심한다.…… 왕공의 집안에서 한 번 잔치하는 데 소비되는 진미는 그 비용이 한 농부의 일 년 수확에 달하지만 그 음식은 달지 않다. 오吳의 서쪽지방 사람들은 흉년이 아니어도 보리죽을 만들어 메밀을 겨와 함께 섞어 먹으며, 먹을 것이 없는 사람들은 심지어 그것조차 천하의 맛있는 음식으로 여긴다. 사람이 태어날 때는 같지 않은 것이 없는데, 지금 이처럼 평등하지 못한 것이 심하게 되었다.[6]

당견에 따르면 요와 순은 보편적인 동등함에서 어긋나지 않기 위하여 소박하게 입었으며 백성들과 같이 소박하게 살았다. 그렇지 못한 진秦대 이후의 황제들은 모두 강도이며 관리들 또한 백성들을 해친다. 그러나 실상은 도처에서 충분하게 생산되고 있으므로, 분배가 저절로 조절되면 사람은 단지 주저하지 않고 받기만 하면 된다. 그렇기 때문에 성인은 또한 생계를 유지하기 위한 별도의 가르침을 남기지 않았던 것이다.[7]

---

6) 鍾泰, 『中國哲學史』, 권2, 147, "此厚則彼薄, 此樂則彼憂……王公之家, 一宴之味, 費上農一歲之穫, 猶食之而不甘, 吳西之民, 非凶歲, 爲麨粥, 雜以菠秤之灰, 無食者見之, 以爲是天下之美味也, 人之生也, 無不同也, 今若此, 不平甚矣."
7) 鍾泰, 『中國哲學史』, 권2, 147.

제5장 주희와 왕수인의 사이

1. 위예개

위예개魏裔介(1616~1686)는 자가 석생石生이고 호는 정암貞庵·곤림崑林이다. 하북성 백향柏鄕에서 태어났다. 어렸을 때에 그는 매우 말이 적었으며 웃는 일이 드물었다.[1] 그의 관리경력은 매우 호화롭다. 처음에 그는 한림학사에 임명되었으며 14년 동안 감찰사에 소속되었다. 사천과 광서에 운집해 있던 명明의 추종자들을 제압하기 위한 계획을 세웠던 것으로 보아 그가 완전히 청의 편에 서 있었음을 알 수 있다. 그의 관직은 순치제 때 감등되었다가 강희제가 즉위한 후에 다시 회복되었다. 이때 그는 태자를 가르치면서 대서기관으로 승진하였고 또한 예부에 위촉되었다. 이전에 그는 이미 1660년에 이부상서로 임용되었다. 그는 또한 청의 연대기를 출간을 위하여 순치제의 생애를 저술하는 일을 주도하였다. 관리로서 그는 지치지 않고 밤낮으로 일하였으며 행정과 군사에 관한 상소를 200번도 넘게 올렸다.[2] 그는 엄격한 성품으로 많은 것에 반대하였기 때문에 관직을 사직할 수밖에 없었고, 마지막 16년 동안은 사적인 생활을 하면서 중요한 저술활동에 매진하였다. 죽은 후에 그는 문의文毅라는 시호를 받았다.

---

1) 高瀨武次郎, 趙蘭坪 中譯, 『中國哲學史』 3권, 195.
2) 『淸士列傳』, 권5, 42b.

위예개의 저술들은 『겸재당집兼濟堂集』 20권으로 출간되었다. 그는 복희 이후 선진시대까지의 철학사를 『성학지통록聖學知統錄』 2권에서 다루었으며, 또 『지통익록知統翼錄』 2권을 지어 맹자 이후 당시까지의 유학에 대해 기술하면서 주돈이·이정·장재·주희의 학맥이 성학의 정맥임을 확정하였다. 그는 설선의 『독서록』이 손기봉의 『리학종전』보다 그 광범위함에서는 미치지 못하지만 더욱 철저하다고 평하였다. 철학적인 내용을 담고 있는 저술로는 『치지격물해致知格物解』 2권, 『논성서論性書』 2권, 『성심편첩해惺心篇捷解』, 『희성록希聖錄』 10권 등이 있고, 역사적인 저술로는 『감어경세편鑑語經世編』 27권이 있다.[3] 위예개 또한 경전에 대한 자신의 주석을 저술하였다.

위예개는 주희를 추종하고 불교와 도교 및 왕수인을 비판하였지만, 그의 후기 저술들을 보면 그러한 비판에도 불구하고 왕수인과 많은 점에서 일치하고 있음을 확인할 수 있다.[4] 왕수인과 완전하게 같은 것으로 보이는 것은 동일성의 관점을 전제로 하는 다음의 말이다.

맹자는 "만물은 모두 나에게 갖추어져 있다"라고 말하였다. 리는 하나의 근본이 만 가지로 달라진 것이고, 만 가지로 달라진 것은 다시 하나의 근원으로 되돌아간다. 그러나 대개 사물이 내가 되고 내가 사물이 되는 것이 이와 같음을 알지 못하여, "사물이 사물 됨이 또한 크다는 것을 가히 알 수 있다고들 말한다. 이 세상에 성인이 있고 현인이 있고 어리석은 사람이 있는 것은, 사물을 그들의 지로 삼는 것이 각각에 걸맞게 되기 때문이다. 어찌 사물에 이른다는(格) 말을 써서 지를 사물과 동떨어진 것으로 만들 것인가? 이것은 지로써 사물에 이르러 가게 하는 것으로, 곧 환하게 밝은 하나의 상을 따로 준비해 둔 것이다. 실로 사물은 지의 바깥에 있지 않고 지의 가운데에 포함되어 있으니, 반드시 매우 깊고 철저하게 기미를 연구하는 공부가 있어야 한다.[5]

---

3) 그 밖에 『多識集』 12권, 『雅說集』 19권, 『溯洄集』 10권이 언급되고 있다.
4) 高瀨武次郎, 趙蘭坪 中譯, 『中國哲學史』 3권, 196.

2. 경개

경개耿介는 하남 등봉登封 출신으로 자는 개석介石이고 호는 일암逸庵이며, 본명은 충벽沖璧이었다. 그는 손기봉의 제자였지만 스승의 철학보다는 주희의 편에 섰다. 그가 1688년에 죽었다고 알려져 있지만[6] 실제 그의 생몰년은 정확하지 않다. 1651년에 진사시험에 합격하고 처음에 하급직에 임용되었다가 후에 복건의 안찰부사가 되었다. 1662년에는 강서에 임용되었고, 그곳에서 하북의 안찰부사가 되었다. 그러나 그 뒤에 어머니가 돌아가시자 사직하였고, 이후로는 전적으로 학문에만 전념하였다.

경개는 손기봉에게서 배웠으며 스승의 철학을 완성하면서 많은 것을 동문인 탕빈湯斌과 의논하였다. 그는 제자들을 가르치고 명의 흩어진 지식을 재결합하는 것을 삶의 과제로 여겼기 때문에, 고향에 숭양嵩陽학교를 건립하고 그곳에서 죽을 때까지 교육하였다.[7] 그는 자신을 수양함으로써 성현이 될 수 있다는 신념을 가지고 있었다. 그는 많은 제자들에게 「태극도」를 설명하였는데, 이것은 존재론에 매우 각별한 관심을 가지고 있었기 때문이었다. 태극에 대하여 그는 다음과 같이 말하였다.

대개 그 태극이라고 하는 것은 지극한 리이다. 이 리가 지극히 중정하고 지극히 평이하며 지극히 순수하고 지극히 미묘하여 다시 더할 것이 없기 때문에 그것을 태극이라고 하는 것이다. 천지가 있기 이전에도 먼저 이 리는 존재하였지만, 단지 허공에 매달린 하나의 리로서 음양에 부착되지 않을 때에는 만물을 생성하고 변화

---

5) 唐鑑,『國朝學案小識』, 권6, 9a, "孟子曰, 萬物皆備於我矣. 理一本而萬殊, 萬殊而歸一本, 蓋不知物之爲我, 我之爲物也, 如是, 而物之爲物亦大, 可識矣. 四海有聖人焉, 此物此知也, 有賢人愚人焉, 此物此知也. 烏用格然, 而知不遺物, 仍以知達之於物, 則有燦然明備之象. 物不外知, 卽以物涵之於知, 則必有極深硏幾之功."

6) 『淸士列傳』, 권66, 25b.

7) 蕭一山,『淸代通史』, 권1, 823.

하게 할 수 없다. 이것이 근거가 되어 움직여 양을 생성하고 고요하여 음을 생성하여 드디어 양의가 성립되면 또한 태극이 항상 그 가운데에 있다.[8]

어떻게 하나의 기에서 음과 양이 생겨나며 이것이 오행과 사시를 발전시키는지는 어려운 문제이지만, 경개의 견해에 따르면 이것은 직접 나에게서 나오는 것이 아니라 내가 태극이 인간 마음의 리라는 것을 아는 데에서 기인한다.

만물은 인간의 마음에 응대하여 만 가지로 변화한다.[9]

그러나 리가 허공중에 매달려 인간의 신체에서 드러나지 않는다면 또한 자리를 잡고 자라나게 할 수 없다.[10]

인간 신체 안의 마음은 그러므로 사물의 생성과 변형에 함께한다. 이로써 경개는 주돈이·이정·주희를 넘어 왕수인과 가까워진다.

태극은 하늘에서 원형이정으로 드러나고 인간에게서는 인의예지로 나타나기 때문에 인의예지가 곧 하늘의 리이다. 내 마음에 있는 하늘의 리는 본래 인이다. 인은 모든 덕의 근간이 되며, 모든 다른 덕은 인에 의존한다. 마음 안에 있는 이 리를 완전하게 보존할 수 있는 사람은 모든 덕을 행할 수 있다. 따라서 그의 모든 행동들은 마땅히 해야 할 바를 따르고 감정의 감응은 항상 올바른 정도를 유지한다.[11] 그러나 인간 안에 있는 하늘의 리는 기질지성과의 혼합으로

---

8) 唐鑑, 『國朝學案小識』, 권7, 15a, "蓋其所謂太極者極至之理也, 以此理至中至正, 至平至庸, 至純至粹, 至微至妙, 無以復加, 故曰, 太極, 當其未有天地之前, 便先有此理, 然使懸空一箇理, 不著在陰陽上, 則不能化生萬物, 所以動而生陽, 靜而生陰, 遂成兩儀, 兩儀既立, 則太極在於其中."
9) 唐鑑, 『國朝學案小識』, 권7, 16a, "萬物者人心之醻酢萬變也."
10) 唐鑑, 『國朝學案小識』, 권7, 16a, "然使懸空一箇理不著在人身上, 則亦不能叄贊位育."
11) 唐鑑, 『國朝學案小識』, 권7, 16a.

어두워진다. 그러므로 인간은 본래의 순수한 마음을 회복하기 위하여 많은 노력과 자기극복을 필요로 한다. 자기 본성의 근원을 보존하거나 다시 회복하는 사람을 성인 또는 현인이라고 한다.[12]

경개의 저술로는 하남의 도학에 대해 기술한 『중주도학편中州道學編』을 위시하여 『효경이지孝經易知』, 『리학정종理學正宗』, 『성학요지性學要旨』, 『경서당존고敬恕堂存稿』 등이 있다.

3. 이옹

1) 생애

이옹李顒(1627~1705)은 자가 중부中孚이고 호는 이곡二曲으로 섬서성 주질盩庢현에서 태어났다. 그는 두 계곡의 사이에서 살면서[13] 스스로를 '두 계곡 사이 토담집의 병든 사내(二曲土室病夫)로 지칭하였고, 이에 따라 제자들은 그를 '이곡선생'이라고 불렀다.

이옹은 매우 가난하여 전 생애를 끼니를 걱정하며 살았다. 그는 9살에 처음으로 학교에 다닐 수 있었다. 그의 아버지는 매우 용감하고 전사적인 사람으로, 명이 붕괴할 때에 5,000명의 의사들과 함께 호북성 양양襄陽에서 싸우던 중 사망하였다. 그 때문에 그의 어머니는 집세를 낼 수 없어 아들과 같이 집도 없이 떠돌아다녀야 할 정도로 매우 궁핍한 생활을 꾸려가야 하였다. 1643년에야 비로소 아들은 마을에 다시 지붕을 얹고 살게 되었으나 여전히 매우 곤궁하여 생활필수품조차도 부족한 생활을 이어갔다. 이옹은 생활필수품을 장만하기 위하여 유일하게

---

12) 唐鑑, 『國朝學案小識』, 권7, 16b.
13) 鍾泰, 『中國哲學史』, 권2, 138, "二曲之間."

있던 탁자마저도 팔아야 하였으며, 장작을 모으다가 약탈자에게 붙잡혀 목숨을 위협받기도 하였다. 그러나 그는 다른 친구들처럼 하인이 되어 자신을 굽히면서 살아가는 것으로 어머니를 위한 돈을 버는 것을 거부하였다.

이옹은 몸이 아파 자주 공부를 중단하였다가 다시 시작할 때 곧장 진도를 나아가지 못했는데, 이는 그에게 스승이 없었기 때문이었다. 그는 학비가 없었기 때문에 학교에 다니지 못하였다. 학비를 지불할 수 없는 학생을 받아들이는 선생이 없었다. 어느 날 이옹의 어머니는 아들에게 "선생 없이 배울 수 있겠느냐" 고 묻고 나서 "옛사람들이 너의 선생이 될 것이다"고 말하였다. 이후 이옹은 소학교에서 획득한 적은 지식으로 이전에 읽었던 『대학』과 『중용』을 반복해서 읽었으며 『맹자』와 『논어』를 혼자 이해하고자 노력하였다. 그는 시간이 날 때마다 공부를 하였으며, 의미를 이해하지 못하면 매우 우울해하였다. 그는 한 친척으로부터 사전 하나를 선물 받았는데, 이로써 점차 사서를 읽게 되고 더 나아가 오경도 읽을 수 있게 되었다. 마을 사람들은 그가 가난한 상황에서도 생활을 걱정하는 대신에 책을 읽는 것에 경탄하였다. 후에 한 부자가 그에게 자신의 서가에 있는 책을 읽어도 좋다고 허용해 주었다. 이에 그는 책을 빌려 자신에게 깊은 인상을 주었던 송대 철학을 공부하였다. 그렇게 그는 모든 어려움에 도 불구하고 독학을 할 수 있었다.

이옹의 어머니는 천을 짜서 쌀과 교환하여, 밀기울과 야채를 섞어 끼니를 만들었다. 이옹은 나무를 하고 산나물을 뜯었다. 그러다 어머니가 몸이 아파 한 푼도 벌 수 없게 되었을 때부터는 단지 거친 무와 콩깍지, 명아주, 나뭇잎, 나무열매 등을 먹을 수 있었다. 어머니가 죽은 후에 이옹은 아버지의 시신을 찾으러 떠났지만 결국 찾지 못하여 밤낮으로 울었다. 이러한 그의 효성에 감동한 그곳 관리가 그의 아버지를 위하여 사당을 지어주었다.

1648년에 이옹은 지역의 연대기를 쓰려는 지역관리에게 임용됨으로써 더 이상 양식 걱정을 하지 않게 되었다. 그는 큰 학식으로 점차 사람들의 이목을 집중시켰다. 1670년에는 상주常州의 교수로 초빙되었다. 그는 양자강 부근의 여러 도시에서 강의하였으며, 1671년에는 새로 지어진 섬서의 관중서원關中書院에 초빙되어 수천의 청중 앞에서 개회연설을 하였다. 그는 그곳에서 오랫동안 강의하였고, 수차례 관직에 추천되었으나 매번 병을 핑계로 고사하였다. 한 번은 어떤 고관이 이옹을 억지로 북경의 황제에게 소개하고자 했는데, 이옹은 그것을 단호히 거절하였다. 먹지도 않고 심지어 칼로 자해하기까지 하자 그 관리는 비로소 이옹의 의사를 존중하였다.[14] 말년에 이옹은 다시 고향의 부평富平에서 시간을 보냈다.[15] 그는 단지 자신의 명성만을 듣고 찾아오는 사람들을 받아들이지 않았다. 그런 이들의 방문에는 답하지 않았으며, 선물 또한 늘 되돌려 보냈다. 완전히 세상에서 물러난 후에는 어떤 방문객도 받지 않았으며 단지 고염무顧炎武만을 애정으로 대하였다.[16]

강희제는 이옹이 죽기 2년 전인 1703년에 섬서지방을 여행하면서 이옹을 만나고자 하였다. 그러나 이옹은 몸이 아파서 대신 그의 아들을 보냈다. 황제는 이옹의 아들에게 아버지의 생활과 병, 저서에 대하여 묻고는 그의 군자다운 신념을 기리고, 인정의 표시로 손수 쓴 명패와 시 한 수를 보냈다. 그 명패에는 '관중대유關中大儒'라고 쓰여 있었다. 명패는 이옹의 강당에 걸렸으며 이후 사람들의 눈물과 감동으로 적셔졌다. 황제는 자신에게 전달된 이옹의 저서를 두 번 읽었으며 다른 학자들에게도 추천하였는데, 이를 읽은 학자들은 이옹의 저서가 매우 훌륭하다고 평가하였다.[17]

죽기 전에 이옹은 아들에게 자신이 죽고 나면 거친 옷을 입히고 장식이

---

14) 高瀨武次郎, 趙蘭坪 中譯, 『中國哲學史』 3권, 209.
15) 여기에서 그는 『富平答問』을 저술하였다.
16) 謝无量, 『中國哲學史』 6권, 27.
17) 『二曲全集』, 57쪽 이하의 생애 묘사.

없는 관에 눕혀 매장할 것과 부의금을 받지 말 것을 명하였다. 이옹의 제자들 중에서 25명이 이름을 남겼는데, 그 중 스승의 주요 저서 두 권을 공동출간한 왕심경王心敬을 가장 주요한 제자로 꼽을 수 있을 것이다.

이옹은 저술한 것이 많지 않았는데, 그것은 그가 철학적인 저술활동을 크게 중요하게 여기지 않았기 때문이다. 이에 대한 그의 생각은 다음의 말에서 미루어 알 수 있다.

저술이라는 하나의 일에 대해 말하자면, 대개 고대의 성현들은 부득이한 경우에나 저술을 남겼지 명성을 탐하지 않았다. 그러므로 한 마디 말이라도 나오면 해와 별처럼 빛나서 만대 이후까지 그것을 즐기면서 지치지 않았다. 다음으로는 편찬의 일이 있으니, 이 또한 마찬가지로 사람들 앞에서 자랑하고자 하는 것이 아니어서, 혹은 편안히 여겨 스스로 기뻐하는 데 그치고 혹은 자신의 저서를 깊은 곳에다 숨겨둘 뿐이었다. 그러나 그 사람의 덕이 완성된 다음이나 그가 이미 죽은 날에 온 세상은 그의 여풍을 떠올리고 그의 사람됨을 생각하여, 혹은 그 자손에게 묻고 혹은 그 제자에게 구하여 그가 남긴 생전의 한 마디를 교훈으로 삼고자 생각한다. 지금은 아직 그러한 것이 나오지 않았으나, 한번 나오기만 한다면 낙양의 종이 값이 오르고 수천 학파가 전하여 읊게 될 것이다.[18]

이것은 중국인들의 일반적인 생각과 일치한다. 중국인들은 철학자란 깊은 의미의 체계를 생각해 내고 그것을 종이에 옮기는 부류의 사람이 아니라 단지 살아 있는 말과 인품을 통해 제자들에게 영향을 미치고 죽은 후에는 저술을 통해 후세 사람들에게 영향을 미치는 사람이라고 생각하였다. 그들에게 실천철학

18) 『二曲全集』, 권16, 5b, "著述一事, 大抵古聖賢不得已而後有作, 非以立名也, 故一言出而炳若日星, 萬世而下, 飮食之不盡, 其次雖有編纂, 亦不必當時誇詡於人, 或祇以自怡, 或藏諸名山, 至其德成之後, 或旣死之日, 擧世思其餘風, 想其爲人, 或訪諸其子孫, 或求諸其門人, 思欲得其生平之一言, 以爲法訓, 斯時也, 是惟無出, 一出而紙貴洛陽, 千門傳誦矣."

은 항상 이론철학보다 우선시되었다. 이에 대하여 와타나베는 일본의 철학자들 또한 단지 완전한 인격의 위상을 남기고자 하였다고 말한다. 동양의 철학자들은 많이 저술하지 않았으며, 근원을 파헤치고 개별적인 연구에 욕심을 부리는 유럽의 철학자들만큼 철저하지 못하였다.[19]

이옹은 어렸을 때 통치개선책에 대한 논고를 저술하였지만 후에 그것을 불태웠다. 또한 40세가 되기 이전에는 13경과 21사 속의 잘못들을 교정하였으나 출간하지는 않았다. 이후부터 그는 단지 철학에만 몰두하였다. 그의 저서에는 『사서반신록四書反身錄』 14권과 『이곡전집二曲全集』 26권이 있다.

2) 학설

철학자로서의 이옹은 주희와 왕수인의 사이에 있지만 후자에게로 좀 더 기울어진다.[20] 그는 두 사람을 모두 존경하였다. 먼저 그는 왕수인의 양지 학설에 대해서는 그것이 근 천년 동안 나온 학설 중 가장 뛰어난 학문적인 업적이라고 하였다. 그는 양지에 대한 학설을 불교적으로 여기는 것은 우습다고 하면서, 양지가 없다면 신체도 시체와 같을 것이고 그와 같이 지각하거나 행동할 수가 없다고 하였다.[21] 또 주희에 대해서는, 주희를 숭상하는 것은 마치 공자를 숭상하는 것과 같다고 말한다.[22] 다만 주희와 육구연이 또한 서로 다른 길을 갔다고 하더라도 둘 다 모두 도덕에 관하여 큰 업적을 쌓았으므로 한 사람을 높인다는 이유로 다른 사람을 경시해서는 안 된다고 하였다. 사람은 자기수양을 위하여 공부해야 하는데, 그렇게 한다면 많은 것에 접점을 가진 철학자들과 연계할 수 있게 된다는 것이다.[23]

19) 渡邊秀方, 劉侃元 中譯, 『中國哲學史槪論』 3권, 175.
20) 蕭一山, 『淸代通史』, 권1, 825쪽; 高瀬武次郎, 趙蘭坪 中譯, 『中國哲學史』 3권, 210.
21) 『二曲集』, 권3, 52a.
22) 『二曲集』, 권15, 43a.

(1) 영원, 태극, 무극

이옹은 '영원靈原'이라는 새로운 개념을 도입하였는데, 그는 이것을 '영점靈點' 이라고도 불렀다. 그에 따르면 하늘은 인간을 낳을 때 영원을 부여하며, 인간은 이 영원을 통해 눈으로 보고 귀로 듣고 손과 발을 움직일 수 있다. 이 근원에서 또한 덕과 예가 나온다. 인간의 신체는 태어나서 성장하고 죽지만 영점은 변화하지 않는다.

이 한 점 영원은…… 천지를 가득 채우고 과거와 현재를 관통하며 한순간도 쉬지 않는다. 이것을 얻고 나면 천지도 내가 세우는 것이고 만 가지 변화도 내가 일으키는 것이니, 모든 성인이 어깨를 나란히 하여 나타나고 과거에서 현재까지가 모두 하루아침과 하루저녁의 일에 불과하다.[24)]

영원靈原은 기이며 이 기에서 모든 생명과 모든 존재가 나온다. 오직 영원을 통하여 내가 살고 나를 이리저리 움직이는 환경을 지각하게 된다.

어떤 사람이 물었다. "이것은 또한 단지 자기의 영원에 불과하다면 어떻게 천지를 채우고 고금을 관통할 수 있겠는가?" 이옹이 답하였다. "천지만물과 상하고금을 꿰뚫는 것이 모두 이 영원의 실제이다. 이 영원이 없으면 천지만물과 상하고금을 보지 못하며, 천지만물과 상하고금이 없으면 또한 이 영원을 보지 못한다."[25)]

이 모든 것을 꿰뚫고 모든 것을 생성하는 영원이 없이는 세계는 인식되지

---

23) 『二曲集』, 권4, 60a.
24) 『二曲集』, 권2, 37a, "此一點靈原……塞天地, 貫古今, 無須臾之或息. 會得此, 天地我立, 萬化我出, 千聖皆比肩, 古今一旦暮."
25) 『二曲集』, 권2, 37a, "問此不過一己之靈原, 何以塞天地, 貫古今, 曰, 通天地萬物, 上下古今, 皆此靈原之實際也, 非此靈原, 無以見天地萬物, 上下古今, 非地萬物, 上下古今, 亦無以見此靈原."

않는다. 따라서 지각되지 않는 영원의 현존을 사람은 세계의 현존을 통하여 알 수 있다. 이옹은 다음과 같이 말한다.

소리도 없고 냄새도 없으며 보지도 듣지도 못한다. 비어 있지만 영명하고, 고요하지만 신령하다. 그 양은 포괄하지 못하는 것이 없고, 그 밝음은 밝히지 못하는 것이 없다.…… 마치 아무 근거 없이 나타나는 생각과 같고, 문득 바람 없이 일어나는 파도와 같다.[26]

이와 유사하게 도교에서도 도에 대하여 말하고 있는데, 도와 이옹의 태극은 본질적으로 같다. 이것은 어느 정도 정신적인 것, 일종의 사유이다.

생각이 없는 생각은 곧 올바른 생각이다. 지극한 하나여서 둘이 아니니, 사물과 더불어 짝이 되지 않는다. 이를 일러 '멈춘다'고 하고, 이를 일러 '지극한 선'이라고 한다.[27]

아무것도 생각하지 않는 생각은 직관적인 내적 관망이다. 단지 태극만이 있으며 그 밖에 아무것도 없다. 이러한 의미에서 이옹은 주희와 같은 이원론자가 아니라 일원론자이다. 그는 영원이 태극이나 무극과 같다고 말한다.

사람이 아직 사물과 접하지 않고 한 생각도 일어나지 않았을 때를 일러 "무극이태극"이라 한다. 일이 이르렀을 때, 생각이 일어나 깨어 있는 곳을 일러 "태극이 동하여 양이 된다"라고 하며, 한 생각을 거두어들인 곳을 일러 "태극이 정하여 음이 된다"라고 한다.[28]

---

26) 『二曲集』, 권2, 37b, "無聲無臭, 不睹不聞, 虛而靈, 寂而神, 量無不包, 明無不燭……若無故起念, 便是無風興波."
27) 『二曲集』, 권2, 38a, "無念之念乃爲正念. 至一無二, 不與物對, 此之謂止, 此之謂至善." 마지막 문장은 『大學』의 "止於至善"에 대한 설명이다.

(2) 양지

이옹은 자신의 영원에 대한 학설을 왕수인의 양지설과 연계시킨다. 영원에서 만물이 생성되는 것과 마찬가지로 양지가 들어 있는 마음 또한 이로부터 생겨난다.

선생은 말하였다. 양지는 양심이다. 한 점 양심이 곧 성이다. 양심을 잃지 않는 사람이 곧 성인이다.[29]

양지는 공부에 있어 가장 중요한 것이며, 이것으로써 사람은 경험을 통해서 더욱 멀리 나아갈 수 있다.[30] 양지와 일반적인 지 사이의 간격은 매우 크다.

이른바 양지의 지는 선악과 시비를 안다. 생각이 처음 생겨나는 곳은 밝아서 어둡지 않기 때문이다.[31]

일반적인 지에는 네 가지 종류가 있다. 단순한 견문에서 생겨난 지, 재주와 학식으로 획득한 지, 외부의 영향을 받아 생긴 지, 감정에 의하여 잘못된 지가 그것이다. 이것은 사람이 본래 가지고 있었던 것이 아니며, 단지 참된 지를 방해하는 것에 불과하다. 사람은 원래 허하고 밝은 양지를 다시 찾기 위하여 이것들을 제거해야만 한다. 이것은 지속적으로 이루어져야만 한다. 마음이 발전하게 하는 것이 밝은 한 점일 뿐이다.[32]

이옹은 어린이의 어머니에 대한 사랑이 또한 타고난 것이라고 말한다.

---

28) 『二曲集』, 권5, 68b, “人當未與物接, 一念不起, 卽此便是無極而太極, 及事至, 念起惺惺處, 卽此便是太極之動而陽, 一念之斂處, 卽此便是太極之靜而陰.”

29) 『二曲集』, 권15, 46b, “先生曰, 良知卽良心也, 一點良心便是性, 不失良心便是性.”

30) 『二曲集』, 권15, 56b.

31) 『二曲集』, 권11, 6b, “所謂良知之知, 知善知惡, 知是知非, 念頭起處, 炯炯不昧者是也.”

32) 『二曲集』, 권11, 7a.

물었다. "어린아이가 그 부모를 사랑하는 것은 양지가 있기 때문에 깊이 생각하지 않고도 아는 것이라고 하였는데, 일찍이 이 일에 대하여 깊이 생각해 보았다. 어린아이가 부모를 사랑하는 것은 단지 젖 때문이라고 생각한다. 예를 들어, 어린아이를 일찌감치 유모에게 맡겨 기르게 하면 어린아이는 단지 유모를 사랑할 줄만 알고 그의 생모가 있다는 것을 알지 못한다. 이와 같이 사랑이 젖에서 나온다고 한다면, 그것은 단지 입맛의 성향에 불과하다. 그러므로 몸이 생겨나는 바로 그곳에서 사랑 또한 이미 생겨난다고 하지만, 이것은 배워서 생각한 다음이 아니면 가능하지 않다. 맹자가 주장하며 매우 확신하였지만,[33] 이것이 나에게는 참으로 명확하지 않다. 이것을 어떻게 여기는가?"

선생이 답하였다. "어린아이가 유모를 사랑할 줄만 알고 생모가 있는 것을 알지 못하는 것은 다만 젖에서 나오는 것이지 하늘의 성이 본래 그러하기 때문이 아니다. 일단 생모를 알게 된 이후에도 그 아이가 유모를 생모처럼 사랑할 수 있겠는가? 나는 비록 수백 명의 유모가 있다 하더라도 끝내 생모가 보여 주는 하루 동안의 사랑과 바꾸지는 못할 것이라고 여긴다. 만약에 먼저 배우고 생각한 다음에 사랑할 줄 아는 것이라면, 이것은 또한 아이가 나면서부터 어머니를 부를 줄 안다는 것이 된다. 또한 누가 그렇게 하게 하겠는가?"[34]

이옹은 어머니에 대한 사랑이 타고난 것이며 처음부터 있었다는 것을 말하고자 한다. 다만 일깨워진 지와 함께 비로소 드러나는 것일 뿐이다. 이것은 깊이 생각한 결과로서가 아니라 하늘이 인간에게 부여한 성을 통하여 혈육의 감정으로 그러하게 되는 것이다.

---

33) 맹자는 젖먹이가 이미 그 부모를 사랑한다고 주장한다.
34) 『二曲集』, 권15, 50a, "問孩提愛親, 謂之良知以其不慮而知也, 嘗思之, 孩提愛親, 似只爲乳, 如早委之乳母, 則只愛乳母, 而友不知有生母矣, 若從乳起愛, 不過口味之性耳, 欲從生身處起愛, 似非學慮後不能也, 然孟子立言自確, 而璿心實未曉然, 果何如與. 先生曰, 知愛乳母, 而不知有生母, 乳爲之也, 非天性之本然也, 及其一知生母, 而尙肯愛乳母若生母乎, 吾恐雖百乳母, 終不肯易天心一日之愛矣, 若謂由學由慮而後然, 則夫甫能言而便知呼孃, 亦孰使之然乎."

(3) 마음과 성

이옹에 따르면 영원 즉 모든 존재의 태극은 무의 리이다. 태극에서 생겨나는 마음을 그는 감각을 초월한 것 또는 존재하지 않는 것으로 설명한다.

> 해諧가 마음에 대하여 묻자 선생이 말하였다. "마음은 없다." 해가 다시 물었다. "마음이 참으로 없을 수 있는가?" 답하였다. "아무 일도 없는 곳에서는 행하는 것이 없다. 아직 생겨나지 않은 동안에는 텅 비어 있고 고요하며, 감응하여 통하면 널리 크게 공평하다. 사물이 오면 따라서 감응한다. 이와 같다면 비록 주고받으며 만 가지로 변화한다고 하여도 그 가운데는 고요하고 환하다. 마음은 변화와 더불어 달렸던 적이 없다. 이것이 마음이 없는 것이 아니면 무엇인가?"[35]

인간의 성은 이 마음 또는 리이다. 성은 실제로 단지 마음의 일부가 아니라 마음 전체로서, 완전하게 선하며 어떤 결함도 가지고 있지 않다. 이것에 대하여 이옹은 말한다.

> 인간은 천지의 성 중에서 가장 값진 것이다. 인간은 천지의 기를 받아서 신체를 이루며 천지의 리를 받아서 성으로 삼는다. 성의 양은 본래 천지만큼 크고 성의 영명함은 본래 일월만큼 밝으며, 본래 지극히 선하여 악이 없고 지극히 순수하여 결함이 없다. 그러나 사람은 대부분 기질에 가려져서 감정과 욕구에 쫓기고 예와 관습에 제한되어 시간과 상황에 따라 움직인다. 그리하여 지는 사물의 변화에 유인되어 처음의 상태를 잃고 점차 더 많이 깎이고 소멸되지만, 그것을 알아채지 못한 채 흘러가서 가장 낮고 더러우며 삐뚤어지고 잘못된 곳에 이르러 기꺼이 소인배가 될 때까지 타락한다. 심지어 여전히 인간의 형체를 가지고 있다고 하여도

---

35) 『二曲集』, 권6, 2a, "諸問心, 先生曰, 無心, 曰, 心果可以無乎, 曰, 行乎其所無事, 則無矣, 其未發也, 虛而靜, 其感而通也, 廓然大公, 物來順應, 如是則雖酬酢酢萬變, 而此中寂然瑩然, 未嘗與之俱馳, 非無心而何."

행동은 금수와 멀지 않게 된다. 이것이 어찌 성의 죄인가?[36)

성은 처음부터 있었던 것처럼 머물고 있다. 악은 단지 인간이 성을 소홀히 여김으로써 먼지로 덮인 거울 또는 오물이 묻은 보석처럼 어두워진 것에 불과하다. 사람이 그것을 개선하여 처음의 성을 회복하면 친척들은 그를 사랑하고 친구들은 그를 존경하고 하늘과 땅, 귀신은 그를 동정하며 지지하게 된다. 주희와는 반대로 이옹은 상제와 신을 완전히 인간과 같은 인격체로 파악한다.

이옹은 인성이 완전히 선하다고 주장하면서도 동시에 인간의 성이 선하지도 악하지도 않다고 하는 왕수인의 견해 또한 수용한다. 그는 유학자들이 이 학설을 부정하는 것은 다만 제대로 이해하지 못했기 때문이라고 말한다. 그에 따르면 사람들은 성을 어느 정도 물질적인 것으로서 눈앞에 가지고 있는 듯이 말하지만, 그것은 성의 초월적인 상태가 아니다.

성은 본래 텅 비어 넓고 조짐이 없기 때문에 선하다고 말할 수가 없다. 성이 선하다고 말하는 것은 모두 그것이 도를 이었다는 측면(繼之者善也, 成之者性也)에서 말한 것일 뿐이다. 소리도 없고 냄새도 없는 근본에 대하여 논한다면 선하다고 억지로 말할 수도 없는데 하물며 악하다고 할 수 있겠는가? 그러므로 선이라고 말할 수 없는 선이야말로 최고의 선이 되는 것이다. 의意가 개입된 선은 비록 선이라고 하더라도 또한 사적인 것일 뿐이다. 바로 이것이 양명이 한 말의 참된 의미이다.[37)

---

36) 『二曲集』, 권1, 18a, "天地之性人爲貴, 人也者, 稟天地之氣以成身, 卽得天地之理以爲性, 此性之量, 本與天地同其大, 此性之靈, 本與日月合其明, 本至善無惡, 至粹無瑕, 人多爲氣質所蔽, 情慾所牽, 習俗所囿, 時勢所移, 知誘物化, 旋失厥初, 漸剝漸蝕, 遷流弗覺, 以致卑鄙乖謬, 甘心墮落於小人之歸, 甚至雖具人形, 而其所爲, 有不遠於禽獸者, 此豈性之罪也哉."

37) 『二曲集』, 권4, 59b, "性本冲漠無朕, 不可以善言. 凡言善者, 皆就其繼之者而名也, 若論無聲無臭之本, 善猶不可以强名, 況惡乎, 故無善之善, 乃爲至善, 有意爲善, 雖善亦私, 此陽明立言之本意也."

감각을 초월한 것에 대해서는 선이나 악을 모두 말할 수 없는데, 이것은 사람에게는 그것에 대한 이해가 결여되어 있기 때문이다. 그럼에도 불구하고 감각적인 세계에서 이것은 그 완전함의 크기를 보여 준다.

(4) 행복과 장수

귀신은 인간의 선한 행위에 상을 내리며 인간은 덕행으로써 행복과 장수를 얻을 수 있다고 하는 관점을 이옹 또한 견지한다. 이것은 그가 섬서에서 굶주림과 싸울 때에 관리에게 청원하면서, 만일 선행을 베푼다면 천지신명이 복을 내려 재물이 늘고 자손대대로 길할 것이라고 말하는 데서 잘 드러난다.[38]

이옹의 말에 따르면 기도와 제물은 선행과 같은 효과를 야기하지 않는다. 일반적으로 인간은 선한 사람이 복을 받고 악한 사람이 벌을 받는다는 것을 이해하지 못하고, 단지 기도와 제물을 통하여 복을 구할 수 있다고 생각한다. 그러면서 실제로 하늘과 땅이 무엇보다도 덕을 사랑하며 귀신이 선행을 쌓는 사람을 지지한다는 것을 알지 못한다. 그러나 사람은 오직 하늘의 뜻을 행함으로써 소원을 성취할 수 있게 되는 것이다.[39] 이것은 사람이 자신의 마음 즉 본래의 성을 순수하게 보존하는가의 여부에 달려 있다. 마음을 보존한다면 그는 현재의 행불행에 아무런 흔들림이 없다. 그러나 반대로 마음을 보존하지 못한다면 그는 비록 부유하고 고귀하게 될지라도 항상 감옥에 있거나 쓰레기더미에 있는 것처럼 느끼게 될 것이다.[40]

이옹은 사람의 명과 관련해서도 이와 유사한 입장을 드러낸다. 신체의 죽음이 일찍 닥치거나 늦게 닥치거나 그에게는 크게 중요한 것이 아니었는데, 그것은

---

38) 『二曲集』, 권18, 37a.
39) 『二曲集』, 권1, 21a.
40) 『二曲集』, 권15, 54a.

마음이 하늘의 리와 일치할 수 있다면 신체적인 삶과 무관하게 영원히 살 수 있다고 보았기 때문이다. 이는 다음의 대화에서 잘 드러난다.

어떤 사람이 물었다. "그대는 덕이 있는 사람이 오래 산다고 말하는데, 안자는 젊어서 죽었다.…… 순임금은 덕이 커서 110살까지 살았으니…… 이런 경우에는 오래 사는 것이 덕에 달려 있다는 말은 맞는 듯하다. 그러나 도척은 오래 살았지만 요절한 안회보다 덕이 있던 것은 아니며, 팽조는 800세까지 살았지만 순임금의 덕을 능가하지 못한다. 어떻게 이러한 모순이 해결될 수 있겠는가?"
선생이 말하였다. "군자가 자기를 닦는 요체는 다만 천리를 보존하고 인욕을 막는 데 있을 뿐이다. 이것을 오래하면 인욕이 사라지고 천리가 드러나서 비록 눈, 귀, 입, 코는 다른 사람들과 마찬가지이지만 그 보고 듣고 말하고 행동하는 것은 천리와 똑같아진다. 그리하여 그는 천리에 통달하고 천지의 조화에 함께하게 된다. 하늘이 죽음을 내림이 빠르더라도 조화에 참여함을 방해하지 못하고, 하늘이 삶을 내림이 늦을지라도 천지의 작용에 참여함을 방해하지 못한다. 삶도 순리를 따를 뿐이요 죽음도 편안히 받아들일 뿐이니, 요절하고 장수함을 구차하게 따지는 것은 애초에 헤아릴 바가 못 된다."[41]

사람은 신체의 삶과 이름의 삶과 마음의 삶의 차이를 구분해야만 한다. 다음의 말에서 드러나는 것처럼 신체는 죽어도 이름과 마음은 보존되어 남는다.

장수하고 요절하는 것에 대하여 말한다면, 형체의 수명이 있고 이름의 수명이 있고 신의 수명이 있다. 수명이 70년에서 100년인 것은 형체의 수명이고, 백세토록 찬란한 것은 이름의 수명이며, 한순간이 만년토록 지속되는 것은 신의 수명이다. 기가 단절되고 신이 소멸한다고 본다면, 『서경』에서 "재주와 기예는 주공에 못 미치지만 귀신을 섬길 수는 있다"라고 한 말이나 문왕이 재위에 있을 때 한 말

---

41) 『二曲集』, 권15, 52a~53a.

등은 모두 헛소리에 지나지 않을 것이다. 일찍이 성인이 헛소리를 남겼겠는가? 진실로 이를 안다면 도척이 100살에 죽은 것은 진짜 죽은 것이요 안자가 32살에 죽은 것은 진짜로 죽은 것이 아니라 할 것이다.[42]

(5) 공부와 바른 태도

이옹은 아주 정확한 규정을 제시하여 올바른 삶을 이끌고자 하였다. 그는 다음과 같이 말하였다.

나는 참된 행위에 중점을 두며, 보고 듣는 것을 중요하게 여기지 않는다. 또한 인간의 성품에 대하여 말할 뿐 재주와 기예에 대하여 말하지 않는다.[43]

스승을 섬기고 친구를 구하여 서로 돕고 이익을 주도록 노력해야 한다. 선을 보면 바람처럼 빠르게 실천하고 잘못이 있으면 번개처럼 고쳐야 한다. 멈추어야 할 때 멈추고 나아가야 할 때 나아가며, 먼 것을 보면 나아가고 어려움을 알면 물러서야 한다. 움직이고 고요함에서 그 때를 놓치지 말아야 한다.[44]

일용의 사이에서는 항상 욕구를 없애고 마음을 바르게 하는 것을 위주로 하고 하늘에 부끄럽지 않은 것을 근본으로 삼아야 한다. 좋은 소리와 좋은 색을 추구하고 재화와 이익을 좇는 것만이 욕구가 아니다. 이름을 떨치고자 하는 마음, 남을 이기려는 마음, 자랑하는 마음, 집착하는 마음, 이러한 사사로운 마음이 모두 욕구이니, 없애고 또 없애야 한다. 생각이 막 싹틀 때부터 말과 행동으로 드러날 때까지

---

42) 『二曲集』, 권15, 53a, "卽以壽妖言之, 有形壽, 有名壽, 有神壽. 壽七十百年, 此形壽也, 流芳百世, 此名壽也, 一念萬年, 此神壽也. 若氣斷神滅, 則不若旦多材多藝能事鬼神, 及文王在上之言, 皆誑言矣, 曾謂聖人而誑言乎哉. 信得此, 則盜跖期頤之死, 乃是眞死, 而顏子三十二亡, 未嘗眞亡也."

43) 『二曲集』, 권15, 57b, "我這裏重實行, 不重見聞, 論人品, 不論材藝."

44) 『二曲集』, 권5, 68b, "親師取友, 麗澤求益, 見善則遷如風之疾, 有過則改若雷之勇, 時止則止, 時行則行, 見險而進, 知難而退, 動靜不失其時."

항상 천리를 순수하게 보존하는 데 힘써서 티끌만한 잡티도 섞이지 않게 한다면 비로소 사람은 하늘에 부끄러워할 것이 없게 된다. 배움이 하늘에 부끄러워하지 않는 데 이르렀다면, 행동할 때는 자신의 그림자에 부끄러움이 없고 잘 때에 이불에 부끄럽지 않으며 집안에서는 처자와 하인들에게 부끄럽지 않고 밖에서는 동네 사람들과 친구들에게 부끄럽지 않으며 앞으로는 과거의 성인들에게 부끄럽지 않고 뒤로는 후대의 철인들에게 부끄럽지 않다. 이와 같다면 더없이 밝고 더없이 넓어져서 솔개 날고 물고기 뛰는 일상의 모든 일이 천리가 아닌 것이 없게 된다. 날로 새롭고 또 새로워진다면 도는 이에 크고 완전해질 것이다.[45]

이옹에 따르면 공부의 목적은 단지 학습한 문장을 기억하는 데 있는 것이 아니라 인간의 도리를 깨닫고 마음을 보존함으로써 성으로 되돌아가는 데 있다. 사람은 경전에 대한 이전의 해석을 참고하고 또한 자기 자신의 경험도 참고해야 한다. 진실됨과 경건함은 공부의 기반이 되고 고요함은 공부의 근본이 된다. 거기에 포괄적인 지식과 연구가 더해져야 명확한 구분능력이 생겨 과오를 범하지 않고 올바른 행위를 할 수 있다. 한 가지라도 고려되지 않으면 공부에 결함이 생기게 된다. 특히 생각의 생성에 주의해야 하는데, 욕구가 막 생길 때부터 잘 관찰함으로써 악을 억제하고 선을 확장하여야만 한다. 마음을 수양함으로써 마음에 거주하는 하늘의 리를 온전하게 보존할 수 있게 된다.

또한 이옹에 따르면 사람은 외적인 태도에 주의하여야만 한다.

발은 무겁게 하고, 손은 공손하게 하며, 머리는 바로하고, 눈은 단정하게 하며, 입은 다물고, 숨은 조용하며, 목소리는 고요하고, 서는 것은 덕스러우며, 앉는 것은

---

45) 『二曲集』, 권15, 58a, "日用之間, 以寡欲正心爲主, 以不愧天爲本, 欲不止於聲色貨利, 凡名心, 勝心, 矜心, 執心, 人我心, 皆欲也, 寡而又寡, 自念慮之萌, 以至動之著, 務純乎天理, 無一毫 夾雜, 方是不愧於天, 學不愧於天, 則行不愧影, 寢不愧衾, 內不愧妻子僕御, 外不愧鄕黨親朋, 前不愧往聖, 後不愧來哲, 如是則光明正大, 瑩然浩然, 徹上徹下, 躍魚飛鳶, 日新又新, 道斯大 全."

시동尸童과 같고, 갈 때는 개미와 같아야 한다. 한 호흡 간에도 기르고 한 순간에도 보존하며 낮에는 행하고 밤에는 거두어들이니, 동과 정의 때에 맞게 정도를 살펴야 한다. 이 모든 것이 외적으로 제재하게 하고 내적으로 수양하는 것이다. 안과 밖을 함께 수양하여 하나의 전체를 이룬다. 처음에는 억지로 힘을 쏟아야 하지만 오래도록 힘쓴 이후에는 저절로 그러하여, 희노애락이 모두 중절하고 시청언동이 모두 예로 돌아가며 강상과 윤리가 무너지지 않게 된다.…… 성공과 실패, 칭찬과 꾸중에 동요하지 않고 생사와 환난을 일상으로 받아들여서 어디에 가든지 간에 항상 만족하게 된다. 이와 같으면 마음을 보존하고 성을 회복하여 인간의 도에 합당하여 더 이상 부끄럽지 않게 된다. 그러면 배웠다고 할 수 있다.46)

편안하고 관조적인 삶은 활동적인 사람에게 먼저 필요한 것이지만, 거기에 이르려면 우선 세계의 근원 및 인간의 마음을 공부하여 밝혀야 한다. 이옹은 다음과 같이 말한다.47)

나유덕의 말이 참으로 좋다. 성인은 마음이 편안한 보통사람이요, 보통사람은 마음이 편안하지 못한 성인이다.48)

그러므로 단지 마음의 편안함을 갖추고 있다는 것으로써 성인은 일반인과 구분된다.

이옹은 공부가 정좌를 통하여 보충되어야만 한다고 하였다. 그는 매일 여명이 트는 아침, 점심, 저녁의 세 번에 걸쳐 짧은 시간 정좌하는 것을 권한다. 매번

---

46) 『二曲集』, 11, 3a, "足容重, 手容恭, 頭容直, 目容端, 口容止, 氣容肅, 聲容靜, 立容德, 坐如尸, 行如蟻, 息有養, 瞬有存, 晝有爲, 宵有得, 動靜有考程, 皆所以制於外, 以養其內也, 內外交養, 打成一片, 始也勉强, 久則自然, 喜怒哀樂中節, 視聽言動復禮, 綱常倫理不虧……得失毁譽不動, 生死患難如常, 無入而不自得, 如是則心存性復, 不愧乎人道之宜, 始可以言學."
47) 『二曲集』, 권12, 14a.
48) 『二曲集』, 권6, 2b, "善乎羅惟德之言. 聖人者, 常人而安心者也, 常人者, 聖人而不安心者也."

향이 다 탈 때까지 정좌하는 것이 좋다고 한다. 그에 따르면 정좌는 본래의 성을 회복하는 것을 돕는다. 이옹은 말없이 정좌하여 마음을 밝힘으로써 하늘의 리에 도달해야 한다고 가르쳤던 북송의 이동과 연계한다.[49] 정좌는 재계齋戒한 후 하여야 한다. 허명적정虛明寂定은 마음이 작용하기 시작하기 이전의 본래 상태이다. 마음의 허는 태허이며, 밝기는 가을 달과 같고, 고요하기는 한밤중과 같으며, 안정되기는 태산의 그것과 같다.[50]

---

49) 『二曲集』, 권4, 61b.
50) 『二曲集』, 권2, 40b.

제6장 교육가

1. 육세의

1) 생애와 저서

육세의陸世儀(1611~1672)는 자가 도위道威이고 호는 부정桴亭이다. 강소 태창太倉 출신이며 육농기와 함께 청대 주자학을 대표하는 학자이다. 두 사람은 함께 이육二陸으로 불렸다. 육세의는 한때 장수하는 법을 배우기 위하여 불교와 연금술에 몰두하였으나, 이러한 공부의 무용함을 깨닫고 26세에 전향하였다. 그의 스승은 유종주였다. 그의 아버지 육욱지陸勗之는 참된 지와 자기수양에 대한 가르침으로 그를 자극하였다. 그는 아들에게 말하였다. "먹고 마실 때에 항상 경전의 가르침을 생각하면 성급하게 나아가는 마음을 다시 잡을 수 있으며, 앉았거나 누워 있을 때에 항상 성현과 마주하고 있다고 여기면 모든 나쁜 생각들을 없앨 수 있다."[1]

육세의는 명대와 청대를 통틀어 어떤 직위도 받지 않고 단지 철학을 가르치며 살았다. 명이 멸망한 후에 그는 농지를 경작하여 생계를 유지하였으며, 그곳에 집을 짓고 '부정桴亭'이라는 이름을 붙였다. 그는 손님의 방문을 허락하지 않았으며, 제자를 가르칠 때에는 특히 예에 주목하여 가르쳤다. 이후 그는 제자들의

---

1) 『淸士列傳』, 권66, 11b.

청이 잇따르자 강소의 곤릉昆陵으로 이사해서 그곳에 동림학교東林學校를 설립하여 1660년까지 많은 제자들을 가르쳤다. 죽은 후에는 존도선생尊道先生, 문잠선생文潛先生으로 불렸으며, 제자들 중 21명이 이름을 얻었다.

육세의는 저술활동이 활발하였다. 우선 경전에 대한 저술로 『역규易窺』, 『시감詩鑑』, 『서감書鑑』, 『춘추토론春秋討論』, 『예형禮衡』, 『종제례宗祭禮』가 있다. 또 근대철학과 관련해서는 『유종리요儒宗理要』60편, 『선유어록집성先儒語錄集成』, 『명유어록집성明儒語錄集成』을 편찬하였으며, 그 밖에 덕에 대해 다룬 『고덕록考德錄』과 인성의 선함을 논한 『성선도설性善圖說』, 교육의 문제를 다루고 있는 『논학수답論學酬答』 등이 있다. 그러나 무엇보다도 그의 철학적인 주요 저서로는 『사변록思辨錄』[2]으로, 그는 이 책을 12년 동안 집필하였다. 육세의는 철학 이외의 영역에 대한 저술도 남겼다. 역사서인 『독사필기讀史筆記』, 병법서인 『팔진법문八陣法門』, 수비의 전략을 논하는 『성수요략城守要略』, 관개에 관한 『삼오수리지三吳水利志』 등이 그것이다. 문집은 『부정전집桴亭全集』이라는 제목으로 출간되었다.

명대 말기에는 많은 학자들이 헛되이 유학자라고 하였으나 실제로는 위장한 불교도인 경우가 많았다. 이에 대하여 육세의는 『사변록』에서 이들 및 공공연하게 도교나 불교의 신도임을 자처하는 사람들을 비판하였다. 또한 그는 왕수인의 철학을 반박하는 데에 앞장섰다. 그는 왕수인이 주희의 격물론을 비판한 것은 잘못되었으며, 왕수인의 공부방법에 대해 관조에 빠진 불교도의 방법 중 하나라고 비판하였다.[3] 그와는 달리 진헌장陳獻章을 선교도라고 비난하는 세간의 평에 대해서는 그렇지 않다고 변호하였다.[4]

---

2) 22편으로 되어 있으며, 13편은 부록이다. 張伯行, 『正誼堂全書』는 그것을 발췌하고 있다. 『思辨錄輯要』.
3) 陸世儀, 『思辨錄』, 권3, 4b.
4) 『淸士列傳』, 권66, 12a.

2) 도, 심과 리

육세의는 최고의 세계원칙을 도, 하늘, 리, 심 등으로 표현하였다.

도는 천지를 생성하며, 천지는 인간을 생성한다. 도가 없다면, 천지가 또한 천지를 이룰 수 없을 것인데, 사람은 어디에서 생겨나겠는가?[5]

도는 천지 사이에 있지만, 원래 볼 수 없다. 단지 도를 배운 사람만이 그것을 볼 수 있다.…… 저 가득한 허공 속에 이 도가 구비되어 있다.[6]

사람이 처음 생겨날 때에는 본래 하늘과 인간이 하나였다. 나뉘어 둘이 되는 것은 기를 품수하기 때문이다. 사물에의 욕구가 그것을 해치는 것이다.[7]

인간의 마음과 하늘의 마음이 분리되는 것은 기질 속에 떨어질 수밖에 없기 때문이며, 하늘과 사람의 화합을 방해하는 것은 사물에 대한 욕구라고 설명하고 있다. 이 욕구는 불교에서의 삶에 대한 갈망과 유사하다.

이어서 육세의는 도에 대하여 다음과 같이 말한다.

도의 바깥에는 학문이 없고 도학의 바깥에는 사람이 없지만, 세상 사람들은 종종 놀라기도 하고 비웃기도 할 뿐 그것을 알지 못한다. 왜 그런가? 바로 옛사람들이 말한 "소견이 짧으면 많은 일들이 괴이하게 생각된다"는 것이요, 노자가 말한 "부족한 선비는 도에 대해 들으면 크게 비웃는다"는 것이다.[8]

---

5) 陸世儀, 『思辨錄』, 권1, 12a, "道生天地, 天地生人, 無是道, 則天地且不成天地, 人於何有."
6) 陸世儀, 『思辨錄』, 권1, 12a, "道在天地間, 原不可見, 惟學道者能見之……滿空中俱是道哉."
7) 陸世儀, 『思辨錄』, 권1, 12a, "人初生時本, 自天人合一, 其歧而二之者氣稟, 物欲害之也."
8) 陸世儀, 『思辨錄』, 권1, 12b, "道之外無學, 道學之外無人, 乃世往往駭且笑, 不知. 何故, 正昔人所爲, 少所見, 多所怪, 下士聞道, 大笑之也."

육세의는 또 하늘이 곧 리이고, 마음이 또한 하늘이라고 말한다.

하늘은 리이고, 마음은 하늘이다. 마음과 하늘과 리가 다른 두 곳에 있는 것이 아니라는 것을 아는 것이 중요하다.9)

하늘과 땅의 사이에는 리가 없는 사물이 없으니, 곧 하늘이 없는 사물이 없다.10)

선유들은 하늘이 곧 리라고 말하였다. 나는 리가 곧 하늘이라고 말한다.11)

이러한 이해는 아마도 육세의에게 있어 리가 보다 근원적인 것이고, 고대철학에서 주요한 역할을 했던 하늘은 부차적인 것이었기 때문일 것이다.

육세의는 유종주의 제자로서 스승이 세계를 마음 또는 리로 간주하였던 학설을 따랐다. 그는 마음의 본질이 고요에 있다고 말한다.

정은 마음의 본체이며, 동은 마음의 작용이다. 그러므로 고요하면 천지만물의 본체를 보고, 움직이면 천지만물의 작용을 본다. 그것을 궁구해 보면, 본체와 작용은 하나의 근원을 가지고 있으며, 드러난 것과 은미한 것에는 차이가 없다.12)

육세의는 또한 주희의 이원론에 몰입하였으며, 그 체계에서 단지 세계정신 또는 천리이기도 한 태극에 대하여 다음과 같이 말하고 있다.

태극은 리이고, 양의는 기이다. 사람의 의리(의리지성)는 태극을 근본으로 하며,

---

9) 陸世儀, 『思辨錄』, 권2, 10b, "天卽理, 心卽天, 要知得, 心與天與理無二處."
10) 陸世儀, 『思辨錄』, 권2, 11a, "天地間無一事一物非理, 卽無一事一理非天."
11) 陸世儀, 『思辨錄』, 권2, 11a, "先儒有言天卽理也, 予曰, 理卽天也."
12) 陸世儀, 『思辨錄』, 권7, 8a, "靜者心之體, 動者心之用. 故靜則見天地萬物之體, 動則見天地萬物之用. 究之, 體用一源, 顯微無閒也."

사람의 기질(기질지성)은 양의를 근본으로 한다. 태극은 앞에 있고, 기는 뒤에 있다. 리는 주재하며, 기는 보조한다.13)

인간의 태극 즉 인극人極은 완전히 태극에 상응한다. 그러므로 인극은 또한 고요에 있으며, 주돈이의 방식에 따라 중정中正, 인의仁義 등으로 표현된다. 완전한 고요에 도달하는 것은 오직 인욕을 제거하고 천리를 보존함으로써만 가능하다.14)

3) 인성

육세의는 인성에 대한 자신의 견해를 자주 변경하였다. 처음에 그는 자신의 스승을 따라 의리의 성과 기질의 성이 따로 있다고 말하였다. 그 다음에는 불교도와 같이 세계의 바깥에 성이 초월적으로 존재한다고 하였다.15) 그러다가 마지막으로는 "성은 기질에 속한다"16)라고 하였는데, 이 말은 성과 도덕적인 감각의 연결을 부정하는 것이다. 이에 대하여 그는 다음과 같이 말한다.

성은 기질에서 분리되지 않는다. 기질에서 분리된다면 이것은 또한 천지로부터도 분리되어야 한다. 대개 천지가 바로 기질이기 때문이다. 성이 천지에서 분리된다면 음양의 바깥에서 별도로 태극을 찾아야 한다. 만약에 음양의 바깥에 별도로 태극이 있다면, 태극은 텅 빈 것이 되지 못하고 하나의 사물처럼 될 것이다.17)

---

13) 唐鑑, 『國朝學案小識』, 권2, 4a, "太極爲理, 兩儀爲氣, 人之義理本於太極, 人之氣質本於兩儀, 理居先, 氣居後, 理爲主, 氣爲輔."
14) 唐鑑, 『國朝學案小識』, 권2, 2a.
15) 唐鑑, 『國朝學案小識』, 권2, 4a.
16) 唐鑑, 『國朝學案小識』, 권2, 3b, "性便屬氣質."
17) 唐鑑, 『國朝學案小識』, 권2, 3b, "性離不得氣質, 一離氣質, 便要離天地, 蓋天地亦氣質也, 一離天地, 則於陰陽外別尋太極, 於陰陽外別尋太極, 則太極不落於空虛, 卽同於一物."

육세의는 인성이 기질에 붙어 있는 것이지 하늘이 부여한 명에 붙어 있는 것이 아니라는 것을 확신한다. 그는 다음과 같이 묻고 답한다.

지극한 선이 인간에게 주어져 있음을 어떻게 알 수 있는가? 오직 기질의 성에 나아가서 보아야만 한다. 인간의 성은 금수의 성과 같지 않으며, 금수의 성은 초목의 성과 같지 않다. 인간은 완전한 것을 얻었고 사물은 불완전한 것을 얻었으며, 사람은 영명함을 받았고 사물은 조잡함을 받았으며, 인간은 통한 것을 얻었고 동물은 막힌 것을 얻었다. 그렇기 때문에 지극한 선이 단연코 인간에게만 속한다는 것은 의심할 바가 없다. 진실로 이러한 이치를 깨달았다면, 하늘이 명한 성이 본래 지극히 선하듯이 기질의 성 또한 지극히 선하다는 것을 알 수 있다.…… 기질의 성은 다행히도 초목이나 금수의 성과는 같지 않지만, 배우지 않으면 선한 것도 역시 불선으로 돌아가고 만다. 또한 금수와 초목도 기질은 마찬가지이다. 오직 배움을 알지 못하고 배움을 행하지 못한다면 끝내 선할 수 없다. 그러므로 사람이 만물의 영장이며, 사람의 기질의 성 또한 지극히 선하다고 하는 것이다.[18]

독특한 방식으로 육세의는 또한 인간을 형성하는 기는 하늘에서 유래하고 질은 그와는 반대로 땅에서 나온다고 한다. 그는 다음과 같이 말한다.

기는 다만 하늘의 기이며 질은 다만 땅의 질이라는 것을 알지 못한다. 하늘이 없으면 기가 없고 땅이 없으면 질이 없으니, 기와 질은 하늘과 땅이 명한 것이다. 오직 하늘이 이와 같은 기질을 주었기에 이와 같은 도리가 있게 되는 것이다.[19]

---

18) 鍾泰, 『中國哲學史』, 권2, 126, "何以見得至善必當歸之於人, 惟就氣質之性上看, 則人之性不同於物之性, 禽獸之性不同於草木之性, 人得其全, 物得其偏, 人得其靈, 物得其蠢, 人得其通, 物得其塞, 其至善, 必斷斷屬之於人無疑, 人苟實見得此理, 則天命之性, 固是至善, 氣質之性, 亦是至善……氣質之性, 幸不同於草木鳥獸矣, 然不學, 則善者亦歸於不善, 且看禽獸草木, 同是氣質, 惟不知學, 不能學, 則終不能善, 故曰, 人爲萬物之靈, 人之氣質之性, 亦至善也."
19) 鍾泰, 『中國哲學史』, 권2, 126, "不知氣只是天氣, 質只是地質. 除了天, 更無氣, 除了地, 更無質, 是氣質卽天地所命. 惟天賦以如是之氣質, 故有如是之理."

4) 우주

육세의는 하늘이 서로 쌓인 공기로 이루어져 있으며, 그 중 가장 높은 곳을 천극天極이라고 한다고 말하였다. 그에 따르면 본래 하늘은 기체로 되어 있으며, 일월성신日月星辰이 그 속에 놓여 있다. 대기가 높을수록 공기는 더 빨리 움직이며 천극에서 가장 빠르다.

『진지晉志』에서는 『황제서黃帝書』를 인용하여 말하였다. "하늘은 땅의 바깥에 있고, 물은 하늘의 바깥에 있다. 물은 하늘을 떠받치고 땅을 싣고 있다."[20] 이 말은 크게 틀렸다. 물은 유형의 사물이다. 물이 이미 하늘을 싣고 있다면 이 물은 또한 어떤 사물에 실려 있기에 새서 떨어지지 않는 것인가? 하늘은 기이고, 물과 땅은 모두 형체가 있다. 기는 형체를 질 수 있지만 형체가 기를 질 수는 없다.[21]

또한 육세의는 하늘을 공간이라고 하는 것이 좋으나 반구[22]라고 하는 것보다는 낫지만, 이전의 하늘에 대한 기술이 모두 정확하게 일치하는 것은 아니라고 하였다. 그리하여 그는 다음과 같이 말한다.

오직 서역의 지도가 매우 정밀하다. 이국의 것이라고 해서 이것을 경시해서는 결코 안 된다.[23]

육세의는 유럽의 천문학에 대해 잘 알고 있었다. 명대에 이미 이방의 선교사들에

---

20) 『晉書』, 권11, 6a. 『晉書』에 따르면 세계는 세 가지 주요 부분으로 이루어진다. 중심부에 땅이 있고 그 주위로 천구가 있으며, 이들을 물이 떠받치고 있다.

21) 陸世儀, 『思辨錄』, 권14, 2a, "晉志載黃帝書曰, 天在地外, 水在天外, 水浮天而載地也, 此言大非, 水爲有形之物, 水旣載天, 則載水者又屬何物, 得無滲漏乎, 天氣也, 水土皆形也, 氣能載形, 形不能載氣也."

22) Alfred Forke, *World Conception of the Chinese*, 12쪽 이하 참조.

23) 陸世儀, 『思辨錄』, 권14, 3b, "惟西圖爲精密, 不可以其爲異國而忽之也."

의하여 프톨레마이오스의 우주관이 중국에 소개되어 있었기 때문이다. 그러나 육세의가 유럽의 천문학에 항상 동의하였던 것은 아니다.

5) 교육과 학업

교육과 학업 및 신체와 마음의 수양은 육세의의 철학에서 넓은 영역을 차지한다. 육세의는 고대에는 아이들이 8살에 소학小學에 입학하고 15세에 상급학교인 대학大學에 들어갔으나 지금은 아이들이 더 빨리 발전하여 5세에서 6세가 되면 이미 학교에 들어간다고 하였다. 그에 따르면, 소녀들은 가장 많이 배우더라도 글자를 배우는 것에 그쳤는데, 소녀들에게 글자를 가르치는 경우에도 그 이유는 가사에 도움이 되기 때문이었다. 소녀들에게는 책의 의미를 설명하지 않았다. 그것이 그들에게 어떤 이익도 가져다주지 않으며, 오히려 쉽게 악한 생각으로 인도한다고 여겼기 때문이다. 고대로부터 교육을 받은 여성은 그 수가 매우 적었다고 한다.[24)

육세의는 이전에는 사람들이 기꺼이 불교와 선교를 공부하였지만 이러한 공부는 의미가 없는 것이라고 하였다. 지상에서 부처가 되는 사람도, 신선으로서 하늘로 올라간 사람도 없기 때문이다.[25)] 그는 또한 불교가 자비에 기초한다고 하면서도 곤궁에 처한 사람들은 생각하지 않고 그저 닭이나 물고기, 돼지 등에게 삶과 자유를 줄 것만 요구한다고 생각하였다.[26)]

육세의가 설정한 공부의 단계들은 각별히 널리 나아간다. 아마도 정상적인 방식으로는 그 수준을 채울 수 없을 것이다. 공부의 기간은 5살부터 35살까지 30년으로 계산되었고, 그 속에 다음과 같은 학업계획안이 정해졌다.

---

24) 陸世儀, 『思辨錄』, 권1, 1a, 6b.
25) 陸世儀, 『思辨錄』, 권1, 7b.
26) 陸世儀, 『思辨錄』, 권16, 17a.

① 5세~15세:『효경』, 사서오경,『주역』,「태극도설」,『통서』,『서명』,『자치통감강목』
및 고대의 시가와 학술, 수학, 천문학, 농사 등에 관한 책을 읽는다.

② 15세~25세: 위의 책들을 철저하게 주석과 함께 읽어야 한다. 또한『문헌통고文獻通考』및 역사서, 왕조의 법과 제도, 천문학, 지리학, 관개와 농사, 전술 등에 관한
책들을 공부한다.

③ 25~35세: 위의 책들을 유학자들의 주석과 함께 읽고, 또 21사, 기예서, 시문 등을
읽는다.[27]

육세의는 학생들이 위의 책들을 하루에 200쪽을 읽어야 하는데,[28] 때에 따라서
는 그 숫자가 훨씬 더 넘어설 수도 있다고 하였다.

육세의는 열정적인 사람들이 필요했던 명말의 혼란기에 학자들은 다만 형이상
학적인 것만을 말할 뿐이었다고 비판하면서, 차라리 사람들은 병법과 검술을
공부했어야 한다고 말하였다. 또한 육예 외에 천문학·지리학·관개 등이 국가에
유용할 것이라고 하였다.[29]

육세의는 또한 조상이 직접 저술한 책을 가지고 있다면 그것을 큰 보물로
여겨 귀중히 보존하여야만 하며, 일반적으로 사용하기 위해서는 필사본을 만들어
두어야 한다고 하였다. 원본은 단지 제사를 준비할 때와 같은 의식을 치를
때에만 사용하여야 한다고 하였다.[30]

육세의는 유럽의 천문학뿐만 아니라 수학도 알고 있었다. 그는 '네이피어의
막대'(Napier rods)라는 계산막대에 대해서도 알고 있었지만, 그 사용법이 복잡하기
때문에 중국의 계기로 더 간편하게 계산할 수 있다고 여겼다. 그와는 달리
삼각법에 대해서는 유럽의 것이 중국의 것보다 탁월하다고 인정하였다. 중국의

---

27) 陸世儀,『思辨錄』, 권4, 3b~5b.
28) 陸世儀,『思辨錄』, 권4, 10a.
29) 蕭一山,『淸代通史』, 권1, 841.
30) 陸世儀,『思辨錄』, 권10, 8a.

것은 한대의 『구장산술九章算術』에 실려 있는 것이다.[31)]

육세의는 또한 오행 외에도 불교의 사대四大 즉 흙·물·불·바람과 아리스토텔레스의 사원소 즉 흙·물·불·공기에 대해서도 알고 있었다. 다만 그는 아리스토텔레스의 사원소 중 물을 하늘로 잘못 적고 있는데, 이것은 문집의 편찬자가 잘못 기록한 것일 수도 있다.[32)]

6) 마음과 신체의 수양

육세의는 잘 먹은 후에 오래 앉아 있는 것은 좋지 않다고 생각하였다. 그러면 제대로 소화하지 못하여 쉽게 병들기 때문이다. 가장 좋은 것은 먹은 후에 조심스럽게 어느 정도 술을 마시거나 잡초를 뽑거나 해서 몸을 움직이는 것이다. 그는 이로써 병을 멀리 할 수 있다고 생각하였다. 18세에서 19세까지 육세의는 자주 밤늦게까지 독서하였다. 겨울에 독서하다가 추위를 느껴 잠들 수 없을 때에는 검술을 연습함으로써 몸을 덥히고 잠자리에 들었다.[33)]

육세의는 술을 좋아하였지만 지나친 음주로 인한 폐해를 경계하는 것도 잊지 않았다. 그는 다음과 같이 말한다.

술에서 즐거움을 찾다가 매번 술로 인해 즐거움이 사라지고 술로써 병을 다스리려 하다가 매번 술로 인해 병이 더 깊어진다면, 차라리 마시지 않는 것만 못하다.[34)]

한편, 다음 말은 '와인 속에 진리가 있다'(in vino veritas)는 라틴 격언을 연상시킨다.

---

31) 陸世儀, 『思辨錄』, 권15, 6b;『九章算術』; Wylie, *Notes on Chinese Literature*, 91.
32) 鍾泰, 『中國哲學史』, 권2, 119.
33) 陸世儀, 『思辨錄』, 권9, 9a.
34) 陸世儀, 『思辨錄』, 권8, 9a, "酒以合歡, 然每因此而失歡, 酒以養病, 然每因此而致病, 則不如不飮之爲愈矣."

논어에 이르기를 "술에 취했을 때 그 사람의 덕을 안다"라고 하였다. 이 말이 매우 좋다. 사람이 비록 덕이 있어도 취한 후에 자신을 유지하지 못한다면, 이것은 또한 백옥에 결함이 있는 것이다. 취했을 때에도 자신을 유지할 수 있다면 그러한 결함 이 없는 것이다.[35]

술에 취한 후에 또한 각기 천성이 있다. 더 이상 말할 수 없을 정도로 혼란하게 되는 사람이 있고, 단지 우스운 말만 많이 하는 사람이 있고, 단지 피곤하여 자고 싶다는 생각만 하는 사람이 있고, 취한 후에 가슴 속이 더욱 더 맑아져서 피곤하더 라도 잠시 고개만 숙일 뿐인 사람이 있다. 바로 여기에서 귀한 사람과 천한 사람, 어진 사람과 어리석은 사람이 구분된다.[36]

육세의는 매우 체계적으로 마음을 수양하고 그로써 덕에 나아갔는데, 그 과정을 매우 꼼꼼하고 정확하게 기록해 두었다. 이 기록을 그는 『고덕록考德錄』이 라고 하였다. 그는 여기에 자신이 하루 동안 얼마나 오래 진지하게 덕의 완성에 몰두하였으며 진전하거나 후퇴했는지를 확인할 수 있게 적어 놓았다. 나아가 그는 하루를 10등분하여, 10분의 1을 노력하고 10분의 9를 쉰 날이 있으면 다음에는 10분의 1을 쉬고 10분의 9를 집중하도록 하였다. 한 번은 그가 두 친구들과 9일 동안 함께 책을 읽은 적이 있었다. 이들은 그 중 하루를 『대학』의 규정에 따라 수신의 개별적인 과정을 연관 지어 논의하며 보냈는데, 육세의는 하루를 마칠 때 자신이 어떤 것에 진전이 있었는지를 확인하였다. 이처럼 그는 자신의 학문과 욕구가 증가 또는 감소한 과정에 대하여 여러 해 동안 기록하였으며, 이로써 학문과 자기수양에 보탬이 되고자 하였다.[37]

---

35) 陸世儀, 『思辨錄』, 권8, 9a, "語云, 醉之以酒, 以觀其德, 此言甚好, 人雖有德, 醉後則不能自持, 此亦白璧之瑕也, 於此自持, 則無之或失矣."

36) 陸世儀, 『思辨錄』, 권8, 9b, "酒醉後亦各有天性, 有亂不可言者, 有多笑言者, 有惟思困睡者, 有醉則胸懷愈益灑然, 卽倦亦不過少瞑片時者, 此處卽有貴賤賢愚之別."

37) 蕭一山, 『清代通史』, 권1, 839; 陸世儀, 『思辨錄』, 권2, 10a.

육세의에 따르면 수신에 있어서 가장 중요한 것은 '경敬'이다.

인간의 마음에는 사악한 생각과 잘못된 생각이 많다. 이것은 모두 단지 경을 알지 못하는 데서 나온다. 경을 알게 되면, 바로 해가 머리를 비추는 것과 같다. 많은 이상하고 괴이한 것들이 모두 흩어져서 흔적도 없게 된다.[38]

육세의는 마음의 수양과 연관시켜 상제를 자주 언급하였는데, 다른 철학자들에 게서는 상제에 대한 언급이 매우 드물게 나타난다는 점에 미루어 이는 특기할 만하다. 그는 다음과 같이 말하였다.

인간은 모름지기 이 마음을 항상 멀리 상제를 대하듯이 경건하게 해야 한다.[39]

위 인용문에서 육세의는 고대 경전의 상제와 하늘에 대한 말을 인용하고 있다. 그러나 여기서의 상제가 기독교의 신과 같은 개념이 아니라는 것을 다음 말에서 확인할 수 있다.

사람이 마음속의 허물을 제거하지 못한다면 하늘과 마주할 수 없다. 하늘과 마주할 수 있는 것은 마음속의 허물을 제거했을 때뿐이다. 다만 이러한 때라야 하늘과 사람의 리가 같다고 할 수 있다.[40]

하늘을 공경하는 것은 내 마음을 공경하는 것이다. 내 마음을 공경하기를 하늘을 공경하는 것처럼 한다면 하늘과 인간이 하나가 된다.[41]

---

38) 陸世儀, 『思辨錄』, 권2, 10a, "人心多邪思妄想, 只是忘却一敬字, 敬字一到, 正如太陽當頭, 羣妖百怪迸散無迹."
39) 陸世儀, 『思辨錄』, 권2, 10b, "人須是時時把此心對越上帝."
40) 陸世儀, 『思辨錄』, 권2, 11a, "人心中過不去處, 卽不可對天處. 可以對天處, 卽人心中過得去處. 只此便是天人一理."

여기에서 다시 인간과 하늘을 같은 것으로 여기는 육세의의 일원론자로서의
면모를 볼 수 있다.

육세의는 천심과 인심의 본질을 인에서 찾는데, 이러한 생각은 완전하게
유학적이다. 이와 관련된 그의 말은 다음과 같다.

> 인仁자의 뜻을 가만히 생각해 보면, 그것은 심원하고 위대하여 비록 온갖 성현의
> 은미한 말들을 다한다 하더라도 그 심오함을 다 나타내기에 부족하고, 또 그것은
> 세밀하고 간략하여 세속의 말 한마디만으로도 이미 지극히 마땅하여 바꿀 수 없다.
> 세속의 말에 "인심이 천리"라 하였으니 이는 인仁에 대한 말이요, 또 "마음을 속이
> 면 스스로에 어둡다" 하였으니 이는 불인不仁에 대한 말이다.[42]

그러나 육세의를 주희의 추종자로 본다고 하더라도 그가 또한 스승인 유종주의
강한 영향 아래에 있다는 것을 잊지 말아야 할 것이다. 그가 유종주의 유심론적
일원론의 사상을 대변하고 있다는 것을 말이다.

2. 장이상

장이상張履祥(1611~1674)은 자가 길인吉人·고부考夫이고 호는 염지念芝·양원
楊園이다. 고향은 절강성 동향桐鄉 양원楊園이다. 그의 사상은 순수철학보다는
교육학에 중점이 있었다.

장이상은 아버지를 여의고 곤궁하게 자랐지만 어머니의 노력으로 공부를

---

41) 蕭一山, 『淸代通史』, 권1, 841, "敬天者, 敬吾之心也, 敬吾之心, 如敬天, 則天人合一矣."
42) 高瀬武次郎, 趙蘭坪 中譯, 『中國哲學史』 3권, 191, "竊謂仁字之義, 語其遠且大者, 雖極千聖
之微言, 不足以盡其蘊奧, 語其精且約者, 卽自至當不易, 俗諺有云, 人心天理, 卽
是箇仁字, 又云, 瞞心昧己, 便是箇不仁字."

무사히 마칠 수 있었다. 그는 어려서는 할아버지와 어머니에게서 배웠다. 그가 젊은 나이에 술을 너무 많이 마시자 그의 어머니는 같은 홀어머니의 자식이었던 공자와 맹자의 예를 들어 꾸중하였지만 그의 버릇을 고칠 수는 없었다.[43] 그러던 중 장이상은 황도주의 지도 아래 공부하다가 유종주의 제자가 되었으며, 훗날 스승의 어록(『劉子粹言』)을 출간하였다.[44] 그는 처음에는 스승 유종주가 초기에 그랬듯이 육구연과 왕수인의 학설에 도취되었지만, 점차 정이와 주희의 학설에 더 동의하게 되었다. 말년에는 완전한 주희의 추종자가 되어 하루 종일 주희의 저서를 공부하였다. 주희에 대한 그의 판단은 다음과 같다.

주자는 천하와 고금의 일과 이치에 대해 정미하게 궁구하여 상세하게 설명하지 않은 것이 없다. 삼대 이래로 온갖 말들이 뒤섞여 나와 어지러웠는데, 주자의 뜻에 맞추어야 옳다고 할 수 있을 것이다.[45]

하지만 왕수인과 그의 양지설에 대해서는 다음과 같은 혹평을 남겼다.

그 말을 보면 자기를 속이고 남을 속이는 말이 아닌 것이 없다.[46]

양지의 가르침은 사람들로 하여금 감정을 따르게 하고 지름길을 가게 한다. 그 폐단은 예의 가르침을 폐하고 고대의 경전을 버리도록 하는 데 이르니, 바로 『예기』에서 말한 '오랑캐의 도'라는 것이다.[47]

---

43) 唐鑑, 『國朝學案小識』, 권1, 27a.
44) 蕭一山, 『淸代通史』, 권1, 838.
45) 蕭一山, 『淸代通史』, 권1, 838, "朱子於天下古今事理無不精究而詳說之, 三代以下, 羣言淆亂, 折衷於朱子而可矣."
46) 鍾泰, 『中國哲學史』, 권2, 137, "觀其言, 無非自欺欺人之語."
47) 蕭一山, 『淸代通史』, 권1, 838, "良知之敎, 使人人直情而徑行, 其弊至於廢滅禮敎, 播棄先典, 記所謂戎狄之道也."

장이상은 정치적인 싸움에는 참여하지 않았지만 명나라에 우호적이었다. 그래서 명말에는 폭도들에 의해 집이 불타고 조부의 무덤이 훼손되기도 하였다. 그는 1644년부터 마을에서 제자들을 가르쳤으며, 교육과 저술에만 힘쓸 뿐 청의 관리는 되지 않았다. 주요 저서로 『근고록近古錄』이 있는데, 여기에서 역사적인 덕행의 사례를 들고 있다. 또한 『독역필기讀易筆記』, 『독사우기讀史偶記』, 『보농서補農書』 등을 지었으며, 교육의 문제와 관련된 저술로는 『훈자어訓子語』, 『초학비망록初學備忘錄』, 『원학기願學記』 등이 있다. 그의 대화록과 언행록이 제자들에 의하여 수집되었으며, 전집으로 『양원전집楊園全集』 45권이 있다.

장이상은 인격의 도야에 특히 큰 비중을 두었다. 그는 다음과 같이 말한다.

사람은 아침에 옷을 입을 때부터 밤에 옷을 벗을 때까지 종일토록 그 말하고 행동한 것에 혹 허물과 잘못이 많았는지 적었는지 마땅히 알아야 하며, 밤에 옷을 벗을 때부터 아침에 옷을 입을 때까지 밤새도록 생각하고 헤아린 것에 혹 간사하고 허망한 것이 많았는지 적었는지 마땅히 알아야 한다. 거기에 고칠 것이 있다면 곧 고치는 것이 수신의 첫 번째 일이다.[48]

공부에서 장이상은 철저하게 그 지식이 실천적인 활동과 연결되어야 할 것을 강조한다. 이것은 다음에서 거론되고 있다.

공부에 있어 가장 좋은 것은 실다움이며, 가장 나쁜 것은 텅 빈 것이다.[49]

마음은 실질적인 작용이 중요하고, 공부에 있어서도 실질적인 작용이 중요하다.[50]

---

48) 唐鑑, 『國朝學案小識』, 권1, 10a, "吾人自著衣至於解衣, 終日之間所言所行, 須知有多少過差, 自解衣至於著衣, 終夜之間所思所慮, 須知有多少邪妄, 有則改之, 此爲修身第一事."
49) 鍾泰, 『中國哲學史』, 권2, 136, "爲學最喜是實, 最忌是浮."
50) 鍾泰, 『中國哲學史』, 권2, 136, "心要實用, 力要實用."

도리는 모름지기 눈을 들면 볼 수 있고 발을 들면 갈 수 있어야 하니, 이것이 바로 실다운 리이다. 공부는 모름지기 바로 지금 여기에서 힘쓸 수 있어야 하니, 이것이 바로 실다운 공이다.[51]

그러므로 도리는 단지 이것이 또한 실제로 실행되는 것이어야 한다.

장이상에 따르면, 무위 또한 욕구이며 사람은 스스로 농사를 지어야 한다. 학자들은 예로부터 백성들에 의하여 부양되면서 신체노동을 일반인의 일로 여기는 것을 당연하게 보고 있다. 그리하여 장이상은 여러 동지들과 함께 직접 농사를 지어 생계를 해결하고자 하였다. 또한 그 대신에 백성들이 학문의 어려움에 대한 이해를 가지기를 기대하였다.

사람들은 그들의 생계를 유지하기 위해서는 힘들게 일하고 노력해야 한다는 것을 알지만, 책을 읽고 학문을 익히며 자신을 세우고 바르게 행하는 것 또한 힘들게 일하고 노력하지 않으면 될 수 없다는 것을 알지 못한다.[52]

3. 장이기

장이기張爾岐(1612~1677)는 자가 직약稷若이고 호는 호암蒿菴이며 산동성 제양濟陽 출신이다. 그의 아버지는 군란으로 인하여 죽었다. 이에 장이지는 물에 몸을 던져 자결하려 하였으나 그러지 못하였고, 또한 산에 가서 은둔하려고 하였으나 이마저 어머니 때문에 하지 못하였다. 그는 명이 붕괴한 후에 물러나서 오직

---

51) 鍾泰, 『中國哲學史』, 권2, 136, "道理須是擧目可見, 擧足可行, 方是實理, 功夫須是當下便做得, 方是實功."
52) 鍾泰, 『中國哲學史』, 권2, 138, "人知作家計, 須苦吃苦掙, 不知讀書學問, 與立身行己, 俱不可不苦吃苦掙."

공부만 하며 살았다.[53] 그는 『의례』에 대한 여러 해설서들을 저술하였으며 『역경』, 『시경』, 『춘추』, 『노자』를 주석하였다. 또한 하夏의 책력에 대한 주석인 『하소정전주夏小正傳注』[54] 및 자기 고향의 지역연대기인 『제양현지濟陽縣志』를 지었다. 교육적인 저술인 『학변學辨』은 미완성으로 남았다. 문집으로 『호암집蒿菴集』이 있으며, 어록은 『호암문설蒿菴聞說』이다. 그의 저서들은 건륭제가 훌륭한 저서들을 널리 찾을 것을 명하였을 때 비로소 알려졌다.

장이기는 철학적으로 정이와 주희를 고집하였지만 형이상학보다는 교육과 실천철학에 더 몰두하였다. 그는 학자에게 있어서는 무엇보다도 '의지를 돈독히 하게 실천에 힘쓰는 것'(篤志力行)이 중요하다고 여겼다. 이에 관한 그의 말은 다음과 같다.

학자가 지닌 하루의 뜻(志)이야말로 천하의 다스려짐과 어지러워짐의 근원이 되고 백성들의 근심과 즐거움의 근본이 된다.[55]

장이기는 인간의 성에 대해서 말하기를, 사람은 처음 태어나면서부터 어린아이일 때까지는 많은 것이 매우 유사하지만 그 후에는 같은 교육을 받게 되더라도 차이가 생길 수밖에 없다고 한다. 이러한 차이는 각자의 능력과 더불어 그 기질이 선을 향하는지 악을 향하는지, 혹은 덕을 향하는지 욕구를 향하는지에 달려 있다. 그리하여 한 무리의 사람은 천하에 이름을 떨치게 되고, 다른 무리의 사람은 그 이름이 자신의 가족을 넘어서지 못한다.[56] 특히 그는 『맹자』를 꾸준하게 인용하였다.

---

53) 蕭一山, 『淸代通史』, 권1, 836.
54) Wilhelm, *Li Gi*, 233쪽 이하 참조.
55) 唐鑑, 『國朝學案小識』, 권3, 18a, "學者一日之志天下治亂之源, 生人憂樂之本矣."
56) 唐鑑, 『國朝學案小識』, 권3, 18a, 16~17.

4. 탕빈

탕빈湯斌(1627~1687)은 자가 공백孔伯이고 호는 형현荊峴·잠암潛庵이며 하남성 수주睢州 출신이다. 그는 손기봉의 가장 중요한 제자이다. 그의 어머니는 명대 말기에 수주가 정복되면서 오랑캐에 의하여 죽었다. 그는 1645년에 아버지와 함께 절강성 구주衢州로 피난하였다가 순치제에 의하여 국정이 안정되자 다시 고향으로 돌아왔다. 이후 10년 동안 그는 손기봉에게서 배웠다.

탕빈은 1652년에 진사에 합격하고 1653년에는 지역관청에서 역사를 연구하였으며 1682년에는 그 관청의 책임자가 되어 『명사』를 저술하고 순치제와 그 선황의 유서들을 편찬하는 임무를 받았다. 이 직위에서 그는 청에 대항하였던 청대 초기 명의 유신들을 명대 역사에 수용하는 방식을 관철시켰다.[57] 1684년에 탕빈은 청대 행정의 기본 법규인 『대청회전大淸會典』의 편찬에 참여하였으며, 1686년에 예부상서가 되었다. 1687년에는 공부상서가 되었는데, 이 해에 위중한 병에 걸렸다. 이에 강희제가 어의를 보냈으나 그를 구하지는 못하였다.[58] 그는 문정文正이라는 시호를 받았으며 1823년에 공자의 사당에 수용되었다.

탕빈은 강녕의 순무巡撫로 있던 시기에 도덕기강을 무너뜨리는 사원을 허물고 대신 사당을 설치하게 하였다.[59] 마술과 미신에 사용되던 신의 그림은 불태우거나 물에 던져졌다.[60] 그의 통치 아래 지역의 관습은 현저하게 개선되었다. 그는 백성들을 곤궁에서 구제하고 부역을 감면시켜 주었다. 그의 개혁 때문에 관리들은 그를 두려워하였으나 백성들은 그를 사랑하였다. 그 생활이 매우 검소하였기 때문에 사람들은 그를 '두부탕豆腐湯'이라고 불렀는데, 아마도 그가 백성들이

---

57) 蕭一山, 『淸代通史』, 권1, 823.
58) 『湯潛庵集』, 권1, 2a.
59) 高瀬武次郞, 趙蘭坪 中譯, 『中國哲學史』 3권, 214.
60) 『淸士列傳』, 권8, 7a.

즐겨먹는 음식을 먹었기 때문일 것이다. 탕빈의 저서에는 『잠암선생유고潛庵先生遺稿』, 철학서인 『낙학편洛學編』, 『명사』의 자료인 『명사고明史稿』, 그리고 수주의 지세에 관한 『수주지雎州志』가 있다.

탕빈은 스승 손기봉과 견해가 일치한다. 그의 견해는 현실주의와 관념주의의 중간에 위치하는데, 엄밀히 따지자면 현실주의에 더 기울어지는 경향을 보인다. 그는 이론적인 철학에는 그다지 흥미를 두지 않고 실천적인 활동에 무게를 두었다. 그는 각자가 자기 자신을 수양하는 데 집중하고 다른 철학자들과 논쟁하는 데 시간을 버리지 말아야 한다고 생각하였다. 그러므로 그는 왕수인을 심하게 비판하는 육농기에게 편지를 써서 그러한 태도를 반대하기도 하였다.

탕빈은 정이와 주희가 유학의 정통이라고 하면서 단지 이들을 통해서만 공자와 맹자에 이를 수 있다고 한다. 그는 왕수인의 학설을 신봉하지는 않았지만 그를 공격하려고 하지도 않았다. 그는 정이와 주희의 학설이 옳다는 것을 증명하기 위해서는 그들의 신념을 가지고 그들의 도를 자기 안에 수용해야 하며, 그렇게만 한다면 왕수인의 추종자에게도 영향을 미쳐서 저절로 그들을 돌아오게 할 수 있을 것이라고 여겼다.[61] 그는 또한 양지에 대한 이론을 성인의 학설의 한 분파로 간주한다. 강희제가 그에게 왕수인의 철학에 대하여 물었을 때, 그는 그것에 대하여 매우 좋게 말하였으며 특히 그의 실천철학을 매우 칭찬하였다. 그는 양지설이 주희의 학설과 모순되지 않는다고 보았다.[62]

탕빈은 공부의 목적이 큰 지의 획득에 있는 것이 아니라 인격의 도야에 있다고 하였다. 그에 따르면 공부에는 철저한 열정과 준비된 자세가 필요하며 힘든 노력을 감수하여야 한다. 어려움을 극복하는 것은 무위를 즐기는 생활보다도 생에 더 큰 활기를 부여한다. 그는 다음과 같이 말하였다.

---

61) 蕭一山, 『淸代通史』, 권1, 823.
62) 謝无量, 『中國哲學史』 6권, 31.

지금 사람이 배우고자 한다면 철로 만든 벽 또는 동으로 만든 담처럼 굳게 마음을 유지하여야 한다. 모든 명성이나 모함, 칭찬과 비난에 의하여 행동에 영향도 받지 않게 되면, 마침내 점차 입문하게 된다. 만약에 아주 작은 것이라도 다른 사람의 견해를 따르게 된다면, 세속의 흐름에 빠지지 않을 수 없다.63)

여러분들은 고통을 견딜 수 없는가? 고통을 견딜 수 있다면 하지 못할 일이 없다. 걱정하고 근심으로 살아가며, 편안하고 즐겁게 죽어야 한다. 매순간 이러한 생각을 가지고 있어야 한다.64)

학문의 도는 오로지 이 마음을 거두어들이는 데 있을 뿐이다. 마음을 거두어들이지 못한다면, 소리와 색, 재물과 이익이 나의 몸을 해치는 도구가 되는 것은 말할 것도 없고, 책을 읽고 시를 암송하는 것마저도 잃어버린 마음을 희롱하는 놀이에 불과하게 된다.65)

당연히 학자는 또한 최고의 것에 대하여 궁구해야만 한다. 그 이유에 대하여 탕빈은 다음과 같이 말한다.

하늘의 리에 대해서는 때때로 몸으로 살피지 않으면 안 된다. 노력한 것이 오래되면 더욱 친절하게 볼 수 있으며, 이것에 따라 나아갈 수 있게 된다. 저절로 그렇게 되어 우러러 부끄러움이 없게 된다면 더 이상 그 앞에서 굽히지 않아도 된다.66)

---

63) 『湯潛庵集』, 권1, 3a, "今人爲學, 須持心堅牢, 如鐵壁銅牆, 一切毁譽是非, 略不爲其所動, 乃可漸入, 若有一毫爲人的意思, 未有不入於流俗者."
64) 『湯潛庵集』, 권1, 3b, "諸生能喫苦否, 喫得苦, 無事做不來, 生於憂患, 死於安樂, 刻刻當存此念."
65) 『湯潛庵集』, 권1, 3b, "學問之道, 全在收拾此心, 此心不曾收拾, 毋論聲色貨利, 皆是戕害我身之具, 卽讀書誦詩亦爲玩物喪心."
66) 『湯潛庵集』, 권1, 3b, "天理二字不可不時時體察, 用力旣久, 愈見親切, 從此行將去, 自然仰不愧, 俯不作."

인간의 행위에서는 조화와 예가 강조되었다. 그의 말은 다음과 같다.

사람은 살아가면서 온갖 위험에 맞닥뜨리게 되지만, 조화롭게 처신하면 인정이
서로 화합하고 예로써 주재하면 분수가 서로 편안하다. 무엇이 그를 해칠 수 있겠
는가?[67]

사람은 예의로써 자신을 이기는 것이 마땅하며, 혈기로써 다른 사람을 이기는
것은 부당하다. 안으로 자신에게 소송하면 예에 이르게 된다.[68]

사람이 예를 행하는 것은 본래의 성에 상응하는 것이지 억지로 강요받아서
하는 것이 아니다.

대개 사람은 한 가지 선행을 할 때마다 마음이 편안해지고 몸이 펼쳐지며, 한
가지 악을 할 때마다 마음이 불안해지고 부끄러운 색이 드러난다. 이로써 인간의
마음이 하늘의 리와 하나라는 것을 알 수 있고, 또한 이로써 인간의 성이 모두
선하다는 것을 알 수 있다. 사람이 능히 일에 따라 살펴서 이 마음의 본체와 어그러
지지 않게 할 수 있다면, 하지 말아야 할 것에 대해서는 저절로 하지 않게 되고
욕구하지 말아야 할 것에 대해서는 저절로 욕구하지 않게 될 것이다. 이것이 바로
'마음을 다하고' '본성을 회복하는' 참된 공부이다. 그러므로 '사물에 나아가는'(格物)
것이 바로 가장 중요한 일이다.[69]

탕빈은 좌선하는 동안의 자기반성에 대하여, 오랫동안 고요하게 앉아서 살핀

---

67) 『湯潛庵集』, 권1, 1b, "人生涉世, 盡履危機, 而和處之, 則情相合, 以禮持之, 則分相安, 庸何
傷."
68) 『湯潛庵集』, 권1, 1b, "人當以禮義自勝, 不當以血氣勝人, 內自訟, 斯得之矣."
69) 『湯潛庵集』, 권1, 4b, "凡人爲一善事, 則心安而體舒, 爲一不善事, 則心不安而色愧, 可見人一
身內渾是天理, 於此便見人性皆善, 人能隨事體察, 勿虧此心本體, 無爲其所不爲, 無欲其所不
欲, 這便是盡心復性的眞實工夫, 故格物是要緊事."

끝에 희노애락이 아직 일어나지 않았을 때에 자신이 참으로 세상의 사물과 한 몸을 이룬다는 것을 깨달았다고 한다. 또한 그것을 매일같이 반복하다 보니 어느 순간 갑자기 사단이 드러나게 되었다고 한다.[70] 이러한 그의 말에서 인간과 세계가 같은 몸을 가지고 있으며 같은 마음으로 채워져 있다고 한 손기봉의 범신론이 엿보인다.

5. 안원

1) 생애

안원顔元(1635∼1704)은 자가 혼연渾然·역직易直이고 호는 습재習齋이며 하북성 박야博野현 양촌楊村에서 태어났다. 교육자로서 특히 잘 알려졌고, 제자 이공李塨과 함께 '안이학파顔李學派'를 기초하였다. 실천적인 수행을 중시하였던 안이학파의 특성에 따라서 안원은 '습재선생'이라고 불렸다.

안원은 아버지가 주구조朱九祚라는 사람의 양자가 되었기에 주구조를 친할아버지로 여기며 그의 집에서 자랐다. 그래서 원래는 주朱씨 성을 사용하다가 자신이 본래 안顔씨 성임을 안 이후로는 원래의 성을 사용하였다. 안원이 세 살이 되던 해에 그의 아버지는 요동의 싸움터에 나가서 돌아오지 못하였다. 이후 안원의 어머니는 재혼을 하였다.[71]

안원의 첫 번째 스승은 그에게 자주 전쟁에 대하여 말해 주었고, 안원은 그로부터 말 타고 활 쏘는 것과 검술 및 의술을 배웠다. 이것은 소년에게 큰 감명을 주었다. 14세에서 15세에 이르기까지 그는 도교의 신선에 대한 책들을

---

70) 『湯潛庵集』, 권1, 20b.
71) Mansfield Freeman, *Yen Hsi Chai, A 17th Century Philosopher*, 71쪽.

읽었으나, 문득 이 책들의 잘못됨을 깨우치고는 그것들을 모두 버렸다.[72] 이후 안원은 다른 스승에게서 육구연과 왕수인의 철학을 배웠으며, 또 다른 스승에게서는 정이와 주희를 배웠다. 그는 정이와 주희를 진정한 유학자로 여겼으며, 고대의 왕들과 공자·안자·증자·자사·맹자·주돈이·정호·정이·장재·소옹·주희를 존경하였다.[73] 그러나 후에 그는 주희의 도가 고대 성현의 도와 일치하지 않으며 그의 설명과 주석이 모두 틀렸다는 확신에 이르렀다. 그리하여 그와 대립하는 첫 번째 논고를 저술하기 시작하였다.[74]

안원은 20살이 되던 해에 『자치통감강목資治通鑑綱目』 한 권을 받았는데, 모든 것을 잊어버릴 정도로 이 책을 열심히 공부하였다. 그는 과거를 치루지 않을 것을 결심하고 의학과 병법에 몰두하였으며, 생계를 위해 농사와 의술에 종사하였다. 23살에는 사설학교를 열어 '사고思古'라고 하고 자신을 '사고인思古人'이라고 칭하였는데, 이는 그의 복고적인 관점을 표현한 것이었다. 고대의 학문을 통해 송의 잘못된 학문을 제거하고자 한 것이다. 후에 그는 "꾸준한 학습(習)은 공부에서 가장 중요한 것이다"[75]라는 자신의 원칙에 따라 학교의 이름을 '습재당'으로 바꾸었다.

안원은 『주례周禮』에 따라 육덕六德과 육행六行과 육예六藝를 가르쳤는데,[76] 그 중에서 육예를 가장 중요한 것으로 여겼다. 육예는 육덕의 실천활동이자 육행을 위한 도구이며 공자에 의하여 도입된 것이었기 때문이다.

안원은 육예에 더하여 전술, 농경, 의학, 건축술도 가르쳤다. 그의 강의에서는 악기를 비롯하여 모든 종류의 기구와 무기가 사용되었으며, 제자들은 자유로운

---

72) 蕭一山, 『淸代通史』, 권1, 856.

73) 胡適, 『中國近三百年的四個思想家』(1928), Nr.6, 6.

74) 顔元의 전기는 그의 제자 李恭과 王源이 기술한 것을 기반으로 편집하였으며 중화민국 후기의 대총통인 徐世昌에 의하여 『顔李師承記』로 편찬되었다.

75) *Biographie* im *Sung-schi*, Kap. 429, 2b.

76) 六德: 智, 仁, 聖, 義, 忠, 和. 六行: 孝, 友, 睦, 仁, 任, 恤. 六藝: 禮, 樂, 射, 御, 書, 數.

분위기에서 노래하고 춤도 추며 가르침을 받았다. 이것은 "춤으로 조직하면 백성이 어리석지 않게 된다"[77]는 그의 평소 생각이 반영된 것이었다.

안원은 이전에 정좌를 열심히 수행하였으나 더 이상 그것에 찬동할 수 없었다. 그에 따르면 송대 이래로 유학자들은 정좌를 수양하였으며 도교에서도 이전부터 무위를 구하여 수행하였고 불교는 허를 구하기 위하여 수행하였다. 그러나 활동이 결여되면 모든 능력이 사라질 수밖에 없다. 개인은 활동을 통하여 신체의 힘을 기르며, 이에 따라 나라가 강성해진다.[78]

몸으로 행하고 익히는 것이 많을수록 마음에는 수고로움이 줄어든다.[79]

교육에 있어 안원은 자신의 체계가 완성되기 전에는 육세의의 것을 따랐다. 그는 육세의가 매일 일기를 적던 것을 본받아 자신도 29살부터 일기를 썼고, 이것을 죽을 때까지 계속하였다. 일기장에는 그의 모든 선행과 악행, 생각들이 기록되어 있었다.[80] 그는 일기장을 읽고 그 내용이 만족스러우면 하얀 동그라미를 그리고, 그렇지 못하면 까만 동그라미를 그렸다. 이공을 비롯한 제자들 또한 이러한 일기를 기록하였다. 그들은 만날 때마다 각자의 일기장을 제출하여 서로 격려하고 경고하였다. 이것은 동시에 참회의 기록이었다. 한 번은 안원이 첩을 들이려 했다가 누이의 만류와 이공의 비난 때문에 뜻을 굽힌 적이 있었는데[81] 안원은 이러한 치부까지도 숨김없이 기록으로 남겨 두었다.

안원은 도덕과 자기성찰을 매우 중요하게 여겼다. 어느 날 그는 홀로 밤길을 가던 중 등이 가려워 긁으려다 깨달음을 얻었다.

---

77) 蕭一山, 『淸代通史』, 권1, 859, "製舞而民不瞳."
78) 蕭一山, 『淸代通史』, 권1, 859.
79) 蕭一山, 『淸代通史』, 권1, 858, "習行於身者多, 勞苦於心者少."
80) 謝无量, 『中國哲學史』 6권, 34.
81) 『淸士列傳』, 권66, 55b.

"어두운 골목에 사람이 없다고 해서 내가 용모를 바로하지 않는다면, 어떻게 귀신을 굴복시키겠는가?" 또한 일찍이 이렇게 말하였다. "나는 일찍이 공자의 가르침을 높이고 정자와 주자를 낮추었다. 실로 한 가지 일이라도 나를 속인다면 어떻게 정자와 주자의 귀신의 책망에서 벗어날 수 있겠는가?[82]

안원은 50세가 되었을 때 요동 땅으로 가서 자신의 아버지를 찾기로 작정하였다. 2년 동안 이리저리 찾아다닌 끝에 결국 이복여동생 한 명을 찾을 수 있었다. 그의 아버지는 그 곳에서 재혼을 하고 이미 오래 전에 운명한 상태였다. 그는 아버지의 관을 중국으로 가져오고자 하였으나 그것이 금지되어 있었기 때문에, 단지 아버지의 혼을 조상의 사당에 모시고자 신주만을 모시고 다시 돌아왔다. 도처에서 그의 효성을 칭찬하였다.[83]

안원이 60세 되던 해에 하북 비향肥鄕의 한 부자가 큰 학교를 지어서 '장남서원漳南書院'이라 이름하고 안원에게 교육을 맡겼다. 강당 하나는 신체단련을 하는 곳으로 이용되었고, 다른 방에서는 문학·필기·수학·천문학·지리학 등을 가르쳤으며, 또 다른 방에서는 전쟁기구들과 병법에 관한 자료를 비치하여 수륙에서의 싸움기술 및 활쏘기·마차타기·검술 등을 가르쳤다. 두 채의 건물은 경전과 역사 및 법제와 행정 공부를 위한 곳이었으며, 다른 하나는 철학을 공부하는 곳이었는데 특히 성리학과 심학을 가르쳤다.[84] 별도의 두 강당에서는 수리 및 제방공사와 지상건축을 가르쳤다. 그러나 안원이 도착한 후에 곧 큰 홍수가 나서 모든 건물이 파괴되었다. 이에 그는 "하늘이 나의 도가 보급되는 것을 원하지 않는구나"라고 탄식하며 고향으로 돌아갔다.[85]

---

82) 謝无量,『中國哲學史』6권, 34, "昏巷無人, 容貌不莊, 何以服鬼神, 又嘗曰, 吾尊孔學而抑程朱, 苟一事自欺, 何以逃程朱之鬼責."
83) 蕭一山,『淸代通史』, 권1, 857.
84) 顔元은 송대 철학을 부정하였음에도 불구하고 또한 그에 대한 지식이 필요하다고 간주한 것으로 보인다.

안원은 하남으로의 여행과 북경에 몇 번 방문하는 것을 제외하고는 더 이상 여행도 하지 않고 남은 생애를 고향에서 보냈다. 그의 학업계획은 육세의의 것보다 더욱 포괄적이었으며 훨씬 더 실천적이었다. 이와 같은 것은 기존의 국립대학에서는 강의되지 않던 것이었다. 과거시험을 목표로 하는 학교에서는 학생과 관리가 감당할 수 없는 정도의 수업료를 받았으며, 보다 높은 교육을 받고 싶은 사람은 단지 사교육을 통해서만 이를 수 있었다.[86]

1704년에 안원은 7일 동안의 병고 끝에 70세의 나이로 죽었다. 부고를 듣고 많은 사람들이 몰려들었으며, 사람들은 그를 '문효선생文孝先生'이라고 불렀다.

안원의 저서에는 『사서정오四書正誤』, 『언행록言行錄』, 『벽이록闢異錄』, 『습재기여習齋記餘』 등이 있다. 그 중의 많은 것들이 제자들에 의하여 비로소 편집되었다. 나아가 그는 네 편의 논고를 저술하였는데, 『존학편存學編』·『존치편存治編』·『존인편存人編』·『존성편存性編』이 그것이다. 이것들은 사존학회四存學會에서 특별히 출간되었다. 안원과 이공의 저서들은 『안이총서顔李叢書』로 수록되었는데, 서세창徐世昌이 이 두 사람의 학설을 보급하는 데에 크게 공헌하였다. 그는 또 안원의 어록에서 발췌하여 『습재어요習齋語要』를 편찬하였다.

2) 교육

안원은 사람이 학문에서 단지 자기 자신의 논리적인 판단을 믿어야지 다른 사람들의 의견을 믿어서는 안 된다는 원칙을 세웠다. 그 점은 또한 많은 추종자들을 거느린 사람의 말이라고 하더라도 마찬가지라고 생각하였다.

말을 한다면 단지 이것이 옳은지 그른지가 중요한 것이지 다른 사람이 말한 것과

---

85) 蕭一山, 『淸代通史』, 5b.
86) Mayers, *Reader's Manual*, 30쪽.

같은지 다른지가 중요한 것이 아니다. 만약에 옳은 것이라면 한두 사람의 견해에 불과하다 하더라도 결코 바꿀 수 없고, 만약에 틀렸다면 천만 사람들이 동의한다 하더라도 그 소리를 따라서는 안 된다. 어찌 다만 천만 사람에 그치겠는가? 비록 수천 년의 세월이라 하더라도 모두가 함께 미혹에 빠져 있었다면, 우리는 마땅히 "앞서 깨우친 사람들이 뒤의 사람들을 깨우친다"는 말을 좇아 부화뇌동해서는 안 될 것이다.[87]

안원은 후대의 유학자들의 이해, 특히 송대 철학자들의 이해를 이러한 오류로 간주하였기 때문에 스스로 설정한 이 원칙에 따라 그것들과 투쟁하였다. 그에 따르면, 공자의 칠십 제자들은 매일 그들이 배운 도를 실제로 수행하였지만 후대의 유학자들은 단지 경전의 독서에 제한되거나 또는 불교도들이 성을 깊이 연구하는 것에 이끌려 책을 통해서 그것을 증명하고자만 한다. 이렇게 2,000년 이래로 학설이 사라져 가고 있다.[88]

안원에 따르면 후대의 유학자들은 자를 독서와 저술의 영역으로 국한시키고 말았다. 사람들은 독서를 학문으로 여기고 또 독서를 통해 얻은 학식으로 다시 책을 설명하지만, 이것은 공자의 지가 또한 아니다.

송대의 유학자들은 마치 여행 지도를 펼쳐놓고 있는 것과 같다. 이들은 한 곳을 보고 또 다른 곳을 보며, 천하의 길이 어디로든지 통한다는 것에 기뻐한다. 사람들 이 또한 잘 아는 길을 말하지만, 실제로는 한 발자국도 내디딘 적이 없었기 때문에 어떤 곳에도 가 본 적이 없다.[89]

---

87) 梁啓超, 『淸代學術槪論』, 35쪽, "立言但論是非, 不論異同. 是, 則一二人之見不可易也, 非, 則 雖千萬人所同, 不隨聲也. 豈惟千萬人. 雖百千年, 同迷之局, 我輩亦當以先覺覺後, 竟不必附和 雷同也."
88) 『習齋語要』, 권1, 3a.
89) 梁啓超, 『淸代學術槪論』, 36쪽, "宋儒如得一路程本, 觀一處又觀一處, 自喜爲通天下路程, 人 亦以曉路稱之, 其實一步未行, 一處未到."

안원은 송대 유학자들이 불교와 도교의 영향을 매우 많이 받았기 때문에
그들의 학설에는 본래의 참된 유학이 거의 사라졌다고 하였다. 반면 자신의
관점은 어느 정도 거칠게 보일 수는 있지만 실제의 지리와 일치하며, 또한
허황된 연구를 거의 하지 않고 있다고 자부하였다.[90]

안원은 참된 지는 책이나 교실에 있는 것이 아니라 단지 실제 생활 및 행위에만
존재한다고 믿었다.[91]

나는 고대의 『시경』이나 『서경』과 같은 경전들이 다만 경세제민을 익히기 위한
학습서에 불과하였다고 생각한다. 다만 그 지름길이 될 수 있다면 참인지 거짓인지
는 물을 필요가 없다. 거짓이라고 해도 무방하다.[92]

안원은 한대와 송대의 학자들이 말한 것이 모두 잘못된 것은 아니지만 대부분이
그러하다고 생각하였다.

양주와 묵자의 학설 및 신선과 부처에 관한 설은 모두 이단이기 때문에 결코 편안
함을 얻을 수 없지만, 차라리 그것이 세간에 유행하게 한다면 이익이 7이고 손해가
3이 된다. 그러나 한대에 연원을 둔 송대의 리철학은 모두 거짓된 유학이어서
결코 참된 자기를 얻을 수 없는데, 그것이 세간에 유행하게 한다면 오히려 허가
7이고 실이 3에 그친다.[93]

안원은 송조와 명조가 오래 유지되지 못하였던 것은 그들의 교육체계가

90) 『習齋語要』, 권1, 8a.
91) 梁啓超, 『淸代學術槪論』, 37쪽.
92) 『習齋語要』, 권1, 8b, "僕謂古來詩書不過習行經濟之譜. 但得其路徑, 眞僞可無問也, 卽僞亦無
妨也."
93) 『習齋語要』, 권1, 10a, "楊墨仙佛, 皆異端, 必不得靖, 寧使楊墨行世, 猶利七而害三也. 漢之濫
觴, 宋之理學, 皆僞儒也, 必不得己, 寧使漢儒行世, 猶虛七而實三也."

잘못되었기 때문이라는 결론을 내린다. 그에 따르면 그때의 교육에는 이론에 대한 것이 너무 많고 행동에 대한 것이 너무 적었다. 또한 그 시대에는 본래 교육과 문화를 의미하는 '문文'의 개념을 문헌으로 한정시켜 잘못 이해하였다. 요와 순은 책을 가지고 있지 않았지만 문화인이었고, 정이와 주희는 그 신념을 존경할 수는 있지만 학문은 쓸모가 없다.94)

안원은 올바른 학자와 그렇지 못한 학자 사이의 차이를 다음과 같이 매우 알기 쉽게 설명하였다.

> 공부방에 들어가면 벽에 악극을 위한 방패·도끼·깃털·피리가 활쏘기를 위한 활·화살·활깍지·활팔찌와 함께 걸려 있고 거문고·비파·생황·경쇠가 이미 준비되어 있어서, 이들을 치면 곧바로 실행하여 따른다. 이와 같다면 묻지 않고도 이 방에 공자의 제자가 살고 있다는 것을 안다. 또 공부방에 들어가면 책상 가득 『시경』과 『서경』을 입으로 읽고 외우면서 눈을 감고 정좌하고 있는 사람이 가득하다. 이와 같다면 곧 묻지 않고도 한대 이래의 유학과 불교도, 도교도들의 견해가 학문으로 연구되고 있다는 것을 알 수 있다.95)

안원에 따르면 공부에서 중요한 것은 올바른 사람이 되기 위하여 심신을 단련하는 것이다. 그러나 많은 사람들이 문학의 겉치레, 어려운 텍스트의 저술과 해석으로 시간을 낭비하고 있다. 그러므로 30세 이상의 사람들이 대부분 아주 잘못된 생각을 가지고 있으며 신체적으로 나약하다.96)

안원의 말에 따르면 예와 악, 활쏘기와 마차달리기는 매우 힘들게 보이지만

---

94) 『習齋語要』, 권2, 6a.
95) 『習齋語要』, 권1, 3a, "入其齋而干戚羽籥在側, 弓矢玦拾在懸, 琴瑟笙磬在御, 鼓考習擬, 不問而知其孔子之道也, 入其齋, 詩書盈几, 著解讀講盈口, 閣目靜坐者盈座, 不問而知其漢儒佛老交雜之學也."
96) 『習齋語要』, 권1, 3b.

적절한 정신수양과 연결되면 사람을 강하게 만들고, 순수하게 책으로만 배우는 것은 매우 편안한 것처럼 보이지만 정신을 소모시켜 신체를 약하고 병들게 만든다.[97] 이어서 안원은 다음과 같이 말한다.

우리가 공자의 유학으로 돌아간다면, 예를 익힐 때는 두루 돌아가며 무릎 꿇고 절할 것이고, 음악을 익힐 때는 문인의 춤과 무인의 춤을 출 것이며, 마차몰기를 익힐 때는 힘써 고삐를 잡아당겨 혈맥이 활동하게 하고 근육과 뼈를 강하게 할 것이다. 이것은 바로 덕이면서 또한 삶을 장려하는 것이다. 그러면 천하에 이렇게 많은 나약한 부녀자와 병든 사람들이 있지도 않을 것이다.[98]

학문에 있어서 성품의 도야 이외의 것은 그다지 중요하지 않다.

경전을 읽고 역사를 이해하는 것은 학문이 아니다. 오직 마음을 다스리는 것만이 바로 학문이다.[99]

안원은 의지를 특별한 덕으로서 기림으로써 실천적인 방향으로 나아갔다.

의지의 기는 칼과 같고, 의를 모으는 것은 칼을 가는 것과 같다. 칼을 항상 갈면 칼날과 끝이 날카롭지만, 갈지 않으면 무디게 된다. 하나의 불의를 치다가 칼이 부러진다.[100]

안원은 진리의 기준을 실제에 있어서의 성과로 간주한다. 그는 삶의 형성에

---

97) 『習齋語要』, 권1, 3b.
98) 『習齋語要』, 권1, 4a, "吾輩若復孔門之學, 習禮則周旋跪拜, 習樂則文舞武舞, 習御則挽强抱轡, 活血脈, 壯筋骨, 利用也, 正德也, 而實所以厚生矣, 豈至擧天下事, 胥爲弱女, 胥爲病夫哉."
99) 『習齋語要』, 권1, 2a, "讀經觀史非學, 惟治心乃是學."
100) 『習齋語要』, 권1, 3a, "志氣如刀, 集義如磨, 刀常磨, 則鋒芒常銳, 不磨, 則鈍, 一不義傷之, 則刀摧折矣."

아무 영향도 미치지 않는 지를 부정하며, 인식을 위한 단순한 지의 가치도 인정하지 않는다. 그는 실용주의자였다.[101] 양계초는 안원의 학설이 스토아학파의 것과 어느 정도 유사한 점이 있다고 생각하였는데,[102] 제한된 한도 내에서 그의 생각은 합당하다. 스토아학파 또한 철학을 실천적인 생활에 대한 밀접한 것으로 설정하였으며 인생의 문제를 사물의 본질에 대한 이론적 문제보다 상위에 두었기 때문이다. 프리먼에 따르면, 안원은 형이상학은 일반 백성들뿐만 아니라 지성인들조차도 제대로 이해하는 경우가 드물므로 불필요하다고 여겼으며, 인간의 성과 점술은 설명될 수 있는 것이 아니므로 그에 대한 많은 논의들이 다 의미가 없다고 보았다고 한다.[103] 그러나 안원이 참으로 이렇게 멀리 나아갔는지는 의심스럽다. 왜냐하면 그 자신이 이미 형이상학적 문제에 몰두하였으며 그의 학교에서는 송대 철학을 가르칠 예정이었기 때문이다. 다만 그가 형이상학을 높이 평가하지는 않았다는 점 분명하다. 그는 그 당시까지 중국의 교육에서 매우 소홀히 다루어졌던 심신의 실제적인 수양을 더 중요하게 여겼다.

3) 이론철학

안원은 이론철학을 함에 있어서 특히 인성의 문제에 몰두하였다. 그는 송대 철학자들이 주장하는 천명의 성과 기질의 성의 차이를 인정하지 않았다.[104]

우주의 참된 기는 우주의 살아 있는 기이며, 사람 마음의 참된 리는 사람 신체의 살아 있는 리이다.[105]

---

101) Mansfield Freeman, *Yen Hsi Chai, A 17th Century Philosopher,* 85; 胡適, 『中國近三百年的四個思想家』, Nr.6, 10.
102) 梁啓超, 『淸代學術槪論』, 35쪽.
103) Mansfield Freeman, *Yen Hsi Chai, A 17th Century Philosopher,* 78, 81.
104) Wilhelm, *Chinesische Philosophie,* 114.
105) 『習齋語要』, 권1, 6a, "宇宙眞氣卽宇宙生氣, 人心眞理卽人身生理."

마음의 리를 성이라고 하고, 성이 움직인 것을 정이라고 하며, 정의 능력을 재才라고 한다. 송유宋儒들은 성이 정과 재를 함께 갖추고 있다는 것을 알지 못하였는데, 이는 잘못된 것이다.106)

정은 다른 것이 아니라 성의 드러남이며, 재는 다른 것이 아니라 성의 능력이며, 기질은 다른 것이 아니라 성·정·재의 기질이다. 하나의 리가 각기 그 이름을 달리하고 있을 뿐이다.107)

참으로 도식적인 방식으로 안원은 정과 재를 성의 덕과 연결시킨다.

사랑해야 할 사물을 보면 정이 측은의 마음으로 드러나 곧바로 이르러 가는 것은 성의 인仁이고, 측은의 마음이 능히 그 대상에 이르러 갈 수 있는 것은 재이다. 결단해야 할 사물을 보면 정이 수오의 마음으로 드러나 곧바로 이르러 가는 것은 성의 의義이고, 수오의 마음이 능히 그 대상에 이르러 갈 수 있는 것은 재이다. 공경해야 할 사물을 보면 정이 사양의 마음으로 드러나 곧바로 이르러 가는 것은 성의 예禮이고, 사양의 마음이 능히 그 대상에 이르러 갈 수 있는 것은 재이다. 판별해야 할 사물을 보면 정이 시비의 마음으로 드러나 곧바로 이르러 가는 것은 성의 지知이고, 시비의 마음이 능히 그 대상에 이르러 갈 수 있는 것은 재이다.108)

안원은 하늘의 성은 선하고 기질의 성은 악하다고 하는 송대 철학자들의 견해는 잘못된 것이라고 여겼다. 그에 따르면, 성의 선함은 기질의 성에 있어서도

---

106) 『習齋語要』, 권1, 7b, "心之理曰性, 性之動曰情, 情之力曰才, 宋儒不識性並才情俱, 誤."
107) 『習齋語要』, 권1, 11a, "情非他, 卽性之見也, 才非他, 卽性之能也, 氣質非他, 卽性情才之氣質也, 一理而異其名也."
108) 『習齋語要』, 권1, 11a, "見當愛之物而情之惻隱能直及之, 是性之仁, 其能惻隱以及物者才也, 見當斷之物而羞惡能直及之, 是性之義, 其能羞惡以及物者才也, 見當敬之物而辭讓能直及之, 是性之體, 其能辭讓之及物者才也, 見當辨之物而是非能直及之, 是性之智, 其能是非以及物者才也."

마찬가지이며, 이것은 또한 맹자의 견해이기도 하다. 기질에는 순수함과 흐림, 풍부함과 모자람이 있을 수 있지만 여전히 선하다. 악은 어두워짐이나 나쁜 습관을 통해 비로소 나온다.[109] 악은 결코 기질에서 유래하는 것이 아니다.

기가 악하다고 한다면 리 또한 악하다. 리가 선하다고 한다면 기 또한 선하다. 대개 기는 리의 기이고, 리는 기의 리이기 때문이다. 어찌 리는 순수하여 단지 선할 뿐인데 기질이 치우쳐서 악하겠는가? 이것은 눈에 비교할 수 있다. 눈자위에 싸여 있는 눈동자가 바로 기질이며, 그 가운데가 밝아서 사물을 볼 수 있는 것은 바로 성이다. 장차 밝은 리가 홀로 바른 색을 보는 것이라고 한다면 눈자위에 둘러싸인 눈동자는 잘못된 색을 보는 것이겠는가? 그러므로 나는 말한다. 밝은 리는 본래 하늘의 명이고, 눈자위에 둘러싸인 눈동자 또한 하늘의 명이다. 다시 이것을 나누어 어떤 것은 천명의 성이라고 하고 어떤 것은 기질의 성이라고 할 필요가 없다. 만약에 그 허물이 기질에 있다고 말한다면 반드시 눈이 없어진 후에야 눈의 성이 완전하게 될 수 있을 것이다.[110]

4) 인간과 하늘

안원은 인간을 하늘의 자식으로 간주하여 다음과 같은 결론을 이끌어 낸다.

천지는 만물의 큰 부모이다. 부모는 천지의 변화를 있게 하는 존재이니, 인간은 홀로 천지의 온전한 본체를 얻어 만물 중에서 가장 빼어나다. 천지의 온전함을 얻었기 때문에 만물과 달리 홀로 고귀하며, 오직 만물 중에서 빼어나기 때문에 만물을 부리면서 홀로 영명하다. 천지의 온전함을 얻어 만물 중에서 홀로 고귀하니

---

109) 謝无量, 『中國哲學史』 6권, 35쪽.
110) 蕭一山, 『淸代通史』, 권1, 863쪽, "若謂氣惡, 則理亦惡, 若謂理善, 則氣亦善, 蓋氣卽理之氣, 理卽氣之理, 烏得謂理純一善, 而氣質偏有惡哉, 譬之目矣, 眶睫睛, 氣質野, 其中光明能見物者, 性也, 將謂光明之理專視正色, 眶睫睛乃視邪色乎, 余謂, 光明之理固是天命, 眶睫睛皆是天命, 更不必分何者是天命之性, 何者是氣質之性, 若歸咎於氣質, 是必無目而後可全目之性矣."

천지로부터 어긋남이 없다. 그러므로 천지를 닮은 자식이라 한다. 천지의 빼어남이 되어 만물 중에서 홀로 영명하니 천지에 공로가 있게 된다. 그러므로 천지의 효성스런 자식이라 한다.111)

안원에 따르면 가장 완전한 인간인 성인은 천지의 운행을 이해하고 나아가 하늘의 명을 변경할 수도 있다.

성인은 하나의 마음과 하나의 몸으로 천지의 중심이 된다. 잘못된 것을 변화시키고 조화를 낳으니, 이것이 곧 명을 바꾸어 하늘로 되돌린다는 말이다.…… 명을 바꾸어 하늘로 되돌린다는 것은 기의 운행을 주재하는 것이요, 명을 알고 하늘을 즐긴다는 것은 하늘과 더불어 친구가 되는 것이요, 명에 편안하고 하늘을 따른다는 것은 하늘을 집으로 삼는 것이요, 명을 받들고 하늘을 두려워한다는 것은 하늘을 두려워하여 임금처럼 여기는 것이다.112)

이에 따르면 하늘에 대한 입장에 따라 4등급의 사람이 있다. 가장 아래 등급의 인간은 하늘을 두려워하고, 그 위의 등급은 하늘에 순응하여 천명을 따르고 편안하게 지낸다. 다시 그 위의 등급은 하늘을 친구처럼 사랑하고, 최고의 등급에 성인이 있다. 성인은 심지어 하늘에 영향을 미쳐 그 명을 바꿈으로써 불행을 행으로 변화시킬 수도 있다. 성인은 그러므로 명을 만들어 낸다.

한편 안원은 다음과 같은 독특한 정의를 통해 인간이 도덕적인 존재라는 것을 표현한다.

---

111) 『習齋語要』, 권1, 9b, "天地者萬物之大父母也. 父母者傳天地之化者也, 而人則獨得天地之全, 爲萬物之秀也. 得天地之全, 斯異於萬物而獨貴, 惟秀於萬物, 斯役使萬物而獨靈. 獨貴於萬物, 得全於天地, 則無虧於天地, 是爲天地之肖子. 獨靈於萬物而爲秀於天地, 則有功勞於天地, 是爲天地之孝子."

112) 『習齋語要』, 권1, 5b, "聖人以一心一身爲天地之樞紐, 化其戾, 生其和, 所謂造命回天者也…… 造命回天者主宰氣運者也, 知命樂天者與天爲友者也, 安命順天者以天爲宅者也, 奉命畏天者懍天爲君者也."

음양과 사덕은 인간이 아직 응결되지 않은 것이고, 인간은 음양과 사덕이 이미 응결된 것이다.113)

5) 윤리

안원에 따르면 사람이 소유한 가장 값진 것은 하늘이 부여한 선한 성이며, 사람은 어떤 상황에서도 이것을 보존해야만 한다.

사람이 태어날 때 선조가 남겨 주는 세 가지가 있으니, 바로 산업·신체·성명이다. 이들 모두를 더욱 성대하게 하는 것이 최상이며, 모두 보존하는 것은 그 다음이다. 불행히 모두 보존하는 것도 여의치 못하다면, 산업은 파산하더라도 신체를 훼손시켜서는 안 된다. 집과 경작을 걱정하고 과로하여 병을 얻게 된다면, 이것은 선조의 산업만 중하게 여기고 선조의 신체를 경시하는 것이다. 이것은 불효이다. 불행이 더욱 커서 둘 다 보존할 수 없다면, 신체는 상하게 하더라도 성명을 훼손시켜서는 안 된다. 배고픔과 추위로 인해 의를 버리고 불의를 행한다면, 이것은 조상의 신체만 보존하고 조상의 성명을 해치는 것이다. 이것은 더 큰 불효이다.114)

안원은 신체의 질환을 심리적으로 치료하는 것이 가능하다고 한다. 그 이유는 다음과 같다.

병을 치료하는 것은 마음을 맑게 하는 데에 있으며, 마음을 맑게 하는 것은 명을 아는 데에 있다.115)

---

113) 『習齋語要』, 권1, 11a, "二氣四德者, 未凝結之人也, 人者, 已凝結之二氣四德也."
114) 『習齋語要』, 권1, 2a, "人生, 産業身體性命皆祖父之遺三者, 俱昌大之上也, 俱保全之次也, 不幸不可得兼寧, 破産業, 勿虧身體, 若戀惜房田, 而憂勞以致疾病, 是重祖父産業, 而輕祖父身體, 不孝也, 甚不幸又不可得兼寧傷身體, 勿壞性命, 若迫於凍餒, 而喪志以爲不義, 是保祖父身體, 而賊祖父性命, 便不孝也."
115) 『習齋語要』, 권1, 2b, "治病在淸心, 淸心在知命."

즉 명을 따르고 그것에서 벗어나지 않는다면 마음을 맑게 할 수 있다는 것이다. 마음을 맑게 하는 또 다른 수단은 욕구를 줄이는 것이다.[116)

예가 더해지지 않고 단순히 배우기만 하는 것은 인간에게 유용하지 못하다.

도가 있는 학자는 문장마저도 가을 곡식과 같이 수수하면서도 알차고, 경망하고 창광한 학자는 도덕 또한 봄날의 꽃과 같이 화려하기만 하고 실속 없다.[117)

하나의 선을 안다면 어떤 상황에서도 그것을 행하여야 하며, 하나의 악을 안다면 어떤 상황에서도 그것을 없애야 한다. 그러면 선은 매일 쌓이고, 악은 매일 멀어질 수 있을 것이다.[118)

그러나 안원은 또한 고통이 없이는 기쁨도 있을 수 없다고 위로한다.

사람이 살아가는 데에는 항상 대립하는 두 가지가 함께한다. 고통이 있으면 곧 즐거움도 있지만, 고통이 없는 곳에는 즐거움 또한 없다.[119)

안원은 선을 통하여 복을, 악을 통하여 재앙을 불러들이게 될 거라는 낙관적인 믿음을 가지고 있었다. 그에 따르면 선을 생각하고 선을 행하면 신체의 기와 그 안에서 주재하는 리 또한 선하게 된다. 선은 선을 당기며 생기와 명의 모든 선을 이끈다. 그러면 사람은 복을 받게 된다. 악을 행하면 이것은 반대의 방향으로 나아간다. 악은 또한 악을 당기며, 그 결과로 재앙을 받게 된다.[120) 그러나 안원은 부귀를 복으로 여기지 않았다. 그는 다음과 같이 말한다.

---

116) 『習齋語要』, 권1, 12a.
117) 『習齋語要』, 권1, 6b, "有道之士, 文章皆秋實, 浮狂之士, 道德亦春華."
118) 『習齋語要』, 권1, 1a, "知一善, 則斷然爲之, 知一惡, 則斷然去之, 庶乎善日積而惡日遠."
119) 『習齋語要』, 권1, 9b, "人生兩間. 苦處卽是樂處, 無所苦, 則無所樂矣."
120) 『習齋語要』, 권2, 3a.

인을 얻으면 마땅함을 얻으며, 예를 실천하면 고귀해진다.[121]

안원에 따르면 인간은 동물보다 고귀하지만 또한 이 지위를 잘못 사용해서는 안 된다. 인간들은 복희 이래로 물고기와 거북이를 잡아먹은 것은 동물이 인간보다 가치가 적어서 가치 있는 생물의 양식이 되기 때문이다. 그러나 도살은 또한 규정에 따라 인간적으로 행해져야 한다.[122]

6) 실천적인 제안

안원은 주周의 토지제도인 정전법을 옹호한다. 그는 이 제도가 무너진 이후로 부자들만 토지를 소유하고 가난한 사람은 더 이상 아무것도 가지지 못하게 되었다고 하면서, 사유재산제도를 제거하고 국가가 모든 토지를 가지고 임대해야 한다고 주장하였다.[123] 그는 다음과 같이 말한다.

천하의 토지는 모든 사람들이 공평하게 나누어 가져야 한다. 그러나 저 부자의 마음을 보면, 만 명이 생산한 물품을 자기 한 사람이 모두 받게 되어도 또한 만족하지 못한다. 왕도가 인정을 따름이 예로부터 이와 같았겠는가? 하물며 한 사람이 수십 수백 경의 토지를 지니는데도 간혹 수십 수백 명의 사람이 단지 한 경의 토지조차 갖지 못하는 경우도 있다. 부모 된 자가 단지 한 자식만을 부유하게 하고 다른 자식들을 모두 가난하게 만드는 일이 가당키나 하겠는가?…… 하물며 지금은 황폐한 땅이 열의 두셋에 이르니, 이런 땅을 개간하여 공동의 소유로 삼고 떠도는 무고한 백성들을 이주시켜서 소와 종자를 주어 경작하게 한다면 논밭이 저절로 넉넉해질 것이다.[124]

---

121) 『習齋語要』, 권1, 6b, "得仁則當, 行禮則貴."
122) 『習齋語要』, 권2, 3b.
123) 渡邊秀方, 劉侃元 中譯, 『中國哲學史槪論』 3권, 166.
124) 渡邊秀方, 劉侃元 中譯, 『中國哲學史槪論』 3권, 167, "天地間田, 宜天地間人共享之. 若順彼

안원은 또한 군대의 일과 농사를 유기적으로 연계시킬 것을 제안한다. 그의 주장은 다음과 같다.

강성한 남자들을 나라 안에 정착하게 하여, 스스로 경작하는 토지를 적으로부터 방어하게 한다. 경작할 일이 없을 때에는 전술과 학문을 배운다. 이로써 애국심과 전쟁준비가 동시에 갖추어진다. 군사와 농사는 고대에는 서로 연결되어 있었는데, 시간이 지나면서 분리되고 해체되고 말았다. 이것은 다시 회복되어야 한다.[125]

안원의 주장은 당시 사람들에게는 감명을 주지 못하였지만, 그 제안이 너무 이성적이었기 때문에 통치자와 관리들은 그것을 기록으로 남겼다. 그 저술의 가치는 오늘날에야 비로소 제대로 된 평가를 받고 있다. 양계초는 안이학파가 한대 이후의 철학자들을 날카롭게 비판한 것을 매우 칭찬하였다. 또 서세창은 안이학파를 숭배하여 그들의 학설이 만세 동안 오대륙의 교육에 기여할 수 있다고 하여 전 세계에 보급할 것을 주장하였고,[126] 현대교육에 적합한 중국의 이론을 선별하고 안원의 체계에 따라 북경에 학교를 설립하였다.[127]

안원의 의미는 자국 사람들의 지나친 주지주의에 대립하였다는 데에 있다. 그는 형이상학을 완전히 없애고자 하지는 않았지만, 실천을 목표로 설정하였다. 신체의 단련을 통한 수양과 군사교육은 극단적으로 평화를 사랑하는 백성들과 지나친 공부로 나약해진 학자들이 매우 소홀하게 여겼던 것들이다.

富民之心, 卽盡萬人之産而給一人, 所不厭也. 王道之順人情, 古如是乎. 況一人而數十百頃, 或 數十百人而不一頃, 爲父母者, 使一子富而諸子貧可乎……況今荒廢至十之二三, 墾而井之, 移 流離無告之民, 給牛種而耕焉, 田自更餘年."

125) 渡邊秀方, 劉侃元 中譯, 『中國哲學史槪論』 3권, 167.
126) Mansfield Freeman, *Yen Hsi Chai, A 17th Century Philosopher,* 70.
127) Wilhelm, *Chinesische Philosophie,* 116.

6. 이공

이공李塨(1659~1733)은 자는 강주剛主이고 호는 서곡恕谷이다. 하북성 여현蠡縣 사람으로 안원의 수제자로 일컬어진다.[128] 어려서 그는 여러 사람들로부터 셈하기·글쓰기·활쏘기·군사훈련·예절·음악 등을 배웠다. 21세에 안원의 제자가 되었는데, 그에게서 특히 예를 배웠다. 이공은 스승과 대화를 갖게 되면 자주 밤을 새워 그와 나눈 대화를 모두 기록하였다. 이렇게 생겨난 그의 저서가 『추망편瘳忘編』이다.

이공은 어려서 몸이 많이 아팠지만 그것 때문에 공부를 중단하지는 않았다. 그는 또한 농사만으로 부모를 공양할 수 없어 의학도 공부하여 약을 팔았다. 29세 때 북경으로 가서 많은 제자들을 가르쳤다. 1690년에는 지방관으로 임용되었다가 하북성 통주通州에 교사로 이직되었지만, 연로하신 모친을 모셔야 한다는 이유로 사직하고 귀향하였다. 이후 그는 황자의 스승으로 추천되기도 하고 어떤 장수의 책사로 초빙되기도 했지만 모두 거절하고 스승의 고향인 박야博野로 물러나 생을 마칠 때까지 농사짓고 정원을 가꾸며 살았다.

이공은 북경에서 지낼 때 중요한 사람들과 교류하였다. 그는 여러 번 남쪽으로 여행하였으며 잘 알려진 학자들과 논의하면서 자신의 시야를 넓혔다. 항주에서 모기령毛奇齡(1623~1716)[129]을 만나 경전 및 음악에 대해 비판적으로 논하였으며, 염약거閻若璩(1636~1704)[130] 및 만사동萬斯同(1638~1702)[131]과도 친분을 맺었다. 죽은 지 1년 후인 1734년에 문자文子라는 시호를 받았다.

이공은 『역경』·『예기』·『논어』·『대학』·『중용』을 주석하였는데, 이것은

---

128) 그의 전기는 徐世昌, 『顔李師承記』에 들어 있다.
129) 자는 西河이다. 저명한 고증학자로, 朱熹에 대립하였으며 고대 경전들을 내용과 진위 여부를 고증하였다.
130) 송대 유학의 비판자로서 『古文尙書疏證』을 저술하였다.
131) 절강성 출신의 역사가이다. 역사, 전기, 지리에 대하여 저술하였다.

송대 철학자들의 설명과 매우 어긋나는 내용이었다. 학업과 학문에 관한 『소학성법小學成法』, 『계업稽業』 5권, 『변업辨業』 4권, 『논학論學』 2권, 『성경학규찬聖經學規纂』 등을 저술하였으며, 음악에 관한 『이씨학악록李氏學樂錄』, 활쏘기에 관한 『학사록學射錄』도 지었다. 마차몰기에 대한 저술도 있었다고 한다. 또 천지의 신과 조상에게 드리는 제사와 사당에 관해 기록한 「전부교사체협종묘교변田賦郊社禘祫宗廟巧辨」이라는 글이 있다. 앞에서 언급한 『추망편瘳忘編』은 역사와 경전을 실천적인 목적으로 편집한 것이다. 문집으로 『서곡후집恕谷後集』이 있고, 전서는 스승 안원의 것과 함께 『안이총서顏李叢書』로 출간되었다. 안이학파에 대한 저술을 거듭 출간한 서세창은 그의 말을 추려서 『서곡어요恕谷語要』로 출간하였으며, 『안이사승기顏李師承記』에 이공의 전기도 함께 실었다.

이공은 스승의 견해에 대체로 동의하였는데 무엇보다도 교육학에서 그러하였다. 그는 스승과 마찬가지로 단순히 책으로만 교육을 하는 것에 반대하였다. 그는 다음과 같이 말하였다.

> 도는 길과 같고, 책은 길을 가리키는 것이다. 천하의 사람들은 모두 길을 가리키는 사람이 되고자 하고 길을 가는 사람이 되고자 하지는 않는다. 장차 모두가 길을 가리키기만 한다면 누가 있어 그 길을 가겠는가?[132]

다음의 말들에서 보듯 이공은 송대의 유학자들에 대한 시선이 특히 좋지 않았다. 물론 유학이 아닌 다른 학파의 학자에게는 더욱 냉정하였다.

> 삼대 이전에는 성을 말하지 않았지만 성이 보존되었고, 송명 이후에는 매일 성을 말하지만 성은 사라졌다.[133]

---

[132] 『恕谷語要』, 권1, 2a, "道猶路也, 書所以指路也. 天下羣欲爲指路之人, 而不爲行路之人. 將指之, 誰而行乎."

서중용이 말하였다. "한대의 유학자들은 성인의 학설과의 관계에서 역사와 같았다. 송대의 유학자들은 역사를 공문으로 바꾸었다." 선생이 옳다고 하였다.[134]

송유학자들에게서는 안과 밖, 순수한 것과 거친 것이 모두 성인의 도와 정반대가 되었다. 마음을 기르는 것은 반드시 쓸모없는 마음을 길러, 허를 지극하게 하고 고요함을 지킨다. 몸을 닦는 것은 반드시 쓸모없는 몸을 닦아, 말을 천천히 하고 느리게 걷기만 한다. 배움은 반드시 쓸모없는 배움이어서, 문을 닫아걸고 암송하며 책만 읽을 뿐이다.[135]

이공은 계속해서 독서 및 암송을 통한 지식에 전념하는 사람은 위기가 닥쳤을 때 아무것도 할 수 없는 나약한 사람이라고 비난하였다. 그는 독서하는 학자는 고요를 좋아하고 모든 실천적인 수고를 싫어하며 그 마음이 메마르다고 하였다.

그러므로 나는 입만 진실한 사람을 흰 낮의 서생이라고 하며, 서생은 아무 쓸모가 없다고 하고, 숲 속의 병든 원숭이라고 한다. 지금 사람들은 독서로 몸과 마음을 수양할 수 있다고 여기는데, 참으로 잘못되었다![136]

안선생은 이른바 독서하는 사람은 모두 부녀자처럼 행한다고 하였다. 그 지식은 문틈으로 사람을 엿보는 데 그치고 그 힘은 한 마리의 꿩조차 잡을 수가 없다.[137]

---

133) 『恕谷語要』, 권1, 2a, "三代以前不言性而性存, 宋明以後日言性而性亡."
134) 『恕谷語要』, 권1, 3b, "徐仲容言, 漢儒之於聖學驛使也, 宋儒則使改換公文者也, 先生是之." 이것은 한대 유학자들이 유학을 충실하게 전달한 반면 송대 유학자들은 성인의 원전을 그들 자신의 문장으로 대체하였다는 뜻이다.
135) 『恕谷語要』, 권1, 5a, "宋儒內外精粗皆與聖道相反, 養心必養爲無用之心, 致虛守寂, 修身必修爲無用之身, 徐言緩步, 爲學必爲無用之學, 閉門誦讀."
136) 蔣維喬, 『中國近三百年哲學史』, 86쪽, "故予人以口實曰, 白而書生, 曰, 書生無用, 曰, 林間咳嗽病獼猴. 世人猶謂讀書可以養身心, 誤哉."
137) 蔣維喬, 『中國近三百年哲學史』, 86쪽, "顔先生所謂讀書人率皆如婦人女子, 以識則戶隙窺人, 以力則不能勝一匹雛也."

송대 이후로 불교와 도교의 학설이 흥하자, 유학자들은 그 학설에 빠져 들어 고요하게 앉아서 내적으로 관망하며 성과 하늘에 대하여 논하였다. 이것은 공자의 말과 하나하나 다 어긋나고 반대된다. 위험함에서 구하고 공명정대한 원칙이 기울어지는 것을 바로잡는 데 이르러서는 팔짱끼고 눈을 치뜨며 무인과 속된 선비에게 모든 권력을 양도하였다. 명대 말기에는 조정에 신뢰할 수 있는 사람이 한 명도 없었다. 대사마는 앉아서 좌전을 비판하고, 적병이 이미 성에 이르렀어도 여전히 시를 펼쳐 놓고 강의하고 있었다. 위대한 업적이나 칭찬할 만한 행동에 대하여 들으면 그것을 과소평가하였다. 밤낮으로 어렵게 숨을 쉬고 책을 저술하면서 이 시대의 업적을 전한다고 말하였다. 마침내 천하가 붕괴되고 모든 것이 소멸되었을 때, 백성은 잿더미 위에 남게 되었다. 누가 이 재앙을 불러왔는가?138)

풍재상이 암송과 독서를 매우 높이 평가하자, 선생이 말하였다. "사람이 종이 위에서 보는 역사는 많지만 세상의 일에서 보는 역사는 적다. 붓과 먹의 정신은 많지만, 세상을 실제적으로 노력하는 정신은 적다. 송명은 이러한 사물과 이러한 의지로 인하여 멸망하였다. 현인이 여기에 빠지지 않기를 바란다."139)

이공에 따르면 육경에서는 송유들이 중시한 고요에 대해 말하지 않고 단지 저절로 고요로 인도하는 경과 성에 대해 말하였으며, 불교와 도교에서는 단지 고요를 높이고 경은 생각하지 않았다.140) 정이와 주희는 성인의 학설에서 옛날의 현실을 아직 제거하지 않았지만, 불교와 도교에서는 이런 것이 모두 없어지고 배우고 궁구함으로써 재건할 수 있다고 믿었다. 왕수인은 그와는 달리 모든

---

138) 蔣維喬, 『中國近三百年哲學史』, 87쪽, "宋後二氏學興, 儒者浸淫其說, 靜坐內視, 論性談天, 與孔子之言, 一一乖反, 至於扶危定傾, 大經大法, 則拱手張目, 授其柄於武人俗士, 當明季世, 朝廟無一可倚之人, 坐大司馬堂, 批點左傳, 敵兵臨城, 賦詩進講, 覺建功立名, 俱是瑣屑, 日夜喘息著書, 曰, 此傳世業也, 卒至天下魚爛河決, 生民塗炭, 烏呼, 誰生厲階哉."

139) 『恕谷語要』, 권2, 1a, "豐材尚崇誦讀, 先生曰, 紙上之閱歷多, 則世事之閱歷少, 筆墨之精神多, 卽經濟之精神少, 宋明之亡此物此志也, 望賢者勿溺."

140) 『恕谷語要』, 권1, 6a.

것을 뒤흔들었다.141) 이공은 모든 불교에 근사한 저술과 마찬가지로 육구연과 왕수인의 설 또한 허튼 소리와 이단으로 배척하였다.142)

이공은 유학자의 마음과 도교와 불교의 마음에 대한 태도에서 큰 차이를 발견한다.

도교와 불교의 마음은 비어 있고, 유학자의 마음은 가득 차 있다. 저들의 마음은 죽어 있으며, 유학자들의 마음은 살아 있다.143)

이공에 따르면 불교와 도교 또한 송유학자들과 마찬가지로 국가에 위험하다고 한다. 많은 불교와 도교의 추종자들이 있다면 나라가 약해지지만, 많은 유학의 현인들이 있다면 나라는 강해지기 때문이다.144)

성인의 말에 의지하는 것은 맹인이 인도되는 것과 같고, 현명한 스승과 친구에게 기대는 것은 절름발이가 부축되는 것과 같다.145)

이공은 독서에서 특히 중요한 것은 질문과 실천이라고 보았다.

사람들은 배움의 아름다움은 알지만 질문의 유익함은 알지 못한다. 세상의 현명하고 지혜로운 사람이 죽을 때까지 배웠던 것을 나는 하나의 질문으로 얻을 수 있다. 그 유익함이 어찌 크지 않은가?146)

---

141) 『恕谷語要』, 권1, 14b.
142) 唐鑑, 『國朝學案小識』, 권12, 21a.
143) 『恕谷語要』, 권1, 6b, "二氏心空, 儒者心實, 二氏心死, 儒者心活."
144) 『恕谷語要』, 권2, 8b.
145) 『恕谷語要』, 권1, 9a, "倚仗聖言如盲得引, 倚仗賢師友如瘓得扶."
146) 『恕谷語要』, 권1, 9a, "人知學之美, 不知問之益, 海內賢喆窮年所學者, 吾一問而得之, 其益豈不大或."

책을 읽고 이해하지 못하면, 돌아가서 힘써 행하여야 한다. 한 마디 말을 실천하면, 한 마디 말을 이해한다.147)

이공에 따르면 학업은 오륜의 윤리와 예악 및 병법과 농사에 대한 지식으로 확장되고, 이론철학이나 형이상학, 자연철학, 법철학, 국가철학 같은 것은 지식으로서의 가치가 인정되지 않았다. 또한 전쟁에 대해서도 사람은 어느 정도 파악하고 있어야 한다. 전쟁이 잦은, 즉 섬서와 같은 국경지방의 사람들은 그러한 지식을 필요로 한다는 것이 이공의 견해이다.148)

이공은 자기 시대의 많은 사람들이 덕을 추구하면서 활동적인 육예는 거의 잊고 있다고 생각한다.149) 그렇기 때문에 스승인 안원은 무엇보다도 실천적인 활동을 가르치는 것을 중요하게 여겼다고 한다.

어린 아이는 움직이면서 기뻐하고, 늙은이는 고요한 것에 편안해 한다. 정좌는 쇠퇴하는 시기의 학설이다.150)

사람들과 깊이 말하기를 좋아하는 사람은 실제적인 도움이 되는 사람이 아니다.151)

이공은 모든 직접적으로 실천적이지 않은 지식을 부정하지만, 그럼에도 불구하고 다음의 문장은 그 진실성이 의심스럽다.

한 시대의 문학과 세상의 도덕은 교대로 무성하였다가 쇠퇴한다. 세상의 도덕이 무성하면 문학은 쇠퇴하고, 문학이 무성하면 세상의 도덕이 쇠퇴한다.152)

---

147) 『恕谷語要』, 권1, 1b, "讀書不解, 不如返而力行, 行一言, 解一言."
148) 『恕谷語要』, 권1, 9a.
149) 『恕谷語要』, 권1, 13a.
150) 『恕谷語要』, 권1, 4a, "幼者以動爲樂, 老者以靜爲安, 靜坐者衰世之學也."
151) 『恕谷語要』, 권2, 9a, "好與人深言者無經濟."

그러나 하나가 다른 하나를 파멸시키는 이러한 대립이 문화의 중요한 두 영역 사이에 항상 존재하지는 않는다.

이공은 이어서 고대에는 군자의 도를 통하여 단지 인간뿐만 아니라 천지신명 또한 통치되었으나 그 후에는 달라져서 단지 혼란하게 되었다고 주장한다.[153] 그렇다면 우리는 이공이 어디에서 이러한 정신세계에 대한 인식에 이르게 되었는지를 묻지 않을 수 없다.

이공의 견해에 따르면 사람 사이의 관계를 규정하는 오륜은 우호적 감정이 주도하고 있는 경우에만 올바로 보존되고 있는 것이다.[154]

부모에게 작은 애정이 결여되면, 자식에게도 작은 불효가 있게 된다.[155]

다음의 말은 아주 좋다.

사람의 한 가지 선을 발견하면 그의 백 가지 결함을 잊는다.[156]

자찬은 덕의 결함이 될 수 있고 또 덕의 진가를 거두어 가는 것일 수도 있다. 이공은 다음과 같이 말한다.

공적이 있어서 기뻐한다면 공적이 없는 것만 못하고, 덕이 있는 것을 자랑한다면 결국 덕이 없게 된다.[157]

---

152) 『恕谷語要』, 권2, 11a, "文詞與世道相爲盛衰, 世道盛, 則文詞衰, 文詞盛, 則世道衰."
153) 『恕谷語要』, 권2, 3b.
154) 『恕谷語要』, 권2, 2b.
155) 『恕谷語要』, 권1, 1a, "父母有一分不慈, 卽子有一分不孝."
156) 『恕谷語要』, 권1, 6b, "見人一善, 而忘其百非."
157) 『恕谷語要』, 권1, 1b, "有功而喜, 不如無功, 有德而矜, 終於無德."

선생이 안습재에게 말하였다. "칭찬받는 선은 선이 될 수 없으며, 이미 힘썼다면 더 이상 힘쓸 것이 없습니다." 안습재가 그렇다고 하였다.158)

말이 많으면 어리석고, 말이 적으면 지혜롭다.159)

이공은 형이상학을 별로 중요하게 여기지 않았기 때문에 많이 궁구하지 않았다.

탁월한 것은 성의 도이며, 이것은 도의 근원이다. 성인은 그것에 대하여 드물게 말하였다. 더욱 탁월한 것은 하늘의 도이며, 이것은 인간의 일이 아니다. 그것에 대하여서는 더욱 드물게 말하였다. 만약에 늘 그것에 대하여 말한다면, 마침내 공허로 흘러가게 된다. 공허를 도로 간주하는 것은 이단이다.160)

이공은 자신의 스승과 같이 하늘과 인간의 관계에 대하여 생각하였으며, 하늘을 이성과 의지를 가지고 생각하는 존재라고 여겼다. 그의 하늘에 대한 견해는 고대에 하늘을 상제로 여겼던 것과 흡사하다. 그의 말은 다음과 같다.

하늘과 인간은 서로 매우 밀접한 관계에 있다. 사람이 자신을 업신여기는 것은 하늘을 업신여기는 것이다. 감히 두렵지 않은가?161)

신체는 천하만세의 신체이다. 눈앞에 있는 것에 의하여 마음을 잘못 움직여서는 안 된다.162)

---

158) 『恕谷語要』, 권1, 2b, "先生謂習齋曰, 伐善斯爲不善, 施勞卽已無勞, 習齋曰然."
159) 『恕谷語要』, 권1, 2b, "多言則愚, 寡言則智."
160) 『恕谷語要』, 권1, 9b, "上之爲性道, 道之原也, 聖人罕言之, 再上之爲天道, 非人事也, 愈罕言之, 若常言之, 則流於空虛矣, 以空虛爲道, 則異端矣."
161) 『恕谷語要』, 권1, 4a, "天人相與之際甚矣, 人而自褻是褻天也, 敢不畏乎."
162) 『恕谷語要』, 권1, 4a, "身爲天下萬世之身, 不以目前得失動其心."

하늘은 인간을 생성하여 생을 전수하고 생을 유지하게 하지만, 삶의 전수는 항상 특히 다르게 일어난다. 예를 들어 안습재의 탄생은 위로는 부모와 관계가 없고, 아래로는 자손과 관계가 없었다.163) 이는 하늘이 주공과 공자의 학설을 밝히기 위하여 그를 특별히 낳은 것이다.164)

위 인용문에서 이공이 지극히 스승을 공경하는 마음을 볼 수 있다. 이에 따르면 하늘은 성학의 계통을 유지하기 위하여 특별히 천하에 안원을 생성하였다. 이공의 스승에 대한 마음은 또한 다음의 표현에서도 드러난다.

안선생의 강함에는 미칠 수가 없다.165)

안선생은 천하만세를 염려하는 것을 자신의 임무로 여겼다. 죽으면서 그는 이것을 나에게 위임하였다. 나는 그것을 할 수 있을지 모르지만, 나에게 위임된 것을 글로 전달하지 않을 수 없다. 그러나 저술이 어찌 전부이겠는가?166)

---

163) 顔元은 그의 아버지를 알지 못하였으며 후손도 없었다.
164) 『恕谷語要』, 권1, 4b, "天生人, 有禪生, 有特生, 禪生常也, 特生異也, 如習齋之生, 上不關父母, 下不關子孫, 乃天生以明周孔之道者."
165) 『恕谷語要』, 권1, 7b, "顔先生之强不可及."
166) 『恕谷語要』, 권1, 9a, "顔先生以天下萬世爲己任, 卒而寄之我, 我未見可, 寄者不得不寄之書, 著書豈得已哉."

18세기편

(1701~1800)

제1장 반주자학파

1. 대진

1) 생애와 저서

대진戴震(1723~1777)의 자는 동원東原·신수愼修이다. 안휘 휘주徽州 휴령休寧에서 출생하였으며 청대의 가장 중요한 철학자로 간주된다. 그는 어원학, 음성학, 수학, 천문학, 지리학 등 다양한 영역에서 업적을 남겼다. 대진은 학문에 입문했을 때 각 글자의 의미를 궁금해하였다. 그가 주석에 만족하지 못하자 그의 스승은 그에게 『설문해자說文解字』를 주었고, 그는 이것을 매우 좋아하였다. 그때부터 그는 각 구문의 이해에 항상 『설문해자』의 도움을 받았다.[1] 그는 고염무顧炎武와 염약거閻若璩의 비판적인 방법을 고대 원전을 해석하는 데 사용하였다. 그의 스승은 주희의 추종자였으며 『근사록』에 관한 주석을 저술하였다. 어렸을 때는 대진도 송유학자들과 생각이 매우 근사하였으나, 후에는 반대의 방향으로 학설을 폈으며 정이와 주희의 철학을 매우 철저하게 논파하였다. 이러한 전환은 1756년에 일어났다. 그리고 그는 안원과 이공의 학파와 연계하였다.[2]

대진은 처음에는 과거를 준비하지 않았는데 후에 이러한 견해를 바꾼 것으로

---

1) 蕭一山, 『淸代通史』, 권2, 583쪽.
2) 胡適, 『戴東原的哲學』(1927), 22쪽 이하; Mansfield Freeman; *The Philosophy of Tai Tung-yuean* Vol. LXIV (*Journ. of North China Branch of R. Asiat. Soc.*, 1933), 50~72. 胡適의 戴震에 관한 인물연구에 대해서는 이 저술들을 참조할 것.

보인다. 그는 1754년에 북경에 갔으며, 그곳에서 곧 자신의 이름을 널리 알리게 되었다. 그는 그곳에서 왕안국王安國의 아들인 왕염손王念孫의 교육을 맡게 되었으며, 왕염손은 후에 그의 중요한 제자 중의 한 명이 되었다. 그는 1761년에 거인이 되었으나 진사시험에는 급제하지 못하였다.

1772년에 황제의 도서관이 설립되었다. 대진은 추천으로 그곳의 찬수관纂修官으로 임용되었다. 그는 다음해의 시험에 또 다시 합격하지 못하였지만, 공사貢士가 되었으며 한림원의 서길사庶吉士로 임용되었다. 4년 동안 그는 철저한 준비연구를 하여 17권의 다양한 저서들을 편찬하였다. 이 과정에서 그는 과로로 중병을 얻어 오랫동안 걷지 못하게 되었지만, 침상에서마저 저서를 편찬하였다. 1777년에 그는 54세의 나이로 죽었다.[3]

대진이 남긴 저서는 완성본과 미완성본을 통틀어 50종이 넘는다.[4] 몇몇 저술은 인쇄되지 않았으며 또는 소실되기도 하였다. 철학적인 내용의 저서로는 『맹자자의소증孟子字義疏證』 3편과 『원선原善』 3편 등이 있다.

2) 주자학에 대한 투쟁

대진은 송대 이전에는 공자와 맹자의 사상을 그 자체로 잘 설명하였는데 송대에 이르러서는 불교와 도교의 사상으로써 설명하였으며, 그 때문에 잘못된 이해에 이르게 되어 많은 유학자들이 불교와 도교에로 향하게 되었다고 한다.[5]

---

3) 蕭一山, 『淸代通史』, 권2, 584쪽; 『淸士列傳』, 권68, 51b.
4) 별쇄로서 『緒言』 3편, 『尙書義考』 2편, 『經考』 5편, 『汾州府志』 34편, 『汾陽縣志』, 『直隷河渠書』 등이 나왔다. 『戴氏遺書』에 그가 남긴 저서들이 수록되어 있다. 가장 중요한 내용은 『詩經二南補注』 2편, 『毛鄭詩考』 4편, 『大戴禮記』, 『水經注』, 『考工記圖』 2편, 『屈原賦注』 7편, 『通釋』 2편, 『文集』 12편, 『方言疏證』 10편, 『聲韻考』 4편, 『聲類表』 1편, 『籌算』 1편, 『周髀算經』 2편, 『策算』 1편, 『三角八綫』, 『勾股割圜記』 3편, 『天文略』 3편, 『續天文略』 3편, 『原象』 4편, 『迎日推策』 1편 등이다.
5) Wilhelm, *Der Philosoph Dai Dschen* (China Institut, *Chin. deutscher Almanach*, 1932), 9쪽.

그의 방식은 고대 원전을 어원학적으로 직접 연구하는 것이었으며, 그럼으로써 그는 한대의 훈고학으로 되돌아갔다.[6] 그는 그렇게 함으로써 이른바 청대 고증학의 주요 학자 중 한 명으로 간주된다. 대진은 자신이 올바른 개혁을 통하여 공자와 맹자의 참된 의미를 발견하였다고 생각하였다. 실제로 그는 『맹자』의 주석에서 자기 자신의 철학을 펼친다.[7] 대진의 견해에 따르면 정호, 장재, 주희는 여러 해 동안 도교와 불교를 공부하였기 때문에 그들의 증명 양식은 도교와 불교의 방식과 그다지 다르지 않다.[8] 그러므로 대진은 이들이 의도적으로 공자와 맹자의 학설을 왜곡한 것은 아니지만 무의식중에 불교와 도교의 생각을 받아들였다고 생각한다.[9] 그의 말은 다음과 같다.

송대의 유학자들로 인하여 순자와 노장과 석가의 생각이 육경과 공맹의 저서 안으로 침투하였다. 학자들이 그 잘못됨을 알지 못하여 육경과 공맹의 학설이 사라지게 되었다.[10]

비록 대진은 이렇게 말하고 있지만, 단지 공자와 옛 경전만이 진리를 담고 있으며 그것과 같지 않은 다른 모든 것은 거짓이라는 주장은 선뜻 받아들여지지 않는다. 송대 철학자들의 학설이 옳은가 옳지 않은가를 따진다면, 기준이 되어야 하는 것은 그 학설이 공자의 학설과 얼마나 일치하는가가 아니라 그 학설이 어떤 근거를 가지고 있는가가 되어야 할 것이다. 송대 철학자들이 도교와 불교에서 어느 정도 자극을 받았다고 할 수는 있지만 그들의 사상은 도교나 불교적인

---

6) Wilhelm, *Der Philosoph Dai Dschen*, 6쪽.
7) 蕭一山, 『清代通史』, 권2, 595.
8) 『戴氏遺書』, 「孟子注」권1.
9) 『戴氏遺書』, 「孟子注」권2, 4a.
10) 『戴氏遺書』, 「孟子注」권2, 4a, "自宋儒雜荀子及老莊釋氏以入六經孔孟之書, 學者莫知其非, 而六經孔孟之道亡矣."

것이 아니라 그들 고유의 것이다. 정통 유학자들은 단지 이전의 성현이 남긴 불확실한 표현만을 신뢰하였다. 만약에 송대 철학자들이 옳다면 이들이 고대의 원전을 잘못 해석하였다는 것은 문제가 되지 않는다.

대진은 그와 대립하는 견해를 가진 사람들의 리 또는 도리 개념이 근거가 없다고 비난한다. 대진에 따르면 공자와 맹자는 리와 기의 차이를 알지 못하였으며 후대의 유학자들이 비로소 그것을 구분하고 음양을 기질로 설명하였는데, 이것은 고대 학설을 잘못 이해한 것이다.[11] 이들은 또한 리를 초월적인 존재, 본체, 도교의 도, 불교의 존재하지 않는 의식 등으로 이해하였는데, 그들이 그렇게 생각한 것은 리가 단지 사물 안에 있는 이법·명·규정이라고 여겼기 때문이다.[12] 송대 철학자들은 기질과 마음을 인간 고유의 소유물로 간주한 반면에, 리를 하늘이 부여한 성이라고 여겼다고 한다. 이들에게서 리와 기는 분명하게 구분되었다. 리는 비물질적이고 참이며, 기는 모든 물질적인 것으로 여겨졌다.[13] 이와 달리 대진은 신체와 마음 이외에 인간의 성이 될 수 있는 신비적인 리는 존재하지 않는다고 생각하였다.[14]

특히 『역』에 대한 설명에서 주희와 대진의 견해는 큰 차이를 보인다. 그 첫 번째는 "일음일양지위도—陰—陽之謂道"에 대한 해석이다. 주희는 이 구절을 "한 번 음이 되고 한 번 양이 되게 하는 것이 도라고 하여 도를 음양이 규칙적으로 작용하게 하는 리라고 보았고, 대진은 "하나의 음과 하나의 양이 곧 도"라고 해석하였다. 대진은 도가 비물질적이기 때문에 음과 양 또한 그러하다고 여겼고[15] 주희는 단지 도만 비물질적이고 음과 양은 물질적이라고 여겼다. 글자대로 설명한다면 두 가지가 모두 가능하다.

---

11) 『戴氏遺書』, 「孟子注」 권2, 2b.
12) 『戴氏遺書』, 「孟子注」 권2, 5b; 胡適, 『戴東原的哲學』(1927), 69.
13) 『戴氏遺書』, 「孟子注」 권2, 4a.
14) 蕭一山, 『淸代通史』, 권2, 599.
15) 『戴氏遺書』, 「孟子注」 권2, 4a.

『역』에는 또 "형이상자위지도形而上者謂之道, 형이하자위지기形以下者謂之器"라
는 구절이 있다. 이를 주희는 다음과 같이 설명한다. 형체를 넘어서는 것은
비물질적인 리 즉 도로서, 이것은 형체에 놓여 있으며 형체에 연결되어 있다.
그러나 대진의 견해에 따르면 이 문장은 이미 현존하는 기에서 사물이 형태화되는
것과 그 생성에 관한 것이다. '이상'은 이전을, '이하'는 이후를 의미한다. 음과
양이 형태와 기질을 생성하기 이전에는 무형의 것이 주도한다.

> 기器는 말하자면 한 번 이루어지면 변하지 않으며, 도는 말하자면 사물의 본체가
> 되어 흔적을 남기지 않는다.[16]

대진에 따르면 사람이 태어나면서 부여받는 음양은 실체적인 것이 아니다.
음양에서 발전된 오행에 이르러 사람은 비로소 실체를 인식한다.

> 하나의 음과 하나의 양이 유행하여 그치지 않는 것, 이를 일러 도라고 한다.[17]

3) 도

대진에 따르면 도는 지속적인 변화, 사물의 운동, 변화하는 기의 흐름이다.
이것은 사물을 그침이 없이, 그리고 확고한 법칙에 따라 생성한다. 그러므로
세계는 끊임없이 운동하고 있다.[18]

> 도는 가는 것과 같다. 기가 변화하여 유행하는 것은 낳고 낳아서 그침이 없는데,
> 이것을 일러 도라고 한다.[19]

---

16) 『戴氏遺書』, 「孟子注」 권2, 2b, "器言乎一成而不變, 道言乎體物而不可遺."
17) 『戴氏遺書』, 「孟子注」 권2, 2a, "一陰一陽, 流行不已, 夫是之爲道."
18) 胡適, 『戴東原的哲學』, 32.
19) 『戴氏遺書』, 「孟子注」 권2, 1a, "道猶行也, 氣化流行, 生生不息, 是故謂之道."

대진은 도를 실체 즉 어떤 존재하는 것이 아니라 단지 모든 자연 안에서 작용하는 기의 총체일 뿐이라고 여긴다. 호적은 대진이 자연과학자이며 그의 세계관이 자연과학적이라고 하였는데, 이 판단은 옳다고 할 수 있다.[20]

음양과 오행은 도의 참된 본체이다.[21]

대진에 따르면 도는 형체가 없고 음양이 그 형체가 된다. 때문에 그는 앞서 보았던 것처럼 도를 음양 즉 원기라고 한다. 그는 다음과 같이 말한다.

하늘의 도를 세우는 것은 음과 양이고, 땅의 도를 세우는 것은 강과 유이다.[22]

강과 유는 땅의 속성이며 물질의 다양한 결합양태이다. 그리고 음양은 하늘의 성질 즉 우주의 성질로 드러난다.

하늘의 도에는 인간의 도 즉 인간의 활동이 대립된다.

인간의 도는 인간관계에서 일상적으로 신체가 행하는 모든 것이다. 천지에 있어서는 기가 변화하고 유행하여 낳고 낳음이 끝이 없는 것을 도라고 한다.[23]

사물의 생성 이외에도 도의 작용은 매우 다양하다.

천지의 도는 움직임과 고요함, 맑음과 탁함, 기와 형체, 밝음과 어둠이며, 안과 밖, 위와 아래, 고귀함과 천박함의 벼리이다.[24]

---

20) 胡適, 『戴東原的哲學』, 35.
21) 『戴氏遺書』, 「孟子注」 권2, 1a, "陰陽五行道之實體也."
22) 『戴氏遺書』, 「孟子注」 권3, 7a, "立天之道曰陰與陽, 入地之道曰柔與剛是也."
23) 『戴氏遺書』, 「孟子注」 권3, 6a, "人道人倫日用身之所行, 皆是也, 在天地則氣化流行, 生生不息, 是謂道."
24) 戴震, 『戴氏遺書』, 「文集」 권3, 14b, "天地之道, 動靜也, 淸濁也, 氣形也, 明幽也, 外內上下尊卑之紀也."

대진에 따르면 도는 또한 하늘의 명이다. 모든 생각, 감정, 느낌, 선과 악의
정서가 그것에 의하여 일어나기 때문이다.[25]

4) 리와 기

대진은 리가 독자적으로 실재하며 이것이 인간을 덕의 길로 인도하기 위하여
인간이 태어날 때 하늘로부터 주어진다는 설을 부정한다.

> 인간의 마음의 측면에 나아가 말한다면 별도의 리가 주어져서 마음에 갖추어져
> 있는 것이 아니다.[26]

> 도리, 의로움, 맛과 소리 및 색깔은 사물에 있는 것이지 나에게 있는 것이 아니다.
> 이들이 나의 혈기와 접하면 이들을 구분하고 기뻐할 수 있게 된다.[27]

각 사물이 자기의 이법을 가지고 있어서 그것에 의해 조절되는 것과 마찬가지로
인간의 마음 또한 그 리를 가지고 있으며, 이 리는 마음에 있는 것이지 밖에서
오는 것이 아니다. 송대 철학자들의 초월적인 리에 대하여 대진이 반박하는
모습은 플라톤의 이데아를 비판하는 아리스토텔레스를 어느 정도 연상시킨다.
아리스토텔레스는 플라톤의 이데아를 참된 존재로 여기지 않고 단지 추상적인
개념으로 간주하였다.

사물 안에 들어 있는 규정과 법칙은 영리한 비교와 저울질을 통하여 인식된다.
사물은 그들의 가장 순수한 부분으로 쪼개진다. 그러므로 분리와 재결합이

---

25) 戴震, 『戴氏遺書』, 「文集」 권3, 19a.
26) 蕭一山, 『淸代通史』, 권2, 596(『戴氏遺書』, 「孟子注」 권1), " 就人心言, 非別有理以與之而具
   於心也."
27) 『戴氏遺書』, 「孟子注」 권1, 6a, "夫理義味與聲色在物, 不在我, 接于我之血氣, 能辨之而悅之."

생겨나며, 이를 통하여 사람은 비로소 총체적인 인상을 얻게 된다. 대진은 그 때문에 자주 '조리條理'와 '분리分理'라는 표현을 사용한다. 그의 시대에는 이러한 방식이 아직 낯선 것이었다.[28]

리는 개인이 그것으로 간주하는 것이 아니라 단지 보편적인 견해, 각 개인에게 밀고 들어가며 개인에 의하여 부정될 수 없는 것이다.

> 마음의 모두 똑같은 것을 비로소 리라고 하고 의라고 한다. 그렇다면 똑같음에 이르지 못하고 그 사람의 의견에 있는 것은 리가 아니고 의도 아니다. 대개 한 사람이 그렇다고 여기는 것을 천하만세가 모두 그것은 바꿀 수 없는 것이라고 말한다면, 이것이 똑같다고 하는 것이다.[29]

대진은 인간의 감정이 보편적으로 같은 것이기 때문에 다른 모든 사람들과 일치하는 감정을 통하여 리가 발견될 수 있다고 믿었다.[30] 그에 따르면 이러한 생각은 모든 사람의 마음이 의라고 하는 것에 대하여 같은 리와 생각을 가지고 있다는 점에서 일치한다고 말하였던 맹자에게서 유래한다.[31] 이를 통하여 리의 개념에는 또한 필연성 즉 무조건적이라는 개념이 연결된다.[32] 대진은 다음과 같이 말하였다.

> 하늘과 땅, 인간과 사물, 일과 행동에서 필연적이며 바꿀 수 없는 것을 든다면 리가 가장 분명하게 나타난다.[33]

---

28) 胡適, 『戴東原的哲學』, 63~64쪽.
29) 蕭一山, 『淸代通史』, 권2, 597(『戴氏遺書』, 「孟子注」 권1), "心之同然者始謂之理, 謂之義, 則未至於同然, 存乎其人之意見, 非理也, 非義也, 凡一人以爲然, 天下萬世皆曰是不可易也, 此之謂同然."
30) 蕭一山, 『淸代通史』, 권2, 597.(『戴氏遺書』, 「孟子注」 권1)
31) 『孟子』, 「告子上」, "心之所同然者何也, 謂理也義也" 구절 참조.
32) 胡適, 『戴東原的哲學』, 64쪽.
33) 『戴氏遺書』, 「孟子注」 권1, 16a, "擧凡天地人物事爲求其必然, 不可易, 理至明顯也."

대진은 앞선 학자들에게선 아주 멀었던 자연법의 개념에 이미 매우 가까이 다가가 있었다. 그의 정의는 간략하고 분명하였으며, 거기에는 자연과학적인 정신이 숨 쉬고 있었다.

대진은 물질적인 일원론자이다. 그는 태극을 단지 기로 간주하며, 기질은 거기에 붙어 있는 힘과 원리로 여긴다. 그리고 마음 또한 기에 속한다고 하였다.

기가 순수하면 정신이 생겨난다.[34]

천하에는 단지 하나의 근원이 있으며 그 밖에는 아무것도 없다. 혈기가 있으면 또한 심지心知가 있고, 심지가 있으면 배워서 신명으로 나아간다. 이것은 하나의 근원이 그러한 것이다.[35]

그러므로 혈기는 천지의 조화이고, 심지는 천지의 신명이다.[36]

사람의 마음이 곧 세계정신이며 하나의 근원이라는 견해는 송대 이후의 한결같은 귀결이었으며, 이로써 대진 또한 결국 관념주의로 나아갔음을 알 수 있다. 그러나 대진은 관념주의에 결코 동조하지 않았다.

5) 혼과 백

대진은 마음의 작용을 일반적인 방식으로 혼과 백으로 나눈다. 혼은 하늘처럼 양의 특성을 가지고 있으며, 백은 땅처럼 음의 특성을 가지고 있다. 그러므로 혼은 운동을 야기하며, 반면에 백은 고요를 주도한다. 그러나 왜 고요가 여전히

---

34) 『戴氏遺書』, 「文集」 권3, 15a, "氣精則生神."
35) 『戴氏遺書』, 「孟子注」 권1, 24a, "天下惟一本, 無所外, 有血氣則有心知, 有心知則學以進於神明, 一本然也."
36) 『戴氏遺書』, 「原善」 권1, 5a, "故血氣者天地之化, 心知者天地之神."

조절되어야 하며, 왜 고요가 또한 백에 속하는지 알지 못한다. 중국의 철학자들은 음양의 체계 안에서 생각하는데, 이것은 모순으로 나아간다.

대진은 거기에 이어서 다음과 같이 말한다.

그 생성되는 것은 사물이고, 그 작용하는 것은 혼과 백이다. 혼은 밝음으로써 하늘을 따르며, 백은 어둠으로써 땅을 따른다. 혼은 움직임을 주도하고, 백은 고요함을 주재하니, 정미한 것은 지극할 수 있다. 동을 주도하는 것은 그 작용이 베풂이며, 정을 주도하는 것은 그 작용이 거두어들임이다. 하늘의 도는 베풂이고, 땅의 도는 거두어들임이다. 베풀기 때문에 도처에 사물이 생겨나고, 거두어들이기 때문에 있지 않게 된다. 백은 영명하다고 하며, 혼은 신령하다고 한다. 영명한 것은 밝고 총명하며, 신령한 것은 슬기롭고 성스럽다. 밝고 총명하며 슬기롭고 성스러운 것은 하늘의 덕이다.[37]

지각은 백을 통하여 나오는데, 백은 음이고 받아들이는 것이다. 마음이 사물에 감응하여 생각하면, 이것은 양인 혼의 움직임이며 펼쳐지는 것이다. 펼쳐지는 것은 결정하고, 받아들이는 것은 듣는다.

6) 성과 기

마음의 특성 및 능력과 작용을 대진은 심지心知의 성이라고 하며, 이것은 욕구·감정·지각이다.[38]

이른바 혈기는 심지의 성이 일에서 작용할 수 있게 하는 것이다.[39]

---

37) 『戴氏遺書』, 「文集」 권3, 19a, "其生生也物, 其用曰魂魄, 魂以明而從天, 魄以幽而從地, 魂官乎動, 魄官乎靜, 精能之至也, 官乎動者, 其用也施, 官乎靜者, 其用也受, 天之道施, 地之道受, 施故徧物也, 受故不有也, 魄之謂靈, 魂祀謂神, 靈也者明聰, 神也者睿聖, 明聰睿聖天德矣."
38) 胡適, 『戴東原的哲學』, 48쪽.

사람이 태어난 후에는 욕구가 있고 감정이 있고 지각이 있다. 이 세 가지는 혈기와 심지가 저절로 그러한 것이다.[40]

대진에 따르면 혈기와 심지는 음양과 오행에서 나온다. 혈기는 먹고 마시는 것으로써 양육되며, 심지는 학업과 공부를 통해 양육된다. 둘은 함께 인간의 성을 이룬다.[41] 그러므로 성 또한 몸과 마음처럼 음양과 오행에서 생겨난다.[42]

천지가 있은 후에 사람과 사물이 있으며, 사람과 사물이 있으면 사람과 사물의 성이 있다. 사람과 사물은 모두 욕구가 있으니 욕구는 성의 일이며, 사람과 사물은 모두 지각이 있으니 지각은 성의 능력이다. 일과 능력을 잃지 않으면 천지의 덕을 따르고, 천지의 덕을 따르면 그 리가 지극히 바르다. 리는 성의 덕이다.[43]

사람은 하늘의 덕의 지를 소유하며, 눈과 귀 및 모든 형체의 욕구를 가지고 있다. 이것들이 모두 그 바탕에 나타나는 것은 하늘이 그러한 것이다. 그러므로 성이라고 한다. 귀가 소리를 알고 눈이 색을 알고 코가 냄새를 알고 입은 맛을 아는 것은 마음에 뿌리내린 하늘의 덕과 함께하기 때문이다. 성을 이룸이 이와 같다.[44]

귀·눈·코·입이 소리·색·냄새·맛을 변별할 수 있는 것처럼, 마음은 의와 리를 이해한다. 그러므로 인간의 재능은 하늘의 덕에 완전하게 순응한다.[45]

---

39) 『戴氏遺書』, 「文集」 권3, 10b, "所謂血氣心知之性發於事能者是也."

40) 蕭一山, 『淸代通史』, 권2, 602(『戴氏遺書』, 「孟子注」 권3), "人生而後有欲, 有情, 有知, 三者血氣心知之自然也."

41) 『戴氏遺書』, 「孟子注」 권1, 9b.

42) 『戴氏遺書』, 「文集」 권3, 12a.

43) 『戴氏遺書』, 「文集」 권3, 10a, "有天地, 然後有人物, 有人物, 於是有人物之性, 人與物同有欲, 欲也者性之事也, 人與物同有覺, 覺也者性之能也, 事能無有失, 則協於天地之德, 協於天地之德, 理至正也, 理也者性之德也."

44) 『戴氏遺書』, 「文集」 권3, 18a, "人有天德之知, 有耳目百體之欲, 皆生而見乎材者也, 天也, 是故謂之性, 耳知聲也, 目知色也, 鼻知臭也, 口知味也, 與夫天德之根於心也, 成性然也."

모든 재능과 모든 덕의 근원은 인간의 성에 놓여 있다. 음양과 오행의 변화에서 많은 변화가 이루어져서 각기 형체를 가지게 된 사물은, 같은 종류에 속한다고 하더라도 모두 다르다. 이러한 개별적인 사물의 다양함은 기의 편벽, 청탁, 정편 등에 달려 있다.[46] 대진은 기를 비물질적이라고 설명하면서도 또한 그것이 양적이고 질적으로 매우 차이가 있는 실체인 것처럼 말한다.

재능과 기질은 성이 드러난 것이다. 재능과 기질을 버리고 어찌 이른바 성을 볼 수 있겠는가?[47]

재능은 성의 반영이다. 성과 마찬가지로 재능은 본래 항상 선하지만 악해질 수 있다. 수양하지 않으면 굽어진다. 이것은 값진 보석과 같다. 보석을 잘 손질하면 광채를 보존할 수 있으며, 그것을 더욱 연마함으로써 그 광택을 더하게 할 수 있다. 인간의 허물은 신체의 질병과 같기 때문에 올바른 간병으로 치유할 수 있는 것이다.[48]

7) 성선

대진은 맹자처럼 인간의 성이 본래 선하다는 것을 확신한다.[49] 그러나 이 선은 사욕과 오류라는 적을 가지고 있다. 사욕은 욕구의 잘못이며, 오류는 인식의 잘못이다. 모든 사람은 욕구가 있으며, 이것은 세상의 추진력이다. 군자가 천하를 통치하면, 모든 사람이 각기 자기의 욕구를 따를 수 있다. 그러나 단지 올바른

---

45) 『戴氏遺書』, 「文集」 권3, 11b.
46) 『戴氏遺書』, 「孟子注」 권2, 6a.
47) 『戴氏遺書』, 「孟子注」 권3, 1a, "才質者性所呈也, 舍才質安覩所謂性哉."
48) 『戴氏遺書』, 「孟子注」 권3, 5b.
49) 胡適, 『戴東原的哲學』, 46쪽. 호적은 이것이 대진의 다른 이론들과 모순된다고 지적한다. 세계를 주도하는 것이 과연 자연법이라면, 선은 어디에서 생겨날 수 있겠는가?

길과 갈등하지 않아야 한다. 모든 욕구를 강압적으로 억압하는 것은 흐르는 강물을 막는 것처럼 위험하다. 또한 사람이 아무 오류도 없을 수는 없다. 오류는 진리를 인식하려고 하는 것이 아니라 자기 자신의 영리함을 신뢰하는 데에서 생겨난다. 두 가지 잘못에 대하여서는 경험과 학업으로 투쟁하여야 하며, 이로써 사람은 믿을 만한 경험을 얻게 된다.[50]

　이러한 대진의 도덕이론은 이전의 유학자의 것과 현저하게 다르다. 대진은 자신과 의견이 다른 학설에 대하여 강력하게 반대하고 비난하였다. 그는 먼저 고자와 순자가 리와 의를 주의하지 않고 단지 인간의 기질만을 고집하였다고 비판한다.[51] 이어서 정이와 주희 및 그 추종자들에 대한 비판이 이어진다. 그들은 인간이 태어날 때 기와 함께 리 또한 타고나는데 리는 완전하게 선한 반면에 악은 기에서 유래하는 욕구에서 생겨난다고 하면서, 기는 순수하거나 탁할 수 있기 때문에 인간은 그가 받은 기에 따라 현명하거나 어리석게 된다고 한다. 그러나 대진은 본래 선한 리 자체도 자주 어두워지고 사라지게 되므로 항상 그것을 새롭게 획득하려는 노력이 있어야 한다고 말한다.[52]

　대진에 따르면 고대의 성현은 덕이 욕구와 오류에서 분리되는 것이 아니라 오히려 이 두 가지가 혈기와 마음에서 나오는 것이며, 그것 외에 따로 선한 선을 갖춘 리가 있다고 여기지 않았다고 한다.[53] 맹자 또한 선한 성과 특성을 발견하였으며 그 재능을 기에서 찾았다고 한다.[54] 그리하여 대진은 마음을 공부하여 밝게 되고 마음의 행위를 통하여 리에 이른다고 가르쳤다. 그에 따르면, 리는 외부에서 오는 것도 아니고 특별히 부여되는 것도 아니다.[55] 다만 이것은

---

50) Wilhelm, *Der Philosoph Dai Dschen*, 9~10, 12.
51) 『戴氏遺書』, 「文集」 권3, 12b.
52) 『戴氏遺書』, 「孟子注」 권1, 7a~17b; 『戴氏遺書』, 「孟子注」 권3, 1b~5a.
53) 『戴氏遺書』, 「孟子注」 권2, 11a.
54) 『戴氏遺書』, 「孟子注」 권3, 1b.
55) 『戴氏遺書』, 「孟子注」 권1, 7a.

매우 자주 악으로 나아가게 되기 때문에 불교와 도교에서는 아예 인간의 욕구를 전부 제거하고자 하였으며 송대 철학자들 또한 그들과 연계하였다. 그러나 올바른 것은 욕구를 가능한 한 줄이고자 하였던 맹자의 관점이다.[56] 대진은 자신의 견해를 다음과 같이 쓰고 있다.

> 하늘의 리만 올바르고 인간의 욕구가 그릇된 것은 아니다. 하늘의 리는 욕구를 절제하지만, 사람의 욕구를 완전히 없애지는 않는다. 그러므로 욕구는 없앨 수가 없으며, 가져서는 안 되는 것이 아니다. 가지되 절제해야 한다. 정에 지나치거나 모자람이 없게 한다면, 이것을 하늘의 리가 아니라고 할 수 있겠는가?[57]

8) 리와 법 그리고 하늘의 덕

예를 추진하는 힘을 대진은 리의理義 및 천덕天德이라고 한다. 이것은 아마도 같은 개념의 다양한 이름일 것이다. 대진에게서 완전하게 현실적으로 설정되는 덕이 어디에서 오는지는 인성의 선과 마찬가지로 이해하기 어렵다. 대진은 리의의 근원을 감각과 마찬가지로 인성 안에서 찾았다.[58] 이것은 인간이 덕을 타고났다는 것에 나아가게 된다. 그에 따르면 마음이 리의와 관계하는 것은 마치 생기가 사물에 대한 욕구와 관계하는 것과 같다고 한다.[59] 이것은 다음과 같이 설명되었다.

> 대개 사람이 행하는 일이 리의에 합당한 것이 있으면 그 마음의 기는 반드시 확장하며 스스로 만족하며, 리의에 어긋나면 마음의 기는 반드시 막혀서 스스로를

---

56) 『戴氏遺書』,「孟子注」권1, 12a.
57) 『戴氏遺書』,「孟子注」권1, 13a, "非以天理爲正, 人欲爲邪也, 天理者節其欲, 而不窮人欲也, 是故欲不可窮, 非不可有, 有而節之, 使無過情, 無不及情, 可謂之非天理乎."
58) 『戴氏遺書』,「孟子注」권1, 8a.
59) 『戴氏遺書』,「文集」권3, 11b.

잃게 된다. 그로부터 심이 리의에 관계하는 것이 마치 생기가 욕구에 관계하는 것과 같다는 것을 알 수 있다. 두 경우 모두 성에 의하여 그렇게 되는 것이다.[60]

우리는 앞에서 하늘의 덕이 보고 듣고 냄새와 맛을 지각하는 것이 간단하게 총명과 예지로 정의되는 것을 보았다. 여기에 이어 대진은 다음과 같이 말한다.

마음의 정상精爽이 바로 지이다. 그 지는 총명하고 지혜로워서, 신명이 중정과 하나가 된다. 일이 이르러 와서 마음이 그것에 응하는 것은 모두 일이 이르러 왔을 때 도의로써 응하는 것이니, 이것은 천덕의 지이다.[61]

하늘의 덕은 인·의·예·지의 완전함을 포괄한다.[62] 그러므로 하늘의 덕은 모든 덕의 총체 개념이다. 이들 덕목은 유학의 가장 중요한 덕목이기 때문이다.

9) 자연철학

자연철학적인 고찰에서 대진은 그가 현실주의적 사고를 함에도 불구하고 선행자들의 순수사변적인 구속에서 완전히 벗어나지는 못했음을 보여 준다. 또한 그에게는 수학과 천문학적 지식 및 현대 자연과학의 기본적인 인식 또한 결여되어 있었다.

대진에 따르면, 해는 중도中道를 가고 달과 별들은 해를 따르는데, 하나는 빠르고 다른 하나는 천천히 간다. 해는 군주의 상이며, 달은 그를 향하면서 그로부터 빛을 받는다. 해와 달은 불과 물의 정수이고, 열과 습기는 음과 양의

---

60) 『戴氏遺書』, 「孟子注」 권1, 9a, "凡人行一事, 有當于理義, 其心氣必暢然自得, 悖于理義, 心氣必沮喪自失, 以此見心之于理義一同乎血氣之于嗜欲, 皆性使然耳."
61) 『戴氏遺書』, 「文集」 권3, 19a, "心之精爽以知, 知明聰睿聖, 則神明一於中正, 事至而心應之者, 胥事至而以道義應, 天德之知也."
62) 『戴氏遺書』, 「文集」 권3, 20a, "天德者三, 曰仁曰禮曰義, 至善之目也."

작용이며, 산과 강은 열과 습기가 굳은 것이다. 물은 모임에 의해, 불은 흩어짐에 의해 각기 그 최고점에 이른다. 나무는 불의 힘에 의하여 나뉘며, 쇠는 물의 힘으로 녹는다. 그리고 공기가 나뉨으로써 열이 생겨나고, 그것이 모임으로써 습기가 생겨난다.[63]

2. 공자진

공자진龔自珍(1792~1841)은 공조龔祚라는 이름으로 불리기도 한다. 자는 슬인瑟人이고 호는 정암定庵이며 절강성 인화仁和 출신이다. 전집으로 『정암집定庵集』이 있다. 공자진의 외할아버지인 저명한 고증학자 단옥재段玉裁는 그에게 유가 공부를 권하였지만 그는 법가를 비롯한 선진시대의 여러 철학들과 불교에 대해서도 폭넓게 공부하였다.

공자진은 쟁란爭亂, 승평升平, 태평太平이 서로 이어진다고 하는 『공양전公羊傳』의 삼세三世사관을 넘겨받았다. 또한 그는 인성의 참과 거짓에 대하여 깊이 몰두하였다. 고자처럼 그는 성이 본래 선하지도 악하지도 않으며, 선악의 특성은 후천적으로 생겨나는 것이라고 믿었다. 그는 다음과 같이 말한다.

인성에는 선이 없기 때문에 누구나 걸이 될 수 있고, 불선이 없기 때문에 누구나 요가 될 수 있다. 요의 근본이 걸과 다르지 않음을 알았기 때문에 순자의 말이 생겨났으며, 걸의 근본이 요와 다르지 않음을 알았기 때문에 맹자의 논변이 생겨났다. 요가 되는 것도 성에 무엇을 더하는 것이 아니며, 걸이 되는 것도 성에 무엇을 덜어내는 것이 아니다. 요에게도 걸의 성이 없지는 않았으며, 걸에게도 요의 성이 없지는 않았다.…… 그러므로 요와 걸은 서로 주객이 되고 서로 굴복시키면서도

---

63) 『戴氏遺書』, 「文集」 권3, 15a.

어느 하나가 다른 하나를 완전히 제거하지는 못한다.[64]

고대 이래로 통치자는 예의 규정과 법을 통하여 인간을 가르쳤으며 악한 사람을 멀리하고 선한 사람을 가까이하고자 하였는데, 이것은 사람들의 행위에 영향을 미칠 수만 있을 뿐 그들의 성을 변화시킬 수는 없다.

공자진은 시민들 사이, 특히 부자와 가난한 사람들 사이의 불평등을 극복하고자 하였다. 그의 견해에 따르면 대립이 너무 크면 지상에 나쁜 기가 퍼지고, 이로부터 전쟁과 전염병이 발생하고 많은 사람들이 희생된다. 그러므로 이미 통치의 시작단계에서 규제를 적용하여 균형을 이루어야 한다. 하늘의 음양오행과 그에 상응하는 인간과 사물의 특성들이 함께 작용하면, 황제와 관리는 일정한 상징적인 행위를 통하여 개선책을 시행할 수 있다.[65]

공자진은 고대철학과 송명철학의 접합을 통해 새로운 철학을 정립하였다.

---

64) 鍾泰, 『中國哲學史』, 권2, 171, "夫無善也, 則可以爲桀矣, 無不善也, 則可以爲堯矣, 知堯之本 不異桀, 筍卿氏之言起矣, 知桀之本不異堯, 孟子之辯興矣, 爲堯矣, 性不加菀, 爲桀矣, 性不加 枯……是故堯與桀互爲主客, 互相伏也, 而莫相偏絶."
65) 鍾泰, 『中國哲學史』, 권2, 171. 여기에서 우리는 19세기에 『禮記』의 자연에 대한 상징주 의를 다시 발견한다.

제2장 유학적 불교학자

1. 왕진

왕진汪縉(1725~1792)은 자가 대신大紳이고 호는 애려愛廬이며 강소성 오현吳縣1) 출신이다. 그는 친구인 나유고羅有高나 동학인 팽소승彭紹升과 마찬가지로 유학과 불교의 통합에 힘썼다. 주요 저서로 『왕자문록汪子文錄』이 있는데, 그 서문을 팽소승이 썼다. 이 책은 문록文錄 10권과 시록詩錄 4권, 이록二錄 3권으로 이루어져 있다. 또한 그는 승려가 되는 방법을 『독서사십게사기讀書四十偈私記』에서 설명하였고, 『독역노사기讀易老私記』에서는 신선이 되는 방법을 보여 준다.2)

왕진은 불교를 유학의 가르침과 융합시키고자 노력하였다.

"모든 중생이 이미 부처"인데 반드시 정토로 되돌아가야 함을 다시 말하는 것은 왜인가? 아미타불이 모든 부처의 스승이 됨을 『역』에서는 "크구나, 건의 으뜸이여" 라고 하였고, 정토가 아미타불에 의해 다스려짐을 『역』에서는 "지극하구나, 곤의 으뜸이여"라고 하였다. 건과 곤이 함께하니 만물이 생겨나는 근원이 되고, 몸과 땅이 융합하니 범상함을 넘어 성인의 경지로 들어가는 근거가 된다.3)

---

1) 『淸士列傳』, 권72, 28b. 鍾泰의 『中國哲學史』 권2 163쪽 및 蔣維喬의 『中國近三百年哲學史』 91쪽에서는 吳의 休寧이라고 쓰고 있다.

2) 『淸士列傳』, 권72, 28b.

3) 鍾泰, 『中國哲學史』, 권2, 164, "衆生本來成佛, 必以淨土爲歸者何, 則以阿彌陀佛爲萬佛之師, 易所謂大哉乾元, 淨土爲阿彌陀所攝, 易所謂至哉乾元也, 乾坤合撰, 萬物之所以資始資生也,

왕진은 학교를 열어 관조를 수행하였다. 그는 자신의 저서 『무명선생전無名先生傳』에서 무명선생에 관해 다음과 같이 말한다.

그 학설은 주염계도 왕양명도 지향하지 않았고, 그 저술은 맹자도 장자도 따르지 않았다. 그 시는 당시나 송시의 전례를 따르지 않았고, 그 인간됨은 괴이하지도 고지식하지도 않았으며, 그 생활은 매끄럽지도 각이 지지도 않았다.[4]

무명선생은 자연 그 자체이다. 그는 특정한 학파나 특정한 선례에 얽매이지 않고 단지 완전한 고요에서 다른 욕구나 노력 없이 살아간다. 왕진은 인간의 큰 고독에 대해 말하는데, 이러한 분위기는 불교적이지만 유가적이지는 않다. 그는 팽소승에게 보내는 편지에서 다음과 같이 말한다.

하늘의 높이는 하늘에 있지 않고 땅의 두터움은 땅에 있지 않으며 무한은 과거와 현재에 있지 않다. 이들은 모두 홀로 갈 뿐이다. 인간과 사물 또한 각기 홀로 간다. 이들이 서로 교류한다 하더라도 결국은 고독하게 남는다. 저술을 남긴다 하더라도 인간은 고독하다. 사해 안의 인간이라고 말하지만 늙어서 죽고 나면 더 이상 함께 할 수 없다.[5]

이 글의 의미는, 사물의 특성은 사람들이 인식하는 참이 아니며, 참이란 본래 사물에 있는 것이 아니라 불교적인 이해에 따라 단지 공허한 가상일 뿐이라는 것처럼 보인다. 사물의 내적인 존재 및 사물의 초월성은 인식될 수 없다. 그러므로 인간은 매우 고독하다. 알 수 있는 것은 단지 자기 자신의 자아일 뿐이고 다른 사람의 마음속을 볼 수 없기 때문에, 단지 진실이 아닌

身土交融, 衆生之所以去凡入聖也."
4) 『淸士列傳』, 권72, 28b.
5) 『淸士列傳』, 권72, 28b.

외적인 껍데기만을 본다. 인간은 감각과 생각에 있어서도 고독하다. 인간은 청중의 마음 안에서 그들의 존재에 따라 수용되고 변형되기 때문이다. 독자는 저자와 생각하고 느끼는 것이 다르다.

송대 철학자 중에서 왕진은 특히 정이와 주희를 좋아하였다. 그는 또한 농사와 토지의 분배에 관심이 많았으며, 전쟁이 없고 약자를 억압하지 않는다면 모든 사람이 생계를 유지할 수 있을 만큼 토지가 충분해질 것이라고 여겼다.[6]

팽소승은 왕진에게 경탄하여 장자와 굴원 이래로 이러한 통찰력을 지닌 사람은 매우 적었다고 극찬하였다.[7]

2. 나유고

나유고羅有高(1734~1779)는 자가 대산臺山이고 호는 존문거사尊聞居士이며 강소성 서금瑞金 출신이다. 그는 유학적인 교육을 받았으며 어려서는 전술과 병법도 좋아하였다. 1765년에는 과거에 합격하였다. 그러나 후에 불교로 전향하여 왕진과 친교를 나누었는데, 몇 가지 쟁점은 있었지만 대체로 서로 조화를 이루었다. 팽소승과는 편지를 왕래하였다.

나유고는 『무량수경기신론無量壽經起信論』의 서문을 써서 정토의 우월성을 기렸으며, 70일 동안 칩거하며 혼자 『수능엄경首楞嚴經』을 공부하였다. 그에 따르면 공자와 부처의 학설을 함께 활용하는 것이 가능하다. 비록 두 학파가 매우 다르게 보이지만 생각은 서로 일치하기 때문이다. 따라서 두 학파가 서로 투쟁할 필요가 없다. 그리하여 나유고는 이른바 불경의 관점에 상응하여 다음과 같이 말함으로써 개인의 마음이 현존한다는 것에 이의를 제기한다.

---

6) 鍾泰, 『中國哲學史』, 권2, 164.
7) 『清士列傳』, 권72, 28b.

나로 인하여 사물의 다툼이 생겨나고 내가 없음으로써 사물의 다툼을 잊는다. 나는 그릇의 그림자에 불과하다. 성에 어두우면 망령된 집착이 생겨난다.[8]

불교적인 관점에 따르면 나는 단지 감각과 느낌의 복합체를 표현하는 것에 불과하다. 그러나 여기에서 나유고는 또한 『역』에 있는 유학의 명, 성, 기질에 대한 생각을 연결하였다.

나유고는 죽는 날에 자신의 저서를 모두 불태웠다. 팽소승은 남아 있는 것을 모아 『존문거사집尊聞居士集』 8권을 간행하였다.[9]

3. 팽소승

팽소승彭紹升(1740~1796)은 자가 윤초允初이고 호는 척목거사尺木居士 · 지귀자知歸子이다. 왕진과 마찬가지로 강소성 오현이 고향이다. 1769년에 진사시험에 합격하였고, 후에 지방관으로 임용되었으나 관직을 받지 않았다. 육구연과 왕수인의 저서를 좋아하였으며 왕진 · 나유고와 교류함으로써 불교에 대해서도 알게 되었는데, 특히 왕진에게 많은 감화를 받았다. 유명한 시인 원매袁枚(1715~1797)가 그와 더불어 삶과 죽음에 대한 논쟁을 벌였는데 이기지는 못하였다. 팽소승은 또한 고문에 몰두하여 비문을 수집하였으며,[10] 후에 불교에 입문하여 제청際淸이라는 법명을 받았다.

팽소승은 『대학』을 비롯한 사서에 관한 기존 주석들의 정확성에 의문을 표하면서 새로운 주석을 시도하였다. 저서로는 『이임거집二林居集』 24권, 『일행거

---

8) 鍾泰, 『中國哲學史』, 권2, 163, "物之爭也以我, 其忘爭也以無我, 我也者器之景, 昧性而妄有執者也."
9) 『淸士列傳』, 권72, 29a.
10) 『淸士列傳』, 권72, 24a~b.

집一行居集』, 『측해집測海集』 6권과 『관하집觀河集』이 있으며, 특히 「일승결의론一乘決疑論」을 지어 유학과 불교의 융합을 시도하였다. 그 외의 저술로는 「삼매론三昧論」, 「거사전居士傳」, 「선여인전善女人傳」, 「정토삼경신론淨土三經新論」, 「정토성현록淨土聖賢錄」 등이 있다.11) 그가 어떻게 유학사상을 새롭게 해석하였는지는 다음의 인용문을 통해 알 수 있다.

바깥으로는 사물을 살펴서, 사물이 더 이상 내가 인식하는 그 사물이 아니게 된다. 사물이 더 이상 그 사물이 아니게 된 것을 격물格物이라고 한다. 안으로는 의意를 살펴서, 의가 더 이상 내가 생각하는 그 의가 아니게 된다. 의가 더 이상 그 의가 아니게 된 것을 성의誠意라고 한다. 더 나아가 마음을 살펴서 마음이 더 이상 그 마음이 아니게 된 것을 일러 정심正心이라고 한다. 이와 같이 하여 몸을 몸으로 되돌리고 가정을 가정으로 되돌리며 국가를 국가로 되돌리고 천하를 천하로 되돌려서, 그 마음을 더 이상 부리지 않고 그 의를 더 이상 움직이지 않게 하며 그 사물을 더 이상 뒤섞이지 않게 하는 것, 이것이 바로 수신修身이요 제가齊家요 치국治國이요 평천하平天下라 할 것이다.12)

여기에서 팽소승은 치지致知를 제외한 『대학』의 팔조목을 설명하고 있는데, 필자에게는 이 설명이 철저하게 불교적인 것으로 보인다. 이에 따르면 사물과 의, 마음 등이 모두 단순한 환상에 불과하고, 인식은 『대학』의 격물로서 제시되었지만 유학의 그것과는 절대로 같지 않다.

---

11) 蔣維喬, 『中國近三百年哲學史』, 89쪽.
12) 鍾泰, 『中國哲學史』, 권2, 163, "外觀其物, 物無其物, 物無其物, 是謂物格, 內觀其意, 意無其意, 是謂意誠, 進觀其心, 心無其心, 是謂正心, 由是以身還身, 以家還家, 以國還國, 以天下還天下, 不役其心, 不動於意, 不散於物, 是謂身修家齊國治天下平."

제3장 회의론자: 홍양길

1. 생애와 저서

홍양길洪亮吉(1746~1809)은 자가 군직君直・치존稚存이고 호는 북강北江・갱생
更生이며 강소성 양호현陽湖縣 사람이다. 6세 때 아버지를 잃고 어머니에게서
교육을 받았는데, 13세 때 이미 시를 지었다고 한다. 그는 바람이 불고 눈이
내리는 추운 밤에도 첫닭이 울 때까지 공부할 정도로 공부에 열성적이었다.
후에 그는 글을 써서 번 돈으로 어머니를 봉양하였다.[1] 1790년에 진사시험에
차석으로 합격하였으며, 그 뒤에 한림원과 국사관에 임용되었다. 1792년에는
귀주의 지사가 되었다.[2]

1799년에 나라에 큰 동요가 일어나 사천・섬서・하북・안휘에서 폭동이 일었
다. 이 소식을 듣고 홍양길은 분기를 누르지 못하여 밤에 잠을 이룰 수가 없었다.
한림으로서 권리가 없었음에도 불구하고 그는 시정의 폐단을 격렬하게 비판하는
상소문을 올렸고, 황제는 홍양길을 엄격하게 심문할 것을 명하였다. 그의 무례함에
대하여 당장 처형할 것을 청하는 의견이 있었지만 황제는 이리伊犁로 유배시키는
데 그치도록 하였다. 홍양길의 친구들은 그를 북경 근처의 다리까지 동행하였다.
다음해에 북경에 큰 가뭄이 들었다. 황제는 이것이 순수한 애국심에서 상소한

---

1) 『清士列傳』, 권69, 4b.
2) 鍾泰, 『中國哲學史』, 권2, 166.

홍양길을 부당하게 처벌하여 하늘이 진노한 것이라고 여겼고, 홍양길에 대한 유배형을 취소하였다. 홍양길이 이리에 머문 기간은 단지 100일에 불과하였다. 그가 석방되자 북경에는 충분한 비가 내렸다.[3]

홍양길은 1801년에 고향에서 시사詩社를 결성하였고, 1802년에는 새로 설립된 기관에서 교육을 담당하였다. 그는 호인이었다. 술과 노래를 좋아하였으며 많은 지식과 시적인 재능을 지니고 있었다.[4] 그러나 학문적인 논쟁 때문에 친구들과 등지는 일이 잦았으며, 이러한 약점은 그 자신도 잘 알고 있었다.[5]

홍양길은 또한 회의론자였다. 그는 나라사람들 대부분이 참으로 받아들이는 신뢰받는 문장에 대해서도 의심하면서 그것을 비판적으로 반박하고자 노력하였다. 또 주제와 언어의 선택에 있어서는 왕충과 매우 유사하였으며, 열자와도 많은 점에서 근접하고 있다.

홍양길은 매우 많은 저술을 남겼다. 문집으로는『권시각문집卷施閣文集』과 『갱생재문집更生齋文集』이 전한다.『양진남북사악부兩晉南北史樂府』 및 『당송소악부唐宋小樂府』라는 민요집을 출간하였으며,『북강시화北江詩話』라는 시화집도 지었다.『춘추좌전』을 고증한『춘추좌전고春秋左傳詁』를 저술하였으며, 지리에 정통하여『건륭부청주현도지乾隆府廳州縣圖志』를 비롯한 여러 권의 역사지리서도 펴내었다. 그의 저서들 중에는 이리에 유배되었을 때의 일들을 기록으로 남긴 『이리일기伊犁日記』도 있다.[6] 시문집『홍북강시문집洪北江詩文集』이『사부총간』에 그대로 수록되어 있는데, 이 시문집의 제1권에 수록된「의언意言」20편을 통해 그의 철학적 입장을 파악할 수 있다.

---

3) 洪亮吉,『洪北江詩文集』에 수록된 전기(32b) 참조.
4) Giles, *Chinese Biographical Dictionary*.
5) 蕭一山,『淸代通史』, 권2, 645.
6) 완전한 저술목록은 蕭一山,『淸代通史』, 권2, 645 및『淸士列傳』, 권69, 6b에 있다.

2. 삶과 죽음

홍양길은 육신의 부모와 천지를 구분한다. 그는 우리의 신체와 생기가 유래하고 있고 또 되돌아가게 되는 천지가 육신의 부모보다 원칙적으로 더 우리의 부모에 가깝다고 말한다.

인간에게는 백년의 부모가 있으며, 또한 영원토록 바뀌지 않는 부모가 있다. 백년의 부모는 나를 낳아 준 부모이며, 영원토록 바뀌지 않는 부모는 천지이다. 인간은 어떻게 생성되는가? 부모에게서 생겨났다는 것을 모르지 않는다. 인간은 어떻게 죽는가? 마찬가지로 다시 부모에게로 돌아간다는 것을 모르지 않는다. 태어날 때에는 아버지에게서 정기를 받고 어머니에게서 형질을 받는데, 이것이 그가 살아 있는 까닭이다. 죽게 되면 정기는 하늘로 돌아가고 형질은 땅으로 돌아가는데, 이것이 그가 죽는 까닭이다. 백년의 부모와 떨어지면 영원토록 바뀌지 않는 부모에게로 되돌아간다.[7]

홍양길에 따르면 천지는 옛날에도 있었고 지금도 있지만 이들이 변하였는지 아닌지, 또 그 사이에 증가하거나 감소하였는지는 인간이 알 수 없다.[8] 그러나 인간이 태어났다고 해서 천지의 정기가 감소되는 것은 아니며, 또한 인간이 죽는다고 해서 천지에 더해지는 것이 있는 것은 아니다.

인간이 비록 죽는다고 해도 그의 정기는 없어지지 않으며, 정기가 없어지지 않으면 그 인간 또한 없어지지 않는다. 인간이 죽지 않는다면, 그는 실로 천지와 함께

---

7) 洪亮吉, 『洪北江詩文集』, 권1, 2a, "人有百年之父母, 有歷世不易之父母, 百年之父母生我者是也, 歷世不易之父母天地是也, 人何以生, 無不知生于父母也, 人何以死, 亦可知仍歸于父母乎, 且人之生稟精氣于父, 稟形質于母, 此其所以生也, 及其死, 歸精氣于天, 歸形質于地, 此其所以死也, 離百年之父母, 歸歷世不易之父母."
8) 洪亮吉, 『洪北江詩文集』, 권1, 2b.

똑같이 다하게 될 뿐이다. 그러므로 나는 말한다. 인간은 단 하루도 아버지와 어머니로부터 분리된 적이 없었다.[9]

이것을 통하여 죽은 후에도 인간이 지속적으로 존재한다는 것이 증명되었다고 하더라도, 그러나 그와 반대로 인간이 정기와 형질에서 분리된 후에는 더 이상 현존하지 않는다는 것 또한 인정되어야만 한다. 시체는 더 이상 인간이 아니며 온기 또한 없어질 것이기 때문이다.

홍양길은 인간이 삶을 즐기고 죽음을 두려워하는 일반적인 견해를 다음의 관찰을 통하여 뒤흔들고자 한다.

살아 있는 존재가 삶을 즐겁게 여기는 것이, 어찌 죽음이 즐거움이 되지 못함을 알아서 그런 것이겠는가? 아직 그 굽힘의 때가 되지 않아 알 수가 없기에, 살아 있을 때에 죽음에 대해 말하는 것이 마치 무거운 근심이 있는 듯한 것이다. 그렇다면 죽음을 알 때에 삶에 대해 말하는 것 또한 마치 무거운 근심이 있는 듯해야 하지 않겠는가?[10]

홍양길에 따르면, 열자는 삶과 죽음을 서로 오가는 것으로 보았는데, 그렇다면 사람이 이곳에서 죽는 것은 마치 윤회와 같아서 다른 곳에서 다시 태어나게 되는 것이다. 단지 사람들이 모르고 있을 뿐이다. 만약 살아 있을 때 매일 죽음에 더 가까이 감을 슬퍼한다면, 죽음에 임해서는 마찬가지로 다른 삶에 가까워지는 것이기 때문에 마땅히 기뻐해야 할 것이다.[11]

---

9) 洪亮吉, 『洪北江詩文集』, 권1, 3a, "人雖亡而精氣不亡, 精氣不亡, 是人亦不亡矣, 人不亡, 則直與天地同槃耳, 吾故曰, 未嘗離父母之一日也."
10) 洪亮吉, 『洪北江詩文集』, 권1, 3a, "生者以生爲樂, 安知死者不又以死爲樂. 然未屈其時, 不知也, 生之時而言死, 則若有重憂矣, 則安知死之時而言生, 不又若有重憂乎."
11) 洪亮吉, 『洪北江詩文集』, 권1, 3b.

죽음을 축하하고 삶을 조문하는 것이 잘못된 것인지 아닌지 내가 어떻게 알겠는가? 삶을 즐겁게 여기고 죽음을 슬프게 여기는 것이 잘못된 것인지 아닌지를 내가 또한 어떻게 알겠는가?12)

나아가 홍양길은 죽음이 오히려 삶보다 더 나을 수도 있다는 것을 다음과 같이 증명하고자 한다.

아니면 죽은 다음에도 의식이 있다는 것인가? 죽은 다음에도 의식이 있는 것이라면 모든 죽은 사람들이 의식을 가지고 있을 것이며, 그렇다면 나는 장차 죽음으로써 나의 친척을 만나고 친구를 만나며 살아 있는 백 년 동안 보지 못했던 온갖 사람들과 살아 있는 백 년 동안 듣지 못했던 온갖 일들에 대해서 보고 듣게 될 것이다. 이러한 죽어서의 즐거움은 살아서보다 훨씬 크다. 또한 나는 형질이 있을 때는 질병·기쁨·슬픔을 갖는데, 지금 형질이 없다면 더위와 추위가 침입할 곳이 없고 슬픔과 즐거움이 미칠 곳이 없다. 이보다 더 좋은 것이 무엇인가?13)

죽음으로 의식이 사라진다고 생각해 보자. 나는 일찍이 극심하게 마시고 취한 적이 있었는데, 취했을 때의 즐거움은 깨어 있을 때의 즐거움보다 백배는 더 컸다. 의식이 없었기 때문이다. 나는 또한 일찍이 매우 피곤해서 그대로 잠든 적이 있었는데, 잠잘 때의 기쁨은 일어나 있을 때의 기쁨보다 백배는 더 컸다. 의식이 없었기 때문이다. 이보다 더 좋은 것이 무엇인가?14)

12) 洪亮吉, 『洪北江詩文集』, 권1, 4a, "吾安知世不以吾之以死爲可賀, 以生爲可弔爲惑耶, 吾又安知不有人以世之以生爲可樂, 以死爲可悲者爲更惑也."
13) 洪亮吉, 『洪北江詩文集』, 권1, 3b, "抑謂死而有知也, 死而有知, 則凡死者皆有知, 吾將以死觀吾親戚, 合吾良友, 見百年以內所未見之人, 聞百年以內所未有之事, 是死之樂甚於生也, 且吾有形質, 卽有疾病欣戚, 今無形質矣, 是寒暑所不能侵也, 哀樂所不能及也, 適孰如此也."
14) 洪亮吉, 『洪北江詩文集』, 권1, 3b, "以爲死而無知也, 吾嘗飮極而醉焉, 醉之樂百倍於醒也, 以其無所知也, 吾嘗疲極而臥焉, 臥之樂百倍於起也, 以其無所知也, 適孰如此也."

그러나 감정과 의식이 없는 상태를 특별한 행운으로 여길 수 있을 때에나 위와 같은 증명이 올바르다고 할 수 있을 것이다.

3. 귀신

홍양길은 상제와 귀신이 없다는 주장을 옹호하면서도 고대에는 산과 강, 땅과 곡식에 모두 신이 깃들어 있었다고 한다. 그에 따르면 주대 말기부터 사람들은 귀신에 대해 말하기 시작하였는데, 그것은 올바른 견해가 아니었다. 예를 들어 두백의 귀신이 선왕을 화살로 쏘아 죽였다는 것[15]이나 하늘에서 신이 신莘에 내려왔다는 것이나 황하의 신이 굴원에게 불행을 가져왔다는 것 등은 모두 기이한 현상(怪)에 불과하다. 귀신은 무기를 사용할 수 없으며, 또한 신은 인간에게 말을 할 수 없기 때문에 다만 황하의 신처럼 징조를 통해 자신의 뜻을 드러낼 뿐이다. 그러므로 귀신은 결코 인간에게 악한 것을 부가할 수가 없다.[16] 실제로 산·강·땅·곡식·바람·구름·천둥·비의 신은 죽은 조상의 귀와 마찬가지로 더 이상 존재하지 않으며, 단지 숭배하는 사람들의 마음에만 현존한다. 사람들이 이러한 신을 자신의 눈으로 보았다고 주장하더라도 그것은 참이 아니다. 귀신들은 태곳적의 옷을 입고 있어야 하는데, 그들은 귀신이 사당에 있는 신의 조상처럼 후대의 옷을 입고 있다고 설명하기 때문이다.[17] 후손들은 제사지낼 때 죽은 사람이 마치 그들 위를 떠돌거나 곁에 나타나는 것처럼 생각하지만, 이것은 단지 상상에 불과하며 죽은 사람의 귀신이 실제로 존재하는 것이 아니다.[18] 어디에 천지의 신이 머물고 어떻게 이들이 형태를 갖추고 있는지를

---

15) 王充, 『論衡』, 권1, 202쪽 참조.
16) 洪亮吉, 『洪北江詩文集』, 권1, 13a.
17) 洪亮吉, 『洪北江詩文集』, 권1, 13a.

볼 수는 없다. 이에 대하여 홍양길은 다음과 같이 말하였다.

만약에 산·강·땅·곡식·바람·구름·번개·비가 신을 가지고 있다면, 천지가
신을 가지고 있다고 말하는 것은 더 마땅하다. 나는 가볍고 맑은 것은 하늘이
되고 무겁고 탁한 것은 땅이 된다고만 들었지, 가볍고 맑은 것이 다시 궁전이
되고 천신의 형질이 되며 무겁고 탁한 것이 다시 가옥이 되고 지기地祇의 형질이
된다는 말은 듣지 못하였다. 또한 하늘이 만약 신을 가지고 있다면 그 형상은
하늘의 둥근 모양을 따라야만 할 터이며 땅이 만약 신을 가지고 있다면 마찬가지로
땅의 각진 모양을 따라야만 할 터인데, 지금 세상에서 말하는 천지의 신의 형상은
모두 인간들의 것과 같다. 그렇다면 천지가 사물의 형상은 만들 수 있지만 도리어
그들 자신의 형상은 만들 수가 없어서 마침내 아래로 내려와 인간의 형상을 본떴다
는 것인가? 이것이 이치에 맞는가?[19]

홍양길에 따르면, 삶의 기간은 사람이 저절로 받게 되는 정기에 달려 있다.
이것이 약하거나 강할 수는 있지만, 특별한 수련법을 통해 삶이 연장되는 것은
아니다. 영원히 사는 신선은 없고 죽지 않는 사람도 없다. 만약에 있다면 불사라는
것이 전혀 보람된 일이 아니게 될 것이다. 사람은 고령에 이르면 정기를 상실하여
무뎌지며 산다는 것에 더 이상 기뻐하지 않게 된다. 인생의 황혼기에 이르면
하루에 있어서의 저녁과 마찬가지로 고요를 필요로 한다. 그 상태에서 다시
활발하게 되고자 한다면 큰 병에 걸리게 될 것이다.[20]

---

18) 洪亮吉, 『洪北江詩文集』, 권1, 14b.
19) 洪亮吉, 『洪北江詩文集』, 권1, 14a, "且山川社稷風雲雷雨有神, 則天地益宜有神, 吾聞輕淸者
   爲天, 重濁者爲地, 未聞輕淸之中更結爲臺殿宮觀, 及天神之形質也, 重濁中更別具房廓舍宇,
   及地祇之形質也, 且天苟有神, 則應肖天之圜以爲形, 地苟有神, 則亦應規地之房以爲狀, 今世
   所傳天神地祇之形, 則皆與人等, 是則天地能造物之形, 而轉不能自造其形, 不能自造其形, 乃
   至降而學人之形, 有是理乎."
20) 洪亮吉, 『洪北江詩文集』, 권1, 15a 이하.

4. 명

홍양길은 명 또한 부정하였다. 그에 따르면 인간의 생명은 명에 달려 있는 것이 아니다. 그는 명을 결정할 수 있는 상제와 신이 없다면 명이 또한 어디에서 와야 하는 것인지에 대하여 다음과 같이 말하였다.

인간의 삶은 길거나 짧고 궁색하거나 달통한다. 거기에 명이 있는가? 답하자면 없다. 짧거나 길고 궁색하거나 달통하는 명이 있다는 것은 성인이 평균 이하의 사람을 위하여 세운 가르침일 뿐이다. 이것은 또한 부처와 노자가 윤회와 인과응보의 설을 만들어 낸 것과 같다. 도대체 어떻게 실로 윤회와 인과응보가 있을 수 있겠는가? 말하자면 없다. 윤회와 인과응보의 설 또한 부처가 낮은 등급의 사람들을 위하여 생각해 낸 설법일 뿐이다.[21]

왜 삶의 길고 짧음과 막히고 통함에 명이 없다고 말하는가? 천지 안에 인간이 있는 것은 인간의 몸에 서캐와 이가 있는 것과 같다.[22] 천지 안에는 사람이 수없이 많고, 사람의 몸에는 서캐와 이가 수없이 많다. 인간 몸의 서캐와 이 중에는 성장하기도 전에 살해되는 것이 있고 다 장성하여 살해되는 것도 있으며, 또한 오래도록 살다가 옷섶을 꿰맬 때에 절로 죽는 것이 있고 뜨거운 목욕물에 죽는 것이 있으며 세탁을 할 때 죽는 것도 있다. 만약 사람의 명이 어떤 주재자에 의해 결정된다고 한다면, 서캐와 이의 명은 도대체 누가 결정하는 것인가? 사람이 각 서캐와 이의 명을 일일이 정할 수는 없으니, 그렇다면 하늘 또한 개인의 명을 일일이 정할 수 없다는 것을 알 수 있다. 어떤 사람은 인간은 크고 이는 작다고 말하지만, 천지의 관점에서 본다면 인간이 곧 서캐와 이이고 서캐와 이가 곧 인간이다.[23]

---

21) 洪亮吉, 『洪北江詩文集』, 권1, 11b, "人之生修短窮達, 有命乎, 曰無有也, 修短窮達之有命, 聖人爲中材以下之人立訓耳, 亦猶釋老造輪回果報之說, 豈果有輪回果報乎, 曰無有也, 輪回果報之有說亦釋氏爲下等之人說法耳."

22) 王充, 『論衡』, 권1, 322 참조.

23) 洪亮吉, 『洪北江詩文集』, 권1, 11b, "何以言修短窮達無命, 夫天地之內有人, 亦猶人生之內有

부귀한 사람의 몸에 있는 서캐와 이는 희고 호화로운 비단 속에 살고, 빈천한 사람의 몸에 있는 서캐와 이는 누더기 속에 산다. 그러나 호화로운 비단 속에 사는 서캐와 이라고 해서 그 명이 부귀한 것은 아니며, 누더기 속에 사는 서캐와 이라고 해서 그 명이 빈천한 것도 아니다……서캐와 이에게 명이 없는데, 어떻게 인간에게만 명이 있겠는가? 다만, 평균 이하의 사람을 명에 대한 말로 구속하지 않는다면 제멋대로 살게 될 것이며, 어리석은 사람을 윤회와 인과응보의 설로 겁먹게 하지 않으면 끝없이 악을 저지르게 될 것이다. 그러므로 나는 중간 이하의 사람은 명을 믿지 않으면 안 된다는 말은 성인의 고심에서 나온 경고라고 말한다.[24]

5. 인간과 동물

홍양길은 만물이 인간을 위해 생성된 것인지에 대하여 열자[25]와 마찬가지로 부정한다. 그는 다른 짐승이 인간의 양식이 되기 위하여 생성되었다고 하는 것은 잘못이라고 말한다.

하늘이 온갖 짐승을 오직 인간을 양육하기 위해 생성하였다는 말이 있다. 정말로 그렇다면 물속의 악어가 인간을 잡아먹는 것은 하늘이 인간을 악어의 먹이로 생성한 것인가? 또 산속의 곰이 인간을 잡아먹는 것은 하늘이 인간을 곰의 먹이로

蟣虱也, 天地之內人無數, 人身之內蟣虱亦無數, 夫人身內之蟣虱有未成而遭殺者矣, 有成之久而遭殺者矣, 有不遭殺而自生自滅于緣督縫袘之中者矣, 又有湯洙具而死者矣, 有澌濯多而死者矣, 如謂人之命皆有主者司之, 則蟣虱之命又將誰司之乎, 人不能一一司蟣虱之命, 則天亦不能一一司人之命, 可知矣, 或謂人大而蟣虱小, 然由天地視之, 則人亦蟣虱也, 蟣虱亦人也."

24) 洪亮吉, 『洪北江詩文集』, 권1, 12a, "蟣虱生富貴者之身, 則居于紈綺白縠之內, 蟣虱生貧賤者之身, 則集于鶉衣百結之中, 不得謂居于紈綺白縠者, 蟣虱之命當富貴也, 居鶉衣百結之中者, 蟣虱之命當貧賤也,……蟣虱無命, 人安得有命, 然中材以下不以命之說拘之, 則囂然妄作矣, 亦猶至愚之人不以輪回果報之說怵之, 則爲惡不知何底矣, 吾故曰, 中人以下不可不信命, 是聖人垂戒之苦心也."

25) 『列子』, 권8, 12; A. Forke, *Geschichte der alten chinesischen Philosophie*, 300쪽 주2) 참조.

생성한 것인가? 또 구릉의 호랑이와 표범이 인간을 잡아먹는 것은 하늘이 인간을 호랑이와 표범의 먹이로 생성한 것인가?[26]

홍양길은 모든 동물이 인간을 죽이지만 인간 또한 그러한 육식동물을 죽이며, 여기에서 결정적인 것은 단지 더 큰 힘과 재능이라고 하였다.[27] 그러자 어떤 사람들이 소나 양, 돼지 등과 같은 가축은 오직 인간에게 잡아먹히기 위한 목적으로 생겨났다고 주장하였는데, 이에 대하여 홍양길은 만약에 그렇다면 하늘은 이들이 스스로 잡아먹히도록 만들었겠지만 이들은 오히려 살기 위하여 사람과 맞서고 심지어는 해치거나 죽일 때도 있다고 반박한다. 또한 그는 식물도 결코 스스로 인간에게 자신을 바치지 않는다고 말하였다.

식물은 의식이 없고 말없이 조용하게 인간의 양식이 될 뿐이다. 하지만 그렇다고 해서 반드시 사물이 본성적으로 인간의 양식이 되는 것을 즐거워한다고 말한다면, 그것 또한 맞지 않다.[28]

6. 덕과 인성

덕에 대한 홍양길의 견해는 순자와 가깝다. 순자 또한 덕을 어느 정도 인위적인 것으로 여기기 때문이다. 홍양길은 덕이라는 것은 참된 것이 못 된다고 보았다. 오히려 덕을 아직 모르는 어린아이의 성이 참이다. 그는 이렇게 말한다.

---

26) 洪亮吉, 『洪北江詩文集』, 권1, 10b, "百獸如謂天專生以養人, 則水之中蛟鱷食人, 天生人果以爲蛟鱷乎, 林麓之中熊羆食人, 天生人果以供熊羆乎, 原隰之內虎豹食人, 天生人果以給虎豹乎."
27) 洪亮吉, 『洪北江詩文集』, 권1, 10b.
28) 洪亮吉, 『洪北江詩文集』, 권1, 11b, "植物無知, 默供人之食而已, 必謂物之性樂爲人之食, 是亦不然也."

아직 강보에 싸인 아이는 어머니만 알고 아버지가 있음을 알지 못하지만 그렇다고
해서 이때의 성이 참된 성이 아니라고 말할 수 없고, 먹고 마시는 것만 알고 사양하
는 예는 모르지만 그렇다고 해서 이때의 성이 참된 성이 아니라고 말할 수 없다.
마침내 지식이 있게 된 연후에는 가족에게도 엄한 군주의 의리가 있어야 함을
알고 그 아버지를 받드는 것이 그 어머니를 받드는 것보다 더 중요함을 안다……
그렇다면 강보에 싸여 있던 때를 참이라고 할 것인가, 아니면 지식이 있게 된
이후를 참이라고 할 것인가? 반드시 답해야만 한다면, 어려서 강보에 싸여 있을
때는 비록 참이지만 단지 아직 지식이 없는 듯할 뿐이니, 그렇다면 지식이 없는
때가 참이고 지식이 있을 때는 거짓이라 하겠다. 나는 성인이 예를 설립한 것이
비록 사람을 거짓으로 인도한 것은 아니지만 또한 실로 사람을 참으로 이끄는
것을 막았다고 여긴다.[29]

7. 농사

홍양길은 또한 농사와 토지 문제에 대해서도 궁구하였다. 그러나 그는 대부분의
철학자들이 올바른 방식으로 토지를 분배하면 어떤 어려움에도 불구하고 모두가
주인이 될 수 있다고 믿었던 것에 비하여 토지의 문제를 매우 염세적으로
보았다. 그는 인구는 항상 증가하는데 토지는 증가하지 않기 때문에 사람들은
가난과 결핍을 피할 수 없다고 확신하였다. 그에 따르면, 모든 사용할 수 있는
토지를 경작하게 된다고 하더라도 후손을 위한 충분한 토지를 마련할 수 없다.
또한 여기에는 백 명을 부양할 수 있는 토지가 흔히 한 명의 개인에 의하여

---

29) 鍾泰, 『中國哲學史』, 권2, 166, "襁褓之時, 知母而不知有父, 然不可謂非襁褓時之眞性也, 孩提
之時, 知飮食而不知禮讓, 然不可謂非孩提時之眞性也, 至有知識而後, 知家人有嚴君之義焉,
其事父也, 有當重於母者矣……將爲孩提襁褓之時眞乎, 抑有知識之時眞乎, 必將曰, 孩提襁褓
之時雖眞, 然若其無知識矣, 是則無知識之時眞, 而有知識之時僞也, 吾以爲聖人設禮, 雖不導
人之僞, 實亦禁人之率眞."

점유된다는 문제도 있다. 홍수나 가뭄, 질병 등과 같은 자연의 재해도 인구의 과도한 증가를 해결할 수 없다. 그런 자연재해로 죽는 사람은 백성의 10분의 1에서 2 정도에 이를 뿐이다. 또한 행정적인 규정들, 예를 들어 휴경지의 경작, 새로운 지역으로의 이주, 관세의 감면, 대규모농장의 금지 등과 같은 정책들도 큰 도움이 되지는 못한다. 토지가 부양할 수 있는 것보다 더 많은 인간이 태어나는 데 대해서는 아무 대책이 없다.[30]

---

30) 鍾泰, 『中國哲學史』, 권2, 167.

19세기편

(1801~1912)

제1장 다양한 학자들

1. 증국번

증국번曾國藩(1811~1872)은 자가 척생滌生이고 호는 백함伯函이며 호남성 상향湘鄉 사람이다. 그는 어머니의 거상에 모든 관직에서 물러나 있었는데, 이때 양자강 계곡에서 태평천국의 군대를 발견하고는 그것에 대항하기 위하여 고향에서 의병대를 조직하였다. 1853년에는 의병대를 이끌고 호남성을 보호하는 임무를 맡았고, 일부 지역을 되찾은 후 병부 우시랑에 임용되었다. 1860년에는 양강총독兩江總督이 되고 그 이듬해에 안휘성을 추가로 맡았으며, 마침내는 토벌대의 전권을 위임받았다. 1864년에 남경을 탈환함으로써 태평천국의 난이 진압되자 의용후毅勇侯에 봉하여졌다. 이후 1865년에는 산동에서 염군의 난에 대항하여 싸웠다. 1867년에 직례성의 총독이 되었고, 1870년에는 남경으로 이직하였다. 죽은 후에 문정文正이라는 시호를 받았다.

증국번은 충실한 신하로서 동치제同治帝의 관리 중 가장 큰 업적을 이룬 관리였다. 그는 생전에 청렴하고 검소하게 살았다. 죽은 뒤 옷장 안에 든 것이라고는 입던 옷가지들뿐이었다.[1]

증국번은 한대와 송대의 학문을 화합함으로써 그 결함을 정화하고자 하였다.[2]

---

1) Giles, *Chinese Biographical Dictionary*에 수록된 전기 참조.
2) 鍾泰, 『中國哲學史』, 권2, 172.

그는 성리학의 기반 위에서 현명한 절충주의를 내세웠다.[3] 그의 문집은 이홍장李鴻章의 형인 이한장李瀚章에 의하여 『증문정공문집曾文正公文集』으로 출간되었는데, 철학적인 내용은 그다지 많지 않다.

건륭제乾隆帝 대에 경전을 새로운 방식으로 설명하는 유학자들이 나타났다. 그들은 자신들의 학문을 '고증학考證學'이라고 부르면서 송대의 다섯 철학자를 거칠게 부정하였다. 많은 사람들이 고증학을 잘못된 학문으로 몰아세우면서 송대 철학을 긍정하였으나, 고증학자들은 송대 철학을 주장하는 학자들이야말로 참된 학설을 파괴하고 있다고 비난하였다. 이에 대하여 증국번은 고증학을 인정하면서도 다음과 같이 성리학 또한 옹호하고 있다.

> 내가 다섯 선생들의 말을 살펴보니, 그 대체는 공자의 가르침과 합치하는 바가 많으니 무슨 논란이 있을 것이며, 경전에 대한 해석은 합당하지 않은 곳이 적어서 진실로 그 합당한 곳을 취하여 근세의 경설로써 보충할 수 있는 것이었다. 어찌 그 말들을 모두 버려서 스스로를 좁게 만들 것인가?[4]

증국번은 주자학파들과 양명학파들 사이의 논쟁에 있어서도 이와 같은 중립적인 입장을 견지하고 있다. 심지어 그는 묵자와 상앙과 같은 이단의 설도 의의 실행에 도움이 된다면 인정할 수 있다고 보았다. 그의 말은 다음과 같다.

> 만약에 마음을 노닐게 함이 한낱 노장의 허정과 같고 몸을 다스림이 한낱 묵적의 근검함과 같으며 백성을 다스림이 한낱 관자와 상앙의 엄정함에 그친다 하더라도, 또한 자기가 옳다는 마음이 없이 치우침을 바로하고 결함을 보충할 수 있다면 그들 제가 역시도 모두 스승이 될 수 있으니 어찌 버려야만 하겠는가?[5]

---

3) Wilhelm, *Chinesische Philosophie*, 117.
4) 鍾泰, 『中國哲學史』, 권2, 173, "吾觀五子立言, 其大者多合於洙泗, 何可議也, 其訓釋諸經, 小有不當, 固當取近世經說以輔翼之, 又何屏棄羣言以自隘乎."

증국번은 스스로가 매우 현실적인 활동가였음에도 불구하고 안원과 이공의 방법을 올바르지 못한 것으로 여겼다. 그는 최고의 행정직을 맡은 관리로서 백성들의 삶을 현실적으로 잘 알게 되었으나, 백성들의 본성에 대해서는 호의적이지 않은 판단을 내렸다. 그는 백성들 대부분이 유약하고 용기가 없으므로, 유능하고 활동적인 사람 한두 명이 백성을 감동시켜서 선한 방향이나 악한 방향으로 이끈다면 백성들은 맹목적으로 따르게 된다고 말한다.[6]

증국번은 철학적인 주제들 가운데 인간의 성과 명에 대한 내용을 지속적으로 다루었다. 그는 성과 명에 대해 다음과 같이 말하였다.

성은 허공중에 매달린 것이 아니라 내 몸에 붙어 있으면서 그 몸을 주재하는 것이고, 명은 밖에서 주어지는 것이 아니라 태극에 근원하면서 그 이름을 이룬 것이다.[7]

진眞과 정精이 서로 응결되었으니, 성은 곧 인간의 몸 가운데에 거처한다. 생을 머금고 기를 짊어지면 반드시 형체가 생겨나서 건도乾道의 변화가 생겨난다. 리와 기가 서로 밝으니, 명은 실로 형체를 부여받는 처음을 주재한다.[8]

증국번에 따르면, 성은 고요함·지식·의지 등을 주재하고 명은 보기·듣기·말하기 등을 주재한다. 또한 성은 인·의·효 등의 덕목을 규정하고, 명은 오륜 즉 그러한 덕목들의 실천적 활동을 주재한다. 모든 것에서 리는 합당하므로 덕은 특히 리에서 유래하는데, 많은 사람들이 실제적 연관을 고려하지 않은

5) 鍾泰, 『中國哲學史』, 권2, 174, "若游心能如老莊之虛靜, 治身能如墨翟之勤儉, 齊民能如管商之嚴整, 而又持之以不自是之心, 偏者裁之, 缺者補之, 則諸子皆可師, 不可棄也."
6) 鍾泰, 『中國哲學史』, 권2, 174.
7) 曾國藩, 『曾文正公文集』(四部叢刊本), 권1, 1a, "嘗謂性不虛懸, 麗乎吾身而有宰, 命非外鑠, 原乎太極以成名."
8) 曾國藩, 『曾文正公文集』, 권1, 1a, "真與精相凝, 性卽寓於肢體之中. 含生負氣, 必有以得乎乾道之變化. 理與氣相麗, 而命實宰乎賦畀之始."

채 단지 성과 명이 텅 비어 있다고 말함으로써 개념들이 증발하고 만다.[9)]

그러나 이러한 설명에 따르더라도 성과 명과 리의 개념이 불확실하여 서로 구분되지 않는다는 느낌은 여전히 남는다.

2. 유월

유월愈樾(1822~1907)은 자가 음보蔭甫이고 호는 곡원曲園이며 절강성 덕청德清 출신이다. 29세에 진사시험에 합격하고 한림원에 임용되었다. 이후 하남의 학교장으로 임용되었다가 1857년에 사직하고 소주蘇州에서 개인교사로서 살았다. 그는 무엇보다도 경전과 철학자들을 비판하는 데 몰두하였다. 그의 저술은 『춘재당전서春在堂全書』라는 이름으로 출간되었다. 그 안에는 각종 경전들을 논평한 『군경평의羣經平議』 35권과 철학자들에 대한 논평인 『제자평의諸子平議』 35권이 있으며, 또 『제일루총서第一樓叢書』 30권 및 『시편사빈명집詩編詞賓明集』 176권이 있다. 철학적인 내용은 『성설천하性說天下』 2편에 들어 있다.

유월은 인간의 성이 본래 악하다고 보는 순자의 견해에 동의하였는데, 이에 대해 어떤 사람이 만일 인간의 성이 본래 악한 것이라면 성인의 도라 하더라도 마치 동물에게 오륜을 교육하는 것처럼 아무 쓸모도 없게 될 것이라고 반박하였다. 그러자 유월은 다음과 같이 답하였다.

그것은 성의 차이가 아니라 재才의 차이이다. 금수는 인간의 재를 갖추고 있지 못하기 때문에 선을 행할 수 없지만 또한 커다란 악도 행할 수 없다. 그러나 인간은 그렇지 않아서, 그들의 재는 만물을 부릴 수 있다. 아직 성인이 없었을 때, 천하의 사람들은 성을 선하지 않은 쪽으로 몰고 가면서 그들의 재로써 그것을 도왔으니,

---

9) 曾國藩, 『曾文正公文集』, 권1, 1d-2a.

대개 그 악은 금수보다도 열배 백배나 더한 지경이 되었다. 그래서 성인은 말하였다. "악을 행할 수 있다면 또한 장차 선을 행할 수도 있다. 인간은 금수가 어둡고 둔하며 신령스럽지 못한 것과는 같지 않기 때문이다." 유학의 가르침이 없었을 때에는 능히 할 수 있는 것도 사람들은 할 수 없었고 능히 알 수 있는 것도 사람들은 알 수 없었는데, 재가 과연 충분해지자 사람들은 그로부터 미루어 갈 수 있었다. 그렇다면 사람이 성인이 될 수 있게 하는 것은 재이지 성이 아니다. 성은 사람과 사물이 똑같지만, 재는 사람과 사물이 다르다. 금수가 인간에 미치지 못하는 것은 그 성이 부족하기 때문이 아니라 그 재가 부족하기 때문이다.[10)]

유월은 성을 별로 중요하게 여기지 않고 대신 재才를 매우 중요하게 여겼다. 성과 재의 개념을 이처럼 유연하게 사용하면 모든 것을 증명할 수 있다. 대부분의 이전 철학자들은 성은 선하고 재는 악의 근원이라고 설명하였는데, 유월은 이러한 공식을 간단히 뒤집었다.

---

10) 高瀬武次郎, 趙蘭坪 中譯, 『中國哲學史』 3권, 228, "此非性之異, 才之異也. 禽獸無人之才, 故不能爲善, 亦不能爲大惡. 人則不然故, 才能役萬物, 方其未有聖人, 天下之人, 率其性之不善, 又佐之以才, 蓋其爲惡, 十百倍於禽獸. 聖人曰, 是能爲惡, 亦將能爲善, 不如禽獸之冥頑不靈. 無所施吾敎, 於是以其所能, 敎人之不能, 以其所知, 敎人之不知, 人之才果足, 以及之, 然則人之可以爲聖人者, 才也, 非性也. 性者, 人物之所同, 才者, 人物之所異也. 禽獸之不及人, 非其性不足, 其才之不足也."

제2장 변법자강의 기수들

1. 강유위[1]

1) 생애

강유위康有爲(1858～1927)는 자가 광하廣夏이고 호는 장소長素·남해南海이며 광동성 남해현南海縣에서 태어났다. 그의 가문은 대대로 광동에서 큰 부귀를 누렸으며 문학적인 교육을 받고 여러 세대 동안 철학에 몰두하였다. 강유위는 일찍 부모를 여의었기 때문에 조부에게서 교육을 받았다. 그는 어렸을 때부터 매우 진지한 성격이었으며 웃는 일이 드물었다고 한다. 그가 성인을 매우 좋아하였기 때문에 사람들은 그를 '성유위聖有爲'라고 놀렸다.

강유위는 7년 동안 시와 사회에 관심이 많았던 스승에게서 배우다가 스승이 죽은 후에는 4년 동안 남해의 서초산西樵山에서 홀로 역사를 공부하며 고독하게 지냈다. 그의 스승은 주자학을 좋아하고 양명학을 그리 좋아하지 않았으나, 강유위는 육구연과 왕수인에게 매료되어 있었다. 또한 그는 불교 서적을 자주 읽었으며 영혼과 사물의 본질에 대하여 명확하게 알고자 밤늦게까지 사색하는 일도 잦았다. 그리고 법적인 문제에도 관심이 많았다.

강유위는 학업을 마친 후에 북경으로 갔다. 그의 북경행은 홍콩과 상해를

---

[1] 이 장에 서술된 康有爲의 생애와 학설은 주로 제자 梁啓超가 남긴 전기를 참조하였다.

경유하여 이루어졌는데, 그 두 곳에 있는 유럽인 거주지의 질서 및 행정을 보고 그는 매우 깊은 감명을 받았다. 그는 유럽인들의 지식을 습득하기 위하여 강남의 병기창고에 보관된, 혹은 선교사들이 지닌 중국어로 번역된 유럽 서적을 닥치는 대로 구하여 모두 읽었다. 그 당시의 청에서 구할 수 있는 유럽 서적에는 군사·산업·의학·법·지리학에 대한 기본적인 학습서와 종교서적만 있었고 아직 문학·철학·정치에 관한 것은 없었지만, 그는 자신이 읽은 것만으로도 유럽 문화를 짐작해 볼 수 있었다. 그는 이것을 바탕으로 북경에서 1888년에 첫 번째 정치서적을 저술하였는데, 그가 속해 있는 학술원에서는 아무도 감히 그것을 황제에게 전달하고자 하지 않았다.

강유위는 여러 해 동안 국내를 여행하며 역사적인 유적지를 방문하고 풍부한 경험을 수집한 다음 1891년에 광동으로 가서 장흥리長興里 인근에 만목초당萬木草堂이라는 학교를 열었는데 이곳은 금방 유명해졌다. 그는 청을 새롭게 개척하기 위해서는 어린이의 교육이 가장 중요하다고 생각하였다. 같은 맥락에서 그는 또한 광동의 총독 장지동에게 번역관에서 일본책을 번역하고 유럽의 백과사전을 출간할 것을 권하였으나 총독은 승낙하지 않았다.

강유위는 만목초당에서 송명철학을 비롯한 유학과 불교를 주요 과목으로 가르쳤으며 그와 함께 역사, 유럽의 지식, 음악, 교련도 가르쳤다. 그는 특히 학생들의 마음을 자극하여 자립적이고 논리적인 사유를 통해 배우고 지를 확장할 수 있도록 하는 데에 교육의 가치를 두었다. 만목초당은 유럽의 학교와 같지는 않았지만 그에 못지않은 열정으로 학생들을 가르쳤다. 강유위는 장흥에 4년간 머물렀으며 매일 4시간에서 5시간 동안 학생들을 가르쳤다. 비록 그 자신은 어떤 외국어도 할 수 없었으며 단지 번역에만 의존하였지만, 그는 모든 지식의 영역에서 선진문물을 받아들이려 하였으며 학생들에게 유럽과 미국의 예를 자주 들었다.

이후 강유위는 광서의 중심지인 계림桂林으로 가서 만목초당과 비슷한 방식의 새로운 학교를 설립하였다. 그는 그곳에서 도덕교육과 이론교육을 7:3의 비율로 하였으며 신체교육도 소홀히 하지 않았다. 마음수양을 위한 교재로는 『중용』이 채택되었다. 학생들은 효·의·인·예·악의 덕을 실천하였고, 또 서화와 수학, 무기 다루는 법 등과 같은 실질적 지식을 함께 배웠다. 철학으로는 유학과 불교, 선진철학, 송명철학, 유럽의 철학 등을 배웠으며, 고대 경전 및 중국과 유럽의 역사, 지리, 수학, 자연과학 등은 순수과학으로 간주되었다. 실용적인 학문으로는 유럽과 중국의 정치·역사·민속·일상이 교육되었고, 문학에서는 중국의 산문과 외국어를 가르쳤다. 학교에서는 자유강연과 군사훈련이 이루어졌으며, 방학에는 소풍을 갔다. 강유위 자신은 학교의 교장이자 교사였으며 많은 옛 제자들이 조교로 일하였다.

강유위는 무엇보다도 지식의 교류와 동지의식이 모여서 공동체정신을 이루도록 장려하였다. 그리하여 그는 당시까지 유례가 없던 지식연합을 설립하였다. 그러나 이 시도는 조정에 의하여 금지되면서 안타깝게도 실패하였는데, 조정에서는 이 연합이 청조에 반대하는 정치선전으로 이용될 수 있다고 우려한 듯하다. 1895년 청일전쟁에서 청이 일본에 패배한 이후에 강유위는 장지동張之洞과 원세개袁世凱의 후원을 받아 강학회強學會라는 이름의 면학회를 설립하였지만, 이곳 또한 몇 달 후에 조정에 의하여 다시 폐쇄되었다. 그러나 다음해에는 이러한 금지에도 불구하고 수백의 연합이 전국에 생겨났다.

강유위는 국가체제가 변형되어야 청이 외세의 침략을 받은 굴욕에서 벗어날 수 있다고 생각하여 1890년부터 새로이 개혁안을 만들어 조정에 제출하였지만 이것은 끝내 수용되지 못하였다. 이에 굴하지 않고 1894년에는 천 명이 넘는 진사과정생들에게 개혁안을 통과시키기 위한 서명을 받았으나 이때에도 개혁안은 수용되지 못하였다. 이런 일련의 일이 있은 후인 1895년, 뒤늦게 그는 북경에서

진사시험에 합격하였다. 이후 많은 사람들의 조롱에도 불구하고 그는 자신의
개혁의지를 굽히지 않았다. 그러던 중 1898년에 독일이 교주만膠州灣과 청도靑島를
무력으로 조차하자 광서제가 마침내 그의 말에 귀를 기울였다. 황제는 이 일을
계기로 청이 일본을 본받아 선진문물을 수용하지 않고 외국의 침입에 다만
전래의 무기로 맞서 싸운다면 외국의 무력침입을 막을 수 없다는 것을 알게
되었다. 1898년 6월 16일 황제는 강유위의 알현을 받았으며, 그의 변법자강책變法自
彊策에 대부분 동의하였다. 황제가 윤허한 100일의 개혁기간 동안에 강유위는
오랜 친구들과 함께 정부를 구성하였다. 그는 이 기간 동안 전체 학교를 유럽의
본보기에 따라 바꾸었다. 또한 백성들로 구성된 지역의 의회를 중앙정부와
연계하기 위하여 의회의 창립을 추진하였다.

　그러나 개혁파들은 너무 성급하였다. 강유위는 서태후가 광서제의 개혁을
가로막는다고 여겨 서태후를 암살할 계획을 세웠다. 그러나 이 계획이 사전에
발각되어 서태후는 광서제를 폐위시키고 다시 자신이 통치의 전면에 나서게
되었다. 강유위를 비롯한 개혁파들에게는 사형이 선고되었다. 이에 강유위는
급히 영국의 배를 타고 상하이로 갔으며, 그곳에 잠시 머무른 후 영국의 보호
아래 홍콩과 싱가포르에 갔다가 다시 일본과 미국으로 건너갔다. 북경 공자
사당의 진사명부 석패에 새겨진 그의 이름은 삭제되었다.[2]

　청조가 붕괴될 때까지 강유위는 타국을 떠돌았다. 그는 시인인 부인 나창羅昌
및 딸과 함께 많은 나라를 여행하며 과연 공화정이 청에게 맞는 정치제도인지를
연구하기 위하여 다양한 통치형태를 공부하였다.[3] 1904년에는 짧은 기간 독일에
도 체류하였는데 그가 이 여행에 대하여 묘사한 기록이 남아 있다.[4] 그는 자신이

---

2) Wilhelm, *Die Seele Chinas*, 74쪽.
3) 康有爲, 『共和評議』(1918), 권1, 1에 따르면 康有爲는 2년간 북아메리카와 멕시코에서
　살았다고 말한다. 또 영국에 8번, 프랑스에 7번, 스위스에 5번 다녀왔다. 이 밖에 포
　르투갈, 이탈리아, 벨기에 덴마크, 노르웨이의 여러 곳을 다녔으며 오랜 시간 스웨덴
　에 머물렀다.

방문하였던 모든 나라 중에서 독일이 가장 수준 높은 나라라고 말하였다. 그에 비해 프랑스와 미국에는 자유가 너무 많고, 영국은 발전이 적은 데 비해 교육이 과하게 이루어지며, 또 다른 나라들은 너무 보수적이거나 또는 작고 힘이 없다고 하였다. 그는 독일의 의학, 전기, 산업, 상업, 건물과 도로의 건설, 도시와 마을의 위치 등을 살펴봄으로써 독일이 최고의 군사력과 통치력, 가장 발전된 학문을 보유하고 있다는 것을 알 수 있으며, 특히 음악에서 다른 모든 국가들을 능가한다고 평하였다.

강유위는 신해혁명이 일어나 청이 멸망하고 중화민국이 탄생한 이후에 고국으로 돌아갈 수 있었다. 공화정에 대한 환상을 버린 그는 귀국한 후에는 청조에 충성을 다하고자 하였다. 그는 청의 마지막 황제 부의의 복벽을 도모하였으며 신해혁명을 주도한 혁명파의 공화정을 부정하였다. 그는 공화제보다는 보수적인 입헌군주제를 주장하였다. 또한 그는 원세개의 지지로 공자의 숭배를 위한 공동체를 기초하고 유학을 국가종교로 만들려고 하였지만, 이는 성과를 거두지 못하였다. 1917년에는 청조를 재건하여 입헌군주제를 정립하기 위한 쿠데타에 가담하였다. 이것이 실패하자 그는 미국대사관으로 몸을 피했다가 외국으로 도주하였고, 이듬해에 사면을 받고 다시 귀국하였다.[5]

만년의 강유위는 급진적인 혁명을 추구하는 옛 제자들과 완전히 결별하였다. 확신에 찬 민주주의자이자 열렬한 공화주의자인 그들을 강유위는 청조와 고대문화의 적으로 여겼다. 그는 과격해 보이기까지 하는 계획을 주저 없이 밀어붙이는 옛 제자들의 제안을 더 이상 따를 수 없었다. 강유위는 제자들의 바람대로 하기에는 아직 때가 이르다고 여겼다. 이로써 그는 이전의 영향력을 잃었으며 새로운 동지도 찾을 수 없었기 때문에 외톨이가 되었다.

---

4) 『康南海梁任公二先生文集』(1915), 『康南海文集』, 권6, 1a 이하.
5) *Who's Who in China*, 402.

2) 저술

강유위의 저서는 철학적이고 교육적이며 정치적이고 역사적이다. 그는 어렸을 때 공자의 학설에 대한 저서인 『교학통의敎學通議』를 저술하였으나 후에 이 책을 부정하고, 공자의 개혁에 대하여 연구하여 『공자개제고孔子改制考』를 지었다. 그의 『신학위경고新學僞經考』는 왕망의 신新나라 때 이루어진 경전의 위작에 대해 살핀 책이다. 『춘추』와 관련된 저서로는 『춘추필삭미언대의고春秋筆削微言大義考』, 『춘추동씨학春秋董氏學』, 『춘추삼세의春秋三世義』가 있다. 또 대동에 관한 학설을 기록한 『대동서大同書』와, 보다 간략한 『대동학설大同學說』이 있으며, 그 밖에 『공양전』, 『맹자』, 『대학』, 『중용』 등에 대한 주석서가 있다.

또 강유위는 『장흥학기長興學記』에서 장흥의 학교에서 사용한 교육방법에 대해 기술하고 있으며, 계림의 학교에서의 교육에 대해서는 『계학답문桂學答問』에서 밝히고 있다.

1898년에 그가 황제에게 바친 글은 『무술주고戊戌奏稿』에 들어 있다. 『일본명치변법고日本明治變法攷』는 일본의 메이지유신에 대하여 다루고 있으며, 『아대피득변법치강고俄大彼得變法致强考』는 표트르대제의 개혁과 이를 통한 러시아의 강대국화를 담고 있다. 『돌궐수구삭약기突厥守舊削弱記』는 보수주의를 표방함에도 불구하고 터키가 강성한 것에 대하여 다루고 있으며, 『파란분멸기波蘭分滅記』는 폴란드의 분단에 대하여, 『법국혁명기法國革命記』는 프랑스혁명에 대해 다루고 있다. 『구주십일국유기歐洲十一國游記』에는 유럽 11개국을 여행하며 적은 그의 여행기가 담겨 있다.

강유위의 다양한 개별적인 산문들은 『불인잡지不忍雜誌』에 실려 출간되었고, 문집으로는 『강남해문집康南海文集』이 있다.[6]

---

6) 蕭一山, 『淸代通史』, 권3, 396~397(梁啓超의 전기); 渡邊秀方, 劉侃元 中譯, 『中國哲學史槪論』 3권, 196(1914).

3) 종교

강유위는 형이상학자가 아니었다. 철학의 영역 가운데 그가 관심을 가졌던 부분은 인생관 즉 개인, 가족, 사회 및 국가의 실제생활에서 의미가 있는 것이었다. 사회학은 당시까지는 중국 철학자들이 아직 파악하지 못한 것이었는데, 강유위는 사회학에 대하여서도 관심을 가졌다. 그의 철학적 주요 관심은 그때까지 아무도 세분하여 논의하지 못했던 종교적인 영역에서 나타난다. 특히 그는 유학을 종교와 접목시킨 독자적인 양식으로 새롭게 각인시켰다. 그는 유학을 자신이 직접 외국에서 수집한 경험을 바탕으로 해서 정치와 유토피아적 미래상으로 뻗어나가는 사회학적 이론으로 정립하였다.

강유위 이전의 유학은 종교라기보다는 도덕철학에 가까운 것이었다. 그는 이러한 유학을 종교적으로 개조하기 위하여 공교회孔敎會를 조직하였다. 그는 공자를 종교의 창립자로 간주하였고 스스로 그 종교의 스승이 되었다. 그는 이미 어린 시절에 유학을 배워 수용하였다. 또한 그는 산속에서 홀로 불교에 침잠하기도 하였으며 후에는 기독교 교리도 공부하였다. 이로써 그의 내부에는 합리적인 유학자로서는 거의 지닐 수 없는 종교적인 감성이 일깨워져 있었다. 그는 기독교의 구원론을 자신의 것으로 소화하였는데, 이것은 불교도에게는 낯선 것이 아니지만 유학자에게는 낯선 것이었다. 그는 모든 존재를 구원할 수 있는 성인의 학설을 전달하는 것을 자신의 의무로 여겼지만, 기독교의 종교적인 폐쇄성은 본받지 않았다. 비록 그는 공자와 석가, 예수의 언행이 자주 일치하고 이들의 종교 또한 서로 유사하다고 하였지만, 중국인에게는 가장 친숙한 공자에게로 우선적으로 나아갔다. 공자를 통하여 가장 쉽게 중국 사람들의 동참을 이끌어 낼 수 있을 것으로 보았기 때문이다. 그의 제자 양계초는 스승에 대해 유학에 있어서의 마르틴 루터와 같은 사람이라고 말하였다.[7]

---

7) 梁啓超, 『淸代學術槪論』, 394.

강유위는 왕수인을 통해 불교에 이르게 되었는데, 선종뿐만 아니라 화엄종에도 능통해 있었다. 그는 자신의 마음이 부처라는 것을 확신하였지만 극락을 추구하지도 지옥을 두려워하지도 않고 오직 나라와 세계를 해방시키고자 하는 데 몰두하였다. 그리하여 기꺼이 모든 고난을 감수하면서, 단지 사람들이 아직도 그것을 보지 못하는 것을 애석하게 여겼다.

강유위는 기독교가 마음의 세계에 대해서는 불교처럼 완전하게 인도하지 못하였으며 세상의 사물에 대해서는 공자처럼 명백하게 제시하지 못하였다고 여겼다. 기독교의 장점으로 그는 에너지, 올바름, 명확함을 꼽았다. 또한 자신이 단지 유학만을 가르치는 것이 결코 다른 종교들을 무시하는 것은 아니며, 다만 민족적인 사유의 일반성과 역사적인 발전을 고려한 것이라고 하였다.[8] 그에 따르면 모든 종교가 선을 장려하고 죄악을 벌하지만 모두가 똑같이 중국에 적당한 것은 아니라고 한다.

불교는 지극히 탁월하고 놀라운 종교이지만 그 학설은 승려에 관한 것이 많으며 인간 사이의 도리에 대해서는 상세하게 다루지 않는다. 기독교는 하늘을 숭상하고 인간을 사랑하며 영혼을 수양하고 악을 참회하는데, 유럽과 미국에서는 성행하고 있지만 4억 중국인이 이 종교를 받아들이기 위해 하루아침에 조상의 사당과 무덤에 제사 지내기를 포기할 수 있겠는가? 반드시 그렇지 못할 것이다. 그러나 오늘날의 중국인이 또한 공자를 자기 종교의 교주로 믿고 존경하지 않는다면 절대로 종교가 완성되지 못할 것이다. 비록 야만족이라고 하더라도 그들의 종교가 있는데, 유독 중국인들은 한가롭게 종교가 없는 짐승처럼 산다. 아! 우리 4억 동포는 종교 없는 짐승으로 존재하는 것에 참으로 만족하고자 하는가?[9]

---

8) 梁啓超, 『淸代學術槪論』, 394.

9) 『康南海梁任公二先生文集』, 『康南海文集』, 권5, 2a, "故佛敎至高妙矣, 而多出世之言, 于人道之條理未詳也, 基督尊天愛人養魂懺惡, 于歐美爲盛矣, 然中國四萬萬人能一旦舍祠墓之祭而從之乎, 必不能也, 然而今中國人也, 于自有之敎主如孔子者, 而又不尊信之, 則是絶去敎化也, 雖野蠻, 亦有其敎, 則是爲逸居無敎之禽獸也, 嗚呼, 吾四萬萬之同胞而甘爲無敎之禽獸乎."

강유위에 따르면, 유럽인들은 예수를 하늘과 같다고 설정함으로써 다른 모든 신들을 몰아내고 조상숭배도 중단시킨다고 한다. 그들은 단지 예수와 신 앞에서만 무릎을 꿇는다. 그러나 중국에서는 고대 이래로 하늘을 숭상하고 공자를 하늘의 편에 세웠다. 그리하여 공자는 이미 과거부터 왕족이 아님에도 불구하고 문성왕文 聖王이 되어 제사지내져 왔다. 따라서 봉건시대에 사직단에서 하늘에 제사지내듯 이 공화정시대에도 공화국의 대통령과 관리들이 하늘 대신 공자에 제사지낼 수 있으며, 지방의 관리들과 백성들 또한 거기에 참여할 수 있다.

이전에는 전제정치를 하는 군주가 공덕이 없는 그들 조상의 종묘에 상제의 자리를 함께 배치하였다. 그런데 지금 공화정을 하는 국가에서는 국민으로 하여금 신명한 성왕인 공자를 상제의 자리에 배치하게 한다면, 이것이 훨씬 낫지 않은가?[10]

많은 사람들이 공자는 교주가 아니라고 생각하였다. 모든 종교는 신을 가장 중요하게 여기는데, 공자는 신에 대하여 아무 말도 하지 않았기 때문이다. 그들은 공자가 단지 철학과 정치학의 교사로서 유명한 서양의 소크라테스나 플라톤과 비견될 수 있는 사람이라고 생각하였다. 그러나 강유위는 그러한 생각은 공자를 알지 못하는 사람들을 현혹시키는 일본인들의 잘못된 견해에 불과하다고 일소하 였다. 강유위에 따르면 '종교宗教'라는 단어는 일본인들이 'religion'을 번역하며 만들어 낸 신조어이다. 그런데 사람들은 새로운 개념어에 혼란이 생겨 이 '종교'라 는 신조어를 자주 '신교神教'의 뜻으로 오해하였고, 결국 신이 없으면 종교가 존재할 수 없다고 잘못 받아들이게 되었다. 만약에 기독교・불교・이슬람을 '신교'라고 한다면 옳지만, 유학은 신에 대한 학설이 아니기 때문에 '종교'가 아니라고 한다면 틀린 말이다.[11]

---

10) 康有爲, 『康南海文集』, 권5, 5b, "昔之專制之君主以其無德無功之祖宗配上帝, 今共和之國民 以神明聖王之孔子配上帝, 不猶愈乎."

강유위는 인간의 올바른 처신을 위한 실마리가 되는 것이 바로 종교(학설)라고 말한다. 그의 말은 다음과 같다.

아주 오랜 옛날에는 사람들이 여전히 어두워서 귀신을 숭상하였으므로 신교가 존경되었다. 근세의 문명은 인간을 중시하므로, 즉 인간의 도를 중시하므로 인간의 도와 인간의 종교가 신교로부터 나와서 더욱더 진전하였다. 그러나 중요한 것은 신도와 인도를 막론하고 그 교가 하나로 일치한다는 것이다.[12]

강유위는 하늘과 신을 숭배하고 귀신과 상제를 명확하게 구분하였던 공자가 종교의 스승이 되지 못할 이유가 어디 있겠느냐고 역설하였다.

계속해서 그는 유학의 가치를 다음과 같이 역설한다. 지금 중국인들은 유학은 낡았으며 더 이상 맞지 않다고 생각한다. 그들은 유학의 규정이 과도하여 더 이상 실행할 수 없기 때문에 이제 도덕적인 문제를 해결하지 않아도 된다고 여기지만, 이는 국가가 도덕 없이는 존재할 수 없다는 것을 알지 못하는 것이다. 그 설명의 방식은 시대에 따라 바뀔 수 있겠지만 원리는 항상 똑같다. 경전에서는 끊임없이 군주와 신하의 관계에 대해 말하고 있는데, 시대가 바뀌자 사람들은 경전의 진실을 의심하고 군주의 도가 백성을 억압하기 위하여 발명된 것일 뿐이라고 생각하게 되었다. 그러나 국가는 상하관계의 체계 없이 존속할 수 없다. 대부분의 경우 한 사람은 신하이면서 동시에 다른 사람의 주인이 되기 때문이다. 이와 관련된 예는 상업이나 공업, 가정의 생활 등에서 수없이 찾아볼 수 있다.

강유위에 따르면 프랑스혁명에서 말하는 인권은 중국에는 새로운 것이 아니다.

---

11) 康有爲, 『康南海文集』, 권5, 8b.
12) 康有爲, 『康南海文集』, 권5, 9a, "太古草昧尙鬼, 則神敎爲尊, 近世文明重人, 卽人道爲重, 故人道人敎實從神敎而更進焉, 要無論神道人道, 而其爲敎則一也."

왜냐하면 이와 같은 생각을 이미 공자와 맹자가 말하였으며, 또한 『중용』에도 유사한 내용이 들어 있기 때문이다. 그러므로 그는 단지 옛 도덕의 자리에 인권을 설정하는 것만으로 충분하고, 중국에 새로운 학설을 덧붙이는 것은 필요하지 않다고 여겼다.[13]

강유위는 도덕이 유럽인들에게 있어서도 똑같이 인간적인 삶을 누리게 하는 것이라고 강조한다. 그는 또한 국가를 구하기 위해서는 국교가 있어야만 하며, 중국에서 그 역할을 할 수 있는 것은 단지 유학뿐이라고 한다. 그에 따르면, 모든 유럽의 국가에는 특별한 보호를 받는 국교가 있지만 대부분의 법률은 종교의 자유를 보장하고 있다. 그러나 독일은 종교의 자유를 위하여 30년 동안 싸워야만 했으며, 그러는 가운데 1,800만의 인구가 희생되었다. 또 영국과 프랑스에서는 수십만의 이교도가 불태워졌다. 반면 중국에서는 불교와 이슬람교의 자유로운 보급을 심각하게 방해한 적이 없었다. 중국은 2,000년 동안 관용을 베풀어 왔는데, 그것은 유학이 사심을 없애고 자유를 존중하는 기반을 닦아 두었기 때문이다. 중국 사람들은 각자가 원하는 것을 믿어 왔다. 많은 유학자들이 또한 다른 종교들을 믿었지만 그 때문에 성가시게 되는 일은 없었다. 네스토리우스 교는 당唐대에 중국에 들어왔다. 명대 말기에는 이탈리아의 천주교 선교사들이 와서 마테오리치, 아담 샬, 알레니, 우르시스가 천문학자로 임용되었고, 서광계徐光啓와 이지조李之藻 같은 고관의 유학자들이 기독교로 전향하였다.

강유위는 중국 정부에 종교의 자유를 설명하고 유학을 국교로 지향하기를 요청하였다. 그렇게 되면 백성이 조용해지고 도덕이 개선되며 문화가 확고한 기반을 갖게 될 것이며, 그것을 기반으로 삼아 점차 다른 개혁도 시행할 수 있게 된다는 것이다.[14]

---

13) 康有爲, 『康南海文集』, 권5, 2b~3b.
14) 康有爲, 『康南海文集』, 권5, 5a.

독립을 잃은 민족들도 신앙을 가지고 이로써 그들의 문화를 보존한다면 인도인과 유태인처럼 다시 독립하게 될 수 있다. 그러나 고대 멕시코인들처럼 종교를 잃는다면 다시 국가를 세우는 것이 더 이상 가능하지 않다. 그는 다음과 같이 말하고 있다.

저 공자교를 폐기할 수 있다고 생각하는 사람들은 대체 중국 문화 전체가 공자교와 긴밀하게 서로 엮여 있으며 만약에 유학을 버리게 된다면 또한 전체 문명이 그것을 따라 소멸된다는 것을 아는 것인가? 그렇다면 전체 종족이 함께 멸망하게 되는 것이다. 아! 무슨 마음으로 중국인이 이런 생각을 할 수 있는가?[15]

이어서 강유위는 세상에는 최상의 종교들은 자체적으로 존속할 수 있기 때문에 종교를 장려하는 일이 필요하지 않다고 믿는 사람들이 있지만 불교가 인도에서 사라진 데서 알 수 있듯이 이 말은 맞지 않다고 주장한다.

4) 유학

강유위는 자기의 학설을 유학을 통해 정립하기 위하여 유학을 새롭게 해석하였다. 그의 유학은 이전의 진정한 유학과 같지 않다. 그에게는 공자가 단순한 종교의 교주를 넘어 중국 고대문명의 창시자이기도 하다. 아무와도 비교할 수 없는 신적인 영웅인 것이다. 일반적으로 경전은 고대문화의 산물로서 삼대의 왕조에서 유래하는 것으로 알려져 있지만, 그는 공자가 경전을 편찬하였을 뿐만 아니라 저술도 하였다고 주장한다.[16] 이에 따르면 공자가 자신의 학설을 더욱 권위 있게 하기 위하여 요와 순이라는 전설적인 인간의 이름을 빌렸다는

---

15) 康有爲, 『康南海文集』, 권5, 8a, "彼以孔敎爲可棄, 豈知中國一切文明皆與孔敎相繫相因, 若孔敎可棄也, 則一切文明隨之而盡也, 卽一切種族隨之而滅也, 嗟乎, 中國人而有此也, 是何心哉."
16) Wilhelm, *Die Seele Chinas*, 75.

것이다.[17] 공자는 그러므로 강유위 자신처럼 혁명가이고 개혁론자였다고 한다. 그러나 강유위의 이 주장에는 아무런 근거가 없다. 또한 위작으로 알려져 불태워진 예언서와 참위讖緯 등 그가 인용하고 있는 원전 중에는 완전히 믿을 수 없는 것들이 섞여 있다.[18]

나아가 강유위는 경전이 유흠劉歆에 의하여 고대의 원전에서 변경되어 보다 약한 기반 위에서 널리 보급된 이론이라고 생각하였다.[19] 강유위에 따르면, 공자의 학설을 대표하는 주요 원전으로『논어』가 인용되고 있지만 실제로 그것은 『논어』가 아니라『춘추』와 '십익'이다. 그렇다면『춘추』는 단순한 역사서가 아니라 국가론이다. 그 안에는 법의 변형 및 공자가 중국을 위해 제정한 새로운 헌법이 들어 있으며, 이를 통하여 중국은 문명국이 되었다. 그러나 원문에는 그것에 대하여 아무것도 언급되어 있지 않은데, 이는 공자가 은밀한 언어를 사용하였기 때문이다. 그것의 열쇠는 바로『공양전』과『곡량전』및 동중서의 『춘추번로春秋繁露』에 있다. 이 주석들은 주석가들이 구두로 전래되어 오는 말들에서 근거를 취한 것이다.[20] 그러나 이러한 강유위의 가설에 따르면 각 개별적인 구절들은 믿을 수 없는 불확실한 것이 되고 만다.

강유위는 성현의 견해가 잘못된 주석으로 어두워졌다고 한다. 순자는 단지 소강小康의 사회만을 제시하였지만 원래 공자가 떠올린 것은 대동大同의 사회였다. 또 송대 철학은 단지 개인의 문제만 가르칠 뿐 성인을 통한 인류의 해방에 대해서는 알지 못하였다. 그리하여 강유위는 후인을 부인하며 우리에게 참된 공자를 보여 주고자 한다. 그는 공자가 보수적이지 않고 진보적이었으며, 특권층을 위한 권력이 아닌 보편적인 인류애에 학문의 기초를 두었고, 한 국가에 제한되지

---

17) 渡邊秀方, 劉侃元 中譯,『中國哲學史槪論』3권, 197.
18) Alfred Forke, *Geschichte der alten chinesischen Philosophie*, 108쪽 주1) 참조.
19) Alfred Forke, *Geschichte der mittelalterischen chinesischen Philosophie*, 3쪽 참조.
20) 梁啓超,『淸代學術槪論』, 395쪽.

않고 국제사회를 지향하였으며, 통치자 개인이 아닌 모든 사람의 평등을 중요시하였고, 약함이 아니라 강함을 추구하였으며 그 중점은 신체가 아니라 마음에 있었다고 말한다.[21]

강유위는 자기 자신의 본질을 공자에게 투영하였으며 자기 이론의 증인으로 공자를 필요로 하였다. 양계초는 공자가 모든 사람에게 행복을 주려고 했던 것으로 미루어 그가 행복주의자였음을 알 수 있다고 말하였다. 그러나 강유위는 공자의 가장 큰 위인 됨은 다른 사람들을 행복하게 하기 위하여 스스로 고통받는 길을 택한 데 있다고 하였다. 강유위에 따르면 공자는 진화론자였다. 전통철학이 항상 과거를 향하면서 거기에 황금시대가 있다고 보았던 반면에, 공자는 그러한 것이 미래에 있을 것이라고 기대하였다. 시대적인 상황이 좋지 않았음에도 공자는 퇴보를 믿지 않았다. 정치가 너무 독재적이기 때문에 진보가 없지만, 그럼에도 불구하고 사회 및 자유는 발전되어 마침내 최고로 행복한 시대가 오게 된다는 것이다. 결국 강유위는 사회주의자였으며[22] 아마도 공산주의자였다고 하는 편이 나을 것이다. 왜 그런지는 후에 확인할 수 있다.

5) 정치

강유위가 정치에 대하여 저술할 때에는 무엇보다도 다양한 국가형태와 법률에 대한 신중한 통찰에 기초하여 철저하게 연구하였다. 어떤 정치형태가 중국에 적합한지 찾아내기 위하여 그는 여행한 모든 나라의 역사와 정치를 공부하였다. 공화정의 발전에 대해서는 특별한 주의를 가지고 탐구하였는데, 이는 청조가 붕괴된 후에 공화정이 도입되었기 때문이다.

---

21) 梁啓超, 『淸代學術槪論』, 394쪽. 그러나 실제로 공자는 보수적이었고 군주제와 계급도덕을 옹호하였으며 국가의 편에 서 있었다. 단지 권력에 의한 통치에 반대하였을 뿐이다.
22) 梁啓超, 『淸代學術槪論』, 399~400쪽.

강유위에 따르면, 공화정의 형태로 통치되던 국가는 고대에 여섯 국가, 근대에 여섯 국가 총 열두 국가가 있었다. 고대의 공화정으로 아테네의 도시국가 의사당, 스파르타의 이중정치체제, 로마의 세 권력층(집정관, 원로원, 민회)에 의한 공화정을 꼽을 수 있으며, 이 가운데 로마의 공화정이 특히 주목할 만하다. 이것들은 후에 현저한 원수제 또는 제국의 형태로 발전되었다. 또한 근대의 공화정을 보면, 스위스는 본래 의원제도를 가지고 있지만 올바른 대통령이 없는 데 비해 미국은 매우 강력한 대통령이 있다. 프랑스는 두 개의 의회와 한 명의 대통령이 있는데 이들은 민주적으로 운영되어 대통령에게는 권력이 없고, 모든 정치를 수상이 하게 되며 그 수하에 모든 관직이 있다. 영국, 벨기에, 노르웨이, 루마니아 및 다른 유럽의 작은 국가들은 왕에게 실권이 없는 입헌군주제를 채택하고 있다.[23] 그런데 입헌국가의 군주는 참된 군주가 아니라 단지 군주의 계급을 가지고 있을 뿐이다. 이러한 군주는 신과 같다. 사람들은 왕이 존재하는지를 알지 못하지만 그럼에도 불구하고 왕을 존경하는데, 이러한 존경은 백성들에게 매우 유용하다. 나쁜 사람으로 하여금 악을 멈추게 하기 때문이다. 유사한 방식으로 또한 제후는 본래 이용되지 않음으로써 이용된다.[24]

강유위는 스위스의 법은 단지 소수종족에게만 적합하며, 그것 자체가 아무리 좋다고 하더라도 중국에는 적합하지 않다고 여겼다. 이것은 대동시대에는 적합할 수도 있었겠지만 지금의 혼란스런 중국에는 그렇지 않다고 생각하였다. 또 미국의 법은 연합국에는 아주 탁월하지만 중앙 및 남아메리카에는 전혀 적합하지 않다고 하였다. 그는 중앙 및 남아메리카에서 대통령이 교체될 때마다 늘 살인 및 상해사건이 일어나는 것에 주목하였다.[25] 그는 오랫동안 멕시코에 체류하면서 그곳의 정치역학을 체계적으로 고찰할 수 있었다.

---

23) 康有爲, 『共和政體論』, 1~2.
24) 康有爲, 『共和政體論』, 9, 11.
25) 康有爲, 『共和政體論』, 3.

멕시코가 스페인의 속박에서 벗어나 독립을 선언하고 해방되기까지의 삼백 년[26] 세월 동안 어지럽지 않을 때가 없었다. 포르피리오 디아스(Porfirio Diaz, 1830~1915)가 대통령이 되어 30년 동안 왕과 같은 권력을 지니고 정치를 전단하니, 국가가 비로소 안정되어 백성들이 점차 부유해지고 지하자원이 점차 개발되었으며 상공업이 점차 성행하고 문명이 점차 개발되었다. 그러나 올해(1910)에 대통령에 대항하여 마데로(Madera)가 대란을 일으키니, 우리 화교들도 화를 입어 죽은 사람이 천여 명에 이르고 이제 마데로에 대항하는 정당들이 끝없이 등장하여 투쟁을 계속하고 있다. 멕시코는 삼백 년 동안 죽은 사람들의 뼈가 무성하고 전 국토가 황폐하여 거의 사막과 같이 바뀌었는데, 지금은 미국의 세인트루이스에서 서태평양에 이르기까지 수만 마일의 땅이 모두 원래는 멕시코 땅이었다. 멕시코가 혼란하지 않았더라면 미국이 어찌 그것을 얻었겠는가?[27]

강유위는 다음과 같이 말함으로써 군주제를 민주정과 비교한다.

입헌군주제와 입헌민주제 아래에서 백성의 권리는 똑같다. 국회와 내각은 같은 방식으로 이루어진다. 수상과 대통령의 권력은 그 이름과 직위가 다르다고 하더라도 지위는 같아서 둘 다 탁월하다. 시민과 명목상의 군주가 있다는 것을 제외하고는 둘은 고대의 통치자와 거의 똑같다. 독일 외에는 군주가 있다는 것이 중요하지 않으며, 대통령이나 수상이 교체되는 것이 마치 군주의 왕조와 성씨가 교체되는 것과 똑같다. 그러나 수상의 직위를 얻기 위해서는 두 당의 사람들이 필묵과 구설로 서로 싸우다가도 시간이 지나 교체되고 나면 이후에는 아무것도 갖지 못한다. 백성들 또한 금방 잊어버리니, 이것은 전제정치시대에 재상을 교체하는 것에 불과하다. 반면 대통령이 되기 위한 투쟁에서는 두 정당이 무리를 이루어 정당의 추종

---

26) 멕시코는 1526년에 스페인의 관할령이 되었다가 1823년에 비로소 독립하였다.
27) 康有爲, 『共和政體論』, 4, "若夫墨國自革班命而自立者三白年矣, 無歲不亂, 至爹士爲總統, 專制三十年, 寔同王權, 國乃始安, 民乃漸富, 地利漸關, 商工漸盛, 文明漸啓, 乃今年馬釐拉起爭總統大亂, 至今累吾華僑, 死者千數, 今之起與馬釐拉而爭者數黨, 未有已也, 墨三百年來暴骨如莽, 全境空虛, 幾成沙漠, 今美國自新疆以東至太平洋萬里之地, 皆墨西哥地也, 墨若不大亂, 美何以得之."

자들을 선동하며 서로를 죽이기까지 한다. 이러한 싸움에서는 매번 수많은 국민들이 목숨을 잃는다. 대개 대통령은 국민의 대리인에 불과할 뿐인데, 한 사람의 대변인을 위하여 그렇게 많은 국민들이 목숨을 버린다. 그 피해가 크다. 그렇다면 도리어 군주가 있어서 혼란스럽지 않게 하는 것이 좋은 방법이다.[28]

강유위에 따르면 미국에서도 대통령선거는 엄청난 돈을 소비하며 상업과 교통을 방해하지만 이러한 투쟁은 일어나지 않으므로, 미국과 같이 부유한 나라에서는 선거를 그렇게 치러도 무방하다. 그러나 미국의 예를 그렇게 간단하게 중국에도 적용시킬 수 있는 것은 아니다. 유럽에서도 공화정의 필요성을 인식하였지만 대부분의 국가는 여전히 전제정치에 머물고 있다. 성공한 공화정으로는 단지 스위스와, 또한 본래 아주 작은 국가였던 미국이 있을 뿐이다.[29] 남아메리카와 중앙아메리카의 공화국들은 칠레와 아르헨티나를 제외한 20국가가 모두 끊임없이 동요하고 있다.[30] 프랑스는 미국의 공화정을 모방하였지만, 이로써 커다란 혼란에 이르렀다. 프랑스의 공화제는 중국에 맞지 않다. 프랑스는 혁명 후 80여 년 동안 그 동요가 남아 있었는데, 중국에서는 이것이 800년 이상 걸릴 것이다.[31] 모든 고대와 근대의 공화국들은 나약하다. 로마와 영국은 공화정에서 전제정치의 형태로 넘어 감으로써 강성해질 수 있었다.[32]

또한 강유위는 중국에서는 역사상 백성의 통치권에 대해 알았던 적이 없기

28) 康有爲, 『共和政體論』, 4, "夫立憲君主與立憲民主之制, 其民權同, 其國會內閣同, 其總理大臣事權與總統同, 名位雖殊, 皆代君主者也, 除其有乾脩之君衛外亦幾幾于古之有天下者也, 自德國外, 君主始不在有無之數, 則其總統與總理大臣之更易亦與君主移朝易姓無異, 然爭總理大臣者不過兩黨人, 以筆墨口舌爭之, 歲月改易之行所無事, 國人幾忘, 則與專制世之易相無異, 而爭總統者兩黨列軍相當, 於國人之屬于黨者相殺, 每爭總統一次, 則死國民無算, 夫立總統不過爲國民之代理而已, 乃爲一代理而死國民無算, 其害大矣, 則反不如有君主而不亂之爲良法也."

29) 康有爲, 『共和政體論』, 5.

30) 康有爲, 『共和評議』(1918), 4~5쪽.

31) 康有爲, 『共和政體論』, 5쪽.

32) 康有爲, 『共和評議』, 5쪽.

때문에 그것을 인정하는 제도를 도입한다면 단지 범죄의 가능성만 높아질 것이라고 하였다.[33] 국가는 단계적으로 발전해야지, 어느 한 과정을 뛰어넘고 발전하는 것은 불가능하다. 이에 대하여 그는 다음과 같이 말한다.

> 우리 아시아 국가들이 별 생각 없이 미국을 본보기로 삼고자 한다면, 비행기에 열광하여 종이비행기를 만들어 탄 끝에 죽음을 자초하게 되는 포르투갈의 소년보다도 어리석게 행동하는 것이 되지 않겠는가?[34]

젊은 시절의 강유위는 스스로 공화정의 도입을 주장하였지만, 공화정을 실시한 나라들의 사례를 직접 검토한 이후로 그러한 생각을 완전히 버렸다.

강유위는 권력이 없는 군주인 천황이 존재하는 일본의 입헌군주제가 중국에도 적합한 정치제도라고 제안하면서, 황제가 아직도 권력을 지니고 있는 독일을 제외한 유럽의 모든 국가가 이러한 통치자를 가지고 있다고 한다.[35] 그에 따르면, 입헌군주제를 중국에서 시행한다면 청조의 후손 또는 공자 집안의 공이 군주가 될 수 있는데, 이 중 청조의 후손을 황제로 옹립하는 것이 더 낫다. 공자의 후손인 정신적인 군주보다 청조의 황제가 몽고·티베트·투르키스탄 사람들에게 더 큰 공감을 얻을 수 있으며, 이로써 중국을 식민지로 삼으려고 하는 러시아의 공격에서 중국을 더 잘 방어할 수 있을 것이기 때문이다. 몽고·티베트·투르키스탄은 한족보다 만주족과 훨씬 더 가까운 관계를 맺고 있으므로 만주족인 청조의 황제가 그들을 같은 편으로 만들 수 있는 확률이 더 높다.

그런데 당시에 모든 지역이 자립하여 함께 국가연합을 만들어야만 한다고 생각하는 사람들이 있었다. 이에 대해 강유위는 만일 그렇게 된다면 중국을

---

33) 康有爲, 『共和評議』, 5쪽.
34) 康有爲, 『共和政體論』, 6쪽, "而吾亞洲國乃欲妄師美人, 不顧于葡萄小兒慕飛船而紙裝之, 乃騰跨而墜死乎."
35) 康有爲, 『康南海文集』, 권1, 35b.

오히려 더 나약하게 만드는 결과를 초래할 것이라고 말하였다. 예외적으로 비스마르크나 워싱턴과 같이 연방국가를 만들어 개별 국가들을 확고하게 연계시킨 사례도 있으나, 강력한 지방권력들이 난립하면 붕괴로 이어질 수 있으므로 이를 장려해서는 안 된다는 것이다.[36]

강유위는 신해혁명 이후 새로 설립된 중화민국의 공화정에 대해서도 강하게 반대하였는데, 그의 공격이 과도할 수도 있겠지만 또한 여러 가지 올바른 생각을 포함하고 있기도 하다. 그의 생각은 다음과 같다. 만약에 공화정을 추구한다면 멕시코와 미국처럼 지속적인 투쟁과 개혁을 선택하는 대신에 전제정과의 결합을 통해 고요와 평화 및 행복과 복지를 보존하는 것이 낫다. 그러나 중국은 이미 투쟁과 개혁의 노선을 택한 상태이다. 혁명파의 기본적인 잘못은 법의 제정을 백성에게 맡긴다고 주장하면서도 그 정치가 백성의 의지에 결코 상응하지 않으며, 백성의 대표가 소집된 적도 없다. 따라서 참된 민주정치에 대한 어떤 희망도 걸 수가 없다. 중화민국이 설립된 이후 6년 동안 권력은 항상 소수 군인의 손에 있었지 백성에게 있지 않았다. 권력을 손에 쥔 군대는 중화민국을 재정적으로 황폐하게 하였고 결코 고요하게 두지 않았다. 중화민국은 출범 2년 만에 이미 만주, 몽고, 티베트를 잃었으며, 겨우 수 년 만에 청이 백 년 동안 진 부채보다 더 많은 부채를 쌓았다. 세금은 청에 비하여 몇 배나 올랐고, 백성은 착취당하고 있으며, 국가는 그치지 않는 싸움에 멸망하고 있다.[37]

강유위가 보기에 중화민국의 관리들이 하는 일은 강도나 도적의 일과 같다. 그들은 입으로는 항상 의와 법을 말하지만 실제로는 야만인보다도 악한 행동을 저지른다. 그러면서도 외국에 대해서는 노예처럼 굴종한다. 그들의 교육방식은 단지 어두움으로 인도할 뿐이어서, 오직 소인과 파렴치한만을 인정하여 그들을

---

36) 康有爲, 『共和政體論』, 14~16.
37) 康有爲, 『共和評議』, 1~3.

다시 짐승의 수준으로 떨어지도록 하고 만다. 권력을 가진 사람들은 서로 싸우는 데 몰두하여 자신의 이익만을 목전에 둔 채 백성을 경시하고 나라를 팔아먹는다.[38] 이와 같다면 민주제도는 점차 중국을 해체와 멸망의 길로 인도할 것이 분명하다. 강유위는 여불위의 예[39]를 따라 자신의 저서 『공화평의共和評議』의 서두에서 이 책의 단 한 편에 대해서라도 반박할 수 있다면 그 사람에게 1,000불을 지불하겠다고 쓸 정도로 자기의 주장을 확신하였다.

강유위는 백성의 정치참여를 주장했음에도 불구하고 백성으로 하여금 당장 정치에 참여하게 하는 것은 시기상조라고 보았다. 백성들이 아직 그만큼 성숙하지 못했다고 보았기 때문이다. 그에 따르면 천 년 동안 익숙해진 군주와 재상들 중에서 큰 성공을 거두었던 군주의 권력은 남아 있어야만 한다. 만일 만주족이라는 이유로 굳이 황제를 몰아낸다면 단지 국가의 와해를 초래할 뿐이다. 만주족과 한족은 함께 존속할 수 있다. 이미 한족의 수가 과반수에 달하므로 그것은 더욱 가능하다.

또한 강유위는 지방이 하나의 국가로 독립하는 것을 반대하였다. 종족과 국가의 분리를 방지하고 중국을 외국의 착취에서 보호하기 위해서이다. 이를 위하여 그는 지역행정의 자립과 지방의회의 조직을 지지하면서도 이를 연계시킬 중앙의회의 설립을 추진하였다. 그는 각 지방의 행정구역이 너무 크다고 여겨서 그것을 적당한 크기로 재조정하고 자치의회를 활성화해야 한다고 주장하였다.[40]

마지막으로 강유위는 다음과 같은 실질적인 제안들을 하였다. 먼저 중국의 북서지역을 유럽의 침략으로부터 보호하기 위하여 몽고, 투르키스탄, 티베트를 식민지로 삼아야 한다고 주장하였는데, 이것은 동아시아 지역의 인구과밀에 대한 대책에도 해당한다. 또한 그는 남중국해와 남아메리카 일대에 식민지를

---

38) 康有爲, 『共和評議』, 3~4.
39) Alfred Forke, *Geschichte der alten chinesischen Philosophie* (1927), 751쪽 참조.
40) 梁啓超, 『淸代學術槪論』, 413~414쪽.

조성함으로써 각 지역에 새로운 중국을 세울 것을 주장하였다. 그에 따르면 이러한 새로운 개혁들을 통해 군사가 넘쳐나면 나라 안의 동요가 줄어들고 평화적인 교역을 원하는 외국인들과의 다툼도 사라져서 국력을 비축할 수 있게 되고, 그 비축된 국력을 학문과 산업에 사용할 수 있다고 한다. 이렇게 해서 10년 내지 20년이 지나면 중국이 강성하고 번영하게 되어 영국·미국·일본·러시아 등을 몰아내기 위한 연맹이 생겨날 것이고, 이로써 전 세계에 대동사회가 들어서게 된다는 것이다.[41)]

6) 사회학

강유위의 사회학설의 배경에는 개인적인 상황이 있다. 『대동서大同書』의 서문에 따르면, 그는 프랑스인들이 광동을 침입해 온 1884년, 26세가 되던 해에 은당향銀塘鄉의 서초산西樵山에서 고독하게 은거하는 가운데 이 책을 지었다. 당시는 홍콩과 상해를 아직 방문하기 전이어서 그는 서구문명에 대해 잘 모르고 있었다. 여하튼 그때의 그는 매우 젊었고 아직 경험도 많지 않았으며 모든 면에서 미숙하였다. 그는 자신의 새로운 사회상을 은밀하게 간직해 두었다가 가까운 몇몇 사람들에게만 들려주었다. 아직은 자신의 생각을 행동으로 옮겨 세상을 변혁할 수 있는 때가 아니라고 믿었기 때문이다.[42)] 그는 공산주의의 이념에 매료되었던 것으로 보인다. 만일 그가 제자들의 청에 못 이겨 자신의 이론을 보급하고자 했다면, 그 시행을 의심하지 않는 공산주의 지도자가 되어 자신의 이상을 알릴 수 있었을 것이다.

필사본 『대동서』는 여러 해 동안 인쇄되지 않았고, 단지 몇몇 편들이 『불인잡지』에 실려 소개되었다. 그러던 중 1919년에 비로소 총10부로 된 『대동서』의 앞의

---

41) 梁啓超, 『淸代學術槪論』, 414~415.
42) Wilhelm, *Die Seele Chinas*, 78.

두 부가 먼저 인쇄되었다. 당시에는 나머지 부들도 뒤이어 출간될 것이라고 밝혔지만 결국 그렇게 되지 못했다. 와타나베는 이에 대해 그 공산주의적인 내용 때문에 정부의 방해가 있었을 것이라고 추측하면서, 『불인잡지』에 이미 이 저술의 3분의 1이 소개되어 있다고 말한다.[43]

1919년에 국제연맹이 설립되자 강유위는 자기 이상의 구현을 위한 한 발자국을 내디뎠다고 믿었다. 그는 『대동서』의 서문에서 "나는 100년을 기다려야 할 것이라고 생각하였는데, 뜻하지 않게 35년 만에 국제연맹이 성립됨으로써 대동사회의 시행을 직접 보게 되었다"[44]라며 감격스러워했다. 『대동서』의 내용은 아래에 기재된 총 10부의 제목을 통해 짐작해 볼 수 있다.

갑부: 세상의 모든 고통.
을부: 하나의 세계를 위한 국경의 제거.
병부: 계급차별의 제거.
정부: 종족차별의 제거.
무부: 남녀차별의 제거.
기부: 가족관계의 제거.
경부: 산업의 경계 및 소유관계의 제거.
신부: 도덕과 권리와 불평등관계 제거.
임부: 인간과 짐승의 차별의식 제거.
계부: 모든 고통의 제거.

유감스럽게도 「병부」 이후의 원고가 아직 출간되지 못했기 때문에[45] 『대동서』에 대한 설명은 강유위가 1890년에서 1900년 사이에 모든 편들에 대해 스스로

---

43) 渡邊秀方, 劉侃元 中譯, 『中國哲學史槪論』 3권, 198.
44) "以爲待之百年, 不意三十五戴而國際聯盟成立, 親見大同之行也."
45) 역주: 정확히 말하자면 『대동서』는 1913년 『不忍雜誌』에 갑·을부의 2권이 발표된 데 이어 강유위가 죽은 뒤인 1935년에 전권이 정식 간행된 상태였다.

설명한 내용과 『대동서』의 원고를 지니고 있던 양계초가 자신의 글에서 『대동서』에 대해 설명한 내용에 의거하도록 한다.

강유위는 공자에 의지하여 자신의 이론을 정립하고 오직 공자의 이론만을 합당한 것으로 여겼다. 그는 『공양전』, 『논어』, 『맹자』를 인용하여 공자가 이미 대동사회를 추구하였다는 것을 증명하고자 하면서, 단지 공자가 권력이 없었기 때문에 혁명을 시도할 수 없었다고 하였다.[46] 그는 『예기』「예운禮運」편에서 이미 공자가 '대동大同'이라는 말을 사용하였음을 특히 강조한다.

강유위에 따르면 공자는 세상을 삼세三世 즉 거란세據亂世, 승평세升平世, 대동세大同世로 구분한다. 거기에서는 오상이 다양한 양식으로 주도한다. 거란세에는 예를 통해 혼란이 제거되고, 승평세에는 예가 주도하며, 대동세에는 인이 주도한다. 대도가 행해지는 대동세는 태평의 시대를 의미하며, 이 시기에 인류는 정점에 이른다. 승평세는 작은 평화의 시대(小康)로서 삼왕의 때이며, 삼왕 이후로부터 현재까지는 거란세에 해당한다. 공자는 대동을 통한 세계평화의 시대를 이상으로 추구하였다. 『예기』「예운」편에 나타난 대동사회는 다음과 같다.

대도가 행해지면 천하가 공평하게 된다. 지혜롭고 유능한 사람들을 뽑아 신뢰를 가르치고 화목함을 닦으니, 그러므로 단지 자기의 어버이만을 어버이로 여기지 않고 자기의 자식만을 자식으로 여기지 않는다. 노인을 끝까지 부양하고 장정에게는 일을 주며 어린아이를 자라게 해 준다. 과부나 홀아비, 고아, 연고 없는 노인을 돌보아 주어 모든 사람이 생계를 유지할 수 있게 한다. 남자들은 맡은 일이 있고, 여자들은 돌아갈 집이 있다. 재물을 싫어해서 내가 가지고자 함이 없이 길거리에 내버리고, 힘을 싫어해서 나를 이롭게 함이 없이 몸 밖으로 드러내지 않는다. 이런 까닭에 쓸데없는 지혜가 일어나지 않고 도둑과 강도가 생겨나지 않으니, 바깥문이 열려 있어도 잠글 필요가 없다. 이를 일러 대동이라 한다.[47]

---

46) 渡邊秀方, 劉侃元 中譯, 『中國哲學史槪論』 3권, 193.

「예운」편은 중국의 비판자들에게 알려져 있던 것처럼 도교적인 요소가 강하게 혼합되어 있으며 공자에게서 유래한다고 간주할 수 없다. 이 부분은 도가와 묵가의 저술에서도 자주 발견되는 것처럼 인간이 서로 협조하며 평화롭게 살아가던 먼 옛날의 황금시대에 대한 묘사이다. 이곳은 유학·도교·묵가의 생각들이 연계되어 드러나기 때문에, 와타나베가 지적하고 있는 것처럼 아마도 한대 이후에 생성되었을 것이다.[48]

우리는 이제 강유위가 「예운」편을 주석하면서 공자의 생각이라고 쓰고 있는 내용을 살펴보고자 한다.

수신제가치국평천하에서 말하는 천하·국가·가정·개인의 단계는 고대의 작은 도이다. 국가·가족·개인이 있는 동안에는 각기 그 경계가 있어서 사적인 것으로 삼게 되기 때문이다. 이것은 공공의 도리를 해치고 진전을 방해함이 심하다. 오직 하늘이 인간을 생성하는 근본이니 사람마다 모두 하늘의 소생으로 직접 그에게 예속되며, 하늘 아래에 예속되는 것은 모두 천하를 공공으로 삼는다. 만일 국가의 경계를 세우면 강자와 약자가 서로 싸우는 데 이르게 되고, 가정의 경계를 세우면 친애함을 널리 확장하지 못하는 데 이르게 되며, 내 몸의 경계를 세우면 힘과 재화를 사적인 것으로 삼는 데 이르게 된다. 그러므로 오직 천하만이 공공의 것이요, 모든 것은 공공의 리를 근본으로 삼을 뿐이다. 공공이라는 것은 모든 사람이 하나라는 뜻이니, 귀천의 구분도 없고 빈부의 차등도 없으며 인종의 다름도 없고 남녀의 차이도 없다. 구분과 차등, 다름과 차이가 있다면 이것은 작은 도에 불과하다. 평등하고 공동된 것, 이것이 바로 넓고 큰 도이다. 군주도 없고 국가도 없이 모든 사람이 공동의 재산으로 가르치고 먹일 뿐 개인의 재산을 자랑하지 않으며,

---

47) 『禮記』, 「禮運」, "大道之行也, 天下爲公, 選賢與能, 講信脩睦, 故人不獨親其親, 不獨子其子, 使老有所終, 壯有所用, 幼有所長, 矜寡孤獨廢疾者皆有所養, 男有分, 女有歸, 貨惡其棄於地也, 不必藏於己, 力惡其不出於身也, 不必爲己, 是故謀閉而不興, 盜賊亂賊而不作, 故外戶而不閉, 是謂大同."

48) 渡邊秀方, 劉侃元 中譯, 『中國哲學史槪論』 3권, 201.

개인의 재산이 아무리 많더라도 또한 이를 공공의 재산으로 분속시킨다. 사람들이 이미 사적인 이로움을 추구하지 않는데 어찌 권모술수를 써서 신의를 해치는 사람이 생기겠는가? 또한 어찌 강도가 되고 난리를 일으켜 그 이름을 더럽히는 사람이 생기겠는가? 단지 이러한 사람이 없을 뿐 아니라, 이러한 생각 자체가 없다. 안과 밖이 같아서 방해될 바가 없으니, 바깥문을 잠글 필요도 없고 군사의 일도 알지 못한다. 이 대동의 도가 태평한 시대에 행해지면 사람마다 모두 공공하고 사람마다 모두 평평하니, 그러므로 남과 더불어 '크게 함께하게'(大同) 되는 것이다.49)

강유위는 공자가 국가·가족·사유재산·계급 및 사회적 관계에 기초한 도덕을 제거하고 완전한 평등을 시행했다고 말하고 있다. 그러나 강유위의 견해에 부합되도록 『논어』와 다른 저서에서도 공자가 이러한 것을 도로서 설정하고 있는가? 『예기』에서 인용한 곳에는 이러한 모든 것에 대한 말이 없다. 또한 이 말은 전혀 공자의 말이 아니다.

강유위는 세계행복이론의 기초를 세계의 고통에서 시작한다. 그는 인류를 불행에서 해방하고 인류에게 최고의 행복을 보장하고자 한다. 고통은 유교적인 개념이 아니다. 이러한 고통에 대한 생각을 그는 불교에서 빌려 왔다. 강유위에 따르면 고통은 부분적으로는 하늘에서, 부분적으로는 다른 사람이나 자기 자신에게서 유래한다. 그리고 고통의 주요 기반은 부당한 차별 및 구분에 있다. 대동사회는 이러한 차별 및 구분을 지양한다.

---

49) 康有爲, 『康南海文集』, 권5, 26a, "天下國家身, 此古昔之小道也. 夫有國有家有己, 則各有其界而自私之, 其害公理而阻進化, 甚矣. 惟天爲生人之本, 人人皆天所生而直隷焉. 凡隷天之下者皆公之, 故不獨, 不得立國界, 以至强弱相爭, 並不得有家界, 以至親愛不廣, 且不得有身界, 以至貨力自爲. 故祇有天下爲公, 一切皆本公理而已. 公者人人如一之謂, 無貴賤之分, 無貧富之等, 無人種之殊, 無男女之異. 分等殊異, 此狹隘之小道也, 平等公同, 此廣大之道也. 無所謂君, 無所爲國, 人人皆敎養於公産而不恃私産, 人人卽多私産亦當分之於公産焉, 則人無所用其私, 何必爲權術詐謀以害信義, 更何肯爲盜竊亂賊以損身名, 非徒無此人, 亦復無此思, 內外爲一, 無所防虞, 故外戶不閉, 不知兵革, 此大同之道. 太平之世行之, 惟人人皆公, 人人皆平, 故能與人大同也."

강유위가 생각하는 대동사회는 무엇에 기초하는가? 그의 설명은 이렇다. 모든 사람은 같은 성과 같은 근원을 가지고 있으므로 형제와 같다. 차별은 단지 각자가 자기 자신의 행복만을 생각하여 다른 사람의 고통을 걱정하지 않고, 자기 자신의 자유만을 생각하여 다른 사람의 자유를 억압하는 데서 생겨난다. 이것은 복수를 야기하며, 이로부터 끝없는 고통이 시작된다. 각 개인과 단체가 단지 자신만을 생각하게 되면 다툼과 투쟁이 생겨난다. 이러한 집념은 종교정신을 통하여 극복되어야만 하며, 국가와 사회는 개선되어야만 한다. 강유위는 자신의 개혁을 단지 개별적인 국가 즉 중국뿐만 아니라 전 세계로 확장하고자 하였으며, 현재보다는 미래를 위한 것으로 간주하였다.[50]

대동사회에서의 정부는 전체 백성의 보편적인 이익을 달성하기 위해 설립된 기구이다. 정부는 모두의 생계와 교육을 담당한다. 대동사회 정부의 외적인 본보기로는 스파르타의 법을 들 수 있는데, 여기서는 모든 관리를 백성이 선거로 결정한다. 국가형태는 최고의 본보기에 따라 모든 방법으로 개선되어야 한다. 또한 국가의 크기가 너무 커서도 안 된다. 예를 들어 중국은 40개에서 50개의 행정구역으로 나뉘고, 각 구역은 그곳 백성의 예와 관습에 연계되어야 한다. 처음에는 여전히 여러 차이가 남아 있겠지만, 점차 모든 국가가 대동사회로 나아갈 수 있다. 대국의 권력정치는 문화의 진전에 방해가 된다. 그러므로 국경이 제거되고 국가가 작은 자치공동체로 해체되어 미국이나 스위스처럼 되어야 한다. 또한 천하의 법은 작은 국가들로 이루어진 각 개별공동체의 통일된 법의 연합으로서 하나의 큰 연합국가가 이루어져야 한다. 연합국가가 결성된 뒤에는 더 이상 군대가 필요 없으며 치안을 위한 경찰로 충분하게 된다. 이러한 공동체는 수백 년이 걸려야 이르게 될 것이다.[51]

---

50) 梁啓超, 『淸代學術槪論』, 401~403.
51) 梁啓超, 『淸代學術槪論』, 403~404.

강유위가 생각한 대동사회에서의 올바른 가족제도는 다음과 같다. 가족 안에서의 고통은 각 개인의 성격이 맞지 않는 데에서 기인한다. 강자는 약자를 억압한다. 가장은 모두를 부양하여야 하지만, 이것은 거의 불가능하다. 또한 다른 가족은 가장에 의하여 억압된다. 이와 같은 일이 모든 나라에서 일어나는데 특히 중국에서는 자주 일어난다. 그러므로 어린이들은 국가의 아동기관에서 성장되어야 한다. 각 어린이는 출생 후에 국가, 세계에 속하며 부모에게는 양육권이 없다. 어린이들은 친부모를 대하듯이 국가에 감사해야 하며 효를 다해야 한다. 어린이는 자라서 늙은 부모를 봉양하지 않아도 된다. 60세 이상의 사람들은 양로원에 살게 함으로써 부모를 봉양하는 일 또한 국가가 대신한다. 16세에서 60세에는 각자가 사회를 위하여 자기 능력에 따라 일한다. 국가가 성인에게 직업을 주고, 각자는 자유로이 자기 재능을 발휘한다. 각 인간은 홀로 세상에 존재함으로써 누구에게도 방해받지 않고 완벽하게 자유로운 삶을 영유한다. 결혼도 이혼도 모두 개인이 자유로이 결정한다. 국가는 그것을 일절 구속하지 않으며, 단지 결혼서약을 규정하고 다처제를 금지할 뿐이다. 부부의 관계는 일 년 동안만 지속되며, 후에는 배우자를 교체한다.[52]

양계초는 강유위의 이론이 과격하게 들리기는 하지만 모두가 강유위 자신의 기본원칙에 따라 논리를 이어나간 결과라고 주석한다. 그러나 이것은 대동사회와 세계평화의 시대가 도래했을 때 비로소 실현될 수 있는 것이지 당대에 곧장 유효한 이론은 아니다. 강유위는 효와 가족의 덕을 매우 높이 평가하였으며, 불교의 승려제도를 비판하였다.[53]

강유위가 그리는 대동사회의 모습을 계속해서 살펴보자.

국가와 가족은 사회이다. 이것을 위해서는 진보와 개혁이 필요하다. 종족은

---

52) 梁啓超, 『清代學術槪論』, 113.
53) 梁啓超, 『清代學術槪論』, 404~405.

선택적으로 개선되어야 하고, 거주하는 곳은 좋은 지역에 건축되어야 한다. 국가는 좋은 시설의 호텔을 아름다운 곳에 설립하여 사람들이 서로 만나 쾌적한 환경 속에서 부부가 될 수 있게 해야 한다. 임신을 하면 모든 편리함을 갖춘 국가의 임산부기관으로 간다. 그곳에서는 영양과 운동을 돌보고, 덕과 선을 장려하는 강연을 연다. 어지럼증, 정신질환 또는 도벽 등의 중병이 있으면 출산을 저지해야 한다. 종족우생학적인 관리가 시행되어야 한다. 어린아이는 탁아소에 보내져서 교육받은 간호사들에 의해 보살핌을 받는데, 그곳에서 아이들은 2년에서 3년을 머문다. 이때에 부모가 간섭해서는 안 된다. 이후 아이들은 유치원에 가며, 그때부터 20세까지 모두 동등하게 교육받는다. 이렇게 해서 점차 지식이 갖추어지고 성장이 이루어진다.[54]

20세에는 완전하고 자유로운 시민이 되어 직업을 선택한다. 국가는 충분한 일자리를 준비한다. 일하지 않는 사람은 벌을 받는다. 노동임금은 매년 전년도보다 높아지고, 노동시간은 항상 짧아진다. 기계 및 기술의 지속적인 발전으로 인간의 노동시간이 점차 줄어갈 것이다. 생산은 수백 배가 되고, 임금은 수십 배가 된다. 그러면 충분한 자유시간을 가질 수 있게 된다.[55]

일요일에는 국가의 교회(종교기관)에서 종교강연을 개최한다. 이러한 교회는 모든 종교가 공동으로 사용한다. 모두에게 종교가 허용되며, 그 선택은 개인의 자유이다. 국가는 국민을 위생적으로 양육한다. 환자는 공공병원에서 국비로 치료한다. 늙은 사람은 업적을 인정받아 국가가 설립한 양로원에서 지낸다. 양로원은 두 등급으로 구분한다. 일반적인 사람과 특별한 업적을 증명한 사람을 구분하며, 후자의 집은 특별히 안락하게 꾸며진다. 자기 집이 안락한 사람은 그곳에서 계속 살아갈 수도 있다.[56]

---

54) 梁啓超, 『淸代學術槪論』, 405~406.
55) 梁啓超, 『淸代學術槪論』, 407.
56) 梁啓超, 『淸代學術槪論』, 407.

모든 토지는 국가의 소유이다. 국가는 땅의 질에 따라 소작하게 한다. 생산량의 10분의 1을 소작료로 지불하게 하고 다른 세금은 거두지 않는다. 국가는 또한 철도, 증기기관, 광산 등의 산업을 양성하고, 이를 개인에게도 허용한다. 국민이 죽으면 유산의 반은 국가에 귀속되고, 나머지 반은 각자가 가족 또는 친구에게 남길 수 있다. 대동사회에는 등급과 계급이 없지만 학문적으로나 인도적으로 탁월하든가 관리로서 유능한 업적을 남긴 사람이라면 훈장을 받는다. 이때는 지역적으로 명성 있는 학자와 세계적으로 명성 있는 학자를 구분하여 그에 따라 다른 훈장을 내린다. 병자를 돌보는 직업이 아니거나 복지에 해당하는 활동을 하지 않는 사람은 20세 이후에 한 해 동안 공공적인 업무를 담당하는 병원, 양로원 또는 그와 유사한 성격의 시설에서 근무해야 한다.[57]

자식은 더 이상 자기 소유가 아니기 때문에 대동사회에서는 심한 출산감소가 우려된다. 그러므로 임신을 위한 특별한 격려 및 부녀자를 위한 우대책을 세워야 한다. 천하가 태평한 시대에는 범죄가 일어나지 않기 때문에 형벌이 거의 필요하지 않다. 따라서 형벌은 근무태만과 낙태의 두 가지 죄에 대해 중노동형을 내리는 것으로 충분하다. 남녀는 완전히 동등한 권리를 누린다.[58]

죽은 사람은 화장되며 그 재는 근처의 공장에서 비료로 만들어진다.[59]

강유위의 새로운 사회질서는 소련의 사회체제와 놀랍도록 유사하다. 어쩌면 그가 소련을 염두에 두고 있었던 것은 아닐까 의심할 수 있을 정도이다. 그러나 이것은 시대적으로 불가능하다. 강유위가 『대동서』를 저술한 1884년도에 유럽에서는 아직 이러한 생각이 알려져 있지 않았다. 또한 『대동서』를 저술할 무렵의 강유위는 유럽의 언어를 전혀 모르는 상태로서, 그는 이후에 상해에서 영어

---

57) 梁啓超, 『淸代學術槪論』, 408.
58) 梁啓超, 『淸代學術槪論』, 409.
59) 梁啓超, 『淸代學術槪論』, 113. 이 저서에서는 사회의 질서에 대하여 13가지로 다루고 있으며, 이것은 Wilhelm, *Die Seele Chinas*, 77쪽에 번역되었다.

서적이 번역 출간되고 나서야 유럽의 사상을 접할 수 있었다. 더구나 이때 그가 본 책들도 대개 공산주의와 무관한 선교사들의 것이었다. 양계초는 대동사회 이론의 모든 것은 타고난 철학자인 자신의 스승이 스스로 세운 것이며, 이것이 유럽의 이론과 일치하는 것은 우연이라는 것을 구체적으로 증명한다.[60] 그렇다면 역으로 그의 저서가 번역되어 러시아로 유입되고 이후 그곳의 공산주의 성립에 영향을 미쳤다는 가정도 해 볼 수 있지 않을까?

양계초가 자신의 스승을 최상등급의 학자로 간주한 것은 놀라운 일이 아니다. 그러나 중국에는 그를 인정해 주는 사람들이 많지 않았다. 강유위의 이론은 군주론자에게는 너무 혁명적이었으며, 공화론자에게는 너무 보수적이었다. 그 때문인지 『중국인명대사전』에도, 신해혁명 이후 출간된 『대인명사전』에도 그의 이름은 들어 있지 않고[61] 오히려 그보다 부족하게 여겨지는 아래 등급의 학자들이 위 두 책에 소개되어 있다. 호적 또한 강유위를 청대의 위대한 사상가 4인에 포함시키지 않았다. 그와는 달리 와타나베가 저술한 『청대중국철학사淸代中國哲學史』, 장유교의 『중국근삼백년철학사中國近三百年哲學史』 및 빌헬름의 저서에서는 강유위에 대하여 소개하고 있다.

내게는 강유위가 청대 말기의 가장 중요한 사상가로 보인다. 그는 외국여행에서의 영감과 그 자신의 독창적인 생각을 바탕으로 하여 중국철학을 더욱 풍요롭게 하였고, 고대의 경전에 고무되어 많은 것들을 자유롭게 재구성하였다. 그의 생각 중 많은 것이 올바르고 합당하였고, 많은 것은 또한 환상적이고 유토피아적이었다. 그러나 그의 유토피아적인 생각조차도 그가 기대한 만큼은 아닐지 몰라도 러시아에서는 실제 현실로 이루어졌다. 그의 업적으로 손꼽을 수 있는 것은 그가 중국의 철학자들 중 가장 먼저 유럽의 문화에 개방적인 태도를 취하였다는

---

60) 蔣維喬, 『中國近三百年哲學史』, 116쪽.
61) 渡邊秀方, 劉侃元 中譯, 『中國哲學史槪論』 3권, 193~202; Wilhelm, *Chinesische Philosophie*, 117쪽; Wilhelm, *Die Seele Chinas,* 74~78; 蔣維喬, 『中國近三百年哲學史』, 105~117쪽.

사실과 가장 먼저 백성의 정치적 권리를 인정하였다는 사실이다. 그는 또한 러시아의 공산주의자들보다 더 나은 통찰력을 발휘하였다. 그는 대동사회를 이루기 위한 방편으로 많은 사람들의 희생을 요구하는 강압적인 방식을 떠올리지 않았다. 그는 단지 그것을 미래의 언젠가에 이루어질 이상사회로 여겼다. 그는 인류가 대동사회를 목표로 삼아서 자연스럽게 점차적으로 진보하고 완성되어 가기를 바랐다.

2. 양계초

1) 생애와 저술

양계초梁啓超(1873~1929)는 광서제의 무술변법자강운동에 가담하였던 강유위의 가장 중요한 제자이다. 자는 임공任公이고 호는 음빙실飮氷室이며 광동성 신회주新會州 애산崖山 옆 웅자熊子에서 태어났다. 그는 어려서 어머니와 할아버지에게서 배웠는데, 할아버지는 그에게 송대와 명대의 불행과 고통에 대한 많은 것을 설명하였다. 그는 어려서 이미 이백李白의 시를 읽고 남다른 감흥을 느꼈으며 스스로 시를 짓기도 하였다. 이때 그는 중국사의 적요를 간추린 『강감정사약綱鑑正史約』과 『사기』만을 겨우 가지고 있었는데, 이 중 『사기』는 거의 암송할 수 있었다. 후에 그는 아버지에게서 『한서』를 선물 받았다. 광동 장흥리에서 그는 강유위의 제자가 되어 3년 동안 육왕의 심학, 역사, 유럽의 학문 등을 배웠으며 덧붙여 불교도 어느 정도 배웠다.[62)]

양계초는 1889년에 16세의 나이로 향시에 합격하여 거인이 되었으나, 그 다음해에 치러진 북경에서의 과거에서는 낙방하였다. 1891년에 결혼을 하였고,

---

62) 蕭一山, 『淸代通史』, 권3.

1895년 시모노세키조약이 체결되자 광동에서 190명의 거인들과 함께 황제에게 추도사를 보냈다. 그는 강유위의 인도 아래 변법개혁을 요청하였던 3,000명의 거인에 속하며, 스승 강유위가 1895년에 강학회強學會를 결성하였을 때에는 스승을 보좌하였다.

양계초는 1896년에 상해에서 중국인이 발행한 최초의 잡지 『시무보時務報』의 편집자가 되어 개혁에 대한 기사를 많이 실었다. 그는 저널리즘을 하나의 직업으로 인정하여 그 일에 충실하고자 여러 고관들의 채용 제안을 거절하였다. 저널리즘은 그 당시 아주 새로운 직업이었다. 당시 중국은 인쇄업이 막 걸음마를 시작한 단계에 불과했고 단지 몇 개의 신문만이 있는 정도였다.

양계초는 1898년에 100일 동안 진행된 변법자강운동에 가담하여 농업과 자연과학에 대한 중요한 유럽의 저서를 번역하는 부서의 책임자로 활동하였다. 그는 자신의 책무를 위하여 북경의 예수회선교사들에게 도움을 청하였다. 그러던 중 그는 스승 강유위와 함께 서태후의 지대한 정치적 영향력을 우려하여 그녀의 암살을 주도하였다가 실패하였다. 이 일로 인하여 그와 강유위는 사형을 선고받고 일본으로 도주하였다. 그곳에서 그는 강유위와 함께 보황당保皇黨이라는 정당을 창당하였는데, 보황당은 손문孫文의 혁명당에 대립각을 세우고 입헌군주제를 주장하였다. 일본에서 지낼 때에 그는 중국 유학생들을 가르쳐 생계비를 벌었다. 또한 중국의 신문과 잡지들을 출간하였지만 모두 오래가지 못했다.[63] 그는 신해혁명이 일어날 때까지 외국에서 망명자로 지냈다. 대부분은 일본에서 거주하였지만, 망명 중에 미국과 유럽을 방문하여 사회와 정치의 관계를 공부해서 자기 나라 사람들에게 소개하기도 했다.

신해혁명 이후 양계초는 중국으로 돌아와 천진에서 일간신문을 간행하였다. 신문을 통해 그는 정치교육과 일반교육의 필요성을 역설하였으며, 강유위와

---

63) 『淸議』, 『新民叢報』, 『國風』, 『新聞報』 등.

마찬가지로 서구식의 교육과 방법을 추천하였다. 원세개가 그에게 신해혁명으로 구성된 첫 번째 내각의 한 가지 직책을 맡아줄 것을 제안하였지만 그는 거절하고 천진에서 반월간지 『용언보庸言報』를 발행하였다. 그는 손문의 국민당과 맞서 싸웠다. 1913년에는 공화당, 민주당, 통일당이 통합하여 진보당進步黨을 이루었는데, 그는 이 정당의 지도자가 되었다. 같은 해에 그는 사법총장으로도 임용되었다가 이듬해 사임하였으며, 곧 화폐사무국의 지도자가 되었다. 화폐사무국은 이후 재무부로 승격되었다.

1914년부터 그 이듬해까지 양계초는 일본의 21개 조목의 요구에 대해 강력하게 반대하는 기사를 썼다. 1915년에 그는 원세개의 제국주의적인 노선을 반박하였는데, 이 때문에 정치적인 압력을 받아 자신의 제자가 장군으로 부임한 운남으로 도주해야만 했다. 이후 1917년에 다시 북경으로 불려갔다. 같은 해에 신해혁명을 부정하는 복벽주의자 장훈張勳이 쿠데타를 일으켰다. 장훈은 어린 황제를 옹립하고자 하였는데, 양계초는 이에 합세하지 않고 오히려 자신을 억압하던 단기서段祺瑞의 북양정부를 지지하여 그곳의 재정총장 및 염무총괄자로 임용되었다. 그리고 그의 의견에 따라 특별히 중국은 제1차 세계대전에 독일에 대항하여 참전하기로 결정하였다. 단기서 내각이 붕괴한 후에 그는 정치에서 물러났지만, 중국의 전권사절이 되어 파리평화협정에 참석하기도 하였다.

양계초는 1923년에 골즈워디(John Galsworthy)가 설립한 국제펜클럽의 회원이 되었다. 생의 막바지 해들을 그는 학자와 저자로서 보냈다. 그는 아마도 현대 중국에서 가장 활발한 저술활동을 펼친 작가일 것이다.[64] 그가 문학계 및 청년들에게 미친 영향은 매우 컸다. 그는 여러 지방을 돌며 강연회를 열어 청년들에게 막대한 영향을 미쳤다. 점차 양계초는 스승보다 정치적으로 훨씬 더 과격하게 되었으며, 군국주의자에서 확신에 찬 공화주의자가 되었다. 이미 일본에서부터

---

64) Wilhelm, *Die Seele Chinas*, 78.

그는 청조의 붕괴를 위한 작업을 시작하였다.

양계초의 저술은 대부분 짧은 기사들로서 문화·정치·민족적인 문제들을 다루고 있다. 그의 저서는 학술적인 것과 철학적인 것으로 나뉜다. 학술 저서로는 『도연명陶淵明』, 『중국문화사中國文化史』, 『중국근삼백년학술사中國近三百年學術史』, 『청대학술개론淸代學術槪論』, 『서학서표西學書表』, 『중국역사연구법中國歷史研究法』, 『고학진위급기연대古學眞僞及其年代』, 『구주전사歐洲全史』, 『구유심영록歐遊心影錄』 등이 있고, 철학적 저서로는 『공자학안孔子學案』, 『묵자학안墨子學案』, 『묵자미墨子微』, 『묵경교석墨經校釋』, 『국학여작國學籥酌』, 『절본명유학안節本明儒學案』, 『덕육감德育鑑』, 『중국혼中國魂』, 『대승기신론고증大乘起信論考證』, 『중국불교사中國佛敎史』 등이 있다. 그의 전집에는 다양한 판본이 있다. 800쪽이 넘는 2종의 판본은 『음빙실문집유편飮冰室文集類編』으로 간행되었고, 다른 완전한 판본은 『음빙실총저飮冰室叢著』 4권이다. 1924년에 네 번째 판본이 인쇄되었다.

2) 종교와 철학

종교와 철학 사이에는 예로부터 대립이 있었다. 양계초는 학문적으로 철학이 종교보다 우월하다고 보았다. 그는 종교를 좋아하지 않았는데, 그것은 종교가 쉽게 미신으로 나아가며 진실의 인식을 방해한다고 생각했기 때문이다.[65] 그러나 그는 현실 및 정치에서 종교가 철학보다 우위를 차지한다는 것에 동의한다. 철학적인 냉철함보다 종교적인 열광과 신념이 더 큰 성공을 유도한다는 것이다. 그 예로 그는 크롬웰, 오를레앙의 처녀, 워싱턴, 링컨 마치니, 카보우르, 글래드스턴 등을 들었다. 그는 스승 강유위가 큰 성공을 거둔 것도 철학적 가르침 때문이 아니라 종교적인 확신에서 나오는 힘 때문이라고 하였다. 그에 따르면 강유위는 이를 통하여 추종자들의 마음을 사로잡았다.

---

65) 梁啓超, 『飮冰室文集』, 권1, 633, "最不喜宗敎, 以其偏於迷信而爲眞理障也."

양계초에 따르면, 철학에는 대립하는 두 방향이 있다. 관념주의적인 유심론唯心論과 물질주의적인 유물론唯物論이 그것이다. 이 가운데 유심론은 매우 강력한 종교와 같은 분위기에서 나온다. 유심철학은 거의 종교에 가깝다.66) 이러한 유심론은 러시아의 허무주의에서 볼 수 있다. 러시아인들은 헤겔의 철학에 서약하며, 그의 철학은 그들의 종교이다. 러시아인들은 헤겔의 철학에 열광하여 어떤 위험도 두려워하지 않고 기꺼이 모든 고통을 감수하였다. 중국에서는 왕수인의 학설이 유심론이다. 그의 학설은 추종자들에게 특별한 용기와 힘을 부여하였는데, 이는 명대 말기의 유학자들에게서 확인할 수 있다. 이 학설은 일본에서 부흥하였으며 중국에서는 거의 소멸되었다.

철학이 관념주의가 아닐 경우, 즉 철학이 물질주의로 한정될 경우 종교는 철학보다 삶을 꾸려가기에 더욱 적합하다. 그 이유는 다음과 같다. 첫째, 대부분의 인간은 스스로를 다스리지 못하기 때문에 세계를 통치하며 악한 생각과 욕구를 억누르게 하는 저 위의 높은 존재를 신뢰한다. 종교는 인간에게 도피처를 마련해줌으로써 악에서 멀어지게 한다. 둘째, 신체에는 많은 제약이 뒤따르는데, 종교는 신체로부터의 해방을 약속하며 안정과 평화를 약속한다. 셋째, 종교는 인간에게 내세의 희망을 주고, 인간은 그에 대한 믿음으로 현세에서의 모든 고통을 견딘다.67) 이와 관련하여 양계초는 다음과 같이 말한다.

> 서양의 종교가 매우 깊지는 못함에도 불구하고 그들은 최후의 심판과 천국이 가까이 왔다는 등의 말을 매일 서로 나누게 함으로써 중간과 중간 이하 등급의 사람들로 하여금 두려움을 느껴 계명의 파기를 감행하지 못하게 할 수 있다.68)

---

66) 梁啓超, 『飮冰室文集』, 권1, 634, "蓋唯心哲學, 亦殆近於宗敎矣."
67) 梁啓超, 『飮冰室文集』, 권1, 635.
68) 梁啓超, 『飮冰室文集』, 권1, 636, "泰西敎義雖甚淺薄, 然以末日審判天國在邇等論, 日日相聒, 能使一社會中中下之人物, 各有所懼, 而不敢決破藩籬."

반면 높은 등급의 사람은 스스로 악을 행하지 않기 위한 통찰력을 충분히 가지고 있다. 같은 작용을 불교는 인과설로써 지향한다.

철학과 종교의 차이에 대해 양계초는 다음과 같이 말하고 있다.

"요약하여 말하자면, 철학은 회의를 귀하게 여기고 종교는 믿음을 귀하게 여긴다. 믿음에는 바른 믿음과 미혹된 믿음 즉 미신이 있는데, 바름과 미혹됨을 막론하고 진실로 이미 믿는다면 반드시 지극히 정성될 수 있다. 지극히 정성될 수 있으면 임무를 무겁게 할 수 있고 멀리 이를 수 있으며 사람을 감동시킬 수 있고 사물을 움직일 수 있다……"

묻는다. "그렇다면 종교는 좋지만 철학은 나쁘며, 종교는 얻는 것이 있지만 철학은 잃기만 하는가?" 답하였다. "아니다. 그렇지 않다. 종교가의 말은 사람을 바로 서게 하고 일을 다스릴 수 있게 하지만 학문을 하는 데는 도움이 되지 않는다. 왜 그런가? 종교는 늘 미신과 서로 연결되어 있기 때문이다. 미신이 하나 있게 되면 곧 진리는 반드시 그 반이 가려지게 되고, 미신이 계속 존속하면 사람의 지혜가 더 이상 진보할 수 없으며 따라서 인류의 운명도 진전이 없다. 그러므로 학술인은 미신과 적이 되지 않을 수가 없고, 미신과 적이 되면 그것과 연계된 종교와도 적이 되지 않을 수 없다. 따라서 항상 국가에는 종교인이 없을 수 없지만 또한 종교를 파괴하는 사람도 없어서는 안 된다. 경제학이 바로 이와 같은 법칙에 있다. 그 공이 구분되면 될수록 더 큰 성공으로 나아가니, 적용되는 방법의 차이 때문에 서로 비난할 필요가 없다. 비록 그렇지만, 한 종교의 미신을 파괴할 수 있을지언정 그 종교의 도덕을 파괴할 수는 없다. 도덕은 천하에 공통적이며 한 종교가 홀로 지닐 수 있는 것이 아니기 때문이다. 진실로 도덕을 파괴하는 것은 부끄러움과 거리낌이 없는 소인에 불과하다. 본래 종교를 비난하는 사람이 또한 어찌 스스로 철학을 한다고 할 수 있겠는가?"[69]

---

69) 梁啓超, 『飮冰室文集』, 권1, 637~638쪽, "要而論之, 哲學貴疑, 宗敎貴信, 信有正信, 有迷信, 勿論其正也迷也, 苟旣信矣, 則必至誠, 至誠則能任重, 能致遠, 能感人, 能動物……曰, 然則宗敎長而哲學短, 宗敎得而哲學失乎, 曰, 又不然, 宗敎家言, 所以立身也, 所以治事也, 而非所以講學, 何以故, 宗敎與迷信常相爲緣故, 一有迷信, 則眞理必掩於半面, 迷信相續, 則人智遂不可得進, 世

양계초에 따르면, 중국인들은 쉽사리 미신에 동요하지 않기 때문에 종교적인 것보다는 철학적인 것으로 더욱더 기울어진다. 또한 불교는 종교임에도 불구하고 중국철학과 함께 가고 있다.[70]

양계초는 "사상의 자유는 시민 행복의 기반"임을 강조하면서 종교로부터 자유로워질 것을 장려하는데, 그 까닭은 종교가 학문을 방해하기 때문이다. 그는 중국 사람들이 종교를 믿지 않고 그 대신 성인을 우러르는 것이 치욕스러운 일이 아니라고 하였다.[71] 그에 따르면 인류의 유아기에는 종교의 작용이 매우 컸지만, 후에는 점차 종교가 사상의 자유와 학문의 진보를 저해하였다. 그러므로 종교와 학문 사이에는 투쟁이 있다. 그러나 완전한 문명세계는 여전히 매우 멀기 때문에 종교를 완전히 없앨 수는 없다. 종교에는 또한 어느 정도 실질적인 가치가 있기 때문이다.[72] 이와 더불어, 중국에서 기독교의 보급을 반대하는 것은 불필요하며 그렇게 하는 것이 중국에 이롭지도 않다. 굳이 반대하지 않아도 중국에는 결코 많은 교회가 설립되지 못할 터인데, 그럼에도 억지로 기독교를 금지하다 보면 오히려 복잡한 외교적인 혼란만 불러일으킬 것이다. 그동안 중국이 선교사를 공격할 때마다 서구 열강은 그것을 빌미로 중국에 침투하였으며 또한 막대한 손해배상을 요구해 왔기 때문이다. 그러므로 지식의 자유와 더불어 종교의 자유도 옹호되어야 한다.[73]

運邃不可得進, 故言學術者不得不與迷信爲敵, 敵迷信則不得不並其所緣之宗敎而敵之, 故一國之中, 不可無信仰宗敎之人, 亦不可無摧壞宗敎之人, 生計學公例, 功愈分而治愈進焉, 不必以操術之殊而相非也. 雖然, 摧壞宗敎之迷信可也, 摧壞宗敎之迷信不可也. 道德者天下之公, 而非一敎門之所能專有也, 苟摧壞道德矣, 則無忌憚之小人, 固非宗敎, 而又豈足以自附於哲學之林哉."

70) Pascal M. d'Elia, "Un maitre de la jeune Chine, Liang K'i-K'i-tch'ao", *T'ung-pao* Vol.18, No.1 (1917), 281.
71) Pascal M. d'Elia, "Un maitre de la jeune Chine, Liang K'i-K'i-tch'ao", *T'ung-pao* Vol.18, 266. 여기서 양계초는 종교 없는 중국인은 짐승이라고 했던 스승의 관점을 벗어난다.
72) Pascal M. d'Elia, "Un maitre de la jeune Chine, Liang K'i-K'i-tch'ao", *T'ung-pao* Vol.18, 267.
73) Pascal M. d'Elia, "Un maitre de la jeune Chine, Liang K'i-K'i-tch'ao", *T'ung-pao* Vol.18, 277~278.

3) 유학과 불교

양계초는 유학과 불교가 통합될 수 있다고 생각하였다. 그는 강유위보다 유교의 가치를 더 높게 인정하였으며 동시에 강유위보다 불교에 대한 신앙심도 깊었다. 그에 따르면 선진시대의 중국사상은 그리스의 사상에 비하여 뒤떨어지지 않는다. 중국사상이 서양철학에 뒤떨어지기 시작한 것은 한대부터인데, 학자들이 경전의 의미를 더 이상 이해하지 못하게 되었기 때문이다. 양계초는 스승 강유위가 다시 그 의미를 발견하여 참된 학설을 회복할 때까지 공자 사상의 진면목은 숨어 있었다고 말한다.

양계초에 따르면, 유학에는 높은 단계의 유학과 낮은 단계의 유학이 있다. 높은 단계의 유학은 오직 매우 빼어난 사람만이 이해할 수 있고, 낮은 단계의 유학은 평범한 사람들도 이끌어 들일 수 있다. 상급 유학의 원천은 『역』과 『춘추』이며, 하급 유학의 원천은 『시경』·『서경』·『예기』·『악기』이다. 『역경』을 깊이 이해한 대표적인 철학자는 장자이며, 『춘추』를 깊이 이해한 대표적인 철학자는 맹자이다. 하급 유학의 대표자는 순자이며 그의 학설은 2,000년 동안 홀로 천하에 횡행하였다.[74] 상급 유학과 하급 유학의 관계는 마치 소승불교와 대승불교의 관계와 같다. 실제로 2,000년 동안 중국을 지배한 학설은 공자가 아니라 순자의 학설이다. 그러나 순자는 『시경』, 『서경』, 『예기』, 『악기』를 고대 학설에 따라 수집했을 뿐 『역』과 『춘추』에서 전하는 공자의 사상을 담아내지는 못했다. 특히 『춘추』는 공자 사상의 정수를 담고 있기 때문에 맹자는 이 책이 공자의 가장 위대한 저술이라고 하였다. 『춘추』를 이해하는 데 있어 가장 중요한 것은 구두로 전래된 해석을 기술하고 있는 『공양전』이다.[75]

양계초는 역대 중국의 지배자들이 낮은 단계의 유학만을 장려하고 높은

---

74) 梁啓超, 『飮冰室文集類編』, 권1, 639~640.
75) 梁啓超, 『飮冰室文集類編』, 권1, 642.

단계의 유학은 억압하였다고 하면서, 높은 단계의 유학 속에 담긴 공자 사상의 정수를 다음과 같이 다섯 가지로 나누어 설명하고 있다.

첫째, 거란세據亂世·승평세升平世·태평세太平世로 이어지는 『춘추』의 삼세관에는 고대의 묵수가 아닌 진보의 이념이 놓여 있다. 최고 단계에는 아직 이르지 못한 상태인데, 거기에 이르기 위해 중요한 것은 새로운 통치형태이다.

둘째, 가장 중요한 것은 백성의 힘이다. 승평세에는 군주의 권력이 가장 크고, 『춘추』는 통치자의 권력을 깨뜨리고자 한다. 맹자는 백성을 맨 꼭대기에 두었지만 순자는 공자를 빙자하여 군주의 전제정치를 기초하고자 하였다.

셋째, 공자는 부패한 통치를 개선하기 위해 모든 수고로움을 견뎠으며 군주들을 찾아 배회하는 등, 백성을 해방시키고자 보살처럼 행동하였다. 그러나 송대 이래로 유학자들은 공자의 도를 그렇게 이해하지 않게 되었다. 백성과 국가의 위기에 대한 동정과 우려를 갖지 않았으며 냉담하게 단지 자기 자신의 안녕과 개인의 수양 및 학식만을 생각하였다.

넷째, 공자는 덕과 힘의 전개에 대한 여러 가지 말을 하였다. 그러나 당대 이래로 유학자들은 약골이 되고, 단지 왕수인만이 어느 정도 고대의 학설로 되돌아갔다. 청대에 이르러 고증학이 시작된 후에 유학자의 나약함은 더욱 커졌다. 이제 대동을 통해 덕의 강인함으로 돌아갈 수 있을 것이다.

다섯째, 대동의 원리에 따라 공자의 학설은 모든 체계를 포괄한다. 아홉 제가는 모두 공자의 제자로 거슬러 올라간다. 이것이 문화의 다양한 길이며, 개별적인 것들로 서로 투쟁해서는 안 된다.

양계초는 공자를 존숭함으로써 다양한 학설을 모두 포괄할 수 있다고 말한다.

오늘날에는 다양한 학설이 함께 행해지더라도 서로 거스르지 않는다는 것을 밝혀야 한다. 다양한 학설들이 곧 공자의 학설이며 다양한 스승들을 존숭하는 것이 곧 공자의 가르침을 있게 하는 근거라는 것을 알아서 천하 사람들이 모두 잠긴 문을 깨뜨리고 보수의 울타리를 제거한다면, 거의 선진시대 고대 학문의 부흥에 가까워져서 인간의 지혜가 발달하게 될 것이다.[76]

유럽인들은 유학이 종교가 아니라고 말한다. 대신 그들은 유학을 미신으로 파악하고 있는데, 양계초는 이러한 파악 또한 올바른 이해가 아니라고 지적한다. 유학은 단지 이 세상의 사물에 몰두할 뿐이다. 유학의 학설은 도덕의 원천으로서 미신이 아니며, 유학에는 교회의 의식 같은 것도 없다. 유학은 의심을 금지하지 않으며 다른 학설을 혐오하지 않는다. 이로써 유학은 다른 종교와 구분된다. 그렇다면 공자는 어떤 사람이며, 그의 가르침은 어떤 것인가?

공자는 철학자, 정치인, 교육자이지 종교가가 아니다. 서양인은 항상 공자를 소크라테스와 함께 일컬을 뿐, 석가모니나 예수, 마호메트와는 함께 일컫지 않는다. 이것은 참으로 진리를 얻은 것이다. 그러나 공자가 종교가가 아니라고 한들 무엇이 그를 훼손시킬 수 있겠는가?[77]

나는 공자를 높이고자 다른 종교들을 억누르지는 않는다. 단지 공교孔敎가 비록 다른 종교만큼의 세력은 못 가진다 하더라도 또한 다른 종교만큼의 폐단에는 이르지 않을 것임을 말할 뿐이다.[78]

---

76) 梁啓超, 『飲冰室文集類編』, 권1, 645, "今當發明竝行不悖之義, 知諸子之學, 卽孔子之學, 尊諸子卽所以存孔敎, 使天下人人破門戶之意見, 除保守之藩籬, 庶幾周秦古學復興, 而人智發達矣."
77) 梁啓超, 『飲冰室文集類編』, 권1, 650쪽, "孔子者哲學家, 輕世家, 敎育家, 而非宗敎家也, 西人常以孔子與棱格拉底並稱, 而不以之與釋迦耶蘇摩訶末並稱, 誠得其眞也, 夫不爲宗敎家, 何損於孔子."
78) 梁啓超, 『飲冰室文集類編』, 권1, 650쪽, "吾非必欲抑羣敎以揚孔子, 但孔敎雖不能有他宗敎勢力, 而亦不至有他敎之流弊也."

공자는 예수처럼 자기가 상제의 자식이라고 한 적이 없으며, 석가처럼 자기가 모든 것을 지배하는 하늘의 용이라고 한 적도 없다. 공자는 또한 사람들에게 내 말이 아닌 것을 믿어서는 안 되며 내 가르침 외의 다른 것은 모두 따라서는 안 된다고 하지도 않았다. 공자는 인간이고 옛날의 성인이고 옛날의 스승일 뿐, 하늘이 아니고 귀신이 아니다.[79]

양계초는 일방적인 강요가 사라지고 완전한 자유를 누리게 되면 사람들의 의식이 진전하여 잘못된 신앙과 미신의 입지가 점점 더 좁아지겠지만 유학은 결코 강요를 통해 정립되어 있는 다른 종교들처럼 사라지지는 않을 것이라고 확신하였다. 공자의 말은 모두 합리적이며 모순이 없기 때문이다.

공자는 진실로 미래의 도덕교육의 무리 중에서 가장 중요한 위치를 차지할 것이다. 이를 나는 감히 예언한다. 공자가 우리에게 바라는 것은 구세주로 일컫거나 세존으로 숭상해 달라는 것이 아니다. 그런데 지금 다른 이들에게는 구세주니 세존이니 하는 호칭이 있고 우리에게는 그것이 없다고 해서 공자의 가르침이 장차 사라질 것이라고 한다면, 이것이 어찌 공자를 아는 것이겠는가? 소크라테스와 아리스토텔레스는 공자에 한참이나 미치지 못함에도 불구하고 그들의 가르침은 오래될수록 더욱 빛나지만, 어찌 이 때문에 공자를 염려하겠는가? 감히 단언하건대, 세상에 정치와 교육과 철학이 없다면 공자의 가르침 또한 사라지겠지만 이 세 가지가 존속하는 이상 그 가르침의 빛은 바르고 커서 결코 꺼지지 않을 것이다.[80]

---

79) 梁啓超,『飮冰室文集類編』, 권1, 651쪽, "孔子未嘗如耶蘇之自號化身帝子, 孔子未嘗如佛之自稱統屬天龍, 孔子未嘗使人於吾言之外皆不可信, 於吾敎之外皆不可從, 孔子人也, 先聖也, 先師也, 非天也, 非鬼也, 非神也."

80) 梁啓超,『飮冰室文集類編』, 권1, 656쪽, "孔子實於將來世界德育之林, 占一最重要之位置, 此吾所敢豫言也, 夫孔子所望於我輩者, 非欲我輩呼之爲求主, 禮之爲世尊也, 今以他人有救主世尊之名號, 而我無之, 遂相驚以孔敎只將亡, 是烏得爲知孔子矣乎, 夫梭格拉底亞士多德之不逮孔子也亦遠矣, 而梭氏亞氏之敎, 猶愈久而愈章, 曾是孔子而顧懼是乎, 吾敢斷言曰, 世界若無政治, 無敎育, 無哲學, 則孔敎亡, 苟有此三者, 孔敎之光大, 正未艾也."

유학은 폐쇄성이 없어서 누구든 자유롭게 수용하거나 거부할 수 있다. 신앙을 강요하지도 않는다. 유학자는 다른 종교에서 좋은 문장을 수용할 수 있고 자신의 것을 바칠 수도 있으며, 심지어 다른 것이 훨씬 좋다면 고스란히 받아들일 수도 있다. 철학적인 시스템에 있어서도 마찬가지이다. 유학은 타종교와 나란히 존재할 수 있으며, 애초에 다른 것을 제외하지 않는다.[81]

양계초는 불교를 최고의 종교로 꼽았지만, 동시에 불교가 종교이기 이전에 유학과 마찬가지로 학문과 철학이기도 하다고 보았다. 그래서 그는 기독교의 거의 모든 것을 비난하면서도 불교에 대해서는 아무런 비판 없이 신봉하였다. 그는 불교의 모든 것이 올바르고 아름답고 탁월하게만 보이며, 거기서는 어떤 어두운 면도 보이지 않는다고 하였다. 그에 따르면, 기독교에서는 최고의 진리가 단지 종교의 창시자에게만 주어져 있고 사람들에게 신앙을 강요하기만 할 뿐이다. 그러나 불교에서는 해탈과 믿음이 자유롭다. 석가모니는 오랜 수행기간 동안에 철학적 인식에도 몰두하였으며 참된 지식과 신앙을 통합하고자 하였다. 그리스와 후기 유럽의 철학은 논리체계를 거의 완전하게 발전시켰음에도 이 영역에서 석가모니가 이룬 것의 10분의 1에도 미치지 못하였다. 불교의 신앙은 인식에서 유래하는 것으로, 기독교의 신앙과 같은 미신이 아니다.

불교는 송대 철학자들에 의하여 회의적이라는 누명을 쓰게 되었다. 그러나 불교는 회의적이지 않다. 모두에게 구원을 약속하고 있기 때문이다. 그에 반하여 기독교는 천국의 일방적인 면을 보여 준다. 부처도 극락을 말하였지만, 이것은 신체적인 것이 아니라 정신적인 것이며, 다른 세상에서가 아니라 자신의 마음에서의 극락이다. 불교는 정신의 불멸을 말하지만, 기독교는 신체가 최후의 심판에서 판결받기 위하여 다시 부활한다고 말한다. 이것은 신체의 부활을 위해 시체를 미라로 만들어 보존하는 이집트 종교의 잔재이다.

---

81) 梁啓超, 『飮冰室文集類編』, 권1, 657쪽.

다른 종교에서는 인간이 보다 높은 권력에 종속되어 있지만 불교에서는 각자가 스스로 부처가 될 수 있다. 물론 불교에서도 다른 사람을 통하여 구원의 길에 이르기도 한다. 그러나 불교에서 중요한 것은, 각자의 운명이 그 자신의 행동을 통하여 결정된다는 사실이다. 이에 비해 다른 종교에서는 행동이 아니라 기도와 숭배를 통하여 특별한 복을 받을 수 있다.[82]

불교에 대한 설명의 마지막에서 양계초는 다음과 같이 말한다.

부처의 가르침은 넓고 크고 깊고 정미하다. 나의 제한된 마음으로 어떻게 그것의 만분지일이라도 엿볼 수 있겠는가? 부처의 귀로 내가 한 말을 듣는다면 칭찬으로 여길지 비방으로 여길지 알지 못하겠다. 비록 그렇지만, 설사 그것이 부처를 비방하는 말이 된다 하더라도 나는 이 말들이 부처의 가르침을 배우는 한 법문이 될 수 있기를 바란다.[83]

흔히 유학자들은 불교를 철저하게 부정하였고 몇몇은 불교에 맞서 과격하게 투쟁하기도 했지만, 도교에 대해서는 특별하게 이해하여 많은 것을 받아들였다. 그러나 이것이 양계초에게는 정반대가 되었다. 그는 도교를 부정적으로 대하였으며 심지어 도교의 해독에 대한 심각한 경고를 남기기도 하였다.[84]

4) 형이상학

양계초의 형이상학은 불교적이다. 그의 형이상학에 따르면 모든 존재는 영겁 이래로 하나의 진여眞如와 무명無明으로 이루어진다. 진여는 만물의 성이 되고,

---

82) 梁啓超, 『飮冰室文集類編』, 권1, 658~663쪽.
83) 梁啓超, 『飮冰室文集類編』, 권1, 665쪽, "佛敎廣矣大矣深矣微矣, 豈區區末學所能窺其萬一, 以佛耳聽之, 不知以此爲讚佛語耶, 抑誇佛語耶, 雖然, 卽曰誇佛, 吾乃冀可以此爲學佛之一法門."
84) 梁啓超, 『飮冰室文集類編』, 권2, 73쪽.

이것을 가리는 것이 무명이다. 무명에 의해 진여가 가려지면 세계가 생성된다. 따라서 개체는 무명의 창조물이다. 전체 세계와 모든 인간은 마음의 리에 의하여 생성된다. 인간사회는 구성원의 마음의 리에서 형성된다. 지금 살고 있는 사람은 그가 태어나기 이전에 존재하였던 마음의 리에서 생겨났다. 그러므로 또한 인간은 죽은 뒤에도 생성된다. 오해를 방지하기 위하여 양계초는 이것을 영혼이 아닌 정신精神으로 불렀다. 그에 따르면 불교도들은 단지 인과설만을 말할 뿐 혼에 대해서는 말하지 않는다.[85]

양계초에 따르면 녹색 안경을 쓰고 보면 모든 것이 녹색으로 보이며, 노란색 안경을 통해 보면 모든 것이 노랗게 보인다. 쓴 약을 먹고 나면 모든 것이 쓰게 느껴지고, 단 것을 먹고 나면 모든 것이 달다. 따라서 색이나 맛을 결정하는 것은 사물에 있는 것이 아니라 나에게 있다.[86]

세계는 마음에 의하여 만들어진다. 일체의 만물과 세계는 텅 빈 환상이며, 오직 마음이 만들어 낸 세계만이 참되다.[87]

여기까지는 모든 것이 순수하게 관념주의적이다. 세계는 단지 마음의 환상에 불과하다. 그러나 그는 이어서 다시 말한다.

세계 안의 사물들은 하나이면서 만이고 만이면서 하나이다. 산은 저절로 산이고 내는 저절로 내이며 봄은 저절로 봄이고 가을은 저절로 가을이다.…… 만고 이래로 불변하며, 같지 않은 곳이 없다.[88]

---

85) 梁啓超, 『飮冰室文集類編』, 권4, 142.
86) 梁啓超, 『飮冰室文集類編』, 권2, 697.
87) 梁啓超, 『飮冰室文集類編』, 권2, 696, "境者心造也. 一切物境皆虛幻, 惟心所造之境爲眞實."
88) 梁啓超, 『飮冰室文集類編』, 권2, 697, "天地間之物一而萬, 萬而一者也, 山自山, 川自川, 春自春, 秋自秋……萬古不變, 無地不同."

인간이 사물을 감응하면 사물은 인간의 마음에 나타나며, 이렇게 해서 세상만물의 형상이 생성된다.

내가 보는 것이 바로 내가 받아들인 세계의 참된 실상이다. 그렇기 때문에 "오직 마음이 만들어 낸 세계만이 참되다"라고 말하는 것이다.[89]

산이 저절로 산이고 내가 저절로 나라면, 세계는 자체로서 현존하는 것이지 마음에 의해 생성되는 것이 아니다. 인간의 마음이 사물에 감응하는 것은 세계를 지각하는 것이지 세계를 생성하는 것이 아니다. 이것은 현실주의이다. 유학적인 현실주의는 여전히 양계초의 혈통적인 기반으로 작용하면서 그가 불교의 관념주의로 넘어가는 것을 막고 있다. 이로부터 양계초의 혼합주의가 어디로 나아가는지 알 수 있다. 다양한 철학체계들이 아무런 조건도 없이 막연히 그가 수용하는 것처럼 융화될 수는 없기 때문이다.

양계초는 세상을 보는 다양한 빛깔의 색안경에 대한 생각을 확장시켜 인간은 그와 같은 방식으로 세계를 다양하게 파악한다고 말한다. 그에 따르면, 사람은 어떤 것을 아름답게 여기고 다른 어떤 것을 추하게 여기며 어떤 곳에서는 행복해하고 다른 어떤 곳에서는 불행해하지만, 이 모든 감각들은 개인에게 달린 것이지 사물 자체에 놓여 있는 것이 아니라고 한다.[90]

양계초는 많은 관념주의자처럼 귀신을 믿었으며, 귀신의 현존이 역사적인 사실과 전래되는 많은 이야기를 통하여 증명되었다고 여겼다. 실제로 양계초는 1893년에 스스로 여러 달 동안 귀신과 직접 교류하였다고 고백하기도 했다.[91]

---

89) 梁啓超,『飮冰室文集類編』, 권2, 697, "吾之所見者, 卽吾所受之境之眞實相也, 故曰, 惟心所造之境爲眞實."

90) 梁啓超,『飮冰室文集類編』, 권2, 698쪽.

91) Pascal M. d'Elia, "Un maitre de la jeune Chine, Liang K'i-K'i-tch'ao", *T'ung-pao* Vol.18, 260 · 283.

5) 불멸성

양계초는 혼의 불멸성에 대하여 많은 생각을 한 끝에 그것을 「나의 사생관」(余之死生觀)이라는 제목의 기사에 종합하여 적었다. 이 글에서 그는 인도, 중국, 유럽 철학의 타협점을 계속 찾아 화합시키고자 하는 자신의 절충학파적인 특성을 보여 준다. 여기서는 불교의 인과설을 유학의 명예와 사후 명성 그리고 진화론자의 유전론과 연계시키고 있다.[92] 그의 주장은 다음과 같이 전개된다.

불교에서는 만물은 헛되며 그들 안에는 영원히 그들의 행위가 살아 있고 업보는 항상 파도처럼 이어진다고 말한다. 『능엄경』에 따르면, 몸의 전체는 각 순간마다 늘 교체되고 있다. 몸이 살아 있다는 것은 단지 환상일 뿐, 몸은 매순간 단속적이다.

한 번 왕래하는 사이에 몸속에 함유된 원래의 바탕이 완전히 바뀌게 되는데 이것을 나라고 집착한다면, 오늘의 내가 7일 이후에는 변하여 나무나 석탄, 혹은 소나 개, 혹은 돌이나 공기가 되어 있지나 않을지 어떻게 알겠는가? 그러므로 저것은 저것일 뿐 내가 아니라는 사실을 알아야만 한다.[93]

그와는 달리 행위는 늘 성향을 남기며, 이것은 업보로 남아서 결코 사라지지 않는다. 업보는 몸에 공급되는 전기에너지나 음식의 영양분과 같다. 따라서 불멸하는 것은 조상으로부터 유전된 특성과 성품이다. 이것은 동시에 가상에 불과한 조잡한 신체의 내적 본질이다. 후손에게 남겨지는 종족 및 사회의 특성은 이전 세대로부터 이어져 온 불멸의 특성이다.[94]

---

92) Pascal M. d'Elia, "Un maitre de la jeune Chine, Liang K'i-K'i-tch'ao", *T'ung-pao* Vol.18, 282 · 290.

93) 梁啓超, 『飲冰室文集類編』, 권4; 『自由書』, 「附錄」, 154쪽, "一來復間, 身中所含原質全易, 如執爲我也, 庸詎知今日之我, 七日以後, 則已變爲松爲煤爲牛爲犬爲石爲氣也, 是故當知彼彼也, 而非我."

94) 梁啓超, 『飲冰室文集類編』, 권4, 권11; 『自由書』, 「附錄」, 142~145쪽.

유전된 특성들은 각자의 외적인 관계를 통하여 변형된다. 각자는 유전된 특성들을 행위를 통해 변형하는 것이기 때문에, 실제로 이러한 특성들은 사라지는 것이 아니라 변화하는 것이다. 이렇게 해서 전체 종족이 업보를 통하여 변화될 수도 있다. 진화론자와 불교도들은 인간의 어떤 것이 불멸한다는 점에서 일치한다. 이 불멸하는 것을 전자는 유전이라고 하고, 후자는 업보라고 한다.[95] 진화론자는 행위를 통하여 가능한 한 삶을 개선하려고 하지만, 불교도는 행위로 이어지는 이 업보를 완전히 멈추게 하려고 한다. 여기에 큰 차이가 있다. 한편, 유학은 어떤 인물이 죽은 후에는 생전에 축적한 선행과 악행에 대한 보수와 이름이 남게 된다고 가르치는데, 이것은 업보의 가르침과 매우 유사하다.[96]

이어서 양계초는 다음과 같이 말한다.

여러 교주와 철학자들의 온갖 말들을 종합해 보면 모두 생명을 두 영역으로 구분하고자 한다. 하나는 물질계이고, 다른 하나는 비물질계이다. 물질적인 것은 작고 가려진 것에 속하며 개인이 사적인 것으로 여긴다. 비물질적인 것은 널리 전체에 속하며 모든 사람이 공동으로 소유한다. 전체에는 다시 크고 작은 것들이 있다. 대개 큰 것은 그 양과 수가 무한한 세계와 통하며, 작은 것은 개별 가문이나 종족, 국가, 사회와 통한다. 전체는 죽지 않으며, 그러므로 우리 인간의 생명 또한 전체에 속하는 한 본래 죽지 않는다. 가장 큰 것에는 그 다음의 큰 것이 예속되고 그 다음의 큰 것에는 다시 그 다음의 큰 것이 예속되며, 이런 식으로 가장 작은 것에까지 이르러 와서 모두가 죽지 않게 되는 것이다.[97]

---

95) 양계초에게서는 이 유전 혹은 업보에 해당하는 것이 '마음'이다.
96) 『自由書』, 「附錄」, 146~150쪽.
97) 『自由書』, 「附錄」, 150쪽, "綜諸賢諸哲之異說, 不外將生命分爲兩界, 一曰物質界, 二曰非物質界, 物質界屬於么匿體, 箇人自私之, 非物質界屬於拓都體, 人人公有之, 而拓都體復有大小焉, 大拓都通於無量數大千世界, 小拓都則家家而有之, 族族而有之, 國國而有之, 社會社會而有之, 拓都不死, 故吾人之生命, 其隸屬於最大拓都者固不死, 卽隸屬於此大又次大乃至最小之拓都者皆不死."

불교의 업보는 개인에게와 마찬가지로 전체에도 적용되며, 전체는 예속된 개인의 행위에 대한 응보를 받는다. 그래서 부처는 개인적인 인과응보에 대해서만 말하지 않고 또한 전체의 인과응보를 말하였다. 유학에서도 마찬가지이다. 내가 무리 전체에 속하는 한 나는 또한 영원히 죽지 않는다. 나는 지속적으로 가족, 국가 및 사회 안에 살아 있다.

그러므로 명예는 사회를 주조할 수 있다. 한 명의 성현이나 한 명의 호걸이 있었다면 천백 년 후에 그 감화를 받아들일 수 있으니, 사회의 행복이 여기에 달려 있다.98)

우리는 모두 죽지만, 또한 우리는 모두 죽지 않는다. 죽는 것은 우리의 개체이며, 죽지 않는 것은 우리의 전체이다.99)

큰 나가 있고 작은 나가 있다.…… 큰 나는 무엇인가? 우리 전체이다. 작은 나는 무엇인가? 개별적인 나이다.100)

피의 순환 등은 내 신체에 있으면서 신체를 구성하는 부분이 되고, 내 몸은 우리 전체에 있으면서 우리 전체를 구성하는 부분이 된다. 피의 순환 등은 내 신체에 대해 죽음으로써 나를 이롭게 해야 할 책임이 있고, 내 몸은 우리 전체에 대해 죽음으로써 우리를 이롭게 해야 할 책임이 있다. 그 이치는 같다. 괴테는 죽음이란 인류의 진화를 위한 한 원소라고 하였다.101) 명언이라고 하겠다.102)

---

98) 『自由書』, 「附錄」, 153쪽, "故名譽能鑄社會, 一聖賢一豪傑出, 而千百年後猶受其感化, 而社會之幸福賴之."
99) 『自由書』, 「附錄」, 153쪽, "吾輩皆死, 吾輩皆不死, 死者吾輩之箇體也, 不死者吾輩之羣體也."
100) 『自由書』, 「附錄」, 154쪽, "我有大我, 有所我……何謂大我, 我之羣體是也, 何謂小我, 我之箇體是也."
101) 이것은 Eckermann, *Gespräche mit Göthe*, 2(Mai, 1824)와 관계된 발언으로 보인다.
102) 『自由書』, 「附錄」, 155쪽, "夫彼血輪等之在我身, 爲組成我身之分子也, 我軀殼之在我輩, 又爲組成我輩之分子也, 血輪等對於我身, 而有以死利我之責任, 故我軀殼之對於我輩, 亦有以死利輩之責任, 其理同也, 頡德曰, 死也者 人類進化之一原素也, 可謂名言."

양계초는 유명한 사람의 마음은 영원히 살아서 후세에도 계속 작용한다고 하면서, 선행은 지속적으로 자라나서 큰 나를 행복하게 한다고 말한다. 악행 또한 마찬가지이지만 그 작용은 반대이다.[103]

철학자로서의 양계초는 인간의 한계를 넘어서는 불사에 대하여 말하였다. 그에 따르면 하나의 마음, 생각, 감정, 행위 등은 부분적인 인성으로서 계속해서 존재한다. 하지만 신심 깊은 불교도로서의 그는 마침내 윤회를 마치고 열반에 이르기를 기대하였다.[104]

6) 실천철학

양계초에 따르면 예는 하늘로부터 주어진 도덕적인 감각이나 신의 결정에서 유래하는 것이 아니라 나에게서 나오는 것이다. 여기서 그는 피히테를 거론한다.

내 몸은 어떻게 해서 이 천지간에 태어났는가? 나는 부지런히 노력하여 아침에 일어나 일하고 밤이면 생각하면서 수십 년 동안 고민하였다. 과연 무엇을 구할 것이며 무엇을 얻을 것인가? 이것이 커다란 의문이다. 우리는 대개 오랫동안 습속에 젖어 많은 것을 잊고 살지만, 그렇더라도 어떻게 이것을 잊을 수 있겠는가?…… 이 하나의 의문은 실로 수천 년 동안 모든 인류가 해결할 수 없었던 가장 큰 의문이다.…… 인간의 태어남은 하늘에 의해 주어진 것이라는 피히테의 말에서 그 답을 구할 수 있을 듯하다. 나는 그 답이 옳은지 그른지는 감히 말할 수 없고, 다만 그것이 우리에게 어떤 유용함을 제공해 줄 수 있으리라고 믿을 뿐이다.[105]

---

103) 『自由書』,「附錄」, 156쪽.
104) 『自由書』,「附錄」, 159쪽.
105) 蔣維喬, 『中國近三百年哲學史』, 128쪽, "吾身曷爲而生於天地間也, 吾俛焉孳孳, 蚤作夜思, 以度此數十寒暑, 果何所求而何所得耶, 此大疑問者, 吾儕蓋久已習焉忘之, 雖然此安可忘者…… 此一疑問實千萬年來人類公共未能解決之最大疑問也……非斯之之人生天職論卽思所以解決此問題, 其解決之必爲正當與否, 吾不敢言, 吾信其可以供吾儕之受用而已."

피히테는 하늘의 직분이 있는 곳을 알고자 할 때 가장 중요한 것은 자기 존재에 대한 확신이라고 하였다.[106] 나는 어떻게 태어났는가? 나는 나를 위해 태어났다. 나는 어떻게 해서 존재하는가? 나는 나를 위해 존재한다. 나는 무엇을 위해 부지런히 움직이는가? 나는 나를 위해 부지런히 움직인다. 그러므로 인류의 모든 책임은 이른바 세상에 대한 책임이 아니라 오직 나 자신에 대한 책임일 뿐이다. 이른바 나라는 것은 이성을 지닌 나이고 또 감각을 지닌 나이다. 이성은 인류가 홀로 지닌 것이며, 감각은 다른 생물도 함께 지니고 있다. 그러므로 참된 나라는 이름을 얻게 하는 것은 오직 이 이성일 뿐이다.…… 이성의 측면에서 말한다면 그 본질은 진실로 원융무애하지만, 감각의 측면에서 말한다면 바깥 세계의 여러 가지 영향을 받기 때문에 항상 복잡하고 모순되어 서로 받아들이지 못한다. 그러나 인류는 이미 이성을 그 특징으로 지니고 있으므로, 마땅히 감각의 나로써 이성의 나를 훼손시켜서는 안 된다.…… 나의 양지로써 사리를 분별하고 나의 양능으로써 행동을 결정한다.…… 이러한 것을 일러 자유의지라 하고 독립정신이라 하니, 일체의 도덕률이 이로부터 나온다. 내가 나에 대해 지닌 책임은 단지 이것일 뿐이다.[107]

대개 도덕의 본원에 대해 말할 때 많은 학자들은 인류 바깥에 초월적으로 존재하는 주재자를 떠올리면서, 혹은 천명이라 부르고 혹은 자연이라 부른다.…… 그러나 피히테에 따르면 이것은 바로 나이고 바로 하늘이다. 오직 나만이 자연[108]을 주재할 수 있고, 자연은 나를 주재할 수 없다. 이 채찍질은 인류로 하여금 스스로 무겁게

---

106) 그러나 이것은 피히테의 말이 아니다. 아마도 梁啓超는 피히테의 이름을 빌려 자신의 견해를 자유롭게 설명하고 있는 듯하다.

107) 蔣維喬,『中國近三百年哲學史』, 128쪽,"菲氏謂, 吾儕欲自知其天職之所在, 則有一義焉, 首當確信者, 曰, 我曷爲生, 我爲我而生, 我曷得存, 我爲我而存, 我曷爲勤動, 我爲我而勤動, 故人類一切責任, 更無所謂對世責任, 所有者, 唯對我責任而已, 所謂我者, 有理性之我, 有感覺之我, 理性爲人類所獨有, 感覺則與其他生物同之, 故得名爲眞我者, 唯此理性而已……故自理性一面言之, 其本質誠圓融無礙, 就感覺一面言之, 則緣受外界種種影響, 恒複雜矛盾而不相容, 而人類旣以有理性爲其特徵, 是宜勿以感覺之我, 滅理性之我……以我之良知別擇事理, 以我之良能決定行爲……若是謂之自由意志, 謂之獨立精神, 一切道德律, 皆導源於是, 我對於我之責任, 任此而已."

108) 물리적이고 외적인, 근대적 의미의 자연.

여기고 스스로 깨우치게 하는 정신이다.

힘을 쓰는 데 있어서는, 학자들은 수양을 말할 때 항상 물욕을 억누르는 것을 착수처로 삼았다. 피히테 또한 이를 부정하지는 않았지만, 그는 또한 욕구에 따른 이익과 손해를 나누어 욕구를 좋게 사용하고 조화롭게 하는 편이 낫다고 여겼다. 따라서 그의 특징은 방종으로 흐르지 않고 평정함을 잃지 않는 데 있다.

옛날의 철인들은 수양을 말할 때 자주 고요함을 위주로 기준을 세우는 것을 근본으로 삼았다. 송대 이후의 유학자들은 이러한 뜻을 더욱 펼쳐 나갔으니, 대개 고요함을 우리 성의 본체로 여기고 움직임을 성의 병적인 증상으로 여겼다. 「악기樂記」의 이른바 "사람이 나면서 고요한 것은 하늘이 내린 본성이요, 사물에 감응하여 움직이는 것은 성의 욕구이다"라는 말이 바로 그것이다. 그러나 피히테에 따르면 성은 살아 있는 것이지 죽어 있는 것이 아니므로, 낳고 낳아서 무성하게 움직이는 것이 모두 성의 본연이다.…… 그러므로 그가 표상하는 도덕률은 절대적인 진취주의를 고수할 뿐 퇴영주의로 빠지지는 않는다. 이것이 또한 피히테의 특징이다.[109]

실천철학적으로 양계초는 번뇌와 위험이 인간의 행위에 미치는 영향을 연구하였으며, 다음과 같은 결론에 이르렀다.

온갖 번뇌가 모두 나의 마음을 단련하는 데 도움이 되고 온갖 위험이 모두 나의 용기를 단련하는 데 도움이 된다. 이르는 곳이 모두 나의 학교이다. 배움의 장소가 없다고 걱정하지만, 매 상황마다 하늘과 땅이 세운 학교가 있어 우리를 길러 준다. 또한 다행이 아닌가?[110]

---

109) 蔣維喬, 『中國近三百年哲學史』, 129쪽, "蓋諸哲言道德之本原, 多謂有超乎人類以外者, 以爲之宰, 或稱天命, 或名自然……而菲氏之意, 則謂卽我卽天, 惟我宜宰制自然, 而自然不能宰制我, 此其鞭辟人類自重自覺之精神, 至有力也, 諸哲言修養者恒以扞物欲爲入手之條件, 菲氏雖亦不廢斯義, 然其意以爲物欲之利害參半, 與其言扞制毋寧言利用, 毋寧言調和, 故其爲道, 旣不流於縱, 亦不失於殼, 此其特徵也, 前哲言修養者, 多以主靜立極爲根本義, 我國宋元以後儒者益暢斯旨, 蓋以靜爲吾性之本體, 而動乃其病態, 樂記所謂, 人生而靜, 天之性也, 感於物而動, 性之欲也, 菲氏之說則謂性乃生物而非死物, 故而生生蕃動爲其本來……故其所標道德律絕對持進取主義, 而不陷於退攖主義, 此又特其徵也."

모든 일에는 반드시 방해하는 힘이 있다. 그 일이 작으면 방해하는 힘도 작고, 그 일이 커지면 방해하는 힘 또한 더욱 커진다. 방해하는 힘은 하늘에 연원하는 것으로, 사람의 일에서 나오는 것이 아니다. 따라서 우리는 방해하는 힘이 이르러 오는 것을 잘 살펴서 물리쳐야지, 방해하는 힘이 이르러 오는 것을 두려워하여 피하려 해서는 안 된다. 이것을 강물에 비유하자면, 강물은 천 리를 달려 바다로 들어가는 동안에 모래나 바위를 만나 아래로 떨어지기도 하고 산이나 언덕을 만나 빙 둘러 돌아가기도 하지만, 중요한 것은 반드시 바다에 이르러 그 목적지에 도달한다는 것이다. 어떤 일에 힘쓸 때 방해하는 힘을 만나게 되는 것도 마땅히 이와 같이 보아야 한다. 정성이 지극하면 쇠나 돌도 깨뜨린다 하였으니, 어떤 방해가 남아나겠는가? 만일 두려워서 피하기만 한다면 끝내 한 가지 일도 힘쓸 수 없을 것이다. 왜 그런가? 천하에는 진실로 방해하는 힘이 없는 일이 없기 때문이다.[111]

양계초는 사람이 곧 국가의 운명을 주도한다고 하면서 이를 우선 '지식을 갖춘 사람'과 '실재하는 사람'으로 이분한다. 그리고 후자를 다시 '용기와 개방성이 없이 단순히 지나치는 사람'과 '크게 영리하여 마음과 행동이 일치하는 사람'으로 구분하여 총 세 등급의 인간을 제시한다. 여기서 가장 고귀하고 드문 사람을 영웅호걸이라고 한다면, 아무 열정 없는 사람은 학문적인 성과도 이루지 못하고 통찰력 없이 모두의 위험을 조소하며 지나가는 사람이 될 것이다. 국가의 존속을 위해 이 세 부류의 인간은 중요한 의미가 있다. 양계초에 따르면, 당시의 중국에는 4억 인구에도 불구하고 단지 적은 인재가 있을 뿐이었다.[112]

---

110) 梁啓超, 『飮冰室文集類編』, 권2, 664, "種種煩惱, 皆爲我練心之助, 種種危險, 皆爲我練膽之助, 隨處皆我之學校也, 我正患無就學之地, 而時時有此天造地設之學堂以餉之, 不亦幸乎."
111) 梁啓超, 『飮冰室文集類編』, 권2, 665쪽, "凡辦事必有阻力, 其事小者, 其阻力亦小, 其事愈大, 其阻力亦愈大, 阻力者乃由天然, 非有人事也, 故我輩惟當察阻力來而排之, 不可畏阻力之來而避之, 譬之江河, 千里入海, 曲折奔赴, 遇有沙石則挾之而下, 遇有山陵則繞越而行, 要之必以至海爲究境, 辦事遇阻力者, 當作如是觀, 至誠所感, 金石爲開, 何阻之有焉, 苟畏而避之, 則終無一事可辦而已, 何也, 天下固無無阻力之事也."
112) 梁啓超, 『飮冰室文集類編』, 권2, 665쪽.

양계초는 영웅호걸에 매우 경탄한다. 그는 특히 독일인 가운데 루터, 칸트, 비스마르크를 존경한다. 그에 따르면 루터가 위대한 것은 고대 종교를 공격하고 사상의 자유를 기초하였다는 데 있는데, 이것은 인류의 큰 행운이었다. 이와 유사한 개혁적인 행위로는 베이컨과 데카르트가 이전 철학에 대하여 취한 행동, 아담 스미스가 사회과학에 대하여 취한 행동, 루소가 정치에 대하여 취한 행동, 몽테스키외가 고대의 권리에 대하여 취한 행동, 코페르니쿠스가 고대 천문학에 대하여 취한 행동 등을 들 수 있다.[113] 한편, 양계초는 1903년에 자신의 잡지 『신민총보新民叢報』에 근대의 가장 위대한 철학자 칸트에 대한 기사(「近世第一大哲 康德」)를 게재하였는데, 이것은 그의 전서에 수록되었다.[114] 이 기사에서 그는 칸트의 학설을 간략하게 소개한 뒤 이것을 대승불교 및 주자학과 비교해 두었다. 그는 칸트의 체계가 불교와 매우 유사하다고 하면서, 칸트를 공공연히 높여 다음과 같이 말하였다.

칸트는 단지 독일만의 사람이 아니라 전 세계에 속하는 사람이며, 단지 18세기만의 사람이 아니라 백세토록 영원한 사람이다.[115]

양계초는 교육 문제에 관한 저술도 많이 남겼다. 그에 따르면, 서양의 고대에는 세 가지 교육체계가 있었다. 아테네, 스파르타, 기독교의 체계이다. 근대교육을 대표하는 국가는 영국, 독일, 일본이다. 아테네의 교육은 매우 훌륭하였지만 단지 철학적이었으며 문학적인 것은 국가의 시민교육에 적합하지 않았다. 스파르타의 교육은 자유시민을 생성하지 못하였다. 중세에는 가톨릭을 통하여 문화가

---

113) Pascal M. d'Elia, "Un maitre de la jeune Chine, Liang K'i-K'i-tch'ao", *T'ung-pao* Vol.18, 276.
114) 梁啓超, 『飮冰室文集類編』, 권2, 262~280. 나는 그것에 대하여 *Mitteil. d. Sem. Orient. Sprachen* (1909), 210~228에서 보고하였다.
115) 梁啓超, 『飮冰室文集類編』, 권2, 265, "康德者非德國人, 而世界之人也, 非十八紀之人, 而百世之人也."

보존되었는데, 여기에는 확고한 교육방식이 없이 다만 예수가 본보기로 간주될 뿐이다. 사람은 믿고, 고통 받으며, 법을 존중해야만 한다. 오늘날의 사람들은 여전히 아테네와 스파르타로부터 자유로운 예술, 원칙, 종속의 정신을 배울 수 있지만, 가톨릭의 교육은 더 이상 현실에 맞지 않으며 또한 중국을 위한 것도 아니다. 프랑스에서는 교육이 너무 형식적이며 융통성이 없다. 학생은 단지 취직하기 위한 시험공부만 하려고 한다. 프랑스인은 중국인이 모방하기에는 본질적인 면에서 너무 많이 다르다. 일본인 또한 교습의 스승으로 적당하지 않은데, 일본은 아직도 봉건적인 성격이 남아 있고 나라가 섬인 데 반해 중국은 대륙에 속하기 때문이다. 일본은 유학만 제거되고 유럽의 도덕이 수용되지 못하여 도덕적으로 크게 몰락하고 있다. 결국 중국은 영국인의 보수성과 독일의 통일정신을 본보기로 삼아야 할 것이다.116)

7) 정치

양계초의 정치적인 논문은 대부분 당시의 현실 문제들을 다루고 있는데, 그가 민족성에 대하여 말한 것은 특별히 주목된다. 민족과 민족성에 관한 양계초의 견해들은 다음과 같다.

한 민족은 민족성을 훼손하지 않고 온전하게 보존하고 있는 동안에 그 민족성을 통하여 존속한다. 만약에 민족성을 잃게 되면 그 민족은 다른 민족에게 흡수되어 사라지고 만다. 비슷한 특성의 여러 소수민족은 하나의 큰 민족으로 융합될 수 있고, 또 한 민족은 자신의 특성을 다른 민족에게 강요하여 자기 민족으로 흡수할 수 있다. 그 예는 역사에서 확인할 수 있다. 독일이 속했던 로마제국은

---

116) Pascal M. d'Elia, "Un maitre de la jeune Chine, Liang K'i-K'i-tch'ao", *T'ung-pao* Vol.18, 291～293. 실제로 중국의 현대교육체제는 대부분의 중국 유학생들이 공부한 미국과 일본의 영향을 많이 받았지만, 특이하게도 여기서는 미국에 대한 언급이 전혀 없다.

제국이라고는 하지만 실제로는 제국이 아니었다. 통일된 민족성이 없기 때문이다. 로마에서 분리된 독일이야말로 참된 제국이라 할 수 있는데, 독일은 통일된 민족성을 갖추고 제국을 확장하려는 욕구를 통해 다른 민족들을 합병함으로써 새롭게 참된 제국으로 설 수 있었다.[117]

한 민족은 같은 지역에서 공동으로 생활함으로써 생겨난다. 각 개인은 혈연을 통해 연결되고 같은 성씨를 통해 융합하며 언어와 사유방식을 공유한다. 한 민족의 인간관계는 개인에게서 출발하여 점차 분리될 수 없는 관계를 이루며, 다른 민족과 현저하게 구분될 정도로 강해진다. 민족성의 주요 요소는 언어와 종교와 관습이다. 사람은 민족성의 발전을 장려하거나 저지할 수 있지만 그것을 새로 만들어 낼 수는 없다. 민족성의 성장은 무의식적으로 완성된다.

한 민족은 내적인 연관성이 없어지면 흩어지게 된다. 인간은 고대의 제도, 법제, 관습, 문화를 지속적으로 고집하지 않는다. 각 개인은 서로 낯설게 마주치게 된다. 그리고 강적이 나타나면 한 민족이 제거되기도 한다. 지금 중국은 외부의 적으로부터 확고한 기반을 파괴할 것을 강요받고 있는데, 중국의 확고한 기반은 군주제에 있는 것이 아니므로 법에서는 변화가 가능하다. 지금 시기에 유독 중국이 서로 흩어질 것을 강요받고 있는 것은 원심력이 구심력보다 더 강하게 작용하기 때문이다. 이제 곧 무슨 일이 벌어져야만 중국은 위기상황을 벗어날 수 있게 될 것이다.[118]

양계초는 강유위처럼 청조에 충성하지는 않았지만 공화정에 대해서도 매우 비판적인 견해를 지니고 있었다. 그는 전제정치에서 민주정치로의 급격한 변화를 잘못된 것으로 여겼다. 그에 따르면, 중국은 일반 국민이 아직 정치에 참여할 능력이 부족하기 때문에 민주정치를 도입하기 전에 먼저 그것을 준비할 시기가

---

117) 梁啓超는 그 자신이 나서야 했던 협상의 자리에서 '以鯨吸他國'하는 독일에 대한 이러한 생각을 받아들였다.

118) 『康南海梁任公二先生文集』, 『梁任公文集』, 권5, 1~2.

필요하다. 따라서 민주정치로 나아가는 과도기로서 독재정치가 선행되어야 하는데, 그것은 입헌군주제의 형태가 되어야 한다. 양계초는 이와 같은 이유로 혁명당의 공화정을 반대하였으며, 이로써 과격한 혁명론자로서의 인기를 잃고 복벽주의자라는 혐의를 받게 되었다.[119]

디 엘리아(Pascal d'Elia)는 최초로 양계초에 대한 인물연구를 한 예수회 신부이다. 그는 양계초에 대하여 혹평을 내렸다. 그에 따르면, 양계초는 절충론자로서 독창성이 별로 없고 단지 외적인 지식만을 가지고 있을 뿐이면서 온갖 것에 대하여 말하고 저술하고자 한다. 양계초에게는 근본적인 공부와 고유한 생각이 부족하다. 양계초는 사악한 철학체계와 진화론자, 자유사상가의 광채에 눈이 멀어서 그들의 모조금을 진짜 금으로 여기고 있다. 그러나 예수회의 디 엘리아의 눈으로 볼 때 기독교를 공격한 양계초가 애초에 마음에 들지 않았으리라는 점은 새삼 말할 필요가 없다.

양계초가 철학자이기보다는 언론가로서 자신을 과시하였고 유럽에 대한 그의 보도에 여러 가지 부정확한 것이 있었던 것도 사실이지만, 우리는 또한 그의 생각에 독창적인 것이 많았고 또 대부분 올바른 것이었다는 사실을 인정해야만 한다. 그에게 항상 동의할 수는 없다고 하더라도 그의 많은 생각들이 새롭고 탁월하다는 것은 부정될 수 없다. 그가 저술한 것은 항상 정신적으로 풍요로웠고, 또한 항상 확실하지는 않다고 하더라도 생각을 자극하기에 충분한 것들이었다. 이것은 그가 약 30년 동안 중국문학계를 지배했다는 사실만 보아도 알 수 있다. 그의 기술방식은 어느 정도 쇼펜하우어를 연상시키기도 한다. 적어도 내게는 양계초가 청대 말기와 민국시대 초기의 마지막 위대한 철학자로 보인다.

---

119) 蔣維喬, 『中國近三百年哲學史』, 132~134쪽; Wilhelm, *Die Seele Chinas*, 80쪽에 따르면 梁 啓超는 확실한 공화주의자였으며 천년을 존속하는 공화국을 예언하였다.

3. 담사동

담사동譚嗣同(1865~1898)은 강유위의 제자인 동시에 친구이자 동지였다. 호남성 유양瀏陽 출신으로, 자는 복생復生이고 호는 장비壯飛이다. 그의 아버지는 호북의 고급관리였다. 그는 친어머니를 11살에 잃고 계모의 학대를 받으며 자랐다. 그는 어려서부터 이미 병법과 전술에 큰 관심을 보였으며, 성인이 되어서는 총종관 유금당劉錦棠의 참모부에 소속되어 투르키스탄 원정에 출정하였다. 이후 그는 여러 지방을 여행하면서 도처에서 유명한 학자들과 교류를 가지고 경험을 쌓았다.

담사동은 1895년에 북경에서 강유위를 만나고자 하였는데, 강유위는 이미 북경에 없었다. 대신에 담사동은 양계초를 만나 친분을 맺었고, 저명한 불교학자 양문회楊文會로부터 불교를 공부하였다. 이후 그는 호남성 장사의 총독에게 초빙되어 가서 학교를 설립하고 양계초의 자리를 마련하였다. 또한 그는 다른 친구들과 함께 학술단체를 설립하여 함께 정치에 대해 논하였다.

담사동은 1898년에 광서제를 알현하고 변법자강운동에 가담하였다. 그러나 개혁은 실패하였고 그 역시 서태후에게 사형선고를 받았다. 일본대사관은 그에게 양계초와 마찬가지로 도주할 기회를 주었지만 그는 순교자로 남고자 하였다. 그는 양계초에게, 황제를 구하지도 스승 강유위를 구하지도 못했으니 이제 자신이 할 수 있는 것이라고는 죽음을 기다리는 것뿐이라고 하였다. 그리고 이어서 자신의 서류들을 일본대사관에 전해줄 것을 부탁한 후에 죽음으로써 황제의 동반자가 되겠노라고 말하였다. 그는 또한 황제를 구하기 위해 몇몇 동지들과 함께 계획을 세우기도 했지만 실행조차 하지 못하였다. 체포되기 바로 전날에도 여러 명의 일본인들이 그에게 도주를 강권하였지만 그는 그들을 만나려 하지도 않았다. 그는 지금까지 피를 흘리지 않고 정치적인 변혁이 이루어진

적은 없다고 하면서, 중국에서는 아직까지 개혁을 위해 피를 쏟지 않았기 때문에 개혁이 성공하지 못한 것이라고 하였다. 그는 자신의 피가 개혁을 유리하게 이끌 수 있을 것이라고 믿었다.[120]

와타나베는 담사동을 '자유의 영웅, 우리의 담사동'이라고 불렀다. 그에 따르면 담사동은 유성처럼 나타나서 자신의 신념을 위하여 싸우다가 위대한 격변에 희생되어 제물로 사라진 사람이다.[121] 프랑케는 담사동의 풍부한 지혜와 탁월한 재능, 그리고 고귀하고 기사도적인 성품을 칭송하였다. 또한 양계초는 담사동에게 따뜻한 추도사를 헌정하였다.

담사동은 자신의 대표 저술인 『인학仁學』 2편에서 인仁에 대하여 다루었는데, 그는 인을 전체적인 것과 각각의 것으로 나누어 27가지로 정의하였다. 그 중 몇 가지를 살펴보기로 한다. 다음은 각각 인에 관한 첫 번째, 열한 번째, 열세 번째의 정의들이다.

인의 첫 번째 정의는 '통한다'는 것이다. 에테르, 전기, 마음의 힘과 같은 것이 그러하다. 모두 서로 통하게 하는 도구를 가리킨다.[122]

인은 천지만물의 근원이다. 그러므로 이것은 오직 마음이며 인식이다.[123]

인의 본체는 생겨나지도 않고 소멸되지도 않는다.[124]

---

120) O. Franke, *Ostasiatische Neubildungen* (1911), 89~90.

121) 渡邊秀方, 劉侃元 中譯, 『中國哲學史槪論』 3권, 202. 나의 기술은 주로 이 글에 의지하고 있다. 유사한 것으로는 蔣維喬, 『中國近三百年哲學史』, 118쪽 참조.

122) 蔡元培, 『五十年來中國之哲學』, 6B, 『最近之五十年』(申報館五十年紀念, 1872~1922), "仁以通爲第一義, 以太也, 電也, 心力也, 皆指出所以通之具."

123) 蔡元培, 『五十年來中國之哲學』, 6B, 『最近之五十年』, "仁爲天地萬物之原, 故惟心, 故惟識."

124) 蔡元培, 『五十年來中國之哲學』, 6B, 『最近之五十年』, "不生不滅, 仁之體."

담사동은 『장자』와 『화엄경』에 의지하여 모든 대립을 제거하고자 하였다. 그에게 있어서 마음의 본체로서의 인은 또한 양심과 같은 의미이며 천리에서 생겨나는 것이다. 그에 따르면 사회적, 국가적, 정치적, 종교적 문제들이 모두 인으로 말미암아 파악된다고 한다. 그는 공자의 대동, 불교의 자비, 기독교의 사랑, 맹자의 군주와 백성 사이의 관계, 장자의 절대자유, 프랑스혁명의 위대한 정신이 모두 인으로 충만하다고 하였다. 그러므로 그는 인과 일치하지 않는 것은 이단이라고 단정 지어 말한다.[125]

담사동은 오륜으로 규정된 관계 의무 중 '군신유의君臣有義', '부자유친父子有親', '부부유별夫婦有別', '장유유서長幼有序'는 평등한 인간애로서의 인에 모순되기 때문에 없어져야 하고, 단지 '붕우유신朋友有信'만이 계속해서 따를 만하다고 하였다. 그는 '붕우유신'을 제외한 네 가지 관계 의무는 강자와 연장자를 위해 약자와 연소자를 굴복시키는 비도덕적인 것이라고 여겼다. 이 때문에 공자는 이것을 인정하지 않고 다만 우정만을 가르쳤다는 것이다. 이것은 불교와 기독교에서도 마찬가지라고 그는 말한다.

정치적으로 담사동은 반군국주의자로서 군주를 증오하였다. 그는 단지 요임금의 시대에만 군주의 통치가 훌륭하였고 그 이후에는 더 이상 이상적인 군주의 통치가 존재하지 않았다고 여겼다. 그에 따르면 주대 이후로 공자의 학설은 사라졌으며 읽을 만한 책도 더 이상 남아 있지 않게 되었다. 오직 황종희와 왕부지의 글만이 공자의 정신에 근사하다. 정이와 주희, 고염무는 순자에게로 거슬러 올라가며 군주의 권력을 주장한다. 이들은 진리를 올바로 이해하지 못한 통속적인 유학자들이다.

담사동에 따르면, 태초에는 군주가 없었는데 백성들이 스스로를 통치할 수 없었기 때문에 군주를 선발하였으며, 이때에는 군주가 백성 위에 군림하는

---

125) 渡邊秀方, 劉侃元 中譯, 『中國哲學史槪論』 3권, 203.

것이 아니라 백성이 군주를 주도하였다. 백성은 군주를 선발하였던 것처럼 다시 군주를 폐할 수도 있었다. 그러나 점차 이 관계는 전복되어 백성의 우월권이 군주에게로 넘어갔다. 잘못된 학설을 추종하는 통속적인 유학자들이 군주의 편에 서서 아첨하고 숭상하였다. 여러 왕조의 통치자들은 백성의 고혈을 빨아들이고 부를 갈취하며 부녀자들을 폭행하였다. 이른바 충신이라는 사람들이 이들 전제군주의 권한을 강화시키는 역할을 하였다.

청나라의 황제에 대하여 담사동은 다음과 같이 말하였다.

그의 토지는 황폐하고 그의 종족은 냄새난다. 이들의 예는 거칠고 속되니, 우리 중원의 고급문명을 짓밟은 무력 외에 다른 능력을 가지고 있지 못한 야만족이다. 그러나 우리 중국인은 이러한 야만인들의 군주 앞에 엎드려 고두하였으며, 그에게 나라의 모든 생산물들을 바치고 아름다운 여인들을 농락하고 죽이도록 허용하였다. 실로 어찌된 일인가?[126)

담사동은 민주적인 정치형태는 바로 하늘의 뜻이며 백성의 요청이라고 하였다. 이러한 관점은 분명 황제와 대립하고 있는 것이기 때문에, 그가 광서제의 변법자강운동에 참여했던 의중을 헤아리기 어렵다. 우리는 다만 강유위가 자신의 공산주의를 지향하는 행동의 일환으로 변법자강운동을 전개하는 과정에서 청년 담사동을 선동하였을 것이라고 추측해 볼 수 있을 뿐이다. 만일 양계초가 담사동의 추도사에서 한 말을 그가 죽기 전에 들려주었더라면 담사동은 이미 생전에 자신의 과격주의를 매우 절제된 견해로 바꿀 수도 있었을 것이다.

담사동은 유럽인을 그다지 좋아하지 않았다. 담사동은 유럽의 백인들이 자신들

---

126) 渡邊秀方, 劉侃元 中譯, 『中國哲學史槪論』 3권, 204, "其土穢土, 其人贗種, 其俗毳俗, 除以武力蹂躪過我中原的文華外, 毫無何等能力的蠻民, 而我華人, 對這種蠻人君主, 猶跪拜叩頭, 盡天下之産以供其用, 而使淫殺美女, 果爲何事."

의 정복욕을 정당화하면서 앞선 기술력을 바탕으로 다른 종족을 침략하고 있다고 비판하였다. 그에 따르면 유럽인은 보편적인 인간애를 알지 못하므로 그들의 오류를 지적해 주고 모든 종족이 완전한 평등을 이룰 수 있게 힘쓰도록 이끌어야 한다고 한다.127)

담사동의 저서를 읽어 보면 그가 열광적인 철학자라는 것을 알 수 있다. 그는 이성보다는 마음으로 철학하였다. 따라서 그의 철학은 그다지 높이 평가되지는 않는다. 비판이 결여된 철학이 고통을 통해 대체될 수 없기 때문이다. 아마도 그가 좀 더 오래 살았더라면 그렇게 변했을 수 있을 것이지만 그에게는 많은 시간이 주어지지 않았다.

---

127) 渡邊秀方, 劉侃元 中譯, 『中國哲學史槪論』 3권, 204.

제3장 하증우와 왕국유

1. 하증우의 종교철학

하증우夏曾佑는 절강성 전당錢塘 출신이며 강유위와 같은 시대 사람이다. 그의 생애에 대하여 더 이상 알려진 것이 없는 것으로 보인다. 그는 종교철학과 종교와 철학의 관계에 대해 저술하였는데 출판한 것은 많지 않았다. 그의 중국철학에 대한 설명은 매우 자의적이다. 그의 저서 중 출판된 것은 단지 중국사에 대한 저서 『중국역사교과서中國歷史敎科書』가 있을 뿐이다.

종교의 생성에 대하여 하증우는 다음과 같이 생각하였다.

귀신과 술수의 일을 들으면 지금 사람들은 옛사람의 어리석음을 비웃지 않을 수 없지만, 이것은 결코 어리석은 일이 아니다. 대개 상고시대 사람들이 생각할 때, 인류를 보면 각기 지각을 갖추지 않음이 없지만 사람이 처음에 태어날 때에는 본래 지각이 없으니 이 지각이 어디에서 유래하는지 알지 못한다. 또한 사람이 비로소 죽을 때에는 본래 지각이 있으니 이 지각이 무엇을 따라 사라지는지 알지 못한다. 이에 육체의 바깥에 별도로 영체가 있다고 추측하여, 태어날 때에는 영체와 육체가 서로 결합하여 지각이 드러나고 죽을 때에는 영체와 육체가 서로 분리되어 지각이 숨는 것이라고 생각하였다. 오직 숨고 드러나는 것만 있을 뿐이지 존재하고 사라지는 것은 없다. 이에 인귀人鬼의 설이 있게 되었다. 이미 하늘을 우러러보면 해와 달이 뜨고 지며 더위와 추위가 교대하는데, 이것은 지각이 없으면 할 수 있는 바가 아니다. 이에 천신天神의 설이 있게 되었다. 땅을 내려다보면 구름과 비가 내리고 초목이 자라는데, 이 또한 지각이 없으면 할 수 있는 바가 아니다. 이에 지기地祇의 설이 있게 되었다. 인귀와 천신과 지기는 모두 단지 사람의 리를 미루어 간 것일 뿐이며, 그 밖에 사물의 변화가 평상적이지 않게 드러나는 것을 일러 도깨비의 짓이라고 하는데 이 또한 사람의 리를 미루어 간 것일 뿐이다.[1]

2. 왕국유의 비판철학

왕국유王國維(1877~1927)는 자가 정안靜安·백우伯隅이고 호는 관당觀堂이며 절강성 해령海寧 영관永觀 출신이다. 유럽 특히 독일철학의 중개자로서 널리 알려져 있지만, 또한 철학적인 사상가로서도 고찰할 만한 가치가 있다. 특히 그는 당시의 중국에서는 완전히 새롭고 특별한 비판철학을 대표한다.

중일전쟁 후에 왕국유는 비로소 중국의 학문 외에 또 다른 학문도 있다는 것을 알게 되었다. 그것을 배우고자 상해로 가서 그는 친구인 고고학자 나진옥羅振玉이 설립한 학교에서 일본인 선생에게서 일본어와 영어를 배웠다. 그는 또한 도쿄의 학교에서 자연과학을 공부하였다. 중국으로 돌아온 후에 그는 나진옥이 창간한 두 신문에 번역 원고를 실었다. 이때에 그는 일본어 번역을 원본과 비교하면서 철학·심리학·사회학·논리학을 공부하기 시작했다.

왕국유는 『정암전서靜庵全書』서문에서 쓰고 있듯이 1901년에서 그 이듬해까지

---

1) 蔡元培, 『五十年來中國之哲學』, 7B(619 주1), "鬼神術數之事, 今人不能不笑古人之愚, 然非愚也, 盖初民之意, 觀乎人類, 無不各具知覺, 然而人之初生, 本無知覺者也, 其知覺不知何自而來, 人之始死, 本有知覺者也, 其知覺又不知從何而去, 於是疑肉體之外, 別有一靈體存焉, 其生也, 靈體與肉體相合而知覺顯, 其死也, 靈體與肉體相分而知覺隱, 有隱顯而已, 無存亡也, 於是有人鬼之說, 旣而仰觀於天, 日月升沈, 寒暑迭代, 非無知覺者所能爲也, 於是有天神之說, 俯觀乎地, 出雲雨, 長草木, 亦非無知覺者所能爲也, 於是有地祇之說, 人鬼天神地祇, 均以生人之理推之而已, 其他庶物之變, 所不常見者, 則謂之物魅, 亦以生人之理推之而已."

칸트 철학을 공부하고『순수이성비판』(純理批判)을 읽었다. 그러나 그것을 이해하는 데에 큰 어려움이 있었기 때문에 중간에 읽기를 중단하였다. 대신 그는 쇼펜하우어를 읽기 시작하여 1903년 여름부터 이듬해 겨울까지 계속 공부하였다. 이로써 그의 칸트에 대한 이해 또한 개선되었다. 후에 그는 쇼펜하우어에게서 여러 가지 모순을 발견하였고 그의 학설 중 많은 것이 객관적 지식이 아니라 주관적 견해에 불과하다는 것을 알게 되었다. 그래서 그는 니체를 택했지만 이내 칸트로 돌아가고 말았는데, 이후에도 이러한 과정을 두 차례나 더 반복하였다. 칸트를 공부해 나갈수록 그의 칸트에 대한 이해도는 점점 높아졌지만, 그럴수록 그는 자신의 회의주의로 인하여 칸트를 신뢰하지 않게 되었다. 철학은 그에게 더 이상 만족을 주지 못했으며, 그는 철학을 점차 멀리하게 되었다. 그 까닭을 그는 다음과 같이 밝힌다.

> 나에게는 철학에 질리는 날이 있다. 대부분의 철학이론들은 좋아할 만한 것은 신뢰할 수 없고 신뢰할 만한 것은 좋아할 수 없다. 나는 그 이치를 알고 있지만 그럼에도 그 오류를 좋아한다. 위대한 형이상학이나 고절한 윤리학, 순수한 미학과 같은 것은 우리가 매우 좋아하는 것들이지만, 신뢰할 만한 것들을 찾는다면 차라리 인식론 중의 실증주의, 윤리학 중의 쾌락주의, 미학 중의 경험주의에 있다. 그러나 이러한 것들은 신뢰할 수는 있지만 좋아할 수는 없음을 알겠다.[2]

> 나의 힘을 학문을 하는 데 더 쏟아서 철학사를 연구한다면 혹 성공을 거둘 수도 있을 것이다. 그러나 나는 철학자가 될 수는 없을 것이고, 철학사가가 되는 것은 원하는 바가 아니다. 이것이 또한 내가 철학에 질리게 된 원인이다.[3]

---

2) 蔣維喬,『中國近三百年哲學史』, 154쪽, "余疲於哲學有日矣, 哲學上之說大都可愛者不可信, 而可信者不可愛, 余知其理而余又愛其誤謬. 偉大之形而上學, 高巖之倫理學與純粹之美學, 此 吾人所酷嗜也, 然求可信者, 則寧在知識論上之實證論, 倫理學上之快樂論, 與美學上之經驗論, 知其可信而不能愛."
3) 蔣維喬,『中國近三百年哲學史』, 155쪽, "以余之力, 加之以學問, 以研究哲學史, 或可操成功之

왕국유는 자신이 철학자에 적합하지 않다고 느꼈다. 그에게는 창조적인 철학정신이 결여되어 있었으며, 대신 비판적인 감각은 처음에는 열정으로 받아들였던 칸트와 쇼펜하우어의 아름다운 철학체계들마저 간과하게 만들 정도로 강렬하였다. 그래서 그는 철학을 포기하고 예술사와 고고학으로 전향하여 하남의 갑골문자를 해독하고 돈황의 고대 필사본을 연구하였으며, 소설사와 연극사를 공부하였다. 이후 그는 청화대학의 연구소에 임용되었다.

왕국유는 강한 군국주의의 신념을 가지고 있었고, 친구 나진옥과 함께 황제에게 충실하였다. 그는 정치적인 상황에 대한 비관으로 이화원顥和園의 곤명호에 투신하여 50세의 나이로 삶을 마감하였다. 그의 자살은 공화주의에 대한 격렬한 반대의 표현이기도 했으나 안타깝게도 정치적으로 큰 영향을 미치지는 못했던 것으로 보인다.

왕국유는 칸트와 유사한 인식비판적인 방식을 사용하여 다른 철학자들이 진리라고 인정한 명제들을 부정하였다. 그는 이 방법론을 기꺼이 수용하였지만, 그의 오성은 그에게 이 방법론이 잘못된 것임을 보여 주었다. 독일의 관념주의자처럼 그에게는 궁극적으로 중국의 관념주의자들에게서와 같은 지식을 넘어서는 신앙이 결여되어 있었다. 그는 인식비판적 방식을 '리理(Vernunft) 개념의 분석에 사용하여 다음과 같이 주장하였다.

인간은 사물들 사이의 일치점과 공통점에 주목하여 이것을 추상화하며, 이로부터 개념을 만들어 낸다. 오랜 시간이 지나면 인간은 개념을 특별한 사물로 간주하게 되어 그 근원을 잊고 만다. 이러한 현상이 중국의 '리' 혹은 서양의 '이성'(Reason, Vernunft) 개념에서 생겨났다. '리理'자는 옥玉자와 리里자가 합쳐서 이루어진 것이다. 『설문해자』에 따르면 '리理'자의 '옥玉'은 의미적인 요소로서 '보석'을 뜻하고 '리里'는 음성적인 요소이며, 이 둘이 합쳐져서 보석을 쪼다,

---

券. 然爲哲學家不能, 爲哲學史家則又不願. 此亦疲於哲學之原因也.”

자르다, 다듬다의 뜻을 지니게 되었다. 또 이로부터 '맥', '선', '개별성', '부분', '다듬다', '정리하다', '정리', '리', '이성' 등의 의미가 파생되었다. '이성'(Vernunft)은 '근거' 혹은 '근거를 대다', '주장하다'를 의미한다. '이성'의 본래적인 의미는 '단어의 의미를 이해하고 아는 것'이며, 이로부터 '사유하다', '말하다'의 의미가 있게 되었다. 말을 한다는 행위는 오직 인간만이 할 수 있고 다른 생물들은 할 수가 없는 행위이다. 따라서 오직 인간만이 이성적인 본성과 이성을 가지고 있다. 리(이성)는 주관적인 재능이고 개념이지만, 시간이 경과하면서 이것은 어느 정도 객관적인 것이 되었다. 주희를 비롯한 송대 철학자들은 모든 사물에 리가 들어 있다고 생각하여 그로부터 형이상의 리 즉 하나의 객체를 만들어 내었으며, 이로써 리는 태극과 같은 것으로 설정되었다. 스토아학자들의 이성 또한 객관적인 본질이며, 세계의 생성 이전에 이미 존재하고 있던 것이다. 나의 정신 또한 그것의 일부에 불과하다.

왕국유에 따르면 인간은 두 종류의 지, 즉 모든 동물이 공동으로 지닌 직접적인 지각과 다른 동물들에는 결여된 개념적인 사유를 가지고 있다.

인류는 이미 이러한 특권을 통해 동물들은 누릴 수 없는 이익을 향유하고 있지만, 다른 한편으로 그 때문에 동물들은 빠지지 않을 오류에 빠질 수 있다. 대개 동물은 아는 것이 단지 개별적인 사물뿐이다. 개별적인 사물에 대한 관념은 단지 온전함과 치우침, 밝고 어두움에 대한 분별만 있을 뿐 옳고 그름에 대한 분별은 없다. 반면 인간은 개념을 지니고 있기 때문에 이 개와 저 말이라는 개별 사물의 관념으로부터 추상해 가서 동물이라는 관념을 만들어 내고, 여기에 다시 식물과 광물을 합하여 사물이라는 관념을 만들어 낸다. 무릇 사물이라는 것은 형체와 성질이 있어서 무게와 크기를 잴 수 있다. 그러나 이 밖에 또한 무게와 크기를 잴 수 없는 정신작용이 있다. 그런데도 인간의 추상능력은 멈추지 않고 계속해서 나아가 반드시 모든 것을 포괄하는 한 단어를 구하고자 하니, 이름을 붙일 수 없기 때문에 억지로 이름하여 '유有'라고 부른다. 이른바 사물이라는 것은 실제의 사물이 아니라 개념에 지나지 않고,4) 이른바 유라는 것은 마음에서 분리되어 사물 바깥에 따로 존재하는 어떤 사물이 아니라 하나의 개념일 뿐이다.5)

만약에 사물의 개념이 실재하는 사물에서 멀리 떨어져 있지 않다면 잘못된 이해가 생겨나는 것이 그다지 많지 않다. 그러나 가장 보편적 개념인 '유'에 이르러서는, 처음에는 또한 실제의 사물에서 추상하여 얻은 것이었지만 오랫동안 사용한 끝에 드디어 그 근원을 잃고 특별한 사물을 표시하는 것이 되고 말았다. 그리하여 고금의, 그리고 중국 안팎의 철학자들은 자주 '유'자가 일종의 실재성을 가지고 있다고 생각하였다. 이를 중국에서는 태극·현묘함·도라고 하였고 서양에서는 신이라고 하였는데, 세상에 유전된 지 오래되자 마침내 일종의 스스로 명확한 사물이 되고 말았다. 만약 궁구할 필요가 없다고 여긴다면 진리를 구할 수 없을 뿐이니, 진리를 구하고자 한다면 이러한 오류들을 깊이 고찰하여 판별하지 않을 수 없다.6)

리 개념 또한 이와 다르지 않다. 중국에서 그것은 원래는 어떤 사물이 분석될 수 있고 계통이 있다는 것을 나타내는 데 불과했지만, 이리저리 차용된 끝에 마침내 주자의 '리가 곧 태극'이라는 설이 되었다. 또 서양에서 그것은 본래 이유와 이성의 두 가지 설에 불과했지만 이리저리 차용된 끝에 전자는 스토아철학의 세계

---

4) '돌'의 예를 들면, 이것은 돌이라는 실재하는 사물 자체가 아니라 그 사물을 나타내는 개념 혹은 이름일 뿐이다.

5) 蔣維喬, 『中國近三百年哲學史』, 152쪽, "人類旣享有動物所不能之利益, 亦能陷於動物所不有之謬誤, 夫動物所知者個物耳, 就個物之觀念, 但有全偏明昧之別, 而無正誤之別, 人則以有槪念故, 從此犬彼馬之個物觀念, 中抽象之而得動物之觀念, 更合之植物礦物而得物之觀念, 夫所說物皆有形質可衡量者也, 而此外尙有不可衡量之精神作用, 而人之抽象力進行不已, 必求一語以賅括之, 無以名之, 强名之曰有, 所謂物者非實物也, 槪念而已矣, 所謂有者非離心與物之外別有一物也, 槪念而已矣."

6) 蔣維喬, 『中國近三百年哲學史』, 152쪽, "然如物之槪念究竟離實物不遠者, 其生誤解也不多, 至最普徧之槪念之有字, 其初固亦自實物抽象而得, 逮用之旣久, 遂忘其所自出, 而視爲表示特別之一物, 古今中外之哲學家往往以有字爲有一種實在性, 在中國則曰太極, 曰玄, 曰道, 在西洋則謂之神, 及傳衍旣久, 遂以爲一種自證之事物, 而若無待根究者, 人而不求眞理則已, 若果欲求眞理, 則此等謬誤不可不深察而辨明之也."

이성이 되고 후자는 칸트의 초월적 이성이 되었다. 이것들이 리의 본뜻에서 이미 멀어지게 된 것은 다름이 아니라 리라는 한 마디는 직관할 수 없는 개념이기 때문에 온갖 오류들이 들러붙어 생겨난 것이다.[7]

왕국유 또한 중국의 철학자들에게 가장 인기 있었던 인성의 선악 문제에 대하여 모든 가능한 답을 궁구하였다. 여기에 그는 자신의 방식을 사용하여 새로운 답을 더 발견한다. 그에 따르면, 맹자와 순자는 자신들의 성론을 훌륭한 근거로 주장하였지만 이 문제는 학문적인 방법을 정확하게 쓴다고 해서 해결될 수 있는 것이 아니다. 성의 본질은 우리 인간의 인식을 멀리 넘어서 있으며, 그 때문에 수백 년 이래로 이에 대한 다양한 의견들이 대립되어 왔다. 성은 공간과 시간처럼 선험적인 지에 속하지 않지만 또한 경험지에도 속하지 않는다. 이것은 단지 지식의 본질 자체이며 인식할 수 없는 것이다. 그러므로 인성의 선 또는 악에 대해서는 말할 수 없다.[8]

경험상의 성은 성의 본연이 아니다. 만일 경험상의 성을 성이라고 고집한다면 반드시 선악의 이원론이 생겨나게 된다. 왜냐하면 선악의 대립은 우리의 경험적인 사실로서 서로 반대되는 사실이지 서로 짝이 되는 사실이 아니기 때문이다.…… 오직 반대되는 사실이기 때문에 선악 두 가지는 하나로써 설명될 수 없다. 따라서 경험상의 입론을 좇는다면 이원론의 굴레를 돌이킬 수 없게 되는데, 우리의 지식은 반드시 설명의 통일을 구할 뿐 결단코 선악의 이원론에 만족하지 못한다. 그러므로 성선론과 성악론 및 초월적 일원론(왕수인) 사이에 다툼이 생겨난다.[9]

---

7) 蔣維喬, 『中國近三百年哲學史』, 153쪽, "理之概念亦無以異此, 其在中國初不過謂物之可分析而有系統者, 輾轉相借, 遂成朱子之理卽太極說, 其在西洋本不過理由理性二說, 輾轉相借, 前者衍爲斯多噶波之宇宙大理說, 後者衍爲康德以降之超感情的理性說, 其去理之本義固已遠矣, 此無他, 以理之一語爲不能直觀之槪念, 故種種謬誤得附此而生也."

8) 蔣維喬, 『中國近三百年哲學史』, 147쪽.

9) 蔣維喬, 『中國近三百年哲學史』, 148쪽, "經驗上之所謂性固非性之本然, 苟執經驗上之性以爲性, 則必先有善惡二元論起焉, 何則, 善惡之對立, 吾人經驗上之事實也, 反對之事實, 而非相對

백성이 생겨난 이래로 현재에 이르기까지 세계의 일들 중에서 이 선악 두 성의 투쟁이 아닌 것이 무엇인가? 정치와 도덕, 종교와 철학 가운데 이로부터 말미암아 생겨나지 않은 것이 무엇인가? 그러므로 세계의 종교는 항상 두 가지 신의 색채를 띠지 않음이 없으니, 사람들이 좋아하여 제물을 바치는 신과 두려워하여 제물을 바치는 것이 그것이다. 즉 선한 신과 악한 신이다. 문명국의 종교에 이르러서는 상제의 바깥에 따로 악마라는 존재를 상상하지 않는 경우가 거의 드물다.…… 그러나 상제는 우리의 선한 성의 모상이 아니겠으며 악귀는 우리의 악한 성의 반영이 아니겠는가?…… 어찌 단지 종교만이 그렇겠는가? 역사적 기술이나 시인의 비가 또한 어찌 이러한 선악의 성의 투쟁이 아니겠는가?[10]

왕국유는 인성의 선과 악에 대한 문제는 해결될 수 없다고 보았다. 그래서 그는 학자들에게 그러한 무용한 논변에 빠지지 말 것을 경고한다.

之事實也……惟其爲反對之事實, 故善惡二者不能由其一以說明之, 故從經驗上立論, 不得盤旋
於善惡二元論之勝下, 然吾人之知識必求其說明之統一, 而決不以善惡二論爲滿足也, 於是性善
論性惡論及超絶的一元論接武而起."

10) 蔣維喬, 『中國近三百年哲學史』, 149쪽, "自生民以來至於今, 世界之事變孰非此善惡二性之爭
鬪乎, 政治與道德, 宗敎與哲學孰非由此而起乎, 故世界之宗敎無不著二神之色彩, 有愛而祀之
者, 有畏而祀之者, 卽善神與惡神是已, 至文明國之宗敎於上帝之外, 其不預想惡魔者殆稀
也……夫所謂上帝者, 非吾人之善性之寫象乎, 所爲魔鬼者, 非吾人惡性之小影乎……夫豈獨宗
敎而已, 歷史之所記述, 詩人之所悲歌, 又孰非此善惡二性之爭鬪乎."

찾아보기

인명

서명

편명

지은이 알프레드 포르케(Alfred Forke)

1867~1944. 독일 함부르크 대학교 중국학과 교수를 역임하였다. 주요 저서로는 *Geschichte der alten chinesischen Philosophie*(中國古代哲學史, 1927), *Geschichte der mittelalterischen chinesischen Philosophie*(中國中世哲學史, 1934), *Geschichte der neueren chinesichen Philosophie*(中國近代哲學史, 1938), *World-Conception of the Chinese* (1925), *Die Gedankenwelt des chinesischen Kulterkreises*(1927) 외 다수가 있으며, 역서로는 *The chinese Sophists*(名家, 1896~1897), *Lun-Heng*(論衡: *Part I. Philosopical Essays of Wang Ch'ung*, 1907; *Part II. Miscellaneous Essays of Wang Ch'ung*, 1911), *Yang Chus's Garden of Pleasure*(楊朱, 1912), *Yen Ying, 'Staatsmann und Philosoph, und das Yen-tse tsch'un-tch'iu'*(晏子春秋, 1921), *M Ti des Sozialethikers und seiner Schler Werke*(墨子, 1922), *Hui-lan ki, der Kreidekreis*(灰欄記, 1926) 외 다수가 있다.

옮긴이 최해숙崔海淑

독일 프라이부르크 대학교에서 철학박사학위를 받았으며 한국유교학회 부설 한국유교사상연구소의 책임연구원을 역임하였다. 저서로는 *Spinoza und Chu Hsi : Die absolute Natur als der Grund des menschlichen Seins*(1999)가 있고, 역서로는 『중국중세철학사』, 『중국고대철학사』(공역), 『역주 호락논쟁』(공역) 등이 있으며, 주요 논문으로 「주희와 스피노자의 내재관」, 「나와 규범 : 극기복례」, 「율곡의 존재론」, 「다산 정약용의 철학」, 「이간의 심론에 대한 체계적 이해」 등이 있다.

◀ 예문서원의 책들 ▶

역학총서

주역철학사 (周易研究史) 廖名春・康學偉・梁韋弦 지음, 심경호 옮김, 944쪽, 30,000원
송재국 교수의 주역 풀이 송재국 지음, 380쪽, 10,000원
송재국 교수의 역학담론 ─ 하늘의 빛 正易, 땅의 소리 周易 송재국 지음, 536쪽, 32,000원
소강절의 선천역학 高懷民 지음, 곽신환 옮김, 368쪽, 23,000원

한국철학총서

조선 유학의 학파들 한국사상사연구회 편저, 688쪽, 24,000원
실학의 철학 한국사상사연구회 편저, 576쪽, 17,000원
퇴계의 생애와 학문 이상은 지음, 248쪽, 7,800원
조선유학의 개념들 한국사상사연구회 지음, 648쪽, 26,000원
유교개혁사상과 이병헌 금장태 지음, 336쪽, 17,000원
남명학파와 영남우도의 사림 박병련 외 지음, 464쪽, 23,000원
쉽게 읽는 퇴계의 성학십도 최재목 지음, 152쪽, 7,000원
홍대용의 실학과 18세기 북학사상 김문용 지음, 288쪽, 12,000원
남명 조식의 학문과 선비정신 김충열 지음, 512쪽, 26,000원
명재 윤증의 학문연원과 가학 충남대학교 유학연구소 편, 320쪽, 17,000원
조선유학의 주역사상 금장태 지음, 320쪽, 16,000원
율곡학과 한국유학 충남대학교 유학연구소 편, 464쪽, 23,000원
한국유학의 악론 금장태 지음, 240쪽, 13,000원
심경부주와 조선유학 홍원식 외 지음, 328쪽, 20,000원
퇴계가 우리에게 이윤희 지음, 368쪽, 18,000원
조선의 유학자들, 켄타우로스를 상상하며 理와 氣를 논하다 이향준 지음, 400쪽, 25,000원
퇴계 이황의 철학 윤사순 지음, 320쪽, 24,000원

성리총서

송명성리학 (宋明理學) 陳來 지음, 안재호 옮김, 590쪽, 17,000원
주희의 철학 (朱熹哲學研究) 陳來 지음, 이종란 외 옮김, 544쪽, 22,000원
양명 철학 (有無之境─王陽明哲學的精神) 陳來 지음, 전병욱 옮김, 752쪽, 30,000원
정명도의 철학 (程明道思想研究) 張德麟 지음, 박상리・이경남・정성희 옮김, 272쪽, 15,000원
주희의 자연철학 김영식 지음, 576쪽, 29,000원
송명유학사상사 (宋明時代儒學思想の研究) 구스모토 마사쓰구(楠本正繼) 지음, 김병화・이혜경 옮김, 602쪽, 30,000원
북송도학사 (道學の形成) 쓰치다 겐지로(土田健次郎) 지음, 성현창 옮김, 640쪽, 3,200원
성리학의 개념들 (理學範疇系統) 蒙培元 지음, 홍원식・황지원・이기훈・이상호 옮김, 880쪽, 45,000원
역사 속의 성리학 (Neo-Confucianism in History) Peter K. Bol 지음, 김영민 옮김, 488쪽, 28,000원
주자어류선집 (朱子語類抄) 미우라 구니오(三浦國雄) 지음, 이승연 옮김, 504쪽, 30,000원

불교(카르마)총서

학파로 보는 인도 사상 S. C. Chatterjee・D. M. Datta 지음, 김형준 옮김, 424쪽, 13,000원
불교와 유교 ─ 성리학, 유교의 옷을 입은 불교 아라키 겐고 지음, 심경호 옮김, 526쪽, 18,000원
유식무경, 유식 불교에서의 인식과 존재 한자경 지음, 208쪽, 7,000원
박성배 교수의 불교철학강의: 깨침과 깨달음 박성배 지음, 윤원철 옮김, 313쪽, 9,800원
불교 철학의 전개, 인도에서 한국까지 한자경 지음, 252쪽, 9,000원
인물로 보는 한국의 불교사상 한국불교원전연구회 지음, 388쪽, 20,000원
은정희 교수의 대승기신론 강의 은정희 지음, 184쪽, 10,000원
비구니와 한국 문학 이향순 지음, 320쪽, 16,000원
불교철학과 현대윤리의 만남 한자경 지음, 304쪽, 18,000원
유식삼십송과 유식불교 김명우 지음, 280쪽, 17,000원
유식불교, 『유식이십론』을 읽다 효도 가즈오 지음, 김명우・이상우 옮김, 288쪽, 18,000원
불교인식론 S. R. Bhatt & Anu Mehrotra 지음, 권서용・원철・유리 옮김, 288쪽, 22,000원

노장총서

유학자들이 보는 노장 철학 조민환 지음, 407쪽, 12,000원
노자에서 데리다까지 ─ 도가 철학과 서양 철학의 만남 한국도가철학회 엮음, 440쪽, 15,000원
不二 사상으로 읽는 노자 ─ 서양철학자의 노자 읽기 이찬훈 지음, 304쪽, 12,000원
김항배 교수의 노자철학 이해 김항배 지음, 280쪽, 15,000원

동양문화산책

공자와 노자, 그들은 물에서 무엇을 보았는가 사라 알란 지음, 오만종 옮김, 248쪽, 8,000원
주역산책(易學漫步) 朱伯崑 외 지음, 김학권 옮김, 260쪽, 7,800원
동양을 위하여, 동양을 넘어서 홍원식 외 지음, 264쪽, 8,000원
서원, 한국사상의 숨결을 찾아서 안동대학교 안동문화연구소 지음, 344쪽, 10,000원
녹차문화 홍차문화 츠노야마 사가에 지음, 서은미 옮김, 232쪽, 7,000원
류짜이푸의 얼굴 찌푸리게 하는 25가지 인간유형 류짜이푸(劉再復) 지음, 이기면·문성자 옮김, 320쪽, 10,000원
안동 금계마을 — 천년불패의 땅 안동대학교 안동문화연구소 지음, 272쪽, 8,500원
안동 풍수 기행, 와혈의 땅과 인물 이완규 지음, 256쪽, 7,500원
안동 풍수 기행, 돌혈의 땅과 인물 이완규 지음, 328쪽, 9,500원
영양 주실마을 안동대학교 안동문화연구소 지음, 332쪽, 9,800원
예천 금당실·맛질 마을 — 정감록이 꼽은 길지 안동대학교 안동문화연구소 지음, 284쪽, 10,000원
터를 안고 仁을 펴다 — 퇴계가 굽어보는 하계마을 안동대학교 안동문화연구소 지음, 360쪽, 13,000원
안동 가일 마을 — 풍산들가에 의연히 서다 안동대학교 안동문화연구소 지음, 344쪽, 13,000원
중국 속에 일떠서는 한민족 — 한겨레신문 차한필 기자의 중국 동포사회 리포트 차한필 지음, 336쪽, 15,000원
신간도견문록 박진관 글·사진, 504쪽, 20,000원
안동 무실 마을 — 문헌의 향기로 남다 안동대학교 안동문화연구소 지음, 464쪽, 18,000원
선양과 세습 사라 알란 지음, 오만종 옮김, 318쪽, 17,000원
문경 산북의 마을들 — 서중리, 대상리, 대하리, 김룡리 안동대학교 안동문화연구소 지음, 376쪽, 18,000원
안동 원촌마을 — 선비들의 이상향 안동대학교 안동문화연구소 지음, 288쪽, 16,000원
안동 부포마을 — 물 위로 되살려 낸 천년의 영화 안동대학교 안동문화연구소 지음, 440쪽, 23,000원

일본사상총서

도쿠가와 시대의 철학사상(德川思想小史) 미나모토 료엔 지음, 박규태·이용수 옮김, 260쪽, 8,500원
일본인은 왜 종교가 없다고 말하는가(日本人はなぜ 無宗教なのか) 아마 도시마로 지음, 정형 옮김, 208쪽, 6,500원
일본사상이야기 40(日本がわかる思想入門) 나가오 다케시 지음, 박규태 옮김, 312쪽, 9,500원
사상으로 보는 일본문화사(日本文化の歷史) 비토 마사히데 지음, 엄석인 옮김, 252쪽, 10,000원
일본도덕사상사(日本道德思想史) 이에나가 사부로 지음, 세키네 히데유키·윤종갑 옮김, 328쪽, 13,000원
천황의 나라 일본 — 일본의 역사와 천황제(天皇制と民衆) 고토 야스시 지음, 이남희 옮김, 312쪽, 13,000원
주자학과 근세일본사회(近世日本社會と宋學) 와타나베 히로시 지음, 박홍규 옮김, 304쪽, 16,000원

예술철학총서

중국철학과 예술정신 조민환 지음, 464쪽, 17,000원
풍류정신으로 보는 중국문학사 최병규 지음, 400쪽, 15,000원

한의학총서

한의학, 보약을 말하다 — 이론과 활용의 비밀 김광중·하근호 지음, 280쪽, 15,000원

남명학연구총서

남명사상의 재조명 남명학연구원 엮음, 384쪽, 22,000원
남명학파 연구의 신지평 남명학연구원 엮음, 448쪽, 26,000원
덕계 오건과 수우당 최영경 남명학연구원 엮음, 400쪽, 24,000원
내암 정인홍 남명학연구원 엮음, 448쪽, 27,000원
한강 정구 남명학연구원 엮음, 560쪽, 32,000원

예문동양사상연구원총서

한국의 사상가 10人 — 원효 예문동양사상연구원/고영섭 편저, 572쪽, 23,000원
한국의 사상가 10人 — 의천 예문동양사상연구원/이병욱 편저, 464쪽, 20,000원
한국의 사상가 10人 — 지눌 예문동양사상연구원/이덕진 편저, 644쪽, 26,000원
한국의 사상가 10人 — 퇴계 이황 예문동양사상연구원/윤사순 편저, 464쪽, 20,000원
한국의 사상가 10人 — 남명 조식 예문동양사상연구원/오이환 편저, 576쪽, 23,000원
한국의 사상가 10人 — 율곡 이이 예문동양사상연구원/황의동 편저, 600쪽, 25,000원
한국의 사상가 10人 — 하곡 정제두 예문동양사상연구원/김교빈 편저, 432쪽, 22,000원
한국의 사상가 10人 — 다산 정약용 예문동양사상연구원/박홍식 편저, 572쪽, 29,000원
한국의 사상가 10人 — 혜강 최한기 예문동양사상연구원/김용헌 편저, 520쪽, 26,000원
한국의 사상가 10人 — 수운 최제우 예문동양사상연구원/오문환 편저, 464쪽, 23,000원

강의총서

김충열 교수의 노자강의 김충열 지음, 434쪽, 20,000원
김충열 교수의 중용대학강의 김충열 지음, 448쪽, 23,000원
모종삼 교수의 중국철학강의 牟宗三 지음, 김병채 외 옮김, 320쪽, 19,000원

민연총서 ─ 한국사상

자료와 해설, 한국의 철학사상 고려대 민족문화연구원 한국사상연구소 편, 880쪽, 34,000원
여헌 장현광의 학문 세계, 우주와 인간 고려대 민족문화연구원 한국사상연구소 편, 424쪽, 20,000원
퇴옹 성철의 깨달음과 수행 ─ 성철의 선사상과 불교사적 위치 조성택 편, 432쪽, 23,000원
여헌 장현광의 학문 세계 2, 자연과 인간 고려대 민족문화연구원 한국사상연구소 편, 432쪽, 25,000원
여헌 장현광의 학문 세계 3, 태극론의 전개 고려대 민족문화연구원 한국사상연구소 편, 400쪽, 24,000원
역주와 해설 성학십도 고려대 민족문화연구원 한국사상연구소 편, 328쪽, 20,000원
여헌 장현광의 학문 세계 4, 여헌학의 전망과 계승 고려대학교 민족문화연구원 편, 384쪽, 30,000원

인물사상총서

한주 이진상의 생애와 사상 홍원식 지음, 288쪽, 15,000원
범부 김정설의 국민윤리론 우기정 지음, 280쪽, 20,000원

동양사회사상총서

주역사회학 김재범 지음, 296쪽, 10,000원
유교사회학 이영찬 지음, 488쪽, 17,000원
깨달음의 사회학 홍승표 지음, 240쪽, 8,500원
동양사상과 탈현대 홍승표 지음, 272쪽, 11,000원
노인혁명 홍승표 지음, 240쪽, 10,000원
유교사회학의 패러다임과 사회이론 이영찬 지음, 440쪽, 20,000원

경북의 종가문화

사당을 세운 뜻은, 고령 점필재 김종직 종가 정경주 지음, 203쪽, 15,000원
지금도 「어부가」가 귓전에 들려오는 듯, 안동 농암 이현보 종가 김서령 지음, 225쪽, 17,000원
종가의 멋과 맛이 넘쳐 나는 곳, 봉화 충재 권벌 종가 한필원 지음, 193쪽, 15,000원
한 점 부끄럼 없는 삶을 살다, 경주 회재 이언적 종가 이수환 지음, 178쪽, 14,000원
영남의 큰집, 안동 퇴계 이황 종가 정우락 지음, 227쪽, 17,000원
마르지 않는 효제의 샘물, 상주 소재 노수신 종가 이종호 지음, 303쪽, 22,000원
의리와 충절의 400년, 안동 학봉 김성일 종가 이해영 지음, 199쪽, 15,000원
충효당 높은 마루, 안동 서애 류성룡 종가 이세동 지음, 210쪽, 16,000원
낙중 지역 강안학을 열다, 성주 한강 정구 종가 김학수 지음, 180쪽, 14,000원
모원당 회화나무, 구미 여헌 장현광 종가 이종문 지음, 195쪽, 15,000원
보물은 오직 청백뿐, 안동 보백당 김계행 종가 최은주 지음, 160쪽, 15,000원
은둔과 화순의 선비들, 영주 송설헌 장말손 종가 정순우 지음, 176쪽, 16,000원
처마 끝 소나무에 갈무리한 세월, 경주 송재 손소 종가 황위주 지음, 256쪽, 23,000원
양대 문형과 직신의 가문, 문경 허백정 홍귀달 종가 홍원식 지음, 184쪽, 17,000원
어질고도 청빈한 마음이 이어진 집, 예천 약포 정탁 종가 김낙진 지음, 208쪽, 19,000원
임란의병의 힘, 영천 호수 정세아 종가 우인수 지음, 192쪽, 17,000원
영남을 넘어, 상주 우복 정경세 종가 정우락 지음, 264쪽, 23,000원
선비의 삶, 영덕 갈암 이현일 종가 장윤수 지음, 224쪽, 20,000원

기타

다산 정약용의 편지글 이용형 지음, 312쪽, 20,000원
유교와 칸트 李明輝 지음, 김기주·이기훈 옮김, 288쪽, 20,000원
유가 전통과 과학 김영식 지음, 320쪽, 24,000원